Essai sur les mœurs
et l'esprit des nations

Voltaire

Essai
sur les mœurs

et

*l'esprit des nations
et sur les principaux faits de l'histoire
depuis Charlemagne jusqu'à Louis XIII*

Tome II

Classiques Garnier

En couverture :
Luther est excommunié
par Léon X et fuit en Saxe

© BORDAS, Paris, 1990

ISBN 2-04-017365-X

Introduction, bibliographie,
relevé de variantes,
notes et index

par

René Pomeau

de l'Institut

Édition illustrée de 67 reproductions

CHAPITRE XCIV

Du roi de France Louis xi.

Le gouvernement féodal périt bientôt en France, quand Charles VII eut commencé à établir sa puissance par l'expulsion des Anglais, par la jouissance de tant de provinces réunies à la couronne, et enfin par des subsides rendus perpétuels.

L'ordre féodal s'affermissait en Allemagne, par une raison contraire, sous des empereurs électifs qui, en qualité d'empereurs, n'avaient ni provinces, ni subsides. L'Italie était toujours partagée en républiques et en principautés indépendantes. Le pouvoir absolu n'était connu ni en Espagne ni dans le Nord; et l'Angleterre jetait au milieu de ces divisions les semences de ce gouvernement singulier dont les racines, toujours coupées et toujours sanglantes, ont enfin produit après des siècles, à l'étonnement des nations, le mélange égal de la liberté et de la royauté.

Il n'y avait plus en France que deux grands fiefs : la Bourgogne et la Bretagne; mais leur pouvoir les rendit indépendantes, et, malgré les lois féodales, elles n'étaient pas regardées en Europe comme faisant partie du royaume. Le duc de Bourgogne, Philippe le Bon, avait même stipulé qu'il ne rendrait point hommage à Charles VII, quand il lui pardonna l'assassinat du duc Jean, son père.

Les princes du sang avaient en France des apanages en pairies, mais ressortissant au parlement sédentaire. Les seigneurs, puissants dans leurs terres, ne l'étaient pas comme autrefois dans l'État : il n'y avait plus guère au delà de la Loire que le comte de Foix qui s'intitulât *Prince par la grâce de Dieu,* et qui fît battre monnaie; mais les seigneurs des fiefs et les communautés des grandes villes avaient d'immenses privilèges.

Louis XI, fils de Charles VII, devint le premier roi absolu en Europe depuis la décadence de la maison de Charlemagne. Il ne parvint enfin à ce pouvoir tranquille que par des secousses violentes. Sa vie est un grand contraste. Faut-il, pour humilier et pour confondre la vertu, qu'il ait mérité d'être regardé comme un grand roi, lui qu'on peint comme un fils dénaturé, un frère barbare, un mauvais père, et un voisin perfide! Il remplit d'amertume les dernières années de son père; il causa sa mort. Le malheureux Charles VII mourut, comme on sait, par la crainte que son fils ne le fît mourir; il choisit la faim pour éviter le poison qu'il redoutait. Cette seule crainte dans un père, d'être empoisonné par son fils, prouve trop que le fils passait pour être capable de ce crime.

Après avoir bien pesé toute la conduite de Louis XI, ne peut-on pas se le représenter comme un homme qui voulut effacer souvent ses violences imprudentes par des artifices, et soutenir des fourberies par des cruautés? D'où vient que dans les commencements de son règne, tant de seigneurs attachés à son père, et surtout ce fameux comte de Dunois, dont l'épée avait soutenu la couronne, entrèrent contre lui dans la ligue *du bien public*? Ils ne profitaient pas de la faiblesse du trône, comme il est arrivé tant de fois. Mais Louis XI avait abusé de sa force. N'est-il pas évident que le père, instruit par ses fautes et par ses malheurs, avait très bien gouverné, et que le fils, trop enflé de sa puissance, commença par gouverner mal?

(1465) Cette ligue le mit au hasard de perdre sa couronne et sa vie. La bataille donnée à Montlhéry contre le comte de Charolais et tant d'autres princes ne décida rien; (x) mais il est certain qu'il la perdit, puisque ses B ennemis eurent le champ de bataille, et qu'il fut obligé de leur accorder tout ce qu'ils demandèrent. Il ne se releva du traité honteux de Conflans qu'en le violant dans tous ses points. Jamais il n'accomplit un serment, à moins qu'il ne jurât par un morceau de bois qu'on appelait *la vraie croix de Saint-Lô*. Il croyait, avec le peuple, que le parjure sur ce morceau de bois faisait mourir infailliblement dans l'année.

Le barbare, après le traité, fit jeter dans la rivière B

plusieurs bourgeois de Paris soupçonnés d'être partisans de son ennemi. On les liait deux à deux dans un sac : c'est la chronique de Saint-Denis [1] qui rend ce témoignage. (x) Il ne désunit enfin les confédérés qu'en donnant à chacun d'eux ce qu'il demandait. Ainsi, jusque dans son habileté, il y eut encore de la faiblesse.

Il se fit un irréconciliable ennemi de Charles, fils de Philippe le Bon, maître de la Bourgogne, de la Franche-Comté, de la Flandre, de l'Artois, des places sur la Somme, et de la Hollande. Il excite les Liégeois à faire une perfidie à ce duc de Bourgogne et à prendre les armes contre lui. Il se remet en même temps entre ses mains à Péronne, croyant le mieux tromper. Quelle plus mauvaise politique! Mais aussi, étant découvert (1468), il se vit prisonnier dans le château de Péronne, et forcé de marcher à la suite de son vassal contre ces Liégeois mêmes qu'il avait armés. Quelle plus grande humiliation!

Non seulement il fut toujours perfide, mais il força B le duc Charles de Bourgogne à l'être : car ce prince était né emporté, violent, téméraire, mais éloigné de la fraude. Louis XI, en trompant tous ses voisins, les invitait tous à le tromper. A ce commerce de fraudes se joignirent les barbaries les plus sauvages. Ce fut surtout alors qu'on regarda comme un droit de la guerre de faire pendre, de noyer, ou d'égorger les prisonniers faits dans les batailles, et de tuer les vieillards, les enfants et les femmes, dans les villes conquises. Maximilien, depuis empereur, fit pendre par représailles, après sa victoire de Guinegaste, un capitaine gascon qui avait défendu avec bravoure un château contre toute son armée; et Louis XI, par une autre représaille, fit mourir par le gibet cinquante gentilshommes de l'armée de Maximilien, tombés entre ses mains. Charles de

---

1. Ce sont les *Chroniques du roi Louis XI*, autrement dit la *Chronique scandaleuse*, ou *Journal* de Jean de Roye (on disait autrefois Jean de Troyes), qui parlent de noyades en Seine, mais avant le traité de Conflans, en juil. 1465, éd. de Commynes par Lenglet-Dufresnoy, 1747, t. II, pp. 30-1. (Ch.) — Cette édition se trouve dans *FL*, mais à l'endroit désigné par Ch. il n'est pas dit que les condamnés étaient liés deux à deux dans un sac.

Bourgogne se vengea de quelques autres cruautés du roi en tuant tout dans la ville de Dinant prise à discrétion, et en la réduisant en cendres.

Louis XI craint son frère le duc de Berry (1472), et ce prince est empoisonné par un moine bénédictin, nommé Favre Vésois, son confesseur. Ce n'est pas ici un de ces empoisonnements équivoques adoptés sans preuves par la maligne crédulité des hommes : le duc de Berry soupait entre la dame de Montsorau, sa maîtresse, et son confesseur; celui-ci leur fait apporter une pêche d'une grosseur singulière : la dame expire immédiatement après en avoir mangé; le prince, après de cruelles convulsions, meurt au bout de quelque temps.

Odet Daidie, brave seigneur, veut venger le mort, auquel il avait été toujours attaché. Il conduit loin de Louis, en Bretagne, le moine empoisonneur. On lui fait son procès en liberté; et le jour qu'on doit prononcer la sentence à ce moine, on le trouve mort dans son lit. Louis XI, pour apaiser le cri public, se fait apporter les pièces du procès, et nomme des commissaires; mais ils ne décident rien, et le roi les comble de bienfaits. On ne douta guère dans l'Europe que Louis n'eût commis ce crime, lui qui étant dauphin avait fait craindre un parricide à Charles VII, son père. L'histoire ne doit point l'en accuser sans preuves; mais elle doit le plaindre d'avoir mérité qu'on l'en soupçonnât. Elle doit surtout observer que tout prince coupable d'un attentat avéré est coupable aussi des jugements téméraires qu'on porte sur toutes ses actions.

Telle est la conduite de Louis XI avec ses vassaux et ses proches. Voici celle qu'il tient avec ses voisins. Le roi d'Angleterre, Édouard IV, débarque en France pour tenter de rentrer dans les conquêtes de ses pères. Louis peut le combattre, mais il aime mieux être son tributaire (1475). Il gagne les principaux officiers anglais; il fait des présents de vins à toute l'armée; il achète le retour de cette armée en Angleterre. N'eût-il pas été plus digne d'un roi de France d'employer à se mettre en état de résister et de vaincre l'argent qu'il mit à séduire un prince très mal affermi, qu'il craignait, et qu'il ne devait pas craindre?

Les grandes âmes choisissent hardiment des favoris

illustres et des ministres approuvés : Louis XI n'eut guère pour ses confidents et pour ses ministres que des hommes nés dans la fange, et dont le cœur était au-dessous de leur état.

Il y a peu de tyrans qui aient fait mourir plus de citoyens par les mains des bourreaux, et par des supplices plus recherchés. Les chroniques du temps comptent quatre mille sujets exécutés sous son règne en public ou en secret. Les cachots, les cages de fer, les chaînes dont on chargeait ses victimes, sont les monuments qu'a laissés ce monarque, et qu'on voit avec horreur.

Il est étonnant que le P. Daniel indique à peine le supplice de Jacques d'Armagnac, duc de Nemours, descendant reconnu de Clovis [1]. Les circonstances et l'appareil de sa mort (1477), le partage de ses dépouilles, les cachots où ses jeunes enfants furent enfermés jusqu'à la mort de Louis XI, sont de tristes et intéressants objets de la curiosité. On ne sait point précisément quel était le crime de ce prince. Il fut jugé par des commissaires, ce qui peut faire présumer qu'il n'était point coupable. Quelques historiens lui imputent vaguement d'avoir voulu se saisir de la personne du roi, et faire tuer le dauphin. Une telle accusation n'est pas croyable. Un petit prince ne pouvait guère, du pied des Pyrénées où il était réfugié, prendre prisonnier Louis XI en pleine paix, tout-puissant et absolu dans son royaume. L'idée de tuer le dauphin encore enfant, et de conserver le père, est encore une de ces extravagances qui ne tombent point dans la tête d'un homme d'État. Tout ce qui est bien avéré, c'est que Louis XI avait en exécration la maison des Armagnacs ; qu'il fit saisir le duc de Nemours

---

1. Jacques d'Armagnac descendait de Saint Louis par sa mère Éléonore de Bourbon, et je me demande si dans le ms. original ou dans les notes primitives il n'y avait pas « de s. louis » ou « de S. Louis », lu ensuite par un secrétaire « de clovis » ou « de Clovis ». (Ch.) — Ce § et les quatre suiv. furent ajoutés, de la main de Collini, sur *W 54 c* : Collini a écrit, très lisiblement, *Clovis*.

Le texte de Daniel est dans *Histoire de France*, t. V, p. 361. La condamnation de Jacques d'Armagnac est rapportée avec plus de détail par Duclos, *Histoire de Louis XI*, Paris, 1745, *FL,* t. III, pp. 132-4.

dans Carlat, en 1477; qu'il le fit enfermer dans une cage de fer à la Bastille; qu'ayant dressé lui-même toute l'instruction du procès, il lui envoya des juges, parmi lesquels était ce Philippe de Commynes [1], célèbre traître qui, ayant longtemps vendu les secrets de la maison de Bourgogne au roi, passa enfin au service de la France, et dont on estime les *Mémoires,* quoique écrits avec la retenue d'un courtisan qui craignait encore de dire la vérité, même après la mort de Louis XI.

Le roi voulut que le duc de Nemours fût interrogé dans sa cage de fer, qu'il y subît la question, et qu'il y reçût son arrêt. On le confessa ensuite dans une salle tendue de noir. La confession commençait à devenir une grâce accordée aux condamnés. L'appareil noir était en usage pour les princes. C'est ainsi qu'on avait exécuté Conradin à Naples, et qu'on traita depuis Marie Stuart en Angleterre. (x) On était barbare en cérémonie chez B les peuples chrétiens occidentaux; et ce raffinement d'inhumanité n'a jamais été connu que d'eux. Toute la grâce que ce malheureux prince put obtenir, ce fut d'être enterré en habit de cordelier, grâce digne de la superstition de ces temps atroces, qui égalait leur barbarie.

Mais ce qui ne fut jamais en usage, et ce que pratiqua Louis XI, ce fut de faire mettre sous l'échafaud, dans les halles de Paris, les jeunes enfants du duc, pour recevoir sur eux le sang de leur père. Ils en sortirent tout couverts [2]; et en cet état on les conduisit à la Bastille, dans des cachots faits en forme de hottes, où la gêne que leurs corps éprouvaient était un continuel supplice. (x) On A leur arrachait les dents à plusieurs intervalles. Ce genre de torture, aussi petit qu'odieux, était en usage. C'est

---

1. V. a sans doute mal compris un passage où Duclos ayant dit (t. III, p. 135) que Louis XI distribua les biens entre les juges et ses favoris, nomme Commynes parmi les bénéficiaires. (Ch.) — Commynes, *Mém.*, t. II, p. 144, parle de ce procès, sans se nommer parmi les juges.

2. V. a fait une confusion. C'est le comte Charles d'Armagnac, frère d'un comte Jacques d'Armagnac tué à Lectoure, qui fut torturé pendant quatorze ans, à la Conciergerie d'abord, puis à la Bastille. Cf. le P. Anselme et du Fourny, *Histoire généalogique,* 1728, t. III, pp. 247, 397, 424. (Ch.)

ainsi que du temps de Jean, roi de France, d'Édouard III, roi d'Angleterre, et de l'empereur Charles IV, on traitait les Juifs en France, en Angleterre, et dans plusieurs villes d'Allemagne, pour avoir leur argent. (x) Le détail des tourments inouïs que souffrirent les princes de Nemours-Armagnac serait incroyable s'il n'était attesté par la requête que ces princes infortunés présentèrent aux états, après la mort de Louis XI, en 1483.

Jamais il n'y eut moins d'honneur que sous ce règne. Les juges ne rougirent point de partager les biens de celui qu'ils avaient condamné. (x) Le traître Philippe B de Commynes, qui avait trahi le duc de Bourgogne en lâche, et qui fut plus lâchement l'un des commissaires (x) du duc de Nemours, (x) eut les terres du duc dans D le Tournaisis.

Les temps précédents avaient inspiré des mœurs fières et barbares, dans lesquelles on vit éclater quelquefois de l'héroïsme. Le règne de Charles VII avait eu des Dunois, des La Trimouille, des Clisson, des Richemont, des Saintraille, des La Hire, et des magistrats d'un grand mérite; mais sous Louis XI, pas un grand homme. Il avilit la nation. Il n'y eut nulle vertu : l'obéissance tint lieu de tout, et le peuple fut enfin tranquille comme les forçats le sont dans une galère.

Ce cœur artificieux et dur avait pourtant deux penchants qui auraient dû mettre de l'humanité dans ses mœurs : c'étaient l'amour et la dévotion. Il eut des maîtresses; il eut trois bâtards; il fit des neuvaines et des pèlerinages. Mais son amour tenait de son caractère, et sa dévotion n'était que la crainte superstitieuse d'une âme timide et égarée. Toujours couvert de reliques, et portant à son bonnet sa Notre-Dame de plomb, on prétend qu'il lui demandait pardon de ses assassinats avant de les commettre. Il donna par contrat le comté de Boulogne à la sainte Vierge. La piété ne consiste pas à faire la Vierge comtesse, mais à s'abstenir des actions que la conscience reproche, que Dieu doit punir, et que la Vierge ne protège point.

Il introduisit la coutume italienne de sonner la cloche à midi, et de dire un *Ave Maria*. Il demanda au pape le droit de porter le surplis et l'aumusse, et de se faire oindre une seconde fois de l'ampoule de Reims.

(1483) Enfin sentant la mort approcher, renfermé au château du Plessis-les-Tours, inaccessible à ses sujets, entouré de gardes, dévoré d'inquiétudes, il fait venir de Calabre un ermite, nommé François Martorillo, révéré depuis sous le nom de saint François de Paule. Il se jette à ses pieds; il le supplie en pleurant d'intercéder auprès de Dieu, et de lui prolonger la vie, comme si l'ordre éternel eût dû changer à la voix d'un Calabrais dans un village de France, pour laisser dans un corps usé une âme faible et perverse plus longtemps que ne comportait la nature. Tandis qu'il demande ainsi la vie à un ermite étranger, il croit en ranimer les restes en s'abreuvant du sang qu'on tire à des enfants, dans la fausse espérance de corriger l'âcreté du sien. (x) A C'était un des excès de l'ignorante médecine de ces temps, médecine introduite par les Juifs, de faire boire du sang d'un enfant aux vieillards apoplectiques, aux lépreux, aux épileptiques.

On ne peut éprouver un sort plus triste dans le sein des prospérités, n'ayant d'autres sentiments que l'ennui, les remords, la crainte, et la douleur d'être détesté.

C'est cependant lui qui le premier des rois de France prit toujours le nom de *Très-Chrétien,* à peu près dans le temps que Ferdinand d'Aragon, illustre par des perfidies autant que par des conquêtes, prenait le nom de *Catholique.* Tant de vices n'ôtèrent pas à Louis XI ses bonnes qualités. Il avait du courage; il savait donner en roi; il connaissait les hommes et les affaires; il voulait que la justice fût rendue, et qu'au moins lui seul pût être injuste.

Paris, désolé par une contagion, fut repeuplé par ses soins : il le fut à la vérité de beaucoup de brigands, mais qu'une police sévère contraignit à devenir citoyens. De son temps il y eut, dit-on, dans cette ville quatre-vingt mille bourgeois capables de porter les armes. C'est à lui que le peuple doit le premier abaissement des grands. Environ cinquante familles en ont murmuré, et plus de cinq cent mille ont dû s'en féliciter. (x) Il empêcha B que le parlement et l'université de Paris, deux corps alors également ignorants, parce que tous les Français l'étaient, ne poursuivissent comme sorciers les premiers imprimeurs qui vinrent d'Allemagne en France.

De lui vient l'établissement des postes, non tel qu'il est aujourd'hui en Europe ; il ne fit que rétablir les *veredarii* de Charlemagne et de l'ancien empire romain. Deux cent trente courriers à ses gages portaient ses ordres incessamment. Les particuliers pouvaient courir avec les chevaux destinés à ces courriers, en payant dix sous par cheval pour chaque traite de quatre lieues. Les lettres étaient rendues de ville en ville par les courriers du roi. Cette police ne fut longtemps connue qu'en France. Il voulait rendre les poids et les mesures uniformes dans ses États, comme ils l'avaient été du temps de Charlemagne. Enfin il prouva qu'un méchant homme peut faire le bien public quand son intérêt particulier n'y est pas contraire.

Les impositions, sous Charles VII, indépendamment du domaine, étaient de dix-sept cent mille livres de compte. Sous Louis XI, elles se montèrent jusqu'à quatre millions sept cent mille livres ; et la livre étant alors de dix au marc, cette somme revenait à vingt-trois millions cinq cent mille livres d'aujourd'hui. Si, en suivant ces proportions, on examine les prix des denrées, et surtout celui du blé qui en est la base, on trouve qu'il valait la moitié moins qu'aujourd'hui. Ainsi, avec vingt-trois millions numéraires, on faisait précisément ce qu'on fait à présent avec quarante-six.

Telle était la puissance de la France avant que la Bourgogne, l'Artois, le territoire de Boulogne, les villes sur la Somme, la Provence, l'Anjou, fussent incorporés par Louis XI à la monarchie française. Ce royaume devint bientôt le plus puissant de l'Europe. C'était un fleuve grossi par vingt rivières, et épuré de la fange qui avait si longtemps troublé son cours.

Les titres commencèrent alors à être donnés au pouvoir. Louis XI fut le premier roi de France à qui on donna quelquefois le titre de *majesté,* que jusque-là l'empereur seul avait porté, mais que la chancellerie allemande n'a jamais donné à aucun roi, jusqu'à nos derniers temps. Les rois d'Aragon, de Castille, de Portugal, avaient le titre d'*altesse ;* on disait à celui d'Angleterre : *votre grâce ;* on aurait pu dire à Louis XI : *votre despotisme.*

Nous avons vu par combien d'attentats heureux il

fut le premier roi de l'Europe absolu, depuis l'établissement du grand gouvernement féodal. Ferdinand le Catholique ne put jamais l'être en Aragon. Isabelle, par son adresse, prépara les Castillans à l'obéissance passive; mais elle ne régna point despotiquement. Chaque État, chaque province, chaque ville avait ses privilèges dans toute l'Europe. Les seigneurs féodaux combattaient souvent ces privilèges, et les rois cherchaient à soumettre également à leur puissance les seigneurs féodaux et les villes. Nul n'y parvint alors que Louis XI; mais ce fut en faisant couler sur les échafauds le sang d'Armagnac et de Luxembourg, en sacrifiant tout à ses soupçons, en payant chèrement les exécuteurs de ses vengeances. Isabelle de Castille s'y prenait avec plus de finesse sans cruauté. Il s'agissait, par exemple, de réunir à la couronne le duché de Placentia : que fait-elle? Ses insinuations et son argent soulèvent les vassaux du duc de Placentia contre lui. Ils s'assemblent, ils demandent à être les vassaux de la reine, et elle y consent par complaisance.

Louis XI, en augmentant son pouvoir sur ses peuples par ses rigueurs, augmenta son royaume par son industrie. Il se fit donner la Provence par le dernier comte souverain de cet État, et arracha ainsi un feudataire à l'empire, comme Philippe de Valois s'était fait donner le Dauphiné. L'Anjou et le Maine, qui appartenaient au comte de Provence, furent encore réunis à la couronne. L'habileté, l'argent, et le bonheur, accrurent petit à petit le royaume de France, qui depuis Hugues Capet avait été peu de chose, et que les Anglais avaient presque détruit. Ce même bonheur rejoignit la Bourgogne à la France, et les fautes du dernier duc rendirent au corps de l'État une province qui en avait été imprudemment séparée.

Ce temps fut en France le passage de l'anarchie à la B tyrannie. Ces changements ne se font point sans de grandes convulsions. Auparavant les seigneurs féodaux opprimaient, et sous Louis XI ils furent opprimés. Les mœurs ne furent pas meilleures ni en France, ni en Angleterre, ni en Allemagne, ni dans le Nord. La barbarie, la superstition, l'ignorance, couvraient la face du monde, excepté en Italie. La puissance papale asservissait toujours toutes les autres puissances, et l'abrutissement de tous les peuples qui sont au delà des Alpes était le véritable soutien de ce prodigieux pouvoir contre lequel tant de princes s'étaient inutilement élevés de siècle en siècle. Louis XI baissa la tête sous ce joug, pour être plus le maître chez lui. C'était sans doute l'intérêt de Rome que les peuples fussent imbéciles, et en cela elle était partout bien servie. On était assez sot à Cologne pour croire posséder les os pourris de trois prétendus rois qui vinrent, dit-on, du fond de l'Orient apporter de l'or à l'enfant Jésus dans une étable. On envoya à Louis XI quelques restes de ces cadavres, qu'on faisait passer pour ceux de ces trois monarques, dont il n'est pas même parlé dans les évangiles; et l'on fit accroire à ce prince qu'il n'y avait que les os pourris des rois qui pussent guérir un roi. On a conservé une de ses lettres à je ne sais quel prieur de Notre-Dame de Salles, par laquelle il demande à cette Notre-Dame de lui accorder la fièvre quarte, attendu, dit-il, que les médecins l'assurent qu'il n'y a que la fièvre quarte qui soit bonne pour sa santé [1]. L'impudent charlatanisme des médecins était donc aussi grand que l'imbécillité de Louis XI, et son imbécillité était égale à sa tyrannie. Ce portrait n'est pas seulement celui de ce monarque : c'est celui de presque toute l'Europe. Il ne faut connaître l'histoire de ces temps-là que pour la mépriser. Si les princes et les particuliers n'avaient pas quelque intérêt à s'instruire des révolutions de tant de barbares gouvernements, on ne pourrait plus mal employer son temps qu'en lisant l'histoire.

---

1. Lettre à maître Pierre Cadouet, Thouars, 19 déc. 1481, publiée pour la première fois par La Thaumassière, *Histoire du Berry*, Paris, 1689, p. 116. V. cite presque textuellement. (Ch.)

CHAPITRE XCV

Charles le Téméraire, issu en droite ligne de Jean, roi de France, possédait le duché de Bourgogne comme l'apanage de sa maison, avec les villes sur la Somme que Charles VII avait cédées. Il avait par droit de succession la Franche-Comté, l'Artois, la Flandre, et presque toute la Hollande. Ses villes des Pays-Bas florissaient par un commerce qui commençait à approcher de celui de Venise. Anvers était l'entrepôt des nations septentrionales; cinquante mille ouvriers travaillaient dans Gand aux étoffes de laine; Bruges était aussi commerçante qu'Anvers; Arras était renommée pour ses belles tapisseries, qu'on nomme encore de son nom en Allemagne, en Angleterre et en Italie.

Les princes étaient alors dans l'usage de vendre leurs États quand ils avaient besoin d'argent, comme aujourd'hui on vend sa terre et sa maison. Cet usage subsistait depuis le temps des croisades. Ferdinand, roi d'Aragon, vendit le Roussillon à Louis XI avec faculté de rachat. Charles, duc de Bourgogne, venait d'acheter la Gueldre. Un duc d'Autriche lui vendit encore tous les domaines qu'il possédait en Alsace et dans le voisinage des Suisses. Cette acquisition était bien au-dessus du prix que Charles en avait payé. Il se voyait maître d'un État contigu des bords de la Somme jusqu'aux portes de Strasbourg : il n'avait qu'à jouir. Peu de rois dans l'Europe étaient aussi puissants que lui; aucun n'était plus riche et plus magnifique. Son dessein était de faire ériger ses États en royaume : ce qui pouvait devenir un jour très préjudiciable à la France. Il ne s'agissait d'abord que d'acheter le diplôme de l'empereur Frédéric III. L'usage subsistait encore de demander le titre de roi aux empereurs : c'était un hommage qu'on rendait à l'ancienne grandeur romaine. La négociation manqua, et Charles de Bourgogne, qui voulait ajouter à ses États la Lorraine et la Suisse, était bien sûr, s'il eût réussi, de se faire roi sans la permission de personne.

Son ambition ne se couvrait d'aucun voile, et c'est principalement ce qui lui fit donner le surnom de *Téméraire*. On peut juger de son orgueil par la réception qu'il fit à des députés de Suisse (1474). Des écrivains de ce pays [1] assurent que le duc obligea ces députés de lui parler à genoux. C'est une étrange contradiction dans les mœurs d'un peuple libre, qui fut bientôt après son vainqueur.

Voici sur quoi était fondée la prétention du duc de Bourgogne, à laquelle les Helvétiens se soumirent. Plusieurs bourgades suisses étaient enclavées dans les domaines vendus à Charles par le duc d'Autriche. Il croyait avoir acheté des esclaves. Les députés des communes parlaient à genoux au roi de France : le duc de Bourgogne avait conservé l'étiquette des chefs de sa maison. Nous avons d'ailleurs remarqué que plusieurs rois, à l'exemple de l'empereur, avaient exigé qu'on fléchît un genou en leur parlant ou en les servant; que cet usage asiatique avait été introduit par Constantin, et précédemment par Dioclétien. De là même venait la coutume qu'un vassal fît hommage à son seigneur, les deux genoux en terre. De là encore l'usage de baiser le pied droit du pape. C'est l'histoire de la vanité humaine.

Philippe de Commynes [2] et la foule des historiens qui l'ont suivi prétendent que la guerre contre les Suisses, si fatale au duc de Bourgogne, fut excitée pour une charrette de peaux de moutons. Le plus léger sujet de querelle produit une guerre, quand on a envie de la faire; mais il y avait déjà longtemps que Louis XI animait les Suisses contre le duc de Bourgogne, et

---

1. A. L. de Watteville, *Histoire de la Confédération helvétique*, Berne, 1754, *FL*, t. II, p. 18.

2. Commynes, l. V, ch. 1. On remarquera que V. parle ici contre l'importance attribuée aux petites causes, lui qu'on accuse de leur faire une part trop grande. (Ch.)

qu'on avait commis beaucoup d'hostilités de part et d'autre avant l'aventure de la charrette : il est très sûr que l'ambition de Charles était l'unique sujet de la guerre.

Il n'y avait alors que huit cantons suisses confédérés; Fribourg, Soleure, Schaffhouse et Appenzel, n'étaient pas encore entrés dans l'union. Bâle, ville impériale, que sa situation sur le Rhin rendait puissante et riche, ne faisait pas partie de cette république naissante, connue seulement par sa pauvreté, sa simplicité et sa valeur. Les députés de Berne vinrent remontrer à cet ambitieux que tout leur pays ne valait pas les éperons de ses chevaliers. Ces Bernois ne se mirent point à genoux; ils parlèrent avec humilité, et se défendirent avec courage.

(1476) La gendarmerie du duc, couverte d'or, fut battue et mise deux fois dans la plus grande déroute par ces hommes simples, qui furent étonnés des richesses trouvées dans le camp des vaincus [a].

Aurait-on prévu, lorsque le plus gros diamant de l'Europe [1], pris par un Suisse à la bataille de Granson, fut vendu au général pour un écu, aurait-on prévu alors qu'il y aurait un jour en Suisse des villes aussi belles et aussi opulentes que l'était la capitale du duché de Bourgogne? Le luxe des diamants, des étoffes d'or, y fut longtemps ignoré; et quand il a été connu, il a été prohibé; mais les solides richesses, qui consistent dans la culture de la terre, y ont été recueillies par des mains libres et victorieuses. Les commodités de la vie y ont été recherchées de nos jours. Toutes les douceurs de la société, et la saine philosophie, sans laquelle la société n'a point de charme durable, ont pénétré dans les parties de la Suisse où le climat est le plus doux, et où règne l'abondance. Enfin, dans ces pays autrefois si agrestes, on est parvenu en quelques endroits à joindre la politesse d'Athènes à la simplicité de Lacédémone.

Cependant Charles le Téméraire voulut se venger sur la Lorraine, et arracher au duc René, légitime pos-

---

1. Cf. XIII, 458. La source est Commynes, l. V, ch. 2. D'après une note du *Temps*, 26 août 1913, relevée par Ch., ce diamant avant la première guerre mondiale appartenait au trésor impérial des Habsbourg, à Vienne.

sesseur, la ville de Nancy, qu'il avait déjà prise une fois; mais ces mêmes Suisses vainqueurs, assistés de ceux de Fribourg et de Soleure, dignes par là d'entrer dans leur alliance, défirent encore l'usurpateur, qui paya de son sang le nom de *Téméraire* que la postérité lui donne (1477).

Ce fut alors que Louis XI s'empara de l'Artois et des villes sur la Somme, du duché de Bourgogne comme d'un fief mâle, et de la ville de Besançon, par droit de bienséance.

La princesse Marie, fille de Charles le Téméraire, unique héritière de tant de provinces, se vit donc tout d'un coup dépouillée des deux tiers de ses États. On aurait pu joindre encore au royaume de France, les dix-sept provinces qui restaient à peu près à cette princesse, en lui faisant épouser le fils de Louis XI. Ce roi se flatta vainement d'avoir pour bru celle qu'il dépouillait; et ce grand politique manqua l'occasion d'unir au royaume la Franche-Comté et tous les Pays-Bas.

Les Gantois et le reste des Flamands, plus libres alors sous leurs souverains que les Anglais mêmes ne le sont aujourd'hui sous leurs rois, destinèrent à leur princesse Maximilien, fils de l'empereur Frédéric III.

Aujourd'hui les peuples apprennent les mariages de leurs princes, la paix et la guerre, les établissements des impôts, et toute leur destinée, par une déclaration de leurs maîtres : il n'en était pas ainsi en Flandre. Les Gantois voulurent que leur princesse épousât un Allemand, et ils firent couper la tête au chancelier de Marie de Bourgogne, et à Imbercourt, son chambellan, parce qu'ils négociaient pour lui donner le dauphin de France. Ces deux ministres furent exécutés aux yeux de la jeune princesse, qui demandait en vain leur grâce à ce peuple féroce.

Maximilien, appelé par les Gantois plus que par la princesse, vint conclure ce mariage comme un simple gentilhomme qui fait sa fortune avec une héritière : sa femme fournit aux frais de son voyage, à son équipage, à son entretien. Il eut cette princesse, mais non ses États : il ne fut que le mari d'une souveraine, et même, lorsque après la mort de sa femme on lui donna la tutelle de son fils, lorsqu'il eut l'administration des Pays-Bas, lorsqu'il venait d'être élu roi des Romains et César, les habitants de Bruges le mirent quatre mois en prison, en 1488, pour avoir violé leurs privilèges. Si les princes ont abusé souvent de leur pouvoir, les peuples n'ont pas moins abusé de leurs droits.

Ce mariage de l'héritière de Bourgogne avec Maximilien fut la source de toutes les guerres qui ont mis pendant tant d'années la maison de France aux mains avec celle d'Autriche. C'est ce qui produisit la grandeur de Charles-Quint ; c'est ce qui mit l'Europe sur le point d'être asservie : et tous ces grands événements arrivèrent parce que des bourgeois de Gand s'étaient opiniâtrés à marier leur princesse.

CHAPITRE XCVI

Vous avez vu en Italie, en France, en Allemagne, *reader*
l'anarchie se tourner en despotisme sous Charlemagne,
et le despotisme détruit par l'anarchie sous ses descendants.

Vous savez que c'est une erreur de penser que les
fiefs n'eussent jamais été héréditaires avant les temps
de Hugues Capet : la Normandie est une assez grande
preuve du contraire; la Bavière et l'Aquitaine avaient
été héréditaires avant Charlemagne; presque tous les
fiefs l'étaient en Italie sous les rois lombards. Du temps
de Charles le Gros et de Charles le Simple, les grands
officiers s'arrogèrent les droits régaliens, ainsi que quelques évêques; mais il y avait toujours eu des possesseurs de grandes terres, des *sires* en France, des *Herren*
en Allemagne, des *ricos hombres* en Espagne. Il y a
toujours eu aussi quelques grandes villes gouvernées
par leurs magistrats, comme Rome, Milan, Lyon,
Reims, etc. Les limites des libertés de ces villes, celles
du pouvoir des seigneurs particuliers, ont toujours
changé : la force et la fortune ont toujours décidé
de tout. Si les grands officiers devinrent des usurpateurs, le père de Charlemagne l'avait été. Ce Pépin,
petit-fils d'un Arnoud, précepteur de Dagobert et évêque
de Metz, avait dépouillé la race de Clovis. Hugues
Capet détrôna la postérité de Pépin, et les descendants
de Hugues ne purent réunir tous les membres épars
de cette ancienne monarchie française, laquelle avant
Clovis n'avait été jamais une monarchie.

Louis XI avait porté un coup mortel en France à la
puissance féodale. Ferdinand et Isabelle la combattaient

dans la Castille et dans l'Aragon; elle avait cédé en
Angleterre au gouvernement mixte; elle subsistait
en Pologne sous une autre forme; mais c'était en Allemagne qu'elle avait conservé et augmenté toute sa
vigueur. Le comte de Boulainvilliers [1] appelle cette
constitution l'*effort de l'esprit humain*. Loiseau et d'autres
gens de loi l'appellent une *institution bizarre, un monstre
composé de membres sans tête*.

On pourrait croire que ce n'est point un puissant
effort du génie, mais un effet très naturel et très commun
de la raison et de la cupidité humaine, que les possesseurs des terres aient voulu être les maîtres chez eux.
Du fond de la Moscovie aux montagnes de la Castille,
tous les grands terriens eurent toujours la même idée
sans se l'être communiquée; tous voulurent que ni
leurs vies ni leurs biens ne dépendissent du pouvoir
suprême d'un roi; tous s'associèrent dans chaque pays
contre ce pouvoir, et tous l'exercèrent autant qu'ils
le purent sur leurs propres sujets : l'Europe fut ainsi
gouvernée pendant plus de cinq cents ans. Cette administration était inconnue aux Grecs et aux Romains;
mais elle n'est point bizarre, puisqu'elle est si universelle dans l'Europe; elle paraît injuste en ce que le plus
grand nombre des hommes est écrasé par le plus petit,
et que jamais le simple citoyen ne peut s'élever que par
un bouleversement général : nulle grande ville, point
de commerce, point de beaux-arts sous un gouvernement purement féodal. Les villes puissantes n'ont fleuri
en Allemagne, en Flandre, qu'à l'ombre d'un peu de
liberté; car la ville de Gand, par exemple, celles de
Bruges et d'Anvers, étaient bien plutôt des républiques,
sous la protection des ducs de Bourgogne, qu'elles
n'étaient soumises à la puissance arbitraire de ces ducs :
il en était de même des villes impériales.

Vous avez vu s'établir dans une grande partie de

---

1. La citation ne paraît pas littérale : dans l'*Histoire de l'ancien
gouvernement de la France*, La Haye et Amsterdam, 1727, *FL*,
t.I, p. s319, Boulainvilliers parle de « ce gouvernement si magnifique et si judicieusement établi ». Je n'ai pas pu, non plus que Ch.,
retrouver la citation de V. dans les *Œuvres* de Loiseau, Paris,
1678.

l'Europe l'anarchie féodale sous les successeurs de Charlemagne; mais avant lui il y avait eu une forme plus régulière de fiefs sous les rois lombards en Italie. Les Francs qui entrèrent dans les Gaules partageaient les dépouilles avec Clovis : le comte de Boulainvilliers [1] veut, par cette raison, que les seigneurs de châteaux soient tous souverains en France. Mais quel homme peut dire dans sa terre : « Je descends d'un conquérant des Gaules »? Et quand il serait sorti en droite ligne d'un de ces usurpateurs, les villes et les communes n'auraient-elles pas plus de droit de reprendre leur liberté que ce Franc ou ce Visigoth n'en avait eu de la leur ravir?

On ne peut pas dire qu'en Allemagne la puissance féodale se soit établie par droit de conquête, ainsi qu'en Lombardie et en France. Jamais toute l'Allemagne n'a été conquise par des étrangers; c'est cependant aujourd'hui de tous les pays de la terre le seul où la loi des fiefs subsiste véritablement. Les boyards de Russie ont leurs sujets; mais ils sont sujets eux-mêmes, et ils ne composent point un corps comme les princes allemands. Les kans des Tartares, les princes de Valachie et de Moldavie, sont de véritables seigneurs féodaux qui relèvent du sultan turc; mais ils sont déposés par un ordre du divan, au lieu que les seigneurs allemands ne peuvent l'être que par un jugement de toute la nation. Les nobles polonais sont plus égaux entre eux que les possesseurs des terres en Allemagne, et ce n'est pas là encore l'administration des fiefs. Il n'y a point d'arrière-vassaux en Pologne : un noble n'y est pas sujet d'un autre noble comme en Allemagne; il est quelquefois son domestique, mais non son vassal. La Pologne est une république aristocratique où le peuple est esclave.

La loi féodale subsiste en Italie d'une manière différente. Tout est réputé fief de l'empire en Lombardie; et c'est encore une source d'incertitudes, car les empe-

---

1. L'*Histoire de l'ancien gouvernement de la France,* mentionne, t. I, p. 49, le partage des dépouilles avec Clovis; les droits des nobles énumérés t. I, p. 319, équivalent à la souveraineté : « l'indépendance de toutes charges pécuniaires, l'exercice de la justice, la liberté d'attaquer et de se défendre, enfin la jouissance des biens réservés au profit public. »

reurs n'ont été dominateurs suprêmes de ces fiefs qu'en qualité de rois d'Italie, de successeurs des rois lombards; et certainement une diète de Ratisbonne n'est pas roi d'Italie. Mais qu'est-il arrivé? La liberté germanique ayant prévalu sur l'autorité impériale en Allemagne, l'empire étant devenu une chose différente de l'empereur, les fiefs italiens se sont dits vassaux de l'empire, et non de l'empereur : ainsi une administration féodale est devenue dépendante d'une autre administration féodale. Le fief de Naples est encore d'une espèce toute différente : c'est un hommage que le fort a rendu au faible; c'est une cérémonie que l'usage a conservée.

Tout a été fief dans l'Europe, et les lois de fief étaient partout différentes. Que la branche mâle de Bourgogne s'éteigne, le roi Louis XI se croit en droit d'hériter de cet État; que la branche de Saxe ou de Bavière eût manqué, l'empereur n'eût pas été en droit de s'emparer de ces provinces. Le pape pourrait encore moins prendre pour lui le royaume de Naples à l'extinction d'une maison régnante. La force, l'usage, les conventions, donnent de tels droits : la force les donna en effet à Louis XI, car il restait un prince de la maison de Bourgogne, un comte de Nevers descendant de l'institué; et ce prince n'osa pas seulement réclamer ses droits. Il était encore fort douteux que Marie de Bourgogne ne dût pas succéder à son père. La donation de la Bourgogne par le roi Jean portait que *les héritiers succéderaient;* et une fille est héritière.

La question des fiefs masculins et féminins, le droit d'hommage lige ou d'hommage simple, l'embarras où se trouvaient des seigneurs vassaux de deux suzerains à la fois pour des terres différentes, ou vassaux de suzerains qui se disputaient le domaine suprême, mille difficultés pareilles firent naître de ces procès que la guerre seule peut juger. Les fortunes des simples citoyens furent souvent encore plus incertaines.

Quel état, pour un cultivateur, que de se trouver sujet d'un seigneur qui est lui-même sujet d'un autre dépendant encore d'un troisième! Il faut qu'il plaide devant tous ces tribunaux; et il perd son bien avant d'avoir pu obtenir un jugement définitif. Il est sûr que ce ne sont pas les peuples qui ont, de leur gré, choisi cette forme de gouvernement. Il n'y a de pays dignes d'être habités par des hommes que ceux où toutes les conditions sont également soumises aux lois.

CHAPITRE XCVII

De la chevalerie

L'extinction de la maison de Bourgogne, le gouvernement de Louis XI, et surtout la nouvelle manière de faire la guerre, introduite dans toute l'Europe, contribuèrent à abolir peu à peu ce qu'on appelait *la chevalerie,* espèce de dignité et de confraternité dont il ne resta plus qu'une faible image.

Cette chevalerie était un établissement guerrier qui s'était fait de lui-même parmi les seigneurs, comme les confréries dévotes s'étaient établies parmi les bourgeois. L'anarchie et le brigandage, qui désolaient l'Europe dans le temps de la décadence de la maison de Charlemagne, donnèrent naissance à cette institution. Ducs, comtes, vicomtes, vidames, châtelains, étant devenus souverains dans leurs terres, tous se firent la guerre; et au lieu de ces grandes armées de Charles Martel, de Pépin et de Charlemagne, presque toute l'Europe fut partagée en petites troupes de sept à huit cents hommes, quelquefois de beaucoup moins. Deux ou trois bourgades composaient un petit État combattant sans cesse contre son voisin. Plus de communications entre les provinces, plus de grands chemins, plus de sûreté pour les marchands, dont pourtant on ne pouvait se passer; chaque possesseur d'un donjon les rançonnait sur la route : beaucoup de châteaux, sur les bords des rivières et aux passages des montagnes, ne furent que de vraies cavernes de voleurs; on enlevait les femmes, ainsi qu'on pillait les marchands.

Plusieurs seigneurs s'associèrent insensiblement pour protéger la sûreté publique, et pour défendre les dames : ils en firent vœu, et cette institution vertueuse devint un devoir plus étroit, en devenant un acte de religion.

On s'associa ainsi dans presque toutes les provinces : chaque seigneur de grand fief tint à honneur d'être chevalier et d'entrer dans l'ordre.

On établit, vers l'onzième siècle, des cérémonies religieuses et profanes qui semblaient donner un nouveau caractère au récipiendaire : il jeûnait, se confessait, communiait, passait une nuit tout armé; on le faisait dîner seul à une table séparée, pendant que ses parrains et les dames qui devaient l'armer chevalier mangeaient à une autre. Pour lui, vêtu d'une tunique blanche, il était à sa petite table, où il lui était défendu de parler, de rire, et même de manger. Le lendemain il entrait dans l'église avec son épée pendue au cou; le prêtre le bénissait; ensuite il allait se mettre à genoux devant le seigneur ou la dame qui devait l'armer chevalier. Les plus qualifiés qui assistaient à la cérémonie lui chaussaient des éperons, le revêtaient [a] d'une cuirasse, de brassards, de cuissards, de gantelets, et d'une cotte de mailles appelée *haubert*. Le parrain qui l'installait lui donnait trois coups de plat d'épée sur le cou, au nom de Dieu, de saint Michel et de saint Georges. Depuis ce moment, toutes les fois qu'il entendait la messe il tirait son épée à l'Évangile, et la tenait haute.

Cette installation était suivie de grandes fêtes, et souvent de tournois; mais c'était le peuple qui les payait. Les seigneurs des grands fiefs imposaient une taxe sur leurs sujets pour le jour où ils armaient leurs enfants chevaliers : c'était d'ordinaire à l'âge de vingt et un ans que les jeunes gens recevaient ce titre. Ils étaient auparavant bacheliers, ce qui voulait dire bas chevaliers [1], ou varlets et écuyers; et les seigneurs qui étaient en confraternité se donnaient mutuellement leurs enfants les uns aux autres pour être élevés, loin de la maison paternelle, sous le nom de varlets, dans l'apprentissage de la chevalerie.

Le temps des croisades fut celui de la plus grande vogue des chevaliers. Les seigneurs de fiefs, qui amenaient leurs vassaux sous leur bannière, furent appelés che-

---

1. C'est l'étymologie (erronée) que donne Du Cange, *Dissertation IX*, éd. Henschel, t. VII, p. 38. (Ch.)

Knighthood ≠ Feodalism

valiers bannerets; non que ce titre seul de chevalier leur donnât le droit de paraître en campagne avec des bannières; la puissance seule, et non la cérémonie de l'accolade, pouvait les mettre en état d'avoir des troupes sous leurs enseignes. Ils étaient bannerets en vertu de leurs fiefs, et non de la chevalerie. Jamais ce titre ne fut qu'une distinction introduite par l'usage, et non un honneur de convention, une dignité réelle dans l'État : il n'influa en rien dans la forme des gouvernements. Les élections des empereurs et des rois ne se faisaient point par des chevaliers; il ne fallait point avoir reçu l'accolade pour entrer aux diètes de l'empire, aux parlements de France, aux *cortes* d'Espagne : les inféodations, les droits de ressort et de mouvance, les héritages, les lois, rien d'essentiel n'avait rapport à cette chevalerie. (x) C'est en quoi se sont trompés tous ceux qui ont A écrit de la chevalerie : ils ont écrit, sur la foi des romans, que cet honneur était une charge, un emploi; qu'il y avait des lois concernant la chevalerie. Jamais la jurisprudence d'aucun peuple n'a connu ces prétendues lois : ce n'étaient que des usages. (x) Les grands privilèges de cette institution consistaient dans les jeux sanglants des tournois : il n'était pas permis ordinairement à un bachelier, à un écuyer, de *jouster* contre un chevalier.

Les rois voulurent être eux-mêmes armés chevaliers, mais ils n'en étaient ni plus rois ni plus puissants; ils voulaient seulement encourager la chevalerie et sa valeur par leur exemple. On portait un grand respect dans la société à ceux qui étaient chevaliers : c'est à quoi tout se réduisait.

Ensuite, quand le roi Édouard III eut institué l'ordre de la Jarretière; Philippe le Bon, duc de Bourgogne, l'ordre de la Toison d'or; Louis XI, l'ordre de Saint-Michel, d'abord aussi brillant que les deux autres, et aujourd'hui si ridiculement avili : alors tomba l'ancienne chevalerie. Elle n'avait point de marque distinctive, elle n'avait point de chef qui lui conférât des honneurs et des privilèges particuliers. Il n'y eut plus de chevaliers bannerets, quand les rois et les grands princes eurent établi des compagnies d'ordonnance; et l'ancienne chevalerie ne fut plus qu'un nom. On se fit toujours un honneur de recevoir l'accolade d'un grand prince ou d'un guerrier renommé. Les seigneurs constitués en quelque dignité prirent dans leurs titres la qualité de chevalier; et tous ceux qui faisaient profession des armes prirent celle d'écuyer.

Les ordres militaires de chevalerie, comme ceux du Temple, ceux de Malte, l'ordre Teutonique et tant d'autres, sont une imitation de l'ancienne chevalerie, qui joignait les cérémonies religieuses aux fonctions de la guerre. Mais cette espèce de chevalerie fut absolument différente de l'ancienne : elle produisit en effet des ordres monastiques militaires, fondés par les papes, possédant des bénéfices, astreints aux trois vœux des moines. De ces ordres singuliers, les uns ont été de grands conquérants, les autres ont été abolis sous prétexte de débauches, d'autres ont subsisté avec éclat.

L'ordre Teutonique fut souverain; l'ordre de Malte l'est encore, et le sera longtemps.

Il n'y a guère de prince en Europe qui n'ait voulu instituer un ordre de chevalerie. Le simple titre de chevalier que les rois d'Angleterre donnent aux citoyens, sans les agréger à aucun ordre particulier, est une dérivation de la chevalerie ancienne, et bien éloignée de sa source. Sa vraie filiation ne s'est conservée que dans la cérémonie par laquelle les rois de France créent toujours chevaliers les ambassadeurs qu'on leur envoie de Venise; et l'accolade est la seule cérémonie qu'on ait conservée dans cette installation.

Les chevaliers ès lois s'instituèrent d'eux-mêmes, A comme les vrais chevaliers d'armes; et cela même annonçait la décadence de la chevalerie. Les étudiants prirent le nom de bacheliers, après avoir soutenu une thèse, et les docteurs en droit s'intitulèrent chevaliers : titre ridicule, puisque originairement chevalier était l'homme combattant à cheval, ce qui ne pouvait convenir au juriste.

Tout cela présente un tableau bien varié; et si l'on suit attentivement la chaîne de tous les usages de l'Europe depuis Charlemagne, dans le gouvernement, dans l'Église, dans la guerre, dans les dignités, dans les finances, dans la société, enfin jusque dans les habillements, on ne verra qu'une vicissitude perpétuelle.

CHAPITRE XCVIII

Après ce que nous avons dit des fiefs, il faut débrouiller, autant qu'on le pourra, ce qui regarde la noblesse, qui seule posséda longtemps ces fiefs.

Le mot de noble ne fut point d'abord un titre qui donnât des droits et qui fût héréditaire. *Nobilitas* chez les Romains signifiait ce qui est notable, et non pas un ordre de citoyens. Le sénat fut institué pour gouverner; les chevaliers, pour combattre à cheval, quand ils étaient assez riches pour avoir un cheval; les plébéiens devinrent chevaliers, et souvent même sénateurs, (x) D soit qu'on voulût augmenter le sénat, soit qu'ils eussent obtenu le droit d'être élus pour les magistratures qui en donnaient l'entrée. Cette dignité et le titre de chevalier étaient héréditaires.

Chez les Gaulois, les principaux officiers des villes et les druides gouvernaient, et le peuple obéissait; dans tout pays, il y a eu des distinctions d'état. Ceux qui disent que tous les hommes sont égaux disent la plus grande vérité, s'ils entendent que tous les hommes ont un droit égal à la liberté, à la propriété de leurs biens, à la protection des lois. Ils se tromperaient beaucoup s'ils croyaient que les hommes doivent être égaux par les emplois, puisqu'ils ne le sont point par leurs talents. Dans cette inégalité nécessaire entre les conditions, il n'y a jamais eu, ni chez les anciens ni dans les neuf parties de la terre habitable, rien de semblable à l'établissement de la noblesse dans la dixième partie, qui est notre Europe.

Ses lois, ses usages, ont varié comme tout le reste. Nous vous avons déjà fait voir que la plus ancienne noblesse héréditaire était celle des patriciens de Venise,

qui entraient au conseil avant qu'il y eût un doge, dès les
v^e et vi^e siècles; et s'il est encore des descendants de
ces premiers échevins, comme on le dit, ils sont sans
contredit les premiers nobles de l'Europe. Il en fut de
même des anciennes républiques d'Italie. Cette noblesse
était attachée à la dignité, à l'emploi, et non aux terres.

Partout ailleurs la noblesse devint le partage des
possesseurs de terres. Les *Herren* d'Allemagne, les *ricos
hombres* d'Espagne, les barons en France, en Angleterre,
jouirent d'une noblesse héréditaire, par cela seul que
leurs terres féodales ou non féodales demeurèrent dans
leurs familles. Les titres de duc, de comte, de vicomte,
de marquis, étaient d'abord des dignités, des offices à
vie, qui ensuite passèrent de père en fils, les uns plus tôt,
les autres plus tard.

Dans la décadence de la race de Charlemagne, presque
tous les États de l'Europe, hors les républiques, furent
gouvernés comme l'Allemagne l'est aujourd'hui : et
nous avons déjà vu que chaque possesseur de fief devint
souverain dans sa terre autant qu'il le put.

Il est clair que des souverains ne devaient rien à
personne, sinon ce que les petits s'étaient engagés de
payer aux grands. Ainsi un châtelain payait une paire
d'éperons à un vicomte, qui payait un faucon à un comte
qui payait à un duc une autre marque de vassalité. Tous
reconnaissaient le roi du pays pour leur seigneur suzerain; mais aucun d'eux ne pouvait être imposé à aucune
taxe. Ils devaient le service de leur personne, parce qu'ils
combattaient pour leurs terres et pour eux-mêmes, en
combattant pour l'État et pour le chef de l'État; et de
là vient qu'encore aujourd'hui les nouveaux nobles, les
anoblis, qui ne possèdent même aucun terrain, ne payent
point l'impôt appelé *taille*.

Les maîtres des châteaux et des terres, qui composaient
le corps de la noblesse en tout pays, excepté dans les
républiques, asservirent autant qu'ils le purent les habitants de leurs terres; mais les grandes villes leur résistèrent toujours : les magistrats de ces villes ne voulurent
point du tout être les serfs d'un comte, d'un baron, ni
d'un évêque, encore moins d'un abbé qui s'arrogeait
les mêmes prétentions que ces barons et que ces comtes. Les villes du Rhin et du Rhône, quelques autres

plus anciennes, comme Autun, Arles, et surtout Marseille, florissaient avant qu'il y eût des seigneurs et des prélats. Leur magistrature existait plusieurs siècles avant les fiefs; mais bientôt les barons et les châtelains l'emportèrent presque partout sur les citoyens. Si les magistrats ne furent pas les serfs du seigneur, ils furent au moins ses bourgeois; et de là vient que dans tant d'anciennes chartes on voit des échevins, des maires, se qualifier bourgeois d'un comte ou d'un évêque, bourgeois du roi. Ces bourgeois ne pouvaient choisir un nouveau domicile sans la permission de leur seigneur, et sans payer d'assez gros droits; espèce de servitude qui est encore en usage en Allemagne.

De même que les fiefs furent distingués en francs fiefs qui ne devaient rien au seigneur suzerain, en grands fiefs, et en petits redevables, il y eut aussi des *francs bourgeois,* c'est-à-dire ceux qui achetèrent le droit d'être exempts de toute redevance à leur seigneur; il y eut de *grands bourgeois* qui étaient dans les emplois municipaux, et de *petits bourgeois* qui en plusieurs points étaient esclaves.

Cette administration, qui s'était formée insensiblement, s'altéra de même en plusieurs pays, et fut détruite entièrement dans d'autres.

Les rois de France, par exemple, commencèrent par anoblir les bourgeois, en leur conférant des titres sans terres. On prétend qu'on a trouvé dans le trésor des chartes de France les lettres d'anoblissement que Philippe Ier donna à un bourgeois de Paris nommé Eudes Le Maire (1095) [1]. Il faut bien que saint Louis eût anobli son barbier La Brosse, puisqu'il le fît son chambellan. Philippe III, qui anoblit Raoul son argentier, n'est donc pas, comme on le dit, le premier roi qui se soit arrogé le droit de changer l'état des hommes. Philippe le Bel donna de même le titre de noble et d'écuyer, de *miles,* au bourgeois Bertrand, et à quelques autres; tous les rois suivirent cet exemple. (1339) Philippe de Valois anoblit Simon de Bucy, président au parlement, et Nicole Taupin sa femme.

---

1. Source : A. de la Roque, *Traité de la noblesse*, Rouen, 1734, *FL,* p. 55, col.

(1350) Le roi Jean anoblit son chancelier Guillaume de Dormans : car alors aucun office de clerc, d'homme de loi, d'homme de robe longue, ne donnait rang parmi la noblesse, malgré le titre de chevalier ès lois, et de bachelier ès lois que prenaient les clercs. Ainsi Jean Pastourel, avocat du roi, fut anobli par Charles V, avec sa femme Sédille (1354).

Les rois d'Angleterre, de leur côté, créèrent des comtes, des barons, qui n'avaient ni comté ni baronnie. Les empereurs usèrent de ce privilège en Italie : à leur exemple les possesseurs des grands fiefs s'arrogèrent le pouvoir d'anoblir et de corriger ainsi le hasard de la naissance. Un comte de Foix donna des lettres de noblesse à maître Bertrand son chancelier, et les descendants de Bertrand se dirent nobles; mais il dépendait du roi et des autres seigneurs de reconnaître ou non cette noblesse. De simples seigneurs d'Orange, de Saluces, et beaucoup d'autres, se donnèrent la même licence.

La milice des francs-archers et des Taupins, sous Charles VII, étant exempte de la contribution des tailles, prit sans aucune permission le titre de noble et d'écuyer, confirmé depuis par le temps, qui établit et qui détruit tous les usages et les privilèges; et plusieurs grandes maisons de France descendent de ces Taupins, qui se firent nobles, et qui méritaient de l'être, puisqu'ils avaient servi la patrie.

Les empereurs créèrent non seulement des nobles sans terres, mais des comtes palatins. Ces titres de comtes palatins furent donnés à des docteurs dans les universités. L'empereur Charles IV introduisit cet usage, et Barthole fut le premier auquel il donna ce titre de comte, titre avec lequel ses enfants ne seraient point entrés dans les chapitres, non plus que les enfants des Taupins.

Les papes, qui prétendaient être au-dessus des empereurs, crurent qu'il était de leur dignité de faire aussi des palatins, des marquis. Les légats du pape, qui gouvernent les provinces du saint-siège, firent partout de ces prétendus nobles; et de là vient qu'en Italie il y a beaucoup plus de marquis et de comtes que de seigneurs féodaux.

En France, quand Philippe le Bel eut établi le tribunal

appelé *parlement,* les seigneurs de fiefs qui siégeaient en cette cour furent obligés de s'aider du secours des clercs tirés ou de la condition servile, ou du corps des francs, grands et petits bourgeois. Ces clercs prirent bientôt les titres de chevaliers et de bacheliers, à l'imitation de la noblesse; mais ce nom de chevalier, qui leur était donné par les plaideurs, ne les rendait pas nobles à la cour, puisque l'avocat général Pastourel et le chancelier Dormans furent obligés de prendre des lettres de noblesse. Les étudiants des universités s'intitulaient bacheliers après un examen, et prirent la qualité de licenciés après un autre examen, n'osant prendre le titre de chevaliers [a].

Il paraît que c'eût été une grande contradiction que les gens de loi qui jugeaient les nobles ne jouissent pas des droits de la noblesse : cependant cette contradiction subsistait partout; mais en France ils jouirent des mêmes exemptions que les nobles pendant leur vie. Il est vrai que leurs droits ne s'étendaient pas jusqu'à prendre séance aux états généraux en qualité de seigneurs de fiefs, de porter un oiseau sur le poing, de servir de leur personne à la guerre, mais seulement de ne point payer la taille, de s'intituler *messire.*

Le défaut de lois bien claires et bien connues, la variation des usages et des lois fut toujours ce qui caractérisa la France. L'état de la robe fut longtemps incertain. Les cours de justice, que les Français ont appelées *parlements,* jugèrent souvent des procès concernant le droit de noblesse que prétendaient les enfants des officiers de robe. Le parlement de Paris jugea que les enfants de Jean Le Maître, avocat du roi, devaient partager noblement (1540). Il rendit ensuite un arrêt semblable en faveur d'un conseiller nommé Ménager (1578); mais les jurisconsultes eurent des opinions différentes sur ces droits que l'usage attachait insensiblement à la robe. Louet, conseiller au parlement, prétendit que les enfants des magistrats devaient partager en roture; qu'il n'y avait que les petits-fils qui pussent jouir du droit d'aînesse des gentilshommes.

Les avis des jurisconsultes ne furent pas des décisions pour la cour. Henri III déclara par un édit « qu'aucun, sinon ceux de maison et race noble, ne prendrait dorénavant le titre de noble et le nom d'écuyer » (1582) [1].

(1600) Henri IV fut moins sévère et plus juste lorsque dans l'édit du règlement des tailles il déclara, quoique en termes très vagues, que « ceux qui ont servi le public en charges honorables peuvent donner commencement de noblesse à leur postérité » [2].

Cette dispute de plusieurs siècles sembla terminée depuis sous Louis XIV, en 1644, au mois de juillet, et ne le fut pourtant pas. Nous devançons ici les temps pour donner tout l'éclaircissement nécessaire à cette matière. Vous verrez dans le *Siècle de Louis XIV* quelle guerre civile fut excitée dans Paris pendant la jeunesse de ce monarque. Ce fut dans cette guerre que le parlement de Paris, la chambre des comptes, la cour des aides, et toutes les autres cours des provinces (1644), obtinrent *les privilèges des nobles de race, gentilshommes et barons du royaume,* affectés aux enfants des conseillers et présidents qui auraient servi vingt ans, ou qui seraient morts dans l'exercice de leurs charges [3]. Leur état semblait être assuré par cet édit.

(1669) Pourrait-on croire après cela que Louis XIV, séant lui-même au parlement, révoqua ces privilèges, et maintint seulement tous ces officiers de judicature dans *leurs anciens droits,* en révoquant tous les privilèges de noblesse accordés à eux et à leurs descendants en 1644, et depuis jusqu'à l'année 1669 ?

Louis XIV, tout puissant qu'il était, ne l'a pas été assez pour ôter à tant de citoyens un droit qui leur avait été donné sous son nom. Il est difficile qu'un seul homme puisse obliger tant d'autres hommes à se dépouiller de ce qu'ils ont regardé comme leur possession. L'édit de 1644 a prévalu : les cours de judicature ont joui des privilèges de la noblesse, et la nation ne les a pas contestés à ceux qui jugent la nation.

Pendant que les magistrats des cours supérieures

---

1. La Roque, *Traité,* p. 103, sig. an. V : « parlements ». V. abrège le texte cité.
2. *Ibid.*, p. 169. V. abrège encore.
3. *Ibid.*, p. 171, col. sig. an V. : « noblesse des enfants d'officiers de judicature. »

disputaient ainsi sur leur état depuis l'an 1300, les bourgeois des villes et leurs officiers principaux flottèrent dans la même incertitude. Charles V, dit *le Sage,* pour s'acquérir l'affection des citoyens de Paris, leur accorda plusieurs privilèges de la noblesse, comme de porter des armoiries et de tenir des fiefs sans payer la finance, qu'on appelle *le droit de franc fief,* et ils en jouissent encore. Les maires, les échevins de plusieurs villes de France, jouirent des mêmes droits, les uns par un ancien usage, les autres par des concessions.

La plus ancienne concession de la noblesse à un office de plume, en France, fut celle des secrétaires du roi. Ils étaient originairement ce que sont aujourd'hui les secrétaires d'État; ils s'appelaient *clercs du secret,* et puisqu'ils écrivaient sous les rois, et qu'ils expédiaient leurs ordres, il était juste de les distinguer. Leur droit de jouir de la noblesse après vingt ans d'exercice servit de modèle aux officiers de judicature.

C'est ici que se voit principalement l'extrême variation des usages de France. Les secrétaires d'État, qui n'ont originairement d'autre droit que de signer les expéditions, et qui ne pouvaient les rendre authentiques qu'autant qu'ils étaient clercs du secret, secrétaires-notaires du roi, sont devenus des ministres et les organes tout-puissants de la volonté royale toute-puissante. Ils se sont fait appeler *monseigneur,* titre qu'on ne donnait autrefois qu'aux princes et aux chevaliers; et les secrétaires du roi ont été relégués à la chancellerie, où leur unique fonction est de signer des patentes. On a augmenté leur nombre inutile jusqu'à trois cents, uniquement pour avoir de l'argent; et ce honteux moyen a perpétué la noblesse française dans près de six mille familles, dont les chefs ont acheté tour à tour ces charges.

Un nombre prodigieux d'autres citoyens, banquiers, chirurgiens, marchands, domestiques de princes, commis, ont obtenu des lettres de noblesse; et au bout de quelques générations ils prennent chez leurs notaires le titre de très hauts et très puissants seigneurs. Ces titres ont avili la noblesse ancienne sans relever beaucoup la nouvelle.

Enfin le service personnel des anciens chevaliers et écuyers ayant entièrement cessé, les états généraux n'étant plus assemblés, les privilèges de toute la noblesse, soit ancienne, soit nouvelle, se sont réduits à payer la capitation au lieu de payer la taille. Ceux qui n'ont eu pour père ni échevin, ni conseiller, ni homme anobli, ont été désignés par des noms qui sont devenus des outrages : ce sont les noms de *vilain* et de *roturier*.

Vilain vient de ville, parce qu'autrefois il n'y avait de nobles que les possesseurs des châteaux; et *roturier,* de rupture de terre, labourage, qu'on a nommé *roture*. De là il arriva que souvent un lieutenant général des armées, un brave officier couvert de blessures, était taillable, tandis que le fils d'un commis jouissait des mêmes droits que les premiers officiers de la couronne. Cet abus déshonorant n'a été réformé qu'en 1752, par M. d'Argenson, secrétaire d'État de la guerre, celui de tous les ministres qui a fait le plus de bien aux troupes, et dont je fais ici l'éloge d'autant plus librement qu'il est disgracié [1].

Cette multiplicité ridicule de nobles sans fonction et sans vraie noblesse, cette distinction avilissante entre l'anobli inutile qui ne paie rien à l'État, et le roturier utile qui paie la taille, ces charges qu'on acquiert à prix d'argent, et qui donnent le vain nom d'écuyer, tout cela ne se trouve point ailleurs : c'est un effort de démence dans un gouvernement d'avilir la plus grande partie de la nation. Quiconque en Angleterre a quarante francs de revenu en terre est *homo ingenuus,* franc citoyen, libre Anglais, nommant des députés au parlement : tout ce qui n'est pas simple artisan est reconnu pour gentilhomme, *gentleman;* et il n'y a de nobles, dans la rigueur de la loi, que ceux qui dans la chambre haute représentent les anciens barons, les anciens pairs de l'État.

Dans beaucoup de pays libres, les droits du sang ne donnent aucun avantage : on ne connaît que ceux de citoyen, et même à Bâle, aucun gentilhomme ne peut parvenir aux charges de la république, à moins qu'il ne renonce à ses prérogatives de gentilhomme.

Pascal

---

1. Marc-Pierre de Voyer de Paulmy, comte d'Argenson, était disgracié depuis quatre ans (1er février 1757, voyez *Histoire du Parlement*, chapitre 67), lorsqu'en 1761 V. imprima cet éloge. (M.)

Cependant, dans tous les États libres, les magistrats ont pris le titre de *nobilis,* noble. C'est sans doute une très belle noblesse que d'avoir été de père en fils à la tête d'une république; mais tel est l'usage, tel est le préjugé, que cinq cents ans d'une si pure illustration n'empêcheraient pas d'être mis en France à la taille, et ne pourraient faire recevoir un homme dans le moindre chapitre d'Allemagne.

Ces usages sont le tableau de la vanité et de l'inconstance; et c'est la moins funeste partie de l'histoire du genre humain.

CHAPITRE XCIX

Les tournois, si longtemps célèbres dans l'Europe chrétienne, et si souvent anathématisés, étaient des jeux plus nobles que la lutte, le disque et la course des Grecs, et bien moins barbares que les combats des gladiateurs chez les Romains. Nos tournois ne ressemblaient en rien à ces spectacles, mais beaucoup à ces exercices militaires si communs dans l'antiquité, et à ces jeux dont on trouve tant d'exemples dès le temps d'Homère. Les jeux guerriers commencèrent à prendre naissance en Italie vers le temps de Théodoric, qui abolit les gladiateurs au Ve siècle, non pas en les interdisant par un édit, mais en reprochant aux Romains cet usage barbare, afin qu'ils apprissent d'un Goth l'humanité et la politesse. Il y eut ensuite en Italie, et surtout dans le royaume de Lombardie, des jeux militaires, de petits combats qu'on appelait *bataillole,* dont l'usage s'est conservé encore dans les villes de Venise et de Pise.

Il passa bientôt chez les autres nations. Nithard[1] rapporte qu'en 870, les enfants de Louis le Débonnaire signalèrent leur réconciliation par une de ces joutes solennelles, qu'on appela depuis *tournois : « Ex utraque parte alter in alterum veloci cursu ruebant. »*

L'empereur Henri l'Oiseleur, pour célébrer son couronnement, donna une de ces fêtes militaires (920) : on y combattit à cheval. L'appareil en fut aussi magni-

---

1. Vulson de la Colombière, *Le Vrai Théâtre d'honneur et de chevalerie*, Paris, 1648, *FL*, t. 1, p. 31, et Du Cange, *Dissert. VI* sur Joinville, t. VII du *Gloss.*, éd. *Henschel*, p. 24. V. abrège le texte de Nithard. (Ch.)

fique qu'il pouvait l'être dans un pays pauvre, qui n'avait encore de villes murées que celles qui avaient été bâties par les Romains le long du Rhin.

L'usage s'en perpétua en France, en Angleterre, chez les Espagnols et chez les Maures. On sait que Geoffroi de Preuilly, chevalier de Touraine, rédigea quelques lois pour la célébration de ces jeux, vers la fin de l'onzième siècle; quelques-uns prétendent que c'est de la ville de Tours qu'ils eurent le nom de *tournois,* car on ne tournait point dans ces jeux comme dans les courses des chars chez les Grecs et chez les Romains. Mais il est plus probable que *tournoi* venait d'épée tournante, *ensis torneaticus,* ainsi nommée dans la basse latinité, parce que c'était un sabre sans pointe, n'étant point permis dans ces jeux de frapper avec une autre pointe que celle de la lance.

Ces jeux s'appelaient d'abord chez les Français *emprises, pardons d'armes;* et ce terme *pardon* signifiait qu'on ne se combattait pas jusqu'à la mort. On les nommait aussi *béhourdis,* du nom d'une armure qui couvrait le poitrail des chevaux. René d'Anjou, roi de Sicile et de Jérusalem, duc de Lorraine, qui, ne possédant aucun de ces États, s'amusait à faire des vers et des tournois, fit de nouvelles lois pour ces combats.

« S'il veut faire un tournoi, ou béhourdis, dit-il dans ses lois, faut que ce soit quelque prince, ou du moins haut baron [1]. » Celui qui faisait le tournoi envoyait un héraut présenter une épée au prince qu'il invitait, et le priait de nommer les juges du camp.

« Les tournois, dit ce bon roi René, peuvent être moult utiles; car par adventure, il pourra advenir que tel jeune chevalier ou écuyer, pour y bien faire, acquerra grâce ou augmentation d'amour de sa dame [2]. »

On voit ensuite toutes les cérémonies qu'il prescrit; comment on pend aux fenêtres ou aux galeries de la lice les armoiries des chevaliers qui doivent combattre les chevaliers, et des écuyers qui doivent jouter contre les écuyers.

---

1. Vulson, *Le Vrai Théâtre...,* t. I, p. 49.
2. *Ibid.,* t. I, p. 53. V. abrège et arrange.

Tout se faisait à l'honneur des dames, selon les lois du bon roi René. Elles visitaient toutes les armes, elles distribuaient les prix; et si quelque chevalier ou écuyer du tournoi avait mal parlé de quelques-unes d'elles, les autres tournoyants le battaient de leurs épées, jusqu'à ce que les dames criassent grâce; ou bien on le mettait sur les barrières de la lice, les jambes pendantes à droite et à gauche, comme on met aujourd'hui un soldat sur le cheval de bois.

Outre les tournois, on institua les pas d'armes; et ce même roi René fut encore législateur dans ces amusements. Le pas d'armes de la gueule du dragon auprès de Chinon, en 1446, fut très célèbre. Quelque temps après, celui du château de la joyeuse garde eut plus de réputation encore. Il s'agissait dans ces combats de défendre l'entrée d'un château, ou le passage d'un grand chemin. René eût mieux fait de tenter d'entrer en Sicile ou en Lorraine. La devise de ce galant prince était une chaufferette pleine de charbon, avec ces mots : *porté d'ardent désir;* et cet ardent désir n'était pas pour ses États, qu'il avait perdus, c'était pour mademoiselle Gui de Laval, dont il était amoureux, et qu'il épousa après la mort d'Isabelle de Lorraine.

Ce furent ces anciens tournois qui donnèrent naissance longtemps auparavant aux armoiries, vers le commencement du xiie siècle. Tous les blasons qu'on suppose avant ce temps sont évidemment faux, ainsi que toute ces prétendues lois des chevaliers de la Table ronde, tant chantés par les romans. Chaque chevalier qui se présentait avec le casque fermé faisait peindre sur son bouclier ou sur sa cotte d'armes quelques figures de fantaisie. De là ces noms si célèbres dans les anciens romanciers, de chevaliers des aigles et des lions. Les termes du blason, qui paraissent aujourd'hui un jargon ridicule et barbare, étaient alors des mots communs. La couleur de feu était appelée *gueules,* le vert était nommé *sinople,* un pieu était un *pal,* une bande était une *fasce,* de *fascia,* qu'on écrivit depuis *face.*

Si ces jeux guerriers des tournois avaient jamais dû être autorisés, c'était dans le temps des croisades, où l'exercice des armes était nécessaire, et devenait consacré; cependant c'est dans ce temps même que les papes s'avisèrent de les défendre, et d'anathématiser une image de la guerre, eux qui avaient si souvent excité des guerres véritables. Entre autres, Nicolas III, le même qui depuis conseilla les Vêpres siciliennes, excommunia tous ceux qui avaient combattu et même assisté à un tournoi en France sous Philippe le Hardi (1279); mais d'autres papes approuvèrent ces combats, et le roi de France Jean donna au pape Urbain V le spectacle d'un tournoi, lorsque après avoir été prisonnier à Londres il alla se croiser à Avignon, dans le dessein chimérique d'aller combattre les Turcs, au lieu de penser à réparer les malheurs de son royaume.

L'empire grec n'adopta que très tard les tournois; toutes les coutumes de l'Occident étaient méprisées des Grecs; ils dédaignaient les armoiries, et la science du blason leur parut ridicule. Enfin le jeune empereur Andronic ayant épousé une princesse de Savoie (1326), quelques jeunes Savoyards donnèrent le spectacle d'un tournoi à Constantinople : les Grecs alors s'accoutumèrent à cet exercice militaire; mais ce n'était pas avec des tournois qu'on pouvait résister aux Turcs : il fallait de bonnes armées et un bon gouvernement, que les Grecs n'eurent presque jamais.

L'usage des tournois se conserva dans toute l'Europe. Un des plus solennels fut celui de Boulogne-sur-Mer (1309), au mariage d'Isabelle de France avec Édouard II, roi d'Angleterre. Édouard III en fit deux beaux à Londres. Il y en eut même un à Paris du temps du malheureux Charles VI (1415); ensuite vinrent ceux de René d'Anjou, dont nous avons déjà parlé. Le nombre en fut très grand jusque vers le temps qui suivit la mort du roi de France Henri II, tué, comme on sait, dans un tournoi au palais des Tournelles (1559) [a]. Cet accident semblait devoir les abolir pour jamais.

La vie désoccupée des grands, l'habitude et la passion, renouvelèrent pourtant ces jeux funestes à Orléans, un an après la mort tragique de Henri II. Le prince Henri de Bourbon-Montpensier en fut encore la victime; une chute de cheval le fit périr. Les tournois cessèrent absolument. Il en resta une image dans le pas d'armes, dont Charles IX et Henri III furent les tenants un an après la Saint-Barthélemy; car les fêtes furent toujours mêlées, dans ces temps horribles, aux proscriptions. Ce pas d'armes n'était pas dangereux; on n'y combattait pas à fer émoulu (1581). Il n'y eut point de tournoi au mariage du duc de Joyeuse. Le terme de tournoi est employé mal à propos à ce sujet dans le *Journal* de L'Étoile [1]. Les seigneurs ne combattirent point; et ce que L'Étoile appelle tournoi ne fut qu'une espèce de ballet guerrier représenté dans le jardin du Louvre par des mercenaires : c'était un des spectacles qu'on donnait à la cour, mais non pas un spectacle que la cour donnât elle-même. Les jeux que l'on continua depuis d'appeler tournois ne furent que des carrousels.

L'abolition des tournois est donc de l'année 1560. Avec eux périt l'ancien esprit de la chevalerie, qui ne reparut plus guère que dans les romans. Cet esprit régnait encore beaucoup au temps de François Ier et de Charles-Quint. Philippe II, renfermé dans son palais, n'établit en Espagne d'autre mérite que celui de la soumission à ses volontés. La France, après la mort de Henri II, fut plongée dans le fanatisme, et désolée par les guerres de religion. L'Allemagne, divisée en catholiques romains, luthériens, calvinistes, oublia tous les anciens usages de chevalerie, et l'esprit d'intrigue les détruisit en Italie.

À ces pas d'armes, aux combats à la barrière, à ces imitations des anciens tournois partout abolis, ont succédé les combats contre les taureaux en Espagne, et les carrousels en France, en Italie, en Allemagne. Il serait superflu de donner ici la description de ces jeux; il suffira du grand carrousel qu'on verra dans le *Siècle de Louis XIV*. En 1750, le roi de Prusse donna dans Berlin un carrousel très brillant[2]; mais le plus magnifique et le plus singulier de tous a été celui de Saint-Pétersbourg, donné par l'impératrice Catherine Seconde : les dames coururent avec les seigneurs, et remportèrent des prix. Tous ces jeux militaires com-

---

1. Pierre de L'Estoile, *Journal de Henri III*, La Haye,1744, *FL*, t. I, p. 331.
2. Décrit par V., D 4201, 28 août 1750, à d'Argental.

mencent à être abandonnés; et de tous les exercices qui rendaient autrefois les corps plus robustes et plus agiles, il n'est presque plus resté que la chasse : encore est-elle négligée par la plupart des princes de l'Europe. Il s'est fait des révolutions dans les plaisirs comme dans tout le reste.

CHAPITRE C

L'éducation de la noblesse étendit beaucoup l'usage des duels, qui se perpétua si longtemps, et qui commença avec les monarchies modernes. Cette coutume de juger des procès par un combat juridique ne fut connue que des chrétiens occidentaux. On ne voit point de ces duels dans l'Église d'Orient; les anciennes nations n'eurent point cette barbarie. César rapporte dans ses *Commentaires* que deux de ses centurions [1], toujours jaloux et toujours ennemis l'un de l'autre, vidèrent leur querelle par un défi; mais ce défi était de montrer qui des deux ferait les plus belles actions dans la bataille. L'un, après avoir renversé un grand nombre d'ennemis, étant blessé et terrassé à son tour, fut secouru par son rival. C'étaient là les duels des Romains.

Le plus ancien monument des duels ordonnés par les arrêts des rois est la loi de Gondebaud le Bourguignon, d'une race germanique qui avait usurpé la Bourgogne. La même jurisprudence était établie dans tout notre Occident. L'ancienne loi catalane, citée par le savant du Cange [2], les lois allemandes-bavaroises, spécifient plusieurs cas pour ordonner le duel.

Dans les assises tenues par les croisés à Jérusalem,

---

1. Varenus et Pulsion. V. a placé un sig. sur ce passage dans son exemplaire, *FL*, t. I, pp. 154-5.

2. Voici le texte exact de Du Cange, art. *Duellum*, t. II, p. 1668 : « Le Guarent que l'on lieve si com esparjur, doit répondre maintenant à celui qui ensi li lieve, Tu mens, et je suis pret que je m'en aleante contre toi, et defende mon cors contre le tien, et te rendrai mort ou recreant en une oure dou jour, et vessi mon Gage. » Du Cange cite en référence *Assisiae Hierosolymitanae*, mss. cap. 136.

on s'exprime ainsi : « Le garent que l'on lieve, si come es par pu doit répondre à qui li lieve : Tu ments, et te rendrai mort ô recreant, et vessi mon gage. »

L'ancien Coutumier de Normandie dit : « Plainte de meurtre doit être faite; et si l'accusé nie, il en offre gage... et bataille li doit être ottroyée par justice [1]. »

Il est évident par ces lois qu'un homme accusé d'homicide était en droit d'en commettre deux. On décidait souvent d'une affaire civile par cette procédure sanguinaire. Un héritage était-il contesté, celui qui se battait le mieux avait raison; et les différends des citoyens se jugeaient, comme ceux des nations, par la force.

Cette jurisprudence eut ses variations comme toutes les institutions ou sages ou folles des hommes. Saint Louis ordonna qu'un écuyer accusé par un vilain pourrait combattre à cheval, et que le vilain accusé par l'écuyer pourrait combattre à pied. Il exempte de la loi du duel les jeunes gens au-dessous de vingt et un ans, et les vieillards au-dessus de soixante.

Les femmes et les prêtres nommaient des champions pour s'égorger en leur nom; la fortune, l'honneur, dépendaient d'un choix heureux. Il arriva même quelquefois que les gens d'église offrirent et acceptèrent le duel. On les vit combattre en champ clos; et il paraît, par les constitutions de Guillaume le Conquérant, que les clercs et les abbés ne pouvaient combattre sans la permission de leur évêque : *Si clericus duellum sine episcopi licentia susceperit, etc.*

Par les établissements de saint Louis, et d'autres monuments rapportés dans Du Cange, il paraît que les vaincus étaient quelquefois pendus, quelquefois décapités ou mutilés : c'étaient les lois de l'honneur, et ces lois étaient munies du sceau d'un saint roi qui passe pour avoir voulu abolir cet usage digne des sauvages.

(1168) On avait perfectionné la justice du temps de Louis le Jeune, au point qu'il statua qu'on n'ordonnerait le duel que dans des causes où il s'agirait au moins de cinq sous de ce temps, *quinque solidos.*

---

1. Du Cange, *ibid.*, t. II, p. 1669, cite une *Vetus consuetudo Normanniae*, 2 part., cap. 2. V. abrège considérablement.

LE VRAY
THEATRE
D'HONNEVR
ET DE CHEVALERIE,
OV LE MIROIR HEROIQVE
DE LA NOBLESSE.

CONTENANT

LES COMBATS OV IEVX SACREZ DES GRECS
& des Romains, les Triomphes, les Tournois, les Iouftes, les Pas,
les Emprifes ou Entreprifes, les Armes, les Combats à la Barriere,
les Carrofels, les Courfes de Bague & de la Quintaine, les Machines,
les Chariots de Triomphe, les Cartels, les Deuifes, les Prix, les Vœux,
les Sermens, les Ceremonies, les Statuts, les Ordres, & autres magnificences & exercices des Anciens Nobles durant la Paix.

AVEC LE FORMVLAIRE D'VN TOVRNOY TEL
qu'on le pourroit faire à prefent auec les armes dont les
Gentils-hommes fe feruent à la Guerre.

LE TOVT ENRICHY DE FIGVRES EN TAILLE-
douce fur les principales matieres.

DEDIE' A MONSEIGNEVR LE CARDINAL MAZARIN.

Par MARC DE WILSON, Sieur DE LA COLOMBIERE, Cheualier, Confeiller
& Maiftre d'Hoftel ordinaire du Roy, & Gentil-homme de
la Maifon de fa Maiefté.

A PARIS,
Chez AVGVSTIN COVRBE', dans la petite Salle
du Palais, à la Palme.

M. DC. XXXXVIII.
AVEC PRIVILEGE DV ROY.

Philippe le Bel publia un grand code de duels. Si le demandeur voulait se battre par procureur, nommer un champion pour défendre sa cause, il devait dire : « Notre souverain seigneur, je proteste et retiens que par loyale essoine de mon corps (c'est-à-dire par faiblesse ou maladie), je puisse avoir un gentilhomme mon avoué, qui en ma présence, si je puis, ou en mon absence, à l'aide de Dieu, de Notre-Dame et de monseigneur saint George, fera son loyal devoir à mes coûts et dépens, etc. »

Les deux parties adverses, ou bien leurs champions, comparaissaient au jour assigné dans une lice de quatre-vingts pas de long et de quarante de large, gardée par des sergents d'armes. Ils arrivaient « à cheval, visière baissée, écu au col, glaive au poing, épées et dagues ceintes ». Il leur était enjoint de porter un crucifix, ou l'image de la Vierge, ou celle d'un saint, dans leurs bannières. Les hérauts d'armes faisaient ranger les spectateurs tous à pied autour des lices. Il était défendu d'être à cheval au spectacle, sous peine, pour un noble, de perdre sa monture, et, pour un bourgeois, de perdre une oreille.

Le maréchal du camp, aidé d'un prêtre, faisait jurer les deux combattants sur un crucifix que leur droit était bon, et qu'ils n'avaient point d'armes enchantées; ils en prenaient à témoin monsieur saint George, et renonçaient au paradis s'ils étaient menteurs. Ces blasphèmes étant prononcés, le maréchal criait : Laissez-les aller; il jetait un gant; les combattants partaient, et les armes du vaincu appartenaient au maréchal.

Les mêmes formules s'observaient à peu près en Angleterre. Elles étaient très différentes en Allemagne : on lit dans le *Théâtre d'honneur*[1] et dans plusieurs anciennes chroniques, que d'ordinaire le bourg de Hall en Souabe était le champ de ces combats. Les deux ennemis venaient demander permission aux notables de Souabe assemblés, d'entrer en lice. On donnait à chaque combattant un parrain et un confesseur; le

---

1. Vulson, *Le Vrai Théâtre...*, t. II, p. 165. Les exemples suiv. viennent aussi du *Théâtre* de Vulson de la Colombière, t. II.

peuple chantait un *Libera,* et on plaçait au bout de la lice une bière entourée de torches pour le vaincu. Les mêmes cérémonies s'observaient à Wisbourg.

Il y eut beaucoup de combats en champ clos dans toute l'Europe jusqu'au xiiie siècle. C'est des lois de ces combats que viennent les proverbes : « Les morts ont tort; les battus payent l'amende. »

Les parlements de France ordonnèrent quelquefois ces combats, comme ils ordonnent aujourd'hui une preuve par écrit ou par témoins. (1143) Sous Philippe de Valois, le parlement jugea qu'il y avait gage de bataille et nécessité de se tuer entre le chevalier Dubois et le chevalier de Vervins, parce que Vervins avait voulu persuader à Philippe de Valois que Dubois *avait ensorcelé Son Altesse le roi de France.*

Le duel de Legris et de Carrouge, ordonné par le parlement, sous Charles VI, est encore fameux aujourd'hui. Il s'agissait de savoir si Legris avait couché ou non avec la femme de Carrouge malgré elle.

(1442) Le parlement, longtemps après, dans une cause solennelle entre le chevalier Patarin et l'écuyer Tachon, déclara que le cas dont il s'agissait ne requérait pas gage de bataille, et qu'il fallait une accusation grave et dénuée de témoins pour que le duel fut légitimement ordonné.

Ce cas grave arriva en 1454. Un chevalier, nommé Jean Picard, accusé d'avoir abusé de sa propre fille, fut reçu par arrêt à se battre contre son gendre, qui était sa partie. Le *Théâtre d'honneur et de chevalerie* [1] ne dit pas quel fut l'événement; mais, quel qu'il fût, le parlement ordonna un parricide pour avérer un inceste.

Les évêques, les abbés, à l'imitation des parlements et du conseil étroit des rois, ordonnèrent aussi le combat en champ clos dans leurs territoires. Yves de Chartres reproche à l'archevêque de Sens et à l'évêque d'Orléans d'avoir autorisé ainsi trop de duels pour des affaires civiles. Geoffroi du Maine, évêque d'Angers (1100), obligea les moines de Saint-Serga de prouver par le combat que certaines dîmes leur étaient dues; et le

---

1. Vulson, *ibid.,* t. II, p. 206, qui donne la date de 1352.

champion des moines, homme robuste, gagna leur cause à coups de bâton.

Sous la dernière race des ducs de Bourgogne, les bourgeois des villes de Flandre jouissaient du droit de prouver leurs prétentions avec le bouclier et la massue de mesplier; ils oignaient de suif leur pourpoint, parce qu'ils avaient entendu dire qu'autrefois les athlètes se frottaient d'huile; ensuite ils plongeaient les mains dans un baquet plein de cendres, et mettaient du miel ou du sucre dans leurs bouches; après quoi ils combattaient jusqu'à la mort, et le vaincu était pendu.

La liste de ces combats en champ clos, commandés ainsi par les souverains, serait trop longue. Le roi François Ier en ordonna deux solennellement, et son fils Henri II en ordonna aussi deux. Le premier de ceux qu'ordonna Henri fut celui de Jarnac et de La Châtaigneraie (1547). Celui-ci soutenait que Jarnac couchait avec sa belle-mère, celui-là le niait : était-ce là une raison pour un monarque de commander, de l'avis de son conseil, qu'ils se coupassent la gorge en sa présence? Mais telles étaient les mœurs. Chacun des deux champions jura sur les Évangiles qu'ils combattait pour la vérité, et qu'il « n'avait sur lui ni paroles, ni charmes, ni incantations ». La Châtaigneraie étant mort de ses blessures, Henri II fit serment qu'il n'ordonnerait plus les duels; et deux ans après il donna dans son conseil privé des lettres patentes par lesquelles il était enjoint à deux jeunes gentilshommes d'aller se battre en champ clos à Sedan, sous les yeux du maréchal de La Mark, prince souverain de Sedan. Henri croyait ne point violer son serment, en ordonnant aux parties d'aller se tuer ailleurs qu'en son royaume. La cour de Lorraine s'opposa formellement à cet honneur que recevait le maréchal de La Mark. Elle envoya protester dans Sedan que tous les duels entre le Rhin et la Meuse devaient, par les lois de l'empire, se faire par l'ordre et en présence des souverains de Lorraine. Le camp n'en fut pas moins assigné à Sedan. Le motif de cet arrêt du roi Henri II, rendu en son conseil privé, était que l'un de ces deux gentilshommes, nommé Daguères, avait mis la main dans les chausses d'un jeune homme nommé Fendilles. Ce Fendilles, blessé dans le combat, ayant avoué qu'il avait tort, fut jeté hors du camp par les hérauts d'armes, et ses armes furent brisées; c'était une des punitions du vaincu. On ne peut concevoir aujourd'hui comment une cause si ridicule pouvait être vidée par un combat juridique.

Il ne faut pas confondre avec tous ces duels, regardés comme l'ancien jugement de Dieu, les combats singuliers entre les chefs de deux armées, entre les chevaliers des partis opposés. Ces combats sont des faits d'armes, des exploits de guerre, de tout temps en usage chez toutes les nations.

On ne sait si on doit placer plusieurs cartels de défi de roi à roi, de prince à prince, entre les duels juridiques, ou entre les exploits de chevalerie : il y en eut de ces deux espèces.

Lorsque Charles d'Anjou, frère de saint Louis, et Pierre d'Aragon, se défièrent après les Vêpres siciliennes, ils convinrent de remettre la justice de leur cause à un combat singulier, avec la permission du pape Martin IV, comme le rapporte Jean-Baptiste Caraffa dans son histoire de Naples [1] : le roi de France Philippe le Hardi leur assigna le camp de Bordeaux; rien ne ressemble plus aux duels juridiques. Charles d'Anjou arriva le matin au lieu et au jour assignés, et prit acte du défaut de son ennemi, qui n'arriva que sur le soir. Pierre prit acte à son tour du défaut de Charles, qui ne l'avait pas attendu. Ce défi singulier eût été au rang des combats juridiques si les deux rois avaient eu autant d'envie de se battre que de se braver. Le duel qu'Édouard III fit proposer à Philippe de Valois appartient à la chevalerie. Philippe de Valois le refusa, prétendant que le seigneur suzerain ne pouvait être défié par son vassal; mais lorsque ensuite le vassal eut défait les armées du suzerain, Philippe proposa le duel; Édouard III, vainqueur, le refusa, disant qu'il était trop avisé pour remettre au hasard d'un combat singulier ce qu'il avait gagné par des batailles.

Charles-Quint et François Ier se défièrent, s'envoyèrent des cartels, se dirent « qu'ils avaient menti

---

1. V. cite Caraffa d'après Vulson, *ibid.*, t. II, p. 214.

par la gorge », et ne se battirent point [1]. Il n'y a pas un seul exemple de rois qui aient combattu en champ clos; mais le nombre des chevaliers qui prodiguèrent leur sang dans ces aventures est prodigieux.

Nous avons déjà cité [2] le cartel de ce duc de Bourbon qui, pour éviter l'oisiveté, proposait un combat à outrance à l'honneur des dames.

Un des plus fameux cartels est celui de Jean de Verchin [3], chevalier de grande renommée, et sénéchal du Hainaut : il fit afficher dans toutes les grandes villes de l'Europe qu'il se battrait à outrance, seul ou lui sixième, avec l'épée, la lance et la hache, « avec l'aide de Dieu, de la sainte Vierge, de monsieur saint George et de sa dame ». Le combat se devait faire dans un village de Flandre, nommé Conchy; mais personne n'ayant comparu pour venir se battre contre ce Flamand, il fit vœu d'aller chercher des aventures dans tout le royaume de France et en Espagne, toujours armé de pied en cap; après quoi il alla offrir un bourdon à monseigneur saint Jacques en Galice : on voit par là que l'original de don Quichotte était de Flandre.

Le plus horrible duel qui fut jamais proposé, et pourtant le plus excusable, est celui du dernier duc de Gueldre, Arnoud ou Arnaud, dont les États tombèrent dans la branche de France de Bourgogne, appartinrent depuis à la branche d'Autriche espagnole, et dont une partie est libre aujourd'hui.

(1470) Adolphe, fils de ce dernier duc Arnoud, fit la guerre à son père du temps de Charles le Téméraire, duc de Bourgogne; et cet Adolphe déclara publiquement devant Charles que son père avait joui assez longtemps, qu'il voulait jouir à son tour; et que si son père voulait accepter une petite pension de trois mille florins, il la lui ferait volontiers. Charles, qui était très puissant

---

1. Vulson, t. II, pp. 218-9.

2. Ch. 121. Ce qui forme aujourd'hui le ch. 121 existait dans l'édition de 1756; c'est dans l'édition de 1761 que V. a ajouté ce qui forme aujourd'hui le ch. 100. Voilà comment dans ce chapitre il a pu dire : « Nous avons déjà cité ». (B.)

3. Vulson, t. II, pp. 240-1, sig. an. V. : « cartel de Verchins défi à tous chevaliers ».

avant d'être malheureux, engagea le père et le fils à comparaître en sa présence. Le père, quoique vieux et infirme, jeta le gage de bataille, et demanda au duc de Bourgogne la permission de se battre contre son fils dans sa cour. Le fils l'accepta, le duc Charles ne le permit pas; et le père ayant justement déshérité son coupable fils, et donné ses États à Charles, ce prince les perdit avec tous les siens et avec la vie, dans une guerre plus injuste que tous les duels dont nous avons parlé.

Ce qui contribua le plus à l'abolissement de cet usage, ce fut la nouvelle manière de faire combattre les armées. Le roi Henri IV décria l'usage des lances à la journée d'Ivry, et aujourd'hui que la supériorité du feu décide de tout dans les batailles, un chevalier serait mal reçu à se présenter la lance en arrêt. La valeur consistait autrefois à se tenir ferme et armé de toutes pièces sur un cheval de carrosse qui était aussi bardé de fer: elle consiste aujourd'hui à marcher lentement devant cent bouches de canon qui emportent quelquefois des rangs entiers.

Lorsque les duels juridiques n'étaient plus d'usage, et que les cartels de chevalerie l'étaient encore, les duels entre particuliers commencèrent avec fureur; chacun se donna soi-même, pour la moindre querelle, la permission qu'on demandait autrefois aux parlements, aux évêques, et aux rois.

Il y avait bien moins de duels quand la justice les ordonnait solennellement; et lorsqu'elle les condamna, ils furent innombrables. On eut bientôt des seconds dans ces combats, comme il y en avait eu dans ceux de chevalerie.

Un des plus fameux dans l'histoire est celui de Caylus, Maugiron, et Livarot, contre Antraguet, Riberac, et Schomberg, sous le règne de Henri III, à l'endroit où est aujourd'hui la place Royale à Paris, et où était autrefois le palais des Tournelles. Depuis ce temps il ne se passa presque point de jour qui ne fût marqué par quelque duel; et cette fureur fut poussée au point qu'il y avait des compagnies de gendarmes dans lesquelles on ne recevait personne qui ne se fût battu au moins une fois, ou qui ne jurât de se battre dans l'année. Cette coutume horrible a duré jusqu'au temps de Louis XIV.

CHAPITRE CI

Louis XI laissa son fils Charles VIII, enfant de quatorze ans, faible de corps, et sans aucune culture dans l'esprit, maître du plus beau et du plus puissant royaume qui fût alors en Europe. Mais il lui laissa une guerre civile, compagne presque inséparable des minorités. Le roi, à la vérité, n'était point mineur par la loi de Charles V, mais il l'était par celle de la nature. Sa sœur aînée, Anne, femme du duc de Bourbon-Beaujeu, eut le gouvernement par le testament de son père; et on prétend qu'elle en était digne. Louis, duc d'Orléans, premier prince du sang, qui fut depuis ce même roi Louis XII, dont la mémoire est si chère, commença par être le fléau de l'État dont il devint depuis le père. D'un côté, sa qualité de premier prince du sang, loin de lui donner aucun droit au gouvernement, ne lui eût pas même donné le pas sur les pairs plus anciens que lui; de l'autre, il semblait toujours étrange qu'une femme, que la loi déclare incapable du trône, régnât pourtant sous un autre nom. Louis, duc d'Orléans, ambitieux (car les plus vertueux le sont), fit la guerre civile à son souverain pour être son tuteur.

Le parlement de Paris vit alors quel crédit il pouvait un jour avoir dans les minorités. Le duc d'Orléans vint s'adresser aux chambres assemblées pour avoir un arrêt qui changeât le gouvernement. La Vaquerie, homme de loi, premier président, répondit que ni les finances ni le gouvernement de l'État ne regardent le parlement, mais bien les états généraux, lesquels le parlement ne représente pas.

On voit par cette réponse que Paris alors était tranquille, et que le parlement était dans les intérêts de Mme de Beaujeu. (1488) La guerre civile se fit dans les provinces, et surtout en Bretagne, où le vieux duc François II prit le parti du duc d'Orléans. On donna la bataille près de Saint-Aubin en Bretagne. Il faut remarquer que dans l'armée des Bretons et du duc d'Orléans il y avait quatre ou cinq cents Anglais, malgré les troubles qui épuisaient alors l'Angleterre. Quand il s'agit d'attaquer la France, rarement les Anglais ont été neutres. Louis de La Trimouille, grand général, battit l'armée des révoltés, et prit prisonnier le duc d'Orléans leur chef, qui depuis fut son souverain. (1491) On le peut compter pour le troisième des rois capétiens pris en combattant, et ce ne fut pas le dernier. Le duc d'Orléans fut enfermé près de trois ans dans la tour de Bourges, jusqu'à ce que Charles VIII allât le délivrer lui-même. Les mœurs des Français étaient bien plus douces que celles des Anglais, qui, dans le même temps, tourmentés chez eux par les guerres civiles, faisaient périr d'ordinaire par la main des bourreaux leurs ennemis vaincus.

La paix et la grandeur de la France furent cimentées par le mariage de Charles VIII, qui força enfin le vieux duc de Bretagne à lui donner sa fille et ses États. La princesse Anne de Bretagne, l'une des plus belles personnes de son temps, aimait le duc d'Orléans, jeune encore et plein de grâces. Ainsi par cette guerre civile il avait perdu sa liberté et sa maîtresse.

Les mariages des princes font dans l'Europe le destin des peuples. Le roi Charles VIII, qui avait pu du temps de son père épouser Marie, l'héritière de Bourgogne, pouvait encore épouser la fille de cette Marie, et du roi des Romains Maximilien ; et Maximilien, de son côté, veuf de Marie de Bourgogne, s'était flatté, avec raison, d'obtenir Anne de Bretagne. Il l'avait même épousée par procureur, et le comte de Nassau avait, au nom du roi des Romains, mis une jambe dans le lit de la princesse, selon l'usage de ces temps. Mais le roi de France n'en conclut pas moins son mariage. Il eut la princesse, et pour dot la Bretagne, qui depuis a été réduite en province de France [a].

La France alors était au comble de la gloire. Il fallait

autant de fautes qu'on en fit pour qu'elle ne fût pas l'arbitre de l'Europe.

On se souvient comme le dernier comte de Provence donna, par son testament, cet État à Louis XI. Ce comte, en qui finit la maison d'Anjou, prenait le titre de roi des Deux-Siciles, que sa maison avait perdues toutes deux depuis longtemps. Il communique ce titre à Louis XI, en lui donnant réellement la Provence. Charles VIII voulut ne pas porter un vain titre; et tout fut bien préparé pour la conquête de Naples, et pour dominer dans toute l'Italie. Il faut se représenter ici en quel état était l'Europe au temps de ces événements, vers la fin du XVe siècle.

CHAPITRE CII

État de l'Europe a la fin du XVᵉ siècle. De l'Allemagne, et principalement de l'Espagne. Du
malheureux règne de Henri IV, surnommé
« l'impuissant ». d'Isabelle et de Ferdinand.
Prise de Grenade. Persécution contre les Juifs
et contre les Maures

L'empereur Frédéric III, de la maison d'Autriche, venait de mourir (1493). Il avait laissé l'empire à son fils Maximilien, élu de son vivant roi des Romains. Mais ces rois des Romains n'avaient plus aucun pouvoir en Italie. Celui qu'on leur laissait en Allemagne n'était guère au-dessus de la puissance du doge à Venise, et la maison d'Autriche était encore bien loin d'être redoutable. En vain l'on montre à Vienne cette épitaphe : « Ci-gît Frédéric III, empereur pieux, auguste, souverain de la chrétienté, roi de Hongrie, de Dalmatie, de Croatie, archiduc d'Autriche », etc.; elle ne sert qu'à faire voir la vanité des inscriptions. Il n'eut jamais rien de la Hongrie que la couronne, ornée de quelques pierreries, qu'il garda toujours dans son cabinet, sans les renvoyer ni à son pupille Ladislas, qui en était roi, ni à ceux que les Hongrois élurent ensuite, et qui combattirent contre les Turcs. Il possédait à peine la moitié de la province d'Autriche; ses cousins avaient le reste; et quant au titre de souverain de la chrétienté, il est aisé de voir s'il le méritait. Son fils Maximilien avait, outre les domaines de son père, le gouvernement des États de Marie de Bourgogne, sa femme, mais qu'il ne régissait qu'au nom de Philippe le Beau, son fils. Au reste, on sait qu'on l'appelait *Massimiliano pochi danari,* surnom qui ne désignait pas un puissant prince.

L'Angleterre, encore presque sauvage, après avoir

été longtemps déchirée par les guerres civiles de la *rose blanche* et de la *rose rouge,* ainsi que nous le verrons incessamment, commençait à peine à respirer sous son roi Henri VII, qui, à l'exemple de Louis XI, abaissait les barons et favorisait le peuple.

En Espagne, les princes chrétiens avaient toujours été divisés. La race de Henri Transtamare, bâtard usurpateur (puisqu'il faut appeler les choses par leur nom), régnait toujours en Castille; et une usurpation d'un genre plus singulier fut la source de la grandeur espagnole.

Henri IV, un des descendants de Transtamare, qui commença son malheureux règne en 1454, était énervé par les voluptés. Il n'y a jamais eu de cour entièrement livrée à la débauche, sans qu'il y ait eu des révolutions, ou du moins des séditions. Sa femme dona Juana, que j'appelle ainsi pour la distinguer de sa fille Jeanne et des autres princesses de ce nom, fille d'un roi de Portugal, ne couvrait ses galanteries d'aucun voile. Peu de femmes dans leurs amours eurent moins de respect pour les bienséances. Le roi don Henri IV passait ses jours avec les amants de sa femme, ceux-ci avec les maîtresses du roi. Tous ensemble donnaient aux Espagnols l'exemple de la plus grande mollesse et de la plus effrénée débauche. Le gouvernement étant si faible, les mécontents, qui sont toujours le plus grand nombre en tout temps et en tout pays, devinrent très forts en Castille. Ce royaume était gouverné comme la France, l'Angleterre, l'Allemagne et tous les États monarchiques de l'Europe l'avaient été si longtemps. Les vassaux partageaient l'autorité. Les évêques n'étaient point princes souverains comme en Allemagne; mais ils étaient seigneurs et grands vassaux, ainsi qu'en France.

Un archevêque de Tolède, nommé Carillo, et plusieurs autres évêques, se mirent à la tête de la faction contre le roi. On vit renaître en Espagne les mêmes désordres qui affligèrent la France sous Louis le Débonnaire, qui sous tant d'empereurs troublèrent l'Allemagne, que nous verrons reparaître encore en France sous Henri III, et désoler l'Angleterre sous Charles Ier.

(1465) Les rebelles, devenus puissants, déposèrent leur roi en effigie. Jamais on ne s'était avisé jusque-là d'une pareille cérémonie. On dressa un vaste théâtre dans la plaine d'Avila. Une mauvaise statue de bois représentant don Henri, couverte des habits et des ornements royaux, fut élevée sur ce théâtre. La sentence de déposition fut prononcée à la statue. L'archevêque de Tolède lui ôta la couronne, un autre l'épée, un autre le sceptre; et un jeune frère de Henri, nommé Alphonse, fut déclaré roi sur ce même échafaud. Cette comédie fut accompagnée de toutes les horreurs tragiques des guerres civiles. La mort du jeune prince à qui les conjurés avaient donné le royaume ne mit pas fin à ces troubles. L'archevêque et son parti déclarèrent le roi impuissant dans le temps qu'il était entouré de maîtresses; et, par une procédure inouïe dans tous les États, ils prononcèrent que sa fille Jeanne était bâtarde, née d'adultère, incapable de régner. (x) On avait auparavant A reconnu roi le bâtard Transtamare, rebelle envers son roi légitime; c'est à présent un roi légitime qu'on détrône, et dont on déclare la fille bâtarde et supposée, quoique née publiquement de la reine, quoique avouée par son père.

Plusieurs grands prétendaient à la royauté; mais les rebelles se résolurent à reconnaître Isabelle, sœur du roi, âgée de dix-sept ans, plutôt que de se soumettre à un de leurs égaux; aimant mieux déchirer l'État au nom d'une jeune princesse encore sans crédit, que de se donner un maître.

L'archevêque ayant donc fait la guerre à son roi au nom de l'infant, la continua au nom de l'infante, et le roi ne put enfin sortir de tant de troubles, et demeurer sur le trône, que par un des plus honteux traités que jamais souverain ait signés. Il reconnut sa sœur Isabelle pour sa seule héritière légitime (1468), au mépris des droits de sa propre fille Jeanne; et les révoltés lui laissèrent le nom de roi à ce prix. Ainsi le malheureux Charles VI, en France, avait signé l'exhérédation de son propre fils.

Il fallait, pour consommer ce scandaleux ouvrage, donner à la jeune Isabelle un mari qui fût en état de soutenir son parti. Ils jetèrent les yeux sur Ferdinand, héritier d'Aragon, prince à peu près de l'âge d'Isabelle. L'archevêque les maria en secret, et ce mariage, fait sous des auspices si funestes, fut pourtant la source de la grandeur de l'Espagne. Il renouvela d'abord les dissensions, les guerres civiles, les traités frauduleux, les fausses réunions qui augmentent les haines. Henri, après un de ces raccommodements, fut attaqué d'un mal violent dans un repas que lui donnaient quelques-uns de ses ennemis réconciliés, et mourut bientôt après (1474).

En vain il laissa son royaume en mourant à Jeanne, sa fille, en vain il jura qu'elle était légitime; ni ses serments au lit de la mort, ni ceux de sa femme, ne purent prévaloir contre le parti d'Isabelle et de Ferdinand, surnommé depuis *le Catholique,* roi d'Aragon et de Sicile. Ils vivaient ensemble, non comme deux époux dont les biens sont communs sous les ordres du mari, mais comme deux monarques étroitement alliés. Ils ne s'aimaient ni ne se haïssaient, se voyant rarement, ayant chacun leur conseil, souvent jaloux l'un de l'autre dans l'administration, la reine encore plus jalouse des infidélités de son mari, qui remplissait de ses bâtards tous les grands postes; mais unis tous deux inséparablement pour leurs communs intérêts, agissant sur les mêmes principes, ayant toujours les mots de religion et de piété à la bouche, et uniquement occupés de leur ambition. La véritable héritière de Castille, Jeanne, ne put résister à leurs forces réunies. Le roi de Portugal, don Alphonse, son oncle, qui voulait l'épouser, arma en sa faveur (1479); mais la conclusion de tant d'efforts et de tant de troubles fut que la malheureuse princesse passa dans un cloître une vie destinée au trône.

Jamais injustice ne fut ni mieux colorée, ni plus heureuse, ni plus justifiée par une conduite hardie et prudente. Isabelle et Ferdinand formèrent une puissance telle que l'Espagne n'en avait point encore vu depuis le rétablissement des chrétiens. Les mahométans arabes-maures n'avaient plus que le royaume de Grenade; et ils touchaient à leur ruine dans cette partie de l'Europe, tandis que les mahométans turcs semblaient près de subjuguer l'autre. Les chrétiens avaient, au commencement du VIIIe siècle, perdu l'Espagne par leurs divisions, et la même cause chassa enfin les Maures d'Espagne.

Le roi de Grenade Alboacen vit son neveu Boabdilla révolté contre lui. Ferdinand le Catholique ne manqua pas de fomenter cette guerre civile, et de soutenir le neveu contre l'oncle pour les affaiblir tous deux l'un par l'autre. Bientôt après la mort d'Alboacen il attaqua avec les forces de la Castille et de l'Aragon son allié Boabdilla. Il en coûta six années de temps pour conquérir le royaume mahométan. Enfin la ville de Grenade fut assiégée : le siège dura huit mois. La reine Isabelle y vint jouir de son triomphe. Le roi Boabdilla se rendit à des conditions qui marquaient qu'il eût pu encore se défendre; car il fut stipulé qu'on ne toucherait ni aux biens, ni aux lois, ni à la liberté, ni à la religion des Maures; que leurs prisonniers mêmes seraient rendus sans rançon, et que les Juifs, compris dans le traité, jouiraient des mêmes privilèges. Boabdilla sortit à ce prix de sa capitale, (1491) et alla remettre les clefs à Ferdinand et Isabelle, qui le traitèrent en roi pour la dernière fois.

Les contemporains ont écrit qu'il versa des larmes en se retournant vers les murs de cette ville bâtie par les mahométans depuis près de cinq cents ans, peuplée, opulente, ornée de ce vaste palais des rois maures dans lequel étaient les plus beaux bains de l'Europe, et dont plusieurs salles voûtées étaient soutenues sur cent colonnes d'albâtre. Le luxe qu'il regrettait fut probablement l'instrument de sa perte. Il alla finir sa vie en Afrique.

Ferdinand fut regardé dans l'Europe comme le vengeur de la religion et le restaurateur de la patrie. Il fut dès lors appelé roi d'Espagne. En effet, maître de la Castille par sa femme, de Grenade par ses armes, et de l'Aragon par sa naissance, il ne lui manquait que la Navarre, qu'il envahit dans la suite. Il avait de grands démêlés avec la France pour la Cerdagne et le Roussillon, engagés à Louis XI. On peut juger si, étant roi de Sicile, il voyait d'un œil jaloux Charles VIII prêt d'aller en Italie déposséder la maison d'Aragon, établie sur le trône de Naples.

Nous verrons bientôt éclore les fruits d'une jalousie si naturelle. Mais avant de considérer les querelles des rois, vous voulez toujours observer le sort des peuples.

Vous voyez que Ferdinand et Isabelle ne trouvèrent pas l'Espagne dans l'état où elle fut depuis sous Charles-Quint et sous Philippe II. Ce mélange d'anciens Visigoths, de Vandales, d'Africains, de Juifs et d'aborigènes, dévastait depuis longtemps la terre qu'ils se disputaient; elle n'était fertile que sous les mains mahométanes. Les Maures, vaincus, étaient devenus les fermiers des vainqueurs; et les Espagnols chrétiens ne subsistaient que du travail de leurs anciens ennemis. Point de manufactures chez les chrétiens d'Espagne, point de commerce; très peu d'usage même des choses les plus nécessaires à la vie; presque point de meubles, nulle hôtellerie dans les grands chemins, nulle commodité dans les villes : le linge fin y fut très longtemps ignoré, et le linge grossier assez rare. Tout leur commerce intérieur et extérieur se faisait par les Juifs, devenus nécessaires à une nation qui ne savait que combattre.

Lorsque vers la fin du xvᵉ siècle on voulut rechercher la source de la misère espagnole, on trouva que les Juifs avaient attiré à eux tout l'argent du pays par le commerce et par l'usure. On comptait en Espagne plus de cent cinquante mille hommes de cette nation étrangère si odieuse et si nécessaire. Beaucoup de grands seigneurs, auxquels il ne restait que des titres, s'alliaient à des familles juives, et réparaient par ces mariages ce que leur prodigalité leur avait coûté; ils s'en faisaient d'autant moins de scrupule que depuis longtemps les Maures et les chrétiens s'alliaient souvent ensemble. On agita dans le conseil de Ferdinand et d'Isabelle comment on pourrait se délivrer de la tyrannie sourde des Juifs, après avoir abattu celle des vainqueurs arabes. (1492) On prit enfin le parti de les chasser et de les dépouiller. On ne leur donna que six mois pour vendre leurs effets, qu'ils furent obligés de vendre au plus bas prix. On leur défendit, sous peine de la vie, d'emporter avec eux ni or, ni argent, ni pierreries. Il sortit d'Espagne trente mille familles juives, ce qui fait cent cinquante mille personnes, à cinq par famille. Les uns se retirèrent en Afrique, les autres en Portugal et en France; plusieurs revinrent feignant de s'être faits chrétiens. On les avait chassés pour s'emparer

de leurs richesses, on les reçut parce qu'ils en rapportaient; et c'est contre eux principalement que fut établi
le tribunal de l'Inquisition, afin qu'au moindre acte
de leur religion, on pût juridiquement leur arracher
leurs biens et la vie. On ne traite point ainsi dans les
Indes les banians, qui y sont précisément ce que les
Juifs sont en Europe, séparés de tous les peuples par
une religion aussi ancienne que les annales du monde,
unis avec eux par la nécessité du commerce dont ils
sont les facteurs, et aussi riches que les Juifs le sont
parmi nous. Ces banians et les guèbres, aussi anciens
qu'eux, aussi séparés qu'eux des autres hommes, sont
cependant bien voulus partout; les Juifs seuls sont en
horreur à tous les peuples chez lesquels ils sont admis.
Quelques Espagnols ont prétendu que cette nation
commençait à être redoutable. Elle était pernicieuse
par ses profits sur les Espagnols; mais n'étant point
guerrière, elle n'était point à craindre. On feignait
de s'alarmer de la vanité que tiraient les Juifs d'être
établis sur les côtes méridionales de ce royaume longtemps avant les chrétiens. Il est vrai qu'ils avaient passé
en Andalousie de temps immémorial. Ils envelop-
paient cette vérité de fables ridicules, telles qu'en a
toujours débité ce peuple, chez qui les gens de bon sens
ne s'appliquent qu'au négoce, et où le rabbinisme est
abandonné à ceux qui ne peuvent mieux faire. Les
rabbins espagnols avaient beaucoup écrit pour prouver
qu'une colonie de Juifs avait fleuri sur les côtes, du
temps de Salomon, et que l'ancienne Bétique payait
un tribut à ce troisième roi de Palestine [a]. (x) Il est très B
vraisemblable que les Phéniciens, en découvrant l'Andalousie, et en y fondant des colonies, y avaient établi
des Juifs, qui servirent de courtiers, comme ils en ont
servi partout. Mais de tout temps les Juifs ont défiguré
la vérité par des fables absurdes; (x) ils mirent en œuvre
de fausses médailles, de fausses inscriptions. Cette espèce
de fourberie, jointe aux autres plus essentielles qu'on leur
reprochait, ne contribua pas peu à leur disgrâce.

C'est depuis ce temps qu'on distingua en Espagne et
en Portugal les anciens chrétiens et les nouveaux, les
familles dans lesquelles il était entré des filles mahométanes, et celles dans lesquelles il en était entré de juives.

Cependant le profit passager que le gouvernement tira de la violence faite à ce peuple usurier, le priva bientôt du revenu certain que les Juifs payaient auparavant au fisc royal. Cette disette se fit sentir jusqu'au temps où l'on recueillit les trésors du nouveau monde. On y remédia autant que l'on put par des bulles. Celle de la Cruzade, donnée par Jules II (1509), produisit plus au gouvernement que l'impôt sur les Juifs. Chaque particulier est obligé d'acheter cette bulle pour avoir le droit de manger des œufs et certaines parties des animaux en carême, et les vendredis et samedis de l'année. Tous ceux qui vont à confesse ne peuvent recevoir l'absolution sans montrer cette bulle au prêtre. On inventa encore depuis la *bulle de composition,* en vertu de laquelle il est permis de garder le bien qu'on a volé, pourvu que l'on n'en connaisse pas le maître. De telles superstitions sont bien aussi fortes que celles qu'on reproche aux Hébreux. La sottise, la folie et les vices, font partout une partie du revenu public.

La formule de l'absolution qu'on donne à ceux qui ont acheté la bulle de la Cruzade, n'est pas indigne de ce tableau général des coutumes et des mœurs des hommes : « Par l'autorité de Dieu tout-puissant, de saint Pierre et de saint Paul, et de notre très saint père le pape, à moi commise, je vous accorde la rémission de tous vos péchés confessés, oubliés, ignorés, et des peines du purgatoire. »

La reine Isabelle, ou plutôt le cardinal Ximénès, traita depuis les mahométans comme les Juifs; on en força un très grand nombre à se faire chrétiens, malgré la capitulation de Grenade, et on les brûla quand ils retournèrent à leur religion. Autant de musulmans que de Juifs se réfugièrent en Afrique, sans qu'on pût plaindre ni ces Arabes qui avaient si longtemps subjugué l'Espagne, ni ces Hébreux qui l'avaient plus longtemps pillée.

Les Portugais sortaient alors de l'obscurité, et, malgré toute l'ignorance de ces temps-là, ils commençaient à mériter alors une gloire aussi durable que l'univers, par le changement du commerce du monde, qui fut bientôt le fruit de leurs découvertes. Ce fut cette nation qui navigua la première des nations modernes sur l'océan

Atlantique. Elle n'a dû qu'à elle seule le passage du cap
de Bonne-Espérance, au lieu que les Espagnols durent
à des étrangers la découverte de l'Amérique. Mais c'est
à un seul homme, à l'infant don Henri, que les Portugais furent redevables de la grande entreprise contre
laquelle ils murmurèrent d'abord. Il ne s'est presque
jamais rien fait de grand dans le monde que par le génie
et la fermeté d'un seul homme qui lutte contre les préjugés de la multitude, (x) ou qui lui en donne.   A

Le Portugal était occupé de ses grandes navigations
et de ses succès en Afrique; il ne prenait aucune part
aux événements de l'Italie, qui alarmaient le reste de
l'Europe.

(Xñàm) = Jews

CHAPITRE CIII

De l'état des Juifs en Europe   A

Après avoir vu comment on traitait les Juifs en Espagne, on peut observer ici quelle fut leur situation chez les autres nations. (x) Ce peuple doit nous intéresser, B puisque nous tenons d'eux notre religion, plusieurs même de nos lois et de nos usages, et que nous ne sommes au fond que des Juifs avec un prépuce. (x) Ils firent, comme vous ne l'ignorez pas, le métier de cour- *reader* tiers et de revendeurs, ainsi qu'autrefois à Babylone, à Rome, et dans Alexandrie. Leur mobilier en France appartenait au baron des terres dans lesquelles ils demeuraient. « Les meubles des Juifs sont au baron », disent les établissements de saint Louis [1].

Il n'était pas plus permis d'ôter un Juif à un baron que de lui prendre ses manants ou ses chevaux. Le même droit s'exerçait en Allemagne. Ils sont déclarés serfs par une constitution de Frédéric II. Un Juif était domaine de l'empereur, et ensuite chaque seigneur eut ses Juifs.

Les lois féodales avaient établi dans presque toute l'Europe, jusqu'à la fin du XIVe siècle, que si un Juif embrassait le christianisme, il perdait alors tous ses biens, qui étaient confisqués au profit de son seigneur. Ce n'était pas un sûr moyen de les convertir; mais il fallait bien dédommager le baron de la perte de son Juif.

Dans les grandes villes, et surtout dans les villes impériales, ils avaient leurs synagogues et leurs droits muni-

---

1. Cités par Du Cange, *Gloss.*, art. *Judaei,* auquel V. emprunte une grande partie de la documentation de cette page (par ex. le jurisconsulte Gallus, le *Monasticum anglicanum*).

cipaux, qu'on leur faisait acheter fort chèrement; et lorsqu'ils étaient devenus riches, on ne manquait pas, comme on a vu [1], de les accuser d'avoir crucifié un petit enfant le vendredi saint. C'est sur cette accusation populaire que dans plusieurs villes de Languedoc et de Provence on établit la loi qui permettait de les battre depuis le vendredi saint jusqu'à Pâques, quand on les trouvait dans les rues.

Leur grande application ayant été de temps immémorial à prêter sur gages, il leur était défendu de prêter ni sur des ornements d'église, ni sur des habits sanglants ou mouillés. (1215) Le concile de Latran ordonna qu'ils portassent une petite roue sur la poitrine, pour les distinguer des chrétiens. Ces marques changèrent avec le temps; mais partout on leur en faisait porter une à laquelle on pût les reconnaître. Il leur était expressément défendu de prendre des servantes ou des nourrices chrétiennes, et encore plus des concubines : il y eut même quelques pays où l'on faisait brûler les filles dont un Juif avait abusé, et les hommes qui avaient eu les faveurs d'une Juive, par la grande raison qu'en rend le grand jurisconsulte Gallus, que « c'est la même chose de coucher avec un Juif que de coucher avec un chien ».

Quand ils avaient un procès contre un chrétien, on les faisait jurer par *Sabaoth, Éloï* et *Adonaï,* par les dix noms de Dieu, et on leur annonçait *la fièvre tierce, quarte, et quotidienne,* s'ils se parjuraient; à quoi ils répondaient : *Amen.* On avait toujours soin de les pendre entre deux chiens, lorsqu'ils étaient condamnés.

Il leur était permis en Angleterre de prendre des biens de campagne en hypothèque pour les sommes qu'ils avaient prêtées. On trouve dans le *Monasticum anglicanum* qu'il en coûta six marques sterling, *sex marcas* (x) B (peut-être six marcs [a]), (x) pour libérer une terre hypothéquée à la juiverie.

Ils furent chassés de presque toutes les villes de l'Europe chrétienne en divers temps, mais presque toujours rappelés; il n'y a guère que Rome qui les ait constamment gardés. Ils furent entièrement chassés de

---

1. *Annales de l'empire*, XIII, 384.

France, en 1394, par Charles VI, et jamais depuis ils n'ont pu obtenir de séjourner dans Paris, où ils avaient occupé les halles et sept ou huit rues entières. On leur a seulement permis des synagogues dans Metz et dans Bordeaux, parce qu'on les y trouva établis lorsque ces villes furent unies à la couronne; et ils sont toujours restés constamment à Avignon, parce que c'était terre papale. En un mot, ils furent partout usuriers, selon le privilège et la bénédiction de leur loi [1], et partout en horreur par la même raison.

Leurs fameux rabbins Maïmonide, Abrabanel, Aben-Esra, et d'autres, avaient beau dire aux chrétiens dans leurs livres : « Nous sommes vos pères, nos écritures sont les vôtres, nos livres sont lus dans vos églises, nos cantiques y sont chantés »; on leur répondait en les pillant, en les chassant, ou en les faisant pendre entre deux chiens; on prit en Espagne et en Portugal l'usage de les brûler. Les derniers temps leur ont été plus favorables, surtout en Hollande et en Angleterre, où ils jouissent de leurs richesses, et de tous les droits de l'humanité, dont on ne doit dépouiller personne. Ils ont même été sur le point d'obtenir le droit de bourgeoisie en Angleterre, vers l'an 1750, et l'acte du parlement allait déjà passer en leur faveur; mais enfin le cri de la nation et l'excès du ridicule jeté sur cette entreprise la fit échouer : il courut cent pasquinades représentant milord Aaron et milord Judas séant dans la chambre des pairs; on rit, et les Juifs se contentèrent d'être riches et libres.

Ce n'est pas une légère preuve des caprices de l'esprit humain de voir les descendants de Jacob brûlés en procession à Lisbonne, et aspirant à tous les privilèges de la Grande-Bretagne. Ils ne sont, en Turquie, ni brûlés ni bachas; mais ils s'y sont rendus les maîtres de tout le commerce; et ni les Français, ni les Vénitiens, ni les Anglais, ni les Hollandais, n'y peuvent acheter ou vendre qu'en passant par les mains des Juifs : aussi les riches courtiers de Constantinople regrettent-ils peu Jérusalem, tout méprisés et tout rançonnés qu'ils sont par les Turcs.

---

1. Allusion au *Deutéronome*, XXIII, 20.

Jews to blame for own plight!

Vous êtes frappés de cette haine et de ce mépris que toutes les nations ont toujours eus contre les Juifs : c'est la suite inévitable de leur législation; il fallait, ou qu'ils subjuguassent tout, ou qu'ils fussent écrasés. Il leur fut ordonné d'avoir les nations en horreur[1], et de se croire souillés s'ils avaient mangé dans un plat qui eût appartenu à un homme d'une autre loi. Ils appelaient *les nations* vingt à trente bourgades, leurs voisines, qu'ils voulaient exterminer, et ils crurent qu'il fallait n'avoir rien de commun avec elles. Quand leurs yeux furent un peu ouverts par d'autres nations victorieuses, qui leur apprirent que le monde était plus grand qu'ils ne croyaient, ils se trouvèrent, par leur loi même, ennemis naturels de ces nations, et enfin du genre humain. Leur politique absurde subsista quand elle devait changer; leur superstition augmenta avec leurs malheurs : leurs vainqueurs étaient incirconcis; il ne parut pas plus permis à un Juif de manger dans un plat qui avait servi à un Romain que dans le plat d'un Amorrhéen. Ils gardèrent tous leurs usages, qui sont précisément le contraire des usages sociables; ils furent donc avec raison traités comme une nation opposée en tout aux autres; les servant par avarice, les détestant par fanatisme, se faisant de l'usure un devoir sacré. Et ce sont nos pères !

---

1. *Deutéronome*, VII, 16.

CHAPITRE CIV

DE CEUX QU'ON APPELAIT BOHÈMES OU ÉGYPTIENS.

Il y avait alors une petite nation aussi vagabonde, aussi méprisée que les Juifs, et adonnée à une espèce de rapine : c'était un ramas de gens inconnus, qu'on nommait Bohèmes en France, et ailleurs Égyptiens, Giptes, ou Gipsis, ou Syriens; on les a nommés, en Italie, Zingani et Zingari. Ils allaient par troupes d'un bout de l'Europe à l'autre, avec des tambours de basque et des castagnettes; ils dansaient, chantaient, disaient la bonne fortune, guérissaient les maladies avec des paroles, volaient tout ce qu'ils trouvaient, et conservaient entre eux certaines cérémonies religieuses dont ni eux ni personne ne connaissait l'origine. Cette race a commencé à disparaître de la face de la terre depuis que, dans nos derniers temps, les hommes ont été désinfatués des sortilèges, des talismans, des prédictions et des possessions; on voit encore quelques restes de ces malheureux, mais rarement : c'était très vraisemblablement un reste de ces anciens prêtres et des prêtresses d'Isis, mêlés avec ceux de la déesse de Syrie. Ces troupes errantes, aussi méprisées des Romains qu'elles avaient été honorées autrefois, portèrent leurs cérémonies et leurs superstitions mercenaires par tout le monde. Missionnaires errants de leur culte, ils couraient de province en province convertir ceux à qui un hasard heureux confirmait les prédictions de ces prophètes, et ceux qui, étant guéris naturellement d'une maladie légère, croyaient être guéris par la vertu miraculeuse de quelques mots et de quelques signes mystérieux. Le portrait

que fait Apulée [1] de ces troupes vagabondes de prophètes
et de prophétesses est l'image de ce que les hordes
errantes appelées Bohèmes ont été si longtemps dans
toutes les parties de l'Europe : leurs castagnettes et
leurs tambours de basque sont les cymbales et les
crotales des prêtres isiaques et syriens. Apulée, qui passa
presque toute sa vie à rechercher les secrets de la religion
et de la magie, parle des prédictions, des talismans, des
cérémonies, des danses et des chants de ces prêtres
pèlerins, et spécifie surtout l'adresse avec laquelle ils
volaient dans les maisons et dans les basses-cours.

Quand le christianisme eut pris la place de la religion
de Numa, quand Théodose eut détruit le fameux temple de Sérapis en Égypte, quelques prêtres égyptiens
se joignirent à ceux de Cybèle et de la déesse de Syrie,
et allèrent demander l'aumône comme ont fait depuis
nos ordres mendiants. Mais des chrétiens ne les auraient
pas assistés ; il fallut donc qu'ils mêlassent le métier
de charlatans à celui de pèlerins : ils exerçaient la chi-
romancie, et formaient des danses singulières. Les
hommes veulent être amusés et trompés ; ainsi ce ramas
d'anciens prêtres s'est perpétué jusqu'à nos jours :
telle a été la fin de l'ancienne religion d'Osiris et d'Isis,
dont les noms impriment encore du respect. Cette religion, tout emblématique, et toute vénérable dans son
origine, était, dès le temps de Cyrus, un mélange de superstitions ridicules. Elle devint encore plus méprisable
sous les Ptolémées, et tomba dans le dernier avilissement
sous les Romains : elle a fini par être abandonnée à
des troupes de voleurs. Il arrivera peut-être aux Juifs
la même catastrophe : quand la société des hommes
sera perfectionnée, quand chaque peuple fera le commerce
par lui-même et ne partagera plus les fruits de son travail
avec ces courtiers errants, alors le nombre des Juifs
diminuera nécessairement. Les riches commencent
parmi eux à mépriser leurs superstitions ; elles ne seront
plus que le partage d'un peuple sans arts et sans lois,

---

1. *L'Ane d'or, avec le Démon de Socrate*, Paris, 1736, *FL*, pp.
150-2 (les prêtres de la déesse disant la bonne aventure), p. 154
(ils volent une coupe d'or dans un temple).

qui, ne trouvant plus à s'enrichir par notre négligence, ne pourra plus faire une société séparée, et qui n'entendant plus son ancien jargon corrompu, mêlé d'hébraïque et de syriaque, ignorant alors jusqu'à ses livres, se confondra avec la lie des autres peuples.

CHAPITRE CV

Suite de l'état de l'Europe au xve siècle. De l'Italie.
De l'assassinat de Galéas Sforze dans une église.
De l'assassinat des Médicis dans une église; de
la part que Sixte iv eut a cette conjuration

Des montagnes du Dauphiné au fond de l'Italie voici quelles étaient les puissances, les intérêts et les mœurs des nations.

L'État de la Savoie, moins étendu qu'aujourd'hui n'ayant même ni le Montferrat ni Saluces, manquant d'argent et de commerce, n'était pas regardé comme une barrière. Ses souverains étaient attachés à la maison de France, qui depuis peu, dans leur minorité, avait disposé du gouvernement; et les passages des Alpes étaient ouverts.

On descend du Piémont dans le Milanais, le pays le plus fertile de l'Italie citérieure : c'était encore, ainsi que la Savoie, une principauté de l'empire, mais principauté puissante, très indépendante alors d'un empire faible. Après avoir appartenu aux Viscontis, cet État avait passé sous les lois du bâtard d'un paysan, grand homme et fils d'un grand homme : ce paysan est François Sforze, devenu par son mérite connétable de Naples et puissant en Italie. Le bâtard son fils avait été un de ces *condottieri*, chef de brigands disciplinés qui louaient leurs services aux papes, aux Vénitiens, aux Napolitains. Il avait pris Milan vers le milieu du xve siècle, et s'était ensuite emparé de Gênes, qui autrefois était si florissante, et qui, ayant soutenu neuf guerres contre Venise, flottait alors d'esclavage en esclavage. Elle s'était donnée aux Français du temps de Charles VI; elle s'était révoltée (1458); elle prit ensuite le joug de Charles VII, et le secoua encore; elle voulut se donner à Louis

XI, qui répondit qu'elle pouvait se donner au diable,
et que pour lui il n'en voulait point. Ce fut alors qu'elle
fut contrainte de se livrer à ce duc de Milan, François
Sforze (1464).

Galéas Sforze, fils de ce bâtard, fut assassiné dans la
cathédrale de Milan le jour de Saint-Étienne (1476).
Je rapporte cette circonstance, qui ailleurs serait fri-
vole, et qui est ici très importante : car les assassins
prièrent saint Étienne et saint Ambroise à haute voix
de leur donner assez de courage pour assassiner leur
souverain. L'empoisonnement, l'assassinat, joints à
la superstition, caractérisaient alors les peuples de l'Italie ; ils savaient se venger, et ne savaient guère se battre ;
on trouvait beaucoup d'empoisonneurs et peu de
soldats, (x) et tel était le destin de ce beau pays depuis
le temps des Othon. De l'esprit, de la superstition,
de l'athéisme, des mascarades, des vers, des trahisons,
des dévotions, des poisons, des assassinats, quelques
grands hommes, un nombre infini de scélérats habiles,
et cependant malheureux : voilà ce que fut l'Italie. (x)
Le fils de ce malheureux Galéas, Marie, encore enfant,
succéda au duché de Milan, sous la tutelle de sa mère
et du chancelier Simonetta ; mais son oncle, que nous
appelons Ludovic Sforze, ou Louis le Maure, chassa
la mère, fit mourir le chancelier, et bientôt après empri-
sonna son neveu.

C'était ce Louis le Maure qui négociait avec Charles
VIII, pour faire descendre les Français en Italie.

La Toscane, pays moins fertile, était au Milanais
ce que l'Attique avait été à la Béotie : car depuis un
siècle Florence se signalait, comme on a vu, par le
commerce et par les beaux-arts. Les Médicis étaient à la
tête de cette nation polie : aucune maison dans le monde
n'a jamais acquis la puissance par des titres si justes ;
elle l'obtint à force de bienfaits et de vertus. Cosme de
Médicis, né en 1389, simple citoyen de Florence, vécut
sans rechercher de grands titres ; mais il acquit par le
commerce des richesses comparables à celles des plus
grands rois de son temps ; il s'en servit pour secourir
les pauvres, pour se faire des amis parmi les riches en
leur prêtant son bien, pour orner sa patrie d'édifices,
pour appeler à Florence les savants grecs chassés de

Constantinople; ses conseils furent pendant trente
années les lois de sa république; ses bienfaits furent
ses principales intrigues, et ce sont toujours les plus
sûres. On vit après sa mort, par ses papiers, qu'il avait
prêté à ses compatriotes des sommes immenses, dont
il n'avait jamais exigé le moindre paiement : il mourut
regretté de ses ennemis mêmes (1464). Florence, d'un
commun consentement, orna son tombeau du nom de
Père de la patrie, titre qu'aucun des rois qui ont passé
devant vos yeux n'avait pu obtenir.

Sa réputation valut à ses descendants la principale
autorité dans la Toscane : son fils l'administra sous le
nom de *gonfalonier*. (1478) Ses deux petits-fils, Laurent
et Julien, maîtres de la république, furent assassinés
dans une église par des conjurés, au moment où on
élevait l'hostie; Julien en mourut; Laurent échappa [a].
Le gouvernement des Florentins ressemblait à celui
des Athéniens, comme leur génie : il était tantôt aristocratique, tantôt populaire, et on n'y craignait rien tant
que la tyrannie.

Cosme de Médicis pouvait être comparé à Pisistrate,
qui, malgré son pouvoir, fut mis au nombre des sages.
Les petits-fils de ce Cosme eurent le sort des enfants
de Pisistrate, assassinés par Harmodius et Aristogiton :
Laurent échappa aux meurtriers comme un des enfants
de Pisistrate, et vengea comme lui la mort de son frère.
Mais ce qu'on n'avait point vu dans Athènes, et ce qu'on
vit à Florence, c'est que les chefs de la religion tramè-
rent cette conspiration sanguinaire.

On peut, par cet événement, se former une idée très
juste de l'esprit et des mœurs de ce temps-là. La Rovère,
Sixte IV, était souverain pontife. Je n'examinerai pas
ici avec Machiavel [1] si les Riario, qu'il faisait passer
pour ses neveux, étaient en effet ses enfants; ni avec
Michel Brutus [2], s'il les avait fait naître lorsqu'il était
cordelier. Il suffit, pour l'intelligence des faits, de savoir

---

1. Il dit au l. VII de son *Histoire de Florence, Opera,* t. II, p. 399;
FL, que tout le monde les croyait ses fils.

2. Giovanni Michele Bruto, *Historiae florentinae libri octo,* Lug-
duni Batavorum, s. d., c. 98e.

qu'il sacrifiait tout pour l'agrandissement de Jérôme Riario, l'un de ces prétendus neveux. Nous avons déjà observé que le domaine du saint-siège n'était pas à beaucoup près aussi étendu qu'aujourd'hui. Sixte IV voulut dépouiller les seigneurs d'Imola et de Forli pour enrichir Jérôme de leurs États. Les deux frères Médicis secoururent de leur argent ces petits princes, et les soutinrent. Le pape crut que pour dominer dans l'Italie, il fallait qu'il exterminât les Médicis. Un banquier florentin établi à Rome, nommé Pazzi, ennemi des deux frères, proposa au pape de les assassiner. Le cardinal Raphaël Riario, frère de Jérôme, fut envoyé à Florence pour diriger la conspiration, et Salviati, archevêque de Florence, en dressa tout le plan. Le prêtre Stephano, attaché à cet archevêque, se chargea d'être un des assassins. On choisit la solennité d'une grande fête dans l'église de Santa-Reparata pour égorger les Médicis et leurs amis, comme les assassins du duc Galéas Sforze avaient choisi la cathédrale de Milan, et le jour de Saint-Étienne, pour massacrer ce prince au pied de l'autel. Le moment de l'élévation de l'hostie fut celui qu'on prit pour le meurtre, afin que le peuple, attentif et prosterné, ne pût en empêcher l'exécution. En effet, dans cet instant même, Julien de Médicis fut tué par un frère de Pazzi et par d'autres conjurés. Le prêtre Stephano blessa Laurent, qui eut assez de force pour se retirer dans la sacristie.

Quand on voit un pape, un archevêque, un prêtre, méditer un tel crime, et choisir pour l'exécution le moment où leur Dieu se montre dans le temple, on ne peut douter de l'athéisme qui régnait alors. Certainement s'ils avaient cru que leur Créateur leur apparaissait sous le pain sacré, ils n'auraient osé lui insulter à ce point. Le peuple adorait ce mystère; les grands et les hommes d'État s'en moquaient, toute l'histoire de ces temps-là le démontre. Ils pensaient comme on pensait à Rome du temps de César : leurs passions concluaient qu'il n'y a aucune religion. Ils faisaient tous ce détestable raisonnement : « Les hommes m'ont enseigné des mensonges, donc il n'y a point de Dieu ». Ainsi la religion naturelle fut éteinte dans presque tous ceux qui gouvernaient alors; et jamais siècle ne fut plus fécond en assassinats, en empoisonnements, en trahisons, en débauches monstrueuses.

Les Florentins, qui aimaient les Médicis, les vengèrent par le supplice de tous les coupables qu'ils rencontrèrent. L'archevêque de Florence fut pendu aux fenêtres du palais public. (x) Laurent eut la générosité A ou la prudence de sauver la vie au cardinal neveu, qu'on voulait égorger au pied de l'autel qu'il avait souillé, et où il se réfugia. (x) Pour Stephano, comme il n'était C que prêtre, le peuple ne l'épargna pas : il fut traîné dans les rues de Florence, mutilé, écorché, et enfin pendu.

Une des singularités de cette conspiration fut que A Bernard Bandini, l'un des meurtriers, retiré depuis chez les Turcs, fut livré à Laurent de Médicis, et que le sultan Bajazet servit à punir le crime que le pape Sixte avait fait commettre. Ce qui fut moins extraordinaire, c'est que le pape excommunia les Florentins pour avoir puni la conspiration ; il leur fit même une guerre que Médicis termina par sa prudence. Vous voyez à quoi l'on employait la religion et les anathèmes. Je défie l'imagination la plus atroce de rien inventer qui approche de ces détestables horreurs.

Laurent, vengé par ses concitoyens, s'en fit aimer le reste de sa vie. On le surnomma le *Père des muses,* titre qui ne vaut pas celui de *Père de la patrie,* mais qui annonce qu'il l'était en effet [a]. C'était une chose aussi admirable qu'éloignée de nos mœurs, de voir ce citoyen, qui faisait toujours le commerce, vendre d'une main les denrées du Levant, et soutenir de l'autre le fardeau de la république ; entretenir des facteurs, et recevoir des ambassadeurs ; résister au pape, faire la guerre et la paix, être l'oracle des princes, cultiver les belles-lettres, donner des spectacles au peuple, et accueillir tous les savants grecs de Constantinople. (x) Il égala A le grand Cosme par ses bienfaits, et le surpassa par sa magnificence. Ce fut dès lors que Florence fut comparable à l'ancienne Athènes. On y vit à la fois le prince Pic de La Mirandole, Poliziano, Marcillo Ficino, Landino, Lascaris, Chalcondyle, que Laurent rassemblait autour de lui, et qui étaient supérieurs peut-être à ces sages de la Grèce tant vantés.

Son fils Pierre eut comme lui l'autorité principale et presque souveraine dans la Toscane, du temps de l'expédition des Français, mais avec bien moins de crédit que ses prédécesseurs et ses descendants.

CHAPITRE CVI

De l'état du pape,
de Venise, et de Naples, au XVe siècle

L'État du pape n'était pas ce qu'il est aujourd'hui, encore moins ce qu'il aurait dû être si la cour de Rome avait pu profiter des donations qu'on croit que Charlemagne avait faites, et de celles que la comtesse Mathilde fit réellement. La maison de Gonzague était en possession de Mantoue, dont elle faisait hommage à l'empire. Divers seigneurs jouissaient en paix, sous les noms de vicaires de l'empire ou de l'Église, des belles terres qu'ont aujourd'hui les papes. Pérouse était à la maison des Bailloni; les Bentivoglio avaient Bologne; les Polentini, Ravenne; les Manfredi, Faenza; les Sforzes, Pezaro; les Riario ^a possédaient Imola et Forli; la maison d'Este régnait depuis longtemps à Ferrare; les Pics, à la Mirandole; les barons romains étaient encore très puissants dans Rome; on les appelait les *menottes* des papes. Les Colonnes et les Ursins, les Conti, les Savelli, premiers barons, et possesseurs anciens des plus considérables domaines, partageaient l'État romain par leurs querelles continuelles, semblables aux seigneurs qui s'étaient fait la guerre en France et en Allemagne dans les temps de faiblesse. Le peuple romain, assidu aux processions, et demandant à grands cris des indulgences plénières à ses papes, se soulevait souvent à leur mort, pillait leur palais, était prêt à jeter leur corps dans le Tibre. C'est ce qu'on vit surtout à la mort d'Innocent VIII.

Après lui fut élu l'Espagnol Roderico Borgia, Alexandre VI, homme dont la mémoire a été rendue exécrable par les cris de l'Europe entière, et par la plume de tous les historiens ^b. Les protestants, qui dans les siècles suivants s'élevèrent contre l'Église, chargèrent encore la mesure des iniquités de ce pontife. Nous verrons si on lui a imputé trop de crimes. Son exaltation fait bien connaître les mœurs et l'esprit de son siècle, qui ne ressemble en rien au nôtre. Les cardinaux qui l'élurent savaient qu'il élevait cinq enfants nés de son commerce avec Vanozza. Ils devaient prévoir que tous les biens, les honneurs, l'autorité, seraient entre les mains de cette famille : cependant ils le choisirent pour maître. Les chefs des factions du conclave vendirent pour de modiques sommes leurs intérêts et ceux de l'Italie.

Venise, des bords du lac de Côme, étendait ses domaines en terre ferme jusqu'au milieu de la Dalmatie. Les Ottomans lui avaient arraché presque tout ce qu'elle avait autrefois envahi en Grèce sur les empereurs chrétiens ; mais il lui restait la grande île de Crète (1437), et elle s'était approprié celle de Chypre par la donation de la dernière reine, fille de Marco Cornaro, Vénitien. Mais la ville de Venise, par son industrie, valait seule et Crète, et Chypre, et tous ses domaines en terre ferme. L'or des nations coulait chez elle par tous les canaux du commerce ; tous les princes italiens craignaient Venise, et elle craignait l'irruption des Français.

De tous les gouvernements de l'Europe, celui de Venise était le seul réglé, stable et uniforme. Il n'avait qu'un vice radical qui n'en était pas un aux yeux du sénat : c'est qu'il manquait un contrepoids à la puissance patricienne, et un encouragement aux plébéiens. Le mérite ne put jamais dans Venise élever un simple citoyen, comme dans l'ancienne Rome. La beauté du gouvernement d'Angleterre, depuis que la chambre des Communes a part à la législation, consiste dans ce contrepoids, et dans ce chemin toujours ouvert aux honneurs pour quiconque en est digne ; (x) mais aussi D le peuple étant toujours tenu dans la sujétion, le gouvernement des nobles en est mieux affermi, et les discordes civiles plus éloignées. On n'y craint point la démocratie, qui ne convient qu'à un petit canton suisse, ou à Genève.

Pour les Napolitains, toujours faibles et remuants, incapables de se gouverner eux-mêmes, de se donner un roi et de souffrir celui qu'ils avaient, ils étaient au premier qui arrivait chez eux avec une armée.

Le vieux roi Fernando régnait à Naples. Il était bâtard de la maison d'Aragon. La bâtardise n'excluait point alors du trône. C'était une race bâtarde qui régnait en Castille; c'était encore la race bâtarde de don Pèdre le Sévère, qui était sur le trône de Portugal. Fernando, régnant à ce titre dans Naples, avait reçu l'investiture du pape au préjudice des héritiers de la maison d'Anjou, qui réclamaient leurs droits. Mais il n'était aimé ni du pape son suzerain, ni de ses sujets. Il mourut en 1494, laissant une famille infortunée, à qui Charles VIII ravit le trône sans pouvoir le garder, et qu'il persécuta pour son propre malheur.

CHAPITRE CVII

De la conquête de Naples par Charles VIII, roi
de France et empereur. De Zizim, frère de
Bajazet II. Du pape Alexandre VI, etc...

Charles VIII, son conseil, ses jeunes courtisans,
étaient si enivrés du projet de conquérir le royaume
de Naples qu'on rendit à Maximilien la Franche-Comté
et l'Artois, partie des dépouilles de sa femme, et qu'on
remit la Cerdagne et le Roussillon à Ferdinand le
Catholique, auquel on fit encore une remise de trois
cent mille écus qu'il devait, à condition qu'il ne trou-
blerait point la conquête. On ne faisait pas réflexion
que douze villages qui joignent un État valent mieux
qu'un royaume à quatre cents lieues de chez soi. On
faisait encore une autre faute : on se fiait au roi *Catholique*.

L'enivrement du projet chimérique de conquérir **B**
non seulement une partie de l'Italie, mais de détrôner
le sultan des Turcs, fut aussi une des raisons qui forcèrent Charles VIII à conclure avec Henri VII, roi
d'Angleterre, un marché plus honteux encore que celui
de Louis XI avec Édouard IV. Il se soumit à lui payer
six cent vingt mille écus d'or, de peur que Henri ne
lui fît la guerre; se rendant ainsi le tributaire des Anglais
belliqueux, qu'il craignait, pour aller attaquer des Italiens amollis, qu'il ne craignait pas. Il crut aller à la *antithèsis*
gloire par le chemin de l'opprobre, et commença par
s'appauvrir en voulant s'enrichir par des conquêtes.

(1494) Enfin Charles VIII descend en Italie. Il n'avait
pour une telle entreprise que seize cents hommes d'armes,
qui, avec leurs archers, composaient un corps de bataille
de cinq mille cavaliers pesamment armés, deux cents
gentilshommes de sa garde, cinq cents cavaliers armés

à la légère, six mille fantassins français et six mille Suisses, avec si peu d'argent qu'il était obligé d'en emprunter sur les chemins, et de mettre en gage les pierreries que lui prêta la duchesse de Savoie. Sa marche cependant imprima partout l'épouvante et la soumission. Les Italiens étaient étonnés de voir cette grosse artillerie traînée par des chevaux, eux qui ne connaissaient que de petites coulevrines de cuivre traînées par des bœufs. La gendarmerie italienne était composée de spadassins qui se louaient fort cher pour un temps limité à ces condottieri, lesquels se louaient encore plus cher aux princes qui achetaient leur dangereux service. Ces chefs prenaient des noms faits pour intimider la populace. L'un s'appelait Taille-Cuisse; l'autre, Fier-à-Bras, ou Fracasse, ou Sacripant. Chacun d'eux craignait de perdre ses hommes : ils poussaient leurs ennemis dans les batailles, et ne les frappaient pas. Ceux qui perdaient le champ étaient les vaincus. Il y avait beaucoup plus de sang répandu dans les vengeances particulières, dans les enceintes des villes, dans les conspirations, que dans les combats. Machiavel [1] rapporte que dans la bataille d'Anguiari, il n'y eut de mort qu'un cavalier étouffé dans la presse.

Une guerre sérieuse les effraya tous, et aucun n'osa paraître. Le pape Alexandre VI, les Vénitiens, le duc de Milan, Louis le Maure, qui avaient appelé le roi en Italie, voulurent le traverser dès qu'il y fut. Pierre de Médicis, contraint d'implorer sa protection, fut chassé de la république pour l'avoir demandée, et se retira dans Venise, d'où il n'osa sortir, malgré la bienveillance du roi, craignant plus les vengeances secrètes de son pays qu'il ne comptait sur l'appui des Français.

Le roi entre à Florence en maître. Il délivre la ville de Sienne du joug des Toscans, qui bientôt après la remirent en servitude. Il marche à Rome, où Alexandre VI négociait en vain contre lui. Il y fait son entrée en conquérant. La pape, réfugié dans le château Saint-Ange, vit les canons de France tournés contre ces faibles [a] murailles. Il demanda grâce.

---

1. *Opera*, t. I, p. 296, *FL,* sig. an. V. : « un seul homme tué dans la bataille, encore fut-il étouffé dans la foule ».

Il ne lui en coûta guère qu'un chapeau de cardinal pour fléchir le roi (1494). Brissonnet, de président des comptes devenu archevêque, conseilla cet accommodement qui lui valut la pourpre. Un roi est souvent bien servi par ses sujets quand ils sont cardinaux, mais rarement quand ils veulent l'être. Le confesseur du roi entra encore dans l'intrigue. Charles, dont l'intérêt était de déposer le pape, lui pardonna, et s'en repentit. Jamais pape n'avait plus mérité l'indignation d'un roi chrétien. Lui et les Vénitiens s'étaient adressés à Bajazet II, sultan des Turcs, fils et successeur de Mahomet II, pour les aider à chasser Charles VIII d'Italie. Il fut avéré que le pape avait envoyé un nonce, nommé Bozzo, à la Porte, et on en conclut que le prix de l'union du sultan et du pontife était un de ces meurtres atroces dont on commence à sentir quelque horreur aujourd'hui dans le sérail même de Constantinople.

Le pape, par un enchaînement d'événements extraordinaires, avait entre ses mains Zizim ou Gem, frère de Bajazet. Voici comment ce fils de Mahomet II était tombé entre les mains du pape.

Zizim, chéri des Turcs, avait disputé l'empire à Bajazet, qui en était haï. Mais, malgré les vœux des peuples, il avait été vaincu. Dans sa disgrâce il eut recours aux chevaliers de Rhodes, qui sont aujourd'hui les chevaliers de Malte, auxquels il avait envoyé un ambassadeur. On le reçut d'abord comme un prince à qui on devait l'hospitalité, et qui pouvait être utile; mais bientôt après on le traita en prisonnier. Bajazet payait quarante mille sequins par an aux chevaliers pour ne pas laisser retourner Zizim en Turquie. Les chevaliers le menèrent en France dans une de leurs commanderies du Poitou, appelée le Bourgneuf. Charles VIII reçut à la fois un ambassadeur de Bajazet et un nonce du pape Innocent VIII, prédécesseur d'Alexandre, au sujet de ce précieux captif. Le sultan le redemandait; le pape voulait l'avoir comme un gage de la sûreté de l'Italie contre les Turcs. Charles envoya Zizim au pape. Le pontife le reçut avec toute la splendeur que le maître de Rome pouvait affecter avec le frère du maître de Constantinople. On voulut l'obliger à baiser les pieds du pape; mais Bozzo, témoin oculaire,

assure que le Turc rejeta cet abaissement avec indignation. Paul Jove [1] dit qu'Alexandre VI, par un traité
avec le sultan, marchanda la mort de Zizim. Le roi de
France, qui, dans des projets trop vastes, assuré de la
conquête de Naples, se flattait d'être redoutable à Bajazet,
voulut avoir ce frère malheureux. Le pape, selon Paul
Jove, le livra empoisonné. Il resta indécis si le poison
avait été donné par un domestique du pape, ou par un
ministre secret du Grand Seigneur; mais on divulgua
que Bajazet avait promis trois cent mille ducats au pape
pour la tête de son frère.

Le prince Démétrius Cantemir [2] dit que, selon les
annales turques, le barbier de Zizim lui coupa la gorge,
et que ce barbier fut grand vizir pour récompense.
Il n'est pas probable qu'on ait fait ministre et général
un barbier. Si Zizim avait été ainsi assassiné, le roi Charles
VIII, qui renvoya son corps à son frère, aurait su ce
genre de mort; les contemporains en auraient parlé.
Le prince Cantemir, et ceux qui accusent Alexandre VI,
peuvent se tromper également. La haine qu'on portait
à ce pontife, et qu'il méritait si bien, lui imputa tous les
crimes qu'il pouvait commettre.

Le pape, ayant juré de ne plus inquiéter le roi dans sa
conquête, sortit de sa prison, et reparut en pontife
sur le théâtre du Vatican. Là, dans un consistoire public,
le roi vint prêter ce qu'on appelle hommage d'obédience, assisté de Jean de Gannai, premier président
du parlement de Paris, qui semblait devoir être ailleurs
qu'à cette cérémonie. Le roi baisa les pieds de celui que
deux jours auparavant il voulait faire condamner comme
un criminel; et, pour achever la scène, il servit la messe
d'Alexandre VI. Guichardin [3], auteur contemporain

---

1. Paolo Jiovio, *Histoires sur les choses faites et avenues de son temps en toutes les parties du monde,* Lyon, 1552, pp. 58-9, 63, est la source de tout ce paragraphe.

2. T. II, p. 89, ce barbier Mustapha, renégat italien, feignit, pour revenir en Italie, une abjuration de l'Islam.

3. *La Historia d'Italia,* Genève, 1621, *FL,* t. I, p. 128 : le pape, libéré, reçoit dans Saint-Pierre le roi, « *il quale havendogli secondo il costume antico genuflesso baciati i piedi, e dopo ammesso a baciargli il volto, intervenne un altro giorno alla Messa Pontificale, sedendo il*

très accrédité, assure que dans l'église le roi se plaça
au-dessous du doyen des cardinaux. Il ne faut donc pas
tant s'étonner que le cardinal de Bouillon, doyen du
sacré collège, ait de nos jours, en s'appuyant de ces
anciens usages, écrit à Louis XIV : « Je vais prendre la
première place du monde chrétien après la suprême. »

Charlemagne s'était fait déclarer dans Rome empereur d'Occident; Charles VIII y fut déclaré empereur
d'Orient, mais d'une manière bien différente. Un Paléo-
logue, neveu de celui qui avait perdu l'empire et la vie,
céda très inutilement à Charles VIII et à ses successeurs
un empire qu'on ne pouvait plus recouvrer.

Après cette cérémonie, Charles s'avança au royaume
de Naples. Alphonse II, nouveau roi de ce pays, haï
de ses sujets comme son père, et intimidé par l'approche
des Français, donna au monde l'exemple d'une lâcheté
nouvelle. Il s'enfuit secrètement à Messine, et se fit
moine chez les Olivétains. Son fils Fernando, devenu roi,
ne put rétablir les affaires que l'abdication de son père
faisait voir désespérées. Abandonné bientôt des Napolitains, il leur remit leur serment de fidélité, après quoi
il se retira dans la petite île d'Ischia, située à quelques
milles de Naples.

Charles, maître du royaume et arbitre de l'Italie
(1495), entra dans Naples en vainqueur, sans avoir presque
combattu. Il prit les titres prématurés d'Auguste et
d'empereur. Mais dans ce temps-là même presque toute
l'Europe travaillait sourdement à lui faire perdre la
couronne de Naples. Le pape, les Vénitiens, le duc de
Milan, Louis le Maure, l'empereur Maximilien, Ferdinand d'Aragon, Isabelle de Castille, se liguaient ensem-
vle. Il fallait avoir prévu cette ligue, et pouvoir la combattre. Il repartit pour la France cinq mois après l'avoir
quittée. Tel fut, ou son aveuglement, ou son mépris
pour les Napolitains, ou plutôt son impuissance, qu'il
ne laissa que quatre à cinq mille Français pour conserver
sa conquête; (x) et il se trompa au point de croire que A
des seigneurs du pays, comblés de ses bienfaits, soutiendraient son parti pendant son absence.

primo dopo il primo Vescovo Cardinale, e secundo il rito antico dette
al Papa celebrante la Messa, l'acqua alle mani ».

Dans son retour auprès de Plaisance, vers le village
de Fornovo, que nous nommons Fornoue, rendu célèbre par cette journée, il trouve l'armée des confédérés
forte d'environ trente mille hommes. Il n'en avait
que huit mille. S'il était battu, il perdait la liberté
ou la vie; s'il battait, il ne gagnait que l'avantage de
la retraite. On vit alors ce qu'il eût fait dans cette expédition si la prudence avait secondé le courage. (1495)
Les Italiens ne tinrent pas longtemps devant lui; il
ne perdit pas deux cents hommes : les alliés en perdirent quatre mille. Tel est, d'ordinaire, l'avantage d'une
troupe aguerrie qui combat avec son roi contre une multitude mercenaire. (x) Guicciardino [1] dit que, depuis A
quelques siècles, les Italiens n'avaient jamais donné
une bataille si sanglante. (x) Les Vénitiens comptèrent
pour une victoire d'avoir, dans ce combat, pillé quelques
bagages du roi. On porta sa tente en triomphe dans
Venise. Charles VIII ne vainquit que pour s'en retourner
en France, laissant encore la moitié de sa petite armée
près de Novare dans le Milanais, où le duc d'Orléans
fut bientôt assiégé, (x) et dont il fut obligé de sortir C
avec les restes d'une garnison exténuée de misère
et de faim.

Les ligués pouvaient encore l'attaquer avec un grand
avantage; mais ils n'osèrent. « Nous ne pouvons résister, disaient-ils, *alla furia francese*. » Les Français firent
précisément en Italie ce que les Anglais avaient fait en
France : ils vainquirent en petit nombre, et ils perdirent
leurs conquêtes.

Quand le roi fut à Turin, on fut bien étonné de voir
un camérier du pape Alexandre VI qui ordonna au roi
de France de retirer ses troupes du Milanais et de Naples,
et de venir rendre compte de sa conduite au saint-père,
sous peine d'excommunication. Cette bravade n'eût
été qu'un sujet de plaisanterie si d'ailleurs la conduite
du pape n'eût pas été un sujet de plainte très sérieux.

Le roi revint en France, et fut aussi négligent à
conserver ses conquêtes qu'il avait été prompt à les
faire. Frédéric, oncle de Fernando, ce roi de Naples

---

1. Guichardin, *ibid.*, t. I, p. 215.

détrôné, devenu roi titulaire après la mort de Fernando, reprit en un mois tout son royaume, assisté de Gonsalve de Cordoue, surnommé *le grand capitaine,* que Ferdinand d'Aragon, surnommé *le Catholique,* envoya pour lors à son secours.

Le duc d'Orléans, qui régna bientôt après, fut trop heureux qu'on le laissât sortir de Novare. Enfin de ce torrent qui avait inondé l'Italie il ne resta nul vestige; et Charles VIII, dont la gloire avait passé si vite, mourut sans enfants à l'âge de près de vingt-huit ans (1497), laissant à Louis XII son premier exemple à suivre et ses fautes à réparer.

CHAPITRE CVIII

Avant de voir comment Louis XII soutint ses droits sur l'Italie, ce que devint tout ce beau pays agité de tant de factions, et disputé par tant de puissances, et comment les papes formèrent l'État qu'ils possèdent aujourd'hui, on doit quelque attention à un fait extraordinaire qui exerçait alors la crédulité de l'Europe, et qui étalait ce que peut le fanatisme.

Il y avait à Florence un dominicain nommé Jérôme Savonarole. C'était un de ces prédicateurs à qui le talent de parler en chaire fait croire qu'ils peuvent gouverner les peuples, un de ces théologiens qui, ayant expliqué l'*Apocalypse*, pensent être devenus prophètes. Il dirigeait, il prêchait, il confessait, il écrivait; et dans une ville libre, pleine nécessairement de factions, il voulait être à la tête d'un parti.

Dès que les principaux citoyens de Florence surent que Charles VIII méditait sa descente en Italie, il la prédit, et le peuple le crut inspiré. Il déclama contre le pape Alexandre VI; il encouragea ceux de ses compatriotes qui persécutaient les Médicis et qui répandirent le sang des amis de cette maison. Jamais homme n'avait eu plus de crédit à Florence sur le commun peuple. Il était devenu une espèce de tribun, en faisant recevoir les artisans dans la magistrature. Le pape et les Médicis se servirent contre Savonarole des mêmes armes qu'il employait; ils envoyèrent un franciscain prêcher contre lui. L'ordre de Saint-François haïssait celui de Saint-Dominique plus que les guelfes ne haïssaient les gibelins. Le cordelier réussit à rendre le dominicain odieux. Les deux ordres se déchaînèrent l'un contre l'autre. Enfin un dominicain s'offrit à passer à travers un bûcher

pour prouver la sainteté de Savonarole. Un cordelier
proposa aussitôt la même épreuve pour prouver que
Savonarole était un scélérat. Le peuple, avide d'un
tel spectacle, en pressa l'exécution; le magistrat fut contraint de l'ordonner. Tous les esprits étaient encore remplis de l'ancienne fable de cet Aldobrandin, surnommé
Petrus igneus, qui dans l'onzième siècle avait passé et
repassé sur des charbons ardents au milieu de deux
bûchers; et les partisans de Savonarole ne doutaient pas
que Dieu ne fît pour un jacobin ce qu'il avait fait pour
un bénédictin. La faction contraire en espérait autant
pour le cordelier. (x) Si nous lisions ces religieuses hor- C
reurs dans l'histoire des Iroquois, nous ne les croirions
pas. Cependant cette scène se jouait chez le peuple le plus
ingénieux de la terre, dans la patrie du Dante, de l'Arioste,
de Pétrarque et de Machiavel. Parmi les chrétiens, plus
un peuple est spirituel, plus il tourne son esprit à soutenir la superstition, et à colorer son absurdité.

On alluma les feux : les champions comparurent en
présence d'une foule innombrable; mais quand ils
virent tous deux de sang-froid les bûchers en flamme,
tous deux tremblèrent et leur peur commune leur suggéra
une commune évasion. Le dominicain ne voulut entrer
dans le bûcher que l'hostie à la main. Le cordelier
prétendit que c'était une clause qui n'était pas dans les
conventions. Tous deux s'obstinèrent, et s'aidant ainsi
l'un l'autre à sortir d'un mauvais pas, ils ne donnèrent
point l'affreuse comédie qu'ils avaient préparée.

Le peuple alors, soulevé par le parti des cordeliers,
voulut saisir Savonarole. Les magistrats ordonnèrent
à ce moine de sortir de Florence. Mais quoiqu'il eût
contre lui le pape, la faction des Médicis et le peuple,
il refusa d'obéir. Il fut pris et appliqué sept fois à la
question. L'extrait de ses dépositions porte qu'il avoua
qu'il était un faux prophète, un fourbe, qui abusait
du secret des confessions et de celles que lui révélaient
ses frères. Pouvait-il ne pas avouer qu'il était un imposteur? Un inspiré qui cabale n'est-il pas convaincu d'être
un fourbe? Peut-être était-il encore plus fanatique :
l'imagination humaine est capable de réunir ces deux
excès, qui semblent s'exclure. Si la justice seule l'eût
condamné, la prison, la pénitence, auraient suffi; mais

l'esprit de parti s'en mêla. On le condamna, lui et deux dominicains, à mourir dans les flammes qu'ils s'étaient vantés d'affronter. Ils furent étranglés avant d'être jetés au feu (23 mai 1498). Ceux du parti de Savonarole ne manquèrent pas de lui attribuer des miracles : dernière ressource des adhérents d'un chef malheureux. N'oublions pas qu'Alexandre VI lui envoya, dès qu'il fut condamné, une indulgence plénière.

Vous regardez en pitié toutes ces scènes d'absurdité A et d'horreur; vous ne trouvez rien de pareil ni chez les Romains et les Grecs, ni chez les barbares. C'est le fruit de la plus infâme superstition qui ait jamais abruti les hommes, et du plus mauvais des gouvernements. Mais vous savez qu'il n'y a pas longtemps que nous sommes sortis de ces ténèbres, et que tout n'est pas encore éclairé.

CHAPITRE CIX

De Pic de La Mirandole

Si l'aventure de Savonarole fait voir quel était encore le fanatisme, les thèses du jeune prince de La Mirandole nous montrent en quel état étaient les sciences. C'est à Florence et à Rome, chez les peuples alors les plus ingénieux de la terre, que se passent ces deux scènes différentes. Il est aisé d'en conclure quelles ténèbres étaient répandues ailleurs, et avec quelle lenteur la raison humaine se forme.

C'est toujours une preuve de la supériorité des Italiens dans ces temps-là que Jean-François Pic de La Mirandole, prince souverain, ait été dès sa plus tendre jeunesse un prodige d'étude et de mémoire : il eût été dans notre temps un prodige de véritable érudition. Le goût des sciences fut si fort en lui qu'à la fin il renonça à sa principauté, et se retira à Florence, (1494) où il mourut le même jour que Charles VIII fit son entrée dans cette ville. On dit qu'à l'âge de dix-huit ans il savait vingt-deux langues. Cela n'est certainement pas dans le cours ordinaire de la nature. Il n'y a point de langue qui ne demande environ une année pour la bien savoir. Quiconque dans une si grande jeunesse en sait vingt-deux peut être soupçonné de les savoir bien mal, ou plutôt il en sait les éléments, ce qui est ne rien savoir.

Il est encore plus extraordinaire que ce prince, ayant étudié tant de langues, ait pu à vingt-quatre ans soutenir à Rome des thèses sur tous les objets des sciences, sans en excepter une seule. On trouve à la tête de ses ouvrages quatorze cents conclusions générales sur lesquelles il offrit de disputer. Un peu d'éléments de géométrie et de la sphère étaient dans cette étude immense la seule chose qui méritait ses peines. Tout le reste ne sert qu'à faire voir l'esprit du temps. C'est la *Somme de saint Thomas;* c'est le précis des ouvrages d'Albert, surnommé *le Grand;* c'est un mélange de théologie avec le péripatétisme. On y voit qu'un ange est infini *secundum quid;* les animaux et les plantes naissent d'une *corruption animée par la vertu productive.* Tout est dans ce goût. C'est ce qu'on apprenait dans toutes les universités. Des milliers d'écoliers se remplissaient la tête de ces chimères, et fréquentaient jusqu'à quarante ans les écoles où on les enseignait. On ne savait pas mieux dans le reste de la terre. Ceux qui gouvernaient le monde étaient bien excusables alors de mépriser les sciences, et Pic de La Mirandole bien malheureux d'avoir consumé sa vie et abrégé ses jours dans ces graves démences.

Ceux qui, nés avec un vrai génie cultivé par la lecture des bons auteurs romains, avaient échappé aux ténèbres de cette érudition, étaient, depuis le Dante et Pétrarque, en très petit nombre. Leurs ouvrages convenaient davantage aux princes, aux hommes d'État, aux femmes, aux seigneurs, qui ne cherchent dans la lecture qu'un délassement agréable; et ils devaient être plus propres au prince de La Mirandole que les compilations d'Albert le Grand.

Mais la passion de la science universelle l'emportait, et cette science universelle consistait à savoir par cœur sur chaque matière quelques mots qui ne donnaient aucune idée. Il est difficile de comprendre comment les mêmes hommes qui raisonnent si juste et si finement sur les affaires du monde et sur leurs intérêts, ont pu se payer de paroles inintelligibles dans presque tout le reste. La raison en est qu'on veut paraître instruit plutôt que de s'instruire; et quand des maîtres d'erreur ont plié notre âme dans notre jeunesse, nous ne faisons pas même d'efforts pour la redresser; nous en faisons au contraire pour la courber encore. De là vient que tant d'hommes pleins de sagacité, et même de génie, sont pétris d'erreurs populaires ; (x) de là vient C que de grands hommes, tels que Pascal et Arnauld, finirent par être fanatiques.

Pic de La Mirandole écrivit, à la vérité, contre l'astrologie judiciaire; mais il ne faut pas s'y méprendre, c'était contre l'astrologie pratiquée de son temps. Il

faulty educ^
fanaticism

en admettait une autre, et c'était l'ancienne, la véritable, qui, disait-il, était négligée.

Il dit dans sa première proposition que « la magie, telle qu'elle est aujourd'hui, et que l'Église condamne, n'est point fondée sur la vérité, puisqu'elle dépend des puissances ennemies de la vérité ». On voit par ces paroles mêmes, toutes contradictoires qu'elles sont, qu'il admettrait la *magie* comme une *œuvre des démons,* et c'était le sentiment reçu. Aussi il assure qu'il n'y a aucune vertu dans le ciel et sur la terre qu'un magicien ne puisse faire agir; et il prouve que les paroles sont efficaces en *magie,* parce que Dieu s'est servi de la parole pour arranger le monde.

Ces thèmes firent beaucoup plus de bruit, et eurent plus d'éclat que n'en ont eu de nos jours les découvertes de Newton et les vérités approfondies par Locke. Le pape Innocent VIII fit censurer treize propositions de toute cette grande doctrine. Ces censures ressemblaient aux décisions de ces Indiens qui condamnaient l'opinion que la terre est soutenue par un dragon, parce que, disaient-ils, elle ne peut être soutenue que par un éléphant [1]. Pic de la Mirandole fit son apologie; il s'y plaint de ses censeurs. Il dit qu'un d'eux s'emporta violemment contre *la cabale.* « Mais savez-vous, lui dit le jeune prince, ce que veut dire ce mot de cabale? — Belle demande! répondit le théologien; ne sait-on pas que c'était un hérétique qui écrivit contre Jésus-Christ? »

Enfin il fallut que le pape Alexandre VI, qui au moins avait le mérite de mépriser ces disputes, lui envoyât une absolution. Il est remarquable qu'il traita de même Pic de La Mirandole et Savonarole.

L'histoire du prince de La Mirandole n'est que celle A d'un écolier plein de génie, parcourant une vaste carrière d'erreurs, et guidé en aveugle par des maîtres aveugles; ce qui suit est l'histoire des maîtres du mensonge, qui fondent leur puissance sur la stupidité humaine.

---

1. L'exemple vient de Locke, *Essai sur l'entendement humain,* l. II, ch. 13, par. 19.

CHAPITRE CX

Le pape Alexandre VI avait alors deux grands objets : celui de joindre au domaine de Rome tant de terres qu'on prétendait en avoir été démembrées, et celui de donner une couronne à son fils César Borgia. Le scandale de ses amours et les horreurs de sa conduite ne lui ôtaient rien de son autorité. On ne vit point le peuple se révolter contre lui dans Rome. Il était accusé par la voix publique d'abuser de sa propre fille Lucrèce, qu'il enleva successivement à trois maris, dont il fit assassiner le dernier (Alphonse d'Aragon) pour la donner enfin à l'héritier de la maison d'Este. Ces noces furent célébrées au Vatican par la plus infâme réjouissance que la débauche ait jamais inventée, et qui ait effrayé la pudeur. Cinquante courtisanes nues dansèrent devant cette famille incestueuse, et des prix furent donnés aux mouvements les plus lascifs. Les enfants de ce pape, le duc de Gandie et César de Borgia alors diacre, archevêque de Valence en Espagne et cardinal, avaient passé publiquement pour se disputer la jouissance de leur sœur Lucrèce. Le duc de Gandie fut assassiné dans Rome : la voix publique imputa ce meurtre au cardinal Borgia, et Guichardin[1] n'hésite pas à l'en accuser. Le mobilier des cardinaux appartenait après leur mort au pontife, et il y avait de fortes présomptions qu'on avait hâté

---

1. *La Historia d'Italia*, t. I, pp. 358-9, *FL*, sig. : « *lo fece una notte che cavalcava solo per Roma ammazzare, e poi gittare nel fiume di Tevere segretamente.* »

la mort de plus d'un cardinal dont on avait voulu hériter. Cependant le peuple romain était obéissant, et toutes les puissances recherchaient Alexandre VI.

Louis XII, roi de France, successeur de Charles VIII, s'empressa plus qu'aucun autre à s'allier avec ce pontife. Il en avait plus d'une raison. Il voulait se séparer, par un divorce, de sa femme, fille de Louis XI, avec laquelle il avait consommé son mariage, et qui avait vécu avec lui vingt-deux années, mais sans en avoir d'enfants. Nul droit, hors le droit naturel, ne pouvait autoriser ce divorce; mais le dégoût et la politique le rendaient nécessaire.

Anne de Bretagne, veuve de Charles VIII, conservait pour Louis XII l'inclination qu'elle avait sentie pour le duc d'Orléans; et s'il ne l'épousait pas, la Bretagne échappait à la France. C'était un usage ancien, mais dangereux, de s'adresser à Rome, soit pour se marier avec ses parentes, soit pour répudier sa femme : car de tels mariages ou de tels divorces étant souvent nécessaires à l'État, la tranquillité d'un royaume dépendait donc de la manière de penser d'un pape, souvent ennemi de ce royaume.

L'autre raison qui liait Louis XII avec Alexandre VI, c'était ce droit funeste qu'on voulait faire valoir sur les États d'Italie. Louis XII revendiquait le duché de Milan, parce qu'il comptait parmi ses grand'mères une sœur d'un Visconti, lequel avait eu cette principauté. On lui opposait la prescription de l'investiture que l'empereur Maximilien avait donnée à Louis le Maure, dont même cet empereur avait épousé la nièce.

Le droit public féodal toujours incertain ne pouvait être interprété que par la loi du plus fort. Ce duché de Milan, cet ancien royaume des Lombards, était un fief de l'empire. On n'avait point décidé si ce fief était mâle ou femelle, si les filles devaient en hériter. L'aïeule de Louis XII, fille d'un Visconti, duc de Milan, n'avait eu par son contrat de mariage que le comté d'Ast. Ce contrat de mariage fut la source des malheurs de l'Italie, des disgrâces de Louis XII, et des malheurs de François Ier. Presque tous les États d'Italie ont flotté ainsi dans l'incertitude, ne pouvant ni être libres, ni décider à quel maître ils devaient appartenir.

Les droits de Louis XII sur Naples étaient les mêmes que ceux de Charles VIII.

Le bâtard du pape, César de Borgia, fut chargé d'apporter en France la bulle du divorce et de négocier avec le roi sur tous ces projets de conquête. Borgia ne partit de Rome qu'après s'être assuré du duché de Valentinois, d'une compagnie de cent hommes d'armes, et d'une pension de vingt mille livres que lui donnait Louis XII, avec promesse de faire épouser à cet archevêque la sœur du roi de Navarre. César de Borgia, tout diacre et archevêque qu'il était, passa donc à l'état séculier; et son père, le pape, donna en même temps dispense à son fils et au roi de France, à l'un pour quitter l'Église, à l'autre pour quitter sa femme. On fut bientôt d'accord. Louis XII prépara une nouvelle descente en Italie.

Il avait pour lui les Vénitiens, qui devaient partager une partie des dépouilles du Milanais. Ils avaient déjà pris le Bressan et le pays de Bergame : ils voulaient au moins le Crémonais, sur lequel ils n'avaient pas plus de droit que sur Constantinople.

L'empereur Maximilien, qui eût dû défendre le duc de Milan, oncle de sa femme et son vassal, contre la France son ennemie naturelle, n'était alors en état de défendre personne. Il se soutenait à peine contre les Suisses, qui achevaient d'ôter à la maison d'Autriche ce qui lui restait dans leur pays. Maximilien joua donc en cette conjoncture le rôle forcé de l'indifférence.

Louis XII termina tranquillement quelques discussions avec le fils de cet empereur, Philippe le Beau, père de Charles-Quint, maître des Pays-Bas; et ce Philippe le Beau rendit hommage en personne à la France pour les comtés de Flandre et d'Artois. Le chancelier Gui de Rochefort reçut dans Arras cet hommage. Il était assis et couvert, tenant entre ses mains les mains jointes du prince, qui, découvert, sans armes et sans ceinture, prononça ces mots : « Je fais hommage à monsieur le roi pour mes pairies de Flandre et d'Artois, etc. »

Louis XII ayant d'ailleurs renouvelé les traités de Charles VIII avec l'Angleterre, assuré de tous côtés, du moins pour un temps, fait passer les Alpes à son armée. Il est à remarquer qu'en entreprenant cette guerre, loin d'augmenter les impôts, il les diminua, et que cette indulgence commença à lui faire donner le nom de *Père du peuple*. Mais il vendit plusieurs offices qu'on nomme royaux, et surtout ceux des finances. N'eût-il pas mieux valu établir des impôts également répartis, que d'introduire la vénalité honteuse des charges dans un pays dont il voulait être le père? Cet usage de mettre des emplois à l'encan venait d'Italie : on a vendu longtemps à Rome les places de la chambre apostolique, et ce n'est que de nos jours que les papes ont aboli cette coutume.

L'armée que Louis XII envoya au delà des Alpes n'était guère plus forte que celle avec laquelle Charles VIII avait conquis Naples. Mais ce qui doit paraître étrange, c'est que Louis le Maure, simple duc de Milan, de Parme et de Plaisance, et seigneur de Gênes, avait une armée tout aussi considérable que le roi de France.

(1499) On vit encore ce que pouvait *la furia francese* contre la sagacité italienne. L'armée du roi s'empara en vingt jours de l'État de Milan et de celui de Gênes, tandis que les Vénitiens occupèrent le Crémonais.

Louis XII, après avoir pris ces belles provinces par ses généraux, fit son entrée dans Milan : il y reçut les députés de tous les États d'Italie en homme qui était leur arbitre; mais à peine fut-il retourné à Lyon que la négligence, qui suit presque toujours la fougue, fit perdre aux Français le Milanais comme ils avaient perdu Naples (1500). Louis le Maure, dans cet établissement passager, payait un ducat d'or pour chaque tête de Français qu'on lui portait. Alors Louis XII fit un nouvel effort. Louis de La Trimouille va réparer les fautes qu'on avait faites. On rentre dans le Milanais. Les Suisses, qui depuis Charles VIII faisaient usage de leur liberté pour se vendre à qui les payait, étaient à la fois en grand nombre dans l'armée française et dans la milanaise. Il est remarquable que les ducs de Milan furent les premiers princes qui prirent des Suisses à leur solde : Marie Sforze avait donné cet exemple aux souverains.

Quelques capitaines de cette nation, si ressemblante jusqu'alors aux anciens Lacédémoniens par la liberté, l'égalité, la pauvreté et le courage, flétrirent sa gloire par l'amour de l'argent. Ils gardaient dans Novare le duc de Milan, qui leur avait confié sa personne préférablement aux Italiens (1500); mais, loin de mériter cette confiance, ils composèrent avec les Français. Tout ce que Louis le Maure put en obtenir, ce fut de sortir avec eux, habillé à la suisse, et une hallebarde à la main : il parut ainsi à travers les haies des soldats français; mais ceux qui l'avaient vendu le firent bientôt reconnaître. Il est pris, conduit à Pierre-Encise, de là dans la même tour de Bourges où Louis XII lui-même avait été en prison; enfin transféré à Loches, où il vécut encore dix années, non dans une cage de fer, comme on le croit communément, mais servi avec distinction, et se promenant les dernières années à cinq lieues du château.

Louis XII, maître du Milanais et de Gênes, veut encore avoir Naples; mais il devait craindre ce même Ferdinand le Catholique, qui en avait déjà chassé les Français.

Ainsi qu'il s'était uni avec les Vénitiens pour conquérir le Milanais dont ils partagèrent les dépouilles, il s'unit avec Ferdinand pour conquérir Naples. Le roi catholique alors aima mieux dépouiller sa maison que la secourir : il partagea, par un traité avec la France, ce royaume où régnait Frédéric, le dernier roi de la branche bâtarde d'Aragon. Le roi catholique retient pour lui la Pouille et la Calabre, le reste est destiné pour la France. Le pape Alexandre VI, allié de Louis XII, entre dans cette conjuration contre un monarque innocent, son feudataire, et donne aux deux rois l'investiture qu'il avait donnée au roi de Naples. Le roi catholique envoie ce même général Gonsalve de Cordoue à Naples, sous prétexte de défendre son parent, et en effet pour l'accabler : les Français arrivent par mer et par terre. (x) Il faut avouer que dans cette conquête B de Naples, il n'y eut qu'injustice, perfidie et bassesse; mais l'Italie ne fut pas gouvernée autrement pendant plus de six cents années.

(1501) Les Napolitains n'étaient point dans l'habitude de combattre pour leurs rois : l'infortuné monarque, trahi par son parent, pressé par les armes françaises, dénué de toute ressource, aima mieux se remettre dans les mains de Louis XII, qu'il crut généreux, que dans celles du roi catholique, qui le traitait avec tant de perfidie. Il demande aux Français un passeport pour sortir de son royaume : il vient en France avec cinq galères, et là il reçoit une pension du roi de cent vingt mille livres de notre monnaie d'aujourd'hui : étrange destinée pour un souverain !

Louis XII avait donc tout à la fois un duc de Milan prisonnier, un roi de Naples suivant sa cour et son pensionnaire ; la république de Gênes était une de ses provinces. Le royaume, peu chargé d'impôts, était un des plus florissants de la terre : il lui manquait seulement l'industrie du commerce et la gloire des beaux arts, qui étaient, comme nous le verrons, le partage de l'Italie.

CHAPITRE CXI

Alexandre VI faisait alors en petit ce que Louis XII exécutait en grand : il conquérait les fiefs de la Romagne par les mains de son fils. Tout était destiné à l'agrandissement de ce fils; mais il n'en jouit guère : il travaillait sans y penser pour le domaine ecclésiastique.

Il n'y eut ni violence, ni artifice, ni grandeur de courage, ni scélératesse, que César Borgia ne mît en usage. Il employa, pour envahir huit ou dix petites villes et pour se défaire de quelques petits seigneurs, plus d'art que les Alexandre, les Gengis, les Tamerlan, les Mahomet, n'en mirent à subjuguer une grande partie de la terre. On vendit des indulgences pour avoir une armée : le cardinal Bembo assure que dans les seuls domaines de Venise on en vendit pour près de seize cents marcs d'or. On imposa le dixième sur tous les revenus ecclésiastiques, sous prétexte d'une guerre contre les Turcs, et il ne s'agissait que d'une petite guerre aux portes de Rome.

D'abord on saisit les places des Colonna et des Savelli auprès de Rome. Borgia emporta par force et par adresse Forli, Faenza, Rimini, Imola, Piombino; et dans ces conquêtes, la perfidie, l'assassinat, l'empoisonnement, font une partie de ses armes. Il demande au nom du pape des troupes et de l'artillerie au duc d'Urbin : il s'en sert contre le duc d'Urbin même, et lui ravit son duché. Il attire dans une conférence le seigneur de la ville de Camerino : il le fait étrangler avec ses deux fils. Il engage, par les plus grands serments, le duc de Gravina, Oliverotto, Pagolo Vitelli et un autre, à venir traiter avec lui auprès de Sinigaglia. L'embuscade était préparée : il fait massacrer impitoyablement Vitelli et Oliverotto. Pourrait-on penser que Vitelli, en expirant, suppliât son assassin d'obtenir pour lui auprès du pape son père une indulgence à l'article de la mort? C'est pourtant ce que disent les contemporains : rien ne montre mieux la faiblesse humaine et le pouvoir de l'opinion. Si César Borgia fût mort avant Alexandre VI du poison qu'on prétend qu'ils préparèrent à des cardinaux et qu'ils burent l'un et l'autre, il ne faudrait pas s'étonner que Borgia, en mourant, eût demandé une indulgence plénière au pontife son père.

Alexandre VI, dans le même temps, se saisissait des amis de ces infortunés, et les faisait étrangler au château Saint-Ange. Guicciardino [1] croit que le seigneur de Farneza, nommé Astor, jeune homme d'une grande beauté, livré au bâtard du pape, fut forcé de servir à ses plaisirs, et envoyé ensuite avec son frère naturel au pape, qui les fit périr tous deux par la corde. Le roi de France, père de son peuple, et honnête homme chez lui, favorisait en Italie ces crimes, qu'il aurait punis dans son royaume. Il s'en rendait le complice; il abandonnait au pape ces victimes, pour être secondé par lui dans sa conquête de Naples : ce qu'on appelle la politique, l'intérêt d'État, le rendit injuste en faveur d'Alexandre VI. Quelle politique, quel intérêt d'État, de seconder les atrocités d'un scélérat qui le trahit bientôt après! (x) B Et comment les hommes sont gouvernés! (x) Un pape C et son bâtard qu'on avait vu archevêque, souillaient l'Italie de tous les crimes : un roi de France, qu'on a nommé père du peuple, les secondait; et les nations hébétées demeuraient dans le silence.

La destinée des Français, qui était de conquérir Naples, était aussi d'en être chassés. Ferdinand le Catholique, (x) ou *le perfide,* (x) qui avait trompé le dernier roi B de Naples, son parent, ne fut pas plus fidèle à Louis XII : il fut bientôt d'accord avec Alexandre VI pour ôter au roi de France son partage.

1. Guichardin, *La Historia d'Italia,* t. I, p. 524.

Gonsalve de Cordoue, qui mérita si bien le titre de *grand capitaine,* et non de *vertueux,* lui qui disait que « la toile d'honneur doit être grossièrement tissue », trompa d'abord les Français, et ensuite les vainquit. Il me semble qu'il y a eu souvent dans les généraux français beaucoup plus de ce courage que l'honneur inspire, que de cet art nécessaire dans les grandes affaires. Le duc de Nemours, descendant de Clovis, commandait les Français : il appela Gonsalve en duel. Gonsalve répondit en battant plusieurs fois son armée, et surtout à Cerignola dans la Pouille, où Nemours fut tué avec quatre mille Français (1503) : il ne périt, dit-on, que neuf Espagnols dans cette bataille; preuve évidente que Gonsalve avait choisi un poste avantageux, que Nemours avait manqué de prudence, et qu'il n'avait que des troupes découragées. En vain le fameux chevalier Bayard soutint seul sur un pont étroit l'effort de deux cents ennemis qui l'attaquaient; cet effort de valeur fut glorieux et inutile. (x) D On le comparait à Horatius Coclès; mais il ne combattait pas pour des Romains.

Ce fut dans cette guerre qu'on trouva une nouvelle manière d'exterminer les hommes. Pierre de Navarre, soldat de fortune et grand général espagnol, inventa les mines, dont les Français éprouvèrent les premiers effets.

La France cependant était alors si puissante que Louis XII put mettre à la fois trois armées en campagne et une flotte en mer. De ces trois armées, l'une fut destinée pour Naples, les deux autres pour le Roussillon et pour Fontarabie; mais aucune de ces armées ne fit des progrès, et celle de Naples fut bientôt entièrement dissipée, tant on opposa une mauvaise conduite à celle du *grand capitaine;* enfin Louis XII perdit sa part du royaume de Naples sans retour.

(1503) Bientôt après, l'Italie fut délivrée d'Alexandre VI et de son fils. Tous les historiens se plaisent à transmettre à la postérité que ce pape mourut du poison qu'il avait destiné dans un festin à plusieurs cardinaux : trépas digne en effet de sa vie; mais le fait est bien peu vraisemblable. On prétend que dans un besoin pressant d'argent il voulut hériter de ces cardinaux; mais il est prouvé que César Borgia emporta cent mille ducats d'or du trésor de son père après sa mort; le besoin n'était donc pas réel. D'ailleurs, comment se méprit-on à cette bouteille de vin empoisonnée qui, dit-on, donna la mort au pape et mit son fils au bord du tombeau? Des hommes qui ont une si longue expérience du crime ne laissent pas lieu à une telle méprise : on ne cite personne qui en ait fait l'aveu; il paraît donc bien difficile qu'on en fût informé. Si, quand le pape mourut, cette cause de sa mort avait été sue, elle l'eût été par ceux-là mêmes qu'on avait voulu empoisonner : ils n'eussent point laissé un tel crime impuni; ils n'eussent point souffert que Borgia s'emparât paisiblement des trésors de son père. Le peuple, qui hait souvent ses maîtres, et qui a de tels maîtres en exécration, tenu dans l'esclavage sous Alexandre, eût éclaté à sa mort : il eût troublé la pompe funèbre de ce monstre; il eût déchiré son abominable fils. Enfin le journal de la maison de Borgia porte que le pape, âgé de soixante et douze ans, fut attaqué d'une fièvre tierce, qui bientôt devint continue et mortelle : ce n'est pas là l'effet du poison. On ajoute que le duc de Borgia se fit enfermer dans le ventre d'une mule. Je voudrais bien savoir de quel venin le ventre d'une mule est l'antidote, et comment ce Borgia moribond serait-il allé au Vatican prendre cent mille ducats d'or? Était-il enfermé dans sa mule quand il enleva ce trésor?

Il est vrai qu'après la mort du pape il y eut du tumulte dans Rome. Les Colonnes et les Ursins y rentrèrent en armes; mais c'était dans ce tumulte même qu'on eût dû accuser solennellement le père et le fils de ce crime. Enfin le pape Jules II, mortel ennemi de cette maison, et qui eut longtemps le duc en sa puissance, ne lui imputa point ce que la voix publique lui attribue.

Mais, d'un autre côté, pourquoi le cardinal Bembo, Guichardin, Paul Jove, Tomasi [1], et tant de contem-

---

1. Bembo, *Opera in unum corpus collecta*, Argentorati, 1652, t. I, p. 244 (*Historiae Venetae*, l. VI); Guichardin, *Historia d'Italia*, t. I, pp. 626-7 : le pape étant à sa vigne, un domestique lui servit par erreur le vin destiné à empoisonner un riche cardinal; Jiovio, *Histoires... de son temps*, p. 203; Tomasi, *Vie de César Borgia*, Leyde, 1712, *FL*, pp. 455-7.

porains, s'accordaient-ils dans cette étrange accusation?
d'où viennent tant de circonstances détaillées? pourquoi
nomme-t-on l'espèce de poison dont on se servit, qui
s'appelait *cantarella*? On peut répondre qu'il n'est pas
difficile d'inventer quand on accuse, et qu'il fallait colorer
de quelques vraisemblances une accusation si horrible,
(x) que ces écrivains ne se faisaient pas scrupule de char- B
ger Alexandre d'un forfait de plus, et qu'on pouvait
soupçonner cette dernière scélératesse lorsque tant
d'autres étaient avérées.

Alexandre VI laissa dans l'Europe une mémoire plus
odieuse que celle des Néron et des Caligula, parce que
la sainteté de son ministère le rendit plus coupable.
Cependant c'est à lui que Rome dut sa grandeur temporelle, et ce fut lui qui mit ses successeurs en état de tenir
quelquefois la balance de l'Italie. Son fils perdit tout le
fruit de ses crimes, que l'Église recueillit. Presque toutes
les villes dont il s'était emparé se donnèrent à d'autres
dès que son père fut mort; et le pape Jules II le força
bientôt après de lui rendre celles qui lui restaient. Il
ne conserva rien de toute sa funeste grandeur. Tout
fut pour le saint-siège, à qui sa scélératesse fut plus utile
que ne l'avait été l'habileté de tant de papes soutenue
des armes de la religion. (x) Mais ce qui est singulier, A
c'est que cette religion ne fut pas attaquée alors; comme
la plupart des princes, des ministres et des guerriers
n'en avaient point du tout, les crimes des papes ne les
inquiétaient pas. L'ambition effrénée ne faisait aucune
réflexion à cette suite horrible de sacrilèges; on n'étudiait point, on ne lisait point. Le peuple, hébété, allait
en pèlerinage. Les grands égorgeaient et pillaient; ils
ne voyaient dans Alexandre VI que leur semblable, (x) B
et on donnait toujours le nom de saint-siège au siège
de tous les crimes.

Machiavel[1] prétend que les mesures de Borgia étaient
si bien prises qu'il devait rester maître de Rome et de
tout l'État ecclésiastique après la mort de son père;
mais qu'il ne pouvait pas prévoir que lui-même serait
aux portes du tombeau dans le temps qu'Alexandre y

---

1. V. renvoie, semble-t-il, au ch. 11 du *Prince, Opera,* t. II, p.
41.

descendrait. Amis, ennemis, alliés, parents, tout l'abandonna en peu de temps; on le trahit comme il avait
trahi tout le monde. Gonsalve de Cordoue, le grand
capitaine auquel il s'était confié, l'envoya prisonnier en
Espagne. Louis XII lui ôta son duché de Valentinois
et sa pension. Enfin, évadé de sa prison, il se réfugia
dans la Navarre. Le courage, qui n'est pas une vertu,
mais une qualité heureuse, commune aux scélérats et
aux grands hommes, ne l'abandonna pas dans son asile.
Il ne quitta en rien son caractère : il intrigua, il commanda
l'armée du roi de Navarre son beau-frère dans une guerre
qu'il conseilla pour déposséder les vassaux de la Navarre,
comme il avait autrefois dépossédé les vassaux de l'empire et du saint-siège. Il fut tué les armes à la main.
Sa mort fut glorieuse, et nous voyons dans le cours
de cette histoire des souverains légitimes et des hommes
vertueux périr par la main des bourreaux.

CHAPITRE CXII

Il eût été possible aux Français de reprendre Naples de même qu'ils avaient repris le Milanais. L'ambition du premier ministre de Louis XII fut cause que cet État fut perdu pour toujours. Le cardinal Chaumont d'Amboise, archevêque de Rouen, tant loué pour n'avoir eu qu'un seul bénéfice, mais à qui la France, qu'il gouvernait en maître, tenait au moins lieu d'un second, voulut en avoir un autre plus relevé. Il prétendit être pape après la mort d'Alexandre VI, et on eût été forcé de l'élire, s'il eût été aussi politique qu'ambitieux. Il avait des trésors : les troupes qui devaient aller au royaume de Naples étaient aux portes de Rome ; mais les cardinaux italiens lui persuadèrent d'éloigner cette armée, afin que son élection en parût plus libre et en fût plus valide. Il l'écarta, et alors le cardinal Julien de La Rovère fit élire Pie III, qui mourut au bout de vingt-sept jours. Ensuite ce cardinal Julien, qu'on appelle Jules II, fut pape lui-même (1503). Cependant la saison pluvieuse empêcha les Français de passer assez tôt le Garillan, et favorisa Gonsalve de Cordoue. Ainsi le cardinal d'Amboise, qui pourtant passa pour un homme sage, perdit à la fois la tiare pour lui et Naples pour son roi.

Une seconde faute d'un autre genre, qu'on lui a reprochée, fut l'incompréhensible traité de Blois, par lequel le conseil du roi démembrait et détruisait d'un coup de plume la monarchie française. Par ce traité, le roi donnait la seule fille qu'il eût d'Anne de Bretagne au petit-fils de l'empereur et du roi Ferdinand d'Aragon, ses deux ennemis, à ce même prince qui fut depuis, sous le nom de Charles-Quint, si terrible à la France et à l'Europe. Qui croirait que sa dot devait être composée

de la Bretagne entière, de la Bourgogne, et qu'on abandonnait Milan, Gênes, sur lesquels on cédait ses droits?
Voilà ce que Louis XII ôtait à la France en cas qu'il
mourût sans enfants mâles. On ne peut excuser un traité
si extraordinaire qu'en disant que le roi et le cardinal
d'Amboise n'avaient nulle intention de le tenir, et
qu'enfin Ferdinand avait accoutumé le cardinal d'Amboise à l'artifice. (x) Mais quel artifice et quelle C
infamie! On est réduit à imputer au bon Louis XII
l'imbécillité ou la fraude.

(1506) Aussi les états généraux, assemblés à Tours,
réclamèrent contre ce projet funeste. Peut-être le roi,
qui s'en repentait, eut-il l'habileté de se faire demander
par la France entière ce qu'il n'osait faire de lui-même :
peut-être céda-t-il par raison aux remontrances de la
nation. L'héritière d'Anne de Bretagne fut donc ôtée
à l'héritier de la maison d'Autriche et de l'Espagne,
ainsi qu'Anne elle-même avait été ravie à l'empereur
Maximilien. Elle épousa le comte d'Angoulême, qui
fut depuis François Ier. La Bretagne, deux fois unie à
la France, et deux fois près de lui échapper, lui fut
incorporée, et la Bourgogne n'en fut point démembrée.

Une autre faute qu'on reproche à Louis XII fut de
se liguer contre les Vénitiens, ses alliés, avec tous ses
ennemis secrets. Ce fut un événement inouï jusqu'alors
que la conspiration de tant de rois contre une république
qui, trois cents années auparavant, était une ville de
pêcheurs devenus d'illustres négociants.

CHAPITRE CXIII

Le pape Jules II, né à Savone, domaine de Gênes, voyait avec indignation sa patrie sous le joug de la France. Un effort que fit Gênes en ce temps-là pour recouvrer son ancienne liberté avait été puni par Louis XII avec plus de faste que de rigueur. Il était entré dans la ville l'épée nue à la main; il avait fait brûler en sa présence tous les privilèges de la ville; ensuite, ayant fait dresser son trône dans la grande place sur un échafaud superbe, il fit venir les Génois au pied de l'échafaud, qui entendirent leur sentence à genoux. Il ne les condamna qu'à une amende de cent mille écus d'or, et bâtit une citadelle qu'il appela *la bride de Gênes*.

Le pape, qui, comme tous ses prédécesseurs, aurait voulu chasser tous les étrangers d'Italie, cherchait à renvoyer les Français au delà des Alpes; mais il voulait d'abord que les Vénitiens s'unissent avec lui, et commençassent par lui remettre beaucoup de villes que l'Église réclamait. La plupart de ces villes avaient été arrachées à leurs possesseurs par le duc de Valentinois, César Borgia; et les Vénitiens, toujours attentifs à leurs intérêts, s'étaient emparés, immédiatement après la mort d'Alexandre VI, de Rimini, de Faenza, de beaucoup de terres dans la Romagne, dans le Ferrarois, et dans le duché d'Urbin. Ils voulurent retenir leurs conquêtes. Jules II se servit alors contre Venise des Français mêmes, contre lesquels il eût voulu l'armer. Ce ne fut pas assez des Français, il fit entrer toute l'Europe dans la ligue.

Il n'y avait guère de souverain qui ne pût redemander quelque territoire à cette république. L'empereur Maxi-

milien avait des prétentions illimitées comme empereur.
(x) Un fait très intéressant, qui n'a pas été connu à B
l'abbé Dubos dans son excellente *Histoire de la Ligue
de Cambrai*[1], un fait qui nous paraît aujourd'hui très
extraordinaire, et qui pourtant ne l'était pas aux yeux
de la chancellerie allemande, c'est que l'empereur
Maximilien avait cité déjà le doge Loredano et tout le
sénat de Venise à comparaître devant lui, et à demander
pardon de n'avoir pas souffert qu'il passât par leur territoire avec des troupes pour aller se faire couronner
empereur à Rome. Le sénat n'ayant point obéi à ses
sommations, la chambre impériale le condamna par
contumace, et le mit au ban de l'empire.

Il est donc évident qu'on regardait à Vienne les B
Vénitiens comme des vassaux rebelles, et que jamais
la cour impériale ne se départit de ses prétentions sur
presque toute l'Europe. S'il eût été aussi aisé de prendre
Venise que de la condamner, cette république, la plus
ancienne et la plus florissante de la terre, n'existerait
plus. Le droit le plus sacré des hommes, la liberté, ce
droit plus ancien que tous les empires, ne serait qu'une
rébellion. C'est là un étrange droit public.

D'ailleurs Vérone, Vicence, Padoue, la Marche
Trévisane, le Frioul, étaient à la bienséance de l'empereur. Le roi d'Aragon, Ferdinand le Catholique, pouvait
reprendre quelques villes maritimes dans le royaume
de Naples, qu'il avait engagées aux Vénitiens. C'était
une manière prompte de s'acquitter. Le roi de Hongrie
avait des prétentions sur une partie de la Dalmatie. Le
duc de Savoie pouvait aussi revendiquer l'île de Chypre,
parce qu'il était allié de la maison de Chypre qui n'existait plus. Les Florentins, en qualité de voisins, avaient
aussi des droits.

(1508) Presque tous les potentats, ennemis les uns
des autres, suspendirent leurs querelles pour s'unir
ensemble à Cambrai contre Venise. Le Turc, son ennemi
naturel, et qui était alors en paix avec elle, fut le seul
qui n'accéda pas à ce traité. Jamais tant de rois ne
s'étaient ligués contre l'ancienne Rome. Venise était

---

1. Paris, 1709, *FL* : effectivement, Dubos, t. I, pp. 28-9, ne
mentionne pas ce fait.

aussi riche qu'eux tous ensemble. Elle se confia dans cette ressource, et surtout dans la désunion qui se mit bientôt entre tant d'alliés. Il ne tenait qu'à elle d'apaiser Jules II, principal auteur de la ligue; mais elle dédaigna de demander grâce, et osa attendre l'orage. C'est peut-être la seule fois qu'elle ait été téméraire.

Les excommunications, plus méprisées chez les Vénitiens qu'ailleurs, furent la déclaration du pape. Louis XII envoya un héraut d'armes annoncer la guerre au doge. Il redemandait le Crémonais, qu'il avait cédé lui-même aux Vénitiens, quand ils l'avaient aidé à prendre le Milanais. Il revendiquait le Bressan, Bergame, et d'autres terres.

Cette rapidité de fortune qui avait accompagné les Français dans les commencements de toutes leurs expéditions ne se démentit pas. Louis XII, à la tête de son armée, détruisit les forces vénitiennes à la célèbre journée d'Agnadel, près de la rivière d'Adda. Alors chacun des prétendants se jeta sur son partage. Jules II s'empara de toute la Romagne (1509). Ainsi les papes, qui devaient, dit-on, à un empereur de France leurs premiers domaines, durent le reste aux armes de Louis XII. Ils furent alors en possession de presque tout le pays qu'ils occupent aujourd'hui.

Les troupes de l'empereur, s'avançant cependant dans le Frioul, s'emparèrent de Trieste, qui est resté à la maison d'Autriche. Les troupes d'Espagne occupèrent ce que Venise avait en Calabre. Il n'y eut pas jusqu'au duc de Ferrare et au marquis de Mantoue, autrefois général au service des Vénitiens, qui ne saisissent leur proie. Venise passa de la témérité à la consternation. Elle abandonna elle-même ses villes de terre ferme, et leur remit non seulement les serments de fidélité, mais l'argent qu'elles devaient à l'État; et réduite à ses lagunes, elle implora la miséricorde de l'empereur Maximilien, qui, se voyant heureux, fut inflexible.

Le sénat, excommunié par le pape et opprimé par tant de princes, n'eut alors d'autre parti à prendre que de se jeter entre les bras du Turc. Il députa Louis Raimond en qualité d'ambassadeur vers Bajazet; mais l'empereur Maximilien ayant échoué au siège de Padoue, les Vénitiens reprirent courage, et contremandèrent leur ambassadeur. Au lieu de devenir tributaires de la Porte ottomane, ils consentirent à demander pardon au pape Jules II, auquel ils envoyèrent six nobles. Le pape leur imposa des pénitences comme s'il avait fait la guerre par ordre de Dieu, et comme si Dieu avait ordonné aux Vénitiens de ne pas se défendre.

Jules II, ayant rempli son premier projet d'agrandir Rome sur les ruines de Venise, songea au second : c'était de chasser les barbares d'Italie.

Louis XII était retourné en France, prenant toujours, ainsi que Charles VIII, moins de mesures pour conserver qu'il n'avait eu de promptitude à conquérir. Le pape pardonna aux Vénitiens, qui, revenus de leur première terreur, résistaient aux armes impériales.

Enfin il se ligua avec cette même république contre ces mêmes Français, après l'avoir opprimée par eux. Il voulait détruire en Italie tous les étrangers les uns par les autres, exterminer le reste alors languissant de l'autorité allemande, et faire de l'Italie un corps puissant dont le souverain pontife serait le chef. Il n'épargna dans ses desseins ni négociations, ni argent, ni peines. Il fit lui-même la guerre; il alla à la tranchée; il affronta la mort. Nos historiens blâment son ambition et son opiniâtreté; il fallait aussi rendre justice à son courage et à ses grandes vues. (x) C'était un mauvais prêtre, B mais un prince aussi estimable qu'aucun de son temps.

Une nouvelle faute de Louis XII seconda les desseins de Jules II. Le premier avait une économie qui est une vertu dans le gouvernement ordinaire d'un État paisible, et un vice dans les grandes affaires.

Une mauvaise discipline faisait consister alors toute la force des armées dans la gendarmerie, qui combattait à pied comme à cheval. On n'avait pas su faire encore une bonne infanterie française, ce qui était pourtant aisé, comme l'expérience l'a prouvé depuis; et les rois de France soudoyaient des fantassins allemands ou suisses.

On sait que les Suisses surtout avaient contribué à la conquête du Milanais. Ils avaient vendu leur sang, et jusqu'à leur bonne foi, en livrant Louis le Maure. Les cantons demandèrent au roi une augmentation de pension; Louis la refusa. Le pape profita de la conjoncture. Il les flatta, et leur donna de l'argent : il les encouragea par les titres qu'il leur prodigua de défenseurs de l'Église. Il fit prêcher chez eux contre les Français. Ils accouraient à ces sermons guerriers qui flattaient leurs passions. C'était prêcher une croisade.

On voit que, par la bizarrerie des conjonctures, ces mêmes Français étaient alors les alliés de l'empire allemand, dont ils ont été si souvent ennemis. Ils étaient de plus ses vassaux. Louis XII avait donné, pour l'investiture de Milan, cent mille écus d'or à l'empereur Maximilien, qui n'était ni un allié puissant, ni un ami fidèle; et comme empereur, il n'aimait ni les Français, ni le pape.

Ferdinand le Catholique, par qui Louis XII fut toujours trompé, abandonna la ligue de Cambrai dès qu'il eut ce qu'il prétendait en Calabre. Il reçut du pape l'investiture pleine et entière du royaume de Naples. Jules II le mit à ce prix entièrement dans ses intérêts. Ainsi le pape, par sa politique, avait pour lui les Vénitiens, les Suisses, les secours du royaume de Naples, ceux même de l'Angleterre; et ce fut aux Français à soutenir tout le fardeau.

(1510) Louis XII, attaqué par le pape, convoqua une assemblée d'évêques à Tours, pour savoir s'il lui était permis de se défendre, et si les excommunications du pape seraient valides. La postérité éclairée sera étonnée qu'on ait fait de telles questions; mais il fallait alors respecter les préjugés du temps. Je ne puis m'empêcher de remarquer le premier cas de conscience qui fut proposé dans cette assemblée : le président demanda « si le pape avait droit de faire la guerre, quand il ne s'agissait ni de religion, ni du domaine de l'Église »; et il fut répondu que non. Il est évident qu'on ne proposait pas ce qu'il fallait demander, et qu'on répondait le contraire de ce qu'il fallait répondre : car, en matière de religion et de possession ecclésiastique, si on s'en tient à l'Évangile, un évêque, loin de faire la guerre, ne doit que prier et souffrir; mais en matière de politique, un souverain de Rome peut et doit assurément secourir ses alliés et venger l'Italie; et si Jules s'en était tenu là, il eût été un grand prince.

Cette assemblée française répondit plus dignement, en concluant qu'il fallait s'en tenir à la fameuse pragma-

tique sanction de Charles VII, ne plus envoyer d'argent
à Rome, et en lever sur le clergé de France pour faire
la guerre au pape, chef romain de ce clergé français.
On commença par se battre vers Bologne et vers
le Ferrarois. (x) Jules II avait déjà enlevé Bologne aux A
Bentivoglio, et il voulait s'emparer de Ferrare. Il
détruisait, par ces invasions, son grand dessein de
chasser d'Italie les étrangers : car Bologne et Ferrare
appelaient nécessairement les Français à leur secours
contre lui; et après avoir voulu être le vengeur de l'Italie,
il en devint l'oppresseur. Son ambition, qui l'emportait,
plongea l'Italie dans les calamités dont il eût été si
glorieux de la tirer. Il préféra ses intérêts aux bienséances,
au point de recevoir dans Bologne une nombreuse
troupe de Turcs, arrivée avec les Vénitiens pour le
défendre contre l'armée française commandée par
Chaumont d'Amboise : c'est Paul Jove[1], évêque de
Nocera, témoin oculaire, qui nous instruit de ce fait
singulier. Les autres papes avaient armé contre les Turcs.
Jules fut le premier qui se servit d'eux; (x) il fit ce que B
les Vénitiens avaient voulu faire. On ne pouvait insulter
davantage au christianisme, dont il était le premier
pontife. (x) On vit ce pape, âgé de soixante et dix ans,
assiéger en personne la Mirandole, aller le casque en
tête à la tranchée, visiter les travaux, presser les ouvrages,
et entrer en vainqueur par la brèche.

(1511) Tandis que le pape, cassé de vieillesse, était
sous les armes, le roi de France, encore dans la vigueur
de l'âge, assemblait un concile. Il remuait la chrétienté
ecclésiastique, et le pape la chrétienté guerrière. Le
concile fut indiqué à Pise, où quelques cardinaux,
ennemis du pape, se rendirent. Mais le concile du roi
ne fut qu'une entreprise vaine, et la guerre du pape
fut heureuse.

En vain on fit frapper à Paris quelques médailles, sur
lesquelles Louis XII était représenté avec cette devise :

---

1. Paolo Jiovio, *La Vie de Léon dixième, pape,* Paris, 1675, p.
136, signale l'intervention d'une « troupe assez nombreuse de
Turcs », aux côtés des Vénitiens, contre les Français commandés
par d'Amboise.

Perdam Babylonis nomen [1]; « je détruirai jusqu'au nom de Babylone. » Il était honteux de s'en vanter quand on était si loin de l'exécuter; et d'ailleurs, quel rapport de Paris à Jérusalem, et de Rome à Babylone?

Les actions de courage les plus brillantes, souvent même des batailles gagnées, ne servent qu'à illustrer une nation, et non à l'agrandir, quand il y a dans le gouvernement politique un vice radical qui à la longue porte la destruction. C'est ce qui arriva aux Français en Italie. Le brave chevalier Bayard fit admirer sa valeur et sa générosité. Le jeune Gaston de Foix rendit à vingt-trois ans son nom immortel, en repoussant d'abord une armée de Suisses, en passant rapidement quatre rivières, en chassant le pape de Bologne, en gagnant la célèbre bataille de Ravenne, où il acquit tant de gloire, et où il perdit la vie (1512). Tous ces faits d'armes rapides étaient éclatants; mais le roi était éloigné, les ordres arrivaient trop tard, et quelquefois se contredisaient. Son économie, quand il fallait prodiguer l'or, donnait peu d'émulation. L'esprit de subordination était inconnu dans les troupes. L'infanterie était composée d'étrangers allemands, mercenaires peu attachés. La galanterie des Français, et l'air de supériorité qui convenait à des vainqueurs irritait les Italiens humiliés et jaloux. Le coup fatal fut porté quand l'empereur Maximilien, gagné enfin par le pape, fit publier les avocatoires impériaux par lesquels tout soldat allemand qui servait sous les drapeaux de France devait les quitter, sous peine d'être déclaré traître à la patrie.

Les Suisses descendent aussitôt de leurs montagnes contre ces Français qui, au temps de la ligue de Cambrai, avaient l'Europe pour alliée, et qui maintenant l'avaient pour ennemie. Ces montagnards se faisaient un honneur de mener avec eux le fils de ce duc de Milan, Louis le Maure, et d'expier, en couronnant le fils, la trahison qu'ils avaient faite au père.

Les Français, commandés par le maréchal de Trivulce, abandonnent l'une après l'autre toutes les villes qu'ils avaient prises du fond de la Romagne aux confins de

---

1. *Isaïe*, XIV, 22.

la Savoie. Le fameux Bayard faisait de belles retraites; mais c'était un héros obligé de fuir. Il n'y eut que trois mois entre la victoire de Ravenne et la totale expulsion des Français. (x) Louis XII eut encore une destinée D plus triste que Charles VIII : car du moins les Français s'étaient ouvert une retraite glorieuse sous Charles par la bataille de Fornoue; mais sous Louis ils furent chassés par les seuls Suisses à la bataille de Novare : ce fut le comble du malheur et de la honte. Louis de la Trimouille avait été envoyé avec une armée pour conserver au moins les restes du Milanais qu'on perdait. Il assiégeait Novare : douze mille Suisses viennent l'attaquer avant qu'il se soit retranché. Ils se présentent sans canon, marchent droit au sien, et s'en emparent : ils détruisent toute son infanterie, font fuir la gendarmerie, remportent une victoire complète, dont le président Hénault ne parle pas [1], et donnent à Maximilien Sforze le duché de Milan, que Louis avait tant disputé : (x) il eut la mortification de voir établi dans Milan par les Suisses le jeune Maximilien Sforze, fils du duc mort prisonnier dans ses États. Gênes, où il avait étalé la pompe d'un roi d'Asie, reprit sa liberté, et chassa deux fois les Français : (x) il ne resta rien à Louis XII au delà des D Alpes.

Voilà le fruit de tant de sang et de tant de trésors D prodigués : toutes ces négociations, toutes ces guerres, eurent une fin malheureuse.

Les Suisses, devenus ennemis du roi, dont ils avaient été les fantassins mercenaires, vinrent au nombre de vingt mille mettre le siège devant Dijon. Paris même fut épouvanté. Louis de la Trimouille, gouverneur de Bourgogne, ne put les renvoyer qu'avec vingt mille écus comptant, une promesse de quatre cent mille au nom du roi, et sept otages qui en répondaient. Le roi ne voulut donner que cent mille écus, payant encore à ce prix leur invasion plus cher que leurs secours refusés. Mais les Suisses, furieux de ne recevoir que le quart de leur

---

1. L'*Abrégé chronologique*, Paris, 1756, t. I, p. 419, dit seulement : « Les Suisses entrent dans le Milanais, dépourvu de troupes françaises ».

argent, condamnèrent à la mort leurs sept otages. Alors le roi fut obligé de promettre non seulement toute la somme, mais encore la moitié par-dessus : les otages, heureusement évadés, sauvèrent au roi son argent, mais non pas sa gloire.

CHAPITRE CXIV

Cette fameuse ligue de Cambrai, qui s'était d'abord tramée contre Venise, ne fut donc à la fin tournée que contre la France; et c'est à Louis XII qu'elle devint funeste. On voit qu'il y avait surtout deux princes plus habiles que lui, Ferdinand le Catholique et le pape. Louis n'avait été à craindre qu'un moment; et il eut, depuis, le reste de l'Europe à craindre.

Tandis qu'il perdait Milan et Gênes, ses trésors et ses troupes, on le privait encore d'un rempart que la France avait contre l'Espagne. Son allié et son parent le roi de Navarre, Jean d'Albret, vit son État enlevé tout d'un coup par Ferdinand le Catholique. Ce brigandage était appuyé d'un prétexte sacré : Ferdinand prétendait avoir une bulle du pape Jules II qui excommuniait Jean d'Albret comme adhérent du roi de France et du concile de Pise. La Navarre est restée depuis à l'Espagne, sans que jamais elle en ait été détachée.

Pour mieux connaître la politique de ce Ferdinand le Catholique, fameux par la religion et la bonne foi dont il parlait sans cesse, et qu'il viola toujours, il faut voir avec quel art il fit cette conquête. Le jeune Henri VIII, roi d'Angleterre, était son gendre : il lui propose de s'unir ensemble pour rendre aux Anglais la Guyenne, leur ancien patrimoine, dont ils étaient chassés depuis plus de cent ans. (1512) Le jeune roi d'Angleterre, ébloui, envoie une flotte en Biscaye; Ferdinand se sert de l'armée anglaise pour conquérir la Navarre, et laisse les Anglais retourner ensuite chez eux sans avoir rien tenté sur la Guyenne, dont l'invasion était impraticable. C'est ainsi qu'il trompa son gendre, après avoir successivement trompé son parent le roi de Naples, et le roi Louis XII, et les Vénitiens, et les papes. On l'appelait en Espagne *le sage, le prudent* [a] *;* en Italie, *le pieux ;* en France et à Londres, *le perfide.*

Louis XII, qui avait mis un bon ordre à la défense de la Guyenne, ne fut pas aussi heureux en Picardie. Le nouveau roi d'Angleterre, Henri VIII, prenait ce temps de calamité pour faire de ce côté une irruption en France, dont la ville de Calais donnait toujours l'entrée.

Ce jeune roi, bouillant d'ambition et de courage, attaqua seul la France, sans être secouru des troupes de l'empereur Maximilien, ni de Ferdinand le Catholique, ses alliés. Le vieil empereur, toujours entreprenant et pauvre, servit dans l'armée du roi d'Angleterre, et ne rougit point d'en recevoir une paie de cent écus par jour. Henri VIII, avec ses seules forces, semblait près de renouveler les temps funestes de Poitiers et d'Azincourt. Il eut une victoire complète à la journée de Guinegaste (1513), qu'on nomma *la journée des éperons.* Il prit Térouane qui à présent n'existe plus, et Tournai, ville de tout temps incorporée à la France, et le berceau de la monarchie française.

Louis XII, alors veuf d'Anne de Bretagne, ne put avoir la paix avec Henri VIII qu'en épousant sa sœur Marie d'Angleterre; mais au lieu que les rois, aussi bien que les particuliers, reçoivent une dot de leurs femmes, Louis XII en paya une : il lui en coûta un million d'écus pour épouser la sœur de son vainqueur. Rançonné à la fois par l'Angleterre et par les Suisses, toujours trompé par Ferdinand le Catholique, et chassé de ses conquêtes d'Italie par la fermeté de Jules II, il finit bientôt après sa carrière (1515).

Comme il mit peu d'impôts, il fut appelé *Père* par le peuple. Les héros dont la France était pleine l'eussent aussi appelé leur père s'il avait, en imposant des tributs nécessaires, conservé l'Italie, réprimé les Suisses, secouru efficacement la Navarre, repoussé l'Anglais, et préservé la Picardie et la Bourgogne d'invasions plus ruineuses que ces impôts n'auraient pu l'être.

Mais s'il fut malheureux au dehors de son royaume il fut heureux au dedans. On ne peut reprocher à ce roi que la vente des charges, laquelle ne s'étendit pas sous lui aux offices de judicature : il en tira en dix-sept années de règne la somme de douze cent mille livres dans le seul district de Paris; mais les tailles, les aides, furent modiques. Il eut toujours une attention paternelle à ne point faire porter au peuple un fardeau pesant : il ne se croyait pas roi des Français comme un seigneur l'est de sa terre, uniquement pour en tirer la substance. On ne connut de son temps aucune imposition nouvelle, (1580) et lorsque Fromenteau présenta au dissipateur Henri III un état de comparaison de ce qu'on exigeait sous ce malheureux prince, avec ce qu'on avait payé sous Louis XII, on vit à chaque article une somme immense pour Henri III, et une modique pour Louis, si c'était un ancien droit; mais quand c'était une taxe extraordinaire, il y avait à l'article Louis XII, *néant;* et malheureusement cet état de ce qu'on ne payait pas à Louis XII et de ce qu'on exigeait sous Henri III contient un gros volume.

Ce roi n'avait environ que treize millions de revenu; mais ces treize millions en valaient environ cinquante d'aujourd'hui. Les denrées étaient beaucoup moins chères, et l'État n'était pas endetté : il n'est donc pas étonnant qu'avec ce faible revenu numéraire et une sage économie, il vécût avec splendeur et maintînt son peuple dans l'abondance. Il avait soin que la justice fût rendue partout avec promptitude, avec impartialité et presque sans frais : on payait quarante fois moins d'épices qu'aujourd'hui*. Il n'y avait dans le bailliage de Paris que quarante-neuf sergents, et à présent il y en a plus de cinq cents : il est vrai que Paris n'était pas la cinquième partie de ce qu'il est de nos jours; mais le nombre des officiers de justice s'est accru dans une bien plus grande proportion que Paris, et les maux inséparables des grandes villes ont augmenté plus que le nombre des habitants.

---

* Sous Louis XV, on n'en paya plus depuis 1771 : le chancelier C de Maupeou, en abolissant l'infâme vénalité des offices de judicature introduite par le chancelier Duprat, supprima aussi l'opprobre des épices, (x) mais la vénalité et les épices ont été rétablies en D 1774.

Il maintint l'usage où étaient les parlements du royaume de choisir trois sujets pour remplir une place vacante : le roi nommait un des trois. Les dignités de la robe n'étaient données alors qu'aux avocats : elles étaient le prix du mérite, ou de la réputation, qui suppose le mérite. Son édit de 1499, éternellement mémorable, et que nos historiens n'auraient pas dû oublier, a rendu sa mémoire chère à tous ceux qui rendent la justice, et à ceux qui l'aiment. Il ordonne, par cet édit, « qu'on suive toujours la loi, malgré les ordres contraires à la loi que l'importunité pourrait arracher du monarque ».

Le plan général suivant lequel vous étudiez ici l'histoire n'admet que peu de détails ; mais de telles particularités, qui font le bonheur des États et la leçon des bons princes, deviennent un objet principal.

Louis XII fut le premier des rois qui mit les laboureurs à couvert de la rapacité du soldat, et qui fit punir de mort les gendarmes qui rançonnaient le paysan. Il en coûta la vie à cinq gendarmes, et les campagnes furent tranquilles. S'il ne fut ni un héros, ni un grand politique, il eut donc la gloire plus précieuse d'être un bon roi ; et sa mémoire sera toujours en bénédiction à la postérité [a].

CHAPITRE CXV

De l'Angleterre, et de ses malheurs après l'invasion de la France. De Marguerite d'Anjou, femme de Henri vi, etc...

Le pape Jules II, au milieu de toutes les dissensions qui agitèrent toujours l'Italie, ferme dans le dessein d'en chasser tous les étrangers, avait donné au pontificat une force temporelle qu'il n'avait point eue jusqu'alors. Parme et Plaisance, détachés du Milanais, étaient joints au domaine de Rome du consentement de l'empereur même. (1513) Jules avait consommé son pontificat et sa vie par cette action qui honore sa mémoire. Les papes n'ont point conservé cet État. Le saint-siège était alors en Italie une puissance temporelle prépondérante.

Venise, quoique en guerre avec Ferdinand le Catholique, roi de Naples, demeurait encore très puissante. Elle résistait à la fois aux mahométans et aux chrétiens. L'Allemagne était paisible; l'Angleterre recommençait à être redoutable. Il faut voir d'où elle sortait, et où elle parvint.

L'aliénation d'esprit de Charles VI avait perdu la France; la faiblesse d'esprit de Henri VI désola l'Angleterre.

(1442) D'abord ses parents se disputèrent le gouvernement dans sa jeunesse, ainsi que les parents de Charles VI avaient tout bouleversé pour commander en son nom. Si dans Paris un duc de Bourgogne fit assassiner un duc d'Orléans, on vit à Londres la duchesse de Glocester, tante du roi, accusée d'avoir attenté à la vie de Henri VI par des sortilèges. Une malheureuse devineresse et un prêtre imbécile ou scélérat, qui se disaient sorciers, furent brûlés vifs pour cette prétendue conspiration. La duchesse fut heureuse de n'être condamnée qu'à faire *une amende honorable* en chemise, et à une prison perpétuelle. L'esprit de philosophie était alors bien éloigné de cette île : elle était le centre de la superstition et de la cruauté.

(1444) La plupart des querelles des souverains ont fini par des mariages. Charles VII donna pour femme à Henri VI Marguerite d'Anjou, fille de ce René d'Anjou, roi de Naples, duc de Lorraine, comte du Maine, qui, avec tous ces titres, était sans États, et qui n'eut pas de quoi donner la plus légère dot à sa fille. Peu de princesses ont été plus malheureuses en père et en époux. C'était une femme entreprenante, courageuse, inébranlable; héroïne, si elle n'avait d'abord souillé ses vertus par un crime. Elle eut tous les talents du gouvernement et toutes les vertus guerrières; mais aussi elle se livra quelquefois aux cruautés et aux attentats que l'ambition, la guerre et les factions inspirent. Sa hardiesse et la pusillanimité de son mari furent les premières sources des calamités publiques.

(1447) Elle voulut gouverner ; et il fallut se défaire du duc de Glocester, oncle du roi, et mari de cette duchesse déjà sacrifiée à ses ennemis, et confinée en prison. On fait arrêter ce duc sous prétexte d'une conspiration nouvelle, et le lendemain il est trouvé mort dans son lit. Cette violence rendit le gouvernement de la reine et le nom du roi odieux. Rarement les Anglais haïssent sans conspirer. Il se trouvait alors en Angleterre un descendant d'Édouard III, de qui même la branche était plus près d'un degré de la souche commune que la branche alors régnante. Ce prince était un duc d'York ; il portait sur son écu une *rose blanche,* et le roi Henri VI, de la branche de Lancastre, portait une *rose rouge.* C'est de là que vinrent ces noms fameux consacrés à la guerre civile.

Dans les commencements des factions, il faut être protégé par un parlement, en attendant que ce parlement devienne l'esclave du vainqueur. (1450) Le duc d'York accuse devant le parlement le duc de Suffolk, premier ministre et favori de la reine, à qui ces deux titres avaient valu la haine de la nation. Voici un étrange exemple de ce que peut cette haine. La cour, pour contenter le peuple, bannit d'Angleterre le premier ministre.

Il s'embarque pour passer en France. Le capitaine d'un vaisseau de guerre garde-côte rencontre le vaisseau qui porte ce ministre; il demande qui est à bord : le patron dit qu'il mène en France le duc de Suffolk. « Vous ne conduirez pas ailleurs celui qui est accusé par mon pays », dit le capitaine; et sur-le-champ il lui fait trancher la tête. C'est ainsi que les Anglais en usaient en pleine paix. Bientôt la guerre ouvrit une carrière plus horrible.

Le roi Henri VI avait des maladies de langueur qui le rendaient, pendant des années entières, incapable d'agir et de penser. L'Europe vit, dans ce siècle, trois souverains que le dérangement des organes du cerveau plongea dans les plus extrêmes malheurs : l'empereur Venceslas, Charles VI de France, et Henri VI d'Angleterre. (1455) Pendant une de ces années funestes de la langueur de Henri VI, le duc d'York et son parti se rendent les maîtres du conseil. Le roi, comme en revenant d'un long assoupissement, ouvrit les yeux : il se vit sans autorité. Sa femme, Marguerite d'Anjou, l'exhortait à être roi; mais, pour l'être, il fallut tirer l'épée. Le duc d'York, chassé du conseil, était déjà à la tête d'une armée. On traîna Henri à la bataille de Saint-Alban; il y fut blessé et pris, mais non encore détrôné. Le duc d'York, son vainqueur, le conduisit en triomphe à Londres (1455), et, lui laissant le titre de roi, il prit pour lui-même celui de protecteur, titre déjà connu aux Anglais.

Henri VI, souvent malade et toujours faible, n'était qu'un prisonnier servi avec l'appareil de la royauté. Sa femme voulut le rendre libre pour l'être elle-même; son courage était plus grand que ses malheurs. Elle lève des troupes, comme on en levait dans ce temps-là, avec le secours des seigneurs de son parti. Elle tire son mari de Londres, et devient la générale de son armée. Les Anglais en peu de temps virent ainsi quatre Françaises conduire des soldats : la femme du comte de Montfort en Bretagne, la femme du roi Édouard II en Angleterre, la Pucelle d'Orléans en France, et Marguerite d'Anjou.

(1460) Cette reine rangea elle-même son armée en bataille, à la sanglante journée de Northampton, et combattit à côté de son mari. Le duc d'York, son grand ennemi, n'était pas dans l'armée opposée : son fils aîné, le comte de La Marche, y faisait son apprentissage de la guerre civile sous le comte de Warwick, l'homme de ce temps-là qui avait le plus de réputation, esprit né pour ce temps de trouble, pétri d'artifice, et plus encore de courage et de fierté, propre pour une campagne et pour un jour de bataille, fécond en ressources, capable de tout, fait pour donner et pour ôter le trône selon sa volonté. Le génie du comte de Warwick l'emporta sur celui de Marguerite d'Anjou : elle fut vaincue. Elle eut la douleur de voir prendre prisonnier le roi son mari dans sa tente, et, tandis que ce malheureux prince lui tendait les bras, il fallut qu'elle s'enfuît à toute bride avec son fils le prince de Galles. Le roi est reconduit, pour la seconde fois, par ses vainqueurs, dans sa capitale, toujours roi et toujours prisonnier.

On convoqua un parlement, et le duc d'York, auparavant protecteur, demanda cette fois un autre titre. Il réclamait la couronne comme représentant Édouard III, à l'exclusion de Henri VI, né d'une branche cadette. La cause du roi et de celui qui prétendait l'être fut solennellement débattue dans la chambre des pairs. Chaque parti fournit ses raisons par écrit, comme dans un procès ordinaire. Le duc d'York, tout vainqueur qu'il était, ne put gagner sa cause entièrement. Le parlement décida que Henri VI garderait le trône pendant sa vie, et que le duc d'York, à l'exclusion du prince de Galles, serait son successeur. Mais à cet arrêt on ajouta une clause qui était une nouvelle déclaration de trouble et de guerre ; c'est que, si le roi violait cette loi, la couronne dès ce moment serait dévolue au duc d'York.

Marguerite d'Anjou, vaincue, fugitive, éloignée de son mari, ayant contre elle le duc d'York victorieux, Londres et le parlement, ne perdit point courage. Elle courait dans la principauté de Galles et dans les provinces voisines, animant ses amis, s'en faisant de nouveaux, et formant une armée. On sait assez que ces armées n'étaient pas des troupes régulières, tenues longtemps sous le drapeau, et soudoyées par un seul chef. Chaque seigneur amenait ce qu'il pouvait d'hommes rassemblés à la hâte. Le pillage tenait lieu de provisions et de solde. Il fallait en venir bientôt à une bataille, ou se retirer. La reine se trouva enfin en présence de son grand ennemi le duc d'York, dans la province de ce nom, près du château de Sandal. Elle était à la tête de dix-huit mille hommes. (1461) La fortune dans cette journée seconda son courage. Le duc d'York, vaincu, mourut percé de coups. Son second fils Rutland fut tué en fuyant. La tête du père, plantée sur la muraille avec celles de quelques généraux, y resta longtemps comme un monument de sa défaite.

Marguerite, victorieuse, marche vers Londres pour délivrer le roi son époux. Le comte de Warwick, l'âme du parti d'York, avait encore une armée dans laquelle il traînait Henri son roi et son captif à sa suite. La reine et Warwick se rencontrèrent près de Saint-Alban, lieu fameux par plus d'un combat. La reine eut encore le bonheur de vaincre (1461) : elle goûta le plaisir de voir fuir devant elle ce Warwick si redoutable, et de rendre à son mari sur le champ de bataille sa liberté et son autorité. Jamais femme n'avait eu plus de succès et plus de gloire; mais le triomphe fut court. Il fallait avoir pour soi la ville de Londres; Warwick avait su la mettre dans son parti. La reine ne put y être reçue, ni la forcer avec une faible armée. Le comte de La Marche, fils aîné du duc d'York, était dans la ville, et respirait la vengeance. Le seul fruit des victoires de la reine fut de pouvoir se retirer en sûreté. Elle alla dans le nord d'Angleterre fortifier son parti, que le nom et la présence du roi rendaient encore plus considérable.

(1461) Cependant Warwick, maître dans Londres, assemble le peuple dans une campagne aux portes de la ville, et, lui montrant le fils du duc d'York : « Lequel voulez-vous pour votre roi, dit-il, ou ce jeune prince, ou Henri de Lancastre? » Le peuple répondit : « York ». Les cris de la multitude tinrent lieu d'une délibération du parlement. Il n'y en avait point de convoqué pour lors. Warwick assembla quelques seigneurs et quelques évêques. Ils jugèrent que Henri VI de Lancastre avait enfreint la loi du parlement parce que sa femme avait combattu pour lui. Le jeune York fut donc reconnu dans Londres sous le nom d'Édouard IV, tandis que la tête de son père était encore attachée aux murailles d'York, comme celle d'un coupable. On ôta la couronne à Henri VI, qui avait été déclaré roi de France et d'Angleterre au berceau, et qui avait régné à Londres trente-huit années, sans qu'on eût pu jamais lui rien reprocher que sa faiblesse.

Sa femme, à cette nouvelle, rassembla dans le nord d'Angleterre jusqu'à soixante mille combattants. C'était un grand effort. Elle ne hasarda cette fois ni la personne de son mari, ni celle de son fils, ni la sienne. Warwick conduisit son jeune roi à la tête de quarante mille hommes contre l'armée de la reine. On se trouva en présence à Santon, vers les bords de la rivière d'Aire, aux confins de la province d'York. (1461) Ce fut là que se donna la plus sanglante bataille qui ait dépeuplé l'Angleterre. Il y périt, disent les contemporains, plus de trente-six mille hommes. (x) Il faut toujours faire A attention que ces grandes batailles se donnaient par une populace effrénée, qui abandonnait pendant quelques semaines sa charrue et ses pâturages ; l'esprit de parti l'entraînait. On combattait alors de près, et l'acharnement produisait ces grands massacres dont il y a peu d'exemples depuis que des troupes réglées combattent pour de l'argent, et que les peuples oisifs attendent à quel vainqueur leurs blés appartiendront.

Warwick fut pleinement victorieux, le jeune Édouard IV affermi, et Marguerite d'Anjou abandonnée. Elle s'enfuit dans l'Écosse avec son mari et son fils. Alors le roi Édouard fit ôter des murs d'York la tête de son père pour y mettre celle des généraux ennemis. Chaque parti dans le cours de ces guerres exterminait tour à tour, par la main des bourreaux, les principaux prisonniers. L'Angleterre était un vaste théâtre de carnage, où les échafauds étaient dressés de tous côtés sur les champs de bataille. (x) La France avait été aussi mal- B heureuse sous Philippe de Valois, sous Jean, sous Charles VI ; mais elle le fut par les Anglais, qui sous leur Henri VI et jusqu'à leur Henri VII ne furent malheureux que par eux-mêmes.

CHAPITRE CXVI

D'Édouard iv, de Marguerite d'Anjou, et de la mort de Henri vi

L'intrépide Marguerite ne perdit point courage. Mal secourue en Écosse, elle passe en France à travers des vaisseaux ennemis qui couvraient la mer. Louis XI commençait alors à régner. Elle sollicita du secours; et quoique la fausse politique de Louis lui en refuse, elle ne se rebute point. Elle emprunte de l'argent, elle emprunte des vaisseaux; elle obtient enfin cinq cents hommes; elle se rembarque; elle essuie une tempête qui sépare son vaisseau de sa petite flotte : enfin elle regagne le rivage de l'Angleterre; elle y assemble des forces; elle affronte encore le sort des batailles; elle ne craint plus alors d'exposer sa personne, et son mari, et son fils. Elle donne une nouvelle bataille vers Hexham (1462); mais elle la perd encore. Toutes les ressources lui manquent après cette défaite. Le mari fuit d'un côté, la femme et le fils de l'autre, sans domestiques, sans secours, exposés à tous les accidents et à tous les affronts. Henri, dans sa fuite, tomba entre les mains de ses ennemis. On le conduisit à Londres avec ignominie, et on le renferma dans la Tour. Marguerite, moins malheureuse, se sauva avec son fils en France, chez René d'Anjou son père, qui ne pouvait que la plaindre.

Le jeune Édouard IV, mis sur le trône par les mains de Warwick, délivré par lui de tous ses ennemis, maître de la personne de Henri, régnait paisiblement. Mais dès qu'il fut tranquille, il fut ingrat. Warwick, qui lui servait de père, négociait en France le mariage de ce prince avec Bonne de Savoie, sœur de la femme de Louis XI. Édouard, pendant qu'on était prêt à conclure, voit Élisabeth Woodville, veuve du chevalier Gray, en devient amoureux, l'épouse en secret, et enfin la déclare reine sans en faire part à Warwick. (1465) L'ayant ainsi offensé, il le néglige; il l'écarte des conseils; il s'en fait un ennemi irréconciliable. Warwick, dont l'artifice égalait l'audace, employa bientôt l'un et l'autre à se venger. Il séduisit le duc de Clarence, frère du roi; il arma l'Angleterre : et ce n'était point alors le parti de la *rose rouge* contre la *rose blanche;* la guerre civile était entre le roi et son sujet irrité. Les combats, les trêves, les négociations, les trahisons, se succédèrent rapidement. (1470) Warwick chassa enfin d'Angleterre le roi qu'il avait fait, et alla à la Tour de Londres tirer de prison ce même Henri VI qu'il avait détrôné, et le replaça sur le trône. On le nommait *le faiseur de rois.* Les parlements n'étaient que les organes de la volonté du plus fort. Warwick en fit convoquer un qui rétablit bientôt Henri VI dans tous ses droits, et qui déclara usurpateur et traître ce même Édouard IV, auquel il avait, peu d'années auparavant, décerné la couronne. Cette longue et sanglante tragédie n'était pas à son dénoûment. Édouard IV, réfugié en Hollande, avait des partisans en Angleterre. Il y rentra après sept mois d'exil. Sa faction lui ouvrit les portes de Londres. Henri, le jouet de la fortune, rétabli à peine, fut encore remis dans la Tour. Sa femme, Marguerite d'Anjou, toujours prête à le venger, et toujours féconde en ressources, repassait dans ces temps-là même en Angleterre avec son fils le prince de Galles. Elle apprit, en abordant, son nouveau malheur. Warwick, qui l'avait tant persécutée, était son défenseur; il marchait contre Édouard; c'était un reste d'espérance pour cette malheureuse reine. Mais à peine avait-elle appris la nouvelle prison de son mari qu'un second courrier lui apprend sur le rivage que Warwick vient d'être tué dans un combat, et qu'Édouard IV est vainqueur (1471).

On est étonné qu'une femme, après cette foule de disgrâces, ait encore osé tenter la fortune. L'excès de son courage lui fit trouver des ressources et des amis. Quiconque avait un parti en Angleterre était sûr, au bout de quelque temps, de trouver sa faction fortifiée par la haine contre la cour et contre le ministre. C'est en partie ce qui valut encore une armée à Marguerite d'Anjou, après tant de revers et de défaites. Il n'y avait guère de provinces en Angleterre dans lesquelles elle n'eût combattu. Les bords de la Saverne et le parc de Tewkesbury furent le champ de sa dernière bataille. Elle commandait ses troupes, menant de rang en rang le prince de Galles (1471). Le combat fut opiniâtre; mais enfin Édouard IV demeura victorieux.

La reine, dans le désordre de sa défaite, ne voyant point son fils, et demandant en vain de ses nouvelles, perdit tout sentiment et toute connaissance. Elle resta longtemps évanouie sur un chariot, et ne reprit ses sens que pour voir son fils prisonnier et son vainqueur Édouard IV devant elle. On sépara la mère et le fils. Elle fut conduite à Londres, dans la Tour, où était le roi son mari.

Tandis qu'on enlevait ainsi la mère, Édouard se tournant vers le prince de Galles : « Qui vous a rendu assez hardi, lui dit-il, pour entrer dans mes États? — Je suis venu dans les États de mon père, répondit le prince, pour le venger, et pour sauver de vos mains mon héritage. » Édouard, irrité, le frappa de son gantelet au visage; et les historiens disent que les propres frères d'Édouard, le duc de Clarence, rentré pour lors en grâce, et le duc de Glocester, accompagnés de quelques seigneurs, se jetèrent alors comme des bêtes féroces sur le prince de Galles, et le percèrent de coups. Quand les premiers d'une nation ont de telles mœurs, quelles doivent être celles du peuple? On ne donna la vie à aucun prisonnier; et enfin on résolut la mort de Henri VI.

Le respect que, dans ces temps féroces, on avait eu pendant plus de quarante années pour la vertu de ce monarque avait toujours arrêté jusque-là les mains des assassins. Mais après avoir ainsi massacré le prince de Galles, on respecta moins le roi. On prétend que ce même duc de Glocester, depuis Richard III, qui avait trempé ses mains dans le sang du fils, alla lui-même dans la Tour de Londres assassiner le père (1471). (x) Cette horreur peut être vraie, et n'est point du tout vraisemblable; à moins, comme le dit l'ingénieux M. Walpole [1],

---

1. Horace Walpole, auteur des *Historic doubts on the life and death of king Richard III*, 1767. Dans *Works*, Londres, 1798, t. II, pp. 115-6.

que ce duc de Glocester n'eût reçu d'Édouard IV, son frère, des patentes de bourreau en titre d'office. (x) On laissa vivre Marguerite d'Anjou, parce qu'on espérait que les Français payeraient sa rançon. En effet, lorsque quatre ans après, Édouard, paisible chez lui, vint à Calais pour faire la guerre à la France, et que Louis XI le renvoya en Angleterre à force d'argent par un traité honteux, Louis, dans cet accord, racheta cette héroïne pour cinquante mille écus. C'était beaucoup pour des Anglais appauvris par les guerres de France et par leurs troubles domestiques. Marguerite d'Anjou après avoir soutenu dans douze batailles les droits de son mari et de son fils, (1482) mourut la reine, l'épouse et la mère la plus malheureuse de l'Europe; et, sans le meurtre de l'oncle de son mari, la plus vénérable.

CHAPITRE CXVII

SUITE DES TROUBLES D'ANGLETERRE SOUS ÉDOUARD IV,
SOUS LE TYRAN RICHARD III, ET JUSQU'A LA FIN DU
RÈGNE DE HENRI VII

Édouard IV régna tranquille. Le triomphe de la *rose blanche* était complet, et sa domination était cimentée du sang de presque tous les princes de la *rose rouge*. Il n'y a personne qui, en considérant la conduite d'Édouard IV, ne se figure un barbare uniquement occupé de ses vengeances. C'était cependant un homme livré au plaisir, plongé dans les intrigues des femmes autant que dans celles de l'État. Il n'avait pas besoin d'être roi pour plaire. La nature l'avait fait le plus bel homme de son temps, et le plus amoureux; et par un contraste étonnant, elle mit dans son cœur si sensible une barbarie qui fait horreur. (1477) Il fit condamner son frère Clarence sur les sujets les plus légers, et ne lui fit d'autre grâce que de lui laisser le choix de sa mort. Clarence demanda qu'on l'étouffât dans un tonneau de vin, choix bizarre dont on ne voit pas la raison. (x) B Mais qu'il ait été noyé dans du vin, ou qu'il ait péri d'un genre de mort plus vraisemblable, il en résulte qu'Édouard était un monstre, et que les peuples n'avaient que ce qu'ils méritaient, en se laissant gouverner par de tels scélérats.

Le secret de plaire à sa nation était de faire la guerre à la France. On a déjà vu, dans l'article de Louis XI, comment cet Édouard passa la mer (1475), et par quelle politique mêlée de honte Louis XI acheta la retraite de ce roi, moins puissant que lui, et mal affermi. Acheter la paix d'un ennemi, c'est lui donner de quoi faire la guerre. (1483) Édouard proposa donc à son parlement une nouvelle invasion en France. Jamais offre ne fut acceptée avec une joie plus universelle. Mais lorsqu'il se préparait à cette grande entreprise, il mourut à l'âge de quarante-deux ans (1483).

Comme il était d'une constitution très robuste, on soupçonna son frère Richard, duc de Glocester, d'avoir avancé ses jours par le poison. Ce n'était pas juger témérairement du duc de Glocester; ce prince était un autre monstre né pour commettre de sang-froid tous les crimes.

Édouard IV laissa deux enfants mâles, dont l'aîné, âgé de treize ans, porta le nom d'Édouard V. Glocester forma le dessein d'arracher les deux enfants à la reine leur mère, et de les faire mourir pour régner. Il s'était déjà rendu maître de la personne du roi, qui était alors vers la province de Galles. Il fallait avoir en sa puissance le duc d'York son frère. Il prodigua les serments et les artifices. La faible mère mit son second fils dans les mains du traître, croyant que deux parricides seraient plus difficiles à commettre qu'un seul. Il les fit garder dans la Tour. C'était, disait-il, pour leur sûreté. Mais quand il fallut en venir à ce double assassinat, il trouva un obstacle. Le lord Hastings, homme d'un caractère farouche, mais attaché au jeune roi, fut sondé par les émissaires de Glocester, et laissa entrevoir qu'il ne prêterait jamais son ministère à ce crime. Glocester, voyant un tel secret en des mains si dangereuses, n'hésita pas un moment sur ce qu'il devait faire. Le conseil d'État était assemblé dans la Tour; Hastings y assistait : Glocester entre avec des satellites : « Je t'arrête pour tes crimes, dit-il au lord Hastings. — Qui? moi, milord? répondit l'accusé. — Oui, toi, traître », dit le duc de Glocester; et dans l'instant il lui fit trancher la tête en présence du conseil.

Délivré ainsi de celui qui savait son secret, et méprisant les formes des lois avec lesquelles on colorait en Angleterre tous les attentats, il rassemble des malheureux de la lie du peuple, qui crient dans l'hôtel de ville qu'ils veulent avoir Richard de Glocester pour monarque. Un maire de Londres va le lendemain, suivi de cette populace, lui offrir la couronne. Il l'accepte; il se fait couronner sans assembler de parlement, sans prétexter la moindre raison. Il se contente de semer le bruit que le roi

Édouard IV, son frère, était né d'adultère, et ne se fit point de scrupule de déshonorer sa mère, qui était vivante. (x) De telles raisons ᵃ n'étaient inventées que B pour la vile populace. Les intrigues, la séduction, et la crainte, contenaient les seigneurs du royaume, non moins méprisables que le peuple.

(1483) À peine fut-il couronné qu'un nommé Tirrel étrangla, dit-on, dans la Tour, le jeune roi et son frère. La nation le sut, et ne fit que murmurer en secret; tant les hommes changent avec les temps! Glocester, sous le nom de Richard III, jouit deux ans et demi du fruit du plus grand des crimes que l'Angleterre eût encore vus, tout accoutumée qu'elle était à ces horreurs. (x) B M. Walpole[1] révoque en doute ce double crime. Mais sous le règne de Charles II, on retrouva les ossements de ces deux enfants précisément au même endroit où l'on disait qu'ils avaient été enterrés. Peut-être dans la foule des forfaits qu'on impute à ce tyran, il en est qu'il n'a pas commis; mais si l'on a fait de lui des jugements téméraires, c'est lui qui en est coupable. Il est certain qu'il enferma ses neveux dans la Tour; ils ne parurent plus, c'est à lui d'en répondre.

Dans cette courte jouissance du trône, il assembla un parlement, dans lequel il osa faire examiner son droit. Il y a des temps où les hommes sont lâches à proportion que leurs maîtres sont cruels. Ce parlement déclara que la mère de Richard III avait été adultère; que ni le feu roi Édouard IV, ni ses autres frères, n'étaient légitimes; que le seul qui le fût était Richard, et qu'ainsi la couronne lui appartenait à l'exclusion des deux jeunes princes étranglés dans la Tour, mais sur la mort desquels on ne s'expliquait pas. Les parlements ont fait quelquefois des actions plus cruelles, mais jamais de si infâmes. Il faut des siècles entiers de vertu pour réparer une telle lâcheté.

Enfin au bout de deux ans et demi il parut un vengeur. Il restait après tous les princes massacrés un seul rejeton de la *rose rouge,* caché dans la Bretagne. On l'appelait Henri, comte de Richmond. Il ne descendait point de

---

1. *Historic doubts,* dans *Works,* t. II, p. 141 et suiv.

Henri VI. Il rapportait, comme lui, son origine à Jean de Gand, duc de Lancastre, fils du grand Édouard III, mais par les femmes, et même par un mariage très équivoque de ce Jean de Gand. Son droit au trône était plus que douteux; mais l'horreur des crimes de Richard III le fortifiait. Il était encore fort jeune quand il conçut le dessein de venger le sang de tant de princes de la maison de Lancastre, de punir Richard III, et de conquérir l'Angleterre. Sa première tentative fut malheureuse; et après avoir vu son parti défait, il fut obligé de retourner en Bretagne mendier un asile. Richard négocia secrètement, pour l'avoir en sa puissance, avec le ministre de François II, duc de Bretagne, père d'Anne de Bretagne qui épousa Charles VIII et Louis XII. Ce duc n'était pas capable d'une action lâche, mais son ministre Landis ᵃ l'était. Il promit de livrer le comte de Richmond au tyran. Le jeune prince s'enfuit, déguisé, sur les terres d'Anjou, et n'y arriva qu'une heure avant les satellites qui le cherchaient.

Il était de l'intérêt de Charles VIII, alors roi de France, de protéger Richmond. Le petit-fils de Charles VII, qui pouvait nuire aux Anglais, et qui les eût laissés en repos, eût manqué au premier devoir de la politique. Mais Charles VIII ne donna que deux mille hommes. C'en était assez, supposé que le parti de Richmond eût été considérable. Il le devint bientôt; et Richard même, quand il sut que son rival ne débarquait qu'avec cette escorte, jugea que Richmond trouverait bientôt une armée. Tout le pays de Galles, dont ce jeune prince était originaire, s'arma en sa faveur. Richard III et Richmond combattirent à Bosworth, près de Lichfield. Richard avait la couronne en tête, croyant avertir par là ses soldats qu'ils combattaient pour leur roi contre un rebelle. Mais le lord Stanley, un de ses généraux, qui voyait depuis longtemps avec horreur cette couronne usurpée par tant d'assassinats, trahit son indigne maître, et passa avec un corps de troupes du côté de Richmond (1485). Richard avait de la valeur; c'était sa seule vertu. Quand il vit la bataille désespérée, il se jeta en fureur au milieu de ses ennemis, et y reçut une mort plus glorieuse qu'il ne méritait. Son corps, nu et sanglant, trouvé dans la foule des morts, fut porté dans la ville de Leicester, sur un cheval, la tête pendante d'un côté et les pieds de l'autre. Il y resta deux jours exposé à la vue du peuple, qui, se rappelant tous ses crimes, n'eut pour lui aucune pitié. Stanley, qui lui avait arraché la couronne de la tête, lorsqu'il l'avait été tué, la porta à Henri de Richmond.

Les victorieux chantèrent le *Te Deum* sur le champ de bataille; et après cette prière, tous les soldats, inspirés d'un même mouvement, s'écrièrent : « Vive notre roi Henri ! » Cette journée mit fin aux désolations dont la *rose rouge* et la *rose blanche* avaient rempli l'Angleterre. Le trône, toujours ensanglanté et renversé, fut enfin ferme et tranquille. Les malheurs qui avaient persécuté la famille d'Édouard III cessèrent. Henri VII, en épousant une fille d'Édouard IV, réunit les droits des Lancastre et des York en sa personne. Ayant su vaincre, il sut gouverner. Son règne, qui fut de vingt-quatre ans, et presque toujours paisible, humanisa un peu les mœurs de la nation. Les parlements qu'il assembla, et qu'il ménagea, firent de sages lois; la justice distributive rentra dans tous ses droits; le commerce, qui avait commencé à fleurir sous le grand Édouard III, ruiné pendant les guerres civiles, commença à se rétablir. L'Angleterre en avait besoin. On voit qu'elle était pauvre, par la difficulté extrême que Henri VII eut à tirer de la ville de Londres un prêt de deux mille livres sterling, qui ne revenait pas à cinquante mille livres de notre monnaie d'aujourd'hui. Son goût et la nécessité le rendirent avare. Il eût été sage qu'il n'eût été qu'économe; mais une lésine honteuse et des rapines fiscales ternirent sa gloire. Il tenait un registre secret de tout ce que lui valaient les confiscations. Jamais les grands rois n'ont descendu à ces bassesses. Ses coffres se trouvèrent remplis à sa mort de deux millions de livres sterling, somme immense, qui eût été plus utile en circulant dans le public qu'en restant ensevelie dans le trésor du prince. Mais dans un pays où les peuples étaient plus enclins à faire des révolutions qu'à donner de l'argent à leurs rois, il était nécessaire que le roi eût un trésor.

Son règne fut plutôt inquiété que troublé par deux aventures étonnantes. Un garçon boulanger lui disputa la couronne : il se dit neveu d'Édouard IV. Instruit à jouer ce rôle par un prêtre, il fut couronné roi à Dublin en Irlande (1487), et osa donner bataille au roi près de Nottingham. Henri, qui le prit prisonnier, crut humilier assez les factieux en mettant ce roi dans sa cuisine, où il servit longtemps.

Les entreprises hardies, quoique malheureuses, font souvent des imitateurs. On est excité par un exemple brillant, et on espère de meilleurs succès. Témoin six faux Démétrius qu'on a vus de suite en Moscovie, et témoin tant d'autres imposteurs. Le garçon boulanger fut suivi par le fils d'un Juif, courtier d'Anvers, qui joua un plus grand personnage.

Ce jeune Juif, qu'on appelait Perkins, se dit fils du roi Édouard IV. Le roi de France, attentif à nourrir toutes les semences de division en Angleterre, le reçut à sa cour, le reconnut, l'encouragea; mais bientôt, ménageant Henri VII, il abandonna cet imposteur à sa destinée.

La vieille douairière de Bourgogne, sœur d'Édouard IV et veuve de Charles le Téméraire, laquelle faisait jouer ce ressort, reconnut le jeune Juif pour son neveu (1493). Il jouit plus longtemps de sa fourberie que le jeune garçon boulanger. Sa taille majestueuse, sa politesse, sa valeur, semblaient le rendre digne du rang qu'il usurpait. Il épousa une princesse de la maison d'York, dont il fut encore aimé même quand son imposture fut découverte. Il eut les armes à la main pendant cinq ans entiers : il arma même l'Écosse, et eut des ressources dans ses défaites. Mais enfin, abandonné et livré au roi (1498), condamné seulement à la prison, et ayant voulu s'évader, il paya sa hardiesse de sa tête. Ce fut alors que l'esprit de faction fut anéanti, et que les Anglais, n'étant plus redoutables à leurs monarques, commencèrent à le devenir à leurs voisins, surtout lorsque Henri VIII, en montant au trône, fut, par l'économie extrême et par la sagesse du gouvernement de son père, possesseur d'un ample trésor et maître d'un peuple belliqueux, et pourtant soumis autant que les Anglais peuvent l'être.

CHAPITRE CXVIII

Le commencement du XVIe siècle, que nous avons déjà entamé, nous présente à la fois les plus grands spectacles que le monde ait jamais fournis. Si on jette la vue sur ceux qui régnaient pour lors en Europe, leur gloire, ou leur conduite, ou les grands changements dont ils ont été cause, rendent leurs noms immortels. C'est, à Constantinople, un Sélim qui met sous la domination ottomane la Syrie et l'Égypte, dont les mahométans mameluks avaient été en possession depuis le XIIIe siècle. C'est après lui son fils, le grand Soliman, qui le premier des empereurs turcs marche jusqu'à Vienne, et se fait couronner roi de Perse dans Bagdad, prise par ses armes, faisant trembler à la fois l'Europe et l'Asie.

On voit en même temps vers le nord Gustave Vasa, brisant dans la Suède le joug étranger, élu roi du pays dont il est le libérateur.

En Moscovie les deux Jean Basilowitz ou Basilides délivrent leur patrie du joug des Tartares dont elle était tributaire; princes à la vérité barbares, et chefs d'une nation plus barbare encore : mais les vengeurs de leur pays méritent d'être comptés parmi les grands princes.

En Espagne, en Allemagne, en Italie, on voit Charles-Quint, maître de tous ces États sous des titres différents, soutenant le fardeau de l'Europe, toujours en action et en négociation, heureux longtemps en politique et en guerre, le seul empereur puissant depuis Charlemagne, et le premier roi de toute l'Espagne depuis la conquête des Maures : opposant des barrières à l'empire ottoman, faisant des rois et une multitude de princes, et se dépouillant enfin de toutes les couronnes dont il est chargé, pour aller mourir en solitaire après avoir troublé l'Europe.

Son rival de gloire et de politique, François Ier, roi de France, moins heureux, mais plus brave et plus aimable, partage entre Charles-Quint et lui les vœux et l'estime des nations. Vaincu et plein de gloire, il rend son royaume florissant malgré ses malheurs; il transplante en France les beaux-arts, qui étaient en Italie au plus haut point de perfection.

Le roi d'Angleterre Henri VIII, trop cruel, trop capricieux pour être mis au rang des héros, a pourtant sa place entre ces rois, et par la révolution qu'il fit dans les esprits de ses peuples, et par la balance que l'Angleterre apprit sous lui à tenir entre les souverains. Il prit pour devise un guerrier tendant son arc [a], avec ces mots : *Qui je défends est maître;* devise que sa nation a rendue quelquefois véritable.

Le nom du pape Léon X est célèbre par son esprit, par ses mœurs aimables, par les grands hommes dans les arts qui éternisent son siècle, et par le grand changement qui sous lui divisa l'Église.

Au commencement du même siècle, la religion et le prétexte d'épurer la loi reçue, ces deux grands instruments de l'ambition, font le même effet sur les bords de l'Afrique qu'en Allemagne, et chez les mahométans que chez les chrétiens. Un nouveau gouvernement, une race nouvelle de rois, s'établissent dans le vaste empire de Maroc et de Fez, qui s'étend jusqu'aux déserts de la Nigritie. Ainsi l'Asie, l'Afrique, et l'Europe, éprouvent à la fois une révolution dans les religions : car les Persans se séparent pour jamais des Turcs; et, reconnaissant le même dieu et le même prophète, ils consomment le schisme d'Omar et d'Ali. Immédiatement après, les chrétiens se divisent aussi entre eux, et arrachent au pontife de Rome la moitié de l'Europe.

L'ancien monde est ébranlé, le nouveau monde est découvert et conquis par Charles-Quint; le commerce s'établit entre les Indes orientales et l'Europe, par les vaisseaux et les armes du Portugal.

D'un côté, Cortez soumet le puissant empire du Mexique, et les Pizzaro font la conquête du Pérou,

avec moins de soldats qu'il n'en faut en Europe pour
assiéger une petite ville. De l'autre, Albuquerque dans
les Indes établit la domination et le commerce du Portugal, avec presque aussi peu de forces, malgré les rois
des Indes, et malgré les efforts des musulmans en possession de ce commerce.

La nature produit alors des hommes extraordinaires
presque en tous les genres, surtout en Italie.

Ce qui frappe encore dans ce siècle illustre, c'est que,
malgré les guerres que l'ambition excita et malgré
les querelles de religion qui commençaient à troubler
les États, ce même génie qui faisait fleurir les beaux-arts
à Rome, à Naples, à Florence, à Venise, à Ferrare, et
qui de là portait sa lumière dans l'Europe, adoucit
d'abord les mœurs des hommes dans presque toutes les
provinces de l'Europe chrétienne. La galanterie de la
cour de François Ier opéra en partie ce grand changement.
Il y eut entre Charles-Quint et lui une émulation de
gloire, d'esprit de chevalerie, de courtoisie, au milieu
même de leurs plus furieuses dissensions; et cette
émulation, qui se communiqua à tous les courtisans,
donna à ce siècle un air de grandeur et de politesse
inconnu jusqu'alors. (x) Cette politesse brillait même
au milieu des crimes : c'était une robe d'or et de soie
ensanglantée.

L'opulence y contribua; et cette opulence, devenue
plus générale, était en partie (par une étrange révolution)
la suite de la perte funeste de Constantinople : car
bientôt après tout le commerce des Ottomans fut fait
par les chrétiens, qui leur vendaient jusqu'aux épiceries
des Indes, en les allant charger sur leurs vaisseaux
dans Alexandrie, et les portant ensuite dans les mers
du Levant. (x) Les Vénitiens surtout firent ce commerce non seulement jusqu'à la conquête de l'Égypte
par le sultan Sélim, mais jusqu'au temps où les Portugais devinrent les négociants des Indes.

L'industrie fut partout excitée. Marseille fit un grand
commerce. Lyon eut de belles manufactures. Les villes
des Pays-Bas furent plus florissantes encore que sous
la maison de Bourgogne. Les dames appelées à la cour de
François Ier en firent le centre de la magnificence,
comme de la politesse. Les mœurs étaient plus dures

à Londres, où régnait un roi capricieux et féroce ;
mais Londres commençait déjà à s'enrichir par le
commerce.

En Allemagne, les villes d'Augsbourg et de Nuremberg, répandant les richesses de l'Asie qu'elles tiraient
de Venise, se ressentaient déjà de leur correspondance
avec les Italiens. On voyait dans Augsbourg de belles
maisons dont les murs étaient ornés de peintures *à
fresque* à la manière vénitienne. En un mot, l'Europe
voyait naître de beaux jours ; mais ils furent troublés
par les tempêtes que la rivalité entre Charles-Quint
et François Ier excita ; et les querelles de religion, qui
déjà commençaient à naître, souillèrent la fin de ce
siècle : elles la rendirent affreuse, et y portèrent enfin
une espèce de barbarie que les Hérules, les Vandales,
et les Huns, n'avaient jamais connue.

CHAPITRE CXIX

Étto de l'Europe du temps de Charles-Quint.
De la Moscovie ou Russie. Digression sur la
Laponie

Avant de voir ce que fut l'Europe sous Charles-Quint.
je dois me former un tableau des différents gouvernements qui la partageaient. J'ai déjà vu ce qu'étaient
l'Espagne, la France, l'Allemagne, l'Italie, l'Angleterre.
Je ne parlerai de la Turquie et de ses conquêtes en Syrie
et en Afrique qu'après avoir vu tout ce qui se passa
d'admirable et de funeste chez les chrétiens, et lorsque,
ayant suivi les Portugais dans leurs voyages et dans leur
commerce militaire en Asie, j'aurai vu en quel état
était le monde oriental.

Je commence par les royaumes chrétiens du Septentrion. L'État de la Moscovie ou Russie prenait
quelque forme. Cet empire si puissant, et qui le devient
tous les jours davantage, n'était depuis l'onzième siècle
qu'un assemblage de demi-chrétiens sauvages, esclaves
des Tartares de Casan descendants de Tamerlan. Le
duc de Russie payait tous les ans un tribut à ces Tartares
en argent, en pelleteries, et en bétail. Il conduisait le
tribut à pied devant l'ambassadeur tartare, se proster-
nait à ses pieds, lui présentait du lait à boire; et s'il
en tombait sur le cou du cheval de l'ambassadeur,
le prince était obligé de le lécher. Les Russes étaient,
d'un côté, esclaves des Tartares; de l'autre, pressés
par les Lithuaniens; et vers l'Ukraine, ils étaient encore
exposés aux déprédations des Tartares de la Crimée,
successeurs des Scythes de la Chersonèse Taurique,
auxquels ils payaient un tribut. Enfin il se trouva un
chef nommé Jean Basilides, ou fils de Basile, homme de
courage, qui anima les Russes, s'affranchit de tant de

servitude, et joignit à ses États Novogorod et la ville
de Moscou, qu'il conquit sur les Lithuaniens à la fin
du xve siècle. Il étendit ses conquêtes dans la Finlande,
qui a été souvent un sujet de rupture entre la Russie
et la Suède.

La Russie fut donc alors une grande monarchie,
mais non encore redoutable à l'Europe. On dit que Jean
Basilides ramena de Moscou trois cents chariots chargés d'or, d'argent, et de pierreries. Les fables sont l'histoire des temps grossiers. Les peuples de Moscou, non
plus que les Tartares, n'avaient alors d'argent que celui
qu'ils avaient pillé; mais, volés eux-mêmes dès longtemps par ces Tartares, quelles richesses pouvaient-ils
avoir? Ils ne connaissaient guère que le nécessaire.

Le pays de Moscou produit de bon blé qu'on sème
en mai, et qu'on recueille en septembre : la terre porte
quelques fruits; le miel y est commun, ainsi qu'en
Pologne; le gros et le menu bétail y a toujours été en
abondance; mais la laine n'était point propre aux manufactures, et les peuples grossiers n'ayant aucune industrie,
les peaux étaient leurs seuls vêtements. Il n'y avait pas
à Moscou une seule maison de pierre. Leurs huttes
de bois étaient faites de troncs d'arbres enduits de
mousse. Quant à leurs mœurs, ils vivaient en brutes,
ayant une idée confuse de l'Église grecque, de laquelle
ils croyaient être. Leurs pasteurs les enterraient avec
un billet pour saint Pierre et pour saint Nicolas, qu'on
mettait dans la main du mort. C'était là leur plus grand
acte de religion; mais au delà de Moscou, vers le nord-
est, presque tous les villages étaient idolâtres.

(1551) Les czars, depuis Jean Basilides, eurent des
richesses, surtout lorsqu'un autre Jean Basilowitz [1]
eut pris Casan et Astracan sur les Tartares; mais les
Russes furent toujours pauvres : ces souverains absolus,
faisant presque tout le commerce de leur empire,
et rançonnant ceux qui avaient gagné de quoi vivre,
eurent bientôt des trésors, et ils étalèrent même une
magnificence asiatique dans les jours de solennité.
Ils commerçaient avec Constantinople par la mer
Noire, avec la Pologne par Novogorod. Ils pouvaient

---

1. Autrement dit Ivan IV le Terrible.

donc policer leurs États, mais le temps n'en était pas venu. Tout le nord de leur empire par delà Moscou consistait dans de vastes déserts et dans quelques habitations de sauvages. Ils ignoraient même que la vaste Sibérie existât. Un Cosaque découvrit la Sibérie sous ce Jean Basilowitz, et la conquit comme Cortez conquit le Mexique, avec quelques armes à feu.

Les czars prenaient peu de part aux affaires de l'Europe, excepté dans quelques guerres contre la Suède au sujet de la Finlande, ou contre la Pologne pour des frontières. Nul Moscovite ne sortait de son pays : ils ne trafiquaient sur aucune mer, excepté le Pont-Euxin. Le port même d'Archangel était alors aussi inconnu que ceux de l'Amérique. Il ne fut découvert que dans l'année 1553 par les Anglais, lorsqu'ils cherchèrent de nouvelles terres vers le nord, à l'exemple des Portugais et des Espagnols, qui avaient fait tant de nouveaux établissements au midi, à l'orient, et à l'occident. Il fallait passer le cap Nord, à l'extrémité de la Laponie. On sut par expérience qu'il y a des pays où pendant près de cinq mois le soleil n'éclaire pas l'horizon. L'équipage entier de deux vaisseaux périt de froid et de maladie dans ces terres. Un troisième, sous la conduite de Chancelor, aborda le port d'Archangel sur la Duina, dont les bords n'étaient habités que par des sauvages. Chancelor alla par la Duina vers le chemin de Moscou. Les Anglais, depuis ce temps, furent presque les seuls maîtres du commerce de la Moscovie, dont les pelleteries précieuses contribuèrent à les enrichir. Ce fut encore une branche de commerce enlevée à Venise. Cette république, ainsi que Gênes, avait eu des comptoirs autrefois, et même une ville sur les bords du Tanaïs; et depuis, elle avait fait ce commerce de pelleteries par Constantinople. Quiconque lit l'histoire avec fruit voit qu'il y a eu autant de révolutions dans le commerce que dans les États.

On était alors bien loin d'imaginer qu'un jour un prince russe fonderait dans des marais, au fond du golfe de Finlande, une nouvelle capitale, où il aborde tous les ans environ deux cent cinquante vaisseaux étrangers, et que de là il partirait des armées qui viendraient faire des rois en Pologne, secourir l'empire allemand contre

la France [a], démembrer la Suède, (x) prendre deux fois C
la Crimée, triompher de toutes les forces de l'empire
ottoman, et envoyer des flottes victorieuses aux Dardanelles *.

On commença dans ces temps-là, à connaître plus
particulièrement la Laponie, dont les Suédois mêmes,
les Danois, et les Russes, n'avaient encore que de faibles
notions. Ce vaste pays, voisin du pôle, avait été désigné
par Strabon [1] sous le nom de la contrée des Troglodytes
et des Pygmées septentrionaux : nous apprîmes que la
race des Pygmées n'est point une fable. Il est probable
que les Pygmées méridionaux ont péri, et que leurs
voisins les ont détruits. Plusieurs espèces d'hommes
ont pu ainsi disparaître de la face de la terre, comme
plusieurs espèces d'animaux. Les Lapons ne paraissent
point tenir de leurs voisins. Les hommes, par exemple,
sont grands et bien faits en Norvège; et la Laponie
ne produit que des hommes de trois coudées de haut.
Les yeux, leurs oreilles, leur nez, les différencient encore
de tous les peuples qui entourent leurs déserts. Ils
paraissent une espèce particulière faite pour le climat
qu'ils habitent, qu'ils aiment, et qu'eux seuls peuvent
aimer. La nature, qui n'a mis les rennes ou les rangi-
fères que dans ces contrées, semble y avoir produit des
Lapons; et comme leurs rennes ne sont point venus
d'ailleurs, ce n'est pas non plus d'un autre pays que les
Lapons y paraissent venus. Il n'est pas vraisemblable
que les habitants d'une terre moins sauvage aient franchi les glaces et les déserts pour se transplanter dans
des terres si stériles. Une famille peut être jetée par
la tempête dans une île déserte, et la peupler; mais on
ne quitte point dans le continent des habitations qui
produisent quelque nourriture, pour aller s'établir
au loin sur des rochers couverts de mousse, où l'on
ne peut se nourrir que de lait de rennes et de poissons.
De plus, si des Norvégiens, des Suédois, s'étaient transplantés en Laponie, y auraient-ils changé absolument
de figure? Pourquoi les Islandais, qui sont aussi sep-

---

* Ces derniers mots ont été ajoutés en 1772.　　　C

1. *Rerum geographicarum,* l. VII, p. 318, l. XI, p. 506.

tentrionaux que les Lapons, sont-ils d'une haute stature et les Lapons, non seulement petits, mais d'une figure toute différente? C'était donc une nouvelle espèce d'hommes qui se présentait à nous, tandis que l'Amérique, l'Asie, et l'Afrique, nous en faisaient voir tant d'autres. La sphère de la nature s'élargissait pour nous de tous côtés, et c'est par là seulement que la Laponie mérite notre attention.

Je ne parlerai point de l'Islande, qui était le Thulé des anciens, ni du Groenland, ni de toutes ces contrées voisines du pôle, où l'espérance de découvrir un passage en Amérique a porté nos vaisseaux : la connaissance de ces pays est aussi stérile qu'eux, et n'entre point dans le plan politique du monde.

La Pologne, ayant longtemps conservé les mœurs des Sarmates, commençait à être considérée de l'Allemagne depuis que la race des Jagellons était sur le trône. Ce n'était plus le temps où ce pays recevait un roi de la main des empereurs, et leur payait tribut.

Le premier des Jagellons avait été élu roi de cette république en 1382. Il était duc de Lithuanie : son pays et lui étaient idolâtres, ou du moins ce que nous appelons idolâtres, aussi bien que plus d'un palatinat. Il promit de se faire chrétien, et d'incorporer la Lithuanie à la Pologne : il fut roi à ces conditions.

Ce Jagellon, qui prit le nom de Ladislas, fut père de ce malheureux Ladislas, roi de Hongrie et de Pologne, né pour être un des plus puissants rois du monde, (1444) mais qui fut défait et tué à cette bataille de Varnes que le cardinal Julien lui fit donner contre les Turcs, malgré la foi jurée, ainsi que nous l'avons vu [1].

Les deux grands ennemis de la Pologne furent longtemps les Turcs et les religieux chevaliers teutoniques. Ceux-ci, qui s'étaient formés dans les croisades, n'ayant pu réussir contre les musulmans, s'étaient jetés sur les idolâtres et sur les chrétiens de la Prusse, province que les Polonais possédaient.

Sous Casimir, au xve siècle, les chevaliers religieux teutoniques firent longtemps la guerre à la Pologne, et enfin partagèrent la Prusse avec elle, à condition

---

1. Chapitre 89.

que le grand-maître serait vassal du royaume, et en même temps palatin, ayant séance aux diètes.

Il n'y avait alors que ces palatins qui eussent voix dans les états du royaume; mais Casimir y appela les députés de la noblesse vers l'an 1460, et ils ont toujours conservé ce droit.

Les nobles en eurent alors un autre commun avec les palatins, ce fut de n'être arrêtés pour aucun crime avant d'avoir été convaincus juridiquement : ce droit était celui de l'impunité. Ils avaient encore droit de vie et de mort sur leurs paysans : ils pouvaient tuer impunément un de ces serfs, pourvu qu'ils missent environ dix écus sur la fosse; et quand un noble polonais avait tué un paysan appartenant à un autre noble, la loi d'honneur l'obligeait d'en rendre un autre. Ce qu'il y a d'humiliant pour la nature humaine, c'est qu'un tel privilège subsiste encore.

Sigismond, de la race des Jagellons, qui mourut en 1548, était contemporain de Charles-Quint, et passait pour un grand prince. Les Polonais eurent de son temps beaucoup de guerres contre les Moscovites, et encore contre ces chevaliers teutoniques dont Albert de Brandebourg était grand-maître. Mais la guerre était tout ce que connaissaient les Polonais, sans en connaître l'art, qui se perfectionnait dans l'Europe méridionale : ils combattaient sans ordre, n'avaient point de place fortifiée; leur cavalerie faisait, comme aujourd'hui, toute leur force.

Ils négligeaient le commerce. On n'avait découvert qu'au XIIIe siècle les salines de Cracovie, qui font une des richesses du pays. Le négoce du blé et du sel était abandonné aux Juifs et aux étrangers, qui s'enrichissaient de l'orgueilleuse oisiveté des nobles et de l'esclavage du peuple. Il y avait déjà en Pologne plus de deux cents synagogues.

D'un côté, cette administration était à quelques égards une image de l'ancien gouvernement des Francs, des Moscovites, et des Huns; de l'autre, elle ressemblait à celui des anciens Romains, en ce que chaque noble a le droit des tribuns du peuple, de pouvoir s'opposer aux lois du sénat par le seul mot *veto* : ce pouvoir, étendu à tous les gentilshommes, et porté jusqu'au droit d'annuler par une seule voix toutes les voix de la république, est devenu la prérogative de l'anarchie. Le tribun était le magistrat du peuple romain, et le gentilhomme n'est qu'un membre, un sujet de l'État : le droit de ce membre est de troubler tout le corps; mais ce droit est si cher à l'amour-propre qu'un sûr moyen d'être mis en pièces serait de proposer dans une diète l'abolition de cette coutume.

Il n'y avait d'autre titre en Pologne que celui de noble, de même qu'en Suède, en Danemark, et dans tout le Nord; les qualités de duc et de comte sont récentes : c'est une imitation des usages d'Allemagne; mais ces titres ne donnent aucun pouvoir : toute la noblesse est égale. Ces palatins, qui ôtaient la liberté au peuple, n'étaient occupés qu'à défendre la leur contre leur roi. Quoique le sang des Jagellons eût régné longtemps, ces princes ne furent jamais ni absolus par leur royauté, ni rois par droit de naissance; ils furent toujours élus comme les chefs de l'État, et non comme les maîtres. Le serment prêté par les rois, à leur couronnement, portait, en termes exprès, « qu'ils priaient la nation de les détrôner s'ils n'observaient pas les lois qu'ils avaient jurées ».

Ce n'était pas une chose aisée de conserver toujours le droit d'élection, en laissant toujours la même famille sur le trône; mais les rois n'ayant ni forteresse, ni la disposition du trésor public, ni celle des armées, la liberté n'a jamais reçu d'atteinte. L'État n'accordait alors au roi que douze cent mille de nos livres annuelles pour soutenir sa dignité. Le roi de Suède aujourd'hui n'en a pas tant. L'empereur n'a rien; il est à ses frais « le chef de l'univers chrétien », *caput orbis christiani;* tandis que l'île de la Grande-Bretagne donne à son roi environ vingt-trois millions pour sa liste civile. La vente de la royauté est devenue en Pologne la plus grande source de l'argent qui roule dans l'État. La capitation des Juifs, qui fait un de ses gros revenus, ne monte pas à plus de cent vingt mille florins du pays *.

---

* Tout ceci avait été écrit vers 1760[1]; et souvent tandis, qu'on parle de la constitution d'un État, cette constitution change. D

1. Ce paragraphe se lit déjà dans l'éd. Walther de 1754, à l'exception des deux dernières phrases, ajoutées en 1756.

A l'égard de leurs lois, ils n'en eurent d'écrites en leur langue qu'en 1552. Les nobles, toujours égaux entre eux, se gouvernaient suivant leurs résolutions prises dans leurs assemblées, qui sont la loi véritable encore aujourd'hui, et le reste de la nation ne s'informe seulement pas de ce qu'on y a résolu. Comme ces possesseurs des terres sont les maîtres de tout, et que les cultivateurs sont esclaves, c'est aussi à ces seuls possesseurs qu'appartiennent les biens de l'Église. Il en est de même en Allemagne; mais c'est en Pologne une loi expresse et générale, au lieu qu'en Allemagne ce n'est qu'un usage établi, usage trop contraire au christianisme, mais conforme à l'esprit de la constitution germanique. Rome, différemment gouvernée, a eu toujours cet avantage, depuis ses rois et ses consuls jusqu'au dernier temps de la monarchie pontificale, de ne fermer jamais la porte des honneurs au simple mérite.

Les royaumes de Suède, de Danemark, et de Norvège, étaient électifs à peu près comme la Pologne. Les agriculteurs étaient esclaves en Danemark; mais en Suède ils avaient séance aux diètes de l'État, et donnaient leurs voix pour régler les impôts. Jamais peuples voisins n'eurent une antipathie plus violente que les Suédois et les Danois. Cependant ces nations rivales n'avaient composé qu'un seul État par la fameuse union de Calmar, à la fin du XIVe siècle.

Un roi de Suède, nommé Albert, ayant voulu prendre pour lui le tiers des métairies du royaume, ses sujets se soulevèrent. Marguerite Waldemar, fille de Waldemar III, la Sémiramis du Nord, profita de ces troubles, et se fit reconnaître reine de Suède, de Danemark et de Norvège (1395). Elle unit deux ans après ces royaumes, qui devaient être à perpétuité gouvernés par un même souverain.

Quand on se souvient qu'autrefois de simples pirates danois avaient porté leurs armes victorieuses presque dans toute l'Europe, et conquis l'Angleterre et la Normandie, et qu'on voit ensuite la Suède, la Norvège et le Danemark réunis n'être pas une puissance formidable à leurs voisins, on voit évidemment qu'on ne fait des conquêtes que chez des peuples mal gouvernés. Les villes hanséatiques, Hambourg, Lubeck, Dantzig,

Rostock, Lunebourg, Vismar, pouvaient résister à ces trois royaumes, parce qu'elles étaient plus riches. La seule ville de Lubeck fit même la guerre aux successeurs de Marguerite Waldemar. Cette union de trois royaumes, qui semble si belle au premier coup d'œil, fut la source de leurs malheurs.

Il y avait en Suède un primat, archevêque d'Upsal, et six évêques, qui avaient à peu près cette autorité que la plupart des ecclésiastiques avaient acquise en Allemagne et ailleurs. L'archevêque d'Upsal surtout était, ainsi que le primat de Pologne, la seconde personne du royaume. Quiconque est la seconde veut toujours être la première.

(1452) Il arriva que les états de Suède, lassés du joug danois, élurent pour leur roi, d'un commun consentement, le grand-maréchal Charles Canutson, d'une maison qui subsiste encore.

Non moins lassés du joug des évêques, ils ordonnèrent qu'on ferait une recherche des biens que l'Église avait envahis à la faveur des troubles. L'archevêque d'Upsal, nommé Jean de Salstad, assisté des six évêques de Suède et du clergé, excommunia le roi et le sénat dans une messe solennelle, déposa ses ornements sur l'autel, et, prenant une cuirasse et une épée, sortit de l'église en commençant la guerre civile. Les évêques la continuèrent pendant sept ans. Ce ne fut depuis qu'une anarchie sanglante et une guerre perpétuelle entre les Suédois, qui voulaient avoir un roi indépendant, et les Danois, qui étaient presque toujours les maîtres. Le clergé, tantôt armé pour la patrie, tantôt contre elle, excommuniait, combattait, et pillait. (x) Il eût mieux B valu pour la Suède d'être demeurée païenne que d'être devenue chrétienne à ce prix.

Enfin les Danois l'ayant emporté sous leur roi Jean, fils de Christiern Iᵉʳ, les Suédois s'étant soumis et s'étant depuis soulevés, ce roi Jean fit rendre, par son sénat en Danemark, un arrêt contre le sénat de Suède, par lequel tous les sénateurs suédois étaient condamnés à perdre leur noblesse et leurs biens (1505). Ce qui est fort singulier, c'est qu'il fit confirmer cet arrêt par l'empereur Maximilien, et que cet empereur écrivit aux états de Suède « qu'ils eussent à obéir, qu'autrement il procéderait contre eux selon les lois de l'empire ». Je ne sais comment l'abbé de Vertot [1] a oublié, dans ses *Révolutions de Suède,* un fait aussi important, soigneusement recueilli par Puffendorf.

Ce fait prouve que les empereurs allemands, ainsi que les papes, ont toujours prétendu une juridiction universelle. Il prouve encore que le roi danois voulait flatter Maximilien, dont, en effet, il obtint la fille pour son fils Christiern II. Voilà comme les droits s'établissent. La chancellerie de Maximilien écrivait aux Suédois, comme celle de Charlemagne eût écrit aux peuples de Bénévent ou de la Guyenne. Mais il fallait avoir les armées et la puissance de Charlemagne.

Ce Christiern II, après la mort de son père, prit des mesures différentes. Au lieu de demander un arrêt à la chambre impériale, il obtint de François Ier, roi de France, trois mille hommes. Jamais les Français jusqu'alors n'étaient entrés dans les querelles du Nord. Il est vraisemblable que François Ier, qui aspirait à l'empire, voulait se faire un appui du Danemark. Les troupes françaises combattirent en Suède sous Christiern, mais elles en furent bien mal récompensées : congédiées sans paie, poursuivies dans leur retour par les paysans, il n'en revint pas trois cents hommes en France; suite ordinaire parmi nous de toute expédition qui se fait trop loin de sa patrie [a].

Nous verrons dans l'article du luthéranisme quel tyran était Christiern. Un de ses crimes fut la source de son châtiment, qui lui fit perdre trois royaumes. Il venait de faire un accord avec un administrateur créé par les états de Suède, nommé Sténon Sture. Christiern semblait moins craindre cet administrateur que le jeune Gustave Vasa, neveu du roi Canutson, prince d'un courage entreprenant, le héros et l'idole de la Suède. Il feignit de vouloir conférer avec l'administrateur dans

---

1. Vertot effectivement n'en parle pas dans son *Histoire des révolutions de la Suède,* Paris, 1736, t. I, p. 72 et suiv. Puffendorf, rapporte le fait, *Histoire de Suède,* Amsterdam, 1748, t. I, pp. 294-5, *FL.*

Stockholm, et demanda qu'on lui amenât sur sa flotte, à la rade de la ville, le jeune Gustave et six autres otages.

(1518) A peine furent-ils sur son vaisseau qu'il les fit mettre aux fers, et fit voile en Danemark avec sa proie. Alors il prépara tout pour une guerre ouverte. Rome se mêlait de cette guerre. Voici comme elle y entra, et comme elle fut trompée.

Troll, archevêque d'Upsal, dont je rapporterai les cruautés en parlant du luthéranisme, élu par le clergé, confirmé par Léon X, et lié d'intérêt avec Christiern, avait été déposé par les états de Suède (1517), et condamné à faire pénitence dans un monastère. Les états furent excommuniés par le pape selon le style ordinaire. Cette excommunication, qui n'était rien par elle-même, était beaucoup par les armes de Christiern.

Il y avait alors en Danemark un légat du pape, nommé Arcemboldi, qui avait vendu les indulgences dans les trois royaumes. Telle avait été son adresse, et telle l'imbécillité des peuples, qu'il avait tiré près de deux millions de florins de ces pays les plus pauvres de l'Europe. Il allait les faire passer à Rome : Christiern les prit pour faire, disait-il, la guerre à des excommuniés. Sa guerre fut heureuse : il fut reconnu roi, et l'archevêque Troll fut rétabli.

(1520) C'est après ce rétablissement que le roi et son primat donnèrent, dans Stockholm, cette fête funeste dans laquelle ils firent égorger le sénat entier et tant de citoyens. Cependant Gustave s'était échappé de sa prison, et avait repassé en Suède. Il fut obligé de se cacher quelque temps dans les montagnes de la Dalécarlie, déguisé en paysan. Il travailla même aux mines, soit pour subsister, soit pour se mieux déguiser. Mais enfin il se fit connaître à ces hommes sauvages, qui détestaient d'autant plus la tyrannie que toute politique était inconnue à leur simplicité rustique. Ils le suivirent, et Gustave Vasa se vit bientôt à la tête d'une armée. L'usage des armes à feu n'était point encore connu de ces hommes grossiers, et peu familier au reste des Suédois; c'est ce qui avait donné toujours aux Danois la supériorité. Mais Gustave, ayant fait acheter sur son crédit des mousquets à Lubeck, combattit bientôt avec des armes égales.

Lubeck ne fournit pas seulement des armes, elle envoya des troupes; sans quoi Gustave eût eu bien de la peine à réussir. C'était une simple ville de marchands de qui dépendait la destinée de la Suède. Christiern était alors en Danemark. L'archevêque d'Upsal soutint tout le poids de la guerre contre le libérateur. Enfin, ce qui n'est pas ordinaire, le parti le plus juste l'emporta. Gustave, après des aventures malheureuses, battit les lieutenants du tyran, et fut maître d'une partie du pays.

Christiern, furieux, qui dès longtemps avait en son pouvoir à Copenhague la mère et la sœur de Gustave (1521), fit une action qui, même après ce qu'on a vu de lui paraît d'une atrocité presque incroyable. Il fit jeter, dit-on, ces deux princesses dans la mer, enfermées dans un sac l'une et l'autre. (x) Il y a des auteurs qui disent A qu'on se contenta de les menacer de ce supplice.

Ce tyran savait ainsi se venger, mais il ne savait pas combattre. Il assassinait des femmes, et il n'osait aller en Suède faire tête à Gustave. Non moins cruel envers ses Danois qu'envers ses ennemis, il fut bientôt aussi exécrable au peuple de Copenhague qu'aux Suédois.

Ces Danois, en possession alors d'élire leurs rois, avaient le droit de punir un tyran [a]. Les premiers qui renoncèrent à sa domination furent ceux de Jutland, du duché de Schlesvig, et de la partie du Holstein qui appartenait à Christiern. Son oncle Frédéric, duc de Holstein, profita du juste soulèvement des peuples. La force appuya le droit. Tous les habitants de ce qui composait autrefois la Chersonèse Cimbrique firent signifier au tyran l'acte de sa déposition authentique par le premier magistrat de Jutland.

Ce chef de justice intrépide osa porter à Christiern sa sentence dans Copenhague même. Le tyran, voyant tout le reste de l'État ébranlé, haï de ses propres officiers, n'osant se fier à personne, reçut dans son palais, comme un criminel, son arrêt qu'un seul homme désarmé lui signifiait. Il faut conserver à la postérité le nom de ce magistrat : il s'appelait Mons. « Mon nom, disait-il, devrait être écrit sur la porte de tous les méchants princes. » Le Danemark obéit à l'arrêt. Il n'y a point d'exemple d'une révolution si juste, si subite, et si tranquille. (1523) Le roi se dégrada lui-même en fuyant, et se retira en Flandre dans les États de Charles-Quint, son beau-frère, dont il implora longtemps le secours.

Son oncle Frédéric fut élu dans Copenhague roi de Danemark, de Norvège, et de Suède; mais il n'eut de la couronne de Suède que le titre. Gustave Vasa, ayant pris dans le même temps Stockholm, fut élu roi par les Suédois, et sut défendre le royaume qu'il avait délivré. Christiern, avec son archevêque Troll errant comme lui, fit au bout de quelques années une tentative pour rentrer dans quelques-uns de ses États. Il avait la ressource que donnent toujours les mécontents d'un nouveau règne. Il y en eut en Danemark, il y en eut en Suède. Il passa avec eux en Norvège. Le nouveau roi Gustave commen-çait à secouer le joug de la religion romaine dans quel-ques-unes de ses provinces. Le roi Frédéric permettait que les Danois en changeassent. Christiern se déclarait bon catholique; mais, n'en étant ni meilleur prince, ni meilleur général, ni plus aimé, il ne fit qu'un effort inutile.

Abandonné bientôt de tout le monde, il se laissa mener en Danemark, et finit ses jours en prison (1532). L'empereur Charles-Quint, son beau-frère, qui ébranla l'Europe, ne fut pas assez puissant pour le seconder. L'archevêque Troll, d'une ambition inquiète, ayant armé la ville de Lubeck contre le Danemark, mourut de ses blessures plus glorieusement que Christiern, dignes l'un et l'autre d'une fin plus tragique.

Gustave, libérateur de son pays, jouit assez paisi-blement de sa gloire. Il fit le premier connaître aux nations étrangères de quel poids la Suède pouvait être dans les affaires de l'Europe, dans un temps où la politique euro-péenne prenait une nouvelle face, où l'on commençait à vouloir établir la balance du pouvoir.

François Iᵉʳ fit une alliance, avec lui et même, tout luthérien qu'était Gustave, il lui envoya le collier de son ordre malgré les statuts. Gustave, le reste de sa vie, se fit une étude de régler l'État. Il fallut user de toute sa prudence pour que la religion qu'il avait détruite ne troublât pas son gouvernement. Les Dalécarliens, qui l'avaient aidé les premiers à monter sur le trône, furent les premiers à l'inquiéter. Leur rusticité farouche les attachait aux anciens usages de leur Église : ils n'étaient catholiques que comme ils étaient barbares, par la naissance et par l'éducation. On en peut juger par une requête qu'ils lui présentèrent : ils demandèrent que le roi ne portât point d'habits découpés à la mode de France, et qu'on fît brûler tous les citoyens qui feraient gras le vendredi. C'était presque la seule chose à quoi ils distinguaient les catholiques des luthériens.

Le roi étouffa tous ces mouvements, établit avec adresse sa religion en conservant des évêques, et en diminuant leurs revenus et leur pouvoir. Les anciennes lois de l'État furent respectées; (1544) il fit déclarer son fils Frédéric son successeur par les états, et même il obtint que la couronne resterait dans sa maison, à condition que, si sa race s'éteignait, les états rentreraient dans le droit d'élection; que, s'il ne restait qu'une princesse, elle aurait une dot sans prétendre à la couronne.

Voilà dans quelle situation étaient les affaires du Nord du temps de Charles-Quint. Les mœurs de tous ces peuples étaient simples, mais dures : on n'en était que moins vertueux pour être plus ignorant. Les titres de comte, de marquis, de baron, de chevalier, et la plupart des symboles de la vanité, n'avaient point pénétré chez les Suédois, et peu chez les Danois; mais aussi les inventions utiles y étaient ignorées. Ils n'avaient ni commerce réglé, ni manufactures. Ce fut Gustave Vasa qui, en tirant les Suédois de l'obscurité, anima aussi les Danois par son exemple.

La Hongrie se gouvernait entièrement comme la Pologne : elle élisait ses rois dans ses diètes. Le palatin de Hongrie avait la même autorité que le primat polonais, et de plus, il était juge entre le roi et la nation. Telle avait été autrefois la puissance ou le droit du palatin de l'empire, du maire du palais de France, du justicier d'Aragon. On voit que, dans toutes les monarchies, l'autorité des rois commença toujours par être balancée : (x) on voulut des monarques, mais jamais de B despotes.

Les nobles avaient les mêmes privilèges qu'en Pologne, je veux dire d'être impunis, et de disposer de leurs serfs : la populace était esclave. La force de l'État était dans la cavalerie, composée de nobles et de leurs suivants; l'infanterie était un ramas de paysans sans ordre, qui combattaient dans le temps qui suit les semailles, jusqu'à celui de la moisson.

On se souvient que vers l'an 1000 la Hongrie reçut le christianisme [1]. Le chef des Hongrois, Étienne, qui voulait être roi, se servit de la force et de la religion. Le pape Silvestre II lui donna le titre de roi, et même de roi apostolique. Des auteurs prétendent que ce fut Jean XVIII ou XIX qui conféra ces deux honneurs à Étienne en 1003 ou 1004. De telles discussions ne sont pas le but de mes recherches. Il me suffit de considérer que c'est pour avoir donné ce titre dans une bulle que les papes prétendaient exiger des tributs de la Hongrie; et c'est en vertu de ce mot *apostolique* que les rois de Hongrie prétendaient donner tous les bénéfices du royaume.

On voit qu'il y a des préjugés par lesquels les rois et les nations entières se gouvernent. Le chef d'une nation guerrière n'avait osé prendre le titre de roi sans la permission du pape. Ce royaume et celui de Pologne étaient gouvernés sur le modèle de l'empire allemand. Cependant les rois de Pologne et de Hongrie, qui ont fait enfin des comtes, n'osèrent jamais faire des ducs; loin de prendre le titre de *majesté,* on les appelait alors *votre excellence.*

Les empereurs regardaient même la Hongrie comme un fief de l'empire : en effet, Conrad le Salique avait reçu un hommage et un tribut du roi Pierre; et les papes, de leur côté, soutenaient qu'ils devaient donner cette couronne, parce qu'ils avaient les premiers appelé du nom de *roi* le chef de la nation hongroise.

Il faut un moment remonter ici au temps où la maison de France, qui a fourni des rois au Portugal, à l'Angleterre, à Naples, vit aussi ses rejetons sur le trône de Hongrie.

Vers l'an 1290, le trône étant vacant, l'empereur Rodolphe de Habsbourg en donna l'investiture à son fils Albert d'Autriche, comme s'il eût donné un fief ordinaire. Le pape Nicolas IV, de son côté, conféra

---

1. Chapitre 43.

le royaume comme un bénéfice au petit-fils de ce fameux Charles d'Anjou, frère de saint Louis, roi de Naples et de Sicile. Ce neveu de saint Louis était appelé Charles Martel, et il prétendait le royaume parce que sa mère, Marie de Hongrie, était sœur du roi hongrois dernier mort. Ce n'est pas chez les peuples libres un titre pour régner que d'être parent de leurs rois. La Hongrie ne prit pour maître ni celui que nommait l'empereur, ni celui que lui donnait le pape; elle choisit André, surnommé *le Vénitien* parce qu'il s'était marié à Venise, prince qui d'ailleurs était du sang royal. Il y eut des excommunications et des guerres; mais après sa mort, et après celle de son concurrent Charles Martel, les arrêts du tribunal de Rome furent exécutés.

(1303) Boniface VIII, quatre mois avant que l'affront qu'il reçut du roi de France le fît, dit-on, mourir de douleur, jouit de l'honneur de voir plaider devant lui, comme on l'a déjà dit [1], la cause de la maison d'Anjou. La reine de Naples, Marie, parla elle-même devant le consistoire; et Boniface donna la Hongrie au prince Carobert, fils de Charles Martel, et petit-fils de cette Marie.

(1308) Ce Carobert fut donc en effet roi par la grâce du pape, soutenu de son parti et de son épée. La Hongrie, sous lui, devint plus puissante que les empereurs, qui la regardaient comme un fief. Carobert réunit la Dalmatie, la Croatie, la Servie, la Transylvanie, la Valachie, provinces démembrées du royaume dans la suite des temps.

Le fils de Carobert, nommé Louis, frère de cet André de Hongrie que la reine de Naples Jeanne, sa femme, fit étrangler, accrut encore la puissance des Hongrois. Il passa au royaume de Naples pour venger le meurtre de son frère. Il aida Charles de Durazzo à détrôner Jeanne, sans l'aider dans la cruelle mort dont Durazzo fit périr cette reine [2]. De retour dans la Hongrie, il y acquit une vraie gloire, car il fut juste : il fit de sages lois; il abolit les épreuves du fer ardent et de l'eau

---

1. Chapitre 63.
2. Voyez chapitre 69.

bouillante, d'autant plus accréditées que les peuples étaient plus grossiers.

On remarque toujours qu'il n'y a guère de grand homme qui n'ait aimé les lettres. Ce prince cultivait la géométrie et l'astronomie. Il protégeait les autres arts. C'est à cet esprit philosophique, si rare alors, qu'il faut attribuer l'abolition des épreuves superstitieuses. Un roi qui connaissait la saine raison était un prodige dans ces climats. Sa valeur fut égale à ses autres qualités. Ses peuples le chérirent, les étrangers l'admirèrent; les Polonais, sur la fin de sa vie, l'élurent pour leur roi (1370). Il régna heureusement quarante ans en Hongrie, et douze ans en Pologne. Les peuples lui donnèrent le nom de *Grand,* dont il était digne. Cependant il est presque ignoré en Europe : il n'avait pas régné sur des hommes qui sussent transmettre sa gloire aux nations. Qui sait qu'au XIVe siècle il y eut un Louis le Grand vers les monts Krapac?

Il était si aimé que les états élurent (1382) sa fille Marie, qui n'était pas encore nubile, et l'appelèrent Marie-roi, titre qu'ils ont encore renouvelé de nos jours pour la fille du dernier empereur de la maison d'Autriche [1].

Tout sert à faire voir que si, dans les royaumes héréditaires, on peut se plaindre des abus du despotisme, les États électifs sont exposés à de plus grands orages, et que la liberté même, cet avantage si naturel et si cher, a quelquefois produit de grands malheurs. La jeune Marie-roi était gouvernée, aussi bien que l'État, par sa mère Élisabeth de Bosnie. Les seigneurs furent mécontents d'Élisabeth; ils se servirent de leur droit de mettre la couronne sur une autre tête. Ils la donnèrent à Charles de Durazzo, surnommé *le Petit,* descendant en droite ligne du frère de saint Louis, qui régna dans les Deux-Siciles (1386). Il arrive de Naples à Bude : il est couronné solennellement, et reconnu roi par Élisabeth elle-même.

Voici un de ces événements étranges sur lesquels les lois sont muettes, et qui laissent en doute si ce n'est pas un crime de punir le crime même.

---

1. Marie-Thérèse, fille de Charles VI.

Élisabeth et sa fille Marie, après avoir vécu en intelligence autant qu'il était possible avec celui qui possédait leur couronne, l'invitent chez elles et le font assassiner en leur présence. Elles soulèvent le peuple en leur faveur; et la jeune Marie, toujours conduite par sa mère, reprend la couronne.

(1389) Quelque temps après, Élisabeth et Marie voyagent dans la basse Hongrie. Elles passent imprudemment sur les terres d'un comte de Hornac, ban de Croatie. Ce ban était ce qu'on appelle en Hongrie *comte suprême*, commandant les armées, et rendant la justice. Il était attaché au roi assassiné. Lui était-il permis ou non de venger la mort de son roi? Il ne délibéra pas, et parut consulter la justice dans la cruauté de sa vengeance. Il fait le procès aux deux reines, fait noyer Élisabeth, et garde Marie en prison, comme la moins criminelle.

Dans le même temps, Sigismond, qui depuis fut empereur, entrait en Hongrie, et venait épouser la reine Marie. Le ban de Croatie se crut assez puissant et fut assez hardi pour lui amener lui-même cette reine dont il avait fait noyer la mère. Il semble qu'il crut n'avoir fait qu'un acte de justice sévère. Mais Sigismond le fit tenailler et mourir dans les tourments. Sa mort souleva la noblesse hongroise, et ce règne ne fut qu'une suite de troubles et de factions.

On peut régner sur beaucoup d'États, et n'être pas un puissant prince. Ce Sigismond fut à la fois empereur, roi de Bohême et de Hongrie. Mais en Hongrie il fut battu par les Turcs, et mis une fois en prison par ses sujets révoltés. En Bohême il fut presque toujours en guerre contre les Hussites; et dans l'empire, son autorité fut presque toujours contre-balancée par les privilèges des princes et des villes.

En 1438, Albert d'Autriche, gendre de Sigismond, fut le premier prince de la maison d'Autriche qui régna sur la Hongrie.

Il fut, comme Sigismond, empereur et roi de Bohême; mais il ne régna que trois ans. Ce règne si court fut la source des divisions intestines qui, jointes aux irruptions des Turcs, ont dépeuplé la Hongrie, et en ont fait une des malheureuses contrées de la terre.

Les Hongrois, toujours libres, ne voulurent point pour leur roi d'un enfant que laissait Albert d'Autriche, et ils choisirent cet Uladislas, ou Ladislas, roi de Pologne, que nous avons vu [1] perdre la bataille de Varnes avec la vie (1444).

(1440) Frédéric III d'Autriche, empereur d'Allemagne, se dit roi de Hongrie, et ne le fut jamais. Il garda dans Vienne le fils d'Albert d'Autriche, que j'appellerai Ladislas Albert, pour le distinguer de tant d'autres, tandis que le fameux Jean Huniade tenait tête en Hongrie à Mahomet II, vainqueur de tant d'États. Ce Jean Huniade n'était pas roi, mais il était général chéri d'une nation libre et guerrière, et nul roi ne fut aussi absolu que lui.

Après sa mort la maison d'Autriche eut la couronne de Hongrie. Ce Ladislas Albert fut élu. Il fit périr par la main du bourreau un des fils de ce Jean Huniade, vengeur de la patrie. Mais chez les peuples libres la tyrannie n'est pas impunie; Ladislas Albert d'Autriche fut chassé de ce trône souillé d'un si beau sang, et paya par l'exil sa cruauté.

Il restait un fils de ce grand Huniade : ce fut Mathias Corvin, que les Hongrois ne tirèrent qu'à force d'argent des mains de la maison d'Autriche. Il combattit et l'empereur Frédéric III, auquel il enleva l'Autriche, et les Turcs, qu'il chassa de la haute Hongrie.

Après sa mort, arrivée en 1490, la maison d'Autriche voulut toujours ajouter la Hongrie à ses autres États. L'empereur Maximilien, rentré dans Vienne, ne put obtenir ce royaume. Il fut déféré à un roi de Bohême, nommé encore Ladislas, que j'appellerai Ladislas de Bohême.

Les Hongrois, en se choisissant ainsi leurs rois, restreignaient toujours leur autorité, à l'exemple des nobles en Pologne, et des électeurs de l'empire. Mais il faut avouer que les nobles de Hongrie étaient de petits tyrans qui ne voulaient point être tyrannisés. Leur liberté était une indépendance funeste, et ils réduisaient le reste de la nation à un esclavage si misérable que tous

---

1. Chapitre 89.

les habitants de la campagne se soulevèrent contre des maîtres trop durs. Cette guerre civile, qui dura quatre années, affaiblit encore ce malheureux royaume. La noblesse, mieux armée que le peuple, et possédant tout l'argent, eut enfin le dessus; et la guerre finit par le redoublement des chaînes du peuple, qui est encore réellement esclave de ses seigneurs.

Un pays si longtemps dévasté, et dans lequel il ne restait qu'un peuple esclave et mécontent, sous des maîtres presque toujours divisés, ne pouvait plus résister par lui-même aux armes des sultans turcs : aussi, quand le jeune Louis II, fils de ce Ladislas de Bohême, et beau-frère de l'empereur Charles-Quint, voulut soutenir les efforts de Soliman, toute la Hongrie ne put, dans cette extrême nécessité, lui fournir une armée de trente mille combattants. Un cordelier nommé Tomoré, général de cette armée dans laquelle il y avait cinq évêques, promit la victoire au roi Louis. (1526) L'armée fut détruite à la célèbre journée de Mohats. Le roi fut tué, et Soliman, vainqueur, parcourut tout ce royaume malheureux, dont il emmena plus de deux cent mille captifs.

En vain la nature a placé dans ce pays des mines d'or, et les vrais trésors des blés et des vins; en vain elle y forme des hommes robustes, bien faits, spirituels : on ne voyait presque plus qu'un vaste désert, des villes ruinées, des campagnes dont on labourait une partie les armes à la main, des villages creusés sous terre, où les habitants s'ensevelissaient avec leurs grains et leurs bestiaux, une centaine de châteaux fortifiés dont les possesseurs disputaient la souveraineté aux Turcs et aux Allemands.

Il y avait encore plusieurs beaux pays de l'Europe dévastés, incultes, inhabités, tels que la moitié de la Dalmatie, le nord de la Pologne, les bords du Tanaïs, la fertile contrée de l'Ukraine, tandis qu'on allait chercher des terres dans un nouvel univers et aux bornes de l'ancien.

Dans ce tableau du gouvernement politique du Nord, je ne dois pas oublier l'Écosse, dont je parlerai encore en traitant de la religion.

L'Écosse entrait un peu plus que le reste dans le

système de l'Europe, parce que cette nation, ennemie des Anglais qui voulaient la dominer, était alliée de la France depuis longtemps. Il n'en coûtait pas beaucoup aux rois de France pour faire armer les Écossais. On voit que François Iᵉʳ n'envoya que trente mille écus (qui font aujourd'hui trois cent vingt mille de nos livres) au parti qui devait faire déclarer la guerre aux Anglais (1543). En effet, l'Écosse est si pauvre qu'aujourd'hui qu'elle est réunie à l'Angleterre elle ne paie que la quarantième partie des subsides des deux royaumes *.

Un État pauvre voisin d'un État riche est à la longue vénal. Mais tant que cette province ne se vendit point, elle fut redoutable. Les Anglais, qui subjuguèrent si aisément l'Irlande sous Henri II, ne purent dominer en Écosse. Édouard III, grand guerrier et adroit politique, la dompta, mais ne put la garder. Il y eut toujours entre les Écossais et les Anglais une inimitié et une jalousie pareille à celle qu'on voit aujourd'hui entre les Portugais et les Espagnols. La maison des Stuarts régnait sur l'Écosse depuis 1370. Jamais maison n'a été plus infortunée. Jacques Iᵉʳ, après avoir été prisonnier en Angleterre dix-huit années, fut assassiné par ses sujets. (1460) Jacques II fut tué dans une expédition malheureuse à Roxborough, à l'âge de vingt-neuf ans. (1488) Jacques III, n'en ayant pas encore trente-cinq, fut tué par ses sujets en bataille rangée. (1513) Jacques IV, gendre du roi d'Angleterre Henri VII, périt âgé de trente-neuf ans dans une bataille contre les Anglais, après un règne très malheureux. (1542) Jacques V mourut dans la fleur de son âge, à trente ans.

Nous verrons [2] la fille de Jacques V, plus malheureuse que tous ses prédécesseurs, augmenter le nombre des reines mortes par la main des bourreaux. Jacques VI son fils ne fut roi d'Écosse, d'Angleterre et d'Irlande, que pour jeter, par sa faiblesse, les fondements des révolutions qui ont porté la tête de Charles Iᵉʳ sur

---

* Ceci était écrit en 1740[1].   **B**

1. Ou du moins vers 1754 : cette phrase figure dans le ms. *P* et dans les éditions *54.*

2. Chapitre 169.

un échafaud, qui ont fait languir Jacques VII dans l'exil, et qui tiennent encore cette famille infortunée errante loin de sa patrie[1]. Le temps le moins funeste de cette maison était celui de Charles-Quint et de François Ier : c'était alors que régnait Jacques V, père de Marie Stuart, et qu'après sa mort sa veuve, Marie de Lorraine, mère de Marie Stuart, eut la régence du royaume. Les troubles ne commencèrent à naître que sous la régence de cette Marie de Lorraine; et la religion, comme on le verra, en fut le premier prétexte.

Je n'étendrai pas davantage ce recensement des royaumes du Nord au xvie siècle. J'ai déjà exposé en quels termes étaient ensemble l'Allemagne, l'Angleterre, la France, l'Italie, l'Espagne : ainsi je me suis donné une connaissance préliminaire des intérêts du Nord et du Midi. Il faut voir plus particulièrement ce que c'était que l'empire.

---

1. Allusion au prétendant Charles-Édouard, qui avec l'appui de la France débarqua en Écosse et tenta à la tête de ses partisans de reconquérir le royaume de ses ancêtres (1745). V. a fait le récit de cette romanesque entreprise dans le *Précis du Siècle de Louis XV*.

CHAPITRE CXX

De l'Allemagne
et de l'empire aux XVe et XVIe siècles

Le nom d'empire d'Occident subsistait toujours. Ce n'était guère depuis très longtemps qu'un titre onéreux; et il y parut bien, puisque l'ambitieux Édouard III, à qui les électeurs l'offrirent (1348), n'en voulut point. L'empereur Charles IV, regardé comme le législateur de l'empire, ne put obtenir du pape Innocent VI et des barons romains la permission de se faire couronner empereur à Rome, qu'à condition qu'il ne coucherait pas dans la ville. Sa fameuse *bulle d'or* mit quelque ordre dans l'anarchie de l'Allemagne. Le nombre des électeurs fut fixé par cette loi, qu'on regarda comme fondamentale, et à laquelle on a dérogé depuis. De son temps les villes impériales eurent voix délibérative dans les diètes. Toutes les villes de la Lombardie étaient réellement libres, et l'empire ne conservait sur elles que des droits. Chaque seigneur continua d'être souverain dans ses terres en Allemagne et en Lombardie pendant tous les règnes suivants.

Les temps de Venceslas, de Robert, de Josse, de Sigismond, furent des temps obscurs où l'on ne voit aucune trace de la majesté de l'empire, excepté dans le concile de Constance, que Sigismond convoqua, et où il parut dans toute sa gloire, (x) mais dont il sortit avec la honte d'avoir violé le droit des gens en laissant brûler Jean Hus et Jérôme de Prague.

Les empereurs n'avaient plus de domaines; ils les avaient cédés aux évêques et aux villes, tantôt pour se faire un appui contre les seigneurs des grands fiefs, tantôt pour avoir de l'argent. Il ne leur restait que la subvention des mois romains, taxe qu'on ne payait qu'en temps de guerre, et pour la vaine cérémonie du couronnement et du voyage de Rome. Il était donc absolument nécessaire d'élire un chef puissant par lui-même, et ce fut ce qui mit le sceptre dans la maison d'Autriche. Il fallait un prince dont les États pussent, d'un côté, communiquer à l'Italie, et de l'autre résister aux inondations des Turcs. L'Allemagne trouvait cet avantage avec Albert II, duc d'Autriche, roi de Bohême et de Hongrie; et c'est ce qui fixa la dignité impériale dans sa maison; le trône y fut héréditaire sans cesser d'être électif. Albert et ses successeurs furent choisis parce qu'ils avaient de grands domaines; et Rodolphe de Habsbourg, tige de cette maison, avait été élu parce qu'il n'en avait point. La raison en est palpable : Rodolphe fut choisi dans un temps où les maisons de Saxe et de Souabe avaient fait craindre le despotisme; et Albert II, dans un temps où l'on croyait la maison d'Autriche assez puissante pour défendre l'empire, et non assez pour l'asservir.

Frédéric III eut l'empire à ce titre. L'Allemagne, de son temps, fut dans la langueur et dans la tranquillité. Il ne fut pas aussi puissant qu'il aurait pu l'être; et nous avons vu qu'il était bien loin d'être *souverain de la chrétienté,* comme le porte son épitaphe.

Maximilien Ier, n'étant encore que roi des Romains, commença la carrière la plus glorieuse par la victoire de Guinegaste en Flandre (1479), qu'il remporta contre les Français, et par le traité de 1492, qui lui assura la Franche-Comté, l'Artois, et le Charolais. Mais, ne tirant rien des Pays-Bas qui appartenaient à son fils Philippe le Beau, rien des peuples de l'Allemagne, et peu de chose de ses États tenus en échec par la France, il n'aurait jamais eu de crédit en Italie sans la ligue de Cambrai, et sans Louis XII, qui travailla pour lui.

(1508) D'abord le pape et les Vénitiens l'empêchèrent de venir se faire couronner à Rome; et il prit le titre d'*empereur élu,* ne pouvant être empereur couronné par le pape (1513). On le vit, depuis la ligue de Cambrai, recevoir une solde de cent écus par jour du roi d'Angleterre Henri VIII. Il avait dans ses États d'Allemagne des hommes avec lesquels on pouvait combattre les

Turcs; mais il n'avait pas les trésors avec lesquels la France, l'Angleterre, et l'Italie, combattaient alors.

L'Allemagne était devenue véritablement une république de princes et de villes, quoique le chef s'expliquât dans ses édits en maître absolu de l'univers. Elle était dès l'an 1500 divisée en dix cercles; et les directeurs de ces cercles étant des princes souverains, les généraux et les colonels de ces cercles étant payés par les provinces et non par l'empereur, cet établissement, qui liait toutes les parties de l'Allemagne ensemble, en assurait la liberté. La chambre impériale, qui jugeait en dernier ressort, payée par les princes et par les villes, et ne résidant point dans les domaines particuliers du monarque, était encore un appui de la liberté publique. Il est vrai qu'elle ne pouvait jamais mettre ses arrêts à exécution contre de grands princes, à moins que l'Allemagne ne le secondât; mais cet abus même de la liberté en prouvait l'existence. Cela est si vrai que la cour aulique, qui prit sa forme en 1512, et qui ne dépendait que des empereurs, fut bientôt le plus ferme appui de leur autorité.

L'Allemagne, sous cette forme de gouvernement, était alors aussi heureuse qu'aucun autre État du monde. Peuplée d'une nation guerrière et capable des plus grands travaux militaires, il n'y avait pas d'apparence que les Turcs pussent jamais la subjuguer. Son terrain est assez bon et assez bien cultivé pour que ses habitants n'en cherchassent pas d'autres comme autrefois; et ils n'étaient ni assez riches, ni assez pauvres, ni assez unis, pour conquérir toute l'Italie.

Mais quel était alors le droit sur l'Italie et sur l'empire romain? Le même que celui des Othons, et de la maison impériale de Souabe; le même qui avait coûté tant de sang, et qui avait souffert tant d'altérations depuis que Jean XII, patrice de Rome aussi bien que pape, au lieu de réveiller le courage des anciens Romains, avait eu l'imprudence d'appeler les étrangers. Rome ne pouvait que s'en repentir : et depuis ce temps il y eut toujours une guerre sourde entre l'empire et le sacerdoce, aussi bien qu'entre les droits des empereurs et les libertés des provinces d'Italie. Le titre de César n'était qu'une source de droits contestés, de disputes indécises, de grandeur apparente, et de faiblesse réelle. Ce n'était plus le temps où les Othons faisaient des rois et leur imposaient des tributs. Si le roi de France Louis XII s'était entendu avec les Vénitiens, au lieu de les battre, jamais probablement les empereurs ne seraient revenus en Italie. Mais il fallait nécessairement, par les divisions des princes italiens, et par la nature du gouvernement pontifical, qu'un grande partie de ce pays fût toujours la proie des étrangers.

CHAPITRE CXXI

On voit qu'en Europe il n'y avait guère de souverains absolus. Les empereurs, avant Charles-Quint, n'avaient osé prétendre au despotisme. Les papes étaient beaucoup plus maîtres à Rome qu'auparavant, mais bien moins dans l'Église. Les couronnes de Hongrie et de Bohême étaient encore électives, ainsi que toutes celles du Nord ; et l'élection suppose nécessairement un contrat entre le roi et la nation. Les rois d'Angleterre ne pouvaient ni faire des lois ni en abuser sans le concours du parlement. Isabelle, en Castille, avait respecté les privilèges des Cortes, qui sont les états du royaume. Ferdinand le Catholique n'avait pu en Aragon détruire l'autorité du justicier, qui se croyait en droit de juger les rois. La France seule, depuis Louis XI, s'était tournée en État purement monarchique : gouvernement heureux lorsqu'un roi tel que Louis XII répara par son amour pour son peuple toutes les fautes qu'il commit avec les étrangers ; (×) mais gouvernement le pire de tous sous un roi faible ou méchant.

La police générale de l'Europe s'était perfectionnée, en ce que les guerres particulières des seigneurs féodaux n'étaient plus permises nulle part par les lois ; mais il restait l'usage des duels*.

Les décrets des papes, toujours sages, et de plus toujours utiles à la chrétienté dans ce qui ne concernait pas leurs intérêts personnels, anathématisaient ces combats ; mais plusieurs évêques les permettaient. Les parle-

---

* Voyez les chapitres des duels et des tournois.

ments de France les ordonnaient quelquefois; témoin celui de Legris et de Carrouge sous Charles VI. Il se fit beaucoup de duels depuis assez juridiquement. Le même abus était aussi appuyé en Allemagne, en Italie, et en Espagne, par des formes regardées comme essentielles. On ne manquait pas surtout de se confesser et de communier avant de se préparer au meurtre. Le bon chevalier Bayard faisait toujours dire une messe lorsqu'il allait se battre en duel. Les combattants choisissaient un parrain, qui prenait soin de leur donner des armes égales, et surtout de voir s'ils n'avaient point sur eux quelques enchantements; car rien n'était plus crédule qu'un chevalier.

On vit quelquefois de ces chevaliers partir de leurs pays [a] pour aller chercher un duel dans un autre, sans autre raison que l'envie de se signaler. (1414) On a vu [1] que le duc Jean de Bourbon fit déclarer « qu'il irait en Angleterre avec seize chevaliers combattre à outrance pour éviter l'oisiveté, et pour mériter la grâce de la très belle dont il est serviteur ».

Les tournois, quoique encore condamnés par les papes, étaient partout en usage. On les appelait toujours *Ludi Gallici,* parce que Geoffroi de Preuilly en avait rédigé les lois au XIe siècle. Il y avait eu plus de cent chevaliers tués dans ces jeux, et ils n'en étaient que plus en vogue. (x) C'est ce qui a été détaillé au chapitre des tournois [b]. A

L'art de la guerre, l'ordonnance des armées, les armes offensives et défensives, étaient tout autres encore qu'aujourd'hui.

L'empereur Maximilien avait mis en usage les armes de la phalange macédonienne, qui étaient des piques de dix-huit pieds : les Suisses s'en servirent dans les guerres du Milanais; mais ils les quittèrent pour l'espadon à deux mains.

Les arquebuses étaient devenues une arme offensive indispensable contre ces remparts d'acier dont chaque gendarme était couvert. Il n'y avait guère de casque et

---

1. Cf. *supra,* p. 47, n. 2. V. abrège et arrange le texte cité par Du Cange, *Dissert. VII,* éd. Henschel, t. VII, p. 29.

de cuirasse à l'épreuve de ces arquebuses. La gendarmerie, qu'on appelait *la bataille,* combattait à pied comme à cheval : celle de France, au xvᵉ siècle, était la plus estimée.

L'infanterie allemande et l'espagnole étaient réputées les meilleures. Le cri d'armes était aboli presque partout. (x) Il y a eu des modes dans la guerre comme dans les B habillements.

Quant au gouvernement des États, je vois des cardinaux à la tête de presque tous les royaumes. C'est en Espagne un Ximénès, sous Isabelle, qui, après la mort de sa reine, est régent du royaume; qui, toujours vêtu en cordelier, met son faste à fouler sous ses sandales le faste espagnol; qui lève une armée à ses propres dépens, la conduit en Afrique, et prend Oran; qui enfin est absolu, jusqu'à ce que le jeune Charles-Quint le renvoie à son archevêché de Tolède, et le fasse mourir de douleur.

On voit Louis XII gouverné par le cardinal d'Amboise; François Iᵉʳ a pour ministre le cardinal Duprat; Henri VIII est pendant vingt ans soumis au cardinal Wolsey, fils d'un boucher, homme aussi fastueux que d'Amboise, qui comme lui voulut être pape, et qui n'y réussit pas mieux. Charles-Quint prit pour son ministre en Espagne son précepteur le cardinal Adrien, que depuis il fit pape; et le cardinal Granvelle gouverna ensuite la Flandre. Le cardinal Martinusius fut maître en Hongrie sous Ferdinand, frère de Charles-Quint.

Si tant d'ecclésiastiques ont régi des États tous militaires, ce n'est pas seulement parce que les rois se fiaient plus aisément à un prêtre, qu'ils ne craignaient point, qu'à un général d'armée, qu'ils redoutaient; c'est encore parce que ces hommes d'église étaient souvent plus instruits, plus propres aux affaires, que les généraux et les courtisans.

Ce ne fut que dans ce siècle que les cardinaux, sujets des rois, commencèrent à prendre le pas sur les chanceliers. Ils le disputaient aux électeurs, et le cédaient en France et en Angleterre aux chanceliers de ces royaumes; et c'est encore une des contradictions que les usages de l'orgueil avaient introduites dans la république chrétienne. Les registres du parlement d'Angleterre font foi que le chancelier Warham précéda le cardinal Wolsey jusqu'à l'année 1516.

Le terme de *majesté* commençait à être affecté par les rois. Leurs rangs étaient réglés à Rome. L'empereur avait sans contredit les premiers honneurs. Après lui venait le roi de France sans aucune concurrence; la Castille, l'Aragon, le Portugal, la Sicile, alternaient avec l'Angleterre; puis venaient l'Écosse, la Hongrie, la Navarre, Chypre, la Bohême, et la Pologne. Le Danemark et la Suède étaient les derniers. Ces préséances causèrent depuis de violents démêlés. Presque tous les rois ont voulu être égaux; mais aucun n'a jamais contesté le premier rang aux empereurs; ils l'ont conservé en perdant leur puissance.

Tous les usages de la vie civile différaient des nôtres; le pourpoint et le petit manteau étaient devenus l'habit de toutes les cours. Les hommes de robe portaient partout la robe longue et étroite; les marchands, une petite robe qui descendait à la moitié des jambes.

Il n'y avait sous François Ier que deux coches dans Paris, l'un pour la reine, l'autre pour Diane de Poitiers : hommes et femmes allaient à cheval.

Les richesses étaient tellement augmentées que Henri VIII, roi d'Angleterre, promit en 1519 une dot de trois cent trente-trois mille écus d'or à sa fille Marie, qui devait épouser le fils aîné de François Ier : on n'en avait jamais donné une si forte.

L'entrevue de François Ier et de Henri fut longtemps célèbre par sa magnificence. Leur camp fut appelé *le camp du drap d'or ;* mais cet appareil passager et cet effort de luxe ne supposait pas cette magnificence générale et ces commodités d'usage si supérieures à la pompe d'un jour, et qui sont aujourd'hui si communes. L'industrie n'avait point changé en palais somptueux les cabanes de bois et de plâtre qui formaient les rues de Paris : Londres était encore plus mal bâtie, et la vie y était plus dure. Les plus grands seigneurs menaient à cheval leurs femmes en croupe à la campagne : c'était ainsi que voyageaient toutes les princesses, couvertes d'une cape de toile cirée dans les saisons pluvieuses; on n'allait point autrement aux palais des rois. Cet usage se conserva jusqu'au milieu du XVIIe siècle. La magni-

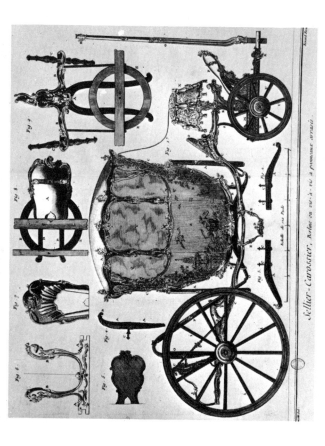

Sellier-Carossier, Berline ou cul-à-vie à panneaux arrondis.

« *aujourd'hui... la foule des chars dorés...* »

B. N. Imprimés
Illustration extraite de l'*Encyclopédie*, tome X des planches, planche V.

Cl. Josse-Lalance

ficence de Charles-Quint, de François Ier, de Henri VIII, de Léon X, n'était que pour les jours d'éclat et de solennité : aujourd'hui les spectacles journaliers, la foule des chars dorés, les milliers de fanaux qui éclairent pendant la nuit les grandes villes, forment un plus beau spectacle et annoncent plus d'abondance que les plus brillantes cérémonies des monarques du xvie siècle.

On commençait dès le temps de Louis XII à substituer aux fourrures précieuses les étoffes d'or et d'argent qui se fabriquaient en Italie : il n'y en avait point encore à Lyon. L'orfèvrerie était grossière. Louis XII l'ayant défendue dans son royaume par une loi somptuaire indiscrète, les Français firent venir leur argenterie de Venise. Les orfèvres de France furent réduits à la pauvreté, et Louis XII révoqua sagement la loi.

François Ier, devenu économe sur la fin de sa vie, défendit les étoffes d'or et de soie. Henri III renouvela cette défense; mais si ces lois avaient été observées, les manufactures de Lyon étaient perdues. Ce qui détermina à faire ces lois, c'est qu'on tirait la soie de l'étranger. On ne permit sous Henri II des habits de soie qu'aux évêques. Les princes et les princesses eurent la prérogative d'avoir des habits rouges, soit en soie, soit en laine. (1563) Enfin il n'y eut que les princes et les évêques qui eurent le droit de porter des souliers de soie.

Toutes ces lois somptuaires ne prouvent autre chose sinon que le gouvernement n'avait pas toujours de grandes vues, et qu'il parut plus aisé aux ministres de proscrire l'industrie que de l'encourager.

Les mûriers n'étaient encore cultivés qu'en Italie et en Espagne : l'or trait ne se fabriquait qu'à Venise et à Milan. Cependant les modes des Français se communiquaient déjà aux cours d'Allemagne, à l'Angleterre, et à la Lombardie. Les historiens italiens se plaignent que depuis le passage de Charles VIII on affectait chez eux de s'habiller à la française, et de faire venir de France tout ce qui servait à la parure.

Le pape Jules II fut le premier qui laissa croître sa barbe, pour inspirer par cette singularité un nouveau respect aux peuples. François Ier, Charles-Quint, et tous les autres rois, suivirent cet exemple, adopté à l'instant par leurs courtisans. Mais les gens de robe, toujours attachés à l'ancien usage, quel qu'il soit, continuaient de se faire raser, tandis que les jeunes guerriers affectaient la marque de la gravité et de la vieillesse. C'est une petite observation, mais elle entre dans l'histoire des usages.

Ce qui [a] est bien plus digne de l'attention de la postérité, ce qui doit l'emporter sur toutes ces coutumes introduites par le caprice, sur toutes ces lois abolies par le temps, sur les querelles des rois qui passent avec eux, c'est la gloire des arts, qui ne passera jamais. Cette gloire a été, pendant tout le XVIe siècle, le partage de la seule Italie. Rien ne rappelle davantage l'idée de l'ancienne Grèce : car si les arts fleurirent en Grèce au milieu des guerres étrangères et civiles, ils eurent en Italie le même sort ; et presque tout y fut porté à sa perfection tandis que les armées de Charles-Quint saccagèrent Rome, que Barberousse ravagea les côtes, et que les dissensions des princes et des républiques troublèrent l'intérieur du pays.

L'Italie eut [b], dans Guichardin, son Thucydide, ou plutôt son Xénophon, car il commanda quelquefois dans les guerres qu'il écrivit. Il n'y eut, en aucune province d'Italie, d'orateurs comme les Démosthène, les Périclès, les Eschine. Le gouvernement ne comportait presque nulle part cette espèce de mérite. Celui du théâtre, quoique très inférieur à ce que fut depuis la scène française, pouvait être comparé à la scène grecque qu'elle faisait revivre ; (x) il y a de la vérité, du naturel D et du bon comique dans les comédies de l'Arioste ; (x) et la seule *Mandragore* de Machiavel vaut peut-être mieux que toutes les pièces d'Aristophane. Machiavel, d'ailleurs, était un excellent historien, avec lequel un bel esprit, tel qu'Aristophane, ne peut entrer en aucune sorte de comparaison. (x) Le cardinal Bibiena avait fait revivre A la comédie grecque ; et Trissino, archevêque de Bénévent, la tragédie, dès le commencement du XVIe siècle. Ruccelaï suivit bientôt l'archevêque Trissino. On traduisit à Venise les meilleures pièces de Plaute ; et on les traduisit en vers, comme elles doivent l'être, puisque c'est en vers que Plaute les écrivit ; elles furent jouées avec succès sur les théâtres de Venise, et dans les couvents où l'on cultivait les lettres.

Les Italiens, en imitant les tragiques grecs et les A
comiques latins, ne les égalèrent pas; mais ils firent de
la pastorale un genre nouveau dans lequel ils n'avaient
point de guides, et où personne ne les a surpassés.
L'*Aminta* du Tasse, et le *Pastor Fido* du Guarini, sont
encore le charme de tous ceux qui entendent l'italien.

Presque toutes les nations polies de l'Europe sentirent A
alors le besoin de l'art théâtral, qui rassemble les citoyens,
adoucit les mœurs, et conduit à la morale par le plaisir.
Les Espagnols approchèrent un peu des Italiens; mais
ils ne purent parvenir à faire aucun ouvrage régulier.
Il y eut un théâtre en Angleterre, mais il était encore plus
sauvage. Shakespeare donna de la réputation à ce théâtre
sur la fin du XVIᵉ siècle. Son génie perça au milieu de
la barbarie, comme Lope de Véga en Espagne. C'est
dommage qu'il y ait beaucoup plus de barbarie encore
que de génie dans les ouvrages de Shakespeare. Pourquoi
des scènes entières du *Pastor Fido* sont-elles sues par
cœur aujourd'hui à Stockholm et à Pétersbourg? et
pourquoi aucune pièce de Shakespeare n'a-t-elle pu
passer la mer [1]? C'est que le bon est recherché de toutes
les nations. Un peuple qui aurait des tragédies, des
tableaux, une musique uniquement de son goût, et
réprouvés de tous les autres peuples policés, ne pourrait
jamais se flatter justement d'avoir le bon goût en partage.

Les Italiens réussirent surtout dans les grands poèmes A
de longue haleine : genre d'autant plus difficile que l'uni-
formité de la rime et des stances, à laquelle ils s'asservirent, semblait devoir étouffer le génie.

Si l'on veut mettre sans préjugé dans la balance
l'Odyssée d'Homère avec le *Roland* de l'Arioste, l'Italien
l'emporte à tous égards, tous deux ayant le même défaut,
l'intempérance de l'imagination, et le romanesque
incroyable. L'Arioste a racheté ce défaut par des allégories si vraies, par des satires si fines, par une connaissance si approfondie du cœur humain, par les grâces
du comique, qui succèdent sans cesse à des traits terribles,

---

1. C'est sur cet argument que V. se fondait pour démontrer
(*Appel à toutes les nations,* 1761) la supériorité du théâtre français
sur celui de Shakespeare.

enfin par des beautés si innombrables, en tout genre, qu'il a trouvé le secret de faire un monstre admirable.

A l'égard de *l'Iliade,* que chaque lecteur se demande à lui-même ce qu'il penserait s'il lisait, pour la première fois, ce poème et celui du Tasse, en ignorant les noms des auteurs et les temps où ces ouvrages furent composés, en ne prenant enfin pour juge que son plaisir. Pourrait-il ne pas donner en tous sens la préférence au Tasse? Ne trouverait-il pas dans l'Italien plus de conduite, d'intérêt, de variété, de justesse, de grâces, et de cette mollesse qui relève le sublime? Encore quelques siècles, et on n'en fera peut-être pas de comparaison.

Il paraît indubitable que la peinture fut portée, dans ce XVIe siècle, à une perfection que les Grecs ne connurent jamais, puisque non seulement ils n'avaient pas cette variété de couleurs que les Italiens employèrent, mais qu'ils ignoraient l'art de la perspective et du clair-obscur.

La sculpture, art plus facile et plus borné, fut celui où les Grecs excellèrent, et la gloire des Italiens est d'avoir approché de leurs modèles. Ils les ont surpassés dans l'architecture; et, de l'aveu de toutes les nations, rien n'a jamais été comparable au temple principal de Rome moderne, le plus beau, le plus vaste, le plus hardi qui jamais ait été dans l'univers.

La musique ne fut bien cultivée qu'après ce XVIe siècle; mais les plus fortes présomptions font penser qu'elle est très supérieure à celle des Grecs, qui n'ont laissé aucun monument par lequel on pût soupçonner qu'ils chantassent en parties.

La gravure en estampes, inventée à Florence au milieu du XVe siècle, était un art tout nouveau qui était alors dans sa perfection. Les Allemands jouissaient de la gloire d'avoir inventé l'imprimerie, à peu près dans le temps que la gravure fut connue; et, par ce seul service, ils multiplièrent les connaissances humaines. Il n'est pas vrai, comme le disent les auteurs anglais de l'*Histoire universelle* [1], que Fauste fut condamné au feu par le

---

1. Il s'agit de l'ouvrage cité t. I, p. 200. Mais ce détail n'est pas dans la partie qui traite du règne de Louis XI (t. XXX,

parlement de Paris comme sorcier; mais il est vrai que ses facteurs, qui vinrent vendre à Paris les premiers livres imprimés, furent accusés de magie; cette accusation n'eut aucune suite. C'est seulement une triste preuve de la grossière ignorance dans laquelle on était plongé, et que l'art même de l'imprimerie ne put dissiper de longtemps. (1474) Le parlement fit saisir tous les livres qu'un des facteurs de Mayence avait apportés : (x) B c'est ce que nous avons vu à l'article de Louis XI a 1.

Il n'eût pas fait cette démarche dans un temps plus A éclairé; mais tel est le sort des compagnies les plus sages qui n'ont d'autres règles que leurs anciens usages et leurs formalités : tout ce qui est nouveau les effarouche. Ils s'opposent à tous les arts naissants, à toutes les vérités contraires aux erreurs de leur enfance, à tout ce qui n'est pas dans l'ancien goût et dans l'ancienne forme. C'est par cet esprit que ce même parlement a résisté si long-temps à la réforme du calendrier, qu'il a défendu d'enseigner d'autre doctrine que celle d'Aristote, qu'il a proscrit l'émétique, qu'il a fallu plusieurs lettres de jussion pour lui faire enregistrer les lettres de pairie d'un Montmorency, qu'il s'est refusé quelque temps à l'établissement de l'Académie française, (x) et qu'il s'est enfin opposé B de nos jours à l'inoculation de la petite vérole et au débit de l'*Encyclopédie* 2.

Comme aucun membre d'une compagnie ne répond A des délibérations du corps, les avis les moins raisonnables passent quelquefois sans contradiction : c'est pourquoi le duc de Sully dit dans ses *Mémoires* que « si la sagesse descendait sur la terre, elle aimerait mieux se loger dans une seule tête que dans celles d'une compagnie 3 ».

---

pp. 539-565), où il n'est question que des événements politiques et militaires.

1. V. ne dit pas tout à fait cela dans le ch. 94; mais il le dit dans l'*Histoire du Parlement,* XV, 480. (M.)

2. Le Parlement avait supprimé l'*Encyclopédie* le 6 février 1759, interdit l'inoculation (vaccination d'homme à homme, parfois dangereuse), à la suite d'un réquisitoire d'Omer de Fleury, 8 juin 1763, aussitôt parodié par V.

3. Sully, *Mémoires,* Londres (Paris), 1745, *FL,* t. VI, p. 397 (l. XXIV, année 1607) : « on est obligé de conclure que l'infail-

Louis XI, qui ne pouvait être méchant quand il ne A s'agissait pas de ses intérêts, et dont la raison était supérieure quand elle n'était pas aveuglée par ses passions, ôta la connaissance de cette affaire au parlement; il ne souffrit pas que la France fût à jamais déshonorée par la proscription de l'imprimerie, et fit payer aux artistes de Mayence le prix de leurs livres.

La vraie philosophie ne commença à luire aux hommes que sur la fin du XVIe siècle. Galilée fut le premier qui fit parler à la physique le langage de la vérité et de la raison : c'était un peu avant que Copernic, sur les frontières de la Pologne, avait découvert le véritable système du monde. Galilée fut non seulement le premier bon physicien, mais il écrivit aussi élégamment que Platon, et il eut sur le philosophe grec l'avantage incomparable de ne dire que des choses certaines et intelligibles. La manière dont ce grand homme fut traité par l'Inquisition, sur la fin de ses jours, imprimerait une honte éternelle à l'Italie si cette honte n'était pas effacée par la gloire même de Galilée. Une congrégation de théologiens, dans un décret donné en 1616, déclara l'opinion de Copernic, mise par le philosophe florentin dans un si beau jour, « non seulement hérétique dans la foi, mais absurde dans la philosophie ». Ce jugement contre une vérité prouvée depuis en tant de manières est un grand témoignage de la force des préjugés. Il dut apprendre à ceux qui n'ont que le pouvoir à se taire quand la philosophie parle, et à ne pas se mêler de décider sur ce qui n'est pas de leur ressort. Galilée fut condamné depuis par le même tribunal, en 1633, à la prison et à la pénitence, et fut obligé de se rétracter à genoux. Sa sentence est à la vérité plus douce que celle de Socrate; mais elle n'est pas moins honteuse à la raison des juges de Rome que la condamnation de Socrate le fut aux lumières des juges d'Athènes : c'est le sort du genre humain que la vérité soit persécutée

---

libilité, si on pouvait espérer de la rencontrer parmi les hommes, se trouverait encore plutôt dans un seul homme que dans une multitude d'hommes. » Ce propos dut paraître remarquable à V., qui le reproduit deux fois, sous une forme non littérale, dans les *Notebooks,* éd. Besterman, pp. 307, 364.

dès qu'elle commence à paraître. La philosophie, toujours gênée, ne put, dans le xvie siècle, faire autant de progrès que les beaux-arts.

Les disputes de religion qui agitèrent les esprits en Allemagne, dans le Nord, en France, et en Angleterre, retardèrent les progrès de la raison au lieu de les hâter : des aveugles qui combattaient avec fureur ne pouvaient trouver le chemin de la vérité : ces querelles ne furent qu'une maladie de plus dans l'esprit humain. Les beaux-arts continuèrent à fleurir en Italie, parce que la contagion des controverses ne pénétra guère dans ce pays ; et il arriva que lorsqu'on s'égorgeait en Allemagne, en France, en Angleterre, pour des choses qu'on n'entendait point, l'Italie, tranquille depuis le saccagement étonnant de Rome par l'armée de Charles-Quint, cultiva les arts plus que jamais. Les guerres de religion étalaient ailleurs des ruines ; mais, à Rome et dans plusieurs autres villes italiennes, l'architecture était signalée par des prodiges. Dix papes de suite contribuèrent presque sans interruption à l'achèvement de la basilique de Saint-Pierre, et encouragèrent les autres arts : on ne voyait rien de semblable dans le reste de l'Europe. Enfin la gloire du génie appartint alors à la seule Italie, ainsi qu'elle avait été le partage de la Grèce.

Une centaine d'artistes en tout genre a formé ce beau siècle que les Italiens appellent le *Seicento* [1]. Plusieurs de ces grands hommes ont été malheureux et persécutés ; la postérité les venge : leur siècle, comme tous les autres, produisit des crimes et des calamités ; mais il a sur les autres siècles la supériorité que ces rares génies lui ont donnée. C'est ce qui arriva dans l'âge qui produisit les Sophocle et les Démosthène, dans celui qui fit naître les Cicéron et les Virgile. Ces hommes, qui sont les précepteurs de tous les temps, n'ont pas empêché qu'Alexandre n'ait tué Clitus, et qu'Auguste n'ait signé les proscriptions. Racine, Corneille, et La Fontaine, n'ont

---

1. Voltaire se trompe : les Italiens appellent *Seicento* le siècle pendant lequel on compte six cents après mille, c'est-à-dire le xviie siècle (de 1601 à 1700). Le siècle auquel appartiennent les années du règne de Léon X est appelé par les Italiens *Cinquecento* (de 1501 à 1600), et non *Seicento*. (B.)

certainement pu empêcher que Louis XIV n'ait commis
de très grandes fautes. Les crimes et les malheurs ont
été de tous les temps, et il n'y a que quatre siècles pour
les beaux-arts. (x) Il faut être fou pour dire que ces **B**
arts ont nui aux mœurs ; ils sont nés malgré la méchanceté
des hommes, et ils ont adouci jusqu'aux mœurs des
tyrans.

CHAPITRE CXXII

De Charles-Quint et de François 1er jusqu'a
l'élection de Charles a l'empire, en 1519. Du
projet de l'empereur Maximilien de se faire pape.
De la bataille de Marignan

Vers ce siècle où Charles-Quint eut l'empire, les papes
ne pouvaient plus en disposer comme autrefois; et les
empereurs avaient oublié leurs droits sur Rome. Ces
prétentions réciproques ressemblaient à ces titres vains
de *roi de France* que le roi d'Angleterre prend encore,
et au nom de *roi de Navarre* que le roi de France conserve.

Les partis des guelfes et des gibelins étaient presque
entièrement oubliés. Maximilien n'avait acquis en Italie
que quelques villes qu'il devait au succès de la ligue de
Cambrai, et qu'il avait prises sur les Vénitiens; mais
Maximilien imagina un nouveau moyen de soumettre
Rome et l'Italie aux empereurs : ce fut d'être pape
lui-même après la mort de Jules II, étant veuf de sa
femme, fille de Galéas Marie Sforze, duc de Milan. On
a encore deux lettres écrites de sa main, l'une à sa fille
Marguerite, gouvernante des Pays-Bas, l'autre au seigneur
de Chièvres, par lesquelles ce dessein est manifesté : (x) B
il avoue dans ces lettres qu'il marchandait le pontificat;
mais il n'était pas assez riche pour acheter cette singulière
couronne tant de fois mise à l'enchère.

Qui peut savoir ce qui serait arrivé si la même tête
eût porté la couronne impériale et la tiare ? le système
de l'Europe eût bien changé; mais il changea autrement
sous Charles-Quint.

(1518) A la mort de Maximilien, précisément comme
les indulgences et Luther commençaient à diviser l'Allemagne, François Ier, roi de France, et Charles d'Autriche,
roi d'Espagne, des deux Siciles, de Navarre, et souverain

des dix-sept provinces des Pays-Bas, briguèrent ouvertement l'empire dans le temps que l'Allemagne, menacée par les Turcs, avait besoin d'un chef tel que François Ier ou Charles d'Autriche : on n'avait point vu encore de si grands rois se disputer la couronne d'Allemagne. François Ier, plus âgé de cinq ans que son rival, en paraissait plus digne par les grandes actions qu'il venait de faire.

(1515) Dès son avènement à la couronne de France, la république de Gênes s'était remise sous la domination de la France par les intrigues de ses propres citoyens : François Ier passe aussitôt en Italie aussi rapidement que ses prédécesseurs.

Il s'agissait d'abord de conquérir le Milanais, perdu par Louis XII, et de l'arracher encore à cette malheureuse maison de Sforze. Il avait pour lui les Vénitiens, qui voulaient reprendre au moins le Véronais, enlevé par Maximilien : il avait contre lui alors le pape Léon X, vif et intrigant, et l'empereur Maximilien, affaibli par l'âge et incapable d'agir; mais les Suisses, toujours irrités contre la France depuis leur querelle avec Louis XII, toujours animés par les harangues de Mathieu Shinner, cardinal de Sion, étaient les plus dangereux ennemis du roi. Ils prenaient alors le titre de défenseurs des papes, et de protecteurs des princes; et ces titres, depuis près de dix ans, n'étaient point imaginaires.

Le roi, qui marchait à Milan, négociait toujours avec eux. Le cardinal de Sion, qui leur apprit à tromper, fit amuser le roi de vaines promesses, jusqu'à ce que les Suisses, ayant su que la caisse militaire de France était arrivée, crurent pouvoir enlever cet argent et le roi même[a] : (×) ils l'attaquèrent comme on attaque un convoi D sur le grand chemin.

(1515) Vingt-cinq mille Suisses, portant sur l'épaule et sur la poitrine la clef de saint Pierre, les uns armés de ces longues piques de dix-huit pieds que plusieurs soldats poussaient ensemble en bataillon serré, les autres tenant leurs grands espadons à deux mains, vinrent fondre à grands cris dans le camp du roi, près de Marignan, vers Milan : ce fut de toutes les batailles données en Italie la plus sanglante et la plus longue. Le jeune roi, pour son coup d'essai, s'avança à pied contre l'infanterie

BATAILLE DE MARIGNAN
Daniel, *Histoire de France*, Paris, 1729

suisse, une pique à la main, combattit une heure entière, accompagné d'une partie de sa noblesse. Les Français et les Suisses, mêlés ensemble dans l'obscurité de la nuit, attendirent le jour pour recommencer. On sait que le roi dormit sur l'affût d'un canon, à cinquante pas d'un bataillon suisse. Ces peuples, dans cette bataille, attaquèrent toujours, et les Français furent toujours sur la défensive : c'est, me semble, une preuve assez forte que les Français, quand ils sont bien conduits, peuvent avoir ce courage patient qui est quelquefois aussi nécessaire que l'ardeur impétueuse qu'on leur accorde. Il était beau, surtout à un jeune prince de vingt et un ans, de ne perdre point le sang-froid dans une action si vive et si longue. Il était difficile, puisqu'elle durait, que les Suisses fussent vainqueurs, parce que les bandes noires d'Allemagne qui étaient avec le roi faisaient une infanterie aussi ferme que la leur, et qu'ils n'avaient point de gendarmerie : tout ce qui surprend, c'est qu'ils purent résister près de deux jours aux efforts de ces grands chevaux de bataille qui tombaient à tout moment sur leurs bataillons rompus. Le vieux maréchal de Trivulce appelait cette journée une *bataille de géants*. Tout le monde convenait que la gloire de cette victoire était due principalement au fameux connétable Charles de Bourbon, depuis trop mal récompensé, et qui se vengea trop bien. Les Suisses fuirent enfin, mais sans déroute totale, laissant sur le champ de bataille plus de dix mille de leurs compagnons, et abandonnant le Milanais aux vainqueurs. Maximilien Sforze fut pris et emmené en France comme Louis le Maure, mais avec des conditions plus douces (1515) : il devint sujet, au lieu que l'autre avait été captif. On laissa vivre en France, avec une pension modique, ce souverain du plus beau pays de l'Italie.

François, après cette victoire de Marignan et cette conquête du Milanais, était devenu l'allié du pape Léon X, et même celui des Suisses, qui, enfin, aimèrent mieux fournir des troupes aux Français que se battre contre eux. Ses armes forcèrent l'empereur Maximilien à céder aux Vénitiens le Véronais, qui leur est toujours demeuré depuis : il fit donner à Léon X le duché d'Urbin, qui est encore à l'Église. On le regardait donc comme l'arbitre de l'Italie, et le plus grand prince de l'Europe, et le plus digne de l'empire, qu'il briguait après la mort de Maximilien. La renommée ne parlait point encore en faveur du jeune Charles d'Autriche; ce fut ce qui détermina en partie les électeurs de l'empire à le préférer. Ils craignaient d'être trop soumis à un roi de France : ils redoutaient moins un maître dont les États, quoique plus vastes, étaient éloignés et séparés les uns des autres. (1519) Charles fut donc empereur, malgré les quatre cent mille écus dont François Ier crut avoir acheté des suffrages.

CHAPITRE CXXIII

De Charles-Quint et de François Ier.
Malheurs de la France

On connaît quelle rivalité s'éleva dès lors entre ces deux princes. Comment pouvaient-ils n'être pas éternellement en guerre? Charles, seigneur des Pays-Bas, avait l'Artois et beaucoup de villes à revendiquer; roi de Naples et de Sicile, il voyait François Ier prêt à réclamer ces États au même titre que Louis XII; roi d'Espagne, il avait l'usurpation de la Navarre à soutenir; empereur, il devait défendre le grand fief du Milanais contre les prétentions de la France. Que de raisons pour désoler l'Europe!

Entre ces deux grands rivaux, Léon X veut d'abord tenir la balance; mais comment le peut-il? qui choisira-t-il pour vassal, pour roi des Deux-Siciles, Charles ou François? que deviendra l'ancienne loi des papes, portée dès le XIIIe siècle, « que jamais roi de Naples ne pourra être empereur »? loi à laquelle Charles d'Anjou s'était soumis, et que les papes regardaient comme la gardienne de leur indépendance. Léon X n'était pas assez puissant pour faire exécuter cette loi : elle pouvait être respectée à Rome; elle ne l'était pas dans l'empire. Bientôt le pape est obligé de donner une dispense à Charles-Quint, qui veut bien la solliciter, et de reconnaître malgré lui un vassal qui le fait trembler : il donne cette dispense, et s'en repent le moment d'après.

Cette balance que Léon X voulait tenir, Henri VIII l'avait entre les mains : aussi le roi de France et l'empereur le courtisent; mais tous deux tâchent de gagner son premier ministre le cardinal de Wolsey.

(1520) D'abord François Ier ménage cette célèbre entrevue près de Calais avec le roi d'Angleterre. Charles, arrivant d'Espagne, va voir ensuite Henri à Cantorbéry, et Henri le reconduit à Calais et à Gravelines.

Il était naturel que le roi d'Angleterre prît le parti de l'empereur, puisqu'en se liguant avec lui il pouvait espérer de reprendre en France les provinces dont avaient joui ses ancêtres; au lieu qu'en se liguant avec François Ier il ne pouvait rien gagner en Allemagne, où il n'avait rien à prétendre.

Pendant qu'il temporise encore, François Ier commença cette querelle interminable en s'emparant de la Navarre. Je suis très éloigné de perdre de vue le tableau de l'Europe pour chercher à réfuter les détails rapportés par quelques historiens; mais je ne puis m'empêcher de remarquer combien Puffendorf [1] se trompe souvent : il dit que cette entreprise sur la Navarre fut faite par le roi dépossédé (1516), immédiatement après la mort de Ferdinand le Catholique; il ajoute que « Charles avait toujours devant les yeux son *plus ultra,* et formait de jour en jour de vastes desseins ». Il y a là bien des méprises. (1516) Charles avait quinze ans; ce n'est pas l'âge des vastes desseins; il n'avait point pris encore sa devise de *plus ultra.* Enfin, après la mort de Ferdinand, ce ne fut point Jean d'Albret qui rentra dans la Navarre : ce Jean d'Albret mourut cette année-là même (1516); ce fut François Ier qui en fit la conquête passagère au nom de Henri d'Albret, non pas en 1516, mais en 1521.

Ni Charles VIII, ni Louis XII, ni François Ier, ne gardèrent leurs conquêtes. La Navarre, à peine soumise, fut prise par les Espagnols. Dès lors les Français furent obligés de se battre toujours contre les forces espagnoles, à toutes les extrémités du royaume, vers Fontarabie, vers la Flandre, vers l'Italie; et cette situation des affaires a duré jusqu'au xviiie siècle.

(1521) Dans le même temps que les troupes espagnoles de Charles-Quint reprenaient la Navarre, ses troupes allemandes pénétraient jusqu'en Picardie, et ses partisans soulevaient l'Italie : les factions et la guerre étaient partout.

---

1. *Introduction à l'histoire générale et politique de l'univers,* Amsterdam, 1722, *FL*, t. I., pp. 117-8.

Le pape Léon X, toujours flottant entre François Ier et Charles-Quint, était alors pour l'empereur. Il avait raison de se plaindre des Français : ils avaient voulu lui enlever Reggio comme une dépendance du Milanais ; ils se faisaient des ennemis de leurs nouveaux voisins par des violences hors de saison. Lautrec, gouverneur du Milanais, avait fait écarteler le seigneur Pallavicini, soupçonné de vouloir soulever le Milanais, et il avait donné à son propre frère de Foix la confiscation de l'accusé. Cela seul rendait le nom français odieux. Tous les esprits étaient révoltés. Le gouvernement de France ne remédiait à ces désordres ni par sa sagesse, ni en envoyant l'argent nécessaire.

En vain le roi de France, devenu l'allié des Suisses, en avait à sa solde ; il y en eut aussi dans l'armée impériale ; et ce cardinal de Sion, toujours si funeste aux rois de France, ayant su renvoyer en leurs pays ceux qui étaient dans l'armée française, Lautrec, gouverneur du Milanais, fut chassé de la capitale, et bientôt de tout le pays. (1521) Léon X mourut alors dans le temps que sa monarchie temporelle s'affermissait, et que la spirituelle commençait à tomber en décadence.

Il parut bien à quel point Charles-Quint était puissant, et quelle était la sagesse de son conseil. Il eut le crédit de faire élire pape son précepteur Adrien, quoique né à Utrecht et presque inconnu à Rome. Ce conseil, toujours supérieur à celui de François Ier, eut encore l'habileté de susciter contre la France le roi d'Angleterre Henri VIII, qui espéra pouvoir démembrer au moins ce pays qu'avaient possédé ses prédécesseurs. Charles va lui-même en Angleterre précipiter l'armement et le départ. Il sut même bientôt après détacher les Vénitiens de l'alliance de la France, et les mettre dans son parti. Pour comble, une faction qu'il avait dans Gênes, aidée de ses troupes, chasse les Français, et fait un nouveau doge sous la protection impériale : ainsi sa puissance et son adresse pressaient et entouraient de tous côtés la monarchie française.

François Ier, qui dans de telles circonstances dépensait trop à ses plaisirs, et gardait peu d'argent pour ses affaires, fut obligé de prendre dans Tours une grande grille d'argent massif dont Louis XI avait entouré le tombeau de saint Martin; elle pesait près* de sept mille marcs : cet argent, à la vérité, était plus nécessaire à l'État qu'à saint Martin; mais cette ressource montrait un besoin pressant. Il y avait déjà quelques années que le roi avait vendu vingt charges nouvelles de conseillers du parlement de Paris. La magistrature ainsi à l'encan, et l'enlèvement des ornements des tombeaux, ne marquaient que trop le dérangement des finances. Il se voyait seul contre l'Europe; et cependant, loin de se décourager, il résista de tous côtés. On mit si bon ordre aux frontières de Picardie que l'Anglais, quoiqu'il eût dans Calais la clef de la France, ne put entrer dans le royaume; on tint en Flandre la fortune égale; on ne fut point entamé du côté de l'Espagne; enfin le roi, auquel il ne restait en Italie que le château de Crémone, voulut aller lui-même reconquérir le Milanais, ce fatal objet de l'ambition des rois de France.

Pour avoir tant de ressources, et pour oser rentrer dans le Milanais lorsqu'on était attaqué partout, vingt charges de conseillers et la grille de saint Martin ne suffisaient pas : on aliéna pour la première fois le domaine du roi; on haussa les tailles et les autres impôts. C'était un grand avantage qu'avaient les rois de France sur leurs voisins; Charles-Quint n'était despotique à ce point dans aucun de ses États; mais cette facilité funeste de se ruiner produisit plus d'un malheur en France.

On peut compter parmi les causes des disgrâces de François Ier l'injustice qu'il fit au connétable de Bourbon, auquel il devait le succès de la journée de Marignan. C'était peu qu'on l'eût mortifié dans toutes les occasions: Louise de Savoie, duchesse d'Angoulême, mère du roi, qui avait voulu se marier au connétable devenu veuf, et qui en avait essuyé un refus, voulut le ruiner, ne pouvant l'épouser; elle lui suscita un procès reconnu pour très injuste par tous les jurisconsultes; il n'y avait que la mère toute-puissante d'un roi qui pût le gagner.

Il s'agissait de tous les biens de la branche de Bourbon. Les juges, trop sollicités, donnèrent un arrêt qui, mettant

D

* Voyez l'*Histoire du Parlement*[1].

1. Dans le ch. 16, sur l'origine de la vénalité des charges, V. écrit que François Ier *acheta* la grille de saint Martin.

ces biens en séquestre, dépouillait le connétable. Ce prince envoie l'évêque d'Autun, son ami, demander au roi au moins une surséance. Le roi ne veut pas seulement voir l'évêque. Le connétable au désespoir était déjà sollicité secrètement par Charles-Quint. Il eût été héroïque de bien servir et de souffrir; il y a une autre sorte de grandeur, celle de se venger. Charles de Bourbon prit ce funeste parti : il quitta la France et se donna à l'empereur. Peu d'hommes ont goûté plus pleinement ce triste plaisir de la vengeance.

Tous les historiens flétrissent le connétable du nom B de traître. On pouvait, il est vrai, l'appeler rebelle et transfuge; il faut donner à chaque chose son nom véritable. Le traître est celui qui livre le trésor, ou le secret, ou les places de son maître, ou son maître lui-même à l'ennemi. Le terme latin *tradere,* dont traître dérive, n'a pas d'autre signification.

C'était un persécuté fugitif qui se dérobait aux vexa- B tions d'une cour injuste et corrompue, et qui s'allait mettre sous la protection d'un défenseur puissant pour se venger les armes à la main.

Le connétable de Bourbon, loin de livrer à Charles- B Quint rien de ce qui appartenait au roi de France, se livra seul à lui dans la Franche-Comté, où il s'enfuit sans aucun secours.

(1523) Dès qu'il fut entré sur les terres de l'empire, B il rompit publiquement tous les liens qui l'attachaient au roi dont il était outragé; il renonça à toutes ses dignités, et accepta le titre de généralissime des armées de l'empereur. Ce n'était point trahir le roi, c'était se déclarer contre lui ouvertement. Sa franchise était à la vérité celle d'un rebelle, sa défection était condamnable; mais il n'y avait assurément ni perfidie ni bassesse. Il était à peu près dans le même cas que le prince Louis de Bourbon nommé *le grand Condé,* qui, pour se venger du cardinal Mazarin, alla se mettre à la tête des armées espagnoles. Ces deux princes furent également rebelles, mais aucun d'eux n'a été perfide.

Il est vrai que la cour de France, soumise à la duchesse B d'Angoulême, ennemie du connétable, persécuta les amis du fugitif. Le chancelier Duprat surtout, homme dur autant que servile, le fit condamner lui et ses amis comme traîtres; mais la trahison et la rébellion sont deux choses très différentes.

Tous nos livres en *ana,* tous nos recueils de contes **B** ont répété l'historiette d'un grand d'Espagne qui brûla sa maison à Madrid parce que le traître Bourbon y avait couché. Cette anecdote est aisément détruite; le connétable de Bourbon n'alla jamais en Espagne, et d'ailleurs la grandeur espagnole consista toujours à protéger les Français persécutés dans leur patrie.

Le connétable, en qualité de généralissime des armées de l'empereur, va dans le Milanais, où les Français étaient rentrés sous l'amiral Bonnivet, son plus grand ennemi. Un connétable qui connaissait le fort et le faible de toutes les troupes de France devait avoir un grand avantage. Charles en avait de plus grands : presque tous les princes d'Italie étaient dans ses intérêts; les peuples haïssaient la domination française; et enfin il avait les meilleurs généraux de l'Europe : c'était un marquis de Pescaire, un Lannoy, un Jean de Médicis, noms fameux encore de nos jours.

L'amiral Bonnivet, opposé à ces généraux, ne leur fut pas comparé; et quand même il leur eût été supérieur par le génie, il était trop inférieur par le nombre et par la qualité des troupes, qui encore n'étaient point payées. Il est obligé de fuir. Il est attaqué dans sa retraite à Biagrasse. Le fameux Bayard, qui ne commanda jamais en chef, mais à qui ce surnom de *chevalier sans peur et sans reproche* était si bien dû, fut blessé à mort dans cette déroute de Biagrasse. Peu de lecteurs ignorent que Charles de Bourbon, le voyant dans cet état, lui marqua combien il le plaignait, et que le chevalier lui répondit en mourant : « Ce n'est pas moi qu'il faut plaindre, mais vous, qui combattez contre votre roi et contre votre patrie. »

Il s'en fallut bien peu que la défection de ce prince ne fût la ruine du royaume. Il avait des droits litigieux sur la Provence, qu'il pouvait faire valoir par les armes, au lieu de droits réels qu'un procès lui avait fait perdre. Charles-Quint lui avait promis cet ancien royaume d'Arles dont la Provence devait faire la principale partie. (1524) Le roi Henri VIII lui donnait cent mille écus par mois cette année pour les frais de la guerre. Il venait de prendre

Toulon; il assiégea Marseille. François Ier avait sans
doute à se repentir; cependant rien n'était désespéré;
le roi avait une armée florissante. Il courut au secours
de Marseille, et, ayant délivré la Provence, il s'enfonça
encore dans le Milanais. Bourbon alors retournait par
l'Italie en Allemagne chercher de nouveaux soldats.
François Ier, dans cet intervalle, se crut quelque temps
maître de l'Italie.

CHAPITRE CXXIV

PRISE DE FRANÇOIS Ier. ROME SACCAGÉE. SOLIMAN
REPOUSSÉ. PRINCIPAUTÉS DONNÉES. CONQUÊTE DE
TUNIS. QUESTION SI CHARLES-QUINT VOULAIT LA
MONARCHIE UNIVERSELLE. SOLIMAN RECONNU ROI
DE PERSE DANS BABYLONE

Voici un des plus grands exemples des coups de la
fortune, qui n'est autre chose, après tout, que l'enchaînement nécessaire de tous les événements de l'univers.
D'un côté, Charles-Quint est occupé dans l'Espagne
à régler les rangs et à former l'étiquette; de l'autre,
François Ier, déjà célèbre dans l'Europe par la victoire
de Marignan, aussi valeureux que le chevalier Bayard,
accompagné de l'intrépide noblesse de son royaume,
suivi d'une armée florissante, est au milieu du Milanais.
Le pape Clément VII, qui redoutait avec raison l'empereur, est hautement dans le parti du roi de France. Un
des meilleurs capitaines de ce temps-là, Jean de Médicis,
ayant quitté alors le service des Impériaux, combat pour
lui à la tête d'une troupe choisie. Cependant il est vaincu
devant Pavie; et malgré les actions de bravoure qui
suffiraient pour l'immortaliser, (1525, 14 février) il est
fait prisonnier, ainsi que les principaux seigneurs de
France et le roi titulaire de Navarre, Henri d'Albret,
fils de celui qui avait perdu son royaume et conservé
seulement le Béarn. Le malheur de François voulut encore
qu'il fût pris par le seul officier français qui avait suivi
le duc de Bourbon, et que le même homme qui était
condamné à Paris devînt le maître de sa vie. Ce gentilhomme, nommé Pomperan, eut à la fois la gloire de le
garantir de la mort et de le prendre prisonnier. Il est
certain que le jour même le duc de Bourbon, l'un de ses
vainqueurs, vint le voir, et jouit de son triomphe. Cette

entrevue ne fut pas pour François Ier le moment le moins fatal de la journée. Jamais lettre ne fut plus vraie que celle qu'écrivit ce monarque à sa mère : « Madame, tout est perdu, hors l'honneur. » Des frontières dégarnies, le trésor royal sans argent, la consternation dans tous les ordres du royaume, la désunion dans le conseil de la mère du roi régente, le roi d'Angleterre Henri VIII menaçant d'entrer en France, et d'y renouveler les temps d'Édouard III et de Henri V : tout semblait annoncer une ruine inévitable.

Charles-Quint, qui n'avait pas encore tiré l'épée, tient en prison à Madrid non seulement un roi, mais un héros. Il semble qu'alors Charles manqua à sa fortune : car, au lieu d'entrer en France et de venir profiter de la victoire de ses généraux en Italie, il reste oisif en Espagne; au lieu de prendre au moins le Milanais pour lui, il se croit obligé d'en vendre l'investiture à François Sforze, pour ne pas donner trop d'ombrage à l'Italie. Henri VIII, au lieu de se réunir à lui pour démembrer la France, devient jaloux de sa grandeur, et traite avec la régente. Enfin la prise de François Ier, qui devait faire naître de si grandes révolutions, ne produisit guère qu'une rançon avec des reproches, des démentis, des défis solennels et inutiles, qui mêlèrent du ridicule à ces événements terribles, et qui semblèrent dégrader les deux premiers personnages de la chrétienté.

Henri d'Albret, détenu prisonnier dans Pavie, A s'échappa et revint en France. François Ier, mieux gardé à Madrid, (1526, 15 janvier) fut obligé, pour sortir de prison, de céder à l'empereur le duché entier de Bourgogne, une partie de la Franche-Comté, tout ce qu'il prétendait au delà des Alpes, la suzeraineté sur la Flandre et l'Artois, la possession d'Arras, de Lille, de Tournai, de Mortagne, de Hesdin, de Saint-Amant, d'Orchies; (x) non seulement il signe qu'il rétablira le connétable B de Bourbon, son vainqueur, dans tous les biens dont il l'avait dépouillé, mais il promet encore de « faire droit à cet ennemi pour les prétentions qu'il a sur la Provence ». (x) Enfin, pour comble d'humiliation, il épouse en prison A la sœur de l'empereur. Le comte de Lannoy, l'un des généraux qui l'avaient fait prisonnier, vient en bottes dans sa chambre lui faire signer ce mariage forcé. Ce traité de Madrid était aussi funeste que celui de Brétigny ; mais François Ier, en liberté, n'exécuta pas son traité comme le roi Jean.

Ayant cédé la Bourgogne, il se trouva assez puissant pour la garder. Il perdit la suzeraineté de la Flandre et de l'Artois ; mais en cela il ne perdit qu'un vain hommage. Ses deux fils furent prisonniers (1526) à sa place en qualité d'otages ; mais il les racheta pour de l'argent : cette rançon, à la vérité, se monta à deux millions d'écus d'or, et ce fut un grand fardeau pour la France. Si on considère ce qu'il en coûta pour la captivité de François Ier, pour celle du roi Jean, pour celle de saint Louis, combien la dissipation des trésors de Charles V par le duc d'Anjou son frère, combien les guerres contre les Anglais avaient épuisé la France, on admire les ressources que François Ier trouva dans la suite. Ces ressources étaient dues aux acquisitions successives du Dauphiné, de la Provence, de la Bretagne, à la réunion de la Bourgogne, et au commerce qui florissait. Voilà ce qui répara tant de malheurs, et ce qui soutint la France contre l'ascendant de Charles-Quint.

La gloire ne fut pas le partage de François Ier dans toute cette triste aventure. Il avait donné sa parole à Charles-Quint de lui remettre la Bourgogne ; promesse faite par faiblesse, faussée par raison, mais avec honte. Il en essuya le reproche de l'empereur. Il eut beau lui répondre : « Vous avez menti par la gorge, et toutes les fois que le direz, mentirez » [1] ; la loi de la politique était pour François Ier, mais la loi de la chevalerie était contre lui.

Le roi voulut assurer son honneur en proposant un duel à Charles-Quint, comme Philippe de Valois avait défié Édouard III. L'empereur l'accepta, et lui envoya même un héraut qui apportait ce qu'on appelait *la sûreté du camp,* c'est-à-dire la désignation du lieu du combat et les conditions. François Ier reçut ce héraut dans la grand'salle du palais, en présence de toute la cour et des ambassadeurs ; mais il ne voulut pas lui permettre de parler. Le duel n'eut point lieu. Tant

A

B

_____

1. Mot déjà cité, p. 46.

d'appareil n'aboutit qu'au ridicule, dont le trône même ne garantit pas les hommes. Ce qu'il y eut encore d'étrange dans toute cette aventure, c'est que le roi demanda au pape Clément VII une bulle d'absolution pour avoir cédé la mouvance de la Flandre et de l'Artois. Il se faisait absoudre pour avoir gardé un serment qu'il ne pouvait violer, et il ne se faisait pas absoudre d'avoir juré qu'il céderait la Bourgogne et de ne l'avoir pas rendue. On ne croirait pas une telle farce si cette bulle du 25 novembre n'existait pas.

Cette même fortune qui mit un roi dans les fers de l'empereur fit encore le pape Clément VII son prisonnier (1525), sans qu'il le prévît, sans qu'il y eût la moindre part. La crainte de sa puissance avait uni contre lui le pape, le roi d'Angleterre, et la moitié de l'Italie (1527). Ce même duc de Bourbon, si fatal à François Ier, le fut de même à Clément VII. Il commandait sur les frontières du Milanais une armée d'Espagnols, d'Italiens, et d'Allemands, victorieuse, mais mal payée, et qui manquait de tout. Il propose à ses capitaines et à ses soldats d'aller piller Rome pour leur solde, précisément comme autrefois les Hérules et les Goths avaient fait ce voyage. Ils y volèrent, malgré une trêve signée entre le pape et le vice-roi de Naples (1527, 5 mai). On escalade les murs de Rome : Bourbon est tué en montant à la muraille; mais Rome est prise, livrée au pillage, saccagée comme elle le fut par Alaric; et le pape, réfugié au château Saint-Ange, est prisonnier.

Les troupes allemandes et espagnoles vécurent neuf mois à discrétion dans Rome : le pillage monta, dit-on, à quinze millions d'écus romains; mais comment évaluer au juste de tels désastres?

Il semble que c'était là le temps d'être en effet empereur de Rome, et de consommer ce qu'avaient commencé les Charlemagne et les Othon; mais, par une fatalité singulière, dont la seule cause est toujours venue de la jalousie des nations, le nouvel empire romain n'a jamais été qu'un fantôme.

La prise de Rome et la captivité du pape ne servirent pas plus à rendre Charles-Quint maître absolu de l'Italie que la prise de François Ier ne lui avait donné une entrée en France. L'idée de la monarchie universelle qu'on attribue à Charles-Quint est donc aussi fausse et aussi chimérique que celle qu'on imputa depuis à Louis XIV. Loin de garder Rome, loin de subjuguer toute l'Italie, il rend la liberté au pape pour quatre cent mille écus d'or (1528), dont même il n'eut jamais que cent mille, comme il rend la liberté aux enfants de France pour deux millions d'écus.

On est surpris qu'un empereur, maître de l'Espagne, des dix-sept provinces des Pays-Bas, de Naples et de Sicile, suzerain de la Lombardie, déjà possesseur du Mexique, et pour qui dans ce temps-là même on faisait la conquête du Pérou, ait si peu profité de son bonheur; mais les premiers trésors qu'on lui avait envoyés du Mexique furent engloutis dans la mer; il ne recevait point de tribut réglé d'Amérique, comme en reçut depuis Philippe II. Les troubles excités en Allemagne par le luthéranisme l'inquiétaient; les Turcs en Hongrie l'alarmaient davantage : il avait à repousser à la fois Soliman et François Ier, à contenir les princes d'Allemagne, à ménager ceux d'Italie, et surtout les Vénitiens, à fixer l'inconstance de Henri VIII. Il joua toujours le premier rôle sur le théâtre de l'Europe; mais il fut toujours bien loin de la monarchie universelle.

Ses généraux ont encore de la peine à chasser d'Italie les Français, qui étaient jusque dans le royaume de Naples. (1528) Le système de la balance et de l'équilibre était dès lors établi en Europe : car immédiatement après la prise de François Ier, l'Angleterre et les puissances italiennes se liguèrent avec la France pour balancer le pouvoir de l'empereur. Elles se liguèrent de même après la prise du pape.

(1529) La paix se fit à Cambrai, sur le plan du traité de Madrid, par lequel François Ier avait été délivré de prison. C'est à cette paix que Charles rendit les deux enfants de France, et se désista de ses prétentions sur la Bourgogne pour deux millions d'écus.

Alors Charles quitte l'Espagne pour aller recevoir la couronne des mains du pape, et pour baiser les pieds de celui qu'il avait retenu captif. Il dispose à la vérité de toute la Lombardie en maître : il investit François Sforze du Milanais, et Alexandre de Médicis de la Toscane; il donne un duc à Mantoue (1529); il fait rendre par le pape Modène et Reggio au duc de Ferrare (1530); mais tout cela pour de l'argent, et sans se réserver d'autre droit que celui de la suzeraineté.

Tant de princes à ses pieds lui donnent une grandeur qui impose. La grandeur véritable fut d'aller repousser Soliman de la Hongrie, à la tête de cent mille hommes, assisté de son frère Ferdinand, et surtout des princes protestants d'Allemagne, qui se signalèrent pour la défense commune. Ce fut là le commencement de sa vie active et de sa gloire personnelle. On le voit à la fois combattre les Turcs, retenir les Français au delà des Alpes, indiquer un concile, et revoler en Espagne pour aller faire la guerre en Afrique. Il aborde devant Tunis (1535), remporte une victoire sur l'usurpateur de ce royaume, donne à Tunis un roi tributaire de l'Espagne, délivre dix-huit mille captifs chrétiens, qu'il ramène en triomphe en Europe, et qui, aidés de ses bienfaits et de ses dons, vont, chacun dans leur patrie, élever le nom de Charles-Quint jusqu'au ciel. Tous les rois chrétiens alors semblaient petits devant lui, et l'éclat de sa renommée obscurcissait toute autre gloire.

Son bonheur voulut encore que Soliman, ennemi plus redoutable que François Ier, fût alors occupé contre les Persans (1534). Il avait pris Tauris, et de là, tournant vers l'ancienne Assyrie, il était entré en conquérant dans Bagdad, la nouvelle Babylone, s'étant rendu maître de la Mésopotamie, qu'on nomme à présent le Diarbek, et du Kurdistan, qui est l'ancienne Suziane. Enfin il s'était fait reconnaître et inaugurer roi de Perse par le calife de Bagdad. Les califes en Perse n'avaient plus depuis longtemps d'autre honneur que celui de donner en cérémonie le turban des sultans, et de ceindre le sabre au plus puissant. Mahmoud, Gengis, Tamerlan, Ismaël Sophi, avaient accoutumé les Persans à changer de maîtres. (1535) Soliman, après avoir pris la moitié de la Perse sur Thamas, fils d'Ismaël, retourna triomphant à Constantinople. Ses généraux perdirent en Perse une partie des conquêtes de leur maître. C'est ainsi que tout se balançait, et que tous les États tombaient les uns sur les autres, la Perse sur la Turquie, la Turquie sur l'Allemagne et sur l'Italie, l'Allemagne et l'Espagne sur la France; et s'il y avait eu des peuples plus occidentaux, l'Espagne et la France auraient eu de nouveaux ennemis.

L'Europe ne sentit point de plus violentes secousses depuis la chute de l'empire romain, et nul empereur depuis Charlemagne n'eut tant d'éclat que Charles-Quint. L'un a le premier rang dans la mémoire des hommes comme conquérant et fondateur ; l'autre, avec autant de puissance, a un personnage bien plus difficile à soutenir. Charlemagne, avec les nombreuses armées aguerries par Pépin et Charles Martel, subjugua aisément les Lombards amollis, et triompha des Saxons sauvages. Charles-Quint a toujours à craindre la France, l'empire des Turcs, et la moitié de l'Allemagne.

L'Angleterre, qui était séparée du reste du monde au VIIIe siècle, est, dans le XVIe, un puissant royaume qu'il faut toujours ménager. Mais ce qui rend la situation de Charles-Quint très supérieure à celle de Charlemagne, c'est qu'ayant à peu près en Europe la même étendue de pays sous ses lois, ce pays est plus peuplé, beaucoup plus florissant, plein de grands hommes en tout genre. On ne comptait pas une grande ville commerçante dans les premiers temps du renouvellement de l'empire. Aucun nom, excepté celui du maître, ne fut consacré à la postérité. La seule province de Flandre, au XVIe siècle, vaut mieux que tout l'empire au IXe. L'Italie, au temps de Paul III, est à l'Italie du temps d'Adrien Ier et de Léon III ce qu'est la nouvelle architecture à la gothique. Je ne parle pas ici des beaux-arts, qui égalaient ce siècle à celui d'Auguste, et du bonheur qu'avait Charles-Quint de compter tant de grands génies parmi ses sujets : il ne s'agit que des affaires publiques et du tableau général du monde.

CHAPITRE CXXV

Conduite de François Ier. Son entrevue avec Charles-Quint. Leurs querelles, leur guerre. Alliance du roi de France et du sultan Soliman. Mort de François Ier

Que François Ier, voyant son rival donner des royaumes, voulût rentrer dans le Milanais, auquel il avait renoncé par deux traités; qu'il ait appelé à son secours ce même Soliman, ces mêmes Turcs repoussés par Charles-Quint : cette manœuvre peut être politique, mais il fallait de grands succès pour la rendre glorieuse.

Ce prince pouvait abandonner ses prétentions sur le Milanais, source intarissable de guerres et tombeau des Français, comme Charles avait abandonné ses droits sur la Bourgogne, droits fondés sur le traité de Madrid : il eût joui d'une heureuse paix; il eût embelli, policé, éclairé son royaume beaucoup plus qu'il ne fit dans les derniers temps de sa vie; il eût donné une libre carrière à toutes ses vertus. Il fut grand pour avoir encouragé les arts; mais la passion malheureuse de vouloir toujours être duc de Milan et vassal de l'empire malgré l'empereur fit tort à sa gloire. (1536) Réduit bientôt à chercher le secours de Barberousse, amiral de Soliman, il en essuya des reproches pour ne l'avoir pas secondé, et il fut traité de renégat et de parjure en pleine diète de l'empire.

Quel funeste contraste de faire brûler à petit feu dans Paris des luthériens parmi lesquels il y avait des Allemands, et de s'unir en même temps aux princes luthériens d'Allemagne, auprès desquels il est obligé de s'excuser de cette rigueur, et d'affirmer même qu'il n'y avait point eu d'Allemands parmi ceux qu'on avait fait mourir! Comment des historiens peuvent-ils avoir la lâcheté d'approuver ce supplice, et de l'attribuer *au zèle pieux* d'un prince voluptueux, qui n'avait pas la moindre ombre de cette piété qu'on lui attribue? Si c'est là un acte religieux, il est cruellement démenti par le nombre prodigieux de captifs catholiques que son traité avec Soliman livra depuis aux fers de Barberousse sur les côtes d'Italie : si c'est une action de politique, il faut donc approuver les persécutions des païens qui immolèrent tant de chrétiens. (x) Ce fut en 1535 qu'on A brûla ces malheureux dans Paris. Le P. Daniel met à la marge : *Exemple de piété* [1]. Cet exemple de piété consistait à suspendre les patients à une haute potence dont on les faisait tomber à plusieurs reprises sur le bûcher : exemple en effet d'une barbarie raffinée, qui inspire autant d'horreur contre les historiens qui la louent que contre les juges qui l'ordonnèrent.

Daniel [2] ajoute que François Ier dit publiquement A qu'il ferait mourir ses propres enfants s'ils étaient hérétiques. Cependant il écrivait [3] dans ce temps-là même à Mélanchton, l'un des fondateurs du luthéranisme, pour l'engager à venir à sa cour*.

---

* Voyez l'*Histoire du Parlement* [4].   D

1. *Histoire de France,* t. VII, pp. 744-5, sig. : « Exemple de piété qu'il donne avant que de se mettre en campagne ». L'exemple de piété est une procession réparatrice que François Ier suivit, un cierge à la main. Le supplice eut lieu après la cérémonie, « le soir même » : « Il y avait au milieu de chaque bûcher une espèce d'estrapade élevée, où on les attacha ; ensuite on alluma le feu au-dessous d'eux, et les bourreaux lâchant doucement la corde laissaient couler jusqu'à la hauteur du feu ces misérables pour leur en faire sentir la plus vive impression ; puis on les guindait de nouveau en haut ; et après leur avoir fait souffrir ce cruel tourment à diverses reprises, on les laissa tomber au milieu des flammes où ils expirèrent.»

2. *Ibid.,* t. VII, p. 745, sig. : « Le roi en cette occasion dit tout haut et publiquement ces belles paroles, que si son bras était infecté du venin de l'hérésie luthérienne, il le couperait lui-même, et qu'il ne l'épargnerait pas dans ses propres enfants. »

3. Daniel, *ibid.,* dit que le roi était sur le point d'écrire cette lettre, à la demande de Marguerite de Navarre sa sœur ; le cardinal de Tournon réussit à l'en dissuader.

4. Ch. 19 : V. y relate avec plus de détail « l'exemple de piété », soulignant la contradiction avec la politique française en Allemagne et en Orient.

Charles-Quint ne se conduisait pas ainsi, quoique les luthériens fussent ses ennemis déclarés ; et loin de livrer des hérétiques aux bourreaux, et des chrétiens aux fers, il avait délivré dans Tunis dix-huit mille chrétiens esclaves, soit catholiques, soit protestants.

Il faut, pour la funeste expédition de Milan, passer par le Piémont ; et le duc de Savoie refuse au roi le passage. Le roi attaque donc le duc de Savoie pendant que l'empereur revenait triomphant de Tunis. Une autre cause de ce que la Savoie fut mise à feu et à sang (1534), c'est que la mère de François Ier était de cette maison. Des prétentions sur quelques parties de cet État étaient depuis longtemps un sujet de discorde. Les guerres du Milanais avaient de même leur origine dans le mariage de l'aïeul de Louis XII. Il n'y a aucun État héréditaire en Europe où les mariages n'aient apporté la guerre. Le droit public est devenu par là un des plus grands fléaux des peuples ; presque toutes les clauses des contrats et des traités n'ont été expliquées que par les armes. Les États du duc furent ravagés ; mais cette invasion de François Ier procura une liberté entière à Genève, et en fit comme la capitale de la nouvelle religion réformée. Il arriva que ce même roi, qui faisait périr à Paris les novateurs par des supplices affreux, qui faisait des processions pour expier leurs erreurs, qui disait « qu'il n'épargnerait pas ses enfants s'ils en étaient coupables », était partout ailleurs le plus grand soutien de ce qu'il voulait exterminer dans ses États.

C'est une grande injustice dans le P. Daniel [1] de dire que la ville de Genève mit alors le comble à sa révolte contre le duc de Savoie : ce duc n'était point son souverain ; elle était ville libre impériale ; elle partageait, comme Cologne et comme beaucoup d'autres villes, le gouvernement avec son évêque. L'évêque avait cédé une partie de ses droits au duc de Savoie, et ces droits disputés étaient en compromis depuis douze années.

Les Genevois disaient qu'un évêque n'a nul droit à la souveraineté ; que les apôtres ne furent point des

_____

1. Daniel emploie cette expression, *Histoire de France*, t. VII, p. 746.

fruit of hist. + ipson

princes; que si dans les temps d'anarchie et de barbarie les évêques usurpèrent des provinces, les peuples, dans des temps éclairés, devaient les reprendre.

Mais ce qu'il fallait surtout observer, c'est que Genève était alors une petite ville et pauvre, et que depuis qu'elle se rendit libre, elle fut peuplée du double, plus industrieuse, plus commerçante.

Cependant quel fruit François Ier recueille-t-il de tant d'entreprises? Charles-Quint arrive de Rome, fait repasser les Alpes aux Français, entre en Provence avec cinquante mille hommes, s'avance jusqu'à Marseille (1536), met le siège devant Arles; et une autre armée ravage la Champagne et la Picardie. Ainsi le fruit de cette nouvelle tentative sur l'Italie fut de hasarder la France.

La Provence et le Dauphiné ne furent sauvées [1] que par la sage conduite du maréchal de Montmorency, comme elles l'ont été de nos jours par le maréchal de Belle-Isle [2]. On peut, ce me semble, tirer un grand fruit de l'histoire, en comparant les temps et les événements. C'est un plaisir digne d'un bon citoyen d'examiner par quelles ressources on a chassé dans le même terrain et dans les mêmes occasions deux armées victorieuses. On ne sait guère, dans l'oisiveté des grandes villes, quels efforts il en coûte pour rassembler des vivres dans un pays qui en fournit à peine à ses habitants, pour avoir de quoi payer le soldat, pour lui fournir le nécessaire sur son crédit, pour garder des rivières, pour enlever aux ennemis des postes avantageux dont ils se sont emparés. Mais de tels détails n'entrent point dans notre plan : il n'est nécessaire de les examiner que dans le temps même de l'action ; ce sont les matériaux de l'édifice, on ne les compte plus quand la maison est construite.

---

1. Le participe était ainsi accordé dans les éditions de 1756, 1761, 1769, 1775. Beuchot suppose que ce féminin s'explique par l'idée implicite de *provinces*.

2. En 1746, Belle-Isle réussit à regrouper les forces françaises et espagnoles en déroute à travers la Provence; l'armée d'invasion autrichienne et piémontaise fut arrêtée devant Castellane, Draguignan et Brignoles. Cf. *Précis du Siècle de Louis XV,* ch. 20.

horible / ridicules

L'empereur fut obligé de sortir de ce pays dévasté, **B** et de regagner l'Italie avec une armée diminuée par les maladies contagieuses. La France, envahie de ce côté, regarda sa délivrance comme un triomphe; mais il eût été plus beau de l'empêcher d'entrer que de s'applaudir de le voir sortir.

Ce qui caractérise davantage les démêlés de Charles-Quint et de François Ier, et les secousses qu'ils donnèrent à l'Europe, c'est ce mélange bizarre de franchise et de duplicité, d'emportements de colère et de réconciliation, des plus sanglants outrages et d'un prompt oubli, des artifices les plus raffinés et de la plus noble confiance.

Il y eut des choses horribles, il y en eut de ridicules.   **A**

François, dauphin, fils de François Ier, meurt d'une   **A** pleurésie (1536) : on accuse un Italien, nommé Montécuculli, son échanson, de l'avoir empoisonné; on regarde Charles-Quint comme l'auteur du crime. Qu'aurait gagné l'empereur à faire périr par le poison un prince de dix-huit ans qui n'avait jamais fait parler de lui, et qui avait un frère? Montécuculli fut écartelé : voilà ce qui est horrible. Voici le ridicule.

François Ier, qui par le traité de Madrid n'était plus   **A** suzerain de la Flandre et de l'Artois, et qui n'était sorti de prison qu'à cette condition, fait citer l'empereur au parlement de Paris, en qualité de comte de Flandre et d'Artois, son vassal. L'avocat général Cappel prend des conclusions contre Charles-Quint, et le parlement de Paris le déclare rebelle.

Peut-on s'attendre que Charles et François se verront familièrement comme deux gentilshommes voisins après la prison de Madrid, après les *démentis par la gorge,* les défis, des duels proposés en présence du pape en plein consistoire, après la ligue du roi de France avec Soliman; enfin après que l'empereur a été accusé aussi publiquement qu'injustement d'avoir fait empoisonner le premier dauphin, et lorsqu'il se voit condamné comme contumace par une cour de judicature, dans le même pays qu'il a fait trembler tant de fois?

Cependant ces deux grands rivaux se voient à la rade d'Aigues-Mortes : le pape avait ménagé cette entrevue après une trêve. Charles-Quint même descendit à terre, fit la première visite, et se mit entre les mains de son ennemi : c'était la suite de l'esprit du temps ; Charles se défia toujours des promesses du monarque, et se livra à la foi du chevalier.

Le duc de Savoie fut longtemps la victime de cette entrevue. Ces deux monarques, qui, en se voyant avec tant de familiarité, prenaient toujours des mesures l'un contre l'autre, gardèrent les places du duc : le roi de France, pour se frayer un passage dans l'occasion vers le Milanais ; et l'empereur, pour l'en empêcher.

Charles-Quint, après cette entrevue à Aigues-Mortes, fait un voyage à Paris, qui est bien plus étonnant que celui des empereurs Sigismond et Charles IV.

Retourné en Espagne, il apprend que la ville de Gand s'est révoltée en Flandre. De savoir jusqu'où cette ville avait dû soutenir ses privilèges, et jusqu'où elle en avait abusé, c'est un problème qu'il n'appartient qu'à la force de résoudre. Charles-Quint voulait l'assujettir et la punir : il demande passage au roi, qui lui envoie le dauphin et le duc d'Orléans jusqu'à Bayonne, et qui va lui-même au-devant de lui jusqu'à Châtellerault.

L'empereur aimait à voyager, à se montrer à tous les peuples de l'Europe, à jouir de sa gloire : ce voyage fut un enchaînement de fêtes, et le but était d'aller faire pendre vingt-quatre malheureux citoyens. Il eût pu aisément s'épargner tant de fatigues en envoyant quelques troupes à la gouvernante des Pays-Bas : on peut même s'étonner qu'il n'en eût pas laissé assez en Flandre pour réprimer la révolte des Gantois ; mais c'était alors la coutume de licencier ses troupes après une trêve ou une paix.

Le dessein de François Ier, en recevant l'empereur dans ses États avec tant d'appareil et de bonne foi, était d'obtenir enfin de lui la promesse de l'investiture du Milanais. Ce fut dans cette vaine idée qu'il refusa l'hommage que lui offraient les Gantois : il n'eut ni Gand ni Milan.

On a prétendu que le connétable de Montmorency fut disgracié par le roi pour lui avoir conseillé de se contenter de la promesse verbale de Charles-Quint : je rapporte ce petit événement, parce que, s'il est vrai, il fait connaître le cœur humain. Un homme qui n'a qu'à s'en prendre à lui-même d'avoir suivi un mauvais avis est souvent assez injuste pour en punir l'auteur. Mais on ne devait guère se repentir de n'avoir exigé de Charles-Quint que des paroles : une promesse par écrit n'eût pas été plus sûre.

François Ier avait promis par écrit de céder la Bourgogne, et il s'était bien donné de garde de tenir sa parole : on ne cède guère à son ennemi une grande province sans y être forcé par les armes. L'empereur avoua depuis, publiquement, qu'il avait promis le Milanais à un fils du roi; mais il soutint que c'était à condition que François Ier évacuerait Turin, que François garda toujours.

La générosité avec laquelle le roi avait reçu l'empereur en France, tant de fêtes somptueuses, tant de témoignages de confiance et d'amitié réciproques, n'aboutirent donc qu'à de nouvelles guerres.

Pendant que Soliman ravage encore la Hongrie, pendant que Charles-Quint, pour mettre le comble à sa gloire, veut conquérir Alger comme il a subjugué Tunis, et qu'il échoue dans cette entreprise, François Ier resserre les nœuds de son alliance avec Soliman. Il envoie deux ministres secrets à la Porte par la voie de Venise : ces deux ministres sont assassinés en chemin par l'ordre du marquis del Vasto, gouverneur du Milanais, sous prétexte qu'ils sont nés tous deux sujets de l'empereur. Le dernier duc de Milan, François Sforze, avait, quelques années auparavant, fait trancher la tête à un autre ministre du roi (1541). Comment accorder ces violations du droit des gens avec la générosité dont se piquaient alors les officiers de l'empereur, ainsi que ceux du roi? La guerre recommence avec plus d'animosité que jamais vers le Piémont, vers les Pyrénées, en Picardie : c'est alors que les galères du roi se joignent à celles de Cheredin, surnommé *Barberousse,* amiral du sultan, et vice-roi d'Alger. Les fleurs de lis et le croissant sont devant Nice (1543). Les Français et les Turcs, sous le comte d'Enghien, de la branche de Bourbon, et sous l'amiral turc, ne peuvent prendre cette ville ; et Barberousse ramène la flotte turque à Toulon, dès que le célèbre André Doria s'avance au secours de la ville avec ses galères.

Barberousse était le maître absolu dans Toulon. A

Il y fit changer une grande maison en mosquée : ainsi le même roi qui avait laissé périr dans son royaume tant de chrétiens de la communion de Luther par le plus cruel supplice, laissait les mahométans exercer leur religion dans ses États. Voilà la piété que le jésuite Daniel loue ; c'est ainsi que les historiens se déshonorent. Un historien citoyen eût avoué que la politique faisait brûler des luthériens et favorisait des musulmans.

André Doria est le héros qu'on peut mettre à la tête de tous ceux qui servirent la fortune de Charles-Quint. Il avait eu la gloire de battre ses galères devant Naples quand il était amiral de François Ier, et que Gênes sa patrie était encore sous la domination de la France : il se crut ensuite obligé, comme le connétable de Bourbon, par des intrigues de cour, de passer au service de l'empereur. Il défit plusieurs fois les flottes de Soliman ; mais ce qui lui fit le plus d'honneur, ce fut de rendre la liberté à sa patrie, dont Charles-Quint lui permettait d'être souverain. Il préféra le titre de restaurateur à celui de maître : il établit le gouvernement tel qu'il subsiste aujourd'hui, et vécut jusqu'à quatre-vingt-quatorze ans l'homme le plus considéré de l'Europe. Gênes lui éleva une statue comme au libérateur de la patrie.

Cependant le comte d'Enghien répare l'affront de Nice par la victoire (1544) qu'il remporte à Cérisoles, dans le Piémont, sur le marquis del Vasto : jamais victoire ne fut plus complète. Quel fruit retira-t-on de cette glorieuse journée ? aucun. C'était le sort des Français de vaincre inutilement en Italie : les journées d'Agnadel, de Fornoue, de Ravenne, de Marignan, de Cérisoles, en sont des témoignages immortels.

Le roi d'Angleterre Henri VIII, par une fatalité inconcevable, s'alliait contre la France avec ce même empereur dont il avait répudié la tante si honteusement, et dont il avait déclaré la cousine bâtarde ; avec ce même empereur qui avait forcé le pape Clément VII à l'excommunier. Les princes oublient les injures comme les bienfaits quand l'intérêt parle ; mais il semble que c'était alors le caprice plus que l'intérêt qui liait Henri VIII avec Charles-Quint.

Il comptait marcher à Paris avec trente mille hommes : il assiégeait Boulogne-sur-Mer, tandis que Charles-

Quint avançait en Picardie. Où était alors cette balance que Henri VIII voulait tenir? Il ne voulait qu'embarrasser François Ier, et l'empêcher de traverser le mariage qu'il projetait entre son fils Édouard et Marie Stuart, qui fut depuis reine de France : quelle raison pour déclarer la guerre!

Ces nouveaux périls rendent la bataille de Cérisoles infructueuse : le roi de France est obligé de rappeler une grande partie de cette armée victorieuse pour venir défendre les frontières septentrionales du royaume.

La France était plus en danger que jamais : Charles A était déjà à Soissons, et le roi d'Angleterre prenait Boulogne; on tremblait pour Paris. Le luthéranisme fit alors le salut de la France, et la servit mieux que les Turcs, sur qui le roi avait tant compté. Les princes luthériens d'Allemagne s'unissaient alors contre Charles-Quint, dont ils craignaient le despotisme; ils étaient en armes. Charles, pressant la France, et pressé dans l'empire, fit la paix à Crépy-en-Valois (1544), pour aller combattre ses sujets en Allemagne.

Par cette paix, il promit encore le Milanais au duc A d'Orléans, fils du roi, qui devait être son gendre; mais la destinée ne voulait pas qu'un prince de France eût cette province; et la mort du duc d'Orléans épargna à l'empereur l'embarras d'une nouvelle violation de sa parole.

(1546) François Ier acheta bientôt après la paix avec A l'Angleterre pour huit cent mille écus. Voilà ses derniers exploits; voilà le fruit des desseins qu'il eut sur Naples et Milan toute sa vie. Il fut en tout la victime du bonheur de Charles-Quint : car il mourut, quelques mois après Henri VIII, de cette maladie alors presque incurable que la découverte du nouveau monde avait transplantée en Europe. C'est ainsi que les événements sont enchaînés : un pilote génois donne un univers à l'Espagne; la nature a mis dans les îles de ces climats lointains un poison qui infecte les sources de la vie; et il faut qu'un roi de France en périsse [1]. Il laisse en

causalité 186

---

1 V. a marqué d'un signet le récit de Mézeray, *Abrégé chronologique*, t. IV, p. 295 : le mari de la belle Ferronnière, jaloux, fait

mourant une discorde trop durable, non pas entre la
France et l'Allemagne, mais entre la maison de France
et celle d'Autriche.

La France, sous ce prince, commençait à sortir de la A
barbarie, et la langue prenait un tour moins gothique.
Il reste encore quelques petits ouvrages de ce temps,
qui, s'ils ne sont pas réguliers, ont du sel et de la naïveté :
comme quelques épigrammes de l'évêque Saint-Gelais,
de Clément Marot, de François Ier même. Il écrivit,
dit-on, sous un portrait d'Agnès Sorel :

> Gentille Agnès plus d'honneur en mérite,
> La cause étant de France recouvrer,
> Que ce que peut dedans un cloître ouvrer
> Close nonnain ou bien dévot ermite.

Je ne saurais pourtant concilier ces vers, qui paraissent B
purement écrits pour le temps, avec les lettres qu'on a
encore de sa main, et surtout avec celle que Daniel [1]
a rapportée :

« Tout à steure ynsi que je me vouloys mettre o lit
est aryvé Laval, lequel m'a aporté la certeneté du leve-
ment den siège, etc. »

Ce n'était point ainsi que les Scipion, les Sylla, les B
César, écrivaient en leur langue. Il faut avouer que,
malgré l'instinct heureux qui animait François Ier
en faveur des arts, tout était barbare en France, comme
tout était petit en comparaison des anciens Romains.

Il composa des mémoires sur la discipline militaire A
dans le temps qu'il voulait établir en France la légion
romaine. Tous les arts furent protégés par lui; mais il
fut obligé de faire venir des peintres, des sculpteurs,
des architectes, d'Italie.

Il voulut bâtir le Louvre; mais à peine eut-il le temps A
d'en faire jeter les fondements : son projet magnifique
du Collège royal ne put être exécuté; mais du moins
on enseigna par ses libéralités les langues grecque et
hébraïque, et la géométrie, qu'on était très loin de

---

en sorte de contracter une maladie vénérienne, que son épouse
transmet à François Ier, qui en meurt.

1. *Histoire de France,* t. VII, p. 444, sig.

pouvoir enseigner dans l'université. Cette université
avait le malheur de n'être fameuse que par sa théologie
scolastique et par ses disputes : il n'y avait pas un homme
en France avant ce temps-là qui sût lire les caractères
grecs.

On ne se servait dans les écoles, dans les tribunaux, **A**
dans les monuments publics, dans les contrats, que d'un
mauvais latin appelé le langage du moyen âge, reste
de l'ancienne barbarie des Francs, des Lombards, des
Germains, des Goths, des Anglais, qui ne surent ni se
former une langue régulière, ni bien parler la latine.

Rodolphe de Habsbourg avait ordonné dans l'Alle- **A**
magne qu'on plaidât et qu'on rendît les arrêts dans la
langue du pays. Alphonse le Sage, en Castille, établit
le même usage. Édouard III en fit autant en Angleterre.
François Ier ordonna enfin qu'en France ceux qui avaient
le malheur de plaider pussent lire leur ruine dans leur
propre idiome. Ce ne fut pas ce qui commença à polir
la langue française, ce fut l'esprit du roi et celui de sa
cour à qui l'on eut cette obligation.

CHAPITRE CXXVI

TROUBLES D'ALLEMAGNE. BATAILLE DE MULBERG.
GRANDEUR ET DISGRÂCE DE CHARLES-QUINT.
SON ABDICATION

La mort de François Ier n'aplanit pas à Charles-Quint le chemin vers cette monarchie universelle dont on lui imputait le dessein : il en était alors bien éloigné. Non seulement il eut dans Henri II, successeur de François, un ennemi redoutable; mais, dans ce temps-là même, les princes, les villes de la nouvelle religion en Allemagne, faisaient la guerre civile, et assemblaient contre lui une grande armée. C'était le parti de la liberté beaucoup plus encore que celui du luthéranisme.

Cet empereur si puissant, et son frère Ferdinand, roi de Hongrie et de Bohême, ne purent lever autant d'Allemands que les confédérés leur en opposaient. Charles fut obligé, pour avoir des forces égales, de recourir à ses Espagnols, à l'argent et aux troupes du pape Paul III.

Rien ne fut plus éclatant que sa victoire de Mulberg. Un électeur de Saxe, un landgrave de Hesse, prisonniers à sa suite, le parti luthérien consterné, les taxes immenses imposées sur les vaincus, tout semblait le rendre despotique en Allemagne; mais il lui arriva encore ce qui lui était arrivé après la prise de François Ier, tout le fruit de son bonheur fut perdu. Ce même pape Paul III retira ses troupes dès qu'il le vit trop puissant. Henri VIII ranima les restes languissants du parti luthérien en Allemagne. Le nouvel électeur de Saxe, Maurice, à qui Charles avait donné le duché du vaincu, se déclara bientôt contre lui, et se mit à la tête de la ligue.

(1552) Enfin cet empereur si terrible est sur le point

d'être fait prisonnier avec son frère par les princes protestants d'Allemagne, qu'il ne regardait que comme des sujets révoltés. Il fuit en désordre dans les détroits d'Inspruck. Dans ce temps-là même, le roi de France, Henri II, se saisit de Metz, Toul, et Verdun, qui sont toujours restés à la France pour prix de la liberté qu'elle avait assurée à l'Allemagne. On voit que dans tous les temps les seigneurs de l'empire, le luthéranisme même, durent leur conservation aux rois de France : c'est ce qui est encore arrivé depuis sous Ferdinand II et sous Ferdinand III.

Le possesseur du Mexique est obligé d'emprunter deux cent mille écus d'or du duc de Florence Cosme, pour tâcher de reprendre Metz; et s'étant raccommodé avec les luthériens pour se venger du roi de France, il assiège cette ville à la tête de cinquante mille combattants (1552). Ce siège est un des plus mémorables dans l'histoire; il fait la gloire éternelle de François de Guise, qui défendit la ville soixante-cinq jours contre Charles-Quint, et qui le contraignit enfin d'abandonner son entreprise, après avoir perdu le tiers de son armée.

La puissance de Charles-Quint n'était alors qu'un amas de grandeurs et de dignités entouré de précipices. Les agitations de sa vie ne lui permirent jamais de faire de ses vastes États un corps régulier et robuste dont toutes les parties s'aidassent mutuellement, et lui fournissent de grandes armées toujours entretenues. C'est ce que sut faire Charlemagne; mais ses États se touchaient, et, vainqueur des Saxons et des Lombards, il n'avait point un Soliman à repousser, des rois de France à combattre, de puissants princes d'Allemagne et un pape, plus puissant, à réprimer ou à craindre.

Charles sentait trop quel ciment était nécessaire pour bâtir un édifice aussi fort que celui de la grandeur de Charlemagne. Il fallait que Philippe son fils eût l'empire; alors ce prince, que les trésors du Mexique et du Pérou rendirent plus riche que tous les rois de l'Europe ensemble, eût pu parvenir à cette monarchie universelle, plus aisée à imaginer qu'à saisir.

C'est dans cette vue que Charles-Quint fit tous ses efforts pour engager son frère Ferdinand, roi des Romains, à céder l'empire à Philippe; mais à quoi aboutit cette proposition révoltante? à brouiller pour jamais Philippe et Ferdinand.

(1556) Enfin, lassé de tant de secousses, vieilli avant le temps, détrompé de tout, parce qu'il avait tout éprouvé, il renonce à ses couronnes et aux hommes, à l'âge de cinquante-six ans, c'est-à-dire à l'âge où l'ambition des autres hommes est dans toute sa force, et où tant de rois subalternes nommés ministres ont commencé la carrière de leur grandeur.

On prétend que son esprit se dérangea dans sa soli- A tude de Saint-Just. En effet, passer la journée à démonter des pendules et à tourmenter des novices, se donner dans l'église la comédie de son propre enterrement, se mettre dans un cercueil, et chanter son *De profundis,* ce ne sont pas là des traits d'un cerveau bien organisé. Celui qui avait fait trembler l'Europe et l'Afrique, et repoussé le vainqueur de la Perse, mourut donc en démence (1558). Tout montre dans sa famille l'excès de la faiblesse humaine.

Son grand-père Maximilien veut être pape; Jeanne A sa mère est folle et enfermée; et Charles-Quint s'enferme chez des moines, et y meurt ayant l'esprit aussi troublé que sa mère.

N'oublions pas que le pape Paul IV ne voulut jamais A reconnaître pour empereur Ferdinand Ier, à qui son frère avait cédé l'empire : ce pape prétendait que Charles n'avait pu abdiquer sans sa permission. L'archevêque électeur de Mayence, chancelier de l'empire, promulgua tous ses actes au nom de Charles-Quint, jusqu'à la mort de ce prince. C'est la dernière époque de la prétention qu'eurent si longtemps les papes de disposer de l'empire. Sans tous les exemples que nous avons vus de cette prétention étrange, on croirait que Paul IV avait le cerveau encore plus blessé que Charles-Quint.

Avant de voir quelle influence eut Philippe II, son fils, sur la moitié de l'Europe, combien l'Angleterre fut puissante sous Élisabeth, ce que devint l'Italie, comment s'établit la république des Provinces-Unies, et à quel état affreux la France fut réduite, je dois parler des révolutions de la religion, parce qu'elle entra dans toutes les affaires, comme cause ou comme prétexte, dès le temps de Charles-Quint.

Ensuite je me ferai une idée des conquêtes des Espagnols dans l'Amérique, et de celles que firent les Portugais dans les Indes : prodiges dont Philippe II recueillit tout l'avantage, et qui le rendirent le prince le plus puissant de la chrétienté.

CHAPITRE CXXVII

DE LÉON X, ET DE L'ÉGLISE

Vous avez parcouru tout ce vaste chaos dans lequel l'Europe chrétienne a été confusément plongée depuis la chute de l'empire romain. Le gouvernement politique de l'Église, qui semblait devoir réunir toutes ces parties divisées, fut malheureusement la nouvelle source d'une confusion inouïe jusqu'alors dans les annales du monde.

L'Église romaine et la grecque, sans cesse aux prises, avaient, par leurs querelles, ouvert les portes de Constantinople aux Ottomans. L'empire et le sacerdoce, toujours armés l'un contre l'autre, avaient désolé l'Italie, l'Allemagne, et presque tous les autres États. Le mélange de ces deux pouvoirs, qui se combattaient partout, ou sourdement ou hautement, entretenait des troubles éternels. Le gouvernement féodal avait fait des souverains de plusieurs évêques et de plusieurs moines. Les limites des diocèses n'étaient point celles des États. La même ville était italienne ou allemande par son évêque, et française par son roi : c'est un malheur que les vicissitudes des guerres attachent encore aux villes frontières [1]. Vous avez vu la juridiction séculière s'opposer partout à l'ecclésiastique, excepté dans les États ou l'Église a été et est encore souveraine : chaque prince séculier cherchant à rendre son gouvernement indépendant du siège de Rome, et ne pouvant y parvenir; des évêques tantôt résistant aux papes, tantôt s'unissant à eux contre les rois; en un mot, la république chrétienne du rite latin unie presque toujours dans le

---

1. Ferney, par exemple, en territoire français, dépendait d'un évêque étranger : celui d'Annecy, dans le royaume de Savoie.

dogme en apparence et à quelques scissions près, mais sans cesse divisée sur tout le reste.

Après le pontificat détesté, mais heureux, d'Alexandre VI, après le règne guerrier et plus heureux encore de Jules II, les papes pouvaient se regarder comme les arbitres de l'Italie, et influer beaucoup sur le reste de l'Europe. Il n'y avait aucun potentat italien qui eût plus de terres, excepté le roi de Naples, lequel relevait encore de la tiare.

(1513) Dans ces circonstances favorables, les vingt-quatre cardinaux qui composaient alors tout le collège élurent Jean de Médicis, arrière-petit-fils de ce grand Cosme de Médicis, simple négociant, et père de la patrie.

Créé cardinal à quatorze ans, il fut pape à l'âge de trente-six, et prit le nom de Léon X. Sa famille alors était rentrée en Toscane. Léon eut bientôt le crédit de mettre son frère Pierre à la tête du gouvernement de Florence. Il fit épouser à son autre frère, Julien le Magnifique, la princesse de Savoie, duchesse de Nemours, et le fit un des plus puissants seigneurs d'Italie. Ces trois frères, élevés par Ange Politien et par Chalcondyle, étaient tous trois dignes d'avoir eu de tels maîtres. Tous trois cultivaient à l'envi les lettres et les beaux-arts; ils méritèrent que ce siècle s'appelât le siècle des Médicis. Le pape surtout joignait le goût le plus fin à la magnificence la plus recherchée. Il excitait les grands génies dans tous les arts par ses bienfaits, et par son accueil plus séduisant encore. Son couronnement coûta cent mille écus d'or. Il fit représenter dans plusieurs fêtes publiques le *Pénule* de Plaute, la *Calandra* du cardinal Bibiena. On croyait voir renaître les beaux jours de l'empire romain. La religion n'avait rien d'austère, elle s'attirait le respect par des cérémonies pompeuses; le style barbare de la daterie était aboli, et faisant place à l'éloquence des cardinaux Bembo et Sadolet, alors secrétaires des brefs, hommes qui savaient imiter la latinité de Cicéron, et qui semblaient adopter sa philosophie sceptique. Les comédies de l'Arioste et celles de Machiavel, quoiqu'elles respectent peu la pudeur et la piété, furent jouées souvent dans cette cour en présence du pape et des cardinaux, par les jeunes gens les plus qualifiés de Rome. Le mérite seul de ces ouvrages (mérite très grand pour ce siècle) faisait impression. Ce qui pouvait offenser la religion n'était pas aperçu dans une cour occupée d'intrigues et de plaisirs, qui ne pensait pas que la religion pût être attaquée par ces libertés. Et en effet, comme il ne s'agissait ni du dogme ni du pouvoir, la cour romaine n'en était pas plus effarouchée que les Grecs et les anciens Romains ne le furent des railleries d'Aristophane et de Plaute.

Les affaires les plus graves, que Léon X savait traiter en maître, ne dérobèrent rien à des plaisirs délicats. La conspiration même de plusieurs cardinaux contre sa vie, et le châtiment sévère qu'il en fit, n'altérèrent point la gaieté de sa cour.

Les cardinaux Petrucci, Soli, et quelques autres, irrités de ce que le pape avait ôté le duché d'Urbin au neveu de Jules II, corrompirent un chirurgien qui devait panser un ulcère secret du pape; et la mort de Léon X devait être le signal d'une révolution dans beaucoup de villes de l'État ecclésiastique. La conspiration fut découverte (1517). Il en coûta la vie à plus d'un coupable. Les deux cardinaux furent appliqués à la question, et condamnés à la mort. On pendit le cardinal Petrucci dans la prison : l'autre racheta sa vie par ses trésors.

Il est très remarquable qu'ils furent condamnés par les magistrats séculiers de Rome, et non par leurs pairs. Le pape semblait, par cette action, inviter les souverains à rendre tous les ecclésiastiques justiciables des juges ordinaires; mais jamais le saint-siège ne crut devoir céder aux rois un droit qu'il se donnait à lui-même. Comment les cardinaux, qui élisent les papes, leur ont-ils laissé ce despotisme, tandis que les électeurs et les princes de l'empire ont tant restreint le pouvoir des empereurs ? C'est que ces princes ont des États, et que les cardinaux n'ont que des dignités.

Cette triste aventure fit bientôt place aux réjouissances accoutumées. Léon X, pour mieux faire oublier le supplice d'un cardinal mort par la corde, en créa trente nouveaux, la plupart italiens, et se conformant au génie du maître : s'ils n'avaient pas tous le goût et les connaissances du pontife, ils l'imitèrent au moins dans ses plaisirs. Presque tous les autres prélats suivirent leurs exemples. L'Espagne était alors le seul pays où l'Église connût les mœurs sévères; elles y avaient été introduites par le cardinal de Ximénès, esprit né austère et dur, qui n'avait de goût que celui de la domination absolue, et qui, revêtu de l'habit d'un cordelier quand il était régent d'Espagne, disait qu'avec son cordon il saurait ranger tous les grands à leur devoir, et qu'il écraserait leur fierté sous ses sandales.

Partout ailleurs les prélats vivaient en princes voluptueux. Il y en avait qui possédaient jusqu'à huit et neuf évêchés. On s'effraie aujourd'hui en comptant tous les bénéfices dont jouissaient, par exemple, un cardinal de Lorraine, un cardinal de Wolsey, et tant d'autres; mais ces biens ecclésiastiques, accumulés sur un seul homme, ne faisaient pas un plus mauvais effet alors que n'en font aujourd'hui tant d'évêchés réunis par des électeurs ou par des prélats d'Allemagne.

Tous les écrivains protestants et catholiques se récrient contre la dissolution des mœurs de ces temps : ils disent que les prélats, les curés, et les moines, passaient une vie commode; que rien n'était plus commun que des prêtres qui élevaient publiquement leurs enfants, à l'exemple d'Alexandre VI. Il est vrai qu'on a encore le testament d'un Crouy, évêque de Cambrai en ces temps-là, qui laisse plusieurs legs à ses enfants, et tient une somme en réserve pour « les bâtards qu'il espère encore que Dieu lui fera la grâce de lui donner, en cas qu'il réchappe de sa maladie ». Ce sont les propres mots de son testament [a]. Le pape Pie II avait écrit dès longtemps « que pour de fortes raisons on avait interdit le mariage aux prêtres, mais que pour de plus fortes il fallait le leur permettre ». Les protestants n'ont pas manqué de recueillir les preuves que dans plusieurs États d'Allemagne les peuples obligeaient toujours leurs curés d'avoir des concubines, afin que les femmes mariées fussent plus en sûreté. On voit même dans les cent griefs, rédigés auparavant par la diète de l'empire sous Charles-Quint, contre les abus de l'Église, que les évêques vendaient aux curés, pour un écu par an, le droit d'avoir une concubine; (x) et qu'il fallait payer, soit qu'on usât de ce privilège, soit qu'on le négligeât; (x) mais aussi il faut convenir que ce n'était pas une raison pour autoriser tant de guerres civiles, et qu'il ne fallait pas tuer les autres hommes parce que quelques prélats faisaient des enfants (x), et que des curés A achetaient avec un écu le droit d'en faire.

Ce qui révoltait le plus les esprits, c'est cette vente publique et particulière d'indulgences, d'absolutions, de dispenses à tout prix; c'était cette taxe apostolique, illimitée et incertaine avant le pape Jean XXII[1], mais rédigée par lui comme un code du droit canon. Un meurtrier sous-diacre, ou diacre, était absous, avec la permission de posséder trois bénéfices, pour douze tournois, trois ducats et six carlins; c'est environ vingt écus. Un évêque, un abbé, pouvaient assassiner pour environ trois cents livres. Toutes les impudicités les plus monstrueuses avaient leur prix fait. La bestialité était estimée deux cent cinquante livres. On obtenait même des dispenses, non seulement pour des péchés passés, mais pour ceux qu'on avait envie de faire. On a retrouvé dans les archives de Joinville une indulgence en expectative pour le cardinal de Lorraine et douze personnes de sa suite, laquelle remettait à chacun d'eux, par avance, trois péchés à leur choix. Le Laboureur[2], écrivain exact, rapporte que la duchesse de Bourbon d'Auvergne, sœur de Charles VIII, eut le droit de se faire absoudre toute sa vie de tout péché, elle et dix personnes de sa suite, à quarante-sept fêtes de l'année, sans compter les dimanches.

Cet étrange abus semblait pourtant avoir sa source dans les anciennes lois des nations de l'Europe, dans celles des Francs, des Saxons, des Bourguignons. La cour pontificale n'avait adopté cette évaluation des péchés et des dispenses que dans les temps d'anarchie, et même quand les papes n'osaient résider à Rome.

---

1. Je corrige la faute de l'édition de Kehl, qui imprime ici *Jean XII*. Les éditions de 1756 et 1761 attribuaient correctement ces taxes à Jean XXII; V. d'ailleurs en a déjà parlé, t. I, p. 671, à propos de Jean XXII.

2. Cette pièce n'est pas dans Le Laboureur, *Histoire de la pairie de France et du parlement de Paris,* Londres, 1753, *FL,* mais dans l'*Histoire de Charles VIII*, par Th. Godefroy, Paris, 1684, pp. 598-600, où elle est présentée comme « prise sur l'original ».

Jamais aucun concile ne mit la taxe des péchés parmi les articles de foi.

Il y avait des abus violents, il y en avait de ridicules. Ceux qui dirent qu'il fallait réparer l'édifice, et non le détruire, semblent avoir dit tout ce qu'on pouvait répondre aux cris des peuples indignés. Le grand nombre de pères de famille qui travaillent sans cesse pour assurer à leurs femmes et à leurs enfants une médiocre fortune, le nombre beaucoup supérieur d'artisans, de cultivateurs, qui gagnent leur pain à la sueur de leur front, voyaient avec douleur des moines entourés du faste et du luxe des souverains : on répondait que ces richesses, répandues par ce faste même, rentraient dans la circulation. Leur vie molle, loin de troubler l'intérieur de l'Église, en affermissait la paix ; et leurs abus, eussent-ils été plus excessifs, étaient moins dangereux sans doute que les horreurs des guerres et le saccagement des villes. On oppose ici le sentiment de Machiavel, le docteur de ceux qui n'ont que de la politique. Il dit, dans ses discours sur Tite-Live [1], que « si les Italiens de son temps étaient excessivement méchants, on le devait imputer à la religion et aux prêtres ». Mais il est clair qu'il ne peut avoir en vue les guerres de religion, puisqu'il n'y en avait point alors ; il ne peut entendre par ces paroles que les crimes de la cour du pape Alexandre VI, et l'ambition de plusieurs ecclésiastiques, ce qui est très étranger aux dogmes, aux disputes, aux persécutions, aux rébellions, à cet acharnement de la haine théologique qui produisit tant de meurtres.

Venise même, dont le gouvernement passait pour le plus sage de l'Europe, avait, dit-on, très grand soin d'entretenir tout son clergé dans la débauche, afin qu'étant moins révéré il fût sans crédit parmi le peuple, et ne pût le soulever. Il y avait cependant partout des hommes de mœurs très pures, des pasteurs dignes de l'être, des religieux soumis de cœur à des vœux qui effraient la mollesse humaine ; mais ces vertus sont

---

1. Discours I, ch. 12, dans *Opera*, t. III, p. 48 : « *Habbiamo adunque con la Chiesa e co i Preti noi Italiani questo primo obligo d'essere diventati senza religione e cattivi.* »

ensevelies dans l'obscurité, tandis que le luxe et le vice dominent dans la splendeur.

Le faste de la cour voluptueuse de Léon X pouvait blesser les yeux; mais aussi on devait voir que cette cour même policait l'Europe, et rendait les hommes plus sociables. La religion, depuis la persécution contre les hussites, ne causait plus aucun trouble dans le monde. L'Inquisition exerçait, à la vérité, de grandes cruautés en Espagne contre les musulmans et les juifs; mais ce ne sont pas là de ces malheurs universels qui bouleversent les nations. La plupart des chrétiens vivaient dans une ignorance heureuse. Il n'y avait peut-être pas en Europe dix gentilshommes qui eussent la *Bible*. Elle n'était point traduite en langue vulgaire, ou du moins les traductions qu'on en avait faites dans peu de pays étaient ignorées.

Le haut clergé, occupé uniquement du temporel, savait jouir et ne savait pas disputer. On peut dire que le pape Léon X, en encourageant les études, donna des armes contre lui-même. J'ai ouï dire à un seigneur anglais[1] qu'il avait vu une lettre du seigneur Polus ou de la Pole, depuis cardinal, à ce pape, dans laquelle, en le félicitant sur ce qu'il étendait le progrès des sciences en Europe, il l'avertissait qu'il était dangereux de rendre les hommes trop savants. (x) La naissance A des lettres dans une partie de l'Allemagne, à Londres, et ensuite à Paris, à la faveur de l'imprimerie perfectionnée, commença la ruine de la monarchie spirituelle. Des hommes de la basse Allemagne, que l'Italie traitait toujours de barbares, furent les premiers qui accoutumèrent les esprits à mépriser ce qu'on révérait. Érasme, quoique longtemps moine, ou plutôt parce qu'il l'avait été, jeta sur les moines, dans la plupart de ses écrits, un ridicule dont ils ne se relevèrent pas. Les auteurs des *Lettres des Hommes obscurs*[2] firent rire

---

1. V. à Lévesque de Burigny, 24 février 1757, D 7171 : «Le cardinal Polus pourrait bien avoir écrit la lettre à Léon X longtemps avant d'être cardinal. C'est de mylord Bolingbroke que je tiens l'anecdote de cette lettre; il en a parlé souvent à feu M. de Pouilly votre frère et à moi.»

2. Ulrich von Hutten, *Epistolae obscurorum virorum ad dominum*.

l'Allemagne aux dépens des Italiens, qui jusque-là, ne les avaient pas crus capables d'être de bons plaisants : ils le furent pourtant, et le ridicule prépara, en effet, la révolution la plus sérieuse.

Léon X était bien loin de craindre cette révolution qu'il vit dans la chrétienté. Sa magnificence, et une des plus belles entreprises qui puissent illustrer des souverains, en furent les principales causes.

Son prédécesseur, Jules II, sous qui la peinture et l'architecture commencèrent à prendre de si nobles accroissements, voulut que Rome eût un temple qui surpassât Sainte-Sophie de Constantinople, et qui fût le plus beau qu'on eût encore élevé sur la terre. Il eut le courage d'entreprendre ce qu'il ne pouvait jamais voir finir. Léon X suivit ardemment ce beau projet : il fallait beaucoup d'argent, et ses magnificences avaient épuisé son trésor. Il n'est point de chrétien qui n'eût dû contribuer à élever cette merveille de la métropole de l'Europe; mais l'argent destiné aux ouvrages publics ne s'arrache jamais que par force ou par adresse. Léon X eut recours, s'il est permis de se servir de cette expression, à une des clefs de saint Pierre avec laquelle on avait ouvert quelquefois les coffres des chrétiens pour remplir ceux du pape.

Il prétexta une guerre contre les Turcs, et fit vendre, dans tous les États de la chrétienté, ce qu'on appelle des *indulgences,* c'est-à-dire la délivrance des peines du purgatoire, soit pour soi-même, soit pour ses parents et amis. Une pareille vente publique fait voir l'esprit du temps : personne n'en fut surpris. Il y eut partout des bureaux d'indulgences : on les affermait comme les droits de la douane. La plupart de ces comptoirs se tenaient dans les cabarets. Le prédicateur, le fermier, le distributeur, chacun y gagnait. Le pape donna à sa sœur une partie de l'argent qui lui en revint, et personne ne murmura encore. Les prédicateurs disaient hautement en chaire que « quand on aurait violé la sainte Vierge, on serait absous en achetant des indulgences »; et le peuple écoutait ces paroles avec dévotion. Mais quand

---

M. *Ortuinum gratum,* Londres, 1742, recueil de facéties. L'ex. *FL* porte des marques de lecture.

on eut donné aux dominicains cette ferme en Allemagne, les augustins, qui en avaient été longtemps en possession, furent jaloux, et ce petit intérêt de moines, dans un coin de la Saxe, produisit plus de cent ans de discordes, de fureurs et d'infortunes chez trente nations.

CHAPITRE CXXVIII

DE LUTHER. DES INDULGENCES

Vous n'ignorez pas que cette grande révolution dans l'esprit humain et dans le système politique de l'Europe commença par Martin Luther, moine augustin que ses supérieurs chargèrent de prêcher contre la marchandise qu'ils n'avaient pu vendre. La querelle fut d'abord entre les augustins et les dominicains.

Vous avez dû voir que toutes les querelles de religion étaient venues jusque-là des prêtres théologiens : car Pierre Valdo, marchand de Lyon, qui passe pour l'auteur de la secte des Vaudois, n'en était point l'auteur; il ne fit que rassembler ses frères et les encourager. Il suivait les dogmes de Bérenger, de Claude, évêque de Turin, et de plusieurs autres; ce n'est qu'après Luther que les séculiers ont dogmatisé en foule, quand la *Bible,* traduite en tant de langues, et différemment traduite, a fait naître presque autant d'opinions qu'elle a de passages difficiles à expliquer.

Si on avait dit alors à Luther qu'il détruirait la religion romaine dans la moitié de l'Europe, il ne l'aurait pas cru; il alla plus loin qu'il ne pensait, comme il arrive dans toutes les disputes et dans presque toutes les affaires.

(1517) Après avoir décrié les indulgences, il examina le pouvoir de celui qui les donnait aux chrétiens. Un coin du voile fut levé. Les peuples, animés, voulurent juger ce qu'ils avaient adoré. Les horreurs d'Alexandre VI et de sa famille n'avaient pas fait naître un doute sur la puissance spirituelle du pape. Trois cent mille pèlerins étaient venus dans Rome à son jubilé; mais les temps étaient changés; la mesure était comblée. Les délices de Léon furent punies des crimes d'Alexandre. On commença par demander une réforme, on finit par une séparation entière. On sentait assez que les hommes puissants ne se réforment pas. C'était à leur autorité et à leurs richesses qu'on en voulait : c'était le joug des taxes romaines qu'on voulait briser. Qu'importait, en effet, à Stockholm, à Copenhague, à Londres, à Dresde, que l'on eût du plaisir à Rome ? Mais il importait qu'on ne payât point de taxes exorbitantes, que l'archevêque d'Upsal ne fût pas le maître d'un royaume. Les revenus de l'archevêché de Magdebourg, ceux de tant de riches abbayes, tentaient les princes séculiers. La séparation, qui se fit comme d'elle-même, et pour des causes très légères, a opéré cependant à la fin, en grande partie, cette réforme tant demandée, et qui n'a servi de rien. Les mœurs de la cour romaine sont devenues plus décentes, le clergé de France plus savant. Il faut avouer qu'en général le clergé a été corrigé par les protestants, comme un rival devient plus circonspect par la jalousie surveillante de son rival; (x) mais on n'en a versé que plus de sang, et les querelles des théologiens sont devenues des guerres de cannibales.

Pour parvenir à cette grande scission, il ne fallait qu'un prince qui animât les peuples. Le vieux Frédéric, électeur de Saxe, surnommé le Sage, celui-là même qui, après la mort de Maximilien, eut le courage de refuser l'empire, protégea Luther ouvertement. Cette révolution dans l'Église commença comme toutes celles qui ont détrôné les souverains : on présente d'abord des requêtes, on expose des griefs; on finit par renverser le trône. Il n'y avait point encore de séparation marquée en se moquant des indulgences, en demandant à communier avec du pain et du vin, en disant des choses très peu intelligibles sur la justification et sur le libre arbitre, en voulant abolir les moines, en offrant de prouver que l'Écriture sainte n'a pas expressément parlé du purgatoire.

(1520) Léon X, qui dans le fond méprisait ces disputes, fut obligé, comme pape, d'anathématiser solennellement par une bulle toutes ces propositions. Il ne savait pas combien Luther était protégé secrètement en Allemagne. Il fallait, disait-on, le faire changer d'opinion par le moyen d'un chapeau rouge. Le mépris qu'on eut pour lui fut fatal à Rome.

Luther ne garda plus de mesures. Il composa son livre *De la Captivité de Babylone.* Il exhorta tous les princes à secouer le joug de la papauté; il se déchaîna contre les messes privées, et il fut d'autant plus applaudi qu'il se récriait contre la vente publique de ces messes. Les moines mendiants les avaient mises en vogue au XIIIᵉ siècle; le peuple les payait comme il les paie encore aujourd'hui quand il en commande. C'est une légère rétribution dont subsistent les pauvres religieux et les prêtres habitués. Ce faible honoraire, qu'on ne pouvait guère envier à ceux qui ne vivent que de l'autel et d'aumônes, était alors en France d'environ deux sous de ce temps-là, et moindre encore en Allemagne. La transsubstantiation fut proscrite comme un mot qui ne se trouve ni dans l'Écriture ni dans les pères. Les partisans de Luther prétendaient que la doctrine qui fait évanouir la substance du pain et du vin, et qui en conserve la forme, n'avait été universellement établie dans l'Église que du temps de Grégoire VII; et que cette doctrine avait été soutenue et expliquée pour la première fois par le bénédictin Paschase Ratbert au IXᵉ siècle. Ils fouillaient dans les archives ténébreuses de l'antiquité, pour y trouver de quoi se séparer de l'Église romaine sur des mystères que la faiblesse humaine ne peut approfondir. Luther retenait une partie du mystère, et rejetait l'autre. Il avoue que le corps de Jésus-Christ est dans les espèces consacrées; mais il y est, dit-il, comme le feu est dans le fer enflammé : le fer et le feu subsistent ensemble. C'est cette manière de se confondre avec le pain et le vin qu'Osiander appela *impanation, invination, consubstantiation.* Luther se contentait de dire que le corps et le sang étaient dedans, dessus, et dessous, *in, cum, sub.* (x) Ainsi, tandis que ceux B qu'on appelait *papistes* mangeaient Dieu sans pain, les luthériens mangeaient du pain, et Dieu. Les calvinistes vinrent bientôt après, qui mangèrent le pain, et qui ne mangèrent point Dieu.

Les luthériens voulurent d'abord de nouvelles ver- A sions de la *Bible* en toutes les langues modernes, et des versions purgées de toutes les négligences et infidélités qu'ils imputaient à la *Vulgate.* En effet, lorsque le concile voulut depuis faire réimprimer cette *Vulgate,* les six commissaires chargés de ce soin par le concile trouvèrent dans cette ancienne traduction huit mille fautes; et les savants prétendent qu'il y en a bien davantage : de sorte que le concile se contenta de déclarer la *Vulgate* authentique, sans entreprendre cette correction. Luther traduisit, d'après l'hébreu, la *Bible* germanique; mais on prétend qu'il savait peu d'hébreu, et que sa traduction est plus remplie de fautes que la *Vulgate*.

Les dominicains, avec les nonces du pape qui étaient en Allemagne, firent brûler les premiers écrits de Luther. Le pape donna une nouvelle bulle contre lui. Luther fit brûler la bulle du pape et les décrétales dans la place publique de Vittemberg. On voit par ce trait si c'était un homme hardi; mais aussi on voit qu'il était déjà bien puissant. Dès lors une partie de l'Allemagne, fatiguée de la grandeur pontificale, était dans les intérêts du réformateur, sans trop examiner les questions de l'école [a].

Cependant ces questions se multipliaient. La dispute du libre arbitre, cet autre écueil de la raison humaine, mêlait sa source intarissable de querelles absurdes à ce torrent de haines théologiques. Luther nia le libre arbitre, que cependant ses sectateurs ont admis dans la suite. L'université de Louvain, celle de Paris, écrivirent : celle-ci suspendit l'examen de la dispute s'il y a eu trois Magdeleines, ou une seule Magdeleine, pour proscrire les dogmes de Luther.

Il demanda ensuite que les vœux monastiques fussent A abolis, parce qu'ils ne sont pas de l'institution primitive; que les prêtres pussent être mariés, parce que plusieurs apôtres l'étaient; que l'on communiât avec du vin, parce que Jésus avait dit : « Buvez-en tous » [1]; qu'on ne vénérât point les images, parce que Jésus n'avait point eu d'image : enfin il n'était d'accord avec l'Église romaine que sur la trinité, le baptême, l'incarnation, la résurrection, dogmes encore qui ont été autrefois les sujets des plus vives querelles, et dont quelques-uns ont été combattus dans les derniers temps; de sorte qu'il n'est aucun point de théologie sur lequel les hommes ne se soient divisés.

---

1. *Matth.*, XXVI, 27.

Il fallait bien qu'Aristote entrât dans la querelle, car il était alors le maître des écoles. Luther ayant affirmé que la doctrine d'Aristote était fort inutile pour l'intelligence de l'Écriture, la sacrée faculté de Paris traita cette assertion d'erronée et d'insensée. Les thèses les plus vaines étaient mêlées avec les plus profondes, et des deux côtés les fausses imputations, les injures atroces, les anathèmes, nourrissaient l'animosité des partis.

On ne peut, sans rire de pitié, lire la manière dont Luther traite tous ses adversaires, et surtout le pape. « Petit pape [1], petit papelin, vous êtes un âne, un ânon; allez doucement, il fait glacé, vous vous rompriez les jambes, et on dirait : Que diable est ceci ? Le petit ânon de papelin est estropié. Un âne sait qu'il est âne, une pierre sait qu'elle est pierre; mais ces petits ânons de papes ne savent pas qu'ils sont ânons. » Ces basses grossièretés, aujourd'hui si dégoûtantes, ne révoltaient point des esprits assez grossiers. Luther, avec ces bassesses d'un style barbare, triomphait dans son pays de toute la politesse romaine.

Si on s'en était tenu à des injures, Luther aurait fait A moins de mal à l'Église romaine qu'Érasme; mais plusieurs docteurs hardis, se joignant à lui, élevèrent leurs voix, non pas seulement contre les dogmes des scolastiques, mais contre le droit que les papes s'étaient arrogé depuis Grégoire VII de disposer des royaumes, contre le trafic de tous les objets de la religion, contre des oppressions publiques et particulières : ils étalaient dans les chaires et dans leurs écrits un tableau de cinq cents ans de persécutions; ils représentaient l'Allemagne baignée dans le sang par les querelles de l'empire et du sacerdoce; les peuples traités comme des animaux sauvages; le purgatoire ouvert et fermé à prix d'argent par des incestueux, des assassins, et des empoisonneurs. De quel front un Alexandre VI, l'horreur de toute la terre, avait-il osé se dire le vicaire de Dieu?

---

1. V. cite ces plaisanteries de Luther d'après Bossuet, *Histoire des variations des Églises protestantes,* l. 1, ch. 33 (t. I, p. 39 de l'éd. de Paris, 1734).

et comment Léon X, dans le sein des plaisirs et des scandales, pouvait-il prendre ce titre?

Tous ces cris excitaient les peuples; et les docteurs A de l'Allemagne allumaient plus de haine contre la nouvelle Rome que Varus n'en avait excité contre l'ancienne dans les mêmes climats.

La bizarre destinée qui se joue de ce monde voulut que le roi d'Angleterre Henri VIII entrât dans la dispute. Son père l'avait fait instruire dans les vaines et absurdes sciences de ce temps-là. L'esprit du jeune Henri, ardent et impétueux, s'était nourri avidement des subtilités de l'école. Il voulut écrire contre Luther; mais auparavant il fit demander à Léon X la permission de lire les livres de cet hérésiarque, dont la lecture était interdite sous peine d'excommunication. Léon X accorda la permission. Le roi écrit; il commente saint Thomas; il défend sept sacrements contre Luther, qui alors en admettait trois, lesquels bientôt se réduisirent à deux [1]. Le livre s'achève à la hâte : on l'envoie à Rome. Le pape, ravi, compare ce livre, que personne ne lit aujourd'hui, aux écrits des Augustin et des Jérôme. Il donna le titre de *défenseur de la foi* au roi Henri et à ses successeurs : et à qui le donnait-il? à celui qui devait être quelques années après le plus sanglant ennemi de Rome.

Peu de personnes prirent le parti de Luther en Italie. Ce peuple ingénieux, occupé d'intrigues et de plaisirs, n'eut aucune part à ces troubles. Les Espagnols, tout vifs et tout spirituels qu'ils sont, ne s'en mêlèrent pas. Les Français, quoiqu'ils aient avec l'esprit de ces peuples un goût plus violent pour les nouveautés, furent longtemps sans prendre parti. Le théâtre de cette guerre d'esprit était chez les Allemands, chez les Suisses, qui n'étaient pas réputés alors les hommes de la terre les plus déliés, et qui passent pour circonspects. La cour de Rome, savante et polie, ne s'était pas attendue

---

1. Le titre du livre de Henri VIII est : *Assertio septem sacramentorum adversus Martinum Lutherum, edita ab invictissimo Angliæ et Franciæ rege et domino Hyberniæ, Henrico ejus nominis octavo. Apud inclytam urbem Londinum, in ædibus Pynsonianis, anno MDXXI, quarto idus julii, cum privilegio a rege indulto. Editio prima, in-4°*. (G. A.)

que ceux qu'elle traitait de barbares pourraient, la *Bible* comme le fer à la main, lui ravir la moitié de l'Europe et ébranler l'autre.

C'est un grand problème si Charles-Quint, alors empereur, devait embrasser la réforme, ou s'y opposer. En secouant le joug de Rome, il vengeait tout d'un coup l'empire de quatre cents ans d'injures que la tiare avait faites à la couronne impériale; mais il courait risque de perdre l'Italie. Il avait à ménager le pape, qui devait se joindre à lui contre François Ier; de plus, ses États héréditaires étaient tous catholiques. On lui reproche même d'avoir vu avec plaisir naître une faction qui lui donnerait lieu de lever des taxes et des troupes dans l'empire, et d'écraser les catholiques, ainsi que les luthériens, sous le poids d'un pouvoir absolu. Enfin sa politique et sa dignité l'engagèrent à se déclarer contre Luther, quoique peut-être il fût, dans le fond, de son avis sur quelques articles, comme les Espagnols l'en soupçonnèrent après sa mort. (x) On peut ajouter D qu'au moment où Charles-Quint renonça au gouvernement, les États de la maison d'Autriche en Allemagne, les Pays-Bas, l'Espagne, Naples, étaient remplis de protestants; que les catholiques mêmes de tous ces pays demandaient une réforme; qu'il lui eût été facile, en excluant le pape et ses sujets du concile, d'en obtenir des décisions conformes à l'intérêt général de l'Europe; qu'il en eût été le maître, surtout du temps de Paul IV, pontife également sanguinaire et insensé. Il imagina malheureusement qu'avec des bulles, des rescrits, et de l'or, il se rendrait le maître de l'Allemagne, et de l'Italie; et après trente ans d'intrigues et de guerres, il se trouva beaucoup moins puissant, lorsqu'il abdiqua l'empire, qu'au moment de son élection.

Il somma Luther de venir rendre compte de sa doctrine en sa présence à la diète impériale de Vorms, c'est-à-dire de venir y déclarer s'il soutenait les dogmes que Rome avait proscrits (1521). Luther comparut avec un sauf-conduit de l'empereur, s'exposant hardiment au sort de Jean Hus; mais cette assemblée étant composée de princes, il se fia à leur honneur. Il parla devant l'empereur et devant la diète, et soutint sa doctrine avec courage. On prétend que Charles-Quint fut sollicité par le nonce Alexandre de faire arrêter Luther, malgré le sauf-conduit, comme Sigismond avait livré Jean Hus, sans égard pour la foi publique; mais que Charles-Quint répondit « qu'il ne voulait pas avoir à rougir comme Sigismond ».

Cependant Luther, ayant contre lui son empereur, le roi d'Angleterre, le pape, tous les évêques, et tous les religieux, ne s'étonna pas : caché dans une forteresse de Saxe, il brava l'empereur, irrita la moitié de l'Allemagne contre le pape, répondit au roi d'Angleterre comme à son égal, fortifia et étendit son Église naissante.

Le vieux Frédéric, électeur de Saxe, souhaitait l'extirpation de l'Église romaine. Luther crut qu'il était temps enfin d'abolir la messe privée. Il s'y prit d'une manière qui, dans un temps plus éclairé, n'eût pas trouvé beaucoup d'applaudissements. Il feignit que le diable, lui étant apparu, lui avait reproché de dire la messe et de consacrer. Le diable lui prouva, dit-il, que c'était une idolâtrie. Luther, dans le récit de cette fiction, avoua que le diable avait raison, et qu'il fallait l'en croire. La messe fut abolie dans la ville de Vittemberg, et bientôt après dans le reste de la Saxe. On abattit les images. Les moines et les religieuses sortaient de leurs cloîtres; et peu d'années après, Luther épousa une religieuse nommée Catherine Bore. Les ecclésiastiques de l'ancienne communion lui reprochèrent qu'il ne pouvait se passer de femme : Luther leur répondit qu'ils ne pouvaient se passer de maîtresses. Ces reproches mutuels étaient bien différents : les prêtres catholiques qu'on accusait d'incontinence, étaient forcés d'avouer qu'ils transgressaient la discipline de l'Église entière : Luther et les siens la changeaient.

La loi de l'histoire oblige de rendre justice à la plupart des moines qui abandonnèrent leurs églises et leurs cloîtres pour se marier. Ils reprirent, il est vrai, la liberté dont ils avaient fait le sacrifice : ils rompirent leurs vœux; mais ils ne furent point libertins, et on ne peut leur reprocher des mœurs scandaleuses. La même impartialité doit reconnaître que Luther et les autres moines, en contractant des mariages utiles à l'État, ne violaient guère plus leurs vœux que ceux qui, ayant fait serment d'être pauvres et humbles, possédaient des richesses fastueuses.

Parmi les voix qui s'élevaient contre Luther, plusieurs faisaient entendre avec ironie que celui qui avait consulté le diable pour détruire la messe témoignait au diable sa reconnaissance en abolissant les exorcismes, et qu'il voulait renverser tous les remparts élevés pour repousser l'ennemi des hommes. On a remarqué depuis, dans tous les pays où l'on cessa d'exorciser, que le nombre énorme de possessions et de sortilèges diminua beaucoup. On disait, on écrivait que les démons entendaient mal leurs intérêts, de ne se réfugier que chez les catholiques, qui seuls avaient le pouvoir de leur commander; et on n'a pas manqué d'observer que le nombre des sorciers et des possédés a été prodigieux dans l'Église romaine jusqu'à nos derniers temps. Il ne faut point plaisanter sur les sujets tristes. C'était une matière très sérieuse, rendue funeste par le malheur de tant de familles et le supplice de tant d'infortunés; et c'est un grand bonheur pour le genre humain que les tribunaux, dans les pays éclairés, n'admettent plus enfin les obsessions et la magie. Les réformateurs arrachèrent cette pierre de scandale deux cents ans avant les catholiques. On leur reprochait de heurter les fondements de la religion chrétienne; on leur disait que les obsessions et les sortilèges sont admis expressément dans l'Écriture, que Jésus-Christ chassait les démons, et qu'il envoya surtout ses apôtres pour les chasser en son nom. Ils répondaient à cette objection pressante ce que répondent aujourd'hui tous les magistrats sages, que Dieu permettait autrefois des choses qu'il ne permet plus aujourd'hui; que l'Église naissante avait besoin de miracles, dont l'Église affermie n'a plus besoin. (x) En un mot, nous croyons, par le témoignage B de l'Écriture, qu'il y avait des possédés et des sorciers, et il est certain qu'il n'y en a pas aujourd'hui : car si dans nos derniers temps les protestants du Nord ont été encore assez imbéciles et assez cruels pour faire brûler deux ou trois misérables accusés de sorcellerie, il est constant qu'enfin cette sotte abomination est entièrement abolie [a].

CHAPITRE CXXIX

DE ZUINGLE, ET DE LA CAUSE
QUI RENDIT LA RELIGION ROMAINE ODIEUSE
DANS UNE PARTIE DE LA SUISSE

La Suisse fut le premier pays hors de l'Allemagne où s'étendit la nouvelle secte qu'on appelait la *primitive église*. Zuingle curé de Zurich, alla plus loin encore que Luther; chez lui, point *d'impanation,* point *d'invination*. Il n'admit point que Dieu entrât dans le pain et dans le vin, moins encore que tout le corps de Jésus-Christ fût tout entier dans chaque parcelle et dans chaque goutte. Ce fut lui qu'en France on appela *sacramentaire,* nom qui fut d'abord donné à tous les réformateurs de sa secte.

(1523) Zuingle s'attira des invectives du clergé de son pays. L'affaire fut portée aux magistrats. Le sénat de Zurich examina le procès, comme s'il s'était agi d'un héritage. On alla aux voix : la pluralité fut pour la réformation. Le peuple attendait en foule la sentence du sénat; lorsque le greffier vint annoncer que Zuingle avait gagné sa cause, tout le peuple fut dans le moment de la religion du sénat. Une bourgade suisse jugea Rome. Heureux peuple, après tout, qui dans sa simplicité s'en remettait à ses magistrats sur ce que ni lui, ni eux, ni Zuingle, ni le pape, ne pouvaient entendre !

Quelques années après, Berne, qui est en Suisse ce qu'Amsterdam est dans les Provinces-Unies, jugea plus solennellement encore ce même procès. Le sénat, ayant entendu pendant deux mois les deux parties, condamna la religion romaine. L'arrêt fut reçu sans difficulté de tout le canton; et l'on érigea une colonne, sur laquelle on grava en lettres d'or ce jugement solennel, qui est depuis demeuré dans toute sa force.

(1528) Quand on voit ainsi la nation la moins inquiète, la moins remuante, la moins volage de l'Europe, quitter tout d'un coup une religion pour une autre, il y a infailliblement une cause qui doit avoir fait une impression violente sur tous les esprits. Voici cette cause de la révolution des Suisses.

Une animosité ouverte excitait les franciscains contre les dominicains depuis le XIIIe siècle. Les dominicains perdaient beaucoup de leur crédit chez le peuple parce qu'ils honoraient moins la Vierge que les cordeliers, et qu'ils lui refusaient avec saint Thomas le privilège d'être née sans péché[1]. Les cordeliers, au contraire, gagnaient beaucoup de crédit et d'argent en prêchant partout la conception immaculée soutenue par saint Bonaventure[2]. La haine entre ces deux ordres était si forte qu'un cordelier, prêchant à Francfort, sur la Vierge (1503), et voyant entrer un dominicain[3], s'écria qu'il remerciait Dieu de n'être pas d'une secte qui déshonorait la mère de Dieu même, et qui empoisonnait les empereurs dans l'hostie. Le dominicain, nommé Vigan, lui cria qu'il en avait menti, et qu'il était hérétique. Le franciscain descendit de sa chaire, excita le peuple; il chassa son ennemi à grands coups de crucifix, et Vigan fut laissé pour mort à la porte. (1504) Les dominicains tinrent à Wimpfen un chapitre, dans lequel ils résolurent de se venger des cordeliers, et de faire tomber leur crédit et leur doctrine, en armant contre eux la Vierge même. Berne fut choisi pour le lieu de la scène. On y répandit, pendant trois ans, plusieurs his-

---

1. Saint Thomas, *Somme,* IIIe partie, p. 65 : « *Videtur quod beata Virgo non fuerit emundata ab infectione fomitis.* »

2. Bonaventure, ardent propagateur du culte de la Vierge, affirme son immaculée conception dans *Sententiae,* l. III, dist. III, art. 1, *quaest.* 1, « *an caro Virginis sanctificata fuerit ante animationem* », et *quaest.* 2, « *an anima beatae Virginis sanctificata fuerit ante originalis peccati contractionem* », dans *Opera,* Lyon, 1668, t. V, p. 29 et suiv.

3. L'histoire de Wegand et celle du moine Yetser se lisent tout au long dans Burnet, *Voyage de Suisse, d'Italie et de quelques endroits d'Allemagne et de France, fait ès années 1685 et 1686,* Rotterdam, 1687, pp. 61-84.

toires d'apparitions de la mère de Dieu, qui reprochait aux cordeliers la doctrine de l'immaculée conception, et qui disait que c'était un blasphème, lequel ôtait à son fils la gloire de l'avoir lavée du péché originel et sauvée de l'enfer. Les cordeliers opposaient d'autres apparitions. (1507) Enfin les dominicains ayant attiré chez eux un jeune frère lai, nommé Yetser, se servirent de lui pour convaincre le peuple. C'était une opinion établie dans les couvents de tous les ordres que tout novice qui n'avait pas fait profession, et qui avait quitté l'habit, restait en purgatoire jusqu'au jugement dernier, à moins qu'il ne fût racheté par des prières et des aumônes au couvent.

Le prieur dominicain du couvent entra la nuit dans A la cellule d'Yetser, vêtu d'une robe où l'on avait peint des diables. Il était chargé de chaînes, accompagné de quatre chiens; et sa bouche, dans laquelle on avait mis une petite boîte ronde pleine d'étoupes, jetait des flammes. Ce prieur dit à Yetser qu'il était un ancien moine mis en purgatoire pour avoir quitté l'habit, et qu'il en serait délivré, si le jeune Yetser voulait bien se faire fouetter en sa faveur par les moines devant le grand autel; Yetser n'y manqua pas. Il délivra l'âme du purgatoire. L'âme lui apparut rayonnante et en habit blanc, pour lui apprendre qu'elle était montée au ciel, et pour lui recommander les intérêts de la Vierge que les cordeliers calomniaient.

Quelques nuits après, sainte Barbe, à qui frère Yetser A avait une grande dévotion, lui apparut : c'était un autre moine qui était sainte Barbe; elle lui dit qu'il était saint, et qu'il était chargé par la Vierge de la venger de la mauvaise doctrine des cordeliers.

Enfin la Vierge descendit elle-même par le plafond A avec deux anges; elle lui commanda d'annoncer qu'elle était née dans le péché originel, et que les cordeliers étaient les plus grands ennemis de son fils. Elle lui dit qu'elle voulait l'honorer des cinq plaies dont sainte Lucie et sainte Catherine avaient été favorisées.

La nuit suivante les moines ayant fait boire au frère A du vin mêlé d'opium, on lui perça les mains, les pieds, et le côté. Il se réveilla tout en sang. On lui dit que la Sainte Vierge lui avait imprimé les stigmates; et en cet état, on l'exposa sur l'autel à la vue du peuple.

Cependant, malgré son imbécillité, le pauvre frère, A
ayant cru reconnaître dans la sainte Vierge la voix du
sous-prieur, commença à soupçonner l'imposture.
Les moines n'hésitèrent pas à l'empoisonner : on lui
donna, en le communiant, une hostie saupoudrée de
sublimé corrosif. L'âcreté qu'il ressentit lui fit rejeter
l'hostie : aussitôt les moines le chargèrent de chaînes
comme un sacrilège. Il promit, pour sauver sa vie, et
jura sur une hostie, qu'il ne révélerait jamais le secret.
Au bout de quelque temps, ayant trouvé le moyen de
s'évader, il alla tout déposer devant le magistrat. Le
procès dura deux années, au bout desquelles quatre
dominicains furent brûlés à la porte de Berne, le dernier
mai 1509 (ancien style), après la condamnation prononcée par un évêque délégué de Rome.

Cette aventure inspira une horreur pour les moines A
telle qu'elle devait la produire. On ne manqua pas
d'en relever toutes les circonstances affreuses au commencement de la réforme. On oubliait que Rome
même avait fait punir ce sacrilège par le plus grand
supplice : on ne se souvenait que du sacrilège. Le peuple,
qui en avait été témoin, croyait sans peine cette foule
de profanations et de prestiges faits à prix d'argent,
qu'on reprochait particulièrement aux ordres mendiants,
et qu'on imputait à toute l'Église. Si ceux qui tenaient
encore pour le culte romain objectaient que le siège de
Rome n'était pas responsable des crimes commis par
les moines, on leur mettait devant les yeux les attentats
dont plusieurs papes s'étaient souillés. Rien n'est plus
aisé que de rendre un corps odieux, en détaillant les
crimes de ses membres.

Le sénat de Berne et celui de Zurich avaient donné
une religion au peuple; mais à Bâle ce fut le peuple qui
contraignit le sénat à la recevoir. Il y avait déjà alors
treize cantons suisses : Lucerne, et quatre des plus petits
et des plus pauvres, Zug, Schwitz, Uri, Underwald, étant
demeurés attachés à la communion romaine, commencèrent la guerre civile contre les autres. Ce fut la première
guerre de religion entre les catholiques et les réformés.
Le curé Zuingle se mit à la tête de l'armée protestante.
Il fut tué dans le combat (1531), regardé comme un

saint martyr par son parti, et comme un hérétique détestable par le parti opposé : les catholiques vainqueurs firent écarteler son corps par le bourreau, et le jetèrent ensuite dans les flammes. Ce sont là les préludes des fureurs auxquelles on s'emporta depuis.

Ce fameux Zuingle, en établissant sa secte, avait paru plus zélé pour la liberté que pour le christianisme. Il croyait qu'il suffisait d'être vertueux pour être heureux dans l'autre vie, et que Caton et saint Paul, Numa et Abraham, jouissaient de la même béatitude. (x) Ce **A** sentiment est devenu celui d'une infinité de savants modérés. Ils ont pensé qu'il était abominable de regarder le père de la nature comme le tyran de presque tout le genre humain, et le bienfaiteur de quelques personnes dans quelques petites contrées. Ces savants se sont trompés sans doute; mais qu'il est humain de se tromper ainsi!

La religion de Zuingle s'appela depuis le *calvinisme*. Calvin lui donna son nom, comme Améric Vespuce donna le sien au nouveau monde, découvert par Colomb. Voilà en peu d'années trois Églises nouvelles : celle de Luther, celle de Zuingle, celle d'Angleterre, détachées du centre de l'union, et se gouvernant par elles-mêmes. Celle de France, sans jamais rompre avec le chef, était encore regardée à Rome comme un membre séparé sur bien des articles : comme sur la supériorité des conciles, sur la faillibilité du premier pontife, sur quelques droits de l'épiscopat, sur le pouvoir des légats, sur la nomination aux bénéfices, sur les tributs que Rome exigeait.

La grande société chrétienne ressemblait en un point aux empires profanes qui furent dans leurs commencements des républiques pauvres. Ces républiques devinrent, avec le temps, de riches monarchies; et ces monarchies perdirent quelques provinces qui redevinrent républiques.

CHAPITRE CXXX

Le Danemark et toute la Suède embrassaient le luthéranisme, appelé *la religion évangélique*. (1523) Les Suédois, en secouant le joug des évêques de la communion romaine, écoutèrent surtout les motifs de la vengeance. Opprimés longtemps par quelques évêques, et surtout par les archevêques d'Upsal, primats du royaume, ils étaient encore indignés de la barbarie commise (1520), il n'y avait que trois ans, par le dernier archevêque, nommé Troll : cet archevêque, ministre et complice de Christiern II, surnommé *le Néron du Nord*, tyran du Danemark et de la Suède, était un monstre de cruauté, non moins abominable que Christiern; il avait obtenu une bulle du pape contre le sénat de Stockholm, qui s'était opposé à ses déprédations aussi bien qu'à l'usurpation de Christiern; mais tout ayant été apaisé, les deux tyrans, Christiern et l'archevêque, ayant juré sur l'hostie d'oublier le passé, le roi invita à souper dans son palais deux évêques, tout le sénat, et quatre-vingt-quatorze seigneurs. Toutes les tables étaient servies : on était dans la sécurité et dans la joie, lorsque Christiern et l'archevêque sortirent de table; ils rentrèrent un moment après, mais suivis de satellites et de bourreaux; l'archevêque, la bulle du pape à la main, fit massacrer tous les convives. On fendit le ventre au grand-prieur de l'ordre de Saint-Jean de Jérusalem, et on lui arracha le cœur.

Cette fête de deux tyrans fut terminée par la boucherie qu'on fit de plus de six cents citoyens, sans distinction d'âge ni de sexe.

Les deux monstres, qui devaient périr par le supplice

du grand-prieur de Saint-Jean, moururent à la vérité dans leur lit; mais l'archevêque après avoir été blessé dans un combat, et Christiern après avoir été détrôné. Le fameux Gustave Vasa, comme nous l'avons dit en parlant de la Suède, délivra sa patrie du tyran (1523), et les quatre états du royaume lui ayant décerné la couronne, il ne tarda pas à exterminer une religion dont on avait abusé pour commettre de si exécrables crimes.

Le luthéranisme fut donc bientôt établi sans aucune contradiction dans la Suède et dans le Danemark, immédiatement après que le tyran eut été chassé de ses deux États.

Luther se voyait l'apôtre du Nord, et jouissait en paix de sa gloire. Dès l'an 1525 les États de Saxe, de Brunswick, de Hesse, les villes de Strasbourg et de Francfort, embrassaient sa doctrine.

Il est certain que l'Église romaine avait besoin de réforme; le pape Adrien, successeur de Léon X, l'avouait lui-même. Il n'est pas moins certain que s'il n'y avait pas eu dans le monde chrétien une autorité qui fixât le sens de l'Écriture et les dogmes de la religion, il y aurait autant de sectes que d'hommes qui sauraient lire : car enfin le divin législateur n'a daigné rien écrire; ses disciples ont dit très peu de choses, et ils les ont dites d'une manière qu'il est quelquefois très difficile d'entendre par soi-même; presque chaque mot peut susciter une querelle; (x) mais aussi une puissance qui aurait A le droit de commander toujours aux hommes au nom de Dieu abuserait bientôt d'un tel pouvoir. Le genre humain s'est trouvé souvent, dans la religion comme dans le gouvernement, entre la tyrannie et l'anarchie, prêt à tomber dans l'un de ces deux gouffres.

Les réformateurs d'Allemagne, qui voulaient suivre l'Évangile mot à mot, donnèrent un nouveau spectacle quelques années après : ils dispensèrent d'une loi reconnue, laquelle semblait ne devoir plus recevoir d'atteinte; c'est la loi de n'avoir qu'une femme, loi A positive sur laquelle paraît fondé le repos des États et des familles dans toute la chrétienté; (x) mais loi quelquefois funeste, et qui peut avoir besoin d'exceptions, comme tant d'autres lois. Il est des cas où l'intérêt même des familles, et surtout l'intérêt de l'État, demandent qu'on épouse une seconde femme du vivant de la première, quand cette première ne peut donner un héritier nécessaire. La loi naturelle alors se joint au bien public; et le but du mariage étant d'avoir des enfants, il paraît contradictoire de refuser l'unique moyen qui mène à ce but.

Il ne s'est trouvé qu'un seul pape qui ait écouté cette A loi naturelle : c'est Grégoire II, qui, dans sa célèbre décrétale de l'an 726, déclara que « quand un homme a une épouse infirme, incapable des fonctions conjugales, il peut en prendre une seconde, pourvu qu'il ait soin de la première ». Luther alla beaucoup plus loin que le pape Grégoire II. (x) Philippe le Magnanime, landgrave de Hesse, voulut, du vivant de sa femme Christine de Saxe, qui n'était point infirme et dont il avait des enfants, épouser une jeune demoiselle, nommée Catherine de Saal, dont il était amoureux. Ce qui est peut-être étrange, c'est qu'il paraît, par les pièces originales concernant cette affaire, qu'il entrait de la délicatesse de conscience dans le dessein de ce prince : c'est un des grands exemples de la faiblesse de l'esprit humain. Cet homme, d'ailleurs sage et politique, semblait croire sincèrement qu'avec la permission de Luther et de ses compagnons il pouvait transgresser une loi qu'il reconnaissait. Il représenta donc à ces chefs de son Église que sa femme, la princesse de Saxe, « était laide, sentait mauvais, et s'enivrait souvent ». Ensuite il avoue avec naïveté, dans sa requête, qu'il est tombé très souvent dans la *fornication,* et que son tempérament lui rend le plaisir nécessaire; mais, ce qui n'est pas si naïf, il fait sentir adroitement à ses docteurs que, s'ils ne veulent pas lui donner la dispense dont il a besoin, il pourrait bien la demander au pape.

Luther assembla un petit synode dans Vittemberg, composé de six réformateurs : ils sentaient qu'ils allaient choquer une loi reçue dans leur parti même. (x) La loi A naturelle parlait seule en faveur du landgrave; la nature lui avait donné au nombre de trois ce qu'elle ne donne d'ordinaire aux autres qu'au nombre de deux; mais il n'apporte point cette raison physique dans sa requête.

La décrétale de Grégoire II, qui permet deux femmes, A n'était point en vigueur, et n'autorise personne. (x) Les exemples que plusieurs rois chrétiens, et surtout les rois goths, avaient donnés autrefois de la polygamie, n'étaient regardés par tous les chrétiens que comme des abus. Si l'empereur Valentinien l'Ancien épousa Justine du vivant de Severa sa femme, si plusieurs rois francs eurent deux ou trois femmes à la fois, le temps en avait presque effacé le souvenir. Le synode de Vittemberg ne regardait pas le mariage comme un sacrement; mais comme un contrat civil : il disait que la discipline de l'Église admet le divorce, quoique l'Évangile le défende; il disait que l'Évangile n'ordonne pas expressément la monogamie; mais enfin il voyait si clairement le scandale, qu'il le déroba autant qu'il put aux yeux du public. La permission de la polygamie fut signée; la concubine fut épousée du consentement même de la légitime épouse : ce que, depuis Grégoire, jamais n'avaient osé les papes, dont Luther attaquait le pouvoir excessif, il le fit n'ayant aucun pouvoir. Sa dispense fut secrète; mais le temps révèle tous les secrets de cette nature. Si cet exemple n'a guère eu d'imitateurs, c'est qu'il est rare qu'un homme puisse conserver chez soi deux femmes dont la rivalité ferait une guerre domestique continuelle, et rendrait trois personnes malheureuses.

Cowper[1][a], chancelier d'Angleterre du temps de Charles II, épousa secrètement une seconde femme, avec le consentement de la première; il fit un petit livre en faveur de la polygamie, et vécut heureusement avec ses deux épouses; mais ces cas sont très rares.

La loi qui permet la pluralité des femmes aux Orientaux est, de toutes les lois, la moins en vigueur chez les particuliers : on a des concubines; mais il n'y a pas à Constantinople quatre Turcs qui aient plusieurs épouses *.

A

D

* Voyez le *Dictionnaire philosophique* [2].

1. Cf. la var. : V. avait d'abord écrit *Trévor;* il fait amende honorable dans la XXIIe des *Honnêtetés littéraires* (1767), XXVI, 144 : « M. de Voltaire s'était trompé en racontant cette bigamie; il avait pris le lord Cowper pour le lord Trévor. La famille Trévor l'a redressé avec une extrême politesse. »

2. A l'art. *Femme.*, V. dit que chez les musulmans il n'y a que les

Si les nouveautés n'avaient apporté que ces scandales paisibles, le monde eût été trop heureux; mais l'Allemagne fut un théâtre de scènes plus tragiques.

plus grands seigneurs qui puissent user du droit accordé par le *Coran* d'avoir quatre femmes.

CHAPITRE CXXXI

Des anabaptistes

Deux fanatiques, nommés Stork et Muncer, nés en Saxe, se servirent de quelques passages de l'Écriture qui insinuent qu'on n'est point disciple de Christ sans être inspiré : ils prétendirent l'être.

(1523) Ce sont les premiers enthousiastes dont on ait ouï parler dans ces temps-là : ils voulaient qu'on rebaptisât les enfants, parce que le Christ avait été baptisé étant adulte; c'est ce qui leur procura le nom d'*anabaptistes*. Ils se dirent inspirés, et envoyés pour réformer la communion romaine et la luthérienne, et pour faire périr quiconque s'opposerait à leur évangile, se fondant sur ces paroles : « Je ne suis pas venu apporter la paix, mais le glaive [1]. »

Luther avait réussi à faire soulever les princes, les seigneurs, les magistrats, contre le pape et les évêques. Muncer souleva les paysans contre tous ceux-ci : lui et ses disciples s'adressèrent aux habitants des campagnes en Souabe, en Misnie, dans la Thuringe, dans la Franconie. Ils développèrent cette vérité dangereuse qui est dans tous les cœurs, c'est que les hommes sont nés égaux, et que si les papes avaient traité les princes en sujets, les seigneurs traitaient les paysans en bêtes. (x) A la vérité [a], le manifeste de ces sauvages, au nom des hommes qui cultivent la terre, aurait été signé par Lycurgue : ils demandaient qu'on ne levât sur eux que les dîmes des grains; qu'une partie fût employée au soulagement des pauvres; qu'on leur permît la chasse et la pêche pour se nourrir; que l'air et l'eau fussent

---

1. *Matth.*, X, 34.

libres; qu'on modérât leurs corvées; qu'on leur laissât
du bois pour se chauffer : ils réclamaient les droits du
genre humain; mais ils les soutinrent en bêtes féroces.

Les cruautés que nous avons vues exercées par les
communes de France et en Angleterre, du temps des
rois Charles VI et Henri V, se renouvelèrent en Allemagne, et furent plus violentes par l'esprit de fanatisme. (x) Muncer s'empare ª de Mulhausen en Thuringe A
en prêchant l'égalité, et fait porter à ses pieds l'argent
des habitants en prêchant le désintéressement. (1525)
Les paysans se soulèvent de la Saxe jusqu'en Alsace :
(x) ils massacrent les gentilshommes qu'ils rencontrent;
ils égorgent une fille bâtarde de l'empereur Maximilien Iᵉʳ. Ce qui est très remarquable, c'est qu'à
l'exemple des anciens esclaves révoltés, qui, se sentant
incapables de gouverner, choisirent pour leur roi le
seul de leurs maîtres échappé au carnage, ces paysans
mirent à leur tête un gentilhomme.

Ils ravagèrent tous les endroits où ils pénétrèrent
depuis la Saxe jusqu'en Lorraine; mais bientôt ils
eurent le sort de tous les attroupements qui n'ont pas
un chef habile : après avoir fait des maux affreux, ces
troupes furent exterminées par des troupes régulières.
Muncer, qui avait voulu s'ériger en Mahomet, périt,
à Mulhausen, sur l'échafaud (1525); Luther, qui n'avait
point eu de part à ces emportements, mais qui en était
pourtant malgré lui le premier principe, puisque le
premier il avait franchi la barrière de la soumission,
ne perdit rien de son crédit, et n'en fut pas moins le
prophète de sa patrie.

CHAPITRE CXXXII

Il n'était plus possible à l'empereur Charles-Quint ni à son frère Ferdinand d'arrêter le progrès des réformateurs. En vain la diète de Spire fit des articles modérés de pacification (1529); quatorze villes et plusieurs princes protestèrent contre cet édit de Spire : ce fut cette protestation qui fit donner depuis à tous les ennemis de Rome le nom de *Protestants*. Luthériens, zuingliens, œcolampadiens, carlostadiens, calvinistes, presbytériens, puritains, haute Église anglicane, petite Église anglicane, tous sont désignés aujourd'hui sous ce nom. C'est une république immense, composée de factions diverses, qui se réunissent toutes contre Rome, leur ennemie commune.

(1530) Les luthériens présentèrent leur confession de foi dans Augsbourg, et c'est cette confession qui devint leur boussole; le tiers de l'Allemagne y adhérait : les princes de ce parti se liguaient déjà contre l'autorité de Charles-Quint, ainsi que contre Rome. Mais le sang ne coulait point encore dans l'empire pour la cause de Luther : il n'y eut que les anabaptistes qui, toujours transportés de leur rage aveugle, et peu intimidés par l'exemple de leur chef Muncer, désolèrent l'Allemagne au nom de Dieu (1534). Le fanatisme n'avait point encore produit dans le monde une fureur pareille; tous ces paysans, qui se croyaient prophètes, et qui ne savaient rien de l'Écriture sinon qu'il faut massacrer sans pitié les ennemis du Seigneur, se rendirent les plus forts en Vestphalie, qui était alors la patrie de la stupidité; ils s'emparèrent de la ville de Munster, dont ils chassèrent l'évêque. Ils voulaient d'abord établir la théocratie des Juifs, et être gouvernés par Dieu seul;

mais un nommé Matthieu, leur principal prophète, ayant été tué, un garçon tailleur, nommé Jean de Leyde, né à Leyde en Hollande, assura que Dieu lui était apparu, et l'avait nommé roi : il le dit et le fit croire.

La pompe de son couronnement fut magnifique : on voit encore de la monnaie qu'il fit frapper; ses armoiries étaient deux épées dans la même position que les clefs du pape. Monarque et prophète à la fois, il fit partir douze apôtres qui allèrent annoncer son règne dans toute la basse Allemagne. Pour lui, à l'exemple des rois d'Israël, il voulut avoir plusieurs femmes, et en épousa jusqu'à dix à la fois. L'une d'elles ayant parlé contre son autorité, il lui trancha la tête en présence des autres, qui, soit par crainte, soit par fanatisme, dansèrent avec lui autour du cadavre sanglant de leur compagne.

Ce roi prophète eut une vertu qui n'est pas rare chez les bandits et chez les tyrans, la valeur : il défendit Munster contre son évêque Valdec, avec un courage intrépide, pendant une année entière; et, dans les extrémités où le réduisait la famine, il refusa tout accommodement. (1536) Enfin il fut pris les armes à la main par une trahison des siens. Sa captivité ne lui ôta rien de son orgueil inébranlable : l'évêque lui ayant demandé comment il avait osé se faire roi, le prisonnier lui demanda à son tour de quel droit l'évêque osait être seigneur temporel : « J'ai été élu par mon chapitre, dit le prélat. — Et moi, par Dieu même », reprit Jean de Leyde. L'évêque, après l'avoir quelque temps montré de ville en ville, comme on fait voir un monstre, le fit tenailler avec des tenailles ardentes. L'enthousiasme anabaptiste ne fut point éteint par le supplice que ce roi et ses complices subirent; leurs frères des Pays-Bas furent sur le point de surprendre Amsterdam : on extermina ce qu'on trouva de conjurés; (x) et dans ces temps-là tout ce qu'on rencontrait d'anabaptistes dans les Provinces-Unies était traité comme les Hollandais l'avaient été par les Espagnols : on les noyait, on les étranglait, on les brûlait; conjurés ou non, tumultueux ou paisibles, on courut partout sur eux dans toute la basse Allemagne comme sur des monstres dont il fallait purger la terre.

Cependant la secte subsiste [a] assez nombreuse, cimentée du sang des prosélytes, qu'ils appellent *martyrs,* mais entièrement différente de ce qu'elle était dans son origine : les successeurs de ces fanatiques sanguinaires sont les plus paisibles de tous les hommes, occupés de leurs manufactures et de leur négoce, laborieux, charitables. Il n'y a point d'exemple d'un si grand changement; mais comme ils ne font aucune figure dans le monde, on ne daigne pas s'apercevoir s'ils sont changés ou non, s'ils sont méchants ou vertueux.

Ce qui a changé leurs mœurs, c'est qu'ils se sont rangés A au parti des unitaires, c'est-à-dire de ceux qui ne reconnaissent qu'un seul Dieu, et qui, en révérant le Christ, vivent sans beaucoup de dogmes et sans aucune dispute; hommes condamnés dans toutes les autres communions, et vivant en paix au milieu d'elles. (x) Ainsi C ils ont été le contraire des chrétiens; ceux-ci furent d'abord des frères paisibles, souffrants et cachés, et enfin des scélérats absurdes et barbares. Les anabaptistes commencèrent par la barbarie, et ont fini par la douceur et la sagesse.

CHAPITRE CXXXIII

De Genève et de Calvin

Autant que les anabaptistes méritaient qu'on sonnât le tocsin sur eux de tous les coins de l'Europe, autant les protestants devinrent recommandables aux yeux des peuples par la manière dont leur réforme s'établit en plusieurs lieux. Les magistrats de Genève firent soutenir des thèses pendant tout le mois de juin 1535. On invita les catholiques et les protestants de tous pays à venir y disputer : quatre secrétaires rédigèrent par écrit tout ce qui se dit d'essentiel pour et contre. Ensuite le grand conseil de la ville examina pendant deux mois le résultat des disputes : c'était ainsi à peu près qu'on en avait usé à Zurich et à Berne, mais moins juridiquement et avec moins de maturité et d'appareil. Enfin le conseil proscrivit la religion romaine; et l'on voit encore aujourd'hui dans l'hôtel de ville cette inscription gravée sur une plaque d'airain : « En mémoire de la grâce que Dieu nous a faite d'avoir secoué le joug de l'antéchrist, aboli la superstition, et recouvré notre liberté. »

Les Genevois recouvrèrent en effet leur vraie liberté. L'évêque, qui disputait le droit de souveraineté sur Genève au duc de Savoie et au peuple, à l'exemple de tant de prélats allemands, fut obligé de fuir et d'abandonner le gouvernement aux citoyens. Il y avait depuis longtemps deux partis dans la ville, celui des protestants et celui des romains : les protestants s'appelaient *egnots,* du mot *eidgnossen, alliés par serment.* Les egnots, qui triomphèrent, attirèrent à eux une partie de la faction opposée, et chassèrent le reste : de là vint que les réformés de France eurent le nom d'*egnots* ou *huguenots;* terme dont la plupart des écrivains français inventèrent depuis de vaines origines.

Cette réforme surtout opposa la sévérité des mœurs B

aux scandales que donnaient alors les catholiques. Il y avait sous la protection de l'évêque, comme prince de Genève, des lieux publics de débauches établis dans la ville; les filles légalement prostituées payaient une taxe au prélat; le magistrat élisait tous les ans la reine du b..., comme on parlait alors, afin que toutes choses se passassent en règle et avec décence. On aurait pu excuser en quelque sorte ces débauches, en disant qu'alors il était plus difficile qu'aujourd'hui de séduire les femmes mariées ou leurs filles; mais il régnait des dissolutions plus révoltantes, car après qu'on eut aboli les couvents dans Genève, on trouva des chemins secrets qui donnaient entrée aux cordeliers dans des couvents de filles. On découvrit à Lausanne, dans la chapelle de l'évêque, derrière l'autel, une petite porte qui conduisait par un chemin souterrain chez des religieuses du voisinage; et cette porte existe encore.

La religion de Genève n'était pas absolument celle des Suisses; mais la différence était peu de chose, et jamais leur communion n'en a été altérée. Le fameux Calvin, que nous regardons comme l'apôtre de Genève, n'eut aucune part à ce changement : il se retira quelque temps après dans cette ville; mais il en fut d'abord exclu, parce que sa doctrine ne s'accordait pas en tout avec la dominante; il y retourna ensuite, et s'y érigea en pape des protestants.

Son nom propre était Chauvin; il était né à Noyon, en 1509; il savait du latin, du grec, et de la mauvaise philosophie de son temps; il écrivait mieux que Luther, et parlait plus mal : tous deux laborieux et austères, mais durs et emportés; tous deux brûlant de l'ardeur de se signaler et d'obtenir cette domination sur les esprits qui flatte tant l'amour-propre, et qui d'un théologien fait une espèce de conquérant.

Les catholiques peu instruits, qui savent en général que Luther, Zuingle, Calvin, se marièrent, que Luther fut obligé de permettre deux femmes au landgrave de Hesse, pensent que ces fondateurs s'insinuèrent par des séductions flatteuses, et qu'ils ôtèrent aux hommes un joug pesant pour leur en donner un très léger. Mais c'est tout le contraire : ils avaient des mœurs farouches; leurs discours respiraient le fiel. S'ils condamnèrent le célibat des prêtres, s'ils ouvrirent les portes des couvents, c'était pour changer en couvents la société humaine. Les jeux, les spectacles, furent défendus chez les réformés; Genève, pendant plus de cent ans, n'a pas souffert chez elle un instrument de musique. Ils proscrivirent la confession auriculaire, mais ils la voulurent publique : dans la Suisse, dans l'Écosse, à Genève, elle l'a été, ainsi que la pénitence. On ne réussit guère chez les hommes, du moins jusqu'aujourd'hui, en ne leur proposant que le facile et le simple; le maître le plus dur est le plus suivi : ils ôtaient aux hommes le libre arbitre, et l'on courait à eux. Ni Luther, ni Calvin, ni les autres, ne s'entendirent sur l'eucharistie : l'un, ainsi que je l'ai déjà dit [1], voyait Dieu dans le pain et dans le vin comme du feu dans un fer ardent; l'autre, comme le pigeon dans lequel était le Saint-Esprit. Calvin se brouilla d'abord avec ceux de Genève qui communiaient avec du pain levé; il voulait du pain ayzme. Il se réfugia à Strasbourg, car il ne pouvait retourner en France, où les bûchers étaient alors allumés, et où François Ier laissait brûler les protestants, tandis qu'il faisait alliance avec ceux d'Allemagne. S'étant marié à Strasbourg avec la veuve d'un anabaptiste, il retourna enfin à Genève; et, communiant avec du pain levé comme les autres, il y acquit autant de crédit que Luther en avait en Saxe.

Il régla les dogmes et la discipline que suivent tous ceux que nous appelons *calvinistes,* en Hollande, en Suisse, en Angleterre, et qui ont si longtemps partagé la France. Ce fut lui qui établit les synodes, les consistoires, les diacres; qui régla la forme des prières et des prêches : il institua même une juridiction consistoriale avec droit d'excommunication.

Sa religion est conforme à l'esprit républicain, et cependant Calvin avait l'esprit tyrannique.

On en peut juger par la persécution qu'il suscita contre Castalion, homme plus savant que lui, que sa jalousie fit chasser de Genève; et par la mort cruelle dont il fit périr longtemps après le malheureux Michel Servet.

---

1. Chapitre 128.

CHAPITRE CXXXIV

De Calvin et de Servet

Michel Servet, de Villanueva en Aragon, très savant médecin, méritait de jouir d'une gloire paisible, pour avoir, longtemps avant Harvey, découvert la circulation du sang; mais il négligea un art utile pour des sciences dangereuses : il traita de la préfiguration du Christ dans le Verbe, de la vision de Dieu, de la substance des anges, de la manducation supérieure; il adoptait en partie les anciens dogmes soutenus par Sabellius, par Eusèbe, par Arius, qui dominèrent dans l'Orient, et qui furent embrassés au XVIe siècle par Lelio Socini, reçus ensuite en Pologne, en Angleterre, en Hollande.

Pour se faire une idée des sentiments très peu connus A de cet homme que sa mort barbare a seule rendu célèbre, il suffira peut-être de rapporter ce passage de son quatrième livre de la Trinité[1] : « Comme le germe de la génération était en Dieu, avant que le fils de Dieu fût fait réellement, ainsi le Créateur a voulu que cet ordre fût observé dans toutes les générations. La semence substantielle du Christ et toutes les causes séminales et formes archétypes étant véritablement en Dieu, etc. » En lisant ces paroles, on croit lire Origène, et, au mot de *Christ* près, on croit lire Platon[2], que les premiers théologiens chrétiens regardèrent comme leur maître.

---

1. *De Trinitatis Erroribus libri septem,* « per Michaelem Servetum, alias Reves, ab Arragonia Hispanum, anno MDXXXI », in-8. V. arrange, très librement, ce que dit Servet : la première phrase traduit approximativement le texte latin de la p. 7 (liv. I); la seconde fait écho à la p. 96 (liv. IV).

2. Sur cette interprétation de Platon, cf. t. I, p. 171, n. 3, et *infra*, p. 355, n. 3.

Servet était de si bonne foi dans sa métaphysique obscure que, de Vienne en Dauphiné, où il séjourna quelque temps, il écrivit à Calvin sur la Trinité. Ils disputèrent par lettres. De la dispute Calvin passa aux injures, et des injures à cette haine théologique, la plus implacable de toutes les haines. Calvin eut par trahison les feuilles d'un ouvrage que Servet faisait imprimer secrètement. Il les envoya à Lyon avec les lettres qu'il avait reçues de lui : action qui suffirait pour le déshonorer à jamais dans la société, car ce qu'on appelle l'esprit de la société est plus honnête et plus sévère que tous les synodes. Calvin fit accuser Servet par un émissaire : quel rôle pour un apôtre ! Servet, qui savait qu'en France on brûlait sans miséricorde tout novateur, s'enfuit tandis qu'on lui faisait son procès. Il passe malheureusement par Genève : Calvin le sait, le dénonce, le fait arrêter (x) à l'enseigne de *la Rose,* lorsqu'il était B prêt d'en partir. On le dépouilla de quatre-vingt-dix-sept pièces d'or, d'une chaîne d'or et de six bagues. Il était sans doute contre le droit des gens d'emprisonner un étranger qui n'avait commis aucun délit dans la ville; (x) mais aussi Genève avait une loi qu'on devrait imiter. Cette loi ordonne que le délateur se mette en prison avec l'accusé. Calvin fit la dénonciation par un de ses disciples, qui lui servait de domestique.

Ce même Jean Calvin avait avant ce temps-là prêché A la tolérance; on voit ces propres mots dans une de ses lettres imprimées [1] : « En cas que quelqu'un soit hétérodoxe, et qu'il fasse scrupule de se servir des mots *trinité* et *personne,* etc., nous ne croyons pas que ce soit une raison pour rejeter cet homme; nous devons le supporter, sans le chasser de l'Église et sans l'exposer à aucune censure comme un hérétique. »

Mais Jean Calvin changea d'avis dès qu'il se livra à A la fureur de sa haine théologique : il demandait la tolérance dont il avait besoin pour lui en France, et il s'armait de l'intolérance à Genève. Calvin, après le supplice de Servet, publia un livre dans lequel il pré-

---

1. *Joannis Calvini Epistolae et responsa,* Genève, 1617 (Bibl. Nat. D2 289), p. 397.

tendit prouver qu'il fallait punir les hérétiques [1].

Quand son ennemi fut aux fers, il lui prodigua les injures et les mauvais traitements que font les lâches quand ils sont maîtres. Enfin, à force de presser les juges, d'employer le crédit de ceux qu'il dirigeait, de crier et de faire crier que Dieu demandait l'exécution de Michel Servet, il le fit brûler vif, et jouit de son supplice, lui qui, s'il eût mis le pied en France, eût été brûlé lui-même; lui qui avait élevé si fortement sa voix contre les persécutions.

Cette barbarie d'ailleurs, qui s'autorisait du nom A de justice, pouvait être regardée comme une insulte aux droits des nations : un Espagnol qui passait par une ville étrangère était-il justiciable de cette ville pour avoir publié ses sentiments, sans avoir dogmatisé ni dans cette ville ni dans aucun lieu de sa dépendance?

Ce qui augmente encore l'indignation et la pitié, c'est que Servet, dans ses ouvrages publiés, reconnaît nettement la divinité éternelle de Jésus-Christ; (x) il A déclara dans le cours de son procès qu'il était fortement persuadé que Jésus-Christ était le fils de Dieu, engendré de toute éternité du Père, et conçu par le Saint-Esprit dans le sein de la Vierge Marie. (x) Calvin, pour le perdre produisit quelques lettres secrètes de cet infortuné, écrites longtemps auparavant à ses amis en termes hasardés.

Cette catastrophe déplorable n'arriva qu'en 1553, dix-huit ans après que Genève eut rendu son arrêt contre la religion romaine; mais je la place ici pour mieux faire connaître le caractère de Calvin [2], qui devint

---

1. *Fidelis expositio errorum Michaeli Serveti et brevis eorumdem refutatio, ubi docetur jure gladii coercendos esse haereticos,* 1554 (M.).

2. Le 26 mars 1757, V. écrivait à Thiriot, D 7213 : «Ce n'est pas un petit exemple du progrès de la raison humaine qu'on ait imprimé à Genève dans cet *Essai sur l'histoire,* avec l'approbation publique, que Calvin avait une âme atroce aussi bien qu'un esprit éclairé.» Lettre ostensible, publiée dans le *Mercure de France* de mai 1757. A ce sujet, on fait remarquer que l'expression «âme atroce» ne se trouve pas dans *56;* on ne la rencontre pas non plus dans *P.* Il est vrai que V. parle de «l'esprit tyrannique» de Calvin, de sa «haine théologique, la plus implacable de toutes les haines», de sa «dureté», et que plus loin «l'esprit sanguinaire» s'applique, dans le

l'apôtre de Genève et des réformés de France. Il semble aujourd'hui qu'on fasse amende honorable aux cendres de Servet : de savants pasteurs des Églises protestantes, et même les plus grands philosophes, ont embrassé ses sentiments et ceux de Socin. Ils ont encore été plus loin qu'eux : leur religion est l'adoration d'un Dieu par la médiation du Christ [1]. Nous ne faisons ici que rapporter les faits et les opinions, sans entrer dans aucune controverse, sans disputer contre personne, respectant ce que nous devons respecter, et uniquement attaché à la fidélité de l'histoire.

Le dernier trait au portrait de Calvin peut se tirer d'une lettre de sa main, qui se conserve encore au château de la Bastie-Roland, près de Montélimar : elle est adressée au marquis de Poët, grand chambellan du roi de Navarre, et datée du 30 septembre 1561 [2] :

« Honneur, gloire et richesses seront la récompense de vos peines; surtout ne faites faute de défaire le pays de ces zélés faquins qui excitent les peuples à se bander contre nous. Pareils monstres doivent être étouffés, comme j'ai fait de Michel Servet, Espagnol. »

Jean Calvin avait usurpé un tel empire dans la ville   A
de Genève, où il fut d'abord reçu avec tant de difficulté, qu'un jour, ayant su que la femme du capitaine général (qui fut ensuite premier syndic) avait dansé après souper avec sa famille et quelques amis, il la força de

---

contexte, à ce même Calvin : monnaie, si l'on veut, de «l'âme atroce». Quant à «l'approbation publique», cette «âme atroce» de D 7213 et le présent chapitre attirèrent à V. une protestation du pasteur Jacob Vernet, dans la *Bibliothèque germanique* de juil-sept. 1757.

1. L'art. *Genève* de *l'Encyclopédie* rédigé par d'Alembert mais inspiré par V. répétera en 1757 que les pasteurs de Genève sont des déistes chrétiens : assertion qui pour certains d'entre eux (Vernes, Moultou, Vernet même) n'était pas sans quelque fondement.

2. D'après Jules Bonnet, *Lettres de Jean Calvin*, Paris, 1854, t. II, p. 588 et suiv. V. a emprunté cette lettre aux *Mémoires* de l'abbé d'Artigny, 1750, mais elle est apocryphe : c'est, dit J. Bonnet, une « fraude pieuse ».

paraître en personne devant le consistoire, pour y reconnaître sa faute; et que Pierre Ameaux, conseiller d'État, accusé d'avoir mal parlé de Calvin, d'avoir dit qu'il était un très méchant homme, qu'il n'était qu'un Picard, et qu'il prêchait une fausse doctrine, fut condamné (quoiqu'il demandât grâce) à faire amende honorable, en chemise, la tête nue, la torche au poing, par toute la ville.

Les vices des hommes tiennent souvent à des vertus. Cette dureté de Calvin était jointe au plus grand désintéressement : il ne laissa pour tout bien, en mourant, que la valeur de cent vingt écus d'or. Son travail infatigable abrégea ses jours, mais lui donna un nom célèbre et un grand crédit.

Il y a des lettres de Luther qui ne respirent pas un esprit plus pacifique et plus charitable que celles de Calvin. Les catholiques ne peuvent comprendre que les protestants reconnaissent de tels apôtres : les protestants répondent qu'ils n'invoquent point ceux qui ont servi à établir leur réforme, qu'ils ne sont ni luthériens, ni zuingliens, ni calvinistes; qu'ils croient suivre les dogmes de la primitive Église; qu'ils ne canonisent point les passions de Luther et de Calvin; et que la dureté de leur caractère ne doit pas plus décrier leurs opinions dans l'esprit des réformés que les mœurs d'Alexandre VI et de Léon X, et les barbaries des persécutions, ne font tort à la religion romaine dans l'esprit des catholiques.

Cette réponse est sage, et la modération semble aujourd'hui prendre dans les deux partis opposés la place des anciennes fureurs. Si le même esprit sanguinaire avait toujours présidé à la religion, l'Europe serait un vaste cimetière. L'esprit de philosophie a enfin émoussé les glaives. Faut-il qu'on ait éprouvé plus de deux cents ans de frénésie pour arriver à des jours de repos !

Ces secousses, qui par les événements des guerres remirent tant de biens d'Église entre les mains des séculiers, n'enrichirent pas les théologiens promoteurs de ces guerres. Ils eurent le sort de ceux qui sonnent la charge et qui ne partagent point les dépouilles. Les pasteurs des églises protestantes avaient si hautement élevé leurs voix contre les richesses du clergé qu'ils s'imposèrent à eux-mêmes la bienséance de ne pas recueillir ce qu'ils condamnaient; et presque tous les souverains les astreignirent à cette bienséance. (x) Ils A voulurent dominer en France, et ils y eurent en effet un très grand crédit; mais ils y ont fini enfin par en être chassés, avec défense d'y reparaître, sous peine d'être pendus. Partout où leur religion s'est établie, leur pouvoir a été restreint à la longue dans des bornes étroites par les princes, ou par les magistrats des républiques.

Les pasteurs calvinistes et luthériens ont eu partout des appointements qui ne leur ont pas permis de luxe. Les revenus des monastères ont été mis presque partout entre les mains de l'État, et appliqués à des hôpitaux. Il n'est resté de riches évêques protestants en Allemagne que ceux de Lubeck et d'Osnabruck, dont les revenus n'ont pas été distraits. Vous verrez, en continuant de jeter les yeux sur les suites de cette révolution, l'accord bizarre, mais pacifique, par lequel le traité de Vestphalie a rendu cet évêché d'Osnabruck alternativement catholique et luthérien. La réforme en Angleterre a été plus favorable au clergé anglican qu'elle ne l'a été en Allemagne, en Suisse, et dans les Pays-Bas, aux luthériens et aux calvinistes. Tous les évêchés sont considérables dans la Grande-Bretagne; tous les bénéfices y donnent de quoi vivre honnêtement. Les curés de la campagne y sont plus à leur aise qu'en France : l'État et les séculiers n'y ont profité que de l'abolissement des monastères. Il y a des quartiers entiers à Londres qui ne formaient autrefois qu'un seul couvent, et qui sont peuplés aujourd'hui d'un très grand nombre de familles. En général, toute nation qui a converti les couvents à l'usage public y a beaucoup gagné, sans que personne y ait perdu : car en effet on n'ôte rien à une société qui n'existe plus. On ne fit tort qu'aux possesseurs passagers que l'on dépouillait, et ils n'ont point laissé de descendants qui puissent se plaindre; et si ce fut une injustice d'un jour, elle a produit un bien pour des siècles.

Il est arrivé enfin, par différentes révolutions, que A l'Église latine a perdu plus de la moitié de l'Europe chrétienne, qu'elle avait eue presque tout entière en divers temps : car outre le pays immense qui s'étend de Constantinople jusqu'à Corfou, et jusqu'à la mer de Naples, elle n'a plus ni la Suède, ni la Norvège, ni le Danemark; la moitié de l'Allemagne, l'Angleterre, l'Écosse, l'Irlande, la Hollande, les trois quarts de la Suisse, se sont séparés d'elle. Le pouvoir du siège de Rome a bien plus perdu encore : il ne s'est véritablement conservé que dans les pays immédiatement soumis au pape.

Cependant, avant qu'on pût poser tant de limites, et qu'on parvînt même à mettre quelque ordre dans la confusion, les deux partis catholique et luthérien mettaient alors l'Allemagne en feu. Déjà la religion qu'on nomme *évangélique* était établie vers l'an 1555 dans vingt-quatre villes impériales, et dans dix-huit petites provinces de l'empire. Les luthériens voulaient abaisser la puissance de Charles-Quint, et il prétendait les détruire. On faisait des ligues; on donnait des batailles. Mais il faut suivre ici ces révolutions de l'esprit humain en fait de religion, et voir comment s'établit l'Église anglicane, et comment fut déchirée l'Église de France.

CHAPITRE CXXXV

Du roi Henri viii.
De la révolution de la religion en Angleterre

On sait que l'Angleterre se sépara du pape parce que le roi Henri VIII fut amoureux. Ce que n'avaient pu ni le denier de saint Pierre, ni les réserves, ni les provisions, ni les annates, ni les collectes et les ventes des indulgences, ni cinq cents années d'exactions toujours combattues par les lois des parlements et par les murmures des peuples, un amour passager l'exécuta, ou du moins en fut la cause. La première pierre qu'on jeta suffit pour renverser ce grand monument dès longtemps ébranlé par la haine publique.

Henri VIII, homme voluptueux, fougueux, et opiniâtre dans tous ses désirs, eut parmi beaucoup de maîtresses Anne de Boulen, fille d'un gentilhomme de son royaume. Cette fille, d'un enjouement et d'une liberté qui promettaient tout, eut pourtant l'adresse de ne se pas abandonner entièrement, et d'irriter la passion du roi, qui résolut d'en faire sa femme.

Il était marié depuis dix-huit ans à Catherine d'Espagne, fille de Ferdinand et d'Isabelle, et tante de Charles-Quint, de laquelle il avait eu trois enfants, et dont il lui restait encore la princesse Marie, qui fut depuis reine d'Angleterre. Comment faire un divorce? comment casser son mariage avec une femme telle que Catherine d'Espagne, à laquelle on ne pouvait reprocher ni stérilité, ni mauvaise conduite, ni même cette humeur qui accompagne si souvent la vertu des femmes? Ayant d'abord épousé le prince Arthur, frère aîné de Henri VIII et l'ayant perdu au bout de quelques mois, Henri VII l'avait fiancée à son second fils Henri, avec la dispense du pape Jules II; et ce Henri VIII, après la mort de son père, l'avait solennellement épousée [a]. Il eut longtemps après un bâtard d'une maîtresse nommée Blunt. Il ne sentait alors que des dégoûts de son mariage, et point de scrupules ; mais quand il aima éperdument Anne de Boulen, et qu'il ne put venir à bout de jouir d'elle sans l'épouser, alors il eut des remords de conscience, et trembla d'avoir offensé Dieu dix-huit ans avec sa femme. Ce prince, soumis encore aux papes, sollicita Clément VII de casser la bulle de Jules II, et de déclarer son mariage avec la tante de Charles-Quint contraire aux lois divines et humaines.

Clément VII, bâtard de Julien de Médicis, venait de voir Rome saccagée par l'armée de Charles-Quint. Ayant ensuite fait à peine la paix avec l'empereur, il craignait toujours que ce prince ne le fît déposer pour sa bâtardise. (x) Il craignait encore plus qu'on ne le déclarât simoniaque B et qu'on ne produisît le fatal billet qu'il avait fait au cardinal Colonne ; billet par lequel il lui promettait des biens et des honneurs s'il parvenait au pontificat par la faveur de sa voix et de ses bons offices.

Il ne pouvait déclarer la tante de l'empereur concubine, et mettre les enfants de cette femme si longtemps légitime au rang des bâtards. D'ailleurs un pape ne pouvait guère avouer que son prédécesseur n'avait pas été en droit de donner une dispense : il aurait sapé lui-même les fondements de la grandeur pontificale en avouant qu'il y avait des lois que les papes ne pouvaient enfreindre.

Louis XII avait fait, il est vrai, dissoudre son mariage ; mais le cas était bien différent. Il n'avait point eu d'enfants de sa femme ; et le pape Alexandre VI, qui ordonna ce divorce, était lié d'intérêt avec Louis XII.

François Ier, roi de France, devenu par son second mariage neveu de Catherine d'Espagne, soutint à Rome le parti de Henri VIII, comme son allié, et surtout comme ennemi de Charles-Quint, devenu si redoutable. Le pape, pressé entre l'empereur et ces deux rois, et qui écrivait qu'*il était entre l'enclume et le marteau,* négocia, temporisa, promit, se rétracta, espéra que l'amour de Henri VIII durerait moins qu'une négociation italienne : il se trompa. Le monarque anglais, qui était malheureusement théologien, fit servir là théologie à son amour. Lui et tous les docteurs de son parti avaient recours au

Lévitique [1], qui défend de « révéler la turpitude de la femme de son frère, et d'épouser la sœur de sa femme ». Les États chrétiens ont longtemps manqué, et manquent encore de bonnes lois positives. Leur jurisprudence, encore gothique en plusieurs points, composée des anciennes coutumes de cinq cents petits tyrans, a recours souvent aux lois romaines et à celles des Hébreux, comme un homme égaré qui demande sa route : ils vont chercher dans le code du peuple juif les règles de leurs tribunaux.

Mais si on voulait suivre les lois matrimoniales des Hébreux, il faudrait donc les suivre en tout; il faudrait condamner à la mort celui qui approche de sa femme quand elle a ses règles, et se soumettre à beaucoup de commandements qui ne sont faits ni pour nos climats, ni pour nos mœurs, ni pour la loi nouvelle.

Ce n'est là que la moindre partie de l'abus où l'on se jetait en jugeant le mariage de Henri par le *Lévitique*. On se dissimulait que dans ces mêmes livres où Dieu semble, selon nos faibles lumières, commander quelquefois les contraires pour exercer l'obéissance humaine, il était non seulement permis par le *Deutéronome* [2], mais ordonné d'épouser la veuve de son frère quand elle n'avait point d'enfants; que la veuve était en droit de sommer son beau-frère d'exécuter cette loi, et que sur son refus elle devait lui jeter un soulier à la tête.

On oubliait encore que si les lois juives défendaient à un frère d'épouser sa propre sœur, cette défense même n'était pas absolue; (x) témoin [a] Thamar, fille de David, qui, avant d'être violée par son frère Amnon, lui dit en propres mots : « Mon frère [3], ne me faites pas des sottises, vous passeriez pour un fou : demandez-moi en mariage à mon père, il ne vous refusera pas. » C'est ainsi que les lois sont presque toujours contradictoires. Mais il était plus étrange encore de vouloir gouverner l'île d'Angleterre par les coutumes de la Judée.

C'était un spectacle curieux et rare de voir d'un côté

---

1. *Lévitique*, XVIII, 16 et 18.
2. *Deutéronome*, XXV, 5.
3. *Rois*, II, XIII, 12-13.

le roi d'Angleterre solliciter les universités de l'Europe d'être favorables à son amour, de l'autre l'empereur presser leurs décisions en faveur de sa tante, et le roi de France au milieu d'eux soutenir la loi du *Lévitique* contre celle du *Deutéronome,* pour rendre Charles-Quint et Henri VIII irréconciliables. L'empereur donnait des bénéfices aux docteurs italiens qui écrivaient sur la validité du mariage de Catherine; Henri VIII payait partout les avis des docteurs qui se déclaraient pour lui. Le temps a découvert ces mystères : on a vu dans les comptes d'un agent secret de ce roi, nommé Crouk : « A un religieux servite, un écu; à deux de l'Observance, deux écus; au prieur de Saint-Jean, quinze écus; au prédicateur Jean Marino, vingt écus. » On voit que le prix était différent selon le crédit du suffrage. Cet acheteur de décisions théologiques s'excusait en protestant qu'il n'avait jamais marchandé, et que jamais il n'avait donné l'argent qu'après la signature. (1530, 2 juillet) Enfin les universités de France, et surtout la Sorbonne, décidèrent que le mariage de Henri avec Catherine d'Espagne n'était point légitime, et que le pape n'avait pas le droit de dispenser de la loi du *Lévitique.*

Les agents de Henri VIII allèrent jusqu'à se munir des suffrages des rabbins : ceux-ci avouèrent qu'à la vérité le *Deutéronome* ordonnait qu'on épousât la veuve de son frère; mais ils dirent que cette loi n'était que pour la Palestine, et que le *Lévitique* devait être observé en Angleterre. Les universités et les rabbins des pays autrichiens pensaient tout autrement; mais Henri ne les consulta pas; (x) jamais les théologiens ne firent voir C tant de démence et tant de bassesse.

Muni des approbations qui ne lui avaient pas coûté cher, pressé par sa maîtresse, lassé des subterfuges du pape, soutenu de son clergé, autorisé par les universités et maître de son parlement, encouragé encore par François Ier, Henri fait casser son mariage (1533) par une sentence de Cranmer, archevêque de Cantorbéry. La reine, ayant soutenu ses droits avec fermeté, mais avec modestie, et ayant décliné cette juridiction sans donner des armes contre elle par des plaintes trop amères, retirée à la campagne, laissa son lit et son trône à sa rivale. Cette maîtresse, déjà grosse de deux mois, quand

cifix de Boxley, dans la Province de Kent, lequel estoit communément appelé *la statuë de Grace*, & où les Dévots faisoient souvent des pélerinages, à cause que quelquefois ils le voyoient se courber, & se haufler, trembler, ou remuër la teste, les mains, & les pieds, rouler les yeux, remuër les lévres, ou bien froncer le sourcil : Ces choses passoient parmi les personnes du commun, pour des effets d'une vertu toute divine. Ce fut par ce Crucifix, qu'on fit voir au peuple, en partie combien il s'estoit laissé abuser : car on luy montra, dans le corps de la machine, les refforts, qui en conduisoient les mouvements. Hilsey, Evêque de Rochester, fit un Sermon sur ce sujet, & ensuite commanda, que l'on mit en piéces le Crucifix. On s'apperçut au mesme temps, d'une autre friponnerie insigne des Moines de Hales, Couvent de la Province de Glocester: Ils avoient, dans leur Eglise, une phiole où ils disoient, que du sang de nôtre Seigneur estoit renfermé. Quelquefois, les Pélerins voyoient ce sang : mais quelquefois, ils ne le voyoient point du tout : & alors un Religieux leur déclaroit, qu'ils estoient sans doute en péché mortel, & par conséquent indignes de voir le précieux sang du Sauveur. Aprés cette déclaration, les Pélerins ne manquant guére de sacrifier tout ce qu'ils avoient, pour obtenir de se rendre dignes de la vûë de cette Relique, un Religieux qui estoit caché derriére l'Autel, la leur montroit à la fin, en tournant la phiole. Car cette phiole avoit deux costez: A l'un, le verre estoit épais, & à l'autre il estoit clair.

Page marquée dans Burnet, *Histoire de la Réformation*, exemplaire de Voltaire

elle fut déclarée femme et reine, fit son entrée dans Londres avec une pompe autant au-dessus de la magnificence ordinaire que sa fortune passée était au-dessous de sa dignité présente.

Le pape Clément VII ne put alors se dispenser d'accorder à Charles-Quint outragé, et aux prérogatives du saint-siège, une bulle contre Henri VIII. Mais le pape, par cette bulle, perdit le royaume d'Angleterre. (1534) Henri presque au même temps se fait déclarer, par son clergé, chef suprême de l'Église anglaise. Son parlement lui confirme ce titre, et abolit toute l'autorité du pape, ses annates, son denier de saint Pierre, les provisions des bénéfices. Les peuples prêtèrent avec allégresse un nouveau serment au roi, qu'on appela *le serment de suprématie*. Tout le crédit du pape, si puissant pendant tant de siècles, tomba en un instant sans contradiction, malgré le désespoir des ordres religieux.

Ceux qui prétendaient que dans un grand royaume on ne pouvait rompre avec le pape sans danger virent qu'un seul coup pouvait renverser ce colosse vénérable, dont la tête était d'or, et dont les pieds étaient d'argile. En effet, les droits par lesquels la cour de Rome avait vexé longtemps les Anglais n'étaient fondés que sur ce qu'on voulait bien être rançonné; et dès qu'on ne voulut plus l'être, on sentit qu'un pouvoir qui n'est pas fondé sur la force n'est rien par lui-même.

Le roi se fit donner par son parlement les annates que prenaient les papes. Il créa six évêchés nouveaux; il fit faire en son nom la visite des couvents. On voit encore les procès-verbaux de quelques débauches scandaleuses, qu'on eut soin d'exagérer, de quelques faux miracles, dont on grossit le nombre, de reliques supposées, dont on se servait dans plus d'un couvent pour exciter la piété et pour attirer les offrandes. (1535) On brûla dans le marché de Londres plusieurs statues de bois que des moines faisaient mouvoir par des ressorts [1].

---

1. Burnet, évêque de Salisbury, *Histoire de la réformation de l'Église d'Angleterre,* trad. Rosemond, Genève, 1693, *FL,* t. II, p. 168, narre l'histoire de « la statue de la grâce » : c'était un crucifix devant lequel affluaient les dévots; car on voyait remuer, miraculeusement semblait-il, la tête, les mains, les pieds, les yeux, les lèvres, les sourcils.

Mais parmi ces instruments de fraude, le peuple ne vit qu'avec une horreur douloureuse brûler les restes de saint Thomas de Cantorbéry, que l'Angleterre révérait. Le roi s'en appropria la châsse enrichie de pierreries. S'il reprochait aux moines leurs extorsions, il les mettait bien en droit de l'accuser de rapine. Tous les couvents furent supprimés. On assigna des retraites aux vieux religieux qui ne pouvaient retourner dans le monde, une pension aux autres. Leurs rentes furent mises dans la main du roi. Il y avait, au calcul de Burnet[1], pour cent soixante mille livres sterling de revenu. Le mobilier, l'argent comptant, étaient considérables. De ces dépouilles, Henri fonda ses six nouveaux évêchés et un collège (1536), récompensa quelques serviteurs, et convertit le reste à son usage.

Ce même roi, qui avait soutenu de sa plume l'autorité du pape contre Luther, devenait ainsi un ennemi irréconciliable de Rome. Mais ce zèle, qu'il avait si hautement montré contre les opinions de cet hérésiarque réformateur, fut une des raisons qui le retinrent sur le dogme, quand il eut changé la discipline.

Il voulut bien être le rival du pape, mais non *luthérien* ou *sacramentaire*. L'invocation des saints ne fut point abolie, mais restreinte. Il fit lire l'Écriture en langue vulgaire; mais il ne voulut pas qu'on allât plus avant. Ce fut un crime capital de croire au pape, c'en fut un d'être protestant. Il fit brûler dans la même place ceux qui parlaient pour le pontife, et ceux qui se déclaraient de la réforme d'Allemagne.

Le célèbre Morus, qui avait été grand-chancelier, et un évêque nommé Fisher, qui refusèrent de prêter serment de suprématie, c'est-à-dire de reconnaître Henri VIII pour le pape d'Angleterre, furent condamnés, par le parlement, à perdre la tête, selon la rigueur de la loi nouvellement portée; car c'était toujours avec le

---

Les réformés démontèrent la machine, découvrirent les « ressorts » que faisaient jouer les moines, et brûlèrent le tout publiquement. V. a collé sur cette page un signet annoté : « crucifix de polichinelle ».

1. *Ibid.*, t. II, p. 233.

glaive de la loi que Henri VIII faisait périr quiconque résistait.

Presque tous les historiens, et surtout ceux de la B communion romaine, se sont accordés à regarder ce Thomas More ou Morus comme un homme vertueux, comme une victime des lois, comme un sage rempli de clémence et de bonté ainsi que de doctrine; mais la vérité est que c'était un superstitieux et un barbare persécuteur. Il avait, un an avant son supplice, fait venir chez lui un avocat nommé Bainham, accusé de favoriser les opinions des luthériens; et, l'ayant fait battre de verges en sa présence, l'ayant ensuite fait conduire à la Tour, où il fut témoin des tortures qu'il lui fit subir, il l'avait enfin fait brûler vif dans la place de Smithfield. Plusieurs autres malheureux avaient péri dans les flammes par des arrêts principalement émanés de ce chancelier qu'on nous peint comme un homme si doux et si tolérant. C'était pour de telles cruautés qu'il méritait le dernier supplice, et non pas pour avoir nié la nouvelle suprématie de Henri VIII. Il mourut en plaisantant : il eût mieux valu avoir un caractère plus sérieux et moins barbare.

Le pape Paul III, successeur de Clément VII, crut sauver la vie à l'évêque Fisher, pendant qu'on instruisait son procès, en lui envoyant le chapeau de cardinal : il ne fit que donner au roi le plaisir de faire périr un cardinal sur l'échafaud. La tête du cardinal Polus, ou de La Pole, qui était à Rome, fut mise à prix. Le roi fit périr par la main du bourreau la mère de ce cardinal, sans respecter ni la vieillesse ni le sang royal dont elle était; et tout cela parce qu'on lui contestait sa qualité de pape anglais.

Un jour le roi, sachant qu'il y avait à Londres un *sacramentaire* assez habile, nommé Lambert, voulut se donner la gloire de disputer contre lui dans une grande assemblée convoquée à Westminster. La fin de la dispute fut que le roi lui donna le choix d'être de son avis, ou d'être pendu : Lambert eut le courage de choisir le dernier parti; et le roi eut la lâche cruauté de le faire exécuter. Les évêques d'Angleterre étaient encore catholiques, en renonçant à la juridiction du pape; et ils étaient si animés contre les hérétiques que, lorsqu'ils les avaient condamnés au feu, ils accordaient quarante jours d'indulgence à quiconque apportait du bois au bûcher.

Tous ces meurtres se faisaient par l'autorité du parlement. Ce masque de justice, plus odieux peut-être que l'oppression qui brave les lois, fut pourtant ce qui prévint les guerres civiles. Il n'y eut que quelques séditions dans les provinces. Londres, tremblante, fut tranquille; tant Henri VIII, adroit et terrible, avait su se rendre absolu!

Sa volonté faisait toutes les lois, et ces lois, par lesquelles on jugeait les hommes, étaient si imparfaites qu'on pouvait alors condamner à mort un accusé sans avoir deux témoins contre lui. Ce ne fut que sous le règne d'Édouard VI que les Anglais décernèrent [1], à l'exemple des autres nations, qu'il faut deux témoins pour faire condamner un coupable.

Anne de Boulen jouissait de son triomphe à l'ombre de l'autorité du roi. On prétend que les partisans secrets de Rome conjurèrent sa perte, dans l'espérance que, si le roi se séparait d'elle, la fille de Catherine d'Espagne hériterait du royaume, et rétablirait la religion abolie pour sa rivale. Le complot réussit au delà de ce qu'on espérait : le roi, amoureux de Jeanne de Seymour, fille d'honneur de la reine, reçut avidement ce qu'on lui dit contre sa femme. Toutes ses passions étaient extrêmes : il ne craignit point la honte d'accuser son épouse d'adultère dans la chambre des pairs. Ce parlement, qui ne fut jamais que l'instrument des passions du roi, condamna la reine au supplice sur des indices si légers qu'un citoyen qui se brouillerait avec sa femme pour si peu de chose passerait pour un homme injuste. On fit trancher la tête à son frère, qu'on supposait avoir commis un inceste avec elle, sans qu'on en eût la moindre preuve. On fit mourir deux hommes qui lui avaient dit un jour de ces choses flatteuses qu'on dit à toutes les femmes, et qu'une reine vertueuse peut entendre, quand l'enjouement de son esprit permet quelque liberté à ses courtisans. On pendit un musicien qu'on avait engagé à déposer qu'il avait eu ses faveurs, et qui ne lui fut jamais confronté.

---

1. Latinisme de la langue juridique que V. a déjà employé t. I, p. 739.

La lettre que cette malheureuse reine écrivit à son mari avant d'aller à l'échafaud paraît un grand témoignage de son innocence et de son courage. « Vous m'avez toujours élevée, dit-elle : de simple demoiselle vous me fîtes marquise; de marquise, reine; et de reine vous voulez aujourd'hui me faire sainte. » Enfin Anne de Boulen passa du trône à l'échafaud par la jalousie d'un mari qui ne l'aimait plus. Ce ne fut pas la vingtième tête couronnée qui périt tragiquement en Angleterre, mais ce fut la première qui mourut par la main du bourreau. Le tyran (on ne peut lui donner un autre nom) fit encore un divorce avec sa femme avant de la faire mourir, et par là déclara bâtarde sa fille Élisabeth, comme il avait déclaré bâtarde sa première fille Marie.

Dès le lendemain même de l'exécution de la reine, il épousa Jeanne de Seymour, qui mourut l'année suivante, après lui avoir donné un fils.

(1539) Henri passe bientôt à de nouvelles noces avec Anne de Clèves, séduit par un portrait que le fameux peintre Holbein avait fait de cette princesse. Mais quand il la vit, il la trouva si différente de ce portrait qu'au bout de six mois il se résolut à un troisième divorce. Il dit à son clergé qu'en épousant Anne de Clèves il n'avait pas donné un consentement intérieur à son mariage. On ne peut avoir l'audace d'alléguer une telle raison que quand on est sûr que ceux à qui on la donne auront la lâcheté de la trouver bonne. Les bornes de la justice et de la honte étaient passées depuis longtemps. Le clergé et le parlement donnèrent la sentence de divorce. Il épousa une cinquième femme : c'est Catherine Howard, l'une de ses sujettes. Tout autre se fût lassé d'exposer sans cesse au public la honte vraie ou fausse de sa maison. Mais Henri, ayant appris que la reine, avant son mariage, avait eu des amants, fit encore trancher la tête à cette reine (1542) pour une faute passée qu'il devait ignorer, et qui ne méritait aucune peine lorsqu'elle fut commise.

Souillé de trois divorces et du sang de deux épouses, il fit porter une loi dont la honte, la cruauté, le ridicule, l'impossibilité dans l'exécution, sont égales : c'est que tout homme qui sera instruit d'une galanterie de la reine doit l'accuser, sous peine de haute trahison; et que toute fille qui épouse un roi d'Angleterre, et n'est pas vierge, doit le déclarer sous la même peine.

La plaisanterie (si on pouvait plaisanter dans une telle cour) disait qu'il fallait que le roi épousât une veuve : aussi en épousa-t-il une dans la personne de Catherine Parr, sa sixième femme (1543). Elle fut prête de subir le sort d'Anne de Boulen et de Catherine Howard, non pour ses galanteries, mais parce qu'elle fut quelquefois d'un autre avis que le roi sur les matières de théologie.

Quelques souverains qui ont changé la religion de leurs États ont été des tyrans, parce que la contradiction et la révolte font naître la cruauté. Henri VIII était cruel par son caractère; tyran dans le gouvernement, dans la religion, dans sa famille. Il mourut dans son lit (1545); et Henri VI, le plus doux des princes, avait été détrôné, emprisonné, assassiné !

On vit dans sa dernière maladie un effet singulier du pouvoir qu'ont les lois en Angleterre jusqu'à ce qu'elles soient abrogées, et combien on s'est tenu dans tous les temps à la lettre plutôt qu'à l'esprit de ces lois. Personne n'osait avertir Henri de sa fin prochaine, parce qu'il avait fait statuer quelques années auparavant, par le parlement, que c'était un crime de haute trahison de prédire la mort du souverain. Cette loi, aussi cruelle qu'inepte, ne pouvait être fondée sur les troubles que la succession entraînerait, puisque cette succession était réglée en faveur du prince Édouard : elle n'était que le fruit de la tyrannie de Henri VIII, de sa crainte de la mort, et de l'opinion où les peuples étaient encore qu'il y a un art de connaître l'avenir.

CHAPITRE CXXXVI

Suite de la religion d'Angleterre

Sous le barbare et capricieux Henri VIII, les Anglais B
ne savaient encore de quelle religion ils devaient être.
Le luthéranisme, le puritanisme, l'ancienne religion
romaine, partageaient et troublaient les esprits, que la
raison n'éclairait pas encore. Ce conflit d'opinions et
de cultes bouleversait les têtes, s'il ne subvertissait pas
l'État. Chacun examinait, chacun raisonnait, et ce furent
les premières semences de cette philosophie hardie qui
se déploya longtemps après sous Charles II et sous ses
successeurs.

Déjà même, quoique le scepticisme eût peu de partisans B
en Angleterre, et qu'on ne disputât que pour savoir
sous quel maître on devait s'égarer, il y eut dans le grand
parlement convoqué par Henri des esprits mâles qui
déclarèrent hautement qu'il ne fallait croire ni à l'Église
de Rome ni aux sectes de Luther et de Zuingle. Le célèbre
lord Herbert nous a conservé le discours plus hardi
d'un membre du parlement (1529), lequel déclara que
la prodigieuse multitude d'opinions théologiques qui
s'étaient combattues dans tous les temps mettait les
hommes dans la nécessité de n'en croire aucune, et que
la seule religion nécessaire était de croire un Dieu et
d'être juste. On l'écouta, on ne murmura pas, et on
resta dans l'incertitude [1].

Sous le règne du jeune Édouard VI, fils de Henri VIII
et de Jeanne Seymour, les Anglais furent protestants,
parce que le prince et son conseil le furent, et que

---

1. Herbert of Cherbury, *The Life and raigne of king Henry the
eight*, London, 1649, p. 295.

l'esprit de réforme avait jeté partout des racines. Cette Église était alors un mélange de *sacramentaires* et de *luthériens;* mais personne ne fut persécuté pour la foi, hors deux pauvres femmes anabaptistes, que l'archevêque de Cantorbéry, Cranmer, qui était luthérien, s'obstina à faire brûler, ne prévoyant pas qu'un jour il périrait par le même supplice. Le jeune roi ne voulait pas consentir à l'arrêt porté contre une de ces infortunées : il résista longtemps; il signa en pleurant. Ce n'était pas assez de verser des larmes, il fallait ne pas signer; mais il n'était âgé que de quatorze ans, et ne pouvait avoir de volonté ferme ni dans le mal ni dans le bien.

Ceux que l'on appelait alors anabaptistes en Angleterre sont les pères de ces quakers pacifiques, dont la religion a été tant tournée en ridicule, et dont on a été forcé de respecter les mœurs. Ils ressemblaient très peu par les dogmes, et encore moins par leur conduite, à ces anabaptistes d'Allemagne, ramas d'hommes rustiques et féroces que nous avons vus pousser les fureurs d'un fanatisme sauvage aussi loin que peut aller la nature humaine abandonnée à elle-même. Les anabaptistes anglais n'avaient point encore de corps de doctrine arrêté; aucune secte établie populairement n'en peut jamais avoir qu'à la longue; mais ce qui est très extraordinaire, c'est que, se croyant chrétiens, et ne se piquant nullement de philosophie, ils n'étaient réellement que des déistes : car ils ne reconnaissaient Jésus-Christ que comme un homme à qui Dieu avait daigné donner des lumières plus pures qu'à ses contemporains. Les plus savants d'entre eux prétendaient que le terme de *fils de Dieu* ne signifie chez les Hébreux qu'*homme de bien,* comme *fils de Satan* ou de *Bélial* ne veut dire que *méchant homme.* La plupart des dogmes, disaient-ils, qu'on a tirés de l'Écriture sont des subtilités de philosophie dont on a enveloppé des vérités simples et naturelles. Ils ne reconnaissaient ni l'histoire de la chute de l'homme, ni le mystère de la sainte Trinité, ni par conséquent celui de l'Incarnation. Le baptême des enfants était absolument rejeté chez eux; ils en conféraient un nouveau aux adultes : plusieurs même ne regardaient le baptême que comme une ancienne ablution orientale adoptée par les Juifs, renouvelée par saint Jean-Baptiste, et que le

Christ ne mit jamais en usage avec aucun de ses disciples. C'est en cela surtout qu'ils ressemblèrent le plus aux quakers qui sont venus après eux, et c'est principalement leur aversion pour le baptême des enfants qui leur fit donner par le peuple le nom d'*anabaptistes*. Ils pensaient suivre l'Évangile à la lettre; et en mourant pour leur secte, ils croyaient mourir pour le christianisme : bien différents en cela des théistes ou des déicoles, qui établirent plus que jamais leurs opinions secrètes au milieu de tant de sectes publiques.

Ceux-ci, plus attachés à Platon qu'à Jésus-Christ, plus philosophes que chrétiens, fatigués de tant de disputes malheureuses, rejetèrent témérairement la révélation divine dont les hommes avaient trop abusé, et l'autorité ecclésiastique dont on avait abusé encore davantage. Ils étaient répandus dans toute l'Europe, et se sont multipliés depuis à un excès prodigieux, mais sans jamais établir ni secte ni société, sans s'élever contre aucune puissance. C'est la seule religion sur la terre qui n'ait jamais eu d'assemblée, celle dans laquelle on a le moins écrit, celle qui a été la plus paisible; elle s'est étendue partout sans aucune communication. Composée originairement de philosophes qui, en suivant trop leurs lumières naturelles, et sans s'instruire mutuellement, se sont tous égarés d'une manière uniforme; passant ensuite dans l'ordre mitoyen de ceux qui vivent dans le loisir attaché à une fortune bornée, elle est montée depuis chez les grands de tous les pays, et elle a rarement descendu chez le peuple. L'Angleterre a été de tous les pays du monde celui où cette religion, ou plutôt cette philosophie, a jeté avec le temps les racines les plus profondes et les plus étendues. Elle y a pénétré même chez quelques artisans et jusque dans les campagnes. Le peuple de cette île est le seul qui ait commencé à penser par lui-même; mais le nombre de ces philosophes agrestes est très petit, et le sera toujours : le travail des mains ne s'accorde point avec le raisonnement, et le commun peuple en général n'use ni n'abuse guère de son esprit.

Un athéisme funeste, qui est le contraire du théisme, naquit encore dans presque toute l'Europe de ces divisions théologiques. On prétend qu'alors il y avait plus d'athées en Italie qu'ailleurs. Ce ne furent pas les querelles de doctrine qui conduisirent les philosophes italiens à cet excès, ce furent les désordres dans lesquels presque toutes les cours et celle de Rome étaient tombées. Si on lit avec attention plusieurs écrits italiens de ces temps-là, on verra que leurs auteurs, trop frappés du débordement des crimes dont ils parlaient, ne reconnaissaient point l'Être suprême dont la providence permet ces crimes, et pensaient comme Lucrèce pensait dans des temps non moins malheureux. Cette opinion pernicieuse s'établit chez les grands en Angleterre et en France; elle eut peu de cours dans l'Allemagne et dans le Nord, et il n'est pas à craindre qu'elle fasse jamais de grands progrès. La vraie philosophie, la morale, l'intérêt de la société, l'ont presque anéantie; mais alors elle s'établissait par les guerres de religion; et des chefs de parti devenus athées conduisaient une multitude d'enthousiastes.

(1553) Édouard VI mourut dans ces temps funestes, n'ayant encore pu donner que des espérances. Il avait déclaré, en mourant, héritière du royaume sa cousine Jeanne Grey, descendante de Henri VII, au préjudice de Marie, sa sœur, fille de Henri VIII et de Catherine d'Espagne. Jeanne Grey fut proclamée à Londres; mais le parti et le droit de Marie l'emportèrent. A peine y eut-il une guerre. Marie enferma sa rivale dans la Tour avec la princesse Élisabeth, qui régna depuis avec tant de gloire.

Beaucoup plus de sang fut répandu par les bourreaux que par les soldats. Le père, le beau-père, l'époux de Jeanne Grey, elle-même enfin, furent condamnés à perdre la tête. Voilà la troisième reine expirant en Angleterre par le dernier supplice. Elle n'avait que dix-sept ans; on l'avait forcée à recevoir la couronne; tout parlait en sa faveur, et Marie devait craindre l'exemple trop fréquent de passer du trône à l'échafaud. Mais rien ne la retint; elle était aussi cruelle que Henri VIII. Sombre et tranquille dans ses barbaries, autant que Henri son père était emporté, elle eut un autre genre de tyrannie.

Attachée à la communion romaine, toujours irritée du divorce de sa mère, elle commença par convoquer, à force d'adresse et d'argent, une chambre des communes toute catholique. Les pairs, qui, pour la plupart, n'avaient de religion que celle du prince, ne furent pas difficiles à gagner. Il arriva en matière de religion ce qu'on avait vu en politique dans les guerres de la *rose blanche* et de la *rose rouge*. Le parlement avait condamné tour à tour les Yorks et les Lancastres. Il poursuivit sous Henri VIII les protestants; il les encouragea sous Édouard VI; il les brûla sous Marie. On a demandé souvent pourquoi ce supplice horrible du feu est chez les chrétiens le châtiment de ceux qui ne pensent pas comme l'Église dominante, tandis que les plus grands crimes sont punis d'une mort plus douce. L'évêque Burnet en donne pour raison que, comme on croyait les hérétiques condamnés à être brûlés éternellement dans l'enfer, quoique leur corps n'y fût point avant la résurrection, on pensait imiter la justice divine en brûlant leur corps sur la terre [1].

(1553) L'archevêque de Cantorbéry, Cranmer, qui avait beaucoup servi Henri VIII dans son divorce, ne fut pas condamné pour ce dangereux service, mais pour être protestant. Il eut la faiblesse d'abjurer, et Marie eut la satisfaction de le faire brûler après l'avoir déshonoré. Ce primat du royaume reprit son courage sur le bûcher. Il déclara qu'il mourrait protestant, fit réellement ce qu'on a écrit et probablement ce qu'on a feint de Mutius Scévola; il plongea d'abord dans les flammes la main qui avait signé l'abjuration, et n'élança son corps dans le bûcher que quand sa main fut tombée [2]; action aussi intrépide et plus louable que celle qu'on attribue à Mutius. L'Anglais se punissait d'avoir succombé à ce qui lui paraissait une faiblesse, et le Romain d'avoir manqué un assassinat.

On compte environ huit cent personnes [3] livrées aux

---

1. Dans l'*Histoire de la Réformation* je n'ai pas trouvé cet argument parmi ceux qu'avançaient les partisans de la reine Marie pour justifier les exécutions de protestants.

2. Ce supplice de Cranmer est raconté par Rapin de Thoyras, *Histoire d'Angleterre*, La Haye (Paris), 1749, *FL*, t. VII, p. 143 (l. XVI, année 1556).

3. Ce chiffre est l'un des rares points précis sur lesquels Nonnotte tente de prendre V. en défaut; mais il commet lui-même une inexactitude. Selon Nonnotte, *Erreurs de V.*, t. I, p. 268,

flammes sous Marie. Une femme grosse accoucha dans le bûcher même. Quelques citoyens, touchés de pitié, arrachèrent l'enfant du feu. Le juge catholique l'y fit rejeter [1]. En lisant ces actions abominables, croit-on être né parmi des hommes, ou parmi ces êtres qui nous sont représentés dans un gouffre de supplices, acharnés à y plonger le genre humain ?

De tous ceux que Marie fit exécuter vifs dans les flammes, il n'y en eut aucun qui fût accusé de révolte : la religion faisait tout. On laisse aux Juifs l'exercice de leur loi; on leur donne des privilèges, et les chrétiens livrent à la plus horrible mort d'autres chrétiens qui diffèrent d'eux sur quelques articles !

(1558) Marie mourut paisible, mais méprisée de son mari Philippe II et de ses sujets, qui lui reprochent encore la perte de Calais, laissant enfin une mémoire odieuse dans l'esprit de quiconque n'a pas l'âme d'un persécuteur.

A Marie catholique succéda Élisabeth protestante. Le parlement fut protestant; la nation entière le devint, et l'est encore. Alors la religion fut fixée. La liturgie, qu'on avait ébauchée sous Édouard VI, fut établie telle qu'elle est aujourd'hui; la hiérarchie romaine conservée avec bien moins de cérémonies que chez les catholiques, et un peu plus que chez les luthériens; la confession permise

---

R. de Thoyras, l. XVI, ne compte que 284 suppliciés et ajoute que ceux qui en ont compté 800 l'ont fait sans preuve. En réalité, R. de Thoyras, t. VII, p. 156, cite les deux évaluations extrêmes, 284 et 800. — Et quand bien même la reine Marie ne serait responsable que d'un seul supplice, tel celui qu'on lira à la note suivante, son zèle religieux n'en paraîtrait pas moins abominable.

1. R. de Thoyras, *Histoire d'Angleterre,* t. VII, p. 143 : « Le furieux Bonner, qui était chargé du soin de punir les hérétiques, ne se contentant pas de les faire brûler un à un, les envoyait au feu par troupes... Les femmes mêmes n'étaient pas épargnées, et la fureur des persécuteurs se répandait sur les enfants innocents. Dans l'île de Guernesey, une femme enceinte ayant été condamnée à être brûlée, et la violence du feu ayant fait sortir l'enfant qui était dans son ventre, quelqu'un par un sentiment d'humanité, le tira du feu pour le sauver; mais après une légère consultation, le magistrat qui assistait à l'exécution le fit rejeter dans les flammes. »

et non ordonnée; la créance que Dieu est dans l'eucharistie sans transsubstantiation : c'est en général ce qui constitue la religion anglicane. La politique exigeait que la suprématie restât à la couronne : une femme fut donc chef de l'Église.

Cette femme avait plus d'esprit, et un meilleur esprit que Henri VIII son père, et que Marie sa sœur. Elle évita la persécution autant qu'ils l'avaient excitée. Comme elle vit à son avènement que les prédicateurs des deux partis étaient en chaire les trompettes de la discorde, elle ordonna qu'on ne prêchât de six mois, sans une permission expresse signée d'elle afin de préparer les esprits à la paix. Cette précaution nouvelle contint ceux qui croyaient avoir le droit, et qui pouvaient avoir le talent d'émouvoir le peuple. Personne ne fut persécuté, ni même recherché pour sa croyance; mais on poursuivit sévèrement selon la loi ceux qui violaient la loi et qui troublaient l'État. Ce grand principe, si longtemps méconnu, s'établit alors en Angleterre dans les esprits, que c'est à Dieu seul à juger les cœurs qui peuvent lui déplaire, que c'est aux hommes à réprimer ceux qui s'élèvent contre le gouvernement établi par les hommes. Vous examinerez dans la suite ce que vous devez penser d'Élisabeth, et surtout ce que fut sa nation.

CHAPITRE CXXXVII

La religion n'éprouva de troubles en Écosse que comme un reflux de ceux d'Angleterre. Vers l'an 1559, quelques calvinistes s'étaient d'abord insinués dans le peuple, qu'il faut presque toujours gagner le premier. Il est de bonne foi; il se met lui-même la bride qu'on lui présente, jusqu'à ce qu'il vienne quelque homme puissant qui la tienne, et qui s'en serve à son avantage.

Les évêques catholiques ne manquèrent pas d'abord de faire condamner au feu quelques hérétiques : c'était une chose aussi en usage en Europe que de faire périr un voleur par la corde.

Il arriva en Écosse ce qui doit arriver dans tous les pays où il reste de la liberté. Le supplice d'un vieux prêtre, que l'archevêque de Saint-André avait condamné au bûcher (1559), ayant fait beaucoup de prosélytes, on se servit de cette liberté pour répandre plus hardiment les nouveaux dogmes, et pour s'élever contre la cruauté de l'archevêque. Plusieurs seigneurs firent en Écosse, dans la minorité de la fameuse reine Marie Stuart, ce que firent depuis ceux de France dans la minorité de Charles IX. Leur ambition attisa le feu que les disputes de religion allumaient; il y eut beaucoup de sang répandu comme ailleurs. Les Écossais, qui étaient alors un des peuples les plus pauvres et les moins industrieux de l'Europe, auraient bien mieux fait de s'appliquer à fertiliser par leur travail leur terre ingrate et stérile, et à se procurer au moins par la pêche une subsistance qui leur manquait, que d'ensanglanter leur malheureux pays pour des opinions étrangères et pour l'intérêt de quelques ambitieux. Ils ajoutèrent ce nouveau malheur à celui de l'indigence où ils étaient alors.

(1559) La reine régente, mère de Marie Stuart, crut étouffer la réforme en faisant venir des troupes de France; mais elle établit par cela même le changement qu'elle voulait empêcher. Le parlement d'Écosse, indigné de voir le pays rempli de soldats étrangers, obligea la régente de les renvoyer; il abolit la religion romaine, et établit la confession de foi de Genève.

Marie Stuart, veuve du roi de France François II, princesse faible, née seulement pour l'amour, forcée par Catherine de Médicis, qui craignait sa beauté, de quitter la France et de retourner en Écosse, ne retrouva qu'une contrée malheureuse, divisée par le fanatisme. Vous verrez comme elle augmenta par ses faiblesses les malheurs de son pays.

Le calvinisme enfin l'a emporté en Écosse, malgré les évêques catholiques, et ensuite malgré les évêques anglicans. Il est aujourd'hui presque aboli en France, du moins il n'y est plus toléré. Tout a été révolution depuis le xvie siècle, en Écosse, en Angleterre, en Allemagne, en Suède, en Danemark, en Hollande, en Suisse, et en France.

CHAPITRE CXXXVIII

DE LA RELIGION EN FRANCE,
SOUS FRANÇOIS Ier ET SES SUCCESSEURS

Les Français depuis Charles VII étaient regardés à Rome comme des schismatiques, à cause de la pragmatique sanction faite à Bourges, conformément aux décrets du concile de Bâle, ennemi de la papauté. Le plus grand objet de cette pragmatique était l'usage des élections parmi les ecclésiastiques, usage encourageant à la vertu et à la doctrine en de meilleurs temps, mais source de factions. Il était cher aux peuples par ces deux endroits : il l'était aux esprits rigides comme un reste de la primitive Église, aux universités comme récompense de leurs travaux. Les papes cependant, malgré cette pragmatique qui abolissait les annates et les autres exactions, les recevaient presque toujours. Fromenteau nous dit que dans les dix-sept années du règne de Louis XII, ils tirèrent du diocèse de Paris la somme exorbitante de trois millions trois cent mille livres numéraires de ce temps-là [1].

Lorsque François Ier alla faire, en 1515, ses expéditions d'Italie, brillantes au commencement comme celles de Charles VIII et de Louis XII, et ensuite plus malheureuses encore, Léon X, qui s'était d'abord opposé à lui, en eut besoin et lui fut nécessaire.

(1515 et 1516) Le chancelier Duprat, qui fut depuis

---

1. Je n'ai pu trouver les chiffres cités par V. dans Froumenteau (Virolie), *Le Cabinet du roi de France, dans lequel il y a trois perles précieuses d'inestimable valeur, par le moyen desquelles Sa Majesté s'en va être le premier monarque du monde et ses sujets du tout soulagés,* s. l, 1581, *FL,* pamphlet protestant très touffu de 647 p., ni dans *Le Secret des thrésors de France,* par le même auteur, Paris, 1581.

cardinal, fit avec les ministres de Léon X ce fameux concordat par lequel on disait que le roi et le pape se donnèrent ce qui ne leur appartenait pas. Le roi obtint la nomination des bénéfices; et le pape eut, par un article secret, le revenu de la première année, en renonçant aux mandats, aux réserves, aux expectatives, à la prévention, droits que Rome avait longtemps prétendus. Le pape, immédiatement après la signature du concordat, se réserva les annates par une bulle. L'université de Paris, qui perdait un de ses droits, s'en attribua un qu'à peine un parlement d'Angleterre pourrait prétendre : elle fit afficher une défense d'imprimer le concordat du roi, et de lui obéir. Cependant les universités ne sont pas si maltraitées par cet accord du roi et du pape, puisque la troisième partie des bénéfices leur est réservée, et qu'elles peuvent les impétrer pendant quatre mois de l'année : janvier, avril, juillet, et octobre, qu'on nomme les mois des *gradués*.

Le clergé, et surtout les chapitres, à qui on ôtait le droit de nommer leurs évêques, en murmurèrent; l'espérance d'obtenir des bénéfices de la cour les apaisa. Le parlement, qui n'attendait pas de grâces de la cour, fut inébranlable dans sa fermeté à soutenir les anciens usages, et les libertés de l'Église gallicane dont il était le conservateur; il résista respectueusement à plusieurs lettres de jussion; et enfin, forcé d'enregistrer le concordat, il protesta que c'était par le commandement du roi, réitéré plusieurs fois*.

Cependant le parlement dans ses remontrances, l'université dans ses plaintes, semblaient oublier un service essentiel que François Ier rendait à la nation en accordant les annates : elles avaient été payées avant lui sur un pied exorbitant, ainsi qu'en Angleterre; il les modéra; elles ne montent pas aujourd'hui à quatre cent mille francs, année commune. Mais enfin les vœux de toute la nation étaient qu'on ne payât point du tout d'annates à Rome.

---

* Voyez l'*Histoire du Parlement* [1].   D

1. Le ch. 15 relate avec plus de détail les résistances que rencontra le concordat, surtout au Parlement.

On souhaitait au moins un concordat semblable au A
concordat germanique. Les Allemands, toujours jaloux
de leurs droits, avaient stipulé avec Nicolas V que l'élection canonique serait en vigueur dans toute l'Allemagne ;
qu'on ne paierait point d'annates à Rome ; que seulement
le pape pourrait nommer à certains canonicats pendant
six mois de l'année, et que les pourvus paieraient au
pape une somme dont on convint. Ces riches canonicats
allemands étaient encore un grand abus aux yeux des
jurisconsultes, et cette redevance à Rome une simonie.
C'était, selon eux, un marché onéreux et scandaleux, de
payer en Italie pour obtenir un revenu dans la Germanie
et dans la Gaule. Ce trafic paraissait la honte de la religion, et les calculateurs politiques faisaient voir que
c'était une faute capitale en France d'envoyer tous les
ans à Rome environ quatre cent mille livres, dans un
temps où l'on ne regagnait point par le commerce ce
que l'on perdait par ce contrat pernicieux. Si le pape
exigeait cet argent comme un tribut, il était odieux ;
comme une aumône, elle était trop forte. Mais enfin
aucun accord ne s'est jamais fait que pour de l'argent :
reliques, indulgences, dispenses, bénéfices, tout a été
vendu.

S'il fallait mettre ainsi la religion à l'encan, il valait A
mieux, sans doute, faire servir cette simonie au bien
de l'État qu'au profit d'un évêque étranger, qui, par le
droit de la nature et des gens, n'était pas plus autorisé
à recevoir la première année du revenu d'un bénéfice
en France que la première année du revenu de la Chine
et des Indes.

Cet accord, alors si révoltant, se fit dans le temps qui A
précéda la rupture du Nord entier, de l'Angleterre, et
de la moitié de l'Allemagne, avec le siège de Rome.
Ce siège en devint bientôt plus odieux à la France ; et
la religion pouvait souffrir de la haine que Rome
inspirait.

Tel fut longtemps le cri de tous les magistrats, de A
tous les chapitres, de toutes les universités. Ces plaintes
s'aggravèrent encore quand on vit la bulle dans laquelle
le voluptueux Léon X appelle la pragmatique sanction
la dépravation du royaume de France.

Cette insulte faite à toute une nation, dans une bulle A

où l'on citait saint Paul, et où l'on demandait de l'argent, excite encore aujourd'hui l'indignation publique.

Les premières années qui suivirent le concordat furent des temps de troubles dans plusieurs diocèses. Le roi nommait un évêque, les chanoines un autre; le parlement, en vertu des appels comme d'abus, jugeait en faveur du clergé. Ces disputes eussent fait naître des guerres civiles du temps du gouvernement féodal. Enfin François Ier ôta au parlement la connaissance de ce qui concerne les évêchés et les abbayes, et l'attribua au grand conseil. Avec le temps tout fut tranquille : on s'accoutuma au concordat comme s'il avait toujours existé, (1538) et les plaintes du parlement cessèrent entièrement lorsque le roi obtint du pape Paul III l'indult du chancelier et des membres du parlement; indult par lequel ils peuvent eux-mêmes faire en petit ce que le roi fait en grand, conférer un bénéfice dans leur vie : les maîtres des requêtes eurent le même privilège.

Dans toute cette affaire, qui fit tant de peine à François Ier, il était nécessaire qu'il fût obéi s'il voulait que Léon X remplît avec lui ses engagements politiques, et l'aidât à recouvrer le duché de Milan.

On voit que l'étroite liaison qui les unit quelque temps ne permettait pas au roi de laisser se former en France une religion contraire à la papauté. Le conseil croyait d'ailleurs que toute nouveauté en religion traîne après elle des nouveautés dans l'État. Les politiques peuvent se tromper en ne jugeant que par un exemple qui les frappe. Le conseil avait raison, en considérant les troubles d'Allemagne qu'il fomentait lui-même; peut-être avait-il tort s'il songeait à la facilité avec laquelle les rois de Suède et de Danemark établissaient alors le luthéranisme. Il pouvait encore regarder en arrière, et voir de plus grands exemples. La religion chrétienne s'était partout introduite sans guerre civile : dans l'empire romain, sur un édit de Constantin; en France, par la volonté de Clovis; en Angleterre, par l'exemple du petit roi de Kent, nommé Éthelbert; en Pologne, en Hongrie, par les mêmes causes. Il n'y avait guère plus d'un siècle que le premier des Jagellons qui régna en Pologne s'était fait chrétien, et avait rendu toute la Lithuanie et la Samogitie chrétiennes, sans que ces anciens Gépides eussent murmuré. Si les Saxons avaient été baptisés dans des ruisseaux de sang par Charlemagne, c'est qu'il s'agissait de les asservir, et non de les éclairer. Si on voulait jeter les yeux sur l'Asie entière, on verrait les États musulmans remplis de chrétiens et d'idolâtres également paisibles, plusieurs religions établies dans l'Inde, à la Chine, et ailleurs, sans avoir jamais pris les armes. Si on remontait à tous les siècles anciens, on y verrait les mêmes exemples. Ce n'est pas une religion nouvelle qui par elle-même est dangereuse et sanglante, c'est l'ambition des grands, laquelle se sert de cette religion pour attaquer l'autorité établie. Ainsi les princes luthériens s'armèrent contre l'empereur qui voulait les détruire ; mais François Ier, Henri II, n'avaient chez eux ni princes ni seigneurs à craindre.

Bourbon ?

La cour, divisée depuis sous des minorités malheureuses, était alors réunie dans une obéissance parfaite à François Ier : aussi ce prince laissa-t-il plutôt persécuter les hérétiques qu'il ne les poursuivit. Les évêques, les parlements, allumèrent des bûchers : il ne les éteignit pas. (x) Il les aurait éteints si son cœur n'avait pas été B endurci sur les malheurs des autres autant qu'amolli par les plaisirs ; il aurait du moins mitigé la peine de Jean Le Clerc, qui fut tenaillé vif, et à qui on coupa les bras, les mamelles, et le nez, pour avoir parlé contre les images et contre les reliques. Il souffrit qu'on brûlât à petit feu vingt misérables, accusés d'avoir dit tout haut ce que lui-même pensait sans doute tout bas, si l'on en juge par toutes les actions de sa vie. Le nombre des suppliciés pour n'avoir pas cru au pape, et l'horreur de leurs supplices, font frémir : il n'en était point ému, (x) la religion ne l'embarrassait guère. Il se liguait avec les protestants d'Allemagne, et même avec les mahométans, contre Charles-Quint; et quand les princes luthériens d'Allemagne ses alliés lui reprochèrent d'avoir fait mourir leurs frères qui n'excitaient aucun trouble en France, il rejetait tout sur les juges ordinaires.

Nous avons vu les juges d'Angleterre, sous Henri VIII et sous Marie, exercer des cruautés qui font horreur; les Français, qui passent pour un peuple plus doux, surpassèrent beaucoup ces barbaries faites au nom de la religion et de la justice.

Il faut savoir qu'au xiie siècle, Pierre Valdo, riche marchand de Lyon, dont la piété et les erreurs donnèrent, dit-on, naissance à la secte des Vaudois, s'étant retiré avec plusieurs pauvres qu'il nourrissait dans des vallées incultes et désertes entre la Provence et le Dauphiné, il leur servit de pontife comme de père; il les instruisait dans sa secte, qui ressemblait à celle des Albigeois, de Wiclef, de Jean Hus, de Luther, de Zuingle, sur plusieurs points principaux. Ces hommes, longtemps ignorés, défrichèrent ces terres stériles, et par des travaux incroyables les rendirent propres au grain et au pâturage : ce qui prouve combien il faut accuser notre négligence s'il reste en France des terres incultes. Ils prirent à cens les héritages des environs; leurs peines servirent à les faire vivre et enrichir leurs seigneurs, qui jamais ne se plaignirent d'eux. Leur nombre en deux cent cinquante ans se multiplia jusqu'à près de dix-huit mille. Ils habitèrent trente bourgs, sans compter les hameaux. Tout cela était l'ouvrage de leurs mains. Point de prêtres parmi eux, point de querelles sur leur culte, point de procès; ils décidaient entre eux leurs différends. Ceux qui allaient dans les villes voisines étaient les seuls qui sussent qu'il y avait une messe et des évêques. Ils priaient Dieu dans leur jargon, et un travail assidu rendait leur vie innocente. Ils jouirent pendant plus de deux siècles de cette paix, qu'il faut attribuer à la lassitude des guerres contre les Albigeois. Quand l'esprit humain s'est emporté longtemps aux dernières fureurs, il mollit vers la patience et l'indifférence : on le voit dans chaque particulier et dans les nations entières. Ces Vaudois jouissaient de ce calme, quand les réformateurs d'Allemagne et de Genève apprirent qu'ils avaient des frères (1540). Aussitôt ils leur envoyèrent des ministres; on appelait de ce nom les desservants des églises protestantes. Alors ces Vaudois furent trop connus. Les édits nouveaux contre les hérétiques les condamnaient au feu. Le parlement de Provence décerna cette peine contre dix-neuf des principaux habitants du bourg de Mérindol, et ordonna que leurs bois seraient coupés, et leurs maisons démolies. Les Vaudois, effrayés, députèrent vers le cardinal Sadolet, évêque de Carpentras, qui était alors dans son évêché. Cet illustre savant, vrai philosophe, puisqu'il était humain, les reçut avec bonté, et intercéda pour eux. Langeai, commandant en Piémont, fit surseoir l'exécution (1541); François Ier leur pardonna, à condition qu'ils abjureraient. On n'abjure guère une religion sucée avec le lait [a]. Leur opiniâtreté irrita le parlement provençal, composé d'esprits ardents. Jean Meynier d'Oppède, alors premier président, le plus emporté de tous, continua la procédure.

Les Vaudois enfin s'attroupèrent. D'Oppède, irrité, aggrava leurs fautes auprès du roi, et obtint permission d'exécuter l'arrêt suspendu cinq années entières. Il fallait des troupes pour cette expédition : d'Oppède et l'avocat général Guérin en prirent. Il paraît évident que ces habitants trop opiniâtres, appelés par le déclamateur Maimbourg [1] *une canaille révoltée*, n'étaient point du tout disposés à la révolte, puisqu'ils ne se défendirent pas; ils s'enfuirent de tous côtés, en demandant miséricorde. Le soldat égorgea les femmes, les enfants, les vieillards, qui ne purent fuir assez tôt.

D'Oppède et Guérin courent de village en village. On tue tout ce qu'on rencontre : on brûle les maisons et les granges, les moissons et les arbres; on poursuit les fugitifs à la lueur de l'embrasement. Il ne restait dans le bourg fermé de Cabrières que soixante hommes et trente femmes : ils se rendent, sous la promesse qu'on épargnera leur vie; mais à peine rendus, on les massacre. Quelques femmes réfugiées dans une église voisine en sont tirées par l'ordre d'Oppède; il les enferme dans une grange, à laquelle il fait mettre le feu. On compta vingt-deux bourgs mis en cendres; et lorsque les flammes furent éteintes, la contrée, auparavant florissante et peuplée, fut un désert où l'on ne voyait que des corps morts. Le peu qui échappa se sauva vers le Piémont. François Ier en eut horreur : l'arrêt dont il avait permis l'exécution portait seulement la mort de dix-neuf hérétiques : d'Oppède et Guérin firent massacrer des milliers d'habitants. Le roi recommanda, en mourant, à son fils de faire justice de cette barbarie, qui n'avait point d'exemple chez des juges de paix.

---

1. *Histoire du calvinisme,* Paris, 1682, *FL,* t. I, p. 121 : « cette canaille de paysans révoltés ».

En effet Henri II permit aux seigneurs ruinés de ces villages détruits et de ces peuples égorgés de porter leurs plaintes au parlement de Paris. L'affaire fut plaidée. D'Oppède eut le crédit de paraître innocent; tout retomba sur l'avocat général Guérin; il n'y eut que cette tête qui paya le sang de cette multitude malheureuse.

Ces exécutions n'empêchaient pas le progrès du calvinisme. On brûlait d'un côté, et on chantait de l'autre en riant les psaumes de Marot, selon le génie toujours léger et quelquefois très cruel de la nation française. Toute la cour de Marguerite, reine de Navarre et sœur de François Ier, était calviniste; la moitié de celle du roi l'était. Ce qui avait commencé par le peuple avait passé aux grands, comme il arrive toujours. On faisait secrètement des prêches : on disputait partout hautement. Ces querelles, dont personne ne se soucie aujourd'hui, ni dans Paris, ni à la cour, parce qu'elles sont anciennes, aiguillonnaient dans leur nouveauté tous les esprits. Il y avait dans le parlement de Paris plus d'un membre attaché à ce qu'on appelait *la réforme*. Ce corps était toujours occupé à combattre les prétentions de l'Église de Rome, que l'hérésie détruisait. La liberté rigide et républicaine de quelques conseillers se plaisait encore à favoriser une secte sévère qui condamnait les débauches de la cour. Henri II, mécontent de plusieurs membres de ce corps, entre un jour inopinément dans la grand' chambre, tandis qu'on délibérait sur l'adoucissement de la persécution contre les huguenots. Il fait arrêter cinq conseillers (1554) : l'un d'eux, Anne du Bourg, qui avait parlé avec le plus de force, signa dans la Bastille sa confession de foi, qui se trouva conforme en beaucoup d'articles à celle des calvinistes et des luthériens.

Il y avait alors un inquisiteur en France, quoique le tribunal de l'Inquisition, qui est en horreur à tous les Français, n'y fût pas établi. L'évêque de Paris, cet inquisiteur, nommé Mouchy, et des commissaires du parlement, jugèrent et condamnèrent du Bourg, malgré l'ancienne loi suivant laquelle il ne devait être jugé que par les chambres du parlement assemblées ; loi toujours subsistante, toujours réclamée, et presque toujours inutile : car rien n'est si commun dans l'histoire de France que des membres du parlement jugés ailleurs que dans le parlement. Anne du Bourg ne fut exécuté que sous le règne de François II. Le cardinal de Lorraine, homme qui gouvernait l'État avec violence, voulait sa mort (1559) : on pendit et on brûla dans la Grève ce prêtre magistrat, esprit trop inflexible, mais juge intègre et d'une vertu reconnue*.

Les martyrs font des prosélytes : le supplice d'un tel homme fit plus de réformés que les livres de Calvin. La sixième partie de la France était calviniste sous François II, comme le tiers de l'Allemagne, au moins, fut luthérien sous Charles-Quint.

Il ne restait qu'un parti à prendre : c'était d'imiter Charles-Quint, qui finit, après bien des guerres, par laisser la liberté de conscience, et la reine Élisabeth, qui, en protégeant la religion dominante, laissa chacun adorer Dieu suivant ses principes, pourvu qu'on fût soumis aux lois de l'État.

C'est ainsi qu'on en use aujourd'hui dans tous les pays désolés autrefois par les guerres de religion, après que trop d'expériences funestes ont fait connaître combien ce parti est salutaire.

Mais pour le prendre, il faut que les lois soient affermies, et que la fureur des factions commence à se calmer. Il n'y eut en France que des factions sanglantes depuis François II jusqu'aux belles années du grand Henri. Dans ce temps de troubles les lois furent inconnues; et le fanatisme, survivant encore à la guerre, assassina ce monarque au milieu de la paix par la main d'un furieux et d'un imbécile échappé du cloître.

M'étant fait ainsi une idée de l'état de la religion en Europe au XVIe siècle, il me reste à parler des ordres religieux qui combattaient les opinions nouvelles, et de l'Inquisition, qui s'efforçait d'exterminer les protestants.

---

* Voyez l'*Histoire du Parlement* [1].　　　　　　　　　　D

1. Le ch. 21 entièrement est consacré au supplice d'Anne du Bourg.

CHAPITRE CXXXIX

La vie monastique, qui a fait tant de bien et tant de mal, qui a été une des colonnes de la papauté, et qui a produit celui par qui la papauté fut exterminée dans la moitié de l'Europe, mérite une attention particulière.

Beaucoup de protestants et de gens du monde s'imaginent que les papes ont inventé toutes ces milices différentes en habit, en chaussure, en nourriture, en occupations, en règles, pour être dans tous les États de la chrétienté les armées du saint-siège. Il est vrai que les papes les ont mises en usage, mais ils ne les ont point inventées [a].

Il y eut chez les peuples de l'Orient, dans la plus haute antiquité, des hommes qui se retiraient de la foule pour vivre ensemble dans la retraite. Les Perses, les Égyptiens, les Indiens surtout, eurent des communautés de cénobites, indépendamment de ceux qui étaient destinés au culte des autels. C'est des Indiens que nous viennent ces prodigieuses austérités, ces sacrifices et ces tourments volontaires auxquels les hommes se condamnent, dans la persuasion que la Divinité se plaît aux souffrances des hommes. L'Europe en cela ne fut que l'imitatrice de l'Inde. L'imagination ardente et sombre des Orientaux s'est portée beaucoup plus loin que la nôtre. On ne voit point de moines chez les Grecs et chez les Romains; tous les collèges de prêtres desservaient leurs temples auxquels ils étaient attachés. La vie monastique était inconnue à ces peuples. Les Juifs eurent leurs esséniens et leurs thérapeutes : les chrétiens les imitèrent.

Saint Basile, au commencement du IVe siècle, dans une province barbare vers la mer Noire, établit sa règle suivie de tous les moines de l'Orient : il imagina les

trois vœux, auxquels les solitaires se soumirent tous.
Saint Benedict, ou Benoît, donna la sienne au VIe siècle,
et fut le patriarche des cénobites de l'Occident.

Ce fut longtemps une consolation pour le genre
humain qu'il y eût de ces asiles ouverts à tous ceux qui
voulaient fuir les oppressions du gouvernement goth
et vandale. Presque tout ce qui n'était pas seigneur de
château était esclave : on échappait, dans la douceur
des cloîtres, à la tyrannie et à la guerre. Les lois féodales
de l'Occident ne permettaient pas, à la vérité, qu'un
esclave fût reçu moine sans le consentement du seigneur ;
mais les couvents savaient éluder la loi. Le peu de
connaissances qui restait chez les Barbares fut perpétué
dans les cloîtres. Les bénédictins transcrivirent quelques
livres. Peu à peu il sortit des cloîtres plusieurs inventions
utiles. D'ailleurs ces religieux cultivaient la terre, chantaient les louanges de Dieu, vivaient sobrement, étaient
hospitaliers ; et leurs exemples pouvaient servir à mitiger
la férocité de ces temps de barbarie. On se plaignit que
bientôt après les richesses corrompirent ce que la vertu
et la nécessité avaient institué : il fallut des réformes.
Chaque siècle produisit en tous pays des hommes
animés par l'exemple de saint Benoît, qui tous voulurent
être fondateurs de congrégations nouvelles.

L'esprit d'ambition est presque toujours joint à celui
d'enthousiasme, et se mêle, sans qu'on s'en aperçoive,
à la piété la plus austère. Entrer dans l'ordre ancien de
saint Benoît ou de saint Basile, c'était se faire sujet ;
créer un nouvel institut, c'était se faire un empire. De
là cette multitude de clercs, de chanoines réguliers, de
religieux, et de religieuses. Quiconque a voulu fonder
un ordre a été bien reçu des papes, parce qu'ils ont été
tous immédiatement soumis au saint-siège, et soustraits,
autant qu'on l'a pu, à la domination de leurs évêques.
La plupart de leurs généraux résident à Rome comme
dans le centre de la chrétienté, et de cette capitale ils
envoient au bout du monde les ordres que le pontife
leur donne.

Mais ce qu'on n'a pas assez remarqué, c'est qu'il s'en B
est fallu peu que le pontificat romain n'ait été pour jamais
entre les mains des moines. Ce dernier avilissement qui
manquait à Rome ne fut pas à craindre lorsque Gré-

goire Ier fut élu pape par le clergé et par le peuple (590). Il est vrai qu'auparavant il avait été bénédictin, mais il y avait longtemps qu'il était sorti du cloître. Les Romains depuis s'accoutumèrent à voir des moines sur la chaire papale; elle fut remplie par des dominicains et par des franciscains aux XIIIe et XIVe siècles, et il y en eut beaucoup au XVe. Les cardinaux, dans ces temps de troubles, d'ignorance, de fausse science, et de barbarie, avaient ravi au clergé et au peuple romain le droit d'élire leur évêque. Si ces moines papes avaient osé seulement mettre dans le collège des cardinaux les deux tiers de moines, le pontificat restait pour jamais entre leurs mains; les moines alors auraient gouverné despotiquement toute la chrétienté catholique; tous les rois auraient été exposés à l'excès de l'opprobre. Les cardinaux n'ont paru sentir ce danger que vers la fin du XVIe siècle, sous le pontificat du cordelier Sixte-Quint. Ce n'est que dans ce temps qu'ils ont pris la résolution de ne donner le chapeau de cardinal qu'à très peu de moines, et de n'en élire aucun pour pape*.

Tous les États chrétiens étaient inondés, au commencement du XVIe siècle, de citoyens devenus étrangers dans leur patrie, et sujets du pape. Un autre abus, c'est que ces familles immenses se perpétuent aux dépens de la race humaine. On peut assurer qu'avant que la moitié de l'Europe eût aboli les cloîtres, ils renfermaient plus de cinq cent mille personnes. Il y a des campagnes dépeuplées; les colonies du nouveau monde manquent d'habitants; le fléau de la guerre emporte tous les jours trop de citoyens. Si le but de tout législateur est la multiplication des sujets, c'est aller sans doute contre ce grand principe que de trop encourager cette multitude d'hommes et de femmes que perd chaque État, et qui s'engagent par serment, autant qu'il est en eux, à la destruction de l'espèce humaine. Il serait à souhaiter qu'il y eût des retraites douces pour la vieillesse; mais ce seul institut nécessaire est le seul qui ait été oublié.

---

* Malgré cette résolution inspirée par la politique, il y a eu dans ce siècle deux papes tirés des ordres religieux : Orsini (Benoît XIII), dominicain; Ganganelli (Clément XIV), franciscain : tant les choses changent !

C'est l'extrême jeunesse qui peuple les cloîtres : c'est dans un âge où il n'est permis nulle part de jouir de ses biens qu'il est permis de disposer de sa liberté pour jamais.

On ne peut nier qu'il n'y ait eu dans le cloître de très grandes vertus : il n'est guère encore de monastère qui ne renferme des âmes admirables, qui font honneur à la nature humaine. Trop d'écrivains se sont fait un plaisir de rechercher les désordres et les vices dont furent souillés quelquefois ces asiles de la piété. Il est certain que la vie séculière a toujours été plus vicieuse, et que les plus grands crimes n'ont pas été commis dans les monastères; mais ils ont été plus remarqués par leur contraste avec la règle. Nul état n'a toujours été pur. Il faut n'envisager ici que le bien général de la société : il faut plaindre mille talents ensevelis, et des vertus stériles qui eussent été utiles au monde. Le petit nombre des cloîtres fit d'abord beaucoup de bien. Ce petit nombre proportionné à l'étendue de chaque État eût été respectable. Le grand nombre les avilit, ainsi que les prêtres, qui, autrefois presque égaux aux évêques, sont maintenant à leur égard ce qu'est le peuple en comparaison des princes.

Il est vrai qu'entre les anciens moines noirs et les A nouveaux moines blancs il régnait une inimitié scandaleuse. Cette jalousie ressemblait à celle des factions vertes et bleues dans l'empire romain; mais elle ne causa pas les mêmes séditions.

cf. ?

Dans cette foule d'ordres religieux, les bénédictins tenaient toujours le premier rang. Occupés de leur puissance et de leurs richesses, ils n'entrèrent guère au XVIe siècle dans les disputes scolastiques; ils regardaient les autres moines comme l'ancienne noblesse voit la nouvelle. Ceux de Cîteaux, de Clairvaux, et beaucoup d'autres, étaient des rejetons de la souche de saint Benoît, et n'étaient, du temps de Luther, connus que par leur opulence. Les riches abbayes d'Allemagne, tranquilles dans leurs États, ne se mêlaient pas de controverse, et les bénédictins de Paris n'avaient pas encore employé leur loisir à ces savantes recherches qui leur ont donné tant de réputation.

Les carmes, transplantés de la Palestine en Europe

au ve siècle, étaient contents pourvu qu'on crût qu'Élie était leur fondateur.

L'ordre des chartreux, établi près de Grenoble à la fin du xie siècle, seul ordre ancien qui n'ait jamais eu besoin de réforme, était en petit nombre; trop riche, à la vérité, pour des hommes séparés du siècle, mais, malgré ces richesses, consacrés sans relâchement au jeûne, au silence, à la prière, à la solitude; tranquilles sur la terre, au milieu de tant d'agitations dont le bruit venait à peine jusqu'à eux, et ne connaissant les souverains que par les prières où leurs noms sont insérés. Heureux si des vertus si pures et si persévérantes avaient pu être utiles au monde!

Les prémontrés, que saint Norbert fonda (1120), ne faisaient pas beaucoup de bruit, et n'en valaient que mieux.

Les franciscains étaient les plus nombreux et les plus agissants. François d'Assise, qui les fonda vers l'an 1210, était (x) l'homme [a] de la plus grande simplicité et du A plus prodigieux enthousiasme : c'était l'esprit du temps; c'était en partie celui de la populace des croisés; c'était celui des Vaudois et des Albigeois. Il trouva beaucoup d'hommes de sa trempe, et se les associa. Les guerres des croisades nous ont déjà fait voir un grand exemple de son zèle et de celui de ses compagnons, quand il alla proposer au soudan d'Égypte de se faire chrétien, et que frère Gille prêcha si obstinément dans Maroc.

Jamais les égarements de l'esprit n'ont été poussés A plus loin que dans le livre *des Conformités de François avec le Christ,* écrit de son temps, augmenté depuis, recueilli et imprimé enfin, au commencement du xvie siècle, par un cordelier nommé Barthélemy Albizzi [1].

---

1. *L'Alcoran des cordeliers, tant en latin qu'en français, c'est-à-dire Recueil des plus notables bourdes et blasphèmes de ceux qui ont osé comparer saint François à Jésus-Christ : tiré d'un grand livre des Conformités jadis composé par frère Barthélemy de Pise, cordelier de son vivant,* Amsterdam, 1724, *FL.* La préface expose que Jésus était une « figure » de saint François; t. I, p. 225, la femme de neige, p. 214, le loup; t. II, p. 265, l'évêque : « Item, saint Gautier, évêque de Poitiers, étant prochain de la mort, écrivit une lettre, laquelle il ne lâcha point de sa main en mourant. Or la cour de Rome était

On regarde, dans ce livre, le Christ comme précurseur de François. C'est là qu'on trouve l'histoire de la femme de neige que François fit de ses mains; celle d'un loup enragé qu'il guérit miraculeusement, et auquel il fit promettre de ne plus manger de moutons; celle d'un cordelier devenu évêque, qui, déposé par le pape, et étant mort après sa déposition, sortit de sa bière pour aller porter une lettre de reproche au pape; (x) celle d'un B médecin qu'il fit mourir par ses prières dans Nocera, pour avoir le plaisir de le ressusciter par de nouvelles prières. (x) On attribuait à François une multitude prodi- A gieuse de miracles. (x) C'en était un grand, en effet, qu'avait opéré ce fondateur d'un si grand ordre, de l'avoir multiplié au point que de son vivant, à un cha- pitre général qui se tint près d'Assise (1219), il se trouva cinq mille de ses moines. Aujourd'hui, quoique les protestants leur aient enlevé un nombre prodigieux de leurs monastères, ils ont encore sept mille maisons d'hommes sous des noms différents, et plus de neuf cents couvents de filles. On a compté, par leurs derniers chapitres, cent quinze mille hommes, et environ vingt- neuf mille filles : abus intolérable dans des pays où l'on a vu l'espèce humaine manquer sensiblement.

Ceux-là étaient ardents à tout : prédicateurs, théo- logiens, missionnaires, quêteurs, émissaires, courant d'un bout du monde à l'autre, et en tous lieux ennemis des dominicains. Leur querelle théologique roulait sur la naissance de la mère de Jésus-Christ. Les dominicains assuraient qu'elle était née livrée au démon comme les autres; les cordeliers prétendaient qu'elle avait été

à Poitiers, à savoir monsieur le pape Clément cinquième, qui l'avait injustement déposé de son évêché; et les évêques, cardinaux et autres prélats étaient à ses funérailles : mais il ne voulut bailler la lettre qu'il tenait à pas un d'eux, et quand monsieur le pape fut là arrivé, il lui bailla en sa main, tout mort qu'il était. Or il y avait en cette lettre un ajournement personnel s'adressant à la personne de monsieur le pape, pour comparaître devant le juge éternel, pour cause qu'il l'avait déposé de son évêché. » Seul l'épisode du médecin de Nocera est emprunté à une autre source que je n'ai pu déterminer. Dans ses *Notebooks,* V. a consigné cet épisode sous une forme différente, t. I, p. 223 : « Saint François tua le fils d'un médecin pour avoir le plaisir de le ressusciter ».

St. François pour éteindre sa convoitise se jette nud dans la neige, en fait Sept Pelottes qu'il nomme sa femme,

LA FEMME DE NEIGE

Erasmus Alberus, *l'Alcoran des Cordeliers,* Amsterdam, 1734

S.t François guerit un Loup enragé, le mène dans la ville et lui fait promettre par signes qu'il ne feroit plus de mal à personne, pourvû qu'on eût soin de le nourrir.

LE LOUP ENRAGÉ

Erasmus Alberus, *l'Alcoran des Cordeliers,* Amsterdam, 1734

exempte du péché originel. Les dominicains croyaient être fondés sur l'opinion de saint Thomas ; les franciscains sur celle de Jean Duns, Écossais, nommé improprement Scot, et connu en son temps par le titre de *Docteur subtil*.

La querelle politique de ces deux ordres était la suite du prodigieux crédit des dominicains.

Ceux-ci, fondés un peu après les franciscains, n'étaient pas si nombreux ; mais ils étaient plus puissants, par la charge de maître du sacré palais de Rome, qui, depuis saint Dominique, est affectée à cet ordre, et par les tribunaux de l'Inquisition auxquels ces religieux président. Leurs généraux même nommèrent longtemps les inquisiteurs dans la chrétienté. Le pape, qui les nomme actuellement, laisse toujours subsister la congrégation de cet office dans le couvent de la Minerve des dominicains ; et ces moines sont encore inquisiteurs dans trente-deux tribunaux d'Italie, sans compter ceux du Portugal et de l'Espagne.

Pour les augustins, c'était originairement une congrégation d'ermites, auxquels le pape Alexandre IV donna une règle (1254). Quoique le sacristain du pape fût toujours tiré de leur corps, et qu'ils fussent en possession de prêcher et de vendre les indulgences, ils n'étaient ni si répandus que les cordeliers, ni si puissants que les dominicains ; et ils ne sont guère connus du monde séculier que pour avoir eu Luther dans leur ordre.

Les minimes ne faisaient ni bien ni mal. Ils furent A fondés par un homme sans jugement, par ce Francesco Martorillo, que Louis XI priait de lui prolonger la vie. Ce Martorillo, ayant réglé en Calabre que ses moines mangeraient tout à l'huile, parce que l'huile y est presque pour rien, ordonna la même chose à ses moines établis par lui-même dans les climats septentrionaux de France où les oliviers ne croissent point, et où l'huile est quelquefois si chère que cette nourriture, ordonnée par la frugalité, est un luxe.

J'omets un grand nombre de congrégations différentes : car, dans ce plan général, je ne fais point passer en revue tous les régiments d'une armée. Mais l'ordre des jésuites, établi du temps de Luther, demande une attention distinguée. Le monde chrétien s'est épuisé à en dire du bien et du mal. Cette société s'est étendue

partout, et partout elle a eu des ennemis. Un très grand
nombre de personnes pensent que sa fondation était
l'effort de la politique, et que l'institut d'Inigo, que nous
nommons Ignace, était un dessein formé d'asservir les
consciences des rois à son ordre, de le faire dominer
sur les esprits des peuples, et de lui acquérir une espèce
de monarchie universelle.

Ignace de Loyola était bien éloigné d'une pareille vue,
et ne fut jamais en état de former de telles prétentions :
c'était un gentilhomme biscayen, sans lettres, né avec
un esprit romanesque, entêté de livres de chevalerie, et
disposé à l'enthousiasme. Il servait dans les troupes
d'Espagne tandis que les Français, qui voulaient en
vain retirer la Navarre des mains de ses usurpateurs,
assiégeaient le château de Pampelune (1521). Ignace, qui
alors avait près de trente ans, était renfermé dans le
château. Il y fut blessé. La légende dorée, qu'on lui
donna à lire pendant sa convalescence, et une vision,
qu'il crut avoir, le déterminèrent à faire le pèlerinage
de Jérusalem. Il se dévoua à la mortification. On assure
même qu'il passa sept jours et sept nuits sans manger
ni boire, chose presque incroyable, qui marque une imagination un peu faible et un corps extrêmement robuste.
Tout ignorant qu'il était, il prêcha de village en village.
On sait le reste de ses aventures; comment il fit la veille
des armes et s'arma chevalier de la Vierge; comment il
voulut combattre un Maure qui avait parlé peu respectueusement de celle dont il était chevalier, et comment
il abandonna la chose à la décision de son cheval, qui
prit un autre chemin que celui du Maure. Il prétendit
aller prêcher les Turcs : il alla jusqu'à Venise; mais,
faisant réflexion qu'il ne savait pas le latin, langue pourtant assez inutile en Turquie, il retourna, à l'âge de
trente-trois ans, commencer ses études à Salamanque.

L'Inquisition l'ayant fait mettre en prison parce qu'il
dirigeait des dévotes, et en faisait des pèlerines, (x) B
et n'ayant pu apprendre dans Alcala ni dans Salamanque
les premiers rudiments de la grammaire, il alla se mettre
en sixième dans Paris, au collège de Montaigu, se sou-
mettant au fouet comme les petits garçons de sa classe.
Incapable d'apprendre le latin, pauvre, errant dans Paris,
et méprisé, il trouva (x) des Espagnols [a] dans le même

état : il se les associa : quelques Français se joignirent
à eux. Ils allèrent tous à Rome, vers l'an 1537, se présenter
au pape Paul III, en qualité de pèlerins qui voulaient
aller à Jérusalem, et y former une congrégation particulière. Ignace et ses compagnons avaient de la vertu ;
ils étaient désintéressés, mortifiés, pleins de zèle. On
doit avouer aussi qu'Ignace brûlait de l'ambition d'être *spirituel*
chef d'un institut. Cette espèce de vanité ; dans laquelle *ambit^*
entre l'ambition de commander, s'affermit dans un cœur
par le sacrifice des autres passions, et agit d'autant plus
puissamment qu'elle se joint à des vertus. Si Ignace
n'avait pas eu cette passion, il serait entré avec les siens
dans l'ordre des théatins, que le cardinal Cajetan avait
établi. En vain ce cardinal le sollicitait d'entrer dans
cette communauté, l'envie d'être fondateur l'empêcha
d'être religieux sous un autre.

Les chemins de Jérusalem n'étaient pas sûrs ; il fallut
rester en Europe. Ignace, qui avait appris un peu de
grammaire, se consacra à enseigner les enfants. Ses
disciples remplirent cette vue avec un très grand succès ;
mais ce succès même fut une source de troubles. Les
jésuites eurent à combattre des rivaux dans les universités
où ils furent reçus ; et les villes où ils enseignèrent en
concurrence avec l'université furent un théâtre de divisions.

Si le désir d'enseigner, que la charité inspira à ce
fondateur, a produit des événements funestes, l'humilité
par laquelle il renonça, lui et les siens, aux dignités
ecclésiastiques est précisément ce qui a fait la grandeur
de son ordre. La plupart des souverains prirent des
jésuites pour confesseurs, afin de n'avoir pas un évêché
à donner pour une absolution ; et la place de confesseur
est devenue souvent bien plus importante qu'un siège
épiscopal. C'est un ministère secret qui devient puissant
à proportion de la faiblesse du prince.

Enfin Ignace et ses compagnons, pour arracher du
pape une bulle d'établissement, fort difficile à obtenir,
furent conseillés de faire, outre les vœux ordinaires, un
quatrième vœu particulier d'obéissance au pape ; et c'est
ce quatrième vœu, qui, dans la suite, a produit des missionnaires portant la religion et la gloire du souverain
pontife aux extrémités de la terre. Voilà comme l'esprit

du monde le moins politique donna naissance au plus politique de tous les ordres monastiques. En matière de religion, l'enthousiasme commence toujours le bâtiment; mais l'habileté l'achève.

(1540) Paul III promulgua leur bulle d'institution, avec la clause expresse que leur nombre ne passerait jamais soixante. Cependant Ignace, avant de mourir, eut plus de mille jésuites sous ses ordres. La prudence gouverna enfin son enthousiasme : son livre des *Exercices spirituels,* qui devait diriger ses disciples, était à la vérité romanesque : il y représente Dieu comme un général d'armée, dont les jésuites sont les capitaines [1]; mais on peut faire un très mauvais livre, et bien gouverner. Il fut assisté surtout par un Lainez et un Salmeron, qui, étant devenus habiles, composèrent avec lui les lois de son ordre. François de Borgia, duc de Gandie, petit-fils du pape Alexandre VI, et neveu de César Borgia, aussi dévot et aussi simple que son oncle et son grand-père avaient été méchants et fourbes, entra dans l'ordre des jésuites, et lui procura des richesses et du crédit. François Xavier, par ses missions dans l'Inde et au Japon, rendit l'ordre célèbre. Cette ardeur, cette opiniâtreté, ce mélange d'enthousiasme et de souplesse, qui fait le caractère de tout nouvel institut, fit recevoir les jésuites dans presque tous les royaumes, malgré les oppositions qu'ils essuyèrent. (1561) Ils ne furent admis en France qu'à condition qu'ils ne prendraient jamais le nom de jésuites, et qu'ils seraient soumis aux évêques. Ce nom de jésuite paraissait trop fastueux : on leur reprochait de vouloir s'attribuer à eux seuls un titre commun à tous les chrétiens; et les vœux qu'ils faisaient au pape donnaient de la jalousie.

On les a vus depuis gouverner plusieurs cours de l'Europe, se faire un grand nom par l'éducation qu'ils ont donnée à la jeunesse, aller réformer les sciences à la Chine, rendre pour un temps le Japon chrétien, et donner des lois aux peuples du Paraguay*. A l'époque

---

* Voyez le chapitre *du Paraguay.*

1. Voir ce titre de la seconde semaine, *Exercitia spiritualia,* Pont-à-Mousson, 1605, p. 81 : *«Contemplatio regni Jesu Christi, ex similitudine regis terreni, subditos suos evocantis ad bellum».*

de leur expulsion du Portugal, premier signal de leur destruction, ils étaient environ dix-huit mille dans le monde, tous soumis à un général perpétuel et absolu, liés tous ensemble uniquement par l'obéissance qu'ils vouent à un seul. Leur gouvernement était devenu le modèle d'un gouvernement monarchique. Ils avaient des maisons pauvres, ils en avaient de très riches. L'évêque du Mexique, dom Jean de Palafox, écrivait au pape Innocent X, environ cent ans après leur institution : « J'ai trouvé entre les mains des jésuites presque toutes les richesses de ces provinces. Deux de leurs collèges possèdent trois cent mille moutons, six grandes sucreries dont quelques-unes valent près d'un million d'écus ; ils ont des mines d'argent très riches ; leurs mines sont si considérables qu'elles suffiraient à un prince qui ne reconnaîtrait aucun souverain au-dessus de lui. » Ces plaintes paraissent un peu exagérées ; mais elles étaient fondées.

Cet ordre eut beaucoup de peine à s'établir en France, et cela devait être. Il naquit, il s'éleva sous la maison d'Autriche, alors ennemie de la France, et fut protégée par elle. Les jésuites, du temps de la Ligue, étaient les pensionnaires de Philippe II. Les autres religieux, qui entrèrent tous dans cette faction, excepté les bénédictins et les chartreux, n'attisaient le feu qu'en France ; les jésuites le soufflaient de Rome, de Madrid, de Bruxelles, au milieu de Paris. Des temps plus heureux ont éteint ces flammes.

Rien ne semble plus contradictoire que cette haine publique dont ils ont été chargés, et cette confiance qu'ils se sont attirée ; cet esprit qui les exila de plusieurs pays, et qui les y remit en crédit ; ce prodigieux nombre d'ennemis, et cette faveur populaire ; mais on avait vu des exemples de ces contrastes dans les ordres mendiants. Il y a toujours dans une société nombreuse, occupée des sciences et de la religion, des esprits ardents et inquiets qui se font des ennemis, des savants qui se font de la réputation, des caractères insinuants qui se font des partisans, et des politiques qui tirent parti du travail et du caractère de tous les autres.

Il ne faut pas sans doute attribuer à leur institut, à A un dessein formé, général, et toujours suivi, les crimes auxquels des temps funestes ont entraîné plusieurs jésuites. Ce n'est pas certainement la faute d'Ignace si les pères Matthieu, Guignard, Guéret, et d'autres, cabalèrent et écrivirent contre Henri IV avec tant de fureur, et s'ils ont été enfin chassés de la France, de l'Espagne et du Portugal, et détruits par un pape cordelier, malgré le quatrième vœu qu'ils faisaient au saint-siège; de même que [a] ce n'est pas la faute du fondateur des dominicains si un de leurs frères empoisonna l'empereur Henri VII [b] en le communiant, et si un autre assassina le roi de France Henri III. On ne doit pas imputer davantage à saint Benoît l'empoisonnement du duc de Guyenne, frère de Louis XI, par un bénédictin. Nul ordre religieux ne fut fondé dans des vues criminelles, ni même politiques.

Les pères de l'Oratoire de France, d'une institution plus nouvelle, sont différents de tous les ordres. Leur congrégation est la seule où les vœux soient inconnus, et où n'habite point le repentir. C'est une retraite toujours volontaire. Les riches y vivent à leurs dépens, les pauvres aux dépens de la maison. On y jouit de la liberté qui convient à des hommes. La superstition et les petitesses n'y déshonorent guère la vertu.

Il a régné entre tous ces ordres une émulation qui est souvent devenue une jalousie éclatante. La haine entre les moines noirs et les moines blancs subsista violemment pendant quelques siècles : les dominicains et les franciscains furent nécessairement divisés, comme on l'a remarqué; chaque ordre semblait se rallier sous un étendard différent. Ce qu'on appelle esprit de corps anime toutes les sociétés.

Les instituts consacrés au soulagement des pauvres et au service des malades n'ont pas été les moins respectables. Peut-être n'est-il rien de plus grand sur la terre que le sacrifice que fait un sexe délicat de la beauté et de la jeunesse, souvent de la haute naissance, pour soulager dans les hôpitaux ce ramas de toutes les misères humaines dont la vue est si humiliante pour l'orgueil humain, et si révoltante pour notre délicatesse. Les peuples séparés de la communion romaine n'ont imité qu'imparfaitement une charité si généreuse; mais aussi cette congrégation si utile est la moins nombreuse.

Il est une autre congrégation plus héroïque : car ce nom convient aux trinitaires de la rédemption des captifs, établis vers l'an 1120 par un gentilhomme nommé Jean de Matha. Ces religieux se consacrent depuis six cents ans à briser les chaînes des chrétiens chez les Maures : ils emploient à payer les rançons des esclaves leurs revenus et les aumônes qu'ils recueillent, et qu'ils portent eux-mêmes en Afrique.

On ne peut se plaindre de tels instituts; mais on se plaint en général que la vie monastique a dérobé trop de sujets à la société civile. Les religieuses surtout sont mortes pour la patrie : les tombeaux où elles vivent sont presque tous très pauvres; une fille qui travaille de ses mains aux ouvrages de son sexe gagne beaucoup plus que ne coûte l'entretien d'une religieuse. Leur sort peut faire pitié, si celui de tant de couvents d'hommes trop riches peut faire envie. Il est bien évident que leur trop grand nombre dépeuplerait un État. Les Juifs, pour cette raison, n'eurent ni esséniennes ni filles thérapeutes : il n'y eut aucun asile consacré à la virginité en Asie; les Chinois et les Japonais seuls ont quelques bonzesses, mais elles ne sont pas absolument inutiles; il n'y eut jamais dans l'ancienne Rome que six vestales, encore pouvaient-elles sortir de leur retraite au bout d'un certain temps pour se marier; (x) les temples eurent très peu de prê- C tresses consacrées à la virginité. (x) Le pape saint Léon, A dont la mémoire est si respectée, ordonna (458), avec d'autres évêques, qu'on ne donnerait jamais le voile aux filles avant l'âge de quarante ans, et l'empereur Majorien fit une loi de l'État de cette sage loi de l'Église : un zèle imprudent abolit avec le temps ce que la sagesse avait établi.

Un des plus horribles abus de l'état monastique, mais B qui ne tombe que sur ceux qui, ayant eu l'imprudence de se faire moines, ont le malheur de s'en repentir, c'est la licence que les supérieurs des couvents se donnent d'exercer la justice et d'être chez eux lieutenants criminels : ils enferment pour toujours dans des cachots souterrains ceux dont ils sont mécontents, ou dont ils se défient. Il y en a mille exemples en Italie, en Espagne; il y en a eu en France : c'est ce que dans le jargon des moines il appellent *être* in pace, *à l'eau d'angoisse et au pain de tribulation.*

Vous trouverez dans l'*Histoire du Droit public ecclé-* B

siastique, auquel travailla M. d'Argenson [1], le ministre des affaires étrangères, homme beaucoup plus instruit et plus philosophe qu'on ne croyait; vous trouverez, dis-je, que l'intendant de Tours délivra un de ces prisonniers, qu'il découvrit difficilement après les plus exactes recherches. Vous verrez que M. de Coaslin, évêque d'Orléans, délivra un de ces malheureux moines enfermé dans une citerne bouchée d'une grosse pierre. Mais ce que vous ne lirez pas, c'est qu'on ait puni l'insolence barbare de ces supérieurs monastiques, qui s'attribuaient le droit de la puissance royale, et qui l'exerçaient avec tant de tyrannie*.

La politique semble exiger qu'il n'y ait pour le service des autels, et pour les autres secours, que le nombre de ministres nécessaire : l'Angleterre, l'Écosse, et l'Irlande, n'en ont pas vingt mille. La Hollande, qui contient deux millions d'habitants, n'a pas mille ecclésiastiques; encore ces hommes consacrés à l'Église, étant presque tous mariés, fournissent des sujets à la patrie, et des sujets élevés avec sagesse.

On comptait en France, vers l'an 1700, plus de deux cent cinquante mille ecclésiastiques, tant séculiers que réguliers; et c'est beaucoup plus que le nombre ordinaire de ses soldats. Le clergé de l'État du pape composait environ trente-deux mille hommes, et le nombre des religieux et des filles cloîtrées allait à huit mille : c'est de tous les États catholiques celui où le nombre des clercs séculiers excède le plus celui des religieux; mais avoir quarante mille ecclésiastiques, et ne pouvoir entretenir dix mille soldats, c'est le sûr moyen d'être toujours faible.

---

* Le parlement de Paris punit en 1763 les moines de Clairvaux C d'une vexation semblable : il leur en coûta quarante mille écus [2].

1. Le marquis d'Argenson et Yves-Joseph La Motte, *Histoire du droit public ecclésiastique français,* Londres, 1737, *FL,* t. I, p. 399.

2. Cf. *Dictionnaire philosophique,* art. *Arrêts notables :* le jeune Bernard Castille avait quitté le couvent avant de prononcer ses vœux, s'était marié, avait amassé de la fortune. Trente ans après, les moines de Clairvaux par lettre de cachet le font enfermer comme déserteur; il meurt au bout de six mois. Mais sa femme, que les moines avaient fait enfermer dans une prison de prostituées; poursuivit en justice ses persécuteurs et les fit condamner.

La France a plus de couvents que toute l'Italie ensemble. Le nombre des hommes et des femmes que renferment les cloîtres montait en ce royaume à plus de quatre-vingt-dix mille au commencement du siècle courant; l'Espagne n'en a environ que cinquante mille, si on s'en rapporte au dénombrement fait par Gonzalès d'Avila (1620); mais ce pays n'est pas à beaucoup près la moitié aussi peuplé que la France, et après l'émigration des Maures et des Juifs, après la transplantation de tant de familles espagnoles en Amérique, il faut convenir que les cloîtres en Espagne tiennent lieu d'une mortalité qui détruit insensiblement la nation.

Il y a dans le Portugal un peu plus de dix mille religieux de l'un et de l'autre sexe : c'est un pays à peu près d'une population égale à celle de l'État du pape, et cependant les cloîtres y sont plus peuplés.

Il n'est point de royaume où l'on n'ait souvent proposé de rendre à l'État une partie des citoyens que les monastères lui enlèvent; mais ceux qui gouvernent sont rarement touchés d'une utilité éloignée, toute sensible qu'elle est, surtout quand cet avantage futur est balancé par les difficultés présentes.

Les ordres religieux s'opposent tous à cette réforme; chaque supérieur qui se voit à la tête d'un petit État voudrait accroître la multitude de ses sujets; et souvent un moine, que le repentir dessèche dans son cloître, est encore attaché à l'idée du bien de son ordre, qu'il préfère au bien réel de la patrie.

CHAPITRE CXL

Si une milice de cinq ou six cent mille religieux, combattant par la parole sous l'étendard de Rome, ne put empêcher la moitié de l'Europe de se soustraire au joug de cette cour, l'Inquisition n'a réellement servi qu'à faire perdre au pape encore quelques provinces, comme les sept Provinces-Unies, et à brûler ailleurs inutilement des malheureux.

On se souvient que, dans les guerres contre les Albigeois, le pape Innocent III établit, vers l'an 1230, ce tribunal qui juge les pensées des hommes, et qu'au mépris des évêques, arbitres naturels dans les procès de doctrine, il fut confié à des dominicains et à des cordeliers.

Ces premiers inquisiteurs avaient le droit de citer tout hérétique, de l'excommunier, d'accorder des indulgences à tout prince qui exterminerait les condamnés, de réconcilier à l'Église, de taxer les pénitents, et de recevoir d'eux en argent une caution de leur repentir.

La bizarrerie des événements, qui met tant de contradictions dans la politique humaine, fit que le plus violent ennemi des papes fut le protecteur le plus sévère de ce tribunal.

L'empereur Frédéric II, accusé par le pape, tantôt d'être mahométan, tantôt d'être athée, crut se laver du reproche en prenant sous sa protection les inquisiteurs; il donna même quatre édits à Pavie (1244), par lesquels il ordonnait aux juges séculiers de livrer aux flammes ceux que les inquisiteurs condamneraient comme hérétiques obstinés, et de laisser dans une prison perpétuelle ceux que l'Inquisition déclarerait repentants.

Frédéric II, malgré cette politique, n'en fut pas moins

persécuté; et les papes se servirent depuis, contre les droits de l'empire, des armes qu'il leur avait données.

En 1255 le pape Alexandre III établit l'Inquisition en France, sous le roi saint Louis. Le gardien des corde-liers de Paris et le provincial des dominicains étaient les grands inquisiteurs. Ils devaient, par la bulle d'Alexandre, consulter les évêques; mais ils n'en dépen-daient pas : cette étrange juridiction, donnée à des hommes qui font vœu de renoncer au monde, indigna le clergé et les laïques. Un cordelier inquisiteur assista au jugement des templiers; mais bientôt le soulèvement de tous les esprits ne laissa à ces moines qu'un titre inutile.

En Italie les papes avaient plus de crédit, parce que, tout désobéis qu'ils étaient dans Rome, tout éloignés qu'ils en furent longtemps, ils étaient toujours à la tête de la faction guelfe contre celle des gibelins; ils se servirent de cette Inquisition contre les partisans de l'empire (1302), car le pape Jean XXII fit procéder par des moines inquisiteurs contre Matthieu Visconti, sei-gneur de Milan, dont le crime était d'être attaché à l'empereur Louis de Bavière. Le dévouement du vassal à son suzerain fut déclaré hérésie : la maison d'Este, celle de Malatesta, furent traitées de même pour la même cause; et si le supplice ne suivit pas la sentence, c'est qu'il était alors plus aisé aux papes d'avoir des inquisiteurs que des armées.

Plus ce tribunal s'établit, et plus les évêques, qui se voyaient enlever un droit qui semblait leur appartenir, le réclamèrent vivement : les papes les associèrent aux moines inquisiteurs qui exerçaient pleinement leur auto-rité dans presque tous les États d'Italie, et dont les évêques ne furent que les assesseurs.

(1289) Sur la fin du XIIIe siècle, Venise avait déjà reçu l'Inquisition; mais si ailleurs elle était toute dépen-dante du pape, elle fut dans l'État vénitien soumise au sénat : la plus sage précaution qu'il prit fut que les amendes et les confiscations n'appartinssent pas aux inquisiteurs. On croyait modérer leur zèle, en leur ôtant la tentation de s'enrichir par leurs jugements; mais, comme l'envie de faire valoir les droits de son minis-tère est chez les hommes une passion aussi forte que l'avarice, les entreprises des inquisiteurs obligèrent le sénat longtemps après, au xvie siècle, d'ordonner que l'Inquisition ne pourrait jamais faire de procédure sans l'assistance de trois sénateurs. Par ce règlement, et par plusieurs autres aussi politiques, l'autorité de ce tribunal fut anéantie à Venise à force d'être éludée.

Un royaume où il semblait que l'Inquisition dût s'établir avec le plus de facilité et de pouvoir est précisément celui où elle n'a jamais eu d'entrée : c'est le royaume de Naples. Les souverains de cet État et ceux de Sicile se croyaient en droit, par les concessions des papes, d'y exercer la juridiction ecclésiastique : le pontife romain et le roi disputant toujours à qui nommerait les inquisiteurs, on n'en nomma point, et les peuples profitèrent, pour la première fois, des querelles de leurs maîtres; il y eut pourtant dans Naples et Sicile moins d'hérétiques qu'ailleurs. Cette paix de l'Église dans ces royaumes prouva bien que l'Inquisition était moins un rempart de la foi qu'un fléau inventé pour troubler les hommes.

(1478) Elle fut enfin autorisée en Sicile, après l'avoir été en Espagne par Ferdinand et Isabelle; mais elle fut en Sicile, plus encore qu'en Castille, un privilège de la couronne, et non un tribunal romain : car en Sicile c'est le roi qui est pape.

Il y avait déjà longtemps qu'elle était reçue dans l'Aragon : elle y languissait ainsi qu'en France, sans fonctions, sans ordre, et presque oubliée.

Mais ce ne fut qu'après la conquête de Grenade qu'elle déploya dans toute l'Espagne cette force et cette rigueur que jamais n'avaient eues les tribunaux ordinaires. Il faut que le génie des Espagnols eût alors quelque chose de plus austère et de plus impitoyable que celui des autres nations. On le voit par les cruautés réfléchies dont ils inondèrent bientôt après le nouveau monde. On le voit surtout ici par l'excès d'atrocité qu'ils mirent dans l'exercice d'une juridiction où les Italiens, ses inventeurs, mettaient beaucoup plus de douceur. Les papes avaient érigé ces tribunaux par politique; et les inquisiteurs espagnols y ajoutèrent la barbarie.

Lorsque Mahomet II eut subjugué Constantinople et la Grèce, lui et ses successeurs laissèrent· les vaincus vivre en paix dans leur religion; et les Arabes, maîtres de l'Espagne, n'avaient jamais forcé les chrétiens régnicoles à recevoir le mahométisme. Mais après la prise de Grenade, le cardinal Ximénès voulut que tous les Maures fussent chrétiens, soit qu'il y fût porté par le zèle, soit qu'il écoutât l'ambition de compter un nouveau peuple soumis à sa primatie. C'était une entreprise directement contraire au traité par lequel les Maures s'étaient soumis, et il fallait du temps pour la faire réussir. Mais Ximénès voulut convertir les Maures aussi vite qu'on avait pris Grenade. On les prêcha, on les persécuta : ils se soulevèrent; on les soumit, et on les força de recevoir le baptême (1499). Ximénès fit donner à cinquante mille d'entre eux ce signe d'une religion à laquelle ils ne croyaient pas.

Les Juifs, compris dans le traité fait avec les rois de Grenade, n'éprouvèrent pas plus d'indulgence que les Maures. Il y en avait beaucoup en Espagne. Ils étaient ce qu'ils sont partout ailleurs, les courtiers du commerce. Cette profession, loin d'être turbulente, ne peut subsister que par un esprit pacifique. On compte plus de vingt mille Juifs autorisés par le pape en Italie : il y a près de deux cent quatre-vingts synagogues en Pologne. La seule province de Hollande possède environ douze mille Hébreux, quoiqu'elle puisse assurément faire sans eux le commerce. Les Juifs ne paraissaient pas plus dangereux en Espagne, et les taxes qu'on pouvait leur imposer étaient des ressources assurées pour le gouvernement : il est donc bien difficile de pouvoir attribuer à une sage politique la persécution qu'ils essuyèrent.

L'Inquisition procéda contre eux et contre les musulmans. Nous avons déjà observé combien de familles mahométanes et juives aimèrent mieux quitter l'Espagne que de soutenir la rigueur de ce tribunal, et combien Ferdinand et Isabelle perdirent de sujets. C'étaient certainement ceux de leur secte les moins à craindre, puisqu'ils préféraient la fuite à la révolte. Ce qui restait feignait [a] d'être chrétien. Mais le grand inquisiteur Torquemada fit regarder à la reine Isabelle tous ces chrétiens déguisés comme des hommes dont il fallait confisquer les biens et proscrire la vie.

Ce Torquemada, dominicain, devenu cardinal, donna

au tribunal de l'Inquisition espagnole cette forme juridique opposée à toutes les lois humaines, laquelle s'est toujours conservée. Il fit en quatorze ans le procès à près de quatre-vingt mille hommes, et en fit brûler six mille avec l'appareil et la pompe des plus augustes fêtes. Tout ce qu'on nous raconte des peuples qui ont sacrifié des hommes à la Divinité n'approche pas de ces exécutions accompagnées de cérémonies religieuses. Les Espagnols n'en conçurent pas d'abord assez d'horreur, parce que c'étaient leurs anciens ennemis et des Juifs qu'on immolait. Mais bientôt eux-mêmes devinrent victimes; car lorsque les dogmes de Luther éclatèrent, le peu de citoyens qui fut soupçonné de les admettre fut immolé. La forme des procédures devint un moyen infaillible de perdre qui on voulait. On ne confronte point les accusés aux délateurs, et il n'y a point de délateur qui ne soit écouté. Un criminel public et flétri par la justice, un enfant, une courtisane, sont des accusateurs graves; le fils même peut déposer contre son père, la femme contre son époux; enfin l'accusé est obligé d'être lui-même son propre délateur, de deviner et d'avouer le délit qu'on lui suppose, et que souvent il ignore. Cette procédure, inouïe jusqu'alors, fit trembler l'Espagne. La défiance s'empara de tous les esprits; il n'y eut plus d'amis, plus de société : le frère craignit son frère, le père, son fils. C'est de là que le silence est devenu le caractère d'une nation née avec toute la vivacité que donne un climat chaud et fertile. Les plus adroits s'empressèrent d'être les archers de l'Inquisition sous le nom de ses familiers, aimant mieux être satellites que suppliciés.

Il faut encore attribuer à ce tribunal cette profonde ignorance de la saine philosophie où les écoles d'Espagne demeurent plongées, tandis que l'Allemagne, l'Angleterre, la France, l'Italie même, ont découvert tant de vérités, et ont élargi la sphère de nos connaissances. Jamais la nature humaine n'est si avilie que quand l'ignorance superstitieuse est armée du pouvoir.

Mais ces tristes effets de l'Inquisition sont peu de chose en comparaison de ces sacrifices publics qu'on nomme *auto-da-fé,* acte de foi, et des horreurs qui les précèdent.

C'est un prêtre en surplis, c'est un moine voué à
l'humilité et à la douceur, qui fait dans de vastes cachots
appliquer des hommes aux tortures les plus cruelles.
C'est ensuite un théâtre dressé dans une place publique,
où l'on conduit au bûcher tous les condamnés, à la
suite d'une procession de moines et de confréries. On
chante, on dit la messe, et on tue des hommes. Un
Asiatique qui arriverait à Madrid le jour d'une telle
exécution ne saurait si c'est une réjouissance, une fête
religieuse, un sacrifice, ou une boucherie; et c'est tout
cela ensemble. Les rois, dont ailleurs la seule présence
suffit pour donner grâce à un criminel, assistent nu-tête
à ce spectacle, sur un siège moins élevé que celui de
l'inquisiteur, et voient expirer leurs sujets dans les
flammes. On reprochait à Montezuma d'immoler des
captifs à ses dieux : qu'aurait-il dit s'il avait vu un
auto-da-fé ?

Ces exécutions sont aujourd'hui plus rares qu'autrefois;
mais la raison, qui perce avec tant de peine quand le
fanatisme est établi, n'a pu les abolir encore*.

L'Inquisition ne fut introduite dans le Portugal que
vers l'an 1557, quand ce pays n'était point soumis aux
Espagnols. Elle essuya d'abord toutes les contradictions
que son seul nom devait produire; mais enfin elle s'établit, et sa jurisprudence fut la même à Lisbonne qu'à
Madrid. Le grand-inquisiteur est nommé par le roi et
confirmé par le pape. Les tribunaux particuliers de cet
office, qu'on nomme *Saint,* sont soumis, en Espagne
et en Portugal, au tribunal de la capitale. L'Inquisition
eut dans ces deux États la même sévérité et la même
attention à signaler son pouvoir.

En Espagne, après la mort de Charles-Quint, elle osa
faire le procès au confesseur de cet empereur, Constantin
Ponce, qui mourut dans un cachot, et dont l'effigie
fut brûlée après sa mort dans un *auto-da-fé.*

En Portugal, Jean de Bragance, ayant arraché son

---

* Le célèbre comte d'Aranda a détruit en 1771 une partie de
ces abus abominables (x), et ils ont reparu depuis [1].

1. L'Inquisition d'Espagne fut supprimée par Napoléon,
le 4 décembre 1808, rétablie en 1814, abolie par décret du gouvernement de Madrid, le 15 juillet 1834.

pays à la domination espagnole, voulut aussi le délivrer de l'Inquisition; mais il ne put réussir qu'à priver les inquisiteurs des confiscations. Ils le déclarèrent excommunié après sa mort. Il fallut que la reine sa veuve les engageât à donner au cadavre une absolution aussi ridicule que honteuse. Par cette absolution, on le déclarait coupable.

Quand les Espagnols s'établirent en Amérique, ils portèrent l'Inquisition avec eux. Les Portugais l'introduisirent aux Indes occidentales, immédiatement après qu'elle fut autorisée à Lisbonne.

On connaît l'Inquisition de Goa. Si cette juridiction opprime ailleurs le droit naturel, elle est dans Goa contraire à la politique. Les Portugais ne sont dans l'Inde que pour négocier : le commerce et l'Inquisition paraissent incompatibles. Si elle était reçue dans Londres et dans Amsterdam, ces villes ne seraient ni si peuplées ni si opulentes. En effet, quand Philippe II la voulut introduire dans les provinces de Flandre, l'interruption du commerce fut une des principales causes de la révolution. La France et l'Allemagne ont été heureusement préservées de ce fléau. Elles ont essuyé des guerres horribles de religion; mais enfin les guerres finissent, et l'Inquisition une fois établie est éternelle.

Il n'est pas étonnant qu'on ait imputé à un tribunal si détesté des excès d'horreur et d'insolence qu'il n'a pas commis. On trouve dans beaucoup de livres que ce Constantin Ponce, confesseur de Charles-Quint, condamné par l'Inquisition, avait été accusé au saint-office d'avoir dicté le testament de l'empereur, dans lequel il n'y avait pas assez de legs pieux, et que le confesseur et le testament furent condamnés l'un et l'autre à être brûlés; qu'enfin tout ce que put Philippe II fut d'obtenir que la sentence ne s'exécutât pas sur le testament de l'empereur son père. Tout cela est manifestement faux : Constantin Ponce n'était plus depuis longtemps confesseur de Charles-Quint quand il fut emprisonné; et le testament de ce prince fut respecté par Philippe II, qui était trop habile et trop puissant pour souffrir qu'on déshonorât le commencement de son règne et la gloire de son père.

On lit encore dans plusieurs ouvrages écrits contre l'Inquisition que le roi d'Espagne Philippe III, assistant à un *auto-da-fé*, et voyant brûler plusieurs hommes, juifs, mahométans, hérétiques, ou soupçonnés de l'être, s'écria : « Voilà des hommes bien malheureux de mourir parce qu'ils n'ont pu changer d'opinion ! » Il est très vraisemblable qu'un roi ait pensé ainsi, et que ces paroles lui aient échappé ; il est seulement bien cruel qu'il ne sauvât pas ceux qu'il plaignait. Mais on ajoute que le grand inquisiteur, ayant recueilli ces paroles, en fit un crime au roi même ; qu'il eut l'impudence atroce d'en demander une réparation ; que le roi eut la bassesse d'en faire une, et que cette réparation à l'honneur du saint-office consista à se faire tirer du sang que le grand-inquisiteur fit brûler par la main du bourreau. Philippe III fut un prince borné, mais non d'une imbécillité si humiliante. Une telle aventure n'est croyable d'aucun prince ; elle n'est rapportée que dans des livres sans aveu, dans le tableau des papes, et dans ces faux mémoires imprimés en Hollande sous tant de faux noms. Il faut être d'ailleurs bien maladroit pour calomnier l'Inquisition, et pour chercher dans le mensonge de quoi la rendre odieuse [a].

Ce tribunal, inventé pour extirper les hérésies, est précisément ce qui éloigne le plus les protestants de l'Église romaine : il est pour eux un objet d'horreur ; ils aimeraient mieux mourir que s'y soumettre, et les chemises ensoufrées du saint-office sont l'étendard contre lequel ils sont à jamais réunis [1].

L'Inquisition a été moins cruelle à Rome et en Italie, où les Juifs ont de grands privilèges, et où les citoyens sont tous plus empressés à faire leur fortune et celle de leurs parents dans l'Église qu'à disputer sur des mystères. Le pape Paul IV, qui donna trop d'étendue au tribunal de l'Inquisition romaine, fut détesté des Romains ; le peuple troubla ses funérailles, jeta sa statue dans le Tibre, démolit les prisons de l'Inquisition, et jeta des pierres aux ministres de cette juridiction : cependant l'Inquisition romaine, sous Paul IV, n'avait fait mourir personne. Pie IV fut plus barbare : il fit brûler trois malheureux savants, accusés de ne pas penser comme

---

1. « Si cette phrase se fût trouvée dans Corneille, Voltaire l'aurait soulignée et aurait dit : des chemises qui sont un étendard ! » (Flaubert.)

les autres; mais jamais l'Inquisition italienne n'a égalé les horreurs de celle d'Espagne. Le plus grand mal qu'elle ait fait à la longue en Italie a été de tenir autant qu'elle l'a pu dans l'ignorance une nation spirituelle. Il faut que ceux qui écrivent demandent à un jacobin permission de penser, et les autres, permission de lire. Les hommes éclairés, qui sont en grand nombre, gémissent tout bas en Italie; le reste vit dans les plaisirs et l'ignorance; le bas peuple, dans la superstition. Plus les Italiens ont d'esprit, plus on a voulu le restreindre; et cet esprit ne leur sert qu'à être dominés par des moines dont il faut baiser la main dans plusieurs provinces; de même qu'il ne leur a servi qu'à baiser les fers des Goths, des Lombards, des Francs, et des Teutons.

Ayant ainsi parcouru tout ce qui est attaché à la religion, et réservant pour un autre lieu l'histoire plus détaillée des malheurs dont elle fut en France et en Allemagne la cause ou le prétexte, je viens au prodige des découvertes qui firent en ce temps la gloire et la richesse du Portugal et de l'Espagne, qui embrassèrent l'univers entier, et qui rendirent Philippe II le plus puissant monarque de l'Europe.

CHAPITRE CXLI

DES DÉCOUVERTES DES PORTUGAIS

Jusqu'ici nous n'avons guère vu que des hommes dont l'ambition se disputait ou troublait [a] la terre connue. Une ambition qui semblait plus utile au monde, mais qui ensuite ne fut pas moins funeste, excita enfin l'industrie humaine à chercher de nouvelles terres et de nouvelles mers.

On sait que la direction de l'aimant vers le nord, si longtemps inconnue aux peuples les plus savants, fut trouvée dans le temps de l'ignorance, vers la fin du XIIIe siècle. Flavio Goïa, citoyen d'Amalfi au royaume de Naples, inventa bientôt après la boussole; il marqua l'aiguille aimantée d'une fleur de lis, parce que cet ornement entrait dans les armoiries des rois de Naples, qui étaient de la maison de France.

Cette invention resta longtemps sans usage; et les vers que Fauchet [1] rapporte pour prouver qu'on s'en servait avant l'an 1300 sont probablement du XIVe siècle.

On avait déjà retrouvé [b] les îles Canaries sans le secours de la boussole, vers le commencement du XIVe siècle. Ces îles, qui, du temps de Ptolémée et de Pline, étaient nommées les *îles Fortunées,* furent fréquentées des Romains, maîtres de l'Afrique Tingitane, dont elles ne sont pas éloignées; mais la décadence de l'empire romain ayant rompu toute communication entre les nations d'Occident, qui devinrent toutes étrangères

---

1. Dans *Les Œuvres de feu M. Claude Fauchet, premier président de la cour des monnoyes,* Paris, 1610, p. 556 : Fauchet cite des vers de Guyot de Provins, composés « environ l'an 1200 », où la « pierre d'aimant » est nommée « la marinette, une pierre laide et noirette, où li fer volontiers se joint ».

l'une à l'autre, ces îles furent perdues pour nous. Vers l'an 1300, des Biscayens les retrouvèrent. Le prince d'Espagne, Louis de la Cerda, fils de celui qui perdit le trône, ne pouvant être roi d'Espagne, demanda, l'an 1306, au pape Clément V, le titre de roi des îles Fortunées; et comme les papes voulaient donner alors les royaumes réels et imaginaires, Clément V ᵃ le couronna roi de ces îles dans Avignon. La Cerda aima mieux rester dans la France, son asile, que d'aller dans les îles Fortunées.

Le premier usage bien avéré de la boussole fut fait par des Anglais, sous le règne du roi Édouard III.

Le peu de science qui s'était conservé chez les hommes était renfermé dans les cloîtres. Un moine d'Oxford, nommé Linna, habile astronome pour son temps, pénétra jusqu'à l'Islande, et dressa des cartes des mers septentrionales, dont on se servit depuis sous le règne de Henri VI.

Mais ce ne fut qu'au commencement du xvᵉ siècle que se firent les grandes et utiles découvertes. Le prince Henri de Portugal, fils du roi Jean Iᵉʳ, qui les commença, rendit son nom plus glorieux que celui de tous ses contemporains. Il était philosophe, et il mit la philosophie ᵇ à faire du bien au monde : *Talent de bien faire* était sa devise.

A cinq degrés en deçà de notre tropique est un promontoire qui s'avance dans la mer Atlantique, et qui avait été jusque-là le terme des navigations connues : on l'appelait le *Cap Non ;* ce monosyllabe marquait qu'on ne pouvait le passer.

Le prince Henri trouva des pilotes assez hardis pour doubler ce cap, et pour aller jusqu'à celui de Boyador, qui n'est qu'à deux degrés du tropique; mais ce nouveau promontoire s'avançant l'espace de six-vingts milles dans l'Océan, bordé de tous côtés de rochers, de bancs de sable, et d'une mer orageuse, découragea les pilotes. Le prince, que rien ne décourageait, en envoya d'autres. Ceux-ci ne purent passer; mais en s'en retournant par la grande mer (1419), ils retrouvèrent l'île de Madère, que sans doute les Carthaginois avaient connue, et que l'exagération avait fait prendre pour une île immense, laquelle, par une autre exagération, a passé dans l'esprit de quelques modernes pour l'Amérique même. On lui donna le nom de Madère, parce qu'elle était couverte de bois, et que *Madera* signifie *bois,* d'où nous est venu le mot de *madrier.* Le prince Henri y fit planter des vignes de Grèce, et des cannes de sucre, qu'il tira de Sicile et de Chypre, où les Arabes les avaient apportées des Indes, et ce sont ces cannes de sucre qu'on a transplantées depuis dans les îles de l'Amérique, qui en fournissent aujourd'hui l'Europe.

Le prince don Henri conserva Madère; mais il fut obligé de céder aux Espagnols les Canaries, dont il s'était emparé. Les Espagnols firent valoir le droit de Louis de La Cerda, et la bulle de Clément V [a].

Le cap Boyador avait jeté une telle épouvante dans l'esprit de tous les pilotes que, pendant treize années, aucun n'osa tenter le passage. Enfin la fermeté du prince Henri inspira du courage. On passa le tropique (1446); on alla à près de quatre cents lieues par delà jusqu'au Cap-Vert [b]. C'est par ses soins que furent trouvées les îles du Cap-Vert et les Açores (1460). S'il est vrai qu'on vit (1461) sur un rocher des Açores une statue représentant un homme à cheval, tenant la main gauche sur le cou du cheval, et montrant l'Occident de la main droite, on peut croire que ce monument était des anciens Carthaginois : l'inscription, dont on ne put connaître les caractères, semble favorable à cette opinion.

Presque toutes les côtes d'Afrique qu'on avait découvertes étaient sous la dépendance des empereurs de Maroc, qui, du détroit de Gibraltar jusqu'au fleuve du Sénégal, étendaient leur domination et leur secte à travers les déserts; mais le pays était peu peuplé, et les habitants n'étaient guère au-dessus des brutes. Lorsqu'on eut pénétré au delà du Sénégal, on fut surpris de voir que les hommes étaient entièrement noirs au midi de ce fleuve, tandis qu'ils étaient de couleur cendrée au septentrion [c]. (x) La race des nègres est une espèce d'hommes différente de la nôtre, comme la race des épagneuls l'est des lévriers. La membrane muqueuse, ce réseau que la nature a étendu entre les muscles et la peau, est blanche chez nous, chez eux noire, bronzée ailleurs. Le célèbre Ruysch fut le premier de nos jours qui, en disséquant un nègre à Amsterdam, fut assez adroit pour enlever tout ce réseau muqueux. Le czar Pierre l'acheta, mais Ruysch en conserva une petite partie que j'ai vue [1], et qui ressemblait à de la gaze noire. Si un nègre se fait une brûlure, sa peau devient brune quand le réseau a été offensé; sinon, la peau renaît noire. La forme de leurs yeux n'est point la nôtre. Leur laine noire ne ressemble point à nos cheveux, et on peut dire que si leur intelligence n'est pas d'une autre espèce que notre entendement, elle est fort inférieure. Ils ne sont pas capables d'une grande attention; ils combinent peu, et ne paraissent faits ni pour les avantages ni pour les abus de notre philosophie. Ils sont originaires de cette partie de l'Afrique, comme les éléphants et les singes; guerriers, hardis et cruels dans l'empire de Maroc, souvent même supérieurs aux troupes basanées qu'on appelle *blanches;* ils se croient nés en Guinée pour être vendus aux blancs et pour les servir.

Il y a plusieurs espèces de nègres : ceux de Guinée, ceux d'Éthiopie, ceux de Madagascar, ceux des Indes, ne sont pas les mêmes. Les noirs de Guinée, de Congo, ont de la laine; les autres, de longs crins. Les peuplades noires qui avaient le moins de commerce avec les autres nations ne connaissaient aucun culte. Le premier degré de stupidité est de ne penser qu'au présent et aux besoins du corps. Tel était l'état de plusieurs nations, et surtout des insulaires. Le second degré est de prévoir à demi, de ne former aucune société stable, de regarder les astres avec admiration, et de célébrer quelques fêtes, quelques réjouissances au retour de certaines saisons, à l'apparition de certaines étoiles, sans aller plus loin, et sans avoir aucune notion distincte. C'est entre ces deux degrés d'imbécillité et de raison commencée que plus d'une nation a vécu pendant des siècles.

Les découvertes des Portugais étaient jusqu'alors plus curieuses qu'utiles. Il fallait peupler les îles, et le commerce des côtes occidentales d'Afrique ne produisait pas de grands avantages. On trouva enfin de l'or

---

1. Cf. t. I, p. 6.

DANTHES
FLORENTI
ob. MCCC.
IIII Stellas
Cap. I. Purg:
ab America
in Iter
adductus.

ALGERIUS
Poeta Anno
descripsit
Antarticas
his verbis
Vespuccio
Epistolis

I MI VOLS' A MAN DESTRA E POSIMENTE
AL'ALTRO POLOE VIDI QUATTRO STELLE
NON VISTE MAI FUOR CH'ALA PRIMA GENTE
GODER PAREV'AL CIEL DI LOR FIAMMELLE
O SETTENTRIONAL VEDOVO SITO
POICHE PRIVATO SE DI MIRAR QUELLE

FRONTISPICE
de Bandini, *Vita e lettere di Amerigo Vespucci,* Florence, 1745

sur les côtes de Guinée, mais en petite quantité, sous le roi Jean II. C'est de là qu'on donna depuis le nom de *guinées* aux monnaies que les Anglais firent frapper avec l'or qu'ils trouvèrent dans le même pays [a].

Les Portugais, qui seuls avaient la gloire de reculer pour nous les bornes de la terre, passèrent l'équateur, et découvrirent le royaume de Congo : alors on aperçut un nouveau ciel et de nouvelles étoiles.

Les Européens [b] virent, pour la première fois, le pôle austral et les quatre étoiles qui en sont les plus voisines. C'était une singularité bien surprenante que le fameux Dante eût parlé plus de cent ans auparavant de ces quatre étoiles. « Je me tournai à main droite, dit-il dans le premier chant de son *Purgatoire* [1], et je considérai l'autre pôle : j'y vis quatre étoiles qui n'avaient jamais été connues que dans le premier âge du monde. » Cette prédiction semblait bien plus positive que celle de Sénèque le Tragique, qui dit, dans sa *Médée* [2], « qu'un jour l'Océan ne séparera plus les nations, qu'un nouveau Typhis découvrira un nouveau monde, et que Thulé ne sera plus la borne de la terre ».

Cette idée vague de Sénèque n'est qu'une espérance probable, fondée sur les progrès qu'on pouvait faire dans la navigation; et la prophétie du Dante n'a réellement aucun rapport aux découvertes des Portugais et des Espagnols. Plus cette prophétie est claire, et moins elle est vraie. Ce n'est que par un hasard assez bizarre que le pôle austral et ces quatre étoiles se trouvent annoncés dans le Dante. Il ne parlait que dans un sens figuré : son poème n'est qu'une allégorie perpétuelle. Ce pôle chez lui est le paradis terrestre; ces quatre étoiles, qui n'étaient connues que des premiers hommes, sont les quatre vertus cardinales, qui ont disparu avec les temps d'innocence. Si on approfondissait ainsi la plupart des prédictions, dont tant de livres sont

---

1. *La Divina Comedia,* Vinegia, 1536, *FL,* p. 197 :
Mi vols'a man destra; et posimente
A l'altro polo et vidi quattro stelle
Non viste mai, fuor ch'a la prima gente.
On peut identifier ces quatre étoiles avec la Croix du Sud.
2. Dans un chant du chœur, v. 374-9.

pleins, on trouverait qu'on n'a jamais rien prédit, et que la connaissance de l'avenir n'appartient qu'à Dieu. (x) Mais si on avait eu besoin de cette prédiction A du Dante pour établir quelque droit ou quelque opinion, comme on aurait fait valoir cette prophétie! comme elle eût paru claire! avec quel zèle on aurait opprimé ceux qui l'auraient expliquée raisonnablement!

On ne savait auparavant si l'aiguille aimantée serait dirigée vers le pôle antarctique en approchant de ce pôle. La direction fut constante vers le nord. On poussa jusqu'à la pointe de l'Afrique, où *le cap des Tempêtes* causa plus d'effroi que celui de Boyador (1486); mais il donna l'espérance de trouver au delà de ce cap un chemin pour embrasser par la navigation le tour de l'Afrique, et de trafiquer aux Indes : dès lors il fut nommé *le cap de Bonne-Espérance,* nom qui ne fut point trompeur. Bientôt le roi Emmanuel, héritier des nobles desseins de ses pères, envoya, malgré les remontrances de tout le Portugal, une petite flotte de quatre vaisseaux, sous la conduite de Vasco de Gama, dont le nom est devenu immortel par cette expédition.

Les Portugais ne firent alors aucun établissement A à ce fameux cap, que les Hollandais ont rendu depuis une des plus délicieuses habitations de la terre, et où ils cultivent avec succès les productions des quatre parties du monde. Les naturels de ce pays ne ressemblent ni aux blancs, ni aux nègres; tous de couleur d'olive foncée, tous ayant des crins [a]. Les organes de la voix sont différents des nôtres; ils forment un bégaiement et un gloussement qu'il est impossible aux autres hommes d'imiter. Ces peuples n'étaient point anthropophages; au contraire, leurs mœurs étaient douces et innocentes. Il est indubitable qu'ils n'avaient point poussé l'usage de la raison jusqu'à reconnaître un Être suprême. Ils étaient dans ce degré de stupidité qui admet une société informe, fondée sur les besoins communs. Le maître ès arts Pierre Kolb, qui a si longtemps voyagé parmi eux, est sûr que ces peuples descendent de Céthura, l'une des femmes d'Abraham, et qu'ils adorent un petit cerf-volant [1]. On est fort peu instruit de leur théologie;

---

1. Pierre Kolbe fut envoyé au Cap par le baron de Krosick,

et quant à leur arbre généalogique, je ne sais si Pierre Kolb a eu de bons mémoires.

Si la circoncision a dû étonner les premiers philo- A sophes qui voyagèrent en Égypte et à Colchos, l'opération des Hottentots dut étonner bien davantage : on coupe un testicule à tous les mâles, de temps immémorial, sans que ces peuples sachent pourquoi et comment cette coutume s'est introduite parmi eux. Quelques-uns d'eux ont dit aux Hollandais que ce retranchement les rendait plus légers à la course ; d'autres, que les herbes aromatiques dont on remplace le testicule coupé les rendent plus vigoureux. Il est certain qu'ils n'en peuvent rendre qu'une mauvaise raison ; et c'est l'origine de bien des usages dans le reste de la terre.

(1497) Gama ayant doublé la pointe de l'Afrique, et remontant par ces mers inconnues vers l'équateur, n'avait pas encore repassé le Capricorne, qu'il trouva, vers Sofala, des peuples policés qui parlaient arabe. De la hauteur des Canaries jusqu'à Sofala, les hommes, les animaux, les plantes, tout avait paru d'une espèce nouvelle. La surprise fut extrême de retrouver des hommes qui ressemblaient à ceux du continent connu. Le mahométisme commençait à pénétrer parmi eux ; les musulmans, en allant à l'orient de l'Afrique, et les chrétiens, en remontant par l'occident, se rencontraient à une extrémité de la terre.

(1498) Ayant enfin trouvé des pilotes mahométans à quatorze degrés de latitude méridionale, il aborda dans les grandes Indes au royaume de Calicut, après avoir reconnu plus de quinze cents lieues de côtes.

Ce voyage de Gama fut ce qui changea le commerce de l'ancien monde. Alexandre, que des déclamateurs n'ont regardé que comme un destructeur, et qui cependant fonda plus de villes qu'il n'en détruisit, homme

---

conseiller privé du roi de Prusse ; il y resta une dizaine d'années. Dans sa *Description du Cap,* il écrit, t. I, p. 48 : «Je crois donc qu'il est plus probable qu'ils sortent des Troglodytes, ancien peuple d'Afrique qui descendait d'Abraham par Kétura ou Cétura.» Le «petit cerf-volant» est un insecte, ainsi nommé par Kolbe, t. I, p. 209.

sans doute digne du nom de *grand* malgré ses vices, avait destiné sa ville d'Alexandrie à être le centre du commerce et le lien des nations : elle l'avait été en effet, et sous les Ptolémées, et sous les Romains, et sous les Arabes. Elle était l'entrepôt de l'Égypte, de l'Europe, et des Indes. Venise, au xve siècle, tirait presque seule d'Alexandrie les denrées de l'Orient et du Midi, et s'enrichissait, aux dépens du reste de l'Europe, par cette industrie et par l'ignorance des autres chrétiens. Sans le voyage de Vasco de Gama, cette république devenait bientôt la puissance prépondérante de l'Europe ; mais le passage du cap de Bonne-Espérance détourna la source de ses richesses.

Les princes [a] avaient jusque-là fait la guerre pour ravir des terres ; on la fit alors pour établir des comptoirs. Dès l'an 1500, on ne put avoir du poivre à Calicut qu'en répandant du sang.

Alphonse d'Albuquerque et d'autres fameux capitaines portugais, en petit nombre, combattirent successivement les rois de Calicut, d'Ormus, de Siam, et défirent la flotte du soudan d'Égypte. Les Vénitiens, aussi intéressés que l'Égypte à traverser les progrès du Portugal, avaient proposé à ce soudan de couper l'isthme de Suez à leurs dépens, et de creuser un canal qui eût joint le Nil à la mer Rouge. Ils eussent, par cette entreprise, conservé l'empire du commerce des Indes ; mais les difficultés firent évanouir ce grand projet, tandis que d'Albuquerque prenait la ville de Goa (1510) au deçà du Gange, Malacca (1511) dans la Chersonèse d'or, Aden (1513) à l'entrée de la mer Rouge, sur les côtes de l'Arabie Heureuse, et qu'enfin il s'emparait d'Ormus dans le golfe de Perse.

(1514) Bientôt les Portugais s'établirent sur toutes les côtes de l'île de Ceylan, qui produit la cannelle la plus précieuse et les plus beaux rubis de l'Orient. Ils eurent des comptoirs au Bengale ; ils trafiquèrent jusqu'à Siam, et fondèrent la ville de Macao sur la frontière de la Chine. L'Éthiopie orientale, les côtes de la mer Rouge, furent fréquentées par leurs vaisseaux. Les îles Moluques, seul endroit de la terre où la nature a placé le girofle, furent découvertes et conquises par eux. Les négociations et les combats contribuèrent à ces nouveaux établissements : il y fallut faire ce commerce nouveau à main armée.

Les Portugais, en moins de cinquante ans, ayant découvert cinq mille lieues de côtes, furent les maîtres du commerce par l'océan Éthiopique et par la mer Atlantique. Ils eurent, vers l'an 1540, des établissements considérables depuis les Moluques jusqu'au golfe Persique, dans une étendue de soixante degrés de longitude. Tout ce que la nature produit d'utile, de rare, d'agréable, fut porté par eux en Europe, à bien moins de frais que Venise ne pouvait le donner. La route du Tage au Gange devenait fréquentée. Siam et le Portugal étaient alliés.

CHAPITRE CXLII

Du Japon

Les Portugais, établis en riches marchands et en rois sur les côtes de l'Inde et dans la presqu'île du Gange, passèrent enfin dans les îles du Japon (1538).

De tous les pays de l'Inde, le Japon n'est pas celui qui mérite le moins l'attention d'un philosophe. Nous aurions dû connaître ce pays dès le XIIIe siècle par la relation du célèbre Marc Paul. Ce Vénitien avait voyagé par terre à la Chine; et, ayant servi longtemps sous un des enfants de Gengis-kan, il y eut les premières notions de ces îles que nous nommons Japon, et qu'il appelle Zipangri [1]; mais ses contemporains, qui adoptaient les fables les plus grossières, ne crurent point les vérités que Marc Paul annonçait. Son manuscrit resta longtemps ignoré; il tomba enfin entre les mains de Christophe Colomb, et ne servit pas peu à le confirmer dans son espérance de trouver un monde nouveau qui pouvait rejoindre l'Orient et l'Occident, Colomb ne se trompa que dans l'opinion que le Japon touchait à l'hémisphère qu'il découvrit.

Ce royaume borne notre continent, comme nous le terminons du côté opposé. Je ne sais pourquoi on a appelé les Japonais *nos antipodes en morale;* il n'y a point de pareils antipodes parmi les peuples qui cultivent leur raison. La religion la plus autorisée au Japon admet des récompenses et des peines après la mort. Leurs principaux commandements, qu'ils appellent *divins,* sont précisément les nôtres. Le mensonge, l'inconti-

---

1. Du chinois *Ji Pen Koue*, « royaume du soleil levant », orthographié *Zipangri* dans l'édition Bergeron de Marco Polo, *Voyages...*, t. II, p. 125.

nence, le larcin, le meurtre, sont également défendus ;
c'est la loi naturelle réduite en préceptes positifs. Ils
y ajoutent le précepte de la tempérance, qui défend
jusqu'aux liqueurs fortes de quelque nature qu'elles
soient, et ils étendent la défense du meurtre jusqu'aux
animaux. Saka [1], qui leur donna cette loi, vivait environ
mille ans avant notre ère vulgaire. Ils ne diffèrent donc
de nous, en morale, que dans leur précepte d'épargner
les bêtes. S'ils ont beaucoup de fables, c'est en cela
qu'ils ressemblent à tous les peuples, et à nous qui
n'avons connu que des fables grossières avant le christianisme, et qui n'en avons que trop mêlé à notre religion. Si leurs usages sont différents des nôtres, tous ceux
des nations orientales le sont aussi, depuis les Dardanelles jusqu'au fond de la Corée.

Comme le fondement de la morale est le même chez
toutes les nations, il y a aussi des usages de la vie civile
qu'on trouve établis dans toute la terre. On se visite,
par exemple, au Japon, le premier jour de l'année, on
se fait des présents comme dans notre Europe. Les
parents et les amis se rassemblent dans les jours de fête.

Ce qui est plus singulier, c'est que leur gouvernement
a été pendant deux mille quatre cents ans entièrement
semblable à celui du calife des musulmans et de Rome
moderne. Les chefs de la religion ont été chez les Japonais les chefs de l'empire plus longtemps qu'en aucune
nation du monde ; la succession de leurs pontifes-rois
remonte incontestablement six cent soixante ans avant
notre ère. Mais les séculiers, ayant peu à peu partagé
le gouvernement, s'en emparèrent entièrement vers la
fin du XVIe siècle, sans oser pourtant détruire la race
et le nom des pontifes dont ils ont envahi tout le pouvoir. L'empereur ecclésiastique, nommé *dairi,* est une
idole toujours révérée ; et le général de la couronne, qui
est le véritable empereur, tient avec respect le dairi dans
une prison honorable. Ce que les Turcs ont fait à Bagdad,
ce que les empereurs allemands ont voulu faire à Rome,
les Taicosamas l'ont fait au Japon.

---

1. V. n'a pas soupçonné que son Sammonocodom (t. I, p. 33),
son « idole de Fo ou Foé » (t. II, p. 223), et ici ce Saka, n'étaient
qu'un seul personnage : Boudha, mort vers 480 avant J.-C.

La nature humaine, dont le fond est partout le même, a établi d'autres ressemblances entre ces peuples et nous. Ils ont la superstition des sortilèges, que nous avons eue si longtemps. On retrouve chez eux les pèlerinages, les épreuves même du feu, qui faisaient autrefois une partie de notre jurisprudence; enfin ils placent leurs grands hommes dans le ciel, comme les Grecs et les Romains. Leur pontife a seul, comme celui de Rome moderne, le droit de faire des apothéoses, et de consacrer des temples aux hommes qu'il en juge dignes. Les ecclésiastiques sont en tout distingués des séculiers; il y a entre ces deux ordres un mépris et une haine réciproques, comme partout ailleurs. Ils ont depuis très longtemps des religieux, des ermites, des instituts même, qui ne sont pas fort éloignés de nos ordres guerriers : car il y avait une ancienne société de solitaires qui faisaient vœu de combattre pour la religion.

Cependant, malgré cet établissement, qui semble annoncer des guerres civiles, comme l'ordre teutonique de Prusse en a causé en Europe, la liberté de conscience était établie dans ces pays aussi bien que dans tout le reste de l'Orient. Le Japon était partagé en plusieurs sectes, quoique sous un roi pontife; mais toutes les sectes se réunissaient dans les mêmes principes de morale. Ceux qui croyaient la métempsycose, et ceux qui n'y croyaient pas, s'abstenaient et s'abstiennent encore aujourd'hui de manger la chair des animaux qui rendent service à l'homme. Toute la nation se nourrit de riz et de légumes, de poisson et de fruits : sobriété qui semble en eux une vertu plus qu'une superstition.

La doctrine de Confucius a fait beaucoup de progrès dans cet empire. Comme elle se réduit toute à la simple morale, elle a charmé tous les esprits de ceux qui ne sont pas attachés aux bonzes; et c'est toujours la saine partie de la nation. On croit que le progrès de cette philosophie n'a pas peu contribué à ruiner la puissance du dairi. (1700) L'empereur qui régnait n'avait pas d'autre religion.

Il semble qu'on abuse plus au Japon qu'à la Chine de cette doctrine de Confucius. Les philosophes japonais regardent l'homicide de soi-même comme une action vertueuse quand elle ne blesse pas la société. Le naturel

fier et violent de ces insulaires met souvent cette théorie
en pratique, et rend le suicide beaucoup plus commun encore au Japon qu'en Angleterre.

La liberté de conscience, comme la remarque Kempfer,
ce véridique et savant voyageur, avait toujours été accordée dans le Japon, ainsi que dans presque tout le reste
de l'Asie [1]. Plusieurs religions étrangères s'étaient
paisiblement introduites au Japon. Dieu permettait
ainsi que la voie fût ouverte à l'Évangile dans toutes
ces vastes contrées. Personne n'ignore qu'il fit des progrès prodigieux sur la fin du xvie siècle dans la moitié
de cet empire. (x) Le premier qui répandit ce germe fut A
le célèbre François Xavier, jésuite portugais, homme d'un
zèle courageux et infatigable ; il alla avec les marchands
dans plusieurs îles du Japon, tantôt en pèlerin, tantôt
dans l'appareil pompeux d'un vicaire apostolique
députe par le pape. Il est vrai qu'obligé de se servir
d'un truchement, il ne fit pas d'abord de grands progrès.
« Je n'entends point ce peuple, dit-il, dans ses lettres
et il ne m'entend point ; nous épelons comme des
enfants. » Il ne fallait pas qu'après cet aveu les historiens de sa vie [2] lui attribuassent le don des langues :
ils devaient aussi ne pas mépriser leurs lecteurs jusqu'au
point d'assurer que Xavier ayant perdu son crucifix,
il lui fut rapporté par un cancre ; qu'il se trouva en deux
endroits au même instant, et qu'il ressuscita neuf morts *.

---

* Voyez l'article François Xavier, dans le *Dictionnaire philo-* D
sophique.

1. *Histoire du Japon,* trad. J. G. Scheuchzer, La Haye, 1729,
FL : V. cite presque textuellement une phrase du t. I, p. 175.

2. Par exemple la *Vie de saint François Xavier,* par le P. Bouhours,
Paris, 1754, *FL,* qui n'est pas un modèle de critique. On y trouve :
l'aveu que Xavier n'entendait pas le japonais (t. II, p. 10, mais la
citation de V. n'est pas littérale), et l'affirmation qu'il possédait
néanmoins le don des langues (t. I, p. 88) ; le miracle du crucifix
rapporté par un crabe (t. I, p. 237) ; la résurrection de quatre personnes (t. I, p. 158), d'une jeune fille (t. I, pp. 224-6), d'une autre
jeune fille (t. II, pp. 21-3), d'un jeune homme (t. II, pp. 216-7),
d'un enfant (t. II, p. 248) : pour atteindre le chiffre de neuf donné
par V., il faut sans doute ajouter la résurrection d'un moribond
(t. II, p. 174).

On devait s'en tenir à louer son zèle et ses tentatives. Il apprit enfin assez de japonais pour se faire un peu entendre. Les princes de plusieurs îles de cet empire, mécontents pour la plupart de leurs bonzes, ne furent pas fâchés que des prédicateurs étrangers vinssent contredire ceux qui abusaient de leur ministère. Peu à peu la religion chrétienne s'établit.

La célèbre ambassade de trois princes chrétiens japonais au pape Grégoire XIII est peut-être l'hommage le plus flatteur que le saint-siège ait jamais reçu. Tout ce grand pays où il faut aujourd'hui abjurer l'Évangile, et où les seuls Hollandais sont reçus à condition de n'y faire aucun acte de religion, a été sur le point d'être un royaume chrétien, et peut-être un royaume portugais. Nos prêtres y étaient honorés plus que parmi nous; aujourd'hui leur tête y est à prix, et ce prix même est considérable : il est environ de douze mille livres. L'indiscrétion d'un prêtre portugais, qui ne voulut pas céder le pas à un des premiers officiers du roi, fut la première cause de cette révolution; la seconde fut l'obstination de quelques jésuites qui soutinrent trop un droit odieux, en ne voulant pas rendre une maison qu'un seigneur japonais leur avait donnée, et que le fils de ce seigneur redemandait; la troisième fut la crainte d'être subjugué par les chrétiens; et c'est ce qui causa une guerre civile. Nous verrons comment le christianisme, qui commença par des missions, finit par des batailles.

Tenons-nous-en à présent à ce que le Japon était alors, à cette antiquité dont ces peuples se vantent comme les Chinois, à cette suite de rois pontifes qui remonte à plus de six siècles avant notre ère : remarquons surtout que c'est le seul peuple de l'Asie qui n'ait jamais été vaincu. On compare les Japonais aux Anglais, par cette fierté insulaire qui leur est commune, par le suicide qu'on croit si fréquent dans ces deux extrémités de notre hémisphère. Mais les îles du Japon n'ont jamais été subjuguées; celles de la Grande-Bretagne l'ont été plus d'une fois. Les Japonais ne paraissent pas être un mélange de différents peuples, comme les Anglais et presque toutes nos nations : ils semblent être aborigènes. Leurs lois, leur culte, leurs mœurs, leur langage, ne tiennent rien de la Chine; et la Chine, de son côté,

semble originairement exister par elle-même, et n'avoir
que fort tard reçu quelque chose des autres peuples.
C'est cette grande antiquité des peuples de l'Asie qui
vous frappe. Ces peuples, excepté les Tartares, ne se
sont jamais répandus loin de leurs limites, et vous
voyez une nation faible, resserrée, peu nombreuse, à
peine comptée auparavant dans l'histoire du monde,
venir en très petit nombre du port de Lisbonne découvrir tous ces pays immenses, et s'y établir avec splendeur.

Jamais commerce ne fut plus avantageux aux Portugais que celui du Japon. Ils en rapportaient, à ce que
disent les Hollandais, trois cents tonnes d'or chaque
année; et on sait que cent mille florins font ce que les
Hollandais appellent une tonne. C'est beaucoup exagérer; mais il paraît, par le soin qu'ont ces républicains
industrieux et infatigables de se conserver le commerce
du Japon à l'exclusion des autres nations, qu'il produisait, surtout dans les commencements, des avantages
immenses. Ils y achetaient le meilleur thé de l'Asie,
les plus belles porcelaines, de l'ambre gris, du cuivre
d'une espèce supérieure au nôtre, enfin l'argent et l'or,
l'objet principal de toutes ces entreprises. Ce pays
possède, comme la Chine, presque tout ce que nous
avons, et presque tout ce qui nous manque. Il est aussi
peuplé que la Chine à proportion : la nation est plus
fière et plus guerrière. Tous ces peuples étaient autrefois bien supérieurs à nos peuples occidentaux dans
tous les arts de l'esprit et de la main. Mais que nous
avons regagné le temps perdu! Les pays où le Bramante
et Michel-Ange ont bâti Saint-Pierre de Rome, où
Raphaël a peint, où Newton a calculé l'infini, où *Cinna*
et *Athalie* ont été écrits, sont devenus les premiers
pays de la terre. Les autres peuples ne sont dans les
beaux-arts que des barbares ou des enfants, malgré
leur antiquité, et malgré tout ce que la nature a fait
pour eux.

CHAPITRE CXLIII

DE L'INDE EN DEÇÀ ET DELÀ LE GANGE.
DES ESPÈCES D'HOMMES DIFFÉRENTES,
ET DE LEURS COUTUMES

Je ne vous parlerai pas ici du royaume de Siam, qui n'a été bien connu qu'au temps où Louis XIV en reçut une ambassade, et y envoya des missionnaires et des troupes également inutiles. Je vous épargne les peuples du Tonkin, de Laos, de la Cochinchine, chez qui on ne pénétra que rarement, et longtemps après l'époque des entreprises portugaises, et où notre commerce ne s'est jamais bien étendu.

Les potentats de l'Europe, et les négociants qui les enrichissent, n'ont eu pour objet, dans toutes ces découvertes, que de nouveaux trésors. Les philosophes y ont découvert un nouvel univers en morale et en physique. La route facile et ouverte de tous les ports de l'Europe jusqu'aux extrémités des Indes mit notre curiosité à portée de voir par ses propres yeux tout ce qu'elle ignorait ou qu'elle ne connaissait qu'imparfaitement par d'anciennes relations infidèles. Quels objets, pour des hommes qui réfléchissent, de voir au delà du fleuve Zayre [1], bordé d'une multitude innombrable de nègres, les vastes côtes de la Cafrerie, où les hommes sont de couleur d'olive, et où ils se coupent un testicule à l'honneur de la Divinité, tandis que les Éthiopiens et tant d'autres peuples de l'Afrique se contentent d'offrir une partie de leur prépuce ! Ensuite, si vous remontez à Sofala, à Quiloa, à Montbasa, à Mélinde, vous trouvez des noirs d'une espèce différente de ceux de la Nigritie,

---

1. Le Congo.

des blancs et des bronzés, qui tous commercent ensemble. Tous ces pays sont couverts d'animaux et de végétaux inconnus dans nos climats.

Au milieu des terres de l'Afrique est une race peu nombreuse de petits hommes blancs comme de la neige, dont le visage a la forme du visage des nègres, et dont les yeux ronds ressemblent parfaitement à ceux des perdrix [a] : les Portugais les nommèrent *Albinos*. Ils sont petits, faibles, louches. La laine qui couvre leur tête et qui forme leurs sourcils est comme un coton blanc et fin : ils sont au-dessous des nègres pour la force du corps et de l'entendement, et la nature les a peut-être placés après les nègres et les Hottentots, au-dessus des singes, comme un des degrés qui descendent de l'homme à l'animal. Peut-être aussi y a-t-il eu des espèces mitoyennes inférieures, que leur faiblesse a fait périr. Nous avons eu deux de ces Albinos en France ; j'en ai vu un à Paris, à l'hôtel de Bretagne, qu'un marchand de nègres avait amené [1]. On trouve quelques-uns de ces animaux ressemblants à l'homme dans l'Asie orientale ; mais l'espèce est rare : elle demanderait des soins compatissants des autres espèces humaines, qui n'en ont point pour tout ce qui leur est inutile.

La vaste presqu'île de l'Inde, qui s'avance des embouchures de l'Indus et du Gange jusqu'au milieu des îles Maldives, est peuplée de vingt nations différentes, dont les mœurs et les religions ne se ressemblent pas. Les naturels du pays sont d'une couleur de cuivre rouge. Dampierre [2] trouva depuis dans l'île de Timor des hommes dont la couleur est de cuivre jaune : tant la nature se varie ! (x) La première chose que vit Pelsart [3], A

---

1. Déjà mentionné dans l'*Introduction*, t. I, p. 6.

2. William Dampier, auteur d'un *Nouveau voyage autour du monde*, Amsterdam, 1698, *FL*, ne fit pas escale à Timor ; mais il écrit, t. II, p. 367, que les habitants de Mindanao ont « le teint tanné, mais tirant plus vers le jaune clair que certains autres Indiens », et, p. 536, que ceux de l'île de Nicobor sont « couleur de cuivre ».

3. Dans Thévenot, *Relations de divers voyages*, Paris, 1663-1672, *FL*, t. I : *La Terre australe découverte par le capitaine Pelsart qui y fait naufrage*. P. 52 : « ils aperçurent quatre hommes qui s'approchaient d'eux à quatre pattes. »

en 1630, vers la partie des terres australes, séparées de
notre hémisphère, à laquelle on a donné le nom de Nouvelle-Hollande, ce fut une troupe de nègres qui venaient
à lui en marchant sur les mains comme sur les pieds.
Il est à croire que, quand on aura pénétré dans ce
monde austral, on connaîtra encore plus la variété de
la nature : tout agrandira la sphère de nos idées, et
diminuera celle de nos préjugés.

Mais, pour revenir aux côtes de l'Inde, dans la presqu'île deçà le Gange habitent des multitudes de Banians,
descendants des anciens brachmanes attachés à l'ancien
dogme de la métempsycose, et à celui des deux principes,
répandu dans toutes les provinces des Indes, ne mangeant
rien de ce qui respire, aussi obstinés que les Juifs à
ne s'allier avec aucune nation, aussi anciens que ce
peuple, et aussi occupés que lui du commerce.

C'est surtout dans ce pays que s'est conservée la coutume immémoriale qui encourage les femmes à se brûler sur le corps de leurs maris, dans l'espérance de
renaître, ainsi que vous l'avez vu précédemment.

Vers Surate, vers Cambaye, et sur les frontières
de la Perse, étaient répandus les Guèbres, restes des
anciens Persans, qui suivent la religion de Zoroastre,
et qui ne se mêlent pas plus avec les autres peuples
que les Banians et les Hébreux. On vit dans l'Inde
d'anciennes familles juives qu'on y crut établies depuis
leur première dispersion. On trouva sur les côtes de
Malabar des chrétiens nestoriens, qu'on appelle mal
à propos *les chrétiens de saint Thomas ;* ils ne savaient pas
qu'il y eût une Église de Rome. Gouvernés autrefois
par un patriarche de Syrie, ils reconnaissaient encore
ce fantôme de patriarche, qui résidait, ou plutôt qui
se cachait dans Mosul, qu'on prétend être l'ancienne
Ninive. Cette faible Église syriaque était comme ensevelie sous ses ruines par le pouvoir mahométan, ainsi
que celles d'Antioche, de Jérusalem, d'Alexandrie.
Les Portugais apportaient la religion catholique romaine
dans ces climats; ils fondaient un archevêché dans Goa,
devenue métropole en même temps que capitale. On
voulut soumettre les chrétiens du Malabar au saint-
siège; on ne put jamais y réussir. Ce qu'on a fait si aisément chez les sauvages de l'Amérique, on l'a toujours

tenté vainement dans toutes les Églises séparées de la communion de Rome.

Lorsque d'Ormus on alla vers l'Arabie, on rencontra des disciples de saint Jean, qui n'avaient jamais connu l'Évangile : ce sont ceux qu'on nomme les *Sabéens*.

Quand on a pénétré ensuite par la mer orientale de l'Inde à la Chine, au Japon, et quand on a vécu dans l'intérieur du pays, les mœurs, la religion, les usages des Chinois, des Japonais, des Siamois, ont été mieux connus de nous que ne l'étaient auparavant ceux de nos contrées limitrophes dans nos siècles de barbarie.

C'est un objet digne de l'attention d'un philosophe que cette différence entre les usages de l'Orient et les nôtres, aussi grande qu'entre nos langages. Les peuples les plus policés de ces vastes contrées n'ont rien de notre police; leurs arts ne sont point les nôtres. Nourriture, vêtements, maisons, jardins, lois, culte, bienséances, tout diffère. Y a-t-il rien de plus opposé à nos coutumes que la manière dont les Banians trafiquent dans l'Indoustan? Les marchés les plus considérables se concluent sans parler, sans écrire; tout se fait par signes. Comment tant d'usages orientaux ne différeraient-ils pas des nôtres? La nature, dont le fond est partout le même, a de prodigieuses différences dans leur climat et dans le nôtre. On est nubile à sept ou huit ans dans l'Inde méridionale. Les mariages contractés à cet âge y sont communs. Ces enfants, qui deviennent pères, jouissent de la mesure de raison que la nature leur accorde dans un âge où la nôtre est à peine développée.

Tous ces peuples ne nous ressemblent que par les passions, et par la raison universelle qui contre-balance les passions, et qui imprime cette loi dans tous les cœurs : « Ne fais pas ce que tu ne voudrais pas qu'on te fît. » Ce sont là les deux caractères que la nature empreint dans tant de races d'hommes différentes, et les deux liens éternels dont elle les unit, malgré tout ce qui les divise. Tout le reste est le fruit du sol de la terre, et de la coutume.

Là c'était la ville de Pégu, gardée par des crocodiles qui nagent dans des fossés pleins d'eau. Ici c'était Java, où des femmes montaient la garde au palais du roi. A Siam, la possession d'un éléphant blanc fait la gloire du royaume. Point de blé au Malabar. Le pain, le vin, sont ignorés dans toutes les îles. On voit dans une des Philippines un arbre dont le fruit peut remplacer le pain. Dans les îles Mariannes l'usage du feu était inconnu.

Il est vrai qu'il faut lire avec un esprit de doute presque toutes les relations qui nous viennent de ces pays éloignés. On est plus occupé à nous envoyer des côtes de Coromandel et de Malabar des marchandises que des vérités. Un cas particulier est souvent pris pour un usage général. On nous dit qu'à Cochin ce n'est point le fils du roi qui est son héritier, mais le fils de sa sœur. Un tel règlement contredit trop la nature; il n'y a point d'homme qui veuille exclure son fils de son héritage, et si ce roi de Cochin n'a point de sœur, à qui appartiendra le trône? Il est vraisemblable qu'un neveu habile l'aura emporté sur un fils mal conseillé et mal secouru, ou qu'un prince, n'ayant laissé que des fils en bas âge, aura eu son neveu pour successeur, et qu'un voyageur aura pris cet accident pour une loi fondamentale. Cent écrivains auront copié ce voyageur, et l'erreur se sera accréditée.

Des auteurs qui ont vécu dans l'Inde prétendent que personne ne possède de bien en propre dans les États du Grand Mogol : ce qui serait encore plus contre la nature. Les mêmes écrivains nous assurent qu'ils ont négocié avec des Indiens riches de plusieurs millions. Ces deux assertions semblent un peu se contredire. Il faut toujours se souvenir que les conquérants du Nord ont établi l'usage des fiefs depuis la Lombardie jusqu'à l'Inde. Un Banian qui aurait voyagé en Italie du temps d'Astolphe et d'Albouin aurait-il eu raison d'affirmer que les Italiens ne possédaient rien en propre? On ne peut trop combattre cette idée, humiliante pour le genre humain, qu'il y a des pays où des millions d'hommes travaillent sans cesse pour un seul qui dévore tout.

Nous ne devons pas moins nous défier de ceux qui nous parlent de temples consacrés à la débauche. Mettons-nous à la place d'un Indien qui serait témoin dans nos climats de quelques scènes scandaleuses de nos moines : il ne devrait pas assurer que c'est là leur institut et leur règle.

Ce qui attirera surtout votre attention, c'est de voir presque tous ces peuples imbus de l'opinion que leurs dieux sont venus souvent sur la terre. Visnou s'y métamorphosa neuf fois dans la presqu'île du Gange; Sammonocodom [1], le dieu des Siamois, y prit cinq cent cinquante fois la forme humaine. Cette idée leur est commune avec les anciens Égyptiens, les Grecs, les Romains. Une erreur si téméraire, si ridicule et si universelle, vient pourtant d'un sentiment raisonnable qui est au fond de tous les cœurs : on sent naturellement sa dépendance d'un Être suprême, et l'erreur, se joignant toujours à la vérité, a fait regarder les dieux, dans presque toute la terre, comme des seigneurs qui venaient quelquefois visiter et réformer leurs domaines. La religion a été chez tant de peuples comme l'astronomie : l'une et l'autre ont précédé les temps historiques; l'une et l'autre ont été un mélange de vérité et d'imposture. Les premiers observateurs du cours véritable des astres leur attribuèrent de fausses influences : les fondateurs des religions, en reconnaissant la Divinité, souillèrent le culte par les superstitions.

De tant de religions différentes il n'en est aucune qui n'ait pour but principal les expiations. L'homme a toujours senti qu'il avait besoin de clémence. C'est l'origine de ces pénitences effrayantes auxquelles les bonzes, les bramins, les fakirs, se dévouent; et ces tourments volontaires, qui semblent crier miséricorde pour le genre humain, sont devenus un métier pour gagner sa vie.

Je n'entrerai point dans le détail immense de leurs coutumes; mais il y en a une si étrange pour nos mœurs qu'on ne peut s'empêcher d'en faire mention : c'est celle des bramins, qui portent en procession le Phallum des Égyptiens, le Priape des Romains. Nos idées de bienséance nous portent à croire qu'une cérémonie qui nous paraît si infâme n'a été inventée que par la débauche; mais il n'est guère croyable que la dépravation des mœurs ait jamais chez aucun peuple établi des cérémonies religieuses. Il est probable, au contraire,

---

1. Cf. t. I, p. 33, *supra,* p. 313.

basic relign

que cette coutume fut d'abord introduite dans des temps de simplicité, et qu'on ne pensa d'abord qu'à honorer la Divinité dans le symbole de la vie qu'elle nous a donnée. Une telle cérémonie a dû inspirer la licence à la jeunesse, et paraître ridicule aux esprits sages, dans des temps plus raffinés, plus corrompus, et plus éclairés. Mais l'ancien usage a subsisté malgré les abus, et il n'y a guère de peuple qui n'ait conservé quelque cérémonie qu'on ne peut ni approuver ni abolir.

Parmi tant d'opinions extravagantes et de superstitions bizarres, croirions-nous que tous ces païens des Indes reconnaissent comme nous un Être infiniment parfait? qu'ils l'appellent « l'Être des êtres, l'Être souverain, invisible, incompréhensible, sans figure, créateur et conservateur, juste et miséricordieux, qui se plaît à se communiquer aux hommes pour les conduire au bonheur éternel »? Ces idées sont contenues dans le *Veidam,* ce livre des anciens brachmanes, et encore mieux dans le *Shasta,* plus ancien que le *Veidam* [1]. Elles sont répandues dans les écrits modernes des bramins.

Un savant danois, missionnaire sur la côte de Tranquebar, cite plusieurs passages, plusieurs formules de prières, qui semblent partir de la raison la plus droite, et de la sainteté la plus épurée. En voici une tirée d'un livre intitulé *Varabadu* [2] : « O souverain de tous les êtres, Seigneur du ciel et de la terre, je ne vous contiens pas dans mon cœur! Devant qui déplorerai-je ma misère, si vous m'abandonnez, vous à qui je dois mon soutien et ma conservation? sans vous je ne saurais vivre. Appelez-moi, Seigneur, afin que j'aille vers vous. »

Il fallait être aussi ignorant et aussi téméraire que nos A moines du moyen âge pour nous bercer continuellement de la fausse idée que tout ce qui habite au delà

---

1. Cf. t. I, pp. 229-230.

2. La seule mention du *Varabadu* que je connaisse dans les ouvrages qu'a pu lire V. est celle de Niecamp, *Histoire des voyages que les Danois ont fait dans les Indes Orientales,* Genève, 1747 (dans *FL,* éd. de 1745), t. I, p. 103 : « et il y a encore le *Varipaddu,* qui est un livre de consolation destiné pour ceux qui sont à l'article de la mort. »

de notre petite Europe, et nos anciens maîtres et législateurs les Romains, et les Grecs précepteurs des Romains, et les anciens Égyptiens précepteurs des Grecs, et enfin tout ce qui n'est pas nous, ont toujours été des idolâtres odieux et ridicules.

Cependant, malgré une doctrine si sage et si sublime, les plus basses et les plus folles superstitions prévalent. Cette contradiction n'est que trop dans la nature de l'homme. Les Grecs et les Romains avaient la même idée d'un Être suprême, et ils avaient joint tant de divinités subalternes, le peuple avait honoré des divinités par tant de superstitions, et avait étouffé la vérité par tant de fables, qu'on ne pouvait plus distinguer à la fin ce qui était digne de respect et ce qui méritait le mépris.

Vous ne perdrez point un temps précieux à rechercher toutes les sectes qui partagent l'Inde. Les erreurs se subdivisent en trop de manières. Il est d'ailleurs vraisemblable que nos voyageurs ont pris quelquefois des rites différents pour des sectes opposées; il est aisé de s'y méprendre. Chaque collège de prêtres, dans l'ancienne Grèce et dans l'ancienne Rome, avait ses cérémonies et ses sacrifices. On ne vénérait point Hercule comme Apollon, ni Junon comme Vénus : tous ces différents cultes appartenaient pourtant à la même religion.

Nos peuples occidentaux ont fait éclater dans toutes ces découvertes une grande supériorité d'esprit et de courage sur les notions orientales. Nous nous sommes établis chez elles, et très souvent malgré leur résistance. Nous avons appris leurs langues, nous leur avons enseigné quelques-uns de nos arts. Mais la nature leur avait donné sur nous un avantage qui balance tous les nôtres : c'est qu'elles n'avaient nul besoin de nous, et que nous avions besoin d'elles.

CHAPITRE CXLIV

De l'Éthiopie, ou Abyssinie

Avant ce temps, nos relations occidentales ne connaissaient de l'Éthiopie que le seul nom. Ce fut sous le fameux Jean II, roi de Portugal, que don Francisco Alvarès pénétra dans ces vastes contrées qui sont entre le tropique et la ligne équinoxiale, et où il est si difficile d'aborder par mer [1]. On y trouva la religion chrétienne établie, mais telle qu'elle était pratiquée par les premiers Juifs qui l'embrassèrent avant que les deux rites fussent entièrement séparés. Ce mélange de judaïsme et de christianisme s'est toujours maintenu jusqu'à nos jours en Éthiopie. La circoncision et le baptême y sont également pratiqués, le sabbat et le dimanche également observés : le mariage est permis aux prêtres, le divorce à tout le monde, et la polygamie y est en usage ainsi que chez tous les Juifs de l'Orient.

Ces Abyssins, moitié juifs, moitié chrétiens, reconnaissent pour leur patriarche l'archevêque qui réside dans les ruines d'Alexandrie, ou au Caire en Égypte; et cependant ce patriarche n'a pas la même religion qu'eux : il est de l'ancien rite grec, et ce rite diffère encore de la religion des Grecs; le gouvernement turc, maître de l'Égypte, y laisse en paix ce petit troupeau. On ne trouve point mauvais que ces chrétiens plongent leurs enfants dans des cuves d'eau et portent l'eucharistie aux femmes dans leurs maisons, sous la forme

A

---

1. Don Francisco Alvarez, de Coïmbre, était le secrétaire de l'ambassade envoyée en Abyssinie par Emmanuel, roi de Portugal. Il passa six ans dans ces contrées alors preque inconnues, et publia, à son retour, en 1540, une relation intitulée *Verdadera informacam das terras do preste Joam*. (E. B.)

d'un morceau de pain trempé dans du vin. Ils ne seraient pas tolérés à Rome, et ils le sont chez les mahométans.

Don Francisco Alvarès fut le premier qui apprit la position des sources du Nil, et la cause des inondations régulières de ce fleuve : deux choses inconnues à toute l'antiquité, et même aux Égyptiens.

La relation de cet Alvarès fut très longtemps au nombre des vérités peu connues; et depuis lui jusqu'à nos jours on a vu trop d'auteurs, échos des erreurs accréditées de l'antiquité, répéter qu'il n'est pas donné aux hommes de connaître les sources du Nil [1]. On donna alors le nom de Prêtre-Jean au Négus ou roi d'Éthiopie, sans autre raison de l'appeler ainsi que parce qu'il se disait issu de la race de Salomon par la reine de Saba, et parce que depuis les croisades on assurait qu'on devait trouver dans le monde un roi chrétien nommé le Prêtre-Jean : le négus n'était pourtant ni chrétien ni prêtre.

Tout le fruit des voyages en Éthiopie se réduisit à obtenir une ambassade du roi de ce pays au pape Clément VII. Le pays était pauvre, avec des mines d'argent qu'on dit abondantes. Les habitants, moins industrieux que les Américains, ne savaient ni mettre en œuvre ces trésors, ni tirer parti des trésors véritables que la terre fournit pour les besoins réels des hommes.

En effet on voit une lettre d'un David, négus d'Éthiopie, qui demande au gouverneur portugais dans les Indes des ouvriers de toute espèce : c'était bien là être véritablement pauvre. Les trois quarts de l'Afrique et l'Asie septentrionale étaient dans la même indigence. Nous pensons, dans l'opulente oisiveté de nos villes, que tout l'univers nous ressemble; et nous ne songeons pas que les hommes ont vécu longtemps comme le reste des animaux, ayant souvent à peine le couvert et la pâture au milieu même des mines d'or et de diamant.

Ce royaume d'Éthiopie, tant vanté, était si faible qu'un petit roi mahométan, qui possédait un canton voisin, le conquit presque tout entier au commence-

---

1. Lucain, *Pharsale*, l. X, v. 295-296.

ment du XVIe siècle. Nous avons la fameuse lettre de Jean Bermudes [1] au roi de Portugal don Sébastien, par laquelle nous pouvons nous convaincre que les Éthiopiens ne sont pas ce peuple indomptable dont parle Hérodote [2], ou qu'ils ont bien dégénéré. Ce patriarche latin, envoyé avec quelques soldats portugais, protégeait le jeune négus de l'Abyssinie contre ce roi maure qui avait envahi ses États; et malheureusement, quand le grand négus fut rétabli, le patriarche voulut toujours le protéger. Il était son parrain, et se croyait son maître en qualité de père spirituel et de patriarche. Il lui ordonna de rendre obéissance au pape, et lui dénonça qu'il l'excommuniait en cas de refus. Alphonse d'Albuquerque n'agissait pas avec plus de hauteur avec les petits princes de la presqu'île du Gange. Mais enfin le filleul, rétabli sur son trône d'or, respecta peu son parrain, le chassa de ses États, et ne reconnut point le pape.

Ce Bermudes prétend que sur les frontières du pays de Damut, entre l'Abyssinie et les pays voisins de la source du Nil, il y a une petite contrée où les deux tiers de la terre sont d'or [3]. C'est là ce que les Portugais cherchaient, et ce qu'ils n'ont point trouvé; c'est là le principe de tous ces voyages; les patriarches, les missions, les conversions, n'ont été que le prétexte. Les Européens n'ont fait prêcher leur religion depuis le Chili jusqu'au Japon que pour faire servir les hommes, comme des bêtes de somme, à leur insatiable avarice. Il est à croire que le sein de l'Afrique renferme beaucoup de ce métal qui a mis en mouvement l'univers; le sable d'or qui roule dans ses rivières indique la mine dans les montagnes. Mais jusqu'à présent cette mine

---

1. Jean Bermudez, médecin de Lisbonne, fut envoyé en Abyssinie par le gouvernement portugais et y résida trente ans, avec les titres d'ambassadeur et de patriarche. Il revint mourir dans sa patrie en 1575. (E. B.)

2. *Histoires*, t. I, pp. 378-9.

3. Jean Bermudez, *Breve relaçâo da embaixada que o patriarcha D. Joâo Bermudez trouxe do imperador da Ethiopia, chamado vulgarmente preste Joâo,* Lisbonne, 1875 (« éd. conforme à celle de 1565 »), p. 108 (ch. 51).

a été inaccessible aux recherches de la cupidité; et à force de faire des efforts en Amérique et en Asie, on s'est moins trouvé en état de faire des tentatives dans le milieu de l'Afrique.

CHAPITRE CXLV

C'est à ces découvertes des Portugais dans l'ancien monde que nous devons le nouveau, si pourtant c'est une obligation que cette conquête de l'Amérique, si funeste pour ses habitants, et quelquefois pour les conquérants mêmes.

C'est ici le plus grand événement sans doute de notre globe, dont une moitié avait toujours été ignorée de l'autre. Tout ce qui a paru grand jusqu'ici semble disparaître devant cette espèce de création nouvelle. Nous prononçons [b] encore avec une admiration respectueuse les noms des Argonautes, qui firent cent fois moins que les matelots de Gama et d'Albuquerque. Que d'autels on eût érigés dans l'antiquité à un Grec qui eût découvert l'Amérique ! Christophe Colombo et Barthélemy son frère ne furent pas traités ainsi.

Colombo, frappé des entreprises des Portugais, conçut qu'on pouvait faire quelque chose de plus grand, et, par la seule inspection d'une carte de notre univers, jugea qu'il devait y en avoir un autre, et qu'on le trouverait en voguant toujours vers l'occident. Son courage fut égal à la force de son esprit, et d'autant plus grand qu'il eut à combattre les préjugés de tous ses contemporains, et à soutenir les refus de tous les princes. Gênes, sa patrie, qui le traita de visionnaire, perdit la seule occasion de s'agrandir qui pouvait s'offrir pour elle. Henri VII, roi d'Angleterre, plus avide d'argent que capable d'en hasarder dans une si noble entreprise, n'écouta pas le frère de Colombo : lui-même fut refusé en Portugal par Jean II, dont les vues étaient entièrement tournées du côté de l'Afrique. Il ne pouvait s'adresser à la France, où la marine était toujours négli-

gée, et les affaires autant que jamais en confusion sous
la minorité de Charles VIII. L'empereur Maximilien
n'avait ni ports pour une flotte, ni argent pour l'équiper,
ni grandeur de courage pour un tel projet. Venise eût
pu s'en charger; mais, soit que l'aversion des Génois
pour les Vénitiens ne permît pas à Colombo de s'adresser à la rivale de sa patrie, soit que Venise ne conçût
de grandeur que dans son commerce d'Alexandrie
et du Levant, Colombo n'espéra qu'en la cour d'Espagne,
    Ferdinand, roi d'Aragon, et Isabelle, reine de Castille,
réunissaient par leur mariage toute l'Espagne, si vous
en exceptez le royaume de Grenade, que les mahométans conservaient encore, mais que Ferdinand leur
enleva bientôt après. L'union d'Isabelle et de Ferdinand
prépara la grandeur de l'Espagne; Colombo la commença; mais ce ne fut qu'après huit ans de sollicitations
que la cour d'Isabelle consentit au bien que le citoyen
de Gênes voulait lui faire. Ce qui fait échouer les plus
grands projets, c'est presque toujours le défaut d'argent.
La cour d'Espagne était pauvre. Il fallut que le prieur
Pérez, et deux négociants, nommés Pinzone, avan-
çassent dix-sept mille ducats pour les frais de l'armement. (23 août 1492) Colombo eut de la cour une patente
et partit enfin du port de Palos en Andalousie avec trois
petits vaisseaux, et un vain titre d'amiral.
    Des îles Canaries où il mouilla, il ne mit que trente-
trois jours pour découvrir la première île de l'Amérique;
et pendant ce court trajet il eut à soutenir plus de murmures de son équipage qu'il n'avait essuyé de refus des
princes de l'Europe. Cette île, située environ à mille
lieues des Canaries, fut nommée San Salvador. Aussitôt
après il découvrit les autres îles Lucayes, Cuba, et Hispaniola, nommée aujourd'hui Saint-Domingue. Ferdinand et Isabelle furent dans une singulière surprise
de le voir revenir au bout de sept mois (15 mars 1493)
avec des Américains d'Hispaniola, des raretés du pays,
et surtout de l'or qu'il leur présenta. Le roi et la reine
le firent asseoir et couvrir comme un grand d'Espagne,
le nommèrent grand-amiral et vice-roi du nouveau
monde. Il était regardé partout comme un homme
unique envoyé du ciel. C'était alors à qui s'intéresserait
dans ses entreprises, à qui s'embarquerait sous ses

ordres. Il repart avec une flotte de dix-sept vaisseaux.
(1493) Il trouve encore de nouvelles îles, les Antilles
et la Jamaïque. Le doute s'était changé en admiration
pour lui à son premier voyage; mais l'admiration se
tourna en envie au second.

Il était amiral, vice-roi, et pouvait ajouter à ces titres
celui de bienfaiteur de Ferdinand et d'Isabelle. Cependant des juges, envoyés sur ses vaisseaux mêmes pour
veiller sur sa conduite, le ramenèrent en Espagne. Le
peuple, qui entendit que Colombo arrivait, courut
au-devant de lui comme du génie tutélaire de l'Espagne.
On tira Colombo du vaisseau; il parut, mais avec les
fers aux pieds et aux mains.

Ce traitement lui avait été fait par l'ordre de Fonseca,
évêque de Burgos, intendant des armements [a]. L'ingratitude était aussi grande que les services. Isabelle en
fut honteuse : elle répara cet affront autant qu'elle le
put; mais on retint Colombo quatre années, soit qu'on
craignît qu'il ne prît pour lui ce qu'il avait découvert,
soit qu'on voulût seulement avoir le temps de s'informer de sa conduite. Enfin on le renvoya encore dans
son nouveau monde. (1498) Ce fut à ce troisième
voyage qu'il aperçut le continent à dix degrés de l'équateur, et qu'il vit la côte où l'on a bâti Carthagène [b].

Lorsque Colombo avait promis un nouvel hémisphère,
on lui avait soutenu que cet hémisphère ne pouvait
exister; et quand il l'eut découvert, on prétendit qu'il
avait été connu depuis longtemps. Je ne parle pas ici
d'un Martin Behem de Nuremberg, qui, dit-on, alla de
Nuremberg au détroit de Magellan en 1460, avec une
patente d'une duchesse de Bourgogne, qui, ne régnant
pas alors, ne pouvait donner de patentes. Je ne parle
pas des prétendues cartes qu'on montre de ce Martin
Behem, et des contradictions qui décréditent cette fable;
mais enfin ce Martin Behem n'avait pas peuplé l'Amérique. On en faisait honneur aux Carthaginois, et on
citait un livre d'Aristote qu'il n'a pas composé. Quelques-uns ont cru trouver de la conformité entre des
paroles caraïbes et des mots hébreux, et n'ont pas manqué de suivre une si belle ouverture. D'autres ont su
que les enfants de Noé, s'étant établis en Sibérie, passèrent de là en Canada sur la glace, et qu'ensuite leurs

enfants nés au Canada allèrent peupler le Pérou. Les Chinois et les Japonais, selon d'autres, envoyèrent des colonies en Amérique, et y firent passer des jaguars pour leur divertissement, quoique ni le Japon ni la Chine n'aient de jaguars. C'est ainsi que souvent les savants ont raisonné sur ce que les hommes de génie ont inventé. On demande qui a mis des hommes en Amérique : ne pourrait-on pas répondre que c'est celui qui y fait croître des arbres et de l'herbe?

La réponse de Colombo à ces envieux est célèbre. Ils disaient que rien n'était plus facile que ses découvertes. Il leur proposa de faire tenir un œuf debout; et aucun n'ayant pu le faire, il cassa le bout de l'œuf, et le fit tenir. « Cela était bien aisé, dirent les assistants. — Que ne vous en avisiez-vous donc? » répondit Colombo. Ce conte est rapporté du Brunelleschi, grand artiste, qui réforma l'architecture à Florence longtemps avant que Colombo existât. La plupart des bons mots sont des redites.

La cendre de Colombo ne s'intéresse plus à la gloire qu'il eut pendant sa vie d'avoir doublé pour nous les œuvres de la création; mais les hommes aiment à rendre justice aux morts, soit qu'ils se flattent de l'espérance vaine qu'on la rendra mieux aux vivants, soit qu'ils aiment naturellement la vérité. Americo Vespucci, que nous nommons Améric Vespuce, négociant florentin, jouit de la gloire de donner son nom à la nouvelle moitié du globe, dans laquelle il ne possédait pas un pouce de terre : il prétendit avoir le premier découvert le continent. Quand il serait vrai qu'il eût fait cette découverte, la gloire n'en serait pas à lui : elle appartient incontestablement à celui qui eut le génie et le courage d'entreprendre le premier voyage. La gloire, comme dit Newton dans sa dispute avec Leibnitz [1], n'est due qu'à

---

1. Une controverse sur la priorité dans l'invention du calcul différentiel opposa Newton à Leibnitz : la querelle est exposée par Des Maizeaux, *Recueil de diverses pièces sur la philosophie,* Amsterdam, 1720, *FL,* t. I., pp. X-LXVI. La phrase citée par V. résume l'opinion de Newton, mais ne s'y lit pas textuellement. V. se souvient sans doute du reproche qu'adresse à Newton un de ses amis, p. XVIII, de ne pas publier son invention : « c'était trop négliger sa gloire et celle de la nation anglaise ».

l'inventeur : ceux qui viennent après ne sont que des disciples. Colombo avait déjà fait trois voyages en qualité d'amiral et de vice-roi, cinq ans avant qu'Améric Vespuce en eût fait un en qualité de géographe, sous le commandement de l'amiral Ojeda; mais ayant écrit à ses amis de Florence qu'il avait découvert le nouveau monde, on le crut sur sa parole, et les citoyens de Florence ordonnèrent que, tous les ans aux fêtes de la Toussaint, on fît pendant trois jours devant sa maison une illumination solennelle. Cet homme ne méritait certainement aucun honneur pour s'être trouvé, en 1498, dans une escadre qui rangea les côtes du Brésil, lorsque Colombo, cinq ans auparavant, avait montré le chemin au reste du monde.

Il a paru depuis peu à Florence une vie de cet Améric Vespuce [1], dans laquelle il ne paraît pas qu'on ait respecté la vérité, ni qu'on ait raisonné conséquemment. On s'y plaint de plusieurs auteurs français qui ont rendu justice à Colombo. Ce n'était pas aux Français qu'il fallait s'en prendre, mais aux Espagnols, qui les premiers ont rendu cette justice. L'auteur de la vie de Vespuce dit qu'il veut « confondre la vanité de la nation française, qui a toujours combattu avec impunité la gloire et la fortune de l'Italie ». Quelle vanité y a-t-il à dire que ce fut un Génois qui découvrit l'Amérique? quelle injure fait-on à la gloire de l'Italie en avouant que c'est un Italien né à Gênes à qui l'on doit le nouveau monde? Je remarque exprès ce défaut d'équité, de politesse, et de bon sens, dont il n'y a que trop d'exemples; et je dois dire que les bons écrivains français sont en général ceux qui sont le moins tombés dans ce défaut intolérable. Une des raisons qui les font lire dans toute l'Europe, c'est qu'ils rendent justice à toutes les nations.

Les habitants des îles et de ce continent étaient une espèce d'hommes nouvelle; aucun n'avait de barbe. Ils furent aussi étonnés du visage des Espagnols que des vaisseaux et de l'artillerie; ils regardèrent d'abord ces nouveaux hôtes comme des monstres, ou des dieux

---

1. A. M. Bandini, *Vita e lettere di Amerigo Vespucci,* Florence, 1745; pp. LXIV-LXVI, Bandini se plaint de la malveillance de Pluche, Charlevoix, La Martinière.

. Hurons et Iroquois. — 2. Algonquins. — 3. Esquimaux. — 4. Peuples
du Groenland et de la Nouvelle-Zemble.
Lafitau, *Mœurs des sauvages américains,* Paris, 1724

1. Caraïbes. — 2. « Acéphales de l'Amérique méridionale ». — 3. Brésiliens
— 4. Floridiens. — 5. Virginiens.

Lafitau, *Mœurs des sauvages américains,* Paris, 1724

qui venaient du ciel ou de l'Océan. Nous apprenions alors, par les voyages des Portugais et des Espagnols, le peu qu'est notre Europe, et quelle variété règne sur la terre, On avait vu qu'il y avait dans l'Indoustan des races d'hommes jaunes. Les noirs, distingués encore en plusieurs espèces, se trouvaient en Afrique et en Asie assez loin de l'équateur; et quand on eut depuis percé en Amérique jusque sous la ligne, on vit que la race y est assez blanche. Les naturels du Brésil sont de couleur de bronze. Les Chinois paraissaient encore une espèce entièrement différente par la conformation de leur nez, de leurs yeux, et de leurs oreilles, par leur couleur, et peut-être encore même par leur génie; mais ce qui est plus à remarquer, c'est que, dans quelques régions que ces races soient transplantées, elles ne changent point quand elles ne se mêlent pas aux naturels du pays. La membrane muqueuse des nègres, reconnue noire, et qui est la cause de leur couleur, est une preuve manifeste qu'il y a dans chaque espèce d'hommes, comme dans les plantes, un principe qui les différencie.

La nature a subordonné à ce principe ces différents degrés de génie et ces caractères des nations qu'on voit si rarement changer. C'est par là que les nègres sont les esclaves des autres hommes. On les achète sur les côtes d'Afrique comme des bêtes, et les multitudes de ces noirs, transplantés dans nos colonies d'Amérique, servent un très petit nombre d'Européens. L'expérience a encore appris quelle supériorité ces Européens ont sur les Américains, qui, aisément vaincus partout, n'ont jamais osé tenter une révolution, quoiqu'ils fussent plus de mille contre un.

Cette partie de l'Amérique était encore remarquable par des animaux et des végétaux que les trois autres parties du monde n'ont pas, et par le besoin de ce que nous avons. Les chevaux, le blé de toute espèce, le fer, étaient les principales productions qui manquaient dans le Mexique et dans le Pérou. Parmi les denrées ignorées dans l'ancien monde, la cochenille fut une des premières et des plus précieuses qui nous furent apportées : elle fit oublier la graine d'*écarlate*, qui servait de temps immémorial aux belles teintures rouges.

Au transport de la cochenille on joignit bientôt celui

de l'indigo, du cacao, de la vanille, des bois qui servent à l'ornement, ou qui entrent dans la médecine, enfin du quinquina, seul spécifique contre les fièvres intermittentes, placé par la nature dans les montagnes du Pérou, tandis qu'elle a mis la fièvre dans le reste du monde. Ce nouveau continent possède aussi des perles, des pierres de couleur, des diamants.

Il est certain que l'Amérique procure aujourd'hui aux moindres citoyens de l'Europe des commodités et des plaisirs. Les mines d'or et d'argent n'ont été utiles d'abord qu'aux rois d'Espagne et aux négociants. Le reste du monde en fut appauvri : car le grand nombre, qui ne fait point le négoce, s'est trouvé d'abord en possession de peu d'espèces en comparaison des sommes immenses qui entraient dans les trésors de ceux qui profitèrent des premières découvertes. Mais peu à peu cette affluence d'argent et d'or, dont l'Amérique a inondé l'Europe, a passé dans plus de mains et s'est plus également distribuée. Le prix des denrées a haussé dans toute l'Europe à peu près dans la même proportion.

Pour comprendre, par exemple, comment les trésors de l'Amérique ont passé des mains espagnoles dans celles des autres nations, il suffira de considérer ici deux choses : l'usage que Charles-Quint et Philippe II firent de leur argent, et la manière dont les autres peuples entrent en partage des mines du Pérou.

Charles-Quint, empereur d'Allemagne, toujours en voyage et toujours en guerre, fit nécessairement passer beaucoup d'espèces en Allemagne et en Italie, qu'il reçut du Mexique et du Pérou. Lorsqu'il envoya son fils Philippe II à Londres épouser la reine Marie et prendre le titre de roi d'Angleterre, ce prince remit à la Tour vingt-sept grandes caisses d'argent en barre, et la charge de cent chevaux en argent et en or monnayé. Les troubles de Flandre et les intrigues de la Ligue en France coûtèrent à ce même Philippe II, de son propre aveu, plus de trois mille millions de livres de notre monnaie d'aujourd'hui.

Quant à la manière dont l'or et l'argent du Pérou parviennent à tous les peuples de l'Europe, et de là vont en partie aux grandes Indes, c'est une chose connue, mais étonnante. Une loi sévère établie par Ferdinand et Isabelle, confirmée par Charles-Quint et par tous les rois d'Espagne, défend aux autres nations non seulement l'entrée des ports de l'Amérique espagnole, mais la part la plus indirecte dans ce commerce. Il semblait que cette loi dût donner à l'Espagne de quoi subjuguer l'Europe; cependant l'Espagne ne subsiste que de la violation perpétuelle de cette loi même. Elle peut à peine fournir quatre millions en denrées qu'on transporte en Amérique; et le reste de l'Europe fournit quelquefois pour cinquante millions de marchandises. Ce prodigieux commerce des nations amies ou ennemies de l'Espagne se fait sous le nom des Espagnols mêmes, toujours fidèles aux particuliers, et toujours trompant le roi, qui a un besoin extrême de l'être. Nulle reconnaissance n'est donnée par les marchands espagnols aux marchands étrangers. La bonne foi, sans laquelle il n'y aurait jamais eu de commerce, fait la seule sûreté.

La manière dont on donna longtemps aux étrangers l'or et l'argent que les galions ont rapportés d'Amérique fut encore plus singulière. L'Espagnol, qui est à Cadix facteur de l'étranger, confiait les lingots reçus à des braves qu'on appelait *Météores*. Ceux-ci, armés de pistolets de ceinture et d'épées, allaient porter les lingots numérotés au rempart, et les jetaient à d'autres *Météores,* qui les portaient aux chaloupes auxquelles ils étaient destinés. Les chaloupes les remettaient aux vaisseaux en rade. Ces *Météores,* ces facteurs, les commis, les gardes, qui ne les troublaient jamais, tous avaient leur droit, et le négociant étranger n'était jamais trompé. Le roi, ayant reçu son indult sur ces trésors à l'arrivée des galions, y gagnait lui-même. Il n'y avait proprement que la loi de trompée, loi qui n'est utile qu'autant qu'on y contrevient, et qui n'est pourtant pas encore abrogée, parce que les anciens préjugés sont toujours ce qu'il y a de plus fort chez les hommes.

Le plus grand exemple de la violation de cette loi et de la fidélité des Espagnols s'est fait voir en 1684. La guerre était déclarée entre la France et l'Espagne. Le roi catholique voulut se saisir des effets des Français. On employa en vain les édits et les monitoires, les recherches et les excommunications; aucun commissaire [a] espagnol ne trahit son correspondant français.

Cette fidélité, si honorable à la nation espagnole, prouva bien que les hommes n'obéissent de bon gré qu'aux lois qu'ils se sont faites pour le bien de la société, et que les lois qui ne sont que la volonté du souverain trouvent tous les cœurs rebelles.

Si la découverte de l'Amérique fit d'abord beaucoup de bien aux Espagnols, elle fit aussi de très grands maux. L'un a été de dépeupler l'Espagne par le nombre nécessaire de ses colonies; l'autre, d'infecter l'univers d'une maladie qui n'était connue que dans quelques parties de cet autre monde, et surtout dans l'île Hispaniola. Plusieurs compagnons de Christophe Colombo en revinrent attaqués, et portèrent dans l'Europe cette contagion. Il est certain que ce venin qui empoisonne les sources de la vie était propre de l'Amérique, comme la peste et la petite vérole sont des maladies originaires de l'Arabie méridionale. Il ne faut pas croire même que la chair humaine, dont quelques sauvages américains se nourrissaient, ait été la source de cette corruption. Il n'y avait point d'anthropophages dans l'île Hispaniola, où ce mal était invétéré. Il n'est pas non plus la suite de l'excès dans les plaisirs : ces excès n'avaient jamais été punis ainsi par la nature dans l'ancien monde; et aujourd'hui, après un moment passé et oublié depuis des années, la plus chaste union peut être suivie du plus cruel et du plus honteux des fléaux dont le genre humain soit affligé.

Pour voir maintenant comment cette moitié du globe devint la proie des princes chrétiens, il faut suivre d'abord les Espagnols dans leurs découvertes et dans leurs conquêtes.

Le grand Colombo, après avoir bâti quelques habitations dans les îles, et reconnu le continent, avait repassé en Espagne, où il jouissait d'une gloire qui n'était point souillée de rapines et de cruautés; il mourut en 1506 à Valladolid. Mais les gouverneurs de Cuba, d'Hispaniola, qui lui succédèrent, persuadés que ces provinces fournissaient de l'or, en voulurent avoir au prix du sang des habitants. Enfin, soit qu'ils crussent la haine de ces insulaires implacable, soit qu'ils craignissent leur grand nombre, soit que la fureur du carnage, ayant une fois commencé, ne connût plus de bornes, ils dépeuplèrent en peu d'années Hispaniola, qui contenait trois millions d'habitants, et Cuba, qui en avait plus de six cent mille. Barthélemy de Las Casas, évêque de Chiapa, témoin de ces destructions, rapporte [1] qu'on allait à la chasse des hommes avec des chiens. Ces malheureux sauvages, presque nus et sans armes, étaient poursuivis comme des daims dans le fond des forêts, dévorés par des dogues, et tués à coups de fusil, ou surpris et brûlés dans leurs habitations.

Ce témoin oculaire dépose à la postérité que souvent on faisait sommer, par un dominicain et par un cordelier, ces malheureux de se soumettre à la religion chrétienne et au roi d'Espagne; et, après cette formalité, qui n'était qu'une injustice de plus, on les égorgeait sans remords. Je crois le récit de Las Casas exagéré en plus d'un endroit; mais, supposé qu'il en dise dix fois trop, il reste de quoi être saisi d'horreur.

On est encore surpris que cette extinction totale d'une race d'hommes, dans Hispaniola, soit arrivée sous les yeux et sous le gouvernement de plusieurs religieux de saint Jérôme : car le cardinal Ximénès, maître de la Castille avant Charles-Quint, avait envoyé quatre de ces moines en qualité de présidents du conseil royal de l'île. Ils ne purent sans doute résister au torrent, et la haine des naturels du pays, devenue avec raison implacable, rendit leur perte malheureusement nécessaire.

---

1. *Histoire admirable des horribles insolences, cruautés et tyrannies exercées par les Espagnols es Indes Occidentales,* trad. Jacques de Miggrode, s. l., 1582, *FL,* pp. 11-12, 147.

CHAPITRE CXLVI

Si ce fut un effort de philosophie qui fit découvrir l'Amérique, ce n'en est pas un de demander tous les jours comment il se peut qu'on ait trouvé des hommes dans ce continent, et qui les y a menés. Si on ne s'étonne pas qu'il y ait des mouches en Amérique, c'est une stupidité de s'étonner qu'il y ait des hommes.

Le sauvage qui se croit une production de son climat, comme son orignal et sa racine de manioc, n'est pas plus ignorant que nous en ce point, et raisonne mieux. En effet, puisque le nègre d'Afrique ne tire point son origine de nos peuples blancs, pourquoi les rouges, les olivâtres, les cendrés de l'Amérique, viendraient-ils de nos contrées? et d'ailleurs, quelle serait la contrée primitive?

La nature, qui couvre la terre de fleurs, de fruits, d'arbres, d'animaux, n'en a-t-elle d'abord placé que dans un seul terrain, pour qu'ils se répandissent de là dans le reste du monde? ou serait-ce ce terrain qui aurait eu d'abord toute l'herbe et toutes les fourmis, et qui les aurait envoyées au reste de la terre? comment la mousse et les sapins de Norvège auraient-ils passé aux terres australes? Quelque terrain qu'on imagine, il est presque tout dégarni de ce que les autres produisent. Il faudra supposer qu'originairement il avait tout, et qu'il ne lui reste presque plus rien. Chaque climat a ses productions différentes, et le plus abondant est très pauvre en comparaison de tous les autres ensemble. Le maître

Frontispice

de Lafitau, *Mœurs des sauvages américains,* Paris, 1724.
Le Temps enseigne les vérités de la Foi à l'Histoire : le P. Lafitau prétendait
démontrer que les indigènes d'Amérique descendaient de peuples mentionnés
dans l'Ancien Testament.

de la nature a peuplé et varié tout le globe. Les sapins de la Norvège ne sont point assurément les pères des girofliers des Moluques; et ils ne tirent pas plus leur origine des sapins d'un autre pays que l'herbe des champs d'Archangel n'est produite par l'herbe des bords du Gange. On ne s'avise point de penser que les chenilles et les limaçons d'une partie du monde soient originaires d'une autre partie : pourquoi s'étonner qu'il y ait en Amérique quelques espèces d'animaux, quelques races d'hommes, semblables aux nôtres?

L'Amérique, ainsi que l'Afrique et l'Asie, produit des végétaux, des animaux qui ressemblent à ceux de l'Europe; et, tout de même encore que l'Afrique et l'Asie, elle en produit beaucoup qui n'ont aucune analogie à ceux de l'ancien monde.

Les terres du Mexique, du Pérou, du Canada, n'avaient jamais porté ni le froment qui fait notre nourriture, ni le raisin qui fait notre boisson ordinaire, ni les olives dont nous tirons tant de secours, ni la plupart de nos fruits. Toutes nos bêtes de somme et de charrue, chevaux, chameaux, ânes, bœufs, étaient absolument inconnus. Il y avait des espèces de bœufs et de moutons, mais toutes différentes des nôtres. Les moutons du Pérou étaient plus grands, plus forts que ceux d'Europe, et servaient à porter des fardeaux. Leurs bœufs tenaient à la fois de nos buffles et de nos chameaux. On trouva dans le Mexique des troupeaux de porcs [a] qui ont sur le dos une glande remplie d'une matière onctueuse et fétide : point de chiens, point de chats. Le Mexique, le Pérou, avaient une espèce de lions, mais petits et privés de crinière; et, ce qui est plus singulier, le lion de ces climats était un animal poltron.

On peut réduire, si l'on veut, sous une seule espèce tous les hommes, parce qu'ils ont tous les mêmes organes de la vie, des sens et du mouvement. Mais cette espèce parut évidemment divisée en plusieurs autres dans le physique et dans le moral.

Quant au physique, on crut voir dans les Esquimaux qui habitent vers le soixantième degré du nord, une figure, une taille semblable à celle des Lapons. Des peuples voisins avaient la face toute velue. Les Iroquois, les Hurons, et tous les peuples jusqu'à la Floride, parurent olivâtres et sans aucun poil sur le corps, excepté la tête. Le capitaine Rogers, qui navigua vers les côtes de la Californie, y découvrit des peuplades de nègres qu'on ne soupçonnait pas dans l'Amérique. On vit dans l'isthme de Panama une race qu'on appelle les Dariens * qui a beaucoup de rapport aux Albinos d'Afrique. Leur taille est tout au plus de quatre pieds; ils sont blancs comme les Albinos, et c'est la seule race de l'Amérique qui soit blanche. Leurs yeux rouges sont bordés de paupières façonnées en demi-cercles. Ils ne voient et ne sortent de leurs trous que la nuit; ils sont parmi les hommes ce que les hiboux sont parmi les oiseaux. Les Mexicains, les Péruviens, parurent d'une couleur bronzée, les Brasiliens d'un rouge plus foncé, les peuples du Chili plus cendrés. On a exagéré la grandeur des Patagons qui habitent vers le détroit de Magellan; mais on croit que c'est la nation de la plus haute taille qui soit sur la terre.

Parmi tant de nations si différentes de nous, et si différentes entre elles, on n'a jamais trouvé d'hommes isolés, solitaires, errants à l'aventure à la manière des animaux, s'accouplant comme eux au hasard, et quittant leurs femelles pour chercher seuls leur pâture. Il faut que la nature humaine ne comporte pas cet état, et que partout l'instinct de l'espèce l'entraîne à la société comme à la liberté; c'est ce qui fait que la prison sans aucun commerce avec les hommes est un supplice inventé par les tyrans, supplice qu'un sauvage pourrait moins supporter encore que l'homme civilisé.

Du détroit de Magellan jusqu'à la baie d'Hudson, on a vu des familles rassemblées et des huttes qui composaient des villages; point de peuples errants qui changeassent de demeures selon les saisons comme les Arabes-Bédouins et les Tartares : en effet, ces peuples, n'ayant point de bêtes de somme, n'auraient pu transporter aisément leurs cabanes. Partout on a trouvé des idiomes formés, par lesquels les plus sauvages exprimaient le petit nombre de leurs idées : c'est encore un instinct des hommes de marquer leurs

---

* On ne voit presque plus aujourd'hui de ces Dariens.

C

L'INCA
dans Garcilaso de la Vega, *Histoire des Incas,* t. I, p. 34

« *Les Péruviens adoraient le soleil...* »
Illustration extraite de Garcilaso de la Vega,
Histoire des Incas, t. I, p. 152

besoins par des articulations. De là se sont formés nécessairement tant de langues différentes, plus ou moins abondantes, selon qu'on a eu plus ou moins de connaissances. Ainsi la langue des Mexicains était plus formée que celle des Iroquois, comme la nôtre est plus régulière et plus abondante que celle des Samoïèdes.

De tous les peuples de l'Amérique, un seul avait une religion qui semble, au premier coup d'œil, ne pas offenser notre raison. Les Péruviens adoraient le soleil comme un astre bienfaisant, semblables en ce point aux anciens Persans et aux Sabéens; mais si vous en exceptez les grandes et nombreuses nations de l'Amérique, les autres étaient plongées pour la plupart dans une stupidité barbare. Leurs assemblées n'avaient rien d'un culte réglé; leur créance ne constituait point une religion. Il est constant que les Brasiliens, les Caraïbes, les Mosquites, les peuplades de la Guyane, celles du Nord, n'avaient pas plus de notion distincte d'un Dieu suprême que les Cafres de l'Afrique. Cette connaissance demande une raison cultivée, et leur raison ne l'était pas. La nature seule peut inspirer l'idée confuse de quelque chose de puissant, de terrible, à un sauvage qui verra tomber la foudre, ou un fleuve se déborder. Mais ce n'est là que le faible commencement de la connaissance d'un Dieu créateur : cette connaissance raisonnée manquait même absolument à toute l'Amérique.

Les autres Américains qui s'étaient fait une religion l'avaient faite abominable. Les Mexicains n'étaient pas les seuls qui sacrifiassent des hommes à je ne sais quel être malfaisant : on a prétendu même que les Péruviens souillaient aussi le culte du soleil par de pareils holocaustes; (x) mais ce reproche paraît avoir été imaginé par les vainqueurs pour excuser leur barbarie. (x) Les anciens peuples de notre hémisphère, et les plus policés de l'autre, se sont ressemblés par cette religion barbare.

Herrera nous assure que les Mexicains mangeaient les victimes humaines immolées [1]. La plupart des pre-

D

---

1. Antonio de Tordesillas, dit Herrera, *Histoire générale des voyages et conquêtes des Castillans,* trad. La Coste, Paris, 1660, t. II, p. 441, le dit des habitants de Tlascala, cité proche de Mexico.

miers voyageurs et des missionnaires disent tous que les Brasiliens, les Caraïbes, les Iroquois, les Hurons, et quelques autres peuplades, mangeaient les captifs faits à la guerre; et ils ne regardent pas ce fait comme un usage de quelques particuliers, mais comme un usage de nation. Tant d'auteurs anciens et modernes ont parlé d'anthropophages qu'il est difficile de les nier. Je vis en 1725 quatre sauvages amenés du Mississipi à Fontainebleau [1]. Il y avait parmi eux une femme de couleur cendrée comme ses compagnons; je lui demandai, par l'interprète qui les conduisait, si elle avait mangé quelquefois de la chair humaine; elle me répondit que oui, très froidement, et comme à une question ordinaire. Cette atrocité, si révoltante pour notre nature, est pourtant bien moins cruelle que le meurtre. La véritable barbarie est de donner la mort, et non de disputer un mort aux corbeaux ou aux vers. Des peuples chasseurs, tels qu'étaient les Brasiliens et les Canadiens, des insulaires comme les Caraïbes, n'ayant pas toujours une subsistance assurée, ont pu devenir quelquefois anthropophages. La famine et la vengeance les ont accoutumés à cette nourriture, et quand nous voyons, dans les siècles les plus civilisés, le peuple de Paris dévorer les restes sanglants du maréchal d'Ancre, et le peuple de La Haye manger le cœur du grand-pensionnaire de Wit, nous ne devons pas être surpris qu'une horreur, chez nous passagère, ait duré chez les sauvages.

Les plus anciens livres que nous ayons ne nous permettent pas de douter que la faim n'ait poussé les hommes à cet excès. Moïse même menace les Hébreux, dans cinq versets du *Deutéronome* [2], qu'ils mangeront leurs enfants s'ils transgressent sa loi. Le prophète Ézéchiel répète la même menace [3], et ensuite, selon plusieurs commentateurs, il promet aux Hébreux, de la part de Dieu, que s'ils se défendent bien contre le roi de Perse, ils auront à manger de la chair de cheval [4]

---

1. D'août à novembre 1725, V., protégé par Mme de Prie, fit plusieurs séjours auprès de la cour à Fontainebleau.

2. *Deutéronome*, XXVIII, 53-57.

3. *Ezéchiel*, V, 10.

4. *Ibid.*, XXXIX, 20.

et de la chair de cavalier. Marco Paolo [1], ou Marc Paul,
dit que, de son temps, dans une partie de la Tartarie,
les magiciens ou les prêtres (c'était la même chose)
avaient le droit de manger la chair des criminels condamnés à la mort. Tout cela soulève le cœur; mais le tableau
du genre humain doit souvent produire cet effet.

Comment des peuples toujours séparés les uns des
autres ont-ils pu se réunir dans une si horrible coutume?
Faut-il croire qu'elle n'est pas absolument aussi opposée
à la nature humaine qu'elle le paraît? Il est sûr qu'elle
est rare, mais il est sûr qu'elle existe.

On ne voit pas que ni les Tartares, ni les Juifs, aient
mangé souvent leurs semblables. La faim et le désespoir
contraignirent, aux sièges de Sancerre et de Paris, pendant nos guerres de religion, des mères à se nourrir de
la chair de leurs enfants. Le charitable Las Casas,
évêque de Chiapa, dit que cette horreur n'a été commise
en Amérique que par quelques peuples chez lesquels il
n'a pas voyagé. Dampierre [2] assure qu'il n'a jamais
rencontré d'anthropophages, et il n'y a peut-être pas
aujourd'hui deux peuplades où cette horrible coutume
soit en usage.

Il est un autre vice tout différent, qui semble plus
opposé au but de la nature, que cependant les Grecs
ont vanté, que les Romains ont permis, qui s'est perpétué dans les nations les plus polies, et qui est beaucoup
plus commun dans nos climats chauds et tempérés de
l'Europe et de l'Asie que dans les glaces du Septentrion :
on a vu en Amérique ce même effet des caprices de la
nature humaine; les Brasiliens pratiquaient cet usage
monstrueux et commun; les Canadiens l'ignoraient.
Comment se peut-il encore qu'une passion qui renverse
les lois de la propagation humaine se soit emparée dans
les deux hémisphères des organes de la propagation
même *?

Une autre observation importante, c'est qu'on a trouvé

---

* Voyez dans le *Dictionnaire philosophique* l'article AMOUR
SOCRATIQUE.

1. Dans l'édition Bergeron des *Voyages,* t. II, p. 56.
2. *Nouveau voyage,* t. II, p. 543, sig.

le milieu de l'Amérique assez peuplé, et les deux extrémités vers les pôles peu habitées : en général, le nouveau
monde ne contenait pas le nombre d'hommes qu'il
devait contenir. Il y en a certainement des causes naturelles : premièrement, le froid excessif, qui est aussi
perçant en Amérique, dans la latitude de Paris et de
Vienne, qu'il l'est à notre continent au cercle polaire.

En second lieu, les fleuves sont pour la plupart,
en Amérique, vingt, trente fois plus larges au moins
que les nôtres. Les inondations fréquentes ont dû porter la stérilité, et par conséquent la mortalité, dans des
pays immenses. Les montagnes, beaucoup plus hautes,
sont aussi plus inhabitables que les nôtres; des poisons
violents et durables, dont la terre d'Amérique est
couverte, rendent mortelle la plus légère atteinte d'une
flèche trempée dans ces poisons; enfin la stupidité
de l'espèce humaine, dans une partie de cet hémisphère,
a dû influer beaucoup sur la dépopulation. On a connu,
en général, que l'entendement humain n'est pas si formé
dans le nouveau monde que dans l'ancien : l'homme est
dans tous les deux un animal très faible; les enfants
périssent partout faute d'un soin convenable; et il ne
faut pas croire que, quand les habitants des bords du
Rhin, de l'Elbe, et de la Vistule, plongeaient dans ces
fleuves les enfants nouveau-nés dans la rigueur de
l'hiver, les femmes allemandes et sarmates élevassent
alors autant d'enfants qu'elles en élèvent aujourd'hui,
surtout quand ces pays étaient couverts de forêts qui
rendaient le climat plus malsain et plus rude qu'il ne
l'est dans nos derniers temps. Mille peuplades de
l'Amérique manquaient d'une bonne nourriture :
on ne pouvait ni fournir aux enfants un bon lait, ni leur
donner ensuite une subsistance saine, ni même suffisante. Plusieurs espèces d'animaux carnassiers sont
réduites, par ce défaut de subsistance, à une très petite
quantité; et il faut s'étonner si on a trouvé dans l'Amérique plus d'hommes que de singes.

CHAPITRE CXLVII

De Fernand Cortez [a]

Ce fut de l'île de Cuba que partit Fernand Cortez pour de nouvelles expéditions dans le continent (1519). Ce simple lieutenant du gouverneur d'une île nouvellement découverte, suivi de moins de six cents hommes, n'ayant que dix-huit chevaux et quelques pièces de campagne, va subjuguer le plus puissant État de l'Amérique. D'abord il est assez heureux pour trouver un Espagnol qui, ayant été neuf ans prisonnier à Jucatan, sur le chemin du Mexique, lui sert d'interprète. Une Américaine, qu'il nomme dona Marina, devient à la fois sa maîtresse et son conseil, et apprend bientôt assez d'espagnol pour être aussi une interprète utile. Ainsi l'amour, la religion, l'avarice, la valeur, et la cruauté, ont conduit les Espagnols dans ce nouvel hémisphère [b]. Pour comble de bonheur, on trouve un volcan plein de soufre, on découvre du salpêtre qui sert à renouveler dans le besoin la poudre consommée dans les combats. Cortez avance le long du golfe du Mexique, tantôt caressant les naturels du pays, tantôt faisant la guerre : il trouve des villes policées où les arts sont en honneur. La puissante république de Tlascala, qui florissait sous un gouvernement aristocratique, s'oppose à son passage ; mais la vue des chevaux et le bruit seul du canon mettaient en fuite ces multitudes mal armées. Il fait une paix aussi avantageuse qu'il le veut ; six mille de ses nouveaux alliés de Tlascala l'accompagnent dans son voyage du Mexique. Il entre dans cet empire sans résistance, malgré les défenses du souverain. Ce souverain commandait cependant, à ce qu'on dit, à trente vassaux, dont chacun pouvait paraître à la tête de cent mille hommes armés de flèches et de ces pierres tranchantes

qui leur tenaient lieu de fer. (x) S'attendait-on à trouver B
le gouvernement féodal établi au Mexique?

La ville de Mexico, bâtie au milieu d'un grand lac,
était le plus beau monument de l'industrie américaine :
des chaussées immenses traversaient le lac tout couvert
de petites barques faites de troncs d'arbres. On voyait
dans la ville des maisons spacieuses et commodes,
construites de pierre, des marchés, des boutiques qui
brillaient d'ouvrages d'or ct d'argent ciselés et sculptés,
de vaisselle de terre vernissée, d'étoffes de coton, et de
tissus de plumes qui formaient des dessins éclatants
par les plus vives nuances. Auprès du grand marché
était un palais où l'on rendait sommairement la justice
aux marchands, comme dans la juridiction des consuls
de Paris, qui n'a été établie que sous le roi Charles IX,
après la destruction de l'empire du Mexique. Plusieurs
palais de l'empereur Montezuma augmentaient la somp-
tuosité de la ville. Un d'eux s'élevait sur des colonnes de
jaspe, et était destiné à renfermer des curiosités qui ne
servaient qu'au plaisir. Un autre était rempli d'armes
offensives et défensives, garnies d'or et de pierreries;
un autre était entouré de grands jardins où l'on ne cultivait que des plantes médicinales; des intendants les
distribuaient gratuitement aux malades : on rendait
compte au roi du succès de leurs usages, et les médecins
en tenaient registre à leur manière, sans avoir l'usage
de l'écriture. Les autres espèces de magnificence ne
marquent que les progrès des arts; celle-là marque le
progrès de la morale.

S'il n'était pas de la nature humaine de réunir le
meilleur et le pire, on ne comprendrait pas comment
cette morale s'accordait avec les sacrifices humains dont
le sang regorgeait à Mexico devant l'idole de Visili-
putsli, regardé comme le dieu des armées. Les ambassadeurs de Montezuma dirent à Cortez, à ce qu'on prétend, que leur maître avait sacrifié dans ses guerres près
de vingt mille ennemis, chaque année, dans le grand
temple de Mexico. C'est une très grande exagération :
on sent qu'on a voulu colorer par là les injustices du
vainqueur de Montezuma; mais enfin, quand les Espagnols entrèrent dans ce temple, ils trouvèrent, parmi
ses ornements, des crânes d'hommes suspendus comme

L'IDOLE VIZTZILIPUZTLI
Solis y Ribadeneira, *Histoire de la conquête du Pérou,* La Haye, 1692

Le grand Temple de Mexique.

LE GRAND TEMPLE DE MEXIQUE
Solis y Ribadeneira, *Histoire de la conquête du Pérou,*
La Haye, 1692

des trophées. C'est ainsi que l'antiquité nous peint le temple de Diane dans la Chersonèse Taurique.

Il n'y a guère de peuples dont la religion n'ait été inhumaine et sanglante : vous savez que les Gaulois, les Carthaginois, les Syriens, les anciens Grecs, immolèrent des hommes. La loi des Juifs semblait permettre ces sacrifices; il est dit dans le *Lévitique* : « Si une âme vivante a été promise à Dieu, on ne pourra la racheter; il faut qu'elle meure [1]. » Les livres des Juifs rapportent que, quand ils envahirent le petit pays des Cananéens, ils massacrèrent, dans plusieurs villages, les hommes, les femmes, les enfants, et les animaux domestiques, parce qu'ils avaient été dévoués [2]. C'est sur cette loi que furent fondés les serments de Jephté, qui sacrifia sa fille, et de Saül, qui, sans les cris de l'armée, eût immolé son fils; c'est elle encore qui autorisait Samuel à égorger le roi Agag, prisonnier de Saül, et à le couper en morceaux : exécution aussi horrible et aussi dégoûtante que tout ce qu'on peut voir de plus affreux chez les sauvages [a]. D'ailleurs il paraît que chez les Mexicains on n'immolait que les ennemis; ils n'étaient point anthropophages comme un très petit nombre de peuplades américaines.

Leur police en tout le reste était humaine et sage. L'éducation de la jeunesse formait un des plus grands objets du gouvernement : il y avait des écoles publiques établies pour l'un et l'autre sexe. Nous admirons encore les anciens Égyptiens d'avoir connu que l'année est d'environ trois cent soixante-cinq jours : les Mexicains avaient poussé jusque-là leur astronomie.

La guerre était chez eux réduite en art; c'est ce qui leur avait donné tant de supériorité sur leurs voisins. Un grand ordre dans les finances maintenait la grandeur de cet empire, regardé par ses voisins avec crainte et avec envie.

Mais ces animaux guerriers sur qui les principaux

---

1. On lit dans le *Lévitique*, XXVII, 28-29 : « *Omne quod Domino consecratur, sive homo fuerit, sive animal, sive ager, non vendetur, nec redimi poterit... Et omnis consecratio quæ offertur ab homine non redimetur, sed morte morietur.* »

2. *Josué*, XI, 20.

Espagnols étaient montés, ce tonnerre artificiel qui se formait dans leurs mains, ces châteaux de bois qui les avaient apportés sur l'Océan, ce fer dont ils étaient couverts, leurs marches comptées par des victoires, tant de sujets d'admiration joints à cette faiblesse qui porte les peuples à admirer : tout cela fit que, quand Cortez arriva dans la ville de Mexico, il fut reçu par Montezuma comme son maître, et par les habitants comme leur dieu. On se mettait à genoux dans les rues quand un valet espagnol passait. (x) On raconte qu'un A cacique, sur les terres duquel passait un capitaine espagnol, lui présenta des esclaves et du gibier. « Si tu es dieu, lui dit-il, voilà des hommes, mange-les; si tu es homme, voilà des vivres que ces esclaves t'apprêteront. »

Ceux qui ont fait des relations de ces étranges événements les ont voulu relever par des miracles, qui ne servent en effet qu'à les rabaisser. Le vrai miracle fut la conduite de Cortez. Peu à peu la cour de Montezuma, s'apprivoisant avec leurs hôtes, osa les traiter comme des hommes. Une partie des Espagnols était à la Vera-Cruz, sur le chemin du Mexique; un général de l'empereur, qui avait des ordres secrets, les attaqua; et, quoique ses troupes fussent vaincues, il y eut trois ou quatre Espagnols de tués : la tête d'un d'eux fut même portée à Montezuma. Alors Cortez fit ce qui s'est jamais fait de plus hardi en politique : il va au palais, suivi de cinquante Espagnols, et accompagné de la dona Marina, qui lui sert toujours d'interprète; alors mettant en usage la persuasion et la menace, il emmène l'empereur prisonnier au quartier espagnol, le force à lui livrer ceux qui ont attaqué les siens à la Vera-Cruz, et fait mettre les fers aux pieds et aux mains de l'empereur même, comme un général qui punit un simple soldat; ensuite il l'engage à se reconnaître publiquement vassal de Charles-Quint.

Montezuma et les principaux de l'empire donnent pour tribut attaché à leur hommage six cent mille marcs d'or pur, avec une incroyable quantité de pierreries, d'ouvrages d'or, et de tout ce que l'industrie de plusieurs siècles avait fabriqué de plus rare : Cortez en mit à part le cinquième pour son maître, prit un cinquième pour lui, et distribua le reste à ses soldats.

On peut compter parmi les plus grands prodiges que, les conquérants de ce nouveau monde se déchirant eux-mêmes, les conquêtes n'en souffrirent pas. Jamais le vrai ne fut moins vraisemblable : tandis que Cortez était près de subjuguer l'empire du Mexique avec cinq cents hommes qui lui restaient, le gouverneur de Cuba, Velasquez, plus offensé de la gloire de Cortez, son lieutenant, que de son peu de soumission, envoie presque toutes ses troupes, qui consistaient en huit cents fantassins, quatre-vingts cavaliers bien montés, et deux petites pièces de canon, pour réduire Cortez, le prendre prisonnier, et poursuivre le cours de ses victoires. Cortez, ayant d'un côté mille Espagnols à combattre, et le continent à retenir dans la soumission, laissa quatre-vingts hommes pour lui répondre de tout le Mexique, et marcha, suivi du reste, contre ses compatriotes; il en défait une partie, il gagne l'autre. Enfin cette armée, qui venait pour le détruire, se range sous ses drapeaux, et il retourne au Mexique avec elle.

L'empereur était toujours en prison dans sa capitale, gardé par quatre-vingts soldats. Celui qui les commandait, nommé Alvaredo, sur un bruit vrai ou faux que les Mexicains conspiraient pour délivrer leur maître, avait pris le temps d'une fête où deux mille des premiers seigneurs étaient plongés dans l'ivresse de leurs liqueurs fortes : il fond sur eux avec cinquante soldats, les égorge eux et leur suite sans résistance, et les dépouille de tous les ornements d'or et de pierreries dont ils s'étaient parés pour cette fête. Cette énormité, que tout le peuple attribuait avec raison à la rage de l'avarice, souleva ces hommes trop patients : et quand Cortez arriva, il trouva deux cent mille Américains en armes contre quatre-vingts Espagnols occupés à se défendre et à garder l'empereur. Ils assiégèrent Cortez pour délivrer leur roi; ils se précipitèrent en foule contre les canons et les mousquets. Antonio de Solis [1] appelle cette action une

---

[1]. Antonio de Solis, *Histoire de la conquête du Mexique*, Paris, 1691, *FL,* parle, p. 413, des « révoltés », et écrit, p. 416 : « ces actions d'une témérité brutale auraient pu passer pour des prouesses éclatantes, si la valeur y avait pris autant de part que la férocité. »

révolte, et cette valeur une brutalité : tant l'injustice des vainqueurs a passé jusqu'aux écrivains !

L'empereur Montezuma mourut dans un de ces combats, blessé malheureusement de la main de ses sujets. Cortez osa proposer à ce roi, dont il causait la mort, de mourir dans le christianisme; sa concubine dona Marina était la catéchiste. Le roi mourut en implorant inutilement la vengeance du ciel contre les usurpateurs. Il laissa des enfants plus faibles encore que lui, auxquels les rois d'Espagne n'ont pas craint de laisser des terres dans le Mexique même; et aujourd'hui les descendants en droite ligne de ce puissant empereur vivent à Mexico même. On les appelle les comtes de Montezuma; ils sont de simples gentilshommes chrétiens, et confondus dans la foule. C'est ainsi que les sultans turcs ont laissé subsister à Constantinople une famille des Paléologues [a]. Les Mexicains créèrent un nouvel empereur, animé comme eux du désir de la vengeance. C'est ce fameux Gatimozin, dont la destinée fut encore plus funeste que celle de Montezuma. Il arma tout le Mexique contre les Espagnols.

Le désespoir, l'opiniâtreté de la vengeance et de la haine, précipitaient toujours ces multitudes contre ces mêmes hommes qu'ils n'osaient regarder auparavant qu'à genoux. Les Espagnols étaient fatigués de tuer, et les Américains se succédaient en foule sans se décourager. Cortez fut obligé de quitter la ville, où il eût été affamé; mais les Mexicains avaient rompu toutes les chaussées. Les Espagnols firent des ponts avec les corps des ennemis; mais dans leur retraite sanglante ils perdirent tous les trésors qu'ils avaient ravi pour Charles-Quint et pour eux. Chaque jour de marche était une bataille : on perdait toujours quelque Espagnol, dont le sang était payé par la mort de plusieurs milliers de ces malheureux qui combattaient presque nus.

Cortez n'avait plus de flotte. Il fit faire par ses soldats, et par les Tlascaliens qu'il avait avec lui, neuf bateaux, pour rentrer dans Mexico par le lac même qui semblait en défendre l'entrée.

Les Mexicains ne craignirent point de donner un combat naval. Quatre à cinq mille canots, chargés chacun de deux hommes, couvrirent le lac, et vinrent attaquer les neuf bateaux de Cortez, sur lesquels il y avait environ trois cents hommes. Ces neuf brigantins qui avaient du canon renversèrent bientôt la flotte ennemie. Cortez avec le reste de ses troupes combattait sur les chaussées. Vingt Espagnols tués dans ce combat, et sept ou huit prisonniers, faisaient un événement plus important dans cette partie du monde que les multitudes de nos morts dans nos batailles. Les prisonniers furent sacrifiés dans le temple du Mexique. Mais enfin, après de nouveaux combats, on prit Gatimozin et l'impératrice sa femme. C'est [a] ce Gatimozin, si fameux par les paroles qu'il prononça lorsqu'un receveur des trésors du roi d'Espagne le fit mettre sur des charbons ardents, pour savoir en quel endroit du lac il avait fait jeter ses richesses : son grand-prêtre, condamné au même supplice, jetait des cris; Gatimozin lui dit : « Et moi, suis-je sur un lit de roses ? »

Cortez fut maître absolu de la ville de Mexico, (1521) avec laquelle tout le reste de l'empire tomba sous la domination espagnole, ainsi que la Castille d'or, le Darien, et toutes les contrées voisines.

Quel fut le prix des services inouïs de Cortez ? celui qu'eut Colombo : il fut persécuté; et le même évêque Fonseca, qui avait contribué à faire renvoyer le *découvreur* de l'Amérique chargé de fers, voulut faire traiter de même le vainqueur. Enfin, malgré les titres dont Cortez fut décoré dans sa patrie, il y fut peu considéré. A peine put-il obtenir audience de Charles-Quint : un jour il fendit la presse qui entourait le coche de l'empereur, et monta sur l'étrier de la portière. Charles demanda quel était cet homme : « C'est, répondit Cortez, celui qui vous a donné plus d'États que vos pères ne vous ont laissé de villes. »

CHAPITRE CXLVIII

De la conquête du Pérou

Cortez, ayant soumis à Charles-Quint plus de deux cents lieues de nouvelles terres en longueur, et plus de cent cinquante en largeur, croyait avoir peu fait. L'isthme qui resserre entre deux mers le continent de l'Amérique n'est pas de vingt-cinq lieues communes : on voit du haut d'une montagne, près de Nombre de Dios, d'un côté la mer qui s'étend de l'Amérique jusqu'à nos côtes, et de l'autre celle qui se prolonge jusqu'aux grandes Indes. La première a été nommée *mer du Nord,* parce que nous sommes au nord; la seconde, *mer du Sud,* parce que c'est au sud que les grandes Indes sont situées. On tenta donc, dès l'an 1513, de chercher par cette mer du Sud de nouveaux pays à soumettre.

Vers l'an 1527, deux simples aventuriers, Diego d'Almagro et Francisco Pizarro, qui même ne connaissaient pas leur père, et dont l'éducation avait été si abandonnée qu'ils ne savaient ni lire ni écrire, furent ceux par qui Charles-Quint acquit de nouvelles terres plus vastes et plus riches que le Mexique. D'abord ils reconnaissent trois cents lieues de côtes américaines en cinglant droit au midi; bientôt ils entendent dire que vers la ligne équinoxiale et sous l'autre tropique il y a une contrée immense où l'or, l'argent, et les pierreries sont plus communs que le bois et que le pays est gouverné par un roi aussi despotique que Montezuma : car dans tout l'univers le despotisme est le fruit de la richesse.

Du pays de Cusco et des environs du tropique du Capricorne jusqu'à la hauteur de l'île des Perles, qui est au sixième degré de latitude septentrionale, un seul roi étendait sa domination absolue dans l'espace de près de trente degrés. Il était d'une race de conquérants

qu'on appelait *Incas*. (x) Le premier de ces incas qui A
avait subjugué le pays, et qui lui imposa des lois,
passait pour le fils du Soleil. Ainsi les peuples les plus
policés de l'ancien monde et du nouveau se ressemblaient
dans l'usage de déifier les hommes extraordinaires, soit
conquérants, soit législateurs.

Garcilasso de La Vega, issu de ces incas, transporté A
à Madrid, écrivit leur histoire vers l'an 1608. Il était
alors avancé en âge, et son père pouvait aisément avoir
vu la révolution arrivée vers l'an 1530. Il ne pouvait,
à la vérité, savoir avec certitude l'histoire détaillée de
ses ancêtres. Aucun peuple de l'Amérique n'avait connu
l'art de l'écriture; semblables en ce point aux anciennes
nations tartares, aux habitants de l'Afrique méridionale,
à nos ancêtres les Celtes, aux peuples du Septentrion,
aucune de ces nations n'eut rien qui tînt lieu de l'histoire.
Les Péruviens transmettaient les principaux faits à la
postérité par des nœuds qu'ils faisaient à des cordes;
mais en général les lois fondamentales, les points les
plus essentiels de la religion, les grands exploits dégagés
de détails, passent assez fidèlement de bouche en
bouche. Ainsi Garcilasso pouvait être instruit de quelques
principaux événements. C'est sur ces objets seuls qu'on
peut l'en croire. Il assure [1] que dans tout le Pérou on
adorait le soleil, culte plus raisonnable qu'aucun autre
dans un monde où la raison humaine n'était point perfectionnée. Pline [2], chez les Romains, dans les temps les
plus éclairés, n'admet point d'autre dieu. Platon [3], plus
éclairé que Pline, avait appelé le soleil le fils de Dieu,

---

1. *Histoire des Incas, rois du Pérou*, Paris, 1744, *FL*, t. II, pp. 2-3.
2. Pline l'Ancien, *Histoire naturelle*, l. II, ch. 4.
3. Cf. t. I, p. 171, n. 3. V. pense à jla *Vie de Platon* par Dacier,
qui s'efforce de retrouver dans le platonisme les dogmes chrétiens, *Œuvres*, t. I, p. 241 : « Dans l'*Epinomis*, après avoir parlé
des honneurs qu'on doit au soleil et aux autres planètes, comme à
des ouvrages merveilleux auxquels Dieu a imprimé le caractère
de sa toute-puissance..., il ajoute : Le Verbe très divin a arrangé et
rendu visible cet univers... » Et Dacier conclut : « Platon établit
par là bien nettement que la connaissance du Verbe mène à toutes
les connaissances sublimes; car nul ne connaît le Père que par le
Fils. »

la splendeur du Père; et cet astre longtemps auparavant fut révéré par les mages et par les anciens Égyptiens. La même vraisemblance et la même erreur régnèrent également dans les deux hémisphères.

Les Péruviens avaient des obélisques, des gnomons A réguliers, pour marquer les points des équinoxes et des solstices. Leur année était de trois cent soixante et cinq jours; peut-être la science de l'antique Égypte ne s'étendit pas au delà. Ils avaient élevé des prodiges d'architecture et taillé des statues avec un art surprenant. C'était la nation la plus policée et la plus industrieuse du nouveau monde.

L'inca Huescar, père d'Atabalipa, dernier inca, sous qui ce vaste empire fut détruit, l'avait beaucoup augmenté et embelli. Cet inca, qui conquit tout le pays de Quito, aujourd'hui la capitale du Pérou, avait fait, par les mains de ses soldats et des peuples vaincus, un grand chemin de cinq cents lieues de Cusco jusqu'à Quito, à travers des précipices comblés et des montagnes aplanies. Ce monument de l'obéissance et de l'industrie humaine n'a pas été depuis entretenu par les Espagnols. Des relais d'hommes établis de demi-lieue en demi-lieue portaient les ordres du monarque dans son empire. Telle était la police; et si on veut juger de la magnificence, il suffit de savoir que le roi était porté dans ses voyages sur un trône d'or, qu'on trouva peser vingt-cinq mille ducats, et que la litière couverte de lames d'or sur laquelle était le trône était soutenue par les premiers de l'État.

Dans les cérémonies pacifiques et religieuses à l'honneur du soleil, on formait des danses : rien n'est plus A naturel; c'est un des plus anciens usages de notre hémisphère. Huescar, pour rendre les danses plus graves, fit porter par les danseurs une chaîne d'or longue de sept cents de nos pas géométriques, et grosse comme le poignet; chacun en soulevait un chaînon. Il faut conclure de ce fait que l'or était plus commun au Pérou que ne l'est parmi nous le cuivre.

François Pizarro attaqua cet empire avec deux cent cinquante fantassins, soixante cavaliers, et une douzaine de petits canons que traînaient souvent les esclaves des pays déjà domptés. Il arrive par la mer du Sud à la hauteur de Quito par delà l'équateur. Atabalipa, fils d'Huescar, régnait alors; il était vers Quito avec environ quarante mille soldats armés de flèches et de piques d'or et d'argent. Pizarro commença, comme Cortez, par une ambassade, et offrit à l'inca l'amitié de Charles-Quint. L'inca répondit qu'il ne recevra pour amis les déprédateurs de son empire que quand ils auront rendu tout ce qu'ils ont ravi sur leur route; et après cette réponse il marche aux Espagnols. Quand l'armée de l'inca et la petite troupe castillane furent en présence, les Espagnols voulurent encore mettre de leur côté jusqu'aux apparences de la religion. Un moine nommé Valverda, fait évêque de ce pays même qui ne leur appartenait pas encore, s'avance avec un interprète vers l'inca, une *Bible* à la main, et lui dit qu'il faut croire tout ce qui est dans ce livre. Il lui fait un long sermon de tous les mystères du christianisme. Les historiens ne s'accordent pas sur la manière dont le sermon fut reçu; mais ils conviennent tous que la prédication finit par le combat.

Les canons, les chevaux, et les armes de fer, firent sur les Péruviens le même effet que sur les Mexicains; on n'eut guère que la peine de tuer, et Atabalipa, arraché de son trône d'or par les vainqueurs, fut chargé de fers.

Cet empereur, pour se procurer une liberté prompte, promit une trop grosse rançon; il s'obligea, selon Herrera et Zarata [1], de donner autant d'or qu'une des salles de ses palais pouvait en contenir jusqu'à la hauteur de sa main, qu'il éleva en l'air au-dessus de sa tête. Aussitôt ses courriers partent de tous côtés pour assembler cette rançon immense : l'or et l'argent arrivent tous les jours au quartier des Espagnols; mais soit que les Péruviens se lassassent de dépouiller l'empire pour un captif, soit qu'Atabalipa ne les pressât pas, on ne remplit point toute l'étendue de ses promesses. Les esprits des vainqueurs s'aigrirent, leur avarice trompée monta à cet

---

1. Augustin de Zarate, *Histoire de la découverte et de la conquête du Pérou,* Amsterdam, 1717, *FL,* t. I, p. 112 : Pizarre est envoyé en Espagne pour porter au roi une partie des trésors pris aux Incas. Puis d'Almagro fait mourir Atabalipa (orthographié Ataliba par Zarate). Herrera, *Histoire des voyages,* qui parle peu du Pérou, ne dit pas ce que lui fait dire ici V.

excès de rage qu'ils condamnèrent l'empereur à être brûlé vif; toute la grâce qu'ils lui promirent, c'est qu'en cas qu'il voulût mourir chrétien, on l'étranglerait avant de le brûler. Ce même évêque Valverda lui parla de christianisme par un interprète; il le baptisa [a], et immédiatement après on le pendit, et on le jeta dans les flammes. (x) Le malheureux Garcilasso [1], inca devenu espagnol, A dit qu'Atabalipa avait été très cruel envers sa famille, et qu'il méritait la mort; mais il n'ose pas dire que ce n'était point aux Espagnols à le punir. (x) Quelques écrivains témoins oculaires, comme Zarata, prétendent que François Pizarro était déjà parti pour aller porter à Charles-Quint une partie des trésors d'Atabalipa, et que d'Almagro seul fut coupable de cette barbarie. Cet évêque de Chiapa [2], que j'ai déjà cité, ajoute qu'on fit souffrir le même supplice à plusieurs capitaines péruviens qui, par une générosité aussi grande que la cruauté des vainqueurs, aimèrent mieux recevoir la mort que de découvrir les trésors de leurs maîtres.

Cependant, de la rançon déjà payée par Atabalipa, chaque cavalier espagnol eut deux cent cinquante marcs en or pur, chaque fantassin en eut cent soixante : on partagea dix fois environ autant d'argent dans la même proportion; ainsi le cavalier eut un tiers de plus que le fantassin. Les officiers eurent des richesses immenses, et on envoya à Charles-Quint trente mille marcs d'argent, trois mille d'or non travaillé, et vingt mille marcs pesant d'argent avec deux mille d'or en ouvrages du pays. L'Amérique lui aurait servi à tenir sous le joug une partie de l'Europe, et surtout les papes, qui lui avaient adjugé ce nouveau monde, s'il avait reçu souvent de pareils tributs.

On ne sait si on doit plus admirer le courage opiniâtre de ceux qui découvrirent et conquirent tant de terres, ou plus détester leur férocité : la même source, qui est l'avarice, produisit tant de bien et tant de mal. Diego d'Almagro marche à Cusco à travers des multitudes

---

1. *Histoire des Incas,* t. I, pp. 366-371. Garcilasso le nomme Atahuallpa.

2. Las Casas, *Histoire admirable,* pp. 129, 132.

qu'il faut écarter; il pénètre jusqu'au Chili par delà le tropique du Capricorne. Partout on prend possession au nom de Charles-Quint. Bientôt après, la discorde se met entre les vainqueurs du Pérou, comme elle avait divisé Velasquez et Fernand Cortez dans l'Amérique septentrionale.

Diego d'Almagro et Francisco Pizarro font la guerre civile dans Cusco même, la capitale des incas. Toutes les recrues qu'ils avaient reçues d'Europe se partagent, et combattent pour le chef qu'elles choisissent. Ils donnent un combat sanglant sous les murs de Cusco, sans que les Péruviens osent profiter de l'affaiblissement de leur ennemi commun; au contraire il y avait des Péruviens dans chaque armée; ils se battaient pour leurs tyrans, et les multitudes de Péruviens dispersés attendaient stupidement à quel parti de leurs destructeurs ils seraient soumis, et chaque parti n'était que d'environ trois cents hommes; tant la nature a donné en tout la supériorité aux Européens sur les habitants du nouveau monde! Enfin d'Almagro fut fait prisonnier, et son rival Pizarro lui fit trancher la tête; mais bientôt après il fut assassiné lui-même par les amis d'Almagro.

Déjà se formait dans tout le nouveau monde le gouvernement espagnol. Les grandes provinces avaient leurs gouverneurs. Des audiences, qui sont à peu près ce que sont nos parlements, étaient établies; des archevêques des évêques, des tribunaux d'Inquisition, toute la hiérarchie ecclésiastique exerçait ses fonctions comme à Madrid, lorsque les capitaines qui avaient conquis le Pérou pour l'empereur Charles-Quint voulurent le prendre pour eux-mêmes. Un fils d'Almagro se fit reconnaître roi du Pérou; mais d'autres Espagnols, aimant mieux obéir à leur maître qui demeurait en Europe qu'à leur compagnon qui devenait leur souverain, le prirent, et le firent périr par la main du bourreau. Un frère de François Pizarro eut la même ambition et le même sort. Il n'y eut contre Charles-Quint de révoltes que celles des Espagnols mêmes, et pas une des peuples soumis.

Au milieu de ces combats que les vainqueurs livraient entre eux, ils découvrirent les mines du Potosi, que les Péruviens même avaient ignorées. Ce n'est point exagérer de dire que la terre de ce canton était toute d'argent; elle est encore aujourd'hui très loin d'être épuisée. Les Péruviens travaillèrent à ces mines pour les Espagnols comme pour les vrais propriétaires. Bientôt après on joignit à ces esclaves des nègres qu'on achetait en Afrique, et qu'on transportait au Pérou comme des animaux destinés au service des hommes.

On ne traitait en effet ni ces nègres, ni les habitants du nouveau monde, comme une espèce humaine. Ce Las Casas, religieux dominicain, évêque de Chiapa, duquel nous avons parlé, touché des cruautés de ses compatriotes et des misères de tant de peuples, eut le courage de s'en plaindre à Charles-Quint et à son fils Philippe II par des mémoires que nous avons encore. Il y représente presque tous les Américains comme des hommes doux et timides, d'un tempérament faible qui les rend naturellement esclaves. Il dit que les Espagnols ne regardèrent dans cette faiblesse que la facilité qu'elle donnait aux vainqueurs de les détruire; que dans Cuba, dans la Jamaïque, dans les îles voisines, ils firent périr plus de douze cent mille hommes, comme des chasseurs qui dépeuplent une terre de bêtes fauves. « Je les ai vus, dit-il, dans l'île Saint-Domingue et dans la Jamaïque, remplir les campagnes de fourches patibulaires, auxquelles ils pendaient ces malheureux treize à treize, en l'honneur, disaient-ils, des treize apôtres. Je les ai vus donner des enfants à dévorer à leurs chiens de chasse [1]. »

Un cacique de l'île de Cuba, nommé Hatucu, condamné par eux à périr par le feu pour n'avoir pas donné assez d'or, fut remis, avant qu'on allumât le bûcher, entre les mains d'un franciscain qui l'exhortait à mourir chrétien, et qui lui promettait le ciel. « Quoi! les Espagnols iront donc au ciel? demandait le cacique. — Oui, sans doute, disait le moine. — Ah! s'il est ainsi, que je n'aille point au ciel », répliqua ce prince. Un cacique de la Nouvelle-Grenade, qui est entre le Pérou et le Mexique, fut brûlé publiquement pour avoir promis en vain de remplir d'or la chambre d'un capitaine.

---

1. *Histoire admirable,* pp. 2-4 (douceur des Indiens), 10 (pendaison par treize), 79 (les enfants dévorés par les chiens), 26 (réponse du cacique au confesseur).

Des milliers d'Américains servaient aux Espagnols de bêtes de somme, et on les tuait quand leur lassitude les empêchait de marcher. Enfin ce témoin oculaire affirme que, dans les îles et sur la terre ferme, ce petit nombre d'Européens a fait périr plus de douze millions d'Américains. « Pour vous justifier, ajoute-t-il, vous dites que ces malheureux s'étaient rendus coupables de sacrifices humains ; que, par exemple, dans le temple du Mexique on avait sacrifié vingt mille hommes : je prends à témoin le ciel et la terre que les Mexicains, usant du droit barbare de la guerre, n'avaient pas fait souffrir la mort dans leurs temples à cent cinquante prisonniers. »

De tout ce que je viens de citer il résulte que probablement les Espagnols avaient beaucoup exagéré les dépravations des Mexicains, et que l'évêque de Chiapa outrait aussi quelquefois ses reproches contre ses compatriotes. (x) Observons ici que, si on reproche aux Mexicains d'avoir quelquefois sacrifié des ennemis vaincus au dieu de la guerre, jamais les Péruviens ne firent de tels sacrifices au soleil, qu'ils regardaient comme le dieu bienfaisant de la nature. La nation du Pérou était peut-être la plus douce de toute la terre.

Enfin les plaintes réitérées de Las Casas ne furent pas inutiles. Les lois envoyées d'Europe ont un peu adouci le sort des Américains. Ils sont aujourd'hui sujet soumis, et non esclaves.

CHAPITRE CXLIX

Du premier voyage autour du monde

Ce mélange de grandeur et de cruauté étonne et indigne. Trop d'horreurs déshonorent les grandes actions des vainqueurs de l'Amérique; mais la gloire de Colombo est pure. Telle est celle de Magalhaens, que nous nommons Magellan, qui entreprit de faire par mer le tour du globe, et de Sébastien Cano, qui acheva le premier ce prodigieux voyage, qui n'est plus un prodige aujourd'hui.

Ce fut en 1519, dans le commencement des conquêtes espagnoles en Amérique, et au milieu des grands succès des Portugais en Asie et en Afrique, que Magellan découvrit pour l'Espagne le détroit qui porte son nom, qu'il entra le premier dans la mer du Sud, et qu'en voguant de l'occident à l'orient il trouva des îles qu'on nomma depuis Marianes.

Ces îles Marianes, situées près de la ligne, méritent A une attention particulière. Les habitants ne connaissaient point le feu, et il leur était absolument inutile. Ils se nourrissaient des fruits que leurs terres produisent en abondance, surtout du coco, du sagou, moelle d'une espèce de palmier qui est fort au-dessus du riz, et du rima, fruit d'un grand arbre qu'on a nommé *l'arbre à pain,* parce que ses fruits peuvent en tenir lieu. On prétend que la durée ordinaire de leur vie est de cent vingt ans : on en dit autant des Brasiliens. Ces insulaires n'étaient ni sauvages ni cruels; aucune des commodités qu'ils pouvaient désirer ne leur manquait. Leurs maisons, bâties de planches de cocotiers, industrieusement façonnées, étaient propres et régulières. Ils cultivaient des jardins plantés avec art, et peut-être étaient-ils les moins malheureux et les moins méchants de tous les hommes. Cependant les Portugais appelèrent leur pays les *îles des Larrons,* parce que ces peuples, ignorant le *tien* et le *mien,* mangèrent quelques provisions du vaisseau. Il n'y avait pas plus de religion chez eux que chez les Hottentots, ni chez beaucoup de nations africaines et américaines. Mais au delà de ces îles, en tirant vers les Moluques, il y en a d'autres où la religion mahométane avait été portée du temps des califes. Les mahométans y avaient abordé par la mer de l'Inde, et les chrétiens y venaient par la mer du Sud. Si les mahométans arabes avaient connu la boussole, c'était à eux à découvrir l'Amérique : ils étaient dans le chemin ; mais ils n'ont jamais navigué plus loin qu'à l'île de Mindanao, à l'ouest des Manilles. Ce vaste archipel était peuplé d'hommes d'espèces différentes, les uns blancs, les autres noirs, les autres olivâtres ou rouges. On a toujours trouvé la nature plus variée dans les climats chauds que dans ceux du Septentrion.

Au reste, ce Magellan était un Portugais auquel on avait refusé une augmentation de paie de six écus. Ce refus le détermina à servir l'Espagne, et à chercher par l'Amérique un passage pour aller partager les possessions des Portugais en Asie. En effet, ses compagnons après sa mort s'établirent à Tidor, la principale des îles Moluques, où croissent les plus précieuses épiceries.

Les Portugais furent étonnés d'y trouver les Espagnols, et ne purent comprendre comment ils y avaient abordé par la mer orientale, lorsque tous les vaisseaux du Portugal ne pouvaient venir que de l'occident. Ils ne soupçonnaient pas que les Espagnols eussent fait une partie du tour du globe. Il fallut une nouvelle géographie pour terminer le différend des Espagnols et des Portugais, et pour réformer l'arrêt que la cour de Rome avait porté sur leurs prétentions et sur les limites de leurs découvertes.

Il faut savoir que, quand le célèbre prince don Henri commençait à reculer pour nous les bornes de l'univers, les Portugais demandèrent aux papes la possession de tout ce qu'ils découvriraient. La coutume subsistait de demander des royaumes au saint-siège, depuis que Grégoire VII s'était mis en possession de les donner ; on croyait par là s'assurer contre une usurpation étrangère, et intéresser la religion à ces nouveaux établissements. Plusieurs pontifes confirmèrent donc au Portugal les droits qu'il avait acquis, et qu'ils ne pouvaient lui ôter.

Lorsque les Espagnols commençaient à s'établir dans l'Amérique, le pape Alexandre VI divisa les deux nouveaux mondes, l'américain et l'asiatique, en deux parties : tout ce qui était à l'orient des îles Açores devait appartenir au Portugal; tout ce qui était à l'occident fut donné à l'Espagne; on traça une ligne sur le globe, qui marqua les limites de ces droits réciproques, et qu'on appelle *la ligne de marcation*. Le voyage de Magellan dérangea la ligne du pape. Les îles Mariannes, les Philippines, les Moluques, se trouvaient à l'orient des découvertes portugaises. Il fallut donc tracer une autre ligne, qu'on appela *de démarcation*. (x) Qu'y a-t-il de plus **B** étonnant, ou qu'on ait découvert tant de pays, ou que des évêques de Rome les aient donnés tous?

Toutes ces lignes furent encore dérangées lorsque les Portugais abordèrent au Brésil; elles ne furent pas plus respectées par les Français et par les Anglais, qui s'établirent ensuite dans l'Amérique septentrionale. Il est vrai que ces nations n'ont fait que glaner après les riches moissons des Espagnols; mais enfin ils y ont eu des établissements considérables.

Le funeste effet de toutes ces découvertes et de ces transplantations a été que nos nations commerçantes se sont fait la guerre en Amérique et en Asie, toutes les fois qu'elles se la sont déclarée en Europe. Elles ont réciproquement détruit leurs colonies naissantes. Les premiers voyages ont eu pour objet d'unir toutes les nations : les derniers ont été entrepris pour nous détruire au bout du monde.

C'est un grand problème de savoir si l'Europe a gagné en se portant en Amérique. Il est certain que les Espagnols en retirèrent d'abord des richesses immenses; mais l'Espagne a été dépeuplée, et ces trésors, partagés à la fin par tant d'autres nations, ont remis l'égalité qu'ils avaient d'abord ôtée. Le prix des denrées a augmenté partout. Ainsi personne n'a réellement gagné. Il reste à savoir si la cochenille et le quinquina sont d'un assez grand prix pour compenser la perte de tant d'hommes.

CHAPITRE CL

Du Brésil [a]

A

Quand les Espagnols envahissaient la plus riche partie du nouveau monde, les Portugais, surchargés des trésors de l'ancien, négligeaient le Brésil, qu'ils découvrirent en 1500, mais qu'ils ne cherchaient pas.

Leur amiral Cabral, après avoir passé les îles du Cap-Vert pour aller par la mer australe d'Afrique aux côtes du Malabar, prit tellement le large à l'occident qu'il vit cette terre du Brésil, qui de tout le continent américain est le plus voisin de l'Afrique; il n'y a que trente degrés en longitude de cette terre au mont Atlas : c'était celle qu'on devait découvrir la première. On la trouva fertile; il y règne un printemps perpétuel. Tous les habitants, grands, bien faits, vigoureux, d'une couleur rougeâtre, marchaient nus, à la réserve d'une large ceinture qui leur servait de poche.

C'étaient des peuples chasseurs, par conséquent n'ayant pas toujours une subsistance assurée; de là nécessairement féroces, se faisant la guerre avec leurs flèches et leurs massues pour quelques pièces de gibier, comme les barbares policés de l'ancien continent se la font pour quelques villages. La colère, le ressentiment d'une injure les armait souvent, comme on le raconte des premiers Grecs et des Asiatiques. Ils ne sacrifiaient point d'hommes, parce que n'ayant aucun culte religieux, ils n'avaient point de sacrifices à faire, ainsi que les Mexicains; mais ils mangeaient leurs prisonniers de guerre, et Améric Vespuce [1] rapporte dans une de ses lettres qu'ils furent fort étonnés quand il leur fit entendre

---

1. Dans Bandini, *Vita e lettere,* pp. 109-110.

que les Européens ne mangeaient pas leurs prisonniers.

Au reste, nulles lois chez les Brasiliens que celles qui s'établissaient au hasard pour le moment présent par la peuplade assemblée; l'instinct seul les gouvernait. Cet instinct les portait à chasser quand ils avaient faim, à se joindre à des femmes quand le besoin le demandait, et à satisfaire ce besoin passager avec de jeunes gens.

Ces peuples sont une preuve assez forte que l'Amérique n'avait jamais été connue de l'ancien monde : on aurait porté quelque religion dans cette terre peu éloignée de l'Afrique. Il est bien difficile qu'il n'y fût resté quelque trace de cette religion, quelle qu'elle fût; on n'y en trouva aucune. Quelques charlatans, portant des plumes sur la tête, excitaient les peuples au combat, leur faisaient remarquer la nouvelle lune, leur donnaient des herbes qui ne guérissaient pas leurs maladies : mais qu'on ait vu chez eux des prêtres, des autels, un culte, c'est ce qu'aucun voyageur n'a dit, malgré la pente à le dire.

Les Mexicains, les Péruviens, peuples policés, avaient un culte établi. La religion chez eux maintenait l'État, parce qu'elle était entièrement subordonnée au prince; mais il n'y avait point d'État chez des sauvages sans besoins et sans police.

Le Portugal laissa pendant près de cinquante ans languir les colonies que des marchands avaient envoyées au Brésil. Enfin, en 1559, on y fit des établissements solides, et les rois de Portugal eurent à la fois les tributs des deux mondes. Le Brésil augmenta les richesses des Espagnols, quand leur roi Philippe II s'empara du Portugal en 1581. Les Hollandais le prirent presque tout entier sur les Espagnols depuis 1625 jusqu'à 1630.

Ces mêmes Hollandais enlevaient à l'Espagne tout ce que le Portugal avait établi dans l'ancien monde et dans le nouveau. Enfin lorsque le Portugal eut secoué le joug des Espagnols, il se remit en possession des côtes du Brésil. Ce pays a produit à ces nouveaux maîtres ce que le Mexique, le Pérou, et les îles, donnaient aux Espagnols, de l'or, de l'argent, des denrées précieuses. Dans nos derniers temps même, on y a découvert des mines de diamants, aussi abondantes que celles de Golconde. Mais qu'est-il arrivé? tant de richesses ont appauvri les Portugais. Les colonies d'Asie, du Brésil, avaient enlevé beaucoup d'habitants : les autres, comptant sur l'or et les diamants, ont cessé de cultiver les véritables mines, qui sont l'agriculture et les manufactures. Leurs diamants et leur or ont payé à peine les choses nécessaires que les Anglais leur ont fournies; c'est pour l'Angleterre, en effet, que les Portugais ont travaillé en Amérique. Enfin, en 1756, quand Lisbonne a été renversée par un tremblement de terre, il a fallu que Londres envoyât jusqu'à de l'argent monnayé au Portugal, qui manquait de tout. Dans ce pays, le roi est riche, et le peuple est pauvre.

CHAPITRE CLI

Les Espagnols tiraient déjà du Mexique et du Pérou des trésors immenses, qui pourtant à la fin ne les ont pas beaucoup enrichis, quand les autres nations, jalouses et excitées par leur exemple, n'avaient pas encore dans les autres parties de l'Amérique une colonie qui leur fût avantageuse.

L'amiral Coligny, qui avait eu en tout de grandes idées, imagina, en 1557, sous Henri II, d'établir les Français et sa secte dans le Brésil : un chevalier de Villegagnon, alors calviniste, y fut envoyé ; Calvin s'intéressa à l'entreprise. Les Genevois n'étaient pas alors d'aussi bons commerçants qu'aujourd'hui. Calvin envoya plus de prédicants que de cultivateurs : ces ministres, qui voulaient dominer, eurent avec le commandant de violentes querelles ; ils excitèrent une sédition. La colonie fut divisée ; les Portugais la détruisirent. Villegagnon renonça à Calvin et à ses ministres ; il les traita de perturbateurs, ceux-ci le traitèrent d'athée, et le Brésil fut perdu pour la France, (x) qui n'a jamais su faire de grands établis- B sements au dehors.

On disait que la famille des incas s'était retirée dans ce vaste pays dont les limites touchent à celles du Pérou ; que c'était là que la plupart des Péruviens avaient échappé à l'avarice et à la cruauté des chrétiens d'Europe ; qu'ils habitaient au milieu des terres, près d'un certain lac Parima dont le sable était d'or ; qu'il y avait une ville dont les toits étaient couverts de ce métal : les Espagnols appelaient cette ville *Eldorado ;* ils la cherchèrent longtemps.

Ce nom d'Eldorado éveilla toutes les puissances. La reine Élisabeth envoya en 1596 une flotte sous le commandement du savant et malheureux Raleigh, pour disputer aux Espagnols ces nouvelles dépouilles. Raleigh, en effet, pénétra dans le pays habité par des peuples rouges. Il prétend qu'il y a une nation dont les épaules sont aussi hautes que la tête. Il ne doute point qu'il n'y ait des mines : il rapporta une centaine de grandes plaques d'or et quelques morceaux d'or ouvragés; mais enfin on ne trouva ni de ville Dorado, ni de lac Parima. Les Français, après plusieurs tentatives, s'établirent en 1664 à la pointe de cette grande terre dans l'île de Cayenne, qui n'a qu'environ quinze lieues communes de tour. C'est là ce qu'on nomma *la France équinoxiale*. Cette France se réduisit à un bourg composé d'environ cent cinquante maisons de terre et de bois; et l'île de Cayenne n'a valu quelque chose que sous Louis XIV, qui, le premier des rois de France, encouragea véritablement le commerce maritime; encore cette île fut-elle enlevée aux Français par les Hollandais dans la guerre de 1672; mais une flotte de Louis XIV la reprit. Elle fournit aujourd'hui un peu d'indigo, de mauvais café, et on commence à y cultiver les épiceries avec succès. La Guiana était, dit-on, le plus beau pays de l'Amérique où les Français pussent s'établir, et c'est celui qu'ils négligèrent.

On leur parla de la Floride, entre l'ancien et le nouveau Mexique. Les Espagnols étaient déjà en possession d'une partie de la Floride, à laquelle même ils avaient donné ce nom; mais comme un armateur français prétendait y avoir abordé à peu près dans le même temps qu'eux, c'était un droit à disputer : les terres des Américains devant appartenir, par notre droit des gens ou de ravisseurs, non seulement à celui qui les envahissait le premier, mais à celui qui disait le premier les avoir vues.

L'amiral Coligny y avait envoyé, sous Charles IX, vers l'an 1564, une colonie huguenote, voulant toujours établir sa religion en Amérique comme les Espagnols y avaient porté la leur. Les Espagnols ruinèrent cet établissement (1565), et pendirent aux arbres tous les Français, avec un grand écriteau au dos : « Pendus, non comme Français, mais comme hérétiques. »

Quelque temps après, un Gascon, nommé le chevalier de Gourgues, se mit à la tête de quelques corsaires pour essayer de reprendre la Floride. Il s'empara d'un petit fort espagnol, et fit pendre à son tour les prisonniers, sans oublier de leur mettre un écriteau : « Pendus, non comme Espagnols, mais comme voleurs et maranes. » Déjà les peuples de l'Amérique voyaient leurs déprédateurs européens les venger en s'exterminant les uns les autres; ils ont eu souvent cette consolation.

Après avoir pendu des Espagnols, il fallut, pour ne le pas être, évacuer la Floride, à laquelle les Français renoncèrent. C'était un pays meilleur encore que la Guyane; mais les guerres affreuses de religion qui ruinaient alors les habitants de la France ne leur permettaient pas d'aller égorger et convertir des sauvages, ni de disputer de beaux pays aux Espagnols.

Déjà les Anglais se mettaient en possession des meilleures terres et des plus avantageusement situées qu'on puisse posséder dans l'Amérique septentrionale au delà de la Floride, quand deux ou trois marchands de Normandie, sur la légère espérance d'un petit commerce de pelleterie, équipèrent quelques vaisseaux, et établirent une colonie dans le Canada, pays couvert de neiges et de glaces huit mois de l'année, habité par des barbares, des ours, et des castors. Cette terre, découverte auparavant, dès l'an 1535, avait été abandonnée; mais enfin après plusieurs tentatives, mal appuyées par un gouvernement qui n'avait point de marine, une petite compagnie de marchands de Dieppe et de Saint-Malo fonda Québec, en 1608, c'est-à-dire bâtit quelques cabanes; et ces cabanes ne sont devenues une ville que sous Louis XIV.

Cet établissement, celui de Louisbourg, et tous les autres dans cette nouvelle France, ont été toujours très pauvres, tandis qu'il y a quinze mille carosses dans la ville de Mexico, et davantage dans celle de Lima. Ces mauvais pays n'en ont pas moins été un sujet de guerre presque continuel, soit avec les naturels, soit avec les Anglais, qui, possesseurs des meilleurs territoires, ont voulu ravir celui des Français, pour être les seuls maîtres du commerce de cette partie boréale du monde.

Les peuples qu'on trouva dans le Canada n'étaient pas de la nature de ceux du Mexique, du Pérou, et du Brésil. Ils leur ressemblaient en ce qu'ils sont privés de poil comme eux, et qu'ils n'en ont qu'aux sourcils et à la tête [1]. Ils en diffèrent par la couleur, qui approche de la nôtre; ils en diffèrent encore plus par la fierté et le courage. Ils ne connurent jamais le gouvernement monarchique; l'esprit républicain a été le partage de tous les peuples du Nord dans l'ancien monde et dans le nouveau. Tous les habitants de l'Amérique septentrionale, des montagnes des Apalaches au détroit de Davis, sont des paysans et des chasseurs divisés en bourgades, institution naturelle de l'espèce humaine. Nous leur avons rarement donné le nom d'Indiens, dont nous avions très mal à propos désigné les peuples du Pérou et du Brésil. On n'appela ce pays *les Indes* que parce qu'il en venait autant de trésors que de l'Inde véritable. On se contenta de nommer les Américains du Nord *Sauvages;* ils l'étaient moins à quelques égards que les paysans de nos côtes européennes, qui ont si longtemps pillé de droit les vaisseaux naufragés, et tué les navigateurs. La guerre, ce crime et ce fléau de tous les temps et de tous les hommes, n'avait pas chez eux, comme chez nous, l'intérêt pour motif; c'était d'ordinaire l'insulte et la vengeance qui en étaient le sujet, comme chez les Brasiliens et chez tous les sauvages.

Ce qu'il y avait de plus horrible chez les Canadiens est qu'ils faisaient mourir dans les supplices leurs ennemis captifs, et qu'ils les mangeaient. Cette horreur leur était commune avec les Brasiliens, éloignés d'eux de cinquante degrés. Les uns et les autres mangeaient un ennemi comme le gibier de leur chasse. C'est un usage qui n'est pas de tous les jours; mais il a été commun à plus d'un peuple, et nous en avons traité à part [2].

Cannibalism

---

1. Il est très vraisemblable, comme nous l'avons déjà observé, que si ces peuples sont privés de poil c'est qu'ils l'arrachent dès qu'il commence à paraître. (K.) — Cette note a paru pour la première fois dans les éditions de Kehl, où l'on l'attribue à Voltaire, et longtemps je l'ai crue de lui. Si je la donne aux éditeurs de Kehl, c'est parce que ce sont eux qui ont fait l'observation qu'ils rappellent. (Voyez leur note sur le paragraphe VIII de l'*Introduction*.) Voltaire s'est d'ailleurs moqué de cette idée dans le chapitre 36 de son écrit *des Singularités de la nature* et dans ses *Questions sur l'Encyclopédie* (fondues dans le *Dictionnaire philosophique*), au mot BARBE. (B.)

2. Dans le *Dictionnaire philosophique,* au mot ANTHROPOPHAGES.

C'était dans ces terres stériles et glacées du Canada que les hommes étaient souvent anthropophages : ils ne l'étaient point dans l'Acadie, pays meilleur où l'on ne manque pas de nourriture; ils ne l'étaient point dans le reste du continent, excepté dans quelques parties du Brésil, et chez les cannibales des îles Caraïbes.

Quelques jésuites et quelques huguenots, rassemblés par une fatalité singulière, cultivèrent la colonie naissante du Canada; elle s'allia ensuite avec les Hurons qui faisaient la guerre aux Iroquois. Ceux-ci nuisirent beaucoup à la colonie, prirent quelques jésuites prisonniers, et, dit-on, les mangèrent. Les Anglais ne furent pas moins funestes à l'établissement de Québec. A peine cette ville commençait à être bâtie et fortifiée (1629) qu'ils l'attaquèrent. Ils prirent toute l'Acadie : cela ne veut dire autre chose sinon qu'ils détruisirent des cabanes de pêcheurs.

Les Français n'avaient donc dans ces temps-là aucun établissement hors de France, et pas plus en Amérique qu'en Asie.

La compagnie de marchands qui s'était ruinée dans ces entreprises, espérant réparer ses pertes, pressa le cardinal de Richelieu de la comprendre dans le traité de Saint-Germain fait avec les Anglais. Ces peuples rendirent le peu qu'ils avaient envahi, dont ils ne faisaient alors aucun cas; et ce peu devint ensuite la Nouvelle-France. Cette Nouvelle-France resta longtemps dans un état misérable; la pêche de la morue rapporta quelques légers profits qui soutinrent la compagnie. Les Anglais, informés de ces petits profits, prirent encore l'Acadie.

Ils la rendirent encore au traité de Breda (1654). Enfin ils la prirent cinq fois, et s'en sont conservé la propriété par la paix d'Utrecht (1713), paix alors heureuse, qui est devenue depuis funeste à l'Europe : car nous verrons que les ministres qui firent ce traité, n'ayant pas déterminé les limites de l'Acadie, l'Angleterre voulant les étendre, et la France les resserrer, ce coin de terre a été le sujet d'une guerre violente en 1755 entre ces deux nations rivales; et cette guerre a produit celle de l'Allemagne, qui n'y avait aucun rapport. La complication des intérêts politiques est venue au point qu'un coup de canon tiré en Amérique peut être le signal de l'embrasement de l'Europe.

La petite île du cap Breton, où est Louisbourg, la rivière de Saint-Laurent, Québec, le Canada, demeurèrent donc à la France en 1713. Ces établissements servirent plus à entretenir la navigation et à former des matelots qu'ils ne rapportèrent de profits. Québec contenait environ sept mille habitants : les dépenses de la guerre pour conserver ces pays coûtaient plus qu'ils ne vaudront jamais; et cependant elles paraissaient nécessaires.

On a compris dans la Nouvelle-France un pays immense qui touche d'un côté au Canada, de l'autre au Nouveau-Mexique, et dont les bornes vers le nordouest sont inconnues : on l'a nommé *Mississipi,* du nom du fleuve qui descend dans le golfe du Mexique; et *Louisiane,* du nom de Louis XIV.

Cette étendue de terre était à la bienséance des Espagnols, qui, n'ayant que trop de domaines en Amérique, ont négligé cette possession, d'autant plus qu'ils n'y ont pas trouvé d'or. Quelques Français du Canada s'y transportèrent, en descendant par le pays et par la rivière des Illinois, et en essuyant toutes les fatigues et tous les dangers d'un tel voyage. C'est comme si on voulait aller en Égypte par le cap de Bonne-Espérance, au lieu de prendre la route de Damiette. Cette grande partie de la Nouvelle-France fut, jusqu'en 1708, composée d'une douzaine de familles errantes dans des déserts et dans des bois *.

Louis XIV, accablé alors de malheurs, voyait dépérir l'ancienne France, et ne pouvait penser à la nouvelle. L'État était épuisé d'hommes et d'argent. Il est bon de savoir que, dans cette misère publique, deux hommes avaient gagné chacun environ quarante millions : l'un

---

* Les Français, dans la guerre de 1756, ont perdu cette D
Louisiane qui leur a été rendue à la paix mais qu'ils ont cédée aux Espagnols, et tout le Canada. Ainsi, à l'exception de quelques îles et de quelques établissements très peu considérables des Hollandais et des Français sur la côte de l'Amérique méridionale, l'Amérique a été partagée entre les Espagnols, les Anglais, et les Portugais.

par un grand commerce dans l'Inde ancienne, tandis que la compagnie des Indes, établie par Colbert, était détruite; l'autre, par des affaires avec un ministère malheureux, obéré, et ignorant. Le grand négociant, qui se nommait Crozat, étant assez riche et assez hardi pour risquer une partie de ses trésors, se fit concéder la Louisiane par le roi, à condition que chaque vaisseau que lui et ses associés enverraient y porterait six garçons et six filles pour peupler. Le commerce et la population y languirent également.

Après la mort de Louis XIV, l'Écossais Law ou Lass, homme extraordinaire, dont plusieurs idées ont été utiles, et d'autres pernicieuses, fit accroire à la nation que la Louisiane produisait autant d'or que le Pérou, et allait fournir autant de soie que la Chine. Ce fut la première époque du fameux système de Law. On envoya des colonies au Mississipi (1717 et 1718); on grava le plan d'une ville magnifique et régulière, nommée la Nouvelle-Orléans. Les colons périrent la plupart de misère, et la ville se réduisit à quelques méchantes maisons. Peut-être un jour, s'il y a des millions d'habitants de trop en France, sera-t-il avantageux de peupler la Louisiane; (x) mais il est plus vraisemblable qu'il faudra B l'abandonner *.

---

* L'événement a justifié cette prédiction.

HISTOIRE
DES
AVANTURIERS
DES
BOUCANIERS
ET
DE LA CHAMBRE
DES COMPTES
établie
dans les
INDES
1686.

Innocenter   pro peccatis

A PARIS,
Chez JACQUES LE FEBVRE, au dernier pillier de la
Grand'Salle, vis-a-vis les Requeltes du Palais.
Avec Privilege du Roy.   N. Guerard In. et sculp

FRONTISPICE
de Oexmelin, *Histoire des aventuriers*, Paris, 1686

Illustration extraite de Œxmelin,
Histoire des aventuriers, Paris, 1686

CHAPITRE CLII

Les possessions les plus importantes que les Français ont acquises avec le temps sont la moitié de l'île Saint-Domingue, la Martinique, la Guadeloupe, et quelques petites îles Antilles : ce n'est pas la deux-centième partie des conquêtes espagnoles; mais on en a tiré enfin de grands avantages.

Saint-Domingue est cette même île Hispaniola, que les habitants nommaient Haïti, découverte par Colombo, et dépeuplée par les Espagnols. Les Français n'ont pas trouvé, dans la partie qu'ils habitent, l'or et l'argent qu'on y trouvait autrefois, soit que les métaux demandent une longue suite de siècles pour se former, soit plutôt qu'il n'y en ait qu'une quantité déterminée dans la terre et que la mine ne renaisse plus; l'or et l'argent en effet n'étant point des mixtes [2], il est difficile de concevoir ce qui les reproduirait. Il y a encore des mines de ces métaux dans le terrain qui reste aux Espagnols; mais les frais n'étant pas compensés par le profit, on a cessé d'y travailler.

La France n'est entrée en partage de cette île avec l'Espagne que par la hardiesse désespérée d'un peuple nouveau que le hasard composa d'Anglais, de Bretons, et surtout de Normands. On les a nommés *boucaniers, flibustiers :* leur union et leur origine furent à peu près

---

1. La documentation de ce chapitre vient d'Œxmelin, dit Exquemelin, *Histoire des aventuriers,* Paris, 1686 (l'exemplaire *FL* est daté 1699-1705).

2. Mixte : « corps chimique composé », dit l'*Encyclopédie* à ce mot; d'après le même article, p. 588, ce nom désignait aussi des alliages de métaux.

celles des anciens Romains; leur courage fut plus impétueux et plus terrible. Imaginez des tigres qui auraient un peu de raison : voilà ce qu'étaient les flibustiers; voici leur histoire.

Il arriva, vers l'an 1625, que des aventuriers français et anglais abordèrent en même temps dans une île des Caraïbes, nommée Saint-Christophe par les Espagnols, qui donnaient presque toujours le nom d'un saint aux pays dont ils s'emparaient, et qui égorgeaient les naturels au nom d'un saint. Il fallut que ces nouveaux venus, malgré l'antipathie naturelle des deux nations, se réunissent contre les Espagnols. Ceux-ci, maîtres de toutes les îles voisines comme du continent, vinrent avec des forces supérieures. Le commandant français échappa, et retourna en France. Le commandant anglais capitula; les plus déterminés des Français et des Anglais gagnèrent dans des barques l'île de Saint-Domingue, et s'établirent dans un endroit inabordable de la côte, au milieu des rochers. Ils fabriquèrent de petits canots à la manière des Américains, et s'emparèrent de l'île de la Tortue. Plusieurs Normands allèrent grossir leur nombre, comme au XIIe siècle ils allaient à la conquête de la Pouille, et dans le Xe à la conquête de l'Angleterre. Ils eurent toutes les aventures heureuses et malheureuses que pouvait attendre un ramas d'hommes sans lois, venus de Normandie et d'Angleterre dans le golfe du Mexique.

Cromwell, en 1655, envoya une flotte qui enleva la Jamaïque aux Espagnols : on n'en serait point venu à bout sans ces flibustiers. Ils pirataient partout; et, plus occupés de piller que de conserver, ils laissèrent, pendant une de leurs courses, reprendre par les Espagnols la Tortue. Ils la reprirent ensuite; le ministère de France fut obligé de nommer pour commandant de la Tortue celui qu'ils avaient choisi : ils infestèrent la mer du Mexique, et se firent des retraites dans plusieurs îles. Le nom qu'ils prirent alors fut celui de *frères de la Côte*. Ils s'entassaient dans un misérable canot qu'un coup de canon ou de vent aurait brisé, et allaient à l'abordage des plus gros vaisseaux espagnols, dont quelquefois ils se rendaient maîtres. Point d'autres lois parmi eux que celle du partage égal des dépouilles; point d'autre religion que la naturelle, de laquelle encore ils s'écartaient monstrueusement.

Ils ne furent pas à portée de ravir des épouses, comme on l'a conté des compagnons de Romulus; (1665) ils obtinrent qu'on leur envoyât cent filles de France; ce n'était pas assez pour perpétuer une association devenue nombreuse. Deux flibustiers tiraient aux dés une fille : le gagnant l'épousait, et le perdant n'avait droit de coucher avec elle que quand l'autre était occupé ailleurs.

Ces hommes étaient d'ailleurs plus faits pour la destruction que pour fonder un État. Leurs exploits étaient inouïs, leurs cruautés aussi. Un d'eux (nommé l'Olonois, parce qu'il était des Sables d'Olonne) prend, avec un seul canot, une frégate armée jusque dans le port de la Havane. Il interroge un des prisonniers, qui lui avoue que cette frégate était destinée à lui donner la chasse; qu'on devait se saisir de lui, et le pendre. Il avoue encore que lui qui parlait était le bourreau. L'Olonois sur-le-champ le fait pendre, coupe lui-même la tête à tous les captifs, et suce leur sang[1].

Cet Olonois et un autre, nommé le Basque, vont jusqu'au fond du petit golfe de Venezuela (1667), dans celui de Honduras, avec cinq cents hommes; ils mettent à feu et à sang deux villes considérables; ils reviennent chargés de butin; ils montent les vaisseaux que les canots ont pris. Les voilà bientôt une puissance maritime, et sur le point d'être de grands conquérants.

Morgan[2], Anglais, qui a laissé un nom fameux, se mit à la tête de mille flibustiers, les uns de sa nation, les autres Normands, Bretons, Saintongeois, Basques : il entreprend de s'emparer de Porto-Bello, l'entrepôt des richesses espagnoles, ville très forte, munie de canons et d'une garnison considérable. Il arrive sans artillerie, monte à l'escalade de la citadelle sous le feu du canon ennemi, et, malgré une résistance opiniâtre, il prend la forteresse : cette témérité heureuse oblige la ville à se racheter pour environ un million de piastres.

---

1. Oexmelin narre l'histoire de l'Olonois t. I, pp. 262-3, mais ne dit pas qu'il « suça le sang » de ses victimes.

2. Les aventures de Morgan occupent tout le t. II d'Oexmelin.

Quelque temps après (1670) il ose s'enfoncer dans l'isthme de Panama, au milieu des troupes espagnoles; il pénètre à l'ancienne ville de Panama, enlève tous les trésors, réduit la ville en cendres, et revient à la Jamaïque victorieux et enrichi. C'était le fils d'un paysan d'Angleterre : il eût pu se faire un royaume dans l'Amérique; mais enfin il mourut en prison à Londres.

Les flibustiers français, dont le repaire était tantôt dans les rochers de Saint-Domingue, tantôt à la Tortue, arment dix bateaux, et vont, au nombre d'environ douze cents hommes, attaquer la Vera-Cruz (1683) : cela est aussi téméraire que si douze cents Biscayens venaient assiéger Bordeaux avec dix barques. Ils prennent la Vera-Cruz d'assaut; ils en rapportent cinq millions, et font quinze cents esclaves. Enfin, après plusieurs succès de cette espèce, les flibustiers anglais et français se déterminent à entrer dans la mer du Sud, et à piller le Pérou. Aucun Français n'avait vu encore cette mer : pour y entrer, il fallait ou traverser les montagnes de l'isthme de Panama, ou entreprendre de côtoyer par mer toute l'Amérique méridionale, et passer le détroit de Magellan qu'ils ne connaissaient pas. Ils se divisent en deux troupes (1687), et prennent à la fois ces deux routes.

Ceux qui franchissent l'isthme renversent et pillent tout ce qui est sur leur passage, arrivent à la mer du Sud, s'emparent dans les ports de quelques barques qu'ils y trouvent, et attendent avec ces petits vaisseaux ceux de leurs camarades qui ont dû passer le détroit de Magellan. Ceux-ci, qui étaient presque tous Français, essuyèrent des aventures aussi romanesques que leur entreprise : ils ne purent passer au Pérou par le détroit, ils furent repoussés par des tempêtes; mais ils allèrent piller les rivages de l'Afrique.

Cependant les flibustiers qui se trouvent au delà de l'isthme, dans la mer du Sud, n'ayant que des barques pour naviguer, sont poursuivis par la flotte espagnole du Pérou; il faut lui échapper. Un de leurs compagnons, qui commande une espèce de canot chargé de cinquante hommes, se retire jusqu'à la mer Vermeille et dans la Californie; il y reste quatre années, revient par la mer du Sud, prend dans sa route un vaisseau chargé de cinq cent mille piastres, passe le détroit de Magellan, et arrive à la Jamaïque avec son butin. Les autres cependant rentrent dans l'isthme chargés d'or et de pierreries. Les troupes espagnoles rassemblées les attendent et les poursuivent partout : il faut que les flibustiers traversent l'isthme dans sa plus grande largeur, et qu'ils marchent par des détours l'espace de trois cents lieues, quoiqu'il n'y en ait que quatre-vingts en droite ligne de la côte où ils étaient à l'endroit où ils voulaient arriver. Ils trouvent des rivières qui se précipitent par des cataractes, et sont réduits à s'y embarquer dans des espèces de tonneaux. Ils combattent la faim, les éléments, et les Espagnols. Cependant ils se rendent à la mer du Nord avec l'or et les pierreries qu'ils ont pu conserver. Ils n'étaient pas alors au nombre de cinq cents. La retraite des dix mille Grecs sera toujours plus célèbre, mais elle n'est pas comparable.

Si ces aventuriers avaient pu se réunir sous un chef, ils auraient fondé une puissance considérable en Amérique. Ce n'était, à la vérité, qu'une troupe de voleurs : mais qu'ont été tous les conquérants? Les flibustiers ne réussirent qu'à faire aux Espagnols presque autant de mal que les Espagnols en avaient fait aux Américains. Les uns allèrent jouir dans leur patrie de leurs richesses; les autres moururent des excès où ces richesses les entraînèrent; beaucoup furent réduits à leur première indigence. Les gouvernements de France et d'Angleterre cessèrent de les protéger quand on n'eut plus besoin d'eux; enfin il ne reste de ces héros du brigandage que leur nom et le souvenir de leur valeur et de leurs cruautés.

C'est à eux que la France doit la moitié de l'île de Saint-Domingue; c'est par leurs armes qu'on s'y établit dans tout le temps de leurs courses.

On comptait, en 1757, dans la Saint-Domingue française, environ trente mille personnes, et cent mille esclaves nègres ou mulâtres, qui travaillaient aux sucreries, aux plantations d'indigo, de cacao, et qui abrègent leur vie pour flatter nos appétits nouveaux, en remplissant nos nouveaux besoins, que nos pères ne connaissaient pas. Nous allons acheter ces nègres à la côte de Guinée, à la côte d'Or, à celle d'Ivoire. Il y a trente ans qu'on avait un beau nègre pour cinquante livres : c'est

à peu près cinq fois moins qu'un bœuf gras. (x) Cette C
marchandise humaine coûte aujourd'hui, en 1772, environ quinze cents livres. (x) Nous leur disons qu'ils
sont hommes comme nous, qu'ils sont rachetés du sang
d'un Dieu mort pour eux, et ensuite on les fait travailler
comme des bêtes de somme : on les nourrit plus mal;
s'ils veulent s'enfuir, on leur coupe une jambe, et on
leur fait tourner à bras l'arbre des moulins à sucre,
lorsqu'on leur a donné une jambe de bois. Après cela
nous osons parler du droit des gens ! La petite île de la
Martinique, la Guadeloupe, que les Français cultivèrent
en 1735, fournirent les mêmes denrées que Saint-
Domingue. Ce sont des points sur la carte, et des événements qui se perdent dans l'histoire de l'univers;
mais enfin ces pays, qu'on peut à peine apercevoir dans
une mappemonde, produisirent en France une circulation
annuelle d'environ soixante millions de marchandises.
Ce commerce n'enrichit point un pays; bien au contraire,
il fait périr des hommes, il cause des naufrages; il n'est
pas sans doute un vrai bien; mais les hommes s'étant
fait des nécessités nouvelles, il empêche que la France
n'achète chèrement de l'étranger un superflu devenu
nécessaire.

CHAPITRE CLIII

Les Anglais étant nécessairement plus adonnés que
les Français à la marine, puisqu'ils habitent une île,
ont eu dans l'Amérique septentrionale de bien meilleurs
établissements que les Français. Ils possèdent six cents
lieues communes de côtes, depuis la Caroline jusqu'à
cette baie d'Hudson, par laquelle on a cru en vain
trouver un passage qui pût conduire jusqu'aux mers
du Sud et du Japon. Leurs colonies n'approchent pas
des riches contrées de l'Amérique espagnole. Les terres
de l'Amérique anglaise ne produisent, du moins jusqu'à
présent, ni argent, ni or, ni indigo, ni cochenille, ni
pierres précieuses, ni bois de teinture; cependant elles
ont procuré d'assez grands avantages. Les possessions
anglaises en terre ferme commencent à dix degrés de
notre tropique, dans un des plus heureux climats. C'est
dans ce pays, nommé *Caroline,* que les Français ne purent
s'établir; et les Anglais n'en ont pris possession qu'après
s'être assurés des côtes plus septentrionales.

Vous avez vu les Espagnols et les Portugais maîtres
de presque tout le nouveau monde, depuis le détroit
de Magellan jusqu'à la Floride. Après la Floride est
cette Caroline, à laquelle les Anglais ont ajouté depuis
peu la partie du sud appelée *la Géorgie,* du nom du roi
George Ier : ils n'ont eu la Caroline que depuis 1664.
Le plus grand lustre de cette colonie est d'avoir reçu
ses lois du philosophe Locke. La liberté entière de
conscience, la tolérance de toutes les religions fut le
fondement de ces lois. Les épiscopaux y vivent frater-
nellement avec les puritains; ils y permettent le culte
des catholiques leurs ennemis, et celui des Indiens

nommés *idolâtres;* mais, pour établir légalement une religion dans le pays, il faut être sept pères de famille. Locke a considéré que sept familles avec leurs esclaves pourraient composer cinq à six cents personnes, et qu'il ne serait pas juste d'empêcher ce nombre d'hommes de servir Dieu suivant leur conscience, parce qu'étant gênés ils abandonneraient la colonie.

Les mariages ne se contractent, dans la moitié du pays, qu'en présence du magistrat; mais ceux qui veulent joindre à ce contrat civil la bénédiction d'un prêtre peuvent se donner cette satisfaction.

Ces lois semblèrent admirables, après les torrents de sang que l'esprit d'intolérance avait répandus dans l'Europe; mais on n'aurait pas seulement songé à faire de telles lois chez les Grecs et chez les Romains, qui ne soupçonnèrent jamais qu'il pût arriver un temps où les hommes voudraient forcer, le fer à la main, d'autres hommes à croire. Il est ordonné par ce code humain de traiter les nègres avec la même humanité qu'on a pour ses domestiques. La Caroline possédait en 1757 quarante mille nègres et vingt mille blancs.

Au delà de la Caroline est la Virginie, nommée ainsi en l'honneur de la reine Élisabeth, peuplée d'abord par les soins du fameux Raleigh, si cruellement récompensé depuis par Jacques Ier. Cet établissement ne s'était pas fait sans de grandes peines. Les sauvages, plus aguerris que les Mexicains et aussi injustement attaqués, détruisirent presque toute la colonie.

On prétend que depuis la révocation de l'édit de Nantes, qui a valu des peuplades aux deux mondes, le nombre des habitants de la Virginie se monte à cent quarante mille, sans compter les nègres. On a surtout cultivé le tabac dans cette province et dans le Maryland; c'est un commerce immense, et un nouveau besoin artificiel qui n'a commencé que fort tard, et qui s'est accru par l'exemple : il n'était pas permis de mettre de cette poussière âcre et malpropre dans son nez à la cour de Louis XIV; cela passait pour une grossièreté. La première ferme du tabac fut en France de trois cent mille livres par an; elle est aujourd'hui de seize millions. Les Français en achètent pour près de quatre millions par année des colonies anglaises, eux qui pourraient en planter dans la Louisiane. Je ne puis m'empêcher de remarquer que la France et l'Angleterre consument aujourd'hui en denrées inconnues à nos pères plus que leurs couronnes n'avaient autrefois de revenus.

De la Virginie, en allant toujours au nord, vous entrez au Maryland [a], qui possède quarante mille blancs et plus de soixante mille nègres. Au delà est la célèbre Pensylvanie, pays unique sur la terre par la singularité de ses nouveaux colons. Guillaume Penn, chef de la religion qu'on nomme très improprement Quakerisme, donna son nom et ses lois à cette contrée vers l'an 1680. Ce n'est pas ici une usurpation comme toutes ces invasions que nous avons vues dans l'ancien monde et dans le nouveau. Penn acheta le terrain des indigènes, et devint le propriétaire le plus légitime. Le christianisme qu'il apporta ne ressemble pas plus à celui du reste de l'Europe que sa colonie ne ressemble aux autres. Ses compagnons professaient la simplicité et l'égalité des premiers disciples de Christ. Point d'autres dogmes que ceux qui sortirent de sa bouche; ainsi presque tout se bornait à aimer Dieu et les hommes : point de baptême, parce que Jésus ne baptisa personne; point de prêtres, parce que les premiers disciples étaient également conduits par le Christ lui-même. Je ne fais ici que le devoir d'un historien fidèle, et j'ajouterai que si Penn et ses compagnons errèrent dans la théologie, cette source intarissable de querelles et de malheurs, ils s'élevèrent au-dessus de tous les peuples par la morale. Placés entre douze petites nations que nous appelons *sauvages,* ils n'eurent de différends avec aucune; elles regardaient Penn comme leur arbitre et leur père. Lui et ses primitifs, qu'on appelle *Quakers* et qui ne doivent être appelés que du nom de *Justes,* avaient pour maxime de ne jamais faire la guerre aux étrangers, et de n'avoir point entre eux de procès. On ne voyait point de juges parmi eux, mais des arbitres qui, sans aucun frais, accommodaient toutes les affaires litigieuses. Point de médecins chez ce peuple sobre, qui n'en avait pas besoin.

La Pensylvanie fut longtemps sans soldats, et ce n'est que depuis peu que l'Angleterre en a envoyé pour les défendre, quand on a été en guerre avec la France. Otez ce nom de *Quaker,* cette habitude révoltante et barbare de trembler en parlant dans leurs assemblées religieuses, et quelques coutumes ridicules, il faudra convenir que ces primitifs sont les plus respectables de tous les hommes : leur colonie est aussi florissante que leurs mœurs ont été pures. Philadelphie, ou la ville des Frères, leur capitale, est une des plus belles villes de l'univers; et on a compté cent quatre-vingt mille hommes dans la Pensylvanie en 1740. Ces nouveaux citoyens ne sont pas tous du nombre des primitifs ou quakers; la moitié est composée d'Allemands, de Suédois, et d'autres peuples qui forment dix-sept religions. Les primitifs qui gouvernent regardent tous ces étrangers comme leurs frères *.

Au delà de cette contrée, unique sur la terre, où s'est réfugiée la paix bannie partout ailleurs, vous rencontrez la Nouvelle-Angleterre, dont Boston, la ville la plus riche de toute cette côte, est la capitale.

Elle fut habitée d'abord et gouvernée par des puritains persécutés en Angleterre par ce Laud, archevêque de Cantorbéry, qui depuis paya de sa tête ses persécutions, et dont l'échafaud servit à élever celui du roi Charles Ier. Ces puritains, espèce de calvinistes, se réfugièrent vers l'an 1620 dans ce pays, nommé depuis la *Nouvelle-Angleterre*. Si les épiscopaux les avaient poursuivis dans leur ancienne patrie, c'étaient des tigres qui avaient fait la guerre à des ours. Ils portèrent en Amérique leur humeur sombre et féroce, et vexèrent en toute manière les pacifiques Pensylvaniens, dès que ces nouveaux venus commencèrent à s'établir. Mais en 1692, ces puritains se punirent eux-mêmes par la plus étrange maladie épidémique de l'esprit qui ait jamais attaqué l'espèce humaine.

Tandis que l'Europe commençait à sortir de l'abîme de superstitions horribles où l'ignorance l'avait plongée depuis tant de siècles, et que les sortilèges et les possessions n'étaient plus regardés en Angleterre et chez les nations policées que comme d'anciennes folies dont on rougissait, les puritains les firent revivre en Amérique.

---

* Cette respectable colonie a été forcée de connaître enfin la guerre, et menacée d'être détruite par les armes de l'Angleterre, la mère patrie, en 1776 et 1777.

Une fille eut des convulsions en 1692; un prédicant accusa une vieille servante de l'avoir ensorcelée; on força la vieille d'avouer qu'elle était magicienne : la moitié des habitants crut être possédée, l'autre moitié fut accusée de sortilège, et le peuple en fureur menaçait tous les juges de les pendre, s'ils ne faisaient pas pendre les accusés. On ne vit pendant deux ans que des sorciers, des possédés, et des gibets; et c'étaient des compatriotes de Locke et de Newton qui se livraient à cette abominable démence. Enfin la maladie cessa; les citoyens de la Nouvelle-Angleterre reprirent leur raison, et s'étonnèrent de leur fureur. Ils se livrèrent au commerce et à la culture des terres. La colonie devint bientôt la plus florissante de toutes. On y comptait, en 1750, environ trois cent cinquante mille habitants; c'est dix fois plus qu'on n'en comptait dans les établissements français.

De la Nouvelle-Angleterre vous passez à la Nouvelle-York, à l'Acadie, qui est devenue un si grand sujet de discorde; à Terre-Neuve, où se fait la grande pêche de la morue; et enfin, après avoir navigué vers l'ouest, vous arrivez à la baie d'Hudson, par laquelle on a cru si longtemps trouver un passage à la Chine et à ces mers inconnues qui font partie de la vaste mer du Sud; de sorte qu'on croyait trouver à la fois le chemin le plus court pour naviguer aux extrémités de l'Orient et de l'Occident.

Les îles que les Anglais possèdent en Amérique leur ont presque autant valu que leur continent : la Jamaïque, la Barbade, et quelques autres où ils cultivent le sucre, leur ont été très profitables, tant par leurs fabriques que par leur commerce avec la Nouvelle-Espagne, d'autant plus avantageux qu'il est prohibé.

Les Hollandais, si puissants aux Indes Orientales, sont à peine connus en Amérique; le petit terrain de Surinam, près du Brésil, est ce qu'ils ont conservé de plus considérable. Ils y ont porté le génie de leur pays, qui est de couper les terres en canaux. Ils ont fait une nouvelle Amsterdam à Surinam, comme à Batavia; et l'île de Curaçao leur produit des avantages assez considérables. Les Danois enfin ont eu trois petites îles, et ont commencé un commerce très utile par les encouragements que leur roi leur a donnés.

Voilà jusqu'à présent ce que les Européens ont fait de plus important dans la quatrième partie du monde.

Il en reste une cinquième, qui est celle des terres australes, dont on n'a découvert encore que quelques côtes et quelques îles. Si on comprend sous le nom de ce nouveau monde austral les terres des Papous et la Nouvelle-Guinée, qui commence sous l'équateur même, il est clair que cette partie du globe est la plus vaste de toutes.

Magellan vit le premier, en 1520, la terre antarctique, à cinquante et un degrés vers le pôle austral : mais ces climats glacés ne pouvaient pas tenter les possesseurs du Pérou. Depuis ce temps on fit la découverte de plusieurs pays immenses au midi des Indes, comme la Nouvelle-Hollande, qui s'étend depuis le dixième degré jusque par delà le trentième. Quelques personnes prétendent que la compagnie de Batavia y possède des établissements utiles. Il est pourtant difficile d'avoir secrètement des provinces et un commerce. Il est vraisemblable qu'on pourrait encore envahir cette cinquième partie du monde, que la nature n'a point négligé ces climats, et qu'on y verrait des marques de sa variété et de sa profusion.

Mais jusqu'ici, que connaissons-nous de cette immense partie de la terre? quelques côtes incultes, où Pelsart [1] et ses compagnons ont trouvé, en 1630, des hommes noirs, qui marchent sur les mains comme sur les pieds; une baie où Tasman, en 1642, fut attaqué par des hommes jaunes, armés de flèches et de massues; une autre, où Dampierre, en 1699, a combattu des nègres, qui tous avaient la mâchoire supérieure dégarnie de dents par devant. On n'a point encore pénétré dans ce segment du globe, et il faut avouer qu'il vaut mieux cultiver son pays que d'aller chercher les glaces et les animaux noirs et bigarrés du pôle austral.

Nous apprenons la découverte de la Nouvelle-Zélande. C C'est un pays immense, inculte, affreux, peuplé de quelques anthropophages, qui, à cette coutume près de manger des hommes, ne sont pas plus méchants que nous.

---

1. Cf. *supra*, p. 319, n. 3.

CHAPITRE CLIV

Du Paraguay. De la domination des jésuites dans à cette partie de l'Amérique; de leurs querelles avec les Espagnols et les Portugais

Les conquêtes du Mexique et du Pérou sont des prodiges d'audace; les cruautés qu'on y a exercées, l'extermination entière des habitants de Saint-Domingue et de quelques autres îles, sont des excès d'horreur : mais l'établissement dans le Paraguay par les seuls jésuites espagnols paraît à quelques égards le triomphe de l'humanité; il semble expier les cruautés des premiers conquérants. Les quakers dans l'Amérique septentrionale, et les jésuites dans la méridionale, ont donné un nouveau spectacle au monde. Les primitifs ou quakers ont adouci les mœurs des sauvages voisins de la Pensylvanie; ils les ont instruits seulement par l'exemple, sans attenter à leur liberté, et ils leur ont procuré de nouvelles douceurs de la vie par le commerce. Les jésuites se sont à la vérité servis de la religion pour ôter la liberté aux peuplades du Paraguay : mais ils les ont policées; ils les ont rendues industrieuses, et sont venus à bout de gouverner un vaste pays, comme en Europe on gouverne un couvent. Il paraît que les primitifs ont été plus justes, et les jésuites plus politiques. Les premiers ont regardé comme un attentat l'idée de soumettre leurs voisins; les autres se sont fait une vertu de soumettre des sauvages par l'instruction et par la persuasion.

Le Paraguay est un vaste pays entre le Brésil, le Pérou, et le Chili. Les Espagnols s'étaient rendus maîtres de la côte, où ils fondèrent Buenos-Aires, ville d'un grand commerce sur les rives de la Plata; mais quelque puissants qu'ils fussent, ils étaient en trop petit nombre pour subjuguer tant de nations qui habitaient au milieu des forêts. Ces nations leur étaient nécessaires pour avoir de nouveaux sujets qui leur facilitassent le chemin de Buenos-Aires au Pérou. Ils furent aidés, dans cette conquête, par des jésuites, beaucoup plus qu'ils ne l'auraient été par des soldats. Ces missionnaires pénétrèrent de proche en proche dans l'intérieur du pays au commencement du xviie siècle. Quelques sauvages pris dans leur enfance, et élevés à Buenos-Aires, leur servirent de guides et d'interprètes. Leurs fatigues, leurs peines, égalèrent celles des conquérants du nouveau monde. Le courage de religion est aussi grand pour le moins que le courage guerrier. Ils ne se rebutèrent jamais, et voici enfin comme ils réussirent.

Les bœufs, les vaches, les moutons, amenés d'Europe à Buenos-Aires, s'étaient multipliés à un excès prodigieux; ils en menèrent une grande quantité avec eux; ils firent charger des chariots de tous les instruments du labourage et de l'architecture, semèrent quelques plaines de tous les grains d'Europe, et donnèrent tout aux sauvages, qui furent apprivoisés comme les animaux qu'on prend avec un appât. Ces peuples n'étaient composés que de familles séparées les unes des autres, sans société, sans aucune religion : on les accoutuma aisément à la société, en leur donnant les nouveaux besoins des productions qu'on leur apportait. Il fallut que les missionnaires, aidés de quelques habitants de Buenos-Aires, leur apprissent à semer, à labourer, à cuire la brique, à façonner le bois, à construire des maisons; bientôt ces hommes furent transformés, et devinrent sujets de leurs bienfaiteurs. S'ils n'adoptèrent pas d'abord le christianisme, qu'ils ne purent comprendre, leurs enfants, élevés dans cette religion, devinrent entièrement chrétiens.

L'établissement a commencé par cinquante familles, et il monta en 1750 à près de cent mille. Les jésuites, dans l'espace d'un siècle, ont formé trente cantons, qu'ils appellent *le pays des missions;* chacun contient jusqu'à présent environ dix mille habitants. Un religieux de Saint-François, nommé Florentin [1], qui passa par le

---

1. Dans les *Lettres édifiantes et curieuses,* t. XIII, *FL,* p. 228 et suiv. (1718). L'année 1711 est celle où Florentin quitte la France;

Paraguay en 1711, et qui, dans sa relation, marque à chaque page son admiration pour ce gouvernement si nouveau, dit que la peuplade de Saint-Xavier, où il séjourna longtemps, contenait trente mille personnes au moins. Si l'on s'en rapporte à son témoignage, on peut conclure que les jésuites se sont formé quatre cent mille sujets par la seule persuasion.

Si quelque chose peut donner l'idée de cette colonie, c'est l'ancien gouvernement de Lacédémone. Tout est en commun dans la contrée des missions. Ces voisins du Pérou ne connaissent point l'or et l'argent. L'essence d'un Spartiate était l'obéissance aux lois de Lycurgue, et l'essence d'un Paraguéen a été jusqu'ici l'obéissance aux lois des jésuites : tout se ressemble, à cela près que les Paraguéens n'ont point d'esclaves pour ensemencer leurs terres et pour couper leurs bois, comme les Spartiates; ils sont les esclaves des jésuites.

Ce pays dépend à la vérité pour le spirituel de l'évêque de Buenos-Aires, et du gouverneur pour le temporel. Il est soumis aux rois d'Espagne, ainsi que les contrées de la Plata et du Chili; mais les jésuites, fondateurs de la colonie, se sont toujours maintenus dans le gouvernement absolu des peuples qu'ils ont formés. Ils donnent au roi d'Espagne une piastre pour chacun de leurs sujets, et cette piastre, ils la paient au gouverneur de Buenos-Aires, soit en denrées, soit en monnaie : car eux seuls ont de l'argent, et leurs peuples n'en touchent jamais. C'est la seule marque de vassalité que le gouvernement espagnol crut alors devoir exiger. Ni le gouverneur de Buenos-Aires ne pouvait déléguer un officier de guerre ou de magistrature au pays des jésuites, ni l'évêque ne pouvait y envoyer un curé.

On tenta une fois d'envoyer deux curés dans les peuplades appelées de Notre-Dame-de-Foi et Saint-Ignace; on prit même la précaution de les faire escorter par des soldats : les deux peuplades abandonnèrent leurs demeures; elles se répartirent dans les autres cantons, et les deux curés, demeurés seuls, retournèrent à Buenos-Aires.

---

il fut au Paraguay en 1712. Il évalue la peuplade de Saint-Xavier à « environ 30 000 âmes », p. 243, sig.

Un autre évêque, irrité de cette aventure, voulut établir l'ordre hiérarchique ordinaire dans tout le pays des missions; il invita tous les ecclésiastiques de sa dépendance à se rendre chez lui pour recevoir leurs commissions : personne n'osa se présenter. Ce sont les jésuites eux-mêmes [1] qui nous apprennent ces faits dans un de leurs mémoires apologétiques. Ils restèrent donc maîtres absolus dans le spirituel, et non moins maîtres dans l'essentiel. Ils permettaient [a] au gouverneur d'envoyer par le pays des missions des officiers au Pérou; mais ces officiers ne pouvaient demeurer que trois jours dans le pays. Ils ne parlaient à aucun habitant, et quoiqu'ils se présentassent au nom du roi, ils étaient traités véritablement en étrangers suspects. Les jésuites, qui ont toujours conservé les dehors, firent servir la piété à justifier cette conduite, qu'on put qualifier de désobéissance et d'insulte : ils déclarèrent au conseil des Indes de Madrid qu'ils ne pouvaient recevoir un Espagnol dans leurs provinces, de peur que cet officier ne corrompît les mœurs des Paraguéens; et cette raison, si outrageante pour leur propre nation, fut admise par les rois d'Espagne, qui ne purent tirer aucun service des Paraguéens qu'à cette singulière condition, déshonorante pour une nation aussi fière et aussi fidèle que l'espagnole.

Voici la manière dont ce gouvernement unique sur la terre était administré. Le provincial jésuite, assisté de son conseil, rédigeait les lois; et chaque recteur, aidé d'un autre conseil, les faisait observer; un procureur fiscal, tiré du corps des habitants de chaque canton, avait sous lui un lieutenant. Ces deux officiers faisaient tous les jours la visite de leur district, et avertissaient le supérieur jésuite de tout ce qui se passait.

Toute la peuplade travaillait; et les ouvriers de chaque profession rassemblés faisaient leur ouvrage en commun, en présence de leurs surveillants, nommés par le fiscal.

---

1. Le P. de Charlevoix, *Histoire du Paraguay,* Paris, 1756, t. II, pp. 103-4 (la mission des deux curés), pp. 135-6 (le clergé convoqué par l'évêque de Buenos-Aires). Charlevoix ne fait pas mystère des conflits fréquents qui opposèrent les jésuites du Paraguay aux autorités civiles et à la hiérarchie épiscopale.

Les jésuites fournissaient le chanvre, le coton, la laine,
que les habitants mettaient en œuvre : ils fournissaient
de même les grains pour la semence, et on recueillait
en commun. Toute la récolte était déposée dans les
magasins publics. On distribuait à chaque famille ce
qui suffisait à ses besoins : le reste était vendu à Buenos-
Aires et au Pérou.

Ces peuples ont des troupeaux. Ils cultivent les blés,
les légumes, l'indigo, le coton, le chanvre, les cannes
de sucre, le jalap, l'ipécacuanha, et surtout la plante
qu'on nomme *herbe du Paraguay,* espèce de thé très recherché dans l'Amérique méridionale, et dont on fait un
trafic considérable. On rapporte en retour des espèces
et des denrées. Les jésuites distribuaient les denrées, et
faisaient servir l'argent et l'or à la décoration des églises
et aux besoins du gouvernement. Ils eurent un arsenal
dans chaque canton; on donnait à des jours marqués
des armes aux habitants. Un jésuite était préposé à
l'exercice; après quoi les armes étaient reportées dans
l'arsenal, et il n'était permis à aucun citoyen d'en garder
dans sa maison. Les mêmes principes qui ont fait de
ces peuples les sujets les plus soumis en ont fait de très
bons soldats; ils croient obéir et combattre par devoir.
On a eu plus d'une fois besoin de leurs secours contre
les Portugais du Brésil, contre des brigands à qui on
a donné le nom de *Mamelus,* et contre des sauvages
nommés *Mosquites,* qui étaient anthropophages. Les
jésuites les ont toujours conduits dans ces expéditions,
et ils ont toujours combattu avec ordre, avec courage,
et avec succès.

Lorsqu'en 1662 les Espagnols firent le siège de la
ville du Saint-Sacrement, dont les Portugais s'étaient
emparés, siège qui a causé des accidents si étranges,
un jésuite amena quatre mille Paraguéens, qui montèrent
à l'assaut et qui emportèrent la place. Je n'omettrai
point un trait qui montre que ces religieux, accoutumés
au commandement, en savaient plus que le gouverneur
de Buenos-Aires, qui était à la tête de l'armée. Ce général
voulut qu'en allant à l'assaut on plaçât des rangs de
chevaux au devant des soldats, afin que l'artillerie des
remparts ayant épuisé son feu sur les chevaux, les
soldats se présentassent avec moins de risque; le jésuite

montra le ridicule et le danger d'une telle entreprise, et il fit attaquer dans les règles.

La manière dont ces peuples ont combattu pour l'Espagne a fait voir qu'ils sauraient se défendre contre elle, et qu'il serait dangereux de vouloir changer leur gouvernement. Il est très vrai que les jésuites s'étaient formé dans le Paraguay un empire d'environ quatre cents lieues de circonférence, et qu'ils auraient pu l'étendre davantage.

Soumis dans tout ce qui est d'apparence au roi d'Espagne, ils étaient rois en effet, et peut-être les rois les mieux obéis de la terre. Ils ont été à la fois fondateurs, législateurs, pontifes, et souverains.

Un empire d'une constitution si étrange dans un autre hémisphère est l'effet le plus éloigné de sa cause qui ait jamais paru dans le monde. Nous voyons depuis long-temps des moines princes dans notre Europe; mais ils sont parvenus à ce degré de grandeur, opposé à leur état, par une marche naturelle; on leur a donné de grandes terres qui sont devenues des fiefs et des prin-cipautés comme d'autres terres. Mais dans le Paraguay on n'a rien donné aux jésuites, ils se sont faits souverains sans se dire seulement propriétaires d'une lieue de terrain, et tout a été leur ouvrage.

Ils ont enfin abusé de leur pouvoir, et l'ont perdu : lorsque l'Espagne a cédé au Portugal la ville du Saint-Sacrement et ses vastes dépendances, les jésuites ont osé s'opposer à cet accord; les peuples qu'ils gouvernent n'ont point voulu se soumettre à la domination portu-gaise, et ils ont résisté également à leurs anciens et à leurs nouveaux maîtres.

Si on en croit la *Relacion abreviada* [1], le général portu-

---

[1]. *Relation abrégée concernant la république que les religieux nommés jésuites, des provinces de Portugal et d'Espagne, ont établie dans les pays et domaines d'outremer de ces deux monarchies, et de la guerre qu'ils y ont excitée et soutenue contre les armées espagnoles et portugaises*, par S. J. de Carvalho, marquis de Pombal, 1758, texte portugais et trad. française en regard. Andrado écrit à Valderios, p. 12 : « Les pères de la compagnie sont les vrais rebelles ». L'attaque de la forteresse sur la rivière du Pardo est mentionnée pp. 13-4, mais non dans la lettre d'Andrado. P. 15 : les Indiens ont coupé la tête aux Portugais (il n'est pas précisé que ce sont des prison-

LES JÉSUITES CHASSÉS D'UNE MISSION
Charlevoix, *Histoire du Paraguay*, Paris, 1756

B. N. Imprimés

Cl. B. N.

gais d'Andrado écrivait, dès l'an 1750, au général espagnol Valderios : « Les jésuites sont les seuls rebelles. Leurs Indiens ont attaqué deux fois la forteresse portugaise du Pardo avec une artillerie très bien servie. » La même relation ajoute que ces Indiens ont coupé les têtes à leurs prisonniers, et les ont portées à leurs commandants jésuites. Si cette accusation est vraie, elle n'est guère vraisemblable.

Ce qui est plus sûr, c'est que leur province de Saint-Nicolas s'est soulevée en 1757, et a mis treize mille combattants en campagne, sous les ordres de deux jésuites, Lamp et Tadeo. C'est l'origine du bruit qui courut alors qu'un jésuite s'était fait roi du Paraguay sous le nom de *Nicolas Ier*.

Pendant que ces religieux faisaient la guerre en Amérique aux rois d'Espagne et de Portugal, ils étaient en Europe les confesseurs de ces princes. Mais enfin ils ont été accusés de rébellion et de parricide à Lisbonne : ils ont été chassés du Portugal en 1758 ; le gouvernement portugais en a purgé toutes ses colonies d'Amérique ; (✗) ils ont été chassés [a] de tous les États du roi d'Espagne, dans l'ancien et dans le nouveau monde ; les parlements de France les ont détruits par un arrêt ; le pape a éteint l'ordre par une bulle ; et la terre a appris enfin qu'on peut abolir tous les moines sans rien craindre.

---

niers), parce que les jésuites leur ont enseigné que faute de cette précaution les ennemis risquaient de ressusciter. La *Relation* ne dit pas que ces coupeurs de têtes aient porté leurs trophées à leurs commandants jésuites.

suy ← int.

CHAPITRE CLV

ÉTAT DE L'ASIE
AU TEMPS DES DÉCOUVERTES DES PORTUGAIS

Tandis que l'Espagne jouissait de la conquête de la moitié de l'Amérique, que le Portugal dominait sur les côtes de l'Afrique et de l'Asie, que le commerce de l'Europe prenait une face si nouvelle, et que le grand changement dans la religion chrétienne changeait les intérêts de tant de rois, il faut vous représenter dans quel état était le reste de notre ancien univers.

Nous avons laissé, vers la fin du XIIIe siècle, la race de Gengis souveraine dans la Chine, dans l'Inde, dans la Perse, et les Tartares portant la destruction jusqu'en Pologne et en Hongrie. La branche de cette famille victorieuse qui régna dans la Chine s'appelle *Yven*. On ne reconnaît point dans ce nom celui d'*Octaïkan,* ni celui de *Coblaï,* son frère, dont la race régna un siècle entier. Ces vainqueurs prirent avec un nom chinois les mœurs chinoises. Tous les usurpateurs veulent conserver par les lois ce qu'ils ont envahi par les armes. Sans cet intérêt si naturel de jouir paisiblement de ce qu'on a volé, il n'y aurait pas de société sur la terre. Les Tartares trouvèrent les lois des vaincus si belles, qu'ils s'y soumirent pour mieux s'affermir. Ils conservèrent surtout avec soin celle qui ordonne que personne ne soit ni gouverneur ni juge dans la province où il est né : loi admirable, et qui d'ailleurs convenait à des vainqueurs.

Cet ancien principe de morale et de politique, qui rend les pères si respectables aux enfants, et qui fait regarder l'empereur comme le père commun, accoutuma bientôt les Chinois à l'obéissance volontaire. La seconde génération oublia le sang que la première avait perdu. Il y eut neuf empereurs consécutifs de la même race tartare, sans que les annales chinoises fassent mention de la moindre tentative de chasser ces étrangers. Un des arrière-petits-fils de Gengis fut assassiné dans son palais ; mais il le fut par un Tartare, et son héritier naturel lui succéda sans aucun trouble.

Enfin ce qui avait perdu les califes, ce qui avait autrefois détrôné les rois de Perse et ceux d'Assyrie, renversa ces conquérants ; ils s'abandonnèrent à la mollesse. Le neuvième empereur du sang de Gengis, entouré de femmes et de prêtres lamas qui le gouvernaient tour à tour, excita le mépris, et réveilla le courage des peuples. Les bonzes, ennemis des lamas, furent les premiers auteurs de la révolution. Un aventurier qui avait été valet dans un couvent de bonzes, s'étant mis à la tête de quelques brigands, se fit déclarer chef de ceux que la cour appelait *les révoltés*. On voit vingt exemples pareils dans l'empire romain, et surtout dans celui des Grecs. La terre est un vaste théâtre où la même tragédie se joue sous des noms différents.

Cet aventurier chassa la race des Tartares en 1357, et commença la vingt et unième famille ou dynastie, nommée *Ming,* des empereurs chinois. Elle a régné deux cent soixante et seize ans ; mais enfin elle a succombé sous les descendants de ces mêmes Tartares qu'elle avait chassés. Il a toujours fallu qu'à la longue le peuple le plus instruit, le plus riche, le plus policé, ait cédé partout au peuple sauvage, pauvre et robuste. Il n'y a eu que l'artillerie perfectionnée qui ait pu enfin égaler les faibles aux forts, et contenir les barbares. Nous avons observé, au premier chapitre, que les Chinois ne faisaient point encore usage du canon, quoiqu'ils connussent la poudre depuis si longtemps.

Le restaurateur de l'empire chinois prit le nom de *Taitsoug* et rendit ce nom célèbre par les armes et par les lois. Une de ses premières attentions fut de réprimer les bonzes, qu'il connaissait d'autant mieux qu'il les avait servis. Il défendit qu'aucun Chinois n'embrassât la profession de bonze avant quarante ans, et porta la même loi pour les bonzesses. C'est ce que le tzar Pierre le Grand a fait de nos jours en Russie. Mais cet amour invincible de sa profession, et cet esprit qui anime tous les grands corps, ont fait triompher bientôt

les bonzes chinois et les moines russes d'une loi sage;
il a toujours été plus aisé dans tous les pays d'abolir
des coutumes invétérées que de les restreindre. (x) Nous A
avons déjà remarqué que le pape Léon Ier avait porté
cette même loi, que le fanatisme a toujours bravée.

Il paraît que Taitsoug, ce second fondateur de la
Chine, regardait la propagation comme le premier
des devoirs : car, en diminuant le nombre des bonzes,
dont la plupart n'étaient pas mariés, il eut soin d'exclure
de tous les emplois les eunuques, qui auparavant gouvernaient le palais et amollissaient la nation.

Quoique la race de Gengis eût été chassée de la
Chine, ces anciens vainqueurs étaient toujours très
redoutables. Un empereur chinois, nommé *Yng tsong,*
fut fait prisonnier par eux, et amené captif dans le fond
de la Tartarie, en 1444. L'empire chinois paya pour lui
une rançon immense. Ce prince reprit sa liberté, mais
non pas sa couronne; et il attendit paisiblement, pour
remonter sur le trône, la mort de son frère, qui régnait
pendant sa captivité.

L'intérieur de l'empire fut tranquille. L'histoire
rapporte qu'il ne fut troublé que par un bonze qui
voulut faire soulever les peuples, et qui eut la tête
tranchée.

La religion de l'empereur et des lettrés ne changea
point. On défendit seulement de rendre à Confutzée
les mêmes honneurs qu'on rendait à la mémoire des rois;
défense honteuse, puisque nul roi n'avait rendu tant de
services à la patrie que Confutzée; mais défense qui
prouve que Confutzée ne fut jamais adoré, et qu'il
n'entre point d'idolâtrie dans ces cérémonies dont les
Chinois honorent leurs aïeux et les mânes des grands
hommes. (x) Rien ne confond mieux les méprisables A
disputes que nous avons eues en Europe sur les rites
chinois.

Une étrange opinion régnait alors à la Chine : on
était persuadé qu'il y avait un secret pour rendre les
hommes immortels. Des charlatans qui ressemblaient
à nos alchimistes se vantaient de pouvoir composer
une liqueur qu'ils appelaient *le breuvage de l'immortalité.*
Ce fut le sujet de mille fables dont l'Asie fut inondée,
et qu'on a prises pour de l'histoire. On prétend que plus

d'un empereur chinois dépensa des sommes immenses pour cette recette; c'est comme si les Asiatiques croyaient que nos rois de l'Europe ont recherché sérieusement la *fontaine de Jouvence,* aussi connue dans nos anciens romans gaulois que la coupe d'immortalité dans les romans asiatiques.

Sous la dynastie Yven, c'est-à-dire sous la postérité de Gengis, et sous celle des restaurateurs, nommée Ming, les arts qui appartiennent à l'esprit et à l'imagination furent plus cultivés que jamais : ce n'était ni notre sorte d'esprit ni notre sorte d'imagination; cependant on retrouve dans leurs petits romans le même fond qui plaît à toutes les nations. Ce sont des malheurs imprévus, des avantages inespérés, des reconnaissances : on y trouve peu de ce fabuleux incroyable, tel que les métamorphoses inventées par les Grecs et embellies par Ovide, tel que les contes arabes et les fables du Boïardo et de l'Arioste. L'invention, dans les fables chinoises, s'éloigne rarement de la vraisemblance, et tend toujours à la morale.

La passion du théâtre devint universelle à la Chine depuis le XIVe siècle jusqu'à nos jours. Ils ne pouvaient avoir reçu cet art d'aucun peuple; ils ignoraient que la Grèce eût existé, et ni les mahométans, ni les Tartares, n'avaient pu leur communiquer les ouvrages grecs : ils inventèrent l'art; mais par la tragédie chinoise qu'on a traduite [1], on voit qu'ils ne l'ont pas perfectionné. Cette tragédie, intitulée *l'Orphelin de Tchao,* est du XIVe siècle; on nous la donne comme la meilleure qu'ils aient eue encore. Il est vrai qu'alors les ouvrages dramatiques étaient plus grossiers en Europe : à peine même cet art nous était-il connu. Notre caractère est de nous perfectionner, et celui des Chinois est, jusqu'à présent, de rester où ils sont parvenus. Peut-être cette tragédie est-elle dans le goût des premiers essais d'Es-

---

1. Voir R. Étiemble, *L'Orient philosophique,* t. III, p. 61 et suiv. : Du Halde publia dans sa *Description de la Chine,* t. III, pp. 339-366, *Tchao Chi Cou Ell ou le petit orphelin de la maison de Tchao, tragédie chinoise,* traduite par le P. Prémare, de Ki Kiun-Siang, dramaturge de l'époque mongole; de cette traduction V. tira son *Orphelin de la Chine* (1755).

chyle. Les Chinois, toujours supérieurs dans la morale, ont fait peu de progrès dans toutes les autres sciences : c'est sans doute que la nature, qui leur a donné un esprit droit et sage, leur a refusé la force de l'esprit.

Ils écrivent en général comme ils peignent, sans connaître les secrets de l'art : leurs tableaux jusqu'à présent sont destitués d'ordonnance, de perspective, de clair-obscur; leurs écrits se ressentent de la même faiblesse; mais il paraît qu'il règne dans leurs productions une médiocrité sage, une vérité simple qui ne tient rien du style ampoulé des autres Orientaux. Vous ne voyez dans ce que vous avez lu de leurs traités de morale aucune de ces paraboles étranges, et ces comparaisons gigantesques et forcées : ils parlent rarement en énigmes; c'est encore ce qui en fait dans l'Asie un peuple à part. Vous lisiez, il n'y a pas longtemps, des réflexions d'un sage chinois [1] sur la manière dont on peut se procurer la petite portion de bonheur dont la nature de l'homme est susceptible : ces réflexions sont précisément les mêmes que nous retrouvons dans la plupart de nos livres.

La théorie de la médecine n'est encore chez eux qu'ignorance et erreur : cependant les médecins chinois ont une pratique assez heureuse. La nature n'a pas permis que la vie des hommes dépendît de la physique. Les Grecs savaient saigner à propos, sans savoir que le sang circulât. L'expérience des remèdes et le bon sens ont établi la médecine pratique dans toute la terre : elle est partout un art conjectural qui aide quelquefois la nature, et quelquefois la détruit.

En général, l'esprit d'ordre, de modération, le goût des sciences, la culture de tous les arts utiles à la vie, un nombre prodigieux d'inventions qui rendaient ces arts plus faciles, composaient la sagesse chinoise. Cette sagesse avait poli les conquérants tartares, et les avait incorporés à la nation : c'est un avantage que les Grecs n'ont pu avoir sur les Turcs. Enfin les Chinois

---

1. Probablement dans Du Halde, *Description de la Chine*, t. II, p. 362 (résumé du « livre de Mencius »), et pp. 365-384, *passim*, les préceptes du « Siao Hio ou l'École des enfants ».

avaient chassé leurs maîtres, et les Grecs n'ont pas imaginé de secouer le joug de leurs vainqueurs.

Quand nous parlons de la sagesse qui a présidé quatre mille ans à la constitution de la Chine, nous ne prétendons pas parler de la populace; elle est [a] en tout pays uniquement occupée du travail des mains : l'esprit d'une nation réside toujours dans le petit nombre, qui fait travailler le grand, est nourri par lui, et le gouverne. Certainement cet esprit de la nation chinoise est le plus ancien monument de la raison qui soit sur la terre.

Ce gouvernement, quelque beau qu'il fût, était nécessairement infecté de grands abus attachés à la condition humaine, et surtout à un vaste empire. Le plus grand de ces abus, qui n'a été corrigé que dans ces derniers temps, était la coutume des pauvres d'exposer leurs enfants, dans l'espérance qu'ils seraient recueillis par les riches : il périssait ainsi beaucoup de sujets; l'extrême population empêchait le gouvernement de prévenir ces pertes. On regardait les hommes comme les fruits des arbres, dont on laisse périr sans regret une partie quand il en reste suffisamment pour la nourriture. Les conquérants tartares auraient pu fournir la subsistance à ces enfants abandonnés, et en faire des colonies qui auraient peuplé les déserts de la Tartarie. Ils n'y songèrent pas; et dans notre Occident, où nous avions un besoin plus pressant de réparer l'espèce humaine, nous n'avions pas encore remédié au même mal, quoiqu'il nous fût plus préjudiciable. Londres n'a d'hôpitaux pour les enfants trouvés que depuis quelques années. Il faut bien des siècles pour que la société humaine se perfectionne.

force > wisdom

CHAPITRE CLVI

DES TARTARES

Si les Chinois, deux fois subjugués, la première par Gengis-kan au XIIIe siècle, et la seconde dans le XVIIe, ont toujours été le premier peuple de l'Asie dans les arts et dans les lois, les Tartares l'ont été dans les armes. Il est humiliant pour la nature humaine que la force l'ait toujours emporté sur la sagesse, et que ces barbares aient subjugué presque tout notre hémisphère jusqu'au mont Atlas. Ils détruisirent l'empire romain au Ve siècle, et conquirent l'Espagne et tout ce que les Romains avaient eu en Afrique : nous les avons vus ensuite assujettir les califes de Babylone.

Mahmoud, qui sur la fin du Xe siècle conquit la Perse et l'Inde, était un Tartare : il n'est presque connu aujourd'hui des peuples occidentaux que par la réponse d'une pauvre femme qui lui demanda justice, dans les Indes, du meurtre de son fils, volé et assassiné dans la province d'Yrac en Perse. « Comment voulez-vous que je rende justice de si loin? dit le sultan. — Pourquoi donc nous avez-vous conquis, ne pouvant nous gouverner ? » répondit la mère.

Ce fut du fond de la Tartarie que partit Gengis-kan, à la fin du XIIe siècle, pour conquérir l'Inde, la Chine, la Perse, et la Russie. Batou-kan, l'un de ses enfants, ravagea jusqu'aux frontières de l'Allemagne. Il ne reste aujourd'hui du vaste empire de Capshac, partage de Batou-kan, que la Crimée possédée par ses descendants, sous la protection des Turcs.

Tamerlan, qui subjugua une si grande partie de l'Asie, était un Tartare, et même de la race de Gengis.

Ussum Cassan, qui régna en Perse, était aussi né dans la Tartarie.

Enfin si vous regardez d'où sont sortis les Ottomans, vous les verrez partir du bord oriental de la mer Caspienne pour venir mettre sous le joug l'Asie Mineure, l'Arabie, l'Égypte, Constantinople, et la Grèce.

Voyons ce qui restait dans ces vastes déserts de la Tartarie, au XVIe siècle, après tant d'émigrations de conquérants. Au nord de la Chine étaient ces mêmes Monguls et ces Mantchoux qui la conquirent sous Gengis, et qui l'ont encore reprise il y a un siècle. Ils étaient alors de la religion dont le *dalaï-lama* est le chef dans le petit Thibet. Leurs déserts confinent aux déserts de la Russie : de là jusqu'à la mer Caspienne habitent les Elhuts, les Calcas, les Calmouks, et cent hordes de Tartares vagabonds. Les Usbecs étaient et sont encore dans le pays de Samarcande; ils vivent tous pauvrement, et savent seulement qu'il est sorti de chez eux des essaims qui ont conquis les plus riches pays de la terre.

CHAPITRE CLVII

Du Mogol

La race de Tamerlan régnait dans le Mogol : ce royaume de l'Inde n'avait pas été tout à fait soumis par Tamerlan. Les enfants de ce conquérant se firent la guerre pour le partage de ses États, comme les successeurs d'Alexandre; et l'Inde fut très malheureuse. Ce pays, où la nature du climat inspire la mollesse, résista faiblement à la postérité de ses vainqueurs. Le sultan Babar, arrière-petit-fils de Tamerlan, se rendit absolument le maître de tout le pays qui s'étend depuis Samarcande jusqu'auprès d'Agra.

Quatre nations principales étaient alors établies dans l'Inde : les mahométans arabes, nommés *Patanes,* qui avaient conservé quelques pays depuis le xᵉ siècle; les anciens Parsis ou Guèbres, réfugiés du temps d'Omar; les Tartares de Gengis et de Tamerlan; enfin les vrais Indiens, en plusieurs tribus ou castes.

Les musulmans Patanes étaient encore les plus puissants, puisque vers l'an 1530 un musulman, nommé Chircha, dépouilla le sultan Amayum, fils de ce Babar, et le contraignit de se réfugier en Perse. L'empereur turc Soliman, l'ennemi naturel des Persans, protégea l'usurpateur mahométan contre la race des usurpateurs tartares que les Persans secouraient. Le vainqueur de Rhodes tint la balance dans l'Inde, et, tant que Soliman vécut, Chircha régna heureusement : c'est lui qui rendit la religion des Osmanlis dominante dans le Mogol. On voit encore les beaux chemins ombragés d'arbres, les caravansérails, et les bains qu'il fit construire pour les voyageurs.

Amayum ne put rentrer dans l'Inde qu'après la mort de Soliman et de Chircha. Une armée de Persans le remit sur le trône. Ainsi les Indiens ont toujours été subjugués par des étrangers.

Le petit royaume de Guzarate, près de Surate, demeurait encore soumis aux anciens Arabes de l'Inde; c'est presque tout ce qui restait dans l'Asie à ces vainqueurs de tant d'États, que vous avez vus tout conquérir depuis la Perse jusqu'aux provinces méridionales de la France. Ils furent obligés alors d'implorer le secours des Portugais contre Akebar, fils d'Amayum, et les Portugais ne purent les empêcher de succomber.

Il y avait encore vers Agra un prince qui se disait descendant de Por, que Quinte-Curce a rendu si célèbre sous le nom de Porus[1]. Akebar le vainquit, et ne lui rendit pas son royaume; mais il fit dans l'Inde plus de bien qu'Alexandre n'eut le temps d'en faire. Ses fondations sont immenses, et l'on admire toujours le grand chemin bordé d'arbres l'espace de cent cinquante lieues, depuis Agra jusqu'à Lahor, célèbre ouvrage de ce conquérant embelli encore par son fils Geanguir.

La presqu'île de l'Inde deçà le Gange n'était pas encore entamée, et si elle avait connu des vainqueurs sur ses côtes, c'étaient des Portugais. Le vice-roi qui résidait à Goa égalait alors le Grand Mogol en magnificence et en faste, et le passait beaucoup en puissance maritime : il donnait cinq gouvernements, ceux de Mozambique, de Malacca, de Mascate, d'Ormus, de Ceylan. Les Portugais étaient les maîtres du commerce de Surate, et les peuples du Grand Mogol recevaient d'eux toutes les denrées précieuses des îles. L'Amérique, pendant quarante ans, ne valut pas davantage aux Espagnols, et quand Philippe II s'empara du Portugal en 1580, il se trouva maître tout d'un coup des principales richesses des deux mondes, sans avoir eu la moindre part à leur découverte. Le Grand Mogol n'était pas alors comparable à un roi d'Espagne.

Nous n'avons pas tant de connaissance de cet empire que de celui de la Chine : les fréquentes révolutions depuis Tamerlan en sont cause, et on n'y a pas envoyé

---

1. Herbelot, *Bibl. orient.*, art. *Pour ou Por.*

de si bons observateurs que ceux par qui la Chine nous est connue.

Ceux qui ont recueilli les relations de l'Inde nous ont donné souvent des déclamations contradictoires. Le P. Catrou [1] nous dit que « le Mogol s'est retenu en propre toutes les terres de l'empire »; et, dans la même page, il nous dit que « les enfants des rayas succèdent aux terres de leurs pères ». Il assure que « tous les grands sont esclaves », et il dit que « plusieurs de ces esclaves ont jusqu'à vingt à trente mille soldats; qu'il n'y a de loi que la volonté du Mogol, et qu'on n'a point cependant touché aux droits des peuples ». Il est difficile de concilier ces notions.

Tavernier [2] parle plus aux marchands qu'aux philosophes, et ne donne guère d'instructions que pour connaître les grandes routes et pour acheter des diamants.

Bernier est un philosophe; mais il n'emploie pas sa philosophie à s'instruire à fond du gouvernement. Il dit, comme les autres, que toutes les terres appartiennent à l'empereur [3]. C'est ce qui a besoin d'explication. Donner des terres et en jouir sont deux choses absolument différentes. Les rois européens, qui donnent tous les bénéfices ecclésiastiques, ne les possèdent pas. L'empereur, dont le droit est de conférer tous les fiefs

1. *Histoire générale de l'empire du Mogol,* Paris, 1705, *FL.* La première phrase citée se lit textuellement p. 49, et, même page : « les enfants de rajas succèdent à leurs pères dans l'espèce de souveraineté qu'on leur a conservée ». P. 50 : « Un gouvernement où l'autorité du prince est si absolue et si bien conservée sans toucher cependant aux anciens droits des premiers habitants du pays... » P. 267 : « Il n'y a qu'un seul maître dans l'Indoustan. Tout le reste doit plutôt être regardé comme des esclaves que comme des sujets. » P. 253 : le rajah de Rator met en ligne 20 000 cavaliers, un autre 40 000, d'autres plus de 25 000.

2. *Six voyages en Turquie, en Perse et aux Indes,* Paris, 1679, *FL* : appréciation qui vaut pour la 1re partie et les livres I-II de la 2e; mais le livre III traite de la religion aux Indes, et V. l'a utilisé (marques).

3. *Suite des mémoires de l'empire du grand Mogol,* Paris, 1671, *FL,* t. III, p. 139 : « Les sujets d'un royaume n'ont aucune terre en propre ».

d'Allemagne et d'Italie, quand ils vaquent faute d'héritiers, ne recueille pas les fruits de ces terres. (x) Le D padisha des Turcs, qui règne à Constantinople, donne aussi des fiefs à ses janissaires et à ses spahis; il ne les prend pas pour lui-même.

Bernier n'a pas cru qu'on abuserait de ses expressions jusqu'au point de penser que tous les Indiens labourent, sèment, bâtissent, travaillent pour un Tartare. Ce Tartare, d'ailleurs, est absolu sur les sujets de son domaine, et a très peu de pouvoir sur les vice-rois, qui sont assez puissants pour lui désobéir.

Il n'y a dans l'Inde, dit Bernier, que des grands seigneurs et des misérables. Comment accorder cette idée avec l'opulence de ces marchands que Tavernier dit riches de tant de millions?

Quoi qu'il en soit, les Indiens n'étaient plus ce peuple supérieur chez qui les anciens Grecs voyagèrent pour s'instruire. Il ne resta plus chez ces Indiens que de la superstition, qui redoubla même par leur asservissement, comme celle des Égyptiens n'en devint que plus forte quand les Romains les soumirent.

Les eaux du Gange avaient de tout temps la réputation de purifier les âmes. L'ancienne coutume de se plonger dans les fleuves au moment d'une éclipse n'a pu encore être abolie; et, quoiqu'il y eût des astronomes indiens qui sussent calculer les éclipses, les peuples n'en étaient pas moins persuadés que le soleil tombait dans la gueule d'un dragon, et qu'on ne pouvait le délivrer qu'en se mettant tout nu dans l'eau, et en faisant un grand bruit qui épouvantait le dragon et lui faisait lâcher prise. (x) Cette idée, si commune parmi les peuples A orientaux, est une preuve évidente de l'abus que les peuples ont toujours fait en physique, comme en religion, des signes établis par les premiers philosophes. De tout temps les astronomes marquèrent les deux points d'intersection où se font les éclipses, qu'on appelle *les nœuds de la lune,* l'un par une tête de dragon, l'autre par une queue. Le peuple, également ignorant dans tous les pays du monde, prit le signe pour la chose même. Le soleil est dans la tête du dragon, disaient les astronomes. Le dragon va dévorer le soleil, disait le peuple, et surtout le peuple astrologue. Nous insultons à la crédulité des Indiens, et nous ne songeons pas qu'il se vend en Europe, tous les ans, plus de trois cent mille exemplaires d'almanachs, remplis d'observations non moins fausses, et d'idées non moins absurdes. Il vaut autant dire que le soleil et la lune sont entre les griffes d'un dragon que d'imprimer tous les ans qu'on ne doit ni planter, ni semer, ni prendre médecine, ni se faire saigner, que certains jours de la lune. Il serait temps que dans un siècle comme le nôtre on daignât faire, à l'usage des cultivateurs, un calendrier utile, qui les instruisît et qui ne les trompât plus.

L'école des anciens gymnosophistes subsistait encore dans la grande ville de Bénarès, sur les rives du Gange. Les bramins y cultivaient la langue sacrée, qu'on appelle le *hanscrit,* qu'ils regardent comme la plus ancienne de tout l'Orient. Ils admettent des génies, comme les premiers Persans. Ils enseignent à leurs disciples que toutes les idoles ne sont faites que pour fixer l'attention des peuples, et ne sont que des emblèmes divers d'un seul Dieu; mais ils cachent au peuple cette théologie sage qui ne leur produirait rien, et l'abandonnent à des erreurs qui leur sont utiles. Il semble que, dans les climats méridionaux, la chaleur du climat dispose plus ses hommes à la superstition et à l'enthousiasme qu'ailleurs. On a vu souvent des Indiens dévots se précipiter à l'envi sous les roues du char qui portait l'idole Jaganat, et se faire briser les os par piété. La superstition populaire réunissait tous les contraires : on voyait, d'un côté, les prêtres de l'idole Jaganat amener tous les ans une fille à leur dieu pour être honorée du titre de son épouse, comme on en présentait une quelquefois en Égypte au dieu Anubis; de l'autre côté, on conduisait au bûcher de jeunes veuves, qui se jetaient en chantant et en dansant dans les flammes sur les corps de leurs maris.

On raconte * qu'en 1642, un raya ayant été assassiné

---

* *Lettres curieuses et édifiantes.* Tome XIII [1].

1. L'appel de la note a été mal placé, car le t. XIII des *Lettres édifiantes* ne parle pas de Sha-Géan et de ses femmes. Mais on y trouve les épisodes ajoutés dans *A* : quarante femmes se brû-

à la cour de Sha-Géan, treize femmes de ce raya accoururent incontinent, et se jetèrent toutes dans le bûcher de leur maître. (x) Un missionnaire très croyable assure A qu'en 1710, quarante femmes du prince de Marava se précipitèrent dans un bûcher allumé sur le cadavre de ce prince. Il dit qu'en 1717, deux princes de ce pays étant morts, dix-sept femmes de l'un, et treize de l'autre, se dévouèrent à la mort de la même manière, et que la dernière, étant enceinte, attendit qu'elle eût accouché, et se jeta dans les flammes après la naissance de son fils. Ce même missionnaire dit que ces exemples sont plus fréquents dans les premières castes que dans celles du peuple; et plusieurs missionnaires le confirment. Il semble que ce dût être tout le contraire. Les femmes des grands devraient tenir plus à la vie que celles des artisans et des hommes qui mènent une vie pénible; mais on a malheureusement attaché de la gloire à ces dévouements. Les femmes d'un ordre supérieur sont plus sensibles à cette gloire; et les bramins *, qui recueillent toujours quelques dépouilles de ces victimes, ont plus d'intérêt à séduire les riches.

Un nombre prodigieux de faits de cette nature ne peut laisser douter que cette coutume ne fût en vigueur dans le Mogol, comme elle y est encore dans toute la presqu'île jusqu'au cap de Comorin. Une résolution si désespérée dans un sexe si timide nous étonne; mais la superstition inspire partout une force surnaturelle **.

---

lant sur le corps du prince de Marava (p. 24), les femmes des deux princes se sacrifiant (p. 30, sig. an. V. : « reine qui se brûle »).

* Voyez le chapitre de l'*Ézour-Veidam*.   A

** Voyez les étonnantes singularités de l'Inde à la fin des C chapitres concernant le siècle de Louis XIV, et les événements malheureux arrivés dans l'Inde sous le règne de son successeur.

CHAPITRE CLVIII

La Perse éprouvait alors une révolution à peu près semblable à celle que le changement de religion fit en Europe.

Un Persan nommé Eidar, qui n'est connu de nous que sous le nom de Sophi, c'est-à-dire *sage,* et qui, outre cette sagesse, avait des terres considérables, forma sur la fin du XVᵉ siècle la secte qui divise aujourd'hui les Persans et les Turcs.

Pendant le règne du Tartare Ussum Cassan, une partie de la Perse, flattée d'opposer un culte nouveau à celui des Turcs, de mettre Ali au-dessus d'Omar, et de pouvoir aller en pèlerinage ailleurs qu'à la Mecque, embrassa avidement les dogmes du sophi. Les semences de ces dogmes étaient jetées depuis longtemps : il les fit éclore, et donna la forme à ce schisme politique et religieux, qui paraît aujourd'hui nécessaire entre deux grands empires voisins, jaloux l'un de l'autre. Ni les Turcs ni les Persans n'avaient aucune raison de reconnaître Omar ou Ali pour successeurs légitimes de Mahomet. Les droits de ces Arabes qu'ils avaient chassés devaient peu leur importer ; mais il importait aux Persans que le siège de leur religion ne fût pas chez les Turcs.

Le peuple persan avait toujours compté parmi ses griefs contre le peuple turc le meurtre d'Ali, quoique Ali n'eût point été assassiné par la nation turque, qu'on ne connaissait point alors ; mais c'est ainsi que le peuple raisonne. Il est même surprenant qu'on n'eût pas profité plus tôt de cette antipathie pour établir une secte nouvelle.

Le sophi dogmatisait donc pour l'intérêt de la Perse; mais il dogmatisait aussi pour le sien propre. Il se rendit trop considérable. Le Sha-Rustan, usurpateur de la Perse, le craignit. Enfin ce réformateur eut la destinée à laquelle Luther et Calvin ont échappé. Rustan le fit assassiner en 1499.

Ismaël, fils de Sophi, fut assez courageux et assez puissant pour soutenir, les armes à la main, les opinions de son père; ses disciples devinrent des soldats.

Il convertit et conquit l'Arménie, ce royaume si fameux autrefois sous Tigrane, et qui l'est si peu depuis ce temps-là. On y distingue à peine les ruines de Tigranocerte. Le pays est pauvre; il y a beaucoup de chrétiens grecs qui subsistent du négoce qu'ils font en Perse et dans le reste de l'Asie; mais il ne faut pas croire que cette province nourrisse quinze cent mille familles chrétiennes, comme le disent des relations. Cette multitude irait à cinq ou six millions d'habitants, et le pays n'en a pas le tiers. Ismaël Sophi, maître de l'Arménie, subjugua la Perse entière et jusqu'aux Tartares de Samarcande. Il combattit le sultan des Turcs Sélim Iᵉʳ avec avantage, et laissa à son fils Thamas la Perse puissante et paisible.

C'est ce même Thamas qui repoussa enfin Soliman, après avoir été sur le point de perdre sa couronne. Ses descendants ont régné paisiblement en Perse jusqu'aux révolutions qui, de nos jours, ont désolé cet empire.

La Perse devint, sur la fin du xvɪᵉ siècle, un des plus florissants et des plus heureux pays du monde, sous le règne du grand Sha Abbas, arrière-petit-fils d'Ismaël Sophi. Il n'y a guère d'États qui n'aient eu un temps de grandeur et d'éclat, après lequel ils dégénèrent.

Les usages, les mœurs, l'esprit de la Perse, sont aussi étrangers pour nous que ceux de tous les peuples qui ont passé sous vos yeux. Le voyageur Chardin [1] prétend que l'empereur de Perse est moins absolu que celui de Turquie; mais il ne paraît pas que le sophi dépende

---

1. *Voyages en Perse...*, t. II, p. 211, sig., il dit exactement le contraire : « Il s'en faut beaucoup que le Grand-Seigneur ne soit aussi absolu que l'est le roi de Perse. »

d'une milice comme le Grand Seigneur. Chardin avoue [1]
du moins que toutes les terres en Perse n'appartiennent
pas à un seul homme : les citoyens y jouissent de leurs
possessions, et paient à l'État une taxe qui ne va pas
à un écu par an. Point de grands ni de petits fiefs, comme
dans l'Inde, et dans la Turquie, subjuguées par les
Tartares. Ismaël Sophi, restaurateur de cet empire,
n'étant point Tartare, mais Arménien, avait suivi le
droit naturel établi dans son pays, et non pas le droit
de conquête et de brigandage.

Le sérail d'Ispahan passait pour moins cruel que celui
de Constantinople. La jalousie du trône portait souvent
les sultans turcs à faire étrangler leurs parents. Les
sophis se contentaient d'arracher les prunelles des princes
de leur sang. A la Chine, on n'a jamais imaginé que la
sûreté du trône exigeât de tuer ou d'aveugler ses frères
et ses neveux. On leur laissait toujours des honneurs
sans autorité. Tout prouve que les mœurs chinoises
étaient les plus humaines et les plus sages de l'Orient.

Les rois de Perse ont conservé la coutume de recevoir
des présents de leurs sujets. Cet usage est établi au Mogol
et en Turquie; il l'a été en Pologne, et c'est le
seul royaume où il semblait raisonnable : car les rois
de Pologne, n'ayant qu'un très faible revenu, avaient
besoin de ces secours. Mais le Grand Seigneur surtout,
et le Grand Mogol, possesseurs de trésors immenses,
ne devaient se montrer que pour donner. C'est s'abaisser que de recevoir, et de cet abaissement ils font un
titre de grandeur. Les empereurs de la Chine n'ont
jamais avili ainsi leur dignité. Chardin prétend que les
étrennes du roi de Perse lui valaient cinq ou six de nos
millions.

Ce que la Perse a toujours eu de commun avec la
Chine et la Turquie, c'est de ne pas connaître la noblesse :
il n'y a dans ces vastes États d'autre noblesse que celle
des emplois; et les hommes qui ne sont rien n'y peuvent
tirer avantage de ce qu'ont été leurs pères.

Dans la Perse, comme dans toute l'Asie, la justice
a toujours été rendue sommairement; on n'y a jamais

---

1. *Ibid.*, t. II, p. 244.

connu ni les avocats, ni les procédures; on plaide sa cause soi-même, et la maxime qu'une courte injustice est plus supportable qu'une justice longue et épineuse a prévalu chez tous ces peuples qui, policés longtemps avant nous, ont été moins raffinés en tout que nous ne le sommes.

La religion mahométane d'Ali, dominante en Perse, permettait un libre exercice à toutes les autres. Il y avait encore dans Ispahan des restes d'anciens Perses ignicoles, qui ne furent chassés de la capitale que sous le règne de Sha-Abbas. Ils étaient répandus sur les frontières, et particulièrement dans l'ancienne Assyrie, partie de l'Arménie haute où réside encore leur grand-prêtre. Plusieurs familles de ces dix tribus et demie, de ces Juifs samaritains transportés par Salmanazar du temps d'Osée, subsistaient encore en Perse; et il y avait, au temps dont je parle, près de dix mille familles des tribus de Juda, de Lévi, et de Benjamin, emmenées de Jérusalem avec Sédécias leur roi par Nabuchodonosor, et qui ne revinrent point avec Esdras et Néhémie.

Quelques sabéens disciples de saint Jean Baptiste, desquels on a déjà parlé, étaient répandus vers le golfe Persique. Les chrétiens arméniens du rite grec faisaient le plus grand nombre; les nestoriens composaient le plus petit; les Indiens de la religion des bramins remplissaient Ispahan; on en comptait plus de vingt mille. La plupart étaient de ces banians qui, du cap de Comorin jusqu'à la mer Caspienne, vont trafiquer avec vingt nations, sans s'être jamais mêlés à aucune.

Enfin toutes ces religions étaient vues de bon œil en Perse, excepté la secte d'Omar, qui était celle de leurs ennemis. C'est ainsi que le gouvernement d'Angleterre admet toutes les sectes, et tolère à peine le catholicisme, qu'il redoute.

L'empire persan craignait avec raison la Turquie, à laquelle il n'est comparable ni par la population, ni par l'étendue. La terre n'y est pas si fertile, et la mer lui manquait. Le port d'Ormus ne lui appartenait point alors. Les Portugais s'en étaient emparés en 1507. Une petite nation européenne dominait sur le golfe Persique, et fermait le commerce maritime à toute la Perse. Il a fallu que le grand Sha-Abbas, tout-puissant qu'il était, ait eu recours aux Anglais pour chasser les Portugais en 1622. Les peuples d'Europe ont fait par leur marine le destin de toutes les côtes où ils ont abordé.

Si le terroir de la Perse n'est pas si fertile que celui de la Turquie, les peuples y sont plus industrieux : ils cultivent plus les sciences; mais leurs sciences ne mériteraient pas ce nom parmi nous. Si les missionnaires européens ont étonné la Chine par le peu de physique et de mathématiques qu'ils savaient, ils n'auraient pas moins étonné les Persans.

Leur langue est belle, et depuis six cents ans elle n'a point été altérée. Leurs poésies sont nobles, leurs fables ingénieuses; mais s'ils savent un peu plus de géométrie que les Chinois, ils n'ont pas beaucoup avancé au delà des éléments d'Euclide. Ils ne connaissent d'astronomie que celle de Ptolémée, et cette astronomie n'est encore chez eux que ce qu'elle été a si longtemps en Europe, un chemin pour parvenir à l'astrologie judiciaire. Tout se réglait en Perse par les influences des astres, comme chez les anciens Romains par le vol des oiseaux et l'appétit des poulets sacrés. Chardin [1] prétend que, de son temps, l'État dépensait quatre millions par an en astrologues. Si un Newton, un Halley, un Cassini, se fussent produits en Perse, ils auraient été négligés, à moins qu'ils n'eussent voulu prédire.

Leur médecine était, comme celle de tous les peuples ignorants, une pratique d'expérience réduite en préceptes, sans aucune connaissance de l'anatomie. Cette science avait péri avec les autres; mais elle renaissait avec elles en Europe, au commencement du XVIe siècle, par les découvertes de Vésale et par le génie de Fernel.

Enfin, de quelque peuple policé de l'Asie que nous parlions, nous pouvons dire de lui : « Il nous a précédés, et nous l'avons surpassé. »

---

1. *Voyages en Perse...*, t. II, p. 117, sig.

CHAPITRE CLIX

Le temps de la grandeur et des progrès des Ottomans fut plus long que celui des sophis, car depuis Amurat II ce ne fut qu'un enchaînement de victoires.

Mahomet II avait conquis assez d'États pour que sa race se contentât d'un tel héritage ; mais Sélim Ier y ajouta de nouvelles conquêtes. Il prit, en 1515, la Syrie et la Mésopotamie, et entreprit de soumettre l'Égypte. C'eût été une entreprise aisée, s'il n'avait eu que des Égyptiens à combattre ; mais l'Égypte était gouvernée et défendue par une milice formidable d'étrangers, semblable à celle des janissaires. C'étaient des Circasses venus encore de la Tartarie : on les appelait *Mameluks*, qui signifie esclaves ; soit qu'en effet le premier soudan d'Égypte qui les employa les eût achetés comme esclaves, soit plutôt que ce fût un nom qui les attachât de plus près à la personne du souverain, ce qui est bien plus vraisemblable. En effet, la manière figurée dont on parle chez tous les Orientaux y a toujours introduit chez les princes les titres les plus ridiculement pompeux, et chez leurs serviteurs les noms les plus humbles. Les bachas du Grand Seigneur s'intitulent ses esclaves ; et Thamas Kouli-kan, qui de nos jours a fait crever les yeux à Thamas son maître, ne s'appelait que son esclave, comme ce mot même de *kouli* le témoigne.

Ces mameluks étaient les maîtres de l'Égypte depuis nos dernières croisades. Ils avaient vaincu et pris le malheureux saint Louis. Ils établirent depuis ce temps un gouvernement qui n'est pas différent de celui d'Alger. Un roi et vingt-quatre gouverneurs de provinces étaient choisis entre ces soldats. La mollesse du climat n'affaiblit point cette race guerrière, parce qu'elle se renouvelait tous les ans par l'affluence des autres Circasses appelés sans cesse pour remplir ce corps de vainqueurs toujours subsistant. L'Égypte fut ainsi gouvernée pendant près de trois cents années.

Il se présente ici un champ bien vaste pour les conjectures historiques. Nous voyons l'Égypte longtemps subjuguée par les peuples de l'ancienne Colchide, habitants de ces pays barbares qui sont aujourd'hui la Géorgie, la Circassie et la Mingrélie. Il faut bien que ces peuples aient été autrefois plus recommandables qu'aujourd'hui, puisque le premier voyage des Grecs à Colchos est une des grandes époques de la Grèce. Il est indubitable que les usages et les mœurs de la Colchide tenaient beaucoup à ceux de l'Égypte; ils avaient pris des prêtres égyptiens jusqu'à la circoncision. Hérodote [1], qui avait voyagé en Égypte et en Colchide, et qui parlait à des Grecs instruits, ne nous laisse aucun lieu de douter de cette conformité; il est fidèle et exact sur tout ce qu'il a vu; mais on l'accuse de s'être trompé sur tout ce qu'on lui a dit. Les prêtres d'Égypte lui ont confirmé qu'autrefois le roi Sésostris étant sorti de son pays dans le dessein de conquérir toute la terre, il n'avait pas manqué d'envelopper la Colchide dans ses conquêtes, et que c'était depuis ce temps-là que l'usage de la circoncision s'était conservé à Colchos.

Premièrement, le dessein de conquérir toute la terre est une idée romanesque qui ne peut tomber dans la tête d'un homme de sens rassis. On fait d'abord la guerre à son voisin, pour augmenter ses États par le brigandage, on peut ensuite pousser ses conquêtes de proche en proche, quand on y trouve quelque facilité : c'est la marche de tous les conquérants.

Secondement, il n'est guère vraisemblable qu'un roi de la fertile Égypte soit allé perdre son temps à conquérir les contrées affreuses du Caucase, habitées par les plus robustes des hommes, aussi belliqueux que pauvres, et dont une centaine aurait pu arrêter à chaque pas les plus nombreuses armées des mous et faibles Égyptiens :

---

1. *Histoires,* t. I, pp. 285-6. V. a déjà discuté ce point, t. I, p. 74.

c'est à peu près comme si l'on disait qu'un roi de Babylone était parti de la Mésopotamie pour aller conquérir
la Suisse.

Ce sont les peuples pauvres, nourris dans des pays
âpres et stériles, vivant de leur chasse, et féroces comme
les animaux de leur pays, qui désertent ces pays sauvages
pour aller attaquer les nations opulentes; et ce ne sont
pas ces nations opulentes qui sortent de leurs demeures
agréables pour aller chercher des contrées incultes.

Les féroces habitants du Nord ont fait dans tous les
temps des irruptions dans les contrées du Midi. Vous
voyez que les peuples de Colchos ont subjugué trois
cents ans l'Égypte, à commencer du temps de saint
Louis. Vous voyez dans tous les temps connus que
l'Égypte fut toujours conquise par quiconque voulut
l'attaquer. Il est donc bien probable que les barbares
du Caucase avaient asservi les bords du Nil; mais il
ne l'est point que Sésostris se soit emparé du Caucase.

Troisièmement, pourquoi, de tous les peuples que
les prêtres égyptiens disaient avoir été vaincus par leur
Sésostris, les Colchidiens avaient-ils seuls reçu la circoncision? Il fallait passer par la Grèce ou par l'Asie
Mineure pour arriver au pays de Médée. Les Grecs,
grands imitateurs, auraient dû se faire circoncire les
premiers. Sésostris aurait eu plus de soin de dominer
dans le beau pays de la Grèce, et d'y imposer ses lois,
que d'aller faire couper les prépuces des Colchidiens.
Il est bien plus dans l'ordre commun des choses que ce
soient les Scythes, habitants des bords du Phase et de
l'Araxe, toujours affamés et toujours conquérants,
qui tombèrent sur l'Asie Mineure, sur la Syrie,
sur l'Égypte, et qui, s'étant établis à Thèbes et à Memphis dans ces temps reculés, comme ils s'y sont établis
du temps de saint Louis, aient ensuite rapporté dans leur
patrie quelques rites religieux et quelques usages de
l'Égypte.

C'est au lecteur intelligent à peser toutes ces raisons.
L'ancienne histoire ne présente chez toutes les nations
de la terre que des doutes et des conjectures.

Toman-Bey fut le dernier roi mameluk; il n'est célèbre
que par cette époque, et par le malheur qu'il eut de
tomber entre les mains de Sélim; mais il mérite d'être

connu par une singularité qui nous paraît étrange, et qui ne l'était pas chez les Orientaux : c'est que le vainqueur lui confia le gouvernement de l'Égypte, qu'il lui avait enlevée.

Toman-Bey, de roi devenu bacha, eut le sort des bachas ; il fut étranglé après quelques mois de gouvernement.

Depuis ce temps le peuple de l'Égypte fut enseveli dans le plus honteux avilissement ; cette nation, qu'on dit avoir été si guerrière du temps de Sésostris, est devenue plus pusillanime que du temps de Cléopâtre. On nous dit qu'elle inventa les sciences, et elle n'en cultive pas une ; qu'elle était sérieuse et grave, et aujourd'hui on la voit, légère et gaie, danser et chanter dans la pauvreté et dans l'esclavage : cette multitude d'habitants, qu'on disait innombrable, se réduit à trois millions tout au plus. Il ne s'est pas fait un plus grand changement dans Rome et dans Athènes ; c'est une preuve sans réplique que si le climat influe sur le caractère des hommes, le gouvernement a bien plus d'influence encore que le climat.

Soliman, fils de Sélim, fut toujours un ennemi formidable aux chrétiens et aux Persans. Il prit Rhodes (1521), et, quelques années après (1526), la plus grande partie de la Hongrie. La Moldavie et la Valachie (1529) devinrent de véritables fiefs de son empire. Il mit le siège devant Vienne, et, ayant manqué cette entreprise, il tourna ses armes contre la Perse ; et, plus heureux sur l'Euphrate que sur le Danube, il s'empara de Bagdad comme son père, sur lequel les Persans l'avaient repris. Il soumit la Géorgie, qui est l'ancienne Ibérie. Ses armes victorieuses se portaient de tous côtés, car son amiral Cheredin Barberousse, après avoir ravagé la Pouille, alla, dans la mer Rouge, s'emparer du royaume d'Yémen, qui est plutôt un pays de l'Inde que de l'Arabie. Plus guerrier que Charles-Quint, il lui ressembla par des voyages continuels. C'est le premier des empereurs ottomans qui ait été l'allié des Français, et cette alliance a toujours subsisté. Il mourut en assiégeant, en Hongrie, la ville de Zigeth, et la victoire l'accompagna jusque dans les bras de la mort ; à peine eut-il expiré que la ville fut prise d'assaut. Son empire s'étendait d'Alger à l'Euphrate, et du fond de la mer Noire au fond de la Grèce et de l'Épire.

Sélim II, son successeur, prit sur les Vénitiens l'île de Chypre par ses lieutenants (1571). Comment tous nos historiens peuvent-ils nous répéter qu'il n'entreprit cette conquête que pour boire le vin de Malvoisie de cette île, et pour la donner à un Juif? Il s'en empara par le droit de convenance. Chypre devenait nécessaire aux possesseurs de la Natolie [1], et jamais empereur ne fera la conquête d'un royaume ni pour un Juif, ni pour du vin. Un Hébreu, nommé Méquinès, donna quelques ouvertures pour cette conquête, et les vaincus mêlèrent à cette vérité des fables que les vainqueurs ignorent.

Après avoir laissé les Turcs s'emparer des plus beaux climats de l'Europe, de l'Asie et de l'Afrique, nous contribuâmes à les enrichir. Venise trafiquait avec eux dans le même temps qu'ils lui enlevaient l'île de Chypre, et qu'ils faisaient écorcher vif le sénateur Bragadino, gouverneur de Famagouste. Gênes, Florence, Marseille, se disputaient le commerce de Constantinople. Ces villes payaient en argent les soies et les autres denrées de l'Asie. Les négociants chrétiens s'enrichissaient de ce commerce, mais c'était aux dépens de la chrétienté. On recueillait alors peu de soie en Italie, aucune en France. Nous avons été forcés souvent d'aller acheter du blé à Constantinople; mais enfin l'industrie a réparé les torts que la nature et la négligence faisaient à nos climats, et les manufactures ont rendu le commerce des chrétiens, et surtout des Français, très avantageux en Turquie, malgré l'opinion du comte Marsigli [2], moins informé de cette grande partie de l'intérêt des nations que les négociants de Londres et de Marseille.

Les nations chrétiennes trafiquent avec l'empire ottoman comme avec toute l'Asie. Nous allons chez ces peuples, qui ne viennent jamais dans notre Occident :

---

1. Dans XXX, 301, V. dit qu'il faut écrire *Anatolie*.

2. *Stato militare,* p. 50 : Marsigli prétend que les chrétiens achètent aux Turcs plus qu'ils ne leur vendent : « De là vient que les Turcs tirent de grosses sommes d'argent de la chrétienté. »

c'est une preuve évidente de nos besoins. Les Échelles du Levant sont remplies de nos marchands. Toutes les nations commerçantes de l'Europe chrétienne y ont des consuls. Presque toutes entretiennent des ambassadeurs ordinaires à la Porte ottomane, qui n'en envoie point à nos cours. La Porte regarde ces ambassades perpétuelles comme un hommage que les besoins des chrétiens rendent à sa puissance. Elle a fait souvent à ces ministres des affronts, pour lesquels les princes de l'Europe se feraient la guerre entre eux, mais qu'ils ont toujours dissimulés avec l'empire ottoman. Le roi d'Angleterre Guillaume disait, dans nos derniers temps, « qu'il n'y a pas de point d'honneur avec les Turcs ». Ce langage est celui d'un négociant qui veut vendre ses effets, et non d'un roi qui est jaloux de ce qu'on appelle *la gloire*.

L'administration de l'empire des Turcs est aussi différente de la nôtre que les mœurs et la religion. Une partie des revenus du Grand Seigneur consiste, non en argent monnayé, comme dans les gouvernements chrétiens, mais dans les productions de tous les pays qui lui sont soumis. Le canal de Constantinople est couvert toute l'année de navires qui apportent de l'Égypte, de la Grèce, de la Natolie, des côtes du Pont-Euxin, toutes les provisions nécessaires pour le sérail, pour les janissaires, pour la flotte. On voit, par le *Canon Nameh*, c'est-à-dire par les registres de l'empire, que le revenu du trésor en argent, jusqu'à l'année 1683, ne montait qu'à près de trente-deux mille bourses, ce qui revenait à peu près à quarante-six millions de nos livres d'aujourd'hui.

Ce revenu ne suffirait pas pour entretenir de si grandes armées et tant d'officiers. Les bachas, dans chaque province, ont des fonds assignés sur la province même pour l'entretien des soldats que les fiefs fournissent; mais ces fonds ne sont pas considérables : celui de l'Asie Mineure, ou Natolie, allait tout au plus à douze cent mille livres; celui du Diarbek à cent mille; celui d'Alep n'était pas plus considérable; le fertile pays de Damas ne donnait pas deux cent mille francs à son bacha; celui d'Erzerum en valait environ deux cent mille. La Grèce entière, qu'on appelle Romélie, donnait à son bacha douze cent mille livres. En un mot, tous ces revenus dont les bachas et les béglierbeys entretenaient les troupes ordinaires, jusqu'en 1683, ne montaient pas à dix de nos millions; la Moldavie et la Valachie ne fournissaient pas deux cent mille livres à leur prince pour l'entretien de huit mille soldats au service de la Porte. Le capitan bacha ne tirait pas des fiefs appelés Zaims et Timars, répandus sur les côtes, plus de huit cent mille livres pour la flotte.

Il résulte du dépouillement du *Canon Nameh* que toute l'administration turque était établie sur moins de soixante de nos millions en argent comptant; et cette dépense, depuis 1683, n'a pas été beaucoup augmentée : ce n'est pas la troisième partie de ce qu'on paie en France, en Angleterre, pour les dettes publiques; mais aussi il y a, dans ces deux royaumes, une culture plus perfectionnée, une plus grande industrie, beaucoup plus de circulation, un commerce plus animé.

Ce qu'il y a d'affreux, c'est que, dans le trésor particulier du sultan on compte les confiscations pour un grand objet. C'est une des plus anciennes tyrannies établies, que le bien d'une famille appartienne au souverain, quand le père de famille a été condamné. On porte à un sultan la tête de son vizir, et cette tête lui vaut quelquefois plusieurs millions. Rien n'est plus horrible qu'un droit qui met un si grand prix à la cruauté, qui donne à un souverain la tentation continuelle de n'être qu'un voleur homicide.

Pour le mobilier des officiers de la Porte, nous avons déjà observé [1] qu'il appartient au sultan, par une ancienne usurpation, qui n'a été que trop longtemps en usage chez les chrétiens. Dans tout l'univers, l'administration publique a été souvent un brigandage autorisé, excepté dans quelques États républicains, où les droits de la liberté et de la propriété ont été plus sacrés, et où les finances de l'État, étant médiocres, ont été mieux dirigées, parce que l'œil embrasse les petits objets, et que les grands confondent la vue.

On peut donc présumer que les Turcs ont exécuté de très grandes choses à peu de frais. Les appointements

---

1. Chapitre 93.

attachés aux plus grandes dignités sont très médiocres; on en peut juger par la place du muphti. Il n'a que deux mille aspres par jour, ce qui fait environ cent cinquante mille livres par année. Ce n'est que la dixième partie du revenu de quelques églises chrétiennes. Il en est ainsi du grand-viziriat; et, sans les confiscations et les présents, cette dignité produirait plus d'honneur que de fortune, excepté en temps de guerre.

Les Turcs n'ont point fait la guerre comme les princes de l'Europe la font aujourd'hui, avec de l'argent et des négociations : la force du corps, l'impétuosité des janissaires, ont établi sans discipline cet empire, qui se soutient par l'avilissement des peuples vaincus, et par les jalousies des peuples voisins.

Les sultans n'ont jamais mis en campagne cent quarante mille combattants à la fois, si on retranche les Tartares et la multitude qui suit leurs armées; mais ce nombre était toujours supérieur à celui que les chrétiens pouvaient leur opposer.

CHAPITRE CLX

Les Vénitiens, après la perte de l'île de Chypre, commerçant toujours avec les Turcs, et osant toujours être leurs ennemis, demandaient des secours à tous les princes chrétiens, que l'intérêt commun devait réunir. C'était encore l'occasion d'une croisade; mais vous avez déjà vu qu'à force d'en avoir fait autrefois d'inutiles, on n'en faisait point de nécessaires. Le pape Pie V fit bien mieux que de prêcher une croisade; il eut le courage de faire la guerre à l'empire ottoman, en se liguant avec les Vénitiens et le roi d'Espagne Philippe II. Ce fut la première fois qu'on vit l'étendard des deux clefs déployé contre le croissant, et les galères de Rome affronter les galères ottomanes. Cette seule action du pape, par laquelle il finit sa vie, doit consacrer sa mémoire. Il ne faut, pour connaître ce pontife, s'en rapporter à aucun de ces portraits colorés par la flatterie, ou noircis par la malignité, ou crayonnés par le bel esprit. Ne jugeons jamais des hommes que par les faits. Pie V, dont le nom était Ghisleri, fut un de ces hommes que le mérite et la fortune tirèrent de l'obscurité pour les élever à la première place du christianisme. Son ardeur à redoubler la sévérité de l'Inquisition, le supplice dont il fit périr plusieurs citoyens, montrent qu'il était superstitieux, cruel et sanguinaire. Ses intrigues pour faire soulever l'Irlande contre la reine Élisabeth, la chaleur avec laquelle il fomenta les troubles de la France, la fameuse bulle *In cœna Domini,* dont il ordonna la publication toutes les années, font voir que son zèle pour la grandeur du saint-siège n'était pas conduit par la modération. Il avait été dominicain : la sévérité de son caractère s'était fortifiée par la dureté d'esprit qu'on puise dans le cloître. Mais cet homme, élevé parmi des moines, eut, comme Sixte-Quint, son successeur, des vertus royales : ce n'est pas le trône, c'est le caractère qui les donne. Pie V fut le modèle du fameux Sixte-Quint; il lui donna l'exemple d'amasser, en peu d'années, des épargnes assez considérables pour faire regarder le saint-siège comme une puissance. Ces épargnes lui donnaient de quoi mettre en mer des galères. Son zèle sollicitait tous les princes chrétiens; mais il ne trouvait que tiédeur ou impuissance. Il s'adressait en vain au roi de France Charles IX, à l'empereur Maximilien, au roi de Portugal don Sébastien, au roi de Pologne Sigismond II.

Charles IX était allié des Turcs, et n'avait point de vaisseaux à donner. L'empereur Maximilien II craignait les Turcs; il manquait d'argent, et, ayant fait une trêve avec eux, il n'osait la rompre. Le roi don Sébastien était encore trop jeune pour exercer ce courage qui, depuis, le fit périr en Afrique. La Pologne était épuisée par une guerre avec les Russes, et Sigismond, son roi, était dans une vieillesse languissante. Il n'y eut donc que Philippe II qui entra dans les vues du pape. Lui seul, de tous les rois catholiques, était assez riche pour faire les plus grands frais de l'armement nécessaire; lui seul pouvait, par les arrangements de son administration, parvenir à l'exécution prompte de ce projet : il y était principalement intéressé par la nécessité d'écarter les flottes ottomanes de ses États d'Italie et de ses places d'Afrique; et il se liguait avec les Vénitiens, dont il fut toujours l'ennemi secret en Italie, contre les Turcs qu'il craignait davantage.

Jamais grand armement ne se fit avec tant de célérité. Deux cents galères, six grosses galéasses, vingt-cinq vaisseaux de guerre, avec cinquante navires de charge, furent prêts dans les ports de Sicile, en septembre, cinq mois après la prise de l'île de Chypre. Philippe II avait fourni la moitié de l'armement. Les Vénitiens furent chargés des deux tiers de l'autre moitié, et le reste était fourni par le pape. Don Juan d'Autriche, ce célèbre bâtard de Charles-Quint, était le général de la flotte. Marc-Antoine Colonne commandait après lui, au nom du pape. Cette maison Colonne, si longtemps ennemie des pontifes, était devenue l'appui de leur grandeur. Sébastien Veniero, que nous nommons Venier, était général de la mer pour les Vénitiens. Il y avait eu trois doges dans sa maison, et aucun d'eux n'eut autant de réputation que lui. Barbarigo, dont la maison n'était pas moins célèbre à Venise, était provéditeur, c'est-à-dire intendant de la flotte. Malte envoya trois de ses galères, et ne pouvait en fournir davantage. Il ne faut pas compter Gênes, qui craignait plus Philippe II que Sélim, et qui n'envoya qu'une galère.

Cette armée navale portait, disent les historiens, cinquante mille combattants. On ne voit guère que des exagérations dans des récits de bataille. Deux cent six galères et vingt-cinq vaisseaux ne pouvaient être armés, tout au plus, que de vingt mille hommes de combat. La seule flotte ottomane était plus forte que les trois escadres chrétiennes. On y comptait environ deux cent cinquante galères. Les deux armées se rencontrèrent dans le golfe de Lépante, l'ancien *Naupactus,* non loin de Corinthe. Jamais, depuis la bataille d'Actium, les mers de la Grèce n'avaient vu ni une flotte si nombreuse, ni une bataille si mémorable. Les galères ottomanes étaient manœuvrées par des esclaves chrétiens, et les galères chrétiennes par des esclaves turcs, qui tous servaient malgré eux contre leur patrie.

Les deux flottes se choquèrent avec toutes les armes de l'antiquité et toutes les modernes, les flèches, les longs javelots, les lances à feu, les grappins, les canons, les mousquets, les piques, et les sabres. On combattit corps à corps sur la plupart des galères accrochées, comme sur un champ de bataille (5 octobre 1571). Les chrétiens remportèrent une victoire d'autant plus illustre que c'était la première de cette espèce.

Don Juan d'Autriche et Veniero, l'amiral des Vénitiens, attaquèrent la capitane ottomane que montait l'amiral des Turcs nommé Ali. Il fut pris avec sa galère, et on lui fit trancher la tête, qu'on arbora sur son propre pavillon. C'était abuser du droit de la guerre; mais ceux qui avaient écorché Bragadino dans Famagouste ne méritaient pas un autre traitement. Les Turcs perdirent plus de cent cinquante bâtiments dans cette journée. Il est difficile de savoir le nombre des morts : on le faisait monter à près de quinze mille : environ cinq mille esclaves chrétiens furent délivrés. Venise signala cette victoire par des fêtes qu'elle seule savait alors donner. Constantinople fut dans la consternation. Le pape Pie V, en apprenant cette grande victoire, qu'on attribuait surtout à don Juan, le généralissime, mais à laquelle les Vénitiens avaient eu la plus grande part, s'écria : « Il fut un homme envoyé de Dieu, nommé Jean[1] »; paroles qu'on appliqua depuis à Jean Sobieski, roi de Pologne, quand il délivra Vienne.

Don Juan d'Autriche acquit tout d'un coup la plus grande réputation dont jamais capitaine ait joui. Chaque nation moderne ne compte que ses héros, et néglige ceux des autres peuples. Don Juan, comme vengeur de la chrétienté, était le héros de toutes les nations; on le comparait à Charles-Quint son père, à qui d'ailleurs il ressemblait plus que Philippe. Il mérita surtout cette idolâtrie des peuples, lorsque deux ans après il prit Tunis, comme Charles-Quint, et fit comme lui un roi africain tributaire d'Espagne. Mais quel fut le fruit de la bataille de Lépante et de la conquête de Tunis? Les Vénitiens ne gagnèrent aucun terrain sur les Turcs, et l'amiral de Sélim II reprit sans peine le royaume de Tunis (1574) : tous les chrétiens y furent égorgés. Il semblait que les Turcs eussent gagné la bataille de Lépante.

CHAPITRE CLXI

Les côtes d'Afrique, depuis l'Égypte jusqu'aux royaumes de Fez et de Maroc, accrurent encore l'empire des sultans; mais elles furent plutôt sous leur protection que sous leur gouvernement. Le pays de Barca et ses déserts, si fameux autrefois par le temple de Jupiter Ammon, dépendirent du bacha d'Égypte. La Cyrénaïque eut un gouverneur particulier. Tripoli, qu'on rencontre ensuite en allant vers l'occident, ayant été pris par Pierre de Navarre, sous le règne de Ferdinand le Catholique, en 1510, fut donné par Charles-Quint aux chevaliers de Malte; mais les amiraux de Soliman s'en emparèrent; et avec le temps elle s'est gouvernée comme une république, à la tête de laquelle est un général qu'on nomme *dey*, et qui est élu par la milice.

Plus loin vous trouvez le royaume de Tunis, l'ancien séjour des Carthaginois. Vous avez vu Charles-Quint donner un roi à cet État, et le rendre tributaire de l'Espagne; don Juan le reprendre encore sur les Maures avec la même gloire que Charles-Quint son père; mais enfin l'amiral de Sélim II remettre Tunis sous la domination mahométane, et y exterminer tous les chrétiens, trois ans après cette fameuse bataille de Lépante, qui produisit tant de gloire à don Juan et aux Vénitiens avec si peu d'avantage. Cette province se gouverna depuis comme Tripoli.

Alger, qui termine l'empire des Turcs en Afrique, est l'ancienne Numidie, la Mauritanie césarienne, si fameuse par les rois Juba, Syphax, et Massinissa. Il reste à peine des ruines de Cirte, leur capitale, ainsi que de Carthage, de Memphis, et même d'Alexandrie, qui n'est plus au même endroit où Alexandre l'avait bâtie. Le royaume de Juba était devenu si peu de chose que Cheredin Barberousse aima mieux être amiral du Grand Seigneur que roi d'Alger. Il céda cette province à Soliman, et, de roi qu'il était, il se contenta d'en être bacha. Depuis ce temps jusqu'au commencement du xviie siècle, Alger fut gouvernée par les bachas que la Porte y envoyait; mais enfin la même administration qui s'établit à Tripoli et à Tunis se forma dans Alger, devenue une retraite de corsaires. (x) Aussi A un de leurs derniers deys disait au consul de la nation anglaise, qui se plaignait de quelques prises : « Cessez de vous plaindre au capitaine des voleurs, quand vous avez été volé. »

Dans toute cette partie de l'Afrique on trouve encore A des monuments des anciens Romains, et on n'y voit pas un seul vestige de ceux des chrétiens, quoiqu'il y eût beaucoup plus d'évêchés que dans l'Espagne et dans la France ensemble. Il y en a deux raisons : l'une, que les plus anciens édifices, bâtis de pierre dure, de marbre, et de ciment, dans les climats secs, résistent à la destruction plus que les nouveaux; l'autre, que des tombeaux avec l'inscription *Diis Manibus,* que les barbares n'entendent point, ne les révoltent pas, et que la vue des symboles du christianisme excite leur fureur.

Dans les beaux siècles des Arabes, les sciences et les A arts fleurirent chez ces Numides; aujourd'hui ils ne savent pas même régler leur année, et, en faisant sans cesse le métier de pirate, ils n'ont pas un pilote qui sache prendre hauteur, pas un bon constructeur de vaisseau. Ils achètent des chrétiens, et surtout des Hollandais, les agrès, les canons, la poudre, dont ils se servent pour s'emparer de nos vaisseaux marchands; et les puissances chrétiennes, au lieu de détruire ces ennemis communs, sont occupés à se ruiner mutuellement.

Constantinople fut toujours regardée comme la capitale de tant de régions. Sa situation semble faite pour leur commander. Elle a l'Asie devant elle, l'Europe derrière. Son port, aussi sûr que vaste, ouvre et ferme l'entrée de la mer Noire à l'orient, et de la Méditerranée à l'occident. Rome, bien moins avantageusement située, dans un terrain ingrat, et dans un coin de l'Italie où la nature n'a fait aucun port commode, semblait bien moins propre à dominer sur les nations; cependant elle devint la capitale d'un empire deux fois plus étendu que celui des Turcs : c'est que les anciens Romains ne trouvèrent aucun peuple qui entendît comme eux la discipline militaire, et que les Ottomans, après avoir conquis Constantinople, ont trouvé presque tout le reste de l'Europe aussi aguerri et mieux discipliné qu'eux.

CHAPITRE CLXII

Du royaume de Fez et de Maroc

La protection du Grand Seigneur ne s'étend point jusqu'à l'empire de Maroc, vaste pays qui comprend une partie de la Mauritanie tingitane. Tanger était la capitale de la colonie romaine; c'est de là que partirent depuis ces Maures qui subjuguèrent l'Espagne. Tanger fut conquise elle-même sur la fin du xvᵉ siècle par les Portugais, et donnée dans nos derniers temps à Charles II, roi d'Angleterre, pour la dot de l'infante de Portugal sa femme; et enfin Charles II l'a cédée au roi de Maroc. Peu de villes ont éprouvé plus de révolutions.

Cet empire s'étend jusqu'aux frontières de la Guinée A sous les plus beaux climats; il n'y a point de territoire plus fertile, plus varié, plus riche; plusieurs branches du mont Atlas sont remplies de mines, et les campagnes produisent les plus abondantes moissons et les meilleurs fruits de la terre. Ce pays fut cultivé autrefois comme il méritait de l'être; et il fallait bien qu'il le fût du temps des premiers califes, puisque les sciences y étaient en honneur, et que c'est toujours la dernière chose dont on prend soin. Les Arabes et les Maures de ces contrées portèrent en Espagne leurs armes et leurs arts; mais tout a dégénéré depuis, tout est tombé dans la plus épaisse barbarie. Les Arabes de Mahomet avaient policé le pays, ils se sont retirés dans les déserts, où ils ont repris l'ancienne vie pastorale; et le gouvernement a été abandonné aux Maures, espèce d'hommes moins favorisée de la nature que leur climat, moins industrieuse que les Arabes, nation cruelle à la fois et esclave. C'est là que le despotisme se montre dans toute son horreur. L'ancienne coutume établie que les miramolins ou empereurs de Maroc soient les premiers bourreaux du pays n'a pas peu contribué à faire des habitants de ce vaste empire des sauvages fort au-dessous des Mexicains. Ceux qui habitent Tétuan sont un peu plus civilisés ; les autres déshonorent la nature humaine. Beaucoup de Juifs chassés d'Espagne par Ferdinand et Isabelle se sont réfugiés à Tétuan, à Mequinez, à Maroc, et y vivent misérablement. Les habitants des provinces septentrionales se sont mêlés avec les noirs qui vont vers le Niger. (x) On voit dans tout l'empire, dans les maisons, dans les armées, un mélange de noirs, de blancs, et de métis. Ces peuples trafiquèrent de tout temps en Guinée. Ils allaient par les déserts aux côtes où les Portugais vinrent par l'Océan. Jamais ils ne connurent la mer que comme l'élément des pirates. Enfin toute cette vaste côte de l'Afrique, depuis Damiette jusqu'au mont Atlas, était devenue barbare, tandis que plusieurs de nos peuples septentrionaux, autrefois beaucoup plus barbares, atteignaient à la politesse des Grecs et des Romains.

Il y eut des querelles de religion dans ce pays comme A ailleurs ; et une secte de musulmans, qui se prétendait plus orthodoxe que les autres, disposa du trône : c'est ce qui n'est jamais arrivé à Constantinople. Il y eut aussi, comme ailleurs, des guerres civiles ; et ce n'est qu'au XVIIe siècle que tous les États de Fez, de Maroc, de Tafilet, ont été réunis, et n'ont composé qu'un empire, après la fameuse victoire que les Maures remportèrent sur le malheureux Sébastien, roi de Portugal.

Dans quelque abrutissement que ces peuples soient A tombés, jamais l'Espagne et le Portugal n'ont pu se venger sur eux de leur ancien esclavage, et les asservir à leur tour. Oran, frontière de leur empire, pris par le cardinal Ximénès, perdu ensuite, et repris depuis par le duc de Montemar, sous Philippe V, en 1732, n'a pu ouvrir le chemin à d'autres conquêtes. Tanger, qui pouvait être une clef de cet empire, fut toujours inutile. Ceuta, que les Portugais prirent en 1409, que les Espagnols eurent sous Philippe II, et qu'ils ont conservé toujours, n'a été qu'un objet de dépense. Les Maures avaient accablé toute l'Espagne, et les Espagnols n'ont pu encore que harceler les Maures. Ils ont passé la mer Atlantique, et conquis un nouveau monde, sans pouvoir se venger à cinq lieues de chez eux. Les Maures, mal armés, indisciplinés, esclaves sous un gouvernement détestable, n'ont pu être subjugués par les chrétiens. La véritable raison est que les chrétiens se sont toujours mutuellement déchirés. Comment les Espagnols auraient-ils pu passer en Afrique avec de grandes armées, et dompter les musulmans, quand ils avaient la France à combattre? ou lorsque étant unis [1] avec la France, les Anglais leur prenaient Gibraltar et Minorque?

Ce qui est singulier, c'est le nombre de renégats A espagnols, français, anglais, qu'on a trouvés dans les États de Maroc. On a vu un Espagnol, nommé Pérès, amiral sous l'empire de Mulei Ismaël; un Français, nommé Pilet, gouverneur de Salé; une Irlandaise concubine du tyran Ismaël; quelques marchands anglais établis à Tétuan. L'espérance de faire fortune chez les nations ignorantes conduit toujours des Européens en Afrique, en Asie, surtout en Amérique. La raison contraire retient loin de nous les peuples de ces climats.

---

1. On notera que ce participe se rapporte, non au sujet, mais à l'objet *leur*.

CHAPITRE CLXIII

Après le règne de Charles-Quint, quatre grandes puissances balancèrent les forces de l'Europe chrétienne : l'Espagne, par ses richesses du nouveau monde; la France, par elle-même, par sa situation, qui empêchait les vastes États de Philippe II de se communiquer; l'Allemagne, par la multitude même de ses princes, qui, quoique divisés entre eux, se réunissaient pour la défense de la patrie; l'Angleterre, après la mort de Marie, par la conduite seule d'Élisabeth; car son terrain était très peu de chose : l'Écosse, loin de faire un corps avec elle, était son ennemie, et l'Irlande lui était à charge.

Les royaumes du Nord n'entraient point encore dans le système politique de l'Europe et l'Italie ne pouvait être une puissance prépondérante. Philippe II semblait la tenir sous sa main. Philibert, duc de Savoie, gouverneur des Pays-Bas, dépendait entièrement de lui; Charles-Emmanuel, fils de ce Philibert, et gendre de Philippe II, ne fut pas moins dans sa dépendance. Le Milanais, les Deux-Siciles, qu'il possédait, et surtout ses trésors, firent trembler les autres États d'Italie pour leur liberté. Enfin Philippe II joua le premier rôle sur le théâtre de l'Europe, mais non le plus admiré. De moins puissants princes, ses contemporains, ont laissé un plus grand nom, comme Élisabeth, et surtout Henri IV. Ses généraux et ses ennemis ont été plus estimés que lui : le nom de don Juan d'Autriche, d'Alexandre Farnèse, celui des princes d'Orange, est bien au-dessus du sien. La postérité fait une grande différence entre la puissance et la gloire.

Pour bien connaître les temps de Philippe II, il faut d'abord connaître son caractère, qui fut en partie la cause de tous les grands événements de son siècle; mais on ne peut apercevoir son caractère que par les faits. On ne peut trop redire qu'il faut se défier du pinceau des contemporains, conduit presque toujours par la flatterie ou par la haine; et pour ces portraits recherchés, que tant d'historiens modernes font des anciens personnages, on doit les renvoyer aux romans.

Ceux qui ont comparé depuis peu Philippe II à Tibère n'ont certainement vu ni l'un ni l'autre. D'ailleurs, quand Tibère commandait les légions et les faisait combattre, il était à leur tête; et Philippe était dans une chapelle entre deux récollets, pendant que le prince de Savoie, et ce comte d'Egmont, qu'il fit périr depuis sur l'échafaud, lui gagnaient la bataille de Saint-Quentin. Tibère n'était ni superstitieux ni hypocrite; et Philippe prenait souvent un crucifix en main quand il ordonnait des meurtres. Les débauches du Romain et les voluptés de l'Espagnol ne se ressemblent pas. La dissimulation même qui les caractérise l'un et l'autre semble différente : celle de Tibère paraît plus fourbe, celle de Philippe plus taciturne. Il faut distinguer entre parler pour tromper, et se taire pour être impénétrable. Tous deux paraissent avoir eu une cruauté tranquille et réfléchie; mais combien de princes et d'hommes publics ont mérité le même reproche!

Pour se faire une idée juste de Philippe, il faut se demander ce que c'est qu'un souverain qui affecte de la piété, et à qui le prince d'Orange, Guillaume, reproche publiquement, dans son manifeste, un mariage secret avec dona Isabella Osorio, quand il épousa sa première femme Marie de Portugal. Il est accusé à la face de l'Europe, par ce même Guillaume, du parricide de son fils, et de l'empoisonnement de sa troisième épouse, Isabelle de France; on lui impute d'avoir forcé le prince d'Ascoli à épouser une femme qui était enceinte de ce roi même. On ne doit pas s'en rapporter au témoignage d'un ennemi; mais cet ennemi était un prince respecté dans l'Europe. Il envoya son manifeste et ses accusations dans toutes les cours. Était-ce l'orgueil, était-ce la force de la vérité qui empêchait Philippe de répondre? Pouvait-il mépriser ce terrible manifeste du prince d'Orange, comme on méprise ces libelles obscurs,

composés par d'obscurs vagabonds, auxquels les particuliers mêmes ne répondent pas plus que Louis XIV
n'y a répondu? Qu'on joigne à ces accusations, trop
authentiques, les amours de Philippe avec la femme
de son favori Rui Gomez, l'assassinat d'Escovedo,
la persécution contre Antonio Pérès, qui avait assassiné
Escovedo par son ordre; qu'on se souvienne que c'est
là ce même homme qui ne parlait que de son zèle pour
la religion, et qui immolait tout à ce zèle.

C'est sous ce masque infâme de la religion qu'il trama **B**
une conspiration dans le Béarn, en 1564, pour enlever
Jeanne de Navarre, mère de Henri IV, avec son fils
encore enfant, la mettre comme hérétique entre les mains
de l'Inquisition, la faire brûler et se saisir du Béarn,
en vertu de la confiscation que ce tribunal d'assassins
aurait prononcée. On voit une partie de ce projet au
trente-sixième livre du président de Thou, et cette
anecdote importante a trop été négligée par les historiens suivants [1].

Qu'on mette en opposition à cette conduite le soin
de faire rendre la justice en Espagne, soin qui ne coûte
que la peine de vouloir, et qui affermit l'autorité; une
activité de cabinet, un travail assidu aux affaires générales, la surveillance continuelle sur ses ministres,
toujours accompagnée de défiance; l'attention de voir
tout par soi-même autant que le peut un roi; l'application suivie à entretenir le trouble chez ses voisins,
et à maintenir l'Espagne en paix; des yeux toujours
ouverts sur une grande partie du globe, depuis le
Mexique jusqu'au fond de la Sicile; un front toujours
composé et toujours sévère au milieu des chagrins
de la politique et du trouble des passions; alors on
pourra se former un portrait de Philippe II.

Mais il faut voir quel ascendant il avait dans l'Europe.
Il était maître de l'Espagne, du Milanais, des Deux-
Siciles, de tous les Pays-Bas; ses ports étaient garnis
de vaisseaux; son père lui avait laissé les troupes de
l'Europe les mieux disciplinées et les plus fières, com-

---

1. *Histoire universelle,* t. III, pp. 497-9, sig. an. V : « ... par l'inquisition d'Espagne ».

mandées par les compagnons de ses victoires. Sa seconde femme, Marie, reine d'Angleterre, ne se gouvernant que par ses inspirations, faisait brûler les protestants, et déclarait la guerre à la France sur une lettre de Philippe. Il pouvait compter l'Angleterre parmi ses royaumes. Les moissons d'or et d'argent qui lui venaient du nouveau monde le rendaient plus puissant que Charles-Quint, qui n'en avait eu que les prémices.

L'Italie tremblait d'être asservie. C'est ce qui détermina le pape Paul IV, Caraffa, né sujet d'Espagne, à se jeter du côté de la France, comme Clément VII. Il voulut, ainsi que tous ses prédécesseurs, établir une balance que leurs mains trop faibles ne purent jamais tenir. Ce pape proposa à Henri II de donner Naples et Sicile à un fils de France.

C'était toujours l'ambition des Valois de conquérir le Milanais et les Deux-Siciles. Le pape croit avoir une armée; il demande au roi Henri II le célèbre François de Guise pour la commander; mais la plupart des cardinaux étaient pensionnaires de Philippe. Paul était mal obéi; il n'eut que peu de troupes, qui ne servirent qu'à exposer Rome à être prise et saccagée par le duc d'Albe, sous Philippe II, comme elle l'avait été sous Charles-Quint. Le duc de Guise arrive par le Piémont, où les Français avaient encore Turin; il marche vers Rome avec quelque gendarmerie; à peine est-il arrivé qu'il apprend le désastre de la bataille de Saint-Quentin en Picardie, perdue par les Français (10 août 1557).

Marie d'Angleterre avait donné contre la France huit mille Anglais à Philippe son époux, qui vint à Londres pour les faire embarquer, mais non pas pour les conduire à l'ennemi. Cette armée, jointe à l'élite des troupes espagnoles commandées par le duc de Savoie, Philibert-Emmanuel, l'un des grands capitaines de ce siècle, défit si entièrement l'armée française à Saint-Quentin qu'il ne resta rien de l'infanterie : tout fut tué ou pris; les vainqueurs ne perdirent que quatre-vingts hommes; le connétable de Montmorency et presque tous les officiers généraux furent prisonniers, un duc d'Enghien blessé à mort, la fleur de la noblesse détruite, la France dans le deuil et dans l'alarme. Les défaites de Crécy, de Poitiers, d'Azincourt, n'avaient pas été plus funestes;

et cependant la France, tant de fois près de succomber, se releva toujours. Charles-Quint et Philippe II son fils parurent près de la détruire.

Tous les projets de Henri II sur l'Italie s'évanouissent; on rappelle le duc de Guise. Cependant le vainqueur Philibert-Emmanuel de Savoie prend Saint-Quentin. Il pouvait marcher jusqu'à Paris, que Henri II faisait fortifier à la hâte, et qui par conséquent était mal fortifié; mais Philippe se contenta d'aller voir son camp victorieux. Il prouva que les grands événements dépendent souvent du caractère des hommes. Le sien était de donner peu à la valeur, et tout à la politique. Il laissa respirer son ennemi, dans le dessein de gagner par une paix qu'il aurait dictée plus que par des victoires qui ne pouvaient être son ouvrage. Il donne au duc de Guise le temps de revenir, de rassembler une armée, de rassurer le royaume.

Il semblait qu'alors les rois ne se crussent pas faits pour se secourir eux-mêmes. Henri II déclare le duc de Guise vice-roi de France, sous le nom de lieutenant général du royaume. Il était en cette qualité au-dessus du connétable.

Prendre Calais et tout son territoire au milieu de l'hiver, et au milieu de la consternation où la bataille de Saint-Quentin jetait la France; chasser pour jamais les Anglais qui avaient possédé Calais durant deux cent treize ans fut une action qui étonna l'Europe, et qui mit François de Guise au-dessus de tous les capitaines de son temps. Cette conquête fut plus éclatante et plus profitable que difficile. La reine Marie n'avait laissé dans Calais qu'une garnison trop faible; la flotte n'arriva que pour voir les étendards de France arborés sur le port. Cette perte, causée par la faute de son ministère, acheva de la rendre odieuse aux Anglais.

Mais tandis que le duc de Guise rassurait la France par la prise de Calais (13 juillet 1558), et ensuite par celle de Thionville, l'armée de Philippe II gagna encore une assez grande bataille contre le maréchal de Termes, auprès de Gravelines, sous le commandement du comte d'Egmont, de ce même comte d'Egmont à qui Philippe fit depuis trancher la tête pour avoir défendu les droits et la liberté de sa patrie.

Tant de batailles rangées, perdues par les Français, et tant de villes prises d'assaut par eux, donnent lieu de croire que ces peuples étaient, comme du temps de Jules César, plus propres pour l'impétuosité des assauts que pour cette discipline et ces manœuvres de ralliement qui décident de la victoire dans un champ de bataille.

Philippe ne profita pas plus en guerrier de la victoire de Gravelines que de celle de Saint-Quentin; mais il fit la paix glorieuse de Cateau-Cambresis (1559), dans laquelle, pour Saint-Quentin, et les deux bourgs de Ham et du Catelet qu'il rendit, il gagna les places fortes de Thionville, de Marienbourg, de Montmédy, de Hesdin, et le comté de Charolais en pleine souveraineté. Il fit raser Térouanne et Ivoi, fit rendre Bouillon à l'évêque de Liège, le Montferrat au duc de Mantoue, la Corse aux Génois, la Savoie, le Piémont, et la Bresse, au duc de Savoie; se réservant d'entretenir des troupes dans Verceil et dans Asti, jusqu'à ce que les droits prétendus par la France sur le Piémont fussent réglés, et que Turin, Pignerol, Quiers, et Chivas, fussent évacués par Henri II.

Pour Calais et son territoire, Philippe n'y prit pas un grand intérêt. Sa femme, Marie d'Angleterre, venait de mourir : Élisabeth commençait à régner. Cependant le roi de France s'obligea de rendre Calais dans huit années, et à payer huit cent mille écus d'or au bout de ces huit ans si Calais n'était pas alors rendu, spécifiant de plus expressément que, soit que les huit cent mille écus d'or fussent payés ou non, Henri et ses successeurs demeureraient toujours obligés à rendre Calais et son territoire *. On a toujours regardé cette paix comme le triomphe de Philippe II. Le P. Daniel [1] y cherche en vain des avantages pour la France; en vain il compte Metz, Toul, et Verdun, conservés par cette paix : il n'en fut point du tout question dans le traité de Cateau-Cambresis. Philippe ne faisait aucune attention aux intérêts de l'Allemagne, et il prenait fort peu à cœur ceux de Ferdinand son oncle, auquel il ne par-

---

* Ni Mézeray ni Daniel n'ont rapporté fidèlement ce traité.
1. *Histoire de France,* t. VIII, p. 248.

donna jamais le refus de se démettre de l'empire en sa faveur. Si ce traité produisit quelque avantage à la France, ce fut celui de la dégoûter pour toujours du dessein de conquérir Milan et Naples. A l'égard de Calais, cette clef de la France ne fut jamais rendue à ses anciens ennemis, et les huit cent mille écus d'or ne furent jamais payés.

Cette guerre finit encore, comme tant d'autres, par un mariage. Philippe prit pour troisième femme Isabelle, fille de Henri II, qui avait été promise à don Carlos; mariage infortuné, qui fut, dit-on, la cause de la mort prématurée de don Carlos et de la princesse.

Philippe, après de si glorieux commencements, retourna triomphant en Espagne sans avoir tiré l'épée; tout favorisait sa grandeur. Le pape Paul IV avait été forcé de lui demander la paix, et il la lui avait donnée. Henri II, son beau-père et son ennemi naturel, venait d'être tué dans un tournoi, et laissait la France pleine de factions, gouvernée par des étrangers, sous un roi enfant. Philippe, du fond de son cabinet, était le seul roi en Europe puissant et redoutable. Il n'avait qu'une inquiétude, c'était que la religion protestante ne se glissât dans quelqu'un de ses États, surtout dans les Pays-Bas, voisins de l'Allemagne; pays où il ne commandait point à titre de roi, mais à titre de duc, de comte, de marquis, de simple seigneur; pays où les lois fondamentales bornaient plus qu'ailleurs l'autorité du souverain.

Son grand principe fut de gouverner le saint-siège en lui prodiguant les plus grands respects, et d'exterminer partout les protestants. Il y en avait un très petit nombre en Espagne. Il promit solennellement devant un crucifix de les détruire tous, et il accomplit son vœu : l'Inquisition le seconda bien. On brûla à petit feu dans Valladolid tous ceux qui étaient soupçonnés; et Philippe, des fenêtres de son palais, contemplait leur supplice, et entendait leurs cris. L'archevêque de Tolède, et le P. Constantin Ponce, prédicateur et confesseur de Charles-Quint, furent resserrés dans les prisons du saint-office; et Ponce fut brûlé en effigie après sa mort, ainsi qu'on l'a déjà remarqué [1].

---

1. Chapitre 140.

Philippe sut que dans une vallée du Piémont, voisine du Milanais, il y avait quelques hérétiques; il mande au gouverneur de Milan d'y envoyer des troupes, et lui écrit ces deux mots : *Tous au gibet.* Il apprend que dans la Calabre il y a quelques cantons où les opinions nouvelles ont pénétré; il ordonne qu'on passe les novateurs au fil de l'épée, et qu'on en réserve soixante, dont trente doivent périr par la corde, et trente par les flammes : l'ordre est exécuté avec ponctualité.

Cet esprit de cruauté, et l'abus de son pouvoir, affaiblirent enfin ce pouvoir immense : car s'il avait ménagé les esprits des Flamands, il n'eût pas vu la république des Sept Provinces se former par ses seules persécutions; cette révolution ne lui eût pas coûté ses trésors; et lorsque ensuite le Portugal et les possessions des Portugais dans l'Afrique et dans les Indes accrurent ses vastes États; quand la France, déchirée, fut sur le point de recevoir des lois de lui, et d'avoir sa fille pour reine, il eût pu venir à bout de ses grands desseins, sans cette funeste guerre que ses rigueurs allumaient dans les Pays-Bas.

CHAPITRE CLXIV

Si on consulte tous les monuments de la fondation
de cet État, auparavant presque inconnu, devenu bientôt si puissant, on verra qu'il s'est formé sans dessein
et contre toute vraisemblance. La révolution commença
par les belles et grandes provinces de terre ferme, le
Brabant, la Flandre, et le Hainaut, elles qui pourtant
restèrent sujettes ; et un petit coin de terre presque
noyé dans l'eau, qui ne subsistait que de la pêche du
hareng, est devenu une puissance formidable, a tenu
tête à Philippe II, a dépouillé ses successeurs de presque
tout ce qu'ils avaient dans les Indes orientales, et a fini
enfin par les protéger.

On ne peut nier que ce ne soit Philippe II lui-même
qui ait forcé ces peuples à jouer un si grand rôle, auquel
ils ne s'attendaient certainement pas : son despotisme
sanguinaire fut la cause de leur grandeur.

Il est important de considérer que tous les peuples
ne se gouvernent pas sur le même modèle ; que les
Pays-Bas étaient un assemblage de plusieurs seigneuries
appartenantes à Philippe à des titres différents ; que
chacune avait ses lois et ses usages ; que dans la Frise
et dans le pays de Groningue, un tribut de six mille
écus était tout ce qu'on devait au seigneur ; que dans
aucune ville on ne pouvait mettre d'impôts, ni donner
les emplois à d'autres qu'à des régnicoles, ni entretenir
des troupes étrangères, ni enfin rien innover, sans le
consentement des états. Il était dit par les anciennes
constitutions du Brabant : « Si le souverain, par violence
ou par artifice, veut enfreindre les privilèges, les états
seront déliés du serment de fidélité, et pourront prendre
le parti qu'ils croiront convenable. » Cette forme de

gouvernement avait prévalu longtemps dans une très grande partie de l'Europe : nulle loi n'était portée, nulle levée de deniers n'était faite sans la sanction des états assemblés. Un gouverneur de la province présidait à ces états au nom du prince; ce gouverneur s'appelait *stadt-holder*, teneur d'états, ou tenant l'état, ou lieutenant dans toute la basse Allemagne.

Philippe II, en 1559, donna le gouvernement de Hollande, de Zélande, de Frise, et d'Utrecht, à Guillaume de Nassau, prince d'Orange. On peut observer que ce titre de prince ne signifiait pas prince de l'empire. La principauté de la ville d'Orange, tombée de la maison de Châlons dans la sienne par une donation, était un ancien fief du royaume d'Arles, devenu indépendant. Guillaume tirait une plus grande illustration de la maison impériale dont il était; mais quoique cette maison, aussi ancienne que celle d'Autriche, eût donné un empereur à l'Allemagne, elle n'était pas au rang des princes de l'empire. Ce titre de prince, qui ne commença à être en usage que vers le temps de Frédéric II, ne fut pris que par les plus grands terriens. Le sang impérial ne donnait aucun droit, aucun honneur; et le fils d'un empereur qui n'aurait possédé aucune terre n'était qu'empereur s'il était élu, et simple gentilhomme s'il ne succédait pas à son père. Guillaume de Nassau était comte dans l'empire, comme le roi Philippe II était comte de Hollande et seigneur de Malines; mais il était sujet de Philippe en qualité de son stadt-holder, et comme possédant des terres dans les Pays-Bas.

Philippe voulut être souverain absolu dans les Pays-Bas, ainsi qu'il l'était en Espagne. Il suffisait d'être homme pour avoir ce projet, tant l'autorité cherche toujours à renverser les barrières qui la restreignent; mais Philippe trouvait encore un autre avantage à être despotique dans un vaste et riche pays, voisin de la France; il pouvait en ce cas démembrer au moins la France pour jamais, puisqu'en perdant sept provinces, et étant souvent très gêné dans les autres, il fut encore sur le point de subjuguer ce royaume, sans même être jamais à la tête d'aucune armée.

(1565) Il voulut donc abroger toutes les lois, imposer des taxes arbitraires, créer de nouveaux évêques, et établir l'Inquisition, qu'il n'avait pu faire recevoir ni dans Naples ni dans Milan. Les Flamands sont naturellement de bons sujets et de mauvais esclaves. La seule crainte de l'Inquisition fit plus de protestants que tous les livres de Calvin chez ce peuple, qui n'est assurément porté par son caractère ni à la nouveauté ni aux remuements. Les principaux seigneurs s'unissent d'abord à Bruxelles pour représenter leurs droits à la gouvernante des Pays-Bas, Marguerite de Parme, fille naturelle de Charles-Quint. Leurs assemblées s'appelaient une conspiration, à Madrid : c'était, dans les Pays-Bas, l'acte le plus légitime. Il est certain que les confédérés n'étaient point des rebelles, qu'ils envoyèrent le comte de Berghes et le seigneur de Montmorency-Montigny porter en Espagne leurs plaintes au pied du trône. Ils demandaient l'éloignement du cardinal de Granvelle, premier ministre, dont ils craignaient les artifices. La cour leur envoya le duc d'Albe avec des troupes espagnoles et italiennes, et avec l'ordre d'employer les bourreaux autant que les soldats. Ce qui peut ailleurs étouffer aisément une guerre civile fut précisément ce qui la fit naître en Flandre. Guillaume de Nassau, prince d'Orange, surnommé *le Taciturne*, songea presque seul à prendre les armes, tandis que tous les autres pensaient à se soumettre.

Il y a des esprits fiers, profonds, d'une intrépidité tranquille et opiniâtre, qui s'irritent par les difficultés. Tel était le caractère de Guillaume le Taciturne, et tel a été depuis son arrière-petit-fils le prince d'Orange, roi d'Angleterre. Guillaume le Taciturne n'avait ni troupes ni argent pour résister à un monarque tel que Philippe II : les persécutions lui en donnèrent. Le nouveau tribunal établi à Bruxelles jeta les peuples dans le désespoir. Les comtes d'Egmont et de Horn, avec dix-huit gentilshommes, ont la tête tranchée; leur sang fut le premier ciment de la république des Provinces-Unies.

Le prince d'Orange, retiré en Allemagne, condamné à perdre la tête, ne pouvait armer que les protestants en sa faveur; et pour les animer, il fallait l'être. Le calvinisme dominait dans les provinces maritimes des Pays-Bas. Guillaume était né luthérien. Charles-Quint, qui l'aimait, l'avait rendu catholique; la nécessité le fit calviniste : car les princes qui ont ou établi, ou protégé, ou changé les religions, en ont rarement eu. Il était très difficile à Guillaume de lever une armée. Ses terres en Allemagne étaient peu de chose : le comté de Nassau appartenait à l'un de ses frères. Mais ses frères, ses amis, son mérite, et ses promesses, lui firent trouver des soldats. Il les envoie d'abord en Frise sous les ordres de son frère le comte Louis : son armée est détruite. Il ne se décourage point. Il en forme une autre d'Allemands et de Français que l'enthousiasme de la religion et l'espoir du pillage engagent à son service. La fortune lui est rarement favorable; il est réduit à aller combattre dans l'armée des huguenots de France, ne pouvant pénétrer dans les Pays-Bas. Les sévérités espagnoles donnèrent encore de nouvelles ressources. L'imposition du dixième de la vente des biens meubles, du vingtième des immeubles, et du centième des fonds, acheva d'irriter les Flamands. Comment le maître du Mexique et du Pérou était-il forcé à ces exactions? et comment Philippe n'était-il pas venu lui-même dans le pays, comme son père, étouffer tous ces troubles?

(1570) Le prince d'Orange entra enfin dans le Brabant avec une petite armée. Il se retira[a] en Zélande et en Hollande. Amsterdam, aujourd'hui si fameuse, était alors peu de chose, et n'osa pas même se déclarer pour le prince d'Orange. Cette ville était alors occupée d'un commerce nouveau et bas en apparence, mais qui fut le fondement de sa grandeur. La pêche du hareng et l'art de le saler ne paraissent pas un objet bien important dans l'histoire du monde : c'est cependant ce qui a fait d'un pays méprisé et stérile une puissance respectable. Venise n'eut pas des commencements plus brillants; tous les grands empires ont commencé par des hameaux, et les puissances maritimes par des barques de pêcheurs.

Toute la ressource du prince d'Orange était dans des pirates : l'un d'eux surprend la Brille; un curé fait déclarer Flessingue; enfin les états de Hollande et de Zélande assemblés à Dordrecht, et Amsterdam elle-même, s'unissent avec lui, et le reconnaissent pour stathouder : il tint alors des peuples cette même dignité qu'il avait tenue du roi. On abolit la religion romaine,

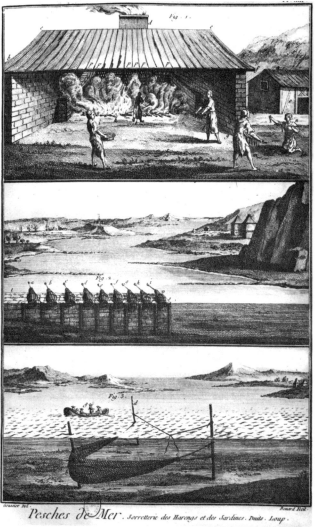

Pesches de Mer. *Sorretterie des Harengs et des Sardines. Duits. Loup.*

Illustration extraite de l'*Encyclopédie,*
tome VIII des planches, planche XIII

afin de n'avoir plus rien de commun avec le gouvernement espagnol.

Ces peuples depuis longtemps n'avaient point passé pour guerriers, et ils le devinrent tout d'un coup. Jamais on ne combattit de part et d'autre ni avec plus de courage ni avec tant de fureur. Les Espagnols, au siège de Harlem (1573), ayant jeté dans la ville la tête d'un de leurs prisonniers, les habitants leur jetèrent onze têtes d'Espagnols, avec cette inscription : « Dix têtes pour le payement du dixième denier, et l'onzième pour l'intérêt. » Harlem s'étant rendu à discrétion, les vainqueurs font pendre tous les magistrats, tous les pasteurs, et plus de quinze cents citoyens : c'était traiter les Pays-Bas comme on avait traité le nouveau monde. La plume tombe des mains quand on voit comment les hommes en usent avec les hommes.

Le duc d'Albe, dont les inhumanités n'avaient servi qu'à faire perdre deux provinces au roi son maître, est enfin rappelé. On dit qu'il se vantait, en partant, d'avoir fait mourir dix-huit mille personnes par la main du bourreau. Les horreurs de la guerre n'en continuèrent pas moins sous le nouveau gouverneur des Pays-Bas, le grand-commandeur de Requesens. L'armée du prince d'Orange est encore battue (1574), ses frères sont tués, et son parti se fortifie par l'animosité d'un peuple né tranquille, qui, ayant une fois passé les bornes, ne savait plus reculer.

(1574, 1575) Le siège et la défense de Leyde sont un des plus grands témoignages de ce que peuvent la constance et la liberté. Les Hollandais firent précisément la même chose qu'on leur a vu hasarder depuis, en 1672, lorsque Louis XIV était aux portes d'Amsterdam : ils percèrent les digues; les eaux de l'Issel, de la Meuse, et de l'Océan, inondèrent les campagnes; et une flotte de deux cents bateaux apporta du secours dans la ville par-dessus les ouvrages des Espagnols. Il y eut un autre prodige, c'est que les assiégeants osèrent continuer le siège et entreprendre de saigner cette vaste inondation. Il n'y avait point d'exemple dans l'histoire ni d'une telle ressource dans des assiégés, ni d'une telle opiniâtreté dans des assiégeants; mais cette opiniâtreté fut inutile, et Leyde célèbre encore aujourd'hui tous les ans le jour de sa délivrance. Il ne faut pas oublier que les habitants se servirent de pigeons dans ce siège pour donner des nouvelles au prince d'Orange : c'est une pratique commune en Asie.

Quel était donc ce gouvernement si sage et si vanté de Philippe II, lorsqu'on voit dans ce temps-là même ses troupes se mutiner en Flandre, faute de paiement, saccager la ville d'Anvers (1576), et que toutes les provinces des Pays-Bas, sans consulter ni lui ni son gouverneur, font un traité de pacification avec les révoltés, publient une amnistie, rendent les prisonniers, font démolir des forteresses, et ordonnent qu'on abattra la fameuse statue du duc d'Albe, trophée que son orgueil avait élevé à sa cruauté, et qui était encore debout dans la citadelle d'Anvers, dont le roi était le maître?

Après la mort du grand-commandeur de Requesens, Philippe, qui pouvait encore essayer de remettre le calme dans les Pays-Bas par sa présence, y envoie don Juan d'Autriche, son frère, ce prince célèbre dans l'Europe par la fameuse victoire de Lépante remportée sur les Turcs, et par son ambition qui lui avait fait tenter d'être roi de Tunis. Philippe n'aimait pas don Juan : il craignait sa gloire, et se défiait de ses desseins. Cependant il lui donne malgré lui le gouvernement des Pays-Bas, dans l'espérance que les peuples, qui aimaient dans ce prince le sang et la valeur de Charles-Quint, pourraient revenir à leur devoir : il se trompa. Le prince d'Orange fut reconnu gouverneur du Brabant dans Bruxelles, lorsque don Juan en sortait (1577), après y avoir été installé gouverneur général. Cet honneur qu'on rendit à Guillaume le Taciturne fut cependant ce qui empêcha le Brabant et la Flandre d'être libres, comme le furent les Hollandais. Il y avait trop de seigneurs dans ces deux provinces : ils furent jaloux du prince d'Orange, et cette jalousie conserva dix provinces à l'Espagne. Ils appellent l'archiduc Mathias pour être gouverneur général en concurrence avec don Juan. On a peine à concevoir qu'un archiduc d'Autriche, proche parent de Philippe II, et catholique, vienne se mettre à la tête d'un parti presque tout protestant contre le chef de sa maison; mais l'ambition ne connaît point ces liens, et Philippe n'était aimé ni de l'empereur ni de l'empire.

Tout se divise alors, tout est en confusion. Le prince d'Orange, nommé par les états lieutenant général de l'archiduc Mathias, est nécessairement le rival secret de ce prince : tous deux sont opposés à don Juan; les états se défirent de tous les trois. Un autre parti, également mécontent et des états et des trois princes, déchire la patrie. Les états publient la liberté de conscience (1578); mais il n'y avait plus de remède à la frénésie incurable des factions. Don Juan, ayant gagné une bataille inutile à Gemblours, meurt à la fleur de son âge au milieu de ces troubles (1578).

A ce fils de Charles-Quint succède un petit-fils non moins illustre : c'est cet Alexandre Farnèse, duc de Parme, descendant de Charles par sa mère, et du pape Paul III par son père; le même qui vint depuis en France délivrer Paris, et combattre Henri le Grand. L'histoire ne célèbre point de plus grand homme de guerre; mais il ne put empêcher ni la fondation des sept Provinces-Unies, ni les progrès de cette république, qui naquit sous ses yeux.

Ces sept provinces, que nous appelons aujourd'hui du nom général de la Hollande, contractent (29 janvier 1579) par les soins du prince d'Orange cette union qui paraît si fragile, et qui a été si constante, de sept provinces toujours indépendantes l'une de l'autre, ayant toujours des intérêts divers, et toujours aussi étroitement jointes par le grand intérêt de la liberté que l'est ce faisceau de flèches qui forme leurs armoiries et leurs emblème.

Cette union d'Utrecht, le fondement de la république, l'est aussi du stathoudérat. Guillaume est déclaré chef des sept provinces sous le nom de capitaine, d'amiral général, de stathouder. Les dix autres provinces, qui pouvaient avec la Hollande former la république la plus puissante du monde, ne se joignent point aux sept petites Provinces-Unies. Celles-ci se protègent elles-mêmes; mais le Brabant, la Flandre, et les autres, veulent un prince étranger pour les protéger. L'archiduc Mathias était devenu inutile. Les états généraux renvoient avec une pension modique ce fils et ce frère d'empereur, qui fut depuis empereur lui-même. Ils font venir François, duc d'Anjou, frère de roi de France Henri III, avec lequel ils négociaient depuis longtemps. Toutes ces provinces étaient partagées entre quatre partis : celui de Mathias, si faible qu'on le renvoie ; celui du duc d'Anjou, qui devint bientôt funeste ; celui du duc de Parme, qui, n'ayant pour lui que quelques seigneurs et son armée, sut enfin conserver dix provinces au roi d'Espagne ; et celui de Guillaume de Nassau, qui lui en arracha sept pour jamais.

C'est dans ce temps que Philippe, toujours tranquille à Madrid, proscrivit le prince d'Orange (1580), et mit sa tête à vingt-cinq mille écus. Cette méthode de commander des assassinats, inouïe depuis le triumvirat, avait été pratiquée en France contre l'amiral de Coligny, beau-père de Guillaume ; et on avait promis cinquante mille écus pour son sang : celui du prince son gendre ne fut estimé que la moitié par Philippe, qui pouvait payer plus chèrement.

Quel était le préjugé qui régnait encore ! Le roi d'Espagne, dans son édit de proscription, avoue qu'il a violé le serment qu'il avait fait aux Flamands, et dit que « le pape l'a dispensé de ce serment ». Il croyait donc que cette raison pouvait faire une forte impression sur les esprits des catholiques ? Mais combien devait-elle irriter les protestants, et les affermir dans leur défection !

La réponse de Guillaume est un des plus beaux monuments de l'histoire. De sujet qu'il avait été de Philippe, il devient son égal dès qu'il est proscrit. On voit dans son apologie un prince d'une maison impériale non moins ancienne, non moins illustre autrefois que la maison d'Autriche, un stathouder qui se porte pour accusateur du plus puissant roi de l'Europe au tribunal de toutes les cours et de tous les hommes. Il est enfin supérieur à Philippe en ce que, pouvant le proscrire à son tour, il abhorre cette vengeance, et n'attend sa sûreté que de son épée.

Philippe dans ce temps-là même était plus redoutable que jamais : car il s'emparait du Portugal sans sortir de son cabinet, et pensait réduire de même les Provinces-Unies. Guillaume avait à craindre d'un côté les assassins, et de l'autre un nouveau maître dans le duc d'Anjou, frère de Henri III, arrivé dans les Pays-Bas, et reconnu par les peuples pour duc de Brabant et comte de Flandre. Il fut bientôt défait du duc d'Anjou, comme de l'archiduc Mathias.

(1580) Ce duc d'Anjou voulut être souverain absolu d'un pays qui l'avait choisi pour son protecteur. Il y a eu de tout temps des conspirations contre les princes : ce prince en fit une contre les peuples. Il voulut surprendre à la fois Anvers, Bruges, et d'autres villes qu'il était venu défendre. Quinze cents Français furent tués dans la surprise inutile d'Anvers : ses mesures manquèrent sur les autres places. Pressé d'un côté par Alexandre Farnèse, de l'autre, haï des peuples, il se retira en France couvert de honte, et laissa le duc de Parme et le prince d'Orange se disputer les Pays-Bas, qui devinrent le théâtre le plus illustre de la guerre en Europe, et l'école militaire où les braves de tous les pays allèrent faire leur apprentissage.

Des assassins vengèrent enfin Philippe du prince d'Orange. Un Français, nommé Salcède, trama sa mort. Jaurigny, Espagnol, le blessa d'un coup de pistolet dans Anvers (1583). Enfin Balthasar Gérard, Franc-Comtois, le tua dans Delft (1584), aux yeux de son épouse, qui vit ainsi assassiner son second mari après avoir perdu le premier, ainsi que son père l'amiral, à la journée de la Saint-Barthélemy. Cet assassinat du prince d'Orange ne fut point commis par l'envie de gagner les vingt-cinq mille écus qu'avait promis Philippe, mais par l'enthousiasme de la religion. Le jésuite Strada[1] rapporte que Gérard soutint toujours dans les tourments « qu'il avait été poussé à cette action par un instinct divin ». Il dit encore expressément que « Jaurigny n'avait auparavant entrepris la mort du prince d'Orange qu'après avoir purgé son âme par la confession aux pieds d'un dominicain, et après l'avoir fortifiée par le pain céleste ». C'était le crime du temps : les anabaptistes avaient commencé. Une femme, en Allemagne, pendant le siège de Munster, avait voulu imiter Judith; elle sortit de la ville dans le dessein de

---

1. *De Bello Belgico*, Paris, 1649, trad. du Ryer, t. II, p. 299. On voit par les *Notebooks,* t. II, pp. 266, 441, que V. traduit directement sur l'original en latin.

coucher avec l'évêque qui l'assiégeait, et de le tuer dans son lit. Poltrot de Méré avait assassiné François, duc de Guise, par les mêmes principes. Les massacres de la Saint-Barthélemy avaient mis le comble à ces horreurs : le même esprit fit répandre ensuite le sang de Henri III et de Henri IV, et forma la *conspiration des poudres* en Angleterre. Les exemples tirés de l'Écriture, prêchés d'abord par les réformés ou les novateurs, et trop souvent ensuite par les catholiques, faisaient impression sur des esprits faibles et féroces, imbécilement persuadés que Dieu leur ordonnait le meurtre. Leur aveugle fureur ne leur laissait pas comprendre que si Dieu demandait du sang dans l'ancien Testament, on ne pouvait obéir à cet ordre que quand Dieu lui-même descendait du ciel pour dicter de sa bouche, d'une manière claire et précise, ses arrêts sur la vie des hommes, dont il est le maître, (x) et qui sait encore si Dieu n'eût pas été plus content de ceux qui auraient fait des remontrances à sa clémence que de ceux qui auraient obéi à sa justice?

Philippe II fut très content de l'assassinat; il récompensa la famille de Gérard; il lui accorda des lettres de noblesse, pareilles à celles que Charles VII donna à la famille de la Pucelle d'Orléans, lettres par lesquelles le ventre anoblissait. Les descendants d'une sœur de l'assassin Gérard jouirent tous de ce singulier privilège jusqu'au temps où Louis XIV s'empara de la Franche-Comté : alors on leur disputa un honneur que les maisons les plus illustres n'ont point en France, et dont même les descendants des frères de Jeanne d'Arc avaient été privés. On mit à la taille la famille de Gérard; elle osa présenter ses lettres de noblesse à M. de Vanolles, intendant de la province; il les foula aux pieds : le crime cessa d'être honoré, et la famille resta roturière.

Quand Guillaume le Taciturne fut assassiné, il était près d'être déclaré comte de Hollande. Les conditions de cette nouvelle dignité avaient déjà été stipulées par toutes les villes, excepté Amsterdam et Gouda. On voit par là qu'il avait travaillé pour lui-même autant que pour la république.

Maurice son fils ne put prétendre à cette principauté; mais les sept provinces le déclarèrent stathouder (1584), et il affermit l'édifice de la liberté fondé par son père. Il fut digne de combattre Alexandre Farnèse. Ces deux grands hommes s'immortalisaient sur ce théâtre resserré où la scène de la guerre attirait les regards des nations. Quand le duc de Parme Farnèse ne serait illustre que par le siège d'Anvers, il serait compté parmi les plus grands capitaines : les Anversois se défendirent comme autrefois les Tyriens ; et il prit Anvers comme Alexandre, dont il portait le nom, avait pris la ville de Tyr, en faisant une digue sur le fleuve profond et rapide de l'Escaut, et en renouvelant un exemple que le cardinal de Richelieu suivit aussi au siège de la Rochelle.

La nouvelle république fut obligée d'implorer le secours de la reine d'Angleterre Élisabeth. Elle lui envoya, sous le comte de Leicester, un secours de quatre mille soldats : c'était assez alors. Le prince Maurice eut quelque temps dans Leicester un supérieur, comme son père en avait eu un dans le duc d'Anjou et dans l'archiduc Mathias. Leicester prit le titre et le rang de gouverneur général; mais il fut bientôt désavoué par sa reine. Maurice ne laissa pas entamer son stathoudérat des sept Provinces-Unies : heureux s'il n'avait pas voulu aller au delà.

Toute cette guerre si longue et si pleine de vicissitudes ne put enfin ni rendre sept provinces à Philippe, ni lui ôter les autres. La république devenait chaque jour si formidable sur mer qu'elle ne servit pas peu à détruire cette flotte de Philippe II, surnommée *l'Invincible*. Ce peuple pendant plus de quarante ans ressembla aux Lacédémoniens, qui repoussèrent toujours le grand roi. Les mœurs, la simplicité, l'égalité étaient les mêmes dans Amsterdam qu'à Sparte, et la sobriété plus grande. Ces provinces tenaient encore quelque chose des premiers âges du monde. Il n'y a point de Frison un peu instruit qui ne sache qu'alors l'usage des clefs et des serrures était inconnu en Frise. On n'avait que le simple nécessaire, et ce n'était pas la peine de l'enfermer : on ne craignait point ses compatriotes; on défendait ses troupeaux et ses grains contre l'ennemi. Les maisons, dans tous ces cantons maritimes, n'étaient que des cabanes où la propreté fit toute la magnificence. Jamais peuple ne connut moins la délicatesse : quand Louise de

Coligny vint épouser à La Haye le prince Guillaume, on envoya au-devant d'elle une charrette de poste découverte, où elle fut assise sur une planche. Mais La Haye devint, sur la fin de la vie de Maurice, et dans le temps de Frédéric-Henri, un séjour agréable par l'affluence des princes, des négociateurs, et des guerriers. Amsterdam fut, par le commerce seul, une des plus florissantes villes de la terre, et la bonté des pâturages d'alentour fit la richesse des habitants des campagnes.

CHAPITRE CLXV

Il semblait que le roi d'Espagne dût alors écraser la maison de Nassau et la république naissante du poids de sa puissance. Il avait perdu à la vérité en Afrique la souveraineté de Tunis, et le port de la Goulette où était autrefois Carthage : mais un roi de Maroc et de Fez, nommé Mulei-Mehemed, qui disputait le royaume à son oncle, avait offert à Philippe de se rendre son tributaire, dès l'an 1577. Philippe le refusa, et ce refus lui valut la couronne de Portugal. Le monarque africain alla lui-même embrasser les genoux du roi de Portugal, Sébastien, et implorer son secours. Ce jeune prince, arrière-petit-fils du grand Emmanuel, brûlait de se signaler dans cette partie du monde où ses ancêtres avaient fait tant de conquêtes. Ce qui est très singulier, c'est que, n'étant point aidé de Philippe, son oncle maternel, dont il allait être le gendre, il reçut un secours de douze cents hommes du prince d'Orange, qui pouvait à peine alors se soutenir en Flandre. Cette petite circonstance, dans l'histoire générale, marque bien de la grandeur dans le prince d'Orange, mais surtout une passion déterminée de faire partout des ennemis à Philippe.

Sébastien débarque avec près de huit cents bâtiments au royaume de Fez, dans la ville d'Arzilla, conquête de ses ancêtres. Son armée était de quinze mille hommes d'infanterie; mais il n'avait pas mille chevaux. C'est apparemment ce petit nombre de cavalerie, si peu proportionné à la cavalerie formidable des Maures, qui l'a fait condamner comme un téméraire par tous les historiens; mais que de louanges s'il avait été heureux! Il fut vaincu par le vieux souverain de Maroc, Molucco

(4 août 1578). Trois rois périrent dans cette bataille, les deux rois maures, l'oncle et le neveu, et Sébastien. La mort du vieux roi Molucco est une des plus belles dont l'histoire fasse mention. Il était languissant d'une grande maladie; il se sentit affaibli au milieu de la bataille, donna tranquillement ses derniers ordres, et expira en mettant le doigt sur sa bouche, pour faire entendre à ses capitaines qu'il ne fallait pas que ses soldats sussent sa mort. On ne peut faire une si grande chose avec plus de simplicité. Il ne revint personne de l'armée vaincue. Cette journée extraordinaire eut une suite qui ne le fut pas moins : on vit pour la première fois un prêtre cardinal et roi; c'était don Henri, âgé de soixante et dix ans, fils du grand Emmanuel, grand-oncle de Sébastien. Il eut de plein droit le Portugal.

Philippe se prépara dès lors à lui succéder; et pour que tout fût singulier dans cette affaire, le pape Grégoire XIII se mit au nombre des concurrents, et prétendit que le royaume de Portugal appartenait au saint-siège, faute d'héritiers en ligne directe; par la raison, disait-il, qu'Alexandre III avait autrefois créé roi le comte Alphonse, qui s'était reconnu feudataire de Rome: c'était une étrange raison. Ce pape Grégoire XIII, Buoncompagno, avait le dessein ou plutôt l'idée vague de donner un royaume à Buoncompagno, son bâtard, en faveur duquel il ne voulait pas démembrer l'État ecclésiastique, comme avaient fait plusieurs de ses prédécesseurs. Il avait d'abord espéré que son fils aurait le royaume d'Irlande, parce que Philippe II fomentait des troubles dans cette île, ainsi qu'Élisabeth attisait le feu allumé dans les Pays-Bas. L'Irlande, ayant encore été donnée par les papes, devait revenir à eux ou à leurs enfants quand la souveraine d'Irlande était excommuniée. Cette idée ne réussit pas. Le pape obtint, à la vérité, de Philippe quelques vaisseaux et quelques Espagnols qui abordèrent en Irlande avec les Italiens, sous le pavillon du saint-siège; mais ils furent passés au fil de l'épée, et les Irlandais de leur parti périrent par la corde. Grégoire XIII, après cette entreprise si extravagante et si malheureuse, tourna ses vues du côté du Portugal; mais il avait affaire à Philippe II, qui avait plus de droits que lui et plus de moyens de les soutenir.

(1580) Le vieux cardinal-roi ne régna que pour voir discuter juridiquement devant lui quel serait son héritier. Il mourut bientôt. Un chevalier de Malte, Antoine, prieur de Crato, voulut succéder au roi-prêtre, qui était son oncle paternel, au lieu que Philippe II n'était neveu de Henri que du côté de sa mère. Le prieur passait pour bâtard, et se disait légitime. Ni le prieur ni le pape n'héritèrent. La branche de Bragance, qui semblait avoir des prétentions justes, eut alors ou la prudence ou la timidité de ne les pas faire valoir. Une armée de vingt mille hommes prouva le droit de Philippe : il ne fallait guère dans ce temps-là de plus grandes armées. Le prieur, qui ne pouvait résister par lui-même, eut en vain recours à l'appui du Grand Seigneur. Il ne manquait à toutes ces bizarreries que de voir le pape implorer aussi le Turc pour être roi de Portugal.

Philippe ne faisait jamais la guerre par lui-même : il conquit de son cabinet le Portugal. Le vieux duc d'Albe, exilé depuis deux ans, après ses longs services, rappelé comme un dogue enchaîné qu'on lâche encore pour aller à la chasse, termina sa carrière de sang en battant deux fois la petite armée du roi-prieur qui, abandonné de tout le monde, erra longtemps dans sa patrie.

Philippe vint alors se faire couronner à Lisbonne, et promit quatre-vingt mille ducats à qui livrerait don Antoine. Les proscriptions étaient les armes à son usage.

(1581) Le prieur de Crato se réfugia d'abord en Angleterre avec quelques compagnons de son infortune, qui, manquant de tout, et délabrés comme lui, le servaient à genoux. Cet usage, établi par les empereurs allemands qui succédèrent à la race de Charlemagne, fut reçu en Espagne quand Alphonse X, roi de Castille, eut été élu empereur, au XIIIe siècle. Les rois d'Angleterre ont suivi cet exemple qui semble contredire la fière liberté de la nation. Les rois de France l'ont dédaigné, et se sont contentés du pouvoir réel. En Pologne les rois ont été servis ainsi dans des jours de cérémonie, et n'en sont pas plus absolus.

Élisabeth n'était pas en état de faire la guerre pour le prieur de Crato : ennemie implacable, mais non déclarée, de Philippe, elle mettait toute son application à lui résister, à lui susciter secrètement des ennemis, et, ne pouvant se soutenir en Angleterre que par l'affection du peuple, ne pouvant conserver cette affection qu'en ne demandant point de nouveaux subsides, elle n'était pas en état de porter la guerre en Espagne.

Don Antoine s'adresse à la France. Le conseil de Henri III était avec Philippe dans les mêmes termes de jalousie et de crainte que le conseil d'Angleterre. Il n'y avait point de guerre déclarée, mais une ancienne inimitié, une envie mutuelle de se nuire; et Henri III fut toujours embarrassé entre les huguenots, qui faisaient un État dans l'État, et Philippe, qui voulut en faire un autre en offrant toujours aux catholiques sa protection dangereuse.

Catherine de Médicis avait des prétentions sur le Portugal, presque aussi chimériques que celles du pape. Don Antoine, en flattant ces prétentions, en promettant une partie du royaume qu'il ne pouvait recouvrer, et au moins les îles Açores où il avait un grand parti, obtint par le crédit de Catherine un secours considérable. On lui donna soixante petits vaisseaux, et environ six mille hommes, pour la plupart huguenots, qu'on était bien aise d'employer au loin, et qui l'étaient encore davantage d'aller combattre des Espagnols. Les Français, et surtout les calvinistes, cherchaient partout la guerre. Ils suivaient alors en foule le duc d'Anjou pour l'établir en Flandre. Ils s'embarquèrent avec allégresse pour tenter de rétablir don Antoine en Portugal. On s'empara d'abord d'une des îles; mais bientôt la flotte d'Espagne parut (1583) : elle était supérieure en tout à celle des Français par la grandeur des vaisseaux, par le nombre des troupes; il y avait douze galères à rames qui accompagnaient cinquante galions. C'est la première fois qu'on vit des galères sur l'Océan, et il était bien étonnant qu'on les eût conduites jusqu'à six cents lieues dans ces mers nouvelles. Lorsque Louis XIV, longtemps après, fit passer quelques galères dans l'Océan, cette entreprise passa pour la première de cette espèce, et ne l'était pourtant pas; mais elle était plus périlleuse que celle de Philippe II, parce que l'océan Britannique est plus orageux que l'Atlantique.

Cette bataille navale fut la première qui se donna dans

cette partie du monde. Les Espagnols vainquirent, et abusèrent de leur victoire. Le marquis de Santa-Cruz, général de la flotte de Philippe, fit mourir presque tous les prisonniers français par la main du bourreau, sous prétexte que, la guerre n'étant point déclarée entre l'Espagne et la France, il devait les traiter comme des pirates. Don Antoine, heureux d'échapper par la fuite, alla se faire servir à genoux en France, et mourir dans la pauvreté.

Philippe alors se voit maître non seulement du Portugal, mais de tous les grands établissements que sa nation avait faits dans les Indes. Il étendait sa domination au bout de l'Amérique et de l'Asie, et ne pouvait prévaloir contre la Hollande.

(1584) Une ambassade de quatre rois du Japon sembla mettre alors le comble à cette grandeur suprême qui le faisait regarder comme le premier monarque de l'Europe. La religion chrétienne faisait au Japon de grands progrès; et les Espagnols pouvaient se flatter d'y établir leur puissance, comme leur religion.

Philippe avait dans la chrétienté le pape, suzerain de son royaume de Naples, à ménager; la France à tenir toujours divisée, en quoi il réussissait par le moyen de la Ligue et par ses trésors; la Hollande à réduire, et surtout l'Angleterre à troubler. Il faisait mouvoir à la fois tous ces ressorts; et il parut bientôt, par l'armement de sa flotte nommée *l'Invincible,* que son but était de conquérir l'Angleterre plutôt que de l'inquiéter.

La reine Élisabeth lui fournissait assez de raisons; elle soutenait hautement les confédérés des Pays-Bas. François Drake, alors simple armateur, avait pillé plusieurs possessions espagnoles dans l'Amérique, traversé le détroit de Magellan, et était revenu à Londres, en 1580, chargé de dépouilles, après avoir fait le tour du monde. Un prétexte plus considérable que ces raisons était la captivité de Marie Stuart, reine d'Écosse, retenue depuis dix-huit ans prisonnière contre le droit des gens. Elle avait pour elle tous les catholiques de l'île. Elle avait un droit très apparent sur l'Angleterre, droit qu'elle tirait de Henri VII, par une naissance dont la légitimité n'était pas contestée comme celle d'Élisabeth. Philippe pouvait faire valoir pour lui-même le vain titre de roi d'Angleterre qu'il avait porté, et enfin l'entreprise de délivrer la reine Marie mettait nécessairement le pape et tous les catholiques de l'Europe dans ses intérêts.

CHAPITRE CLXVI

De l'invasion de l'Angleterre, projetée par Philippe ii. De la flotte invincible. Du pouvoir de Philippe ii en France. Examen de la mort de don Carlos, etc...

Dans ce dessein, Philippe prépare cette flotte prodigieuse qui devait être secondée par un autre armement en Flandre, et par la révolte des catholiques en Angleterre. Ce fut ce qui perdit la reine Marie Stuart, (1587) et la conduisit sur un échafaud au lieu de la délivrer. Il ne restait plus à Philippe qu'à la venger en prenant l'Angleterre pour lui-même; après quoi il voyait la Hollande soumise et punie.

Il avait fallu l'or du Pérou pour faire tous ces préparatifs. La flotte invincible part du port de Lisbonne (3 juin 1588), forte de cent cinquante gros vaisseaux, de vingt mille soldats, de près de trois mille canons, de près de sept mille hommes d'équipage, qui pouvaient combattre dans l'occasion. Une armée de trente mille combattants, assemblée en Flandre par le duc de Parme, n'attend que le moment de passer en Angleterre sur des barques de transport déjà prêtes, et de se joindre aux soldats que portait la flotte de Philippe. Les vaisseaux anglais, beaucoup plus petits que ceux des Espagnols, ne devaient pas résister au choc de ces citadelles mouvantes, dont quelques-unes avaient leurs œuvres vives de trois pieds d'épaisseur, impénétrables au canon. Cependant rien de cette entreprise si bien concertée ne réussit. Bientôt cent vaisseaux anglais, quoique petits, arrêtent cette flotte formidable : ils prennent quelques bâtiments espagnols; ils dispersent le reste avec huit brûlots. La tempête seconde ensuite les Anglais; l'Invincible est prête d'échouer sur les côtes de Zélande. L'armée du duc de Parme, qui ne pouvait se mettre en mer qu'à la faveur de la flotte espagnole, demeure inutile. Les vaisseaux de Philippe, vaincus par les Anglais et par les vents, se retirent aux mers du Nord; quelques-uns avaient échoué sur les côtes de Zélande, d'autres sont fracassés vers les rochers des îles Orcades et sur les côtes d'Écosse; d'autres font naufrage en Irlande. Les paysans y massacrèrent les soldats et les matelots échappés à la fureur de la mer, et le vice-roi d'Irlande eut la barbarie de faire pendre ce qui en restait. Enfin il ne revint en Espagne que cinquante vaisseaux; et d'environ trente mille hommes que la flotte avait portés, les naufrages, le canon, et le fer des Anglais, les blessures et les maladies, n'en laissèrent pas rentrer six mille dans leur patrie.

Il règne encore en Angleterre un singulier préjugé **B** sur cette flotte invincible. Il n'y a guère de négociant qui ne répète souvent à ses apprentis que ce fut un marchand, nommé Gresham, qui sauva la patrie, en retardant l'équipement de la flotte d'Espagne, et en accélérant celui de la flotte anglaise. Voici, dit-on, comment il s'y prit. Le ministère espagnol envoyait des lettres de change à Gênes pour payer les armements des ports d'Italie : Gresham, qui était le plus fort marchand d'Angleterre, tira en même temps sur Gênes, et menaça ses correspondants de ne plus jamais traiter avec eux s'ils préféraient le papier des Espagnols au sien. Les Génois ne balancèrent pas entre un marchand anglais et un simple roi d'Espagne. Le marchand tira tout l'argent de Gênes; il n'en resta plus pour Philippe II, et son armement resta six mois suspendu. Ce conte ridicule est répété dans vingt volumes, on l'a même débité publiquement sur les théâtres de Londres; mais les historiens sensés ne se sont jamais déshonorés par cette fable absurde. Chaque peuple a ses contes inventés par l'amour-propre; il serait heureux que le genre humain n'eût jamais été bercé de contes plus absurdes et plus dangereux.

La florissante armée de trente mille hommes qu'avait le duc de Parme ne servit pas plus à subjuguer la Hollande que la flotte invincible n'avait servi à conquérir l'Angleterre. La Hollande, qui se défendait si aisément par ses canaux, par ses digues, par ses étroites chaussées, encore plus par un peuple idolâtre de sa liberté, et devenu tout guerrier sous les princes d'Orange, aurait pu tenir contre une armée plus formidable.

Il n'y avait que Philippe II qui pût être encore redoutable après un si grand désastre. L'Amérique et l'Asie lui prodiguaient de quoi faire trembler ses voisins ; et ayant manqué l'Angleterre, il fut sur le point de faire de la France une de ses provinces.

Dans le temps même qu'il conquérait le Portugal, qu'il soutenait la guerre en Flandre, et qu'il attaquait l'Angleterre, il animait en France cette Ligue nommée *sainte*, qui renversait le trône et qui déchirait l'État ; et, mettant encore lui-même la division dans cette Ligue, qu'il protégeait, il fut près trois fois d'être reconnu souverain de la France sous le nom de *protecteur*, avec le pouvoir de conférer toutes les charges. L'infante Eugénie, sa fille, devait être reine sous ses ordres, et porter en dot la couronne de France à son époux. Cette proposition fut faite par la faction des Seize, dès l'an 1589, après l'assassinat de Henri III. Le duc de Mayenne, chef de la Ligue, ne put éluder cette proposition qu'en disant que la Ligue ayant été formée par la religion, *le titre de protecteur de la France ne pouvait appartenir qu'au pape*. L'ambassadeur de Philippe en France poussa très loin cette négociation avant la tenue des états de Paris, en 1593. On délibéra longtemps sur les moyens d'abolir la loi salique, et enfin l'infante fut proposée pour reine aux états de Paris.

Philippe accoutumait insensiblement les Français à dépendre de lui : car, d'un côté, il envoyait à la Ligue assez de secours pour l'empêcher de succomber, mais non assez pour la rendre indépendante ; de l'autre, il armait son gendre, Charles-Emmanuel de Savoie, contre la France ; il lui entretenait des troupes ; il l'aidait à se faire reconnaître protecteur par le parlement de Provence, afin que la France, apprivoisée par cet exemple, reconnût Philippe pour protecteur de tout le royaume. Il était vraisemblable que la France y serait forcée. L'ambassadeur d'Espagne régnait en effet dans Paris en prodiguant les pensions. La Sorbonne et tous les ordres religieux étaient dans son parti. Son projet n'était point de conquérir la France comme le Portugal, mais de forcer la France à le prier de la gouverner.

(1590) C'est dans ce dessein qu'il envoie du fond des Pays-Bas Alexandre Farnèse au secours de Paris, pressé par les armes victorieuses de Henri IV ; et c'est dans ce dessein qu'il le rappelle, après que Farnèse a délivré par ses savantes marches, sans coup férir, la capitale du royaume. Ensuite, lorsque Henri IV assiège Rouen, il renvoie encore le même duc de Parme faire lever le siège.

(1591) C'était une chose bien admirable, lorsque Philippe était assez puissant pour décider ainsi du destin de la guerre en France, que le prince d'Orange, Maurice, et les Hollandais, le fussent assez pour s'y opposer et pour envoyer des secours à Henri IV, eux qui, dix ans auparavant, n'étaient regardés en Espagne que comme des séditieux obscurs, incapables d'échapper au supplice. Ils envoyèrent trois mille hommes au roi de France ; mais le duc de Parme n'en délivra pas moins la ville de Rouen, comme il avait délivré celle de Paris.

Alors Philippe le rappelle encore, et, toujours donnant et retirant ses secours à la Ligue, toujours se rendant nécessaire, il tend ses filets de tous côtés sur les frontières et dans le cœur du royaume, pour faire tomber ce pays divisé dans le piège inévitable de sa domination. Il était déjà établi dans une grande partie de la Bretagne par la force des armes. Son gendre, le duc de Savoie, l'était dans la Provence et dans une partie du Dauphiné : le chemin était toujours ouvert pour les armées espagnoles d'Arras à Paris, et de Fontarabie à la Loire. Philippe était si persuadé que la France ne pouvait lui échapper que, dans ses entretiens avec le président Jeannin, envoyé du duc de Mayenne, il lui disait toujours : *Ma ville de Paris, ma ville d'Orléans, ma ville de Rouen.*

La cour de Rome, qui le craignait, était pourtant obligée de le seconder, et les armes de la religion combattaient sans cesse pour lui. Il ne lui en coûtait que l'affectation d'un grand zèle. Ce voile de zèle pour la religion catholique était encore le prétexte de la destruction de Genève, à laquelle il travaillait dans le même temps. Il fit marcher, dès l'an 1589, une armée aux ordres de Charles-Emmanuel, duc de Savoie, son gendre, pour réduire Genève et les pays circonvoisins ; mais des peuples pauvres, élevés au-dessus d'eux-mêmes par l'amour de la liberté, furent toujours l'écueil de ce riche et puissant monarque. Les Genevois, aidés des seuls cantons de Zurich et de Berne, et de trois cents soldats de Henri IV, se soutinrent contre les trésors du beau-père et contre les armes du gendre. Ces mêmes Genevois délivrèrent leur ville, en 1602, des mains de ce même duc de Savoie, qui l'avait surprise par escalade en pleine paix, et qui déjà la mettait au pillage. Ils eurent même la hardiesse de punir cette entreprise d'un souverain comme un brigandage, et de faire pendre treize officiers qualifiés, qui, n'ayant pu être conquérants, furent traités comme des voleurs de nuit.

Philippe, sans sortir de son cabinet, soutenait donc sans cesse la guerre à la fois dans les Pays-Bas contre le prince Maurice, dans presque toutes les provinces de France contre Henri IV, à Genève et dans la Suisse, et sur mer contre les Anglais et les Hollandais. Quel fut le fruit de toutes ces vastes entreprises qui tinrent si longtemps l'Europe en alarmes ? Henri IV, en allant à la messe, lui fit perdre la France en un quart d'heure. Les Anglais, aguerris sur mer par lui-même, et devenus aussi bons marins que les Espagnols, ravagèrent ses possessions en Amérique (1593). Le comte d'Essex brûla ses galions et sa ville de Cadix (1596). Enfin, après avoir encore désolé la France, après qu'Amiens eut été pris par surprise, et repris par la valeur de Henri IV, Philippe fut obligé de conclure la paix de Vervins, et de reconnaître pour roi de France celui qu'il n'avait jamais nommé que le prince de Béarn.

Il faut observer surtout que dans cette paix il rendit à la France la ville de Calais (2 mai 1598), que l'archiduc Albert, gouverneur des Pays-Bas, avait prise pendant les malheurs de la France, et qu'on ne fit nulle mention des droits prétendus par Élisabeth dans le traité ; elle n'eut ni cette ville ni les huit cent mille écus qu'on lui devait par le traité de Cateau-Cambresis.

Le pouvoir de Philippe fut alors comme un grand fleuve rentré dans son lit, après avoir inondé au loin les campagnes. Philippe resta le premier potentat de l'Europe. Élisabeth, et surtout Henri IV, avaient une gloire plus personnelle; mais Philippe conserva jusqu'au dernier moment ce grand ascendant que lui donnait l'immensité de ses pays et de ses trésors. Trois mille millions de nos livres que lui coûtèrent sa cruauté despotique dans les Pays-Bas, et son ambition en France, ne l'appauvrirent point. L'Amérique et les Indes orientales furent toujours inépuisables pour lui. Il arriva seulement que ses trésors enrichirent l'Europe malgré son intention. Ce que ses intrigues prodiguèrent en Angleterre, en France, en Italie, ce que ses armements lui coûtèrent dans les Pays-Bas, ayant augmenté les richesses des peuples qu'il voulait subjuguer, le prix des denrées doubla presque partout, et l'Europe s'enrichit du mal qu'il avait voulu lui faire.

Il avait environ trente millions de ducats d'or de revenu, sans être obligé de mettre de nouveaux impôts sur ses peuples. C'était plus que tous les monarques chrétiens ensemble. Il eut par là de quoi marchander plus d'un royaume, mais non de quoi les conquérir. Le courage d'esprit d'Élisabeth, la valeur de Henri IV, et celle des princes d'Orange, triomphèrent de ses trésors et de ses intrigues; mais, si on en excepte le saccagement de Cadix, l'Espagne fut de son temps toujours tranquille et toujours heureuse.

Les Espagnols eurent une supériorité marquée sur les autres peuples : leur langue se parlait à Paris, à Vienne, à Milan, à Turin; leurs modes, leur manière de penser et d'écrire, subjuguèrent les esprits des Italiens; et depuis Charles-Quint jusqu'au commencement du règne de Philippe III, l'Espagne eut une considération que les autres peuples n'avaient point.

Dans le temps qu'il faisait la paix avec la France, il donna les Pays-Bas et la Franche-Comté en dot à sa fille Claire-Eugénie, qu'il n'avait pu faire reine, et il les donna comme un fief reversible à la couronne d'Espagne, faute de postérité.

Philippe mourut bientôt après (13 septembre 1598) à l'âge de soixante et onze ans, dans ce vaste palais de l'Escurial qu'il avait fait vœu de bâtir en cas que ses généraux gagnassent la bataille de Saint-Quentin : comme s'il importait à Dieu que le connétable de

Montmorency ou Philibert de Savoie gagnât la bataille, et comme si la faveur céleste s'achetait par des bâtiments !

La postérité a mis ce prince au rang des plus puissants rois, mais non des plus grands. On l'appela le *Démon du Midi*[1], parce que du fond de l'Espagne, qui est au midi de l'Europe, il troubla tous les autres États.

Si, après l'avoir considéré sur le théâtre du gouvernement, on l'observe dans le particulier, on voit en lui un maître dur et défiant, un amant, un mari cruel, et un père impitoyable.

Un grand événement de sa vie domestique, qui exerce encore aujourd'hui la curiosité du monde[2], est la mort de son fils don Carlos. Personne ne sait comment mourut ce prince; son corps, qui est dans les tombes de l'Escurial, y est séparé de sa tête : on prétend que cette tête n'est séparée que parce que la caisse de plomb qui renferme le corps est en effet trop petite. (x) C'est une allégation bien faible : il était aisé de faire un cercueil plus long. Il est plus vraisemblable que Philippe fit trancher la tête de son fils. (x) On a imprimé dans la vie du czar Pierre I[er][3] que, lorsqu'il voulut condamner son fils à la mort, il fit venir d'Espagne les actes du procès de don Carlos; mais ni ces actes ni la condamnation de ce prince n'existent. On ne connaît pas plus son crime que son genre de mort. Il n'est ni prouvé ni vraisemblable que son père l'ait fait condamner par l'Inquisition. Tout ce qu'on sait, c'est qu'en 1568 son père vint l'arrêter lui-même dans sa chambre, et qu'il écrivit à l'impératrice, sa sœur, « qu'il n'avait jamais découvert dans le prince son fils aucun vice capital ni aucun crime déshonorant, et qu'il l'avait fait enfermer pour son bien et pour celui du royaume ». Il écrivit en même temps au pape Pie V tout le contraire : il lui dit dans sa lettre du 20 janvier 1568, « que dès sa

B

---

1. *Ab incursu et dæmonio meridiano*. Ps. XC, 6.

2. Sur ce drame, l'abbé de Saint-Réal écrivit une *Histoire de Don Carlos, nouvelle historique,* Amsterdam, 1672.

3. V. renvoie apparemment aux *Mémoires du règne de Pierre le Grand,* par le prétendu boyard Nestesuranoy (Jean Rousset de Missy), Amsterdam, 1728, *FL.*

plus tendre jeunesse la force d'un naturel vicieux a étouffé dans don Carlos toutes les instructions paternelles ». Après ces lettres par lesquelles Philippe rend compte de l'emprisonnement de son fils, on n'en voit point par lesquelles il se justifie de sa mort; et cela seul, joint aux bruits qui coururent dans l'Europe, peut faire croire qu'en effet Philippe fut coupable d'un parricide. Son silence au milieu des rumeurs publiques justifiait encore ceux qui prétendaient que la cause de cette horrible aventure fut l'amour de don Carlos pour Élisabeth de France, sa belle-mère, et l'inclination de cette reine pour ce jeune prince. Rien n'était plus vraisemblable : Élisabeth avait été élevée dans une cour galante et voluptueuse; Philippe II était plongé dans les intrigues des femmes; la galanterie était l'essence d'un Espagnol. De tous côtés était l'exemple de l'infidélité. Il était naturel que don Carlos et Élisabeth, à peu près du même âge, eussent de l'amour l'un pour l'autre. La mort précipitée de la reine, qui suivit de près celle du prince, confirma ces soupçons.

Toute l'Europe crut que Philippe avait immolé sa femme et son fils à sa jalousie, et on le crut d'autant plus que quelque temps après ce même esprit de jalousie le porta à vouloir faire périr par la main du bourreau le fameux Antoine Pérès, son rival auprès de la princesse d'Éboli. Ce sont là les accusations qu'on a vues intentées contre lui par le prince d'Orange au tribunal du public. Il est bien étrange que Philippe n'y fît pas au moins répondre par les plumes vénales de son royaume, et que personne dans l'Europe ne réfutât le prince d'Orange. Ce ne sont pas là des convictions entières, mais ce sont les présomptions les plus fortes; et l'histoire ne doit pas négliger de les rapporter comme telles, le jugement de la postérité étant le seul rempart qu'on ait contre la tyrannie heureuse.

CHAPITRE CLXVII

Les Anglais n'eurent ni cette brillante prospérité des Espagnols, ni cette influence dans les autres cours, ni ce vaste pouvoir qui rendait l'Espagne si dangereuse; mais la mer et le négoce leur donnèrent une grandeur nouvelle. Ils connurent leur véritable élément, et cela seul les rendit plus heureux que toutes les possessions étrangères et les victoires de leurs anciens rois. Si ces rois avaient régné en France, l'Angleterre n'eût été qu'une province asservie. Ce peuple, qu'il fut si difficile de former, qui fut conquis si aisément par des pirates danois et saxons, et par un duc de Normandie, n'avait été, sous les Édouard III et les Henri V, que l'instrument grossier de la grandeur passagère de ces monarques; il fut sous Élisabeth un peuple puissant, policé, industrieux, laborieux, entreprenant. Les navigations des Espagnols avaient excité leur émulation; ils cherchèrent dans trois voyages consécutifs un passage au Japon et à la Chine par le nord. Drake et Candish [1] firent le tour du globe, en attaquant partout ces mêmes Espagnols qui s'étendaient aux deux bouts du monde. Des sociétés qui n'avaient d'appui qu'elles-mêmes trafiquèrent avec un grand avantage sur les côtes de la Guinée. Le célèbre chevalier Raleigh, sans aucun secours du gouvernement, jeta et affermit les fondements des colonies anglaises dans l'Amérique septentrionale en 1585. Ces entreprises formèrent bientôt la meilleure marine de l'Europe; il y parut bien lorsqu'ils mirent cent vaisseaux en mer contre la flotte invincible de

---

1. Thomas Cavendish.

Philippe II, et qu'ils allèrent ensuite insulter les côtes d'Espagne, détruire ses navires, et brûler Cadix; et qu'enfin, devenus plus formidables, ils battirent en 1602 la première flotte que Philippe III eût mise en mer, et prirent dès lors une supériorité qu'ils ne perdirent presque jamais.

Dès les premières années du règne d'Élisabeth, ils s'appliquèrent aux manufactures. Les Flamands, persécutés par Philippe II, vinrent peupler Londres, la rendre industrieuse, et l'enrichir. Londres, tranquille sous Élisabeth, cultiva même avec succès les beaux-arts, qui sont la marque et le fruit de l'abondance. Les noms de Spencer et de Shakespeare, qui fleurirent de ce temps, sont parvenus aux autres nations. Londres s'agrandit, se poliça, s'embellit; enfin la moitié de cette île de la Grande-Bretagne balança la grandeur espagnole. Les Anglais étaient le second peuple par leur industrie; et comme libres, ils étaient le premier. Il y avait déjà sous ce règne des compagnies de commerce établies pour le Levant et pour le Nord. On commençait en Angleterre à considérer la culture des terres comme le premier bien, tandis qu'en Espagne on commençait à négliger ce vrai bien pour des trésors de convention. Le commerce des trésors du nouveau monde enrichissait le roi d'Espagne; mais en Angleterre le négoce des denrées était utile aux citoyens. Un simple marchand de Londres, nommé Gresham, dont nous avons parlé [1], eut alors assez d'opulence et assez de générosité pour bâtir à ses dépens la bourse de Londres et un collège qui porte son nom. Plusieurs autres citoyens fondèrent des hôpitaux et des écoles. C'était là le plus bel effet qu'eût produit la liberté; de simples particuliers faisaient ce que font aujourd'hui les rois, quand leur administration est heureuse.

Les revenus de la reine Élisabeth n'allaient guère au delà de six cent mille livres sterling, et le nombre de ses sujets ne montait pas à beaucoup plus que quatre millions d'habitants. La seule Espagne alors en contenait une fois davantage. Cependant Élisabeth se défendit

---

1. Voir *supra*, p. 458.

toujours avec succès, et eut la gloire d'aider à la fois Henri IV à conquérir son royaume, et les Hollandais à établir leur république.

Il faut remonter en peu de mots aux temps d'Édouard VI et de Marie, pour connaître la vie et le règne d'Élisabeth.

Cette reine, née en 1533, fut déclarée au berceau héritière légitime du royaume d'Angleterre, et peu de temps après déclarée bâtarde, quand sa mère Anne Boulen, passa du trône à l'échafaud. Son père, qui finit sa vie en 1547, mourut en tyran comme il avait vécu. De son lit de mort il ordonnait des supplices, mais toujours par l'organe des lois. Il fit condamner à mort le duc de Norfolk et son fils, sur ce seul prétexte que leur vaisselle était marquée aux armes d'Angleterre. Le père, à la vérité, obtint sa grâce; mais le fils fut exécuté. Il faut avouer que si les Anglais passent pour faire peu de cas de la vie, leur gouvernement les a traités selon leur goût. Le règne du jeune Édouard VI, fils de Henri VIII et de Jeanne Seymour, ne fut pas exempt de ces sanglantes tragédies. Son oncle Thomas Seymour, amiral d'Angleterre, eut la tête tranchée parce qu'il s'était brouillé avec Édouard Seymour, son frère, duc de Somerset, protecteur du royaume; et bientôt après le duc de Somerset lui-même périt de la même mort. Ce règne d'Édouard VI, qui ne fut que de cinq ans, fut un temps de sédition et de troubles pendant lequel la nation fut ou parut protestante. Il ne laissa la couronne ni à Marie ni à Élisabeth, ses sœurs, mais à Jeanne Gray, descendante de Henri VII, petite-fille de la veuve de Louis XII et de Brandon, simple gentilhomme, créé duc de Suffolk. Cette Jeanne Gray était femme d'un lord Guildford, et Guildford était fils du duc de Northumberland, tout-puissant sous Édouard VI. Le testament d'Édouard VI, en donnant le trône à Jeanne Gray, ne lui prépara qu'un échafaud : elle fut proclamée à Londres (1553); mais le parti et le droit de Marie, fille de Henri VIII et de Catherine d'Aragon, l'emportèrent, et la première chose que fit cette reine, après avoir signé son contrat de mariage avec Philippe, ce fut de faire condamner à mort sa rivale (1554), princesse de dix-sept ans, pleine de grâces et d'innocence, qui n'avait d'autre crime que d'être nommée dans le testament d'Édouard. En vain elle se dépouilla de cette dignité fatale, qu'elle ne garda que neuf jours; elle fut conduite au supplice, ainsi que son mari, son père, et son beau-père. Ce fut la troisième reine en Angleterre, en moins de vingt années, qui mourut sur l'échafaud. La religion protestante, dans laquelle elle était née, fut la principale cause de sa mort. Les bourreaux, dans cette révolution, furent beaucoup plus employés que les soldats. Toutes ces cruautés s'exécutaient par actes du parlement. Il y a eu des temps sanguinaires chez tous les peuples; mais chez le peuple anglais, plus de têtes illustres ont été portées sur l'échafaud que dans tout le reste de l'Europe ensemble. Ce fut le caractère de cette nation de commettre des meurtres juridiquement. Les portes de Londres ont été infectées de crânes humains attachés aux murailles, comme les temples du Mexique.

CHAPITRE CLXVIII

DE LA REINE ÉLISABETH

Élisabeth fut d'abord mise en prison par sa sœur, la reine Marie. Elle employa une prudence au-dessus de son âge, et une flatterie qui n'était pas dans son caractère, pour conserver sa vie. Cette princesse, qui refusa depuis Philippe II, quand elle fut reine, voulait alors épouser le comte de Devonshire Courtenai ; et il paraît par les lettres qui restent d'elle qu'elle avait beaucoup d'inclination pour lui : un tel mariage n'eût point été extraordinaire ; on voit que Jeanne Gray, destinée au trône, avait épousé le lord Guildford ; Marie, reine douairière de France, avait passé du lit de Louis XII dans les bras du chevalier Brandon. Toute la maison royale d'Angleterre venait d'un simple gentilhomme nommé *Tudor,* qui avait épousé la veuve de Henri V, fille du roi de France Charles VI ; et en France, quand les rois n'étaient pas encore parvenus au degré de puissance qu'ils ont eu depuis, la veuve de Louis le Gros ne fit aucune difficulté d'épouser Mathieu de Montmorency.

Élisabeth, dans sa prison, et dans l'état de persécution où elle vécut toujours sous Marie, mit à profit sa disgrâce : elle cultiva son esprit, apprit les langues et les sciences ; mais de tous les arts où elle excella, celui de se ménager avec sa sœur, avec les catholiques et avec les protestants, de dissimuler, et d'apprendre à régner, fut le plus grand.

(1559) A peine proclamée reine, Philippe II, son beau-frère, la rechercha en mariage. Si elle l'eût épousé, la France et la Hollande couraient risque d'être accablées ; mais elle haïssait la religion de Philippe, n'aimait pas sa personne, et voulait à la fois jouir de la vanité d'être aimée et du bonheur d'être indépendante. Mise en prison sous la reine sa sœur catholique, elle songea, dès qu'elle fut sur le trône, à rendre le royaume protestant. (1559) Elle se fit pourtant couronner par un évêque catholique, pour ne pas effaroucher d'abord les esprits. Je remarquerai qu'elle alla de Westminster à la Tour de Londres dans un char suivi de cent autres. Ce n'est pas que les carrosses fussent alors en usage, ce n'était qu'un appareil passager.

Immédiatement après elle convoqua un parlement qui établit la religion anglicane telle qu'elle est aujourd'hui, et qui donna au souverain la suprématie, les décimes, et les annates.

Élisabeth eut donc le titre de chef de la religion anglicane. Beaucoup d'amateurs, et principalement les Italiens, ont trouvé cette dignité ridicule dans une femme : mais ils pouvaient considérer que cette femme régnait; qu'elle avait des droits attachés au trône par les lois du pays; qu'autrefois les souverains de toutes les nations connues avaient l'intendance des choses de la religion; que les empereurs romains furent souverains pontifes; que si aujourd'hui dans quelques pays l'Église gouverne l'État, il y en a beaucoup d'autres où l'État gouverne l'Église. Nous avons vu en Russie quatre souveraines de suite présider au synode qui tient lieu du patriarcat absolu. Une reine d'Angleterre qui nomme un archevêque de Cantorbéry, et qui lui prescrit des lois, n'est pas plus ridicule qu'une abbesse de Fontevrault qui nomme des prieurs et des curés, et qui leur donne sa bénédiction : en un mot chaque pays à ses usages.

Tous les princes doivent se souvenir, et les évêques B ne doivent pas perdre la mémoire de la fameuse lettre de la reine Élisabeth à Heaton, évêque d'Ély :

« Présomptueux Prélat,

« J'apprends que vous différez à conclure l'affaire dont vous êtes convenu : ignorez-vous donc que moi, qui vous ai élevé, je puis également vous faire rentrer dans le néant? Remplissez au plus tôt votre engagement, ou je vous ferai descendre de votre siège.

« Votre amie, tant que vous mériterez que je le sois.

« Élisabeth. »

Si les princes et les magistrats avaient toujours pu B établir un gouvernement assez ferme pour être en droit d'écrire impunément de telles lettres, il n'y aurait jamais eu de sang versé pour les querelles de l'empire et du sacerdoce.

La religion anglicane conserva ce que les cérémonies romaines ont d'auguste, et ce que le luthéranisme a d'austère. J'observe que de neuf mille quatre cents bénéficiers que contenait l'Angleterre, il n'y eut que quatorze évêques, cinquante chanoines, et quatre-vingts curés, qui, n'acceptant pas la réforme, restèrent catholiques et perdirent leurs bénéfices. Quand on pense que la nation anglaise changea quatre fois de religion depuis Henri VIII, on s'étonne qu'un peuple si libre ait été si soumis, ou qu'un peuple qui a tant de fermeté ait eu tant d'inconstance. Les Anglais en cela ressemblèrent à ces cantons suisses qui attendirent de leurs magistrats la décision de ce qu'ils devaient croire. Un acte du parlement est tout pour les Anglais; ils aiment la loi, et on ne peut les conduire que par les lois d'un parlement qui prononce, ou qui semble prononcer par lui-même.

Personne ne fut persécuté pour être catholique; mais ceux qui voulurent troubler l'État par principe de conscience furent sévèrement punis. Les Guises, qui se servaient alors du prétexte de la religion pour établir leur pouvoir en France, ne manquèrent pas d'employer les mêmes armes pour mettre Marie Stuart, reine d'Écosse, leur nièce, sur le trône d'Angleterre. Maîtres des finances et des armées de France, ils envoyaient des troupes et de l'argent en Écosse, sous prétexte de secourir les Écossais catholiques contre les Écossais protestants. Marie Stuart, épouse de François II, roi de France, prenait hautement le titre de *reine d'Angleterre,* comme descendante de Henri VII. Tous les catholiques anglais, écossais, irlandais, étaient pour elle. Le trône d'Élisabeth n'était pas encore affermi; les intrigues de la religion pouvaient le renverser. Élisabeth dissipe ce premier orage; elle envoie une armée au secours des protestants d'Écosse, et force la régente d'Écosse, mère de Marie Stuart, à recevoir la loi par un traité, et à renvoyer les troupes de France dans vingt jours.

François II meurt : elle oblige Marie Stuart, sa veuve, à renoncer au titre de *reine d'Angleterre*. Ses intrigues encouragent les états d'Édimbourg à établir la réforme en Écosse; par là elle s'attache un pays dont elle avait tout à craindre.

A peine est-elle libre de ces inquiétudes que Philippe II lui donne de plus grandes alarmes. Philippe était indispensablement dans ses intérêts quand Marie Stuart, héritière d'Élisabeth, pouvait espérer de réunir sur une même tête les couronnes de France, d'Angleterre et d'Écosse. Mais François II étant mort, et sa veuve retournée en Écosse sans appui, Philippe, n'ayant que les protestants à craindre, devint l'implacable ennemi d'Élisabeth.

Il soulève en secret l'Irlande contre elle, et elle réprime toujours les Irlandais. Il envoie cette flotte invincible pour la détrôner, et elle la dissipe. Il soutient en France cette Ligue catholique, si funeste à la maison royale, et elle protège le parti opposé. La république de Hollande est pressée par les armes espagnoles; elle l'empêche de succomber. Autrefois les rois d'Angleterre dépeuplaient leurs États pour se mettre en possession du trône de France; mais les intérêts et les temps sont tellement changés qu'elle envoie des secours réitérés à Henri IV pour l'aider à conquérir son patrimoine. C'est avec ce secours que Henri assiégea enfin Paris, et que, sans le duc de Parme, ou sans son extrême indulgence pour les assiégés, il eût mis la religion protestante sur le trône. C'était ce qu'Élisabeth avait extrêmement à cœur. On aime à voir ses soins réussir, à ne point perdre le fruit de ses dépenses. La haine contre la religion catholique s'était encore fortifiée dans son cœur depuis qu'elle avait été excommuniée par Pie V et par Sixte-Quint; ces deux papes l'avaient déclarée indigne et incapable de régner, et plus Philippe II se déclarait le protecteur de cette religion, plus Élisabeth en était l'ennemie passionnée. Il n'y eut point de ministre protestant plus affligé qu'elle quand elle apprit l'abjuration de Henri IV. Sa lettre à ce monarque est bien remarquable : « Vous m'offrez votre amitié comme à votre sœur, je sais que je l'ai méritée, et certes à un grand prix; je ne m'en repentirais pas si vous n'aviez pas changé de père. Je ne puis plus être votre sœur de père : car j'aimerai toujours plus chèrement celui qui m'est propre que celui qui vous a adopté. » Ce billet fait voir en même temps son cœur, son esprit, et l'énergie avec laquelle elle s'exprimait dans une langue étrangère.

Malgré cette haine contre la religion romaine, il est sûr qu'elle ne fut point sanguinaire avec les catholiques de son royaume, comme Marie l'avait été avec les protestants. Il est vrai que le jésuite Créton, le jésuite Campion, et d'autres, furent pendus (1581), dans le même temps que le duc d'Anjou, frère de Henri III, préparait tout à Londres pour son mariage avec la reine, lequel ne se fit point; mais ces jésuites furent unanimement condamnés pour des conspirations et des séditions dont ils furent accusés : l'arrêt fut donné sur les dépositions des témoins. Il se peut que ces victimes fussent innocentes; mais aussi la reine était innocente de leur mort, puisque les lois seules avaient agi : (x) A nous n'avons d'ailleurs nulle preuve de leur innocence, et les preuves juridiques de leurs crimes subsistent dans les archives de l'Angleterre.

Plusieurs personnes en France s'imaginent encore qu'Élisabeth ne fit périr le comte d'Essex que par une jalousie de femme; elles le croient sur la foi d'une tragédie [1] et d'un roman. Mais quiconque a un peu lu sait que la reine avait alors soixante et huit ans; que le comte d'Essex fut coupable d'une révolte ouverte, fondée sur le déclin même de l'âge de la reine, et sur l'espérance de profiter du déclin de sa puissance; qu'il fut enfin condamné par ses pairs, lui et ses complices.

La justice, plus exactement rendue sous le règne d'Élisabeth que sous aucun de ses prédécesseurs, fut un des fermes appuis de son administration. Les finances ne furent employées qu'à défendre l'État.

---

1. Il existe trois tragédies intitulées *Le Comte d'Essex* : par La Calprenède (1639), Boyer (1672), et Thomas Corneille (1678). V. pense certainement à celle de Thomas Corneille, « assez plate tragédie que l'on joue quelquefois », dit-il dans *Candide*, ch. 22. Le roman doit être l'ouvrage intitulé *Histoire secrète de la reine Elisabeth et du comte d'Essex par une personne de qualité,* Cologne, 1690.

Elle eut des favoris, et n'en enrichit aucun aux dépens de la patrie. Son peuple fut son premier favori; non qu'elle l'aimât en effet, mais elle sentait que sa sûreté et sa gloire dépendaient de le traiter comme si elle l'eût aimé.

Élisabeth aurait joui de cette gloire sans tache si elle n'eût pas souillé un si beau règne par l'assassinat de Marie Stuart, qu'elle osa commettre avec le glaive de la justice.

CHAPITRE CLXIX

De la reine Marie Stuart

Il est difficile de savoir la vérité tout entière dans une querelle de particuliers; combien plus dans une querelle de têtes couronnées, lorsque tant de ressorts secrets sont employés, lorsque les deux partis font valoir également la vérité et le mensonge! Les auteurs contemporains sont alors suspects; ils sont pour la plupart les avocats d'un parti, plutôt que les dépositaires de l'histoire. Je dois donc m'en tenir aux faits avérés dans les obscurités de cette grande et fatale aventure.

Toutes les rivalités étaient entre Marie et Élisabeth, rivalité de nation, de couronne, de religion; celle de l'esprit, celle de la beauté. Marie, bien moins puissante, moins maîtresse chez elle, moins ferme, et moins politique, n'avait de supériorité sur Élisabeth que celle de ses agréments, qui contribuèrent même à son malheur. La reine d'Écosse encourageait la faction catholique en Angleterre, et la reine d'Angleterre animait avec plus de succès la faction protestante en Écosse. Élisabeth porta d'abord la supériorité de ses intrigues jusqu'à empêcher longtemps Marie d'Écosse de se remarier à son choix.

(1565) Cependant Marie, malgré les négociations de sa rivale, malgré les états d'Écosse composés de protestants, et malgré le comte de Murray, son frère naturel, qui était à leur tête, épouse Henri Stuart, comte d'Arlai [a], son parent, et catholique comme elle. Élisabeth alors excite sous main les seigneurs protestants, sujets de Marie, à prendre les armes; la reine d'Écosse les poursuivit elle-même, et les contraignit de se retirer en Angleterre : jusque-là tout lui était favorable, et sa rivale était confondue.

La faiblesse du cœur de Marie commença tous ses malheurs. Un musicien italien, nommé David Rizzio, fut trop avant dans ses bonnes grâces. Il jouait bien des instruments, et avait une voix de basse agréable : c'est d'ailleurs une preuve que déjà les Italiens avaient l'empire de la musique, et qu'ils étaient en possession d'exercer leur art dans les cours de l'Europe; toute la musique de la reine d'Écosse était italienne. Une preuve plus forte que les cours étrangères se servent de quiconque est en crédit, c'est que David Rizzio était pensionnaire du pape. Il contribua beaucoup au mariage de la reine, et ne servit pas moins ensuite à l'en dégoûter. D'Arlai, qui n'avait que le nom de roi, méprisé de sa femme, aigri, et jaloux, entre par un escalier dérobé, suivi de quelques hommes armés, dans la chambre de sa femme, où elle soupait avec Rizzio et une de ses favorites : on renverse la table, et on tue Rizzio aux yeux de la reine, qui se met en vain au devant de lui. Elle était enceinte de cinq mois : la vue des épées nues et sanglantes fit sur elle une impression qui passa jusqu'au fruit qu'elle portait dans son flanc. Son fils Jacques VI, roi d'Écosse et d'Angleterre, qui naquit quatre mois après cette aventure, trembla toute sa vie à la vue d'une épée nue, quelque effort qu'il fît pour surmonter cette disposition de ses organes : tant la nature a de force, et tant elle agit par des voies inconnues !

La reine reprit bientôt son autorité, se raccommoda avec le comte de Murray, poursuivit les meurtriers du musicien, et prit un nouvel engagement avec un comte de Bothwell. Ces nouvelles amours produisirent la mort du roi son époux (1567) : on prétend qu'il fut d'abord empoisonné, et que son tempérament eut la force de résister au poison; mais il est certain qu'il fut assassiné à Édimbourg dans une maison isolée, dont la reine avait retiré ses plus précieux meubles. Dès que le coup fut fait, on fit sauter la maison avec de la poudre; on enterra son corps auprès de celui de Rizzio dans le tombeau de la maison royale. Tous les ordres de l'État, tout le peuple, accusèrent Bothwell de l'assassinat; et dans le temps même que la voix publique criait vengeance, Marie se fit enlever par cet assassin, qui avait encore les mains teintes du sang de son mari, et l'épousa publiquement. Ce qu'il y eut de singulier dans cette horreur, c'est que Bothwell avait alors une femme, et que, pour se séparer d'elle, il la força de l'accuser d'adultère, et fit prononcer un divorce par l'archevêque de Saint-André selon les usages du pays.

Bothwell eut toute l'insolence qui suit les grands crimes. Il assembla les principaux seigneurs, et leur fit signer un écrit, par lequel il était dit expressément que la reine ne se pouvait dispenser de l'épouser, puisqu'il l'avait enlevée, et qu'il avait couché avec elle. Tous ces faits sont avérés ; les lettres de Marie à Bothwell ont été contestées ; mais elles portent un caractère de vérité auquel il est difficile de ne pas se rendre. Ces attentats soulevèrent l'Écosse. Marie, abandonnée de son armée, fut obligée de se rendre aux confédérés. Bothwell s'enfuit dans les îles Orcades ; on obligea la reine de céder la couronne à son fils, et on lui permit de nommer un régent. Elle nomma le comte de Murray, son frère. Ce comte ne l'en accabla pas moins de reproches et d'injures. Elle se sauve de sa prison. L'humeur dure et sévère de Murray procurait à la reine un parti. Elle lève six mille hommes ; mais elle est vaincue, et se réfugie sur les frontières d'Angleterre (1568). Élisabeth la fit d'abord recevoir avec honneur dans Carlisle ; mais elle lui fit dire qu'étant accusée par la voix publique du meurtre du roi son époux, elle devait s'en justifier, et qu'elle serait protégée si elle était innocente.

Élisabeth se rendit arbitre entre Marie et la régence d'Écosse. Le régent vint lui-même jusqu'à Hampton-court (1569), et se soumit à remettre entre les mains des commissaires anglais les preuves qu'il avait contre sa sœur. Cette malheureuse princesse, d'un autre côté, retenue dans Carlisle, accusa le comte de Murray lui-même d'être auteur de la mort de son mari, et récusa les commissaires anglais, à moins qu'on ne leur joignît les ambassadeurs de France et d'Espagne. Cependant la reine d'Angleterre fit continuer cette espèce de procès, et jouit du plaisir de voir flétrir sa rivale, sans vouloir rien prononcer. Elle n'était point juge de la reine d'Écosse ; elle lui devait un asile, mais elle la fit transférer à Tuthbury, qui fut pour elle une prison.

Ces désastres de la maison royale d'Écosse retombaient

sur la nation partagée en factions produites par l'anarchie. Le comte de Murray fut assassiné par une faction qui se fortifiait du nom de Marie. Les assassins entrèrent à main armée en Angleterre, et firent quelques ravages sur la frontière.

(1570) Élisabeth envoya bientôt une armée punir ces brigands, et tenir l'Écosse en respect. Elle fit élire pour régent le comte de Lenox, frère du roi assassiné. Il n'y a dans cette démarche que de la justice et de la grandeur; mais en même temps on conspirait en Angleterre pour délivrer Marie de la prison où elle était retenue; le pape Pie V faisait très indiscrètement afficher dans Londres une bulle par laquelle il excommuniait Élisabeth, et déliait ses sujets du serment de fidélité : c'est cet attentat, si familier aux papes, si horrible, et si absurde, qui ulcéra le cœur d'Élisabeth. On voulait secourir Marie, et on la perdait. Les deux reines négociaient ensemble, mais l'une du haut du trône, et l'autre du fond d'une prison. Il ne paraît pas que Marie se conduisît avec la flexibilité qu'exigeait son malheur. L'Écosse pendant ce temps-là ruisselait de sang. Les catholiques et les protestants faisaient la guerre civile. L'ambassadeur de France et l'archevêque de Saint-André furent faits prisonniers, et l'archevêque pendu (1571) sur la déposition de son propre confesseur, qui jura que le prélat s'était accusé à lui d'être complice du meurtre du roi.

Le grand malheur de la reine Marie fut d'avoir des amis dans sa disgrâce. Le duc de Norfolk, catholique, voulut l'épouser, comptant sur une révolution et sur le droit de Marie à la succession d'Élisabeth. Il se forma dans Londres des partis en sa faveur, très faibles à la vérité, mais qui pouvaient être fortifiés des forces d'Espagne et des intrigues de Rome. Il en coûta la tête au duc de Norfolk. Les pairs le condamnèrent à mort (1572) pour avoir demandé au roi d'Espagne et au pape des secours en faveur de Marie. Le sang du duc de Norfolk resserra les chaînes de cette princesse malheureuse. Une si longue infortune ne découragea point ses partisans à Londres, animés par les princes de Guise, par le saint-siège, par les jésuites, et surtout par les Espagnols.

Le grand projet était de délivrer Marie, et de mettre

sur le trône d'Angleterre la religion catholique avec elle. On conspira contre Élisabeth. Philippe II préparait déjà son invasion (1586). La reine d'Angleterre alors, ayant fait mourir quatorze conjurés, fit juger Marie son égale, comme si elle avait été sa sujette (1586). Quarante-deux membres du parlement et cinq juges du royaume allèrent l'interroger dans sa prison à Fotheringay; elle protesta, mais répondit. Jamais jugement ne fut plus incompétent, et jamais procédure ne fut plus irrégulière. On lui représenta de simples copies de ses lettres, et jamais les originaux. On fit valoir contre elle les témoignages de ses secrétaires, et on ne les lui confronta point. On prétendit la convaincre sur la déposition de trois conjurés qu'on avait fait mourir, et dont on aurait pu différer la mort pour les examiner avec elle. Enfin, quand on aurait procédé avec les formalités que l'équité exige pour le moindre des hommes, quand on aurait prouvé que Marie cherchait partout des secours et des vengeurs, on ne pouvait la déclarer criminelle. Élisabeth n'avait d'autre juridiction sur elle que celle du puissant sur le faible et sur le malheureux.

Enfin, après dix-huit ans de prison dans un pays qu'elle avait imprudemment choisi pour asile, Marie eut la tête tranchée dans une chambre de sa prison tendue de noir (le 28 février 1587). Élisabeth sentait qu'elle faisait une action très condamnable, et elle la rendit encore plus odieuse en voulant tromper le monde, qu'elle ne trompa point, en affectant de plaindre celle qu'elle avait fait mourir, en prétendant qu'on avait passé ses ordres, et en faisant mettre en prison le secrétaire d'État, qui avait, disait-elle, fait exécuter trop tôt l'ordre signé par elle-même. L'Europe eut en horreur sa cruauté et sa dissimulation. On estima son règne, mais on détesta son caractère. Ce qui condamna davantage Élisabeth, c'est qu'elle n'était point forcée à cette barbarie; on pouvait même prétendre que la conservation de Marie lui était nécessaire pour lui répondre des attentats de ses partisans.

Si cette action flétrit la mémoire d'Élisabeth, il y a une imbécillité fanatique [1] à canoniser Marie Stuart

---

1. *Œuvres inédites,* p. 250 : « Il ne faut pas oublier la manière

comme une martyre de la religion ; elle ne le fut que de son adultère, du meurtre de son mari, et de son imprudence ; ses fautes et ses infortunes ressemblèrent parfaitement à celles de Jeanne de Naples : toutes deux belles et spirituelles, entraînées dans le crime par faiblesse, toutes deux mises à mort par leurs parents. L'histoire ramène souvent les mêmes malheurs, les mêmes attentats, et le crime puni par le crime.

---

ridicule dont le P. Daniel, jésuite, parle de la mort de Marie Stuart, t. XIII, p. 10. »

CHAPITRE CLXX

Tandis que l'Espagne intimidait l'Europe par sa vaste puissance, et que l'Angleterre jouait le second rôle en lui résistant, la France était déchirée, faible, et prête d'être démembrée; elle était loin d'avoir en Europe de l'influence et du crédit. Les guerres civiles la rendirent dépendante de tous ses voisins. Ces temps de fureur, d'avilissement, et de calamités, ont fourni plus de volumes que n'en contient toute l'Histoire romaine. Quelles furent les causes de tant de malheurs? la religion, l'ambition, le défaut de bonnes lois, un mauvais gouvernement.

Henri II, par ses rigueurs contre les sectaires, et surtout par la condamnation du conseiller Anne du Bourg, exécuté après la mort du roi, par l'ordre des Guises, fit beaucoup plus de calvinistes en France qu'il n'y en avait en Suisse et à Genève. S'ils avaient paru dans un temps comme celui de Louis XII, où l'on faisait la guerre à la cour de Rome, on eût pu les favoriser; mais ils venaient précisément dans le temps que Henri II avait besoin du pape Paul IV pour disputer Naples et Sicile à l'Espagne, et lorsque ces deux puissances s'unissaient avec le Turc contre la maison d'Autriche. On crut donc devoir sacrifier les ennemis de l'Église aux intérêts de l'Église [a]. Le clergé, puissant à la cour, craignant pour ses biens temporels et pour son autorité, les poursuivit; la politique, l'intérêt, le zèle, concoururent à les exterminer. On pouvait les tolérer, comme Élisabeth en Angleterre toléra les catholiques; on pouvait conserver de bons sujets, en leur laissant la liberté de conscience. Il eût importé peu à l'État qu'ils chantassent à leur manière, pourvu qu'ils eussent été soumis aux lois de l'État : on les persécuta, et on en fit des rebelles.

La mort funeste de Henri II fut le signal de trente ans de guerres civiles. Un roi enfant gouverné par des étrangers, des princes du sang et de grands officiers de la couronne jaloux du crédit des Guises, commencèrent la subversion de la France.

La fameuse conspiration d'Amboise est la première qu'on connaisse en ce pays. Les ligues faites et rompues, les mouvements passagers, les emportements et le repentir, semblaient avoir fait jusqu'alors le caractère des Gaulois, qui, pour avoir pris le nom de Francs, et ensuite celui de Français, n'avaient pas changé de mœurs. Mais il y eut dans cette conspiration une audace qui tenait de celle de Catilina, un manège, une profondeur, et un secret qui la rendait semblable à celle des vêpres siciliennes et des Pazzi de Florence : le prince Louis de Condé en fut l'âme invisible, et conduisit cette entreprise avec tant de dextérité que, quand toute la France sut qu'il en était le chef, personne ne put l'en convaincre.

Cette conspiration avait cela de particulier qu'elle pouvait paraître excusable, en ce qu'il s'agissait d'ôter le gouvernement à François duc de Guise, et au cardinal de Lorraine, son frère, tous deux étrangers, qui tenaient le roi en tutelle, la nation en esclavage, et les princes du sang et les officiers de la couronne éloignés : elle était très criminelle, en ce qu'elle attaquait les droits d'un roi majeur, maître par les lois de choisir les dépositaires de son autorité. Il n'a jamais été prouvé que dans ce complot on eût résolu de tuer les Guises ; mais, comme ils auraient résisté, leur mort était infaillible. Cinq cents gentilshommes, tous bien accompagnés, et mille soldats déterminés, conduits par trente capitaines choisis, devaient se rendre au jour marqué du fond des provinces du royaume dans Amboise, où était la cour. Les rois n'avaient point encore la nombreuse garde qui les entoure aujourd'hui : le régiment des gardes ne fut formé que par Charles IX. Deux cents archers tout au plus accompagnaient François II. Les autres rois de l'Europe n'en avaient pas davantage. Le connétable de Montmorency, revenant depuis dans Orléans, où les Guises avaient mis une garde nouvelle à la mort de

François II, chassa ces nouveaux soldats, et les menaça de les faire pendre comme des ennemis qui mettaient une barrière entre le roi et son peuple.

La simplicité des mœurs antiques était encore dans le palais des rois; mais aussi ils étaient moins assurés contre une entreprise déterminée. Il était aisé de se saisir, dans la maison royale, des ministres, du roi même : le succès semblait sûr. Le secret fut gardé par tous les conjurés pendant près de six mois. L'indiscrétion du chef, nommé du Barry de La Renaudie, qui s'ouvrit dans Paris à un avocat, fit découvrir la conjuration : elle n'en fut pas moins exécutée; les conjurés n'allèrent pas moins au rendez-vous. Leur opiniâtreté désespérée venait surtout du fanatisme de la religion : ces gentils-hommes étaient la plupart des calvinistes, qui se faisaient un devoir de venger leurs frères persécutés. Le prince Louis de Condé avait hautement embrassé cette secte, parce que le duc de Guise et le cardinal de Lorraine étaient catholiques. Une révolution dans l'Église et dans l'État devait être le fruit de cette entreprise.

(1560) Les Guises eurent à peine le temps de faire venir des troupes. Il n'y avait pas alors quinze mille hommes enrégimentés dans tout le royaume; mais on en rassembla bientôt assez pour exterminer les conjurés. Comme ils venaient par troupes séparées, ils furent aisément défaits; du Barry de La Renaudie fut tué en combattant; plusieurs moururent comme lui les armes à la main. Ceux qui furent pris périrent dans les supplices; et pendant un mois entier on ne vit dans Amboise que des échafauds sanglants et des potences chargées de cadavres [1].

La conspiration, découverte et punie, ne servit qu'à augmenter le pouvoir de ceux qu'on avait voulu détruire. François de Guise eut la puissance des anciens maires du palais, sous le nouveau titre de lieutenant général du royaume; mais cette autorité même de François de Guise, l'ambition turbulente du cardinal en France, révoltèrent contre eux tous les ordres du royaume, et produisirent de nouveaux troubles.

---

1. « Partout où arrive effusion de sang, où il y a meurtre ou carnage, Voltaire en a horreur, et a soin de le signaler. » (Flaubert.)

Les calvinistes, toujours secrètement animés par le prince Louis de Condé, prirent les armes dans plusieurs provinces. Il fallait que les Guises fussent bien puissants et bien redoutables, puisque ni Condé, ni Antoine, roi de Navarre, son frère, père de Henri IV, ni le fameux amiral de Coligny, ni son frère d'Andelot, colonel général de l'infanterie, n'osaient encore se déclarer ouvertement. Le prince de Condé fut le premier chef de parti qui parut faire la guerre civile en homme timide. Il portait les coups et retirait la main; et, croyant toujours se ménager avec la cour, qu'il voulait perdre, il eut l'imprudence de venir à Fontainebleau en courtisan, dans le temps qu'il eût dû être en soldat à la tête de son parti. Les Guises le font arrêter dans Orléans. On lui fait son procès par le conseil privé et par des commissaires tirés du parlement, malgré les privilèges des princes du sang de n'être jugés que dans la cour des pairs, les chambres assemblées : mais qu'est un privilège contre la force? qu'est un privilège dont il n'y avait d'exemple que dans la violation même qu'on en avait faite autrefois dans le procès criminel du duc d'Alençon?

(1560) Le prince de Condé est condamné à perdre la tête. Le célèbre chancelier de L'Hospital, ce grand législateur dans un temps où on manquait de lois, et cet intrépide philosophe dans un temps d'enthousiasme et de fureurs, refusa de signer. Le comte de Sancerre, du conseil privé, suivit cet exemple courageux. Cependant on allait exécuter l'arrêt. Le prince de Condé allait finir par la main d'un bourreau, lorsque tout à coup le jeune François II, malade depuis longtemps, et infirme dès son enfance, meurt à l'âge de dix-sept ans, laissant à son frère Charles, qui n'en avait que dix, un royaume épuisé et en proie aux factions.

La mort de François II fut le salut du prince de Condé; on le fit bientôt sortir de prison, après avoir ménagé entre lui et les Guises une réconciliation qui n'était et ne pouvait être que le sceau de la haine et de la vengeance. On assemble les états à Orléans. Rien ne pouvait se faire sans les états dans de pareilles circonstances. La tutelle de Charles IX et l'administration du royaume sont accordées par les états à Catherine de Médicis, mais non pas le nom de régente. Les états même ne lui donnèrent point le titre de *Majesté* : il était nouveau pour les rois. Il y a encore beaucoup de lettres du sire de Bourdeilles, dans lesquelles on appelle Henri III *Votre Altesse*.

CHAPITRE CLXXI

Dans toutes les minorités des souverains, les anciennes constitutions d'un royaume reprennent toujours un peu de vigueur, du moins pour un temps, comme une famille assemblée après la mort du père. On tint à Orléans, et ensuite à Pontoise, des états généraux : ces états doivent être mémorables par la séparation éternelle qu'ils mirent entre l'épée et la robe. Cette distinction fut ignorée dans l'empire romain jusqu'au temps de Constantin. Les magistrats savaient combattre, et les guerriers savaient juger. Les armes et les lois furent aussi dans les mêmes mains chez toutes les nations de l'Europe, jusque vers le xive siècle. Peu à peu ces deux professions furent séparées en Espagne et en France; elles ne l'étaient pas absolument en France, quoique les parlements ne fussent plus composés que d'hommes de robe longue. Il restait la juridiction de baillis d'épée, telle que dans plusieurs provinces allemandes, ou frontières de l'Allemagne. Les états d'Orléans, convaincus que ces baillis de robe courte ne pouvaient guère s'astreindre à étudier les lois, leur ôtèrent l'administration de la justice, et la conférèrent à leurs seuls lieutenants de robe longue : ainsi ceux qui par leurs institutions avaient toujours été juges cessèrent de l'être.

Le chancelier de L'Hospital eut la principale part à ce changement. Il fut fait dans le temps de la plus grande faiblesse du royaume; et il a contribué depuis à la force du souverain, en divisant sans retour deux professions qui auraient pu, étant réunies, balancer l'autorité du ministère. On a cru depuis que la noblesse ne pouvait conserver le dépôt des lois. On n'a pas fait réflexion que la chambre haute d'Angleterre, qui compose la seule noblesse du royaume proprement dite, est une magistrature permanente, qui concourt à former les lois, et rend la justice. Quand on observe un grand changement dans la constitution d'un État, et qu'on voit des peuples voisins qui n'ont pas subi ces changements dans les mêmes circonstances, il est évident que ces peuples ont eu un autre génie et d'autres mœurs.

Ces états généraux firent connaître combien l'administration du royaume était vicieuse. Le roi était endetté de quarante millions de livres. On manquait d'argent; on en eut à peine. C'est là le véritable principe du bouleversement de la France. Si Catherine de Médicis avait eu de quoi acheter des serviteurs et de quoi payer une armée, les différents partis qui troublaient l'État auraient été contenus par l'autorité royale. La reine mère se trouvait entre les catholiques et les protestants, les Condés et les Guises. Le connétable de Montmorency avait une faction séparée. La division était dans la cour, dans Paris, et dans les provinces. Catherine de Médicis ne pouvait guère que négocier au lieu de régner. Sa maxime de tout diviser, afin d'être maîtresse, augmenta le trouble et les malheurs. Elle commença par indiquer le colloque de Poissy entre les catholiques et les protestants : ce qui était mettre l'ancienne religion en compromis, et donner un grand crédit aux calvinistes, en les faisant disputer contre ceux qui ne se croyaient faits que pour les juger.

Dans le temps que Théodore de Bèze et d'autres ministres venaient à Poissy soutenir solennellement leur religion en présence de la reine et d'une cour où l'on chantait publiquement les psaumes de Marot, arrivait en France le cardinal de Ferrare, légat du pape Paul IV. Mais comme il était petit-fils d'Alexandre VI par sa mère, on eut plus de mépris pour sa naissance que de respect pour sa place et pour son mérite; les laquais insultèrent son porte-croix. On affichait devant lui des estampes de son grand-père, avec l'histoire des scandales et des crimes de sa vie. Ce légat amena avec lui le général des jésuites, Lainez, qui ne savait pas un mot de français, et qui disputa au colloque de Poissy en italien, langue que Catherine de Médicis avait rendue familière à la cour, et qui influait alors beaucoup dans la langue

française. Ce jésuite, dans le colloque, eut la hardiesse
de dire à la reine qu'il ne lui appartenait pas de le
convoquer, et qu'elle usurpait le droit du pape. Il disputait cependant dans cette assemblée qu'il réprouvait;
il dit en parlant de l'eucharistie, que « Dieu était à la
place du pain et du vin, comme un roi qui se fait lui-
même son ambassadeur ». Cette puérilité fit rire. Son
audace avec la reine excita l'indignation. Les petites
choses nuisent quelquefois beaucoup; et dans la disposition des esprits tout servait à la cause de la religion
nouvelle.

(Janvier 1562) Le résultat du colloque et des intrigues
qui le suivirent fut un édit par lequel les protestants
pouvaient avoir des prêches hors des villes; et cet édit
de pacification fut encore la source des guerres civiles.
Le duc François de Guise, qui n'était plus lieutenant
général du royaume, voulait toujours en être le maître.
Il était déjà lié avec le roi d'Espagne Philippe II, et se
faisait regarder par le peuple comme le protecteur de la
catholicité. Les seigneurs ne marchaient dans ce temps-là
qu'avec un nombreux cortège : on ne voyageait point
comme aujourd'hui dans une chaise de poste précédée
de deux ou trois domestiques; on était suivi de plus de
cent chevaux : c'était la seule magnificence. On couchait
trois ou quatre dans le même lit, et on allait à la cour
habiter une chambre où il n'y avait que des coffres
pour meubles. Le duc de Guise, en passant auprès de
Vassy sur les frontières de Champagne, trouva des
calvinistes qui, jouissant du privilège de l'édit, chantaient
paisiblement leurs psaumes dans une grange : ses valets
insultèrent ces malheureux; ils en tuèrent environ
soixante, blessèrent et dissipèrent le reste. Alors les
protestants se soulèvent dans presque tout le royaume.
Toute la France est partagée entre le prince de Condé
et François de Guise. Catherine de Médicis flotte entre
eux deux. Ce ne fut de tous côtés que massacres et pillages. Elle était alors dans Paris avec le roi son fils;
elle s'y voit sans autorité; elle écrit au prince de Condé
de venir la délivrer. Cette lettre funeste était un ordre
de continuer la guerre civile; on ne la faisait qu'avec
trop d'inhumanité : chaque ville était devenue une place
de guerre, et les rues des champs de bataille.

(1562) D'un côté étaient les Guises, réunis par bien-séance avec la faction du connétable de Montmorency, maître de la personne du roi; de l'autre était le prince de Condé avec les Coligny. Antoine, roi de Navarre, premier prince du sang, faible et irrésolu, ne sachant de quelle religion ni de quel parti il était, jaloux du prince de Condé son frère, et servant malgré lui le duc de Guise qu'il détestait, est traîné au siège de Rouen avec Catherine de Médicis elle-même : il est tué à ce siège, et il ne mérite d'être placé dans l'histoire que parce qu'il fut le père du grand Henri IV.

La guerre se fit toujours jusqu'à la paix de Vervins, comme dans les temps anarchiques de la décadence de la seconde race et du commencement de la troisième. Très peu de troupes réglées de part et d'autre, excepté quelques compagnies de gens d'armes des principaux chefs : la solde n'était fondée que sur le pillage. Ce que la faction protestante pouvait amasser servait à faire venir des Allemands pour achever la destruction du royaume. Le roi d'Espagne, de son côté, envoyait de petits secours aux catholiques pour entretenir cet incendie dont il espérait profiter. C'est ainsi que treize enseignes espagnoles marchèrent au secours de Montluc dans la Saintonge. Ces temps furent sans contredit les plus funestes de la monarchie.

(1562) La première bataille rangée qui se donna fut celle de Dreux. Ce n'était pas seulement Français contre Français : les Suisses faisaient la principale force de l'infanterie royale, les Allemands celle de l'armée protes-tante. Cette journée fut unique par la prise des deux généraux : Montmorency, qui commandait l'armée royale en qualité de connétable, et le prince de Condé, furent tous deux prisonniers. François de Guise, lieu-tenant du connétable, gagna la bataille, et Coligny, lieu-tenant de Condé, sauva son armée. Guise fut alors au comble de sa gloire : toujours vainqueur partout où il s'était trouvé, et toujours réparant les malheurs du connétable, son rival en autorité, mais non pas en répu-tation. Il était l'idole des catholiques, et le maître de la cour; affable, généreux, et en tout sens le premier homme de l'État.

(1563) Après la victoire de Dreux, il alla faire le siège

d'Orléans; il était près de prendre la ville, qui était le centre de la faction protestante, lorsqu'il fut assassiné. Le meurtre de ce grand homme fut le premier que le fanatisme fit commettre en France. Ces mêmes huguenots qui, sous François Ier et sous Henri II, n'avaient su que prier Dieu et souffrir ce qu'ils appelaient *le martyre,* étaient devenus des enthousiastes furieux : ils ne lisaient plus l'Écriture que pour y chercher des exemples d'assassinats. Poltrot de Méré se crut un Aod envoyé de Dieu pour tuer un chef philistin. Cela est si vrai que le parti fit des vers en son honneur, et que j'ai vu encore une de ses estampes avec une inscription qui élève son crime jusqu'au ciel. Ce crime cependant n'était que celui d'un lâche, car il feignit d'être un transfuge, et assassina le duc de Guise par derrière. Il osa charger l'amiral de Coligny et Théodore de Bèze d'avoir au moins connivé à son attentat; mais il varia tellement dans ses interrogatoires qu'il détruisit lui-même son imposture. Coligny offrit même d'aller à Paris subir une confrontation avec ce misérable, et pria la reine de suspendre l'exécution jusqu'à ce que la vérité fût reconnue. Il faut avouer que l'amiral, tout chef de parti qu'il était, n'avait jamais commis la moindre action qui pût le faire soupçonner d'une noirceur si lâche.

Un moment de paix succéda à ces troubles : Condé [C] s'accommoda avec la cour; mais l'amiral était toujours à la tête d'un grand parti dans les provinces. (x) Ce n'était pas assez que les Espagnols, les Allemands et les Suisses, vinssent aider les Français à se détruire; les Anglais se hâtèrent bientôt de concourir à cette commune ruine. Les protestants avaient introduit dans le Havre-de-Grâce, bâti par François Ier, trois mille Anglais. Le connétable de Montmorency, alors à la tête des catholiques et des protestants réunis, eut bien de la peine à les en chasser.

(1563) Cependant Charles IX, ayant atteint l'âge de treize ans et un jour, vint tenir son lit de justice, non pas au parlement de Paris, mais à celui de Rouen, et, ce qui est remarquable, sa mère, en se démettant de sa régence, se mit à genoux devant lui.

Il se passa, à cet acte de majorité, une scène dont il n'y avait point d'exemple. Odet de Châtillon, cardinal, évêque de Beauvais, s'était fait protestant comme son frère, et s'était marié. Le pape l'avait rayé du nombre des cardinaux : lui-même avait méprisé ce titre; mais, pour braver le pape, il assista à la cérémonie en habit de cardinal; sa femme s'asseyait chez le roi et la reine en qualité de femme d'un pair du royaume, et on la nommait indifféremment *madame la comtesse de Beauvais* et *madame la cardinale*. (x) Ce qui est très remarquable, c'est qu'il n'était ni le seul cardinal, ni le seul évêque qui fût marié en secret. Le cardinal du Bellay avait épousé Mme de Châtillon, à ce que rapporte Brantôme [1], qui ajoute que personne n'en doutait.   B

La France était pleine de bizarreries aussi grandes. Le désordre des guerres civiles avait détruit toute police et toute bienséance. Presque tous les bénéfices étaient possédés par des séculiers : on donnait une abbaye, un évêché, en mariage à des filles; mais la paix, le plus grand des biens, faisait oublier ces irrégularités, auxquelles on était accoutumé. Les protestants, tolérés, étaient sur leurs gardes, mais tranquilles. Louis de Condé prenait part aux fêtes de la cour; ce calme ne dura pas. Le parti huguenot demandait trop de sûretés, et on lui en donnait trop peu. Le prince de Condé voulait partager le gouvernement. Le cardinal de Lorraine, à la tête de sa maison, si étendue et si puissante, voulait retenir le premier crédit. Le connétable de Montmorency, ennemi des Lorrains, conservait son pouvoir et partageait la cour. Les Coligny et les autres chefs de parti se préparaient à résister à la maison de Lorraine. Chacun cherchait à dévorer une partie du gouvernement. Le clergé d'un côté, les pasteurs calvinistes de l'autre, criaient à la religion. Dieu était leur prétexte; la fureur de dominer était leur dieu : et les peuples, enivrés de fanatisme, étaient les instruments et les victimes de l'ambition de tant de partis opposés.

(1567) Louis de Condé, qui avait voulu arracher le jeune François II des mains des Guises, à Amboise, veut encore avoir entre ses mains Charles IX, et l'enlever, dans Meaux, au connétable de Montmorency. Ce prince

---

1. Brantôme, *Œuvres,* La Haye, 1740, *FL,* parle du mariage du cardinal de Châtillon, t. III, p. 119, t. VI, p. 420, et de celui du cardinal Du Bellay, t. III, p. 116, ch. *De l'Amour des veuves.*

de Condé fit précisément la même guerre, les mêmes manœuvres, sur les mêmes prétextes, à la religion près, que fit depuis le grand Condé, du même nom de Louis, dans les guerres de la Fronde. Le prince et l'amiral donnent la bataille de Saint-Denis (1567) contre le connétable, qui y est blessé à mort, à l'âge de quatre-vingts ans ; homme intrépide à la cour comme dans les armées, plein de grandes vertus et de défauts, général malheureux, esprit austère, difficile, opiniâtre, mais honnête homme, et pensant avec grandeur. C'est lui qui répondit à son confesseur : « Pensez-vous que j'aie vécu quatre-vingts ans pour ne pas savoir mourir un quart d'heure ? » On porta son effigie en cire, comme celle des rois, à Notre-Dame, et les cours supérieurs assistèrent à son service par ordre de la cour : honneur dont l'usage dépend, comme presque tout, de la volonté des rois et des circonstances des temps.

Cette bataille de Saint-Denis fut indécise, et la France n'en fut que plus malheureuse. L'amiral de Coligny, l'homme de son temps le plus fécond en ressources, fait venir du Palatinat près de dix mille Allemands, sans avoir de quoi les payer. On vit alors ce que peut le fanatisme fortifié de l'esprit de parti. L'armée de l'amiral se cotisa pour soudoyer l'armée palatine. Tout le royaume est ravagé. Ce n'est pas une guerre dans laquelle une puissance assemble ses forces contre une autre, et est victorieuse ou détruite : ce sont autant de guerres qu'il y a de villes ; ce sont les citoyens, les parents, acharnés partout les uns contre les autres ; le catholique, le protestant, l'indifférent, le prêtre, le bourgeois, n'est pas en sûreté dans son lit : on abandonne la culture des terres, ou on les laboure le sabre à la main. On fait encore une paix forcée (1568) ; mais chaque paix est une guerre sourde, et tous les jours sont marqués par des meurtres et par des assassinats.

Bientôt la guerre se fait ouvertement. C'est alors que la Rochelle devint le centre et le principal siège du parti réformé, la Genève de la France. Cette ville, assez avantageusement située sur le bord de la mer pour devenir une république florissante, l'était déjà à plusieurs égards : car, ayant appartenu au roi d'Angleterre depuis le mariage d'Éléonore de Guyenne avec Henri II, elle s'était donnée au roi de France Charles V à condition qu'elle aurait droit de battre en son propre nom de la monnaie d'argent, et que ses maires et ses échevins seraient réputés nobles; beaucoup d'autres privilèges, et un commerce assez étendu, la rendaient assez puissante, et elle le fut jusqu'au temps du cardinal de Richelieu. La reine Élisabeth la favorisait; elle dominait alors sur l'Aunis, la Saintonge, et l'Angoumois, où se donna la célèbre bataille de Jarnac.

Le duc d'Anjou, depuis Henri III, à la tête de l'armée royale, avait le nom de général; le maréchal de Tavannes l'était en effet : il fut vainqueur (13 mars 1569). Le prince Louis de Condé fut tué, ou plutôt assassiné, après sa défaite, par Montesquiou, capitaine des gardes du duc d'Anjou. Coligny, qu'on nomme toujours l'*amiral,* quoiqu'il ne le fût plus, rassembla les débris de l'armée vaincue, et rendit la victoire des royalistes inutile. La reine de Navarre, Jeanne d'Albret, veuve du faible Antoine, présenta son fils à l'armée, le fit reconnaître chef du parti; de sorte que Henri IV, le meilleur des rois de France, fut, ainsi que le bon roi Louis XII, rebelle avant que de régner. L'amiral Coligny fut le chef véritable et du parti et de l'armée, et servit de père à Henri IV et aux princes de la maison de Condé. Il soutint seul le poids de cette cause malheureuse, manquant d'argent, et cependant ayant des troupes; trouvant l'art d'obtenir des secours allemands, sans pouvoir les acheter; vaincu encore à la journée de Moncontour (1569), dans le Poitou, par l'armée du duc d'Anjou, et réparant toujours les ruines de son parti.

Il n'y avait point alors de manière uniforme de combattre. L'infanterie allemande et suisse ne se servait que de longues piques; la française employait plus ordinairement des arquebuses avec de courtes hallebardes; la cavalerie allemande se servait de pistolets; la française ne combattait guère qu'avec la lance. On entremêlait souvent les bataillons et les escadrons. Les plus fortes armées n'allaient pas alors à vingt mille hommes : on n'avait pas de quoi en payer davantage. Mille petits combats suivirent la bataille de Moncontour dans toutes les provinces.

Enfin, au milieu de tant de désolations, une nouvelle

paix semble faire respirer la France; mais cette paix ne
fait que la préparation de la Saint-Barthélemy (1570).
Cette affreuse journée fut méditée et préparée pendant
deux années. On a peine à concevoir comment une
femme telle que Catherine de Médicis, élevée dans les
plaisirs, et à qui le parti huguenot était celui qui lui
faisait le moins d'ombrage, put prendre une résolution
si barbare. Cette horreur étonne encore davantage dans
un roi de vingt ans. La faction des Guises eut beaucoup
de part à l'entreprise. Deux Italiens, depuis cardinaux,
Birague et Retz, disposèrent les esprits. On se faisait
un grand honneur alors des maximes de Machiavel, et
surtout de celle qu'il ne faut pas faire le crime à demi.
La maxime qu'il ne faut jamais commettre de crimes
eût été même plus politique; mais les mœurs étaient
devenues féroces par les guerres civiles, malgré les fêtes
et les plaisirs que Catherine de Médicis entretenait
toujours à la cour. Ce mélange de galanterie et de
fureurs, de voluptés et de carnage, forme le plus bizarre
tableau où les contradictions de l'espèce humaine se
soient jamais peintes. Charles IX, qui n'était point du
tout guerrier, était d'un tempérament sanguinaire; et
quoiqu'il eût des maîtresses, son cœur était atroce. C'est
le premier roi qui ait conspiré contre ses sujets. La
trame fut ourdie avec une dissimulation aussi profonde
que l'action était horrible. Une seule chose aurait pu
donner quelque soupçon : c'est qu'un jour que le roi
s'amusant à chasser des lapins dans un clapier : « Faites-
les-moi tous sortir, dit-il, afin que j'aie le plaisir de les
tuer tous. » Aussi un gentilhomme du parti de Coligny
quitta Paris, et lui dit, en prenant congé de lui : « Je
m'enfuis, parce qu'on nous fait trop de caresses. »

(1572) L'Europe ne sait que trop comment Charles IX
maria sa sœur à Henri de Navarre, pour le faire donner
dans le piège; par quels serments il le rassura, et avec
quelle rage s'exécutèrent enfin ces massacres projetés
pendant deux années. Le P. Daniel dit que Charles IX
joua bien la comédie; qu'il fit parfaitement son personnage [1].

---

1. *Histoire de France,* t. VIII, p. 719 (« Le roi faisant toujours
parfaitement son personnage... »), p. 720 (« Pour mieux jouer toute
cette comédie... »).

LE MASSACRE DE LA SAINT-BARTHÉLEMY
Gravure par Poilly, d'après Micheux
Illustration extraite de Voltaire, *La Henriade*

Je ne répéterai point ce que tout le monde sait de cette tragédie abominable : une moitié de la nation égorgeant l'autre, le poignard et le crucifix en main; le roi lui-même tirant d'une arquebuse sur les malheureux qui fuyaient. Je remarquerai seulement quelques particularités : la première, c'est que, si on en croit le duc de Sully [1], l'historien Matthieu, et tant d'autres, Henri IV leur avait souvent raconté que, jouant aux dés avec le duc d'Alençon et le duc de Guise, quelques jours avant la Saint-Barthélemy, ils virent deux fois des taches de sang sur les dés, et qu'ils abandonnèrent le jeu, saisis d'épouvante. Le jésuite Daniel [2], qui a recueilli ce fait, devait savoir assez de physique pour ne pas ignorer que les points noirs, quand ils font un angle donné avec les rayons du soleil, paraissent rouges; c'est ce que tout homme peut éprouver en lisant : et voilà à quoi se réduisent tous les prodiges. Il n'y eut certes dans toute cette action d'autre prodige que cette fureur religieuse qui changeait en bêtes féroces une nation qu'on a vue souvent si douce et si légère.

Le jésuite Daniel [3] répète encore que lorsqu'on eut pendu le cadavre de Coligny au gibet de Montfaucon, Charles IX alla repaître ses yeux de ce spectacle, et dit que « le corps d'un ennemi mort sentait toujours bon »; il devait ajouter que c'est un ancien mot de Vitellius, qu'on s'est avisé d'attribuer à Charles IX. Mais ce qu'on doit le plus remarquer, c'est que le P. Daniel [4] veut faire croire que les massacres ne furent jamais prémédités. Il se peut que le temps, le lieu, la manière, le nombre des proscrits, n'eussent pas été concertés pendant deux années; mais il est vrai que le dessein d'exterminer le

---

1. Je n'ai pas trouvé cette anecdote dans le récit de la Saint-Barthélemy par Sully, *Mémoires*, Londres (Paris), 1745, *FL*. Mais elle est dans Matthieu (Pierre), *Histoire de France sous le règne de François Ier, Henri II, François II, Charles IX, Henri III, Henri IV, Louis XIII*, Paris, 1631, t. I, p. 341.

2. *Histoire de France*, t. VIII, p. 725 : Daniel dit qu'il parut des gouttes de sang, non sur les dés, mais sur la table, et que « les ayant fait essuyer, elles parurent de nouveau ».

3. *Ibid.*, t. VIII, p. 731.

4. *Ibid.*, t. VIII, pp. 733-5.

parti était pris dès longtemps. Tout ce que rapporte Mézeray [1], meilleur Français que le jésuite Daniel, et historien très supérieur dans les cent dernières années de la monarchie, ne permet pas d'en douter; et Daniel se contredit lui-même en louant Charles IX d'avoir bien joué la *comédie,* d'avoir bien fait son *rôle.*

Les mœurs des hommes, l'esprit de parti, se connaissent à la manière d'écrire l'histoire. Daniel [2] se contente de dire qu'on loua à Rome « le zèle du roi, et la terrible punition qu'il avait faite des hérétiques ». Baronius [3] dit que cette action était nécessaire. La cour ordonna dans toutes les provinces les mêmes massacres qu'à Paris; mais plusieurs commandants refusèrent d'obéir. Un Saint-Hérem en Auvergne, un La Guiche à Mâcon, un vicomte d'Orte à Bayonne, et plusieurs autres, écrivirent à Charles IX la substance de ces paroles : « qu'ils périraient pour son service, mais qu'ils n'assassineraient personne pour lui obéir ».

Ces temps étaient si funestes, le fanatisme ou la terreur domina tellement les esprits, que le parlement de Paris ordonna que tous les ans on ferait une procession le jour de la Saint-Barthélemy, pour rendre grâces à Dieu. Le chancelier de L'Hospital pensa bien autrement, en écrivant *Excidat illa dies.* On reprochait à L'Hospital d'être fils d'un juif, de n'être pas chrétien dans le fond de son cœur; mais c'était un homme juste. La procession ne se fit point, et l'on eut enfin horreur de consacrer la mémoire de ce qui devait être oublié pour jamais. Mais dans la chaleur de l'événement, la cour voulut que le parlement fît le procès à l'amiral après sa mort, et que

---

1. D'après Mézeray, *Abrégé chronologique,* t. V, p. 149, Catherine de Médicis y pensait depuis 1570. T. V, p. 162 : pendant le mariage du roi de Navarre, Catherine et Charles IX « délibéraient de quelle manière se ferait l'exécution de leurs sanguinaires desseins ».

2. *Histoire de France,* t. VIII, p. 741 : « On fit à cette occasion divers panégyriques du roi à Rome, et l'on y révéra fort le zèle qu'il avait fait paraître pour la religion catholique, tant dans la conversion de ces princes [le roi de Navarre et le prince de Condé] que dans la terrible punition qu'il avait faite des hérétiques. »

3. *Abrégé des ann. eccl.,* t. VII, p. 359 : « par un cruel et rude coup, à la vérité, mais pour lors nécessaire, il se fit un grand carnage de l'un et l'autre sexe... »

l'on condamnât juridiquement deux gentilshommes de ses amis, Briquemaut et Cavagnes. Ils furent traînés à la Grève sur la claie avec l'effigie de Coligny, et exécutés. Ce fut le comble des horreurs d'ajouter à cette multitude d'assassinats les formes qu'on appelle de la justice.

S'il pouvait y avoir quelque chose de plus déplorable que la Saint-Barthélemy, c'est qu'elle fit naître la guerre civile au lieu de couper la racine des troubles. Les calvinistes ne pensèrent plus, dans tout le royaume, qu'à vendre chèrement leurs vies. On avait égorgé soixante mille de leurs frères en pleine paix : il en restait environ deux millions pour faire la guerre. De nouveaux massacres suivent donc de part et d'autre ceux de la Saint-Barthélemy. Le siège de Sancerre fut mémorable. Les historiens disent que les réformés s'y défendirent comme les Juifs à Jérusalem contre Titus : ils succombèrent comme eux; et ils éprouvèrent les mêmes extrémités, et l'on rapporte qu'un père et une mère y mangèrent leur propre fille. On en dit autant depuis du siège de Paris par Henri IV.

CHAPITRE CLXXII

C'est au milieu de tant de guerres de religion et de tant de désastres que le concile de Trente fut assemblé. Ce fut le plus long qu'on ait jamais tenu, et cependant le moins orageux. Il ne forma point de schisme comme le concile de Bâle; il n'alluma point de bûchers comme celui de Constance; il ne prétendit point déposer des empereurs comme celui de Lyon; il se garda d'imiter celui de Latran, qui dépouilla le comte de Toulouse de l'héritage de ses pères; encore moins celui de Rome, dans lequel Grégoire VII alluma l'incendie de l'Europe, en osant déposséder l'empereur Henri IV. Le troisième et le quatrième concile de Constantinople, le premier et le second de Nicée, avaient été des champs de discorde : le concile de Trente fut paisible, ou du moins ses querelles n'eurent ni éclat ni suite.

S'il est quelque certitude historique, on la trouve dans ce qui fut écrit sur ce concile par les contemporains. Le célèbre Sarpi [1], ce défenseur de la liberté vénitienne, plus connu sous le nom de Fra-Paolo, et le jésuite Pallavicini, son antagoniste, sont d'accord dans l'essentiel des faits. Il est vrai que Pallavicini compte trois cent soixante erreurs dans Fra-Paolo; mais quelles erreurs? il lui reproche des méprises dans les dates et dans les noms. Pallavicini lui-même a été convaincu d'autant

---

1. Fra-Paolo Sarpi, dit aussi Soave Polan (Pierre), auteur d'une *Histoire du concile de Trente,* trad. par Jean Diodati, Genève, 1635, *FL* (marques de lecture). V. ne possédait pas dans sa bibliothèque l'ouvrage de Sforza Pallavicino, *Istoria del concilio di Trento,* Rome, 1656-7, mais cf. *infra,* p. 507, n. 2.

PORTRAIT DE PAOLO SARPI
dans ses *Opere varie*, Helmstat, 1750

de fautes que son adversaire ; et quand il a raison contre lui, ce n'est pas la peine d'avoir raison. Qu'importe qu'une lettre inutile de Léon X ait été écrite en 1516 ou 17 ? que le nonce Arcimboldo, qui vendit tant d'indulgences dans le Nord, fût le fils d'un marchand milanais, ou d'un génois ? ce qui importe, c'est qu'il ait fait trafic d'indulgences. On se soucie peu que le cardinal Martinusius ait été moine de Saint-Basile, ou ermite de Saint-Paul ; mais on s'intéresse à savoir si ce défenseur de la Transylvanie contre les Turcs fut assassiné par les ordres de Ferdinand Ier, frère de Charles V. Enfin Sarpi et Pallavicini ont tous deux dit la vérité d'une manière différente, l'un en homme libre, défenseur d'un sénat libre ; l'autre en jésuite qui voulait être cardinal.

Dès l'an 1533, Charles V proposa la convocation de ce concile au pape Clément VII, qui, encore effrayé du saccagement de Rome et de sa prison, craignant que le prétexte de sa bâtardise n'enhardît un concile à le déposer, éluda cette proposition, sans oser refuser l'empereur. Le roi de France François Ier proposa Genève pour le lieu de l'assemblée, précisément dans le temps qu'on commençait à prêcher la réforme dans cette ville (1540). Il est bien probable que si le concile se fût tenu dans Genève, le parti des réformés y eût beaucoup perdu.

Pendant qu'on diffère, les protestants d'Allemagne demandent un concile national, et se fondent dans leur réponse au légat Contarini sur ces paroles expresses : « Quand deux ou trois seront assemblés en mon nom, je serai au milieu d'eux. » On leur accorde que cet article est certain ; mais que, si dans cent mille endroits de la terre, deux ou trois personnes sont assemblées en ce nom, cela pourrait produire cent mille conciles, et cent mille confessions de foi différentes : en ce cas il n'y aurait eu jamais de réunion, mais aussi il n'y eût peut-être jamais eu de guerre civile. (x) La multitude des opinions diverses produit nécessairement la tolérance.

Le pape Paul III, Farnèse, propose Vicence ; mais les Vénitiens répondent que le divan de Constantinople prendrait trop d'ombrage d'une assemblée de chrétiens dans le territoire de Venise. Il propose Mantoue ; mais le seigneur de cette ville craint d'y recevoir une garnison étrangère ; (1542) enfin il se décide pour la ville de Trente, voulant complaire à l'empereur, dont il avait très grand besoin : car il espérait alors d'obtenir l'investiture du Milanais pour son bâtard Pierre Farnèse, auquel il donna depuis Parme et Plaisance.

(1545) Le concile est enfin convoqué par une bulle, « de l'autorité du Père, du Fils, du Saint-Esprit, des apôtres Pierre et Paul, laquelle autorité le pape exerce en terre » : priant l'empereur, le roi de France, et les autres princes, de venir au concile. Charles V témoigne son indignation de ce qu'on ose mettre un roi à côté de lui, et surtout un roi allié des musulmans, après tous les services rendus par l'empereur à l'Église. Il oubliait le pillage de Rome.

Le pape Paul III, ne pouvant plus espérer que l'empereur donnât le Milanais à son bâtard, voulait lui donner l'investiture de Parme et de Plaisance, et croyait avoir besoin du secours de François Ier. Pour intimider l'empereur, pressé à la fois par les Turcs et par les protestants, il menace Charles V du sort de Dathan, Coré, et Abiron [1], s'il s'oppose à l'investiture de Parme, ajoutant que « les Juifs sont dispersés pour avoir supplicié le maître, et que les Grecs sont asservis pour avoir bravé le vicaire ». (x) Mais il ne fallait pas que les vicaires de Dieu eussent C tant de bâtards.

Après bien des intrigues, l'empereur et le pape se réconcilient. Charles permet que le bâtard du pape règne à Parme, et Paul envoie trois légats pour ouvrir à Trente le concile qu'il doit diriger à Rome. Ces légats ont un chiffre avec le pape : c'était une invention alors très peu commune, et dont les Italiens se servirent les premiers.

Les légats et l'archevêque de Trente commencent par accorder trois ans et cent soixante jours de délivrance du purgatoire à quiconque se trouvera dans la ville à l'ouverture du concile.

(1545) Le pape défend par une bulle qu'aucun prélat comparaisse par procureur; et aussitôt les procureurs de l'archevêque de Mayence arrivent, et sont bien reçus.

---

1. Moïse ayant prononcé une imprécation, la terre s'ouvrit et les engloutit, *Nombres,* XVI, 28-34.

Cette loi ne regardait pas les évêques princes d'Allemagne, qu'on avait tant intérêt de ménager.

Paul III investit enfin son fils Pierre-Louis Farnèse du duché de Parme et Plaisance, avec la connivence de Charles-Quint, et publie un jubilé.

Le concile s'ouvre par le sermon de l'évêque de Bitonto. Ce prélat prouve qu'un concile était nécessaire : premièrement, parce que plusieurs conciles ont déposé des rois et des empereurs; secondement, parce que, dans *l'Énéide,* Jupiter assembla le conseil des dieux. Il dit qu'à la création de l'homme et à la tour de Babel, Dieu s'y prit en forme de concile, et que tous les prélats doivent se rendre à Trente, comme dans le cheval de Troie; enfin, que la porte du concile et du paradis est la même : l'eau vive en découle, les pères doivent en arroser leurs cœurs comme des terres sèches; faute de quoi le Saint-Esprit leur ouvrira la bouche comme à Balaam et à Caïphe.

Un tel discours semble réfuter ce que nous avons dit de la renaissance des lettres en Italie; mais cet évêque de Bitonto était un moine du Milanais. Un Florentin, un Romain, un élève des Bembo et des Casa, n'eût point parlé ainsi. Il faut songer que le bon goût établi dans plusieurs villes ne s'est jamais étendu dans toutes les provinces.

(1546) La première chose qui fut ordonnée par le concile, c'est que les prélats fussent toujours revêtus de l'habit de leur profession. La coutume était alors de s'habiller en séculier, excepté quand ils officiaient.

Il y avait alors peu de prélats au concile, et la plupart des évêques des grands sièges menaient avec eux des théologiens qui parlaient pour eux. Il y avait aussi des théologiens employés par le pape.

Presque tous ces théologiens étaient ou de l'ordre de Saint-François ou de celui de Saint-Dominique. Ces moines disputèrent sur le péché originel, malgré les ambassadeurs de l'empereur, qui réclamaient en vain contre ces disputes, regardées par eux comme inutiles. Ils entamèrent la grande question si la Vierge, mère de Jésus-Christ, naquit soumise au péché d'Adam. Les dominicains, ennemis des franciscains, soutinrent toujours avec saint Thomas qu'elle fut conçue dans le péché.

La dispute fut vive et longue, et le concile ne la termina qu'en statuant qu'on ne comprenait pas la Vierge dans le péché originel commun à tous les hommes, mais aussi qu'on ne l'en exceptait pas.

Duprat, évêque de Clermont, demande ensuite qu'on prie Dieu pour le roi de France comme pour l'empereur, puisque ce roi a été invité au concile; mais il est refusé, sous prétexte qu'il aurait fallu prier aussi pour les autres rois, et qu'on aurait indisposé ceux qu'on aurait nommés les derniers. Leurs rangs n'étaient plus réglés comme autrefois.

(1546) Pierre Danès arrive en qualité d'ambassadeur de France. C'est alors que dans une des congrégations il fit cette fameuse réponse à un évêque italien qui dit, après l'avoir entendu haranguer : « Vraiment ce coq chante bien. » Les mots de *coq* et de *Français* signifient la même chose dans la langue latine, dont se servait cet évêque. Danès répondit à ce froid jeu de mots : « Plût à Dieu que Pierre se repentît au chant du coq ! »

C'est ici le lieu de placer le mot de dom Barthélemy des Martyrs, primat de Portugal, qui, en parlant de la nécessité d'une réformation, dit : « Les très illustres cardinaux doivent être très illustrement réformés. »

Les évêques cédaient avec peine aux cardinaux, qu'ils ne comptaient pas dans la hiérarchie de l'Église; et les cardinaux alors ne prenaient point le titre d'*éminence,* qu'ils ne se sont donné que sous Urbain VIII. On peut encore observer que tous les pères et les théologiens du concile parlaient en latin dans les sessions; mais ils avaient quelque peine à s'entendre les uns les autres : un Polonais, un Anglais, un Allemand, un Français, un Italien, prononçant tous d'une manière très différente.

(1546) Une des plus importantes questions qui furent agitées fut celle de la résidence et de l'établissement des évêques de droit divin. Presque tous les prélats, excepté ceux d'Italie, attachés particulièrement au pape, s'obstinèrent toujours à vouloir qu'on décidât que leur institution était divine, prétendant que si elle ne l'était pas ils ne se voyaient pas en droit de condamner les protestants. Mais aussi, en recevant leurs bulles du pape, comment pouvaient-ils être établis purement de droit divin? Si le concile constatait ce droit, le pape n'était plus qu'un évêque comme eux. Sa chaire était la première dans l'Église latine, mais non le principe des autres chaires : elle perdait son autorité, et cette question, qui d'abord semblait purement théologique, tenait en effet à la politique la plus délicate. Elle fut longtemps débattue avec éloquence, et aucun des papes sous qui se tint ce long concile ne souffrit qu'elle fût décidée.

Les matières de la prédestination et de la grâce furent longtemps agitées. Les décrets furent formés. Dominique de Soto, théologien dans ce concile, expliqua ces décrets en faveur de l'opinion des dominicains, en trois volumes in-folio; mais frère André Vega les expliqua, en quinze tomes, à l'avantage des cordeliers.

La doctrine des sept sacrements fut ensuite examinée longtemps avec attention, et n'excita aucune dispute.

Après avoir établi cette doctrine telle qu'elle est reçue par toute l'Église latine, on passa à la pluralité des bénéfices, article plus épineux. Plusieurs voix réclament contre l'abus introduit dès longtemps de tant de prélatures accumulées dans les mêmes mains. On renouvelle les plaintes faites du temps de Clément VII, qui donna, en 1534, au cardinal Hippolyte, son neveu, la jouissance de tous les bénéfices de la terre vacants pendant six mois.

Le pape Paul III veut se réserver la décision de cette question; mais les pères décrètent qu'on ne peut posséder deux évêchés à la fois. Ils statuent pourtant qu'on le peut avec une dispense de Rome, et c'est ce qu'on n'a jamais refusé aux prélats allemands : ainsi il est arrivé qu'un curé ne jouit jamais de deux paroisses de cent écus chacune, et qu'un prélat possède des évêchés de plusieurs millions. Il était de l'intérêt de tous les princes et de tous les peuples de déraciner cet abus : il est cependant autorisé.

Cet article ayant mis quelque aigreur dans les esprits, Paul III transfère le concile de Trente à Bologne, sous prétexte des maladies qui régnaient à Trente.

Pendant les deux premières sessions du concile à Bologne, le bâtard du pape, Pierre-Louis Farnèse, duc de Parme, devenu insupportable par l'insolence de ses débauches et de ses rapines, est assassiné dans Plaisance, ainsi que Cosme de Médicis l'avait été auparavant dans

Florence, Julien avant ce Cosme, le duc Galéas à Milan, et tant d'autres princes nouveaux. Il n'est pas prouvé que Charles-Quint eût part à ce meurtre ; mais il en recueillit le fruit dès le lendemain, et le gouverneur de Milan se saisit de Plaisance au nom de l'empereur.

(1548) On peut juger si cet assassinat et cette promptitude à priver le pape de la ville de Plaisance mirent des dissensions entre l'empereur et Paul III. Ces querelles influaient sur le concile ; le peu d'évêques impériaux restés à Trente ne voulaient point reconnaître les pères de Bologne.

C'est dans le temps de ces divisions que Charles-Quint, ayant vaincu les princes protestants dans la célèbre bataille de Mulberg, en 1547, et marchant de succès en succès, mécontent du pape, n'espérant plus rien d'un concile divisé, ambitionne la gloire de faire ce que n'avait pu ce concile, de réunir, du moins pour un temps, les catholiques et les protestants d'Allemagne. Il fait travailler des théologiens de tous les partis ; il fait publier son *inhalt,* son *interim,* profession de foi passagère en attendant mieux. Ce n'était point se déclarer chef de l'Église, comme le roi d'Angleterre Henri VIII ; mais c'eût été l'être en effet, si les Allemands avaient eu autant de docilité que les Anglais.

Le fondement de cette formule de l'*interim* est la doctrine romaine, mais mitigée, et expliquée en termes qui peuvent ne point choquer les réformateurs. On permet aux peuples le vin dans la communion ; on permet aux prêtres le mariage. Il y avait de quoi contenter tout le monde, si l'esprit de division pouvait jamais être content ; mais ni les catholiques ni les protestants ne furent satisfaits. Paul III (1548), qui pouvait éclater contre cette entreprise, garda le silence. Il prévoyait qu'elle tomberait d'elle-même ; et, s'il osait se servir des armes des Grégoire VII et des Innocent IV contre l'empereur, l'exemple de l'Angleterre et le pouvoir de Charles le faisaient trembler.

D'autres intérêts plus pressants, parce qu'ils sont particuliers, troublent la vie du pape. L'affaire de Parme et de Plaisance était des plus épineuses et des plus bizarres : Charles-Quint, comme maître de la Lombardie, vient de réunir Plaisance à ce domaine, et peut y réunir Parme.

Le pape, de son côté, veut réunir Parme à l'État ecclésiastique, et donner un équivalent à son petit-fils Octave Farnèse. Ce prince a épousé une bâtarde de Charles-Quint, qui lui ravit Plaisance : il est petit-fils du pape, qui veut le priver de Parme. Persécuté à la fois par ses deux grand-pères, il prend le parti d'implorer le secours de la France, et de résister au pape son aïeul. Ainsi, dans le concile de Trente, c'est l'incontinence du pape et de l'empereur qui forme la querelle la plus importante. Ce sont leurs bâtards qui produisent les plus violentes intrigues, tandis que des moines théologiens argumentent. Ce pontife meurt saisi de douleur, comme presque tous les souverains au milieu des troubles qu'ils ont excités, et qu'ils ne voient point finir. De grands reproches, et peut-être beaucoup de calomnies, flétrissent sa mémoire.

(1551) Jean del Monte, Jules III, est élu, et consent à rétablir le concile à Trente; mais la querelle de Parme traverse toujours le concile. Octave Farnèse persiste à ne point rendre Parme à l'Église; Charles-Quint s'obstine à garder Plaisance, malgré les pleurs de sa fille Marguerite, épouse d'Octave. Une autre bâtarde se jette à la traverse, et attire la guerre en Italie : c'est la femme d'un frère d'Octave, fille du roi de France Henri II et de la duchesse de Valentinois; elle obtient aisément que Henri, son père, se mêle de la querelle. Ce roi protège donc les Farnèse contre l'empereur et le pape, et celui qui fait brûler les protestants en France s'oppose à la tenue d'un concile contre les protestants.

Tandis que le roi très chrétien se déclare contre le concile, quelques princes protestants y envoient leurs ambassadeurs, comme Maurice, nouveau duc de Saxe, un duc de Virtemberg, et ensuite l'électeur de Brandebourg; mais ces ministres, peu satisfaits, s'en retournent bientôt. Le roi de France y envoie aussi un ambassadeur, Jacques Amyot, plus connu par sa naïve traduction de Plutarque que par cette ambassade; mais il n'arrive que pour protester contre l'assemblée.

(1551) Cependant deux électeurs, Mayence et Trèves, prennent séance au-dessous des légats; deux cardinaux légats, deux nonces, deux ambassadeurs de Charles-Quint, un du roi des Romains, quelques prélats italiens, espagnols, allemands, rendent au concile son activité.

Les cordeliers et les jacobins partagent encore les opinions des pères sur l'eucharistie comme sur la prédestination. Les cordeliers soutiennent que le corps de Dieu, dans le sacrement, passe d'un lieu à un autre ; et les jacobins affirment que ce corps ne passe point d'un lieu à un autre, mais qu'il est fait en un instant du pain transsubstantié.

Les pères décident que le corps divin est sous l'apparence du pain, et son sang sous l'apparence du vin ; que le corps et le sang sont ensemble dans chaque espèce par concomitance, tout entiers, reproduits en un instant dans chaque parcelle et dans chaque goutte, auxquelles on doit un culte de latrie.

Cependant le prince Philippe, fils de Charles-Quint, depuis roi d'Espagne, et le prince héréditaire de Savoie, passent par Trente (1552). Il est dit dans quelques livres concernant les beaux-arts que « les pères donnèrent un bal à ces princes, que le cardinal de Mantoue ouvrit le bal, et que les pères dansèrent avec beaucoup de gravité et de décence ». On cite sur ce fait le cardinal Pallavicini ; et, pour faire voir que la danse n'est point une chose profane, on se prévaut du silence de Fra-Paolo, qui ne condamne point ce bal du concile.

Il est vrai que chez les Hébreux et chez les Gentils la danse fut souvent une cérémonie religieuse ; il est vrai que Jésus-Christ chanta et dansa après sa pâque juive, comme le dit saint Augustin dans ses Lettres [1] ; mais il n'est pas vrai, comme on le dit, que Pallavicini parle de cette danse des pères. On réclame en vain

---

1. Saint Augustin, *Lettres,* Paris, 1684, *FL,* t. VI, p. 398, dit : « ... car il est écrit dans l'Évangile que ce fut après avoir dit un hymne qu'il s'en alla sur la montagne des Oliviers ». D'après *Matthieu,* XXVI, 30, *Marc,* XIV, 26, Jésus chanta des cantiques, après la Cène ; mais V. établit sans doute un rapprochement ou une confusion avec les *Actes de Jean,* ch. 94, qui représentent Jésus, avant son arrestation, dirigeant une danse de ses disciples, accompagnée du chant d'un hymne. D'autres témoignages attestent l'existence de danses rituelles dans le christianisme primitif, Voir G. P. von Wetter, « La Danse rituelle dans l'Église ancienne », *Cahiers du Cercle Ernest Renan,* 1er trimestre 1961.

l'indulgence de Fra-Paolo : s'il ne condamne point ce bal, c'est qu'en effet les pères ne dansèrent point [1]. Pallavicini [2], dans son livre onzième, chapitre xv, dit seulement qu'après un repas magnifique donné par le cardinal de Mantoue, président du concile, dans une salle bâtie exprès à trois cents pas de la ville, il y eut des divertissements, des joutes, des danses; mais il ne dit point du tout que ce président et le concile aient dansé.

Au milieu de ces divertissements et des occupations plus sérieuses du concile, Ferdinand Ier, roi de Hongrie, frère de Charles-Quint, fait assassiner le cardinal Martinusius en Hongrie. Le concile, à cette nouvelle, est plein d'indignation et de trouble. Les pères remettent la connaissance de cet attentat au pape, qui n'en peut connaître : ce n'est plus le temps des Thomas Beckets et des Henri II d'Angleterre.

Jules III excommunie les assassins, qui étaient Italiens, et, au bout de quelque temps, déclare le roi Ferdinand, frère du puissant Charles-Quint, absous des censures. Le meurtre du célèbre Martinusius demeure dans le grand nombre des assassinats impunis qui déshonorent la nature humaine.

De plus grandes entreprises dérangent le concile : le parti protestant, défait à Mulberg, reprend vigueur; il est en armes. Le nouvel électeur de Saxe, Maurice, assiège Augsbourg (1552). L'empereur est surpris dans les défilés du Tyrol : obligé de fuir avec son frère Ferdinand, il perd tout le fruit de ses victoires. Les Turcs menacent la Hongrie. Henri II, toujours ligué avec les Turcs et les protestants, tandis qu'il fait brûler les hérétiques de son royaume, envoie des troupes en Allemagne et en Italie. Les pères du concile s'enfuient

---

1. Effectivement Paolo Sarpi, *Histoire du concile,* l. IV, ne parle pas de ce bal.

2. *Istoria del concilio di Trento.* V. s'est informé auprès de Polier de Bottens, premier pasteur de Lausanne, auquel il écrit, vers le 15 nov. 1757, D 7463 : «Si vous avez Pallavicin, voyez, je vous prie, s'il dit qu'en 1551 Philippe, depuis roi d'Espagne, passa à Trente, que les pères du concile lui donnèrent un bal, lequel fut ouvert par le cardinal de Mantoue Léges. Dansez donc, vous autres pauvres diables!»

en hâte de la ville de Trente, et le concile est oublié pendant dix années.

(1560) Enfin Medichino, Pie IV, qui se disait de la maison de ces grands négociants et de ces grands princes les Médicis, ressuscite le concile de Trente. Il invite tous les princes chrétiens; il envoie même des nonces aux princes protestants assemblés à Naumbourg en Saxe. Il leur écrit : *A mon cher fils;* mais ces princes ne le reconnaissent point pour père, et refusent ses lettres.

(1562) Le concile recommence par une procession de cent douze évêques entre deux files de mousquetaires. Un évêque de Reggio prêche avec plus d'éloquence que n'avait fait l'évêque de Bitonto. On ne peut relever davantage le pouvoir de l'Église; il égale son autorité à celle de Dieu : « Car, dit-il, l'Église a détruit la circoncision et le sabbat que Dieu même avait ordonnés*. » Dans les deux années 1562 et 63 que dura la reprise du concile, il s'élève presque toujours des disputes entre les ambassadeurs sur la préséance : ceux de Bavière veulent l'emporter sur ceux de Venise; mais ils cèdent enfin, après de longues contestations.

(1562) Les ambassadeurs des cantons suisses catholiques demandent la préséance sur ceux du duc de Florence, et l'obtiennent. L'un de ces députés suisses, nommé Melchior Luci, dit qu'il est prêt à soutenir le concile avec son épée, et de traiter les ennemis de l'Église comme ses compatriotes ont traité le curé Zuingle et ses adhérents, qu'ils tuèrent et qu'ils brûlèrent pour la bonne cause.

Mais la plus grande dispute fut entre les ambassadeurs de France et d'Espagne. Le comte de Luna, ambassadeur de Philippe II, roi d'Espagne, veut être encensé à la messe, et baiser la patène avant Ferrier, ambassadeur de France. Ne pouvant obtenir cette distinction, il se réduit à souffrir qu'on emploie en même temps deux patènes et deux encensoirs : Ferrier fut inflexible. On se menace de part et d'autre; le service est interrompu,

---

* Cet évêque avait plus raison qu'il ne croyait : car Jésus D¹ ne prêcha rien que l'obéissance à la religion juive, et ne commanda jamais rien de ce que l'on pratique chez les chrétiens, cela est évident.

l'église est remplie de tumulte. On apaise enfin ce différend en supprimant la cérémonie de l'encensoir et le baiser de la patène.

D'autres difficultés retardaient l'examen des questions théologiques. Les ambassadeurs de l'empereur Ferdinand, successeur de Charles-Quint, veulent que cette assemblée soit un nouveau concile, et non pas une continuation du premier. Les légats prennent un parti mitoyen; ils disent : « Nous continuons le concile en l'indiquant, et nous l'indiquons en le continuant. »

La grande question de l'institution et de la résidence des prélats de droit divin se renouvelle avec chaleur (mars 1562); les évêques espagnols, aidés de quelques prélats arrivés de France, soutiennent leurs prétentions : c'est à cette occasion qu'ils se plaignent que le Saint-Esprit arrive toujours dans la malle du courrier; bon mot célèbre dont les protestants ont triomphé.

Pie IV, outré de l'obstination des évêques, dit que les ultramontains sont ennemis du saint-siège, qu'il aura recours à un million d'écus d'or. Les prélats espagnols se plaignent hautement que les prélats italiens abandonnent les droits de l'épiscopat, et qu'ils reçoivent du pape soixante écus d'or par mois : la plupart des prélats italiens étaient pauvres, et le saint-siège de Rome, plus riche que tous les évêques du concile ensemble, pouvait les aider avec bienséance; mais ceux qui reçoivent sont toujours de l'avis de celui qui donne.

Pie IV offre à Catherine de Médicis, régente de France cent mille écus d'or, et cent mille autres en prêt, avec un corps de Suisses et d'Allemands catholiques, si elle veut exterminer les huguenots de France, faire enfermer dans la Bastille Montluc, évêque de Valence, soupçonné de les favoriser, et le chancelier de L'Hospital, fils d'un juif, mais qui était le plus grand homme de France, si ce titre est dû au génie, à la science et à la probité réunies. Le pape demande encore qu'on abolisse toutes les lois des parlements de France sur tout ce qui concerne l'Église (1562); et dans ces espérances, il donne vingt-cinq mille écus d'avance. L'humiliation de recevoir cette aumône de vingt-cinq mille écus montre dans quel abîme de misère le gouvernement de France était alors plongé.

(Novembre 1562) Ce fut un plus grand opprobre quand le cardinal de Lorraine, arrivant enfin au concile avec quelques évêques français, commença par se plaindre que le pape n'eût donné que vingt-cinq mille écus au roi son maître. C'est alors que l'ambassadeur Ferrier, dans son discours au concile, compare Charles IX enfant à l'empereur Constantin. Chaque ambassadeur ne manquait pas de faire la même comparaison en faveur de son souverain : ce parallèle ne convenait à personne; d'ailleurs Constantin ne reçut jamais d'un pape vingt-cinq mille écus de subsides, et il y avait un peu de différence entre un enfant dont la mère était régente dans une partie des Gaules, et un empereur d'Orient et d'Occident.

Les ambassadeurs de Ferdinand au concile se plaignaient cependant avec aigreur que le pape eût promis de l'argent à la France. Ils demandaient que le concile réformât le pape et sa cour, qu'il n'y eût tout au plus que vingt-quatre cardinaux, ainsi que le concile de Bâle l'avait statué, ne songeant pas que ce petit nombre les rendait plus considérables. Ferdinand Ier demandait encore que chaque nation priât Dieu dans sa langue, que le calice fût accordé aux laïques, et qu'on laissât les princes allemands maîtres des biens ecclésiastiques dont ils s'étaient emparés.

On faisait de telles propositions quand on était mécontent du siège de Rome, et on les oubliait quand on s'était rapproché.

La dispute sur le calice dura longtemps. Plusieurs théologiens affirmèrent que la coupe n'est pas nécessaire à la communion; que la manne du désert, figure de l'eucharistie, avait été mangée sans boire; que Jonathas ne but point en mangeant son miel; que Jésus-Christ, en donnant le pain aux apôtres, les traita en laïques, et qu'il les fit prêtres en leur donnant le vin. Cette question fut décidée avant l'arrivée du cardinal de Lorraine (16 juillet 1562); mais ensuite on laissa au pape la liberté d'accorder ou de refuser le vin aux laïques, selon qu'il le trouverait plus convenable.

La question du droit divin se renouvelait toujours, et divisait le concile. C'est à cette occasion que le jésuite Lainez, successeur d'Ignace dans le généralat de son ordre, et théologien du pape au concile, dit que « les autres Églises ne peuvent réformer la cour romaine, parce que l'esclave n'est pas au-dessus de son seigneur ».

Les évêques italiens étaient de son avis ; ils ne reconnaissaient de droit divin que dans le pape. Les évêques français, arrivés avec le cardinal de Lorraine, se joignent aux Espagnols contre la cour de Rome : et les prélats italiens disaient que le concile était tombé *dalla rogna spagnuola nel mal francese*.

(1563) Il fallut négocier, intriguer, répandre l'argent. Les légats gagnaient autant qu'ils pouvaient les théologiens étrangers. Il y eut surtout un certain Hugonis, docteur de Sorbonne, qui leur servit d'espion : il fut avéré qu'il avait reçu cinquante écus d'or d'un évêque de Vintimiglia pour rendre compte des secrets du cardinal de Lorraine.

(Octobre 1563) La cour de France, épuisée alors par les querelles de religion et de politique, n'avait pas même de quoi payer ses théologiens au concile ; ils retournent tous en France, excepté cet Hugonis, pensionnaire des légats ; neuf évêques français avaient déjà quitté le concile, et il n'en restait plus que huit.

Les querelles de religion faisaient alors couler le sang en France, comme elles en avaient inondé l'Allemagne du temps de Charles-Quint ; une paix passagère avait été signée avec le parti protestant, au mois de mars de cette année 1563. Le pape, courroucé de cette paix, fait condamner à Rome, par l'Inquisition, le cardinal de Châtillon, évêque de Beauvais, huguenot déclaré ; mais il enveloppa dans cette condamnation dix autres évêques de France, et on ne voit point que ces évêques en appellent au concile : quelques-uns se contentent de se pourvoir aux parlements du royaume. En un mot, aucune congrégation du concile ne réclama contre cet acte d'autorité.

(1563) Les pères prennent ce temps pour former un décret contre tous les princes qui voudront juger les ecclésiastiques et leur demander des subsides. Tous les ambassadeurs s'opposent à ce décret, qui ne passe point. La querelle s'échauffe ; l'ambassadeur de France, Ferrier, dit dans le tumulte : « Quand Jésus-Christ approche, il ne faut pas crier ici comme les diables : Envoyez-nous dans des troupeaux de cochons. » On ne voit pas bien quel rapport ce troupeau de cochons pouvait avoir avec cette dispute.

(11 novembre 1563) Après tant d'altercations toujours vives et toujours apaisées par la prudence des légats, on presse la conclusion du concile. On y décrète, dans la vingt-quatrième session, que le lien du mariage est perpétuel depuis Adam, qu'il est devenu un sacrement depuis Jésus-Christ, que l'adultère ne peut le dissoudre, et qu'il ne peut être annulé que par la parenté jusqu'au quatrième degré, à moins d'une dispense du pape. Les protestants, au contraire, pensaient qu'on pouvait épouser sa cousine, et qu'on peut quitter une femme adultère pour en prendre une autre.

Le concile déclare dans cette session que les évêques, dans les causes criminelles, ne peuvent être jugés que par le pape, et que, s'il est besoin, c'est à lui seul de commettre des évêques pour juges. Cette jurisprudence n'est pas admise dans la plupart des tribunaux, et surtout en France.

(23 décembre 1563) Dans la dernière session, on prononce anathème contre ceux qui rejettent l'invocation des saints, qui prétendent qu'il ne faut invoquer que Dieu seul, et qui pensent que Dieu n'est pas semblable aux princes faibles et bornés qu'on ne peut aborder que par leurs courtisans.

Anathème contre ceux qui ne vénèrent pas les reliques, qui pensent que les os des morts n'ont rien de commun avec l'esprit qui les anima, et que ces os n'ont aucune vertu. Anathème contre ceux qui nient le purgatoire, ancien dogme des Égyptiens, des Grecs, et des Romains, sanctifié par l'Église, et regardé par quelques-uns comme plus convenable à un Dieu juste et clément, qui châtie et qui pardonne, que l'enfer éternel, qui semble annoncer l'Être infini, comme infiniment implacable.

Dans tous ces anathèmes on ne spécifie ni les peuples de la confession d'Augsbourg, ni ceux de la communion de Zuingle et de Calvin, ni les anglicans.

Cette même session permet que les moines fassent des vœux à l'âge de seize ans, et les filles à douze; permission regardée comme très préjudiciable à la police des États, mais sans laquelle les ordres monastiques seraient bientôt anéantis.

On soutient la validité des indulgences, première source des querelles pour lesquelles ce concile fut convoqué, et on défend de les vendre : cependant on les vend encore à Rome, mais à très bon marché; on les revend quatre sous la pièce dans quelques petits cantons catholiques suisses. Le grand profit se fait dans l'Amérique espagnole, où l'on est plus riche et plus ignorant que dans les petits cantons.

On finit enfin par recommander aux évêques de ne céder jamais la préséance aux ministres des rois et aux seigneurs : l'Église a toujours pensé ainsi.

Le concile est souscrit par quatre légats du pape, onze cardinaux, vingt-cinq archevêques, cent soixante-huit évêques, sept abbés, trente-neuf procureurs d'évêques absents, et sept généraux d'ordre.

On n'y employa pas la formule : « Il a semblé bon au Saint-Esprit et à nous »; mais : « En présence du Saint-Esprit, il nous a semblé bon. » Cette formule est moins hardie.

Le cardinal de Lorraine renouvela les anciennes acclamations des premiers conciles grecs; il s'écria : « Longues années au pape, à l'empereur, et aux rois ! » Les pères répétèrent les mêmes paroles. On se plaignit en France qu'il n'eût point nommé le roi son maître, et on vit dès lors combien ce cardinal craignait d'offenser Philippe II, qui fut le soutien de la Ligue.

Ainsi finit ce concile, qui dura, dans ses interruptions depuis sa convocation, l'espace de vingt-un ans. Les théologiens qui n'avaient point de voix délibérative y expliquèrent les dogmes; les prélats prononcèrent, les légats du pape les dirigèrent; ils apaisèrent les murmures, adoucirent les aigreurs, éludèrent tout ce qui pouvait blesser la cour de Rome, et furent toujours les maîtres.

CHAPITRE CLXXIII

De la France sous Henri III. Sa transplantation
en Pologne, sa fuite, son retour en France.
Mœurs du temps, Ligue, assassinats, meurtre du
roi, anecdotes curieuses [a].

Au milieu de ces désastres et de ces disputes, le duc
d'Anjou, qui avait acquis quelque gloire en Europe
dans les journées de Jarnac et de Moncontour, est élu
roi de Pologne (1573). Il ne regardait cet honneur que
comme un exil. On l'appelait chez un peuple dont il
n'entendait pas la langue, regardé alors comme barbare,
et qui, moins malheureux, à la vérité, que les Français,
moins fanatique, moins agité, était cependant beaucoup
plus agreste. L'apanage du duc d'Anjou lui valait plus
que la couronne de Pologne : il se montait à douze cent
mille livres ; et ce royaume éloigné était si pauvre que,
dans le diplôme de l'élection, on stipula, comme une
clause essentielle que le roi dépenserait ces douze cent
mille livres en Pologne. Il va donc chercher avec
douleur cette terre étrangère. Il n'avait pourtant rien
à regretter en France : la cour qu'il abandonnait était
en proie à autant de dissensions que le reste de l'État.
C'étaient chaque jour des conspirations, ou réelles ou
supposées, des duels, des assassinats, des emprison-
nements sans forme et sans raison, pires que les troubles
qui en étaient cause. On ne voyait pas tomber sur les
échafauds autant de têtes considérables qu'en Angleterre,
mais il y avait plus de meurtres secrets, et on commençait à connaître le poison.

Cependant, quand les ambassadeurs de Pologne
vinrent à Paris rendre hommage à Henri III, on leur
donna la fête la plus brillante et la plus ingénieuse. Le
naturel et les grâces de la nation perçaient encore à

travers tant de calamités et de fureurs. Seize dames de la cour, représentant les seize principales provinces de France, ayant dansé un ballet accompagné de machines, présentèrent au roi de Pologne et aux ambassadeurs des médailles d'or, sur lesquelles on avait gravé les productions qui caractérisaient chaque province.

(1574) A peine Henri III est-il transplanté sur le trône de Pologne que Charles IX meurt à l'âge de vingt-quatre ans et un mois. Il avait rendu son nom odieux à toute la terre, dans un âge où les citoyens de sa capitale ne sont pas encore majeurs. La maladie qui l'emporta est très rare; son sang coulait par tous les pores : cet accident, dont il y a quelques exemples, est la suite ou d'une crainte excessive, ou d'une passion furieuse, ou d'un tempérament violent et atrabilaire; il passa dans l'esprit des peuples, et surtout des protestants, pour l'effet de la vengeance divine. Opinion utile, si elle pouvait arrêter les attentats de ceux qui sont assez puissants et assez malheureux pour n'être pas soumis au frein des lois!

Dès que Henri III apprend la mort de son frère, il s'évade de Pologne, comme on s'enfuit de prison. Il aurait pu engager le sénat de Pologne à souffrir qu'il se partageât entre ce royaume et ses pays héréditaires, comme il y en a eu tant d'exemples; mais il s'empressa de fuir de ce pays sauvage pour aller chercher, dans sa patrie, des malheurs et une mort non moins funeste que tout ce qu'on avait vu jusqu'alors en France.

Il quittait un pays où les mœurs étaient dures, mais simples, et où l'ignorance et la pauvreté rendaient la vie triste, mais exempte de grands crimes. La cour de France était, au contraire, un mélange de luxe, d'intrigues, de galanteries, de débauches, de complots, de superstition, et d'athéisme. Catherine de Médicis, nièce du pape Clément VII, avait introduit la vénalité de presque toutes les charges de la cour, telle qu'elle était à celle du pape. La ressource, utile pour un temps, et dangereuse pour toujours, de vendre les revenus de l'État à des partisans qui avançaient l'argent, était encore une invention qu'elle avait apportée d'Italie. La superstition de l'astrologie judiciaire, des enchantements, et des sortilèges, était aussi un des fruits de sa patrie, transplanté en France : car, quoique le génie des Florentins eût fait revivre dès longtemps les beaux-arts, il s'en fallait beaucoup que la vraie philosophie fût connue. Cette reine avait amené avec elle un astrologue nommé Luc Gauric, homme qui n'eût été de nos jours qu'un misérable charlatan méprisé de la populace, mais qui alors était un homme très important. Les curieux conservent encore des anneaux constellés, des talismans de ces temps-là. On a cette fameuse médaille où Catherine est représentée toute nue entre les constellations d'*Aries* et *Taurus,* le nom d'*Ébullé Asmodée* sur sa tête, ayant un dard dans une main, un cœur dans l'autre, et dans l'exergue le nom d'*Oxiel.*

Jamais la démence des sortilèges ne fut plus en crédit. Il était commun de faire des figures de cire, qu'on piquait au cœur en prononçant des paroles inintelligibles. On croyait par là faire périr ses ennemis, et le mauvais succès ne détrompait pas. On fit subir la question à Cosme Ruggieri, Florentin, accusé d'avoir attenté, par de tels sortilèges, à la vie de Charles IX. Un de ces sorciers, condamné à être brûlé, dit, dans son interrogatoire, qu'il y en avait plus de trente mille en France.

Ces manies étaient jointes à des pratiques de dévotion, et ces pratiques se mêlaient à la débauche effrénée. Les protestants, au contraire, qui se piquaient de réforme, opposaient des mœurs austères à celles de la cour; ils punissaient de mort l'adultère. Les spectacles, les jeux, leur étaient autant en horreur que les cérémonies de l'Église romaine; ils mettaient presque au même rang la messe et les sortilèges : de sorte qu'il y avait deux nations dans la France absolument différentes l'une de l'autre, et on espérait d'autant moins la réunion que les huguenots avaient, surtout depuis la Saint-Barthélemy, formé le dessein de s'ériger en république.

Le roi de Navarre, qui fut depuis Henri IV, et le prince Henri de Condé, fils de Louis, assassiné à Jarnac, étaient les chefs du parti; mais ils avaient été retenus prisonniers à la cour depuis le temps des massacres. Charles IX leur avait proposé l'alternative d'un changement de religion ou de la mort. Les princes, en qui la religion n'est presque jamais que leur intérêt, se résolvent rarement au martyre. Henri de Navarre et Henri de

Condé s'étaient faits catholiques; mais vers le temps de la mort de Charles IX, Condé, évadé de prison, avait abjuré l'Église romaine à Strasbourg; et, réfugié dans le Palatinat, il ménageait, chez les Allemands, des secours pour son parti, à l'exemple de son père.

Henri III, en revenant en France, pouvait la rétablir; elle était sanglante, déchirée, mais non démembrée. Pignerol, le marquisat de Saluces, et par conséquent les portes de l'Italie, étaient encore à elle. Une administration tolérable peut guérir, en peu d'années, les plaies d'un royaume dont le terrain est fertile et les habitants industrieux. Henri de Navarre était toujours entre les mains de la reine mère, déclarée régente par Charles IX jusqu'au retour du nouveau roi. Les protestants ne demandaient que la sûreté de leurs biens et de leur religion; et leur projet de former une république ne pouvait prévaloir contre l'autorité souveraine, déployée sans faiblesse et sans excès. Il eût été aisé de les contenir : tel avait toujours été l'avis des plus sages têtes, d'un chancelier de L'Hospital, d'un Paul de Foix, d'un Christophe de Thou, père du véridique et éloquent historien, d'un Pibrac, d'un Harlai; mais les favoris, croyant gagner à la guerre, la firent résoudre.

À peine donc le roi fut à Lyon qu'avec le peu de troupes qu'on lui avait amenées il voulut forcer des villes, qu'il eût pu ranger à leur devoir avec un peu de politique. Il dut s'apercevoir, quand il voulut entrer à main armée dans une petite ville nommée Livron [1], qu'il n'avait pas pris le bon parti; on lui cria du haut des murs : « Approchez, assassins; venez, massacreurs, vous ne nous trouverez pas endormis comme l'amiral. »

---

1. Nonnotte, *Erreurs de V.,* t. I, p. 346, ayant prétendu qu'il n'avait trouvé nulle part cette anecdote, V. cite ses sources dans les *Éclaircissements historiques,* XXIXᵉ sottise : effectivement Mézeray, *Abrégé chronologique,* t. V, p. 218, parle des « paroles outrageuses » qu'adressèrent les assiégés de Livron à Henri III; de même L'Estoile, *Journal de Henri III,* t. I, p. 117, *FL,* sig.; de Thou, *Histoire universelle,* t. V, p. 66, relate le siège, sans mentionner les insultes; mais Jean de Serres, *Recueil des choses mémorables advenues en France sous le règne de François II, Charles IX et Henri III,* s. l., 1598, donne les paroles des assiégés à peu près telles que V. les cite ici.

Il n'avait pas alors de quoi payer ses soldats; ils se débandèrent; et, trop heureux de n'être point attaqué dans son chemin, il alla se faire sacrer à Reims, et faire son entrée dans Paris sous ces tristes auspices, au milieu de la guerre civile qu'il avait fait renaître à son arrivée, et qu'il eût pu étouffer. Il ne sut ni contenir les huguenots, ni contenter les catholiques, ni réprimer son frère le duc d'Alençon, alors duc d'Anjou, ni gouverner ses finances, ni discipliner une armée : il voulait être absolu et ne prit aucun moyen de l'être. Ses débauches honteuses avec ses mignons le rendirent odieux; ses superstitions, ses processions, dont il croyait couvrir ses scandales, et qui les augmentaient, l'avilirent; ses profusions, dans un temps où il fallait n'employer l'or que pour avoir du fer, énervèrent son autorité. Nulle police, nulle justice : on tuait, on assassinait ses favoris sous ses yeux, ou ils s'égorgeaient mutuellement dans leurs querelles. Son propre frère, le duc d'Anjou, catholique, s'unit contre lui avec le prince Henri de Condé, calviniste, et fait venir des Suisses, tandis que Condé rentre en France avec des Allemands.

Dans cette anarchie, Henri, duc de Guise, fils de François, riche, puissant, devenu le chef de la maison de Lorraine en France, ayant tout le crédit de son père, idolâtré du peuple, redouté à la cour, force le roi à lui donner le commandement des armées. Son intérêt était que tout fût brouillé, afin que la cour eût toujours besoin de lui.

Le roi demande de l'argent à la ville de Paris : elle lui répond qu'elle a fourni trente-six millions d'extraordinaire en quinze ans, et le clergé soixante millions; que les campagnes sont désolées par la soldatesque; la ville, par la rapacité des financiers; l'Église, par la simonie et le scandale. Il n'obtient que des plaintes au lieu de secours.

Cependant le jeune Henri de Navarre se sauve enfin de la cour, où il était toujours prisonnier. On pouvait le retenir comme prince du sang; mais on n'avait nul droit sur la liberté d'un roi : il l'était en effet de la basse Navarre, et la haute lui appartenait par droit d'héritage. Il va en Guyenne. Les Allemands, appelés par Condé, entrent dans la Champagne. Le duc d'Anjou, frère du roi, est en armes.

Les dévastations qu'on avait vues sous Charles IX recommencent. Le roi fait alors, par un traité honteux dont on ne lui sait point de gré, ce qu'il aurait dû faire, en souverain habile, à son avènement : il donne la paix ; mais il accorde beaucoup plus qu'on ne lui eût demandé d'abord : libre exercice de la religion réformée, temples, synodes, chambres mi-parties de catholiques et de réformés dans les parlements de Paris, de Toulouse, de Grenoble, d'Aix, de Rouen, de Dijon, de Rennes. Il désavoue publiquement la Saint-Barthélemy, à laquelle il n'avait eu que trop de part. Il exempte d'impositions, pour six ans, les enfants de ceux qui ont été tués dans les massacres, réhabilite la mémoire de l'amiral Coligny ; et, pour comble d'humiliation, il se soumet à payer les troupes allemandes du prince palatin Casimir, qui le forçaient à cette paix ; mais n'ayant pas de quoi les satisfaire, il les laisse vivre à discrétion pendant trois mois dans la Bourgogne et dans la Champagne. Enfin il envoie au prince Casimir six cent mille écus par Bellièvre. Casimir retient l'envoyé du roi en otage pour le reste du paiement, et l'emmène prisonnier à Heidelberg, où il fait porter en triomphe, au son des fanfares, les dépouilles de la France, dans des chariots traînés par des bœufs dont on avait doré les cornes.

Ce fut cet excès d'opprobre qui enhardit le duc Henri de Guise à former la ligue projetée par son oncle le cardinal de Lorraine, et à s'élever sur les ruines d'un royaume si malheureux et si mal gouverné. Tout respirait alors les factions, et Henri de Guise était fait pour elles. Il avait, dit-on, toutes les grandes qualités de son père, avec une ambition plus effrénée et plus artificieuse. Il enchantait comme lui tous les cœurs. On disait du père et du fils qu'auprès d'eux tous les autres princes paraissaient peuple. On vantait la générosité de son cœur ; mais il n'en avait pas donné un grand exemple quand il foula aux pieds, dans la rue Bétisy, le corps de l'amiral Coligny, jeté à ses yeux par les fenêtres.

La première proposition de la Ligue fut faite dans Paris. On fit courir chez les bourgeois les plus zélés des papiers qui contenaient un projet d'association pour défendre la religion, le roi, et la liberté de l'État : c'est-à-dire pour opprimer à la fois le roi et l'État par les armes de la religion. La Ligue fut ensuite signée solennellement à Péronne et dans presque toute la Picardie. Bientôt après les autres provinces y entrent. Le roi d'Espagne la protège, et ensuite les papes l'autorisent. Le roi, pressé entre les calvinistes, qui demandaient trop de liberté, et les ligueurs, qui voulaient lui ravir la sienne, croit faire un coup d'État en signant lui-même la Ligue, de peur qu'elle ne l'écrase. Il s'en déclare le chef, et par cela même il l'enhardit. Il se voit obligé de rompre malgré lui la paix qu'il avait donnée aux réformés (1576), sans avoir d'argent pour renouveler la guerre. Les états généraux sont assemblés à Blois ; mais on lui refuse les subsides qu'il demande pour cette guerre à laquelle les états mêmes le forçaient. Il n'obtient pas seulement la permission de se ruiner en aliénant son domaine. Il assemble pourtant une armée, en se ruinant d'une autre manière, en engageant les revenus de la couronne, en créant de nouvelles charges. Les hostilités se renouvellent de tous côtés, et la paix se fait encore. Le roi n'avait voulu avoir de l'argent et une armée que pour être en état de ne plus craindre les Guises ; mais, dès que la paix est faite, il consomme ces faibles ressources en vains plaisirs, en fêtes, en profusions pour ses favoris.

Il était difficile de gouverner un tel royaume autrement qu'avec du fer et de l'or. Henri III pouvait à peine avoir l'un et l'autre. Il faut voir quelles peines il eut à obtenir dans ses pressants besoins treize cent mille francs du clergé pour six années, à faire vérifier au parlement quelques nouveaux édits bursaux, et avec quelle rapacité le marquis d'O, surintendant des finances, dévorait cette subsistance passagère.

Il ne régnait pas. La Ligue catholique et les confédérés protestants se faisaient la guerre malgré lui dans les provinces. Les maladies contagieuses, la famine, se joignaient à tant de fléaux, et c'est dans ces temps de calamités que, pour opposer des favoris au duc de Guise, ayant créé ducs et pairs Joyeuse et d'Épernon, et leur ayant donné la préséance sur leurs anciens pairs, il dépense quatre millions aux noces du duc de Joyeuse, en le mariant à la sœur de la reine sa femme, et en le faisant son beau-frère. De nouveaux impôts pour payer ses prodigalités excitent l'indignation publique. Si le duc de Guise n'avait pas fait une ligue contre lui, la conduite du roi suffisait pour en produire une.

C'est dans ce temps que le duc d'Anjou, son frère, va dans les Pays-Bas chercher, au milieu d'une désolation non moins funeste, une principauté qu'il perdit par une tyrannique imprudence. Comme Henri III permettait à son frère d'aller ravir les provinces des Pays-Bas à Philippe II, à la tête des mécontents de Flandre, on peut juger si le roi d'Espagne encourageait la Ligue en France, où elle prenait chaque jour de nouvelles forces. Quelle ressource le roi crut-il avoir contre elle ? celle d'instituer des confréries de pénitents, de bâtir des cellules de moines à Vincennes pour lui et pour les compagnons de ses plaisirs, de prier Dieu en public tandis qu'il outrageait la nature en secret, de se vêtir d'un sac blanc, de porter une discipline et un rosaire à la ceinture, et de s'appeler *frère Henri*. Cela même indigna et enhardit les ligueurs. On prêchait publiquement dans Paris contre sa dévotion scandaleuse. La faction des Seize se formait sous le duc de Guise, et Paris n'était plus au roi que de nom.

(1585) Henri de Guise, devenu maître du parti catholique, avait déjà des troupes avec l'argent de son parti, et il attaquait les amis du roi de Navarre. Ce prince, qui était, comme le roi François Ier, le plus généreux chevalier de son temps, offrit de vider ce grand différend en se battant contre le duc de Guise, ou seul à seul, ou dix contre dix, ou en tel nombre qu'on voudrait. Il écrit à Henri III, son beau-frère : il lui remontre que c'est à lui et à sa couronne que la Ligue en veut, bien plus qu'aux huguenots ; il lui fait voir le précipice ouvert ; il lui offre ses biens et sa vie pour le sauver.

Mais dans ce temps-là même le pape Sixte-Quint fulmine, contre le roi de Navarre et le prince de Condé, cette fameuse bulle dans laquelle il les appelle *génération bâtarde et détestable de la maison de Bourbon;* il les déclare déchus de tout droit, de toute succession. La Ligue fait valoir la bulle, et force le roi à poursuivre son beau-frère qui voulait le secourir, et à seconder le duc de Guise qui le détrônait avec respect. C'est la neuvième guerre civile depuis la mort de François II.

Henri IV (car il faut déjà l'appeler ainsi, puisque ce nom est si célèbre et si cher, et qu'il est devenu un nom propre), Henri IV eut à combattre à la fois le roi de France, Marguerite sa propre femme, et la Ligue. Marguerite, en se déclarant contre son époux, rappelait ces anciens temps de barbarie où les excommunications rompaient tous les liens de la société, et rendaient un prince exécrable à ses proches. Ce prince se fit connaître dès lors pour un grand homme, en bravant le pape jusque dans Rome, en y faisant afficher dans les carrefours un démenti formel à Sixte-Quint, et en appelant à la cour des pairs de cette bulle.

Il n'eut pas grande peine à empêcher son imprudente femme de se saisir de l'Agénois, dont elle voulut s'emparer ; et quant à l'armée royale qu'on envoya contre lui sous les ordres du duc de Joyeuse, tout le monde sait comment il la vainquit à Coutras (octobre 1587), combattant en soldat à la tête de ses troupes, faisant des prisonniers de sa main, et montrant après la victoire autant d'humanité et de modestie que de valeur pendant la bataille.

Cette journée lui fit plus de réputation qu'elle ne lui donna de véritables avantages. Son armée n'était pas celle d'un souverain qui la soudoie et qui la retient toujours sous le drapeau, c'était celle d'un chef de parti : elle n'avait point de paie réglée. Les capitaines ne pouvaient empêcher leurs soldats d'aller faire leurs moissons ; ils étaient obligés eux-mêmes de retourner dans leurs terres. On accusa Henri IV d'avoir perdu le fruit de sa victoire en allant dans le Béarn voir la comtesse de Grammont, dont il était amoureux. On ne fait pas réflexion qu'il eût été très aisé de faire agir son armée en son absence, s'il avait pu la conserver. Henri de Condé, son cousin, prince aussi austère dans ses mœurs que le Navarrois avait de galanterie dans les siennes, quitta l'armée comme lui, alla comme lui dans ses terres, après avoir resté quelque temps dans le Poitou, ainsi que tous les officiers, qui jurèrent de se retrouver, le 20 novembre, au rendez-vous des troupes. C'était ainsi qu'on faisait la guerre alors.

Mais le séjour du prince de Condé dans Saint-Jean-d'Angély fut une des plus fatales aventures de ces temps horribles. A peine a-t-il soupé, à son retour, avec Charlotte de La Trimouille, sa femme, qu'il est saisi de convulsions mortelles qui l'emportent en deux jours (janvier 1588). Le simple juge de Saint-Jean-d'Angély met la princesse en prison, l'interroge, commence un procès criminel contre elle : il condamne par contumace un jeune page nommé Permillac de Belcastel, et fait exécuter Brillant, maître-d'hôtel du prince, qui est tiré à quatre chevaux dans Saint-Jean-d'Angély, après que la sentence a été confirmée par des commissaires que le roi de Navarre a nommés lui-même. La princesse appelle à la cour des pairs; elle était enceinte; elle fut depuis déclarée innocente, et les procédures brûlées. Il n'est pas inutile de réfuter encore ici ce conte, répété dans tant de livres, que la princesse accoucha du père du grand Condé quatorze mois après la mort de son mari, et que la Sorbonne fut consultée pour savoir si cet enfant était légitime. Rien n'est plus faux, et il est assez prouvé que ce nouveau prince de Condé naquit six mois après la mort de son père.

Si Henri de Navarre défit l'armée de Henri III à la journée de Coutras, le duc de Guise, de son côté, dissipa dans le même temps une armée d'Allemands qui venaient se joindre au Navarrois, et il fit voir, dans cette expédition, autant de conduite que Henri IV avait montré de courage. Le malheur de Coutras et la gloire du duc de Guise furent deux nouvelles disgrâces pour le roi de France. Guise concerte, avec tous les princes de sa maison, une requête au roi par laquelle on lui demande la publication du concile de Trente, l'établissement de l'Inquisition, avec la confiscation des biens des huguenots au profit des chefs de la Ligue, de nouvelles places de sûreté pour elle, et le bannissement de ses favoris qu'on lui nommera. Chaque mot de cette requête était une offense. Le peuple de Paris, et surtout les Seize, insultaient publiquement les favoris du roi, et marquaient peu de respect pour sa personne.

Rien ne fait mieux voir la malheureuse administration du gouvernement qu'une petite chose qui fut la source des désastres de cette année. Le roi, pour éviter les troubles qu'il prévoyait dans Paris, fait défense au duc de Guise d'y venir. Il lui écrit deux lettres; il ordonne qu'on lui dépêche deux courriers. Il ne se trouve point d'argent dans l'épargne pour cette dépense nécessaire : on met les lettres à la poste; et le duc de Guise vient à Paris, ayant pour excuse apparente qu'il n'a point reçu l'ordre. De là suit la journée des Barricades. Il serait superflu de répéter ici ce que tant d'historiens ont détaillé sur cette journée. Qui ne sait que le roi quitta sa capitale, fuyant devant son sujet, et qu'il assembla ensuite les seconds états de Blois, où il fit assassiner le duc et le cardinal de Guise son frère (décembre 1588), après avoir communié avec eux, et avoir fait serment sur l'hostie qu'il les aimerait toujours?

Les lois sont une chose si respectable et si sainte que si Henri III en avait seulement conservé l'apparence, si, quand il eut en son pouvoir le prince et le cardinal, dans le château de Blois, il eût mis dans sa vengeance, comme il le pouvait, quelque formalité de justice, sa gloire et peut-être sa vie eussent été sauvées; mais l'assassinat d'un héros et d'un prêtre le rendirent exécrable aux yeux de tous les catholiques, sans le rendre plus redoutable.

Je crois devoir réfuter ici une erreur qui se trouve dans beaucoup de livres, et principalement dans l'*État de la France* qu'on réimprime souvent [1]. On y dit que le duc de Guise fut assassiné par les gentilshommes ordinaires de la chambre du roi; et le déclamateur Maimbourg prétend, dans son *Histoire de la Ligue* [2], que Lognac, le chef des assassins, était premier gentilhomme de la chambre : tout cela est faux. Les registres de la chambre des comptes qui ont échappé à l'incendie [3], et que j'ai consultés, font foi que le maréchal de Retz et le comte de Villequier, tirés du nombre des gentilshommes ordinaires, avaient le titre de premier gentilhomme, charge de nouvelle création, instituée sous

---

1. V. possédait dans sa bibliothèque une édition de l'*État de la France,* datée de « Paris, chez la veuve Prudhomme, 1736 », *FL.* Je n'ai pas trouvé ce fait dans l'édition que j'ai consultée, Paris, chez Michel-Étienne David, 1736.

2. Maimbourg, *Histoire de la Ligue,* Paris, 1683, p. 276.

3. La Chambre des comptes, proche du domicile de la famille Arouet, fut dévastée par un incendie les 26 et 27 octobre 1737.

Henri II pour le maréchal de Saint-André. Ces mêmes registres font voir les noms des gentilshommes ordinaires de la chambre, qui étaient alors des premières maisons du royaume; ils avaient succédé sous François Ier aux chambellans, et ceux-ci aux chevaliers de l'hôtel. Les gentilshommes nommés les *quarante-cinq*, qui assassinèrent le duc de Guise, étaient une compagnie nouvelle, formée par le duc d'Épernon, payée au trésor royal sur les billets de ce duc, et aucun de leurs noms ne se trouve parmi les gentilshommes de la chambre.

Lognac, Saint-Capautet, Alfrenas, Herbelade, et leurs compagnons, étaient de pauvres gentilshommes gascons que d'Épernon avait fournis au roi, des gens de main, des gens de service, comme on les appelait alors. Chaque prince, chaque grand seigneur en avait auprès de lui dans ces temps de troubles. C'était par des hommes de cette espèce que la maison de Guise avait fait assassiner Saint-Mégrin, l'un des favoris de Henri III. Ces mœurs étaient bien différentes de la noble démence de l'ancienne chevalerie, et de ces temps d'une barbarie plus généreuse, dans lesquels on terminait ses différends en champ clos, à armes égales.

Tel est le pouvoir de l'opinion chez les hommes que les mêmes assassins qui n'avaient fait nul scrupule de tuer en lâches le duc de Guise refusèrent de tremper leurs mains dans le sang du cardinal son frère. Il fallut chercher quatre soldats du régiment des gardes, qui le massacrèrent dans le même château à coups de hallebarde. Il se passa deux jours entre la mort des deux frères : c'est une preuve invincible que le roi aurait eu le temps de se couvrir de quelques apparences d'une forme de justice précipitée.

Non seulement il n'eut pas l'art de prendre ce masque nécessaire, mais il se manqua encore à lui-même en ne courant pas dans l'instant à Paris avec ses troupes. Il eut beau dire à la reine Catherine, sa mère, qu'il avait pris toutes ses mesures, il n'en avait pris que pour se venger, et non pour régner. Il restait dans Blois, inutilement occupé à examiner les cahiers des états, tandis que Paris, Orléans, Rouen, Dijon, Lyon, Toulouse, se soulèvent presque en même temps, comme de concert. On ne le regarde plus que comme un assassin et un parjure.

Le pape l'excommunie; cette excommunication, qui eût été méprisée en d'autres temps, devient terrible alors, parce qu'elle se joint aux cris de la vengeance publique, et paraît réunir Dieu et les hommes. Soixante et dix docteurs assemblés en Sorbonne le déclarent déchu du trône (1589), et ses sujets déliés du serment de fidélité. Les prêtres refusent l'absolution aux pénitents qui le reconnaissent pour roi. La faction des Seize emprisonne à la Bastille les membres du parlement affectionnés à la monarchie. La veuve du duc de Guise vient demander justice du meurtre de son époux et de son beau-frère. Le parlement, à la requête du procureur général, nomme deux conseillers, Courtin et Michon, qui instruisent le procès criminel contre Henri de Valois, *ci-devant roi de France et de Pologne.* (x) Voyez l'*Histoire du Parlement* [1], D où ce fait est discuté.

Ce roi s'était conduit avec tant d'aveuglement qu'il n'avait point encore d'armée : il envoyait Sancy négocier des soldats chez les Suisses, et il avait la bassesse d'écrire au duc de Mayenne, déjà chef de la Ligue, pour le prier d'oublier l'assassinat de son frère. Il lui faisait parler par le nonce du pape, et Mayenne répondait au nonce : « Je ne pardonnerai jamais à ce misérable. » Les lettres qui rendent compte de cette négociation sont encore aujourd'hui à Rome.

Enfin le roi est obligé d'avoir recours à ce Henri de Navarre, son vainqueur et son successeur légitime, qu'il eût dû dès le commencement de la Ligue prendre pour son appui, non seulement comme le seul intéressé au maintien de la monarchie, mais comme un prince dont il connaissait la franchise, dont l'âme était au-dessus de son siècle, et qui n'aurait jamais abusé de son droit d'héritier présomptif.

Avec le secours du Navarrois, avec les efforts de son parti, il a une armée. Les deux rois arrivent devant Paris. Je ne répéterai pas ici comment Paris fut délivré par le meurtre de Henri III. Je remarquerai seulement avec le président de Thou [2] que quand le dominicain

---

1. Ch. 30-31.

2. *Histoire universelle,* t. VII, pp. 485-6 : « Soit tempérament, soit éducation, la présence d'un moine faisait toujours plaisir à

Jacques Clément, prêtre fanatique, encouragé par son prieur Bourgoin, par son couvent, par l'esprit de la Ligue, et muni des sacrements, vint demander audience pour l'assassiner (1589), le roi sentit de la joie en le voyant, et qu'il disait que son cœur s'épanouissait toutes les fois qu'il voyait un moine. Je ne vous fatiguerai point de détails si connus, ni de tout ce qu'on fit à Paris et à Rome : je ne dirai point avec quel zèle on mit sur les autels de Paris le portrait du parricide; qu'on tira le canon à Rome; qu'on y prononça l'éloge du moine; mais il faut observer que dans l'opinion du peuple ce misérable était un saint et un martyr : il avait délivré le peuple de Dieu du tyran persécuteur, à qui on ne donnait d'autre nom que celui d'Hérode. (x) A Ce n'est pas que Henri III, roi de France, eût la moindre ressemblance avec ce petit roi de la Palestine; mais le bas peuple, toujours sot et barbare, ayant ouï dire qu'Hérode avait fait égorger tous les petits enfants d'un pays, donnait ce nom à Henri III. Clément était à ses yeux un homme inspiré; (x) il s'était offert à une mort inévitable; ses supérieurs et tous ceux qu'il avait consultés lui avaient ordonné de la part de Dieu de commettre cette sainte action. Son esprit égaré était dans le cas de l'ignorance invincible. Il était intimement persuadé qu'il s'immolait à Dieu, à l'Église, à la patrie; enfin, selon le sentiment de ses théologiens, il courait à la gloire éternelle, et le roi assassiné était damné. C'est ce que quelques théologiens calvinistes avaient pensé de Poltrot; c'est ce que les catholiques avaient dit de l'assassin du prince d'Orange [a].

Il n'y eut aucun pays catholique, à l'exception de A Venise, où le crime de Jacques Clément ne fût consacré. Le jésuite Mariana, qui passait pour un historien sage, s'exprime ainsi dans son livre de l'*Institution des rois* : « Jacques Clément se fit un grand nom; le meurtre fut expié par le meurtre, et le sang royal coula en sacrifice aux mânes du duc de Guise perfidement assassiné. Ainsi périt Jacques Clément, âgé de vingt-quatre ans,

---

Henri, et je lui ai moi-même souvent entendu dire que leur vue produisait le même effet sur son âme que le chatouillement le plus délicat sur le corps. »

la gloire éternelle de la France [1]. » Le fanatisme fut porté en France jusqu'à mettre le portrait de cet assassin sur les autels, avec ces mots gravés au bas : *Saint Jacques Clément, priez pour nous* [2].

Un fait très longtemps ignoré, c'est la forme du juge- A ment contre le cadavre du moine parricide : son procès fut fait par le marquis de Richelieu, grand prévôt de France, père du cardinal; et loin que le procureur général La Guesle, témoin de l'assassinat, et qui avait amené frère Clément à Henri III, fît les fonctions de sa charge dans ce jugement, il ne fit que celle du témoin; il déposa comme les autres. Ce fut Henri IV qui porta lui-même l'arrêt, et qui condamna le corps du moine à être écartelé et brûlé, de l'avis de son conseil, signé *Ruzé* (à Saint-Cloud, 2 août 1589).

Ce qu'on ne savait pas encore, c'est qu'un autre jaco- A bin nommé Jean Le Roi, ayant assassiné le commandant de Coutances en Normandie, Henri IV jugea aussi ce malheureux le jour même qu'il jugea Clément. Il condamna le moine Jean Le Roi à être mis dans un sac, et à être jeté dans la rivière, ce qui fut exécuté à Saint-Cloud, deux jours après. C'était une chose très rare qu'un tel jugement et un tel supplice; mais les crimes qu'on punissait étaient encore plus étonnants.

---

1. A l'exception de ces derniers mots, la traduction de V. est exacte. Mariana, *De Rege et regis institutione,* Mayence, 1611, écrit dans le ch. *An tyrannum opprimere fas sit,* p. 54 : « *Cæso rege ingens sibi nomen fecit. Cæde cædes expiata, ac manibus Guisii ducis perfide perempti regio sanguine est parentatum. Sic Clemens ille periit, viginti quatuor natus annos, simplici juvenis ingenio, neque robusto corpore; sed major vis vires et animum confirmabat.* »

2. D'après De Thou, *Histoire universelle,* t. VII, p. 495.

CHAPITRE CLXXIV

De Henri iv

En lisant l'histoire de Henri IV dans Daniel, on est tout étonné de ne pas le trouver un grand homme. On y voit à peine son caractère, très peu de ces belles réponses qui sont l'image de son âme; rien de ce discours digne de l'immortalité, qu'il tint à l'assemblée des notables de Rouen; aucun détail de tout le bien qu'il fit à la patrie. Des manœuvres de guerre sèchement racontées, de longs discours au parlement en faveur des jésuites, et enfin la vie du P. Coton, forment, dans Daniel, le règne de Henri IV [1].

Bayle, souvent aussi répréhensible et aussi petit, quand il traite des points d'histoire et des affaires du monde, qu'il est judicieux et profond quand il manie la dialectique, commence son article de Henri IV par dire que, « si on l'eût fait eunuque, il eût pu effacer la gloire des Alexandre et des César [2] ». Voilà de ces choses qu'il eût dû effacer de son dictionnaire. Sa dialectique même lui manque dans cette ridicule supposition : car César fut beaucoup plus débauché que Henri IV ne fut amou-

---

1. Daniel, *Histoire de France,* t. IX, p. 555, donne seulement le résumé de la réponse des notables; t. X, pp. 53-68, il fait l'histoire des tribulations des jésuites sous Henri IV, p. 353 et suiv., celle de leur établissement. Il raconte la vie du P. Coton, pp. 349-350, 358.

2. *Dictionnaire historique et critique,* Rotterdam, 1697, *FL,* t. II, p. 62 : « L'on peut dire que si l'amour des femmes lui eût permis de faire agir toutes ses belles qualités selon toute l'étendue de leurs forces, il aurait ou surpassé ou égalé les héros que l'on admire le plus. Si la première fois qu'il débaucha la fille ou la femme de son prochain, il en eût été puni de la manière que *(sic)* Pierre Abélard, il serait devenu capable de conquérir toute l'Europe. »

reux, et on ne voit pas pourquoi Henri IV eût été plus loin qu'Alexandre. (x) Bayle a-t-il prétendu qu'il faille A être un demi-homme pour être un grand homme? Ne savait-il pas, d'ailleurs, quelle foule de grands capitaines a mêlé l'amour aux armes? De tous les guerriers qui se sont fait un nom, il n'y a peut-être que le seul Charles XII qui ait renoncé absolument aux femmes; encore a-t-il eu plus de revers que de succès. Ce n'est pas que je veuille, dans cet ouvrage sérieux, flatter cette vaine galanterie qu'on reproche à la nation française; je ne veux que reconnaître une très grande vérité : c'est que la nature, qui donne tout, ôte presque toujours la force et le courage à ceux qui sont dépouillés des marques de la virilité, ou en qui ces marques sont imparfaites. Tout est physique dans toutes les espèces : ce n'est pas le bœuf qui combat, c'est le taureau. Les forces de l'âme et du corps sont puisées dans cette source de la vie. Il n'y a parmi les eunuques que Narsès de capitaine, et qu'Origène et Photius de savants. Henri IV fut souvent amoureux, et quelquefois ridiculement; mais jamais il ne fut amolli : la belle Gabrielle l'appelle dans ses lettres *mon soldat;* ce seul mot réfute Bayle. (x) Il est à souhaiter, pour l'exemple des rois et pour la consolation des peuples, qu'on lise ailleurs, comme dans la grande histoire de Mézeray[1], dans Péréfixe[2], dans les *Mémoires* de Sully, ce qui concerne les temps de ce bon prince.

Faisons, pour notre usage particulier, un précis de cette vie qui fut trop courte. Il est dès son enfance nourri dans les troubles et dans les malheurs. Il se trouve, à quatorze ans, à la bataille de Moncontour. Il est rappelé à Paris. Il n'épouse la sœur de Charles IX que

---

1. Mézeray consacre tout le t. VI et dernier de l'*Abrégé* à Henri IV, et conclut, p. 391 : « On peut voir par tout le cours de sa vie, si ce fut à bon titre qu'on lui donna le nom de Grand et celui d'arbitre de la chrétienté. »

2. Hardouin de Beaumont de Péréfixe, précepteur de Louis XIV, puis archevêque de Paris, *Histoire du roy Henri le Grand,* Paris, 1661 : cet ouvrage, et les *Mémoires* de Sully parus la même année, firent beaucoup pour la popularité du « bon roi Henri », cf. M. Reinhard, *La Légende de Henri IV,* Saint-Brieuc, 1935.

PORTRAIT DE HENRI IV
Frontispice de Voltaire, *Essai sur les mœurs,*
t. IV de la Collection des Œuvres, Genève, 1775

pour voir ses amis assassinés autour de lui, pour courir lui-même risque de sa vie, et pour rester près de trois ans prisonnier d'État. Il ne sort de sa prison que pour essuyer toutes les fatigues et toutes les fortunes de la guerre, manquant souvent du nécessaire, n'ayant jamais de repos, s'exposant comme le plus hardi soldat, faisant des actions qui ne paraissent pas croyables, et qui ne le deviennent que parce qu'il les a répétées; comme lorsqu'à la prise de Cahors, en 1588 [a], il fut sous les armes pendant cinq jours, combattant de rue en rue sans presque prendre de repos. La victoire de Coutras fut due principalement à son courage. Son humanité après la victoire devait lui gagner tous les cœurs.

Le meurtre de Henri III le fait roi de France; mais la religion sert de prétexte à la moitié des chefs de l'armée pour l'abandonner, et à la Ligue pour ne pas le reconnaître. Elle choisit pour roi un fantôme, un cardinal de Bourbon-Vendôme; et le roi d'Espagne, Philippe II, maître de la Ligue par son argent, compte déjà la France pour une de ses provinces. Le duc de Savoie, gendre de Philippe, envahit la Provence et le Dauphiné. Le parlement de Languedoc défend, sous peine de la vie, de le reconnaître, et le déclare « incapable de posséder jamais la couronne de France, conformément à la bulle de notre saint-père le pape ». (x) Le parlement de Rouen (septembre 1589) déclare « criminels de lèse-majesté divine et humaine » tous ses adhérents.

Henri IV n'avait pour lui que la justice de sa cause, son courage, et quelques amis. Jamais il ne fut en état de tenir longtemps une armée sur pied, et encore quelle armée! elle ne se monta presque jamais à douze mille hommes complets : c'était moins que les détachements de nos jours. Ses serviteurs venaient tour à tour se ranger sous sa bannière, et s'en retournaient les uns après les autres au bout de quelques mois de service. Les Suisses, qu'à peine il pouvait payer, et quelques compagnies de lances, faisaient le fond permanent de ses forces. Il fallait courir de ville en ville, combattre et négocier sans relâche. Il n'y a presque point de provinces en France où il n'ait fait de grands exploits à la tête (x) de quelques amis qui lui tenaient lieu d'armée [b], Cc

D'abord, avec environ cinq mille combattants, il bat.

à la journée d'Arques (octobre 1589), auprès de Dieppe, l'armée du duc de Mayenne, forte de vingt mille hommes; c'est alors qu'il écrivit cette lettre au marquis de Crillon [1]: « Pends-toi, brave Crillon; nous avons combattu à Arques, et tu n'y étais pas. Adieu, mon ami, je vous aime à tort et à travers. » Ensuite il emporte les faubourgs de Paris, et il ne lui manque qu'assez de soldats pour prendre la ville. Il faut qu'il se retire, qu'il force jusqu'aux villages retranchés pour s'ouvrir des passages, pour communiquer avec les villes qui défendent sa cause.

Pendant qu'il est ainsi continuellement dans la fatigue et dans le danger, un cardinal Cajetan, légat de Rome, vient tranquillement à Paris donner des lois au nom du pape. La Sorbonne ne cesse de déclarer qu'il n'est pas roi (x) (et elle subsiste encore!); (x) et la Ligue règne sous le nom de ce cardinal de Vendôme, qu'elle appelait Charles X, au nom duquel on frappait la monnaie, tandis que le roi le retenait prisonnier à Tours.

Les religieux animent les peuples contre lui. Les jésuites courent de Paris à Rome et en Espagne. Le P. Matthieu, qu'on nommait le *courrier de la Ligue,* ne cesse de procurer des bulles et des soldats. Le roi d'Espagne (14 mars 1590) envoie quinze cents lances fournies, qui faisaient environ quatre mille cavaliers, et trois mille hommes de la vieille infanterie wallonne, sous le comte d'Egmont, fils de cet Egmont à qui ce roi avait fait trancher la tête. Alors Henri IV rassemble le peu de forces qu'il peut avoir, et n'est pourtant pas à la tête de dix mille combattants. Il livre cette fameuse bataille d'Ivry aux ligueurs commandés par le duc de Mayenne, et aux Espagnols très supérieurs en nombre, en artillerie, en tout ce qui peut entretenir une armée considérable. Il gagne cette bataille, comme il avait gagné celle de Coutras, en se jetant dans les rangs

---

1. Le texte authentique de cette lettre, cité par M. Reinhard, *Légende de Henri IV,* p. 82, a moins grande allure : « Brave Crillon, pendez-vous de n'avoir pas été près de moi lundi dernier à la plus belle occasion qui se soit jamais vue, et qui peut-être se verra jamais. Croyez que je vous y ai bien désiré... Il n'y manque rien que le brave Crillon, qui sera toujours le bien venu et vu de moi. Adieu. »

ennemis au milieu d'une forêt de lances. On se souviendra dans tous les siècles de ces paroles : « Si vous perdez vos enseignes, ralliez-vous à mon panache blanc; vous le trouverez toujours au chemin de l'honneur et de la gloire. » « Sauvez les Français! » s'écria-t-il quand les vainqueurs s'acharnaient sur les vaincus.

Ce n'est plus comme à Coutras, où à peine il était le maître. Il ne perd pas un moment pour profiter de la victoire. Son armée le suit avec allégresse; elle est même renforcée; mais enfin il n'avait pas quinze mille hommes, et avec ce peu de troupes il assiège Paris, où il restait alors deux cent vingt mille habitants. Il est constant qu'il l'eût pris par famine, s'il n'avait pas permis lui-même, par trop de pitié, que les assiégeants nourrissent les assiégés. En vain ses généraux publiaient sous ses ordres des défenses, sous peine de mort, de fournir des vivres aux Parisiens; les soldats eux-mêmes leur en vendaient. Un jour que, pour faire un exemple, on allait pendre deux paysans qui avaient amené des charrettes de pain à une poterne, Henri les rencontra en allant visiter ses quartiers : ils se jetèrent à ses genoux, et lui remontrèrent qu'ils n'avaient que cette manière pour gagner leur vie : « Allez en paix », leur dit le roi, en leur donnant aussitôt l'argent qu'il avait sur lui. « Le Béarnais est pauvre, ajouta-t-il; s'il avait davantage, il vous le donnerait. » Un cœur bien né ne peut lire de pareils traits sans quelques larmes d'admiration et de tendresse.

Pendant qu'il pressait Paris, les moines armés faisaient des processions, le mousquet et le crucifix à la main, et la cuirasse sur le dos. Le parlement (juin 1590), les cours supérieures, les citoyens, faisaient serment sur l'Évangile, en présence du légat et de l'ambassadeur d'Espagne, de ne le point recevoir; mais enfin les vivres manquent, la famine fait sentir ses plus cruelles extrémités.

Le duc de Parme est envoyé par Philippe II au secours de Paris avec une puissante armée : Henri IV court lui présenter la bataille. Qui ne connaît cette lettre qu'il écrivit du champ où il croyait combattre à cette Gabrielle d'Estrées, rendue célèbre par lui : « Si je meurs, ma dernière pensée sera à Dieu, et l'avant-dernière à vous »

(octobre 1590)? Le duc de Parme n'accepta point la
bataille; il n'était venu que pour secourir Paris, et pour
rendre la Ligue plus dépendante du roi d'Espagne.
Assiéger cette grande ville avec si peu de monde, devant
une armée supérieure, était une chose impossible :
voilà donc encore sa fortune retardée et ses victoires
inutiles. Du moins il empêche le duc de Parme de faire
des conquêtes, et, le côtoyant jusqu'aux dernières frontières de la Picardie, il le fit rentrer en Flandre.

A peine est-il délivré de cet ennemi que le pape
Grégoire XIV, Sfondrat, emploie une partie des trésors
amassés par Sixte-Quint à envoyer des troupes à la
Ligue. (x) Le jésuite Jouvency [1] avoue dans son histoire A
que le jésuite Nigry, supérieur des novices de Paris,
rassembla tous les novices de cet ordre en France, et
qu'il les conduisit jusqu'à Verdun au-devant de l'armée
du pape; qu'il les enrégimenta, et qu'il les incorpora
à cette armée, laquelle ne laissa en France que les traces
des plus horribles dissolutions : ce trait peint l'esprit
du temps.

C'était bien alors que les moines pouvaient écrire A
que l'évêque de Rome avait le droit de déposer les rois :
ce droit était près d'être constaté à main armée.

Henri IV avait toujours à combattre l'Espagne,
Rome, et la France : car le duc de Parme, en se retirant,
avait laissé huit mille soldats au duc de Mayenne.
Un neveu du pape entre en France avec des troupes
italiennes et des monitoires; il se joint au duc de Savoie
dans le Dauphiné. Lesdiguières, celui qui fut depuis
le dernier connétable de France et le dernier seigneur
puissant, battit les troupes savoisiennes et celles du pape.
Il faisait la guerre comme Henri IV, avec des capitaines
qui ne servaient qu'un temps : cependant il défit ces
armées réglées. Tout était alors soldat en France, paysan,
artisan, bourgeois : c'est ce qui la dévasta; mais c'est
ce qui l'empêcha enfin d'être la proie de ses voisins.
Les soldats du pape se dissipèrent, après n'avoir donné
que des exemples d'une débauche inconnue au delà de

---

1. Joseph de Jouvency, *Historiæ societatis Jesu pars quinta,*
Rome, 1710, p. 377.

leurs Alpes. Les habitants des campagnes brûlaient les chèvres qui suivaient leurs régiments.

Philippe II, du fond de son palais, continuait à entretenir et ménager cet incendie, toujours donnant au duc de Mayenne de petits secours, afin qu'il ne fût ni trop faible ni trop puissant, et prodiguant l'or dans Paris pour y faire reconnaître sa fille, Claire-Eugénie, reine de France, avec le prince qu'il lui donnera pour époux. C'est dans ces vues qu'il envoie encore le duc de Parme en France, lorsque Henri IV assiège Rouen, comme il l'avait envoyé pendant le siège de Paris. Il promettait à la Ligue qu'il ferait marcher une armée de cinquante mille hommes dès que sa fille serait reine. Henri, après avoir levé le siège de Rouen, fait encore sortir de France le duc de Parme.

Cependant il s'en fallut peu que la faction des Seize, pensionnaire de Philippe II, ne remplît enfin les projets de ce monarque, et n'achevât la ruine entière du royaume. Ils avaient fait pendre (novembre 1591) le premier président du parlement de Paris et deux magistrats qui s'opposaient à leurs complots. Le duc de Mayenne, près d'être accablé lui-même par cette faction, avait fait pendre quatre de ces séditieux à son tour. C'était au milieu de ces divisions et de ces horreurs, après la mort du prétendu Charles X, que se tenaient à Paris les états généraux, sous la direction d'un légat du pape et d'un ambassadeur d'Espagne : le légat même y présida, et s'assit dans le fauteuil qu'on avait laissé vide, et qui marquait la place du roi qu'on devait élire. L'ambassadeur d'Espagne y eut séance : il y harangua contre la loi salique, et proposa l'infante pour reine. Le parlement fit des remontrances au duc de Mayenne en faveur de la loi salique (1593); mais ces remontrances n'étaient-elles pas visiblement concertées avec ce chef de parti? La nomination de l'infante ne lui ôtait-elle pas sa place? Le mariage de cette princesse, projeté avec le duc de Guise son neveu, ne le rendait-il pas sujet de celui dont il voulait demeurer le maître?

Vous remarquerez qu'à ces états le parlement voulut A Madr avoir séance par députés, et ne put l'obtenir. Vous remarquerez encore que ce même parlement venait de faire brûler, par son bourreau [a], un arrêt du parlement du roi séant à Châlons, donné contre le légat et contre son prétendu pouvoir de présider à l'élection d'un roi de France.

A peu près dans le même temps, plusieurs citoyens A ayant présenté requête à la ville et au parlement pour demander qu'on pressât au moins le roi de se faire catholique, avant de procéder à une élection, la Sorbonne déclara cette requête *inepte, séditieuse, impie, inutile, attendu qu'on connaît l'obstination de Henri le relaps.* Elle excommunie les auteurs de la requête, et conclut à les chasser de la ville. Ce décret, rendu en aussi mauvais latin que conçu par un esprit de démence, est du 1er novembre 1592 : il a été révoqué depuis, lorsqu'il importait fort peu qu'il le fût. Si Henri IV n'eût pas régné, le décret eût subsisté, et on eût continué de prodiguer à Philippe II le titre de protecteur de la France et de l'Église.

Des prêtres de la Ligue étaient persuadés et persua- B daient aux peuples que Henri IV n'avait nul droit au trône; que la loi salique, respectée depuis si longtemps, n'est qu'une chimère; que c'est à l'Église seule à donner les couronnes.

On a conservé les écrits d'un nommé d'Orléans [1], B avocat au parlement de Paris, et député aux états de la Ligue. Cet avocat développe tout ce système dans un gros livre intitulé *Réponse des vrais catholiques.*

C'est une chose digne d'attention que la fourberie B et le fanatisme avec lesquels tous les auteurs de ce temps-là cherchent à soutenir leurs sentiments par les livres juifs : comme si les usages d'un petit peuple confiné dans les roches de la Palestine devaient être, au bout de trois mille ans, la règle du royaume de France. Qui croirait que, pour exclure Henri IV de son héritage, on citât l'exemple d'un roitelet juif nommé *Ozias* [2], que les prêtres avaient chassé de son palais parce qu'il avait la lèpre, et qui n'avait la lèpre que pour

---

1. D'Orléans, *Réponse des vrais catholiques françois,* s. l., 1588, 575 p. in-12. V. résume le 4e point de ce pamphlet : « Le roi de Navarre est inhabile de la couronne par tous droits, voies et manières ».

2. *Chroniques II,* XXVI, 16-21.

avoir voulu offrir de l'encens au Seigneur? « L'hérésie,
(x) dit l'avocat d'Orléans (x) (page 230), est [a] la lèpre Cc
de l'âme; par conséquent Henri IV est un lépreux qui
ne doit pas régner. [1] » C'est ainsi que raisonne (x) tout Cc
le parti de la Ligue (x); mais il faut transcrire (x) les Cc
propres paroles de l'avocat(x) au sujet de la loi salique:

« Le devoir d'un roi de France est d'être chrétien aussi B
bien que mâle. Qui ne tient la foi catholique, apostolique et romaine, n'est point chrétien, et ne croit point
en Dieu, et ne peut être justement roi de France, non
plus que le plus grand faquin du monde (page 224). »

Voici un morceau encore plus étrange : B

« Pour être roi de France, il est plus nécessaire d'être
catholique que d'être homme : qui dispute cela mérite
qu'un bourreau lui réponde plutôt qu'un philosophe
(page 272). »

Rien ne sert plus à faire connaître l'esprit du temps. B 534
Ces maximes étaient en vigueur dans Rome depuis
huit cents ans, et elles n'étaient en horreur dans la
moitié de l'Europe que depuis un siècle. Les Espagnols,
avec de l'argent et des prêtres, faisaient valoir ces
opinions en France, et Philippe II eût soutenu les sentiments contraires s'il y avait eu le moindre intérêt.

Pendant qu'on employait contre Henri les armes, la
plume, la politique, et la superstition; pendant que ces
états, aussi tumultueux, aussi divisés qu'irréguliers,
se tenaient dans Paris, Henri était aux portes, et menaçait
la ville. Il y avait quelques partisans. Beaucoup de vrais
citoyens, lassés de leurs malheurs et du joug d'une puissance étrangère, soupiraient après la paix; mais le peuple
était retenu par la religion. La plus vile populace fait
en ce point la loi aux grands et aux sages; elle compose
le plus grand nombre; elle est conduite aveuglément,
elle est fanatique; et Henri IV n'était pas en état d'imiter
Henri VIII et la reine Élisabeth. Il fallut changer de

---

1. V. ne cite pas, mais résume 25 lignes de la *Réponse* exposant
que l'hérésie, comme la lèpre, entraîne déchéance des fonctions
royales. Il abrège de même le texte de la p. 224, et supprime quelques
mots dans celui de la p. 272. On trouvera ces textes reproduits
in extenso, XXVII, 379, par Beuchot qui commente : « V. citait
trop souvent de mémoire, mais il n'altérait pas les textes. »

religion : il en coûte toujours à un brave homme. Les lois de l'honneur, qui ne changent jamais chez les peuples policés, tandis que tout le reste change, attachent quelque honte à ces changements quand l'intérêt les dicte [1]; mais cet intérêt était si grand, si général, si lié au bien du royaume, que les meilleurs serviteurs qu'il eût parmi les calvinistes lui conseillèrent d'embrasser la religion même qu'ils haïssaient. « Il est nécessaire, lui disait Rosny, que vous soyez papiste, et que je demeure réformé. » C'était tout ce que craignaient les factions de la Ligue et de l'Espagne. Les noms d'*hérétique* et de *relaps* étaient leurs principales armes, que sa conversion rendait impuissantes. Il fallut qu'il se fît instruire, mais pour la forme : car il était plus instruit en effet que les évêques avec lesquels il conféra. Nourri par sa mère dans la lecture de l'Ancien et du Nouveau Testament, il les possédait tous deux. La controverse était, dans son parti, le sujet de toutes les conversations aussi bien que la guerre et l'amour. Les citations de l'Écriture, les allusions à ces livres, entraient dans ce qu'on appelait le bel esprit en ces temps-là; et la *Bible* était si familière à Henri IV qu'à la bataille de Coutras il avait dit, en faisant prisonnier de sa main un officier nommé Châteaurenard : « Rends-toi, Philistin. »

On voit assez ce qu'il pensait de sa conversion, par sa lettre (24 juillet 1593) à Gabrielle d'Estrées [2] : « C'est demain que je fais le saut périlleux. Je crois que ces gens-ci me feront haïr Saint-Denis autant que vous haïssez Monceaux... » C'est immoler la vérité à de très fausses bienséances de prétendre, comme le jésuite Daniel [3],

---

1. « Malgré sa prédilection pour son héros, Voltaire, qui sentait si bien l'honneur, n'a pu s'empêcher de remarquer qu'il y a manqué en cette occasion. » (Flaubert.)

2. La lettre à Gabrielle d'Estrées est imprimée dans le *Journal* de l'Estoile du 23 juillet 1593 et dans le *Journal* de Henri III, éd. de Cologne, t. I, 2ᵉ partie, p. 281 : « Ce sera dimanche que je fais le saut périlleux. A l'heure que je vous écris, j'ai cent importuns sur les épaules qui me feront haïr Saint-Denis comme vous faites Mantes. » (Ch.)

3. Daniel, *Histoire de France,* t. IX, p. 671, n'affirme rien pour son compte : il résume un message du roi aux parlements exposant

que quand Henri IV se convertit il était dès longtemps catholique dans le cœur. Sa conversion assurait sans doute son salut, je le veux croire; mais il paraît bien que l'amant de Gabrielle ne se convertit que pour régner; et il est encore plus évident que ce changement n'augmentait en rien son droit à la couronne.

Il avait alors auprès de lui un envoyé secret de la reine A Élisabeth, nommé Thomas Vilquési, qui écrivit ces propres mots, quelque temps après, à la reine sa maîtresse.

« Voici comme ce prince s'excuse sur son changement A de religion, et les paroles qu'il m'a dites * : « Quand je fus appelé à la couronne, huit cents gentilshommes et neuf régiments se retirèrent de mon service, sous prétexte que j'étais hérétique. Les ligueurs se sont hâtés d'élire un roi; les plus notables se sont offerts au duc de Guise. C'est pourquoi je me suis résolu, après mûre délibération, d'embrasser la religion romaine : par ce moyen je me suis entièrement adjoint le tiers parti; j'ai anticipé l'élection du duc de Guise; je me suis acquis la bonne volonté du peuple français; j'ai eu parole du duc de Florence en choses importantes; j'ai finalement empêché que la religion réformée n'ait été flétrie. »

** Henri envoya le sieur Morland à la reine d'Angleterre A pour certifier les mêmes choses, et faire comme il pourrait ses excuses. Morland dit qu'Élisabeth lui répondit : « Se peut-il faire qu'une chose mondaine lui ait fait mettre bas la crainte de Dieu ? » Quand la meurtrière de Marie Stuart parlait de la crainte de Dieu, il est très vraisemblable que cette reine faisait la comédienne, comme on le lui a tant reproché; mais quand le brave et généreux Henri IV avouait qu'il n'avait changé de religion que par l'intérêt de l'État, qui est la sou-

---

les raisons pour lesquelles il avait différé si longtemps sa conversion, « quelque envie qu'il eût de se faire instruire ».

* Tiré du troisième tome des manuscrits de Bèze, n⁰ VIII [1].

** Tiré du troisième tome des manuscrits de Bèze, n⁰ VIII.

1. V. a pu consulter ces manuscrits dans les archives de la famille Tronchin, d'après la note suivante de Charrot : « Henry Tronchin, à Bessinges, près Genève, est héritier des papiers de Bèze. Le parrain d'un fils de Th. de Bèze était un Tronchin. (Communication de M. N. Weiss et de M. Aubert, ancien directeur de la Bibliothèque de Genève, avril 1920.) »

veraine raison des rois, on ne peut douter qu'il ne parlât de bonne foi. Comment donc le jésuite Daniel peut-il insulter à la vérité et à ses lecteurs au point d'assurer, contre tant de vraisemblance, contre tant de preuves, et contre la connaissance du cœur humain, que Henri IV était depuis longtemps catholique dans la cœur? Encore une fois, le comte de Boulainvilliers a bien raison d'assurer qu'un jésuite ne peut écrire fidèlement l'histoire [1].

Les conférences qu'on eut avec lui rendirent sa personne chère à tous ceux qui sortirent de Paris pour le voir. Un des députés, étonné de la familiarité avec laquelle ses officiers se pressaient autour de lui, et faisaient à peine place : « Vous ne voyez rien, dit-il; ils me pressent bien autrement dans les batailles. » Enfin, ayant repris d'assaut la ville de Dreux, avant d'apprendre son nouveau catéchisme, ayant ensuite fait son abjuration dans Saint-Denis, s'étant fait sacrer à Chartres, et ayant surtout ménagé des intelligences dans Paris, qui avait une garnison de trois mille Espagnols, avec des Napolitains et des Lansquenets, il y entre en souverain, n'ayant pas plus de soldats autour de sa personne qu'il n'y avait d'étrangers dans les murs.

Paris n'avait vu ni reconnu de roi depuis quinze ans. Deux hommes ménagèrent seuls cette révolution : le maréchal de Brissac, et un brave citoyen dont le nom était moins illustre, et dont l'âme n'était pas moins noble; c'était un échevin de Paris, nommé Langlois. Ces deux restaurateurs de la tranquillité publique s'associèrent bientôt les magistrats et les principaux bourgeois. Les mesures furent si bien prises, le légat, le cardinal de Pellevé, les commandants espagnols, les Seize, si artificieusement trompés, et ensuite si bien contenus, que Henri IV fit son entrée dans sa capitale sans qu'il y eût presque du sang répandu (mardi 12 mars 1594). Il renvoya tous les étrangers, qu'il pouvait retenir

---

1. *Histoire de l'ancien gouvernement*, t. I, p. 201 : « Le second caractère qui domine dans son ouvrage est l'esprit de partialité, conséquence presque nécessaire de sa profession. » V. le dit « encore une fois » dans cette addition de 1761 parce qu'il l'a déjà dit dans la note de 1756 qu'on lit plus bas, p. 547.

prisonniers; il pardonna à tous les ligueurs. (x) Les A ambassadeurs de Philippe II partirent le jour même sans qu'on leur fît la moindre violence; et le roi, les voyant passer d'une fenêtre, leur dit : « Messieurs, mes compliments à votre maître; mais n'y revenez plus. »

Plusieurs villes suivirent l'exemple de Paris; mais Henri était encore bien éloigné d'être maître du royaume. Philippe II, qui, dans la vue d'être toujours nécessaire à la Ligue, n'avait jamais fait de mal au roi qu'à demi, lui en faisait encore assez dans plus d'une province. Détrompé de l'espérance de régner en France sous le nom de sa fille, il ne songeait plus qu'à affaiblir pour jamais le royaume, en le démembrant; et il était très vraisemblable que la France serait dans un état pire que quand les Anglais en possédaient la moitié, et quand les seigneurs particuliers tyrannisaient l'autre.

Le duc de Mayenne avait la Bourgogne; le duc de Guise, fils du Balafré, possédait Reims et une partie de la Champagne; le duc de Mercœur dominait dans la Bretagne, et les Espagnols y avaient Blavet, qui est aujourd'hui le Port-Louis. Les principaux capitaines mêmes de Henri IV songeaient à se rendre indépendants, et les calvinistes qu'il avait quittés, se cantonnant contre les ligueurs, se ménageaient déjà des ressources pour résister un jour à l'autorité royale.

Il fallait autant d'intrigues que de combats pour que Henri IV regagnât peu à peu son royaume. Tout maître de Paris qu'il était, sa puissance fut quelque temps si peu affermie que le pape Clément VIII lui refusait constamment l'absolution, dont il n'eût pas eu besoin dans des temps plus heureux. Aucun ordre religieux ne priait Dieu pour lui dans les cloîtres. Son nom même fut omis, dans les prières, par la plupart des curés de Paris jusqu'en 1606; et il fallut que le parlement, (x) Cc rentré dans le devoir, et y faisant rentrer les prêtres, (x) ordonnât, par un arrêt (7 juin 1606), que tous les curés rétablissent dans leur missel la prière pour le roi. Enfin la fureur épidémique du fanatisme possédait encore a tellement la populace catholique qu'il n'y eut presque point d'années où l'on n'attentât contre sa vie. Il les passa toutes à combattre tantôt un chef, tantôt un autre, à vaincre, à pardonner, à négocier, à payer la soumission des ennemis. Qui croirait qu'il lui en coûta trente-deux millions numéraires de son temps pour payer les prétentions de tant de seigneurs? Les *Mémoires* du duc de Sully [1] en font foi; et ces promesses furent fidèlement acquittées lorsque enfin, étant roi absolu et paisible, il eût pu refuser de payer ce prix de la rébellion. Le duc de Mayenne ne fit son accommodement qu'en 1596. Henri se réconcilia sincèrement avec lui, et lui donna le gouvernement de l'Ile de-France. Non seulement il lui dit, après l'avoir lassé un jour dans une promenade : « Mon cousin, voilà le seul mal que je vous ferai de ma vie »; mais il lui tint parole, et il n'en manqua jamais à personne.

Plusieurs politiques ont prétendu que, quand ce prince A fut maître, il devait alors imiter la reine Élisabeth, et séparer son royaume de la communion romaine. Ils disent que la balance penchait trop en Europe du côté de Philippe II et des catholiques; que pour tenir l'équilibre il fallait rendre la France protestante; que c'était l'unique moyen de la rendre peuplée, riche, et puissante.

Mais Henri IV n'était pas dans les mêmes conjonctures A qu'Élisabeth; il n'avait point à ses ordres un parlement de la nation affectionné à ses intérêts; il manquait encore d'argent; il n'avait pas une armée assez considérable; Philippe II lui faisait toujours la guerre; la Ligue était encore puissante et encore animée.

Il recouvra son royaume, mais pauvre, déchiré, et dans la même subversion où il avait été du temps des Philippe de Valois, Jean, et Charles VI. Plusieurs grands chemins avaient disparu sous les ronces, et on se frayait des routes dans les campagnes incultes. Paris, qui contient aujourd'hui environ sept cent mille habitants, n'en avait pas cent quatre-vingt mille quand il y entra *. Les finances de l'État, dissipées sous Henri III, n'étaient plus alors qu'un trafic public des restes du sang du peuple, que le conseil des finances partageait avec les traitants.

---

* Il y avait deux cent vingt mille âmes à Paris au temps du siège que fit Henri IV, en 1590. Il ne s'en trouva que cent quatre-vingt mille en 1593.

1. T. III, p. 291.

COELO JUDICE ET VINDICE

L'Extinction de la Ligue
Daniel, *Histoire de France*, Paris, 1729

La reine d'Angleterre, le grand-duc de Florence, des princes d'Allemagne, les Hollandais, lui avaient prêté l'argent avec lequel il s'était soutenu contre la Ligue, contre Rome, et contre l'Espagne; et pour payer ces dettes si légitimes, on abandonnait les recettes générales, les domaines, à des fermiers de ces puissances étrangères, qui géraient au cœur du royaume les revenus de l'État. Plus d'un chef de la Ligue, qui avait vendu à son roi la fidélité qu'il lui devait, tenait aussi des receveurs des deniers publics, et partageait cette portion de la souveraineté. Les fermiers de ces droits pillaient sur le peuple le triple, le quadruple de ces droits aliénés; ce qui restait au roi était administré de même; et enfin, quand la déprédation générale força Henri IV à donner l'administration entière des finances au duc de Sully, ce ministre, aussi éclairé qu'intègre, trouva qu'en 1596, on levait cent cinquante millions sur le peuple pour en faire entrer environ trente dans le trésor royal.

Si Henri IV n'avait été que le plus brave prince de son temps, le plus clément, le plus droit, le plus honnête homme, son royaume était ruiné : il fallait un prince qui sût faire la guerre et la paix, connaître toutes les blessures de son État, et y apporter les remèdes; veiller sur les grandes et les petites choses, tout réformer et tout faire : c'est ce qu'on trouva dans Henri. Il joignit l'administration de Charles le Sage à la valeur et à la franchise de François Ier, et à la bonté de Louis XII.

Pour subvenir à tant de besoins, pour faire à la fois tant de traités et tant de guerres, Henri convoqua dans Rouen une assemblée des notables du royaume : c'était une espèce d'états généraux. Les paroles qu'il y prononça sont encore dans la mémoire des bons citoyens qui savent l'histoire de leur pays : « Déjà par la faveur du ciel, par les conseils de mes bons serviteurs, et par l'épée de ma brave noblesse, dont je ne distingue point mes princes, la qualité de gentilhomme étant notre plus beau titre, j'ai tiré cet État de la servitude et de la ruine. Je veux lui rendre sa force et sa splendeur; participez à cette seconde gloire, comme vous avez eu part à la première. Je ne vous ai point appelés, comme faisaient mes prédécesseurs, pour vous obliger d'approuver aveuglément mes volontés, mais pour recevoir vos conseils, pour les croire, pour les suivre, pour me mettre en tutelle entre vos mains. C'est une envie qui ne prend guère aux rois, aux victorieux, et aux barbes grises; mais l'amour que je porte à mes sujets me rend tout possible et tout honorable. » Cette éloquence du cœur, dans un héros, est bien au-dessus de toutes les harangues de l'antiquité.

(Mars 1597) Au milieu de ces travaux et de ces dangers continuels, les Espagnols surprennent Amiens, dont les bourgeois avaient voulu se garder eux-mêmes. Ce funeste privilège qu'ils avaient, et dont ils se prévalurent si mal, ne servit qu'à faire piller leur ville, à exposer la Picardie entière, et à ranimer encore les efforts de ceux qui voulaient démembrer la France. Henri, dans ce nouveau malheur, manquait d'argent et était malade. Cependant il assemble quelques troupes, il marche sur la frontière de la Picardie, il revole à Paris, écrit de sa main aux parlements, aux communautés, « pour obtenir de quoi nourrir ceux qui défendaient l'État » : ce sont ses propres paroles. Il va lui-même au parlement de Paris : « Si on me donne une armée, dit-il, je donnerai gaiement ma vie pour vous sauver et pour relever la patrie. » Il proposait des créations de nouveaux offices pour avoir les promptes ressources qui étaient nécessaires; mais le parlement, ne voyant dans ces ressources mêmes qu'un nouveau malheur, refusait de vérifier les édits, et le roi eut besoin d'employer plusieurs jussions pour avoir de quoi aller prodiguer son sang à la tête de sa noblesse. (x) Sa maîtresse, Gabrielle d'Estrées, Cc lui prêta de l'argent pour hasarder ce sang, et son parlement lui en refusa.

Enfin, par des emprunts, par des soins infatigables, et par l'économie de ce Rosny, duc de Sully, si digne de le servir, il vient à bout d'assembler une florissante armée. Ce fut la seule, depuis trente ans, qui fût pourvue du nécessaire, et la première qui eût un hôpital réglé, dans lequel les blessés et les malades eurent le secours qu'on ne connaissait point encore. Chaque troupe auparavant avait soin de ses blessés comme elle pouvait, et le manque de soin avait fait périr autant de monde que les armes.

(Septembre 1597) Il reprend Amiens, à la vue de l'archiduc Albert, et le contraint de se retirer. De là il court pacifier le reste du royaume : enfin toute la France est à lui. Le pape, qui lui avait refusé une absolution (x) Cc aussi inutile que ridicule, (x) quand il n'était pas affermi, la lui avait donnée quand il fut victorieux. Il ne restait qu'à faire la paix avec l'Espagne; elle fut conclue à Vervins (2 mai 1598), et ce fut le premier traité avantageux que la France eût fait avec ses ennemis depuis Philippe-Auguste.

Alors il met tous ses soins à policer, à faire fleurir ce royaume qu'il avait conquis : les troupes inutiles sont licenciées; l'ordre dans les finances succède au plus odieux brigandage; il paie peu à peu toutes les dettes de la couronne, sans fouler les peuples. Les paysans répètent encore aujourd'hui qu'il voulait *qu'ils eussent une poule au pot tous les dimanches* [1] : expression triviale, mais sentiment paternel. (x) Ce fut une chose bien admi A rable que, malgré l'épuisement et le brigandage, il eût, en moins de quinze ans, diminué le fardeau des tailles de quatre millions de son temps, qui en feraient environ dix du nôtre; que tous les autres droits fussent réduits à la moitié, qu'il eût payé cent millions de dettes, qui aujourd'hui feraient environ deux cent cinquante millions. Il racheta pour plus de cent cinquante millions de domaines, aujourd'hui aliénés; toutes les places furent réparées, les magasins, les arsenaux remplis, les grands chemins entretenus : c'est la gloire éternelle du duc de Sully, et celle du roi, qui osa choisir un homme de guerre pour rétablir les finances de l'État, et qui travailla avec son ministre.

La justice est réformée, et, ce qui était beaucoup plus difficile, les deux religions vivent en paix, au moins en apparence. Le commerce, les arts, sont en honneur. Les étoffes d'argent et d'or, proscrites d'abord par un édit somptuaire dans le commencement d'un règne difficile et dans la pauvreté, reparaissent avec plus d'éclat, et enrichissent Lyon et la France. Il établit

---

1. Ce propos célèbre vient de Péréfixe : sous sa forme première il est moins frappant, et n'a pas la signification que lui attribuera la légende, cf. M. Reinhard, *Légende de Henri IV*, p. 57.

des manufactures de tapisseries de haute-lice, en laine et en soie rehaussée d'or. On commence à faire de petites glaces dans le goût de Venise. C'est à lui seul qu'on doit les vers à soie, les plantations de mûriers, malgré les oppositions de Sully, plus estimable dans sa fidélité et dans l'art de gouverner et de conserver les finances (x) Cc que capable de discerner les nouveautés utiles [a].

Henri fait creuser le canal de Briare, par lequel on a joint la Seine à la Loire. Paris est agrandi et embelli : il forme la Place-Royale; il restaure tous les ponts. Le faubourg Saint-Germain ne tenait point à la ville; il n'était point pavé : le roi se charge de tout. Il fait construire ce beau pont où les peuples regardent aujourd'hui sa statue avec tendresse [1]. Saint-Germain, Monceaux, Fontainebleau, et surtout le Louvre, sont augmentés, et presque entièrement bâtis. Il donne des logements dans le Louvre, sous cette longue galerie qui est son ouvrage, à des artistes en tous genres, qu'il encourageait souvent de ses regards comme par des récompenses. Il est enfin le vrai fondateur de la Bibliothèque royale.

Quand don Pèdre de Tolède fut envoyé par Philippe III en ambassade auprès de Henri, il ne reconnut plus cette ville, qu'il avait vue autrefois si malheureuse et si languissante. « C'est qu'alors le père de la famille n'y était pas, lui dit Henri, et aujourd'hui qu'il a soin de ses enfants, ils prospèrent. » Les jeux, les fêtes, les bals, les ballets introduits à la cour par Catherine de Médicis dans les temps mêmes de troubles, ornèrent, sous Henri IV, les temps de la paix et de la félicité.

En faisant ainsi fleurir son État, il était l'arbitre des autres. Les papes n'auraient pas imaginé, du temps de la Ligue, que le Béarnais serait le pacificateur de l'Italie, et le médiateur entre eux et Venise. Cependant Paul V fut trop heureux d'avoir recours à lui pour le tirer du

---

1. La statue de Henri IV qui existait du temps de Voltaire a été détruite pendant la Révolution. Le cheval était l'ouvrage de Jean de Bologne; la figure, longtemps attribuée à Guillaume Dupré, paraît être de Pierre Tacca. C'est à François-Frédéric Lemot, né à Lyon en 1771, mort le 6 mai 1827, que l'on doit la statue que l'on voit aujourd'hui. (B.)

MAXIMILIEN DE BETHUNE
Duc de Sulli, *Grand Maitre de
L'Artillerie Marechal de France &c.
Né à Rosni en 1559. Mort en son Ch.*ᵃᵘ
*de Villebon au pais Chartrain le 21 Dec.*ᵇʳᵉ *1641.*

PORTRAIT DE SULLY
Mémoires de Sully, Londres, 1745

mauvais pas où il s'était engagé en excommuniant le doge et le sénat, et en jetant ce qu'on appelle un interdit sur tout l'État vénitien, au sujet des droits incontestables que ce sénat maintenait avec sa vigueur accoutumée. Le roi fut l'arbitre du différend : celui que les papes avaient excommunié fit lever l'excommunication de Venise *.

---

* Daniel [1] raconte une particularité qui paraît bien extraordinaire, et il est le seul qui la raconte. Il prétend que Henri IV, après avoir réconcilié le pape avec la république de Venise, gâta lui-même cet accommodement en communiquant au nonce, à Paris, une lettre interceptée d'un prédicant de Genève, dans laquelle ce prêtre se vantait que le doge de Venise et plusieurs sénateurs étaient protestants dans le cœur, qu'ils n'attendaient que l'occasion favorable de se déclarer, que le P. Fulgentio, de l'ordre des Servites, le compagnon et l'ami du célèbre Sarpi, si connu sous le nom de Fra-Paolo, « travaillait efficacement dans cette vigne ». Il ajoute que Henri IV fit montrer cette lettre au sénat par son ambassadeur, et qu'on en retrancha seulement le nom du doge accusé. Mais après que Daniel a rapporté la substance de cette lettre, dans laquelle le nom de Fra-Paolo ne se trouve pas, il dit cependant que ce même Fra-Paolo fut cité et accusé dans la copie de la lettre montrée au sénat. Il ne nomme point le pasteur calviniste qui avait écrit cette prétendue lettre interceptée. Il faut remarquer encore que dans cette lettre il était question des jésuites, lesquels étaient bannis de la république de Venise. Enfin Daniel emploie cette manœuvre, qu'il impute à Henri IV, comme une preuve du zèle de ce prince pour la religion catholique. C'eût été un zèle bien étrange dans Henri IV, de mettre ainsi le trouble dans le sénat de Venise, le meilleur de ses alliés, et de mêler le rôle méprisable d'un brouillon et d'un délateur au personnage glorieux de pacificateur. Il se peut faire qu'il y ait eu une lettre vraie ou supposée d'un ministre de Genève, que cette lettre même ait produit quelques petites intrigues fort indifférentes aux grands objets de l'histoire ; mais il n'est point du tout vraisemblable que Henri IV soit descendu à la bassesse dont Daniel lui fait honneur : il ajoute que « quiconque a des liaisons avec les hérétiques est de leur religion, ou n'en a point du tout ». Cette réflexion odieuse est même contre Henri IV, qui, de tous les hommes de son temps, avait le plus de liaisons avec les réformés. Il eût été à désirer que le P. Daniel fût entré plutôt dans les détails de l'administration de Henri IV et du duc de Sully que dans ces petitesses qui montrent plus de partialité que d'équité, et qui décèlent

1. *Histoire de France,* t. X, pp. 395-7.

Il protégea la république naissante de la Hollande, l'aida de son épargne, et ne contribua pas peu à la faire reconnaître libre et indépendante par l'Espagne.

Sa gloire était donc affermie au dedans et au dehors de son royaume : il passait pour le plus grand homme de son temps. L'empereur Rodolphe n'eut de réputation que chez les physiciens et les chimistes. Philippe II n'avait jamais combattu ; il n'était, après tout, qu'un tyran laborieux, sombre et dissimulé ; et sa prudence ne pouvait entrer en comparaison avec la valeur et la franchise de Henri IV qui, avec ses vivacités, était encore aussi politique que lui. Élisabeth acquit une grande réputation ; mais n'ayant pas eu à surmonter les mêmes obstacles, elle ne pouvait avoir la même gloire. Celle qu'elle mérite fut obscurcie par les artifices de comédienne qu'on lui reprochait, et souillée par le sang de Marie Stuart, dont rien ne la peut laver. Sixte-Quint se fit un nom par les obélisques qu'il releva, et par les monuments dont il embellit Rome ; mais sans ce mérite, qui est bien loin d'être le premier, on ne l'aurait connu que pour avoir obtenu la papauté par quinze ans de fausseté, et pour avoir été sévère jusqu'à la cruauté.

Ceux qui reprochent encore à Henri IV ses amours si amèrement ne font pas réflexion que toutes ses faiblesses furent celles du meilleur des hommes, et qu'aucune ne l'empêcha de bien gouverner. Il y parut assez lorsqu'il se préparait à être l'arbitre de l'Europe, à l'occasion de la succession de Juliers. C'est une calomnie absurde de Le Vassor[1] et de quelques autres compilateurs, que Henri voulut entreprendre cette guerre pour la jeune princesse de Condé. Il faut en croire le duc de Sully[2], qui avoue la faiblesse de ce monarque, et qui, en même temps, prouve que les grands desseins du roi n'avaient rien de commun avec la passion de l'amour.

---

malheureusement un auteur plus jésuite que citoyen. Le comte de Boulainvilliers a bien raison de dire qu'il est presque impossible qu'un jésuite écrive bien l'histoire de France[a].

1. *Histoire du règne de Louis XIII,* Amsterdam, 1720, *FL,* t. I, p. 19.

2. *Mémoires,* t. VII, pp. 399-400.

Ce n'était pas certainement pour la princesse de Condé que Henri avait fait le traité de Quérasque, qu'il s'était assuré de tous les potentats d'Italie, de tous les princes protestants d'Allemagne, et qu'il allait mettre le comble à sa gloire en tenant la balance de l'Europe entière.

Il était prêt à marcher en Allemagne à la tête de quarante-six mille hommes. Quarante millions en réserve, des préparatifs immenses, des alliances sûres, d'habiles généraux formés sous lui, les princes protestants d'Allemagne, la nouvelle république des Pays-Bas, prêts à le seconder, tout l'assurait d'un succès solide. La prétendue division de l'Europe en quinze dominations est reconnue pour une chimère qui n'entra point dans sa tête. S'il y avait jamais eu de négociation entamée sur un dessein si extraordinaire, on en aurait trouvé quelque trace en Angleterre, à Venise, en Hollande, avec lesquelles on suppose que Henri avait préparé cette révolution; il n'y en a pas le moindre vestige : le projet n'est ni vrai, ni vraisemblable; mais par ses alliances, par ses armes, par son économie, il allait changer le système de l'Europe, et s'en rendre l'arbitre.

Si on faisait ce portrait fidèle de Henri IV à un étranger de bon sens, qui n'eût jamais entendu parler de lui auparavant, et qu'on finît par lui dire : « C'est là ce même homme qui a été assassiné au milieu de son peuple, et qui l'a été plusieurs fois, et par des hommes auxquels il n'avait pas fait le moindre mal »; il ne le pourrait croire.

C'est une chose bien déplorable que la même religion qui ordonne, (x) aussi bien que tant d'autres, (x) le Cc pardon des injures, ait fait commettre depuis longtemps tant de meurtres, et cela en vertu de cette seule maxime [1], que quiconque ne pense pas comme nous est réprouvé, et qu'il faut avoir les réprouvés en horreur.

Ce qui est encore plus étrange, c'est que des catholiques conspirèrent contre les jours de ce bon roi depuis qu'il fut catholique. Le premier qui voulut attenter à sa vie, dans le temps même qu'il faisait son abjuration dans Saint-Denis, fut un malheureux de la lie du peuple,

---

1. D'après *Matthieu,* XVIII, 17.

nommé Pierre Barrière. Il eut quelque scrupule quand le roi eut abjuré; mais il fut confirmé dans son dessein par le plus furieux des ligueurs, Aubry, curé de Saint-André des Arcs; par un capucin, par un prêtre habitué, et par Varade, recteur du collège des jésuites. Le célèbre Étienne Pasquier[1], avocat général de la chambre des comptes, proteste qu'il a su de la bouche même de ce Barrière que Varade l'avait encouragé à ce crime. Cette accusation reçoit un nouveau degré de probabilité par la fuite de Varade et du curé Aubry, qui se réfugièrent chez le cardinal légat, et l'accompagnèrent dans son retour à Rome, quand Henri IV entra dans Paris; et enfin ce qui rend la probabilité encore plus forte, c'est que Varade et Aubry furent depuis écartelés en effigie, par un arrêt du parlement de Paris, comme il est rapporté dans le *Journal de Henri IV*[2]. Daniel fait des efforts pardonnables pour disculper le jésuite Varade[3] : les curés n'en font aucun pour justifier les fureurs des curés de ce temps-là. La Sorbonne avoue les décrets punissables qu'elle donna; les dominicains conviennent aujourd'hui que leur confrère Clément assassina Henri III, et qu'il fut exhorté à ce parricide par le prieur Bourgoin. La vérité l'emporte sur tous les égards, et cette même vérité prononce qu'aucun des ecclésiastiques d'aujourd'hui ne doit ni répondre ni rougir des maximes sanguinaires et de la superstition barbare de ses prédécesseurs, puisqu'il n'en est aucun qui ne les abhorre; elle conserve seulement les monuments de ces crimes, afin qu'ils ne soient jamais imités.

L'esprit de fanatisme était si généralement répandu qu'on séduisit un chartreux imbécile, nommé Ouin,

---

1. *Œuvres,* t. II, p. 631 : « La Barre, soldat, dit La Barrière, s'était acheminé à Saint-Denis, Gournay, Brie-Comte-Robert et Melun pour occire le feu roi, à l'exhortation de Varade, recteur des jésuites de Paris, qui l'avait confessé, lui avait fait ouïr la messe, administré le Saint-Sacrement de l'autel, baillé sa bénédiction avec une promesse très certaine de Paradis, s'il venait à chef du meurtre par eux projeté. »

2. Par L'Estoile, La Haye, 1742, t. II, p. 174.

3. *Histoire de France,* t. IX, p. 688.

et qu'on lui mit en tête d'aller plus vite au ciel en tuant Henri IV. Le malheureux fut enfermé comme un fou par ses supérieurs. Au commencement de 1599, deux jacobins de Flandre, l'un nommé Arger, l'autre Ridicovi, originaire d'Italie, résolurent de renouveler l'action de Jacques Clément, leur confrère : le complot fut découvert; ils expièrent à la potence le crime qu'ils n'avaient pu exécuter. Leur supplice n'effraya pas un frère capucin de Milan, qui vint à Paris dans le même dessein, et qui fut pendu comme eux. (1595) (x) Un vicaire de A Saint-Nicolas des Champs, un tapissier (1596), méditèrent le même crime, et périrent du même supplice.

(27 décembre 1594) L'assassinat commis par Jean Châtel est celui de tous qui démontre le plus quel esprit de vertige régnait alors. Né d'une honnête famille, de parents riches, bien élevé par eux, jeune, sans expérience, n'ayant pas encore dix-neuf ans, il n'était pas possible qu'il eût formé de lui-même cette résolution désespérée. On sait que, dans le Louvre même, il donna un coup de couteau au roi, et qu'il ne le frappa qu'à la bouche, parce que ce bon prince, qui embrassait tous ses serviteurs lorsqu'ils venaient lui faire leur cour après quelque absence, se baissait alors pour embrasser Montigny.

Il soutint, à son premier interrogatoire, « qu'il avait fait une bonne action, et que le roi, n'étant pas encore absous par le pape, il pouvait le tuer en conscience » : par cela seul, la séduction était prouvée.

Il avait étudié longtemps au collège des jésuites. Parmi les superstitions dangereuses de ces temps, il y en avait une capable d'égarer les esprits : c'était une *chambre de méditations* dans laquelle on enfermait un jeune homme; les murs étaient peints de représentations de démons, de tourments, et de flammes, éclairés d'une lueur sombre : une imagination sensible et faible en était souvent frappée jusqu'à la démence. Cette démence fut au point dans la tête de ce malheureux qu'il crut qu'il se rachèterait de l'enfer en assassinant son souverain : (x) tant la Cc fureur religieuse troublait encore les têtes! tant le fanatisme inspirait une férocité absurde!

Il est indubitable que les juges auraient manqué à leur devoir s'ils n'avaient pas fait examiner les papiers des jésuites, surtout après que Jean Châtel eut avoué qu'il avait souvent entendu dire, chez quelques-uns de ces religieux, qu'il était permis de tuer le roi.

On trouva dans les écrits du professeur Guignard ces propres paroles, de sa main, que « ni Henri III ni Henri IV, ni la reine Élisabeth, ni le roi de Suède, ni l'électeur de Saxe, n'étaient point de véritables rois; que Henri III était un Sardanapale, le Béarnais un renard, Élisabeth une louve, le roi de Suède un griffon, et l'électeur de Saxe un porc ». Cela s'appelait de l'éloquence. « Jacques Clément, disait-il, a fait un acte héroïque, inspiré par le Saint-Esprit : si on peut guerroyer le Béarnais, qu'on le guerroie; si on ne peut le guerroyer, qu'on l'assassine. »

Guignard était bien imprudent de n'avoir pas brûlé cet écrit dans le moment qu'il apprit l'attentat de Châtel. On se saisit de sa personne, et de celle de Guéret, professeur d'une science absurde qu'on nommait *philosophie,* et dont Châtel avait été longtemps l'écolier. Guignard fut pendu et brûlé, et Guéret, n'ayant rien avoué à la question, fut seulement condamné à être banni du royaume avec *tous les frères nommés jésuites.*

Il faut que le préjugé mette sur les yeux un bandeau bien épais puisque le jésuite Jouvency, dans son *Histoire de la compagnie de Jésus* [1]*,* compare Guignard et Guéret aux *premiers chrétiens persécutés par Néron.* Il loue surtout Guignard de n'avoir jamais voulu demander pardon au roi et à la justice, lorsqu'il fit amende honorable, la torche au poing, ayant au dos ses écrits. Il fait envisager Guignard comme un martyr qui demande pardon à Dieu, parce qu'après tout il pouvait être pécheur; mais qui ne peut, malgré sa conscience, avouer qu'il a offensé le roi. Comment aurait-il donc pu l'offenser davantage qu'en écrivant qu'il fallait le tuer, à moins qu'il ne l'eût tué lui-même? Jouvency regarde l'arrêt du parlement comme un jugement très inique : « *Meminimus,* dit-il, *et ignoscimus;* nous nous en souvenons, et nous le pardonnons. » Il est vrai que l'arrêt était sévère; mais assurément il ne peut paraître injuste, si on consi-

---

1. *Historiæ societatis Jesu pars quinta,* p. 52 (Guignard ne veut pas demander pardon au roi), p. 54 (la comparaison avec les premiers chrétiens et la formule *meminimus et ignoscimus*).

dère les écrits du jésuite Guignard, les emportements du nommé Hay, autre jésuite, la confession de Jean Châtel, les écrits de Tollet, de Bellarmin, de Mariana, d'Emmanuel Sa, de Suarès, de Salmeron, de Molina, les lettres des jésuites de Naples, et tant d'autres écrits dans lesquels on trouve cette doctrine du régicide [1]. Il est très vrai qu'aucun jésuite n'avait conseillé Châtel; mais aussi il est très vrai que, tandis qu'il étudiait chez eux, il avait entendu cette doctrine, qui alors était trop commune. (×) Il est encore très vrai que les jésuites se *souvenaient* que le jésuite Guignard avait été pendu et brûlé; mais il est très faux qu'ils le *pardonnassent*. Cc

Comment peut-on trouver trop injuste, dans de pareils temps, le bannissement des jésuites, quand on ne se plaint pas de celui du père et de la mère de Jean Châtel, qui n'avaient d'autre crime que d'avoir mis au monde un malheureux dont on aliéna l'esprit? Ces parents infortunés furent condamnés au bannissement et à une amende; on démolit leur maison, et on éleva à la place une pyramide où l'on grava le crime et l'arrêt; il y était dit : « La cour a banni en outre cette société d'un genre nouveau et d'une superstition diabolique, qui a porté Jean Châtel à cet horrible parricide. » Ce qui est encore bien digne de remarque, c'est que l'arrêt du parlement fut mis à l'*Index* de Rome. Tout cela démontre que ces temps étaient ceux du fanatisme; que si les jésuites avaient, comme les autres, enseigné des maximes affreuses, ils paraissaient plus dangereux que les autres, parce qu'ils élevaient la jeunesse; qu'ils furent punis pour des fautes passées, qui, trois ans auparavant, n'étaient pas regardées dans Paris comme des fautes, et qu'enfin le malheur des temps rendit cet arrêt du parlement nécessaire.

Il l'était tellement qu'on vit paraître alors une apologie pour Jean Châtel, dans laquelle il est dit que « son parricide est un acte vertueux, généreux, héroïque, comparable aux plus grands de l'histoire sacrée et profane, et qu'il faut être athée pour en douter. Il n'y a,

---

1. Ce passage développe une note imprimée dans les *Œuvres inéd.*, pp. 222-3, où V. précise quelques-unes des références à ces auteurs.

dit cette apologie, qu'un point à redire, c'est que Châtel n'a pas mis à chef son entreprise, pour envoyer le méchant, en son lieu, comme Judas. »

Cette apologie fait voir clairement que si Guignard A ne voulut jamais demander pardon au roi, c'est qu'il ne le reconnaissait pas pour roi. « La constance de ce saint homme, dit l'auteur, ne voulut jamais reconnaître celui que l'Église ne reconnaissait pas; et, quoique les juges aient brûlé son corps, et jeté ses cendres au vent, son sang ne laissera de bouillonner contre ces meurtriers devant le dieu Sabaoth, qui saura le leur rendre. »

Tel[a] était l'esprit de la Ligue, tel l'esprit monacal, tel l'abus exécrable de la religion si mal entendue, et tel a subsisté cet abus jusqu'à ces derniers temps.

On a vu encore de nos jours un jésuite, nommé La A Croix, théologien de Cologne, réimprimer et commenter je ne sais quel ouvrage d'un ancien jésuite nommé Busembaum[1]; ouvrage qui eût été aussi ignoré que son auteur et son commentateur si on n'y avait pas déterré par hasard la doctrine la plus monstrueuse de l'homicide et du régicide.

Il est dit dans ce livre qu'un homme proscrit par un A prince ne peut être assassiné légitimement que dans le territoire du prince; mais qu'un souverain proscrit par le pape doit être assassiné partout, parce que le pape est souverain de l'univers, et qu'un homme chargé de tuer un excommunié, quel qu'il soit, peut donner cette commission à un autre, et que c'est un acte de charité d'accepter cette commission.

Il est vrai que les parlements ont condamné ce livre A abominable; il est vrai que les jésuites de France ont détesté publiquement ces propositions; mais enfin ce

---

1. La *Medulla Theologiæ moralis,* dont la première édition est de 1645, ne formait alors qu'un volume in-12. La 45e édition, Lisbonne, 1670, est in-8º. Claude Lacroix, mort en 1714, laissa un commentaire qui parut à Cologne, 1719, deux volumes in-folio, réimprimés par les soins de P. Montausan, Lyon, 1729, 2 volumes in-folio, auxquels, en 1757, on mit de nouveaux frontispices. Un arrêt du parlement de Toulouse, du 9 septembre 1757, fit brûler l'ouvrage, que les jésuites désavouèrent. Le parlement de Paris le condamna aussi. (B.)

livre, nouvellement réimprimé avec des additions, prouve assez que ces maximes infernales ont été long-temps gravées comme sacrées, comme des points de religion ; et que par conséquent les lois ne pouvaient s'élever avec trop de rigueur contre les docteurs du régicide.

(14 mai 1610, à 4 heures du soir) Henri IV fut enfin la victime de cette étrange théologie chrétienne. Ravaillac avait été quelque temps feuillant, et son esprit était encore échauffé de tout ce qu'il avait entendu dans sa jeunesse. Jamais, dans aucun siècle, la superstition n'a produit de pareils effets. Ce malheureux crut, pré-cisément comme Jean Châtel, qu'il apaiserait la justice divine en tuant Henri IV. Le peuple disait que ce roi allait faire la guerre au pape, parce qu'il allait secourir les protestants d'Allemagne. L'Allemagne était divisée par deux ligues, dont l'une était l'*évangélique,* composée de presque tous les princes protestants ; l'autre était la *catholique,* à la tête de laquelle on avait mis le nom du pape. Henri IV protégeait la ligue protestante ; voilà l'unique cause de l'assassinat. Il faut en croire les dépo-sitions constantes de Ravaillac. Il assura, sans jamais varier, qu'il n'avait aucun complice, qu'il avait été poussé à ce régicide par un instinct dont il ne put être le maître. Il signa son interrogatoire, dont quelques feuilles furent retrouvées, en 1720, par un greffier du parlement ; je les ai vues : cet abominable nom est peint parfaite-ment, et il y a au-dessous, de la même main : « Que toujours dans mon cœur Jésus soit le vainqueur » : nouvelle preuve que ce monstre n'était qu'un furieux imbécile.

On sait qu'il avait été feuillant dans un temps où A ces moines [a] étaient encore des ligueurs fanatiques : c'était un homme perdu de crimes et de superstitions. Le conseiller Matthieu [1], historiographe de France, qui lui parla longtemps au petit hôtel de Retz, près du Louvre, dit dans sa relation que ce misérable avait été tenté depuis trois ans de tuer Henri IV. Lorsqu'un conseiller du parlement lui demanda, dans cet hôtel de

---

1. Matthieu (Pierre), *Histoire de France,* t. II, p. 825 (mais la réponse de Ravaillac ne se trouve pas en cet endroit).

Retz, en présence de Matthieu, comment il avait pu mettre la main sur le roi très chrétien : « C'est à savoir, dit-il, s'il est très chrétien. »

La fatalité de la destinée se fait sentir ici plus qu'en A aucun autre événement. C'est un maître d'école d'Angoulême, qui, sans conspiration, sans complice, sans intérêt, tue Henri IV au milieu de son peuple, et change la face de l'Europe.

On voit par les actes de son procès, imprimés en 1611, A que cet homme n'avait en effet d'autres complices que les sermons des prédicateurs, et les discours des moines. Il était très dévot, faisait l'oraison mentale et jaculatoire; il avait même des visions célestes. Il avoue qu'après être sorti des feuillants, il avait eu souvent l'envie de se faire jésuite. Son aveu porte que son premier dessein était d'engager le roi à proscrire la religion réformée, et que, même, pendant les fêtes de Noël, voyant passer le roi en carrosse, dans la même rue où il l'assassina depuis, il s'écria : « Sire, au nom de notre Seigneur Jésus-Christ, et de la sacrée vierge Marie, que je parle à vous ! »; qu'il fut repoussé par les gardes; qu'alors il retourna dans Angoulême, sa patrie, où il avait quatre-vingts écoliers; qu'il s'y confessa et communia souvent. Il est prouvé que son crime ne fut conçu dans son esprit qu'au milieu des actes réitérés d'une dévotion sincère [a]. Sa réponse, dans son second interrogatoire, porte ces propres mots : « Personne quelconque ne l'a conduit à ce faire que le commun bruit des soldats qui disaient que si le roi voulait faire la guerre contre le saint-père, ils l'y assisteraient et mourraient pour cela; à laquelle raison s'est laissé aller à la tentation qui l'a porté de tuer le roi, parce que faisant la guerre contre le pape, c'est la faire contre Dieu, d'autant que le pape est Dieu, et Dieu est le pape. » Ainsi tout concourt à faire voir que Henri IV n'a été en effet assassiné que par les pré-jugés qui depuis si longtemps ont aveuglé les hommes et désolé la terre. (x) On osa imputer ce crime à la maison d'Autriche, à Marie de Médicis, épouse du roi, à Balzac d'Entragues, sa maîtresse, au duc d'Épernon : conjectures odieuses, que Mézeray [1] et d'autres ont recueillies

---

1. *Abrégé chronologique,* t. VI, pp. 381-2.

B. N. Imprimés

HENRI IV ASSASSINÉ PAR RAVAILLAC
Daniel, *Histoire de France*, Paris, 1729

Cl. *Josse-Lalance*

sans examen, qui se détruisent l'une par l'autre, et qui ne servent qu'à faire voir combien la malignité humaine est crédule.

Il est très avéré qu'on parlait de sa mort prochaine dans les Pays-Bas avant le coup de l'assassin. Il n'est pas étonnant que les partisans de la Ligue catholique, en voyant l'armée formidable qu'il allait commander, eussent dit qu'il n'y avait que la mort de Henri qui pût les sauver. Eux et les restes de la Ligue souhaitaient quelque Clément, quelque Gérard, quelque Châtel. On passa aisément du désir à l'espérance : ces bruits se répandirent; ils allèrent aux oreilles de Ravaillac, et le déterminèrent.

Il est encore certain qu'on avait prédit à Henri qu'il mourrait en carrosse. Cette idée venait de ce que ce prince, si intrépide ailleurs, était toujours inquiété de la crainte de verser quand il était en voiture. Cette faiblesse fut regardée par les astrologues comme un pressentiment, et l'aventure la moins vraisemblable justifia ce qu'ils avaient dit au hasard.

Ravaillac ne fut que l'instrument aveugle de l'esprit du temps, qui n'était pas moins aveugle. Ce Barrière, ce Châtel, ce chartreux nommé Ouin, ce vicaire de Saint-Nicolas des Champs, pendu en 1595; enfin, jusqu'à un malheureux qui était ou qui contrefaisait l'insensé, d'autres dont le nom m'échappe, méditèrent le même assassinat, presque tous jeunes et tous de la lie du peuple : tant la religion devient fureur dans la populace et dans la jeunesse! De tous les assassins de cette espèce que ce siècle affreux produisit, il n'y eut que Poltrot de Méré qui fût gentilhomme. (×) J'en excepte ceux qui avaient tué le duc de Guise, par ordre de Henri III : ceux-là n'étaient pas fanatiques; (×) ils n'étaient que de lâches mercenaires.

Il n'est que trop vrai que Henri IV ne fut ni connu ni aimé pendant sa vie. Le même esprit qui prépara tant d'assassinats souleva toujours contre lui la faction catholique; et son changement nécessaire de religion lui aliéna les réformés. Sa femme, qui ne l'aimait pas, l'accabla de chagrins domestiques. Sa maîtresse même, la marquise de Verneuil, conspira contre lui : la plus cruelle satire qui attaqua ses mœurs et sa probité fut l'ouvrage d'une princesse de Conti, sa proche parente. Enfin il ne commença à devenir cher à la nation que quand il eût été assassiné. La régence inconsidérée, tumultueuse et infortunée de sa veuve augmenta les regrets de la perte de son mari. Les *Mémoires* du duc de Sully développèrent toutes ses vertus, et firent pardonner ses faiblesses : plus l'histoire fut approfondie, plus il fut aimé. Le siècle de Louis XIV a été beaucoup plus grand sans doute que le sien; mais Henri IV est jugé beaucoup plus grand que Louis XIV. Enfin, chaque jour ajoutant à sa gloire, l'amour des Français pour lui est devenu une passion. On en a vu depuis peu un témoignage singulier à Saint-Denis. Un évêque du Puy-en-Velay[1] prononçait l'oraison funèbre de la reine, épouse de Louis XV : l'orateur n'attachant pas assez les esprits, quoiqu'il fît l'éloge d'une reine chérie, une cinquantaine d'auditeurs se détacha de l'assemblée pour aller voir le tombeau de Henri IV; ils se mirent à genoux autour du cercueil, ils répandirent des larmes, on entendit des exclamations : jamais il n'y eut de plus véritable apothéose.

---

1. Jean-Georges Lefranc de Pompignan. Dans une lettre à Chabanon, du 9 sept. 1768, V. écrit que « pendant qu'il la débitait on lui criait *Finissez donc!* »

ADDITION [a]

Voici plusieurs lettres écrites de la main de Henri IV à Corisande d'Andouin, veuve de Philibert, comte de Grammont. Elles sont toutes sans date; mais on verra aisément, par les notes, dans quel temps elles furent écrites. Il y en a de très intéressantes, et le nom de Henri IV les rend précieuses [1].

PREMIÈRE LETTRE

Il ne se sauve point de laquais, ou pour le moins fort peu qui ne soient dévalisés, ou les lettres ouvertes. Il est arrivé sept ou huit gentilshommes de ceux qui étaient à l'armée étrangère, qui assurent comme est vrai (car l'un est M. de Monlouet, frère de Rambouillet, qui était un des députés pour traiter), qu'il n'y a pas dix gentilshommes qui aient promis de ne porter les armes. M. de Bouillon n'a point promis : bref, il ne s'est rien perdu qui ne se découvre pour de l'argent, M. de Mayenne a fait un acte de quoi il ne sera guère loué : il a tué Sacremore (lui demandant récompense de ses services) à coups de poignard; l'on me mande que ne le voulant contenter, il craignit qu'étant mal content, il ne découvrît ses secrets, qu'il savait tous, même l'entreprise contre la personne du roi, de quoi il était chef de l'exécution *. Dieu les veut vaincre par eux-mêmes, car

---

* Rien n'est si curieux que cette anecdote. Ce Sacremore était Birague de son nom. Cette aventure prouve que le duc de Mayenne était bien plus méchant et plus cruel que tous les historiens ne le dépeignent : ce qui n'est pas extraordinaire dans un chef de parti. La lettre est de 1587.

1. Ces lettres furent communiquées à V. en manuscrit par M. de la Motte-Geffrard, descendant de Corisande d'Andouin, en 1762 (voir D 10528, D 10602).

c'était le plus utile serviteur qu'ils eussent : il fut enterré qu'il n'était pas encore mort. Sur ce mot vient d'arriver Morlas, et un laquais de mon cousin qui ont été dévalisés des lettres et des habillements. M. de Turenne sera ici demain : il a pris autour de Fizac dix-huit forts en trois jours; je ferai peut-être quelque chose de meilleur bientôt, s'il plaît à Dieu. Le bruit de ma mort allant à Hay, à Meaux a couru à Paris, et quelques *prêcheurs en leurs sermons la mettaient pour un des bonheurs* que Dieu leur avait envoyé. Adieu, mon âme. Je vous baise un million de fois les mains.

Ce 14 janvier.

DEUXIÈME LETTRE *

Pour achever de me peindre, il m'est arrivé un des plus extrêmes malheurs que je pouvais craindre, qui est la mort subite de M. le Prince. Je le plains comme ce qu'il me devait être, non comme ce qu'il m'était : je suis à cette heure la seule butte où visent tous les perfides de la messe. Ils l'ont empoisonné, les traîtres; si est-ce que Dieu demeurera le maître, et moi par sa grâce l'exécuteur. Ce pauvre prince, non de cœur, jeudi ayant couru la bague, soupa se portant bien; à minuit lui prit un vomissement qui lui dura jusqu'au matin; tout le vendredi il demeura au lit, le soir il soupa, et ayant bien dormi, il se leva le samedi matin, dîna debout, et puis joua aux échecs; il se leva de sa chaise, se mit à se promener par sa chambre, devisant avec l'un et l'autre : tout d'un coup il dit : « Baillez-moi ma chaise, je sens une grande faiblesse »; il ne fut pas assis qu'il perdit la parole, et soudain après il rendit l'âme assis. Les marques du poison sortirent soudain; il n'est pas croyable l'étonnement que cela a porté en ce pays-là. Je pars dès l'aube du jour pour y aller pourvoir en diligence. Je me vois bien en chemin d'avoir bien de la

---

* Mars 1588.

peine ; priez Dieu hardiment pour moi : si j'en échappe, il faudra bien que ce soit lui qui me gardait jusqu'au tombeau, dont je suis peut-être plus près que je ne pense. Je vous demeurerai fidèle esclave. Bonsoir, mon âme, je vous baise un million de fois les mains.

TROISIÈME LETTRE *

Il m'arriva hier, l'un à midi, l'autre au soir, deux courriers de Saint-Jean[1] : le premier nous dit comme Belcastel, page de madame la princesse, et son valet de chambre s'en étaient fuis soudain, après avoir cru mort leur maître, avaient trouvé deux chevaux valant deux cents écus, à une hôtellerie du faubourg, que l'on y tenait, il y avait quinze jours, et avaient chacun une mallette pleine d'argent ; enquis l'hôte, dit que c'était un nommé Brillant ** qui lui avait baillé les chevaux, et lui allait dire tous les jours qu'ils fussent bien traités ; que s'il baille aux autres chevaux quatre mesures d'avoine, qu'il leur en baille huit, qu'il paierait aussi le double. Ce Brillant *** est un homme que madame la Princesse a mis dans la maison, et lui faisait tout gouverner. Il fut tout soudain pris, confesse avoir baillé mille écus au page, et lui avoir acheté ses chevaux par le commandement de sa maîtresse pour aller en Italie. Le second confirme, et dit de plus, qu'on avait fait écrire par ce Brillant au valet de chambre, qu'on

---

* Celle-ci est du mois de mars 1588.

** Brillant, contrôleur de la maison du prince de Condé, est mal à propos nommé Brillaud par les historiens.

*** Il fut écartelé à Saint-Jean-d'Angély, sans appel, par sentence du prévôt ; et par cette même sentence la princesse de Condé fut condamnée à garder la prison jusqu'après son accouchement. Elle accoucha au mois d'août de Henri de Condé, premier prince du sang. Elle appela à la cour des pairs ; mais elle resta prisonnière, sous la garde de Sainte-Même, dans Angély, jusqu'en l'année 1596. Henri IV fit supprimer alors les procédures.

1. Saint-Jean-d'Angély.

savait être à Poitiers, par où il lui mandait être à deux cents pas de la porte, qu'il voulait parler à lui. L'autre sortit soudain; l'embuscade qui était là le prit, et fut mené à Saint-Jean. Il n'avait été encore ouï; mais, disait-il à ceux qui le menaient : « Ah! que madame est méchante! que l'on prenne son tailleur, je dirai tout, sans gêner »; ce qui fut fait.

Voilà ce qu'on a fait jusqu'à cette heure; je ne me trompe guère en mes jugements; c'est une dangereuse bête qu'une mauvaise femme. *Tous ces empoisonneurs sont papistes;* voilà les instructions de la dame. J'ai découvert un tueur pour moi *, Dieu m'en gardera, et je vous en manderai bientôt davantage. Les gouverneurs et les capitaines de Taillebourg ont envoyé deux soldats, et écrit qu'ils n'ouvriraient leur place qu'à moi, de quoi je suis fort aise. Les ennemis les pressent, et ils sont si empressés à la vérification de ce fait qu'ils ne leur donnent nul empêchement; ils ne laissent sortir aucun homme vivant de Saint-Jean que ceux qu'ils m'envoient. M. de la Trimouille y est, lui vingtième seulement. L'on m'écrit que si je tardais beaucoup il y pourrait avoir beaucoup de mal, et grand : cela me fait hâter, de façon que je prendrai vingt maîtres et moi et irai jour et nuit pour être de retour à Sainte-Foi, à l'assemblée. Mon âme, je me porte assez bien du corps, mais fort affligé de l'esprit. Aimez-moi, et me le faites paraître; ce me sera une grande consolation; pour moi, je ne manquerai point à la fidélité que je vous ai vouée : sur cette vérité, je vous baise un million de fois les mains.

D'Aymet, ce 13 mars.

---

* C'est à Nérac qu'on découvrit un assassin, Lorrain de nation, envoyé par les prêtres de la Ligue. On attenta plus de cinquante fois sur la vie de ce grand et bon prince :

Tantum religio potuit suadere malorum [1] !

1. Cf. t. I, p. 504.

QUATRIÈME LETTRE

J'arrivai hier au soir au lieu de Pons, où il m'arriva des nouvelles de Saint-Jean par où les soupçons croissent du côté que les avez pu juger. Je verrai tout demain; j'appréhende fort la vue des fidèles serviteurs de la maison, car c'est à la vérité le plus extrême deuil qui se soit jamais vu. Les prêcheurs romains prêchent tout haut dans les villes d'ici à l'entour qu'il n'y en a plus qu'une à voir, canonisent ce bel acte et celui qui l'a fait, admonestent tout bon catholique de prendre exemple à une si chrétienne entreprise, et vous êtes de cette religion! Certes, mon cœur, c'est un beau sujet que notre misère pour faire paraître votre piété et votre vertu; n'attendez pas à une autre fois à jeter ce froc aux orties; mais je vous dis vrai. Les querelles de M. d'Épernon avec le maréchal d'Aumont et Crillon troublent fort la cour, d'où je saurai tous les jours des nouvelles, et vous les manderai. L'homme de qui vous a parlé Briquesière m'a fait de méchants tours que j'ai sus et avérés depuis deux jours. Je finis là, allant monter à cheval; je te baise, ma chère maîtresse, un million de fois les mains.

Ce 17 mars.

CINQUIÈME LETTRE

Dieu sait quel regret ce m'est de partir d'ici sans vous aller baiser les mains; certes, mon cœur, j'en suis au grabat. Vous trouverez étrange (et direz que je me suis point trompé) ce que Liceran vous dira. Le diable est déchaîné, je suis à plaindre, et est merveille si je ne succombe sous le faix. Si je n'étais huguenot, je me ferais turc. Ah! les violentes épreuves par où l'on sonde ma cervelle! je ne puis faillir d'être bientôt fol ou habile homme; cette année sera ma pierre de touche; c'est un mal bien douloureux que le domestique. Toutes les géhennes que peut recevoir un esprit sont sans cesse exercées sur le mien, je dis toutes ensemble. Plaignez-moi, mon âme, et ne portez point votre espèce de tourment; c'est celui que j'appréhende le plus. Je pars vendredi, et vais à Clérac : je retiendrai votre précepte de me taire. Croyez que rien qu'un manquement d'amitié ne me peut faire changer de résolution que j'ai d'être éternellement à vous, non toujours esclave, mais bien forçaire. Mon tout, aimez-moi; votre bonne grâce est l'appui de mon esprit au choc de mon affliction; ne me refusez ce soutien. Bonsoir, mon âme; je te baise les pieds un million de fois.

De Nérac, ce 8 mars, à minuit.

SIXIÈME LETTRE

Ne vous manderé jamais que prises de villes et forts? En huit jours se sont rendus à moi Saint-Mexant et Maille-Saye, et espérez devant la fin de ce mois que vous oyerez parler de moi*. Le roi triomphe; il a fait garrotter en prison le cardinal de Guise, puis montre sur la place vingt-quatre heures le président de Neuilly, et le prévôt des marchands pendus, et le secrétaire de M. de Guise et trois autres. La reine sa mère lui dit : « Mon fils, octroyez-moi une requête que je vous veux

---

* Cette lettre doit être écrite trois ou quatre jours après l'assassinat du duc de Guise; mais on le trompa sur l'exécution prétendue du président Neuilly et de La Chapelle-Marteau. Henri III les tint en prison; ils méritaient d'être pendus, mais ils ne le furent pas. Il ne faut pas toujours croire ce que les rois écrivent; ils ont souvent de mauvaises nouvelles. Cette erreur fut probablement corrigée dans les lettres qui suivirent, et que nous n'avons point. Ce Neuilly et ce Marteau étaient des ligueurs outrés, qui avaient massacré beaucoup de réformés et de catholiques attachés au roi, dans la journée de la Saint-Barthélemy. Rose, évêque de Senlis, ce ligueur furieux, séduisit la fille du président Neuilly, et lui fit un enfant. Jamais on ne vit plus de cruautés et de débauches.

faire. — Selon ce que sera, madame. — C'est que vous me donniez M. de Nemours et le prince de Guise; ils sont jeunes, ils vous feront un jour service. — Je le veux bien, dit-il, madame; je vous donne les corps et en retiendrai les têtes. » Il a envoyé à Lyon pour attraper le duc de Mayenne; l'on ne sait ce qu'il en est réussi. L'on se bat à Orléans, et encore plus près d'ici, à Poitiers, d'où je ne serai demain qu'à sept lieues. Si le roi le voulait, je les mettrais d'accord. Je vous plains, s'il fait tel temps où vous êtes qu'ici, car il y a dix jours qu'il ne dégèle point. Je n'attends que l'heure d'ouïr dire que l'on aura envoyé étrangler la reine de Navarre *; cela, avec la mort de sa mère, me ferait bien chanter le cantique de Siméon. C'est une lettre trop longue pour un homme de guerre. Bonsoir, mon âme, je te baise un million de fois; aimez-moi comme vous en avez sujet. C'est le premier de l'an. Le pauvre Caramburu est borgne, et Fleurimont s'en va mourir.

SEPTIÈME LETTRE

Mon âme, je vous écris de Blois **, où il y a cinq mois que l'on me condamnait hérétique, et indigne de succéder à la couronne, et j'en suis à cette heure le principal pilier. Voyez les œuvres de Dieu envers ceux qui se sont fiés en lui, car il y avait rien qui eût tant d'apparence de force qu'un arrêt des états; cependant j'en appelais devant celui qui peut tout (ainsi font bien d'autres), qui a revu le procès, et a cassé les arrêts des hommes, m'a remis en mon droit, et crois que ce sera aux dépens de mes ennemis; tant mieux pour vous! ceux qui se fient en Dieu il les conserve et ne sont jamais confus; voilà à quoi vous devriez songer. Je me porte très bien,

---

* C'est de sa femme dont il parle; elle était liée avec les Guises, et la reine Catherine, sa mère, était alors malade à la mort.

** C'est sûrement sur la fin d'avril 1589. Il était alors à Blois avec Henri III.

Dieu merci, vous jurant avec vérité que je n'aime ni honore rien au monde comme vous; il n'y a rien qui n'y paraisse, et vous garderai fidélité jusqu'au tombeau. Je m'en vais à Boisjeancy, où je crois que vous oyerez bientôt parler de moi, je n'en doute point : d'une autre façon, je fais état de faire venir ma sœur bientôt; résolvez-vous de venir avec elle. Le roi m'a parlé de la dame d'Auvergne; je crois que je lui ferai faire un mauvais saut. Bonjour, mon cœur, je te baise un million de fois. Ce 18 mai, celui qui est lié avec vous d'un lien indissuble.

HUITIÈME LETTRE

Vous entendrez de ce porteur l'heureux succès que Dieu nous a donné au plus furieux combat * qui se soit donné de cette guerre : il vous dira aussi comme MM. de Longueville, de La Noue, et autres, ont triomphé près de Paris. Si le roi use de diligence, comme j'espère, nous verrons bientôt le clocher de Notre-Dame de Paris. Je vous écrivis il n'y a que deux jours par Petit-Jean. Dieu veuille que cette semaine nous fassions encore quelque chose d'aussi signalé que l'autre! Mon cœur, aimez-moi toujours comme vôtre, car je vous aime comme mienne : sur cette vérité, je vous baise les mains. Adieu, mon âme.

C'est le 20 mai, de Boisjeancy.

NEUVIÈME LETTRE

Renvoyez-moi Briquesière, et il s'en retournera avec tout ce qu'il vous faut, hormis moi. Je suis très fâché,

---

* Ce combat est celui du 18 mai 1589, où le comte de Châtillon défit les ligueurs dans une mêlée très acharnée.

affligé de la perte de mon petit, qui mourut hier : à votre avis ce que serait d'un légitime * ! Il commençait à parler. Je ne sais si c'est par acquit que vous m'avez écrit par Doysil, c'est pourquoi je fais la réponse que vous verrez sur votre lettre, par celui que je désire qu'il vienne : mandez-m'en votre volonté. Les ennemis sont devant Montégu, où ils seront bien mouillés : car il n'y a couvert à demi-lieue autour. L'assemblée sera achevée dans douze jours. Il m'arriva hier force nouvelles de Blois; je vous envoie un extrait des plus véritables : tout à cette heure me vient d'arriver un homme de Montégu; ils ont fait une très belle sortie, et tué force ennemis; je mande toutes mes troupes, et espère, si ladite place peut tenir quinze jours, y faire quelques bons coups. Ce que je vous ai mandé ne vouloir mal à personne est requis pour votre contentement et le mien; je parle à cette heure à vous-même étant mienne. Mon âme, j'ai un ennui étrange de vous voir. Il y a ici un homme qui porte des lettres à ma sœur du roi d'Écosse; il presse plus que jamais du mariage; il s'offre à me venir servir avec six mille hommes à ses dépens, et venir lui-même offrir son service; il s'en va infailliblement être roi d'Angleterre ** ; préparez ma sœur de loin à lui vouloir du bien, lui remontrant l'état auquel nous sommes, la grandeur de ce prince avec sa vertu. Je ne lui en écris point, ne lui en parlez que comme discourant, qu'il est temps de la marier, et qu'il n'y a parti que celui-là, car de nos parents, c'est pitié. Adieu, mon cœur, je te baise cent millions de fois.

Ce dernier décembre.

---

* C'était un fils qu'il avait de Corisande.

** Voilà une anecdote bien singulière, et que tous les historiens ont ignorée : cela veut dire qu'il serait un jour roi d'Angleterre, parce que la reine Élisabeth n'avait point d'enfants. C'était ce même roi que Henri IV appela toujours depuis *maître Jacques*. Cette lettre doit être de 1588.

CHAPITRE CLXXV

DE LA FRANCE, SOUS LOUIS XIII, JUSQU'AU MINISTÈRE
DU CARDINAL DE RICHELIEU. ÉTATS GÉNÉRAUX
TENUS EN FRANCE. ADMINISTRATION MALHEUREUSE.
LE MARÉCHAL D'ANCRE, ASSASSINÉ; SA FEMME,
CONDAMNÉE A ÊTRE BRÛLÉE. MINISTÈRE DU DUC DE
LUYNES. GUERRES CIVILES. COMMENT LE CARDINAL
DE RICHELIEU ENTRA AU CONSEIL

On vit après la mort de Henri IV combien la puissance, la considération, les mœurs, l'esprit d'une nation, dépendent souvent d'un seul homme. Il tenait, par une administration douce et forte, tous les ordres de l'État réunis, toutes les factions assoupies, les deux religions dans la paix, les peuples dans l'abondance. La balance de l'Europe était dans sa main par ses alliances, par ses trésors, et par ses armes. Tous ces avantages sont perdus dès la première année de la régence de sa veuve, Marie de Médicis. Le duc d'Épernon, cet orgueilleux mignon de Henri III, ennemi secret de Henri IV, déclaré ouvertement contre ses ministres, va au parlement le jour même que Henri est assassiné. D'Épernon était colonel général de l'infanterie; le régiment des gardes était à ses ordres : il entre en mettant la main sur la garde de son épée, et force le parlement à se donner le droit de disposer de la régence (14 mai 1610), droit qui jusqu'alors n'avait appartenu qu'aux états généraux. Les lois de toutes les nations ont toujours voulu que ceux qui nomment au trône, quand il est vacant, nomment à la régence. Faire un roi est le premier des droits; faire un régent est le second, et suppose le premier. Le parlement de Paris jugea la cause du trône, et décida du pouvoir suprême pour avoir été menacé par le duc d'Épernon, et parce qu'on n'avait pas eu le temps d'assembler les trois ordres de l'État.

Il déclara, par un arrêt, Marie de Médicis seule régente. La reine vint le lendemain faire confirmer cet arrêt en présence de son fils, et le chanceler de Sillery, dans cette cérémonie qu'on appelle *lit de justice,* prit l'avis des présidents avant de prendre celui des pairs et même des princes du sang, qui prétendaient partager la régence.

Vous voyez par là, et vous avez souvent remarqué comment les droits et les usages s'établissent, et comment ce qui a été fait une fois solennellement contre les règles anciennes devient une règle pour l'avenir, jusqu'à ce qu'une nouvelle occasion l'abolisse.

Marie de Médicis, régente et non maîtresse du royaume, dépense en profusions, pour s'acquérir des créatures, tout ce que Henri le Grand avait amassé pour rendre sa nation puissante. Les troupes à la tête desquelles il allait combattre sont pour la plupart licenciées; les princes dont il était l'appui sont abandonnés (1610). Le duc de Savoie, Charles-Emmanuel, nouvel allié de Henri IV, est obligé de demander pardon à Philippe III, roi d'Espagne, d'avoir fait un traité avec le roi de France; il envoie son fils à Madrid implorer la clémence de la cour espagnole, et s'humilier comme un sujet, au nom de son père. Les princes d'Allemagne, que Henri avait protégés avec une armée de quarante mille hommes, ne sont que faiblement secourus. L'État perd toute sa considération au dehors; il est troublé au dedans. Les princes du sang et les grands seigneurs remplissent la France de factions, ainsi que du temps de François II, de Charles IX, de Henri III, et depuis dans la minorité de Louis XIV.

(1614) On assemble enfin dans Paris les derniers états généraux qu'on ait tenus en France. Le parlement de Paris ne put y avoir séance. Ses députés avaient assisté à la grande assemblée des notables, tenue à Rouen en 1594; mais ce n'était point là une convocation d'états généraux; les intendants des finances, les trésoriers, y avaient pris séance comme les magistrats.

L'université de Paris somma juridiquement la chambre du clergé de la recevoir comme membre des états : c'était, disait-elle, son ancien privilège; mais l'université avait perdu ses privilèges avec sa considération, à mesure que les esprits étaient devenus plus déliés, sans être plus éclairés. Ces états, assemblés à la hâte, n'avaient point de dépôts des lois et des usages, comme le parlement d'Angleterre, et comme les diètes de l'empire : ils ne faisaient point partie de la législation suprême; cependant ils auraient voulu être législateurs. C'est à quoi aspire nécessairement un corps qui représente une nation; il se forme de l'ambition secrète de chaque particulier une ambition générale.

Ce qu'il y eut de plus remarquable dans ces états, c'est que le clergé demanda inutilement que le concile de Trente fût reçu en France, et que le tiers état demanda, non moins vainement, la publication de la loi « qu'aucune puissance, ni temporelle ni spirituelle, n'a droit de disposer du royaume, et de dispenser les sujets de leur serment de fidélité; et que l'opinion, qu'il soit loisible de tuer les rois, est impie et détestable ».

C'était surtout ce même tiers état de Paris qui demandait cette loi, après avoir voulu déposer Henri III, et après avoir souffert les extrémités de la famine plutôt que de reconnaître Henri IV. Mais les factions de la Ligue étant éteintes, le tiers état, qui compose le fonds de la nation, et qui ne peut avoir d'intérêt particulier, aimait le trône et détestait [a] les prétentions de la cour de Rome. Le cardinal Duperron oublia dans cette occasion ce qu'il devait au sang de Henri IV, et ne se souvint que de l'Église. Il s'opposa fortement à la loi proposée, et s'emporta jusqu'à dire « qu'il serait obligé d'excommunier ceux qui s'obstineraient à soutenir que l'Église n'a pas le pouvoir de déposséder les rois ». Il ajouta que la puissance du pape était *pleine, plénissime, directe au spirituel, et indirecte au temporel.* La chambre du clergé, gouvernée par le cardinal Duperron, persuada la chambre de la noblesse de s'unir avec elle. Le corps de la noblesse avait toujours été jaloux du clergé; mais il affectait de ne pas penser comme le tiers état. Il s'agissait de savoir si les puissances *spirituelles et temporelles* pouvaient disposer du trône. Le corps des nobles assemblés se regardait au fond, et sans se le dire, comme une puissance temporelle. Le cardinal leur disait : « Si un roi voulait forcer ses sujets à se faire ariens ou mahométans, il faudrait le déposer. » Un tel discours était bien déraisonnable : car il y a eu une foule d'empereurs et de rois

ariens, et on n'en a déposé aucun pour cette raison.
Cette supposition, toute chimérique qu'elle était, per-
suadait les députés de la noblesse qu'il y avait des cas
où les premiers de la nation pouvaient détrôner leur
souverain; et ce droit, quoique éloigné, était si flatteur
pour l'amour-propre que la noblesse voulait le partager
avec le clergé. La chambre ecclésiastique signifia à
celle du tiers état qu'à la vérité il n'était jamais permis
de tuer son roi, mais elle tint ferme sur le reste.

Au milieu de cette étrange dispute, le parlement rendit
un arrêt qui déclarait l'*indépendance absolue du trône, loi
fondamentale du royaume.*

C'était, sans doute, l'intérêt de la cour de soutenir
la demande du tiers état et l'arrêt du parlement, après
tant de troubles qui avaient mis le trône en danger sous
les règnes précédents. La cour, cependant, céda au cardinal Duperron, au clergé, et surtout à Rome, qu'on
ménageait : elle étouffa elle-même une opinion sur
laquelle sa sûreté était établie; c'est qu'au fond elle
pensait alors que cette vérité ne serait jamais réellement
combattue par les événements, et qu'elle voulait finir
des disputes trop délicates et trop odieuses; elle supprima
même l'arrêt du parlement, sous prétexte qu'il n'avait
aucun droit de rien statuer sur les délibérations des états,
qu'il leur manquait de respect, et que ce n'était pas à lui
à faire des lois fondamentales : ainsi elle rejeta les armes
de ceux qui combattaient pour elle, comptant n'en avoir
pas besoin; enfin tout le résultat de cette assemblée
fut de parler de tous les abus du royaume, et de n'en
pouvoir réformer un seul.

La France resta dans la confusion, gouvernée par le
Florentin Concini, favori de la reine, devenu
maréchal de France sans jamais avoir tiré l'épée, et premier ministre sans connaître les lois du royaume. C'était
assez qu'il fût étranger pour que les princes du sang
eussent sujet de se plaindre.

Marie de Médicis était bien malheureuse, car elle ne
pouvait partager son autorité avec le prince de Condé,
chef des mécontents, sans la perdre, ni la confier à
Concini, sans indisposer tout le royaume. Le prince
de Condé, Henri, père du grand Condé, et fils de celui
qui avait gagné la bataille de Coutras avec Henri IV,

se met à la tête d'un parti et prend les armes. La cour
conclut avec lui une paix simulée, et le fait mettre à la
Bastille.

Ce fut le sort de son père, de son grand-père, et de son
fils. Sa prison augmenta le nombre des mécontents. Les
Guises, autrefois ennemis si implacables des Condés,
se joignent à présent avec eux. Le duc de Vendôme,
fils de Henri IV, le duc de Nevers, de la maison de Gonzague, le maréchal de Bouillon, tous les seigneurs
mécontents, se cantonnent dans les provinces ; ils protestent qu'ils servent leur roi, et qu'ils ne font la guerre
qu'au premier ministre.

Concini, qu'on appelait le maréchal d'Ancre, assuré
de la faveur de la reine, les bravait tous. Il leva sept mille
hommes à ses dépens pour maintenir l'autorité royale,
ou plutôt la sienne, et ce fut ce qui le perdit. Il est vrai
qu'il levait ces troupes avec une commission du roi ;
mais c'était un des grands malheurs de l'État qu'un
étranger, qui était venu en France sans aucun bien, eût
de quoi assembler une armée aussi forte que celles avec
lesquelles Henri IV avait reconquis son royaume. Presque toute la France soulevée contre lui ne put le faire
tomber, et un jeune homme dont il ne se défiait pas, et
qui était étranger comme lui, causa sa ruine et tous les
malheurs de Marie de Médicis.

Charles-Albert de Luynes, né dans le comtat
d'Avignon, admis avec ses deux frères parmi les gentilshommes ordinaires du roi attachés à son éducation,
s'était introduit dans la familiarité du jeune monarque
en dressant des pies-grièches à prendre des moineaux.
On ne s'attendait pas que ces amusements d'enfance
dussent finir par une révolution sanglante. Le maréchal
d'Ancre lui avait fait donner le gouvernement
d'Amboise, et croyait l'avoir mis dans sa dépendance :
ce jeune homme conçut le dessein de faire tuer son bienfaiteur, d'exiler la reine, et de gouverner ; et il en vint
à bout sans aucun obstacle. Il persuade bientôt au roi
qu'il est capable de régner par lui-même, quoiqu'il
n'ait que seize ans et demi ; il lui dit que la reine sa mère
et Concini le tiennent en tutelle. Le jeune roi, à qui on
avait donné dans son enfance le surnom de Juste,
consent à l'assassinat de son premier ministre. Le

marquis de Vitry, capitaine des gardes, du Hallier, son frère, Persan, et d'autres, l'assassinent [a] à coups de pistolet dans la cour même du Louvre (1617). On crie *vive le roi* comme si on avait gagné une bataille. Louis XIII se met à la fenêtre, et dit : *Je suis maintenant roi*. On ôte à la reine mère ses gardes; on les désarme : on la tient en prison dans son appartement; elle est enfin exilée à Blois. La place de maréchal de France qu'avait Concini est donnée à Vitry, qui l'avait tué. La reine avait récompensé du même honneur Thémines, pour avoir arrêté le prince de Condé : aussi le maréchal duc de Bouillon disait qu'il rougissait d'être maréchal depuis que cette dignité était la récompense du métier de sergent et de celui d'assassin.

La populace, toujours extrême, toujours barbare, quand on lui lâche la bride, va déterrer le corps de Concini, inhumé à Saint-Germain l'Auxerrois, le traîne dans les rues, lui arrache le cœur; et il se trouva des hommes assez brutaux pour le griller publiquement sur des charbons, et pour le manger. Son corps fut enfin pendu par le peuple à une potence. Il y avait dans la nation un esprit de férocité que les belles années de Henri IV et le goût des arts apporté par Marie de Médicis avaient adouci quelque temps; mais qui à la moindre occasion reparaissait dans toute sa force. Le peuple ne traitait ainsi les restes sanglants du maréchal d'Ancre que parce qu'il était étranger, et qu'il avait été puissant.

L'histoire du célèbre Nani [1], les *Mémoires* du maréchal d'Estrées [2], du comte de Brienne [3], rendent justice au mérite de Concini et à son innocence : témoignages

---

1. Nani (Giovanni Battista), *Historia della republica veneta,* Venise, 1662-79, t. I, p. 155 ; Nani, p. 156, rapporte que le corps de Concini, débité en morceaux, fut cuit et vendu à la populace.
2. *Mémoires d'Estat, contenans les choses plus remarquables arrivées sous la régence de la reyne Marie de Médicis et du règne de Louis XIII,* Paris, 1666, p. 244.
3. *Mémoires* de Loménie de Brienne, Amsterdam, 1720, *FL;* dans l'édition Petitot, Paris, 1824, t. XXXV, pp. 326-8 : sans rendre expressément justice « au mérite de Concini », Brienne ne dissimule pas que sa mort fut un pur et simple assassinat.

qui servent au moins à éclairer les vivants, s'ils ne peuvent rien pour ceux qui sont morts injustement d'une manière si cruelle.

Cet emportement de haine n'était pas seulement dans le peuple; une commission est envoyée au parlement pour condamner le maréchal après sa mort, pour juger sa femme Éléonore Galigaï, et pour couvrir par une cruauté juridique l'opprobre de l'assassinat. Cinq conseillers du parlement refusèrent d'assister à ce jugement; mais il n'y eut que cinq hommes sages et justes.

Jamais procédure ne fut plus éloignée de l'équité, ni plus déshonorante pour la raison. Il n'y avait rien à reprocher à la maréchale; elle avait été favorite de la reine, c'était là tout son crime : on l'accusa d'être sorcière; on prit des *agnus Dei* qu'elle portait pour des talimans. Le conseiller Courtin lui demanda de quel charme elle s'était servie pour ensorceler la reine : Galigaï, indignée contre le conseiller, et un peu mécontente de Marie de Médicis, répondit : « Mon sortilège a été le pouvoir que les âmes fortes doivent avoir sur les esprits faibles. » Cette réponse ne la sauva pas; quelques juges eurent assez de lumières et d'équité pour ne pas opiner à la mort; mais le reste, entraîné par le préjugé public, par l'ignorance, et plus encore par ceux qui voulaient recueillir les dépouilles de ces infortunés, condamnèrent à la fois le mari déjà mort et la femme, comme convaincus de sortilège, de judaïsme, et de malversations. La maréchale fut exécutée (1617), et son corps brûlé; le favori Luynes eut la confiscation.

C'est cette infortunée Galigaï qui avait été le premier mobile de la fortune du cardinal de Richelieu, lorsqu'il était jeune encore, et qu'il s'appelait l'abbé de Chillon; elle lui avait procuré l'évêché de Luçon, et l'avait enfin fait secrétaire d'État en 1616. Il fut enveloppé dans la disgrâce de ses protecteurs, et celui qui depuis en exila tant d'autres du haut du trône où il s'assit près de son maître fut alors exilé dans un petit prieuré au fond de l'Anjou.

Concini, sans être guerrier, avait été maréchal de France; Luynes fut quatre ans après connétable, étant à peine officier. Une telle administration inspira peu de respect; il n'y eut plus que des factions dans les grands et dans le peuple, et on osa tout entreprendre.

(1619) Le duc d'Épernon, qui avait fait donner la régence à la reine, alla la tirer du château de Blois où elle était reléguée, et la mena dans ses terres à Angoulême, comme un souverain qui secourait son alliée.

C'était là manifestement un crime de lèse-majesté, mais un crime approuvé de tout le royaume, et qui ne donnait au duc d'Épernon que de la gloire. On avait haï Marie de Médicis toute-puissante; on l'aimait malheureuse. Personne n'avait murmuré dans le royaume quand Louis XIII avait emprisonné sa mère au Louvre, quand il l'avait reléguée sans aucune raison; et alors on regardait comme un attentat l'effort qu'il voulait faire pour ôter sa mère à un rebelle. On craignait tellement la violence des conseils de Luynes et les cruautés de la faiblesse du roi que son propre confesseur, le jésuite Arnoux, en prêchant devant lui avant l'accommodement, prononça ces paroles remarquables : « On ne doit pas croire qu'un prince religieux tire l'épée pour verser le sang dont il est formé : vous ne permettrez pas, sire, que j'aie avancé un mensonge dans la chaire de vérité. Je vous conjure, par les entrailles de Jésus-Christ, de ne point écouter les conseils violents, et de ne pas donner ce scandale à toute la chrétienté. »

C'était une nouvelle preuve de la faiblesse du gouvernement qu'on osât parler ainsi en chaire. Le P. Arnoux ne se serait pas exprimé autrement si le roi avait condamné sa mère à la mort. A peine Louis XIII avait-il alors une armée contre le duc d'Épernon. C'était prêcher publiquement contre le secret de l'État, c'était parler de la part de Dieu contre le duc de Luynes. Ou ce confesseur avait une liberté héroïque et indiscrète, ou il était gagné par Marie de Médicis. Quel que fût son motif, ce discours public montre qu'il y avait alors de la hardiesse, même dans les esprits qui ne semblent faits que pour la souplesse. Le connétable fit, quelques années après, renvoyer le confesseur.

(1619) Cependant, le roi, loin de s'emporter aux violences qu'on semblait craindre, rechercha sa mère, et traita avec le duc d'Épernon de couronne à couronne. Il n'osa pas même, dans sa déclaration, dire que d'Épernon l'avait offensé.

A peine le traité de réconciliation fut-il signé qu'il fut

rompu : c'était là l'esprit du temps. De nouveaux partisans de Marie armèrent, et c'était toujours contre le duc de Luynes, comme auparavant contre le maréchal d'Ancre, et jamais contre le roi. Tout favori traînait alors après lui la guerre civile. Louis XIII et sa mère se firent en effet la guerre. Marie de Médicis était en Anjou, à la tête d'une petite armée contre son fils; on se battit au pont de Cé, et l'État était au point de sa ruine.

(1620) Cette confusion fit la fortune du célèbre Richelieu. Il était surintendant de la maison de la reine mère, et avait supplanté tous les confidents de cette princesse, comme il l'emporta depuis sur tous les ministres du roi. La souplesse et la hardiesse de son génie devaient partout lui donner la première place ou le perdre. Il ménagea l'accommodement de la mère et du fils. La nomination au cardinalat que la reine demanda pour lui, et qu'elle obtint difficilement, fut la récompense de ce service. Le duc d'Épernon fut le premier à poser les armes, et ne demanda rien : tous les autres se faisaient payer par le roi pour lui avoir fait la guerre.

La reine et le roi son fils se virent à Brissac, et s'embrassèrent en versant des larmes, pour se brouiller ensuite plus que jamais. Tant de faiblesse, tant d'intrigues et de divisions à la cour, portaient l'anarchie dans le royaume. Tous les vices intérieurs de l'État, qui l'attaquaient depuis longtemps, augmentèrent, et tous ceux que Henri IV avait extirpés renaquirent.

L'Église souffrait beaucoup, et était encore plus déréglée.

L'intérêt de Henri IV n'avait pas été de la réformer; la piété de Louis XIII, peu éclairée, laissa subsister le désordre; la règle et la décence n'ont été introduites que par Louis XIV. Presque tous les bénéfices étaient possédés par des laïques, qui les faisaient desservir par de pauvres prêtres à qui on donnait des gages. Tous les princes du sang possédaient les riches abbayes. Plus d'un bien de l'Église était regardé comme un bien de famille. On stipulait une abbaye pour la dot d'une fille, et un colonel remontait son régiment avec le revenu d'un prieuré. Les ecclésiastiques de cour portaient souvent l'épée, et, parmi les duels et les combats particuliers qui désolaient la France, on en comptait beaucoup où des gens d'Église avaient eu part, depuis le cardinal de Guise, qui tira l'épée contre le duc de Nevers-Gonzague en 1617, jusqu'à l'abbé depuis cardinal de Retz, qui se battait souvent en sollicitant l'archevêché de Paris.

Les esprits demeuraient en général grossiers et sans culture. Les génies des Malherbe et des Racan n'étaient qu'une lumière naissante qui ne se répandait pas dans la nation. Une pédanterie sauvage, compagne de cette ignorance qui passait pour science, aigrissait les mœurs de tous les corps destinés à enseigner la jeunesse, et même de la magistrature. On a de la peine à croire que le parlement de Paris, en 1621, défendit, sous peine de mort, de rien enseigner de contraire à Aristote et aux anciens auteurs, et qu'on bannit de Paris un nommé de Clave et ses associés pour avoir voulu soutenir des thèses contre les principes d'Aristote, sur le nombre des éléments, et sur la matière et la forme.

Malgré ces mœurs sévères, et malgré ces rigueurs, la justice était vénale dans presque tous les tribunaux des provinces. Henri IV l'avait avoué au parlement de Paris, qui se distingua toujours autant par une probité incorruptible que par un esprit de résistance aux volontés des ministres et aux édits pécuniaires. « Je sais, leur disait-il, que vous ne vendez point la justice; mais dans d'autres parlements il faut souvent soutenir son droit par beaucoup d'argent : je m'en souviens, et j'ai boursillé moi-même. »

La noblesse, cantonnée dans ses châteaux, ou montant à cheval pour aller servir un gouverneur de province, ou se rangeant auprès des princes qui troublaient l'État, opprimait les cultivateurs. Les villes étaient sans police, les chemins impraticables et infestés de brigands. Les registres du parlement font foi que le guet qui veille à la sûreté de Paris consistait alors en quarante-cinq hommes, qui ne faisaient aucun service. Ces déréglements, que Henri IV ne put réformer, n'étaient pas de ces maladies du corps politique qui peuvent le détruire : les maladies véritablement dangereuses étaient le dérangement des finances, la dissipation des trésors amassés par Henri IV, la nécessité de mettre pendant la paix des impôts que Henri avait épargnés à son peuple, lorsqu'il se préparait à la guerre la plus importante; les levées tyranniques de ces impôts, qui n'enrichissaient que des traitants; les fortunes odieuses de ces traitants, que le duc de Sully avait éloignés, et qui, sous les ministères suivants, s'engraissèrent du sang du peuple.

A ces vices qui faisaient languir le corps politique se joignaient ceux qui lui donnaient souvent de violentes secousses. Les gouverneurs des provinces, qui n'étaient que les lieutenants de Henri IV, voulaient être indépendants de Louis XIII. Leurs droits ou leurs usurpations étaient immenses : ils donnaient toutes les places; les gentilshommes pauvres s'attachaient à eux, très peu au roi, et encore moins à l'État. Chaque gouverneur de province tirait de son gouvernement de quoi pouvoir entretenir des troupes, au lieu de la garde que Henri IV leur avait ôtée. La Guyenne valait au duc d'Épernon un million de livres, (x) qui répondent à près de deux millions d'aujourd'hui, et même à près de quatre, si on considère l'enchérissement de toutes les denrées. **B**

Nous venons de voir ce sujet protéger la reine mère, faire la guerre au roi, en recevoir la paix avec hauteur. Le maréchal de Lesdiguières avait, trois ans auparavant, en 1616, signalé sa grandeur et la faiblesse du trône d'une manière glorieuse. On l'avait vu lever une véritable armée à ses dépens, ou plutôt à ceux du Dauphiné, province dont il n'était pas même gouverneur, mais simplement lieutenant général; mener cette armée dans les Alpes, malgré les défenses positives et réitérées de la cour; secourir contre les Espagnols le duc de Savoie que cette cour abandonnait, et revenir triomphant. La France alors était remplie de seigneurs puissants, comme du temps de Henri III, et n'en était que plus faible.

Il n'est pas étonnant que la France manquât alors la plus heureuse occasion qui se fût présentée depuis le temps de Charles-Quint de mettre des bornes à la puissance de la maison d'Autriche, en secourant l'électeur palatin élu roi de Bohême, en tenant la balance de l'Allemagne suivant le plan de Henri IV, auquel se conformèrent depuis les cardinaux de Richelieu et Mazarin. La cour avait conçu trop d'ombrage des réformés de France pour protéger les protestants d'Allemagne. Elle craignait que les huguenots ne fissent en France ce que les protestants faisaient dans l'empire. Mais si le gouvernement avait été ferme et puissant comme sous Henri IV, dans les dernières années de Richelieu, et sous Louis XIV, il eût aidé les protestants d'Allemagne et contenu ceux de France. Le ministère de Luynes n'avait pas ces grandes vues, et quand même il eût pu les concevoir, il n'aurait pu les remplir : il eût fallu une autorité respectée, des finances en bon ordre, de grandes armées; et tout cela manquait.

Les divisions de la cour, sous un roi qui voulait être maître, et qui se donnait toujours un maître, répandaient l'esprit de sédition dans toutes les villes. Il était impossible que ce feu ne se communiquât pas tôt ou tard aux réformés de France. C'était ce que la cour craignait, et sa faiblesse avait produit cette crainte; elle sentait qu'on désobéirait quand elle commanderait, et cependant elle voulut commander.

(1620) Louis XIII réunissait alors le Béarn à la couronne par un édit solennel : cet édit restituait aux catholiques les églises dont les réformés[a] s'étaient emparés avant le règne de Henri IV, et que ce monarque leur avait conservées. Le parti s'assemble à La Rochelle, au mépris de la défense du roi. L'amour de la liberté, si naturel aux hommes, flattait alors les réformés d'idées républicaines; ils avaient devant les yeux l'exemple des protestants d'Allemagne qui les échauffait. Les provinces où ils étaient répandus en France étaient divisées par eux en huit cercles : chaque cercle avait un général, comme en Allemagne, et ces généraux étaient un maréchal de Bouillon, un duc de Soubise, un duc de La Trimouille, un Châtillon, petit-fils de l'amiral Coligny; enfin le maréchal de Lesdiguières. Le commandant général qu'ils devaient choisir, en cas de guerre, devait avoir un sceau où étaient gravés ces mots : *Pour Christ et pour le roi;* c'est-à-dire, contre le roi. La Rochelle était regardée comme la capitale de cette république, qui pouvait former un État dans l'État.

Les réformés dès lors se préparèrent à la guerre. On voit qu'ils étaient assez puissants, puisqu'ils offrirent la place de généralissime au maréchal de Lesdiguières, avec cent mille écus par mois. Lesdiguières, qui voulait être connétable de France, aima mieux les combattre que de les commander, et quitta même bientôt après leur religion; mais il fut trompé d'abord dans ses espérances à la cour. Le duc de Luynes, qui ne s'était jamais servi d'aucune épée, prit pour lui celle de connétable; et Lesdiguières, trop engagé, fut obligé de servir sous Luynes contre les réformés, dont il avait été l'appui jusqu'alors.

Il fallut que la cour négociât avec tous les chefs du parti pour les contenir, et avec tous les gouverneurs de province pour fournir des troupes. Louis XIII marche vers la Loire, en Poitou, en Béarn, dans les provinces méridionales : le prince de Condé est à la tête d'un corps de troupes; le connétable de Luynes commande l'armée royale.

On renouvela une ancienne formalité, aujourd'hui entièrement abolie. Lorsqu'on avançait vers une ville où commandait un homme suspect, un héraut d'armes se présentait aux portes; le commandant l'écoutait, chapeau bas, et le héraut criait : « A toi, Isaac ou Jacob tel : le roi, ton souverain seigneur et le mien, te commande de lui ouvrir, et de le recevoir comme tu le dois, lui et son armée; à faute de quoi, je te déclare criminel de lèse-majesté au premier chef, et roturier, toi et ta postérité; tes biens seront confisqués, tes maisons rasées, et celles de tes assistants. »

Presque toutes les villes ouvrirent leurs portes au roi, excepté Saint-Jean-d'Angély, dont il démolit les remparts, et la petite ville de Clérac qui se rendit à discrétion. La cour, enflée de ce succès, fit pendre le consul de Clérac et quatre pasteurs.

(1621) Cette exécution irrita les protestants au lieu de les intimider. Pressés de tous côtés, abandonnés par le maréchal de Lesdiguières et par le maréchal de Bouillon, ils élurent pour leur général le célèbre duc Benjamin de Rohan, qu'on regardait comme un des plus grands capitaines de son siècle, comparable aux princes d'Orange, capable comme eux de fonder une république; plus zélé qu'eux encore pour sa religion, ou du moins paraissant l'être : homme vigilant, infatigable, ne se permettant aucun des plaisirs qui détournent des affaires, et fait pour être chef de parti, poste toujours glissant, où l'on a également à craindre ses ennemis et ses amis. Ce titre, ce rang, ces qualités de chef de parti, étaient depuis longtemps, dans presque toute l'Europe, l'objet de l'étude des ambitieux. Les guelfes et les gibelins avaient commencé en Italie; les Guises et les Coligny établirent depuis en France une espèce d'école de cette politique, qui se perpétua jusqu'à la majorité de Louis XIV.

Louis XIII était réduit à assiéger ses propres villes. On crut réussir devant Montauban comme devant Clérac; mais le connétable de Luynes y perdit presque toute l'armée du roi sous les yeux de son maître.

Montauban était une de ces villes qui ne soutiendraient pas aujourd'hui un siège de quatre jours; elle fut si mal investie que le duc de Rohan jeta deux fois du secours dans la place à travers les lignes des assiégeants. Le marquis de La Force, qui commandait dans la place, se défendit mieux qu'il ne fut attaqué. C'était ce même Jacques Nompar de La Force, si singulièrement sauvé de la mort, dans son enfance, aux massacres de la Saint-Barthélemy, et que Louis XIII fit depuis maréchal de France. Les citoyens de Montauban, à qui l'exemple de Clérac inspirait un courage désespéré, voulaient s'ensevelir sous les ruines de la ville plutôt que de se rendre.

Le connétable, ne pouvant réussir par les armes temporelles, employa les spirituelles. Il fit venir un carme espagnol, qui avait, dit-on, aidé par ses miracles l'armée catholique des Impériaux à gagner la bataille de Prague contre les protestants. Le carme, nommé Dominique, vint au camp; il bénit l'armée, distribua des *agnus,* et dit au roi : « Vous ferez tirer quatre cents coups de canon, et au quatre-centième Montauban capitulera. » Il pouvait se faire que quatre cents coups de canon bien dirigés produisissent cet effet : Louis les fit tirer; Montauban ne capitula point, et il fut obligé de lever le siège.

(Décembre 1621) Cet affront rendit le roi moins respectable aux catholiques, et moins terrible aux huguenots. Le connétable fut odieux à tout le monde. Il mena le roi se venger de la disgrâce de Montauban sur une petite ville de Guyenne nommée Monheur; une fièvre y termina sa vie. Toute espèce de brigandage était alors si ordinaire qu'il vit, en mourant, piller tous ses meubles, son équipage, son argent, par ses domestiques et par ses soldats, et qu'il resta à peine un drap pour ensevelir l'homme le plus puissant du royaume, qui d'une main avait tenu l'épée de connétable, et de l'autre les sceaux de France : il mourut haï du peuple et de son maître.

Louis XIII était malheureusement engagé dans la guerre contre une partie de ses sujets. Le duc de Luynes avait voulu cette guerre pour tenir son maître dans quelque embarras, et pour être connétable. Louis XIII s'était accoutumé à croire cette guerre indispensable. On doit transmettre à la postérité les remontrances que Duplessis-Mornai lui fit à l'âge de près de quatre-vingts ans. Il lui écrivait ainsi, après avoir épuisé les raisons les plus spécieuses : « Faire la guerre à ses sujets, c'est témoigner de la faiblesse. L'autorité consiste dans l'obéissance paisible du peuple; elle s'établit par la prudence et par la justice de celui qui gouverne. La force des armes ne se doit employer que contre un ennemi étranger. Le feu roi aurait bien renvoyé à l'école des premiers éléments de la politique ces nouveaux ministres d'État, qui, semblables aux chirurgiens ignorants, n'auraient point eu d'autres remèdes à proposer que le fer et le feu, et qui seraient venus lui conseiller de se couper un bras malade avec celui qui est en bon état. »

Ces raisons ne persuadèrent point la cour. Le bras malade donnait trop de convulsions au corps; et Louis XIII, n'ayant pas cette force d'esprit de son père, qui retenait les protestants dans le devoir, crut pouvoir ne les réduire que par la force des armes. Il marcha donc encore contre eux dans les provinces au delà de la Loire, à la tête d'une petite armée d'environ treize à quatorze mille hommes. Quelques autres corps de troupes étaient répandus dans ces provinces. Le dérangement des finances ne permettait pas des armées plus considérables, et les huguenots ne pouvaient en opposer de plus fortes.

(1622) Soubise, frère du duc de Rohan, se retranche avec huit mille hommes dans l'île de Riès, séparée du bas Poitou par un petit bras de mer. Le roi y passe à la tête de son armée, à la faveur du reflux, défait entièrement les ennemis, et force Soubise à se retirer en Angleterre. On ne pouvait montrer plus d'intrépidité, ni remporter une victoire plus complète. Ce prince n'avait guère d'autre faiblesse que celle d'être gouverné dans sa maison, dans son État, dans ses affaires, dans ses moindres occupations : cette faiblesse le rendit malheureux toute sa vie. A l'égard de sa victoire, elle ne servit qu'à faire trouver aux chefs calvinistes de nouvelles ressources.

On négociait encore plus qu'on ne se battait, ainsi que du temps de la Ligue et dans toutes les guerres civiles. Plus d'un seigneur rebelle, condamné par un parlement au dernier supplice, obtenait des récompenses et des honneurs, tandis qu'on l'exécutait en effigie. C'est ce qui arriva au marquis de La Force, qui avait chassé l'armée royale devant Montauban, et qui tenait encore la campagne contre le roi : il eut deux cent mille écus et le bâton de maréchal de France. Les plus grands services n'eussent pas été mieux payés que sa soumission fut achetée [a]. Châtillon, ce petit-fils de l'amiral Coligny, vendit au roi la ville d'Aigues-Mortes, et fut aussi maréchal. Plusieurs firent acheter ainsi leur obéissance ; le seul Lesdiguières vendit sa religion. Fortifié alors dans le Dauphiné, et y faisant encore profession du calvinisme, il se laissait ouvertement solliciter par les huguenots de revenir à leur parti, et laissait craindre au roi qu'il ne rentrât dans la faction.

(1622) On proposa dans le conseil de le tuer ou de le faire connétable : le roi prit ce dernier parti, et alors Lesdiguières devint en un instant catholique ; il fallait l'être pour être connétable, et non pas pour être maréchal de France : tel était l'usage. L'épée de connétable aurait pu être dans les mains d'un huguenot, comme la surintendance des finances y avait été si longtemps ; mais il ne fallait pas que le chef des armées et des conseils professât la religion des calvinistes en les combattant. Ce changement de religion dans Lesdiguières aurait déshonoré tout particulier qui n'eût eu qu'un petit intérêt ; mais les grands objets de l'ambition ne connaissent point la honte.

Louis XIII était donc obligé d'acheter sans cesse des serviteurs, et de négocier avec des rebelles. Il met le siège devant Montpellier, et, craignant la même disgrâce que devant Montauban, il consent à n'être reçu dans la ville qu'à condition qu'il confirmera l'édit de Nantes et tous les privilèges. Il semble qu'en laissant d'abord aux autres villes calvinistes leurs privilèges, et en suivant les conseils de Duplessis-Mornai, il se serait épargné la guerre; et on voit que, malgré sa victoire de Riès, il gagnait peu de chose à la continuer.

Le duc de Rohan, voyant que tout le monde négociait, traita aussi. Ce fut lui-même qui obtint des habitants de Montpellier qu'ils recevraient le roi dans leur ville. Il entama et il conclut à Privas la paix générale avec le connétable de Lesdiguières (1622). Le roi le paya comme les autres, et lui donna le duché de Valois en engagement.

Tout resta dans les mêmes termes où l'on était avant la prise d'armes : ainsi il en coûta beaucoup au roi et au royaume pour ne rien gagner. Il y eut, dans le cours de la guerre, quelques malheureux citoyens de pendus, et les chefs rebelles eurent des récompenses.

Le conseil de Louis XIII, pendant cette guerre civile, avait été aussi agité que la France. Le prince de Condé accompagnait le roi, et voulait conduire l'armée et l'État. Les ministres étaient partagés; ils n'avaient pressé le roi de donner l'épée de connétable à Lesdiguières que pour diminuer l'autorité du prince de Condé. Ce prince, lassé de combattre dans le cabinet, alla à Rome, dès que la paix fut faite, pour obtenir que les bénéfices qu'il possédait fussent héréditaires dans sa maison. Il pouvait les faire passer à ses enfants, sans le bref qu'il demanda et qu'il n'eut point. A peine put-il obtenir qu'on lui donnât à Rome le titre d'altesse, et tous les cardinaux prêtres prirent sans difficulté la main sur lui. Ce fut là tout le fruit de son voyage à Rome.

La cour, délivrée du fardeau d'une guerre civile, ruineuse, et infructueuse, fut en proie à de nouvelles intrigues. Les ministres étaient tous ennemis déclarés les uns des autres, et le roi se défiait d'eux tous.

Il parut bien, après la mort du connétable de Luynes, que c'était lui, plutôt que le roi, qui avait persécuté la reine mère. Elle fut à la tête du conseil dès que le favori eut expiré. Cette princesse, pour mieux affermir son autorité renaissante, voulait faire entrer dans le conseil le car-

dinal de Richelieu, son favori, son surintendant, et qui lui
devait la pourpre. Elle comptait gouverner par lui,
et ne cessait de presser le roi de l'admettre dans le
ministère. Presque tous les mémoires de ce temps-là
font connaître la répugnance du roi. Il traitait de fourbe
celui en qui il mit depuis toute sa confiance : il lui reprochait jusqu'à ses mœurs.

Ce prince, dévot, scrupuleux et soupçonneux, avait
plus que de l'aversion pour les galanteries du cardinal;
elles étaient éclatantes, et même accompagnées de ridicule. Il s'habillait en cavalier; et, après avoir écrit sur
la théologie, il faisait l'amour en plumet. Les *Mémoires*
de Retz confirment qu'il mêlait encore de la pédanterie
à ce ridicule [1]. Vous n'avez pas besoin de ce témoignage
du cardinal de Retz, puisque vous avez les thèses d'amour
que Richelieu fit soutenir chez sa nièce, dans la forme
des thèses de théologie qu'on soutient sur les bancs de
Sorbonne. Les mémoires du temps disent encore qu'il
porta l'audace de ses désirs, ou vrais, ou affectés, jusqu'à
la reine régnante, Anne d'Autriche, et qu'il en essuya
des railleries qu'il ne pardonna jamais [2]. Je vous remets
sous les yeux ces anecdotes qui ont influé sur les grands
événements. Premièrement, elles font voir que, dans
ce cardinal si célèbre, le ridicule de l'homme galant
n'ôta rien à la grandeur de l'homme d'État, et que les
petitesses de la vie privée peuvent s'allier avec l'héroïsme
de la vie publique. En second lieu, elles sont une espèce
de démonstration, parmi bien d'autres, que le *Testament
politique* qu'on a publié sous son nom ne peut avoir été
fabriqué par lui. Il n'était pas possible que le cardinal
de Richelieu, trop connu de Louis XIII par ses intrigues
galantes, et que l'amant public de Marion Delorme eût
eu le front de recommander la chasteté [3] au chaste
Louis XIII, âgé de quarante ans, et accablé de maladies.

---

1. *Mémoires,* Amsterdam, 1731-38, t. I, p. 18 : « N'étant pédant
en rien, il l'était tout à fait en galanterie ».

2. Retz le dit, *ibid.,* t. I, p. 10.

3. *Recueil des Testaments,* Amsterdam (Paris), 1749, *FL,* t. I,
p. 228 : le cardinal met le roi en garde contre « les surprises des
passions ».

La répugnance du roi était si forte qu'il fallut encore que la reine gagnât le surintendant La Vieuville, qui était alors le ministre le plus accrédité, et à qui ce nouveau compétiteur donnait plus d'ombrage encore qu'il n'inspirait d'aversion à Louis XIII.

(29 avril 1624) L'archevêque de Toulouse, Montchal, rapporte que le cardinal jura sur l'hostie une amitié et une fidélité inviolable au surintendant La Vieuville [1]. Il eut donc enfin part au ministère, malgré le roi et malgré les ministres ; mais il n'eut ni la première place que le cardinal de La Rochefoucauld occupait, ni le premier crédit que La Vieuville conserva quelque temps encore ; point de département, point de supériorité sur les autres ; *il se bornait,* dit la reine Marie de Médicis, dans une lettre au roi son fils, *à entrer quelquefois au conseil.* C'est ainsi que se passèrent les premiers mois de son introduction dans le ministère.

Je sais, encore une fois, combien toutes ces petites particularités sont indignes par elles-mêmes d'arrêter vos regards : elles doivent être anéanties sous les grands événements ; mais ici elles sont nécessaires pour détruire ce préjugé qui a subsisté si longtemps dans le public que le cardinal de Richelieu fut premier ministre et maître absolu dès qu'il fut dans le conseil. C'est ce préjugé qui fait dire à l'imposteur auteur du *Testament politique* [2] : « Lorsque Votre Majesté résolut de me donner en même temps l'entrée de ses conseils, et grande part dans sa confiance, je lui promis d'employer mes soins pour rabaisser l'orgueil des grands, ruiner les

---

1. Ce sont les termes mêmes de Montchal, *Mémoires contenant des particularités de la vie et du ministère du cardinal de Richelieu,* Rotterdam, 1718, *FL,* t. I, p. 3.

2. Citation arrangée : le début. « Lorsque... confiance », se lit dans le *Recueil des Testaments,* t. I, p. 6 ; puis V. supprime trois pages de détails sur l'état du royaume à l'avènement de Richelieu, et il reprend p. 9 : « je lui ai promis d'employer toute mon industrie, et toute l'autorité qu'il lui plaisait me donner pour ruiner le parti huguenot, rabaisser l'orgueil des grands, réduire tous ses sujets en leur devoir, et relever son nom dans les nations étrangères au point où il devait être. »

huguenots, et relever son nom dans les nations étrangères. »

Il est manifeste que le cardinal de Richelieu n'a pu parler ainsi, puisqu'il n'eut point d'abord la confiance du roi. Je n'insiste pas sur l'imprudence d'un ministre qui aurait débuté par dire à son maître : « Je relèverai votre nom », et par lui faire sentir que ce nom était avili. Je n'entre point ici dans la multitude des raisons invincibles qui prouvent que le *Testament politique* attribué au cardinal de Richelieu n'est et ne peut être de lui; et je reviens à son ministère.

Ce qu'on a dit depuis à l'occasion de son mausolée élevé dans la Sorbonne, *magnum disputandi argumentum,* est le vrai caractère de son génie et de ses actions. Il est très difficile de connaître un homme dont ses flatteurs ont dit tant de bien, et ses ennemis tant de mal. Il eut à combattre la maison d'Autriche, les calvinistes, les grands du royaume, la reine mère sa bienfaitrice, le frère du roi, la reine régnante [a], (x) dont il osa être l'amant, (x) enfin le roi lui-même, auquel il fut toujours nécessaire et souvent odieux. Il était impossible qu'on ne cherchât pas à le décrier par des libelles; il y faisait répondre par des panégyriques. Il ne faut croire ni les uns ni les autres, mais se représenter les faits.   Cc

Pour être sûr des faits, autant qu'on le peut, on doit discerner les livres. Que penser, par exemple, de l'écrivain de la *Vie du P. Joseph* [1], qui rapporte une lettre du cardinal à ce fameux capucin, écrite, dit-il, immédiatement après son entrée dans le conseil? « Comme vous êtes le principal agent dont Dieu s'est servi pour me conduire dans tous les honneurs où je me vois élevé, je me sens obligé de vous apprendre qu'il a plu au roi de me donner la charge de son premier minsitre, à la prière de la reine. »

Le cardinal n'eut les patentes de premier ministre qu'en 1629. Cette place ne s'appelle point une charge, et le capucin Joseph ne l'avait conduit ni aux honneurs, ni *dans les honneurs.*

---

1. Abbé Richard, *Le Véritable Père Joseph,* Saint-Jean-de-Maurienne, 1750 (dans *FL,* une éd., *ibid.,* 1704), t. I, p. 179 : citation littéralement exacte.

Les livres ne sont que trop pleins de suppositions pareilles; et ce n'est pas un petit travail de démêler le vrai d'avec le faux. Faisons-nous ici un précis du ministère orageux du cardinal de Richelieu, ou plutôt de son règne.

CHAPITRE CLXXVI

Du ministère du cardinal de Richelieu

Le surintendant La Vieuville, qui avait prêté la main au cardinal de Richelieu pour monter au ministère, en fut écrasé le premier au bout de six mois, (x) et le serment A sur l'hostie ne le sauva pas. (x) On l'accusa secrètement des malversations dont on peut toujours charger un surintendant.

La Vieuville devait sa grandeur au chancelier de Sillery, et l'avait fait disgracier. Il est ruiné à son tour par Richelieu, qui a lui devait sa place. Ces vicissitudes, si communes dans toutes les cours, l'étaient encore plus dans celle de Louis XIII que dans aucune autre. Ce ministre est mis en prison au château d'Amboise. Il avait commencé la négociation du mariage entre la sœur de Louis XIII, Henriette, et Charles, prince de Galles, qui fut bientôt après roi de la Grande-Bretagne : le cardinal finit le traité malgré les cours de Rome et de Madrid.

Il favorise sous main les protestants d'Allemagne, et il n'en est pas moins dans le dessein d'accabler ceux de France.

Avant son ministère, on négociait vainement avec tous les princes d'Italie pour empêcher la maison d'Autriche, si puissante alors, de demeurer maîtresse de la Valteline.

Cette petite province, alors catholique, appartenait aux ligues grises qui sont réformées. Les Espagnols voulaient joindre ces vallées au Milanais. Le duc de Savoie et Venise, de concert avec la France, s'opposaient à tout agrandissement de la maison d'Autriche en Italie. Le pape Urbain VIII avait enfin obtenu qu'on séquestrât cette province entre ses mains, et ne désespérait pas de la garder.

Marquemont, ambassadeur de France à Rome, écrit à Richelieu une longue dépêche, dans laquelle il étale toutes les difficultés de cette affaire. Celui-ci répond par cette fameuse lettre : « Le roi a changé de conseil, et le ministère de maxime : on enverra une armée dans la Valteline, qui rendra le pape moins incertain et les Espagnols plus traitables. » Aussitôt le marquis de Cœuvres entre dans la Valteline avec une armée. On ne respecte point les drapeaux du pape, et on affranchit ce pays de l'invasion autrichienne. C'est là le premier événement qui rend à la France sa considération chez les étrangers.

(1625) L'argent manquait sous les précédents ministères, et l'on en trouve assez pour prêter aux Hollandais trois millions deux cent mille livres afin qu'ils soient en état de soutenir la guerre contre la branche d'Autriche espagnole, leur ancienne souveraine. On fournit de l'argent à ce fameux chef Mansfeld, qui soutenait presque seul alors la cause de la maison palatine, et des protestants contre la maison impériale.

Il fallait bien s'attendre, en armant ainsi les protestants étrangers, que le ministère espagnol exciterait ceux de France, et qu'il leur rendrait (comme disait Mirabel, ambassadeur d'Espagne) l'argent donné aux Hollandais. Les huguenots, en effet, animés et payés par l'Espagne, recommencent la guerre civile en France. C'est depuis Charles-Quint et François Ier que dure cette politique entre les princes catholiques d'armer les protestants chez autrui, et de les poursuivre chez soi. (x) Cette conduite prouve assez manifestement que le zèle de la religion n'a jamais été, dans les cours, que le masque de la religion et de la perfidie.

Pendant cette nouvelle guerre contre le duc de Rohan et son parti, le cardinal négocie encore avec les puissances qu'il a outragées ; et ni l'empereur Ferdinand II, ni Philippe IV, roi d'Espagne, n'attaquent la France.

La Rochelle commençait à devenir une puissance ; elle avait alors presque autant de vaisseaux que le roi. Elle voulait imiter la Hollande, et aurait pu y parvenir si elle avait trouvé, parmi les peuples de sa religion, des alliés qui la secourussent. Mais le cardinal de Richelieu sut d'abord armer contre elle ces mêmes Hollandais qui, par les intérêts de leur secte, devaient prendre parti pour elle, et jusqu'aux Anglais, qui, par l'intérêt d'État, semblaient encore plus la devoir défendre. Ce qu'on avait donné d'argent aux Provinces-Unies, et ce qu'on devait leur donner encore, les engagea à fournir une flotte contre ceux qu'elles appelaient leurs frères; de sorte que le roi catholique secourait les calvinistes de son argent, et les Hollandais calvinistes combattaient pour la religion catholique, tandis que le cardinal de Richelieu chassait les troupes du pape de la Valteline en faveur des Grisons huguenots (1625).

C'est un sujet de surprise que Soubise, à la tête de la flotte rochelloise, osât attaquer la flotte hollandaise auprès de l'île de Ré, et qu'il remportât l'avantage sur ceux qui passaient alors pour les meilleurs marins du monde (1625). Ce succès, en d'autres temps, aurait fait de La Rochelle une république affermie et puissante.

Louis XIII alors avait un amiral et point de flotte. Le cardinal, en commençant son ministère, avait trouvé dans le royaume tout à réparer ou à faire, et il n'avait pu, dans l'espace d'une année, établir une marine. A peine dix ou douze petits vaisseaux de guerre pouvaient être armés. Le duc de Montmorency, alors amiral, celui-là même qui finit depuis sa vie si tragiquement, fut obligé de monter sur le vaisseau amiral des Provinces-Unies; et ce ne fut qu'avec des vaisseaux hollandais et anglais qu'il battit la flotte de La Rochelle.

Cette victoire même montrait qu'il fallait se rendre puissant sur mer et sur terre, quand on avait le parti calviniste à soumettre en France, et la puissance autrichienne à miner dans l'Europe. Le ministre accorda donc la paix aux huguenots pour avoir le temps de s'affermir (1626).

Le cardinal de Richelieu avait dans la cour de plus grands ennemis à combattre. Aucun prince du sang ne l'aimait; Gaston, frère de Louis XIII, le détestait; Marie de Médicis commençait à voir son ouvrage d'un œil jaloux : presque tous les grands cabalaient.

Il ôte la place d'amiral au duc de Montmorency, pour se la donner bientôt à lui-même sous un autre nom, et par là il se fait un ennemi irréconciliable. (1626) Deux fils de Henri IV, César de Vendôme et le grand-

prieur, veulent se soutenir contre lui, et il les fait enfermer à Vincennes. Le maréchal Ornano et Taleyrand-
Chalais animent contre lui Gaston : il les fait accuser de
vouloir attenter contre le roi même. Il enveloppe dans
l'accusation le comte de Soissons, prince du sang,
Gaston, frère du roi, (x) et jusqu'à la reine régnante, dont Co
il avait osé être amoureux, et dont il avait été rebuté
avec mépris. On voit par là combien il savait soumettre
l'insolence de ses passions passagères à l'intérêt permanent de sa politique.

On dépose tantôt que le dessein des conjurés a été
de tuer le roi, tantôt qu'on a formé le dessein de le
déclarer impuissant, de l'enfermer dans un cloître, et
de donner sa femme à Gaston, son frère. Ces deux accusations se contredisaient, et ni l'une ni l'autre n'étaient
vraisemblables. Le véritable crime était de s'être uni
contre le ministre, et d'avoir parlé même d'attenter à
sa vie. Des commissaires jugent Chalais à mort (1626);
il est exécuté à Nantes. Le maréchal Ornano meurt à
Vincennes; le comte de Soissons fuit en Italie; la duchesse
de Chevreuse, courtisée auparavant par le cardinal, et
maintenant accusée d'avoir cabalé contre lui, près d'être
arrêtée, poursuivie par ses gardes, échappe à peine, et
passe en Angleterre*. Le frère du roi est maltraité et
observé. Anne d'Autriche est mandée au conseil : on
lui défend de parler à aucun homme chez elle qu'en
présence du roi son mari, et on la force de signer qu'elle
est coupable.

Les soupçons, la crainte, la désolation, étaient dans
la famille royale et dans toute la cour. Louis XIII
n'était pas l'homme de son royaume le moins malheureux.
Réduit à craindre sa femme et son frère; embarrassé
devant sa mère, qu'il avait autrefois si maltraitée, et
qui en laissait toujours échapper quelque souvenir; plus
embarrassé encore devant le cardinal, dont il commençait à sentir le joug : la crise des affaires étrangères était
encore pour lui un nouveau sujet de peine; le cardinal
de Richelieu le liait à lui par la crainte et par les intrigues
domestiques, par la nécessité de réprimer les complots

---

* Elle traversa la rivière de Somme à la nage pour aller gagner
Calais.

de la cour, et de ne pas perdre son crédit chez les nations.

Trois ministres également puissants faisaient alors presque tout le destin de l'Europe : Olivarès en Espagne, Buckingham en Angleterre, Richelieu en France : tous trois se haïssaient réciproquement, et tous trois négociaient toujours à la fois les uns contre les autres. Le cardinal de Richelieu se brouillait avec le duc de Buckingham dans le temps même que l'Angleterre lui fournissait des vaisseaux contre la Rochelle, et se liguait avec le comte-duc Olivarès, lorsqu'il venait d'enlever la Valteline au roi d'Espagne.

De ces trois ministres, le duc de Buckingham passait pour être le moins ministre : il brillait comme un favori et un grand seigneur, libre, franc, audacieux, non comme un homme d'État; ne gouvernant pas le roi Charles Ier par l'intrigue, mais par l'ascendant qu'il avait eu sur le père, et qu'il avait conservé sur le fils. C'était l'homme le plus beau de son temps, le plus fier, et le plus généreux. Il pensait que ni les femmes ne devaient résister aux charmes de sa figure, ni les hommes à la supériorité de son caractère. Enivré de ce double amour-propre, il avait conduit le roi Charles, encore prince de Galles, en Espagne pour lui faire épouser une infante, et pour briller dans cette cour. C'est là que, joignant la galanterie espagnole à l'audace de ses entreprises, il attaqua la femme du premier ministre Olivarès, et fit manquer, par cette indiscrétion, le mariage du prince. Étant depuis venu en France, en 1625, pour conduire la princesse Henriette qu'il avait obtenue pour Charles Ier, il fut encore sur le point de faire échouer l'affaire par une indiscrétion plus hardie. Cet Anglais fit à la reine Anne d'Autriche une déclaration, et ne se cacha pas de l'aimer, ne pouvant espérer dans cette aventure que le vain honneur d'avoir osé s'expliquer. La reine, élevée dans les idées d'une galanterie permise alors en Espagne, ne regarda les témérités du duc de Buckingham que comme un hommage à sa beauté, qui ne pouvait offenser sa vertu.

L'éclat du duc de Buckingham déplut à la cour de France, sans lui donner de ridicule, parce que l'audace et la grandeur n'en sont pas susceptibles. Il mena Henriette à Londres, et y rapporta dans son cœur sa passion pour la reine, augmentée par la vanité de l'avoir déclarée. Cette même vanité le porta à tenter un second voyage à la cour de France : le prétexte était de faire un traité contre le duc Olivarès, comme le cardinal en avait fait un avec Olivarès contre lui. La véritable raison, qu'il laissait assez voir, était de se rapprocher de la reine : non seulement on lui en refusa la permission, mais le roi chassa d'auprès de sa femme plusieurs domestiques accusés d'avoir favorisé la témérité du duc de Buckingham. Cet Anglais fit déclarer la guerre à la France, uniquement parce qu'on lui refusa la permission d'y venir parler de son amour. Une telle aventure semblait être du temps des Amadis. Les affaires du monde sont tellement mêlées, sont tellement enchaînées, que les amours romanesques du duc de Buckingham produisirent une guerre de religion et la prise de La Rochelle (1627).

Un chef de parti profite de toutes les circonstances. Le duc de Rohan, aussi profond dans ses desseins que Buckingham était vain dans les siens, obtient du dépit de l'Anglais l'armement d'une flotte de cent vaisseaux de transport. La Rochelle et tout le parti étaient tranquilles; il les anime, et engage les Rochellois à recevoir la flotte anglaise, non pas dans la ville même, mais dans l'île de Ré. Le duc de Buckingham descend dans l'île avec environ sept mille hommes. Il n'y avait qu'un petit fort à prendre pour se rendre maître de l'île, et pour séparer à jamais La Rochelle de la France. Le parti calviniste devenait alors indomptable. Le royaume était divisé, et tous les projets du cardinal de Richelieu auraient été évanouis si le duc de Buckingham avait été aussi grand homme de guerre, ou du moins aussi heureux qu'il était audacieux.

(Juillet 1627) Le marquis, depuis maréchal de Thoiras, sauva la gloire de la France en conservant l'île de Ré, avec peu de troupes, contre les Anglais très supérieurs. Louis XIII a le temps d'envoyer une armée devant La Rochelle. Son frère Gaston la commande d'abord. Le roi y vient bientôt avec le cardinal. Buckingham est forcé de ramener en Angleterre ses troupes diminuées de moitié, sans même avoir jeté du secours dans La Rochelle, et n'ayant paru que pour en hâter la ruine.

Le duc de Rohan était absent de cette ville, qu'il avait armée et exposée. Il soutenait la guerre dans le Languedoc contre le prince de Condé et le duc de Montmorency.

Tous trois combattaient pour eux-mêmes : le duc de Rohan, pour être toujours chef de parti; le prince de Condé, à la tête des troupes royales, pour regagner à la cour son crédit perdu; le duc de Montmorency, à la tête des troupes levées par lui-même et de sa seule autorité, pour devenir le maître dans le Languedoc, dont il était gouverneur et pour rendre sa fortune indépendante à l'exemple de Lesdiguières. La Rochelle n'a donc qu'elle seule pour se soutenir. Les citoyens, animés par la religion et par la liberté ces deux puissants motifs des peuples élurent un maire nommé Guiton, encore plus déterminé qu'eux. Celui-ci, avant d'accepter une place qui lui donnait la magistrature et le commandement des armes, prend un poignard, et, le tenant à la main : « Je n'accepte, dit-il, l'emploi de votre maire qu'à condition d'enfoncer ce poignard dans le cœur du premier qui parlera de se rendre; et qu'on s'en serve contre moi si jamais je songe à capituler. »

Pendant que La Rochelle se prépare ainsi à une résistance invincible, le cardinal de Richelieu emploie toutes les ressources pour la soumettre; vaisseaux bâtis à la hâte, troupes de renfort, artillerie, enfin jusqu'au secours de l'Espagne; et, profitant avec célérité de la haine du duc Olivarès contre le duc de Buckingham, faisant valoir les intérêts de la religion, promettant tout, et obtenant des vaisseaux du roi d'Espagne, alors l'ennemi naturel de la France, pour ôter aux Rochellois l'espérance d'un nouveau secours d'Angleterre. Le comte-duc envoie Frédéric de Tolède avec quarante vaisseaux devant le port de La Rochelle.

L'amiral espagnol arrive (1628). Croirait-on que le cérémonial rendit ce secours inutile, et que Louis XIII, pour n'avoir pas voulu accorder à l'amiral de se couvrir en sa présence, vit la flotte espagnole retourner dans ses ports (1629)? Soit que cette petitesse décidât d'une affaire si importante, comme il n'arrive que trop souvent, soit qu'alors de nouveaux différends au sujet de la succession de Mantoue aigrissent la cour espagnole, sa flotte parut et s'en retourna; (x) et peut-être le ministre espa-

cause (c ffed
594
662

A

gnol ne l'avait envoyée que pour montrer ses forces au ministre de France.

Le duc de Buckingham prépare un nouvel armement pour sauver la ville. Il pouvait en très peu de temps rendre tous les efforts du roi de France inutiles. La cour a toujours été persuadée que le cardinal de Richelieu, pour parer ce coup, se servit de l'amour même de Buckingham pour Anne d'Autriche, et qu'on exigea de la reine qu'elle écrivît au duc. Elle le pria, dit-on, de différer au moins l'embarquement, et on assure que la faiblesse de Buckingham l'emporta sur son honneur et sur sa gloire.

Cette anecdote singulière a acquis tant de crédit qu'on ne peut s'empêcher de la rapporter : elle ne dément ni le caractère de Buckingham, ni l'esprit de la cour; et en effet on ne peut comprendre comment le duc de Buckingham se borne à faire partir seulement quelques vaisseaux, qui se montrent inutilement, et qui reviennent dans les ports d'Angleterre. (x) Les intérêts publics sont si souvent sacrifiés à des intrigues secrètes qu'on ne doit point du tout s'étonner que le faible Charles Ier, en feignant alors de protéger La Rochelle, la trahît pour complaire à la passion romanesque et passagère de son favori. Le général Ludlow, qui examina les papiers du roi, lorsque le parlement s'en fut rendu maître, assure qu'il a vu la lettre signée *Charles rex,* par laquelle ce monarque ordonnait au chevalier Pennington, commandant de l'escadre, de suivre en tout les ordres du roi de France quand il serait devant La Rochelle, et de couler à fond les vaisseaux anglais dont les capitaines ne voudraient pas obéir [1]. Si quelque chose pouvait justifier la cruauté avec laquelle les Anglais traitèrent depuis leur roi, ce serait une telle lettre.

Il n'est pas moins singulier que le cardinal ait seul commandé au siège, tandis que le roi était retourné à Paris. Il avait des patentes de général. Ce fut son coup d'essai : il montra que la résolution et le génie suppléent à tout; aussi exact à mettre la discipline dans les troupes

---

1. Ludlow, *Mémoires,* Amsterdam, 1699-1707, *FL,* t. I, p. 281.

qu'appliqué dans Paris à établir l'ordre, et l'un et l'autre étant également difficiles. On ne pouvait réduire La Rochelle tant que son port serait ouvert aux flottes anglaises; il fallait le fermer et dompter la mer. Pompe Targon, ingénieur italien, avait, dans la précédente guerre civile, imaginé de construire une estacade, dans le temps que Louis XIII voulait assiéger cette ville et que la paix fut conclue. Le cardinal de Richelieu suit cette vue : la mer renverse l'ouvrage; il n'en est pas moins ferme à le faire recommencer. Il commanda une digue dans la mer d'environ quatre mille sept cents pieds de long; les vents la détruisent. Il ne se rebuta pas, et ayant à la main son Quinte-Curce et la description de la digue d'Alexandre devant Tyr, il recommence encore la digue. Deux Français, Métézeau et Teriot, mettent la digue en état de résister aux vents et aux vagues.

(Mars 1628) Louis XIII vient au siège, et y reste depuis le mois de mars 1628 jusqu'à sa reddition. Souvent présent aux attaques, et donnant l'exemple aux officiers, il presse le grand ouvrage de la digue, mais il est toujours à craindre que bientôt une nouvelle flotte anglaise ne vienne la renverser. La fortune seconde en tout cette entreprise. Le duc de Buckingham, s'étant encore brouillé avec Richelieu, était prêt enfin à partir et à conduire une flotte redoutable devant La Rochelle, (septembre 1628) lorsqu'un Anglais fanatique, nommé Felton, l'assassina d'un coup de couteau, sans que jamais on ait pu découvrir ses instigateurs.

Cependant La Rochelle, sans secours, sans vivres, tenait par son seul courage. La mère et la sœur du duc de Rohan, souffrant comme les autres la plus dure disette, encourageaient les citoyens. Des malheureux prêts à expirer de faim déploraient leur état devant le maire Guiton, qui répondait : « Quand il ne restera plus qu'un seul homme, il faudra qu'il ferme les portes. »

L'espérance renaît dans la ville, à la vue de la flotte préparée par Buckingham, qui paraît enfin sous le commandement de l'amiral Lindsey. Elle ne peut percer la digue. Quarante pièces de canon, établies sur un fort de bois, dans la mer, écartaient les vaisseaux. Louis se montrait sur ce fort exposé à toute l'artillerie de la flotte ennemie, dont tous les efforts furent inutiles.

La famine vainquit enfin le courage des Rochellois, et après une année entière d'un siège où ils se soutinrent par eux-mêmes, ils furent obligés de se rendre (28 octobre 1628), malgré le poignard du maire, qui restait toujours sur la table de l'hôtel de ville pour percer quiconque parlerait de capituler. On peut remarquer que ni Louis XIII comme roi, ni le cardinal de Richelieu comme ministre, ni les maréchaux de France en qualité d'officiers de la couronne, ne signèrent la capitulation. Deux maréchaux de camp signèrent. La Rochelle ne perdit que ses privilèges; il n'en coûta la vie à personne. La religion catholique fut rétablie dans la ville et dans le pays, et on laissa aux habitants leur calvinisme, la seule chose qui leur restât.

Le cardinal de Richelieu ne voulait pas laisser son ouvrage imparfait. On marchait vers les autres provinces où les réformés avaient tant de places de sûreté, et où leur nombre les rendait encore puissants. Il fallait abattre et désarmer tout le parti, avant de pouvoir déployer en sûreté toutes ses forces contre la maison d'Autriche, en Allemagne, en Italie, en Flandre, et vers l'Espagne. Il importait que l'État fût uni et tranquille, pour troubler et diviser les autres États.

Déjà l'intérêt de donner à Mantoue un duc dépendant de la France et non de l'Espagne, après la mort du dernier souverain, appelait les armes de la France en Italie. Gustave-Adolphe voulait descendre déjà en Allemagne, et il fallait l'appuyer.

Dans ces circonstances épineuses, le duc de Rohan, ferme sur les ruines de son parti, traite avec le roi d'Espagne, qui lui promet des secours, après en avoir donné contre lui un an auparavant. Philippe IV, (x) Co roi catholique, (x) ayant consulté son conseil de conscience, promet trois cent mille ducats par an au chef des calvinistes de France; mais cet argent vient à peine. Les troupes du roi désolent le Languedoc. Privas est abandonné au pillage, et tout y est tué. Le duc de Rohan, ne pouvant soutenir la guerre, trouve encore le secret de faire une paix générale pour tout le parti, aussi bonne qu'on le pouvait. Le même homme, qui venait de traiter avec le roi d'Espagne en qualité de chef de parti, traite de même avec le roi de France son maître, dans le temps qu'il est condamné par le parlement comme rebelle; et, après avoir reçu de l'argent de l'Espagne pour entretenir ses troupes, il exige et reçoit cent mille écus de Louis XIII (1628) pour achever de les payer et pour les congédier.

Les villes calvinistes sont traitées comme La Rochelle; on leur ôte leurs fortifications et tous les droits qui pouvaient être dangereux; on leur laisse la liberté de conscience, leurs temples, leurs lois municipales, les chambres de l'édit, qui ne pouvaient pas nuire. Tout est apaisé. Le grand parti calviniste, au lieu d'établir une domination, est désarmé et abattu sans ressource. La Suisse, la Hollande, n'étaient pas si puissantes que ce parti quand elles s'érigèrent en souverainetés indépendantes. Genève, qui était peu de chose, se donna la liberté et la conserva. Les calvinistes de France succombèrent : la raison en est que leur parti même était dispersé dans leurs provinces, que la moitié des peuples et les parlements étaient catholiques, que la puissance royale tombait sur leurs pays tout ouverts, qu'on les attaquait avec des troupes supérieures et disciplinées, et qu'ils eurent affaire au cardinal de Richelieu.

Jamais Louis XIII, qu'on ne connaît point assez, ne mérita tant de gloire par lui-même : car, tandis qu'après la prise de La Rochelle les armées forçaient les huguenots à l'obéissance, il soutenait ses alliés en Italie; il marchait au secours du duc de Mantoue (mars 1629) au travers des Alpes, au milieu d'un hiver rigoureux, forçait trois barricades au pas de Suze, s'emparait de Suze, obligeait le duc de Savoie à s'unir à lui, et chassait les Espagnols de Casal. (x) Le roi[a] avait de la bravoure, mais n'avait nul courage d'esprit.

Cependant le cardinal de Richelieu négociait avec tous les souverains, et contre la plus grande partie des souverains. Il envoyait un capucin à la diète de Ratisbonne pour tromper les Allemands, et pour lier les mains à l'empereur dans les affaires d'Italie. En même temps Charnacé était chargé d'encourager le roi de Suède, Gustave-Adolphe, à descendre en Allemagne : entreprise à laquelle Gustave était déjà très disposé. Richelieu songeait à ébranler l'Europe, tandis que la cabale de Gaston et des deux reines tentait en vain de le perdre à la cour. Sa faveur causait encore plus de troubles dans le cabinet que ses intrigues n'en excitaient dans les autres États. Il ne faut pas croire que ces troubles de la cour fussent le fruit d'une profonde politique et de desseins bien concertés, qui unissent contre lui un parti habilement formé pour le faire tomber, et pour lui donner un successeur capable de le remplacer. L'humeur, qui domine souvent les hommes, même dans les plus grandes affaires, produisit en grande partie ces divisions si funestes. La reine mère, quoiqu'elle eût toujours sa place au conseil, quoiqu'elle eût été régente des provinces en deçà de la Loire pendant l'expédition de son fils à La Rochelle, était toujours aigrie contre le cardinal de Richelieu, qui affectait de ne plus dépendre d'elle. Les mémoires [1] composés pour la défense de cette princesse rapportent que le cardinal étant venu la voir, et Sa Majesté lui demandant des nouvelles de sa santé, il lui répondit, enflammé de colère et les lèvres tremblantes (1629) : «Je me porte mieux que ceux qui sont ici ne voudraient.» La reine fut indignée; le cardinal s'emporta : il demanda pardon; la reine s'adoucit, et deux jours après ils s'aigrirent encore : la politique, qui surmonte les passions dans le cabinet, n'en étant pas toujours maîtresse dans la conversation.

(21 novembre 1629) Marie de Médicis ôte alors au cardinal la place de surintendant de sa maison. Le premier fruit de cette querelle fut la patente de premier ministre que le roi écrivit de sa main en faveur du cardinal, lui adressant la parole, exaltant sa valeur et sa magnanimité, et laissant en blanc les appointements de la place pour les faire remplir par le cardinal même. Il était déjà grand-amiral de France, sous le nom de surintendant de la navigation; et ayant ôté aux calvinistes leurs places de sûreté, il s'assurait pour lui-même de Saumur, d'Angers, de Honfleur, du Havre-de-Grâce, d'Oléron, de l'île de Ré, qui devenaient ses places de

---

1. Mathieu de Morgues, *Diverses Pièces pour la défense de la reine mère du roi très chrétien Louis XIII,* s. l., 1637, *FL,* t. II, p. 27 et suiv. Selon Morgues, la seconde scène eut lieu « sept ou huit jours » après la première.

sûreté contre ses ennemis : il avait des gardes; son faste effaçait la dignité du trône; tout l'extérieur royal l'accompagnait, et toute l'autorité résidait en lui.

Les affaires de l'Europe le rendaient plus que jamais nécessaire à son maître et à l'État. L'empereur Ferdinand II, depuis la bataille de Prague, s'était rendu despotique en Allemagne, et devenait alors puissant en Italie. Ses troupes assiégeaient Mantoue. La Savoie hésitait entre la France et la maison d'Autriche. Le marquis de Spinola occupait le Montferrat avec une armée espagnole. Le cardinal veut lui-même combattre Spinola; il se fait nommer généralissime de l'armée qui marche en Italie, et le roi ordonne dans ses provisions qu'on lui obéisse comme à sa propre personne. Ce premier ministre faisant les fonctions de connétable, ayant sous lui deux maréchaux de France, marche en Savoie. Il négocie dans la route, mais en roi, et veut que le duc de Savoie vienne le trouver à Lyon (1630); il ne peut l'obtenir. L'armée française s'empare de Pignerol et de Chambéry en deux jours. Le roi prend enfin lui-même le chemin de la Savoie; il amène avec lui les deux reines, son frère, et toute une cour ennemie du cardinal, mais qui n'est que témoin de ses triomphes. Le cardinal revient trouver le roi à Grenoble; ils marchent ensemble en Savoie. Une maladie contagieuse attaqua dans ce temps Louis XIII, et l'obligea de retourner à Lyon. C'est pendant ce temps-là que le duc de Montmorency remporte, avec peu de troupes, une victoire signalée, au combat de Végliane, sur les Impériaux, les Espagnols, et les Savoisiens : il blesse et prend lui-même le général Doria. Cette action le combla de gloire. Le roi lui écrivit (juillet 1630) : « Je me sens obligé envers vous autant qu'un roi le puisse être. » Cette obligation n'empêcha pas que Montmorency ne mourût deux ans après sur un échafaud.

Il ne fallait pas moins qu'une telle victoire pour soutenir la gloire et les intérêts de la France, tandis que les Impériaux prenaient et saccageaient Mantoue, poursuivaient le duc protégé par Louis XIII, et battaient les Vénitiens ses alliés. Le cardinal, dont les plus grands ennemis étaient à la cour, laissait le duc de Montmorency combattre les ennemis de la France, et observait les siens auprès du roi. Ce monarque était alors mourant à Lyon. Les confidents de la reine régnante, trop empressés, proposaient déjà à Gaston d'épouser la femme de son frère, qui devait être bientôt veuve. Le cardinal se préparait à se retirer dans Avignon. Le roi guérit; et tous ceux qui avaient fondé des espérances sur sa mort furent confondus. Le cardinal le suivit à Paris; il y trouva beaucoup plus d'intrigues qu'il n'y en avait en Italie entre l'empire, l'Espagne, Venise, la Savoie, Rome, et la France.

Mirabel, l'ambassadeur espagnol, était ligué contre lui avec les deux reines. Les deux frères Marillac, l'un maréchal de France, l'autre garde des sceaux, qui lui devaient leur fortune, se flattaient de le perdre et de succéder à son crédit. Le maréchal de Bassompierre, sans prétendre à rien, était dans leur confidence; le premier valet de chambre, Beringhen, instruisait la cabale de ce qui se passait chez le roi. La reine mère ôte une seconde fois au cardinal la charge de surintendant de sa maison, qu'elle avait été forcée de lui rendre : emploi qui, dans l'esprit du cardinal, était au-dessous de sa fortune et de sa fierté, mais que par une autre fierté il ne voulait pas perdre. Sa nièce, depuis duchesse d'Aiguillon, est renvoyée, et Marie de Médicis, à force de plaintes et de prières redoublées, obtient de son fils qu'il dépouillera le cardinal [a] du ministère.

Il n'y a dans ces intrigues que ce qu'on voit tous les jours dans les maisons des particuliers qui ont un grand nombre de domestiques : ce sont des petitesses communes; mais ici elles entraînaient le destin de la France et de l'Europe. Les négociations avec les princes d'Italie, avec le roi de Suède Gustave-Adolphe, avec les Provinces-Unies et le prince d'Orange, contre l'empereur et l'Espagne, étaient dans les mains de Richelieu, et n'en pouvaient guère sortir sans danger pour l'État. (10 novembre 1630) Cependant la faiblesse du roi, appuyée en secret dans son cœur par ce dépit que lui inspirait la supériorité du cardinal, abandonne ce ministre nécessaire; il promet sa disgrâce aux empressements opiniâtres et aux larmes de sa mère. Le cardinal entra par une fausse porte dans la chambre où l'on concluait sa ruine : le roi sort sans lui parler; il se croit perdu, et prépare sa retraite au Havre-de-Grâce, comme il l'avait déjà préparée pour Avignon quelques mois auparavant. Sa ruine paraissait d'autant plus sûre que le roi, le jour même, donne pouvoir au maréchal de Marillac, ennemi déclaré du cardinal, de faire la guerre et la paix dans le Piémont. Alors le cardinal presse son départ : ses mulets avaient déjà porté ses trésors à trente-cinq lieues, sans passer par aucune ville, précaution prise contre la haine publique. Ses amis lui conseillent de tenter enfin auprès du roi un nouvel effort.

Le cardinal va trouver le roi à Versailles (11 novembre 1630), alors petite maison de chasse achetée par Louis XIII vingt mille écus, devenue depuis sous Louis XIV un des plus grands palais de l'Europe et un abîme de dépenses. Le roi, qui avait sacrifié son ministre par faiblesse, se remet par faiblesse entre ses mains, et il lui abandonne ceux qui l'avaient perdu. Ce jour, qui est encore à présent appelé *la journée des dupes,* fut celui du pouvoir absolu du cardinal. Dès le lendemain le garde des sceaux est arrêté, et conduit prisonnier à Châteaudun, où il mourut de douleur. Le jour même le cardinal dépêche un huissier du cabinet, de la part du roi, aux maréchaux de La Force et Schomberg, pour faire arrêter le maréchal de Marillac au milieu de l'armée qu'il allait commander seul. L'huissier arrive une heure après que ce maréchal de Marillac avait reçu la nouvelle de la disgrâce de Richelieu. Le maréchal est prisonnier, dans le temps qu'il se croyait maître de l'État avec son frère. Richelieu résolut de faire mourir ce général ignominieusement par la main du bourreau; et, ne pouvant l'accuser de trahison, il s'avisa de lui imputer d'être concussionnaire. Le procès dura près de deux années : il faut en rapporter ici les suites, pour ne point rompre le fil de cette affaire, et pour faire voir ce que peut la vengeance armée du pouvoir suprême, et colorée des apparences de la justice.

Le cardinal ne se contenta pas de priver le maréchal du droit d'être jugé par les deux chambres du parlement assemblé, droit qu'on avait déjà violé tant de fois : ce ne fut pas assez de lui donner dans Verdun des commissaires dont il espérait de la sévérité; ces premiers juges ayant, malgré les promesses et les menaces, conclu que l'accusé serait reçu à se justifier, le ministre fit casser l'arrêt : il lui donna d'autres juges, parmi lesquels on comptait les plus violents ennemis de Marillac, et surtout ce Paul Hay du Châtelet, connu par une satire atroce contre les deux frères. Jamais on n'avait méprisé davantage les formes de la justice et les bienséances. Le cardinal leur insulta au point de transférer l'accusé, et de continuer le procès à Ruel, dans sa propre maison de campagne.

Il est expressément défendu par les lois du royaume de détenir un prisonnier dans une maison particulière ; mais il n'y avait point de lois pour la vengeance et pour l'autorité. Celles de l'Église ne furent pas moins violées dans ce procès que celles de l'État et celles de la bienséance. Le nouveau garde des sceaux, Châteauneuf, qui venait de succéder au frère de l'accusé, présida au tribunal, où la décence devait l'empêcher de paraître ; et, quoiqu'il fût sous-diacre et revêtu de bénéfices, il instruisit un procès criminel : le cardinal lui fit venir une dispense de Rome, qui lui permettait de juger à mort. (x) A Ainsi un prêtre verse le sang avec le glaive de la justice, et il tient ce glaive en France de la main d'un autre prêtre qui demeure au fond de l'Italie.

Ce procès fait bien voir que la vie des infortunés dépend du désir de plaire aux hommes puissants. Il fallut rechercher toutes les actions du maréchal : on déterra quelques abus dans l'exercice de son commandement ; quelques anciens profits illicites et ordinaires, faits autrefois par lui ou par ses domestiques, dans la construction de la citadelle de Verdun : « Chose étrange ! disait-il à ses juges, qu'un homme de mon rang soit persécuté avec tant de rigueur et d'injustice ; il ne s'agit dans tout mon procès que de foin, de paille, de pierre, et de chaux. »

Cependant ce général, chargé de blessures et de quarante années de service, fut condamné à la mort (1632) sous le même roi qui avait donné des récompenses à trente sujets rebelles.

Pendant les premières instructions de ce procès étrange, le cardinal fait donner ordre à Beringhen de sortir du royaume ; il met en prison tous ceux qui ont voulu lui nuire ou qu'il soupçonne. Toutes ces cruautés, et en même temps toutes ces petitesses de la vengeance ne semblaient pas faites pour une grande âme occupée de la destinée de l'Europe.

Il concluait alors avec Gustave-Adolphe le traité qui devait ébranler le trône de l'empereur Ferdinand II. Il n'en coûtait à la France que trois cent mille livres de ce temps-là une fois payées, et neuf cent mille par an pour diviser l'Allemagne, et pour accabler deux empereurs de suite, jusqu'à la paix de Vestphalie; et déjà Gustave-Adolphe commençait le cours de ses victoires, qui donnaient à la France tout le temps d'établir en liberté sa propre grandeur. La cour de France devait être alors paisible par les embarras des autres nations; mais le ministre, en manquant de modération, excita la haine publique, et rendit ses ennemis implacables. Le duc d'Orléans, Gaston, frère du roi, fuit de la cour, se retire dans son apanage d'Orléans, et de là en Lorraine (1632), et proteste qu'il ne rentrera point dans le royaume tant que le cardinal, son persécuteur et celui de sa mère, y régnera. Richelieu fait déclarer, par un arrêt du conseil, tous les amis de Gaston criminels de lèse-majesté. Cet arrêt est envoyé au parlement : les voix y furent partagées. Le roi, indigné de ce partage, manda au Louvre le parlement, qui vint à pied, et qui parla à genoux : sa procédure fut déchirée en sa présence, et trois principaux membres de ce corps furent exilés.

Le cardinal de Richelieu ne se bornait pas à soutenir ainsi son autorité liée désormais à celle du roi; ayant forcé l'héritier présomptif de la couronne à sortir de la cour, il ne balança plus à faire arrêter la reine, Marie de Médicis. C'était une entreprise délicate depuis que le roi se repentait d'avoir attenté sur sa mère, et de l'avoir sacrifiée à un favori. Le cardinal fit valoir l'intérêt de l'État pour étouffer la voix du sang, et fit jouer les ressorts de la religion pour calmer les scrupules. C'est dans cette occasion surtout qu'il employa le capucin Joseph du Tremblai, homme en son genre aussi singulier que Richelieu même, enthousiaste et artificieux, tantôt fanatique, tantôt fourbe, voulant à la fois établir une croisade contre le Turc, fonder les religieuses du Calvaire, faire des vers, négocier dans toutes les cours, et s'élever à la pourpre et au ministère. Cet homme, admis dans un de ces conseils secrets de conscience inventés pour faire le mal en conscience, remontra au roi qu'il pouvait et qu'il devait sans scrupule mettre sa mère hors d'état de s'opposer à son ministre. La cour était alors à Compiègne. Le roi en part, et y laisse sa mère entourée de gardes qui la retiennent (février 1631). Ses amis, ses créatures, ses domestiques, son médecin même, sont conduits à la Bastille et dans d'autres prisons. La Bastille fut toujours remplie sous ce ministère. Le maréchal de Bassompierre, soupçonné seulement de n'être pas dans les intérêts du cardinal, y fut enfermé pendant le reste de la vie du ministre.

(Juillet 1631) Depuis ce moment Marie ne revit plus ni son fils, ni Paris qu'elle avait embelli. Cette ville lui devait le palais du Luxembourg, ces aqueducs dignes de Rome, et la promenade publique qui porte encore le nom de *la Reine* [1]. Toujours immolée à des favoris, elle passa le reste de ses jours dans un exil volontaire, mais douloureux. La veuve de Henri le Grand, la mère d'un roi de France, la belle-mère de trois souverains, manqua quelquefois du nécessaire. Le fond de toutes ces querelles était qu'il fallait que Louis XIII fût gouverné, et qu'il aimait mieux l'être par son ministre que par sa mère.

Cette reine, qui avait si longtemps dominé en France, alla d'abord à Bruxelles, et, de cet asile, elle crie à son fils; elle demande justice aux tribunaux du royaume contre son ennemi. Elle est suppliante auprès du parlement de Paris, dont elle avait tant de fois rejeté les remontrances, et qu'elle avait renvoyé au soin de juger des procès tandis qu'elle fut régente : tant la manière de penser change avec la fortune! On voit encore aujourd'hui sa requête : « Supplie Marie, reine de France et de Navarre, disant que depuis le 23 février elle aurait été arrêtée prisonnière au château de Compiègne, sans être ni accusée ni soupçonnée, etc. » Toutes ses plaintes réitérées contre le cardinal furent affaiblies par cela même qu'elles étaient trop fortes, et que ceux qui les dictaient, mêlant leurs ressentiments à sa douleur, joignaient trop d'accusations fausses aux véritables; enfin,

---

1. Le Cours-la-Reine, en bordure de la Seine sur la rive droite, en aval des Tuileries.

en déplorant ses malheurs, elle ne fit que les augmenter.

(1631) Pour réponse aux requêtes de la reine envoyées contre le ministre, il se fait créer duc et pair, et nommer gouverneur de Bretagne. Tout lui réussissait dans le royaume, en Italie, en Allemagne, dans les Pays-Bas. Jules Mazarin, ministre du pape dans l'affaire de Mantoue, était devenu le ministre de la France par la dextérité heureuse de ses négociations ; et, en servant le cardinal de Richelieu, il jetait sans le prévoir les fondements de la fortune qui le destinait à devenir le successeur de ce ministre. Un traité avantageux venait d'être conclu avec la Savoie : elle cédait pour jamais Pignerol à la France.

Vers les Pays-Bas, le prince d'Orange, secouru de l'argent de la France, faisait des conquêtes sur les Espagnols, et le cardinal avait des intelligences jusque dans Bruxelles.

En Allemagne, le bonheur extraordinaire des armes de Gustave-Adolphe rehaussait encore les services du cardinal en France. Enfin toutes les prospérités de son ministère tenaient tous ses ennemis dans l'impuissance de lui nuire, et laissaient un libre cours à ses vengeances, que le bien de l'État semblait autoriser. Il établit une chambre de justice, où tous les partisans de la mère et du frère du roi sont condamnés. La liste des proscrits est prodigieuse : on voit chaque jour des poteaux chargés de l'effigie des hommes ou des femmes qui avaient ou suivi ou conseillé Gaston et la reine ; on recherche jusqu'à des médecins et des tireurs d'horoscopes qui avaient dit que le roi n'avait pas longtemps à vivre ; et deux furent envoyés aux galères. Enfin les biens, le douaire de la reine mère, furent confisqués. « Je ne veux point vous attribuer, écrivit-elle à son fils (1631), la saisie de mon bien, ni l'inventaire qui en a été fait, comme si j'étais morte ; il n'est pas croyable que vous ôtiez les aliments à celle qui vous a donné la vie. »

Tout le royaume murmurait, mais presque personne n'osait élever la voix : la crainte retenait ceux qui pouvaient prendre le parti de la reine mère et du duc d'Orléans. Il n'y eut guère alors que le maréchal duc de Montmorency, gouverneur du Languedoc, qui crut pouvoir braver la fortune du cardinal. Il se flatta d'être chef de parti; mais son grand courage ne suffisait pas pour ce dangereux rôle : il n'était point maître de sa province, comme Lesdiguières avait su l'être du Dauphiné. Ses profusions l'avaient mis hors d'état d'acheter un assez grand nombre de serviteurs; son goût pour les plaisirs ne pouvait le laisser tout entier aux affaires : enfin, pour être chef d'un parti, il fallait un parti, et il n'en avait pas.

Gaston le flattait du titre de vengeur de la famille royale. On comptait sur un secours considérable du duc de Lorraine, Charles IV, dont Gaston avait épousé la sœur; mais ce duc ne pouvait se défendre lui-même contre Louis XIII, qui s'emparait alors d'une partie de ses États. La cour d'Espagne faisait espérer à Gaston, dans les Pays-Bas et vers Trèves, une armée qu'il conduirait en France; et il put à peine rassembler deux ou trois mille cavaliers allemands, qu'il ne put payer, et qui ne vécurent que de rapines. Dès qu'il paraîtrait en France avec ce secours, tous les peuples devaient se joindre à lui; et il n'y eut pas une ville qui remuât en sa faveur dans toute sa route, des frontières de la Franche-Comté aux provinces de la Loire et jusqu'en Languedoc. Il espérait que le duc d'Épernon, qui avait autrefois traversé tout le royaume pour délivrer la reine sa mère, et qui avait soutenu la guerre et fait la paix en sa faveur, se déclarerait aujourd'hui pour la même reine, et pour un de ses fils, héritier présomptif du royaume, contre un ministre dont l'orgueil avait souvent mortifié l'orgueil du duc d'Épernon. Cette ressource, qui était grande, manqua encore. Le duc d'Épernon s'était presque ruiné pour secourir la reine mère, et se plaignait d'avoir été négligé par elle après l'avoir bien servie. Il haïssait le cardinal plus que personne, mais il commençait à le craindre.

Le prince de Condé, qui avait fait la guerre au maréchal d'Ancre, était bien loin de se déclarer contre Richelieu : il cédait au génie de ce ministre, et, uniquement occupé du soin de sa fortune, il briguait le commandement des troupes au delà de la Loire contre Montmorency son beau-frère. Le comte de Soissons n'avait encore qu'une haine impuissante contre le cardinal, et n'osait éclater.

Gaston, abandonné parce qu'il n'était pas assez fort, traversa le royaume, plutôt comme un fugitif suivi de bandits étrangers que comme un prince qui venait combattre un roi. Il arrive enfin dans le Languedoc. Le duc de Montmorency y a rassemblé, à ses dépens et à force de promesses, six à sept mille hommes que l'on compte pour une armée. La division, qui se met toujours dans les partis, affaiblit les forces de Gaston dès qu'elles purent agir. Le duc d'Elbeuf, favori de Monsieur, voulait partager le commandement avec le duc de Montmorency, qui avait tout fait, et qui se trouvait dans son gouvernement.

(1er septembre 1632) La journée de Castelnaudary commença par des reproches entre Gaston et Montmorency. Cette journée fut à peine un combat; ce fut une rencontre, une escarmouche, où le duc se porta, avec quelques seigneurs du parti, contre un petit détachement de l'armée royale, commandée par le maréchal de Schomberg; soit impétuosité naturelle, soit dépit et désespoir, soit encore débauche de vin, qui n'était alors que trop commune, il franchit un large fossé suivi seulement de cinq ou six personnes; c'était la manière de combattre de l'ancienne chevalerie, et non pas celle d'un général. Ayant pénétré dans les rangs ennemis, il y tomba percé de coups, et fut pris à la vue de Gaston et de sa petite armée, qui ne fit aucun mouvement pour le secourir.

Gaston n'était pas le seul fils de Henri IV présent à cette journée; le comte de Moret, bâtard de ce monarque et de Mlle de Beuil, se hasarda plus que le fils légitime; il ne voulut point abandonner le duc de Montmorency, et fut tué à ses côtés. C'est ce même comte de Moret qu'on a fait revivre depuis, et qu'on a prétendu avoir été longtemps ermite : vaine fable mêlée à ces tristes événements.

Le moment de la prise de Montmorency fut celui du découragement de Gaston, et de la dispersion d'une armée que Montmorency seul lui avait donnée.

Alors ce prince ne put que se soumettre. La cour lui envoie le conseiller d'État Bullion, contrôleur général des finances, qui lui promet la grâce du duc de Montmorency. Cependant le roi ne stipula point cette grâce dans le traité qu'il fit avec son frère, ou plutôt dans l'amnistie qu'on lui accorda; ce n'est pas agir avec grandeur que de tromper les malheureux et les faibles; mais le cardinal voulait, par tous les moyens, l'avilissement de Monsieur et la mort de Montmorency. Gaston même promit, par un article du traité, *d'aimer le cardinal de Richelieu.*

On n'ignore point la triste fin du maréchal duc de Montmorency. Son supplice fut juste, si celui de Marillac ne l'avait pas été; mais la mort d'un homme de si grande espérance, qui avait gagné des batailles, et que son extrême valeur, sa générosité, ses grâces, avaient rendu cher à toute la France, rendit le cardinal plus odieux que n'avait fait la mort de Marillac. On a écrit que, lorsqu'il fut conduit en prison, on lui trouva un bracelet au bras, avec le portrait de la reine Anne d'Autriche : cette particularité a toujours passé pour constante à la cour; elle est conforme à l'esprit du temps. Mme de Motteville, confidente de cette reine, avoue dans ses *Mémoires* [1] que le duc de Montmorency avait, comme Buckingham, fait vanité d'être touché de ses charmes; c'était le *galantear* des Espagnols, quelque chose d'approchant des sigisbées d'Italie, un reste de chevalerie, mais qui ne devait pas adoucir la sévérité de Louis XIII. Montmorency, avant d'aller à la mort (30 octobre 1632), légua un fameux tableau du Carrache au cardinal. Ce n'était pas là l'esprit du temps, mais un sentiment étranger inspiré aux approches de la mort, regardé par les uns comme un christianisme héroïque, et par les autres comme une faiblesse.

(15 novembre 1632) Monsieur, n'étant revenu en France que pour faire périr sur l'échafaud son ami et son défenseur, réduit à n'être qu'exilé de la cour par grâce, et craignant pour sa liberté, sort encore du royaume, et va chez les Espagnols rejoindre sa mère à Bruxelles.

Sous un autre ministère, une reine, un héritier présomptif de la France, retirés chez les ennemis de l'État,

---

1. *Mémoires pour servir à l'histoire d'Anne d'Autriche,* Amsterdam (Paris), 1739, *FL*, t. I, pp. 12-3, sig. col.

nation pour la Marquise de Sablé, qui étoit une de celles dont la beauté faisoit le plus de bruit quand la Reine vint en France ; mais si elle étoit aimable, elle desiroit encore plus de le paroître : l'amour que cette Dame avoit pour elle-même la rendit un peu trop sensible à celui que les hommes lui témoignoient. Il y avoit encore en France quelque reste de la politesse que Catherine de Medicis y avoit apportée d'Italie ; & on trouvoit une si grande délicatesse dans les Comédies nouvelles, & tous les autres ouvrages en Vers & en Prose qui venoient de Madrid, qu'elle avoit conçu une haute idée de la galanterie que les Espagnols avoient apprise des Mores. Elle étoit persuadée que les hommes pouvoient sans crime avoir des sentimens tendres pour les femmes, que le desir de leur plaire les portoit aux plus grandes & aux plus belles actions, leur donnoit de l'esprit & leur inspiroit de la liberalité ; & toutes sortes de vertus ; mais que d'un autre côté les femmes, qui étoient l'ornement du monde, & étoient faites pour être servies & adorées des hommes, ne devoient souffrir que leurs respects. Cette Dame ayant soutenu ses sentimens avec beaucoup d'esprit & une grande beauté, leur avoit don-

Papier collé en face d'un passage des *Mémoires* de Mme de Motteville, utilisé dans la rédaction de l'*Essai*.

tous les ordres du royaume mécontents, cent familles qui avaient du sang à venger, eussent pu déchirer le royaume dans les nouvelles circonstances où se trouvait l'Europe. Gustave-Adolphe, le fléau de la maison d'Autriche, fut tué alors (16 novembre 1632), au milieu de sa victoire de Lutzen, auprès de Leipsick; et l'empereur, délivré de cet ennemi, pouvait avec l'Espagne accabler la France. Mais, ce qui n'était presque jamais arrivé, les Suédois se soutinrent dans un pays étranger après la mort de leur chef. L'Allemagne fut aussi troublée, aussi sanglante qu'auparavant, et l'Espagne devint tous les jours plus faible. Toute cabale devait donc être écrasée sous le pouvoir du cardinal. Cependant il n'y eut pas un jour sans intrigues et sans factions. Lui-même y donnait lieu par des faiblesses secrètes qui se mêlent toujours sourdement aux grandes affaires, et qui, malgré tous les déguisements qui les cachent, décèlent les petitesses de la grandeur.

On prétend que la duchesse de Chevreuse, toujours intrigante et belle encore, engageait le cardinal ministre, par ses artifices, dans la passion qu'elle voulait lui inspirer, et qu'elle le sacrifiait au garde des sceaux Châteauneuf. Le commandeur de Jars et d'autres entraient dans la confidence. La reine Anne, femme de Louis XIII, n'avait d'autre consolation, dans la perte de son crédit, que d'aider la duchesse de Chevreuse à rabaisser par le ridicule celui qu'elle ne pouvait perdre. La duchesse feignait du goût pour le cardinal, et formait des intrigues, dans l'attente de sa mort, que de fréquentes maladies faisaient voir aussi prochaine qu'on la souhaitait. Un terme injurieux dont on se servait, dans cette cabale, pour désigner le cardinal fut ce qui l'offensa davantage*.

Le garde des sceaux fut mis en prison sans forme de procès, parce qu'il n'y avait point de procès à lui faire. Le commandeur de Jars et d'autres, qu'on accusa de conserver quelques intelligences avec le frère et la mère du roi, furent condamnés par des commissaires à perdre la tête. Le commandeur eut sa grâce sur l'échafaud, mais les autres furent exécutés.

---

* La reine Anne et la duchesse l'appelaient *cul pourri*.

function of religion is pol[itical]

(1633) On ne poursuivait pas seulement les sujets qu'on pouvait accuser d'être dans les intérêts de Gaston; le duc de Lorraine, Charles IV, en fut la victime. Louis XIII s'empara de Nancy, et promit de lui rendre sa capitale quand ce prince lui mettrait entre les mains sa sœur Marguerite de Lorraine, qui avait secrètement épousé Monsieur. Ce mariage était une nouvelle source de disputes et de querelles dans l'État et dans l'Église. Ces disputes même pouvaient un jour entraîner une grande révolution. Il s'agissait de la succession à la couronne; et depuis la question de la loi salique, on n'en avait point débattu de plus importante.

Le roi voulait que le mariage de son frère avec Marguerite de Lorraine fût déclaré nul. Gaston n'avait qu'une fille de son premier mariage avec l'héritière de Montpensier. Si l'héritier présomptif du royaume persistait dans son nouveau mariage, s'il en naissait un prince, le roi prétendait que ce prince fût déclaré bâtard et incapable d'hériter.

C'était évidemment insulter les usages de la religion; A mais la religion n'ayant pu être instituée que pour le bien des États, il est certain que quand ces usages sont nuisibles ou dangereux, il faut les abolir.

Le mariage de Monsieur avait été célébré en présence de témoins, autorisé par le père et par toute la famille de son épouse, consommé, reconnu juridiquement par les parties, confirmé solennellement par l'archevêque de Malines. Toute la cour de Rome, toutes les universités étrangères, regardaient ce mariage comme valide et indissoluble; la faculté même de Louvain déclara depuis qu'il n'était pas au pouvoir du pape de le casser, et que c'était un sacrement ineffaçable.

Le bien de l'État exigeait qu'il ne fût point permis aux princes du sang de disposer d'eux sans la volonté du roi; ce même bien de l'État pouvait, dans la suite, exiger qu'on reconnût pour roi légitime de France le fruit de ce mariage déclaré illégitime; mais ce danger était éloigné, l'intérêt présent parlait, et il importait qu'il fût décidé, malgré l'Église, qu'un sacrement tel que le mariage doit être annulé quand il n'a pas été précédé de l'aveu de celui qui tient lieu du père de famille.

(Septembre 1634) Un édit du conseil fit ce que Rome

et les conciles n'eussent pas fait, et le roi vint avec le
le cardinal faire vérifier cet édit au parlement de Paris.
Le cardinal parla dans ce lit de justice en qualité de premier ministre et de pair de France. Vous saurez quelle
était l'éloquence de ces temps-là, par deux ou trois traits
de la harangue du cardinal; il dit « que convertir une
âme c'était plus que créer le monde; que le roi n'osait
toucher à la reine sa mère non plus qu'à l'arche; et
qu'il n'arrive jamais plus de deux ou trois rechutes aux
grandes maladies, si les parties nobles ne sont gâtées ».
Presque toute la harangue est dans ce style, et encore
était-elle une des moins mauvaises qu'on prononçât
alors. Ce faux goût, qui régna si longtemps, n'ôtait
rien au génie du ministre, et l'esprit du gouvernement
a toujours été compatible avec la fausse éloquence et
le faux bel esprit. Le mariage de Monsieur fut solennellement cassé; et même l'assemblée générale du clergé,
en 1635, se conformant à l'édit, déclara nuls les mariages
des princes du sang contractés sans la volonté du roi.
Rome ne vérifia pas cette loi de l'État et de l'Église
de France.

L'état de la maison royale devenait problématique
en Europe. Si l'héritier présomptif du royaume persistait
dans un mariage réprouvé en France, les enfants nés
de ce mariage étaient bâtards en France, et auraient
besoin d'une guerre civile pour hériter : s'il prenait
une autre femme, les enfants nés de ce nouveau mariage
étaient bâtards à Rome, et ils faisaient une guerre civile
contre les enfants du premier lit. Ces extrémités furent
prévenues par la fermeté de Monsieur : il n'en eut qu'en
cette occasion, et le roi consentit enfin, au bout de quelques années, à reconnaître la femme de son frère; mais
l'édit qui casse tous les mariages des princes du sang
contractés sans l'aveu du roi est demeuré dans toute
sa force.

Cette opiniâtreté du cardinal à poursuivre le frère du
roi jusque dans l'intérieur de sa maison, à lui ôter sa
femme, à dépouiller le duc de Lorraine, son beau-frère,
à tenir la reine mère dans l'exil et dans l'indigence,
soulève enfin les partisans de ces princes, et il y eut un
complot de l'assassiner : on accusa juridiquement le
P. Chanteloube de l'Oratoire, aumônier de Marie de

fanaticism ⟩ hostility

Médicis, d'avoir suborné des meurtriers, dont l'un fut roué à Metz. Ces attentats furent très rares : on avait conspiré bien plus souvent contre la vie de Henri IV; mais les plus grandes inimitiés produisent moins de crimes que le fanatisme.

Le cardinal, mieux gardé que Henri IV, n'avait rien à craindre; il triomphait de tous ses ennemis. La cour de la reine Marie et de Monsieur, errante et désolée, était encore plongée dans les dissensions qui suivent la faction et le malheur.

Le cardinal de Richelieu avait de plus puissants ennemis à combattre. Il résolut, malgré tous les troubles secrets qui agitaient l'intérieur du royaume, d'établir la force et la gloire de la France au dehors, et de remplir le grand projet de Henri IV, en faisant une guerre ouverte à toute la maison d'Autriche, en Allemagne, en Italie, en Espagne. Cette guerre le rendait nécessaire à un maître qui ne l'aimait pas, et auprès duquel on était souvent près de le perdre. Sa gloire était intéressée dans cette entreprise; le temps paraissait venu d'accabler la puissance d'Autriche dans son déclin. La Picardie et la Champagne étaient les bornes de la France : on pouvait les reculer, tandis que les Suédois étaient encore dans l'empire. Les Provinces-Unies étaient prêtes d'attaquer le roi d'Espagne dans la Flandre, pour peu que la France les secondât. Ce sont là les seuls motifs de la guerre contre l'empereur, qui ne finit que par les traités de Vestphalie, et de celle contre le roi d'Espagne, qui dura longtemps après jusqu'au traité des Pyrénées : toutes les autres raisons ne furent que des prétextes.

(6 décembre 1634) La cour de France jusqu'alors, sous le nom d'alliée des Suédois et de médiatrice dans l'empire, avait cherché à profiter des troubles de l'Allemagne. Les Suédois avaient perdu une grande bataille à Nordlingen; leur défaite même servit à la France, car elle les mit dans sa dépendance. Le chancelier Oxenstiern vint rendre hommage, dans Compiègne, à la fortune du cardinal, qui dès lors fut le maître des affaires en Allemagne, au lieu qu'Oxenstiern l'était auparavant. Il fait en même temps un traité avec les États-Généraux pour partager d'avance avec eux les Pays-Bas Espagnols, qu'il comptait subjuguer aisément.

Louis XIII envoya déclarer la guerre à Bruxelles par un héraut d'armes. Ce héraut devait présenter un cartel au cardinal infant, fils de Philippe III, gouverneur des Pays-Bas. On peut observer que ce prince cardinal, suivant l'usage du temps, commandait des armées. Il avait été l'un des chefs qui gagnèrent la bataille de Nordlingen contre les Suédois. On vit dans ce siècle les cardinaux de Richelieu, de La Valette, et de Sourdis endosser la cuirasse, et marcher à la tête des troupes : tous ces usages ont changé. La déclaration de guerre par un héraut d'armes ne se renouvela plus depuis ce temps-là : on se contenta de publier la guerre chez soi, sans l'aller signifier à ses ennemis.

Le cardinal de Richelieu attira encore le duc de Savoie et le duc de Parme dans cette ligue : il s'assura surtout du duc Bernard de Veimar, en lui donnant quatre millions de livres par an, et lui promettant le landgraviat d'Alsace. Aucun des événements ne répondit aux arrangements qu'avait pris la politique. Cette Alsace, que Veimar devait posséder, tomba longtemps après dans les mains de la France; et Louis XIII, qui devait partager en une campagne les Pays-Bas espagnols avec les Hollandais, perdit son armée, et fut près de voir toute la Picardie en proie aux Espagnols (1636). Ils avaient pris Corbie. Le comte de Galas, général de l'empereur, et le duc de Lorraine, étaient déjà auprès de Dijon. Les armes de la France furent d'abord malheureuses de tous les côtés. Il fallut faire de grands efforts pour résister à ceux qu'on croyait si facilement abattre.

Enfin le cardinal fut en peu de temps sur le point d'être perdu par cette guerre même qu'il avait suscitée pour sa grandeur et pour celle de la France. Le mauvais succès des affaires publiques diminua quelque temps sa puissance à la cour. Gaston, dont la vie était un reflux perpétuel de querelles et de raccommodements avec le roi son frère, était revenu en France; et le cardinal fut obligé de laisser à ce prince et au comte de Soissons le commandement de l'armée qui reprit Corbie (1636). Il se vit alors exposé au ressentiment des deux princes. C'était, comme on l'a déjà dit, le temps des conspirations ainsi que des duels. Les mêmes personnes qui depuis excitèrent, avec le cardinal de Retz, les premiers troubles de la Fronde, et qui firent les barricades, embrassaient dès lors toutes les occasions d'exercer cet esprit de faction qui les dévorait. Gaston et le comte de Soissons consentirent à tout ce que ces conspirateurs [a] pourraient attenter contre le cardinal. Il fut résolu de l'assassiner chez le roi même; mais le duc d'Orléans, qui ne faisait jamais rien qu'à demi, effrayé de l'attentat, ne donna point le signal dont les conjurés étaient convenus. (x) Ce grand crime ne fut qu'un projet inutile. Cc

Les Impériaux furent chassés de la Bourgogne; les Espagnols, de la Picardie; le duc de Veimar réussit en Alsace, et s'empara de presque tout ce landgraviat que la France lui avait garanti. Enfin, après plus d'avantages que de malheurs, la fortune, qui sauva la vie du cardinal de tant de conspirations, sauva aussi sa gloire, qui dépendait des succès.

(1637) Cet amour de la gloire lui faisait rechercher l'empire des lettres et du bel esprit jusque dans la crise des affaires publiques et des siennes, et parmi les attentats contre sa personne. Il érigeait dans ce temps-là même l'Académie française, et donnait dans son palais des pièces de théâtre auxquelles il travaillait quelquefois. Il reprenait sa hauteur et sa fierté sévère dès que le péril était passé. Car ce fut encore dans ce temps qu'il fomenta les premiers troubles d'Angleterre, et qu'il écrivit au comte d'Estrades ce billet, avant-coureur des malheurs de Charles Ier : « Le roi d'Angleterre, avant qu'il soit un an, verra qu'il ne faut pas me mépriser. »

(1638) Lorsque le siège de Fontarabie fut levé par le prince de Condé, son armée battue, et le duc de La Valette accusé de n'avoir pas secouru le prince de Condé, il fit condamner La Valette fugitif par des commissaires auxquels le roi présida lui-même. C'était l'ancien usage du gouvernement de la pairie, quand les rois n'étaient encore regardés que comme les chefs des pairs; mais sous un gouvernement purement monarchique, la présence, la voix du souverain dirigeait trop l'opinion des juges.

(1638) Cette guerre, excitée par le cardinal, ne réussit que quand le duc de Veimar eut enfin gagné une bataille complète, dans laquelle il fit quatre généraux de l'empereur prisonniers, qu'il s'établit dans Fribourg et dans Brisach, et qu'enfin la branche d'Autriche espagnole eut perdu le Portugal par la seule conspiration heureuse de ces temps-là, et qu'elle perdit encore la Catalogne par une révolte ouverte, sur la fin de 1640. Mais avant que la fortune eût disposé de tous ces événements extraordinaires en faveur de la France, le pays était exposé à la ruine; les troupes commençaient à être mal payées. Grotius [1], ambassadeur de Suède à Paris, dit que les finances étaient mal administrées. Il avait bien raison, car le cardinal fut obligé, quelque temps après la perte de Corbie, de créer vingt-quatre nouveaux conseillers du parlement et un président. Certainement on n'avait pas besoin de nouveaux juges; et il était honteux de n'en faire que pour tirer quelque argent de la vente des charges. Le parlement se plaignit. Le cardinal, pour toute réponse, fit mettre en prison cinq magistrats qui s'étaient plaints en hommes libres. Tout ce qui lui résistait dans la cour, dans le parlement, dans les armées, était disgracié, exilé, ou emprisonné.

C'est une chose peu digne d'attention qu'il ne se A trouva que vingt personnes qui achetassent ces places de juges; mais ce qui fait connaître l'esprit des hommes, et surtout des Français, c'est que ces nouveaux membres furent longtemps l'objet de l'aversion et du mépris de tout le corps; c'est que, dans la guerre de la Fronde, ils furent obligés de payer chacun quinze mille livres pour obtenir les bonnes grâces de leurs confrères, par cette contribution à la guerre contre le gouvernement; c'est, comme vous le verrez [2], qu'ils en eurent le sobriquet de *Quinze-Vingts;* c'est qu'enfin, de nos jours, quand on a voulu supprimer des conseillers inutiles, le parlement, qui avait éclaté contre l'introduction des membres surnuméraires, a éclaté contre la suppression. C'est ainsi que les mêmes choses sont bien ou mal

---

1. Je n'ai trouvé cette appréciation de Grotius ni dans son *Droit de la guerre,* Bâle, 1746, *FL,* ni dans son *Histoire des troubles des Pays-Bas,* ni dans les *Epistolæ ad Gallos.*
2. Chapitre 4 du *Siècle de Louis XIV :* lorsqu'en 1761 V. se servait des mots « comme vous le verrez », il avait réimprimé *le Siècle de Louis XIV* à la suite de l'*Essai.* (M.)

reçues selon les temps, et qu'on se plaint souvent autant de la guérison que de la blessure.

Louis XIII avait toujours besoin d'un confident, qu'on appelle un *favori,* qui pût amuser son humeur triste, et recevoir les confidences de ses amertumes. Le duc de Saint-Simon occupait ce poste; mais, n'ayant pas assez ménagé le cardinal, il fut éloigné de la cour et relégué à Blaye.

Le roi s'attachait quelquefois à des femmes : il aimait Mlle de La Fayette, fille d'honneur de la reine régnante, comme un homme faible, scrupuleux, et peu voluptueux, peut aimer. Le jésuite Caussin, confesseur du roi, favorisait cette liaison, qui pouvait servir à faire rappeler la reine mère. Mlle de La Fayette, en se laissant aimer du roi, était dans les intérêts des deux reines, contre le cardinal; mais le ministre l'emporta sur la maîtresse et sur le confesseur, comme il l'avait emporté sur les deux reines. Mlle de La Fayette, intimidée, fut obligée de se jeter dans un couvent (1637), et bientôt après le confesseur Caussin fut arrêté et relégué en basse Bretagne.

Ce même jésuite Caussin avait conseillé à Louis XIII A de mettre le royaume sous la protection de la Vierge, pour sanctifier l'amour du roi et de Mlle de La Fayette, qui n'était regardé que comme une liaison du cœur à laquelle les sens avait très peu de part. Le conseil fut suivi, et le cardinal de Richelieu remplit cette idée l'année suivante, tandis que Caussin célébrait en mauvais vers, à Quimper-Corentin, l'attachement particulier de la Vierge pour le royaume de France. Il est vrai que la maison d'Autriche avait aussi Marie pour protectrice; de sorte que, sans les armes des Suédois et du duc de Veimar, protestants, la sainte Vierge eût été apparemment fort indécise.

La duchesse de Savoie, Christine, fille de Henri IV, veuve de Louis Amédée, et régente de la Savoie, avait aussi un confesseur jésuite qui cabalait dans cette cour, et qui irritait sa pénitente contre le cardinal de Richelieu. Le ministre préféra la vengeance et l'intérêt de l'État au droit des gens; il ne balança pas à faire saisir ce jésuite dans les États de la duchesse.

Remarquez ici que vous ne verrez jamais dans l'his- A toire aucun trouble, aucune intrigue de cour, dans lesquels les confesseurs des rois ne soient entrés; et que souvent ils ont été disgraciés. Un prince est assez faible pour consulter son confesseur sur les affaires d'État (et c'est là le plus grand inconvénient de la confession auriculaire) : le confesseur, qui est presque toujours d'une faction, tâche de faire regarder à son pénitent cette faction comme la volonté de Dieu; le ministre en est bientôt instruit : le confesseur est puni, et on en prend un autre qui emploie le même artifice.

(1637) Les intrigues de cour, les cabales, continuent toujours. (x) La reine Anne d'Espagne, que nous nommons Anne d'Autriche, pour avoir écrit à la duchesse de Chevreuse, ennemie du cardinal et fugitive, est traitée comme une sujette criminelle. Ses papiers sont saisis, et elle subit un interrogatoire devant le chancelier Séguier. (x) Il n'y avait point d'exemple en France d'un pareil procès criminel.

Tous ces traits rapprochés forment le tableau qui peint ce ministère. Le même homme semblait destiné à dominer sur toute la famille de Henri IV : à persécuter sa veuve dans les pays étrangers; à maltraiter Gaston, son fils; à soulever des partis contre la reine d'Angleterre, sa fille; à se rendre maître de la duchesse de Savoie, son autre fille; enfin à humilier Louis XIII en le rendant puissant, et à faire trembler son épouse.

Tout le temps de son ministère se passa ainsi à exciter la haine et à se venger; et l'on vit presque chaque année des rébellions et des châtiments. La révolte du comte de Soissons fut la plus dangereuse : elle était appuyée par le duc de Bouillon, fils du maréchal, qui le reçut dans Sedan; par le duc de Guise, petit-fils du Balafré, qui, avec le courage de ses ancêtres, voulait en faire revivre la fortune; enfin par l'argent du roi d'Espagne, et par ses troupes des Pays-Bas. Ce n'était pas une tentative hasardée comme celles de Gaston.

Le comte de Soissons et le duc de Bouillon avaient une bonne armée; ils savaient la conduire, et, pour plus grande sûreté, tandis que cette armée devait s'avancer, on devait assassiner le cardinal, et faire soulever Paris. Le cardinal de Retz, encore très jeune, faisait dans ce complot son apprentissage de conspirations. (1641) La bataille de la Marfée, que le comte de Soissons gagna, près de Sedan, contre les troupes du roi, devait encourager les conjurés; mais la mort de ce prince, tué dans la bataille, tira encore le cardinal de ce nouveau danger. Il fut, cette fois seule, dans l'impuissance de punir. Il ne savait pas la conspiration contre sa vie, et l'armée révoltée était victorieuse. Il fallut négocier avec le duc de Bouillon, possesseur de Sedan. Le seul duc de Guise, le même qui depuis se rendit maître de Naples, fut condamné par contumace au parlement de Paris.

Le duc de Bouillon, reçu en grâce à la cour, et raccommodé en apparence avec le cardinal, jura d'être fidèle, et dans le même temps il tramait une nouvelle conspiration. Comme tout ce qui approchait du roi haïssait le ministre, et qu'il fallait toujours au roi un favori, Richelieu lui avait donné lui-même le jeune d'Effiat Cinq-Mars, afin d'avoir sa propre créature auprès du monarque. Ce jeune homme, devenu bientôt grand-écuyer, prétendit entrer dans le conseil; et le cardinal, qui ne le voulut pas souffrir, eut aussitôt en lui un ennemi irréconciliable. Ce qui enhardit le plus Cinq-Mars à conspirer, ce fut le roi lui-même. Souvent mécontent de son ministre, offensé de son faste, de sa hauteur, de son mérite même, il confiait ses chagrins à son favori, qu'il appelait *cher ami,* et parlait de Richelieu avec tant d'aigreur qu'il enhardit Cinq-Mars à lui proposer plus d'une fois de l'assassiner; et c'est ce qui est prouvé par une lettre de Louis XIII lui-même au chancelier Séguier. Mais ce même roi fut ensuite si mécontent de son favori qu'il le bannit souvent de sa présence; de sorte que bientôt Cinq-Mars haït également Louis XIII et Richelieu. Il avait eu déjà des intelligences avec le comte de Soissons : il les continuait avec le duc de Bouillon, et enfin Monsieur, qui, après ses entreprises malheureuses, se tenait tranquille dans son apanage de Blois, ennuyé de cette oisiveté, et pressé par ses confidents, entra dans le complot. Il ne s'en faisait point qui n'eût pour base la mort du cardinal; et ce projet, tant de fois tenté, ne fut exécuté jamais.

(1642) Louis XIII et Richelieu, tous deux attaqués déjà d'une maladie plus dangereuse que les conspirations, et qui les conduisit bientôt au tombeau, marchaient en Roussillon pour achever d'ôter cette province à la maison d'Autriche. Le duc de Bouillon, à qui l'on n'aurait pas dû donner une armée à commander lorsqu'il sortait d'une bataille contre les troupes du roi, en commandait pourtant une en Piémont contre les Espagnols; et c'est dans ce temps-là même qu'il conspirait avec Monsieur et avec Cinq-Mars. Les conjurés faisaient un traité avec le comte-duc Olivarès pour introduire une armée espagnole en France, et pour y mettre tout en confusion dans une régence qu'on croyait prochaine, et dont chacun espérait profiter. Cinq-Mars alors, ayant suivi le roi à Narbonne, était mieux que jamais dans ses bonnes grâces; et Richelieu, malade à Tarascon, avait perdu toute sa faveur, et ne conservait que l'avantage d'être nécessaire.

(1642) Le bonheur du cardinal voulut encore que le complot fût découvert, et qu'une copie du traité lui tombât entre les mains. Il en coûta la vie à Cinq-Mars. C'était une anecdote transmise par les courtisans de ce temps-là, que le roi, qui avait si souvent appelé le grand-écuyer *cher ami,* tira sa montre de sa poche à l'heure destinée pour l'exécution, et dit : « Je crois que *cher ami* fait à présent une vilaine mine. » Le duc de Bouillon fut arrêté au milieu de son armée à Casal. Il sauva sa vie, parce qu'on avait plus besoin de sa principauté de Sedan que de son sang. Celui qui avait deux fois trahi l'État conserva sa dignité de prince, et eut en échange de Sedan des terres d'un plus grand revenu. De Thou, à qui on ne reprochait que d'avoir su la conspiration, et qui l'avait désapprouvée, fut condamné à mort pour ne l'avoir pas révélée. En vain il représenta qu'il n'aurait pu prouver sa déposition, et que s'il avait accusé le frère du roi d'un crime d'État dont il n'avait point de preuves, il aurait bien plus mérité la mort. Une justification si évidente ne fut point reçue du cardinal, son ennemi personnel. Les juges le condamnèrent suivant une loi de Louis XI, dont le seul nom suffit pour faire voir que la loi était cruelle. La reine elle-même était dans le secret de la conspiration; mais, n'étant point accusée, elle échappa aux mortifications qu'elle aurait essuyées. Pour Gaston, duc d'Orléans, il accusa ses complices à son ordinaire, s'humilia, consentit à rester à Blois, sans gardes, sans honneurs;

et sa destinée fut toujours de traîner ses amis à la prison ou à l'échafaud.

Le cardinal déploya dans sa vengeance, autorisée de la justice, toute sa rigueur hautaine. On le vit traîner le grand-écuyer à sa suite, de Tarascon à Lyon, sur le Rhône, dans un bateau attaché au sien, frappé lui-même à mort, et triomphant de celui qui allait mourir par le dernier supplice. De là le cardinal se fit porter à Paris, sur les épaules de ses gardes, dans une chambre ornée, où il pouvait tenir deux hommes à côté de son lit : ses gardes se relayaient, on abattait des pans de muraille pour le faire entrer plus commodément dans les villes : c'est ainsi qu'il alla mourir à Paris (4 décembre 1642), à cinquante-huit ans, et qu'il laissa le roi satisfait de l'avoir perdu et embarrassé d'être le maître.

On dit que ce ministre régna encore après sa mort, parce qu'on remplit quelques places vacantes de ceux qu'il avait nommés; mais les brevets étaient expédiés avant sa mort, et ce qui prouve sans réplique qu'il avait trop régné et qu'il ne régnait plus, c'est que tous ceux qu'il avait fait enfermer à la Bastille en sortirent, comme des victimes déliées qu'il ne fallut plus immoler à sa vengeance. Il légua au roi trois millions de notre monnaie d'aujourd'hui, à cinquante livres le marc, somme qu'il tenait toujours en réserve. La dépense de sa maison, depuis qu'il était premier ministre, montait à mille écus par jour. Tout chez lui était splendeur et faste, tandis que chez le roi tout était simplicité et négligence; ses gardes entraient jusqu'à la porte de la chambre, quand il allait chez son maître; il précédait partout les princes du sang. Il ne lui manquait que la couronne, et même, lorsqu'il était mourant, et qu'il se flattait encore de survivre au roi, il prenait des mesures pour être régent du royaume. La veuve de Henri IV l'avait précédé de cinq mois (3 juillet 1642), et Louis XIII le suivit cinq mois après.

(Mai 1643) Il était difficile de dire lequel des trois fut le plus malheureux. La reine mère, longtemps errante, mourut à Cologne dans la pauvreté. Le fils, maître d'un beau royaume, ne goûta jamais ni les plaisirs de la grandeur, s'il en est, ni ceux de l'humanité : toujours sous le joug, et toujours voulant le secouer;

malade, triste, sombre, insupportable à lui-même;
n'ayant pas un serviteur dont il fût aimé; se défiant de
sa femme; haï de son frère; quitté par ses maîtresses,
sans avoir connu l'amour; trahi par ses favoris, abandonné sur le trône; presque seul au milieu d'une cour
qui n'attendait que sa mort, qui la prédisait sans cesse,
qui le regardait comme incapable d'avoir des enfants;
le sort du moindre citoyen paisible dans sa famille était
bien préférable au sien.

Le cardinal de Richelieu fut peut-être le plus malheureux des trois, parce qu'il était le plus haï, et qu'avec
une mauvaise santé il avait à soutenir, de ses mains
teintes de sang, un fardeau immense (x) dont il fut A
souvent près d'être écrasé.

Dans ce temps de conspirations et de supplices le
royaume fleurit pourtant, et, malgré tant d'afflictions,
le siècle de la politesse et des arts s'annonçait. Louis XIII
n'y contribua en rien, mais le cardinal de Richelieu servit
beaucoup à ce changement. La philosophie ne put, il
est vrai, effacer la rouille scolastique; mais Corneille
commença, en 1636, par la tragédie du *Cid,* le siècle
qu'on appelle celui de Louis XIV. Le Poussin égala
Raphaël d'Urbin dans quelques parties de la peinture.
La sculpture fut bientôt perfectionnée par Girardon,
et le mausolée même du cardinal de Richelieu en est
une preuve. Les Français commencèrent à se rendre
recommandables, surtout par les grâces et les politesses
de l'esprit : c'était l'aurore du bon goût.

La nation n'était pas encore ce qu'elle devint depuis;
ni le commerce n'était bien cultivé, ni la police générale établie. L'intérieur du royaume était encore à régler;
nulle belle ville, excepté Paris, qui manquait encore de
bien des choses nécessaires, comme on peut le voir
ci-après dans le *Siècle de Louis XIV.* Tout était aussi
différent dans la manière de vivre que dans les habillements, de tout ce qu'on voit aujourd'hui. Si les hommes
de nos jours voyaient les hommes de ce temps-là, ils
ne croiraient pas voir leurs pères. Les petites bottines,
le pourpoint, le manteau, le grand collet de point, les
moustaches, et une petite barbe en pointe, les rendraient
aussi méconnaissables pour nous que leurs passions
pour les complots, leur fureur des duels, leurs festins

au cabaret, leur ignorance générale malgré leur esprit naturel.

La nation n'était pas aussi riche qu'elle l'est devenue en espèces monnayées et en argent travaillé : aussi le ministère, qui tirait ce qu'il pouvait du peuple, n'avait guère, par année, que la moitié du revenu de Louis XIV. On était encore moins riche en industrie. Les manufactures grossières de draps de Rouen et d'Elbeuf étaient les plus belles qu'on connût en France : point de tapisseries, point de cristaux, point de glaces. L'art de l'horlogerie était faible, et consistait à mettre une corde à la fusée d'une montre : on n'avait point encore appliqué le pendule aux horloges. Le commerce maritime, dans les Échelles du Levant, était dix fois moins considérable qu'aujourd'hui; celui de l'Amérique se bornait à quelques pelleteries du Canada : nul vaisseau n'allait aux Indes orientales, tandis que la Hollande y avait des royaumes, et l'Angleterre de grands établissements.

Ainsi la France possédait bien moins d'argent que sous Louis XIV. Le gouvernement empruntait à un plus haut prix; les moindres intérêts qu'il donnait pour la constitution des rentes étaient de sept et demi pour cent à la mort du cardinal de Richelieu. On peut tirer de là une preuve invincible, parmi tant d'autres, que le testament qu'on lui attribue ne peut être de lui. Le faussaire ignorant et absurde qui a pris son nom dit, au chapitre Ier de la seconde partie [1], que la jouissance fait le remboursement entier de ces rentes en sept années et demie : il a pris le denier sept et demi pour la septième et demie partie de cent; et il n'a pas vu que le remboursement d'un capital supposé sans intérêt, et sept années et demie, ne donne pas sept et demi par année, mais près de quatorze. Tout ce qu'il dit dans ce chapitre est d'un homme qui n'entend pas mieux les premiers éléments de l'arithmétique que ceux des affaires. J'entre ici dans ce petit détail, seulement

---

1. Dans le *Recueil de Testaments,* t. II, pp. 123-4, col. : « Les premières rentes constituées sur la taille qui se vendent d'ordinaire au denier cinq, ne doivent être considérées, ni remboursées que sur ce pied, selon lequel leur propre jouissance en fait le remboursement entier en sept années et demie. »

pour faire voir combien les noms en imposent aux hommes : tant que cette œuvre de ténèbres a passé pour être du cardinal de Richelieu, on l'a louée comme un chef-d'œuvre [a]; (x) mais quand on a reconnu la foule A des anachronismes, des erreurs sur les pays voisins, des fausses évaluations, et l'ignorance absurde avec laquelle il est dit que la France avait plus de ports sur la Méditerranée que la monarchie espagnole; quand on a vu enfin que dans un prétendu Testament politique du cardinal de Richelieu, il n'était pas dit un seul mot de la manière dont il fallait se conduire dans la guerre qu'on avait à soutenir : alors on a méprisé ce chef-d'œuvre qu'on avait admiré sans examen.

CHAPITRE CLXXVII

On voit, depuis la mort de Philippe II, les monarques espagnols affermir leur pouvoir absolu dans leurs États, et perdre insensiblement leur crédit dans l'Europe. Le commencement de la décadence se fit sentir dès les premières années du règne de Philippe III : la faiblesse de son caractère se répandit sur toutes les parties de son gouvernement. Il était difficile d'étendre toujours des soins vigilants sur l'Amérique, sur les vastes possessions en Asie, sur celles d'Afrique, sur l'Italie, et les Pays-Bas ; mais son père avait vaincu ces difficultés, et les trésors du Mexique, du Pérou, du Brésil, des Indes orientales, devaient surmonter tous les obstacles. La négligence fut si grande, l'administration des deniers publics si infidèle, que, dans la guerre qui continuait toujours contre les Provinces-Unies, on n'eut pas de quoi payer les troupes espagnoles ; elles se mutinèrent, elles passèrent, au nombre de trois mille hommes, sous les drapeaux du prince Maurice. (1604) Un simple stathouder, avec un esprit d'ordre, payait mieux ses troupes que le souverain de tant de royaumes. Philippe III aurait pu couvrir les mers de vaisseaux, et les petites provinces de Hollande et de Zélande en avaient plus que lui : leur flotte lui enlevait les principales îles Moluques (1606), et surtout Amboine, qui produit les plus précieuses épiceries, dont les Hollandais sont restés en possession. Enfin ces sept petites provinces rendaient sur terre les forces de cette vaste monarchie inutiles, et sur mer elles étaient plus puissantes.

(1609) Philippe III, en paix avec la France, avec l'Angleterre, n'ayant la guerre qu'avec cette république naissante, est obligé de conclure avec elle une trêve de douze années, de lui laisser tout ce qui était en sa possession, de lui assurer la liberté du commerce dans les Grandes-Indes, et de rendre enfin à la maison de Nassau ses biens situés dans les terres de la monarchie. Henri IV eut la gloire de conclure cette trêve par ses ambassadeurs. C'est d'ordinaire le parti le plus faible qui désire une trêve, et cependant le prince Maurice ne la voulait pas. Il fut plus difficile de l'y faire consentir que d'y résoudre le roi d'Espagne.

(1609) L'expulsion des Maures fit bien plus de tort à la monarchie. Philippe III ne pouvait venir à bout d'un petit nombre de Hollandais, et il put malheureusement chasser six à sept cent mille Maures de ses États. Ces restes des anciens vainqueurs de l'Espagne étaient la plupart désarmés, occupés du commerce et de la culture des terres, bien moins formidables en Espagne que les protestants ne l'étaient en France, et beaucoup plus utiles, parce qu'ils étaient laborieux dans le pays de la paresse. On les forçait à paraître chrétiens; l'Inquisition les poursuivait sans relâche. Cette persécution produisit quelques révoltes, mais faibles et bientôt apaisées (1609). Henri IV voulut prendre ces peuples sous sa protection; mais ses intelligences avec eux furent découvertes par la trahison d'un commis du bureau des affaires étrangères. Cet incident hâta leur dispersion. On avait déjà pris la résolution de les chasser; ils proposèrent en vain d'acheter de deux millions de ducats d'or la permission de respirer l'air de l'Espagne. Le conseil fut inflexible : vingt mille de ces proscrits se réfugièrent dans des montagnes; mais n'ayant pour armes que des frondes et des pierres, ils y furent bientôt forcés. On fut occupé, deux années entières, à transporter des citoyens hors du royaume, et à dépeupler l'État. Philippe se priva ainsi des plus laborieux de ses sujets, au lieu d'imiter les Turcs, qui savent contenir les Grecs, et qui sont bien éloignés de les forcer à s'établir ailleurs.

La plus grande partie des Maures espagnols se réfugièrent en Afrique, leur ancienne patrie; quelques-uns passèrent en France, sous la régence de Marie de Médicis: ceux qui ne voulurent pas renoncer à leur religion s'embarquèrent en France pour Tunis. Quelques familles, qui firent profession du christianisme, s'établirent en Provence, en Languedoc; il en vint à Paris même, et leur race n'y a pas été inconnue; mais enfin ces fugitifs se sont incorporés à la nation, qui a profité de la faute de l'Espagne, et qui ensuite l'a imitée dans l'émigration des réformés. C'est ainsi que tous les peuples se mêlent, et que toutes les nations sont absorbées les unes dans les autres, tantôt par les persécutions, tantôt par les conquêtes.

Cette grande émigration, jointe à celle qui arriva sous Isabelle, et aux colonies que l'avarice transplantait dans le nouveau monde, épuisait insensiblement l'Espagne d'habitants, et bientôt la monarchie ne fut plus qu'un vaste corps sans substance. La superstition, ce vice des âmes faibles, avilit encore le règne de Philippe III; sa cour ne fut qu'un chaos d'intrigues, comme celle de Louis XIII. Ces deux rois ne pouvaient vivre sans favoris, ni régner sans premiers ministres. Le duc de Lerme, depuis cardinal, gouverna longtemps le roi et le royaume : la confusion où tout était le chassa de sa place. Son fils lui succéda, et l'Espagne ne s'en trouva pas mieux.

(1621) Le désordre augmenta sous Philippe IV, fils de Philippe III. Son favori, le comte-duc Olivarès, lui fit prendre le nom de grand à son avènement : s'il l'avait été, il n'eût point eu de premier ministre. L'Europe et ses sujets lui refusèrent ce titre, et quand il eut perdu depuis le Roussillon par la faiblesse de ses armes, le Portugal par sa négligence, la Catalogne par l'abus de son pouvoir, la voix publique lui donna pour devise un fossé, avec ces mots : « Plus on lui ôte, plus il est grand. »

Ce beau royaume était alors peu puissant au dehors, et misérable au dedans. On n'y connaissait nulle police. Le commerce intérieur était ruiné par les droits qu'on continuait de lever d'une province à une autre. Chacune de ces provinces ayant été autrefois un petit royaume, les anciennes douanes subsistaient : ce qui avait été autrefois une loi regardée comme nécessaire devenait un abus onéreux. On ne sut point faire de toutes ces parties du royaume un tout régulier. Le même abus a été introduit en France; mais il était porté en Espagne à un tel excès qu'il n'était pas permis de transporter de l'argent de province à province. Nulle industrie ne secondait, dans ces climats heureux, les présents de la nature : ni les soies de Valence, ni les belles laines de l'Andalousie et de la Castille, n'étaient préparées par les mains espagnoles. Les toiles fines étaient un luxe très peu connu. Les manufactures flamandes, reste des monuments de la maison de Bourgogne, fournissaient à Madrid ce que l'on connaissait alors de magnificence. Les étoffes d'or et d'argent étaient défendues dans cette monarchie, comme elles le seraient dans une république indigente qui craindrait de s'appauvrir. En effet, malgré les mines du nouveau monde, l'Espagne était si pauvre que le ministère de Philippe IV se trouva réduit à la nécessité de la monnaie de cuivre, à laquelle on donna un prix presque aussi fort qu'à l'argent : il fallut que le maître du Mexique et du Pérou fît de la fausse monnaie pour payer les charges de l'État. On n'osait, si on en croit le sage Gourville [1], imposer des taxes personnelles, parce que ni les bourgeois ni les gens de la campagne, n'ayant presque point de meubles, n'auraient jamais pu être contraints à payer. Jamais ce que dit Charles-Quint ne se trouva si vrai : « En France tout abonde, tout manque en Espagne. »

Le règne de Philippe IV ne fut qu'un enchaînement de pertes et de disgrâces, et le comte-duc Olivarès fut aussi malheureux dans son administration que le cardinal de Richelieu fut heureux dans la sienne.

(1625) Les Hollandais, qui commencèrent la guerre à l'expiration de la trêve de douze années, enlevèrent le Brésil à l'Espagne; il leur en est resté Surinam. Ils prennent Mastricht, qui leur est enfin demeuré. Les armées de Philippe sont chassées de la Valteline et du Piémont par les Français, sans déclaration de guerre; et enfin, lorsque la guerre est déclarée en 1635, Philippe IV est malheureux de tous côtés. L'Artois est envahi (1639); la Catalogne entière, jalouse de ses privilèges auxquels il attentait, se révolte, et se donne

1. *Mémoires,* Paris, 1724, *FL,* t. II, pp. 76, 80. C'est en 1669 que Gourville fit un séjour en Espagne.

à la France (1640); le Portugal secoue le joug (1641); une conspiration aussi bien exécutée que bien conduite mit sur le trône la maison de Bragance. Le premier ministre, Olivarès, eut la confusion d'avoir contribué lui-même à cette grande révolution en envoyant de l'argent au duc de Bragance, pour ne point laisser de prétexte au refus de ce prince de venir à Madrid. Cet argent même servit à payer les conjurés.

La révolution n'était pas difficile. Olivarès avait eu l'imprudence de retirer une garnison espagnole de la forteresse de Lisbonne. Peu de troupes gardaient le royaume. Les peuples étaient irrités d'un nouvel impôt; et enfin le premier ministre, qui croyait tromper le duc de Bragance, lui avait donné le commandement des armées. La duchesse de Mantoue, vice-reine, fut chassée sans que personne prît sa défense (11 décembre 1640). Un secrétaire d'État espagnol et un de ses commis furent les seules victimes immolées à la vengeance publique. Toutes les villes du Portugal imitèrent l'exemple de Lisbonne presque dans le même jour. Jean de Bragance fut partout proclamé roi sans le moindre tumulte : un fils ne succède pas plus paisiblement à son père. Des vaisseaux partirent de Lisbonne pour toutes les villes de l'Asie et de l'Afrique, pour toutes les îles qui appartenaient à la couronne de Portugal : il n'y en eut aucune qui hésitât à chasser les gouverneurs espagnols. Tout ce qui restait du Brésil, ce qui n'avait point été pris par les Hollandais sur les Espagnols, retourna aux Portugais, et enfin les Hollandais, unis avec le nouveau roi don Jean de Bragance, lui rendirent ce qu'ils avaient pris à l'Espagne dans le Brésil.

Les îles Açores, Mozambique, Goa, Macao, furent animées du même esprit que Lisbonne. Il semblait que la conspiration eût été tramée dans toutes ces villes. On vit partout combien une domination étrangère est odieuse, et en même temps combien peu le ministère espagnol avait pris de mesures pour conserver tant d'États.

On vit aussi comme on flatte les rois dans leurs malheurs, comme on leur déguise des vérités tristes. La manière dont Olivarès annonça à Philippe IV la perte du Portugal est célèbre. « Je viens vous annoncer, dit-il, une heureuse nouvelle : Votre Majesté a gagné tous les biens du duc de Bragance : il s'est avisé de se faire proclamer roi, et la confiscation de ses terres vous est acquise par son crime. » La confiscation n'eut pas lieu. Le Portugal devint un royaume considérable, surtout lorsque les richesses du Brésil commencèrent à lui procurer un commerce qui eût été très avantageux si l'amour du travail avait pu animer l'industrie de la nation portugaise [a].

Le comte-duc Olivarès, longtemps le maître de la monarchie espagnole, et l'émule du cardinal de Richelieu, fut enfin disgracié pour avoir été malheureux. Ces deux ministres avaient été longtemps également rois, l'un en France, l'autre en Espagne, tous deux ayant pour ennemis la maison royale, les grands, et le peuple; tous deux très différents dans leurs caractères, dans leurs vertus, et dans leurs vices; le comte-duc aussi réservé, aussi tranquille, et aussi doux, que le cardinal était vif, hautain et sanguinaire. Ce qui conserva Richelieu dans le ministère, et ce qui lui donna presque toujours l'ascendant sur Olivarès, ce fut son activité. Le ministre espagnol perdit tout par sa négligence; il mourut de la mort des ministres déplacés : on dit que le chagrin les tue; ce n'est pas seulement le chagrin de la solitude après le tumulte, mais celui de sentir qu'ils sont haïs et qu'ils ne peuvent se venger. Le cardinal de Richelieu avait abrégé ses jours d'une autre manière, par les inquiétudes qui le dévorèrent dans la plénitude de sa puissance.

Avec toutes les pertes que fit la branche d'Autriche espagnole, il lui resta encore plus d'États que le royaume d'Espagne n'en possède aujourd'hui. Le Milanais, la Flandre, la Franche-Comté, le Roussillon, Naples et Sicile, appartenaient à cette monarchie; et, quelque mauvais que fût son gouvernement, elle fit encore beaucoup de peine à la France jusqu'à la paix des Pyrénées.

La dépopulation de l'Espagne a été si grande que le A célèbre Ustariz [1], homme d'État, qui écrivait en 1723

---

1. *Théorie et pratique du commerce et de la marine, traduction libre sur l'espagnol de don Geronymo de Ustariz,* « sur la seconde édition de ce livre à Madrid en 1742 », Paris, 1753, *FL.* Le traducteur dit, p. IX, qu'une première édition du livre parut en 1724. Ustariz

pour le bien de son pays, n'y compte qu'environ sept millions d'habitants, un peu moins des deux cinquièmes de ceux de la France; et en se plaignant de la diminution des citoyens, il se plaint aussi que le nombre des moines soit toujours resté le même. Il avoue que les revenus du maître des mines d'or et d'argent ne se montaient pas à quatre-vingts millions de nos livres d'aujourd'hui.

Les Espagnols, depuis le temps de Philippe II jusqu'à Philippe IV, se signalèrent dans les arts de génie. Leur théâtre, tout imparfait qu'il était, l'emportait sur celui des autres nations; il servit de modèle à celui d'Angleterre, et lorsque ensuite la tragédie commença à paraître en France avec quelque éclat, elle emprunta beaucoup de la scène espagnole. L'histoire, les romans agréables, les fictions ingénieuses, la morale, furent traités en Espagne avec un succès qui passa beaucoup celui du théâtre; mais la saine philosophie y fut toujours ignorée. L'Inquisition et la superstition y perpétuèrent les erreurs scolastiques; les mathématiques furent peu cultivées, et les Espagnols, dans leurs guerres, employèrent presque toujours des ingénieurs italiens. Ils eurent quelques peintres du second rang, et jamais d'école de peinture. L'architecture n'y fit point de grands progrès : l'Escurial fut bâti sur les dessins d'un Français. Les arts mécaniques y étaient tous très grossiers. La magnificence des grands seigneurs consistait dans de grands amas de vaisselle d'argent, et dans un nombreux domestique. Il régnait chez les grands une générosité d'ostentation qui en imposait aux étrangers, et qui n'était en usage que dans l'Espagne : c'était de partager l'argent qu'on gagnait au jeu avec tous les assistants, de quelque condition qu'ils fussent. Montrésor [1] rapporte que quand le duc de Lerme reçut Gaston, frère de Louis XIII, et sa suite dans les Pays-Bas, il étala une

---

évalue, p. 65, la population de l'Espagne à sept millions et demi d'habitants; *ibid.*, il écrit : « malgré la dépopulation de l'Espagne, le clergé tant séculier que régulier n'a pas diminué. » L'évaluation des revenus se trouve p. 73.

1. Cette anecdote ne se trouve pas dans le récit du voyage de Gaston d'Orléans aux Pays-Bas par Montrésor, *Mémoires,* Cologne, 1723, t. I, pp. 1-50.

magnificence bien plus singulière. Ce premier ministre, chez qui Gaston resta plusieurs jours, faisait mettre après chaque repas deux mille louis d'or sur une grande table de jeu. Les suivants de Monsieur, et ce prince lui-même, jouaient avec cet argent.

Les fêtes des combats de taureaux étaient très fréquentes, comme elles le sont encore aujourd'hui; et c'était le spectacle le plus magnifique et le plus galant, comme le plus dangereux. Cependant rien de ce qui rend la vie commode n'était connu. Cette disette de l'utile et de l'agréable augmenta depuis l'expulsion des Maures. De là vient qu'on voyage en Espagne comme dans les déserts de l'Arabie, et que dans les villes on trouve peu de ressource. La société ne fut pas plus perfectionnée que les arts de la main. Les femmes, presque aussi renfermées qu'en Afrique, comparant cet esclavage avec la liberté de la France, en étaient plus malheureuses. Cette contrainte avait perfectionné un art ignoré parmi nous, celui de parler avec les doigts : un amant ne s'expliquait pas autrement sous les fenêtres de sa maîtresse, qui ouvrait en ce moment-là ces petites grilles de bois nommées jalousies, tenant lieu de vitres, pour lui répondre dans la même langue. Tout le monde jouait de la guitare, et la tristesse n'en était pas moins répandue sur la face de l'Espagne. Les pratiques de dévotion tenaient lieu d'occupation à des citoyens désœuvrés.

On disait alors que la fierté, la dévotion, l'amour, et l'oisiveté, composaient le caractère de la nation; mais aussi il n'y eut aucune de ces révolutions sanglantes, de ces conspirations, de ces châtiments cruels, qu'on voyait dans les autres cours de l'Europe. Ni le duc de Lerme, ni le comte Olivarès, ne répandirent le sang de leurs ennemis sur les échafauds; les rois n'y furent point assassinés comme en France, et ne périrent point par la main du bourreau, comme en Angleterre. (x) B Enfin sans les horreurs de l'Inquisition on n'aurait eu alors rien à reprocher à l'Espagne.

Après la mort de Philippe IV, arrivée en 1666, A l'Espagne fut très malheureuse. Marie d'Autriche, sa veuve, sœur de l'empereur Léopold, fut régente dans la minorité de don Carlos, ou Charles II du nom, son fils. Sa régence ne fut pas si orageuse que celle d'Anne d'Autriche en France ; mais elles eurent ces tristes conformités que la reine d'Espagne s'attira la haine des Espagnols pour avoir donné le ministère à un prêtre étranger, comme la reine de France révolta l'esprit des Français pour les avoir mis sous le joug d'un cardinal italien ; les grands de l'État s'élevèrent dans l'une et dans l'autre monarchie contre ces deux ministres, et l'intérieur des deux royaumes fut également mal administré.

Le premier ministre qui gouverna quelque temps l'Espagne, dans la minorité de don Carlos, ou Charles II, était le jésuite Évrard Nitard, Allemand, confesseur de la reine, et grand-inquisiteur. L'incompatibilité que la religion semble avoir mise entre les vœux monastiques et les intrigues du ministère excita d'abord les murmures contre le jésuite.

Son caractère augmenta l'indignation publique. Nitard, capable de dominer sur sa pénitente, ne l'était pas de gouverner un État, n'ayant rien d'un ministre et d'un prêtre que la hauteur et l'ambition, et pas même la dissimulation : il avait osé dire un jour au duc de Lerme, même avant de gouverner : « C'est vous qui me devez du respect ; j'ai tous les jours votre Dieu dans mes mains, et votre reine à mes pieds. » Avec cette fierté si contraire à la vraie grandeur, il laissait le trésor sans argent, les places de toute la monarchie en ruine, les ports sans vaisseaux, les armées sans discipline, destituées de chefs qui sussent commander : c'est là surtout ce qui contribua aux premiers succès de Louis XIV, quand il attaqua son beau-frère et sa belle-mère en 1667, et qu'il leur ravit la moitié de la Flandre et toute la Franche-Comté.

On se souleva contre le jésuite, comme en France on s'était soulevé contre Mazarin. Nitard trouva surtout dans don Juan d'Autriche, bâtard de Philippe IV, un ennemi aussi implacable que le grand Condé le fut du cardinal. Si Condé fut mis en prison, don Juan fut exilé. Ces troubles produisirent deux factions qui partagèrent l'Espagne ; cependant il n'y eut point de guerre civile. Elle était sur le point d'éclater, lorsque la reine la prévint en chassant, malgré elle, le P. Nitard, ainsi que la reine Anne d'Autriche fut obligée de renvoyer Mazarin, son ministre; mais Mazarin revint plus puissant que jamais; le P. Nitard, renvoyé en 1669, ne put revenir en Espagne. La raison en est que la régente d'Espagne eut un autre confesseur qui s'opposait au retour du premier, et la régente de France n'eut point de ministre qui lui tînt lieu de Mazarin.

Nitard alla à Rome, où il sollicita le chapeau de cardinal, qu'on ne donne point à des ministres déplacés. Il y vécut peu accueilli de ses confrères, qui marquent toujours quelque ressentiment à quiconque s'est élevé au-dessus d'eux. Mais enfin il obtint par ses intrigues, et par la faveur de la reine d'Espagne, cette dignité de cardinal, que tous les ecclésiastiques ambitionnent; alors ses confrères les jésuites devinrent ses courtisans.

Le règne de don Carlos, Charles II, fut aussi faible que celui de Philippe III et de Philippe IV, comme vous le verrez dans le *Siècle de Louis XIV*.

CHAPITRE CLXXVIII

DES ALLEMANDS SOUS RODOLPHE II, MATHIAS, ET
FERDINAND II. DES MALHEURS DE FRÉDÉRIC, ÉLEC-
TEUR PALATIN. DES CONQUÊTES DE GUSTAVE-ADOLPHE.
PAIX DE VESTPHALIE, ETC...

Pendant que la France reprenait une nouvelle vie
sous Henri IV, que l'Angleterre florissait sous Élisabeth,
et que l'Espagne était la puissance prépondérante de
l'Europe sous Philippe II, l'Allemagne et le Nord ne
jouaient pas un si grand rôle.

Si on regarde l'Allemagne comme le siège de l'empire,
cet empire n'était qu'un vain nom; et on peut observer
que, depuis l'abdication de Charles-Quint jusqu'au
règne de Léopold, elle n'a eu aucun crédit en Italie.
Les couronnements à Rome et à Milan furent supprimés
comme des cérémonies inutiles : on les regardait auparavant comme essentielles; mais depuis que Ferdinand Ier,
frère et successeur de l'empereur Charles-Quint, négligea
le voyage de Rome, on s'accoutuma à s'en passer. Les
prétentions des empereurs sur Rome, celles des papes
de donner l'empire, tombèrent insensiblement dans
l'oubli : tout s'est réduit à une lettre de félicitations que
le souverain pontife écrit à l'empereur élu. L'Allemagne
resta avec le titre d'empire, mais faible, parce qu'elle
fut toujours divisée. Ce fut une république de princes,
à laquelle présidait l'empereur; et ces princes, ayant
tous des prétentions les uns contre les autres, entre-
tinrent presque toujours une guerre civile, tantôt sourde,
tantôt éclatante, nourrie par leurs intérêts opposés, et
par les trois religions de l'Allemagne, plus opposées
encore que les intérêts des princes. Il était impossible
que ce vaste État, partagé en tant de principautés
désunies, sans commerce alors et sans richesses, influât

beaucoup sur le système de l'Europe. Il n'était point
fort au dehors, mais il l'était au dedans, parce que la
nation fut toujours laborieuse et belliqueuse. Si la
constitution germanique avait succombé, si les Turcs
avaient envahi une partie de l'Allemagne, et que l'autre
eût appelé des maîtres étrangers, les politiques n'auraient
pas manqué de prouver que l'Allemagne, déjà déchirée
par elle-même, ne pouvait subsister ; ils auraient démontré que la forme singulière de son gouvernement, la
multitude de ses princes, la pluralité des religions, ne
pouvaient que préparer une ruine et un esclavage inévitables. Les causes de la décadence de l'ancien empire
romain n'étaient pas, à beaucoup près, si palpables ;
cependant le corps de l'Allemagne est resté inébranlable,
en portant dans son sein tout ce qui semblait devoir le
détruire ; il est difficile d'attribuer cette permanence
d'une constitution si compliquée à une autre cause qu'au
génie de la nation.

L'Allemagne avait perdu Metz, Toul, et Verdun, en
1552, sous l'empereur Charles-Quint ; mais ce territoire, qui était l'ancienne France, pouvait être regardé
plutôt comme une excrescence du corps germanique
que comme une partie naturelle de cet État. Ferdinand Ier
ni ses successeurs ne firent aucune tentative pour recouvrer ces villes. Les empereurs de la maison d'Autriche,
devenus rois de Hongrie, eurent toujours les Turcs
à craindre, et ne furent pas en état d'inquiéter la France,
quelque faible qu'elle fût depuis François II jusqu'à
Henri IV. Des princes d'Allemagne purent venir la
piller, et le corps de l'Allemagne ne put se réunir pour
l'accabler.

Ferdinand Ier voulut en vain réunir les trois religions
qui partageaient l'empire, et les princes qui se faisaient
quelquefois la guerre. L'ancienne maxime, *diviser pour
régner*, ne lui convenait pas. Il fallait que l'Allemagne
fût réunie pour qu'il fût puissant ; mais loin d'être unie,
elle fut démembrée. Ce fut précisément de son temps
que les chevaliers teutoniques donnèrent aux Polonais
la Livonie, réputée province impériale, dont les Russes
sont à présent en possession. Les évêchés de la Saxe
et du Brandebourg, tous sécularisés, ne furent pas un
démembrement de l'État, mais un grand changement

qui rendit ces princes plus puissants, et l'empereur plus faible.

Maximilien II fut encore moins souverain que Ferdinand Ier. Si l'empire avait conservé quelque vigueur, il aurait maintenu ses droits sur les Pays-Bas qui étaient réellement une province impériale. L'empereur et la diète étaient les juges naturels; ces peuples, qu'on appela rebelles si longtemps, devaient être mis par les lois au ban de l'empire : cependant Maximilien II laissa le prince d'Orange, Guillaume le Taciturne, faire la guerre dans les Pays-Bas, à la tête des troupes allemandes, sans se mêler de la querelle. En vain cet empereur se fit élire roi de Pologne, en 1575, après le départ du roi de France Henri III, départ regardé comme une abdication : Battori, vaïvode de Transylvanie, vassal de l'empereur, l'emporta sur son souverain, et la protection de la Porte ottomane, sous laquelle était ce Battori, fut plus puissante que la cour de Vienne.

Rodolphe II, successeur de son père Maximilien II, tint les rênes de l'empire d'une main encore plus faible. Il était à la fois empereur, roi de Bohême et de Hongrie; et il n'influa en rien ni sur la Bohême, ni sur la Hongrie, ni sur l'Allemagne, et encore moins sur l'Italie. Les temps de Rodolphe semblent prouver qu'il n'est point de règle générale en politique.

Ce prince passait pour être beaucoup plus incapable de gouverner que le roi de France Henri III. La conduite du roi de France lui coûta la vie, et perdit presque le royaume; la conduite de Rodolphe, beaucoup plus faible, ne causa aucun trouble en Allemagne. La raison en est qu'en France tous les seigneurs voulurent s'établir sur les ruines du trône, et que les seigneurs allemands étaient déjà tous établis.

Il y a des temps où il faut qu'un prince soit guerrier. Rodolphe, qui ne le fut pas, vit toute la Hongrie envahie par les Turcs. L'Allemagne était alors si mal administrée qu'on fut obligé de faire une quête publique pour avoir de quoi s'opposer aux conquérants ottomans. Des troncs furent établis aux portes de toutes les églises : c'est la première guerre qu'on ait faite avec des aumônes; elle fut regardée comme sainte, et n'en fut pas plus heureuse; sans les troubles du sérail, il est vraisemblable que la

Hongrie restait pour jamais sous le pouvoir de Constantinople.

On vit précisément en Allemagne, sous cet empereur, ce qu'on venait de voir en France sous Henri III, une ligue catholique contre une ligue protestante, sans que le souverain pût arrêter les efforts ni de l'une ni de l'autre. La religion, qui avait été si longtemps la cause de tant de troubles dans l'empire, n'en était plus que le prétexte. Il s'agissait de la succession aux duchés de Clèves et de Juliers. C'était encore une suite du gouvernement féodal; on ne pouvait guère décider que par les armes à qui ces fiefs appartenaient. Les maisons de Saxe, de Brandebourg, de Neubourg, les disputaient. L'archiduc Léopold, cousin de l'empereur, s'était mis en possession de Clèves, en attendant que l'affaire fût jugée. Cette querelle fut, comme nous l'avons vu, l'unique cause de la mort de Henri IV. Il allait marcher au secours de la ligue protestante. Ce prince victorieux, suivi de troupes aguerries, des plus grands généraux et des meilleurs ministres de l'Europe, était près de profiter de la faiblesse de Rodolphe et de Philippe III.

La mort de Henri IV, qui fit avorter cette grande entreprise, ne rendit pas Rodolphe plus heureux. Il avait cédé la Hongrie, l'Autriche, la Moravie, à son frère Mathias, lorsque le roi de France se préparait à marcher contre lui; et lorsqu'il fut délivré d'un ennemi si redoutable, il fut encore obligé de céder la Bohême à ce même Mathias; et en conservant le titre d'empereur, il vécut en homme privé.

Tout se fit sans lui sous son empire : il ne s'était pas même mêlé de la singulière affaire de Gerhard de Truchsès électeur de Cologne, qui voulut garder son archevêché et sa femme, et qui fut chassé de son électorat par les armes de ses chanoines et de son compétiteur. Cette inaction singulière venait d'un principe plus singulier encore dans un empereur. La philosophie qu'il cultivait lui avait appris tout ce qu'on pouvait savoir alors, excepté à remplir ses devoirs de souverain. Il aimait beaucoup mieux s'instruire avec le fameux Tycho-Brahé que tenir les états de Hongrie et de Bohême.

Les fameuses tables astronomiques de Tycho-Brahé et de Képler portent le nom de cet empereur; elles sont connues sous le nom de Tables Rodolphines, comme celles qui furent composées au xıı[e] siècle, en Espagne, par deux Arabes, portèrent le nom du roi Alphonse. Les Allemands se distinguaient principalement dans ce siècle par les commencements de la véritable physique. Ils ne réussirent jamais dans les arts de goût comme les Italiens; à peine même s'y adonnèrent-ils. Ce n'est jamais qu'aux esprits patients et laborieux qu'appartient le don de l'invention dans les sciences naturelles. Ce génie se remarquait depuis longtemps en Allemagne, et s'étendait à leurs voisins du Nord. Tycho-Brahé était Danois. Ce fut une chose bien extraordinaire, surtout dans ce temps-là, de voir un gentilhomme danois dépenser cent mille écus de son bien à bâtir, avec le secours de Frédéric II, roi de Danemark, non seulement un observatoire, mais une petite ville habitée par plusieurs savants : elle fut nommée Uranibourg, *la ville du ciel* [a]. Tycho-Brahé avait, à la vérité, la faiblesse commune d'être persuadé de l'astrologie judiciaire; mais il n'en était ni moins bon astronome, ni moins habile mécanicien. Sa destinée fut celle des grands hommes : il fut persécuté dans sa patrie après la mort du roi son protecteur; mais il en trouva un autre dans l'empereur Rodolphe, qui le dédommagea de toutes ses pertes et de toutes les injustices des cours.

Copernic avait trouvé le vrai système du monde, avant que Tycho-Brahé inventât le sien, qui n'est qu'ingénieux. Le trait de lumière qui éclaire aujourd'hui le monde partit de la petite ville de Thorn, dans la Prusse polonaise, dès le milieu du xvı[e] siècle.

Képler, né dans le duché de Virtemberg, devina, au commencement du xvıı[e] siècle, les lois mathématiques du cours des astres, et fut regardé comme un législateur en astronomie. Le chancelier Bacon proposait alors de nouvelles sciences; mais Copernic et Képler en inventaient. L'antiquité n'avait point fait de plus grands efforts, et la Grèce n'avait pas été illustrée par de plus belles découvertes; mais les autres arts fleurirent à la fois en Grèce, au lieu qu'en Allemagne la physique seule fut cultivée par un petit nombre de sages inconnus à la multitude : cette multitude était grossière; il y avait de vastes provinces où les hommes pensaient à peine, et on ne savait que se haïr pour la religion.

Enfin la ligue catholique et la protestante plongèrent l'Allemagne dans une guerre civile de trente années, qui la réduisit dans un état plus déplorable que n'avait été celui de la France avant le règne paisible et heureux de Henri IV.

En l'an 1619, époque de la mort de l'empereur Mathias, successeur de Rodolphe, l'empire allait échapper à la maison d'Autriche; mais Ferdinand, archiduc de Gratz, réunit enfin les suffrages en sa faveur. Maximilien de Bavière, qui lui disputait l'empire, le lui céda; il fit plus, il soutint le trône impérial aux dépens de son sang et de ses trésors, et affermit la grandeur d'une maison qui depuis écrasa la sienne. Deux branches de la maison de Bavière réunies auraient pu changer le sort de l'Allemagne : ces deux branches sont celles des électeurs palatins et des ducs de Bavière. Deux grands obstacles s'opposaient à leur intelligence : la rivalité, et la différence des religions. L'électeur palatin, Frédéric, était réformé; le duc de Bavière, catholique. Cet électeur palatin fut un des plus malheureux princes de son temps, et la cause des longs malheurs de l'Allemagne.

Jamais les idées de liberté n'avaient plus prévalu [a] dans l'Europe que dans ces temps-là. La Hongrie, la Bohême et l'Autriche même étaient aussi jalouses que les Anglais de leurs privilèges. Cet esprit dominait en Allemagne depuis les derniers temps de Charles-Quint. L'exemple des sept Provinces-Unies était sans cesse présent à des peuples qui prétendaient avoir les mêmes droits, et qui croyaient avoir plus de force que la Hollande.

Quand l'empereur Mathias fit élire, en 1618, son cousin Ferdinand de Gratz, roi désigné de Hongrie et de Bohême; quand il lui fit céder l'Autriche par les autres archiducs, la Hongrie, la Bohême, l'Autriche, se plaignirent également qu'on n'eût pas assez d'égard au droit des États. La religion entra dans les griefs des Bohémiens, et alors la fureur fut extrême. Les protestants voulurent rétablir des temples que les catholiques avaient fait abattre. Le conseil d'État de Mathias et de Ferdinand se déclara contre les protestants; ceux-ci entrèrent dans la chambre du conseil [b], et précipitèrent de la salle dans la rue trois

populace
573

principaux magistrats. Cet emportement ne caractérise que la violence du peuple, violence toujours plus grande que les tyrannies dont il se plaint; mais ce qu'il y eut de plus étrange, c'est que les révoltés prétendirent, par un manifeste, qu'ils n'avaient fait que suivre les lois, et qu'ils avaient le droit de jeter par les fenêtres des conseillers qui les opprimaient. L'Autriche prit le parti de la Bohême, et ce fut parmi ces troubles que Ferdinand de Gratz fut élu empereur.

Sa nouvelle dignité n'en imposa point aux protestants de Bohême, qui étaient alors très redoutables : ils se crurent en droit de destituer le roi qu'ils avaient élu, et ils offrirent leur couronne à l'électeur palatin, gendre du roi d'Angleterre Jacques Ier. Il accepta ce trône (19 novembre 1620), sans avoir assez de force pour s'y maintenir. Son parent, Maximilien de Bavière, avec les troupes impériales et les siennes, lui fit perdre à la bataille de Prague et sa couronne et son palatinat.

Cette journée fut le commencement d'un carnage de trente années. La victoire de Prague décida pour quelque temps de l'ancienne querelle des princes de l'empire et de l'empereur : elle rendit Ferdinand II despotique (1621). Il mit l'électeur palatin au ban de l'empire, par un simple arrêt de son conseil aulique, et proscrivit tous les princes et tous les seigneurs de son parti, au mépris des capitulations impériales, qui ne pouvaient être un frein que pour les faibles.

L'électeur palatin fuyait en Silésie, en Danemark, en Hollande, en Angleterre, en France; il fut au nombre des princes malheureux à qui la fortune manqua toujours, privé de toutes les ressources sur lesquelles il devait compter. Il ne fut point secouru par son beau-père, le roi d'Angleterre, qui se refusa aux cris de sa nation, aux sollicitations de son gendre et aux intérêts du parti protestant, dont il pouvait être le chef; il ne fut point aidé par Louis XIII, malgré l'intérêt visible qu'avait ce prince à empêcher les princes d'Allemagne d'être opprimés. Louis XIII n'était point alors gouverné par le cardinal de Richelieu. Il ne resta bientôt à la maison palatine et à l'union protestante d'Allemagne d'autres secours que deux guerriers qui avaient chacun une petite armée vagabonde, comme les *Condottieri* d'Italie : l'un était un prince de Brunsvick, qui n'avait pour tout État que l'administration ou l'usurpation de l'évêché d'Halberstadt; il s'intitulait *ami de Dieu, et ennemi des prêtres*, et méritait ce dernier titre, puisqu'il ne subsistait que du pillage des églises; l'autre soutien de ce parti alors ruiné était un aventurier, bâtard de la maison de Mansfeld, aussi digne du titre d'*ennemi des prêtres* que le prince de Brunsvick. Ces deux secours pouvaient bien servir à désoler une partie de l'Allemagne, mais non pas à rétablir le Palatin et l'équilibre des princes.

(1623) L'empereur, affermi alors en Allemagne, assemble une diète à Ratisbonne, dans laquelle il déclare que « l'électeur palatin s'étant rendu criminel de lèse-majesté, ses États, ses biens, ses dignités, sont dévolus au domaine impérial : mais que, ne voulant pas diminuer le nombre des électeurs, il veut, commande et ordonne, que Maximilien de Bavière soit investi de l'électorat palatin ». Il donna en effet cette investiture du haut du trône, et son vice-chancelier prononça que l'empereur conférait cette dignité de *sa pleine puissance*.

La ligue protestante, près d'être écrasée, fit de nouveaux efforts pour prévenir sa ruine entière. Elle mit à sa tête le roi de Danemark, Christiern IV. L'Angleterre fournit quelque argent; mais ni l'argent des Anglais ni les troupes de Danemark, ni Brunsvick, ni Mansfeld, ne prévalurent contre l'empereur, et ne servirent qu'à dévaster l'Allemagne. Ferdinand II triomphait de tout par les mains de ses deux généraux, le duc de Valstein et le comte Tilly. Le roi de Danemark était toujours battu à la tête de ses armées, et Ferdinand, sans sortir de sa maison, était victorieux et tout-puissant.

Il mettait au ban de l'empire le duc de Meckelbourg, l'un des chefs de l'union protestante, et donnait ce duché à Valstein, son général. Il proscrivait de même le duc Charles de Mantoue pour s'être mis en possession, sans ses ordres, de son pays qui lui appartenait par les droits du sang. Les troupes impériales surprirent et saccagèrent Mantoue; elles répandirent la terreur en Italie. Il commençait à resserrer cette ancienne chaîne qui avait lié l'Italie à l'empire, et qui était relâchée depuis si longtemps. Cent cinquante mille soldats, qui vivaient à discrétion dans l'Allemagne, rendaient sa puissance absolue. Cette puissance s'exerçait alors sur un peuple bien malheureux; on en peut juger par la monnaie, dont la valeur numéraire était alors quatre fois au-dessus de la valeur ancienne, et qui était encore altérée. Le duc de Valstein disait publiquement que le temps était venu de réduire les électeurs à la condition des ducs et pairs de France, et les évêques à la qualité de chapelains de l'empereur. C'est ce même Valstein qui voulut depuis se rendre indépendant, et qui ne voulait asservir ses supérieurs que pour s'élever sur eux.

L'usage que Ferdinand II faisait de son bonheur et de sa puissance fut ce qui détruisit l'un et l'autre. Il voulut se mêler en maître des affaires de la Suède et de la Pologne, et prendre parti contre le jeune Gustave-Adolphe, qui soutenait alors ses prétentions contre le roi de Pologne Sigismond, son parent. Ainsi ce fut lui-même qui, en forçant ce prince à venir en Allemagne, prépara sa propre ruine. Il hâta encore son malheur en réduisant les princes protestants au désespoir.

Ferdinand II se crut, avec raison, assez puissant pour casser la paix de Passau, faite par Charles-Quint, pour ordonner de sa seule autorité à tous les princes, à tous les seigneurs, de rendre les évêchés et les bénéfices dont ils s'étaient emparés (1629). Cet édit est encore plus fort que celui de la révocation de l'édit de Nantes, qui a fait tant de bruit sous Louis XIV. Ces deux entreprises semblables ont eu des succès bien différents. Gustave-Adolphe, appelé alors par les princes protestants que le roi de Danemark n'osait plus secourir, vint les venger en se vengeant lui-même.

L'empereur voulait rétablir l'Église pour en être le maître, et le cardinal de Richelieu se déclara contre lui. Rome même le traversa. La crainte de sa puissance était plus forte que l'intérêt de la religion. Il n'était pas plus extraordinaire que le ministre du roi très chrétien, et la cour de Rome même, soutinssent le parti protestant contre un empereur redoutable qu'il ne l'avait été de voir François Ier et Henri II ligués avec les Turcs contre Charles-Quint. (x) C'est la plus forte démonstration que A la religion se tait quand l'intérêt parle.

On aime à attribuer toutes les grandes choses à un seul homme quand il en a fait quelques-unes. C'est un préjugé fort commun en France, que le cardinal de Richelieu attira les armes de Gustave-Adolphe en Allemagne, et prépara seul cette révolution; mais il est évident qu'il ne fit autre chose que profiter des conjonctures. Ferdinand II avait en effet déclaré la guerre à Gustave; il voulait lui enlever la Livonie, dont ce jeune conquérant s'était emparé; il soutenait contre lui Sigismond, son compétiteur au royaume de Suède; il lui refusait le titre de roi. L'intérêt, la vengeance, et la fierté, appelaient Gustave en Allemagne; et quand même, lorsqu'il fut en Poméranie, le ministère de France ne l'eût pas assisté de quelque argent, il n'en aurait pas moins tenté la fortune des armes dans une guerre déjà commencée.

(1631) Il était vainqueur en Poméranie quand la France fit son traité avec lui. Trois cent mille francs une fois payés, et neuf cent mille par an qu'on lui donna, n'étaient ni un objet important, ni un grand effort de politique, ni un secours suffisant. Gustave-Adolphe fit tout par lui-même. Arrivé en Allemagne avec moins de quinze mille hommes, il en eut bientôt près de quarante mille, en recrutant dans le pays qui les nourrissait, en faisant servir l'Allemagne même à ses conquêtes en Allemagne. Il force l'électeur de Brandebourg à lui assurer la forteresse de Spandau et tous les passages; il force l'électeur de Saxe à lui donner ses propres troupes à commander.

L'armée impériale, commandée par Tilly, est entièrement défaite aux portes de Leipsick (17 septembre 1631). Tout se soumet à lui des bords de l'Elbe à ceux du Rhin. Il rétablit tout d'un coup le duc de Meckelbourg dans ses États, à un bout de l'Allemagne; et il est déjà à l'autre bout, dans le Palatinat, après avoir pris Mayence.

L'empereur, immobile dans Vienne, tombé en moins d'une campagne de ce haut degré de grandeur qui avait paru si redoutable, est réduit à demander au pape Urbain VIII de l'argent et des troupes : on lui refusa l'un et l'autre. Il veut engager la cour de Rome à publier une croisade contre Gustave; le saint-père promet un jubilé au lieu de croisade. Gustave traverse en victorieux toute l'Allemagne; il amène dans Munich l'électeur palatin, qui eut du moins la consolation d'entrer dans le palais de celui qui l'avait dépossédé. Cet électeur allait être rétabli dans son palatinat, et même dans le royaume de Bohême, par les mains du conquérant, lorsqu'à la seconde bataille auprès de Leipsick, dans les plaines de Lutzen, Gustave fut tué au milieu de sa victoire (16 novembre 1632). Cette mort fut fatale au palatin, qui, étant alors malade, et croyant être sans ressource, termina sa malheureuse vie.

Si l'on demande comment autrefois des essaims venus du Nord conquirent l'empire romain, qu'on voie ce que Gustave a fait en deux ans contre des peuples plus belliqueux que n'était alors cet empire, et l'on ne sera point étonné.

C'est un événement bien digne d'attention, que ni la mort de Gustave, ni la minorité de sa fille Christine, reine de Suède, ni la sanglante défaite des Suédois à Nortlingue, ne nuisit point à la conquête. Ce fut alors que le ministère de France joua en effet le rôle principal : il fit la loi aux Suédois et aux princes protestants d'Allemagne, en les soutenant; et ce fut ce qui valut depuis l'Alsace au roi de France, aux dépens de la maison d'Autriche.

Gustave-Adolphe avait laissé après lui de très grands généraux qu'il avait formés : c'est ce qui est arrivé à presque tous les conquérants. Ils furent secondés par un héros de la maison de Saxe, Bernard de Veimar, descendant de l'ancienne branche électorale dépossédée par Charles-Quint, et respirant encore la haine contre la maison d'Autriche. Ce prince n'avait pour tout bien qu'une petite armée qu'il avait levée dans ces temps de trouble, formée et aguerrie par lui, et dont la solde était au bout de leurs épées. La France payait cette armée, et payait alors les Suédois. L'empereur, qui ne sortait point de son cabinet, n'avait plus de grand général à leur opposer; il s'était défait lui-même du seul homme qui pouvait rétablir ses armes et son trône : il craignit que ce fameux duc de Valstein, auquel il avait donné un pouvoir sans bornes sur ses armées, ne se servît contre lui de ce pouvoir dangereux; (3 février 1634) il fit assassiner ce général, qui voulait être indépendant.

C'est ainsi que Ferdinand Ier s'était défait, par un assassinat, du cardinal Martinusius, trop puissant en

Hongrie, et que Henri III avait fait périr le cardinal et le duc de Guise.

Si Ferdinand II avait commandé lui-même ses armées, comme il le devait dans ces conjonctures critiques, il n'eût point eu besoin de recourir à cette vengeance des faibles, qu'il crut nécessaire, et qui ne le rendit pas plus heureux.

Jamais l'Allemagne ne fut plus humiliée que dans ce temps : un chancelier suédois y dominait et y tenait sous sa main tous les princes protestants. Ce chancelier, Oxenstiern, animé d'abord de l'esprit de Gustave-Adolphe, son maître, ne voulait point que les Français partageassent le fruit des conquêtes de Gustave; mais, après la bataille de Nortlingue, il fut obligé de prier le ministre français de daigner s'emparer de l'Alsace sous le titre de protecteur. Le cardinal de Richelieu promit l'Alsace à Bernard de Veimar, et fit ce qu'il put pour l'assurer à la France. Jusque-là ce ministre avait temporisé et agi sous main; mais alors il éclata. Il déclara la guerre aux deux branches de la maison d'Autriche, affaiblies toutes les deux en Espagne et dans l'empire. C'est là le fort de cette guerre de trente années. La France, la Suède, la Hollande, la Savoie, attaquaient à la fois la maison d'Autriche, et le vrai système de Henri IV était suivi.

(15 février 1637) Ferdinand II mourut dans ces tristes circonstances, à l'âge de cinquante-neuf ans, après dix-huit ans d'un règne toujours troublé par des guerres intestines et étrangères, n'ayant jamais combattu que de son cabinet. Il fut très malheureux, puisque dans ses succès il se crut obligé d'être sanguinaire, et qu'il fallut soutenir ensuite de grands revers. L'Allemagne était plus malheureuse que lui, ravagée tour à tour par elle-même, par les Suédois et par les Français, éprouvant la famine, la disette, et plongée dans la barbarie, suite inévitable d'une guerre si longue et si malheureuse.

Ferdinand II a été loué comme un grand empereur, et l'Allemagne ne fut jamais plus à plaindre que sous son gouvernement; elle avait été heureuse sous ce Rodolphe II qu'on méprise.

Ferdinand II laissa l'empire à son fils Ferdinand III, déjà élu roi des Romains; mais il ne lui laissa qu'un empire déchiré, dont la France et la Suède partagèrent les dépouilles.

Sous le règne de Ferdinand III, la puissance autrichienne déclina toujours. Les Suédois, établis dans l'Allemagne, n'en sortirent plus : la France, jointe à eux, soutenait toujours le parti protestant de son argent et de ses armes ; et, quoiqu'elle fût elle-même embarrassée dans une guerre d'abord malheureuse contre l'Espagne, quoique le ministère eût souvent des conspirations ou des guerres civiles à étouffer, cependant elle triompha de l'empire, comme un homme blessé terrasse avec du secours un ennemi plus blessé que lui.

Le duc Bernard de Veimar, descendant de l'infortuné duc de Saxe, dépossédé par Charles-Quint, vengea sur l'Autriche les malheurs de sa race. Il avait été l'un des généraux de Gustave, et il n'y eut pas un seul de ces généraux qui, depuis sa mort, ne soutînt la gloire de la Suède. Le duc de Veimar fut le plus fatal de tous à l'empereur. Il avait commencé, à la vérité, par perdre la grande bataille de Nortlingue ; mais, ayant depuis rassemblé avec l'argent de la France une armée qui ne reconnaissait que lui, il gagna quatre batailles, en moins de quatre mois, contre les Impériaux. Il comptait se faire une souveraineté le long du Rhin. La France même lui garantissait, par son traité, la possession de l'Alsace.

(1639) Ce nouveau conquérant mourut à trente-cinq ans, et légua son armée à ses frères, comme on lègue son patrimoine ; mais la France, qui avait plus d'argent que les frères du duc de Veimar, acheta l'armée, et continua les conquêtes pour elle. Le maréchal de Guébriant, le vicomte de Turenne, et le duc d'Enghien, depuis le grand Condé, achevèrent ce que le duc de Veimar avait commencé. Les généraux suédois Bannier et Torstenson pressaient l'Autriche d'un côté, tandis que Turenne et Condé l'attaquaient de l'autre.

Ferdinand III, fatigué de tant de secousses, fut obligé de conclure enfin la paix de Vestphalie. Les Suédois et les Français furent, par ce fameux traité, les législateurs de l'Allemagne dans la politique et dans la religion. La querelle des empereurs et des princes de l'empire, qui durait depuis sept cents ans, fut enfin terminée. L'Allemagne fut une grande aristocratie, composée d'un roi, des électeurs, des princes, et des villes impériales. Il fallut que l'Allemagne, épuisée, payât encore cinq millions de rixdalers aux Suédois, qui l'avaient dévastée et pacifiée. Les rois de Suède devinrent princes de l'empire, en se faisant céder la plus belle partie de la Poméranie, Stettin, Vismar, Rugen, Verden, Brême, et des territoires considérables. Le roi de France devint landgrave d'Alsace, sans être prince de l'empire.

La maison palatine fut enfin rétablie dans ses droits, excepté dans le haut Palatinat, qui demeura à la branche de Bavière. Les prétentions des moindres gentilshommes furent discutées devant les plénipotentiaires, comme dans une cour suprême de justice. Il y eut cent quarante restitutions d'ordonnées, et qui furent faites. Les trois religions, la romaine, la luthérienne, et la calviniste, furent également autorisées. La chambre impériale fut composée de vingt-quatre membres protestants, et de vingt-six catholiques, et l'empereur fut obligé de recevoir six protestants jusque dans son conseil aulique à Vienne.

L'Allemagne, sans cette paix, serait devenue ce qu'elle était sous les descendants de Charlemagne, un pays presque sauvage. Les villes étaient ruinées de la Silésie jusqu'au Rhin, les campagnes en friche, les villages déserts ; la ville de Magdebourg, réduite en cendres par le général impérial Tilly, n'était point rebâtie ; le commerce d'Augsbourg et de Nuremberg avait péri. Il ne restait guère de manufactures que celles de fer et d'acier ; l'argent était d'une rareté extrême ; toutes les commodités de la vie ignorées ; les mœurs se ressentaient de la dureté que trente ans de guerre avaient mise dans tous les esprits. Il a fallu un siècle entier pour donner à l'Allemagne tout ce qui lui manquait. Les réfugiés de France ont commencé à y porter cette réforme, et c'est de tous les pays celui qui a retiré le plus d'avantages de la révocation de l'édit de Nantes. Tout le reste s'est fait de soi-même et avec le temps. Les arts se communiquent toujours de proche en proche ; et enfin l'Allemagne est devenue aussi florissante que l'était l'Italie au xvie siècle, lorsque tant de princes entretenaient à l'envi dans leurs cours la magnificence et la politesse.

CHAPITRE CLXXIX

Si l'Espagne s'affaiblit après Philippe II, si la France tomba dans la décadence et dans le trouble après Henri IV jusqu'aux grands succès du cardinal de Richelieu, l'Angleterre déchut longtemps depuis le règne d'Élisabeth. Son successeur, Jacques Ier, devait avoir plus d'influence qu'elle dans l'Europe, puisqu'il joignait à la couronne d'Angleterre celle d'Écosse; et cependant son règne fut bien moins glorieux.

Il est à remarquer que les lois de la succession au trône n'avaient pas en Angleterre cette sanction et cette force incontestable qu'elles ont en France et en Espagne. (1603) On compte pour un des droits de Jacques le testament d'Élisabeth qui l'appelait à la couronne; et Jacques avait craint de n'être pas nommé dans le testament d'une reine respectée, dont les dernières volontés auraient pu diriger la nation.

Malgré ce qu'il devait au testament d'Élisabeth, il ne porta point le deuil de la meurtrière de sa mère. Dès qu'il fut reconnu roi, il crut l'être de droit divin; il se faisait traiter, par cette raison, de *sacrée majesté*. Ce fut là le premier fondement du mécontentement de la nation, et des malheurs inouïs de son fils et de sa postérité.

Dans le temps paisible des premières années de son règne, il se forma la plus horrible conspiration qui soit jamais entrée dans l'esprit humain; tous les autres complots qu'ont produits la vengeance, la politique, la barbarie des guerres civiles, le fanatisme même, n'approchent pas de l'atrocité de la conjuration des poudres. Les catholiques romains d'Angleterre s'étaient attendus à des condescendances que le roi n'eut point pour eux; quelques-uns, possédés plus que les autres de cette fureur de parti, et de cette mélancolie sombre qui détermine aux grands crimes, résolurent de faire régner leur religion en Angleterre, en exterminant d'un seul coup le roi, la famille royale, et tous les pairs du royaume. (Février 1605) Un Percy de la maison de Northumberland, un Catesby, et plusieurs autres, conçurent l'idée de mettre trente-six tonneaux de poudre sous la chambre où le roi devait haranguer son parlement. Jamais crime ne fut d'une exécution plus facile, et jamais succès ne parut plus assuré. Personne ne pouvait soupçonner une entreprise si inouïe; aucun empêchement n'y pouvait mettre obstacle. Les trente-six barils de poudre, achetés en Hollande, en divers temps, étaient déjà placés sous les solives de la chambre, dans une cave de charbon louée depuis plusieurs mois par Percy. On n'attendait que le jour de l'assemblée : il n'y aurait eu à craindre que le remords de quelque conjuré; mais les jésuites Garnet et Oldcorn, auxquels ils s'étaient confessés, avaient écarté les remords. Percy, qui allait sans pitié faire périr la noblesse et le roi, eut pitié d'un de ses amis, nommé Monteagle, pair du royaume; et ce seul mouvement d'humanité fit avorter l'entreprise. Il écrivit par une main étrangère à ce pair : « Si vous aimez votre vie, n'assistez point à l'ouverture du parlement; Dieu et les hommes concourent à punir la perversité du temps : le danger sera passé en aussi peu de temps que vous en mettrez à brûler cette lettre. »

Percy, dans sa sécurité, ne croyait pas possible qu'on devinât que le parlement entier devait périr par un amas de poudre. Cependant la lettre ayant été lue dans le conseil du roi, et personne n'ayant pu conjecturer la nature du complot, dont il n'y avait pas le moindre indice, le roi, réfléchissant sur le peu de temps que le danger devait durer, imagina précisément quel était le dessein des conjurés. On va par son ordre, la nuit même qui précédait le jour de l'assemblée, visiter les caves sous la salle : on trouve un homme à la porte, avec une mèche, et un cheval qui l'attendait : on trouve les trente-six tonneaux.

Percy et les chefs, au premier avis de la découverte, eurent encore le temps de rassembler cent cavaliers catholiques, et vendirent chèrement leurs vies. Huit conjurés seulement furent pris et exécutés; les deux jésuites périrent du même supplice. Le roi soutint publiquement qu'ils avaient été légitimement condamnés; leur ordre les soutint innocents, et en fit des martyrs. Tel était l'esprit du temps dans tous les pays où les querelles de la religion aveuglaient et pervertissaient les hommes.

Cependant la conspiration des poudres fut le seul grand exemple d'atrocité que les Anglais donnèrent au monde sous le règne de Jacques Ier. Loin d'être persécuteur, il embrassait ouvertement le tolérantisme; il censura vivement les presbytériens, qui enseignaient alors que l'enfer est nécessairement le partage de tout catholique romain.

Son règne fut une paix de vingt-deux années : le commerce florissait; la nation vivait dans l'abondance. Ce règne fut pourtant méprisé au dehors et au dedans. Il le fut au dehors, parce qu'étant à la tête du parti protestant en Europe, il ne le soutint pas contre le parti catholique, dans la grande crise de la guerre de Bohême, et que Jacques abandonna son gendre, l'électeur palatin; négociant quand il fallait combattre, trompé à la fois par la cour de Vienne et par celle de Madrid, envoyant toujours de célèbres ambassades, et n'ayant jamais d'alliés.

Son peu de crédit chez les nations étrangères contribua beaucoup à le priver de celui qu'il devait avoir chez lui. Son autorité en Angleterre éprouva un grand déchet par le creuset où il la mit lui-même, en voulant lui donner trop de poids et trop d'éclat, ne cessant de dire à son parlement que Dieu l'avait fait maître absolu, que tous leurs privilèges n'étaient que des concessions de la bonté des rois. Par là il excita les parlements à examiner les bornes de l'autorité royale, et l'étendue des droits de la nation. On chercha dès lors à poser des limites qu'on ne connaissait pas bien encore.

L'éloquence du roi ne servit qu'à lui attirer des critiques sévères : on ne rendit pas à son érudition toute la justice qu'il croyait mériter. Henri IV ne l'appelait jamais que *Maître Jacques*, et ses sujets ne lui donnaient pas des titres plus flatteurs. Aussi il disait à son parlement : « Je vous ai joué de la flûte, et vous n'avez point dansé [1]; je vous

---

1. *Matthieu*, XI, 17.

ai chanté des lamentations, et vous n'avez point été attendris. » Mettant ainsi ses droits en compromis par de vains discours mal reçus, il n'obtint presque jamais l'argent qu'il demandait. Ses libéralités et son indigence l'obligèrent, comme plusieurs autres princes, de vendre des dignités et des titres que la vanité paie toujours chèrement. Il créa deux cents chevaliers baronnets héréditaires; ce faible honneur fut payé deux mille livres sterling par chacun d'eux. Toute la prérogative de ces baronnets consistait à passer devant les chevaliers : ni les uns ni les autres n'entraient dans la chambre des pairs; et le reste de la nation fit peu de cas de cette distinction nouvelle.

Ce qui aliéna surtout les Anglais de lui, ce fut son abandonnement à ses favoris. Louis XIII, Philippe III, et Jacques, avaient en même temps le même faible; et tandis que Louis XIII était absolument gouverné par Cadenet, créé duc de Luynes, Philippe III par Sandoval, fait duc de Lerme, Jacques l'était par un Écossais nommé Carr, qu'il fit comte de Sommerset, et depuis il quitta ce favori pour Georges Villiers, comme une femme abandonne un amant pour un autre.

Ce Georges Villiers est ce même Buckingham, fameux alors dans l'Europe par les agréments de sa figure, par ses galanteries, et par ses prétentions. Il fut le premier gentilhomme qui fut duc en Angleterre sans être parent ou allié des rois. C'était un de ces caprices de l'esprit humain, qu'un roi théologien, écrivant sur la controverse, se livrât sans réserve à un héros de roman. Buckingham mit dans la tête du prince de Galles, qui fut depuis l'infortuné Charles Ier, d'aller déguisé, et sans aucune suite, faire l'amour, dans Madrid, à l'infante d'Espagne, dont on ménageait alors le mariage avec ce jeune prince, s'offrant à lui servir d'écuyer dans ce voyage de chevalerie errante. Jacques, que l'on appelait *le Salomon d'Angleterre,* donna les mains à cette bizarre aventure, dans laquelle il hasardait la sûreté de son fils. Plus il fut obligé de ménager alors la branche d'Autriche, moins il put servir la cause protestante et celle du Palatin son gendre.

Pour rendre l'aventure complète, le duc de Buckingham, amoureux de la duchesse d'Olivarès, outragea de paroles le duc son mari, premier ministre, rompit le mariage avec l'infante, et ramena le prince de Galles en Angleterre aussi précipitamment qu'il en était parti. Il négocia aussitôt le mariage de Charles avec Henriette, fille de Henri IV et sœur de Louis XIII; et, quoiqu'il se laissât emporter en France à de plus grandes témérités qu'en Espagne, il réussit : mais Jacques ne regagna jamais dans sa nation le crédit qu'il avait perdu. Ces prérogatives de la majesté royale, qu'il mêlait dans tous ses discours, et qu'il ne soutint point par ses actions, firent naître une faction qui renversa le trône, et en disposa plus d'une fois après l'avoir souillé de sang. Cette faction fut celle des puritains, qui a subsisté longtemps [a] sous le nom de *whigs;* et le parti opposé, qui fut celui de l'Église anglicane et de l'autorité royale, a pris le nom de *torys.* Ces animosités inspirèrent dès lors à la nation un esprit de dureté, de violence, et de tristesse, qui étouffa le germe des sciences et des arts à peine développé.

Quelques génies, du temps d'Élisabeth, avaient défriché le champ de la littérature, toujours inculte jusqu'alors en Angleterre. Shakespeare, et après lui Ben Johnson, paraissaient dégrossir le théâtre barbare de la nation [b], Spencer avait ressuscité la poésie épique. François Bacon, plus estimable dans ses travaux littéraires que dans sa place de chancelier, ouvrait une carrière toute nouvelle à la philosophie. Les esprits se polissaient, s'éclairaient. Les disputes du clergé, et les animosités entre le parti royal et le parlement, ramenèrent la barbarie.

Les limites du pouvoir royal, des privilèges parlementaires et des libertés de la nation, étaient difficiles à discerner, tant en Angleterre qu'en Écosse. Celles des droits de l'épiscopat anglican et écossais ne l'étaient pas moins. Henri VIII avait renversé toutes les barrières; Élisabeth en trouva quelques-unes nouvellement posées, qu'elle abaissa et qu'elle releva avec dextérité. Jacques Ier disputa : il ne les abattit point, mais il prétendit qu'il fallait les abattre toutes; et la nation, avertie par lui, se préparait à les défendre. (1625 et suiv.) Charles Ier, bientôt après son avènement, voulut faire ce que son père avait trop proposé, et qu'il n'avait point fait.

L'Angleterre était en possession, comme l'Allemagne,

la Pologne, la Suède, le Danemark, d'accorder à ses souverains les subsides comme un don libre et volontaire. Charles Ier voulut secourir l'électeur palatin, son beau-frère, et les protestants, contre l'empereur. Jacques, son père, avait enfin entamé ce dessein, la dernière année de sa vie, lorsqu'il n'en était plus temps. Il fallait de l'argent pour envoyer des troupes dans le bas Palatinat, il en fallait pour les autres dépenses : ce n'est qu'avec ce métal qu'on est puissant, depuis qu'il est devenu le signe représentatif de toutes choses. Le roi en demandait comme une dette; le parlement n'en voulait accorder que comme un don gratuit, et, avant de l'accorder, il voulait que le roi réformât des abus. Si l'on attendait dans chaque royaume que tous les abus fussent réformés pour avoir de quoi lever des troupes, on ne ferait jamais la guerre. Charles Ier était déterminé par sa sœur, la princesse palatine, à cet armement; c'était elle qui avait forcé le prince son mari à recevoir la couronne de Bohême, qui ensuite avait, pendant cinq ans entiers, sollicité le roi son père à la secourir, et qui enfin obtenait, par les inspirations du duc de Buckingham, un secours si longtemps différé. Le parlement ne donna qu'un très léger subside. Il y avait quelques exemples en Angleterre de rois qui, ne voulant point assembler de parlement, et ayant besoin d'argent, en avaient extorqué des particuliers par voie d'emprunt. Le prêt était forcé : celui qui prêtait perdait d'ordinaire son argent, et celui qui ne prêtait pas était mis en prison. Ces moyens tyranniques avaient été mis en usage dans des occasions où un roi affermi et armé pouvait exercer impunément quelques vexations. Charles Ier se servit de cette voie, qu'il adoucit; il emprunta quelques deniers, avec lesquels il eut une flotte et des soldats, qui revinrent sans avoir rien fait.

(1626) Il fallut assembler un parlement nouveau. La chambre des communes, au lieu de secourir le roi, poursuivit son favori, le duc de Buckingham, dont la puissance et la fierté révoltaient la nation. Charles, loin de souffrir l'outrage qu'on lui faisait dans la personne de son ministre, fit mettre en prison deux membres de la chambre des plus ardents à l'accuser. Cet acte de despotisme, qui violait les lois, ne fut pas soutenu, et la faiblesse avec laquelle il relâcha les deux prisonniers enhardit contre lui les esprits, que la détention de ces deux membres avait irrités. Il mit en prison pour le même sujet un pair du royaume, et le relâcha de même. Ce n'était pas le moyen d'obtenir des subsides; aussi n'en eut-il point. Les emprunts forcés continuèrent. On logea des gens de guerre chez les bourgeois qui ne voulurent pas prêter, et cette conduite acheva d'aliéner tous les cœurs. Le duc de Buckingham augmenta le mécontentement général par son expédition infructueuse à la Rochelle (1627). Un nouveau parlement fut convoqué, mais c'était assembler des citoyens irrités; ils ne songeaient qu'à rétablir les droits de la nation et du parlement : ils votèrent que la fameuse loi *Habeas corpus*, la gardienne de la liberté, ne devait jamais recevoir d'atteinte; qu'aucune levée de deniers ne devait être faite que par acte du parlement, et que c'était violer la liberté et la propriété de loger les gens de guerre chez les bourgeois. Le roi s'opiniâtrant toujours à soutenir son autorité, et à demander de l'argent, affaiblissait l'une, et n'obtenait point l'autre. On voulait toujours faire le procès au duc de Buckingham. (1628) Un fanatique nommé Felton, comme on l'a déjà dit, rendu furieux par cette animosité générale, assassina le premier ministre dans sa propre maison et au milieu de ses courtisans. Ce coup fit voir quelle fureur commençait dès lors à saisir la nation.

Il y avait un petit droit sur l'importation et l'exportation des marchandises, qu'on nommait *droit de tonnage et de pontage*. Le feu roi en avait toujours joui par acte du parlement, et Charles croyait n'avoir pas besoin d'un second acte. Trois marchands de Londres ayant refusé de payer cette petite taxe, les officiers de la douane saisirent leurs marchandises. Un de ces trois marchands était membre de la chambre basse. Cette chambre, ayant à soutenir à la fois ses libertés et celles du peuple, poursuivit les commis du roi. Le roi, irrité, cassa le parlement, et fit emprisonner quatre membres de la chambre. Ce sont là les faibles et premiers principes qui bouleversèrent tout l'État, et qui ensanglantèrent le trône.

A ces sources du malheur public se joignit le torrent des dissensions ecclésiastiques en Écosse. Charles voulut remplir les projets de son père dans la religion comme dans l'État. L'épiscopat n'avait point été aboli en Écosse au temps de la réformation, avant Marie Stuart; mais ces évêques protestants étaient subjugués par les presbytériens. Une république de prêtres égaux entre eux gouvernait le peuple écossais. C'était le seul pays de la terre où les honneurs et les richesses ne rendaient pas les évêques puissants. La séance au parlement, les droits honorifiques, les revenus de leur siège, leur étaient conservés; mais ils étaient pasteurs sans troupeau, et pairs sans crédit. Le parlement écossais, tout presbytérien, ne laissait subsister les évêques que pour les avilir. Les anciennes abbayes étaient entre les mains des séculiers, qui entraient au parlement en vertu de ce titre d'abbé. Peu à peu le nombre de ces abbés titulaires diminua. Jacques Ier rétablit l'épiscopat dans tous ses droits. Le roi d'Angleterre n'était pas reconnu chef de l'Église en Écosse; mais, étant né dans le pays, et prodiguant l'argent anglais, les pensions et les charges à plusieurs membres, il était plus maître à Édimbourg qu'à Londres. Le rétablissement de l'épiscopat n'empêcha pas l'assemblée presbytérienne de subsister. Ces deux corps se choquèrent toujours, et la république synodale l'emporta toujours sur la monarchie épiscopale. Jacques, qui regardait les évêques comme attachés au trône, et les calvinistes presbytériens comme ennemis du trône, crut qu'il réunirait le peuple écossais aux évêques en faisant recevoir une liturgie nouvelle, qui était précisément la liturgie anglicane. Il mourut avant d'accomplir ce dessein, que Charles son fils voulut exécuter.

La liturgie consistait dans quelques formules de prières, dans quelques cérémonies, dans un surplis que les célébrants devaient porter à l'église. A peine l'évêque d'Édimbourg eut fait lecture dans l'église des canons qui établissaient ces usages indifférents que le peuple s'éleva contre lui en fureur, et lui jeta des pierres. La sédition passa de ville en ville. Les presbytériens firent une ligue, comme s'il s'était agi du renversement de toutes les lois divines et humaines. D'un côté cette passion si naturelle aux grands de soutenir leurs entreprises, et de l'autre la fureur populaire, excitèrent une guerre civile en Écosse.

On ne sut pas alors ce qui la fomentait, et ce qui prépara la fin tragique de Charles : c'était le cardinal de Richelieu. Ce ministre-roi, voulant empêcher Marie de Médicis de trouver un asile en Angleterre chez sa fille, et engager Charles dans les intérêts de la France, essuya du monarque anglais, plus fier que politique, des refus qui l'aigrirent (1637). On lit, dans une lettre du cardinal au comte d'Estrades, alors envoyé en Angleterre, ces propres mots bien remarquables, que nous avons déjà rapportés : « Le roi et la reine d'Angleterre se repentiront, avant qu'il soit un an, d'avoir négligé mes offres; on connaîtra bientôt qu'on ne doit pas me mépriser. »

Il avait parmi ses secrétaires un prêtre irlandais, qu'il envoya à Londres et à Édimbourg semer la discorde avec de l'argent parmi les puritains; et la lettre au comte d'Estrades est encore un monument de cette manœuvre. Si l'on ouvrait toutes les archives, on y verrait toujours la religion immolée à l'intérêt et à la vengeance.

Les Écossais armèrent. Charles eut recours au clergé anglican, et même aux catholiques d'Angleterre, qui tous haïssaient également les puritains. Ils ne lui fournirent de l'argent que parce que c'était une guerre de religion; et il eut même jusqu'à vingt mille hommes pour quelques mois. Ces vingt mille hommes ne lui servirent guère qu'à négocier; et quand la plus grande partie de cette armée fut dissipée, faute de paie, les négociations devinrent plus difficiles. (1638 et suiv.) Il fallut donc se résoudre encore à la guerre. On trouve peu d'exemples dans l'histoire d'une grandeur d'âme pareille à celle des seigneurs qui composaient le conseil secret du roi : ils lui sacrifièrent tous une grande partie de leurs biens. Le célèbre Laud, archevêque de Cantorbéry, le marquis Hamilton surtout, se signalèrent dans cette générosité, et le fameux comte de Strafford donna seul vingt mille livres sterling; mais ces libéralités n'étant pas à beaucoup près suffisantes, le roi fut encore obligé de convoquer un parlement.

La chambre des communes ne regardait pas les Écossais comme des ennemis, mais comme des frères qui lui enseignaient à défendre ses privilèges. Le roi ne recueillit d'elle que des plaintes amères contre tous les moyens dont il se servait pour avoir des secours qu'elle lui refusait. Tous les droits que le roi s'était arrogés furent déclarés abusifs : impôts de tonnage et pontage, impôt de marine, vente de privilèges exclusifs à des marchands, logements de soldats par billets chez les bourgeois, enfin tout ce qui gênait la liberté publique. On se plaignit surtout d'une cour de justice nommée la *Chambre étoilée,* dont les arrêts avaient condamné trop sévèrement plusieurs citoyens. Charles cassa ce nouveau parlement, et aggrava ainsi les griefs de la nation.

Il semblait que Charles prît à tâche de révolter tous les esprits : car, au lieu de ménager la ville de Londres dans des circonstances si délicates, il lui fit intenter un procès devant la *Chambre étoilée* pour quelques terres en Irlande, et la fit condamner à une amende considérable. Il continua à exiger toutes les taxes contre lesquelles le parlement s'était récrié. Un roi despotique qui en aurait usé ainsi aurait révolté ses sujets; à plus forte raison un roi d'une monarchie limitée. Mal secouru par les Anglais, secrètement inquiété par les intrigues du cardinal de Richelieu, il ne put empêcher l'armée des puritains écossais de pénétrer jusqu'à Newcastle. Ayant ainsi préparé ses malheurs, il convoqua enfin le parlement, qui acheva sa ruine (1640).

Cette assemblée commença, comme toutes les autres, par lui demander la réparation des griefs, abolition de la *Chambre étoilée,* suppression des impôts arbitraires, et particulièrement de celui de la marine; enfin elle voulut que le parlement fût convoqué tous les trois ans. Charles, ne pouvant plus résister, accorda tout. Il crut regagner son autorité en pliant, et il se trompa. Il comptait que son parlement l'aiderait à se venger des Écossais, qui avaient fait une irruption en Angleterre, et ce même parlement leur fit présent de trois cent mille livres sterling pour les récompenser de la guerre civile. Il se flattait d'abaisser en Angleterre le parti des puritains, et presque toute la chambre des communes était puritaine. Il aimait tendrement le comte de Strafford, dévoué si généreusement à son service, et la chambre des communes, pour ce dévouement même, accusa Strafford de haute trahison. On lui imputa quelques malversations inévitables dans ces temps de troubles, mais commises toutes pour le service du roi, et surtout effacées par la grandeur d'âme avec laquelle il l'avait secouru. Les pairs le condamnèrent; il fallait le consentement du roi pour l'exécution. Le peuple, féroce, demandait ce sang à grands cris. (1641) Strafford poussa la vertu jusqu'à supplier lui-même le roi de consentir à sa mort, et le roi poussa la faiblesse jusqu'à signer cet acte fatal, qui apprit aux Anglais à répandre un sang plus précieux. (x) Cc On ne voit point dans les grands hommes de Plutarque une telle magnanimité dans un citoyen, ni une telle faiblesse dans un monarque.

CHAPITRE CLXXX

DES MALHEURS ET DE LA MORT DE CHARLES Ier

L'Angleterre, l'Écosse, et l'Irlande, étaient alors partagées en factions violentes, ainsi que l'était la France ; mais celles de la France n'étaient que des cabales de princes et de seigneurs contre un premier ministre qui les écrasait, et les partis qui divisaient le royaume de Charles Ier étaient des convulsions générales dans tous les esprits, une ardeur violente et réfléchie de changer la constitution de l'État, un dessein mal conçu chez les royalistes d'établir le pouvoir despotique, la fureur de la liberté dans la nation, la soif de l'autorité dans la chambre des communes, le désir vague dans les évêques d'écraser le parti calviniste-puritain ; le projet formé chez les puritains d'humilier les évêques ; et enfin le plan suivi et caché de ceux qu'on appelait *indépendants*, qui consistait à se servir des fautes de tous les autres pour devenir leurs maîtres.

(Octobre 1641) Au milieu de tous ces troubles, les catholiques d'Irlande crurent avoir trouvé enfin le temps de secouer le joug de l'Angleterre. La religion et la liberté, ces deux sources des plus grandes actions, les précipitèrent dans une entreprise horrible dont il n'y a d'exemples que dans la Saint-Barthélemy. Ils complotèrent d'assassiner tous les protestants de leur île, et en effet ils en égorgèrent plus de quarante mille. (x) Ce massacre n'a pas dans l'histoire des crimes la même célébrité que la Saint-Barthélemy ; il fut pourtant aussi général et aussi distingué par toutes les horreurs qui peuvent signaler un tel fanatisme. Mais cette dernière conspiration de la moitié d'un peuple contre l'autre, pour cause de religion, se faisait dans une île alors peu connue des autres nations ; elle ne fut point autorisée par des personnages aussi considérables qu'une Catherine de Médicis, un roi de France, un duc de Guise : les victimes immolées n'étaient pas aussi illustres, quoique aussi nombreuses. La scène ne fut pas moins souillée de sang ; mais le théâtre n'attirait pas les yeux de l'Europe. Tout retentit encore des fureurs de la Saint-Barthélemy, et les massacres d'Irlande sont presque oubliés.

Si on comptait les meurtres que le fanatisme a commis depuis les querelles d'Athanase et d'Arius jusqu'à nos jours, on verrait que ces querelles ont plus servi que les combats à dépeupler la terre : car dans les batailles on ne détruit que l'espèce mâle, toujours plus nombreuse que la femelle ; mais dans les massacres faits pour la religion, les femmes sont immolées comme les hommes.

Pendant qu'une partie du peuple irlandais égorgeait l'autre, le roi Charles Ier était en Écosse, à peine pacifiée, et la chambre des communes gouvernait l'Angleterre. Ces catholiques irlandais, pour se justifier de ce massacre, prétendirent avoir reçu une commission du roi même pour prendre les armes, et Charles, qui demandait du secours contre eux à l'Écosse et à l'Angleterre, se vit accusé du crime même qu'il voulait punir. Le parlement d'Écosse le renvoie avec raison au parlement de Londres, parce que l'Irlande appartient en effet à l'Angleterre, et non pas à l'Écosse. Il retourne donc à Londres. La chambre basse, croyant ou feignant de croire qu'il a part en effet à la rébellion des Irlandais, n'envoie que peu d'argent et peu de troupes dans cette île, pour ne pas dégarnir le royaume, et fait au roi la remontrance la plus terrible.

Elle lui signifie « qu'il faut désormais qu'il n'ait pour conseil que ceux que le parlement lui nommera ; et en cas de refus elle le menace de prendre des mesures ». Trois membres de la chambre allèrent lui présenter à genoux cette requête qui lui déclarait la guerre. Olivier Cromwell était déjà dans ce temps-là admis dans la chambre basse, et il dit que, « si ce projet de remontrance ne passait pas dans la chambre, il vendrait le peu qu'il avait de bien, et se retirerait de l'Angleterre ».

Ce discours prouve qu'il était alors fanatique de la liberté, que son ambition développée foula depuis aux pieds.

(1641) Charles n'osait pas alors dissoudre le parlement : on ne lui eût pas obéi. Il avait pour lui plusieurs officiers de l'armée assemblée auparavant contre l'Écosse, assidus auprès de sa personne. Il était soutenu par les évêques et les seigneurs catholiques épars dans Londres; eux qui avaient voulu, dans la conspiration des poudres, exterminer la famille royale, se livraient alors à ses intérêts : tout le reste était contre le roi. Déjà le peuple de Londres, excité par les puritains de la chambre basse, remplissait la ville de séditions; il criait à la porte de la chambre des pairs : « Point d'évêques! point d'évêques! » Douze prélats intimidés résolurent de s'absenter, et protestèrent contre tout ce qui se ferait pendant leur absence. La chambre des pairs les envoya à la Tour; et, bientôt après, les autres évêques se retirèrent du parlement.

Dans ce déclin de la puissance du roi, un de ses favoris, le lord Digby, lui donna le fatal conseil de la soutenir par un coup d'autorité. Le roi oublia que c'était précisément le temps où il ne fallait pas la compromettre. Il alla lui-même dans la chambre des communes pour y faire arrêter cinq sénateurs les plus opposés à ses intérêts, et qu'il accusait de haute trahison. Ces cinq membres s'étaient évadés; toute la chambre se récria sur la violation de ses privilèges. Le roi, comme un homme égaré qui ne sait plus à quoi se prendre, va de la chambre des communes à l'hôtel de ville lui demander du secours; le conseil de la ville ne lui répond que par des plaintes contre lui-même. Il se retire à Windsor; et là, ne pouvant plus soutenir la démarche qu'on lui avait conseillée, il écrit à la chambre basse « qu'il se désiste de ses procédures contre ses membres, et qu'il prendra autant de soin des privilèges du parlement que de sa propre vie ». Sa violence l'avait rendu odieux, et le pardon qu'il en demandait le rendait méprisable.

La chambre basse commençait alors à gouverner l'État. Les pairs sont en parlement *pour eux-mêmes;* c'est l'ancien droit des barons et des seigneurs de fief; les communes sont en parlement pour les villes et les bourgs dont elles sont députées. Le peuple avait bien plus de confiance dans ses députés, qui le représentent, que dans les pairs. Ceux-ci, pour regagner le crédit qu'ils perdaient insensiblement, entraient dans les sentiments de la nation, et soutenaient l'autorité d'un parlement dont ils étaient originairement la partie principale.

Pendant cette anarchie, les rebelles d'Irlande triomphent, et, teints du sang de leurs compatriotes, ils s'autorisent encore du nom du roi, et surtout de celui de la reine sa femme, parce qu'elle était catholique. Les deux chambres du parlement proposent d'armer les milices du royaume, bien entendu qu'elles ne mettront à leur tête que des officiers dépendant du parlement. On ne pouvait rien faire, selon la loi, au sujet des milices sans le consentement du roi. Le parlement s'attendait bien qu'il ne souscrirait pas à un établissement fait contre lui-même. Ce prince se retire, ou plutôt fuit vers le nord d'Angleterre. Sa femme, Henriette de France, fille de Henri IV, qui avait presque toutes les qualités du roi son père, l'activité et l'intrépidité, l'insinuation et même la galanterie, secourut en héroïne un époux à qui d'ailleurs elle était infidèle. Elle vend ses meubles et ses pierreries, emprunte de l'argent en Angleterre, en Hollande, donne tout à son mari, passe en Hollande elle-même pour solliciter des secours par le moyen de la princesse Marie, sa fille, femme du prince d'Orange. Elle négocie dans les cours du Nord; elle cherche partout de l'appui, excepté dans sa patrie, où le cardinal de Richelieu, son ennemi, et le roi son frère, étaient mourants.

La guerre civile n'était point encore déclarée. Le parlement avait de son autorité mis un gouverneur, nommé le chevalier Hotham, dans Hull, petite ville maritime de la province d'York. Il y avait depuis longtemps des magasins d'armes et de munitions. Le roi s'y transporte, et veut y entrer. Hotham fait fermer les portes, et, conservant encore du respect pour la personne du roi, il se met à genoux sur les remparts, en lui demandant pardon de lui désobéir. On lui résista depuis moins respectueusement. Les manifestes du roi et du parlement inondent l'Angleterre. Les seigneurs attachés au roi se rendent auprès de lui. Il fait venir de Londres le grand sceau du royaume, sans lequel on avait cru qu'il n'y a point de loi; mais les lois que le parlement faisait contre lui n'en étaient pas moins promulguées. Il arbora son étendard royal à Nottingham ; mais cet étendard ne fut d'abord entouré que de quelques milices sans armes. Enfin, avec les secours que lui fournit la reine sa femme, avec les présents de l'université d'Oxford qui lui donna toute son argenterie, et avec tout ce que ses amis lui fournirent, il eut une armée d'environ quatorze mille hommes.

Le parlement, qui disposait de l'argent de la nation, en avait une plus considérable. Charles protesta d'abord, en présence de la sienne, qu'il « maintiendrait les lois du royaume, et les privilèges mêmes du parlement armé contre lui, et qu'il vivrait et mourrait dans la véritable religion protestante ». (x) C'est ainsi que les A princes, en fait de religion, obéissent plus aux peuples que les peuples ne leur obéissent. Quand une fois ce qu'on appelle le *dogme* est enraciné dans une nation, il faut que le souverain dise qu'il mourra pour ce dogme. Il est plus aisé de tenir ce discours que d'éclairer le peuple.

Les armées du roi furent presque toujours commandées par le prince Robert, frère de l'infortuné Frédéric, électeur palatin, prince d'un grand courage, renommé d'ailleurs pour ses connaissances dans la physique, dans laquelle il fit des découvertes.

(1642) Les combats de Worcester et d'Edgehill furent d'abord favorables à la cause du roi. Il s'avança jusque auprès de Londres. La reine sa femme lui amena de Hollande des soldats, de l'artillerie, des armes, des munitions. Elle repartit sur-le-champ pour aller chercher de nouveaux secours, qu'elle amena quelques mois après. On reconnaissait dans cette activité courageuse la fille de Henri IV. Les parlementaires ne furent point découragés ; ils sentaient leurs ressources : tout vaincus qu'ils étaient, ils agissaient comme des maîtres contre lesquels le roi était révolté.

Ils condamnaient à la mort, pour crime de haute trahison, les sujets qui voulaient rendre au roi des villes ; et le roi ne voulut point alors user de représailles contre ses prisonniers. Cela seul peut justifier, aux yeux de la postérité, celui qui fut si criminel aux yeux de son peuple. Les politiques le justifient moins d'avoir trop négocié, tandis qu'il devait, selon eux, profiter d'un premier succès, et n'employer que ce courage actif et intrépide qui seul peut finir de pareils débats.

(1643) Charles et le prince Robert, quoique battus à Newbury, eurent pourtant l'avantage de la campagne. Le parlement n'en fut que plus opiniâtre. On voyait, ce qui est très rare, une compagnie plus ferme et plus inébranlable dans ses vues qu'un roi à la tête de son armée.

Les puritains, qui dominaient dans les deux chambres, levèrent enfin le masque ; ils s'unirent solennellement avec l'Écosse, et signèrent (1643) le fameux *convenant,* par lequel ils s'engagèrent à détruire l'épiscopat. Il était visible, par ce *convenant,* que l'Écosse et l'Angleterre puritaines voulaient s'ériger en république : c'était l'esprit du calvinisme. Il tenta longtemds en France cette grande entreprise ; il l'exécuta en Hollande, mais en France et en Angleterre on ne pouvait arriver à ce but si cher aux peuples qu'à travers des flots de sang.

Tandis que le presbytérianisme armait ainsi l'Angleterre et l'Écosse, le catholicisme servait encore de prétexte aux rebelles d'Irlande, qui, teints du sang de quarante mille compatriotes, continuaient à se défendre contre les troupes envoyées par le parlement de Londres. Les guerres de religion, sous Louis XIII, étaient toutes récentes, et l'invasion des Suédois en Allemagne, sous prétexte de religion, durait encore dans toute sa force. C'était une chose bien déplorable que les chrétiens eussent cherché, durant tant de siècles, dans le dogme, dans le culte, dans la discipline, dans la hiérarchie, de quoi ensanglanter presque sans relâche la partie de l'Europe où ils sont établis.

La fureur de la guerre civile était nourrie par cette austérité sombre et atroce que les puritains affectaient. Le parlement prit ce temps pour faire brûler par le bourreau un petit livre du roi Jacques Ier, dans lequel ce monarque savant soutenait qu'il était permis de se divertir le dimanche après le service divin. On croyait par là servir la religion et outrager le roi régnant. Quelque temps après, ce même parlement s'avisa d'indiquer un jour de jeûne par semaine, et d'ordonner qu'on payât la valeur du repas qu'on se retranchait, pour subvenir à la guerre civile. (x) L'empereur Rodolphe C

avait cru se soutenir contre les Turcs par des aumônes [1].
Le parti parlementaire essaya dans Londres de vaincre
par des jeûnes.

De tant de troubles qui ont si souvent bouleversé
l'Angleterre avant qu'elle ait pris la forme stable et A
heureuse qu'elle a de nos jours, les troubles de ces années,
jusqu'à la mort du roi, furent les seuls où l'excès du
ridicule se mêla aux excès de la fureur. Ce ridicule,
que les réformateurs avaient tant reproché à la communion romaine, devint le partage des presbytériens. Les
évêques se conduisirent en lâches; ils devaient mourir
pour défendre une cause qu'ils croyaient juste; mais
les presbytériens se conduisirent en insensés : leurs habillements, leurs discours, leurs basses allusions aux passages de l'Évangile, leurs contorsions, leurs sermons,
leurs prédictions, tout en eux aurait mérité, dans des
temps plus tranquilles, d'être joué à la foire de Londres,
si cette farce n'avait pas été trop dégoûtante. Mais
malheureusement l'absurdité de ces fanatiques se joignait
à la fureur : les mêmes hommes dont les enfants se
seraient moqués imprimaient la terreur en se baignant
dans le sang; et ils étaient à la fois les plus fous de
tous les hommes et les plus redoutables.

Il ne faut pas croire que dans aucune des factions, ni
en Angleterre, ni en Irlande, ni en Écosse, ni auprès
du roi, ni parmi ses ennemis, il y eût beaucoup de ces
esprits déliés qui, dégagés des préjugés de leur parti,
se servent des erreurs et du fanatisme des autres pour
les gouverner : ce n'était pas là le génie de ces nations.
Presque tout le monde était de bonne foi dans le parti
qu'il avait embrassé. Ceux qui en changeaient pour des
mécontentements particuliers changeaient presque tous
avec hauteur. Les indépendants étaient les seuls qui
cachassent leurs desseins : premièrement, parce qu'étant
à peine comptés pour chrétiens, ils auraient trop révolté
les autres sectes; en second lieu, parce qu'ils avaient
des idées fanatiques de l'égalité primitive des hommes,
et que ce système d'égalité choquait trop l'ambition
des autres.

Une des grandes preuves de cette atrocité inflexible

---

1. Voyez chapitre 178.

répandue alors dans les esprits, c'est le supplice de l'archevêque de Cantorbéry, Guillaume Laud, qui, après avoir été quatre ans en prison, fut enfin condamné par le parlement. Le seul crime bien constaté qu'on lui reprocha était de s'être servi de quelques cérémonies de l'Église romaine en consacrant une église de Londres. La sentence porta qu'il serait pendu, et qu'on lui arracherait le cœur pour lui en battre les joues, supplice ordinaire des traîtres : on lui fit grâce en lui coupant la tête.

Charles, voyant les parlements d'Angleterre et d'Écosse réunis contre lui, pressé entre les armées de ces deux royaumes, crut devoir faire au moins une trêve avec les catholiques rebelles d'Irlande, afin d'engager à sa cause une partie des troupes anglaises qui servaient dans cette île. Cette politique lui réussit. Il eut à son service non seulement beaucoup d'Anglais de l'armée d'Irlande, mais encore un grand nombre d'Irlandais, qui vinrent grossir son armée. Alors le parlement l'accusa hautement d'avoir été l'auteur de la rébellion d'Irlande et du massacre. Malheureusement ces troupes nouvelles, sur lesquelles il devait tant compter, furent entièrement défaites par le lord Fairfax, l'un des généraux parlementaires (1644); et il ne resta au roi que la douleur d'avoir donné à ses ennemis le prétexte de l'accuser d'être complice des Irlandais.

Il marchait d'infortune en infortune. Le prince Robert, ayant soutenu longtemps l'honneur des armes royales, est battu auprès d'York, et son armée est dissipée par Manchester et Fairfax (1644). Charles se retire dans Oxford, où il est bientôt assiégé. La reine fuit en France. Le danger du roi excite, à la vérité, ses amis à faire de nouveaux efforts. Le siège d'Oxford fut levé. Il rassembla des troupes; il eut quelques succès. Cette apparence de fortune ne dura pas. Le parlement était toujours en état de lui opposer une armée plus forte que la sienne. Les généraux Essex, Manchester, et Waller, attaquèrent Charles à Newbury, sur le chemin d'Oxford. Cromwell était colonel dans leur armée; il s'était déjà fait connaître par des actions d'une valeur extraordinaire. On a écrit qu'à cette bataille de Newbury (27 octobre 1644), le corps que Manchester commandait ayant plié, et Manchester lui-même étant entraîné dans la fuite, Cromwell courut à lui, tout blessé, et lui dit : « Vous vous trompez, milord; ce n'est pas de ce côté que sont les ennemis »; qu'il le ramena au combat, et qu'enfin on ne dut qu'à Cromwell le succès de cette journée. Ce qui est certain, c'est que Cromwell, qui commençait à avoir autant de crédit dans la chambre des communes qu'il avait de réputation dans l'armée, accusa son général de n'avoir pas fait son devoir.

Le penchant des Anglais pour des choses inouïes fit éclater alors une étrange nouveauté, qui développa le caractère de Cromwell, et qui fut à la fois l'origine de sa grandeur, de la chute du parlement et de l'épiscopat, du meurtre du roi, et de la destruction de la monarchie. La secte des *indépendants* commençait à faire quelque bruit. Les presbytériens les plus emportés s'étaient jetés dans ce parti : ils ressemblaient aux quakers, en ce qu'ils ne voulaient d'autres prêtres qu'eux-mêmes, ni d'autre explication de l'Évangile que celle de leurs propres lumières; ils différaient d'eux en ce qu'ils étaient aussi turbulents que les quakers étaient pacifiques. Leur projet chimérique était l'égalité entre tous les hommes; mais ils allaient à cette égalité par la violence. Olivier Cromwell les regarda comme des instruments propres à favoriser ses desseins.

La ville de Londres, partagée entre plusieurs factions, se plaignait alors du fardeau de la guerre civile que le parlement appesantissait sur elle. Cromwell fit proposer à la chambre des communes, par quelques indépendants, de réformer l'armée, et de s'engager, eux et les pairs, à renoncer à tous les emplois civils et militaires. Tous ces emplois étaient entre les mains des membres des deux chambres. Trois pairs étaient généraux des armées parlementaires. La plupart des colonels et des majors, des trésoriers, des munitionnaires, des commissaires de toute espèce, étaient de la chambre des communes. Pouvait-on se flatter d'engager par la force de la parole tant d'hommes puissants à sacrifier leurs dignités et leurs revenus? C'est pourtant ce qui arriva dans une seule séance. La chambre des communes surtout fut éblouie de l'idée de régner sur les esprits du peuple par un désintéressement sans exemple. On appela cet acte *l'acte du renoncement à soi-même*. Les pairs hésitèrent; mais la chambre des communes les entraîna. Les lords Essex, Denbigh, Fairfax, Manchester, se déposèrent eux-mêmes du généralat (1645); et le chevalier Fairfax, fils du général, n'étant point de la chambre des communes, fut nommé seul commandant de l'armée.

C'était ce que voulait Cromwell; il avait un empire absolu sur le chevalier Fairfax. Il en avait un si grand dans la chambre qu'on lui conserva un régiment, quoiqu'il fût membre du parlement; et même il fut ordonné au général de lui confier le commandement de la cavalerie qu'on envoyait alors à Oxford. Le même homme qui avait eu l'adresse d'ôter à tous les sénateurs tous les emplois militaires eut celle de faire conserver dans leurs postes les officiers du parti des indépendants, et dès lors on s'aperçut bien que l'armée devait gouverner le parlement. Le nouveau général Fairfax, aidé de Cromwell, réforma toute l'armée, incorpora des régiments dans d'autres, changea tous les corps, établit une discipline nouvelle : ce qui, dans tout autre temps, eût excité une révolte, se fit alors sans résistance.

Cette armée, animée d'un nouvel esprit, marcha droit au roi, près d'Oxford; et alors se donna la bataille décisive de Naseby, (x) non loin d'Oxford. (x) Cromwell, C général de la cavalerie, après avoir mis en déroute celle du roi, revint défaire son infanterie, et eut presque seul l'honneur de cette célèbre journée (14 juin 1645). L'armée royale, après un grand carnage, fut, ou prisonnière, ou dispersée. Toutes les villes se rendirent à Fairfax et à Cromwell. Le jeune prince de Galles, qui fut depuis Charles II, partageant de bonne heure les infortunes de son père, fut obligé de s'enfuir dans la petite île de Scilly. Le roi se retira enfin dans Oxford avec les débris de son armée, et demanda au parlement la paix, qu'on était bien loin de lui accorder. La chambre des communes insultait à sa disgrâce. Le général avait envoyé à cette chambre la cassette du roi, trouvée sur le champ de bataille, remplie de lettres de la reine sa femme. Quelques-unes de ces lettres n'étaient que des expressions de tendresse et de douleur. La chambre les lut avec ces railleries amères qui sont le partage de la férocité.

Le roi était dans Oxford, ville presque sans fortification, entre l'armée victorieuse des Anglais et celle des Écossais, payée par les Anglais. Il crut trouver sa sûreté dans l'armée écossaise, moins acharnée contre lui. Il se livra entre ses mains; mais la chambre des communes ayant donné à l'armée écossaise deux cent mille livres sterling d'arrérages, et lui en devant encore autant, le roi cessa dès lors d'être libre.

(16 février 1645) Les Écossais le livrèrent au commissaire du parlement anglais, qui d'abord ne sut comment il devait traiter son roi prisonnier. La guerre paraissait finie : l'armée d'Écosse, payée, retournait en son pays; le parlement n'avait plus à craindre que sa propre armée qui l'avait rendu victorieux. Cromwell et ses indépendants y étaient les maîtres. Ce parlement, ou plutôt la chambre des communes, toute-puissante encore à Londres, et sentant que l'armée allait l'être, voulut se débarrasser de cette armée devenue si dangereuse à ses maîtres : elle vota d'en faire marcher une partie en Irlande, et de licencier l'autre. On peut bien croire que Cromwell ne le souffrit pas. C'était là le moment de la crise : il forma un conseil d'officiers, et un autre de simples soldats nommés *agitateurs,* qui d'abord firent des remontrances, et qui bientôt donnèrent des lois. Le roi était entre les mains de quelques commissaires du parlement, dans un château nommé Holmby. Des soldats du conseil des agitateurs allèrent l'enlever au parlement dans ce château, et le conduisirent à Newmarket.

Après ce coup d'autorité, l'armée marcha vers Londres. Cromwell, voulant mettre dans ses violences des formes usitées, fit accuser par l'armée onze membres du parlement, ennemis ouverts du parti indépendant. Ces membres n'osèrent plus, dès ce moment, rentrer dans la chambre. La ville de Londres ouvrit enfin les yeux, mais trop tard et trop inutilement, sur tant de malheurs; elle voyait un parlement oppresseur opprimé par l'armée, son roi captif entre les mains des soldats, ses citoyens exposés. Le conseil de ville assemble ses milices, on entoure à la hâte Londres de retranchements; mais l'armée étant arrivée aux portes, Londres les ouvrit, et se tut. Le parlement remit la Tour au général Fairfax (1647), remercia l'armée d'avoir désobéi, et lui donna de l'argent.

Il restait toujours à savoir ce qu'on ferait du roi prisonnier, que les indépendants avaient transféré à la maison royale de Hampton Court. Cromwell d'un côté, les presbytériens de l'autre, traitaient secrètement avec lui. Les Écossais lui proposaient de l'enlever. Charles, craignant également tous les partis, trouva le moyen de s'enfuir de Hampton Court et de passer dans l'île de Wight, où il crut trouver un asile, et où il ne trouva qu'une nouvelle prison.

Dans cette anarchie d'un parlement factieux et méprisé, d'une ville divisée, d'une armée audacieuse, d'un roi fugitif et prisonnier, le même esprit qui animait depuis longtemps les indépendants saisit tout à coup plusieurs soldats de l'armée; ils se nommèrent les *aplanisseurs,* nom qui signifiait qu'ils voulaient tout mettre au niveau, et ne reconnaître aucun maître au-dessus d'eux, ni dans l'armée, ni dans l'État, ni dans l'Église. Il ne faisaient que ce qu'avait fait la chambre des communes : ils imitaient leurs officiers, et leur droit paraissait aussi bon que celui des autres; leur nombre était considérable. Cromwell, voyant qu'ils étaient d'autant plus dangereux qu'ils se servaient de ses principes, et qu'ils allaient lui ravir le fruit de tant de politique et de tant de travaux, prit tout d'un coup le parti de les exterminer au péril de sa vie. Un jour qu'ils s'assemblaient il marche à eux, à la tête de son régiment des *Frères rouges,* avec lesquels il avait toujours été victorieux, leur demande au nom de Dieu ce qu'ils veulent, et les charge avec tant d'impétuosité, qu'ils résistèrent à peine. Il en fit pendre plusieurs, et dissipa ainsi une faction dont le crime était de l'avoir imité.

Cette action augmenta encore son pouvoir dans l'armée, dans le parlement, et dans Londres. Le chevalier Fairfax était toujours général, mais avec bien moins de crédit que lui. Le roi, prisonnier dans l'île de Wight, ne cessait de faire des propositions de paix, comme (x) Cc s'il eût fait encore la guerre, et comme (x) si on eût voulu l'écouter. Le duc d'York, un de ses fils, qui fut depuis Jacques II, âgé alors de quinze ans, prisonnier au palais de Saint-James, se sauva plus heureusement de sa prison que son père ne s'était sauvé de Hampton

Court : il se retira en Hollande, et quelques partisans du roi ayant dans ce temps-là même gagné une partie de la flotte anglaise, cette flotte fit voile au port de la Brille, où ce jeune prince était retiré. Le prince de Galles, son frère, et lui, montèrent sur cette flotte pour aller au secours de leur père, et ce secours hâta sa perte.

Les Écossais, honteux de passer dans l'Europe pour avoir vendu leur maître, assemblaient de loin quelques troupes en sa faveur. Plusieurs jeunes seigneurs les secondaient en Angleterre. Cromwell marche à eux à grandes journées, avec une partie de l'armée. Il les défait entièrement à Preston, (1648) et prend prisonnier le duc Hamilton, général des Écossais. La ville de Colchester, dans le comté d'Essex, ayant pris le parti du roi, se rendit à discrétion au général Fairfax; et ce général fit exécuter à ses yeux, comme des traîtres, plusieurs seigneurs qui avaient soulevé la ville en faveur de leur prince.

Pendant que Fairfax et Cromwell achevaient ainsi de tout soumettre, le parlement, qui craignait encore plus Cromwell et les indépendants qu'il n'avait craint le roi, commençait à traiter avec lui, et cherchait tous les moyens possibles de se délivrer d'une armée dont il dépendait plus que jamais. Cette armée, qui revenait triomphante, demande enfin qu'on mette le roi en justice, comme la cause de tous les maux, que ses principaux partisans soient punis, qu'on ordonne à ses enfants de se soumettre, sous peine d'être déclarés traîtres. Le parlement ne répond rien; Cromwell se fait présenter des requêtes par tous les régiments de son armée pour qu'on fasse le procès au roi. Le général Fairfax, assez aveuglé pour ne pas voir qu'il agissait pour Cromwell, fait transférer le monarque prisonnier de l'île de Wight au château de Hurst, et de là à Windsor, sans daigner seulement en rendre compte au parlement. Il mène l'armée à Londres, saisit tous les postes, oblige la ville de payer quarante mille livres sterling.

Le lendemain la chambre des communes veut s'assembler : elle trouve des soldats à la porte, qui chassent la plupart de ces membres presbytériens, les anciens auteurs de tous les troubles dont ils étaient alors les victimes; on ne laisse entrer que les indépendants et les presby-

tériens rigides, ennemis toujours implacables de la
royauté. Les membres exclus protestent; on déclare
leur protestation séditieuse. Ce qui restait de la chambre
des communes n'était plus qu'une troupe de bourgeois
esclaves de l'armée; les officiers, membres de cette
chambre, y dominaient; la ville était asservie à l'armée,
et ce même conseil de ville, qui naguère avait pris le
parti du roi, dirigé alors par les vainqueurs, demanda
par une requête qu'on lui fît son procès.

La chambre des communes établit un comité de
trente-huit personnes, pour dresser contre le roi des
accusations juridiques : on érige une cour de justice
nouvelle, composée de Fairfax, de Cromwell, d'Ireton,
gendre de Cromwell, de Waller, et de cent quarante-
sept autres juges. Quelques pairs qui s'assemblaient
encore dans la chambre haute seulement pour la forme,
tous les autres s'étant retirés, furent sommés de joindre
leur assistance juridique à cette chambre illégale; aucun
n'y voulut consentir. Leur refus n'empêcha point la
nouvelle cour de justice de continuer ses procédures.

Alors la chambre basse déclara enfin que le pouvoir
souverain réside originairement dans le peuple, et que
les représentants du peuple avaient l'autorité légitime :
c'était une question que l'armée jugeait par l'organe
de quelques citoyens; c'était renverser toute la constitution de l'Angleterre. La nation est, à la vérité, représentée légalement par la chambre des communes; mais
elle l'est aussi par un roi et par les pairs. On s'est toujours
plaint, dans les autres États, quand on a vu des particuliers jugés par des commissaires; et c'étaient ici des
commissaires nommés par la moindre partie du parlement, qui jugeaient leur souverain. Il n'est pas douteux
que la chambre des communes ne crût en avoir le droit;
elle était composée d'indépendants, qui pensaient tous
que la nature n'avait mis aucune différence entre le roi
et eux, et que la seule qui subsistait était celle de la
victoire. Les *Mémoires* de Ludlow [1], colonel alors dans
l'armée, et l'un des juges, font voir combien leur fierté

---

1. *Les Mémoires d'Edmond Ludlow... contenant ce qui s'est passé
de plus remarquable sous le règne de Charles Ier jusqu'à Charles second*,
Amsterdam, 1699-1707, *FL,* t. I, p. 281.

était flattée en secret de condamner en maîtres celui qui avait été le leur. Ce même Ludlow, presbytérien rigide, ne laisse pas douter que le fanatisme n'eût part à cette catastrophe. Il développe tout l'esprit du temps, en citant ce passage de l'Ancien Testament[1] : « Le pays ne peut être purifié de sang que par le sang de celui qui l'a répandu. »

(Janvier 1648) Enfin Fairfax, Cromwell, les indépendants, les presbytériens, croyaient la mort du roi nécessaire à leur dessein d'établir une république. Cromwel ne se flattait certainement pas alors de succéder au roi; il n'était que lieutenant général dans une armée pleine de factions. Il espérait, avec grande raison, dans cette armée et dans la république, le crédit attaché à ses grandes actions militaires et à son ascendant sur les esprits; mais s'il avait formé dès lors le dessein de se faire reconnaître pour le souverain de trois royaumes, il n'aurait pas mérité de l'être. L'esprit humain, dans tous les genres, ne marche que par degrés, et ces degrés amenèrent nécessairement l'élévation de Cromwell, qui ne la dut qu'à sa valeur et à la fortune.

Charles Ier, roi d'Écosse, d'Angleterre et d'Irlande, fut exécuté par la main du bourreau, dans la place de Whitehall (10 février[2] 1649); son corps fut transporté à la chapelle de Windsor, mais on n'a jamais pu le retrouver. Plus d'un roi d'Angleterre avait été déposé anciennement par des arrêts du parlement; des femmes de rois avaient péri par le dernier supplice; des commissaires anglais avaient jugé à mort la reine d'Écosse, Marie Stuart, sur laquelle ils n'avaient d'autre droit que celui des brigands sur ceux qui tombent entre leurs mains; mais on n'avait vu encore aucun peuple faire périr son propre roi sur un échafaud, avec l'appareil de la justice. Il faut remonter jusqu'à trois cents ans avant notre ère pour trouver dans la personne d'Agis, roi de Lacédémone, l'exemple d'une pareille catastrophe.

---

1. *Nombres*, XXXV, 33.

2. L'*Art de vérifier les dates* dit le 9 février; mais ses auteurs, ainsi que Voltaire, suivent ici l'ancien calendrier (qui n'a été abandonné des Anglais qu'en 1752) et le 9 février de l'ancien calendrier correspond au 30 janvier 1649. (B.)

CHAPITRE CLXXXI

De Cromwell

Après le meurtre de Charles Ier, la chambre des communes défendit, sous peine de mort, de reconnaître pour roi ni son fils ni aucun autre. Elle abolit la chambre haute, où il ne siégeait plus que seize pairs du royaume, et resta ainsi souveraine en apparence de l'Angleterre et de l'Irlande.

Cette chambre, qui devait être composée de cinq cent treize membres, ne l'était alors que d'environ quatre-vingts. Elle fit un nouveau grand sceau, sur lequel étaient gravés ces mots : *Le parlement de la république d'Angleterre*. On avait déjà abattu la statue du roi, élevée dans la Bourse de Londres, et on avait mis en sa place cette inscription : *Charles le dernier roi et le premier tyran*.

Cette même chambre condamna à mort plusieurs seigneurs qui avaient été faits prisonniers en combattant pour le roi. Il n'était pas étonnant qu'on violât les lois de la guerre, après avoir violé celles des nations; et pour les enfreindre plus pleinement encore, le duc Hamilton, Écossais, fut du nombre des condamnés. Cette nouvelle barbarie [a] servit beaucoup à déterminer les Écossais à reconnaître pour leur roi Charles II; mais, en même temps, l'amour de la liberté était si profondément gravé dans tous les cœurs qu'ils bornèrent le pouvoir royal autant que le parlement d'Angleterre l'avait limité dans les premiers troubles. L'Irlande reconnaissait le nouveau roi sans conditions. Cromwell alors se fit nommer gouverneur d'Irlande (1649); il partit avec l'élite de son armée, et fut suivi de sa fortune ordinaire.

Cependant Charles II était rappelé en Écosse par le parlement, mais aux mêmes conditions que ce parlement écossais avait faites au roi son père. On voulait qu'il fût presbytérien, comme les Parisiens avaient voulu que Henri IV, son grand-père, fût catholique. On restreignait en tout l'autorité royale; Charles la voulait pleine et entière. L'exemple de son père n'affaiblissait point en lui des idées qui semblent nées dans le cœur des monarques. Le premier fruit de sa nomination au trône d'Écosse était déjà une guerre civile. Le marquis de Montrose, homme célèbre dans ces temps-là par son attachement à la famille royale et par sa valeur, avait amené d'Allemagne et du Danemark quelques soldats dans le nord d'Écosse; et, suivi des montagnards, il prétendait joindre aux droits du roi celui de conquête. Il fut défait, pris, et condamné par le parlement d'Écosse à être pendu à une potence haute de trente pieds, (×) A à être ensuite écartelé, et ses membres à être attachés aux portes des quatre principales villes, pour avoir contrevenu à ce qu'on appelait la *loi nouvelle*, ou *convenant presbytérien*. Ce brave homme dit à ses juges qu'il n'était fâché que de n'avoir pas assez de membres pour être attachés à toutes les portes des villes de l'Europe, comme des monuments de sa fidélité pour son roi. Il mit même cette pensée en assez beaux vers, en allant au supplice. C'était un des plus agréables esprits qui cultivassent alors les lettres, et l'âme la plus héroïque qui fût dans les trois royaumes. Le clergé presbytérien le conduisit à la mort en l'insultant et en prononçant sa damnation.

(1650) Charles II, n'ayant pas d'autre ressource, vint de Hollande se remettre à la discrétion de ceux qui venaient de faire pendre son général et son appui, et entra dans Édimbourg par la porte où les membres de Montrose étaient exposés.

La nouvelle république d'Angleterre se prépara dès ce moment à faire la guerre à l'Écosse, ne voulant pas que dans la moitié de l'île il y eût un roi qui prétendît l'être de l'autre. Cette nouvelle république soutenait la révolution avec autant de conduite qu'elle l'avait faite avec fureur. C'était une chose inouïe, de voir un petit nombre de citoyens obscurs, sans aucun chef à leur tête, tenir tous les pairs du royaume dans l'éloignement et dans le silence, dépouiller tous les évêques, contenir les peuples, entretenir en Irlande environ seize mille combattants et autant en Angleterre, maintenir une grande flotte bien pourvue, et payer exactement toutes les dépenses, sans qu'aucun des membres de la chambre s'enrichît aux dépens de la nation. Pour subvenir à tant de frais, on employait avec une économie sévère les revenus autrefois attachés à la couronne, et les terres des évêques et des chapitres qu'on vendit pour dix années. Enfin la nation payait une taxe de cent vingt mille livres sterling par mois, taxe dix fois plus forte que cet impôt de la marine que Charles Ier s'était arrogé, et qui avait été la première cause de tant de désastres.

Ce parlement d'Angleterre n'était pas gouverné par Cromwell, qui alors était en Irlande avec son gendre Ireton; mais il était dirigé par la faction des indépendants, dans laquelle il conservait toujours un grand crédit. La chambre résolut de faire marcher une armée contre l'Écosse, et d'y faire servir Cromwell sous le général Fairfax. Cromwell reçut l'ordre de quitter l'Irlande, qu'il avait presque soumise. Le général Fairfax ne voulut point marcher contre l'Écosse : il n'était point indépendant, mais presbytérien. Il prétendait qu'il ne lui était pas permis d'aller attaquer ses frères, qui n'attaquaient point l'Angleterre. Quelques représentations qu'on lui fît, il demeura inflexible, et se démit du généralat pour passer le reste de ses jours en paix. Cette résolution n'était point extraordinaire dans un temps et dans un pays où chacun se conduisait suivant ses principes.

(Juin 1650) C'est là l'époque de la grande fortune de Cromwell. Il est nommé général à la place de Fairfax. Il se rend en Écosse avec une armée accoutumée à vaincre depuis près de dix ans. D'abord il bat les Écossais à Dunbar, et se rend maître de la ville d'Édimbourg. De là il suit Charles II, qui s'était avancé jusqu'à Worcester, en Angleterre, dans l'espérance que les Anglais de son parti viendraient l'y joindre; mais ce prince n'avait avec lui que de nouvelles troupes sans discipline. (13 septembre 1650) Cromwell l'attaqua sur les bords de la Saverne, et remporta presque sans résistance la victoire la plus complète qui eût jamais signalé sa fortune. Environ sept mille prisonniers furent menés à Londres, et vendus pour aller travailler aux plantations anglaises en Amérique. (x) C'est, je crois, A la première fois qu'on a vendu des hommes comme des esclaves, chez les chrétiens, depuis l'abolition de la servitude. (x) L'armée victorieuse se rend maîtresse de l'Écosse entière. Cromwell poursuit le roi partout.

L'imagination, qui a produit tant de romans, n'a guère inventé d'aventures plus singulières, ni des dangers plus pressants, ni des extrémités plus cruelles, que tout ce que Charles II essuya en fuyant la poursuite du meurtrier de son père. Il fallut qu'il marchât presque seul par les routes les moins fréquentées, exténué de fatigue et de faim, jusque dans le comté de Strafford. Là, au milieu d'un bois, poursuivi par les soldats de Cromwell, il se cacha dans le creux d'un chêne, où il fut obligé de passer un jour et une nuit. Ce chêne se voyait encore au commencement de ce siècle. Les astronomes l'ont placé dans les constellations du pôle austral, et ont ainsi éternisé la mémoire de tant de malheurs. (Novembre 1650) Ce prince, errant de village en village, déguisé, tantôt en postillon, tantôt en bûcheron, se sauva enfin dans une petite barque, et arriva en Normandie, après six semaines d'aventures incroyables. (x) Remarquons Cc ici que son petit-neveu, Charles-Édouard, a éprouvé de nos jours des aventures pareilles, et encore plus inouïes. On ne peut trop remettre ces terribles exemples devant les yeux des hommes vulgaires qui voudraient intéresser le monde entier à leurs malheurs [a], quand ils ont été traversés dans leurs petites prétentions, ou dans leurs vains plaisirs.

Cromwell cependant revint à Londres en triomphe. La plupart des députés du parlement, leur orateur à leur tête, le conseil de ville, précédé du maire, allèrent au-devant de lui à quelques milles de Londres. Son premier soin, dès qu'il fut dans la ville, fut de porter le parlement à un abus de la victoire dont les Anglais devaient être flattés. La chambre réunit l'Écosse à l'Angleterre comme un pays de conquête, et abolit la royauté chez les vaincus, comme elle l'avait exterminée chez les vainqueurs.

Jamais l'Angleterre n'avait été plus puissante que depuis qu'elle était république. Ce parlement tout républicain forma le projet singulier de joindre les sept Provinces-Unies à l'Angleterre, comme il venait d'y joindre l'Écosse (1651). Le stathouder, Guillaume II, gendre de Charles Ier, venait de mourir, après avoir voulu se rendre souverain en Hollande, comme Charles en Angleterre, et n'ayant pas mieux réussi que lui. Il laissait un fils au berceau, et le parlement espérait que les Hollandais se passeraient de stathouder, comme l'Angleterre se passait de monarque, et que la nouvelle république de l'Angleterre, de l'Écosse, et de la Hollande, pourrait tenir la balance de l'Europe; mais les partisans de la maison d'Orange s'étant opposés à ce projet, qui tenait beaucoup de l'enthousiasme de ces temps-là, ce même enthousiasme porta le parlement anglais à déclarer la guerre à la Hollande. On se battit sur mer avec des succès balancés. Les plus sages du parlement, redoutant le grand crédit de Cromwell, ne continuaient cette guerre que pour avoir un prétexte d'augmenter la flotte aux dépens de l'armée, et de détruire ainsi peu à peu la puissance dangereuse du général.

Cromwell les pénétra comme ils l'avaient pénétré : ce fut alors qu'il développa tout son caractère. « Je suis, dit-il au major général Vernon, poussé à un dénouement qui me fait dresser les cheveux à la tête. » Il se rendit au parlement (30 avril 1653), suivi d'officiers et de soldats choisis qui s'emparèrent de la porte. Dès qu'il eut pris sa place : « Je crois, dit-il, que ce parlement est assez mûr pour être dissous. » Quelques membres lui ayant reproché son ingratitude, il se met au milieu de la chambre : « Le Seigneur, dit-il, n'a plus besoin de vous; il a choisi d'autres instruments pour accomplir son ouvrage. » Après ce discours fanatique, il les charge d'injures, dit à l'un qu'il est un ivrogne, à l'autre qu'il mène une vie scandaleuse, que l'Évangile les condamne, et qu'ils aient à se dissoudre sur-le-champ. Ses officiers et ses soldats entrent dans la chambre. « Qu'on emporte la masse du parlement, dit-il; qu'on nous défasse de cette marotte. » Son major général, Harrisson, va droit à l'orateur, et le fait descendre de la chaire avec violence. « Vous m'avez forcé, s'écria Cromwell, à en user ainsi; car j'ai prié le Seigneur, toute la nuit, qu'il me

fît plutôt mourir que de commettre une telle action. »
Ayant dit ces paroles, il fit sortir tous les membres du
parlement l'un après l'autre, ferma la porte lui-même,
et emporta la clef dans sa poche.

Ce qui est bien plus étrange, c'est que, le parlement étant
détruit avec cette violence, et nulle autorité législative
n'étant reconnue, il n'y eut point de confusion. Cromwell
assembla le conseil des officiers. Ce furent eux qui changèrent véritablement la constitution de l'État; et il n'arrivait
en Angleterre que ce qu'on a vu dans tous les pays de la
terre, où le fort a donné la loi au faible. Cromwell fit
nommer par ce conseil cent quarante-quatre députés du
peuple, qu'on prit pour la plupart dans les boutiques et dans
les ateliers des artisans. Le plus accrédité de ce nouveau
parlement d'Angleterre était un marchand de cuir, nommé
Baret-bone : c'est ce qui fit qu'on appela cette assemblée *le*
parlement des Barebones*. Cromwell, en qualité de général,
écrivit une lettre circulaire à tous ces députés, et les somma
de venir gouverner l'Angleterre, l'Écosse, et l'Irlande. Au
bout de cinq mois, ce prétendu parlement, aussi méprisé
qu'incapable, fut obligé de se casser lui-même, et de
remettre à son tour le pouvoir souverain au conseil de
guerre. Les officiers seuls déclarèrent alors Cromwell protecteur des trois royaumes (22 décembre 1653). On envoya
chercher le maire de Londres et les aldermans. Cromwell fut
installé à Whitehall dans le palais des rois, où il prit dès lors
son logement. On lui donna le titre d'*altesse,* et la ville de
Londres l'invita à un festin, avec les mêmes honneurs qu'on
rendait aux monarques. C'est ainsi qu'un citoyen obscur du
pays de Galles parvint à se faire roi, sous un autre nom, par
sa valeur secondée de son hypocrisie.

Il était âgé alors de près de cinquante ans, et en avait
passé quarante sans aucun emploi ni civil ni militaire.
A peine était-il connu en 1642, lorsque la chambre
des communes, dont il était membre, lui donna une
commission de major de cavalerie. C'est de là qu'il
parvint à gouverner la chambre et l'armée, et que,

---

* Cela signifie *os décharnés.*

vainqueur de Charles Iᵉʳ et de Charles II, il monta
en effet sur leur trône, et régna, sans être roi, avec
plus de pouvoir et plus de bonheur qu'aucun roi.
Il choisit d'abord, parmi les seuls officiers compagnons
de ses victoires, quatorze conseillers, à chacun desquels
il assigna mille livres sterling de pension. Les troupes
étaient toujours payées un mois d'avance, les magasins
fournis de tout; le trésor public, dont il disposait,
était rempli de trois cent mille livres sterling : il en avait
cent cinquante mille en Irlande. Les Hollandais lui
demandèrent la paix, et il en dicta les conditions, qui
furent qu'on lui paierait trois cent mille livres sterling,
que les vaisseaux des Provinces-Unies baisseraient
pavillon devant les vaisseaux anglais, et que le jeune
prince d'Orange ne serait jamais rétabli dans les charges
de ses ancêtres. C'est ce même prince qui détrôna
depuis Jacques II, dont Cromwell avait détrôné le père.
   Toutes les nations courtisèrent à l'envi le protecteur.
La France rechercha son alliance contre l'Espagne, et
lui livra la ville de Dunkerque*. Ses flottes prirent sur
les Espagnols la Jamaïque, qui est restée à l'Angleterre.
L'Irlande fut entièrement soumise, et traitée comme
un pays de conquête. On donna aux vainqueurs les
terres des vaincus, et ceux qui étaient le plus attachés
à leur patrie périrent par la main des bourreaux.
   Cromwell, gouvernant en roi, assemblait des parlements; mais il s'en rendait le maître, et les cassait à
sa volonté. Il découvrit toutes les conspirations contre
lui, et prévint tous les soulèvements. Il n'y eut aucun
pair du royaume dans ces parlements qu'il convoquait :
tous vivaient obscurément dans leurs terres. Il eut l'adresse
d'engager un de ces parlements à lui offrir le titre de roi
(1656), afin de le refuser et de mieux conserver la puissance réelle. Il menait dans le palais des rois une vie
sombre et retirée, sans aucun faste, sans aucun excès.
Le général Ludlow ¹, son lieutenant en Irlande, rapporte
que, quand le protecteur y envoya son fils, Henri
Cromwell, il l'envoya avec un seul domestique. Ses

---

* Voyez le *Siècle de Louis XIV*.

1. *Mémoires*, t. II, p. 58, sig. Henri est le second fils de Cromwell.

mœurs furent toujours austères; il était sobre, tempérant, économe sans être avide du bien d'autrui, laborieux, et exact dans toutes les affaires. Sa dextérité ménageait toutes les sectes, ne persécutant ni les catholiques ni les anglicans, qui alors à peine osaient paraître; il avait des chapelains de tous les partis; enthousiaste avec les fanatiques, maintenant les presbytériens qu'il avait trompés et accablés, et qu'il ne craignait plus; ne donnant sa confiance qu'aux indépendants, qui ne pouvaient subsister que par lui, (x) et se moquant A d'eux quelquefois avec les théistes. Ce n'est pas qu'il vît de bon œil la religion du théisme, qui, étant sans fanatisme, ne peut guère servir qu'à des philosophes, et jamais à des conquérants.

Il y avait peu de ces philosophes, et il se délassait A quelquefois avec eux aux dépens des insensés qui lui avaient frayé le chemin du trône, l'Évangile à la main. (x) C'est par cette conduite qu'il conserva jusqu'à sa mort son autorité cimentée de sang, et maintenue par la force et par l'artifice.

La nature, malgré sa sobriété, avait fixé la fin de sa vie à cinquante-cinq ans. (13 septembre 1658) Il mourut d'une fièvre ordinaire, causée probablement par l'inquiétude attachée à la tyrannie : car dans les derniers temps il craignait toujours d'être assassiné; il ne couchait jamais deux nuits de suite dans la même chambre. Il mourut après avoir nommé Richard Cromwell son successeur. À peine eut-il expiré qu'un de ses chapelains, presbytérien, nommé Herry, dit aux assistants : « Ne vous alarmez pas; s'il a protégé le peuple de Dieu tant qu'il a été parmi nous, il le protégera bien davantage à présent qu'il est monté au ciel, où il sera assis à la droite de Jésus-Christ. » Le fanatisme était si puissant, et Cromwell si respecté, que personne ne rit d'un pareil discours.

Quelques intérêts divers qui partageassent tous les esprits, Richard Cromwell fut déclaré paisiblement protecteur dans Londres. Le conseil ordonna des funérailles plus magnifiques que pour aucun roi d'Angleterre. On choisit pour modèle les solennités pratiquées à la mort du roi d'Espagne Philippe II. Il est à remarquer qu'on avait représenté Philippe II en purgatoire pendant deux mois, dans un appartement tendu de noir, éclairé de peu de flambeaux, et qu'ensuite on l'avait représenté dans le ciel, le corps sur un lit brillant d'or, dans une salle tendue de même, éclairée de cinq cents flambeaux, dont la lumière, renvoyée par des plaques d'argent, égalait l'éclat du soleil. Tout cela fut pratiqué pour Olivier Cromwell : on le vit sur son lit de parade, la couronne en tête et un sceptre d'or à la main. Le peuple ne fit nulle attention ni à cette imitation d'une pompe catholique, ni à la profusion. Le cadavre embaumé, que Charles II fit exhumer depuis et porter au gibet, fut enterré dans le tombeau des rois.

CHAPITRE CLXXXII

Le second protecteur, Richard Cromwell, n'ayant pas les qualités du premier, ne pouvait en avoir la fortune. Son sceptre n'était point soutenu par l'épée; et, n'ayant ni l'intrépidité ni l'hypocrisie d'Olivier, il ne sut ni se faire craindre de l'armée, ni en imposer aux partis et aux sectes qui divisaient l'Angleterre. Le conseil guerrier d'Olivier Cromwell brava d'abord Richard. Ce nouveau protecteur prétendit s'affermir en convoquant un parlement, dont une chambre, composée d'officiers, représentait les pairs d'Angleterre, et dont l'autre, formée de députés anglais, écossais, et irlandais, représentait les trois royaumes; mais les chefs de l'armée le forcèrent de dissoudre ce parlement. Ils rétablirent eux-mêmes l'ancien parlement qui avait fait couper la tête à Charles Ier, et qu'ensuite Olivier Cromwell avait dissous avec tant de hauteur. Ce parlement était tout républicain, aussi bien que l'armée. On ne voulait point de roi; mais on ne voulait pas non plus de protecteur. Ce parlement, qu'on appela le *croupion*, semblait idolâtre de la liberté; et, malgré son enthousiasme fanatique, il se flattait de gouverner, haïssant également les noms de roi, de protecteur, d'évêques, et de pairs, ne parlant jamais qu'au nom du peuple. (12 mai 1659) Les officiers demandèrent à la fois au parlement établi par eux que tous les partisans de la maison royale fussent à jamais privés de leurs emplois, et que Richard Cromwell fût privé du protectorat. Ils le traitaient honorablement, demandant pour lui vingt mille livres sterling de rente, et huit mille pour sa mère; mais le parlement ne donna à Richard Cromwell que deux mille livres une fois payées, et lui ordonna de sortir dans six jours de la maison des rois; il obéit sans murmure, et vécut en particulier paisible.

On n'entendait point alors parler des pairs ni des évêques. Charles II paraissait abandonné de tout le monde, aussi bien que Richard Cromwell, et on croyait dans toutes les cours de l'Europe que la république anglaise subsisterait. Le célèbre Monk, officier général sous Cromwell, fut celui qui rétablit le trône : il commandait en Écosse l'armée qui avait subjugué le pays. Le parlement de Londres ayant voulu casser quelques officiers de cette armée, ce général se résolut à marcher en Angleterre pour tenter la fortune. Les trois royaumes alors n'étaient qu'une anarchie. Une partie de l'armée de Monk, restée en Écosse, ne pouvait la tenir dans la sujétion. L'autre partie, qui suivait Monk en Angleterre, avait en tête celle de la république. Le parlement redoutait ces deux armées, et voulait en être le maître. Il y avait là de quoi renouveler toutes les horreurs des guerres civiles.

Monk, ne se sentant pas assez puissant pour succéder aux deux protecteurs, forma le dessein de rétablir la famille royale ; et au lieu de répandre du sang, il embrouilla tellement les affaires par ses négociations qu'il augmenta l'anarchie, et mit la nation au point de désirer un roi. A peine y eut-il du sang répandu. Lambert, un des généraux de Cromwell, et des plus ardents républicains, voulut en vain renouveler la guerre; il fut prévenu avant qu'il eût rassemblé un assez grand nombre des anciennes troupes de Cromwell, et fut battu et pris par celles de Monk. On assembla un nouveau parlement. Les pairs, si longtemps oisifs et oubliés, revinrent enfin dans la chambre haute. Les deux chambres reconnurent Charles II pour roi, et il fut proclamé dans Londres.

(8 mai 1660) Charles II, rappelé ainsi en Angleterre, sans y avoir contribué que de son consentement, et sans qu'on lui eût fait aucune condition, partit de Bréda, où il était retiré. Il fut reçu aux acclamations de toute l'Angleterre; il ne paraissait pas qu'il y eût eu de guerre civile. Le parlement exhuma le corps d'Olivier Cromwell, d'Ireton son gendre, d'un nommé Bradshaw, président de la chambre qui avait jugé Charles Ier.

On les traîna au gibet sur la claie. De tous les juges de Charles Ier, qui vivaient encore, il n'y en eut que dix qu'on exécuta. Aucun d'eux ne témoigna le moindre repentir; aucun ne reconnut le roi régnant : tous remercièrent Dieu *de mourir martyrs pour la plus juste et la plus noble des causes.* Non seulement ils étaient de la faction intraitable des indépendants, mais de la secte des anabaptistes qui attendaient fermement le second avènement de Jésus-Christ, et la cinquième monarchie [1].

Il n'y avait plus que neuf évêques en Angleterre, le roi en compléta bientôt le nombre. L'ordre ancien fut rétabli : on vit les plaisirs et la magnificence d'une cour succéder à la triste férocité qui avait régné si longtemps. Charles II introduisit la galanterie et ses fêtes dans le palais de Whitehall, souillé du sang de son père. Les indépendants ne parurent plus; les puritains furent contenus. L'esprit de la nation parut d'abord si changé que la guerre civile précédente fut tournée en ridicule. Ces sectes sombres et sévères, qui avaient mis tant d'enthousiasme dans les esprits, furent l'objet de la raillerie des courtisans et de toute la jeunesse.

Le théisme, dont le roi faisait une profession assez ouverte, fut la religion dominante au milieu de tant de religions. (x) Ce théisme a fait depuis des progrès A prodigieux dans le reste du monde. Le comte de Shaftesbury, le petit-fils du ministre, l'un des plus grands soutiens de cette religion, dit formellement, dans ses *Caractéristiques,* qu'on ne saurait trop respecter ce grand nom de *théiste* [2]. Une foule d'illustres écrivains en ont fait profession ouverte. La plupart des sociniens se sont enfin rangés à ce parti. On reproche à cette secte si étendue de n'écouter que la raison, et d'avoir secoué le joug de la foi : il n'est pas possible à un chrétien d'excuser leur indocilité; mais la fidélité de ce grand

---

1. Cette cinquième monarchie, comme les quatre précédentes, aurait été prophétisée, sous la forme d'une corne, par *Daniel,* VIII, 22.

2. Dans ses *Characteristicks of men, manners, opinions, times,* s. l., 1723, t. II, p. 209, Shaftesbury le dit, mais en un sens qui n'est guère voltairien : « *Nor have I patience to hear the name of deist (the hightest of all names) decry'd, and set in opposition to christianism.* »

tableau que nous traçons de la vie humaine ne permet
pas qu'en condamnant leur erreur on ne rende justice
à leur conduite. Il faut avouer que, de toutes les sectes,
c'est la seule qui n'ait point troublé la société par les
disputes; la seule qui, en se trompant, ait toujours été
sans fanatisme : il est impossible même qu'elle ne soit
pas paisible. Ceux qui la professent sont unis avec tous
les hommes dans le principe commun à tous les siècles
et à tous les pays, dans l'adoration d'un seul Dieu;
ils diffèrent des autres hommes en ce qu'ils n'ont ni
dogmes ni temples, ne croyant qu'un Dieu juste, tolérant tout le reste, et découvrant rarement leur sentiment. Ils disent que cette religion pure est aussi ancienne
que le monde; qu'elle était celle du peuple hébreu avant
que Moïse lui donnât un culte particulier [a]. Ils se fondent
sur ce que les lettrés de la Chine l'ont toujours professée;
mais ces lettrés de la Chine ont un culte public, et les
théistes d'Europe n'ont qu'un culte secret, chacun
adorant Dieu en particulier, et ne faisant aucun scrupule d'assister aux cérémonies publiques : du moins
il n'y eu jusqu'ici qu'un très petit nombre de ceux qu'on
nomme *unitaires* qui se soient assemblés; mais ceux-là
se disent chrétiens primitifs plutôt que théistes.

La Société royale de Londres, déjà formée, mais qui
ne s'établit par des lettres-patentes qu'en 1660, commença
à adoucir les mœurs en éclairant les esprits. Les belles-
lettres renaquirent et se perfectionnèrent de jour en
jour. On n'avait guère connu, du temps de Cromwell,
d'autre science et d'autre littérature que celle d'appliquer des passages de l'Ancien et du Nouveau Testament
aux dissensions publiques et aux révolutions les plus
atroces. On s'appliqua alors à connaître la nature, et
à suivre la route que le chancelier Bacon avait montrée.
La science des mathématiques fut portée bientôt à
un point que les Archimède n'auraient pu même deviner. Un grand homme [1] a connu enfin les lois primitives, jusqu'alors cachées, de la constitution générale
de l'univers; et, tandis que toutes les autres nations se
repaissaient de fables, les Anglais trouvèrent les plus

----

1. Newton.

sublimes vérités. Tout ce que les recherches de plusieurs siècles avaient appris en physique n'approchait pas de la seule découverte de la nature de la lumière. Les progrès furent rapides et immenses en vingt ans : c'est là un mérite, une gloire, qui ne passeront jamais. Le fruit du génie et de l'étude reste, et les effets de l'ambition, du fanatisme, et des passions, s'anéantissent avec les temps qui les ont produits. L'esprit de la nation acquit sous le règne de Charles II une réputation immortelle, quoique le gouvernement n'en eût point.

L'esprit français qui régnait à la cour la rendit aimable et brillante; mais en l'assujettissant à des mœurs nouvelles, elle l'asservit aux intérêts de Louis XIV, et le gouvernement anglais vendu longtemps à celui de France fit quelquefois regretter le temps où l'usurpateur Cromwell rendait sa nation respectable.

Le parlement d'Angleterre et celui d'Écosse, rétablis, s'empressèrent d'accorder au roi, dans chacun de ces deux royaumes, tout ce qu'ils pouvaient lui donner, comme une espèce de réparation du meurtre de son père. Le parlement d'Angleterre surtout, qui seul pouvait le rendre puissant, lui assigna un revenu de douze cent mille livres sterling, pour lui et pour toutes les parties de l'administration, indépendamment des fonds destinés pour la flotte; jamais Élisabeth n'en avait eu tant. Cependant Charles II, prodigue, fut toujours indigent. La nation ne lui pardonna pas de vendre pour moins de deux cent quarante mille livres sterling Dunkerque, acquise par les négociations et les armes de Cromwell.

La guerre qu'il eut d'abord contre les Hollandais fut très onéreuse, puisqu'elle coûta sept millions et demi de livres sterling au peuple; et elle fut honteuse, puisque l'amiral Ruyter entra jusque dans le port de Chatham, et y brûla les vaisseaux anglais.

Des accidents funestes se mêlèrent à ces désastres : une peste ravagea Londres au commencement de ce règne, (1666) et la ville presque entière fut détruite par un incendie. Ce malheur, arrivé après la contagion, et au fort d'une guerre malheureuse contre la Hollande, paraissait irréparable; cependant, à l'étonnement de l'Europe, Londres fut rebâtie en trois années, beaucoup plus belle, plus régulière, plus commode, qu'elle n'était auparavant. Un seul impôt sur le charbon et l'ardeur des citoyens suffirent à ce travail immense. Ce fut un grand exemple de ce que peuvent les hommes, et qui rend croyable ce qu'on rapporte des anciennes villes de l'Asie et de l'Égypte, construites avec tant de célérité.

Ni ces accidents, ni ces travaux, ni la guerre de 1672 contre la Hollande, ni les cabales dont la cour et le parlement furent remplis, ne dérobèrent rien aux plaisirs et à la gaieté que Charles II avaient amenés en Angleterre, comme des productions du climat de la France, où il avait demeuré plusieurs années. Une maîtresse française, l'esprit français, et surtout l'argent de la France, dominaient à la cour.

Malgré tant de changements [a] dans les esprits, ni l'amour de la liberté et de la faction ne changea dans le peuple, ni la passion du pouvoir absolu dans le roi et dans le duc d'York son frère. On vit enfin, au milieu des plaisirs, la confusion, la division, la haine des partis et des sectes, désoler encore les trois royaumes. Il n'y eut plus, à la vérité, de grandes guerres civiles comme du temps de Cromwell, mais une suite de complots, de conspirations, de meurtres juridiques ordonnés en vertu des lois interprétées par la haine, et enfin plusieurs assassinats, auxquels la nation n'était point encore accoutumée, funestèrent [1] [b] quelque temps le règne de Charles II. Il semblait, par son caractère doux et aimable, formé pour rendre sa nation heureuse, comme il faisait les délices de ceux qui l'approchaient. Cependant le sang coulait sur les échafauds sous ce bon prince comme sous les autres. La religion seule fut la cause de tant de désastres, quoique Charles fût très philosophe.

Il n'avait point d'enfant; et son frère, héritier présomptif de la couronne, avait embrassé ce qu'on appelle

---

1. Les éditions de 1761, 1769, 1775, portent *noircirent :* les éditions de Kehl sont les premières où l'on lise *funestèrent;* c'est sans doute une des corrections manuscrites de l'auteur, qui avait déjà employé le verbe *funester* en 1770 dans les *Questions sur l'Encyclopédie,* au mot ANA *(Bévue sur le maréchal d'Ancre),* et qui en 1768, s'était servi du verbe *enfunester.* Voyez le chapitre 36 du *Pyrrhonisme de l'Histoire. (Mélanges,* année 1763.) (B.) - *Ce* confirme la conjecture de Beuchot.

en Angleterre la *secte papiste,* objet de l'exécration
de presque tout le parlement et de la nation. Dès qu'on
sut cette défection, la crainte d'avoir un jour un papiste
pour roi aliéna presque tous les esprits. Quelques malheureux de la lie du peuple, apostés par la faction opposée à la cour, dénoncèrent une conspiration bien plus
étrange encore que celle des poudres. Ils affirmèrent
par serment que les papistes devaient tuer le roi, et
donner la couronne à son frère; que le pape Clément X,
dans une congrégation qu'on appelle de *la propagande,*
avait déclaré, en 1675, que le royaume d'Angleterre
appartenait aux papes par un droit imprescriptible;
qu'il en donnait la lieutenance au jésuite Oliva, général
de l'ordre; que ce jésuite remettait son autorité au duc
d'York, vassal du pape; qu'on devait lever une armée
en Angleterre pour détrôner Charles II; que le jésuite
La Chaise, confesseur de Louis XIV, avait envoyé
dix mille louis d'or à Londres pour commencer les
opérations; que le jésuite Conyers avait acheté un
poignard un livre sterling pour assassiner le roi, et
qu'on en avait offert dix mille à un médecin pour l'empoisonner. Ils produisaient les noms et les commissions
de tous les officiers que le général des jésuites avait
nommés pour commander l'armée papiste.

Jamais accusation ne fut plus absurde. Le fameux A
Irlandais qui voyait à cinquante pieds sous terre; la
femme qui accoucha tous les huit jours d'un lapin
dans Londres; celui qui promit à la ville assemblée
d'entrer dans une bouteille de deux pintes; et, parmi
nous, l'affaire de notre bulle *Unigenitus,* nos convulsions,
et nos accusations contre les philosophes, n'ont pas été
plus ridicules. Mais quand les esprits sont échauffés,
plus une opinion est impertinente, plus elle a de crédit.

Toute la nation fut alarmée. La cour ne put empêcher A
le parlement de procéder avec la sévérité la plus prompte.
Il se mêla une vérité à tous ces mensonges incroyables,
et dès lors tous ces mensonges parurent vrais. Les
délateurs prétendaient que le général des jésuites avait
nommé pour son secrétaire d'État en Angleterre un
nommé Coleman, attaché au duc d'York : on saisit
les papiers de ce Coleman, on trouva des lettres de lui
au P. La Chaise, conçues en ces termes :

« Nous poursuivons une grande entreprise; il s'agit de convertir trois royaumes, et peut-être de détruire à jamais l'hérésie; nous avons un prince zélé, etc... Il faut envoyer beaucoup d'argent au roi : l'argent est la logique qui persuade tout à notre cour. »

Il est évident, par ces lettres, que le parti catholique A voulait avoir le dessus; qu'il attendait beaucoup du duc d'York; que le roi lui-même favoriserait les catholiques, pourvu qu'on lui donnât de l'argent; qu'enfin les jésuites faisaient tout ce qu'ils pouvaient pour servir le pape en Angleterre. Tout le reste était manifestement faux; les contradictions des délateurs étaient si grossières qu'en tout autre temps on n'aurait pu s'empêcher d'en rire.

Mais les lettres de Coleman, et l'assassinat d'un de ses juges, firent tout croire des papistes. Plusieurs accusés périrent sur l'échafaud : cinq jésuites furent pendus et écartelés. Si on s'était contenté de les juger comme perturbateurs du repos public, entretenant des correspondances illicites, et voulant abolir la religion établie par la loi, leur condamnation eût été dans toutes les règles, mais il ne fallait pas les pendre en qualité de capitaines et d'aumôniers de l'armée papale qui devait subjuguer trois royaumes. Le zèle contre le papisme fut porté si loin que la chambre des communes vota presque unanimement l'exclusion du duc d'York, et le déclara incapable d'être jamais roi d'Angleterre. Ce prince ne confirma que trop, quelques années après, la sentence de la chambre des communes.

L'Angleterre, ainsi que tout le Nord, la moitié de A l'Allemagne, les sept Provinces-Unies, et les trois quarts de la Suisse, s'étaient contentés jusque-là de regarder la religion catholique romaine comme une idolâtrie; mais cette flétrissure n'avait encore passé nulle part en loi de l'État. Le parlement d'Angleterre ajouta à l'ancien serment du test l'obligation d'abhorrer le papisme comme une idolâtrie.

Quelles révolutions dans l'esprit humain! Les pre- A miers chrétiens accusèrent le sénat de Rome d'adorer des statues qu'il n'adorait certainement pas. Le christianisme subsista trois cents ans sans images; douze empereurs chrétiens traitèrent d'idolâtres ceux qui priaient devant des figures de saints. Ce culte fut reçu ensuite dans l'Occident et dans l'Orient, abhorré après dans la moitié de l'Europe. Enfin Rome chrétienne, qui fonde sa gloire sur la destruction de l'idolâtrie, est mise au rang des païens par les lois d'une nation puissante, respectée aujourd'hui dans l'Europe.

L'enthousiasme de la nation ne se borna pas à des démonstrations de haine et d'horreur contre la papisme : les accusations, les supplices, continuèrent.

Ce qu'il y eut de plus déplorable, ce fut la mort du lord Stafford, vieillard zélé pour l'État, attaché au roi, mais retiré des affaires, et achevant sa carrière honorable dans l'exercice paisible de toutes les vertus. Il passait pour papiste, et ne l'était pas. Les délateurs l'accusèrent d'avoir voulu engager l'un d'eux à tuer le roi. L'accusateur ne lui avait jamais parlé, et cependant il fut cru ; l'innocence du lord Stafford parut en vain dans tout son jour ; il fut condamné, et le roi n'osa lui donner sa grâce ; faiblesse infâme, dont son père avait été coupable [1], et qui perdit son père. Cet exemple prouve que la tyrannie d'un corps est toujours plus impitoyable que celle d'un roi : il y a mille moyens d'apaiser un prince ; il n'y en a point d'adoucir la férocité d'un corps entraîné par les préjugés. Chaque membre, enivré de cette fureur commune, la reçoit et la redouble dans les autres membres, et se porte à l'inhumanité sans crainte, parce que personne ne répond pour le corps entier.

Pendant que les papistes et les anglicans donnaient à Londres cette sanglante scène, les presbytériens d'Écosse en donnèrent une non moins absurde et plus abominable. Ils assassinèrent l'archevêque de Saint-André, primat d'Écosse : car il y avait encore des évêques dans ce pays, et l'archevêque de Saint-André avait conservé ses prérogatives. Les presbytériens assemblèrent le peuple après cette belle action, et la comparèrent hautement dans leurs sermons à celles de Jahel, d'Aod, et de Judith [2], auxquelles elles ressemblait

---

1. Envers le comte de Strafford en 1641 ; voyez la fin du chapitre 179. (M.)

2. *Juges* III, 15 et suiv., IV, 17 et suiv., V, 24.

en effet. Ils menèrent leurs auditeurs, au sortir du sermon, tambour battant, à Glasgow, dont ils s'emparèrent. Ils jurèrent de ne plus obéir au roi comme chef suprême de l'Église anglicane, de ne reconnaître jamais son frère pour roi, de n'obéir qu'au Seigneur, et d'immoler au Seigneur tous les prélats qui s'opposeraient aux saints.

(1679) Le roi fut obligé d'envoyer contre les saints le   A duc de Monmouth, son fils naturel, avec une petite armée. Les presbytériens marchèrent contre lui aux nombre de huit mille hommes, commandés par des ministres du saint Évangile. Cette armée s'appelait l'*armée du Seigneur*. Il y avait un vieux ministre qui monta sur un petit tertre, et qui se fit soutenir les mains comme Moïse, pour obtenir une victoire sûre. L'armée du Seigneur fut mise en déroute dès les premiers coups de canon. On fit douze cents prisonniers. Le duc de Monmouth les traita avec humanité; il ne fit pendre que deux prêtres, et donna la liberté à tous les prisonniers qui voulurent jurer de ne plus troubler la patrie au nom de Dieu : neuf cents firent le serment; trois cents jurèrent qu'il valait mieux obéir à Dieu qu'aux hommes, et qu'ils aimaient mieux mourir que de ne pas tuer les anglicans et les papistes. On les transporta en Amérique, et leur vaisseau ayant fait naufrage, ils reçurent au fond de la mer la couronne du martyre.

Cet esprit de vertige dura encore quelque temps en   A Angleterre, en Écosse, en Irlande; mais enfin le roi apaisa tout, moins par sa prudence peut-être que par son caractère aimable dont la douceur et les grâces prévalurent, et changèrent insensiblement la férocité atrabilaire de tant de factieux en des mœurs plus sociables.

Charles II paraît être le premier roi d'Angleterre qui ait acheté par des pensions secrètes les suffrages des membres du parlement; du moins, dans un pays où il n'y a presque rien de secret, cette méthode n'avait jamais été publique; on n'avait point de preuve que les rois ses prédécesseurs eussent pris ce parti, qui abrège les difficultés, et qui prévient les contradictions.

Le second parlement, convoqué en 1679, procéda contre dix-huit membres des communes du parlement précédent, qui avait duré dix-huit années. On leur reprocha d'avoir reçu des pensions; mais comme il n'y avait point de loi qui défendît de recevoir des gratifications de son souverain, on ne put les poursuivre.

ᵃ Cependant Charles II, voyant que la chambre des communes, qui avait détrôné et fait mourir son père, voulait déshériter son frère de son vivant, et craignant pour lui-même les suites d'une telle entreprise, cassa le parlement, et régna sans en assembler désormais.

(1681) Tout fut tranquille dès le moment que l'autorité royale et parlementaire ne se choquèrent plus. Le roi fut réduit enfin à vivre avec économie de son revenu, et d'une pension de cent mille livres sterling que lui faisait Louis XIV. Il entretenait seulement quatre mille hommes de troupes, et on lui reprochait cette garde comme s'il eût eu sur pied une puissante armée. Les rois n'avaient communément, avant lui, que cent hommes pour leur garde ordinaire.

On ne reconnut alors en Angleterre que deux partis politiques : celui des torys, qui embrassaient une soumission entière aux rois, et celui des whigs, qui soutenaient les droits des peuples, et qui limitaient ceux du pouvoir souverain. Ce dernier parti l'a presque toujours emporté sur l'autre.

Mais ce qui a fait la puissance de l'Angleterre, c'est que tous les partis ont également concouru, depuis le temps d'Élisabeth, à favoriser le commerce. Le même parlement qui fit couper la tête à son roi, fut occupé d'établissements maritimes comme si on eût été dans les temps les plus paisibles. Le sang de Charles Iᵉʳ était encore fumant, quand ce parlement, quoique presque tout composé de fanatiques, fit en 1650 le fameux acte de la navigation, qu'on attribue au seul Cromwell, et auquel il n'eut d'autre part que celle d'en être fâché, parce que cet acte, très préjudiciable aux Hollandais, fut une des causes de la guerre entre l'Angleterre et les sept Provinces, et que cette guerre, en portant toutes les grandes dépenses du côté de la marine, tendait à diminuer l'armée de terre, dont Cromwell était général. Cet acte de la navigation a toujours subsisté dans toute sa force. L'avantage de cet acte consiste à ne permettre qu'aucun vaisseau étranger puisse apporter en Angleterre des marchandises qui ne sont pas du pays auquel appartient le vaisseau.

Il y eut dès le temps de la reine Élisabeth une compagnie des Indes, antérieure même à celle de Hollande, et on en forma encore une nouvelle du temps du roi Guillaume. Depuis 1597 jusqu'en 1612, les Anglais furent seuls en possession de la pêche de la baleine; mais leurs plus grandes richesses vinrent toujours de leurs troupeaux. D'abord ils ne surent que vendre les laines; mais depuis Élisabeth ils manufacturèrent les plus beaux draps de l'Europe. L'agriculture, longtemps négligée, leur a tenu lieu enfin des mines du Potose. La culture des terres a été surtout encouragée, lorsqu'on a commencé, en 1689, à donner des récompenses à l'exportation des grains. Le gouvernement a toujours accordé depuis ce temps-là cinq schellings pour chaque mesure de froment portée à l'étranger, lorsque cette mesure, qui convient vingt-quatre boisseaux de Paris, ne vaut à Londres que deux livres huit sous sterling. La vente de tous les autres grains a été encouragée à proportion; et dans les derniers temps il a été prouvé dans le parlement que l'exportation des grains avait valu en quatre années cent soixante-dix millions trois cent trente mille livres de France.

L'Angleterre n'avait pas encore toutes ces grandes ressources du temps de Charles II : elle était encore tributaire de l'industrie de la France, qui tirait d'elle plus de huit millions chaque année par la balance du commerce. Les manufactures de toiles, de glaces, de cuivre, d'airain, d'acier, de papier, de chapeaux même, manquaient aux Anglais : c'est la révocation de l'édit de Nantes qui leur a donné presque toute cette nouvelle industrie.

On peut juger par ce seul trait si les flatteurs de Louis XIV ont eu raison de le louer d'avoir privé la France de citoyens utiles. Aussi, en 1687, la nation anglaise, sentant de quel avantage lui seraient les ouvriers français réfugiés chez elle, leur a donné quinze cent mille francs d'aumônes, et a nourri treize mille de ces nouveaux citoyens dans la ville de Londres, aux dépens du public, pendant une année entière.

Cette application au commerce, dans une nation guerrière, l'a mise enfin en état de soudoyer une partie de l'Europe contre la France. Elle a de nos jours multiplié

Fig. 1.

Fig. 2.

Verrerie Angloise.
Vue extérieure de la Verrerie, et Coupe sur la largeur.

« *C'est la révocation de l'édit de Nantes
qui leur a donné presque toute cette nouvelle industrie.* »
Illustration extraite de l'*Encyclopédie*, tome X des planches, planche III.

son crédit, sans augmenter ses fonds, au point que les dettes de l'État aux particuliers ont monté à cent de nos millions de rente. C'est précisément la situation où s'est trouvé le royaume de France, dans lequel l'État, sous le nom du roi, doit à peu près la même somme par année aux rentiers et à ceux qui ont acheté des charges. Cette manœuvre, inconnue à tant d'autres nations, et surtout à celles de l'Asie, a été le triste fruit de nos guerres, et le dernier effort de l'industrie politique, (x) industrie A non moins dangereuse que la guerre même. (x) Ces Cc dettes de la France et de l'Angleterre sont depuis augmentées prodigieusement.

CHAPITRE CLXXXIII

Autant la France et l'Allemagne furent bouleversées
à la fin du XVIe et au commencement du XVIIe siècle,
languissantes, sans commerce, privées des arts et de toute
police, abandonnées à l'anarchie; autant les peuples
d'Italie commencèrent en général à jouir du repos, et
cultivèrent à l'envi les arts de goût, qui ailleurs étaient
ignorés, ou grossièrement exercés. Naples et Sicile
furent sans révolutions; on n'y eut même aucune inquiétude. Quand le pape Paul IV, poussé par ses neveux,
voulut ôter ces deux royaumes à Philippe II, par les
armes de Henri II, roi de France, il prétendait les transférer au duc d'Anjou, qui fut depuis Henri III, moyen-
nant vingt mille ducats de tribut annuel au lieu de six
mille, et surtout à condition que ses neveux y auraient
des principautés considérables et indépendantes.

Ce royaume était alors le seul au monde qui fût tributaire. On prétendait que la cour de Rome voulait
qu'il cessât de l'être, et qu'il fût enfin réuni au saint-
siège; ce qui aurait pu rendre les papes assez puissants
pour tenir en maîtres la balance de l'Italie. Mais il était
impossible que ni Paul IV, ni toute l'Italie ensemble,
ôtassent Naples à Philippe II, pour l'ôter ensuite au roi
de France, et dépouiller les deux plus puissants
monarques de la chrétienté. L'entreprise de Paul IV
ne fut qu'une témérité malheureuse. Le fameux duc
d'Albe, alors vice-roi de Naples, insulta aux démarches
de ce pontife, en faisant fondre les cloches et tout le
bronze de Bénévent, qui appartenait au saint-siège,
pour en faire des canons. Cette guerre fut presque aussi-

tôt finie que commencée. Le duc d'Albe se flattait de prendre Rome, comme elle avait été prise sous Charles-Quint, et du temps des Othon, et d'Arnoud, et de tant d'autres; mais il alla, au bout de quelques mois, baiser les pieds du pontife; on rendit les cloches à Bénévent, et tout fut fini.

(1560) Ce fut un spectacle affreux, après la mort de Paul IV, que la condamnation de ses deux neveux, le prince de Palliano, et le cardinal Caraffa : le sacré collège vit avec horreur ce cardinal, condamné par les ordres de Pie IV, mourir par la corde, comme était mort le cardinal Poli [1] sous Léon X. Mais une action de cruauté ne fit pas un règne cruel, et la nation romaine ne fut pas tyrannisée : (x) elle se plaignit seulement que le pape vendît les charges du palais, abus qui augmenta dans la suite. A

(1563) Le concile de Trente fut terminé sous Pie IV d'une manière paisible *. Il ne produisit aucun effet nouveau ni parmi les catholiques, qui croyaient tous les articles de foi enseignés par ce concile, ni parmi les protestants, qui ne les croyaient pas : il ne changea rien aux usages des nations catholiques qui adoptaient quelques règles de discipline différentes de celles du concile.

La France surtout conserva ce qu'on appelle les libertés de son Église, qui sont en effet les libertés de sa nation. Vingt-quatre articles, qui choquent les droits de la juridiction civile, ne furent jamais adoptés en France : les principaux de ces articles donnaient aux seuls évêques l'administration de tous les hôpitaux, attribuaient au seul pape le jugement des causes criminelles de tous les évêques, soumettaient les laïques en plusieurs cas à la juridiction épiscopale. Voilà pourquoi la France rejeta toujours le concile dans la discipline qu'il établit. Les rois d'Espagne le reçurent dans tous leurs États avec le plus grand respect et les plus grandes

---

* La relation des disputes et des actes de ce concile se trouve au chap. 172.

1. Ce cardinal Poli n'est autre que le cardinal Soli du ch. 127, *supra*, p. 210 : comme le dit V. en cet endroit, Soli s'étant racheté, ce fut le cardinal Petrucci qu'on pendit dans sa prison.

modifications, mais secrètes et sans éclat : Venise imita l'Espagne. Les catholiques d'Allemagne demandèrent encore l'usage de la coupe et le mariage des prêtres. Pie IV accorda la communion sous les deux espèces, par des brefs, à l'empereur Maximilien II et à l'archevêque de Mayence; mais il fut inflexible sur le célibat des prêtres. L'*Histoire des papes*[1] en donne pour raison que Pie IV, étant délivré du concile, n'en avait plus rien à craindre : « De là vient, ajoute l'auteur, que ce pape, qui violait les lois divines et humaines, faisait le scrupuleux sur le célibat. » Il est très faux que Pie IV violât les lois divines et humaines, et il est très évident qu'en conservant l'ancienne discipline du célibat sacerdotal depuis si longtemps établie dans l'Occident, il se conformait à une opinion devenue une loi de l'Église.

Tous les autres usages de la discipline ecclésiastique particulière à l'Allemagne subsistèrent. Les questions préjudiciables à la puissance séculière ne réveillèrent plus ces guerres qu'elles avaient autrefois fait naître. Il y eut toujours des difficultés, des épines, entre la cour de Rome et les cours catholiques; mais le sang ne coula point pour ces petits démêlés. L'interdit de Venise sous Paul V a été depuis la seule querelle éclatante. Les guerres de religion en Allemagne et en France occupaient alors assez, et la cour de Rome ménageait d'ordinaire les souverains catholiques, de peur qu'ils ne devinssent protestants. Malheur seulement aux princes faibles, quand ils avaient en tête un prince puissant comme Philippe, qui était le maître au conclave !

Il manqua à l'Italie la police générale : ce fut là son véritable fléau. Elle fut infestée longtemps de brigands au milieu des arts et dans le sein de la paix, comme la Grèce l'avait été dans des temps sauvages. Des frontières du Milanais au fond du royaume de Naples, des troupes de bandits, courant sans cesse d'une province à une autre, achetaient la protection des petits princes, ou les forçaient à les tolérer. On ne put les exterminer dans l'État du saint-siège jusqu'au règne de Sixte-

---

1. Bruys, *Histoire des papes,* La Haye, 1733, *FL,* t. IV, p. 681.

Quint; et après lui ils reparurent quelquefois. Ce fatal exemple encourageait les particuliers à l'assassinat : l'usage du stylet n'était que trop commun dans les villes, tandis que les bandits couraient les campagnes; les écoliers de Padoue s'étaient accoutumés à assommer les passants sous les arcades qui bordent les rues.

Malgré ces désordres trop communs, l'Italie était le pays le plus florissant de l'Europe, s'il n'était pas le plus puissant. On n'entendait plus parler de ces guerres étrangères qui l'avaient désolée depuis le règne du roi de France Charles VIII, ni de ces guerres intestines de principauté contre principauté, et de ville contre ville; on ne voyait plus de ces conspirations autrefois si fréquentes. Naples, Venise, Rome, Florence, attiraient les étrangers par leur magnificence et par la culture de tous les arts. Les plaisirs de l'esprit n'étaient encore bien connus que dans ce climat. La religion s'y montrait aux peuples sous un appareil imposant, nécessaire aux imaginations sensibles. Ce n'était qu'en Italie qu'on avait élevé des temples dignes de l'antiquité; et Saint-Pierre de Rome les surpassait tous. Si les pratiques superstitieuses, de fausses traditions, des miracles supposés, subsistaient encore, les sages les méprisaient, et savaient que les abus ont été de tous les temps l'amusement de la populace.

Peut-être les écrivains ultramontains, qui ont tant déclamé contre ces usages, n'ont pas assez distingué entre le peuple et ceux qui le conduisent. Il n'aurait pas fallu mépriser le sénat de Rome parce que les malades guéris par la nature tapissaient de leurs offrandes le temple d'Esculape, parce que mille tableaux votifs de voyageurs échappés aux naufrages ornaient ou défiguraient les autels de Neptune, et que dans Egnatia l'encens brûlait et fumait de lui-même sur une pierre sacrée [1]. Plus d'un protestant, après avoir goûté les délices du séjour de Naples, s'est répandu en invectives contre les trois miracles qui se font à jour nommé dans cette ville, quand le sang de saint Janvier, de saint Jean-Baptiste, et de saint Étienne, conservé dans des bou-

---

1. Horace, *Satires,* I, v, 98; Pline, *Histoire naturelle,* l. II, ch. 91, 109.

teilles, se liquéfie étant approché de leurs têtes. Ils accusent ceux qui président à ces églises d'imputer à la Divinité des prodiges inutiles. Le savant et sage Addison [1] dit qu'il n'a jamais vu *a more blouding* [a] *trick,* un tour plus grossier. Tous ces auteurs pouvaient observer que ces institutions ne nuisent point aux mœurs, qui doivent être le principal objet de la police civile et ecclésiastique; que probablement les imaginations ardentes des climats chauds ont besoin de signes visibles qui les mettent continuellement sous la main de la Divinité; et qu'enfin ces signes ne pouvaient être abolis que quand ils seraient méprisés du même peuple qui les révère [2].

A Pie IV succéda ce dominicain Ghisleri, Pie V, si haï dans Rome même pour y avoir fait exercer avec trop de cruauté le ministère de l'Inquisition, publiquement

---

1. *Remarques sur divers endroits d'Italie par Mr. Adisson pour servir au voyage de Mr. Misson,* Paris, 1722, *FL,* t. IV, p. 138. L'expression anglaise n'est pas citée, mais seulement sa traduction : « C'est un tour le plus grossier que j'aie jamais vu. »

2. Les éditeurs de Kehl placent ici une note sur ces « superstitions », dont voici la fin :

« Espérons qu'un archevêque de Naples aura quelque jour assez de véritable piété et de courage pour avouer que ses prédécesseurs et son clergé ont abusé de la crédulité du peuple, pour révéler toute la fraude, et en exposer le secret au grand jour.

Il est bon de savoir que, si le miracle est retardé, il arrive souvent que le peuple s'en prend aux étrangers qui se trouvent dans l'église et qu'il soupçonne d'être des hérétiques. Alors ils sont obligés de se retirer, et quelquefois le peuple les poursuit à coups de pierres. Il n'y a pas quinze ans que M. le prince de S. et M. le comte de C. essuyèrent ce traitement, sans se l'être attiré par aucune indiscrétion. »

A quoi Beuchot ajoute :

« En 1797 on venait de faire la paix avec les Français; la liquéfaction du sang de saint Janvier n'eut pas lieu à Naples, d'où le peuple concluait que le saint désapprouvait qu'on eût traité avec les Français. L'année d'après on était en guerre, et l'on annonça que le sang bouillonnerait plus fort que de coutume. En 1799 la ville de Naples était au pouvoir des Français; le général en chef Championnet exigea que le miracle se fît, et il eut lieu plus tôt qu'on ne l'attendait. Voyez le *Moniteur,* n° 139 de l'an V, 256 de l'an VI, 259 de l'an VII. »

combattu ailleurs par les tribunaux séculiers. La fameuse bulle *In cœna Domini*, émanée sous Paul III, et publiée par Pie V, dans laquelle on brave tous les droits des souverains, révolta plusieurs cours, et fit élever contre elle les voix de plusieurs universités.

L'extinction de l'ordre des *humiliés* fut un des principaux événements de son pontificat. Les religieux de cet ordre, établis principalement au Milanais, vivaient dans le scandale. Saint Charles Borromée, archevêque de Milan, voulut les réformer : quatre d'entre eux conspirèrent contre sa vie; l'un des quatre lui tira un coup d'arquebuse dans son palais, pendant qu'il faisait sa prière (1571). Ce saint homme, qui ne fut que légèrement blessé, demanda au pape la grâce des coupables; mais le pape punit leur attentat par le dernier supplice, et abolit l'ordre entier. (x) Ce pontife envoya quelques A troupes en France au secours du roi Charles IX contre les huguenots de son royaume. Elles se trouvèrent à la bataille de Moncontour. Le gouvernement de France était alors parvenu à cet excès de subvertissement que deux mille soldats du pape étaient un secours utile.

Mais ce qui consacra la mémoire de Pie V, ce fut son empressement à défendre la chrétienté contre les Turcs, et l'ardeur dont il pressa l'armement de la flotte qui gagna la bataille de Lépante. Son plus bel éloge vint de Constantinople même, où l'on fit des réjouissances publiques de sa mort.

Grégoire XIII, Buoncompagno, successeur de Pie V, rendit son nom immortel par la réforme du calendrier qui porte son nom; et en cela il imita Jules César. Ce besoin où les nations furent toujours de réformer l'année montre bien la lenteur des arts les plus nécessaires. Les hommes avaient su ravager le monde d'un bout à l'autre, avant d'avoir su connaître les temps et régler leurs jours. Les anciens Romains n'avaient d'abord connu que dix mois lunaires et une année de trois cent quatre jours; ensuite leur année fut de trois cent cinquante-cinq. Tous les remèdes à cette fausse computation furent autant d'erreurs. Les pontifes, depuis Numa Pompilius, furent les astronomes de la nation, ainsi qu'ils l'avaient été chez les Babyloniens, chez les Égyptiens, chez les Perses, chez presque tous les peuples de l'Asie. La science des temps les rendait plus vénérables au peuple, rien ne conciliant plus l'autorité que la connaissance des choses utiles inconnues au vulgaire.

Comme chez les Romains le suprême pontificat était toujours entre les mains d'un sénateur, Jules César, en qualité de pontife, réforma le calendrier autant qu'il le put; il se servit de Sosigènes, mathématicien, Grec d'Alexandrie. Alexandre avait transporté dans cette ville les sciences et le commerce; c'était la plus célèbre école de mathématiques, et c'était là que les Égyptiens, et même les Hébreux, avaient enfin puisé quelques connaissances réelles. Les Égyptiens avaient su auparavant élever les masses énormes de pierre; mais les Grecs leur enseignèrent tous les beaux-arts, ou plutôt les exercèrent chez eux sans pouvoir former d'élèves égyptiens. En effet on ne compte, chez ce peuple d'esclaves efféminés, aucun homme distingué dans les arts de la Grèce.

Les pontifes chrétiens réglèrent l'année, ainsi que les pontifes de l'ancienne Rome, parce que c'était à eux d'indiquer les célébrations des fêtes. Le premier concile de Nicée, en 325, voyant le dérangement que le temps apportait au calendrier de César, consulta, comme lui, les Grecs d'Alexandrie; ces Grecs répondirent que l'équinoxe du printemps arrivait alors le 21 mars; et les pères réglèrent le temps de la fête de Pâques suivant ce principe.

Deux légers mécomptes dans le calcul de Jules César, et dans celui des astronomes consultés par le concile, augmentèrent dans la suite des siècles. Le premier de ces mécomptes vient du fameux nombre d'or de l'Athénien Méton; il donne dix-neuf années à la révolution par laquelle la lune revient au même point du ciel : il ne s'en manque qu'une heure et demie; méprise insensible dans un siècle, et considérable après plusieurs siècles. Il en était de même de la révolution apparente du soleil, et des points qui fixent les équinoxes et les solstices. L'équinoxe du printemps, au siècle du concile de Nicée, arrivait le 21 mars; mais au temps du concile de Trente, l'équinoxe avait avancé de dix jours, et tombait à l'onze de ce mois. La cause de cette précession des équinoxes, inconnue à toute l'antiquité, n'a été découverte que de nos jours : cette cause est un mouvement particulier à l'axe de la terre, mouvement dont la période s'achève en vingt-cinq mille neuf cents années, et qui fait passer successivement les équinoxes et les solstices par tous les points du zodiaque. Ce mouvement est l'effet de la gravitation, dont le seul Newton a connu et calculé les phénomènes, qui semblaient hors de la portée de l'esprit humain.

Il ne s'agissait pas, du temps de Grégoire XIII, de songer à deviner la cause de cette précession des équinoxes, mais de mettre ordre à la confusion qui commençait à troubler sensiblement l'année civile. Grégoire fit consulter tous les célèbres astronomes de l'Europe. Un médecin, nommé Lilio, né à Rome, eut l'honneur de fournir la matière la plus simple et la plus facile de rétablir l'ordre de l'année, telle qu'on la voit dans le nouveau calendrier : il ne fallait que retrancher dix jours à l'année 1582, où l'on était pour lors, et prévenir le dérangement dans les siècles à venir par une précaution aisée. Ce Lilio a été depuis ignoré, et le calendrier porte le nom du pape Grégoire, ainsi que le nom de Sosigènes fut couvert par celui de César. Il n'en était pas ainsi chez les anciens Grecs; la gloire de l'invention demeurait aux artistes.

Grégoire XIII eut celle de presser la conclusion de cette réforme nécessaire; il eut plus de peine à la faire recevoir par les nations qu'à la faire rédiger par les mathématiciens. La France résista quelques mois; et enfin, sur un édit de Henri III, enregistré au parlement de Paris (3 novembre 1582), on s'accoutuma à compter comme il le fallait; mais l'empereur Maximilien II ne put persuader à la diète d'Augsbourg que l'équinoxe était avancé de dix jours. On craignait que la cour de Rome, en instruisant les hommes, ne prît le droit de les maîtriser. Ainsi l'ancien calendrier subsista encore quelque temps chez les catholiques mêmes de l'Allemagne. Les protestants de toutes les communions s'obstinèrent à ne pas recevoir des mains du pape une vérité qu'il aurait fallu recevoir des Turcs, s'ils l'avaient proposée.

(1575) Les derniers jours du pontificat de Grégoire XIII furent célèbres par cette ambassade d'obédience qu'il reçut du Japon. Rome faisait des conquêtes spirituelles à l'extrémité de la terre, tandis qu'elle faisait tant de pertes en Europe. Trois rois ou princes du Japon, alors divisé en plusieurs souverainetés, envoyèrent chacun un de leurs plus proches parents saluer le roi d'Espagne, Philippe II, comme le plus puissant de tous les rois chrétiens, et le pape, comme père de tous les rois. Les lettres de ces trois princes au pape commençaient toutes par un acte d'adoration envers lui. La première, du roi de Bungo, était écrite « A l'adorable qui tient sur terre la place du roi du ciel »; elle finit par ces mots : « Je m'adresse avec crainte et respect à Votre Sainteté, que j'adore, et dont je baise les pieds très saints. » Les deux autres disent à peu près la même chose. L'Espagne se flattait alors que le Japon deviendrait une de ses provinces, et le saint-siège voyait déjà le tiers de cet empire soumis à sa juridiction ecclésiastique.

Le peuple romain eût été très heureux sous le gouvernement de Grégoire XIII si la tranquillité publique de ses États n'avait pas été quelquefois troublée par les bandits. Il abolit quelques impôts onéreux, et ne démembra point l'État en faveur de son bâtard, comme avaient fait quelques-uns de ses prédécesseurs.

CHAPITRE CLXXXIV

De Sixte-Quint

Le règne de Sixte-Quint a plus de célébrité que ceux de Grégoire XIII et de Pie V, quoique ces deux pontifes aient fait de grandes choses : l'un s'étant signalé par la bataille de Lépante, dont il fut le premier mobile, et l'autre par la réforme des temps. Il arrive quelquefois que le caractère d'un homme et la singularité de son élévation arrêtent sur lui les yeux de la postérité plus que les actions mémorables des autres. La disproportion qu'on croit voir entre la naissance de Sixte-Quint, fils d'un pauvre vigneron, et l'élévation à la dignité suprême, augmente sa réputation : cependant nous avons vu que jamais une naissance obscure et basse ne fut regardée comme un obstacle au pontificat, dans une religion et dans une cour où toutes les places sont réputées le prix du mérite [1], quoiqu'elles soient aussi celui de la brigue. Pie V n'était guère d'une famille plus relevée; Adrien VI fut le fils d'un artisan; Nicolas V était né dans l'obscurité; le père du fameux Jean XXII, qui ajouta un troisième cercle à la tiare, et qui porta trois couronnes, sans posséder aucune terre, raccommodait des souliers à Cahors; c'était le métier du père d'Urbain IV. Adrien IV, l'un des plus grands papes, fils d'un mendiant, avait été mendiant lui-même. L'histoire de l'Église est pleine de ces exemples, qui encouragent la simple vertu, et qui confondent la vanité humaine. Ceux qui ont voulu relever la naissance de Sixte-Quint n'ont pas songé qu'en cela ils rabaissaient sa personne; ils lui ôtaient le mérite d'avoir vaincu les

---

1. Fin du chapitre 47.

premières difficultés. Il y a plus loin d'un gardeur de porcs, tel qu'il le fut dans son enfance, aux simples places qu'il eut dans son ordre, que de ces places au trône de l'Église. On a composé sa vie à Rome sur des journaux qui n'apprennent que des dates, et sur des panégyriques qui n'apprennent rien. Le cordelier qui a écrit la vie de Sixte-Quint [1] commence par dire « qu'il a l'honneur de parler du plus haut, du meilleur, du plus grand des pontifes, des princes, et des sages, du glorieux et de l'immortel Sixte ». Il s'ôte lui-même tout crédit par ce début.

L'esprit de Sixte-Quint et de son règne est la partie essentielle de son histoire : ce qui le distingue des autres papes, c'est qu'il ne fit rien comme les autres. Agir toujours avec hauteur, et même avec violence, quand il est un simple moine; dompter tout d'un coup la fougue de son caractère dès qu'il est cardinal; se donner quinze ans pour incapable d'affaires, et surtout de régner, afin de déterminer un jour en sa faveur les suffrages de tous ceux qui compteraient régner sous son nom; reprendre toute sa hauteur au moment même qu'il est sur le trône; mettre dans son pontificat une sévérité inouïe, et de la grandeur dans toutes ses entreprises; embellir Rome, et laisser le trésor pontifical très riche; licencier d'abord les soldats, les gardes mêmes de ses prédécesseurs, et dissiper les bandits par la seule force des lois, sans avoir de troupes; se faire craindre de tout le monde par sa place et par son caractère; c'est là ce qui mit son nom parmi les noms illustres, du vivant même de Henri et d'Élisabeth. Les autres souverains risquaient alors leur trône, quand ils tentaient quelque

---

1. V. pense sans doute à la *Vie du pape Sixte cinquième,* par Gregorio Leti, dont il possède dans sa bibliothèque une édition en italien, Amsterdam, 1686, et une traduction française, La Haye, 1709. Dans l'éd. en français, La Haye, 1683, on lit, p. 6 : « Si l'on veut choisir entre tous les successeurs de saint Pierre ceux qui ont le plus dignement rempli sa place, on en trouvera peu dont le mérite et les vertus paraissent au-dessus de celles de Sixte V, ce qui fait que sa vie doit être proposée pour modèle à tous ceux qui lui succéderont, et que la postérité doit précieusement conserver la mémoire d'un si grand homme. »

PORTRAIT DU PAPE SIXTE V
G. Leti, *Vie de Sixte V*, Paris, 1758

entreprise sans le secours de ces nombreuses armées qu'ils ont entretenues depuis : il n'en était pas ainsi des souverains de Rome qui, réunissant le sacerdoce et l'empire, n'avaient pas même besoin d'une garde.

Sixte-Quint se fit une grande réputation en embellissant en en policant Rome, comme Henri IV embellissait et policait Paris ; mais ce fut là le moindre mérite de Henri, et c'était le premier de Sixte. Aussi ce pape fit en ce genre de bien plus grandes choses que le roi de France : il commandait à un peuple bien plus paisible, et alors infiniment plus industrieux, et il avait dans les ruines et dans les exemples de l'ancienne Rome, et encore dans les travaux de ses prédécesseurs, tout l'encouragement à ses grands desseins.

Du temps des Césars romains, quatorze aqueducs immenses, soutenus sur des arcades, voituraient des fleuves entiers à Rome l'espace de plusieurs milles, et y entretenaient continuellement cent cinquante fontaines jaillissantes, et cent dix-huit grands bains publics, outre l'eau nécessaire à ces mers artificielles sur lesquelles on représentait des batailles navales. Cent mille statues ornaient les places publiques, les carrefours, les temples, les maisons. On voyait quatre-vingt-dix colosses élevés sur des portiques ; quarante-huit obélisques de marbre de granit, taillés dans la haute Égypte, étonnaient l'imagination, qui concevait à peine comment on avait pu transporter du tropique aux bords du Tibre ces masses prodigieuses. Il restait aux papes de restaurer quelques aqueducs, de relever quelques obélisques ensevelis sous des décombres, de déterrer quelques statues.

Sixte-Quint rétablit la fontaine Mazia, dont la source est à vingt milles de Rome, auprès de l'ancienne Préneste, et il la fit conduire par un aqueduc de treize mille pas : il fallut élever des arcades dans un chemin de sept milles de longueur ; un tel ouvrage, qui eût été peu de chose pour l'empire romain, était beaucoup pour Rome pauvre et resserrée.

Cinq obélisques furent relevés par ses soins. Le nom de l'architecte Fontana, qui les rétablit, est encore célèbre à Rome ; celui des artistes qui les taillèrent, qui les transportèrent de si loin, n'est pas connu. On lit dans quelques voyageurs, et dans cent auteurs qui les ont copiés, que quand il fallut élever sur son piédestal l'obélisque du Vatican, les cordes employées à cet usage se trouvèrent trop longues, et que, malgré la défense sous peine de mort de parler pendant cette opération, un homme du peuple s'écria : *Mouillez les cordes*. Ces contes, qui rendent l'histoire ridicule, sont le fruit de l'ignorance; les cabestans dont on se servait ne pouvaient avoir besoin de ce ridicule secours.

L'ouvrage qui donna quelque supériorité à Rome moderne sur l'ancienne fut la coupole de Saint-Pierre de Rome. Il ne restait dans le monde que trois monuments antiques de ce genre, une partie du dôme du temple de Minerve[1] dans Athènes, celui du Panthéon à Rome, et celui de la grande mosquée de Constantinople, autrefois Sainte-Sophie, ouvrage de Justinien. Mais ces coupoles, assez élevées dans l'intérieur, étaient trop écrasées au dehors. Le Brunelleschi, qui rétablit l'architecture en Italie au XIVe siècle, remédia à ce défaut par un coup de l'art, en établissant deux coupoles l'une sur l'autre, dans la cathédrale de Florence; mais ces coupoles tenaient encore un peu du gothique, et n'étaient pas dans les nobles proportions. Michel-Ange Buonarotti, peintre, sculpteur, et architecte, également célèbre dans ces trois genres, donna, dès le temps de Jules II, le dessin des deux dômes de Saint-Pierre; et Sixte-Quint fit construire en vingt-deux mois cet ouvrage dont rien n'approche.

La bibliothèque, commencée par Nicolas V, fut tellement augmentée alors que Sixte-Quint peut passer pour en être le vrai fondateur. Le vaisseau qui la contient est encore un beau monument. Il n'y avait point alors dans l'Europe de bibliothèque ni si ample, ni si curieuse; mais la ville de Paris l'a emporté depuis sur Rome en ce point, et si l'architecture de la Bibliothèque royale de Paris n'est pas comparable à celle du Vatican, les livres y sont en beaucoup plus grand nombre, bien mieux arrangés, et prêtés aux particuliers avec une tout autre facilité.

Le malheur de Sixte-Quint et de ses États fut que toutes ces grandes fondations appauvrirent son peuple,

---

1. Le Parthénon, auquel V. mal informé attribue un « dôme ».

au lieu que Henri IV soulagea le sien. L'un et l'autre, à leur mort, laissèrent à peu près la même somme en argent comptant : car quoique Henri IV eût quarante millions en réserve dont il pouvait disposer, il n'y en avait qu'environ vingt dans les caves de la Bastille; et les cinq millions d'écus d'or que Sixte mit dans le château Saint-Ange revenaient à peu près à vingt millions de nos livres d'alors. Cet argent ne pouvait être ravi à la circulation dans un État presque sans commerce et sans manufactures, tel que celui de Rome, sans appauvrir les habitants. Sixte, pour amasser ce trésor, et pour subvenir à ces dépenses, fut obligé de donner encore plus d'étendue à la vénalité des emplois que n'avaient fait ses prédécesseurs. Sixte IV, Jules II, Léon X, avaient commencé; Sixte aggrava beaucoup ce fardeau : il créa des rentes à huit, à neuf, à dix pour cent, pour le paiement desquelles les impôts furent augmentés. Le peuple oublia qu'il embellissait Rome; il sentit seulement qu'il l'appauvrissait, et ce pontife fut plus haï qu'admiré.

Il faut toujours regarder les papes sous deux aspects : comme souverains d'un État, et comme chefs de l'Église. Sixte-Quint, en qualité de premier pontife, voulut renouveler le temps de Grégoire VII. Il déclara Henri IV, alors roi de Navarre, incapable de succéder à la couronne de France. Il priva la reine Élisabeth de ses royaumes par une bulle, et si la flotte invincible de Philippe II eût abordé en Angleterre, la bulle eût pu être mise à exécution. La manière dont il se conduisit avec Henri III, après l'assassinat du duc de Guise et du cardinal son frère, ne fut pas si emportée. Il se contenta de le déclarer excommunié s'il ne faisait pénitence de ces deux meurtres. C'était imiter saint Ambroise; c'était agir comme Alexandre III, qui exigea une pénitence publique du meurtre de Becket, canonisé sous le nom de Thomas de Cantorbéry. Il était avéré que le roi de France Henri III venait d'assassiner dans sa propre maison deux princes, dangereux à la vérité, mais auxquels on n'avait point fait le procès, et qu'il eût été très difficile de convaincre de crime en justice réglée. Ils étaient les chefs d'une ligue funeste, mais que le roi lui-même avait signée. Toutes les circonstances de ce double assassinat étaient horribles et, sans entrer ici dans les justifications prises de la politique et du malheur des temps, la sûreté du genre humain semblait demander un frein à de pareilles violences. Sixte-Quint perdit le fruit de sa démarche austère et inflexible, en ne soutenant que les droits de la tiare et du sacré collège, et non ceux de l'humanité; en ne blâmant pas le meurtre du duc de Guise autant que celui du cardinal; en n'insistant que sur la prétendue immunité de l'Église; sur le droit que les papes réclamaient de juger les cardinaux; en commandant au roi de France de relâcher le cardinal de Bourbon et l'archevêque de Lyon, qu'il retenait en prison par les raisons d'État les plus fortes; enfin en lui ordonnant de venir dans l'espace de soixante jours expier son crime dans Rome. Il est très vrai que Sixte-Quint, chef des chrétiens, pouvait dire à un prince chrétien : « Purgez-vous devant Dieu d'un double homicide »; mais il ne pouvait pas lui dire : « C'est à moi seul de juger vos sujets ecclésiastiques; c'est à moi de vous juger dans ma cour. »

Ce pape parut encore moins conserver la grandeur et l'impartialité de son ministère quand, après le parricide du moine Jacques Clément, il prononça devant les cardinaux ces propres paroles, fidèlement rapportées par le secrétaire du consistoire : « Cette mort, dit-il, qui donne tant d'étonnement et d'admiration, sera crue à peine de la postérité. Un très puissant roi, entouré d'une forte armée qui a réduit Paris à lui demander miséricorde, est tué d'un seul coup de couteau par un pauvre religieux. Certes, ce grand exemple a été donné afin que chacun connaisse la force des jugements de Dieu. » Ce discours du pape parut horrible, en ce qu'il semblait regarder le crime d'un scélérat insensé comme une inspiration de la Providence.

Sixte était en droit de refuser les vains honneurs d'un service funèbre à Henri III, qu'il regardait comme exclu de la participation aux prières. Aussi dit-il dans le même consistoire : « Je les dois au roi de France, mais je ne les dois pas à Henri de Valois impénitent. »

Tout cède à l'intérêt : ce même pape, qui avait privé si fièrement Élisabeth et le roi de Navarre de leurs royaumes, qui avait signifié au roi Henri III qu'il fallait venir répondre à Rome dans soixante jours, ou être excommunié, refusa pourtant à la fin de prendre le parti de la Ligue et de l'Espagne contre Henri IV, alors hérétique. Il sentait que si Philippe II réussissait, ce prince, maître à la fois de la France, du Milanais, et de Naples, le serait bientôt du saint-siège et de toute l'Italie. Sixte-Quint fit donc ce que tout homme sage eût fait à sa place : il aima mieux s'exposer à tous les ressentiments de Philippe II que de se ruiner lui-même en prêtant la main à la ruine de Henri IV. Il mourut dans ces inquiétudes (26 août 1590), n'osant secourir Henri IV, et craignant Philippe II. Le peuple romain, qui gémissait sous le fardeau des taxes, et qui haïssait un gouvernement triste et dur, éclata à la mort de Sixte; on eut beaucoup de peine à l'empêcher de troubler la pompe funèbre, de déchirer en pièces celui qu'il avait adoré à genoux. Presque tous ses trésors furent dissipés un an après sa mort, ainsi que ceux de Henri IV : destinée ordinaire qui fait voir assez la vanité des desseins des hommes.

CHAPITRE CLXXXV

Des successeurs de Sixte-Quint

On voit combien l'éducation, la patrie, tous les préjugés, gouvernent les hommes. Grégoire XIV, né Milanais et sujet du roi d'Espagne, fut gouverné par la faction espagnole, à laquelle Sixte, né sujet de Rome, avait résisté. Il immola tout à Philippe II. Une armée d'Italiens fut levée pour aller ravager la France aux dépens de ce même trésor que Sixte-Quint avait amassé pour défendre l'Italie; et cette armée ayant été battue et dissipée, il ne resta à Grégoire XIV que la honte de s'être appauvri pour Philippe II, et d'être dominé par lui.

Clément VIII, Aldobrandin, fils d'un banquier florentin, se conduisit avec plus d'esprit et d'adresse : il connut très bien que l'intérêt du saint-siège était de tenir, autant qu'il pouvait, la balance entre la France et la maison d'Autriche. Ce pape accrut le domaine ecclésiastique du duché de Ferrare : c'était encore un effet de ces lois féodales si épineuses et si contestées, et c'était une suite évidente de la faiblesse de l'empire. La comtesse Mathilde, dont nous avons tant parlé, avait donné aux papes Ferrare, Modène et Reggio, avec bien d'autres terres. Les empereurs réclamèrent toujours contre la donation de ces domaines, qui étaient des fiefs de la couronne de Lombardie. Ils devinrent, malgré l'empire, fiefs du saint-siège, comme Naples, qui relevait du pape après avoir relevé des empereurs. Ce n'est que de nos jours que Modène et Reggio ont été enfin solennellement déclarés fiefs impériaux. Mais depuis Grégoire VII, ils étaient, ainsi que Ferrare, dépendants de Rome; et la maison de Modène, autrefois propriétaire de ces terres, ne les possédait plus qu'à titre de vicaire du saint-siège. En vain la cour de Vienne et les diètes impériales prétendaient toujours la suzeraineté. (1597) Clément VIII enleva Ferrare à la maison d'Este, et ce qui pouvait produire une guerre violente ne produisit que des protestations. Depuis ce temps, Ferrare fut presque déserte*.

Ce pape fit la cérémonie de donner l'absolution et la discipline à Henri IV, en la personne des cardinaux Du Perron et d'Ossat; mais on voit combien la cour de Rome craignait toujours Philippe II, par les ménagements et les artifices dont usa Clément VIII pour parvenir à réconcilier Henri IV avec l'Église. (1595) Ce prince avait abjuré solennellement la religion réformée; et cependant les deux tiers des cardinaux persistèrent dans un consistoire à lui refuser l'absolution. Les ambassadeurs du roi eurent beaucoup de peine à empêcher que le pape se servît de cette formule : «Nous réhabilitons Henri dans sa royauté.» Le ministère de Rome voulait bien reconnaître Henri pour roi de France, et opposer ce prince à la maison d'Autriche; mais en même temps Rome soutenait, autant qu'elle pouvait, son ancienne prétention de disposer des royaumes.

Sous Borghèse, Paul V, renaquit l'ancienne querelle de la juridiction séculière et de l'ecclésiastique, qui avait fait verser autrefois tant de sang. (1605) Le sénat de Venise avait défendu les nouvelles donations faites aux églises sans son concours, et surtout l'aliénation des biens-fonds en faveur des moines. Il se crut aussi en droit de faire arrêter et de juger un chanoine de Vicence, et un abbé de Nervèse, convaincus de rapines et de meurtres.

Le pape écrivit à la république que les décrets et l'emprisonnement des deux ecclésiastiques blessaient l'honneur de Dieu; il exigea que les ordonnances du sénat fussent remises à son nonce, et qu'on lui rendît aussi les deux coupables, qui ne devaient être justiciables que de la cour romaine.

Paul V, qui peu de temps auparavant avait fait plier la république de Gênes dans une occasion pareille, crut que Venise aurait la même condescendance. Le

---

* Voyez l'article Ferrare dans le *Dictionnaire philosophique*. D

sénat envoya un ambassadeur extraordinaire pour soutenir ses droits. Paul répondit à l'ambassadeur que ni les droits ni les raisons de Venise ne valaient rien, et qu'il fallait obéir. Le sénat n'obéit point. Le doge et les sénateurs furent excommuniés (17 avril 1606), et tout l'État de Venise mis en interdit, c'est-à-dire qu'il fut défendu au clergé, sous peine de damnation éternelle, de dire la messe, de faire le service, d'administrer aucun sacrement, et de prêter son ministère à la sépulture des morts. C'est ainsi que Grégoire VII et ses successeurs en avaient usé envers plusieurs empereurs, bien sûrs alors que les peuples aimeraient mieux abandonner leurs empereurs que leurs églises, et comptant toujours sur des princes prêts à envahir les domaines des excommuniés. Mais les temps étaient changés : Paul V, par cette violence, hasardait qu'on lui désobéît, que Venise fît fermer toutes les églises, et renonçât à la religion catholique : elle pouvait aisément embrasser la grecque, ou la luthérienne, ou la calviniste, et parlait, en effet, alors de se séparer de la communion du pape. Le changement ne se fût pas fait sans troubles ; le roi d'Espagne aurait pu en profiter. Le sénat se contenta de défendre la publication du monitoire dans toute l'étendue de ses terres. Le grand-vicaire de l'évêque de Padoue, à qui cette défense fut signifiée, répondit au podestat qu'il ferait ce que Dieu lui inspirerait ; mais le podestat ayant répliqué que Dieu avait inspiré au conseil des dix de faire prendre quiconque désobéirait, l'interdit ne fut publié nulle part, et la cour de Rome fut assez heureuse pour que tous les Vénitiens continuassent à vivre en catholiques malgré elle.

Il n'y eut que quelques ordres religieux qui obéirent. Les jésuites ne voulurent pas donner l'exemple les premiers. Leurs députés se rendirent à l'assemblée générale des capucins ; ils leur dirent que, « dans cette grande affaire, l'univers avait les yeux sur les capucins, et qu'on attendait leur démarche pour savoir quel parti on devait prendre ». Les capucins, qui se crurent en spectacle à l'univers, ne balancèrent pas à fermer leurs églises. Les jésuites et les théatins fermèrent alors les leurs. Le sénat les fit tous embarquer pour Rome, et les jésuites furent bannis à perpétuité.

Parmi tant de moines, qui depuis leur fondation, B
avaient trahi leur patrie pour les intérêts des papes,
il s'en trouva un à Venise qui fut citoyen, et qui acquit
une gloire durable en défendant ses souverains contre
les prétentions romaines : ce fut le célèbre Sarpi, si
connu sous le nom de Fra-Paolo. Il était théologien
de la république : ce titre de théologien ne l'empêcha
pas d'être un excellent jurisconsulte. Il soutint la cause
de Venise avec toute la force de la raison, et avec une
modération et une finesse qui rendaient cette raison
victorieuse. Deux sujets du pape et un prêtre de Venise
subornèrent deux assassins pour tuer Fra-Paolo. Ils
le percèrent de trois coups de stylet, et s'enfuirent dans
une barque à dix rames, qui leur était préparée. Un assassinat si bien concerté, la fuite des meurtriers assurée
avec tant de précautions et de frais, marquaient évidemment qu'ils avaient obéi aux ordres de quelques
hommes puissants. On accusa les jésuites ; on soupçonna
le pape ; le crime fut désavoué par la cour romaine et par
les jésuites. Fra-Paolo, qui réchappa de ses blessures,
garda longtemps un des stylets dont il avait été frappé,
et mit au-dessous cette inscription : *Stilo della chiesa
romana*.

Le roi d'Espagne excitait le pape contre les Vénitiens,
et le roi Henri IV se déclarait pour eux. Les Vénitiens
armèrent à Vérone, à Padoue, à Bergame, à Brescia ;
ils levèrent quatre mille soldats en France. Le pape,
de son côté, ordonna la levée de quatre mille Corses,
et de quelques Suisses catholiques. Le cardinal Borghèse
devait commander cette petite armée. Les Turcs remercièrent Dieu solennellement de la discorde qui divisait
le pape et Venise. Le roi Henri IV eut la gloire, comme
je l'ai déjà dit [1], d'être l'arbitre du différend, et d'exclure
Philippe III de la médiation. Paul V essuya la mortification de ne pouvoir même obtenir que l'accommodement se fît à Rome. Le cardinal de Joyeuse, envoyé
par le roi de France à Venise, révoqua, au nom du
pape, l'excommunication et l'interdit (1609). Le pape,
abandonné par l'Espagne, ne montra plus que de la

---

1. Chapitre 174.

modération, et les jésuites restèrent bannis de la république pendant plus de cinquante ans : ils n'y ont été rappelés qu'en 1657, à la prière du pape Alexandre VII; mais ils n'ont jamais pu y rétablir leur crédit.

Paul V, depuis ce temps, ne voulut plus faire aucune décision qui pût compromettre son autorité : on le pressa en vain de faire un article de foi de l'immaculée conception de la sainte Vierge; il se contenta de défendre d'enseigner le contraire en public, pour ne pas choquer les dominicains, qui prétendent qu'elle a été conçue comme les autres dans le péché originel. Les dominicains étaient alors très puissants en Espagne et en Italie.

Il s'appliqua à embellir Rome, à rassembler les plus beaux ouvrages de sculpture et de peinture. Rome lui doit ses plus belles fontaines, surtout celle qui fait jaillir l'eau d'un vase antique tiré des thermes de Vespasien, et celle qu'on appelle *l'Acqua Paola,* ancien ouvrage d'Auguste, que Paul V rétablit; il y fit conduire l'eau par un aqueduc de trente-cinq mille pas, à l'exemple de Sixte-Quint : c'était à qui laisserait dans Rome les plus nobles monuments. Il acheva le palais de Monte-Cavallo. Le palais Borghèse est un des plus considérables. Rome, embellie sous chaque pape, devenait la plus belle ville du monde. Urbain VIII [1] construisit ce grand autel de Saint-Pierre, dont les colonnes et les ornements paraîtraient partout ailleurs des ouvrages immenses, et qui n'ont là qu'une juste proportion : c'est le chef-d'œuvre du Florentin Bernini, digne de mêler ses ouvrages avec ceux de son compatriote Michel-Ange.

Cet Urbain VIII, dont le nom était Barberini, aimait tous les arts; il réussissait dans la poésie latine. Les Romains, dans une profonde paix, jouissaient de toutes les douceurs que les talents répandent dans la société, et de la gloire qui leur est attachée. (1644) Urbain réunit à l'État ecclésiastique le duché d'Urbino, Pesaro, Sinigaglia, après l'extinction de la maison de La Rovère, qui tenait ces principautés en fief du saint-siège. La domination des pontifes romains devint donc toujours plus puissante depuis Alexandre VI. Rien ne troubla plus

---

1. Voltaire ne juge pas même nécessaire de mentionner Grégoire XV après Paul V. (G. A.)

la tranquillité publique : à peine s'aperçut-on de la petite guerre qu'Urbain VIII ou plutôt ses deux neveux, firent à Édouard, duc de Parme, pour l'argent que ce duc devait à la chambre apostolique sur son duché de Castro. Ce fut une guerre peu sanglante et passagère, telle qu'on la devait attendre de ces nouveaux Romains, dont les mœurs doivent être nécessairement conformes à l'esprit de leur gouvernement. Le cardinal Barberin, auteur de ces troubles, marchait à la tête de sa petite armée avec des indulgences. La plus forte bataille qui se donna fut entre quatre ou cinq cents hommes de chaque parti. La forteresse de Piégaia se rendit à discrétion dès qu'elle vit approcher l'artillerie; cette artillerie consistait en deux couleuvrines. Cependant il fallut pour étouffer ces troubles, qui ne méritent point de place dans l'histoire, plus de négociations que s'il s'était agi de l'ancienne Rome et de Carthage. On ne rapporte cet événement que pour faire connaître le génie de Rome moderne, qui finit tout par la négociation comme l'ancienne Rome finissait tout par des victoires.

Les cérémonies de la religion, celles des préséances, les arts, les antiquités, les édifices, les jardins, la musique, les assemblées, occupèrent le loisir des Romains, tandis que la guerre de Trente Ans ruina l'Allemagne, que le sang des peuples et du roi coulait en Angleterre, et que bientôt après la guerre civile de la Fronde désola la France.

Mais si Rome était heureuse par sa tranquillité, et illustre par ses monuments, le peuple était dans la misère. L'argent qui servit à élever tant de chefs-d'œuvre d'architecture retournait aux autres nations par le désavantage du commerce.

Les papes étaient obligés d'acheter des étrangers le blé dont manquent les Romains, et qu'on revendait en détail dans la ville. Cette coutume dure encore aujourd'hui ; il y a des États que le luxe enrichit, il y en a d'autres qu'il appauvrit. La splendeur de quelques cardinaux et des parents des papes servait à faire mieux remarquer l'indigence des autres citoyens, qui pourtant, à la vue de tant de beaux édifices, semblaient s'enorgueillir, dans leur pauvreté, d'être habitants de Rome. Les voyageurs qui allaient admirer cette ville étaient étonnés de ne voir, d'Orviette à Terracine, dans l'espace de plus de cent milles, qu'un terrain dépeuplé d'hommes et de bestiaux. La campagne de Rome, il est vrai, est un pays inhabitable, infecté par des marais croupissants, que les anciens Romains avaient desséchés. Rome, d'ailleurs, est dans un terrain ingrat, sur le bord d'un fleuve qui est à peine navigable. Sa situation entre sept montagnes était plutôt celle d'un repaire que d'une ville. Ses premières guerres furent les pillages d'un peuple qui ne pouvait guère vivre que de rapines; et lorsque le dictateur Camille eut pris Véies, à quelques lieues de Rome, dans l'Ombrie, tout le peuple romain voulut quitter son territoire stérile et ses sept montagnes pour se transplanter au pays de Véies. On ne rendit depuis les environs de Rome fertiles qu'avec l'argent des nations vaincues, et par le travail d'une foule d'esclaves; mais ce terrain fut plus couvert de palais que de moissons. Il a repris enfin son premier état de campagne déserte.

Le saint-siège possédait ailleurs de riches contrées, comme celle de Bologne. L'évêque de Salisbury, Burnet [1], attribue la misère du peuple, dans les meilleurs cantons de ce pays, aux taxes et à la forme du gouvernement. Il a prétendu, avec presque tous les écrivains, qu'un prince électif, qui règne peu d'années, n'a ni le pouvoir ni la volonté de faire de ces établissements utiles qui ne peuvent devenir avantageux qu'avec le temps. Il a été plus aisé de relever les obélisques, et de construire des palais et des temples, que de rendre la nation commerçante et opulente. Quoique Rome fût la capitale des peuples catholiques, elle était cependant moins peuplée que Venise et Naples, et fort au-dessous de Paris et de Londres; elle n'approchait pas d'Amsterdam pour l'opulence, et pour les arts nécessaires qui la produisent. On ne comptait, à la fin du xviie siècle, qu'environ cent vingt mille habitants dans Rome, par le dénombrement imprimé des familles; et ce calcul se trouvait encore vérifié par les registres des naissances. Il naissait, année commune, trois mille six cents enfants; ce nombre

---

1. Dans son *Voyage...*, p. 102.

de naissances, multiplié par trente-quatre, donne toujours à peu près la somme des habitants, et cette somme est ici de cent vingt-deux mille quatre cents. Paul Jove [1], dans son Histoire de Léon X, rapporte que, du temps de Clément VII, Rome ne possédait que trente-deux mille habitants. Quelle différence de ces temps avec ceux des Trajan et des Antonin ! Environ huit mille juifs, établis à Rome, n'étaient pas compris dans ce dénombrement : ces juifs ont toujours vécu paisiblement à Rome, ainsi qu'à Livourne. On n'a jamais exercé contre eux en Italie les cruautés qu'ils ont souffertes en Espagne et en Portugal. L'Italie était le pays de l'Europe où la religion inspirait alors le plus de douceur.

Rome fut le seul centre des arts et de la politesse jusqu'au siècle de Louis XIV, et c'est ce qui détermina la reine Christine à y fixer son séjour; mais bientôt l'Italie fut égalée dans plus d'un genre par la France, et surpassée de beaucoup dans quelques-uns. Les Anglais eurent sur elle autant de supériorité par les sciences que par le commerce. Rome conserva la gloire de ses antiquités et des travaux qui la distinguèrent depuis Jules II.

---

1. Paolo Jiovio, *La Vie de Léon dixième,* p. 330, qui évalue en outre à 85 000 habitants la population de Rome sous Léon X. Clément VII, fils naturel de Jules de Médicis et cousin de Léon X (qui déclara sa naissance légitime, afin qu'il pût accéder aux dignités ecclésiastiques), régna de 1523 à 1534.

CHAPITRE CLXXXVI

La Toscane était, comme l'État du pape, depuis le xvie siècle, un pays tranquille et heureux. Florence, rivale de Rome, attirait chez elle la même foule d'étrangers qui venaient admirer les chefs-d'œuvre antiques et modernes dont elle était remplie. On y voyait cent soixante statues publiques. Les deux seules qui décoraient Paris, celle de Henri IV et le cheval qui porte la statue de Louis XIII, avaient été fondues à Florence, et c'étaient des présents des grands-ducs.

Le commerce avait rendu la Toscane si florissante et ses souverains si riches que le grand-duc Cosme II fut en état d'envoyer vingt mille hommes au secours du duc de Mantoue, contre le duc de Savoie, en 1613, sans mettre aucun impôt sur ses sujets, exemple rare chez les nations plus puissantes.

La ville de Venise jouissait d'un avantage plus singulier, c'est que depuis le xiiie siècle sa tranquillité intérieure ne fut pas altérée un seul moment; nul trouble, nulle sédition, nul danger dans la ville. Si on allait à Rome et à Florence pour y voir les grands monuments des beaux-arts, les étrangers s'empressaient d'aller goûter dans Venise la liberté et les plaisirs; et on y admirait encore, ainsi qu'à Rome, d'excellents morceaux de peinture. Les arts de l'esprit y étaient cultivés; les spectacles y attiraient les étrangers. Rome était la ville des cérémonies, et Venise la ville des divertissements : elle avait fait la paix avec les Turcs, après la bataille de Lépante, et son commerce, quoique déchu, était encore considérable dans le Levant : elle possédait Candie, et plusieurs îles, l'Istrie, la Dalmatie, une partie de l'Albanie, et tout ce qu'elle conserve de nos jours en Italie.

(1618) Au milieu de ses prospérités, elle fut sur le point d'être détruite par une conspiration qui n'avait point d'exemple depuis la fondation de la république. L'abbé de Saint-Réal, qui a écrit cet événement célèbre avec le style de Salluste [1], y a mêlé quelques embellissements de roman; mais le fond en est très vrai. Venise avait eu une petite guerre avec la maison d'Autriche sur les côtes de l'Istrie. Le roi d'Espagne, Philippe III, possesseur du Milanais, était toujours l'ennemi secret des Vénitiens. Le duc d'Ossone, vice-roi de Naples, don Pèdre de Tolède, gouverneur de Milan, et le marquis de Bedmar, ambassadeur d'Espagne à Venise, depuis cardinal de la Cueva, s'unirent tous trois pour anéantir la république : les mesures étaient si extraordinaires, et le projet si hors de vraisemblance, que le sénat, tout vigilant et tout éclairé qu'il était, ne pouvait en concevoir de soupçon. Venise était gardée par sa situation, et par les lagunes qui l'environnent. La fange de ces lagunes, que les eaux portent tantôt d'un côté, tantôt d'un autre, ne laisse jamais le même chemin ouvert aux vaisseaux; il faut chaque jour indiquer une route nouvelle. Venise avait une flotte formidable sur les côtes de l'Istrie, où elle faisait la guerre à l'archiduc d'Autriche Ferdinand, qui fut depuis l'empereur Ferdinand II. Il paraissait impossible d'entrer dans Venise : cependant le marquis de Bedmar rassemble des étrangers dans la ville, attirés les uns par les autres jusqu'au nombre de cinq cents. Les principaux conjurés les engagent sous différents prétextes, et s'assurent de leur service avec l'argent que l'ambassadeur fournit. On doit mettre le feu à la ville en plusieurs endroits à la fois; des troupes du Milanais doivent arriver par la terre ferme; des matelots gagnés doivent montrer le chemin à des barques chargées de soldats que le duc d'Ossone a envoyées à quelques lieues

_____

1. *La Conjuration des Espagnols contre la République de Venise.* FL possède deux éditions des Œuvres complètes de Saint-Réal, Paris, 1724, 32 vol. (pas de marques de lecture dans la *Conjuration,* t. III), et Paris, 1745, 6 vol. (le t. I, où se trouve la *Conjuration,* manque).

de Venise; le capitaine Jacques Pierre, un des conjurés, officier de marine au service de la république, et qui commandait douze vaisseaux pour elle, se charge de faire brûler ces vaisseaux, et d'empêcher, par ce coup extraordinaire, le reste de la flotte de venir à temps au secours de la ville. Tous les conjurés étant des étrangers de nations différentes, il n'est pas surprenant que le complot ait été découvert. Le procurateur Nani [1], historien célèbre de la république, dit que le sénat fut instruit de tout par plusieurs personnes : il ne parle point de ce prétendu remords que sentit un des conjurés, nommé Jaffier, quand Renaud, leur chef, les harangua pour la dernière fois, et qu'il leur fit, dit-on, une peinture si vive des horreurs de leur entreprise que ce Jaffier, au lieu d'être encouragé, se livra au repentir. Toutes ces harangues sont de l'imagination des écrivains : on doit s'en défier en lisant l'histoire; il n'est ni dans la nature des choses, ni dans aucune vraisemblance, qu'un chef de conjurés leur fasse une description pathétique des horreurs qu'ils vont commettre, et qu'il effraie les imaginations qu'il doit enhardir. Tout ce que le sénat put trouver de conjurés fut noyé incontinent dans les canaux de Venise. On respecta dans Bedmar le caractère d'ambassadeur, qu'on pouvait ne pas ménager; et le sénat le fit sortir secrètement de la ville, pour le dérober à la fureur du peuple.

Venise, échappée à ce danger, fut dans un état florissant jusqu'à la prise de Candie. Cette république soutint seule la guerre contre l'empire turc pendant près de trente ans, depuis 1641 jusqu'à 1669. Le siège de Candie, le plus long et le plus mémorable dont l'histoire fasse mention, dura près de vingt ans; tantôt tourné en blocus, tantôt ralenti et abandonné, puis recommencé à plusieurs reprises, fait enfin dans les formes, deux ans et demi sans relâche, jusqu'à ce que ce monceau de cendres fût rendu aux Turcs avec l'île presque tout entière, en 1669.

Avec quelle lenteur, avec quelle difficulté le genre humain se civilise, et la société se perfectionne! On voyait auprès de Venise, aux portes de cette Italie où

---

1. *Historia della republica veneta*, t. I, p. 188.

tous les arts étaient en honneur, des peuples aussi peu policés que l'étaient alors ceux du Nord. L'Istrie, la Croatie, la Dalmatie, étaient presque barbares; c'était pourtant cette même Dalmatie si fertile et si agréable sous l'empire romain; c'était cette terre délicieuse que Dioclétien avait choisie pour sa retraite, dans un temps où ni la ville de Venise ni ce nom n'existaient pas encore. Voilà quelle est la vicissitude des choses humaines. Les Morlaques, surtout, passaient pour les peuples les plus farouches de la terre. C'est ainsi que la Sardaigne, la Corse, ne se ressentaient ni des mœurs ni de la culture de l'esprit, qui faisaient la gloire des autres Italiens : il en était comme de l'ancienne Grèce, qui voyait auprès de ses limites des nations encore sauvages.

Les chevaliers de Malte se soutenaient dans cette île, que Charles-Quint leur donna après que Soliman les eut chassés de Rhodes en 1523. Le grand-maître Villiers L'Isle-Adam, ses chevaliers, et les Rhodiens attachés à eux, furent d'abord errants de ville en ville, à Messine, à Gallipoli, à Rome, à Viterbe. L'Isle-Adam alla jusqu'à Madrid implorer Charles-Quint; il passa en France, en Angleterre, tâchant de relever partout les débris de son ordre qu'on croyait entièrement ruiné. Charles-Quint fit présent de Malte aux chevaliers en 1525, aussi bien que de Tripoli; mais Tripoli leur fut bientôt enlevé par les amiraux de Soliman. Malte n'était qu'un rocher presque stérile : le travail y avait forcé autrefois la terre à être féconde, quand ce pays était possédé par les Carthaginois : car les nouveaux possesseurs y trouvèrent des débris de colonnes, de grands édifices de marbre, avec des inscriptions en langue punique. Ces restes de grandeur étaient des témoignages que le pays avait été florissant. Les Romains ne dédaignèrent pas de le prendre sur les Carthaginois; les Arabes s'en emparèrent au IXᵉ siècle, et le Normand Roger, comte de Sicile, l'annexa à la Sicile vers la fin du XIIᵉ siècle. Quand Villiers L'Isle-Adam eut transporté le siège de son ordre dans cette île, le même Soliman, indigné de voir tous les jours ses vaisseaux exposés aux courses des ennemis qu'il avait cru détruire, voulut prendre Malte comme il avait pris Rhodes. Il envoya trente mille soldats devant cette petite place, qui n'était défendue que par sept cents chevaliers. (1565) Le grand-maître, Jean de La Valette, âgé de soixante et onze ans, soutint quatre mois le siège.

Les Turcs montèrent à l'assaut en plusieurs endroits différents; on les repoussait avec une machine d'une nouvelle invention : c'étaient de grands cercles de bois, couverts de laine enduite d'eau-de-vie, d'huile, de salpêtre et de poudre à canon, et on jetait des cercles enflammés sur les assaillants. Enfin, environ six mille hommes de secours étant arrivés de Sicile, les Turcs levèrent le siège. Le principal bourg de Malte, qui avait soutenu le plus d'assauts, fut nommé *la cité victorieuse,* nom qu'il conserve encore aujourd'hui. Le grand-maître de La Valette fit bâtir une cité nouvelle, qui porte le nom de La Valette, et qui rendit Malte imprenable. Cette petite île a toujours, depuis ce temps bravé toute la puissance ottomane; mais l'ordre n'a jamais été assez riche pour tenter de grandes conquêtes, ni pour équiper des flottes nombreuses. Ce monastère de guerriers ne subsiste guère que des bénéfices qu'il possède dans les États catholiques, et il a fait bien moins de mal aux Turcs que les corsaires algériens n'en ont fait aux chrétiens.

CHAPITRE CLXXXVII

De la Hollande au XVIIe siècle

La Hollande mérite d'autant plus d'attention que c'est un état d'une espèce toute nouvelle, devenu puissant sans posséder presque de terrain, riche en n'ayant pas de son fonds de quoi nourrir la vingtième partie de ses habitants, et considérable en Europe par ses travaux au bout de l'Asie. (1609) Vous voyez cette république reconnue libre et souveraine par le roi d'Espagne, son ancien maître, après avoir acheté sa liberté par quarante ans de guerre. Le travail et la sobriété furent les premiers gardiens de cette liberté. On raconte que le marquis de Spinola et le président Richardot, allant à la Haye, en 1608, pour négocier chez les Hollandais mêmes cette première trève, ils virent sur leur chemin sortir d'un petit bateau huit ou dix personnes qui s'assirent sur l'herbe, et firent un repas de pain, de fromage et de bière, chacun portant soi-même ce qui lui était nécessaire. Les ambassadeurs espagnols demandèrent à un paysan qui étaient ces voyageurs. Le paysan répondit : « Ce sont les députés des états, nos souverains seigneurs et maîtres. » Les ambassadeurs espagnols s'écrièrent : « Voilà des gens qu'on ne pourra jamais vaincre, et avec lesquels il faut faire la paix. » C'est à peu près ce qui était arrivé autrefois à des ambassadeurs de Lacédémone, et à ceux du roi de Perse. Les mêmes mœurs peuvent avoir ramené la même aventure. En général les particuliers de ces provinces étaient pauvres alors, et l'État riche; au lieu que depuis, les citoyens sont devenus riches, et l'État pauvre. C'est qu'alors les premiers fruits du commerce avaient été consacrés à la défense publique.

Ce peuple ne possédait encore ni le cap de Bonne-Espérance, dont il ne s'empara qu'en 1653 sur les

Portugais, ni Cochin et ses dépendances, ni Malacca. Il ne trafiquait point encore directement à la Chine. Le commerce du Japon, dont les Hollandais sont ajourd'hui les maîtres, leur fut interdit jusqu'en 1609 par les Portugais, ou plutôt par l'Espagne, maîtresse encore du Portugal. Mais ils avaient déjà conquis les Moluques, ils commençaient à s'établir à Java, et la compagnie des Indes, depuis 1602 jusqu'en 1609, avait déjà gagné plus de deux fois son capital. Des ambassadeurs de Siam avaient déjà fait à ce peuple de commerçants, en 1608, le même honneur qu'ils firent depuis à Louis XIV. Des ambassadeurs du Japon vinrent, en 1609, conclure un traité à La Haye, sans que les états célébrassent cette ambassade par des médailles. L'empereur de Maroc et de Fez leur envoya demander un secours d'hommes et de vaisseaux. Ils augmentaient, depuis quarante ans, leur fortune et leur gloire par le commerce et par la guerre.

La douceur [a] de ce gouvernement, et la tolérance de toutes les manières d'adorer Dieu, dangereuse peut-être ailleurs [1], mais là nécessaire, peuplèrent la Hollande d'une foule d'étrangers, et surtout de Wallons que l'Inquisition persécutait dans leur patrie, et qui d'esclaves devinrent citoyens.

La religion réformée, dominante dans la Hollande, servit encore à sa puissance. Ce pays, alors si pauvre, n'aurait pu ni suffire à la magnificence des prélats, ni nourrir des ordres religieux; et cette terre, où il fallait des hommes, ne pouvait admettre ceux qui s'engagent par serment à laisser périr, autant qu'il est en eux, l'espèce humaine. On avait l'exemple de l'Angleterre, qui était d'un tiers plus peuplée depuis que les ministres des autels jouissaient de la douceur du mariage, et que les espérances des familles n'étaient point ensevelies dans le célibat du cloître.

Amsterdam, malgré les incommodités de son port, devint le magasin du monde. Toute la Hollande s'enri-

---

1. Cf. les variantes : ce développement a été emprunté aux éditions du *Siècle de Louis XIV* antérieures à 1756 : V. n'a pas songé à corriger cette formule de prudente concession, évidemment peu sincère.

ALLÉGORIE DE LA HOLLANDE

Frontispice de Le Clerc, *Histoire des Provinces unies,* Amsterdam, 1728.
« La République de Hollande sur son trône ; à sa droite la religion, la liberté,
la paix, et la navigation ; à sa gauche le commerce, la fortune et l'abondance, l'Asie, l'Afrique et l'Amérique viennent à l'envi offrir leurs trésors
à cette République. Une femme, qui est la fabrique des médailles, offre
ce secours à celle qui écrit l'histoire de la République, pendant que plusieurs
génies s'occupent les uns à frapper des médailles, les autres à les mettre en
ordre. Sur le devant sont plusieurs volumes d'historiens de la République. »

chit et s'embellit par des travaux immenses. Les eaux de la mer furent contenues par de doubles digues. Des canaux creusés dans toutes les villes furent revêtus de pierres; les rues devinrent de larges quais ornés de grands arbres. Les barques chargées de marchandises abordèrent aux portes des particuliers, et les étrangers ne se lassent point d'admirer ce mélange singulier, formé par les faîtes des maisons, les cimes des arbres, et les banderoles des vaisseaux, qui donnent à la fois, dans un même lieu, le spectacle de la mer, de la ville et de la campagne.

Mais le mal est tellement mêlé avec le bien, les hommes s'éloignent si souvent de leurs principes, que cette république fut près de détruire elle-même la liberté pour laquelle elle avait combattu, et que l'intolérance fit couler le sang chez un peuple dont le bonheur et les lois étaient fondés sur la tolérance. Deux docteurs calvinistes firent ce que tant de docteurs avaient fait ailleurs. (1609 et suiv.) Gomar et Armin disputèrent dans Leyde avec fureur sur ce qu'ils n'entendaient pas, et ils divisèrent les Provinces-Unies. La querelle fut semblable, en plusieurs points, à celles des thomistes et des scotistes, des jansénistes et des molinistes, sur la prédestination, sur la grâce, sur la liberté, sur des questions obscures et frivoles, dans lesquelles on ne sait pas même définir les choses dont on dispute. Le loisir dont on jouit pendant la trêve donna la malheureuse facilité à un peuple ignorant de s'entêter de ces querelles; et enfin, d'une controverse scolastique il se forma deux partis dans l'État. Le prince d'Orange Maurice était à la tête des gomaristes; le pensionnaire Barnevelt favorisait les arminiens. Du Maurier [1] dit avoir appris de l'ambassadeur son père que, Maurice ayant fait proposer au pensionnaire Barnevelt de concourir à donner au prince un pouvoir souverain, ce zélé républicain n'en fit voir aux états que le danger et l'injustice, et que dès lors la ruine de Barnevelt fut résolue. Ce qui est avéré, c'est que le stathouder prétendait accroître son autorité par les gomaristes, et Barnevelt la

---

[1]. Aubéry du Maurier, *Mémoires pour servir à l'histoire de la Hollande,* Paris, 1680, pp. 334, 368.

restreindre par les arminiens; c'est que plusieurs villes levèrent des soldats qu'on appelait *Attendants,* parce qu'ils attendaient les ordres du magistrat, et qu'ils ne prenaient point l'ordre du stathouder; c'est qu'il y eut des séditions sanglantes dans quelques villes (1618), et que le prince Maurice poursuivit sans relâche le parti contraire à sa puissance. Il fit enfin assembler un concile calviniste à Dordrecht, composé de toutes les Églises réformées de l'Europe, excepté de celle de France, qui n'avait pas la permission de son roi d'y envoyer des députés. Les pères de ce synode, qui avaient tant crié contre la dureté des pères de plusieurs conciles, et contre leur autorité, condamnèrent les arminiens, comme ils avaient été eux-mêmes condamnés par le concile de Trente. Plus de cent ministres arminiens furent bannis des sept Provinces. Le prince Maurice tira du corps de la noblesse et des magistrats vingt-six commissaires pour juger le grand pensionnaire Barnevelt, le célèbre Grotius, et quelques autres du parti. On les avait retenus six mois en prison avant de leur faire leur procès.

L'un des grands motifs de la révolte des sept Provinces et des princes d'Orange contre l'Espagne fut d'abord que le duc d'Albe faisait languir longtemps des prisonniers sans les juger, et qu'enfin il les faisait condamner par des commissaires. Les mêmes griefs dont on s'était plaint sous la monarchie espagnole renaquirent dans le sein de la liberté. Barnevelt eut la tête tranchée dans La Haye (1619), plus injustement encore que les comtes d'Egmont et de Horn à Bruxelles. C'était un vieillard de soixante et douze ans, qui avait servi quarante ans sa république dans toutes les affaires politiques avec autant de succès que Maurice et ses frères en avaient eu par les armes. La sentence portait *qu'il avait contristé au possible l'Église de Dieu.* Grotius, depuis ambassadeur de Suède en France, et plus illustre par ses ouvrages que par son ambassade, fut condamné à une prison perpétuelle dont sa femme eut la hardiesse et le bonheur de le tirer. Cette violence fit naître des conspirations qui attirèrent de nouveaux supplices. Un fils de Barnevelt résolut de venger le sang de son père sur celui de Maurice (1623). Le complot fut découvert. Ses complices, à la tête desquels était un ministre arminien, périrent tous par la main du bourreau. Ce fils de Barnevelt eut le bonheur d'échapper tandis qu'on saisissait les conjurés ; mais son jeune frère eut la tête tranchée, uniquement pour avoir su la conspiration. De Thou mourut en France précisément pour la même cause. La condamnation du jeune Hollandais était bien plus cruelle ; c'était le comble de l'injustice de le faire mourir parce qu'il n'avait pas été le délateur de son frère. Si ces temps d'atrocité eussent continué, les Hollandais libres eussent été plus malheureux que leurs ancêtres esclaves du duc d'Albe. (x) B Ces persécutions gomariennes ressemblaient à ces premières persécutions que les protestants avaient si souvent reprochées aux catholiques, et que toutes les sectes avaient exercées les unes envers les autres.

Amsterdam, quoique remplie de gomaristes, favorisa toujours les arminiens, et embrassa le parti de la tolérance. L'ambition et la cruauté du prince Maurice laissèrent une profonde plaie dans le cœur des Hollandais, et le souvenir de la mort de Barnevelt ne contribua pas peu dans la suite à faire exclure du stathoudérat le jeune prince d'Orange Guillaume III, qui fut depuis roi d'Angleterre. Il était encore au berceau lorsque le pensionnaire de Witt stipula, dans le traité de paix des États-Généraux avec Cromwell, en 1653, qu'il n'y aurait plus de stathouder en Hollande. Cromwell poursuivait encore, dans cet enfant, le roi Charles Iᵉʳ, son grand-père, et le pensionnaire de Witt vengeait le sang d'un pensionnaire. Cette manœuvre de Witt fut enfin la cause funeste de sa mort et de celle de son frère ; mais voilà à peu près toutes les catastrophes sanglantes causées en Hollande par le combat de la liberté et de l'ambition.

La compagnie des Indes, indépendante de ces factions, n'en bâtit pas moins Batavia, dès l'année 1618, malgré les rois du pays, et malgré les Anglais, qui vinrent attaquer ce nouvel établissement. La Hollande, marécageuse et stérile en plus d'un canton, se faisait, sous le cinquième degré de latitude septentrionale [1], un royaume dans la contrée la plus fertile de la terre, où les campagnes

---

1. Méridionale, Batavia étant au sud de l'équateur.

sont couvertes de riz, de poivre, de cannelle, et où la vigne porte deux fois l'année. Elle s'empara depuis de Bantam dans la même île, et en chassa les Anglais. Cette seule compagnie eut huit grands gouvernements dans les Indes, en y comptant le cap de Bonne-Espérance, quoique à la pointe de l'Afrique, poste important qu'elle enleva aux Portugais en 1653.

Dans le même temps que les Hollandais s'établissaient ainsi aux extrémités de l'Orient, ils commencèrent à étendre leurs conquêtes du côté de l'Occident en Amérique, après l'expiration de la trêve de douze années avec l'Espagne. La compagnie d'Occident se rendit maîtresse de presque tout le Brésil, depuis 1623 jusqu'en 1636. On vit avec étonnement, par les registres de cette compagnie, qu'elle avait, dans ce court espace de temps, équipé huit cents vaisseaux, tant pour la guerre que pour le commerce, et qu'elle en avait enlevé cinq cent quarante-cinq aux Espagnols. Cette compagnie l'emportait alors sur celle des Indes orientales; mais enfin lorsque le Portugal eut secoué le joug des rois d'Espagne, il défendit mieux qu'eux ses possessions, et regagna le Brésil, où il a trouvé des trésors nouveaux.

La plus fructueuse des expéditions hollandaises fut celle de l'amiral Pierre Hein, qui enleva tous les galions d'Espagne revenant de la Havane, et rapporta, dans ce seul voyage, vingt millions de nos livres à sa patrie. Les trésors du nouveau monde, conquis par les Espagnols, servaient à fortifier contre eux leurs anciens sujets, devenus leurs ennemis redoutables. La république, pendant quatre-vingts ans, si vous en exceptez une trêve de douze années, soutint cette guerre dans les Pays-Bas, dans les Grandes-Indes et dans le nouveau monde; et elle fut assez puissante pour conclure une paix avantageuse à Munster, en 1647, indépendamment de la France, son alliée et longtemps sa protectrice, sans laquelle elle avait promis de ne pas traiter.

Bientôt après, en 1652, et dans les années suivantes, elle ne craint point de rompre avec son alliée l'Angleterre; elle a autant de vaisseaux qu'elle; son amiral Tromp ne cède au fameux amiral Blake qu'en mourant dans une bataille. Elle secourt ensuite le roi de Danemark, assiégé dans Copenhague par le roi de Suède Charles X.

Sa flotte, commandée par l'amiral Obdam, bat la flotte suédoise, et délivre Copenhague. Toujours rivale du commerce des Anglais, elle leur fait la guerre sous Charles II comme sous Cromwell, et avec de bien plus grands succès. Elle devient l'arbitre des couronnes en 1668. Louis XIV est obligé par elle de faire la paix avec l'Espagne. Cette même république, auparavant si attachée à la France, est depuis ce temps-là jusqu'à la fin du XVIIᵉ siècle l'appui de l'Espagne contre la France même. Elle est longtemps une des parties principales dans les affaires de l'Europe. Elle se relève de ses chutes, et enfin, quoique affaiblie, elle subsiste par le seul commerce, qui a servi à sa fondation, sans avoir fait en Europe aucune conquête que celle de Mastricht et d'un très petit et mauvais pays, qui ne sert qu'à défendre ses frontières; on ne l'a point vue s'agrandir depuis la paix de Munster : en cela plus semblable à l'ancienne république de Tyr, puissante par le seul commerce, qu'à celle de Carthage, qui eut tant de possessions en Afrique, et à celle de Venise, qui s'était trop étendue dans la terre ferme.

CHAPITRE CLXXXVIII

Du Danemark, de la Suède, et de la Pologne [1], au XVIIe siècle

Vous ne voyez point le Danemark entrer dans le système de l'Europe au XVIe siècle. Il n'y a rien de mémorable qui attire les yeux des autres nations depuis la déposition solennelle du tyran Christiern II. Ce royaume, composé du Danemark et de la Norvège, fut longtemps gouverné à peu près comme la Pologne. Ce fut une aristocratie à laquelle présidait un roi électif. C'est l'ancien gouvernement de presque toute l'Europe. Mais, dans l'année 1660, les états assemblés défèrent au roi Frédéric III le droit héréditaire et la souveraineté absolue. Le Danemark devient le seul royaume de la terre où les peuples aient établi le pouvoir arbitraire par un acte solennel. La Norvège, qui a six cents lieues de long, ne rendait pas cet État puissant. Un terrain de rochers stériles ne peut être beaucoup peuplé. Les îles qui composent le Danemark sont plus fertiles; mais on n'en avait pas encore tiré les mêmes avantages qu'aujourd'hui. On ne s'attendait pas encore que les Danois auraient un jour une compagnie des Indes, et un établissement à Tranquebar; que le roi pourrait entretenir aisément trente vaisseaux de guerre et une armée de vingt-cinq mille hommes. Les gouvernements sont comme les hommes : ils se forment tard. L'esprit de commerce, d'industrie, d'économie, s'est communiqué de proche en proche. Je ne parlerai point ici des guerres que le Danemark a si souvent soutenues contre la Suède;

---

1. Le développement sur la Pologne faisait partie de ce chapitre dans *56*. En 1761 un chapitre particulier fut consacré à la Pologne, mais le titre de ce chapitre 188 ne fut pas modifié.

elles n'ont presque point laissé de grandes traces, et
vous aimez mieux considérer les mœurs et la forme des
gouvernements que d'entrer dans le détail des meurtres
qui n'ont point produit d'événements dignes de la postérité.

Les rois, en Suède, n'étaient pas plus despotiques
qu'en Danemark aux xviᵉ et xviiᵉ siècles. Les quatre
états, composés de mille gentilshommes, de cent ecclésiastiques, de cent cinquante bourgeois, et d'environ
deux cent cinquante paysans, faisaient les lois du
royaume. On n'y connaissait, non plus qu'en Danemark
et dans le Nord, aucun de ces titres de comte, de marquis,
de baron, si fréquents dans le reste de l'Europe. Ce fut
le roi Éric, fils de Gustave Vasa, qui les introduisit vers
l'an 1561. Cet Éric cependant était bien loin de régner
avec un pouvoir absolu, et il laissa au monde un nouvel
exemple des malheurs qui peuvent suivre le désir d'être
despotique, et l'incapacité de l'être. (1569) Le fils du
restaurateur de la Suède fut accusé de plusieurs crimes
par devant les états assemblés, et déposé par une sentence unanime, comme le roi Christiern II l'avait été
en Danemark : on le condamna à une prison perpétuelle,
et on donna la couronne à Jean son frère.

Comme votre principal dessein, dans cette foule
d'événements, est de porter la vue sur ceux qui tiennent
aux mœurs et à l'esprit du temps, il faut savoir que ce
roi Jean, qui était catholique, craignant que les partisans
de son frère ne le tirassent de sa prison et ne le remissent
sur le trône, lui envoya publiquement du poison,
comme le sultan envoie un cordeau, et le fit enterrer
avec solennité, le visage découvert, afin que personne
ne doutât de sa mort, et qu'on ne pût se servir de son
nom pour troubler le nouveau règne.

(1580) Le jésuite Possevin, que le pape Grégoire XIII
envoya dans la Suède et dans tout le Nord, en qualité
de nonce, imposa au roi Jean, pour pénitence de cet
empoisonnement, de ne faire qu'un repas tous les
mercredis; pénitence ridicule, mais qui montre au moins
que le crime doit être expié. Ceux du roi Éric avaient été
punis plus rigoureusement.

Ni le roi Jean, ni le nonce Possevin, ne purent réussir
à faire dominer la religion catholique. Le roi Jean, qui

ne s'accommodait pas de la luthérienne, tenta de faire recevoir la grecque; mais il n'y réussit pas davantage. Ce roi avait quelque teinture des lettres, et il était presque le seul dans son royaume qui se mêlât de controverse. Il y avait une université à Upsal, mais elle était réduite à deux ou trois professeurs sans étudiants. La nation ne connaissait que les armes, sans avoir pourtant fait encore de progrès dans l'art militaire. On n'avait commencé à se servir d'artillerie que du temps de Gustave Vasa; les autres arts étaient si inconnus que, quand ce roi Jean tomba malade, en 1592, il mourut sans qu'on pût lui trouver un médecin, tout au contraire des autres rois, qui quelquefois en sont trop environnés. Il n'y avait encore ni médecin ni chirurgien en Suède. Quelques épiciers vendaient seulement des drogues médicinales qu'on prenait au hasard. On en usait ainsi dans presque tout le Nord. Les hommes, bien loin d'y être exposés à l'abus des arts, n'avaient pas su encore se procurer les arts nécessaires.

Cependant la Suède pouvait alors devenir très puissante. Sigismond, fils du roi Jean, avait été élu roi de Pologne, huit ans avant la mort de son père. La Suède s'empara alors de la Finlande et de l'Estonie. (1600) Sigismond, roi de Suède et de Pologne, pouvait conquérir toute la Moscovie, qui n'était alors ni bien gouvernée ni bien armée; mais Sigismond étant catholique, et la Suède luthérienne, il ne conquit rien, et perdit la couronne de Suède. Les mêmes états qui avaient déposé son oncle Éric le déposèrent aussi (1604), et déclarèrent roi un autre de ses oncles, qui fut Charles IX, père du grand Gustave-Adolphe. Tout cela ne se passa pas sans les troubles, les guerres et les conspirations qui accompagnent de tels changements. Charles IX n'était regardé que comme un usurpateur par les princes alliés de Sigismond; mais en Suède il était roi légitime.

(1611) Gustave-Adolphe, son fils, lui succéda sans aucun obstacle, n'ayant pas encore dix-huit ans accomplis, qui est l'âge de la majorité des rois de Suède et de Danemark, ainsi que des princes de l'empire. Les Suédois ne possédaient point alors la Scanie, la plus belle de leurs provinces : elle avait été cédée au Danemark dès le XIVe siècle; de sorte que le territoire de Suède

était presque toujours le théâtre de toutes les guerres
entre les Suédois et les Danois. La première chose que
fit Gustave-Adolphe ce fut d'entrer dans cette province
de Scanie; mais il ne put jamais la reprendre. Ses premières guerres furent infructueuses : il fut obligé de
faire la paix avec le Danemark (1613). Il avait tant de
penchant pour la guerre qu'il alla attaquer les Moscovites au delà de la Neva, dès qu'il fut délivré des Danois.
Ensuite il se jeta sur la Livonie, qui appartenait alors
aux Polonais, et, attaquant partout Sigismond, son cousin, il pénétra jusqu'en Lithuanie. L'empereur Ferdinand II
était allié de Sigismond, et craignait Gustave-Adolphe.
Il envoya quelques troupes contre lui. On peut juger
de là que le ministère de France n'eut pas grande peine
à faire venir Gustave en Allemagne. Il fit avec Sigismond
et la Pologne une trêve pendant laquelle il garda ses
conquêtes. Vous savez comme il ébranla le trône de
Ferdinand II, et comme il mourut à la fleur de son âge,
au milieu de ses victoires.

(1632) Christine, sa fille, non moins célèbre que lui,
ayant régné aussi glorieusement que son père avait combattu, et ayant présidé aux traités de Vestphalie qui
pacifièrent l'Allemagne, étonna l'Europe par l'abdication de sa couronne, à l'âge de vingt-sept ans. Puffendorf
dit qu'elle fut obligée de se démettre [1]; mais en même
temps il avoue que, lorsque cette reine communiqua
pour la première fois sa résolution au sénat, en 1651,
des sénateurs en larmes la conjurèrent de ne pas abandonner le royaume [2]; qu'elle n'en fut pas moins ferme
dans le mépris de son trône, et qu'enfin, ayant assemblé
les états (21 mai 1654), elle quitta la Suède, malgré les
prières de tous ses sujets. Elle n'avait jamais paru incapable de porter le poids de la couronne; mais elle aimait
les beaux-arts. Si elle avait été reine en Italie, où elle
se retira, elle n'eût point abdiqué. C'est le plus grand
exemple de la supériorité réelle des arts, de la politesse,

---

1. Selon Puffendorf, *Histoire de la Suède,* t. II, p. 401, le mauvais
état des finances aurait été l'une des causes principales de son
abdication.

2. *Ibid.,* t. II, pp. 391-5 : Puffendorf dit bien que le chancelier,
porte-parole du Sénat, « avait les larmes aux yeux ».

et de la société perfectionnée, sur la grandeur qui n'est que grandeur.

Charles X, son cousin, duc de Deux-Ponts, fut choisi par les états pour son successeur. Ce prince ne connaissait que la guerre. Il marche en Pologne, et la conquit avec la même rapidité que nous avons vu Charles XII, son petit-fils, la subjuguer, et il la perdit de même. Les Danois, alors défenseurs de la Pologne, parce qu'ils étaient toujours ennemis de la Suède, tombèrent sur elle (1658); mais Charles X, quoique chassé de la Pologne, marcha sur la mer, glacée, d'île en île jusqu'à Copenhague. Cet événement prodigieux fit enfin conclure une paix qui rendit à la Suède la Scanie, perdue depuis trois siècles.

Son fils, Charles XI, fut le premier roi absolu, et son petit-fils, Charles XII, fut le dernier. Je n'observerai ici qu'une seule chose, qui montre combien l'esprit du gouvernement a changé dans le Nord, et combien il a fallu de temps pour le changer. Ce n'est qu'après la mort de Charles XII que la Suède, toujours guerrière, s'est enfin tournée à l'agriculture et au commerce, autant qu'un terrain ingrat et la médiocrité de ses richesses peuvent le permettre. Les Suédois ont eu enfin une compagnie des Indes, et leur fer, dont ils ne se servaient autrefois que pour combattre, a été porté avec avantage sur leurs vaisseaux, du port de Gothembourg aux provinces méridionales du Mogol et de la Chine.

Voici une nouvelle vicissitude et un nouveau contraste A dans le Nord. Cette Suède, despotiquement gouvernée, est devenue de nos jours le royaume de la terre le plus libre, et celui où les rois sont les plus dépendants. Le Danemark, au contraire, où le roi n'était qu'un doge, où la noblesse était souveraine, et le peuple esclave, devint, dès l'an 1661, un royaume entièrement monarchique. Le clergé et les bourgeois aimèrent mieux un souverain absolu que cent nobles qui voulaient commander; ils forcèrent ces nobles à être sujets comme eux, et à déférer au roi, Frédéric III, une autorité sans bornes. Ce monarque fut le seul dans l'univers qui, par un consentement formel de tous les ordres de l'État, fut reconnu pour souverain absolu des hommes et des lois, *pouvant les faire, les abroger, et les négliger, à sa volonté*. On lui donna juridiquement ces armes terribles, contre lesquelles il n'y a point de bouclier. Ses successeurs en ont rarement abusé. Ils ont senti que leur grandeur consistait à rendre heureux leurs peuples. La Suède et le Danemark sont parvenus à cultiver le commerce par des routes diamétralement opposées : la Suède, en se rendant libre, et le Danemark, en cessant de l'être [1].

---

1. Dans l'exemplaire *Cc* on lit ici une note autographe de V. : « Voyez la nouvelle révolution à la fin de *Charles XII* ». Il se proposait donc de mentionner à la fin de son *Histoire de Charles XII* le coup d'État de 1772, par lequel Gustave III avait repris à l'aristocratie les pouvoirs dont elle s'était emparée à la mort de Charles XII.

CHAPITRE CLXXXIX

A   DE LA POLOGNE AU XVIIᵉ SIÈCLE, ET DES SOCINIENS
OU UNITAIRES

La Pologne était le seul pays qui, joignant le nom de
république à celui de monarchie, se donnât toujours un
roi étranger, comme les Vénitiens choisissent un général de terre. C'est encore le seul royaume qui n'ait point
eu l'esprit de conquête, occupé seulement de défendre
ses frontières contre les Turcs et contre les Moscovites.

Les factions catholique et protestante, qui avaient
troublé tant d'États, pénétrèrent enfin chez cette nation.
Les protestants furent assez considérables pour se faire
accorder la liberté de conscience en 1587, et leur parti
était déjà si fort que le nonce du pape, Annibal de Capoue,
n'employa qu'eux pour tâcher de donner la couronne
à l'archiduc Maximilien, frère de l'empereur Rodolphe II.
En effet les protestants polonais élurent ce prince autri-
chien, tandis que la faction opposée choisissait le Suédois
Sigismond, petit-fils de Gustave Vasa, dont nous avons
parlé. Sigismond devait être roi de Suède, si les droits
du sang avaient été consultés; mais vous avez vu que
les états de la Suède disposaient du trône. Il était si loin
de régner en Suède que Gustave-Adolphe, son cousin,
fut sur le point de le détrôner en Pologne, et ne renonça
à cette entreprise que pour aller tenter de détrôner
l'empereur.

C'est une chose étonnante que les Suédois aient souvent parcouru la Pologne en vainqueurs, et que les
Turcs, bien plus puissants, n'aient jamais pénétré beaucoup au delà de ses frontières. Le sultan Osman attaqua
les Polonais avec deux cent mille hommes, au temps
de Sigismond, du côté de la Moldavie : les Cosaques,
seuls peuples alors attachés à la république et sous sa

protection, rendirent, par une résistance opiniâtre, l'irruption des Turcs inutile. Que peut-on conclure du mauvais succès d'un tel armement, sinon que les capitaines d'Osman ne savaient pas faire la guerre ?

(1632) Sigismond mourut la même année que Gustave-Adolphe. Son fils Ladislas, qui lui succéda, vit commencer la fatale défection de ces Cosaques qui, ayant été longtemps le rempart de la république, se sont enfin donnés aux Russes et aux Turcs. Ces peuples, qu'il faut distinguer des Cosaques du Tanaïs, habitent les deux rives du Borysthène : leur vie est entièrement semblable à celle des anciens Scythes et des Tartares des bords du Pont-Euxin. Au nord et à l'orient de l'Europe, toute cette partie du monde était encore agreste : c'est l'image de ces prétendus siècles héroïques où les hommes, se bornant au nécessaire, pillaient ce nécessaire chez leurs voisins. Les seigneurs polonais des palatinats qui touchent à l'Ukraine voulurent traiter quelques Cosaques comme leurs vassaux, c'est-à-dire comme des serfs. Toute la nation, qui n'avait de bien que sa liberté, se souleva unanimement, et désola longtemps les terres de la Pologne. Ces Cosaques étaient de la religion grecque, et ce fut encore une raison de plus pour les rendre irréconciliables avec les Polonais. Les uns se donnèrent aux Russes, les autres aux Turcs, toujours à condition de vivre dans leur libre anarchie. Ils ont conservé le peu qu'ils ont de la religion des Grecs, et ils ont enfin perdu presque entièrement leur liberté sous l'empire de la Russie, qui, après avoir été policée de nos jours, a voulu les policer aussi.

Le roi Ladislas mourut sans laisser d'enfants de sa femme, Marie-Louise de Gonzague, la même qui avait aimé le grand écuyer Cinq-Mars. Ladislas avait deux frères, tous deux dans les ordres : l'un, jésuite et cardinal, nommé Jean-Casimir ; l'autre évêque de Breslau et de Kiovie. Le cardinal et l'évêque disputèrent le trône. (1648) Casimir fut élu. Il renvoya son chapeau, prit la couronne de Pologne, et épousa la veuve de son frère ; mais après avoir vu, pendant vingt années, son royaume toujours troublé par des factions, dévasté tantôt par le roi de Suède Charles X, tantôt par les Moscovites et par les Cosaques, il suivit l'exemple de la reine

Christine : il abdiqua comme elle (1668), mais avec moins de gloire, et alla mourir à Paris abbé de Saint-Germain des Prés.

La Pologne ne fut pas plus heureuse sous son successeur Michel Coribut. Tout ce qu'elle a perdu en divers temps composerait un royaume immense. Les Suédois lui avaient enlevé la Livonie, que les Russes possèdent encore aujourd'hui. Ces mêmes Russes, après leur avoir pris autrefois les provinces de Pleskou et de Smolensko, s'emparèrent encore de presque toute la Kiovie et de l'Ukraine. Les Turcs prirent, sous le règne de Michel, la Podolie et la Volhinie (1672). La Pologne ne put se conserver qu'en se rendant tributaire de la Porte ottomane. Le grand-maréchal de la couronne Jean Sobieski lava cette honte, à la vérité, dans le sang des Turcs à la bataille de Chokzim : (1674) cette célèbre bataille délivra la Pologne du tribut, et valut à Sobieski la couronne; mais apparemment cette victoire si célèbre ne fut pas aussi sanglante et aussi décisive qu'on le dit, puisque les Turcs gardèrent alors la Podolie et une partie de l'Ukraine, avec l'importante forteresse de Kaminieck qu'ils avaient prise.

Il est vrai que Sobieski, devenu roi, rendit depuis son nom immortel par la délivrance de Vienne; mais il ne put jamais reprendre Kaminieck, et les Turcs ne l'ont rendu qu'après sa mort, à la paix de Carlowitz, en 1699. La Pologne, dans toutes ces secousses, ne changea jamais ni de gouvernement, ni de lois, ni de mœurs, ne devint ni plus riche ni plus pauvre; mais sa discipline militaire ne s'étant point perfectionnée, et le czar Pierre ayant enfin, par le moyen des étrangers, introduit chez lui cette discipline si avantageuse, il est arrivé que les Russes, autrefois méprisés de la Pologne, l'ont forcée en 1733 à recevoir le roi qu'ils ont voulu lui donner, et que dix mille Russes ont imposé des lois à la noblesse polonaise assemblée.

L'impératrice-reine Marie-Thérèse, l'impératrice de C Russie Catherine II, et Frédéric, roi de Prusse, ont imposé des lois plus dures à cette république, au moment que nous écrivons.

Quant à la religion, elle causa peu de troubles dans cette partie du monde. Les unitaires eurent quelque temps des églises dans la Pologne, dans la Lithuanie, au commencement du XVIIᵉ siècle. Ces unitaires, qu'on appelle tantôt *sociniens,* tantôt *ariens,* prétendaient soutenir la cause de Dieu même, en le regardant comme un être unique, incommunicable, qui n'avait un fils que par adoption. Ce n'étaient pas entièrement le dogme des anciens *eusébéiens.* Ils prétendaient ramener sur la terre la pureté des premiers âges du christianisme, renonçant à la magistrature et à la profession des armes. Des citoyens qui se faisaient un scrupule de combattre ne semblaient pas propres pour un pays où l'on était sans cesse en armes contre les Turcs. Cependant cette religion fut assez florissante en Pologne jusqu'à l'année 1658. On la proscrivit dans ce temps-là parce que ces sectaires, qui avaient renoncé à la guerre, n'avaient pas renoncé à l'intrigue. Ils étaient liés avec Ragotski, prince de Transylvanie, alors ennemi de la république. Cependant ils sont encore en grand nombre en Pologne, quoiqu'ils y aient perdu la liberté de faire une profession ouverte de leurs sentiments.

Le déclamateur Maimbourg prétend qu'ils se réfugièrent en Hollande, où « il n'y a, dit-il, que la religion catholique qu'on ne tolère pas » [1]. Le déclamateur Maimbourg se trompe sur cet article comme sur bien d'autres. Les catholiques sont si tolérés dans les Provinces-Unies qu'ils y composent le tiers de la nation, et jamais les unitaires ou les sociniens n'y ont eu d'assemblée publique. Cette religion s'est étendue sourdement en Hollande, en Transylvanie, en Silésie, en Pologne, mais surtout en Angleterre. On peut compter, parmi les révolutions de l'esprit humain, que cette religion, qui a dominé dans l'Église à diverses fois pendant trois cent cinquante années depuis Constantin, se soit reproduite dans l'Europe depuis deux siècles, et soit

---

1. *Histoire de l'arianisme*, Paris, 1673, t. II, p. 554 : ... « en Hollande, où il n'y a guère que la véritable religion qu'on ne tolère pas, et où les armes victorieuses du roi Très Chrétien, qui vient de la rétablir dans plus de trente places qu'il y a conquises dans une campagne, nous donnent lieu de croire qu'elle recouvrera bientôt, soit par la paix, soit par la guerre, la liberté qu'elle y avait perdue depuis près d'un siècle. »

theol. z ethics

répandue dans tant de provinces sans avoir aujourd'hui de temple en aucun endroit du monde. Il semble qu'on ait craint d'admettre parmi les communions du christianisme une secte qui avait autrefois triomphé si longtemps de toutes les autres communions.

C'est encore une contradiction de l'esprit humain. Ce Qu'importe, en effet, que les chrétiens reconnaissent dans Jésus-Christ un Dieu portion indivisible de Dieu, et pourtant séparée, ou qu'ils révèrent dans lui la première créature de Dieu? Ces deux systèmes sont également incompréhensibles; mais les lois de la morale, l'amour de Dieu et celui du prochain, sont également à la portée de tout le monde, également nécessaires.

CHAPITRE CXC

Nous ne donnions point alors le nom de Russie à la Moscovie, et nous n'avions qu'une idée vague de ce pays; la ville de Moscou, plus connue en Europe que le reste de ce vaste empire, lui faisait donner le nom de Moscovie. Le souverain prend le titre d'empereur de toutes les Russies, parce qu'en effet il y a plusieurs provinces de ce nom qui lui appartiennent, ou sur lesquelles il a des prétentions* [a].

La Moscovie ou Russie se gouvernait au xvie siècle à peu près comme la Pologne. Les boyards, ainsi que les nobles polonais, comptaient pour toute leur richesse les habitants de leurs terres : les cultivateurs étaient leurs esclaves. Le czar était quelquefois choisi par ces boyards; mais aussi ce czar nommait souvent son successeur, ce qui n'est jamais arrivé en Pologne. L'artillerie était très peu en usage au xvie siècle dans toute cette partie du monde; la discipline militaire inconnue : chaque boyard amenait ses paysans au rendez-vous des troupes, et les armait de flèches, de sabres, de bâtons ferrés en forme de piques, et de quelques fusils. Jamais d'opérations régulières en campagne, nuls magasins, point d'hôpitaux : tout se faisait par incursion, et, quand il n'y avait plus rien à piller, le boyard, ainsi que le staroste polonais, et le mirza tartare, ramenait sa troupe.

Labourer ses champs, conduire ses troupeaux, et combattre, voilà la vie des Russes jusqu'au temps de Pierre le Grand; et c'est la vie des trois quarts des habitants de la terre.

---

* Voyez l'*Histoire de Pierre le Grand*.

A

Les Russes conquirent aisément, au milieu du XVIe siècle, les royaumes de Kasan et d'Astrakan sur les Tartares affaiblis et plus mal disciplinés qu'eux encore ; mais jusqu'à Pierre le Grand ils ne purent se soutenir contre la Suède du côté de la Finlande ; des troupes régulières devaient nécessairement l'emporter sur eux. Depuis Jean Basilovitz, ou Basilides[1], qui conquit Astrakan et Kasan, une partie de la Livonie, Pleskou, Novogorod, jusqu'au czar Pierre, il n'y a rien eu de considérable.

Ce Basilides eut une étrange ressemblance avec Pierre Ier : c'est que tous deux firent mourir leur fils. Jean Basilides, soupçonnant son fils d'une conspiration pendant le siège de Pleskou, le tua d'un coup de pique ; et Pierre ayant fait condamner le sien à la mort, ce jeune prince ne survécut pas à sa condamnation et à sa grâce.

L'histoire ne fournit guère d'événement plus extraordinaire que celui des faux Demetrius (Dmitri), qui agita si longtemps la Russie après la mort de Jean Basilides (1584). Ce czar laissa deux fils, l'un nommé Fédor ou Théodor, l'autre Demetri ou Demetrius. Fédor régna ; Demetri fut confiné dans un village nommé Uglis avec la czarine sa mère. Jusque-là les mœurs de cette cour n'avaient point encore adopté la politique des sultans et des anciens empereurs grecs, de sacrifier les princes du sang à la sûreté du trône. Un premier ministre, nommé Boris Gudenou, dont Fédor avait épousé la sœur, persuada au czar Fédor qu'on ne pouvait bien régner qu'en imitant les Turcs, et en assassinant son frère. Ce premier ministre, Boris, envoya un officier dans le village où était élevé le jeune Demetri, avec ordre de le tuer. L'officier de retour dit qu'il avait exécuté sa commission, et demanda la récompense qu'on lui avait promise. Boris, pour toute récompense, fit tuer le meurtrier, afin de supprimer les preuves du crime. On prétend que Boris, quelque temps après, empoisonna le czar Fédor ; et quoiqu'il en fût soupçonné, il n'en monta pas moins sur le trône.

---

1. Ivan le Terrible, cf. *supra*, p. 138.

(1597) Il parut alors dans la Lithuanie un jeune homme qui prétendait être le prince Demetri échappé à l'assassin. Plusieurs personnes, qui l'avaient vu auprès de sa mère, le reconnaissaient à des marques certaines. Il ressemblait parfaitement au prince; il montrait la croix d'or, enrichie de pierreries, qu'on avait attachée au cou de Demetri, à son baptême. Un palatin de Sandomir le reconnut d'abord pour le fils de Jean Basilides, et pour le véritable czar. Une diète de Pologne examina solennellement les preuves de sa naissance, et, les ayant trouvées incontestables, lui fournit une armée pour chasser l'usurpateur Boris, et pour reprendre la couronne de ses ancêtres.

Cependant on traitait en Russie Demetri d'imposteur, et même de magicien. Les Russes ne pouvaient croire que Demetri, présenté par des Polonais catholiques, et ayant deux jésuites pour conseil, pût être leur véritable roi. Les boyards le regardaient tellement comme un imposteur que, le czar Boris étant mort, ils mirent sans difficulté sur le trône le fils de Boris, âgé de quinze ans.

(1605) Cependant Demetri s'avançait en Russie avec l'armée polonaise. Ceux qui étaient mécontents du gouvernement moscovite se déclarèrent en sa faveur. Un général russe, étant en présence de l'armée de Demetri, s'écria : « Il est le seul légitime héritier de l'empire », et passa de son côté avec les troupes qu'il commandait. La révolution fut bientôt pleine et entière; Demetri ne fut plus un magicien. Le peuple de Moscou courut au château, et traîna en prison le fils de Boris et sa mère. Demetri fut proclamé czar sans aucune contradiction. On publia que le jeune Boris et sa mère s'étaient tués en prison; il est plus vraisemblable que Demetri les fit mourir.

La veuve de Jean Basilides, mère du vrai ou faux Demetri, était depuis longtemps reléguée dans le nord de la Russie; le nouveau czar l'envoya chercher dans une espèce de carrosse aussi magnifique qu'on en pouvait avoir alors. Il alla plusieurs milles au-devant d'elle; tous deux se reconnurent avec des transports et des larmes, en présence d'une foule innombrable; personne alors dans l'empire ne douta que Demetri ne fût le véritable empereur. (1606) Il épousa la fille du palatin de Sandomir, son premier protecteur; et ce fut ce qui le perdit.

Le peuple vit avec horreur une impératrice catholique, une cour composée d'étrangers, et surtout une église qu'on bâtissait pour des jésuites. Demetri dès lors ne passa plus pour un Russe.

Un boyard, nommé Zuski, se mit à la tête de plusieurs conjurés, au milieu des fêtes qu'on donnait pour le mariage du czar : il entre dans le palais, le sabre dans une main et une croix dans l'autre. On égorge la garde polonaise : Demetri est chargé de chaînes. Les conjurés amènent devant lui la czarine, veuve de Jean Basilides, qui l'avait reconnu si solennellement pour son fils. Le clergé l'obligea de jurer sur la croix, et de déclarer enfin si Demetri était son fils ou non. Alors, soit que la crainte de la mort forçât cette princesse à un faux serment et l'emportât sur la nature, soit qu'en effet elle rendît gloire à la vérité, elle déclara en pleurant que le czar n'était point son fils; que le véritable Demetri avait été, en effet, assassiné dans son enfance, et qu'elle n'avait reconnu le nouveau czar qu'à l'exemple de tout le peuple, et pour venger le sang de son fils sur la famille des assassins. On prétendit alors que Demetri était un homme du peuple, nommé Griska Utropoya, qui avait été quelque temps moine dans un couvent de Russie. On lui avait reproché auparavant de n'être pas du rite grec, et de n'avoir rien des mœurs de son pays; et alors on lui reprocha d'être à la fois un paysan russe et un moine grec. Quel qu'il fût, le chef des conjurés Zuski le tua de sa main (1606), et se mit à sa place.

Ce nouveau czar, monté en un moment sur le trône, renvoya dans leur pays le peu de Polonais échappés au carnage. Comme il n'avait d'autre droit au trône ni d'autre mérite que d'avoir assassiné Demetri, les autres boyards, qui de ses égaux devenaient ses sujets, prétendirent bientôt que le czar assassiné n'était point un imposteur, qu'il était le véritable Demetri, et que son meurtrier n'était pas digne de la couronne. Ce nom de Demetri devint cher aux Russes. Le chancelier de celui qu'on venait de tuer s'avisa de dire qu'il n'était pas mort, qu'il guérirait bientôt de ses blessures, et qu'il reparaîtrait à la tête de ses fidèles sujets.

Ce chancelier parcourut la Moscovie, menant avec lui, dans une litière, un jeune homme auquel il donnait le nom de Demetri, et qu'il traitait en souverain. A ce nom seul les peuples se soulevèrent, il se donna des batailles au nom de ce Demetri qu'on ne voyait pas; mais le parti du chancelier ayant été battu, ce second Demetri disparut bientôt. Les imaginations étaient si frappées de ce nom qu'un troisième Demetri se présenta en Pologne. Celui-là fut plus heureux que les autres; il fut soutenu par le roi de Pologne Sigismond, et vint assiéger le tyran Zuski dans Moscou même. Zuski, enfermé dans Moscou, tenait encore en sa puissance la veuve du premier Demetri, et le palatin de Sandomir, père de cette veuve. Le troisième redemanda la princesse comme sa femme. Zuski rendit la fille et le père, espérant peut-être adoucir le roi de Pologne, ou se flattant que la palatine ne reconnaîtrait pas son mari dans un imposteur; mais cet imposteur était victorieux. La veuve du premier Demetri ne manqua pas de reconnaître ce troisième pour son véritable époux, et si le premier trouva une mère, le troisième trouva aussi aisément une épouse. Le beau-père jura que c'était là son gendre, et les peuples ne doutèrent plus. Les boyards, partagés entre l'usurpateur Zuski et l'imposteur, ne reconnurent ni l'un ni l'autre. Ils déposèrent Zuski, et le mirent dans un couvent. C'était encore une superstition des Russes, comme de l'ancienne Église grecque, qu'un prince qu'on avait fait moine ne pouvait plus régner : ce même usage s'était insensiblement établi autrefois dans l'Église latine. Zuski ne reparut plus, et Demetri fut assassiné dans un festin par des Tartares.

(1610) Les boyards alors offrirent leur couronne au prince Ladislas, fils de Sigismond, roi de Pologne. Ladislas se préparait à venir la recevoir, lorsqu'il parut encore un quatrième Demetri pour la lui disputer. Celui-ci publia que Dieu l'avait toujours conservé, quoiqu'il eût été assassiné à Uglis par le tyran Boris, à Moscou par l'usurpateur Zuski, et ensuite par des Tartares. Il trouva des partisans qui crurent ces trois miracles. La ville de Pleskou le reconnut pour czar; il y établit sa cour quelques années, pendant que les Russes, se repentant d'avoir appelé les Polonais, les chassaient de tous côtés, et que Sigismond renonçait à voir son fils Ladislas sur le trône des czars. Au milieu de ces troubles, on mit sur le trône le fils du patriarche Fédor Romanow : ce patriarche était parent, par les femmes, du czar Jean Basilides. Son fils, Michel Fédérovitz, c'est-à-dire fils de Fédor, fut élu à l'âge de dix-sept ans par le crédit du père. Toute la Russie reconnut ce Michel, et la ville de Pleskou lui livra le quatrième Demetri, qui finit par être pendu.

Il en restait un cinquième : c'était le fils du premier, qui avait régné en effet, de celui-là même qui avait épousé la fille du palatin de Sandomir. Sa mère l'enleva de Moscou lorsqu'elle alla trouver le troisième Demetri, et qu'elle feignit de le reconnaître pour son véritable mari. (1633) Elle se retira ensuite chez les Cosaques avec cet enfant, qu'on regardait comme le petit-fils de Jean Basilides, et qui, en effet, pouvait bien l'être. Mais dès que Michel Fédérovitz fut sur le trône, il força les Cosaques à lui livrer la mère et l'enfant, et les fit noyer l'un et l'autre.

On ne s'attendait pas à un sixième Demetri. Cependant, sous l'empire de Michel Fédérovitz en Russie, et sous le règne de Ladislas en Pologne, on vit encore un nouveau représentant de ce nom à la cour de Russie. Quelques jeunes gens, en se baignant avec un Cosaque de leur âge, aperçurent sur son dos des caractères russes, imprimés avec une aiguille; on y lisait : *Demetri, fils du czar Demetri*. Celui-ci passa pour ce même fils de la palatine de Sandomir, que le czar Férédovitz avait fait noyer dans un étang glacé. Dieu avait opéré un miracle pour le sauver; il fut traité en fils de czar à la cour de Ladislas, et on prétendait bien se servir de lui pour exciter de nouveaux troubles en Russie. La mort de Ladislas, son protecteur, lui ôta toute espérance : il se retira en Suède, et de là dans le Holstein; mais malheureusement pour lui le duc de Holstein ayant envoyé en Moscovie une ambassade pour établir un commerce de soie de Perse, et son ambassadeur n'ayant réussi qu'à faire des dettes à Moscou, le duc de Holstein obtint quittance de la dette en livrant ce dernier Demetri, qui fut mis en quartiers.

Toutes ces aventures, qui tiennent du fabuleux, et

fable (muth

qui sont pourtant très vraies, n'arrivent point chez les peuples policés qui ont une forme de gouvernement régulière. Le czar Alexis, fils de Michel Fédérovitz, et petit-fils du patriarche Fédor Romanow, couronné en 1645, n'est guère connu dans l'Europe que pour avoir été le père de Pierre le Grand. La Russie, jusqu'au czar Pierre, resta presque inconnue aux peuples méridionaux de l'Europe, ensevelie sous un despotisme malheureux du prince sur les boyards, et des boyards sur les cultivateurs. Les abus dont se plaignent aujourd'hui les nations policées auraient été des lois divines pour les Russes. Il y a quelques règlements parmi nous qui excitent les murmures des commerçants et des manufacturiers; mais dans ces pays du Nord il était très rare d'avoir un lit : on couchait sur des planches, que les moins pauvres couvraient d'un gros drap acheté aux foires éloignées, ou bien d'une peau d'animal, soit domestique, soit sauvage. Lorsque le comte de Carlisle [1], ambassadeur de Charles II d'Angleterre à Moscou, traversa tout l'empire russe d'Archangel en Pologne, en 1663, il trouva partout cet usage, et la pauvreté générale que cet usage suppose, tandis que l'or et les pierreries brillaient à la cour, au milieu d'une pompe grossière.

Un Tartare de la Crimée, un Cosaque du Tanaïs, réduit à la vie sauvage du citoyen russe, était bien plus heureux que ce citoyen, puisqu'il était libre d'aller où il voulait, et qu'il était défendu au Russe de sortir de son pays. Vous connaissez, par l'histoire de Charles XII, et par celle de Pierre Ier, qui s'y trouve renfermée [2], quelle différence immense un demi-siècle a produite dans cet empire. Trente siècles n'auraient pu faire ce qu'a fait Pierre en voyageant quelques années.

---

1. _Les Trois ambassades du comte de Carlisle,_ Amsterdam, 1700, _FL,_ p. 340 : « Ils se contentent de se coucher de leur long sur un simple ais avec leurs habits d'été, et l'hiver sur quelque pièce de drap ou de fourrure. »

2. V. écrivait ceci en 1756, avant d'avoir publié son _Histoire de la Russie sous Pierre le Grand_ (1759-1763).

CHAPITRE CXCI

Après la mort de Sélim II (1585), les Ottomans conservèrent leur supériorité dans l'Europe et dans l'Asie. Ils étendirent encore leurs frontières sous le règne d'Amurat III. Ses généraux prirent, d'un côté, Raab en Hongrie, et de l'autre, Tibris en Perse. Les janissaires, redoutables aux ennemis, l'étaient toujours à leurs maîtres; mais Amurat III leur fit voir qu'il était digne de leur commander. (1593) Ils vinrent un jour lui demander la tête du tefterdar, c'est-à-dire du grand-trésorier. Ils étaient répandus en tumulte à la porte intérieure du sérail, et menaçaient le sultan même. Il leur fait ouvrir la porte : suivi de tous les officiers du sérail, il fond sur eux le sabre à la main, il en tue plusieurs; le reste se dissipe et obéit. Cette milice si fière souffre qu'on exécute à ses yeux les principaux auteurs de l'émeute; mais quelle milice que des soldats que leur maître était obligé de combattre ! On pouvait quelquefois la réprimer; mais on ne pouvait ni l'accoutumer au joug, ni la discipliner, ni l'abolir, et elle disposa souvent de l'empire.

Mahomet III, fils d'Amurat, méritait plus qu'aucun sultan que ses janissaires usassent contre lui du droit qu'ils s'arrogeaient de juger leurs maîtres. Il commença son règne, à ce qu'on dit, par faire étrangler dix-neuf de ses frères, et par faire noyer douze femmes de son père, qu'on croyait enceintes. On murmura à peine; il n'y a que des faibles de punis : ce barbare gouverna avec splendeur. Il protégea la Transylvanie contre l'empereur Rodolphe II, qui abandonnait le soin de ses États et de l'empire; il dévasta la Hongrie; il prit Agria en personne (1596), à la vue de l'archiduc Mathias; et son règne affreux ne laissa pas de maintenir la grandeur ottomane.

Pendant le règne d'Achmet Iᵉʳ, son fils, depuis 1603 jusqu'en 1631, tout dégénère. Sha-Abbas le Grand, roi de Perse, est toujours vainqueur des Turcs. (1603) Il reprend sur eux Tauris, ancien théâtre de la guerre entre les Turcs et les Persans ; il les chasse de toutes leurs conquêtes, et par là il délivre Rodolphe, Mathias et Ferdinand II d'inquiétude. Il combat pour les chrétiens sans le savoir. Achmet conclut, en 1615, une paix honteuse avec l'empereur Mathias ; il lui rend Agria, Canise, Pest, Albe-Royale conquise par ses ancêtres. Tel est le contre-poids de la fortune. C'est ainsi que vous avez vu Ussum Cassan, Ismaël Sophi, arrêter les progrès des Turcs contre l'Allemagne et contre Venise ; et, dans les temps antérieurs, Tamerlan sauver Constantinople.

Ce qui se passe après la mort d'Achmet nous prouve bien que le gouvernement turc n'était pas cette monarchie absolue que nos historiens nous ont représentée comme la loi du despotisme établie sans contradiction. Ce pouvoir était entre les mains du sultan comme un glaive à deux tranchants qui blessait son maître quand il était manié d'une main faible. L'empire était souvent, comme le dit le comte Marsigli [1], une démocratie militaire, pire encore que le pouvoir arbitraire. L'ordre de succession n'était point établi. Les janissaires et le divan ne choisirent point pour leur empereur le fils d'Achmet qui s'appelait Osman, mais Mustapha, frère d'Achmet (1617). Ils se dégoûtèrent au bout de deux mois de Mustapha, qu'on disait incapable de régner ; ils le mirent en prison, et proclamèrent le jeune Osman, son neveu, âgé de douze ans : ils régnèrent en effet sous son nom.

Mustapha, du fond de sa prison, avait encore un parti. Sa faction persuada aux janissaires que le jeune Osman avait dessein de diminuer leur nombre pour affaiblir

---

1. Marsigli, *Stato militare*, t. I, p. 31, après avoir montré que le sultan dépend de ses janissaires qui le déposent à leur gré, conclut : « On voit par tout ce que je viens de rapporter si l'empire ottoman mérite le nom de monarchie et d'aristocratie ou plutôt de démocratie. »

leur pouvoir. On déposa Osman sur ce prétexte; on l'enferma au Sept-Tours, et le grand-vizir Daout alla lui-même égorger son empereur (1622). Mustapha fut tiré de la prison pour la seconde fois, reconnu sultan, et au bout d'un an déposé encore par les mêmes janissaires qui l'avaient deux fois élu. Jamais prince, depuis Vitellius, ne fut traité avec plus d'ignominie. Il fut promené dans les rues de Constantinople monté sur un âne, exposé aux outrages de la populace, puis conduit aux Sept-Tours, et étranglé dans sa prison.

Tout change sous Amurat IV, surnommé *Gasi*, l'Intrépide. Il se fait respecter des janissaires en les occupant contre les Persans, en les conduisant lui-même. (12 décembre 1628) Il enlève Erzeroum à la Perse. Dix ans après, il prend d'assaut Bagdad, cette ancienne Séleucie, capitale de la Mésopotamie, que nous appelons Diarbekir, et qui est demeurée aux Turcs, ainsi qu'Erzeroum. Les Persans n'ont cru depuis pouvoir mettre leurs frontières en sûreté qu'en dévastant trente lieues de leur propre pays par-delà Bagdad, et en faisant une solitude stérile de la plus fertile contrée de la Perse. Les autres peuples défendent leurs frontières par des citadelles; les Persans ont défendu les leurs par des déserts.

Dans le même temps qu'il prenait Bagdad, il envoyait quarante mille hommes au secours du Grand Mogol, Sha-Gean, contre son fils Aurengzeb. Si ce torrent qui se débordait en Asie fût tombé sur l'Allemagne, occupée alors par les Suédois et les Français, et déchirée par elle-même, l'Allemagne était en risque de perdre la gloire de n'avoir jamais été entièrement subjuguée.

Les Turcs avouent que ce conquérant n'avait de mérite que la valeur, qu'il était cruel, et que la débauche augmentait encore sa cruauté. Un excès de vin termina ses jours et déshonora sa mémoire (1639).

Ibrahim, son fils, eut les mêmes vices, avec plus de faiblesse, et nul courage. Cependant c'est sous ce règne que les Turcs conquirent l'île de Candie, et qu'il ne leur resta plus à prendre que la capitale et quelques forteresses qui se défendirent vingt-quatre années. Cette île de Crète, si célèbre dans l'antiquité par ses lois, par ses arts, et même par ses fables, avait déjà été conquise par les mahométans arabes au commencement du ix^e

siècle. Ils y avaient bâti Candie, qui depuis ce temps donna son nom à l'île entière. Les empereurs grecs les en avaient chassés au bout de quatre-vingts ans; mais, lorsque du temps des croisades les princes latins, ligués pour secourir Constantinople, envahirent l'empire grec au lieu de le défendre, Venise fut assez riche pour acheter l'île de Candie, et assez heureuse pour la conserver.

Une aventure singulière, et qui tient du roman, attira les armes ottomanes sur Candie. Six galères de Malte s'emparèrent d'un grand vaisseau turc, et vinrent avec leur prise mouiller dans un petit port de l'île nommée Calismène. On prétendit que le vaisseau turc portait un fils du Grand Seigneur. Ce qui le fit croire, c'est que le kislar-aga, chef des ennuques noirs, avec plusieurs officiers du sérail, était dans le navire, et que cet enfant était élevé par lui avec des soins et des respects. Cet eunuque ayant été tué dans le combat, les officiers assurèrent que l'enfant appartenait à Ibrahim, et que sa mère l'envoyait en Égypte. Il fut longtemps traité à Malte comme fils du sultan, dans l'espérance d'une rançon proportionnée à sa naissance. Le sultan dédaigna de proposer la rançon, soit qu'il ne voulût point traiter avec les chevaliers de Malte, soit que le prisonnier ne fût point en effet son fils. Ce prétendu prince, négligé enfin par les Maltais, se fit dominicain : on l'a connu longtemps sous le nom du père Ottoman, et les dominicains se sont toujours vantés d'avoir le fils d'un sultan dans leur ordre.

La Porte ne pouvant se venger sur Malte, qui de son rocher inaccessible brave la puissance turque, fit tomber sa colère sur les Vénitiens; elle leur reprochait d'avoir, malgré les traités de paix, reçu dans leur port la prise faite par les galères de Malte. La flotte turque aborda en Candie : (1645) on prit la Canée, et en peu de temps presque toute l'île.

Ibrahim n'eut aucune part à cet événement. On a fait quelquefois les plus grandes choses sous les princes les plus faibles. Les janissaires furent absolument les maîtres, du temps d'Ibrahim : s'ils firent des conquêtes, ce ne fut pas pour lui, mais pour eux et pour l'empire. Enfin il fut déposé sur une décision du muphti, et sur un arrêt du divan. (1648) L'empire turc fut alors une véritable démocratie : car après avoir enfermé le sultan dans l'appartement de ses femmes, on ne proclama point d'empereur; l'administration continua au nom du sultan qui ne régnait plus.

(1649) Nos historiens prétendent qu'Ibrahim fut enfin étranglé par quatre muets, dans la fausse supposition que les muets sont employés à l'exécution des ordres sanguinaires qui se donnent dans le sérail; mais ils n'ont jamais été que sur le pied des bouffons et des nains; on ne les emploie à rien de sérieux. Il ne faut regarder que comme un roman la relation de la mort de ce prince étranglé par quatre muets; les annales turques ne disent point comment il mourut : ce fut un secret du sérail. Toutes les faussetés qu'on nous a débitées sur le gouvernement des Turcs, dont nous sommes si voisins, doivent bien redoubler notre défiance sur l'histoire ancienne. Comment peut-on espérer de nous faire connaître les Scythes, les Gomérites et les Celtes, quand on nous instruit si mal de ce qui se passe autour de nous? Tout nous confirme que nous devons nous en tenir aux événements publics dans l'histoire des nations, et qu'on perd son temps à vouloir approfondir les détails secrets, quand ils ne nous ont pas été transmis par des témoins oculaires et accrédités.

Par une fatalité singulière, ce temps funeste à Ibrahim l'était à tous les rois. Le trône de l'empire d'Allemagne était ébranlé par la fameuse guerre de Trente Ans. La guerre civile désolait la France, et forçait la mère de Louis XIV à fuir de sa capitale avec ses enfants. Charles Ier, à Londres, était condamné à mort par ses sujets. Philippe IV, roi d'Espagne, après avoir perdu presque toutes ses possessions en Asie, avait perdu encore le Portugal. Le commencement du XVIIe siècle était le temps des usurpateurs presque d'un bout du monde à l'autre. Cromwell subjuguait l'Angleterre, l'Écosse, et l'Irlande. Un rebelle, nommé Listching, forçait le dernier empereur de la race chinoise à s'étrangler avec sa femme et ses enfants, et ouvrait l'empire de la Chine aux conquérants tartares. Aurengzeb, dans le Mogol, se révoltait contre son père; il le fit languir en prison, et jouit paisiblement du fruit de ses crimes. Le plus grand des tyrans, Mulei-Ismaël, exerçait dans l'empire de Maroc de plus horribles cruautés. Ces deux usurpateurs, Aurengzeb et Mulei-Ismaël, furent de tous les rois de la terre ceux qui vécurent le plus heureusement et le plus longtemps. La vie de l'un et de l'autre a passé cent années. Cromwell, aussi méchant qu'eux, vécut moins, mais régna et mourut tranquille. Si on parcourt l'histoire du monde, on voit les faiblesses punies, mais les grands crimes heureux, et l'univers est une vaste scène de brigandage abandonnée à la fortune.

Cependant la guerre de Candie était semblable à celle de Troie. Quelquefois les Turcs menaçaient la ville; quelquefois ils étaient assiégés eux-mêmes dans la Canée, dont ils avaient fait leur place d'armes. Jamais les Vénitiens ne montrèrent plus de résolution et de courage; ils battirent souvent les flottes turques. Le trésor de Saint-Marc fut épuisé à lever des soldats. Les troubles du sérail, les irruptions des Turcs en Hongrie, firent languir l'entreprise sur Candie quelques années, mais jamais elle ne fut interrompue. Enfin, en 1667, Achmet Cuprogli, ou Kieuperli, grand-vizir de Mahomet IV, et fils d'un grand-vizir, assiégea régulièrement Candie, défendue par le capitaine général Francesco Morosini, et par du Pui-Montbrun-Saint-André, officier français, à qui le sénat donna le commandement des troupes de terre.

Cette ville ne devait jamais être prise, pour peu que les princes chrétiens eussent imité Louis XIV, qui, en 1669, envoya six à sept mille hommes au secours de la ville, sous le commandement du duc de Beaufort et du duc de Navailles. Le port de Candie fut toujours libre, il ne fallait qu'y transporter assez de soldats pour résister aux janissaires. La république ne fut pas assez puissante pour lever des troupes suffisantes. Le duc de Beaufort, le même qui avait joué du temps de la Fronde un personnage plus étrange qu'illustre, alla attaquer et renverser les Turcs dans leurs tranchées, suivi de la noblesse de France; mais un magasin de poudre et de grenades ayant sauté dans ces tranchées, tout le fruit de cette action fut perdu. Les Français, croyant marcher sur un terrain miné, se retirèrent en désordre poursuivis par les Turcs, et le duc de Beaufort fut tué dans cette action avec beaucoup d'officiers français.

Louis XIV, allié de l'empire ottoman, secourut ainsi ouvertement Venise, et ensuite l'Allemagne contre cet empire, sans que les Turcs parussent en avoir beaucoup de ressentiment. On ne sait point pourquoi ce monarque rappela bientôt après ses troupes de Candie. Le duc de Navailles, qui les commandait après la mort du duc de Beaufort, était persuadé que la place ne pouvait plus tenir contre les Turcs. Le capitaine général, Francesco Morosini, qui soutint si longtemps ce fameux siège, pouvait abandonner des ruines sans capituler, et se retirer par la mer dont il fut toujours le maître; mais en capitulant il conservait encore quelques places dans l'île à la république, et la capitulation était un traité de paix. Le vizir Achmet Cuprogli mettait toute sa gloire et celle de l'empire ottoman à prendre Candie.

(Sept. 1669) Ce vizir et Morosini firent donc la paix, dont le prix fut la ville de Candie réduite en cendres, et où il ne resta qu'une vingtaine de chrétiens malades. Jamais les chrétiens ne firent avec les Turcs de capitulation plus honorable ni de mieux observée par les vainqueurs. Il fut permis à Morosini de faire embarquer tout le canon amené à Candie pendant la guerre. Le vizir prêta des chaloupes pour conduire des citoyens qui ne pouvaient trouver place sur les vaisseaux vénitiens. Il donna cinq cents sequins au bourgeois qui lui présenta les clefs, et deux cents à chacun de ceux qui l'accompagnaient. Les Turcs et les Vénitiens se visitèrent comme des peuples amis jusqu'au jour de l'embarquement.

Le vainqueur de Candie, Cuprogli, était un des meilleurs généraux de l'Europe, un des plus grands ministres, et en même temps juste et humain. Il acquit une gloire immortelle dans cette longue guerre, où, de l'aveu des Turcs, il périt deux cent mille de leurs soldats.

Les Morosini (car il y en avait quatre de ce nom dans la ville assiégée), les Cornaro, les Gustiniani, les Benzoni, le marquis de Montbrun-Saint-André, le marquis de Frontenac, rendirent leurs noms célèbres dans l'Europe. Ce n'est pas sans raison qu'on a comparé cette guerre à celle de Troie. Le grand-vizir avait un Grec auprès de lui qui mérita le surnom d'Ulysse; il s'appelait

Payanotos, (x) ou Payanoti (x). Le prince Cantemir [1] Cc prétend que ce Grec détermina le conseil de Candie à capituler, par un stratagème digne d'Ulysse. Quelques vaisseaux français, chargés de provisions pour Candie, étaient en route. Payanotos fit arborer le pavillon français à plusieurs vaisseaux turcs qui, ayant pris le large pendant la nuit, entrèrent le jour à la rade occupée par la flotte ottomane, et furent reçus avec des cris d'allégresse. Payanotos, qui négocia avec le conseil de guerre de Candie, leur persuada que le roi de France abandonnait les intérêts de la république en faveur des Turcs dont il était allié; et cette feinte hâta la capitulation. Le capitaine général Morosini fut accusé en plein sénat d'avoir trahi Venise. Il fut défendu avec autant de véhémence qu'on en mit à l'accuser. C'est encore une ressemblance avec les anciennes républiques grecques, et surtout avec la romaine. Morosini se justifia depuis en faisant sur les Turcs la conquête du Péloponèse, qu'on nomme aujourd'hui Morée, conquête dont Venise a joui trop peu de temps. Ce grand homme mourut doge, et laissa après lui une réputation qui durera autant que Venise.

Pendant la guerre de Candie il arriva chez les Turcs un événement qui fut l'objet de l'attention de l'Europe et de l'Asie. Il s'était répandu un bruit général, fondé sur la vaine curiosité, que l'année 1666 devait être l'époque d'une grande révolution sur la terre. Le nombre mystique de 666 qui se trouve dans l'*Apocalypse* était la source de cette opinion [2]. Jamais l'attente de l'Antéchrist ne fut si universelle. Les Juifs, de leur côté, prétendirent que leur messie devait naître cette année.

Un Juif de Smyrne, nommé Sabatei-Sevi, homme assez savant, fils d'un riche courtier de la factorerie anglaise, profita de cette opinion générale, et s'annonça

---

1. *Histoire de l'empire ottoman,* dans l'éd. de 1743 en 2 vol., t. II, pp. 59-60.
2. *Apocalypse,* XIII, 18 : « Que celui qui a de l'intelligence calcule le nombre de la bête. Car c'est un nombre d'homme, et son nombre est 666. »

pour le messie. Il était éloquent et d'une figure avantageuse, affectant de la modestie, recommandant la justice, parlant en oracle, disant partout que les temps étaient accomplis. Il voyagea d'abord en Grèce et en Italie. Il enleva une fille à Livourne, et la mena à Jérusalem, où il commença à prêcher ses frères.

C'est chez les Juifs, une tradition constante que leur Shilo, leur Messiah, leur vengeur et leur roi, ne doit venir qu'avec Élie. Ils se persuadent qu'ils ont eu un Éliah qui doit reparaître au renouvellement de la terre. Cet Éliah, que nous nommons Élie, a été pris par quelques savants pour le soleil, à cause de la conformité du mot Elios, qui signifie le soleil chez les Grecs, et parce qu'Élie, ayant été transporté hors de la terre dans un char de feu, attelé de quatre chevaux ailés, a beaucoup de ressemblance avec le char du Soleil et ses quatre chevaux inventés par les poètes. Mais sans nous arrêter à ces recherches, et sans examiner si les livres hébreux ont été écrits après Alexandre, et après que les facteurs juifs eurent appris quelque chose de la mythologie grecque dans Alexandrie, c'est assez de remarquer que les Juifs attendent Élie de temps immémorial. Aujourd'hui même encore, quand ces malheureux circoncisent un enfant avec cérémonie, ils mettent dans la salle un fauteuil pour Élie, en cas qu'il veuille les honorer de sa présence. Élie doit amener le grand sabbat, le grand messie, et la révolution universelle. Cette idée a même passé chez les chrétiens. Elie doit venir annoncer la fin de ce monde et un nouvel ordre de choses. Presque tous les fanatiques attendent un Élie. Les prophètes des Cévennes, qui allèrent à Londres ressusciter des morts en 1707, avaient vu Élie, ils lui avaient parlé; il devait se montrer au peuple. Aujourd'hui même ce ramas de convulsionnaires qui a infecté Paris pendant quelques années, annonçait Élie à la populace des faubourgs. Le magistrat de la police fit, en 1724, enfermer à Bicêtre deux Élies qui se battaient à qui serait reconnu pour le véritable. Il fallait donc absolument que Sabatei-Sevi fût annoncé chez ses frères par un Élie, sans quoi sa mission aurait été traitée de chimérique.

Il trouva un rabbin, nommé Nathan, qui crut qu'il y aurait assez à gagner à jouer ce second rôle. Sabatei déclara aux Juifs de l'Asie Mineure et de Syrie que Nathan était Élie, et Nathan assura que Sabatei était le messie, le Shilo, l'attente du peuple saint.

Ils firent de grandes œuvres tous deux à Jérusalem, et y réformèrent la synagogue. Nathan expliquait les prophètes, et faisait voir clairement qu'au bout de l'année le sultan devait être détrôné, et que Jérusalem devait devenir la maîtresse du monde. Tous les Juifs de la Syrie furent persuadés. Les synagogues retentissaient des anciennes prédictions. On se fondait sur ces paroles d'Isaïe [1] : « Levez-vous, Jérusalem, levez-vous dans votre force et dans votre gloire; il n'y aura plus d'incirconcis ni d'impurs au milieu de vous. » Tous les rabbins avaient à la bouche ce passage [2] : « Ils feront venir vos frères de tous les climats à la montagne sainte de Jérusalem, sur des chars, sur des litières, sur des mulets, sur des charrettes. » Enfin cent passages que les femmes et les enfants répétaient nourrissaient leur espérance. Il n'y avait point de Juif qui ne se préparât à loger quelqu'un des dix anciennes tribus dispersées. La persuasion fut si forte que les Juifs abandonnaient partout leur commerce, et se tenaient prêts pour le voyage de Jérusalem.

Nathan choisit à Damas douze hommes pour présider aux douze tribus, Sabatei-Sevi alla se montrer à ses frères de Smyrne, et Nathan lui écrivait : « Roi des rois, seigneur des seigneurs, quand serons-nous dignes d'être à l'ombre de votre âne? Je me prosterne pour être foulé sous la plante de vos pieds. » Sabatei déposa dans Smyrne quelques docteurs de la loi qui ne le reconnaissaient pas, et en établit de plus dociles. Un de ses plus violents ennemis, nommé Samuel Pennia, se convertit à lui publiquement, et l'annonça comme le fils de Dieu. Sabatei s'étant un jour présenté devant le cadi de Smyrne avec une foule de ses suivants, tous assurèrent qu'ils voyaient une colonne de feu entre lui et le cadi. Quelques autres miracles de cette espèce mirent le sceau à la certitude de sa mission. Plusieurs

---

1. *Isaïe,* LII, 1.
2. *Ibid.,* LXVI, 20.

Juifs même s'empressaient de porter à ses pieds leur
or et leurs pierreries.

Le bacha de Smyrne voulut le faire arrêter. Sabatei
partit pour Constantinople avec les plus zélés de ses
disciples. Le grand-vizir Achmet Cuprogli, qui partait
alors pour le siège de Candie, l'envoya prendre dans le
vaisseau qui le portait à Constantinople, et le fit mettre
en prison. Tous les Juifs obtenaient aisément l'entrée
de la prison pour de l'argent, comme c'est l'usage en
Turquie; ils vinrent se prosterner à ses pieds et baiser
ses fers. Il les prêchait, les exhortait, les bénissait, et
ne se plaignait jamais. Les Juifs de Constantinople,
persuadés que la venue d'un messie abolissait toutes
les dettes, ne payaient plus leurs créanciers. Les marchands
anglais de Galata s'avisèrent d'aller trouver Sabatei dans
sa prison; ils lui dirent qu'en qualité de roi des Juifs
il devait ordonner à ses sujets de payer leurs dettes.
Sabatei écrivit ces mots à ceux dont on se plaignait :
« A vous qui attendez le salut d'Israël, etc..., satisfaites
à vos dettes légitimes; si vous le refusez, vous n'entrerez
point avec nous dans notre joie et dans notre empire. »

La prison de Sabatei était toujours remplie d'adora-
teurs. Les Juifs commençaient à exciter quelques
tumultes dans Constantinople. Le peuple était alors
très mécontent de Mahomet IV. On craignait que la
prédiction des Juifs ne causât des troubles. Il semblait
qu'un gouvernement aussi sévère que celui des Turcs
dût faire mourir celui qui se disait *roi d'Israël*; cependant
on se contenta de le transférer au château des Dardanelles.
Les Juifs alors s'écrièrent qu'il n'était pas au pouvoir
des hommes de le faire mourir.

Sa réputation s'étant étendue dans tous les pays de
l'Europe, il reçut aux Dardanelles les députations des
Juifs de Pologne, d'Allemagne, de Livourne, de Venise,
d'Amsterdam; ils payaient chèrement la permission de
lui baiser les pieds, et c'est probablement ce qui lui
conserva la vie. Les partages de la Terre Sainte se
faisaient tranquillement dans le château des Dardanelles.
Enfin le bruit de ses miracles fut si grand que le sultan
Mahomet eut la curiosité de voir cet homme, et de
l'interroger lui-même. On amena le roi des Juifs au
sérail. Le sultan lui demanda en turc *s'il était le messie.*

Sabatei répondit modestement *qu'il l'était;* mais comme il s'exprimait incorrectement en turc : « Tu parles bien mal, lui dit Mahomet, pour un messie qui devrait avoir le don des langues. Fais-tu des miracles? — Quelquefois, répondit l'autre. — Eh bien, dit le sultan, qu'on le dépouille tout nu; il servira de but aux flèches de mes icoglans; et s'il est invulnérable, nous le reconnaîtrons pour le messie. » Sabatei se jeta à genoux, et avoua que c'était un miracle qui était au-dessus de ses forces. On lui proposa alors d'être empalé ou de se faire musulman, et d'aller publiquement à la mosquée. Il ne balança pas, et il embrassa la religion turque dans le moment. Il prêcha alors qu'il n'avait été envoyé que pour substituer la religion turque à la juive, selon les anciennes prophéties. Cependant les Juifs des pays éloignés crurent encore longtemps en lui; et cette scène, qui ne fut point sanglante, augmenta partout leur confusion et leur opprobre.

Quelque temps après que les Juifs eurent essuyé cette honte dans l'empire ottoman, les chrétiens de l'Église latine eurent une autre mortification. Ils avaient toujours jusqu'alors conservé la garde du Saint-Sépulcre à Jérusalem, avec les secours d'argent que fournissaient plusieurs princes de leur communion, et surtout le roi d'Espagne; mais ce même Payanotos, qui avait conclu le traité de la reddition de Candie, obtint du grand-vizir Achmet Cuprogli (1674) que l'Église grecque aurait désormais la garde de tous les lieux saints de Jérusalem. Les religieux du rite latin formèrent une opposition juridique. L'affaire fut plaidée d'abord devant le cadi de Jérusalem, et ensuite au grand divan de Constantinople. On décida que l'Église grecque ayant compté Jérusalem dans son district avant le temps des croisades, sa prétention était juste. Cette peine que prenaient les Turcs d'examiner les droits de leurs sujets chrétiens, cette permission qu'ils leur donnaient d'exercer leur religion dans le lieu même qui en fut le berceau, est un exemple bien frappant d'un gouvernement (x) tolérant ᵃ sur la Cc religion, quoiqu'il fût sanguinaire sur le reste. (x) Quand les Grecs voulurent, en vertu de l'arrêt du divan, se mettre en possession, les mêmes Latins résistèrent, et il y eut du sang répandu. Le gouvernement ne punit personne de mort : nouvelle preuve de l'humanité du vizir Achmet Cuprogli, dont les exemples ont été rarement imités. Un de ses prédécesseurs, en 1638, avait fait étrangler Cyrille, fameux patriarche grec de Constantinople, sur les accusations réitérées de son Église. Le caractère de ceux qui gouvernent fait en tout lieu les temps de douceur ou de cruauté.

CHAPITRE CXCII

Le torrent de la puissance ottomane ne se répandit pas seulement en Candie et dans les îles de la république vénitienne; il pénétrait souvent en Pologne et en Hongrie. Le même Mahomet IV, dont le grand-vizir avait pris Candie, marcha en personne contre les Polonais, sous prétexte de protéger les Cosaques, maltraités par eux. Il enleva aux Polonais l'Ukraine, la Podolie, la Volhinie, la ville de Kaminieck, et ne leur donna la paix (1672) qu'en leur imposant ce tribut annuel de vingt mille écus, dont Jean Sobieski les délivra bientôt.

Les Turcs avaient laissé respirer la Hongrie pendant la guerre de Trente Ans qui bouleversa l'Allemagne. Ils possédaient, depuis 1541, les deux bords du Danube à peu de chose près, jusqu'à Bude inclusivement. Les conquêtes d'Amurat IV en Perse l'avaient empêché de porter ses armes vers l'Allemagne. La Transylvanie entière appartenait à des princes que les empereurs Ferdinand II et Ferdinand III étaient obligés de ménager, et qui étaient tributaires des Turcs. Ce qui restait de la Hongrie jouissait de la liberté. Il n'en fut pas de même du temps de l'empereur Léopold : la haute Hongrie et la Transylvanie furent le théâtre des révolutions, des guerres, des dévastations.

De tous les peuples qui ont passé sous nos yeux dans cette histoire, il n'y en a point eu de plus malheureux que les Hongrois. Leur pays dépeuplé, partagé entre la faction catholique et la protestante, et entre plusieurs partis, fut à la fois occupé par les armées turques et allemandes. On dit que Ragotski, prince de la Transylvanie, fut la première cause de tous ces malheurs. Il était tributaire de la Porte; le refus de payer le tribut attira sur lui les armes ottomanes. L'empereur Léopold envoya contre les Turcs ce Montecuculli, qui depuis fut l'émule de Turenne. (1663) Louis XIV fit marcher six mille hommes au secours de l'empereur d'Allemagne, son ennemi naturel. Ils eurent part à la célèbre bataille de Saint-Gothard (1664), où Montecuculli battit les Turcs. Mais malgré cette victoire, l'empire ottoman fit une paix avantageuse, par laquelle il garda Bude, Neuhausel même, et la Transylvanie.

Les Hongrois, délivrés des Turcs, voulurent alors défendre leur liberté contre Léopold; et cet empereur ne connut que les droits de sa couronne. De nouveaux troubles éclatèrent. Le jeune Émerik Tékéli, seigneur hongrois, qui avait à venger le sang de ses amis et de ses parents, répandu par la cour de Vienne, souleva la partie de la Hongrie qui obéissait à l'empereur Léopold. Il se donna à l'empereur Mahomet IV, qui le déclara roi de la haute Hongrie. La Porte ottomane donnait alors quatre couronnes à des princes chrétiens : celles de la haute Hongrie, de la Transylvanie, de la Valachie, et de la Moldavie.

Il s'en fallut peu que le sang des seigneurs hongrois du parti de Tékéli, répandu à Vienne par la main des bourreaux, ne coûtât Vienne et l'Autriche à Léopold et à sa maison. Le grand-vizir Kara Mustapha, successeur d'Achmet Cuprogli, fut chargé par Mahomet IV d'attaquer l'empereur d'Allemagne, sous prétexte de venger Tékéli. Le sultan Mahomet vint assembler son armée dans les plaines d'Andrinople. Jamais les Turcs n'en levèrent une plus nombreuse; elle était de plus de cent quarante mille hommes de troupes régulières. Les Tartares de Crimée étaient au nombre de trente mille; les volontaires, ceux qui servent l'artillerie, qui ont soin des bagages et des vivres, les ouvriers en tout genre, les domestiques, composaient avec l'armée environ trois cent mille hommes. Il fallut épuiser toute la Hongrie pour fournir des provisions à cette multitude. Rien ne mit obstacle à la marche de Kara Mustapha. Il avança sans résistance jusqu'aux portes de Vienne (16 juillet 1683), et en forma aussitôt le siège.

Le comte de Staremberg, gouverneur de la ville,

avait une garnison dont le fonds était de seize mille hommes, mais qui n'en composait pas en effet plus de huit mille. On arma les bourgeois qui étaient restés dans Vienne; on arma jusqu'à l'université. Les professeurs, les écoliers, montèrent la garde, et ils eurent un médecin pour major. La retraite de l'empereur Léopold augmentait encore la terreur. Il avait quitté Vienne dès le septième juillet, avec l'impératrice sa belle-mère, l'impératrice sa femme, et toute sa famille. Vienne, mal fortifiée, ne devait pas tenir longtemps. Les annales turques [1] prétendent que Kara Mustapha avait dessein de se former, dans Vienne et dans la Hongrie, un empire indépendant du sultan. Il s'était figuré que la résidence des empereurs d'Allemagne devait contenir des trésors immenses. En effet, de Constantinople jusqu'aux bornes de l'Asie, c'est l'usage que les souverains aient toujours un trésor qui fait leur ressource en temps de guerre. On ne connaît chez eux ni les levées extraordinaires dont les traitants avancent l'argent, ni les créations et les ventes de charges, ni les rentes foncières et viagères sur l'État; (x) le fan- Cc tôme du crédit public, les artifices d'une banque au nom d'un souverain, sont ignorés [a] : (x) les potentats ne savent qu'accumuler l'or, l'argent, et les pierreries; c'est ainsi qu'on en use depuis le temps de Cyrus. Le vizir pensait qu'il en était de même chez l'empereur d'Allemagne, et, dans cette idée, il ne poussa pas le siège assez vivement, de peur que, la ville étant prise d'assaut, le pillage ne le privât de ses trésors imaginaires. Il ne fit jamais donner d'assaut général, quoiqu'il y eût de très grandes brèches au corps de la place, et que la ville fût sans ressources. Cet aveuglement du grand-vizir, son luxe, et sa mollesse, sauvèrent Vienne qui devait périr. Il laissa au roi de Pologne Jean Sobieski le temps de venir au secours; au duc de Lorraine Charles V, et aux princes de l'empire, celui d'assembler une armée. Les janissaires murmuraient; le découragement succéda à leur indignation; ils s'écriaient :

---

1. Cantimir, *Histoire de l'empire ottoman,* éd. en 2 vol., t. II, p. 89 : Kara Mustapha voulait créer un empire musulman d'Occident, dont Vienne eût été la capitale.

« Venez, infidèles; la seule vue de vos chapeaux nous fera fuir. »

En effet, dès que le roi de Pologne et le duc de Lorraine descendirent de la montagne de Calemberg, les Turcs prirent la fuite presque sans combattre. Kara Mustapha, qui avait compté trouver tant de trésors dans Vienne, laissa tous les siens au pouvoir de Sobieski, et bientôt après il fut étranglé (12 septembre 1683). Tékéli, que ce vizir avait fait roi, soupçonné bientôt après par la Porte ottomane de négocier avec l'empereur d'Allemagne, fut arrêté par le nouveau vizir, et envoyé, les fers aux pieds et aux mains, à Constantinople (1685). Les Turcs perdirent presque toute la Hongrie.

(1687) Le règne de Mahomet IV ne fut plus fameux que par des disgrâces. Morosini prit tout le Péloponèse, qui valait mieux que Candie. Les bombes de l'armée vénitienne détruisirent, dans cette conquête, plus d'un ancien monument que les Turcs avaient épargnés, et entre autres le fameux temple d'Athènes dédié *aux dieux inconnus* [1]. Les janissaires, qui attribuaient tant de malheurs à l'indolence du sultan, résolurent de le déposer. Le caïmacan, gouverneur de Constantinople, Mustapha Cuprogli, le shérif de la mosquée de Sainte-Sophie, et le nakif, garde de l'étendard de Mahomet, vinrent signifier au sultan qu'il fallait quitter le trône, et que telle était la volonté de la nation. Le sultan leur parla longtemps pour se justifier. Le nakif lui répliqua qu'il était venu pour lui commander, de la part du peuple, d'abdiquer l'empire, et de le laisser à son frère Soliman. Mahomet IV répondit : « La volonté de Dieu soit faite; puisque sa colère doit tomber sur ma tête, allez dire à mon frère que Dieu déclare sa volonté par la bouche du peuple. »

La plupart de nos historiens prétendent que Mahomet IV fut égorgé par les janissaires; mais les

---

1. V. désigne sous ce nom le Parthénon, qui paraît avoir porté jusqu'au xviie siècle cette inscription, mise par les chrétiens du iiie siècle : voir Chateaubriand, préface de l'*Itinéraire,* et L. de Laborde, *Athènes aux XVe, XVIe et XVIIe siècles,* 1854. (Ch.)

annales turques [1] font foi qu'il vécut encore cinq ans renfermé dans le sérail. Le même Mustapha Cuprogli, qui avait déposé Mahomet IV, fut grand-vizir sous Soliman III. Il reprit une partie de la Hongrie, et rétablit la réputation de l'empire turc ; mais depuis ce temps les limites de cet empire ne passèrent jamais Belgrade ou Témesvar. Les sultans conservèrent Candie ; mais ils ne sont rentrés dans le Péloponèse qu'en 1715. Les célèbres batailles que le prince Eugène a données contre les Turcs ont fait voir qu'on pouvait les vaincre, mais non pas qu'on pût faire sur eux beaucoup de conquêtes.

Ce gouvernement, qu'on nous peint si despotique, si arbitraire, paraît ne l'avoir jamais été que sous Mahomet II, Soliman, et Sélim II, qui firent tout plier sous leur volonté. Mais sous presque tous les autres padishas ou empereurs, et surtout dans nos derniers temps, vous retrouvez dans Constantinople le gouvernement d'Alger et de Tunis ; vous voyez en 1703 le padisha, Mustapha II, juridiquement déposé par la milice et par les citoyens de Constantinople. On ne choisit point un de ses enfants pour lui succéder, mais son frère Achmet III. Ce même empereur Achmet est condamné en 1730, par les janissaires et par le peuple, à résigner le trône de son neveu Mahmoud, et il obéit sans résistance, après avoir inutilement sacrifié son grand-vizir et ses principaux officiers au ressentiment de la nation. Voilà ces souverains si absolus ! On s'imagine qu'un homme est par les lois le maître arbitraire d'une grande partie de la terre, parce qu'il peut faire impunément quelques crimes dans sa maison, et ordonner le meurtre de quelques esclaves ; mais il ne peut persécuter sa nation, et il est plus souvent opprimé qu'oppresseur.

Les mœurs des Turcs offrent un grand contraste : ils sont à la fois féroces et charitables, intéressés et ne commettant presque jamais de larcin ; leur oisiveté ne les porte ni au jeu, ni à l'intempérance ; très peu usent du privilège d'épouser plusieurs femmes, et de

---

1. Cantimir, *Histoire de l'empire ottoman,* éd. en 2 vol., t. II, p. 134.

jouir de plusieurs esclaves; et il n'y a pas de grande ville en Europe où il y ait moins de femmes publiques qu'à Constantinople. Invinciblement attachés à leur religion, ils haïssent, ils méprisent les chrétiens : ils les regardent comme des idolâtres, et cependant ils les souffrent, ils les protègent dans tout leur empire et dans la capitale : on permet aux chrétiens de faire leurs processions dans le vaste quartier qu'ils ont à Constantinople, et on voit quatre janissaires précéder ces processions dans les rues.

Les Turcs sont fiers, et ne connaissent point la noblesse : ils sont braves, et n'ont point l'usage du duel; c'est une vertu qui leur est commune avec tous les peuples de l'Asie, et cette vertu vient de la coutume de n'être armés que quand ils vont à la guerre. C'était aussi l'usage des Grecs et des Romains ; et l'usage contraire ne s'introduit chez les chrétiens que dans les temps de barbarie et de chevalerie, où l'on se fit un devoir et un honneur de marcher à pied avec des éperons aux talons, et de se mettre à table ou de prier Dieu avec une longue épée au côté. La noblesse chrétienne se distingua par cette coutume, bientôt suivie, comme on l'a déjà dit, par le plus vil peuple, et mise au rang de ces ridicules dont on ne s'aperçoit point parce qu'on les voit tous les jours.

CHAPITRE CXCIII

DE LA PERSE, DE SES MŒURS, DE SA DERNIÈRE RÉVOLUTION,
ET DE THAMAS KOULI-KAN, OU SHA-NADIR

La Perse était alors plus civilisée que la Turquie;
les arts y étaient plus en honneur, les mœurs plus douces,
la police générale bien mieux observée. Ce n'est pas
seulement un effet du climat; les Arabes y avaient
cultivé les arts cinq siècles entiers. Ce furent ces Arabes
qui bâtirent Ispahan, Chiras, Kasbin, Kachan, et plusieurs autres grandes villes : les Turcs, au contraire,
n'en ont bâti aucune, et en ont laissé plusieurs tomber
en ruine. Les Tartares subjuguèrent deux fois la Perse
après le règne des califes arabes, mais ils n'y abolirent
point les arts; et quand la famille des Sophis régna,
elle y porta les mœurs douces de l'Arménie, où cette
famille avait habité longtemps. Les ouvrages de la main
passaient pour être mieux travaillés, plus finis en Perse
qu'en Turquie. Les sciences y avaient de bien plus
grands encouragements; point de ville dans laquelle
il n'y eût plusieurs collèges fondés où l'on enseignait
les belles-lettres. La langue persane, plus douce et
plus harmonieuse que la turque, a été féconde en poésies
agréables. Les anciens Grecs, qui ont été les premiers
précepteurs de l'Europe, sont encore ceux des Persans.
Ainsi leur philosophie était, au XVIe et au XVIIe siècle,
à peu près au même état que la nôtre. Ils tenaient l'astrologie de leur propre pays, et ils s'y attachaient
plus qu'aucun peuple de la terre, comme nous l'avons
déjà indiqué [1]. La coutume de marquer de blanc les
jours heureux, et de noir les jours funestes, s'est conser-

---

1. Chapitre 158.

vée chez eux avec scrupule. Elle était très familière aux Romains, qui l'avaient prise des nations asiatiques. Les paysans de nos provinces ont moins de foi aux jours propres à semer et à planter indiqués dans leurs almanachs que les courtisans d'Ispahan n'en avaient aux heures favorables ou dangereuses pour les affaires. Les Persans étaient, comme plusieurs de nos nations, pleins d'esprit et d'erreurs. Quelques voyageurs ont assuré que ce pays n'était pas aussi peuplé qu'il pourrait l'être. Il est très vraisemblable que du temps des mages il était plus peuplé et plus fertile. L'agriculture était alors un point de religion : c'est de toutes les professions celle qui a le plus besoin d'une nombreuse famille, et qui, en conservant la santé et la force, met le plus aisément l'homme en état de former et d'entretenir plusieurs enfants.

Cependant Ispahan, avant les dernières révolutions, était aussi grand et aussi peuplé que Londres. On comptait dans Tauris plus de cinq cent mille habitants. On comparait Kachan à Lyon. Il est impossible qu'une ville soit bien peuplée si les campagnes ne le sont pas, à moins que cette ville ne subsiste uniquement du commerce étranger. On n'a que des idées bien vagues sur la population de la Turquie, de la Perse, et de tous les États de l'Asie, excepté de la Chine; mais il est indubitable que tout pays policé qui met sur pied de grandes armées, et qui a beaucoup de manufactures, possède le nombre d'hommes nécessaire.

La cour de Perse étalait plus de magnificence que la Porte ottomane. On croit lire une relation du temps de Xerxès quand on voit dans nos voyageurs ces chevaux couverts de riches brocarts, leurs harnais brillants d'or et de pierreries, et ces quatre mille vases d'or dont parle Chardin [1], lesquels servaient pour la table du roi de Perse. Les choses communes, et surtout les comestibles, étaient à trois fois meilleur marché à Ispahan et à Constantinople que parmi nous. Ce bas prix est la démonstration de l'abondance, quand il n'est

---

1. *Voyages en Perse,* t. II, p. 268 : Chardin ne précise pas le nombre des vases d'or.

pas une suite de la rareté des métaux. Les voyageurs, comme Chardin, qui ont bien connu la Perse, ne nous disent pas au moins que toutes les terres appartiennent au roi. Ils avouent qu'il y a, comme partout ailleurs, des domaines royaux, des terres données au clergé, et des fonds que les particuliers possèdent de droit, lesquels leur sont transmis de père en fils.

Tout ce qu'on nous dit de la Perse nous persuade qu'il n'y avait point de pays monarchique où l'on jouît plus des droits de l'humanité. On s'y était procuré, plus qu'en aucun pays de l'Orient, des ressources contre l'ennui, qui est partout le poison de la vie. On se rassemblait dans des salles immenses, qu'on appelait les maisons à café, où les uns prenaient de cette liqueur, qui n'est en usage parmi nous que depuis la fin du xviie siècle; les autres jouaient, ou lisaient, ou écoutaient des faiseurs de contes, tandis qu'à un bout de la salle un ecclésiastique prêchait pour quelque argent, et qu'à un autre bout ces espèces d'hommes, qui se sont fait un art de l'amusement des autres, déployaient tous leurs talents. Tout cela annonce un peuple sociable, et tout nous dit qu'il méritait d'être heureux. Il le fut, à ce qu'on prétend, sous le règne de Sha-Abbas, qu'on a appelé *le Grand*. Ce prétendu grand homme était très cruel; mais il y a des exemples que des hommes féroces ont aimé l'ordre et le bien public. La cruauté ne s'exerce que sur des particuliers exposés sans cesse à la vue du tyran, et ce tyran est quelquefois par ses lois le bienfaiteur de la patrie.

Sha-Abbas, descendant d'Ismaël-Sophi, se rendit despotique en détruisant une milice telle à peu près que celle des janissaires, et que les gardes prétoriennes. C'est ainsi que le czar Pierre a détruit la milice des strélits pour établir sa puissance. Nous voyons dans toute la terre les troupes divisées en plusieurs petits corps affermir le trône, et les troupes réunies en un grand corps disposer du trône et le renverser. Sha-Abbas transporta des peuples d'un pays dans un autre; c'est ce que les Turcs n'ont jamais fait. Ces colonies réussissent rarement. De trente mille familles chrétiennes que Sha-Abbas transporta de l'Arménie et de la Géorgie dans le Mezanderan, vers la mer Caspienne, il n'en est resté que quatre à cinq cents; mais il construisit des édifices publics, il rebâtit des villes, il fit d'utiles fondations; il reprit sur les Turcs tout ce que Soliman et Sélim avaient conquis sur la Perse; il chassa les Portugais d'Ormus, et toutes ces grandes actions lui méritèrent le nom de *Grand;* il mourut en 1629. Son fils, Sha-Sophi, plus cruel que Sha-Abbas, mais moins guerrier, moins politique, abruti par la débauche, eut un règne malheureux. Le Grand Mogol Sha-Gean enleva Candahar à la Perse, et le sultan Amurat IV prit d'assaut Bagdad en 1638.

Depuis ce temps vous voyez la monarchie persane décliner sensiblement, jusqu'à ce qu'enfin la mollesse de la dynastie des Sophis a causé sa ruine entière. Les eunuques gouvernaient le sérail et l'empire sous Muza-Sophi, et sous Hussein, le dernier de cette race.

C'est le comble de l'avilissement dans la nature humaine, et l'opprobre de l'Orient, de dépouiller les hommes de leur virilité; et c'est le dernier attentat du despotisme de confier le gouvernement à ces malheureux. Partout où leur pouvoir a été excessif, la décadence et la ruine sont arrivées. La faiblesse de Sha-Hussein faisait tellement languir l'empire, et la confusion le troublait si violemment par les factions des eunuques noirs et des eunuques blancs, que si Myri-Veis et ses Aguans [1] n'avaient pas détruit cette dynastie, elle l'eût été par elle-même. C'est le sort de la Perse que toutes ses dynasties commencent par la force et finissent par la faiblesse. Presque toutes ces familles ont eu le sort de Serdan-pull, que nous nommons Sardanapale.

Ces Aguans, qui ont bouleversé la Perse au commencement du siècle où nous sommes, étaient une ancienne colonie de Tartares habitant les montagnes de Candahar, entre l'Inde et la Perse. Presque toutes les révolutions qui ont changé le sort de ce pays-là sont arrivées par des Tartares. Les Persans avaient reconquis Candahar sur le Mogol, vers l'an 1650, sous Sha-Abbas II, et ce fut pour leur malheur. Le ministère de Sha-Hussein, petit-fils de Sha-Abbas II, traita mal les Aguans. Myri-

---

1. Afghans.

Veis, qui n'était qu'un particulier, mais un particulier courageux et entreprenant, se mit à leur tête.

C'est encore ici une de ces révolutions où le caractère des peuples qui la firent eut plus de part que le caractère de leurs chefs : car Myri-Veis ayant été assassiné et remplacé par un autre barbare, nommé Maghmud, son propre neveu, qui n'était âgé que de dix-huit ans, il n'y avait pas d'apparence que ce jeune homme pût faire beaucoup par lui-même, et qu'il conduisît ces troupes indisciplinées de montagnards féroces, comme nos généraux conduisent des armées réglées. Le gouvernement de Hussein était méprisé, et, la province de Candahar ayant commencé les troubles, les provinces du Caucase, du côté de la Géorgie, se révoltèrent aussi. Enfin Maghmud assiégea Ispahan en 1722. Sha-Hussein lui remit cette capitale, abdiqua le royaume à ses pieds, et le reconnut pour son maître; trop heureux que Maghmud daignât épouser sa fille.

Tous les tableaux des cruautés et des malheurs des hommes, que nous examinons depuis le temps de Charlemagne, n'ont rien de plus horrible que les suites de la révolution d'Ispahan. Maghmud crut ne pouvoir s'affermir qu'en faisant égorger les familles des principaux citoyens. La Perse entière a été trente années ce qu'avait été l'Allemagne avant la paix de Vestphalie, ce que fut la France du temps de Charles VI, l'Angleterre dans les guerres de la *rose rouge* et de la *rose blanche;* mais la Perse est tombée d'un état plus florissant dans un plus grand abîme de malheurs.

La religion eut encore part à ces désolations. Les Aguans tenaient pour Omar, comme les Persans pour Ali; et ce Maghmud, chef des Aguans, mêlait les plus lâches superstitions aux plus détestables cruautés : il mourut en démence, en 1725, après avoir désolé la Perse. Un nouvel usurpateur de la nation des Aguans lui succéda; il s'appelait Asraf. La désolation de la Perse redoublait de tous côtés. Les Turcs l'inondaient du côté de la Géorgie, l'ancienne Colchide. Les Russes fondaient sur ses provinces, du nord à l'occident de la mer Caspienne, vers les portes de Derbent dans le Shirvan, qui était autrefois l'Ibérie et l'Albanie. On ne nous dit point ce que devint parmi tant de troubles le roi détrôné Sha-Hussein. Ce prince n'est connu que pour avoir servi d'époque au malheur de son pays.

Un des fils de cet empereur, nommé Thamas, échappé au massacre de la famille impériale, avait encore des sujets fidèles qui se rassemblèrent autour de sa personne vers Tauris. Les guerres civiles et les temps de malheur produisent toujours des hommes extraordinaires qui eussent été ignorés dans des temps paisibles. Le fils d'un berger devint le protecteur du prince Thamas, et le soutien du trône dont il fut ensuite l'usurpateur. Cet homme, qui s'est placé au rang des plus grands conquérants, s'appelait Nadir. Il gardait les moutons de son père dans les plaines du Korassan, partie de l'ancienne Hyrcanie et de la Bactriane. Il ne faut pas se figurer ces bergers comme les nôtres : la vie pastorale qui s'est conservée dans plus d'une contrée de l'Asie n'est pas sans opulence; les tentes de ces riches bergers valent beaucoup mieux que les maisons de nos cultivateurs. Nadir vendit plusieurs grands troupeaux de son père, et se mit à la tête d'une troupe de bandits, chose encore fort commune dans ces pays où les peuples ont gardé les mœurs des temps antiques. Il se donna avec sa troupe au prince Thamas, et à force d'ambition, de courage, et d'activité, il fut à la tête d'une armée. Il se fit appeler alors Thamas Kouli-kan, *le kan esclave de Thamas;* mais l'esclave était le maître sous un prince aussi faible et aussi efféminé que son père Hussein. (1729) Il reprit Ispahan et toute la Perse, poursuivit le nouveau roi Asraf jusqu'à Candahar, le vainquit, le prit prisonnier, et lui fit couper la tête après lui avoir arraché les yeux.

Kouli-kan ayant ainsi rétabli le prince Thamas sur le trône de ses aïeux, et l'ayant mis en état d'être ingrat voulut l'empêcher de l'être. Il l'enferma dans la capitale du Korassan, et, agissant toujours au nom de ce prince prisonnier, il alla faire la guerre aux Turcs, sachant bien qu'il ne pouvait affermir sa puissance que par la même voie qu'il l'avait acquise. Il battit les Turcs à Érivan, reprit tout ce pays, et assura ses conquêtes en faisant la paix avec les Russes. (1736) Ce fut alors qu'il se fit déclarer roi de Perse, sous le nom de Sha-Nadir Il n'oublia pas l'ancienne coutume de crever les yeux à ceux qui peuvent avoir droit au trône. Cette cruauté fut exercée sur son souverain Thamas. Les mêmes armées qui avaient servi à désoler la Perse servirent aussi à la rendre redoutable à ses voisins. Kouli-kan mit les Turcs plusieurs fois en fuite. Il fit enfin avec eux une paix honorable, par laquelle ils rendirent tout ce qu'ils avaient jamais pris aux Persans, excepté Bagdad et son territoire.

Kouli-kan, chargé de crimes et de gloire, alla ensuite conquérir l'Inde, comme nous le verrons au chapitre du Mogol. De retour dans sa patrie, il trouva un parti formé en faveur des princes de la maison royale qui existait encore; et, au milieu de ces nouveaux troubles, il fut assassiné par son propre neveu, ainsi que l'avait été Myri-Veis, le premier auteur de la révolution. La Perse alors est devenue encore le théâtre des guerres civiles. Tant de dévastations y ont détruit le commerce et les arts, en détruisant une partie du peuple; mais quand le terrain est fertile et la nation industrieuse, tout se répare à la longue.

CHAPITRE CXCIV

Du Mogol

Cette prodigieuse variété de mœurs, de coutumes, de lois, de révolutions, qui ont toutes le même principe, l'intérêt, forme le tableau de l'univers. Nous n'avons vu ni en Perse ni en Turquie de fils révolté contre son père. Vous voyez dans l'Inde les deux fils du Grand Mogol Gean-Guir lui faire la guerre l'un après l'autre, au commencement du XVIIe siècle. L'un de ces deux princes, nommé Sha-Gean, s'empare de l'empire, en 1627, après la mort de son père, Gean-Guir, au préjudice d'un petit-fils à qui Gean-Guir avait laissé le trône. L'ordre de succession n'était point dans l'Asie une loi reconnue comme dans les nations de l'Europe. Ces peuples avaient une source de malheurs de plus que nous.

Sha-Gean, qui s'était révolté contre son père, vit aussi dans la suite ses enfants soulevés contre lui. Il est difficile de comprendre comment des souverains, qui ne pouvaient empêcher leurs propres enfants de lever contre eux des armées, étaient aussi absolus qu'on veut nous le faire croire. Il paraît que l'Inde était gouvernée à peu près comme l'étaient les royaumes de l'Europe du temps des grands fiefs. Les gouverneurs des provinces de l'Indoustan étaient les maîtres dans leurs gouvernements, et on donnait des vice-royautés aux enfants des empereurs. C'était manifestement un sujet éternel de guerres civiles : aussi, dès que la santé de l'empereur Sha-Gean devint languissante, ses quatre enfants, qui avaient chacun le commandement d'une province, armèrent pour lui succéder. Ils s'accordaient pour détrôner leur père, et se faisaient la guerre entre eux : c'était précisément l'aventure de Louis le Débonnaire ou le Faible. Aurengzeb, le plus scélérat des quatre frères, fut le plus heureux.

La même hypocrisie que nous avons vue dans Cromwell se retrouve dans ce prince indien; la même dissimulation et la même cruauté avec un cœur plus dénaturé. Il se ligua d'abord avec un de ses frères, et se rendit maître de la personne de son père Sha-Gean, qu'il tint toujours en prison; ensuite il assassina ce même frère, dont il s'était servi comme d'un instrument dangereux qu'il fallait exterminer; il poursuit ses deux autres frères, dont il triomphe, et qu'il fait enfin étrangler l'un après l'autre.

Cependant le père d'Aurengzeb vivait encore. Son fils le retenait dans la prison la plus dure; et le nom du vieil empereur était souvent le prétexte des conspirations contre le tyran. Il envoya enfin un médecin à son père, attaqué d'une indisposition légère, et le vieillard mourut (1666) : Aurengzeb passa dans toute l'Asie pour l'avoir empoisonné. Nul homme n'a mieux montré que le bonheur n'est pas le prix de la vertu. Cet homme, souillé du sang de ses frères, et coupable de la mort de son père, réussit dans toutes ses entreprises : il ne mourut qu'en 1707, âgé d'environ cent trois ans. jamais prince n'eu une carrière si longue et si fortunée. Il ajouta à l'empire des Mogols les royaumes de Visapour et de Golconde, tout le pays de Carnate, et presque toute cette grande presqu'île que bordent les côtes de Coromandel et de Malabar. Cet homme, qui eût péri par le dernier supplice s'il eût pu être jugé par les lois ordinaires des nations, a été sans contredit le plus puissant prince de l'univers. La magnificence des rois de Perse, tout éblouissante qu'elle nous a paru, n'était que l'effort d'une cour médiocre qui étale quelque faste, en comparaison des richesses d'Aurengzeb.

De tous temps les princes asiatiques ont accumulé des trésors; ils ont été riches de tout ce qu'ils entassaient, au lieu que dans l'Europe les princes sont riches de l'argent qui circule dans leurs États. Le trésor de Tamerlan subsistait encore, et tous ses successeurs l'avaient augmenté. Aurengzeb y ajouta des richesses étonnantes : un seul de ses trônes a été estimé par Tavernier [1] cent

---

1. *Voyages*, t. II, p. 270.

soixante millions de son temps, qui en font plus de trois cents du nôtre. Douze colonnes d'or, qui soutenaient le dais de ce trône, étaient entourées de grosses perles; le dais était de perles et de diamants, surmonté d'un paon qui étalait une queue de pierreries; tout le reste était proportionné à cette étrange magnificence. Le jour le plus solennel de l'année était celui où l'on pesait l'empereur dans des balances d'or, en présence du peuple; et, ce jour-là, il recevait pour plus de cinquante millions de présents.

Si jamais le climat a influé sur les hommes, c'est assurément dans l'Inde : les empereurs y étalaient le même luxe, vivaient dans la même mollesse que les rois indiens dont parle Quinte-Curce [1]; et les vainqueurs tartares prirent insensiblement ces mêmes mœurs, et devinrent Indiens.

Tout cet excès d'opulence et de luxe n'a servi qu'au malheur de l'Indoustan. Il est arrivé, en 1739, au petit-fils d'Aurengzeb, Mahamad-Sha, la même chose qu'à Crésus. On avait dit à ce roi de Lydie : « Vous avez beaucoup d'or, mais celui qui se servira du fer mieux que vous vous enlèvera tout cet or. »

Thamas Kouli-kan, élevé au trône de Perse après avoir détrôné son maître, vaincu les Aguans, et pris Candahar, est venu jusqu'à la capitale des Indes, sans autre raison que l'envie d'arracher au Mogol tous ces trésors que les Mogols avaient pris aux Indiens. Il n'y a guère d'exemple ni d'une plus grande armée que celle du Grand Mogol Mahamad, levée contre Thamas Koulikan, ni d'une plus grande faiblesse. Il opposa douze cent mille hommes, dix mille pièces de canon, et deux mille éléphants armés en guerre, au vainqueur de la Perse, qui n'avait pas avec lui soixante mille combattants. Darius n'avait pas armé tant de forces contre Alexandre.

On ajoute encore que cette multitude d'Indiens était couverte par des retranchements de six lieues d'étendue, du côté que Thamas Kouli-kan pouvait attaquer; c'était bien sentir sa faiblesse. Cette armée innombrable devait entourer les ennemis, leur couper la commu-

---

1. *Vie d'Alexandre,* l. VIII, ch. 9.

nication, et les faire périr par la disette dans un pays qui leur était étranger. Ce fut, au contraire, la petite armée persane qui assiégea la grande, lui coupa les vivres, et la détruisit en détail. Le Grand Mogol Mahamad semblait n'être venu que pour étaler sa vaine grandeur, et pour la soumettre à des brigands aguerris. Il vint s'humilier devant Thamas Kouli-kan, qui lui parla en maître, et le traita en sujet. Le vainqueur entra dans Delhi, ville qu'on nous représente plus grande et plus peuplée que Paris et Londres. Il traînait à sa suite ce riche et misérable empereur. Il l'enferma d'abord dans une tour, et se fit proclamer lui-même empereur des Indes.

Quelques officiers mogols essayèrent de profiter d'une nuit où les Persans s'étaient livrés à la débauche, pour prendre les armes contre leurs vainqueurs. Thamas Kouli-kan livra la ville au pillage; presque tout fut mis à feu et à sang. Il emporta beaucoup plus de trésors de Delhi que les Espagnols n'en prirent à la conquête du Mexique. Ces richesses, amassées par un brigandage de quatre siècles, ont été apportées en Perse par un autre brigandage, et n'ont pas empêché les Persans d'être longtemps le plus malheureux peuple de la terre : elles y sont dispersées ou ensevelies pendant les guerres civiles jusqu'au temps où quelque tyran les rassemblera.

Kouli-kan, en partant des Indes pour retourner en Perse, eut la vanité de laisser le nom d'empereur à ce Mahamad-Sha qu'il avait détrôné; mais il laissa le gouvernement à un vice-roi qui avait élevé le Grand Mogol, et qui s'était rendu indépendant de lui. Il détacha trois royaumes de ce vaste empire, Kachemire, Kaboul, et Multan, pour les incorporer à la Perse, et imposa à l'Indoustan un tribut de quelques millions.

L'Indoustan fut gouverné alors par un vice-roi, et par un conseil que Thamas Kouli-kan avait établi. Le petit-fils d'Aurengzeb garda le titre de roi des rois et de souverain du monde, et ne fut plus qu'un fantôme. Tout est rentré ensuite dans l'ordre ordinaire quand Kouli-kan a été assassiné en Perse au milieu de ses triomphes : le Mogol n'a plus payé de tribut; les provinces enlevées par le vainqueur persan sont retournées à l'empire.

Il ne faut pas croire que ce Mahamad, roi des rois, ait été despotique avant son malheur; Aurengzeb l'avait été à force de soins, de victoires, et de cruautés. Le despotisme est un état violent qui semble ne pouvoir durer. Il est impossible que, dans un empire où des vice-rois soudoient des armées de vingt mille hommes, ces vice-rois obéissent longtemps et aveuglément. Les terres que l'empereur donne à ces vice-rois deviennent dès là même indépendantes de lui. Gardons-nous donc bien de croire que dans l'Inde le fruit de tous les travaux des hommes appartienne à un seul. Plusieurs castes indiennes ont conservé leurs anciennes possessions. Les autres terres ont été données aux grands de l'empire, aux raïas, aux nababs, aux omras. Ces terres sont cultivées, comme ailleurs, par des fermiers qui s'y enrichissent, et par des colons qui travaillent pour leurs maîtres. Le petit peuple est pauvre dans le riche pays de l'Inde, ainsi que dans presque tous les pays du monde; mais il n'est point serf et attaché à la glèbe, ainsi qu'il l'a été dans notre Europe, et qu'il l'est encore en Pologne, en Bohême, et dans plusieurs pays de l'Allemagne. Le paysan, dans toute l'Asie, peut sortir de son pays quand il en est mécontent, et en chercher un meilleur, s'il en trouve.

Ce qu'on peut résumer de l'Inde en général, c'est qu'elle est gouvernée comme un pays de conquête par trente tyrans qui reconnaissent un empereur amolli comme eux dans les délices, et qui dévorent la substance du peuple. Il n'y a point là de ces grands tribunaux permanents, dépositaires des lois, qui protègent le faible contre le fort.

C'est un problème qui paraît d'abord difficile à résoudre, que l'or et l'argent venus de l'Amérique en Europe aillent s'engloutir continuellement dans l'Indoustan pour n'en plus sortir, et que cependant le peuple y soit si pauvre qu'il y travaille presque pour rien; mais la raison en est que cet argent ne va pas au peuple : il va aux marchands, qui paient des droits immenses aux gouverneurs; ces gouverneurs en rendent beaucoup au Grand Mogol, en enfouissent le reste. La peine des hommes est moins payée que partout ailleurs dans ce pays le plus riche de la terre, parce que dans tout pays le prix des journaliers ne passe guère leur subsistance et leur vêtement. L'extrême fertilité de la terre des Indes, et la chaleur du climat, font que cette subsistance et ce vêtement ne coûtent presque rien. L'ouvrier qui cherche des diamants dans les mines gagne de quoi acheter un peu de riz et une chemise de coton. Partout la pauvreté sert à peu de frais la richesse.

Je ne répéterai point ce que j'ai dit des Indiens[a] : leurs superstitions sont les mêmes que du temps d'Alexandre ; les bramins y enseignent la même religion ; les femmes se jettent encore dans des bûchers allumés sur le corps de leurs maris : nos voyageurs, nos négociants, en ont vu plusieurs exemples. Les disciples se sont fait aussi quelquefois un point d'honneur de ne pas survivre à leurs maîtres. Tavernier[1] rapporte qu'il fut témoin dans Agra même, l'une des capitales de l'Inde, que, le grand bramin étant mort, un négociant, qui avait étudié sous lui, vint à la loge des Hollandais, arrêta ses comptes, leur dit qu'il était résolu d'aller trouver son maître dans l'autre monde, et se laissa mourir de faim, quelque effort qu'on fît pour lui persuader de vivre.

Une chose digne d'observation, c'est que les arts ne sortent presque jamais des familles où ils sont cultivés ; les filles des artisans ne prennent des maris que du métier de leurs pères : c'est une coutume très ancienne en Asie, et qui avait passé autrefois en loi dans l'Égypte.

La loi de l'Asie et de l'Afrique, qui a toujours permis la pluralité des femmes, n'est pas une loi dont le peuple, toujours pauvre, puisse faire usage. Les riches ont toujours compté les femmes au nombre de leurs biens, et ils ont pris des eunuques pour les garder : c'est un usage immémorial, établi dans l'Inde comme dans toute l'Asie. Lorsque les Juifs voulurent avoir un roi, il y a plus de trois mille ans, Samuel, leur magistrat et leur prêtre, qui s'opposait à l'établissement de la royauté, remontra aux Juifs que ce roi leur imposerait des tributs pour avoir de quoi donner à ses eunuques[2]. Il fallait

1. *Voyages,* t. II, p. 458, sig.
2. *I Samuel* VIII, 14-15.

que les hommes fussent dès longtemps bien pliés à l'esclavage, pour qu'une telle coutume ne parût point extraordinaire.

Lorsqu'on finissait ce chapitre, une nouvelle révolution a bouleversé l'Indoustan. Les princes tributaires, les vice-rois, ont tous secoué le joug. Les peuples de l'intérieur ont détrôné le souverain. L'Inde est devenue, comme la Perse, le théâtre des guerres civiles. Ces désastres font voir que le gouvernement était très mauvais, et en même temps que ce prétendu despotisme n'existait pas. L'empereur n'était pas assez puissant pour se faire obéir d'un raïa.

Nos voyageurs ont cru que le pouvoir arbitraire résidait essentiellement dans la personne des Grands Mogols, parce qu'Aurengzeb avait tout asservi. Ils n'ont pas considéré que cette puissance, uniquement fondée sur le droit des armes, ne dure qu'autant qu'on est à la tête d'une armée, et que ce despotisme, qui détruit tout, se détruit enfin de lui-même. Il n'est pas une forme de gouvernement, mais une subversion de tout gouvernement; il admet le caprice pour toute règle; il ne s'appuie point sur des lois qui assurent sa durée, et ce colosse tombe par terre dès qu'il n'a plus le bras levé : il se forme de ses débris plusieurs petites tyrannies, et l'État ne reprend une forme constante que quand les lois règnent.

CHAPITRE CXCV

DE LA CHINE AU XVIIe SIÈCLE
ET AU COMMENCEMENT DU XVIIIe

Il vous est fort inutile, sans doute, de savoir que, dans la dynastie chinoise qui régnait après la dynastie des Tartares de Gengis-kan, l'empereur Quancum succéda à Kinkum, et Kicum à Quancum. Il est bon que ces noms se trouvent dans les tables chronologiques; mais, vous attachant toujours aux événements et aux mœurs, vous franchissez tous ces espaces vides pour venir aux temps marqués par de grandes choses. Cette même mollesse qui a perdu la Perse et l'Inde fit à la Chine, dans le siècle passé, une révolution plus complète que celle de Gengis-kan et de ses petits-fils. L'empire chinois était, au commencement du XVIIe siècle, bien plus heureux que l'Inde, la Perse, et la Turquie. L'esprit humain ne peut certainement imaginer un gouvernement meilleur que celui où tout se décide par de grands tribunaux, subordonnés les uns aux autres, dont les membres ne sont reçus qu'après plusieurs examens sévères. Tout se règle à la Chine par ces tribunaux. Six cours souveraines sont à la tête de toutes les cours de l'empire. La première veille sur tous les mandarins des provinces; la seconde dirige les finances; la troisième a l'intendance des rites, des sciences, et des arts; la quatrième a l'intendance de la guerre; la cinquième préside aux juridictions chargées des affaires criminelles; la sixième a soin des ouvrages publics. Le résultat de toutes les affaires décidées à ces tribunaux est porté à un tribunal suprême. Sous ces tribunaux, il y en a quarante-quatre subalternes qui résident à Pékin. Chaque mandarin, dans sa province, dans sa ville, est assisté d'un tribunal. Il est impossible que, dans une telle administration, l'empereur exerce un pouvoir arbitraire. Les lois générales émanent de lui; mais, par la constitution du gouvernement, il ne peut rien faire sans avoir consulté des hommes élevés dans les lois, et élus par les suffrages. Que l'on se prosterne devant l'empereur comme devant un dieu, que le moindre manque de respect à sa personne soit puni selon la loi comme un sacrilège, cela ne prouve certainement pas un gouvernement despotique et arbitraire. Le gouvernement despotique serait celui où le prince pourrait, sans contrevenir à la loi, ôter à un citoyen les biens ou la vie, sans forme et sans autre raison que sa volonté. Or s'il y eut jamais un État dans lequel la vie, l'honneur, et le bien des hommes, aient été protégés par les lois, c'est l'empire de la Chine. Plus il y a de grands corps dépositaires de ces lois, moins l'administration est arbitraire; et si quelquefois le souverain abuse de son pouvoir contre le petit nombre d'hommes qui s'expose à être connu de lui, il ne peut en abuser contre la multitude, qui lui est inconnue, et qui vit sous la protection des lois.

La culture des terres, poussée à un point de perfection dont on n'a pas encore approché en Europe, fait assez voir que le peuple n'était pas accablé de ces impôts qui gênent le cultivateur : le grand nombre d'hommes occupés de donner des plaisirs aux autres montre que les villes étaient florissantes autant que les campagnes étaient fertiles. Il n'y avait point de cité dans l'empire où les festins ne fussent accompagnés de spectacles. On n'allait point au théâtre, on faisait venir les théâtres dans sa maison; l'art de la tragédie, de la comédie, était commun, sans être perfectionné : car les Chinois n'ont perfectionné aucun des arts de l'esprit; mais ils jouissaient avec profusion de ce qu'ils connaissaient, et enfin ils étaient heureux autant que la nature humaine le comporte.

Ce bonheur fut suivi, vers l'an 1630, de la plus terrible catastrophe et de la désolation la plus générale. La famille des conquérants tartares, descendants de Gengis-kan, avait fait ce que tous les conquérants ont tâché de faire : elle avait affaibli la nation des vainqueurs, afin de ne pas craindre, sur le trône des vaincus, la même révolution qu'elle y avait faite. Cette dynastie des Iven ayant été enfin dépossédée par la dynastie Ming, les Tartares qui habitèrent au nord de la grande muraille ne furent plus regardés que comme des espèces de sauvages dont il n'y avait rien ni à espérer ni à craindre. Au delà de la grande muraille est le royaume de Leaotong, incorporé par la famille de Gengis-kan à l'empire de la Chine, et devenu entièrement chinois. Au nord-est de Leaotong étaient quelques hordes de Tartares mantchoux, que le vice-roi de Leaotong traita durement. Ils firent des représentations hardies, telles qu'on nous dit que les Scythes en firent de tout temps depuis l'invasion de Cyrus : car le génie des peuples est toujours le même, jusqu'à ce qu'une longue oppression les fasse dégénérer. Le gouverneur, pour toute réponse, fit brûler leurs cabanes, enleva leurs troupeaux, et voulut transplanter les habitants. (1622) Alors ces Tartares, qui étaient libres, se choisirent un chef pour faire la guerre. Ce chef, nommé Taïtsou, se fit bientôt roi : il battit les Chinois, entra victorieux dans le Leaotong, et prit d'assaut la capitale.

Cette guerre se fit comme toutes celles des temps les plus reculés. Les armes à feu étaient inconnues dans cette partie du monde. Les anciennes armes, comme la flèche, la lance, la massue, le cimeterre, étaient en usage; on se servait peu de boucliers et de casques, encore moins de brassards et de bottines de métal. Les fortifications consistaient en un fossé, un mur, des tours; on sapait le mur, ou on montait à l'escalade. La seule force du corps devait donner la victoire; et les Tartares, accoutumés à dormir en plein champ, devaient avoir l'avantage sur un peuple élevé dans une vie moins dure.

Taïtsou, ce premier chef des hordes tartares, étant mort en 1626, dans le commencement de ses conquêtes, son fils, Taïtsong, prit tout d'un coup le titre d'empereur des Tartares, et s'égala à l'empereur de la Chine. On dit qu'il savait lire et écrire, et il paraît qu'il reconnaissait un seul Dieu, comme les lettrés chinois; il l'appelait Tien, comme eux. Il s'exprime ainsi dans une de ses lettres circulaires aux magistrats des provinces chinoises : « Le Tien élève qui lui plaît; il m'a peut-être choisi pour devenir votre maître. » En effet, depuis l'année 1628, le Tien lui fit remporter victoire sur victoire. C'était un homme très habile; il poliçait son peuple féroce pour le rendre obéissant, et établissait des lois au milieu de la guerre. Il était toujours à la tête de ses troupes, et l'empereur de la Chine, dont le nom est devenu obscur, et qui s'appelait Hoaitsong, restait dans son palais avec ses femmes et ses eunuques : aussi fut-il le dernier empereur du sang chinois. Il n'avait pas su empêcher que Taïtsong et ses Tartares lui prissent ses provinces du nord; il n'empêcha pas davantage qu'un mandarin rebelle, nommé Listching, lui prît celles du midi. Tandis que les Tartares ravageaient l'orient et le septentrion de la Chine, ce Listching s'emparait de presque tout le reste. On prétend qu'il avait six cent mille hommes de cavalerie et quatre cent mille d'infanterie. Il vint avec l'élite de ses troupes aux portes de Pékin, et l'empereur ne sortit jamais de son palais; il ignorait une partie de ce qui se passait. Listching le rebelle (on l'appelle ainsi parce qu'il ne réussit pas) renvoya à l'empereur deux de ses principaux eunuques faits prisonniers, avec une lettre fort courte, par laquelle il l'exhortait à abdiquer l'empire.

C'est ici qu'on voit bien ce que c'est que l'orgueil asiatique, et combien il s'accorde avec la mollesse. L'empereur ordonna qu'on coupât la tête aux deux eunuques, pour lui avoir apporté une lettre dans laquelle on lui manquait de respect. On eut beaucoup de peine à lui faire entendre que les têtes des princes du sang, et d'une foule de mandarins que Listching avait entre ses mains, répondraient de celles de ses deux eunuques.

Pendant que l'empereur délibérait sur la réponse, Listching était déjà entré dans Pékin. L'impératrice eut le temps de faire sauver quelques-uns de ses enfants mâles; après quoi elle s'enferma dans sa chambre, et se pendit. L'empereur y accourut; et, ayant fort approuvé cet exemple de fidélité, il exhorta quarante autres femmes qu'il avait à l'imiter. Le P. de Mailla, jésuite, qui a écrit cette histoire dans Pékin même, au siècle passé, prétend que toutes ces femmes obéirent sans réplique [1];

---

1. *Histoire de la conquête de la Chine par les Tartares Mantchoux*, Lyon, 1754, par Vojeu de Brunem (Jouve d'Embrun) et P. D. M. (le P. de Mailla), p. 169.

mais il se peut qu'il y en eût quelques-unes qu'il fallut aider. L'empereur, qu'il nous dépeint comme un très bon prince, aperçut, après cette exécution, sa fille unique, âgée de quinze ans, que l'impératrice n'avait pas jugé à propos d'exposer à sortir du palais; il l'exhorta à se pendre comme sa mère et ses belles-mères; mais la princesse n'en voulant rien faire, ce bon prince, ainsi que le dit Mailla, lui donna un grand coup de sabre, et la laissa pour morte. On s'attend qu'un tel père, un tel époux se tuera sur le corps de ses femmes et de sa fille; mais il alla dans un pavillon hors de la ville pour attendre des nouvelles; et enfin, ayant appris que tout était désespéré, et que Listching était dans son palais, il s'étrangla, et mit fin à un empire et à une vie qu'il n'avait pas osé défendre. Cet étrange événement arriva l'année 1641. C'est sous ce dernier empereur de la race chinoise que les jésuites avaient enfin pénétré dans la cour de Pékin. Le P. Adam Schall, natif de Cologne, avait tellement réussi auprès de cet empereur par ses connaissances en physique et en mathématiques, qu'il était devenu mandarin. C'était lui qui, le premier, avait fondu du canon de bronze à la Chine; mais le peu qu'il y en avait à Pékin, et qu'on ne savait pas employer, ne sauva pas l'empire. Le mandarin Schall quitta Pékin avant la révolution.

Après la mort de l'empereur, les Tartares et les rebelles se disputèrent la Chine. Les Tartares étaient unis et aguerris; les Chinois étaient divisés et indisciplinés. Il fallut petit à petit céder tout aux Tartares. Leur nation avait pris un caractère de supériorité qui ne dépendait pas de la conduite de leur chef. Il en était comme des Arabes de Mahomet, qui furent pendant plus de trois cents ans si redoutables par eux-mêmes.

La mort de l'empereur Taïtsong, que les Tartares perdirent en ce temps-là, ne les empêcha pas de poursuivre leurs conquêtes. Ils élurent un de ses neveux encore enfant; c'est Chang-ti, père du célèbre Cang-hi, sous lequel la religion chrétienne a fait des progrès à la Chine. Ces peuples, qui avaient d'abord pris les armes pour défendre leur liberté, ne connaissaient pas le droit héréditaire. Nous voyons que tous les peuples ont commencé par élire des chefs pour la guerre; ensuite ces chefs sont devenus absolus, excepté chez quelques nations d'Europe. Le droit héréditaire s'établit et devient sacré avec le temps.

Une minorité ruine presque toujours des conquérants, et ce fut pendant cette minorité de Chang-ti que les Tartares achevèrent de subjuguer la Chine. L'usurpateur Listching fut tué par un autre usurpateur chinois qui prétendait venger le dernier empereur. On reconnut dans plusieurs provinces des enfants vrais ou faux du dernier prince détrôné et étranglé, comme on avait produit des Demetri en Russie. Des mandarins chinois tâchèrent d'usurper des provinces, et les grands usurpateurs tartares vinrent enfin à bout de tous les petits. Il y eut un général chinois qui arrêta quelque temps leurs progrès, parce qu'il avait quelques canons, soit qu'il les eût des Portugais de Macao, soit que le jésuite Schall les eût fait fondre. Il est très remarquable que les Tartares, dépourvus d'artillerie, l'emportèrent à la fin sur ceux qui en avaient : c'était le contraire de ce qui était arrivé dans le nouveau monde, et une preuve de la supériorité des peuples du Nord sur ceux du Midi.

Ce qu'il y a de plus surprenant, c'est que les Tartares conquirent pied à pied tout ce vaste empire de la Chine sous deux minorités; car leur jeune empereur Chang-ti étant mort, en 1661, à l'âge de vingt-quatre ans, avant que leur domination fût entièrement affermie, ils élurent son fils, Cang-hi, au même âge de huit ans auquel ils avaient élu son père, et ce Cang-hi a rétabli l'empire de la Chine, ayant été assez sage et assez heureux pour se faire également obéir des Chinois et des Tartares. Les missionnaires qu'il fit mandarins l'ont loué comme un prince parfait. Quelques voyageurs, et surtout Le Gentil [1], qui n'ont point été mandarins, disent qu'il était d'une avarice sordide, et plein de caprices; mais ces détails personnels n'entrent point dans cette peinture générale du monde; il suffit que l'empire ait été heureux sous ce prince; c'est par là qu'il faut regarder et juger les rois.

Pendant le cours de cette révolution, qui dura plus

---

1. *Nouveau Voyage autour du monde,* Amsterdam, 1731, *FL*, t. I, pp. 308-9.

de trente ans, une des plus grandes mortifications que les Chinois éprouvèrent fut que leurs vainqueurs les obligeaient à se couper les cheveux à la manière tartare. Il y en eut qui aimèrent mieux mourir que de renoncer à leur chevelure. Nous avons vu les Moscovites exciter quelques séditions quand le czar Pierre Iᵉʳ les a obligés à se couper leur barbe, tant la coutume a de force sur le vulgaire.

Le temps n'a pas encore confondu la nation conquérante avec le peuple vaincu, comme il est arrivé dans nos Gaules, dans l'Angleterre, et ailleurs. Mais les Tartares ayant adopté les lois, les usages, et la religion des Chinois, les deux nations n'en composeront bientôt qu'une seule.

Sous le règne de ce Cang-hi les missionnaires d'Europe jouirent d'une grande considération; plusieurs furent logés dans le palais impérial; ils bâtirent des églises; ils eurent des maisons opulentes. Ils avaient réussi en Amérique en enseignant à des sauvages les arts nécessaires; ils réussirent à la Chine en enseignant les arts les plus relevés à une nation spirituelle. Mais bientôt la jalousie corrompit les fruits de leur sagesse; et cet esprit d'inquiétude et de contention, attaché en Europe aux connaissances et aux talents, renversa les plus grands desseins.

On fut étonné à la Chine de voir des sages qui n'étaient pas d'accord sur ce qu'ils venaient enseigner, qui se persécutaient et s'anathématisaient réciproquement, qui s'intentaient des procès criminels à Rome*, et qui faisaient décider dans des congrégations de cardinaux si l'empereur de la Chine entendait aussi bien sa langue que des missionnaires venus d'Italie et de France.

Ces querelles allèrent si loin que l'on craignit, dans la Chine, ou qu'on feignit de craindre les mêmes troubles qu'on avait essuyés au Japon**. Le successeur de Cang-hi défendit l'exercice de la religion chrétienne, tandis qu'on permettait la musulmane et les différentes

---

* Voyez le chapitre des *Cérémonies chinoises,* à la fin du *Siècle de Louis XIV.*

** Voyez le chapitre suivant concernant le Japon.

sortes de bonzes. Mais cette même cour, sentant le besoin des mathématiques autant que le prétendu danger d'une religion nouvelle, conserva les mathématiciens, en leur imposant silence sur le reste, et en chassant les missionnaires [a]. (x) Cet empereur, nommé Yontching, A leur dit ces propres paroles, qu'ils ont eu la bonne foi de rapporter dans leurs lettres intitulées *curieuses et édifiantes* [1] :

« Que diriez-vous si j'envoyais une troupe de bonzes et de lamas dans votre pays? comment les recevriez-vous? Si vous avez su tromper mon père, n'espérez pas me tromper de même. Vous voulez que les Chinois embrassent votre loi. Votre culte n'en tolère point d'autre, je le sais : en ce cas que deviendrons-nous? les sujets de vos princes. Les disciples que vous faites ne connaissent que vous. Dans un temps de troubles ils n'écouteraient d'autre voix que la vôtre. Je sais bien qu'à présent il n'y a rien à craindre; mais quand les vaisseaux viendront par milliers, il pourrait y avoir du désordre. »

Les mêmes jésuites qui rendent compte de ces paroles A avouent avec tous les autres que cet empereur était un des plus sages et des plus généreux princes qui aient jamais régné [2]; toujours occupé du soin de soulager les pauvres et de les faire travailler, exact observateur des lois, réprimant l'ambition et le manège des bonzes, entretenant la paix et l'abondance, encourageant tous les arts utiles, et surtout la culture des terres. De son temps les édifices publics, les grands chemins, les canaux qui joignent tous les fleuves de ce grand empire, furent entretenus avec une magnificence et une économie qui n'a rien d'égal que chez les anciens Romains.

Ce qui mérite bien notre attention, c'est le tremblement de terre que la Chine essuya en 1699, sous l'empereur Cang-hi. Ce phénomène fut plus funeste que celui qui de nos jours a détruit Lima et Lisbonne; il fit

---

1. Même citation dans les *Entretiens chinois* de V., xxvii, 25, avec la référence : « *Lettres* intitulées *édifiantes*, xviie recueil, p. 268. » V. abrège et arrange.

2. Le xxxive recueil des *Lettres édifiantes*, p. X, fait l'éloge de cet empereur.

FRONTISPICE
dè Athanase Kircher, *la Chine,* Amsterdam, 1670

périr, dit-on, environ quatre cent mille hommes. Ces secousses ont dû être fréquentes dans notre globe : la quantité de volcans qui vomissent la fumée et la flamme font penser que la première écorce de la terre porte sur des gouffres, et qu'elle est remplie de matière inflammable. Il est vraisemblable que notre habitation a éprouvé autant de révolutions en physique que la rapacité et l'ambition en a causé parmi les peuples.

chain ⁋ causes

CHAPITRE CXCVI

Du Japon au xviie siècle, et de l'extinction de la religion chrétienne en ce pays

Dans la foule des révolutions que nous avons vues d'un bout de l'univers à l'autre, il paraît un enchaînement fatal des causes qui entraînent les hommes, comme les vents poussent les sables et les flots. Ce qui s'est passé au Japon en est une nouvelle preuve. Un prince portugais, sans puissance, sans richesses, imagine, au xve siècle, d'envoyer quelques vaisseaux sur les côtes d'Afrique. Bientôt après les Portugais découvrent l'empire du Japon. L'Espagne, devenue pour un temps souveraine du Portugal, fait au Japon un commerce immense. La religion chrétienne y est portée à la faveur de ce commerce, et, à la faveur de cette tolérance de toutes les sectes admises si généralement dans l'Asie, elle s'y introduit, elle s'y établit. Trois princes japonais chrétiens viennent à Rome baiser les pieds du pape Grégoire XIII. Le christianisme allait devenir au Japon la religion dominante, et bientôt l'unique, lorsque sa puissance même servit à la détruire. Nous avons déjà remarqué [1] que les missionnaires y avaient beaucoup d'ennemis ; mais aussi ils s'y étaient fait un parti très puissant. Les bonzes craignirent pour leurs anciennes possessions, et l'empereur enfin craignit pour l'État. Les Espagnols s'étaient rendus maîtres des Philippines, voisines du Japon : on savait ce qu'ils avaient fait en Amérique ; il n'est pas étonnant que les Japonais fussent alarmés.

L'empereur du Japon, dès l'an 1586, proscrivit la

---

1. Chapitre 142.

religion chrétienne; l'exercice en fut défendu aux Japonais sous peine de mort : mais comme on permettait toujours le commerce aux Portugais et aux Espagnols, leurs missionnaires faisaient dans le peuple autant de prosélytes qu'on en condamnait aux supplices. Le gouvernement défendit aux marchands étrangers d'introduire des prêtres chrétiens dans le pays; malgré cette défense, le gouverneur des îles Philippines envoya des cordeliers en ambassade à l'empereur japonais. Ces ambassadeurs commencèrent par faire construire une chapelle publique dans la ville capitale, nommée Méaco; ils furent chassés, et la persécution redoubla. Il y eut longtemps des alternatives de cruauté et d'indulgence. Il est évident que la raison d'État fut la seule cause des persécutions, et qu'on ne se déclara contre la religion chrétienne que par la seule crainte de la voir servir d'instrument aux entreprises des Espagnols; car jamais on ne persécuta au Japon la religion de Confucius, quoique apportée par un peuple dont les Japonais sont jaloux, et auquel ils ont souvent fait la guerre.

Le savant et judicieux observateur Kempfer [1], qui a si longtemps été sur les lieux, nous dit que, l'an 1674, on fit le dénombrement des habitants de Méaco. Il y avait douze religions dans cette capitale, qui vivaient toutes en paix; et ces douze sectes composaient plus de quatre cent mille habitants, sans compter la cour nombreuse du daïri, souverain pontife. Il paraît que si les Portugais et les Espagnols s'étaient contentés de la liberté de conscience, ils auraient été aussi paisibles dans le Japon que ces douze religions. Ils y faisaient encore en 1636 le commerce le plus avantageux; Kempfer [2] dit qu'ils en rapportèrent à Macao deux mille trois cent cinquante caisses d'argent.

Les Hollandais, qui trafiquaient au Japon depuis 1600, étaient jaloux du commerce des Espagnols. Ils prirent en 1637, vers le cap de Bonne-Espérance, un

1. Son *Histoire du Japon,* t. II, p. 198, reproduit une « liste de toutes les sectes et religions professées à Miaco », qui contient douze noms. Le total des prêtres et des laïques, d'après les chiffres de Kempfer, dépasse 500 000 habitants.

2. *Ibid.,* t. II, p. 53.

vaisseau espagnol qui faisait voile du Japon à Lisbonne : ils y trouvèrent des lettres d'un officier portugais, nommé Moro, espèce de consul de la nation : ces lettres renfermaient le plan d'une conspiration des chrétiens du Japon contre l'empereur; on spécifiait le nombre des vaisseaux et des soldats qu'on attendait de l'Europe et des établissements d'Asie, pour faire réussir le projet. Les lettres furent envoyées à la cour du Japon : Moro reconnut son crime, et fut brûlé publiquement.

Alors le gouvernement aima mieux renoncer à tout commerce avec les étrangers que se voir exposé à de telles entreprises. L'empereur Jemitz, dans une assemblée de tous les grands, porta ce fameux édit, que désormais aucun Japonais ne pourrait sortir du pays, sous peine de mort; qu'aucun étranger ne serait reçu dans l'empire; que tous les Espagnols ou Portugais seraient renvoyés, que tous les chrétiens du pays seraient mis en prison, et qu'on donnerait environ mille écus à quiconque découvrirait un prêtre chrétien. Ce parti extrême de se séparer tout d'un coup du reste du monde, et de renoncer à tous les avantages du commerce, ne permet pas de douter que la conspiration n'ait été véritable; mais ce qui rend la preuve complète, c'est qu'en effet les chrétiens du pays, avec quelques Portugais à leur tête, s'assemblèrent en armes au nombre de plus de trente mille. Ils furent battus en 1638, et se retirèrent dans une forteresse sur le bord de la mer, dans le voisinage du port de Nangazaki.

Cependant toutes les nations étrangères étaient alors chassées du Japon; les Chinois mêmes étaient compris dans cette loi générale, parce que quelques missionnaires d'Europe s'étaient vantés au Japon d'être sur le point de convertir la Chine au christianisme. Les Hollandais eux-mêmes, qui avaient découvert la conspiration, étaient chassés comme les autres : on avait déjà démoli le comptoir qu'ils avaient à Firando; leurs vaisseaux étaient déjà partis : il en restait un, que le gouvernement somma de tirer son canon contre la forteresse où les chrétiens étaient réfugiés. Le capitaine hollandais Kokbeker rendit ce funeste service : les chrétiens furent bientôt forcés, et périrent dans d'affreux supplices. Encore une fois, quand on se représente un

capitaine portugais, nommé Moro, et un capitaine
hollandais, nommé Kokbeker, suscitant dans le Japon
de si étranges événements, on reste convaincu de l'esprit
remuant des Européens, et de cette fatalité qui dispose
des nations.

Le service odieux qu'avaient rendu les Hollandais
au Japon ne leur attira pas la grâce qu'ils espéraient d'y
commercer et de s'y établir librement; mais ils obtinrent
la permission d'aborder dans une petite île nommée
Désima, près du port de Nangazaki : c'est là qu'il leur
est permis d'apporter une quantité déterminée de marchandises.

Il fallut d'abord marcher sur la croix, renoncer à
toutes les marques du christianisme, et jurer qu'ils
n'étaient pas de la religion des Portugais, pour obtenir
d'être reçus dans cette petite île, qui leur sert de prison :
dès qu'ils y arrivent on s'empare de leurs vaisseaux et
de leurs marchandises, auxquelles on met le prix. Ils
viennent chaque année subir cette prison pour gagner
de l'argent : ceux qui sont rois à Batavia et dans les
Moluques se laissent ainsi traiter en esclaves : on les
conduit, il est vrai, de la petite île où ils sont retenus
jusqu'à la cour de l'empereur; et ils sont partout reçus
avec civilité et avec honneur, mais gardés à vue et observés; leurs conducteurs et leurs gardes font un serment
par écrit, signé de leur sang, qu'ils observeront toutes les
démarches des Hollandais, et qu'ils en rendront un
compte fidèle.

On a imprimé dans plusieurs livres qu'ils abjuraient
le christianisme au Japon : cette opinion a sa source
dans l'aventure d'un Hollandais qui, s'étant échappé et
vivant parmi les naturels du pays, fut bientôt reconnu;
il dit, pour sauver sa vie, qu'il n'était pas chrétien, mais
Hollandais. Le gouvernement japonais a défendu depuis
ce temps qu'on bâtit des vaisseaux qui pussent aller en
haute mer. Ils ne veulent avoir que de longues barques
à voiles et à rames pour le commerce de leurs îles. La
fréquentation des étrangers est devenue chez eux le
plus grand des crimes; il semble qu'ils les craignent
encore après le danger qu'ils ont couru. Cette terreur
ne s'accorde ni avec le courage de la nation, ni avec la
grandeur de l'empire; mais l'horreur du passé a plus

agi en eux que la crainte de l'avenir. Toute la conduite des Japonais a été celle d'un peuple généreux, facile, fier, et extrême dans ses résolutions : ils reçurent d'abord les étrangers avec cordialité; et quand ils se sont crus outragés et trahis par eux, ils ont rompu avec eux sans retour.

Lorsque le ministre Colbert, d'éternelle mémoire, établit le premier une compagnie des Indes en France, il voulut essayer d'introduire le commerce des Français au Japon, comptant se servir des seuls protestants, qui pouvaient jurer qu'ils n'étaient pas de la religion des Portugais; mais les Hollandais s'opposèrent à ce dessein, et les Japonais, contents de recevoir tous les ans chez eux une nation qu'ils font prisonnière, ne voulurent pas en recevoir deux.

Je ne parlerai point ici du royaume de Siam, qu'on nous représentait beaucoup plus vaste et plus opulent qu'il n'est; on verra dans le *Siècle de Louis XIV* le peu qu'il est nécessaire d'en savoir. La Corée, la Cochinchine, le Tonkin, le Laos, Ava, Pégu, sont des pays dont on a peu de connaissance; et dans ce prodigieux nombre d'îles répandues aux extrémités de l'Asie, il n'y a guère que celle de Java, où les Hollandais ont établi le centre de leur domination et de leur commerce, qui puisse entrer dans le plan de cette histoire générale. Il en est ainsi de tous les peuples qui occupent le milieu de l'Afrique, et d'une infinité de peuplades dans le nouveau monde. Je remarquerai seulement qu'avant le XVIe siècle plus de la moitié du globe ignorait l'usage du pain et du vin; une grande partie de l'Amérique et de l'Afrique orientale l'ignore encore, et il faut y porter ces nourritures pour y célébrer les mystères de notre religion.

Les anthropophages sont beaucoup plus rares qu'on ne le dit, et depuis cinquante ans aucun de nos voyageurs n'en a vu. Il y a beaucoup d'espèces d'hommes manifestement différentes les unes des autres. Plusieurs nations vivent encore dans l'état de la pure nature; et, tandis que nous faisons le tour du monde pour découvrir si leurs terres n'ont rien qui puisse assouvir notre cupidité, ces peuples ne s'informent pas s'il existe d'autres hommes qu'eux, et passent leurs jours dans une heureuse indolence qui serait un malheur pour nous.

Il reste beaucoup à découvrir pour notre vaine curiosité; mais si l'on s'en tient à l'utile, on n'a que trop découvert.

CHAPITRE CXCVII

J'ai parcouru [a] ce vaste théâtre des révolutions depuis A
Charlemagne, et même en remontant souvent beaucoup
plus haut, jusqu'au temps de Louis XIV. Quel sera le
fruit de ce travail? quel profit tirera-t-on de l'histoire?
On y a vu les faits et les mœurs; voyons quel avantage
nous produira la connaissance des uns et des autres.

Un lecteur sage s'apercevra aisément qu'il ne doit A
croire que les grands événements qui ont quelque vraisemblance, et regarder en pitié toutes les fables dont le
fanatisme, l'esprit romanesque, et la crédulité, ont chargé
dans tous les temps la scène du monde.

Constantin triomphe de l'empereur Maxence; mais A
certainement un *Labarum* ne lui apparut point dans les
nuées, (x) en Picardie, (x) avec une inscription grecque.

Clovis, souillé d'assassinats, se fait chrétien, et commet A
des assassinats nouveaux; mais ni une colombe ne lui
apporte une ampoule pour son baptême, ni un ange ne
descend du ciel pour lui donner un étendard.

Un moine de Clairvaux peut prêcher une croisade [1]; A
mais il faut être imbécile pour écrire que Dieu fit des
miracles par la main de ce moine, afin d'assurer le
succès de cette croisade, qui fut (x) aussi malheureuse Cc
que follement entreprise et mal conduite [b].

Le roi Louis VIII peut mourir de phtisie; mais il A
n'y a qu'un fanatique ignorant qui puisse dire que les
embrassements d'une jeune fille l'auraient guéri, et qu'il
mourut martyr de sa chasteté [2].

---

1. Saint Bernard. Voyez chapitre 55.
2. Voyez chapitre 56.

Chez toutes les nations l'histoire est défigurée par A
la fable, jusqu'à ce qu'enfin la philosophie vienne
éclairer les hommes; et lorsque enfin la philosophie
arrive au milieu de ces ténèbres, elle trouve les esprits
si aveuglés par des siècles d'erreurs qu'elle peut à peine
les détromper; elle trouve des cérémonies, des faits, des
monuments, établis pour constater des mensonges.

Comment, par exemple, un philosophe aurait-il pu A
persuader à la populace, dans le temple de Jupiter Stator,
que Jupiter n'était point descendu du ciel pour arrêter
la fuite des Romains? Quel philosophe eût pu nier, dans
le temple de Castor et de Pollux, que ces deux jumeaux
avaient combattu à la tête des troupes? ne lui aurait-on
pas montré l'empreinte des pieds de ces dieux conservée
sur le marbre? Les prêtres de Jupiter et de Pollux
n'auraient-ils pas dit à ce philosophe : « Criminel incré-
dule, vous êtes obligé d'avouer, en voyant la colonne
rostrale, que nous avons gagné une bataille navale dont
cette colonne est le monument : avouez donc que
les dieux sont descendus sur terre pour nous défendre,
et ne blasphémez point nos miracles en présence des
monuments qui les attestent. » C'est ainsi que raisonnent
dans tous les temps la fourberie et l'imbécillité.

Une princesse idiote bâtit une chapelle aux onze A
mille vierges; le desservant de la chapelle ne doute pas
que les onze mille vierges n'aient existé, et il fait lapider
le sage qui en doute.

Les monuments ne prouvent les faits que quand ces A
faits vraisemblables nous sont transmis par des contemporains éclairés.

Les chroniques du temps de Philippe-Auguste et A
l'abbaye de la Victoire sont des preuves de la bataille
de Bouvines; mais quand vous verrez à Rome le groupe
du Laocoon, croirez-vous pour cela la fable du cheval
de Troie? et quand vous verrez les hideuses statues
d'un saint Denis sur le chemin de Paris, ces monuments
de barbarie vous prouveront-ils que saint Denis [1],

---

1. Selon Fleury, *Histoire ecclésiastique,* t. X, p. 321, col., saint
Denis fut décapité à Montmartre devant la statue de Mercure :
« Mais le corps de saint Denis se releva et prit sa tête entre ses

ayant eu le cou coupé, marcha une lieue entière portant
sa tête entre ses bras, (x) et la baisant de temps en temps? Cc

La plupart des monuments, quand ils sont érigés A
longtemps après l'action, ne prouvent que des erreurs
consacrées; il faut même quelquefois se défier des
médailles frappées dans le temps d'un événement. Nous
avons vu les Anglais, trompés par une fausse nouvelle,
graver sur l'exergue d'une médaille : *A l'amiral Vernon,
vainqueur de Carthagène;* et à peine cette médaille fut-elle
frappée qu'on apprit que l'amiral Vernon avait levé le
siège. Si une nation dans laquelle il y a tant de philosophes a pu hasarder de tromper ainsi la postérité, que
devons-nous penser des peuples et des temples abandonnés à la grossière ignorance?

Croyons les événements attestés par les registres A
publics, par le consentement des auteurs contemporains,
vivant dans une capitale, éclairés les uns par les autres,
et écrivant sous les yeux des principaux de la nation.
Mais pour tous ces petits faits obscurs et romanesques,
écrits par des hommes obscurs dans le fond de quelque
province ignorante et barbare; pour ces contes chargés
de circonstances absurdes; pour ces prodiges qui déshonorent l'histoire au lieu de l'embellir, renvoyons-les à
Voragine*, au jésuite Caussin [1], à Maimbourg, et à
leurs semblables.

Il est aisé de remarquer combien les mœurs ont changé A
dans presque toute la terre depuis les inondations
des barbares jusqu'à nos jours. Les arts, qui adoucissent
les esprits en les éclairant, commencèrent un peu à
renaître dès le XIIe siècle; mais les plus lâches et les
plus absurdes superstitions, étouffant ce germe, abru-
tissaient presque tous les esprits; et ces superstitions,

---

mains étant conduit par les anges ». Miracle célèbre, qui fit dire
à Mme du Deffand : « Il n'y a que le premier pas qui coûte. »

* Voragine est l'auteur de la *Légende dorée*.

1. Le P. Caussin, confesseur de Louis XIII, est l'auteur de
deux ouvrages historiques de caractère édifiant : *La Cour sainte,
ou l'Institution chrétienne des grands, avec les exemples de ceux qui
dans les cours ont fleuri dans la sainteté*, 1624 (dont on tira en 1793
La Vie, les amours, le procès et la mort de Marie Stuart), et la *Vie
de sainte Isabelle, sœur du roi saint Louis*, 1644.

coups de hache devant l'idole de Mercure. Un grand nombre d'autres souffrirent le martyre avec eux : mais le corps de saint Denis se releva & prit sa tête entre ses mains, étant conduit par des anges. Une dame nommée Catule fit retirer les trois corps de la Seine, où les payens les avoient jettez ; & les enterra dans son champ, au lieu où est l'église & le monastere. Telle est l'histoire rapportée plus au long par Hilduin.

Il mit à la tête la lettre de l'empereur Louis & sa réponse : où il indique les originaux, dont il dit avoir tiré ce recit. Savoir les prétendus écrits de saint Denis, un Aristarque historien grec, dont on ne trouve ailleurs aucune memoire : un Visbius, qu'il prétend avoir été témoin occulaire du martyre de saint Denis ; & sous le nom duquel on trouve encore un petit écrit, mais si absurde & d'un stile si barbare, qu'il ne merite aucune créance. Hilduin s'objecte l'autorité de Grégoire de Tours, plus ancien que lui d'environ trois cens ans, qui ne met saint Denis premier évêque de Paris que sous l'empereur Decius : & il n'y répond qu'en accusant Gregoire de simplicité.

Ce recueil d'Hilduin porte le titre d'Aréopagitiques ; & il fut si bien reçu que la plûpart de ceux qui ont écrit depuis confondu les deux saints Denis d'Athenes & de Paris, & ont attribué à ce saint les œuvres qui portent le nom de l'aréopagite. Les Grecs mêmes ont donné dans cette erreur, dès le tems d'Hilduin : comme on voit par l'éloge de saint Denis composé par Michel syncelle de Jerusalem, & par l'histoire de son martyre attribué à Methodius depuis patriarche de C. P.

Toutefois Usuard & Adon dans leurs martyrologes, composez peu de tems aprés la mort

O 5   d'Hil-

Sur. tom. 5. p. 6, 7.

Sup. lib. v24 n. 49. Inter Op. s. Dion.

Fleury, *Histoire ecclésiastique,* exemplaire de Voltaire : le miracle de saint Denis est marqué d'un papier collé dans la marge.

se répandant chez tous les peuples de l'Europe ignorants et féroces, mêlaient partout le ridicule à la barbarie.

Les Arabes polirent l'Asie, l'Afrique, et une partie A de l'Espagne, jusqu'au temps où ils furent subjugués par les Turcs, et enfin chassés par les Espagnols ; alors l'ignorance couvrit toutes ces belles parties de la terre ; des mœurs dures et sombres rendirent le genre humain farouche de Bagdad jusqu'à Rome [1].

Les papes ne furent élus, pendant plusieurs siècles, A que les armes à la main ; et les peuples, les princes même, étaient si imbéciles, qu'un anti-pape reconnu par eux était dès ce moment vicaire de Dieu, et un homme infaillible. Cet homme infaillible était-il déposé, on révérait le caractère de la Divintié dans son successeur ; et ces dieux sur terre, tantôt assassins, tantôt assassinés, empoisonneurs et empoisonnés tour à tour, enrichissant leurs bâtards, et donnant des décrets contre la fornication, anathématisant les tournois, et faisant la guerre, excommuniant, déposant les rois, et vendant la rémission des péchés aux peuples, étaient à la fois le scandale, l'horreur, et la divinité de l'Europe catholique.

Vous avez vu [2], aux XIIe et XIIIe siècles, les moines A devenir princes, ainsi que les évêques ; ces évêques et moines, partout à la tête du gouvernement féodal. Ils établirent des coutumes ridicules, aussi grossières que leurs mœurs : le droit exclusif d'entrer dans une église avec un faucon sur le poing, le droit de faire battre les eaux des étangs par les cultivateurs pour empêcher les grenouilles d'interrompre le baron, le moine, ou le prélat ; le droit de passer la première nuit avec les nouvelles mariées dans leurs domaines ; le droit de rançonner les marchands forains, car alors il n'y avait point d'autres marchands.

Vous avez vu parmi ces barbaries ridicules les bar- A baries sanglantes des guerres de religion.

La querelle des pontifes avec les empereurs et les A rois, commencée dès le temps de Louis le Faible, n'a

---

1. « N'y a-t-il pas quelque chose de l'âme du poète dans ce regret de l'expulsion des Maures ? » (Flaubert.)

2. Chapitre 33.

cessé entièrement en Allemagne qu'après Charles-Quint;
en Angleterre, que par la constance d'Élisabeth; en
France, que par la soumission (x) forcée (x) de Henri IV
à l'Église romaine.

Une autre source qui a fait couler tant de sang a
été la fureur dogmatique; elle a bouleversé plus d'un
État, depuis les massacres des Albigeois au xiiie siècle,
jusqu'à la petite guerre des Cévennes au commencement
du xviiie. Le sang a coulé dans les campagnes et sur
les échafauds, pour des arguments de théologie, tantôt
dans un pays, tantôt dans un autre, pendant cinq cents
années, presque sans interruption; et ce fléau n'a duré
si longtemps que parce qu'on a toujours négligé la
morale pour le dogme.

Il faut donc, encore une fois, avouer qu'en général
toute cette histoire est un ramas de crimes, de folies,
et de malheurs, parmi lesquels nous avons vu quelques
vertus, quelques temps heureux, comme on découvre
des habitations répandues, çà et là dans des déserts
sauvages.

L'homme peut-être qui, dans les temps grossiers
qu'on nomme du moyen âge, mérita le plus du genre
humain, fut le pape Alexandre III. Ce fut lui qui, dans
un concile, au xiie siècle, abolit autant qu'il le put la
servitude. C'est ce même pape qui triompha dans Venise,
par sa sagesse, de la violence de l'empereur Frédéric
Barberousse, et qui força Henri II, roi d'Angleterre, de
demander pardon à Dieu et aux hommes du meurtre
de Thomas Becket. Il ressuscita les droits des peuples,
et réprima le crime dans les rois. Nous avons remarqué
qu'avant ce temps toute l'Europe, excepté un petit
nombre de villes, était partagée entre deux sortes
d'hommes, les seigneurs des terres, soit séculiers, soit
ecclésiastiques, et les esclaves. Les hommes de loi qui
assistaient les chevaliers, les baillis, les maîtres d'hôtel
des fiefs dans leurs jugements, n'étaient réellement que
des serfs d'origine. Si les hommes sont rentrés dans
leurs droits, c'est principalement au pape Alexandre III
qu'ils en sont redevables; c'est à lui que tant de villes
doivent leur splendeur : cependant nous avons vu que
cette liberté ne s'est pas étendue partout. Elle n'a
jamais pénétré en Pologne : le cultivateur y est encore

serf, attaché à la glèbe, ainsi qu'en Bohême, en Souabe, et dans plusieurs autres pays de l'Allemagne; on voit même encore en France, dans quelques provinces éloignées de la capitale, des restes de cet esclavage [1]. Il y a quelques chapitres, quelques moines, à qui les biens des paysans appartiennent.

Il n'y a [a] chez les Asiatiques qu'une servitude domestique, et chez les chrétiens qu'une servitude civile. Le paysan polonais est serf dans la terre, et non esclave dans la maison de son seigneur. Nous n'achetons des esclaves domestiques que chez les nègres. On nous reproche ce commerce : un peuple qui trafique de ses enfants est encore plus condamnable que l'acheteur; ce négoce démontre notre supériorité; celui qui se donne un maître était né pour en avoir [2].

Plusieurs [b] princes, en délivrant les sujets des seigneurs, A ont voulu réduire en une espèce de servitude les seigneurs mêmes; et c'est ce qui a causé tant de guerres civiles.

On croirait, sur la foi de quelques dissertateurs qui A accommodent tout à leurs idées, que les républiques furent plus vertueuses, plus heureuses que les monarchies; mais, sans compter les guerres opiniâtres que se firent si longtemps les Vénitiens et les Génois à qui vendrait ses marchandises chez les mahométans, quels troubles Venise, Gênes, Florence, Pise, n'éprouvèrent-elles pas? combien de fois Gênes, Florence, et Pise, ont-elles changé de maîtres? Si Venise n'en a jamais

---

1. G. Charrot rappelle ici que l'arrière-grand-père de Pasteur était un serf, affranchi en 1763.

2. Cette expression doit s'entendre dans le même sens qu'Aristote disait qu'il y a des esclaves par nature. Mais celui qui profite de la faiblesse ou de la lâcheté d'un autre homme pour le réduire en servitude n'en est pas moins coupable. Si l'on peut dire que certains hommes méritent d'être esclaves, c'est comme l'on dit quelquefois qu'un avare mérite d'être volé.

Certainement le roitelet nègre qui vend ses sujets, celui qui fait la guerre pour avoir des prisonniers à vendre, le père qui vend ses enfants, commettent un crime exécrable; mais ces crimes sont l'ouvrage des Européens, qui ont inspiré aux noirs le désir de les commettre, et qui les paient pour les avoir commis. Les Nègres ne sont que les complices et les instruments des Européens; ceux-ci sont les vrais coupables. (K.)

eu, elle ne doit cet avantage qu'à ses profonds marais appelés *lagunes*.

On peut demander comment, au milieu de tant de secousses, de guerres intestines, de conspirations, de crimes, et de folies, il y eut tant d'hommes qui aient cultivé les arts utiles et les arts agréables en Italie, et ensuite dans les autres États chrétiens. C'est ce que nous ne voyons point sous la domination des Turcs.

Il faut que notre partie de l'Europe ait eu dans ses mœurs et dans son génie un caractère qui ne se trouve ni dans la Thrace, où les Turcs ont établi le siège de leur empire, ni dans la Tartarie, dont ils sortirent autrefois. Trois choses influent sans cesse sur l'esprit des hommes : le climat, le gouvernement, et la religion; c'est la seule manière d'expliquer l'énigme de ce monde.

On a pu remarquer, dans le cours de tant de révolutions, qu'il s'est formé des peuples presque sauvages, tant en Europe qu'en Asie, dans les contrées autrefois les plus policées. Telle île de l'Archipel qui florissait autrefois est réduite aujourd'hui au sort des bourgades de l'Amérique. Les pays où étaient les villes d'Artaxartes de Tigranocertes, de Colchos, ne valent pas à beaucoup près nos colonies. Il y a dans quelques îles, dans quelques forêts, et sur quelques montagnes, au milieu de notre Europe, des portions de peuples qui n'ont nul avantage sur ceux du Canada ou des noirs de l'Afrique. Les Turcs sont plus policés; mais nous ne connaissons presque aucune ville bâtie par eux : ils ont laissé dépérir les plus beaux établissements de l'antiquité; ils règnent sur des ruines.

Il n'est rien dans l'Asie qui ressemble à la noblesse d'Europe : on ne trouve nulle part en Orient un ordre de citoyens distingués des autres par des titres héréditaires, par des exemptions et des droits attachés uniquement à la naissance. Les Tartares paraissent les seuls qui aient dans les races de leurs mirzas quelque faible image de cette institution : on ne voit ni en Turquie, ni en Perse, ni aux Indes, ni à la Chine, rien qui donne l'idée de ces corps de nobles qui forment une partie essentielle de chaque monarchie européenne. Il faut aller jusqu'au Malabar pour retrouver une apparence de cette constitution, encore est-elle très différente :

c'est une tribu entière qui est toute destinée aux armes, qui ne s'allie jamais aux autres tribus ou castes, qui ne daigne même avoir avec elles aucun commerce.

L'auteur de l'*Esprit des Lois* dit qu'il n'y a point de A républiques en Asie [1]. Cependant cent hordes de Tartares, et des peuplades d'Arabes, forment des républiques errantes. Il y eut autrefois des républiques très florissantes et supérieures à celles de la Grèce, comme Tyr et Sidon. On n'en trouve plus de pareilles depuis leur chute. Les grands empires ont tout englouti. Le même auteur croit en avoir une raison dans les vastes plaines de l'Asie. Il prétend que la liberté trouve plus d'asiles dans les montagnes; mais il y a bien autant de pays montueux en Asie qu'en Europe. La Pologne, qui est une république, est un pays de plaines. Venise et la Hollande ne sont point hérissées de montagnes. Les Suisses sont libres, à la vérité, dans une partie des Alpes; mais leurs voisins sont assujettis de tout temps dans l'autre partie. Il est bien délicat de chercher les raisons physiques des gouvernements; mais surtout il ne faut pas chercher la raison de ce qui n'est point.

La plus grande différence entre nous et les Orientaux est la manière dont nous traitons les femmes. Aucune n'a régné dans l'Orient, si ce n'est une princesse de Mingrélie dont nous parle Chardin [2], par laquelle il fut volé. Les femmes, qui ne peuvent régner en France, y sont régentes; elles ont droit à tous les autres trônes, excepté à celui de l'empire et de la Pologne.

Une autre différence qui naît de nos usages avec les femmes, c'est cette coutume de mettre auprès d'elles des hommes dépouillés de leur virilité; usage immémorial de l'Asie et de l'Afrique, quelquefois introduit en Europe chez les empereurs romains. Nous n'avons

---

1. Montesquieu, dans la 131e de ses *Lettres persanes,* dit que *la plupart des Asiatiques n'ont pas l'idée de cette sorte de gouvernement. L'Asie et l'Afrique ont toujours été accablées sous le despotisme, si vous en exceptez quelques villes de l'Asie Mineure, et la république de Carthage.* Dans l'*Esprit des Lois,* livre XI, chapitre 8, il parle des colonies grecques de l'Asie Mineure. (B.)

2. *Voyages en Perse,* t. I, pp. 90-1, sig.

universel élements

pas aujourd'hui dans notre Europe chrétienne trois cents ennuques [a] pour les chapelles et pour les théâtres; les sérails des Orientaux en sont remplis.

Tout diffère entre eux et nous : religion, police, gouvernement, mœurs, nourriture, vêtements, manière d'écrire, de s'exprimer, de penser. La plus grande ressemblance que nous ayons avec eux est cet esprit de guerre, de meurtre, et de destruction, qui a toujours dépeuplé la terre. Il faut avouer pourtant que cette fureur entre bien moins dans le caractère des peuples de l'Inde et de la Chine que dans le nôtre. Nous ne voyons surtout aucune guerre commencée par les Indiens ni par les Chinois contre les habitants du Nord : ils valent en cela mieux que nous; mais leur vertu même, ou plutôt leur douceur les a perdus; ils ont été subjugués.

Au milieu de ces saccagements et de ces destructions que nous observons dans l'espace de neuf cents années, nous voyons un amour de l'ordre qui anime en secret le genre humain, et qui a prévenu sa ruine totale. C'est un des ressorts de la nature, qui reprend toujours sa force : c'est lui qui a formé le code des nations; c'est par lui qu'on révère la loi et les ministres de la loi dans le Tonkin et dans l'île Formose, comme à Rome. Les enfants respectent leurs pères en tout pays, et le fils, en tout pays, quoi qu'on en dise, hérite de son père : car si en Turquie le fils n'a point l'héritage d'un timariot, ni dans l'Inde celui de la terre d'un omra, c'est que ces fonds n'appartenaient point au père. Ce qui est un bénéfice à vie n'est en aucun lieu du monde un héritage; mais dans la Perse, dans l'Inde, dans toute l'Asie, tout citoyen, et l'étranger même, de quelque religion qu'il soit, excepté au Japon, peut acheter une terre qui n'est point domaine de l'État, et la laisser à sa famille. (x) A J'apprends par des personnes dignes de foi qu'un Français vient d'acheter une belle terre auprès de Damas, et qu'un Anglais vient d'en acheter une dans le Bengale*.

C'est dans notre Europe qu'il y a encore quelques peuples dont la loi ne permet pas qu'un étranger achète

---

* Ceci était écrit longtemps avant que les Anglais eussent conquis D le Bengale.

un champ et un tombeau dans leur territoire [1]. Le barbare droit d'aubaine, par lequel un étranger voit passer le bien de son père au fisc royal, subsiste encore dans tous les royaumes chrétiens, à moins qu'on n'y ait dérogé par des conventions particulières.

Nous pensons encore que dans tout l'Orient les femmes sont esclaves, parce qu'elles sont attachées à une vie domestique. Si elles étaient esclaves, elles seraient donc dans la mendicité à la mort de leurs maris; c'est ce qui n'arrive point : elles ont partout une portion réglée par la loi, et elles obtiennent cette portion en cas de divorce. D'un bout du monde à l'autre vous trouvez des lois établies pour le maintien des familles.

Il y a partout un frein imposé au pouvoir arbitraire, par la loi, par les usages, ou par les mœurs. Le sultan turc ne peut ni toucher à la monnaie, ni casser les janissaires, ni se mêler de l'intérieur des sérails de ses sujets. L'empereur chinois ne promulgue pas un édit sans la sanction d'un tribunal. On essuie dans tous les États de rudes violences. Les grands-vizirs et les itimadoulets exercent le meurtre et la rapine; mais ils n'y sont pas plus autorisés par les lois que les Arabes et les Tartares vagabonds ne le sont à piller les caravanes.

La religion enseigne la même morale à tous les peuples sans aucune exception : les cérémonies asiatiques sont bizarres, les croyances absurdes, mais les préceptes justes. Le derviche, le fakir, le bonze, le talapoin, disent partout : « Soyez équitables et bienfaisants ». On reproche au bas peuple de la Chine beaucoup d'infidélités dans le négoce : ce qui l'encourage peut-être dans ce vice, c'est qu'il achète de ses bonzes pour la plus vile monnaie l'expiation dont il croit avoir besoin. La morale qu'on lui inspire est bonne; l'indulgence qu'on lui vend, pernicieuse.

En vain quelques voyageurs et quelques missionnaires nous ont représenté les prêtres d'Orient comme des prédicateurs de l'iniquité; c'est calomnier la nature humaine : il n'est pas possible qu'il y ait jamais une société religieuse instituée pour inviter au crime.

---

1. V., en tant que catholique, ne put acheter sous son nom la terre des Délices, située sur le territoire de Genève.

Si dans presque tous les pays du monde on a immolé A
autrefois des victimes humaines, ces cas ont été rares.
C'est une barbarie abolie dans l'ancien monde; elle était
encore en usage dans le nouveau. Mais cette superstition
détestable n'est point un précepte religieux qui influe
sur la société. Qu'on immole des captifs dans un temple
chez les Mexicains, ou qu'on les étrangle chez les
Romains dans une prison, après les avoir traînés derrière
un char au Capitole, cela est fort égal, c'est la suite
de la guerre; et quand la religion se joint à la guerre,
ce mélange est le plus horrible des fléaux. Je dis seule-
lent que jamais on n'a vu aucune société religieuse,
aucun rite institué dans la vue d'encourager les hommes
aux vices. On s'est servi dans toute la terre de la religion
pour faire le mal, mais elle est partout instituée pour
porter au bien; et si le dogme apporte le fanatisme et
la guerre, la morale inspire partout la concorde.

On ne se trompe pas moins quand on croit que la
religion des musulmans ne s'est établie que par les
armes. Les mahométans ont eu leurs missionnaires aux
Indes et à la Chine, et la secte d'Omar combat la secte
d'Ali par la parole jusque sur les côtes de Coromandel
et de Malabar.

Il résulte de ce tableau que tout ce qui tient intimement
à la nature humaine se ressemble d'un bout de l'univers
à l'autre; que tout ce qui peut dépendre de la coutume
est différent, et que c'est un hasard s'il se ressemble.
L'empire de la coutume est bien plus vaste que celui
de la nature; il s'étend sur les mœurs, sur tous les
usages; il répand la variété sur la scène de l'univers :
la nature y répand l'unité; elle établit partout un petit
nombre de principes invariables : ainsi le fonds est
partout le même, et la culture produit des fruits divers.

Puisque la nature a mis dans le cœur des hommes
l'intérêt, l'orgueil, et toutes les passions, il n'est pas
étonnant que nous ayons vu, dans une période d'environ
dix siècles, une suite presque continue de crimes et de
désastres. Si nous remontons aux temps précédents,
ils ne sont pas meilleurs. La coutume a fait que le mal
a été opéré partout d'une manière différente.

Il est aisé de juger par le tableau que nous avons A
fait de l'Europe, depuis le temps de Charlemagne jus-

qu'à nos jours, que cette partie du monde est incomparablement plus peuplée, plus civilisée, plus riche, plus éclairée, qu'elle ne l'était alors, et que même elle est beaucoup supérieure à ce qu'était l'empire romain, si vous en exceptez l'Italie.

C'est une idée digne seulement des plaisanteries des A *Lettres persanes,* ou de ces nouveaux paradoxes, non moins frivoles, quoique débités d'un ton plus sérieux [1], de prétendre que l'Europe soit dépeuplée depuis le temps des anciens Romains.

Que l'on considère, depuis Pétersbourg jusqu'à A Madrid, ce nombre prodigieux de villes superbes, bâties dans des lieux qui étaient des déserts il y a six cents ans; qu'on fasse attention à ces forêts immenses qui couvraient la terre des bords du Danube à la mer Baltique, et jusqu'au milieu de la France; il est bien évident que quand il y a beaucoup de terres défrichées, il y a beaucoup d'hommes. L'agriculture, quoi qu'on en dise, et le commerce, ont été beaucoup plus en honneur qu'ils ne l'étaient auparavant.

Une des raisons qui ont contribué en général à la A population de l'Europe, c'est que dans les guerres innombrables que toutes ces provinces ont essuyées, on n'a point transporté les nations vaincues.

Charlemagne dépeupla, à la vérité, les bords du Véser; A mais c'est un petit canton qui s'est rétabli avec le temps. Les Turcs ont transporté beaucoup de familles hongroises et dalmatiennes; aussi ces pays ne sont-ils pas assez peuplés; et la Pologne ne manque d'habitants que parce que le peuple y est encore esclave.

Dans quel état florissant serait donc l'Europe, sans A les guerres continuelles qui la troublent pour de très légers intérêts, et souvent pour de petits caprices! Quel degré de perfection n'aurait pas reçu la culture des terres, et combien les arts qui manufacturent ces productions n'auraient-ils pas répandu encore plus de secours et d'aisance dans la vie civile, si on n'avait pas enterré dans les cloîtres ce nombre étonnant d'hommes et de femmes inutiles! Une humanité nouvelle qu'on

---

1. Ceux de Jean-Jacques Rousseau.

a introduite dans le fléau de la guerre, et qui en adoucit les horreurs, a contribué encore à sauver les peuples de la destruction qui semble les menacer à chaque instant. C'est un mal, à la vérité très déplorable, que cette multitude de soldats entretenus continuellement par tous les princes; mais aussi, comme on l'a déjà remarqué, ce mal produit un bien : les peuples ne se mêlent point de la guerre que font leurs maîtres; les citoyens des villes assiégées passent souvent d'une domination à une autre, sans qu'il en ait coûté la vie à un seul habitant; ils sont seulement le prix de celui qui a eu le plus de soldats, de canons, et d'argent.

Les guerres civiles ont très longtemps désolé A l'Allemagne, l'Angleterre, la France; mais ces malheurs ont été bientôt réparés, et l'état florissant de ces pays prouve que l'industrie des hommes a été beaucoup plus loin encore que leur fureur. Il n'en est pas ainsi de la Perse, par exemple, qui depuis quarante ans est en proie aux dévastations; mais si elle se réunit sous un prince sage, elle reprendra sa consistance en moins de temps qu'elle ne l'a perdue.

Quand une nation connaît les arts, quand elle n'est A point subjuguée et transportée par les étrangers, elle sort aisément de ses ruines, et se rétablit toujours.

APPENDICE

NOUVEAU PLAN D'UNE HISTOIRE DE L'ESPRIT HUMAIN

(Mercure de France, avril 1745)

Personne n'a plus senti que nous la satisfaction qu'ont eue tous les honnêtes gens en apprenant les récompenses accordées par Sa Majesté aux longs travaux de M. de Voltaire. Parmi les grâces dont le roi l'a honoré, il l'a nommé historiographe de France, avec 2 000 livres d'appointements et avec les prérogatives attachées à cette place.

Nous avons su qu'en effet il s'efforçait depuis longtemps de se rendre digne de cette grâce en travaillant à une espèce d'histoire universelle à laquelle nous croyons ne pouvoir donner le titre plus convenable que celui d'*Histoire de l'esprit humain.* Le beau siècle de Louis XIV entre dans ce grand ouvrage et doit le terminer; nous avons lu plusieurs feuilles de ce manuscrit et nous avons cru faire plaisir au public d'en publier le commencement. L'auteur s'est rendu à nos désirs d'autant plus volontiers qu'il a voulu par cet essai connaître le goût du public et y conformer la suite de son travail.

AVANT-PROPOS [a]

Plusieurs esprits infatigables ayant débrouillé autant que l'on peut le chaos de l'Antiquité, et quelques génies éloquents ayant écrit l'histoire universelle jusqu'à Charlemagne, j'ai regretté qu'ils n'aient pas fourni une carrière plus longue. J'ai voulu pour assembler ce qu'ils ont négligé, mettre sous mes yeux un précis de l'histoire du monde, laquelle nous intéresse davantage à mesure qu'elle devient plus moderne.

humankind > kings

Ma principale idée est de connaître autant que je pourrai les mœurs des hommes et les révolutions de l'esprit humain. Je regarderai l'ordre des successions des rois et la chronologie comme mes guides, mais non comme le but de mon travail. Ce travail serait bien ingrat, si je me bornais à vouloir apprendre en quelle année un prince indigne d'être connu succéda à un prince barbare.

Il semble en lisant les histoires que la terre n'ait été faite que pour quelques souverains, et pour ceux qui ont servi leurs passions; presque tout le reste est abandonné. Les historiens en cela ressemblent à quelques tyrans dont ils parlent : ils sacrifient le genre humain à un seul homme.

N'y a-t-il donc eu sur la terre que des rois [a]; et faut-il que presque tous les inventeurs des arts soient inconnus, tandis qu'on a des suites chronologiques de tant d'hommes qui n'ont fait aucun bien, ou qui ont fait beaucoup de mal?

Autant qu'il faut connaître les grandes actions des souverains qui ont changé la face de la terre, et surtout de ceux qui ont rendu leurs peuples meilleurs et plus heureux, autant on doit ignorer le vulgaire des rois, qui ne seraient qu'un fardeau à la mémoire [b], comme ils l'ont été à leurs peuples; qu'ils servent d'époques dans les registres des temps, chacun peut les consulter; mais un voyageur ne cherche dans une ville que les principaux citoyens qui représentent en quelque sorte l'esprit de la nation; c'est ainsi que j'en use dans ce vaste dénombrement des maîtres de la terre.

Je me propose de conduire mon étude par siècles; mais je sens qu'en ne présentant à mon esprit que ce qui s'est fait précisément dans le siècle que j'aurai sous les yeux, je serais obligé de trop diviser mon attention, de partager en trop de parties les idées suivies que je veux me faire, d'abandonner la recherche d'une nation ou d'un art ou d'une révolution pour ne la reprendre que trop longtemps après; je remonterai donc quelquefois à la source éloignée d'un art, d'une coutume importante, d'une loi, d'une révolution. J'anticiperai quelques faits, j'en réserverai d'autres à des temps postérieurs, mais le moins que je pourrai, et seulement pour éviter autant que ma faiblesse le permettra la confusion et la dispersion des idées. Je tâcherai de présenter à mon esprit une peinture fidèle de ce qui mérite d'être connu [a] en bien et en mal, forcé de voir une foule de cruautés et de trahisons pour arriver à quelques vertus répandues çà et là dans les siècles, comme des abris dans des déserts immenses.

Avant que de considérer l'état où était l'Europe vers le temps de Charlemagne, et les débris de l'empire romain, j'examine d'abord s'il n'y a rien qui soit digne de mon attention dans le reste de notre hémisphère : ce reste est environ dix fois [b] plus étendu que la domination romaine, et m'apprend d'abord que ces monuments des empereurs de Rome, chargés des titres de Maîtres et de Restaurateurs de l'univers, sont des témoignages immortels de vanité et d'ignorance, non moins que de grandeur.

Frappés de l'éclat de cet empire, de ses accroissements et de sa chute, nous avons jusqu'à présent dans la plupart de nos histoires universelles traité les autres hommes comme s'ils n'existaient pas [c]. La Grèce, les Romains, se sont emparés de toute notre attention, et quand le célèbre Bossuet dit un mot des mahométans il n'en parle que comme d'un déluge de barbares. Cependant beaucoup de ces nations possédaient des arts utiles que nous tenons d'elles : leur pays nous fournissent des commodités et des choses précieuses que la nature nous a refusées; et vêtus de leurs étoffes, nourris des productions de leurs terres, instruits par leurs inventions, amusés même par les jeux qui sont le fruit de leur industrie, nous ne sommes ni justes ni sages de les ignorer [d].

LE CHAPITRE DES ARTS [1]

* Depuis les inondations des barbares en Europe, on sait que les beaux-arts furent ensevelis sous les ruines de l'empire d'Occident. Charlemagne voulut en vain les rétablir. L'esprit goth et vandale étouffèrent ce qu'il fit à peine revivre.

Les arts nécessaires furent toujours grossiers, et les arts agréables ignorés. L'architecture, par exemple, fut d'abord ce que nous appelons l'ancien gothique; et le nouveau gothique, qui commença du temps de..., n'a fait qu'ajouter des ornements vicieux à un fond plus vicieux encore. La sculpture, la gravure, étaient informes. Les étoffes précieuses n'étaient tissées qu'en Grèce et dans l'Asie Mineure. La peinture n'était guère en usage que pour couvrir de quelques couleurs des lambris épais. On chantait et on ignorait la musique; on n'a jusqu'au XIVe siècle aucun ouvrage de bon goût en aucun genre. On parlait, on écrivait, et l'éloquence était inconnue. On faisait quelques vers, tantôt en latin

---

* Imprimerie.

1. Le manuscrit, conservé dans la Bibliothèque de V. à Leningrad, ne porte aucun titre. Le texte, écrit au début sur le recto seulement, laisse de chaque côté de larges marges. La moitié supérieure de la première page reste blanche.

Les indications que nous donnons en note, appelées par des astérisques, sont celles que V. a placées dans les marges de son brouillon. Le plus souvent elles ne correspondent pas au texte qui leur fait face. Ce qui s'explique par la méthode de travail de V. : il commence par tracer un schéma à l'aide de titres marginaux; il arrive fréquemment qu'ensuite la rédaction s'écarte de ce canevas. Le texte de ce *Chapitre des arts,* publié par F. Caussy, *Œuvres inédites,* comporte quelques fautes de lecture, que nous avons corrigées d'après le manuscrit.

corrompu, tantôt dans les idiomes barbares, et on ne connaissait rien de la poésie [1].

Il n'en était pas tout à fait ainsi dans l'Orient. Constantinople conserva les arts jusqu'au temps où elle fut désolée par les Croisades. Elle fournissait même quelquefois des mathématiciens aux Arabes. Plusieurs empereurs écrivirent en grec avec pureté *.

Aben ou Eben Sina que nous appelons Avicenne, florissait chez les Persans au XIe siècle et nul homme alors en Europe n'était comparable à lui. Il était né dans le Korassan qui est l'ancienne Bactriane. La géométrie, l'éloquence et la poésie furent depuis lui en honneur dans la Perse; aucun de ces arts, à la vérité, n'y fut porté à son comble et j'ai toujours été étonné que l'Asie qui a fait naître tous les arts, n'en ai jamais perfectionné aucun. Mais enfin ils y subsistaient, tandis qu'ils étaient anéantis en Europe.

J'ai déjà remarqué [2] que Tamerlang, loin de leur être contraire, les favorisa. Son fils Haloucoucan fit dresser des tables astronomiques et son petit-fils Houlougbeg en composa de meilleures avec l'aide de plusieurs astronomes.

Ce fut lui qui fit mesurer la terre ** [3].

Notre Europe avait cependant cette supériorité sur eux d'avoir inventé la boussole et la poudre et enfin l'imprimerie***. Mais ces connaissances déjà vulgaires à la Chine ne furent point en Europe le fruit de la culture assidue des arts. Le génie du siècle, l'en-

---

* Hist. byzantine.
** Voyez tome 18 Académie des sciences.
*** Chiffres.

1. Au verso de la première page, d'une écriture différente, ces mots : « Nous avons vu les malheurs de la terre entière, Gengiskhan, etc., mais au moins au XIVe siècle l'Asie riche et heureuse, Perse, Chine, Indes; l'Europe toujours faible, divisée et barbare, Allemagne, Italie, France, sous Charles VII, Espagne, États de Charles VII. » En tête de la page, une indication suivie d'un grand blanc : « L'astronomie ».

2. Dans le chapitre 88 de l'*Essai sur les mœurs*.

3. Après cette phrase, un blanc, en vue d'un développement à écrire, à l'aide du t. 18 des *Mémoires* de l'Académie des sciences.

couragement des princes n'y contribuèrent pas. Ces découvertes furent faites par un instinct heureux d'hommes grossiers qui eurent un moment de génie.

Les Orientaux avaient d'ailleurs un grand avantage sur les Européens. Leurs langages s'étaient soutenus, l'arabe par exemple n'avait jamais changé, et la langue persane, refondue dans l'arabe, était fixe et constante, depuis la grande révolution qu'apporta la loi de Mahomet.

C'est par cette raison que les poètes arabes et persans qui faisaient il y a huit cents ans les délices de leurs contemporains plaisaient encore aujourd'hui, tandis que les jargons européens des XIIe et XIIIe siècles ne sont plus entendus.

On ne trouve pas à la vérité dans leurs ouvrages de poésie et d'éloquence plus de perfection que dans les autres arts. Il y a toujours plus d'imagination que de choix, plus d'enflure que de grandeur. J'avoue qu'ils peignent avec la parole, mais ce ne sont que des figures hardies mal assemblées; ils ont trop d'enthousiasme pour penser finement, l'art des transitions n'a jamais été connu d'eux : quelque poésie orientale qu'on lise, il est aisé de s'en convaincre.

Sadi, par exemple, né comme Avicenne en Bactriane, le plus grand poète persan du XIIIe siècle, s'exprime ainsi en parlant de la grandeur de Dieu :

Il sait distinctement ce qui ne fut jamais,
De ce qu'on n'entend point son oreille est remplie,
Prince, il n'a pas besoin qu'on le serve à genoux,
Juge, il n'a pas besoin que sa loi soit écrite.
De l'éternel burin de sa prévision
Il a tracé nos traits dans le sein de nos mères.
De l'aurore au couchant il porte le soleil.
Il sème de rubis les masses des rochers.
Il prend deux gouttes d'eau, de l'une il fait un homme.
De l'autre il arrondit la perle au fond des mers.
L'Être au son de sa voix fut tiré du néant.
Qu'il parle et dans l'instant l'Univers va rentrer
Dans les immensités de l'espace et du vide.
Qu'il parle, et l'Univers repasse en un clin d'œil
De l'abîme du rien dans les plaines de l'être.

On sent dans cette version assez littérale un esprit hardi et poétique pénétré de la grandeur de son sujet et qui communique à l'âme du lecteur les élancements de son imagination. Mais si on lit le reste on sent aussi l'irrégularité de cent figures incohérentes entassées pêle-mêle. Ce style qui étonne doit à la longue fatiguer. Il faut convenir que les Orientaux ont toujours écrit vivement et presque jamais raisonnablement. Mais avant le XIVe siècle nous ne savions faire ni l'un ni l'autre. J'avertis ici que toutes les poésies des Persans et des Arabes sont en rimes et que c'est bien mal à propos qu'on impute à nos moines d'avoir introduit la rime parmi nous. Toutes les nations ont rimé, excepté les Grecs et les Romains leurs imitateurs. Mais nos rimes et notre prose n'avaient rien que de barbare.

Dans [1] cette mort générale des arts on avait toujours plus de signes de vie en Italie qu'ailleurs*. On y avait au moins les manuscrits des Anciens, La langue latine ressemblait à ces lampes conservées, disait-on, dans les tombeaux : elle donnait un peu de clarté. Rome fut toujours plus instruite en tout que les ultramontains. On voit même que sous Charlemagne les moines gaulois de Saint-Denis ayant prétendu que leur musique valait mieux que celle de l'Église de Rome, Charlemagne décida pour les Romains.

Mais au XIVe siècle, quand la langue italienne commença à se polir, et le génie des hommes à se développer dans leur langue maternelle, ce furent les Florentins qui défrichèrent les premiers ce champ couvert de ronces**. Le climat de Toscane semble être un des plus favorables aux arts et à l'esprit humain. Les Toscans avaient autrefois servi de maîtres aux Romains, et dans la religion et dans plus d'un art quoique grossier. Ils leur en servirent encore aux XIVe et XVe siècles. Tout ce qu'on connaissait d'éloquence en Italie était presque renfermé dans la Toscane. On en vit un témoignage

---

* Les instituts trouvés au XIIIe siècle.
** Sacro Bosco Holwood, Anglais au XIIIe siècle. Déjà ils avaient la supériorité en philosophie.

1. A partir d'ici le manuscrit est écrit recto verso.

Bibliothèque de Leningrad

Première p
dans le

ce qu'il fit a peine ~~connaitre~~ recevoir.
Les arts necessaires furent toujours grossiers, et les arts agréables ignorez —
l'architecture par exemple fut d'abord ~~ce premier~~ gote nous apelons
l'ancien gotique, et le nouveau gotique qui commença du temps de
n'a fait qu'ajouter des ornements vicieux a un
fonds plus vicieux encore. ~~j'ay deja remarqué~~. la sculpture la gravure
etoient informes, les etoffes precieuses n'etoient tissues qu'en grece, et dans
la ~~p~~ mineure. la peinture n'etoit guere en usage que pour couvrir de quelques
couleurs des lambris epais, ~~et~~ on chantoit, et on ignoroit la musique —
on n'a jusqu'au 14 siecle aucun ouvrage de bon goust en aucun genre.
on parlait, on ecrivoit, et l'eloquence etoit inconnue. on faisait quelques
vers, tantot en latin corrompu tantot dans les idiomes barbares
de l'europe et on ne ~~savoit pas ce que c'est que~~ connaissoit rien de la poesie
~~[illegible]~~

des Arts
ningrad

good poetry precedes prose

bien étrange lorsque Boniface VIII donna en un jour audience à douze envoyés de douze différents princes de l'Europe, qui le complimentèrent sur son avènement au pontificat. Il se trouva que ces douze orateurs étaient tous de Florence.

Le premier ouvrage écrit dans une langue moderne qui ait conservé sa réputation jusqu'à nos jours est celui du Dante. Cet auteur naquit à Florence en 1265. La langue italienne prit sous sa plume des tours nouveaux et cette même forme qui subsiste aujourd'hui, quoique beaucoup de ses expressions soient hors d'usage. On n'entend plus ce qui se composait alors dans les autres idiomes de l'Europe, et le style du Dante paraît moderne, je dis son style, que je distingue des mots surannés et de quelques termes de jargon. Ses vers faisaient déjà la gloire de l'Italie, lorsqu'il n'y avait encore aucun bon auteur prosaïque en langue vulgaire. Toutes les nations ont commencé à se signaler par la poésie avant de réussir dans la prose. Ce...

Homère est longtemps avant Thucydide, Térence florissait avant que Rome eût un orateur. Il en fut de même à la renaissance des lettres. Ne serait-ce point parce qu'on écrit en prose trop aisément et que l'esprit se contente alors de l'incorrect et du médiocre; mais dans la poésie, la contrainte force l'esprit à se recueillir davantage, à chercher des tours et des pensées, car dans la littérature comme dans les affaires, les grandes choses naissent des grands obstacles.

taste

On ne peut pas dire que le poème du Dante soit fondé sur le bon goût. Ce qui fait dans l'*Énéide* les deux tiers du sixième chant est chez le Dante le sujet de près de quatre-vingt-treize livres. Il rencontre Virgile à la porte des Enfers. Le grand poète latin est dans ces lieux souterrains avec Homère, Orphée, Platon, Socrate, Démosthène, Cicéron, et tous ceux qui, ayant été vertueux sans être instruits du mystère de la Rédemption, ne sont ni reçus dans le ciel ni confondus avec les damnés. Virgile apprend au Dante qu'à peine était-il arrivé dans ces lieux mitoyens qu'il vit un homme divin forcer les portes des Enfers et amener au ciel en vainqueur les âmes de plusieurs justes.

La longueur du poème, la bizarrerie et l'intempérance d'une imagination qui ne sait pas s'arrêter, le mauvais goût du fond du sujet, n'empêchèrent pas que l'Europe ne lût attentivement l'ouvrage, et que dans toutes les éditions on ne donnât à l'auteur le nom de divin. Il est vrai que ses vers ont souvent de l'harmonie et de l'élégance, que son style est naturel, que ses images sont variées, qu'il est souvent naïf et quelquefois sublime, mais ce qui contribua le plus à sa vogue, ce fut le plaisir malin qu'eurent les lecteurs de trouver dans un ouvrage bien écrit la satire de leur temps.

Le Dante met en Enfer et en Purgatoire beaucoup de personnages connus dont il transmet les actions à la postérité. Il parle même des plus grands intérêts de l'Europe, et surtout des querelles entre le Sacerdoce et l'Empire. En voici un exemple qui peut donner une idée de son style et de sa manière de penser. Il figure la Papauté et l'Empire sous l'emblème de deux soleils au seizième chant de son *Purgatoire*. Il faut que le lecteur pardonne à la faiblesse de la traduction :

Jadis on vit dans une paix profonde
De deux soleils les flambeaux luire au monde,
Qui, sans se nuire éclairant les humains,
Du vrai devoir enseignaient les chemins
Et nous montraient de l'aigle impériale
Et de l'agneau les droits et l'intervalle.
Ce temps n'est plus, et Rome a trop changé.
L'un des soleils de vapeurs surchargé
En s'échappant de sa sainte carrière
A su de l'autre absorber la lumière.
La règle alors devint confusion
Et l'humble agneau parut un fier lion,
Qui tout brillant de la pourpre usurpée
A réuni la houlette et l'épée.

Il s'exprime comme on peut le voir d'une manière plus précise et plus forte sur Boniface VIII.

Si la satire fait valoir son livre, son génie fait valoir aussi sa satire. On y trouve des peintures de la vie humaine qui n'ont pas besoin pour plaire de la malignité de notre cœur. Le Dante restera toujours un beau monument de l'Italie : ceux qui sont venus après lui l'ont surpassé sans l'éclipser. On l'a commenté dix fois, et même immédiatement après sa mort. On le traitait déjà comme ancien*, et c'est le plus grand effet de l'estime des contemporains.

Nous nous étonnons** aujourd'hui que le Dante ait choisi un sujet qui paraît si bizarre, mais plaçons-nous au temps où il vivait. La religion était le sujet de presque tous les écrits et des fêtes et des représentations publiques. Il n'y a rien de si naturel à l'homme; il répète dans l'âge mûr l'école de son enfance. L'histoire de l'*Ancien* et du *Nouveau Testament* se représentait sur les places publiques et c'est des Italiens qu'on prit cette coutume en France et en Espagne. Ces représentations s'appelaient sacrées***. Il en restait encore des traces au XVIe siècle, et on parle encore à Florence de la mascarade du triomphe de la Mort que le Roselli fit paraître, dans laquelle des tombeaux s'ouvraient au son d'une musique lugubre et il en sortait des figures de mort qui criaient *dolor, pianto e penitenza*****.

Du temps de Pétrarque et même du Dante la comédie était un peu cultivée en Italie. Il y avait même, outre les farces des mimes, des pièces assez régulières. On prétend que la *Floriana* fut faite avant l'an 1300, et il y a grande apparence qu'on jouait dès le XIIIe siècle des comédies assez décentes, puisque saint Thomas dans ses *Questions* dit qu'il faut bien distinguer les histrions qui sont sans bienséance d'avec ceux qui représentent des pièces où il est permis aux honnêtes gens d'assister. Ces dernières, dit-il, sont nécessaires à la douceur de la société. Les Italiens ont toujours pensé ainsi sur les spectacles. Ces premiers maîtres en Occident de la religion et de l'art d'écrire savaient très bien concilier ce qu'on doit aux autels et ce qu'on doit aux délassements

---

* Savonarole, Pic de la Mirandole.

** Cosme de Médicis contemporain.

Poggio qui écrivait bien en prose; il trouva Quintilien à Constance, Lucrèce, et oraisons de Cicéron, Manilius.

*** Boccace.

**** Pétrarque. Ses *Canzonette,* son meilleur ouvrage. Pour avoir aimé, il est connu de l'univers. S'il n'eût été que philosophe et théologien, il serait ignoré. Son triomphe, celui du Tasse.

des hommes. Mais la comédie ne prit une forme régulière que vers l'an 1480. Le cardinal Bibiena fit cette fameuse comédie de la *Calandra* qui a servi longtemps de modèle aux pièces intriguées des Italiens et des Espagnols*.

L'Arioste**, né à Ferrare, porta plus loin qu'aucun autre la gloire de la poésie italienne. Jamais homme n'eut plus d'imagination, ni plus de facilité; il réussit dans tout ce qu'il entreprit. Il peignit les mœurs et sut mettre de l'intrigue dans ses comédies***. Ses élégies respirèrent l'amour, ses satires furent un mélange de gravité et d'enjouement. Son poème de *Roland le furieux* surprit et enchanta l'Italie par cette rapidité d'imagination, cette invention inépuisable, ces allégories si bien ménagées qui sont toujours une image agréable du vrai, mais surtout par ce style toujours pur, toujours enchanteur, qui fait le grand mérite de ses ouvrages, et sans quoi toutes les autres parties de l'esprit seraient des beautés perdues****. Beaucoup de ces contes qui sont jetés dans ses satires et dans son *Roland* ont été recueillis et mis en vers français par La Fontaine. Il faut avouer que l'auteur italien l'emporte beaucoup sur le français non seulement comme inventeur mais comme écrivain. L'Arioste parle toujours purement sa langue, il emploie des termes familiers mais presque jamais bas, il ne va point chercher dans la langue qu'on parlait avant le Dante des expressions surannées, jamais son style ne lui manque au besoin. Son imitateur, d'ailleurs excellent en son genre, est bien loin de cette correction et de cette pureté.

Il est vrai que l'Arioste, dans la facilité de ses narrations qui coulent plus aisément que la prose, se laisse emporter quelquefois à des plaisanteries tolérables dans la chaleur de la conversation, mais qui choquent la bienséance dans un ouvrage public. Il dit par exemple en parlant d'Alcine :

---

* Boiardo, Trissino.
** Boccace, Ariosto.
*** Ami de Bembo et de Sadolet.
**** Le Pogge.

Del gran piacer c'havean, lor dicer tocca
Che spesso havean piu d'una lingua in bocca [1].

Il fait dire à saint Jean :

Gli scrittori amo, e fo il debito mio
Che al mondo fu scrittore an ch'io...
E ben convenne al mio lodato Cristo
Render mi guiderdon d'un si gran sorte [2].

Mais ces libertés sont rares; ses jeux de mots sont plus rares encore, et il faut remarquer que celui qui lui est reproché par Despréaux dans sa *Joconde* est dans la bouche d'un hôtelier*.

**Je sais qu'un poème tel que le *Roland furieux,* bâti d'un amas de fables incohérentes et sans vraisemblance, n'est pas comparable à un véritable poème épique, chez qui le merveilleux même doit être vraisemblable. Ces fictions romanesques, telles que celles des anciens ouvrages de chevalerie, telles que nos *Amadis* ou les contes persans, arabes et tartares, sont par elles-mêmes d'un prix médiocre, premièrement parce qu'il n'y a de beau que le vrai, secondement parce qu'il est bien plus aisé de travailler en grotesque que de terminer des figures régulières. Aussi ce n'est pas cet amas d'êtres de raison gigantesques qui fait le métite de l'Arioste, c'est l'art d'y mêler des peintures vraies de toute la nature, de personnifier les passions, de conter avec un naturel ingénieux que jamais l'affectation n'altère, et enfin ce talent de la versification qui est donné à un si petit nombre de génies. Je ne traduirai rien de lui parce qu'il est trop connu. Je dirai seulement : il est presque impossible de le traduire tout entier en vers français, et c'est ne le point connaître que de le lire en prose.

---

* Premières planches de gravure pour l'Arioste.
** Alcine, original d'Armide, tous deux au-dessous de Didon dont la passion est cent fois plus intéressante.

1. *Orlando furioso,* c. VII.
2. *Ibid.,* c. XXXV.

*Le Trissin, né au temps de l'Arioste et qui fut un des favoris de Léon X et de Clément VII, fut un des restaurateurs ardents de l'antiquité; il n'avait pas ce génie fécond et facile, ce don de peindre, ces finesses de l'art que la nature avait prodiguées à l'Arioste; mais nourri de la lecture des Grecs et des Romains et faisant suppléer le goût au génie, il ressuscita le théâtre tragique par sa *Sophonisbe* qui est encore estimée et il donna quelque idée du poème épique dans son *Italia liberata da Goti*. On lui doit l'usage des vers non rimés que les Italiens ont toujours employés depuis sur le théâtre comme plus propres au dialogue : c'est en quoi les Anglais les ont imités, mais la langue française n'a pu permettre cette liberté [1].

L'Italie en ce temps-là, mais surtout la Toscane faisaient renaître les beaux jours de la Grèce. Le Ruccelaï, cousin de Léon X et de Clément VII, fit représenter en 1516 sa tragédie de *Rosemonde* à Florence devant Léon X**. Il travaillait à sa *Rosemonde* dans le même temps que le Trissin faisait sa *Sophonisbe*. L'un et l'autre écrivaient en vers libres et imitaient scrupuleusement les Grecs. Ruccelaï disait que la rime avait été inventée par l'écho :

> *Tu sai pur, che l'imagin de la voce*
> *Che risponde da i sassi dove l'Echo alberga*
> *Sempre nemica fu del nostro regno*
> *E fur inventrice de le prime rime* [2].

Mais ce qui faisait encore plus d'honneur au Ruccelaï et au Trissin et aux mœurs des gens de lettres d'alors, c'est qu'il étaient rivaux et intimes amis.

Quand le Trissin finissait sa carrière, le Tasse né en 1544 commençait la sienne. Il avait ce génie qui manquait

---

* 1477.

** Comédie de Machiavel au sacre de Léon X.

1. Ici V. a noté sur le ms. : « retournez au 46 ». Or le fol. 46 contient seulement ce développement « L'Italie en ce temps-là... intimes amis », placé par F. Caussy plus haut (avant le § *L'Arioste né à Ferrare*...), mais qui doit évidemment être transporté ici.

2. *Les Abeilles,* v. 15 et suiv.

au Trissin et la lecture de l'Arioste avait développé ses talents. Il fait la gloire de Surrento [1] où il naquit en..., comme l'Arioste fait celle de Ferrare. Je n'entrerai point dans l'histoire de sa vie malheureuse, ce sont ses ouvrages que je considère. Ses infortunes ne sont que celles d'un particulier, mais ses poèmes qui font le plaisir de tous les siècles appartiennent au genre humain. Il dut beaucoup sans doute à l'Arioste. Il est sensible que le palais d'Armide est presque bâti sur le modèle de celui d'Alcine, et que les deux caractères se ressemblent. On voit encore que Didon a servi d'exemple à l'un et à l'autre comme Calypso en a pu servir à Didon. Toutes quatre ont des beautés différentes, mais je ne sais si Didon et Armide ne méritent pas la préférence. Je ne nierai pas qu'il n'y ait un peu de clinquant dans le Tasse comme on le dit, mais il me semble qu'il y a aussi beaucoup d'or. Lorsqu'une fois une langue est fixée et qu'un auteur fait les délices de plusieurs générations d'une nation éclairée, le mérite de cet auteur est hors d'atteinte. Non seulement il fut poète épique mais aussi poète tragique, talents très difficiles à rassembler.

Les Italiens ont encore l'obligation au Tasse d'avoir inventé la comédie pastorale. Son essai en ce genre fut à quelques égards un chef-d'œuvre, mais son *Aminte* fut encore surpassée par le *Pastor fido* du Guarini, contemporain du Tasse et secrétaire d'un duc de Ferrare. Cette pièce est, à la vérité, beaucoup trop longue, trop remplie de déclamations, défigurée par les brutalités d'un satyre, peu asservie aux règles, mais quoique les scènes n'en soient presque jamais liées, l'intrigue n'est point interrompue, l'ouvrage est tout élégant, tendre, respirant l'amour et les grâces, et écrit de ce style qui ne vieillit jamais. Beaucoup de ses vers ont passé en proverbes, non pas de ces proverbes de la populace, mais de ces maximes qui font le charme de la société chez les honnêtes gens. On savait plusieurs scènes de cette pastorale dans toute l'Europe, on en sait même encore quelques-unes. Elle appartenait à toutes les nations. On retrouve les chœurs des anciens dans la *Sophonisbe*

---

1. Sorrente.

du Trissin, dans l'*Aminta* du Tasse, dans le *Pastor fido,*
mais ce qu'il y a d'assez étrange c'est que le chœur
chez les Grecs ne chante jamais que la vertu, et chez
les Italiens il célèbre quelquefois les plaisirs. Il y a surtout dans le *Pastor fido* un chœur sur les baisers qu'on
n'oserait jamais réciter sur nos théâtres :

> *Unqua non sia*
> *Che parte alcuna in bella donna bacci*
> *Che bacciatrice sia*
> *Senon la bocca : ove l'un'alma, e l'altra*
> *Corre, e si baccia anch'ella* [1].

Ainsi depuis le Dante jusqu'au Guarini, c'est-à-dire
dans l'espace de trois cents ans, il y eut une succession
continue de grands hommes en poésie, tous renfermés
dans la seule Italie.

Les autres nations voulurent imiter les Italiens, mais
tard; et elles n'approchèrent point d'eux. Lopez de
Vega* en Espagne, et Shakespeare en Angleterre,
au XVIe siècle, firent briller des étincelles de génie;
mais c'étaient des éclairs dans la nuit de la barbarie :
leurs ouvrages n'ont pu jamais être du goût des autres
nations comme les écrits italiens. C'est là l'épreuve
véritable du bon : il se fait sentir partout, et ce qui
n'est beau que pour une nation ne l'est pas véritablement. Si nous suivons la destinée de la poésie en France,
nous la verrons un peu renaître sous François Ier
avec les autres arts dont il était le père. Avouons que
ce fut en tout genre une faible aurore, car que nous reste-
t-il de ce temps-là qu'un homme de goût puisse lire
avec plaisir et avec fruit? Quelques épigrammes liber-
tines de Saint-Gelais et de Marot, parmi lesquelles il
n'y en a peut-être pas dix qui soient correctement
écrites. On y peut encore ajouter une quarantaine de
vers qui sont pleins d'une grâce naïve, mais tout le
reste n'est-il pas grossier et rebutant? Le temps de la
France n'était pas encore venu. Fauchet s'est donné

---

* Vega né en 1562.

1. *Pastor fido,* 2e acte.

sous Henri IV la peine de recueillir les sommaires de cent vingt-sept poètes français qui ont écrit avant l'an 1300. C'est ramasser cent vingt-sept monuments de barbares*.

Pour reprendre l'histoire des sciences et des arts, il faut encore repasser en Italie. La prose italienne, quoique éloignée de cette hauteur à laquelle atteignit la poésie, reçut encore sa première culture en Toscane. Boccace le premier qui... [1] **

Cette grande difficulté d'écrire en sa propre langue peut seule nous faire juger si tous ceux qui ont écrit en latin n'ont pas perdu leur temps. Il manquera toujours aux auteurs qui voudront écrire dans une langue morte deux guides absolument nécessaires, l'un est l'usage, l'autre le jugement des oreilles délicates. Ce n'est que dans une langue vivante qu'on peut avoir ces deux secours. Ainsi on peut regarder tous les livres latins depuis le IVe siècle comme autant de monceaux informes des ruines de l'ancienne Rome.

Les bons auteurs*** de cette ancienne Rome étaient nécessaires pour instruire les modernes, pour former leur goût corrompu, pour leur apprendre à transporter dans leur langue des idées neuves et des beautés étrangères; aussi voit-on que tous les Italiens qui réussirent les avaient lus avec soin. Une des causes qui contribuèrent le plus à éveiller le génie italien de la léthargie universelle, c'est que ces bons modèles de l'antiquité ne se trouvaient guère qu'en Italie : encore y étaient-ils si rares que Panormita**** acheta même au commencement du XVe siècle un exemplaire de Tite-Live

---

* Tous ces arts fleurissaient dans des temps de trouble.

** Boccace, Poggio, Guichardin, Machiavel. Côme de Médicis. Passerat seul bon avant Malherbe. Au commencement du XVe siècle, Panormita acheta un Tite-Live cent vingt écus d'or. Veggio, Vanini, Vida, Tristin, Tomasi, Ruccelaï, Poggio, Pocciani, Fracastor, Castelvetro.

*** Sixte V fait élever plusieurs obélisques, Fontana, dôme de Saint-Pierre, aqueduc de sept lieues, hôpitaux, palais, fontaines.

**** Né en 1380.

1. Après ces mots les trois quarts de la page restent blancs. Les indications de la n. ** sont disposées dans les marges de part et d'autre.

cent vingt écus d'or. Le Poggio, l'un de ceux qui rétablirent les bonnes études de langue latine et qui montrèrent qu'on pouvait bien écrire en italien, retrouva les poèmes de Lucrèce qu'on croyait absolument perdus. On lui doit Silius Italicus, Manilius, Ammien Marcellin et même huit oraisons de Cicéron qu'il déterra dans des couvents qui possédaient ces trésors sans les connaître.

Il semble que tous les arts se donnent la main car dans le temps que Dante, Pétrarque, faisaient renaître la poésie, la peinture sortait aussi du tombeau, et toutes ces nouveautés étaient dues aux Florentins.

Cimabué, né dans la ville de Florence même en 1240, fut le premier dans l'Occident qui mania le pinceau avec quelque art. On peignait à Constantinople où toute l'ancienne industrie était réfugiée, mais avant Cimabué on ne savait pas en Italie dessiner une figure, encore moins en peindre deux ensemble. Les Florentins dérobèrent encore aux Grecs l'art de peindre en mosaïque avec de l'émail. Taffi est le premier qui ait travaillé de cette manière. Le Giotto, autre Florentin dont il reste encore des ouvrages, perfectionna l'art du pinceau, et chaque peintre enchérissant ensuite sur ses prédécesseurs, l'Italie vit naître des miracles dans toutes ses villes sous les mains des Mazaccio, des Bellini, des Perugin, des Mantegna, et surtout enfin des Léonard de Vinci, des Michel-Ange, des Raphaël, des Titien, des Corrège, des Dominiquin, et d'une foule d'artistes excellents.

Il manquait à l'art de peinture avant Michel-Ange et Raphaël un secret nécessaire pour conserver long-temps les tableaux et pour donner aux couleurs plus d'union, de douceur et de force. Un Flamand, nommé Jean de Bruges, trouva dans le xve siècle cet heureux secret qui ne consiste qu'à broyer les couleurs avec de l'huile. C'est tout ce que l'industrie des autres Européens contribua pour lors à la perfection de l'art.

Immédiatement* après la renaissance de la peinture, l'Italie vit aussi la sculpture reparaître. Elle avait de bons sculpteurs dès le xive siècle, et au milieu du xve le Pisanello, né aussi à Florence, ornait l'Italie de ses

---

* Sculpture.

statues. La gravure et l'art des médailles* qui tiennent si naturellement à la sculpture fleurissaient sous le burin de ce même Pisanello qui grava les médailles d'Alphonse roi de Naples, du pape Martin V et du grand Mahomet second, conquérant de Constantinople et amateur des arts : les *intaglie* et les reliefs sur les pierres précieuses commencèrent alors à imiter l'antique, et au xvi⁰ siècle l'antique fut égalé.

L'architecture ne pouvait rester toujours grossière quand tout ce qui dépend du dessin se perfectionnait. On commença dans le xiv⁰ siècle à orner le gothique. On n'en savait pas assez pour le proscrire tout d'un coup, mais au commencement du xvi⁰ siècle les dessins du Bramante et de Michel-Ange portèrent l'architecture à un degré de grandeur et de beauté qui effaça tout ce que la magnificence des anciens Romains, le goût des Grecs et les richesses asiatiques avaient produit. Le pape Jules second eut la gloire de vouloir que Saint-Pierre de Rome surpassât Sainte-Sophie de Constantinople et tous les édifices du monde, gloire qui semble devoir être médiocre mais qui est très grande parce que rien n'est si rare que des princes qui veulent efficacement de grandes choses. Jules second avait encore en cela un autre mérite, c'était le courage d'entreprendre ce qu'il ne pouvait jamais voir fini. Les fondements de cette merveille du monde furent jetés en 1507 et un siècle entier suffit à peine pour achever l'ouvrage. Il fallait une suite de pontifes qui eussent tous la même noblesse d'ambition, des ministres animés d'un même esprit, des artistes dignes de les seconder et tout cela se trouva dans l'Italie, car depuis le Bramante jusqu'au cavalier Bernin, il y eut toujours des maîtres de l'art chargés par les papes des embellissements de cet édifice [1].

---

* Estampes.

1. V. a barré ensuite le développement suivant :

« Il y eut beaucoup plus de grands peintres et de bons sculpteurs que d'excellents poètes. La raison en est peut-être que l'art de la poésie est beaucoup plus étendu, plus difficile, plus dépendant du génie, moins fondé sur des règles certaines, et qu'enfin ce n'est

Une* seule chose suffit pour le faire admirer, c'est que Michel-Ange, en voyant un jour à Rome le temple de la Rotonde (*au-dessus de la ligne* : du Panthéon [1]), dont on louait le jet et les proportions, dit : « Je mettrai ce temple en l'air et je le renverserai pour servir de dôme à Saint-Pierre** ». En effet le dôme de Saint-Pierre porté sur quatre colonnes qui sont énormes sans le paraître est à peu près dans les mêmes dimensions que le Panthéon.

Un autre art qui est un des enfants du dessin, celui de multiplier les tableaux à l'aide de la gravure, entièrement ignoré de l'antiquité, naquit aussi en Italie au milieu de tous ces beaux arts, vers l'an 1460. Les Florentins eurent encore l'honneur de cette belle et utile invention : Maso Finiguerra, graveur et orfèvre, ayant frotté ses moules de noir et d'huile et ayant passé sur ces empreintes un papier humide qu'il pressait avec un rouleau en tira les premières estampes. Ensuite on grava les tailles-douces sur le bois, puis sur le cuivre avec l'eau-forte, et enfin en polissant avec le burin ce que l'eau-forte a dessiné sur la planche. Cette invention a non seulement éternisé et fait revivre à jamais des tableaux et des statues que le temps a détruits, orné à peu de frais tous les cabinets, répandu partout le goût du dessin, mais c'est encore un de ses grands services de perfectionner la géographie, en rendant les cartes plus com-

---

* Avant ce paragraphe, en tête d'une page blanche on lit l'amorce d'un développement : « L'art de fortifier les villes contre le canon fut réduit en méthode régulière. » Dans la marge : « Savoir si avant Maggi on a écrit sur les fortifications. »

** *Inquire si verum.*

point un art où le travail des mains ait part et qui puisse être jamais regardé comme une profession. C'est une occupation de l'esprit qui entre dans toutes les professions de la vie. C'est un talent qu'on ne peut point vendre, qu'on ne peut enseigner. De plus, quand une nation a huit ou dix poètes illustres, elle en a assez. Les nouveaux venus sont regardés comme inutiles, la mémoire remplie des vers des premiers grands hommes n'a presque plus de place pour les récents ; il n'en est pas ainsi des ouvrages des mains dont chacun veut orner sa maison. »

1. Hésitation de V., qui n'a pas choisi entre ces deux monuments.

munes et en les préservant des fautes inévitables des copistes*.

Mais de tous les arts, le plus utile à l'avancement de l'esprit humain naissait alors en Allemagne. L'imprimerie qui de la Chine n'avait passé dans aucun peuple du monde fut trouvé en Europe par un gentilhomme nommé Gutemberg qui vivait tantôt à Strasbourg et tantôt à Mayence**. On ne pouvait mieux réparer la honte de ceux qui se disaient nobles et qui regardaient leur ignorance comme un titre de noblesse. Les premières impressions furent faites avec des planches gravées vers l'an 1450, quelques années avant que l'art des estampes fût inventé, sans qu'on puisse dire que l'art des estampes fût dû à celui de l'imprimerie.

*** D'abord on n'imprima que de la façon que les Chinois mettent encore en usage aujourd'hui avec des caractères taillés dans les planches, lesquels demandent une main très habile à les former et qui ne peuvent servir qu'au même livre. Jean Faustus**** de Mayence et Pierre Scheffer apportèrent à Paris en 1466, du temps de Louis XII [1], plusieurs bibles ainsi imprimées. Qui croirait qu'ils furent accusés de magie ***** devant le Parlement par des membres de l'Université? Le fait est pourtant certain; ils furent obligés de s'enfuir, et si les juges n'avaient pas appris que leurs bibles étaient un effet du nouvel art trouvé en Allemagne, la même ignorance qui les fit accuser les eût fait aussi probablement condamner. Rome fut la première à faire fleurir un art qui devait lui être un jour si pernicieux par la multitude des livres imprimés contre elle. Paul second en 1466 appela des imprimeurs allemands à Rome. Les Italiens n'avaient encore rien appris****** des autres peuples de la communion latine et ce fut...

---

* Belle imprimerie de Sixte-Quint.
** Voyez Marchand.
*** Les deux livres de musique d'Arétin qui était aussi de Toscane.
**** Musique.
***** *Vide...*
****** Poudre.

1. *Sic.*

* Quoique l'art d'écrire et tous les genres de poésie fussent cultivés en Italie avec tant de succès, la musique n'avait pas fait les mêmes progrès, mais dès l'onzième siècle, 1024, par cette destinée qui devait rétablir tant d'arts par les mains des Toscans, Gui d'Arezzo avait rendu cet art plus aisé par l'invention de notre manière de noter**. Le nombre des musiciens qui étaient au concile de Constance au xive siècle fait voir que l'art était en beaucoup de mains...

Il y avait même depuis longtemps parmi les chants d'église quelques-uns de ces airs agréables qui sont du goût de toutes les nations comme l'hymne de Pâques *O Filii* et celle du Saint-Sacrement***.

Musique [1]. On ne sait si Gui Arétin inventa les paroles, cependant le passage de Jean de Salisbury semble l'insinuer : *Canentium, præcinentium, intercinentium, decinentium.* Cependant plusieurs siècles après lui, il n'en reste point de trace.

Le Vecchio de Modène passe pour le premier compositeur en parties au xvie siècle.

Dès le sixième siècle le pape Symmaque fait travailler en mosaïque. C'était, je crois, la manière dont avait été bâti le tombeau de Mausole, Mausolaïque. Art perdu depuis, conservé en Grèce, renaissant à Rome et à Venise au xvie.

La saine physique était inconnue par toute la terre. Ce n'est pas que les hommes fussent plongés dans l'ignorance totale des mécaniques. L'invention seule des moulins à vent qui est du douzième siècle ou de la fin du douzième, celle des bésicles, celle de la poudre, la fonte des canons, les manufactures de tapisserie, tant d'autres ouvrages prouvent que cette partie de la phy-

---

* Musique, astronomie.

** Gui d'Arezzo en 1024 invente les lignes, les clefs, le B carre, le B mol. Il ne se servait pas du *si. Vide Prat. du plain-chant* chez Billaine.

*** Le *si* manquait.

1. A l'exemple de F. Caussy je transporte ici ce paragraphe et les deux suivants, qui dans le manuscrit se trouvent plus loin, au verso de la note sur les patriarches, cf. *infra,* p. 844, n. 1.

sique, qui consiste dans l'expérience ou dans les mécaniques, était cultivée*. On savait beaucoup pour l'utilité, mais très peu pour la curiosité, [beaucoup pour]
conduire les ouvrages des hommes et peu pour éclairer
l'esprit qui a un vrai besoin de l'être. On connaissait
quelques effets et point de causes. L'envie de savoir
(*au-dessus de la ligne* : s'instruire [1]) qui est un des besoins
des hommes était trompée. On n'arrivait point au but
parce qu'on avait été toujours dans des routes fausses.

La philosophie scolastique rendait inutiles au monde
beaucoup de bons esprits qui s'égaraient dans de vaines
disputes...

De là venait que non seulement la curiosité humaine...

Cet instinct mécanique qui est chez l'homme avait
fait découvrir des secrets, mais tout ce qui est le fruit
d'une étude sérieuse des mathématiques manquait jusqu'à Galilée [2].

Isac Hazan et Ben Sud firent les tables alphonsines
sous Alphonse de Castille (qui traduisit la Bible en
espagnol)**.

Le chérif africain Ben Mohamed***, qu'on appelle
le géographe de Nubie, chassé de ses États, porta au
roi Roger second de Sicile un globe d'argent de huit
cents marcs sur lequel il avait gravé la terre connue et
corrigé Ptolémée**** [3].

***** Les Florentins avaient été les restaurateurs de la

---

* Horloges.

** Astronomie, réforme du calendrier, Copernic, Ticho,
Galilée, etc.

*** 1153.

**** Vie de Purbac et de Ragiomontanus, par Gassendi,
Blondel.

***** 1642 — 98 = 1554 [4].

1. V. n'a pas choisi entre ces deux mots.

2. Suivi de cinq pages blanches. En haut de la deuxième :
« On avait au 13e... », et dans la marge : « Droit enseigné à Bologne
la plus ancienne université. »

3. Suivi de trois pages blanches.

4. Cette soustraction a été faite par V. pour trouver la date de naissance
de Galilée mort en 1642, en réalité à 78 ans.

poésie, de l'éloquence et de la peinture au xive siècle, ils furent les pères de la philosophie à la fin du xvie siècle. Galilée inventa dans Padoue vers l'an 1597 le compas de proportion qui fait aujourd'hui la pièce principale de nos étuis de mathématiques, invention aussi utile qu'ingénieuse par laquelle vous pouvez tout d'un coup construire les figures planes et solides régulières dans la proportion qu'il vous plaît. On lit encore dans quelques-uns de nos livres modernes que c'est à un Milanais nommé Balthazar Capra qu'on doit cette invention. Ces écrivains modernes ne servent qu'à faire voir combien Galilée eut raison de s'assurer juridiquement la possession de son ouvrage et de sa gloire*. Il força ce Balthazar Capra de comparaître à Venise devant les curateurs de l'Université de Padoue, et là en présence de tous les savants, et surtout du célèbre fra Paolo Sarpi, non moins bon mathématicien qu'historien excellent dans un nouveau genre, Capra, interrogé et confondu, fut obligé d'avouer qu'il s'était attribué les inventions de Galilée, lesquelles même il n'entendait pas. On le convainquit d'être un plagiaire et un calomniateur et il fut rendu un jugement solennel par lequel on saisit tous les exemplaires de son livre. On voulut plus d'une fois ravir à Galilée la gloire de ses découvertes et il ne paraît pas qu'il s'attribuât ce qui ne lui appartenait point. Les télescopes étaient récemment inventés en Hollande par Jacques Metius vers l'an 1609. Galilée avoue qu'il y avait déjà dix mois qu'on avait fait cette découverte, lorsqu'un Français lui avait été son écolier à Padoue lui en confirma la nouvelle de laquelle on doutait beaucoup en Italie. Galilée, mis sur la voie, devait aller plus loin qu'un autre. Il fit travailler des verres à l'aide desquels le disque de la lune paraissait quatre-vingt-dix fois plus grand qu'à la simple vue. Ce fut là l'époque d'une astronomie nouvelle, les hommes enfin connurent le ciel autant qu'ils le peuvent connaître, et dès ce moment on alla de découverte en découverte jusqu'au comble de cette science où on est parvenu.

Alors nos sens nous apprirent que la lune est un

---

* Descartes né en 1597.

globe comme le nôtre, inégal et éclairé comme lui. Quelques anciens avaient deviné cette vérité, mais connaître au hasard c'est ne rien connaître : elle n'avait jamais été prouvée. La voie lactée qui n'était aux yeux qu'une immense trace blanche et lumineuse devint une multitude d'étoiles. Enfin le 7 janvier de l'année 1610 à une heure après minuit, Galilée vit trois planètes autour de Jupiter, et quelques jours après il aperçut la quatrième. Nouveau Colombo qui découvrait des mondes à l'extrémité des cieux comme le pilote génois en avait trouvé au delà des mers, il les appela d'abord les astres de Médicis, mais le nom ne dura pas. Si on les avait appelés les astres de Galilée, ce nom n'aurait pas dû périr.

L'année suivante ce même homme découvrit l'anneau de Saturne; la situation de cet astre était telle alors qu'il n'y avait que les deux extrémités des anses qui pussent être distinguées. Ainsi cet astre parut un assemblage de trois planètes jointes par un cercle très délié qui était ce même anneau dont on ne voyait que les bords.

Non seulement Galilée vit mieux les satellites de Jupiter, mais il observa le cours de ces quatre lunes et en tira dès lors un nouvel argument en faveur de la véritable construction du monde découverte par Copernic.

Une nouvelle preuve de cet admirable système fut l'observation suivie que fit Galilée de la planète de Vénus. Il vit, dit-il, avec les yeux ce qu'il connaissait déjà par l'entendement, que Vénus avait les mêmes phases que la lune.

Copernic avait prévu ce que le télescope confirmait. Tous les ennemis de la vérité, c'est-à-dire les philosophes d'alors, avaient objecté à Copernic que si son système était vrai, Vénus devait éprouver les mêmes changements que notre lune : « C'est aussi ce qu'elle éprouve sans doute », répondit Copernic avec confiance. Le grand Képler n'en doutait pas, les autres en doutaient, enfin Galilée ne permit plus qu'on doutât. Dois-je avilir ici cette histoire des grandeurs de l'esprit humain en rapportant que Képler dans une de ses lettres sur cette importante observation de Galilée dit qu'il n'est pas étonnant que Vénus ait un croissant et des cornes puisqu'elle préside à tant de cornus; je ne répète cette basse et méprisable plaisanterie, indigne je ne dis pas d'un philosophe, mais de tout homme bien élevé, que pour faire voir à quel point l'envie de se distinguer par des saillies d'esprit a corrompu le goût des plus grands hommes. Képler, Allemand, et dans un temps où ce qu'on appelle esprit était inconnu à l'Allemagne, croyait devoir égayer son style en écrivant à un Florentin. Ce trait d'histoire est par lui-même bien petit, mais il peut être une grande leçon à tout esprit qui veut sortir de sa sphère.

Les secrets du ciel se découvrirent de jour en jour à Galilée. Il fut le premier qui nous apprit que le centre de la révolution de la lune n'est point la terre, et que le centre des révolutions de toutes les planètes n'est pas le centre du soleil même. La même sagacité lui fit encore conjecturer que les étoiles fixes, sur lesquelles on n'avait jamais eu d'idée arrêtée, étaient autant de soleils, de feux autour desquels roulaient des mondes. La nature alors parut infinie.

Il régnait une opinion confuse de je ne sais quelle pureté qu'on attribuait aux astres, erreur consacrée dans toutes les écoles, ainsi que les autres erreurs d'Aristote. Galilée détruisit cette erreur dans Rome au mois de mai de l'année 1611 en faisant voir des taches dans le soleil; bientôt après il suivit ces taches avec son industrie ordinaire et voyant qu'elles marchaient avec le soleil d'occident en orient, il en conclut que le soleil tourne en ce sens sur lui-même. Les mêmes observations répétées depuis lui nous ont enfin appris que le soleil fait sur son axe sa révolution en vingt-cinq jours et demi.

Il ne fit pas moins de découvertes dans les choses de la terre que dans le ciel. Ce fut lui qui le premier osa dire et sut prouver que la loi de la pesanteur entraîne également tous les corps vers le centre de la terre et qu'une plume et un lingot d'or tomberaient également vite dans le même temps sans la résistance de l'air. Avant lui toutes les écoles enseignaient d'après Aristote qu'un corps dix fois plus pesant qu'un autre tombait dix fois plus vite. Il est bien surprenant que pendant plus de deux mille ans on eût reçu une telle erreur qu'il était si aisé de détruire par l'expérience. Comment Archimède ne la renversa-t-il pas dans son livre des équipondérants?

C'est que la difficulté n'entra pas dans le plan de ses démonstrations. Cette vérité d'une pesanteur primitive égale dans tous les corps était la clef d'une nouvelle physique. C'était découvrir un des premiers ressorts de la machine de ce monde. Il ne s'en tint pas là. C'est à lui que nous avons la première obligation de savoir que les corps accélèrent leur vitesse dans leur chute et que les espaces qu'ils parcourent sont entre eux comme les carrés des temps, qu'ils tombent plus vite dans un arc de cercle que dans la corde de cet arc, qu'ils décrivent une parabole, ou du moins qu'ils la décriraient, n'était la rotation de la terre, lorsqu'ils retombent après avoir été jetés parallèlement à l'horizon, qu'enfin les longueurs des pendules sont entre elles comme les carrés des temps de leurs vibrations, tous principes féconds dont les philosophes postérieurs ont fait éclore mille vérités nouvelles.

L'imperfection humaine met toujours son sceau sur les plus grands génies. L'auteur de tant de vérités mathématiques paya tribut à l'horreur du vide. Ce n'est pas qu'il entendît par ce mot, avec les autres écoles, je ne sais quelle aversion de la nature pour le vide, Ce n'est pas non plus ainsi que l'entendait Aristote, qui avec toutes ses erreurs était un très grand homme, et qui, en disant une infinité de choses fausses, était incapable d'en dire d'absurdes. Aristote avait cru que le vide était impossible par une raison très ingénieuse. Les corps qui tombent dans le vif-argent, disait-il, y tombent moins rapidement que dans l'eau, moins dans l'eau que dans l'air, parce que l'air résiste moins; s'ils tombaient dans le vide, ils se précipiteraient en un instant parce que le vide ne peut résister. Or rien ne peut se faire que dans le temps, donc il n'y a point de vide. Les physiciens d'aujourd'hui sentent bien le faux de ce raisonnement, mais il faut avouer aussi qu'Aristote se trompait en homme de beaucoup d'esprit.

Les erreurs de Galilée ne pouvaient être que de ce genre. Les directeurs des jardins du grand-duc de Toscane Cosme second vinrent implorer le secours des lumières du philosophe contre un prodige inouï. Leurs pompes aspirantes ne pouvaient faire monter l'eau par delà trente-deux pieds ou environ. Cette surprise faisait voir que jamais on n'avait tenté jusques alors de faire monter l'eau à cette hauteur avec une seule pompe, car si on l'eût entrepris, les hommes auraient su que par delà trente-deux pieds l'eau ne monte plus. Les jardiniers de Florence furent donc les premiers qui le surent et Galilée fut réduit à dire que la force du vide n'équivalait apparemment qu'à trente-deux pieds d'eau. Cette faible réponse est un des plus grands triomphes du préjugé. Cependant il fit des expériences pour savoir combien l'air pesait, car on l'avait toujours cru pesant, et Aristote même n'en avait pas douté. Mais connaître les effets et le degré de cette pesanteur, c'était ce qui n'avait pas encore été donné aux hommes *.

** Le prodigieux mérite de Galilée dans un temps qui touchait encore à la barbarie scolastique, lui donna presque autant d'ennemis que de gloire. A chaque découverte qu'il faisait, il trouvait des Balthazar Capra. Il est triste que ce soit du corps destiné à cultiver tous les arts que sortit le grand ennemi qui remplit sa vieillesse d'amertume. Le père Skeiner, jésuite, qui enseignait à Ingolstadt, fut son persécuteur parce qu'il avait comme lui vu des taches dans le soleil et plus encore parce qu'il les avait mal vues et mal expliquées, car il les avait vues, disait-il, marcher de l'orient à l'occident, et cependant il est indubitable qu'elles suivent la rotation du soleil en un sens tout contraire. Puisque Galilée commençait à donner de nouvelles preuves du système de Copernic, il fallait bien que Skeiner traitât ce système d'hérésie *** [2].

---

* On étudiait l'astronomie pour savoir l'astrologie [1].
** *Mercure de Trévoux*, décembre 1731. *Mercure français*, 1733, p. 696.
*** Galilée, Toricelli, Viviani, suivant Monconis croyaient l'éternité du monde et l'âme universelle. *En marge, en face d'un blanc :* 22 juin 1633.

1. En tête d'une page blanche.
2. Après une page blanche, on lit dans le manuscrit sous le titre « Église » deux notes sur les métropolitains à Antioche et à Jérusalem, puis un résumé, dans la marge, d'un développement à faire sur les patriarches de la primitive Église : notes de travail, sans rapport avec le chapitre des arts.

* La vraie physique dont le chancelier Bacon n'avait fait qu'indiquer la route en Angleterre, mais que Galilée avait découverte le premier en Italie, reçut son premier accroissement dans le lieu de sa naissance. Il fallait connaître le degré de la pesanteur de l'air et de ses effets. Torricelli (de Faenza), élève et successeur de Galilée, en vint à bout en 1643 par l'invention du baromètre,

---

* *Dans les marges de ce développement on lit les indications suivantes :*

Marge droite :
Vers l'an 1280, les bésicles inventées par Alexandre Spina, dominicain de Pise.

Horloges à pendule, montres à ressort par Huygens.

En 1689, clepsydres nouveaux par un jésuite italien.

Cassini, Huygens, satell. de Saturne. Cassini découvre le mouvement du soleil en 25 jours en 1686.

Fontana, Napolitain, invente le microscope en 1618, mais Zacaria Jansen prétendait l'avoir inventé en 1597, mais en 1589 Jean-Baptiste a Porta l'avait déjà décrit dans son livre de la magie naturelle.

Phosphore de Kraft, Hollandais.

Swammerdam : développement d'insectes, métamorphoses. Ainsi de nous. Le père Fulgence, cordelier, invente la lanterne magique vers l'an 1620.

Marge gauche :
Orelincourt soupçonne le premier les ovaires des femmes. Les vers spermatiques découverts par Hartsoecker.

L'anatomie des plantes par Malpighi et Perrout, les mouvements animaux par Borelli, 1680.

La machine à feu, les phosphores, les couleurs, les télescopes ; de la réfraction dans la machine pneumatique.

La circulation, veines d'Azellius. Microscopes. Vision en rétine. Sottises anciennes.

Trompette parlante en 1670 par la parabole.

En vain Temple méprise les modernes. Voyez Volton.

Grands miroirs ardents pour télescopes de réflexion.

Baromètres.

Besnier, serrurier, en 1678 fait des ailes de Dédale. On vole.

Kerkring, Allemand, est le premier qui ait affirmé la génération par les œufs et qui l'ait démontrée par expérience.

Stenon, Danois, découvrit les conduits salivaires, Willis les glandes de l'estomac, Virsungus le suc de l'estomac.

On sut par Silvius que la bile est nécessaire à la digestion ; par Dusing, la manière dont le fœtus respire dans le ventre de la mère.

instrument aujourd'hui si commun qu'on croit qu'il eût dû toujours l'être.

L'air était entièrement chassé de l'espace qui est dans ce baromètre entre le haut du tube et le mercure; alors tous ceux qui observaient la nature se demandèrent ce qui arriverait aux corps dans un lieu ainsi privé d'air. On devait voir, en effet, ce qui appartient purement à l'action de l'air, par la manière d'être qu'on découvrirait dans les corps qui n'y seraient pas exposés. C'est ce qui donna lieu à l'invention de la machine pneumatique que l'on doit au célèbre Guerick, magistrat de Magdebourg.

Alors les ténèbres de l'école qui avaient offusqué la raison humaine pendant tant de siècles commencèrent à se dissiper et les hommes surent un peu ce que c'est que la vérité en interrogeant la nature.

Les sciences sont sœurs; toutes profitaient de ce goût de raison et de recherche qui se répandaient en Europe. Harvey, Anglais, créa une anatomie toute nouvelle par sa découverte de la circulation du sang. Après lui Azellius vit par quels conduits passent les aliments pour être convertis en chyle avant de l'être en sang. Péquet vit ensuite le petit réservoir du chyle; ainsi fut connu le secret de la nutrition et de la vie animale, ignoré depuis qu'il y avait des hommes.

Toutes ces vérités furent combattues dans leur naissance, et lorsqu'elles furent reconnues, on prétendit qu'elles n'étaient point nouvelles.

Peu à peu la chimie, qui n'était pas une science parce qu'on avait voulu trop savoir, en devint une quand on n'opéra plus qu'avec méthode et par degrés.

Les mathématiques qui liaient ensemble toutes ces sciences faisaient de tous côtés un grand progrès *.

Il est vrai que cette réformation universelle ne se fit d'abord que dans un petit nombre d'esprits et lentement. Il y avait encore, par exemple, peu de vrais chimistes et beaucoup d'alchimistes, peu d'astronomes et beaucoup d'astrologues. La faiblesse qu'avait eue Ticho-Brahé de croire à l'astrologie judiciaire lui fit

---

* Cavalieri.

plus de disciples que sa science *. La mode de l'astrologie fut même si universelle que Gassendi et Cassini commencèrent par s'y attacher et cette superstition des philosophes n'est abolie que depuis quelques années.

Il est difficile de dire si Descartes contribua plus en France qu'il ne nuisit en progrès de l'esprit humain.

Il appliqua le premier l'algèbre à la géométrie, il débrouilla l'optique et il raisonna au métaphysique avec une force et une clarté qui parurent nouvelles. Mais il s'égara et il égara pour un temps l'Europe**, lorsqu'il s'écarta des deux seules routes qui peuvent mener au vrai, je veux dire la physique expérimentale et les mathématiques. Il se trompa dans tout ce qu'il imagina parce qu'il ne suivit que son imagination.

Il n'avait fait aucune expérience sur les quatre éléments, tant soumis depuis à nos recherches, et il en supposa trois qui étaient comme le préambule d'un long roman privé de vraisemblance.

Deux choses lui donnèrent la vogue, premièrement cet air de roman même, et en second lieu les persécutions que lui attirèrent les vérités qui étaient dans ses ouvrages.

La métaphysique [1] de Descartes fut fondée sur deux erreurs, les idées innées et la prétendue perception positive de l'infini. Sa physique, sur plusieurs erreurs, dont la plus grande est de dire : « Donnez-moi de la matière et je fais un monde***. »

On adopta le faux et le vrai fut persécuté ****.

Pendant qu'en Italie l'Académie du Cimento... Il s'en établit une à Londres vers l'an 1660 qui poussa les

---

* Gassendi.

** Persécution.

*** En 1675, Huygens a-t-il inventé les montres comme les pendules?

1675. Mariotte, Ivron, Huygens trouvèrent les lois de la percussion des corps que Descartes méconnut. Académie de Londres, *nullius in verba*.

**** Descartes né en 1596, Gassendi en 1592.

1. A l'exemple de F. Caussy, j'insère ici ce paragraphe qui se trouve dans le ms. après la note sur les patriarches, cf. *supra*, p. 835.

découvertes plus loin qu'on n'eût osé l'espérer [1].

Au commencement du XVIIe siècle, les Espagnols dominaient dans l'Europe par l'esprit comme par les armes; leur théâtre, tout informe qu'il était, servait de modèle à ceux de l'Europe. Ils avaient de bons historiens, Mariana, jésuite, Antonio de Solis; Balthazar Gratien, aussi jésuite, remplit ses ouvrages d'une morale profonde qu'ornait une grande imagination. Mais celui de tous leurs auteurs qui fut le plus à la mode et le plus du goût de toutes les nations fut Michel Cervantès; l'auteur, aussi malheureux qu'il dépeint son héros, mourut, dit-on, dans la plus extrême misère en...

Je ne sais si son livre sera de tous les temps comme il fut en paraissant de toutes les nations. Il semble qu'il ait perdu un peu de son prix depuis que l'esprit de chevalerie et le goût des romans qui en traitaient sont disparus du monde. Ce grand attrait des lecteurs, le plaisir de voir tourné en ridicule ce qui est en vogue, ne subsiste plus : il a laissé plus de liberté à l'esprit de considérer le vide qui se trouve dans beaucoup d'endroits du roman de *Don Quichotte;* on s'est aperçu qu'il y a des endroits insipides, tels que l'histoire de Marcelle, que les vers qui y sont semés ne valent rien, qu'il y a des traits aussi bas qu'inutiles, que surtout les aventures ne sont point liées, que c'est un ouvrage qui ne fait point un tout ensemble, qu'enfin si le naturel, les bonnes plaisanteries, et le caractère des deux héros, d'autant plus plaisant qu'ils sont tous deux de bonne foi et qu'ils ne veulent jamais être plaisants, si, dis-je, ces beautés donnent encore beaucoup de prix à cet ouvrage, il semble que les défauts [dont] je parle l'ont fait descendre de la première place où on le mettait [2].

---

1. Indications isolées au milieu d'une page blanche suivie d'une autre page blanche.

2. Au dos de ce développement on lit sur le ms. : « Depuis le sac de Rome l'état ecclésiastique fut comme l'Élide (?), tranquille au milieu des guerres, l'état de Venise en paix, etc. ». Puis viennent sept pages blanches.

La langue française était beaucoup plus difficile à polir et bien moins harmonieuse que l'italienne et que l'espagnole*. La manière dont on l'écrit, si différente de celle dont on la prononce, accuse encore son ancienne barbarie et laisse voir la grossièreté de la matière à laquelle on n'a donné que depuis cent ans une forme agréable.

C'était surtout en poésie un instrument aigre et rebelle à l'harmonie. La quantité de désinences dures, le petit nombre de rimes semblaient devoir exclure les vers. Ils n'étaient point à leur aise dans cette langue comme dans l'italien. Aussi qu'a-t-elle produit jusqu'à Henri second? Le seul Marot. Il y a eu vingt poètes en Italie à peu près contemporains de Marot qui ont badiné beaucoup plus agréablement que lui, et qui ont répandu plus de sel et de grâces dans leurs ouvrages**, tels que l'archevêque de Bénévent La Casa, le Mauro, le Berni, le Tassoni, qui écrivirent tous avec élégance et que cependant je n'ai pas cités parmi les principaux auteurs qui faisaient honneur à leur nation.

Il le faut avouer, Marot pensait très peu et mettait en vers durs et faibles les idées les plus triviales. De plus de soixante épîtres, il n'y en a guère que deux qui puissent se lire, l'une dans laquelle il conte avec naïveté qu'un valet l'a volé, l'autre où il fait la description du Châtelet. De deux cent soixante et dix épigrammes, y en a-t-il plus d'une douzaine dignes d'amuser un homme de goût? Et retranchez encore cette licence qui en fait presque tout le mérite, que restera-t-il***? Le reste de ses ouvrages, à un ou deux rondeaux près, ses psaumes, ses cimetières, ses étrennes, portent le caractère d'un siècle qui, ne connaissant pas le bon, estimait beaucoup le mauvais.

Cependant le peu qu'il a de bon est si naturel qu'il a mérité d'être dans la bouche de tout le monde. Trois ou quatre petites pierres précieuses ont passé à la posté-

---

* Les E féminins gâtent surtout la musique, la gloir*eu,* victoir*eu,* vie*u.* toir*eu,* vie*u.*

** Le Tassoni, La Casa, Mauro, Berni.

*** Ronsard.

rité à travers tant de débris et ont fait dire à Despréaux :
   Imitez de Marot l'élégant badinage *.
   ** Il n'y eut rien en France qui dût donner l'idée de la
véritable poésie jusqu'à Malherbe. La poésie véritable
est l'éloquence harmonieuse et les véritables vers sont
ceux qui passent de bouche en bouche à la postérité.
Tels ne sont point ceux des Ronsards, des Baïfs, et des
Jodelles, mais quelques-uns de Malherbe ont ce caractère. On sait encore par cœur ces vers :

Là se perdent les noms de maîtres de la terre,
D'arbitres de la paix, de foudres de la guerre.
Comme ils n'ont plus de sceptres, ils n'ont plus de flatteurs,
Et tombent avec eux d'une chute commune
        Tous ceux que la fortune
        Faisait leurs serviteurs.

Le pauvre en sa cabane où le chaume le couvre
        Est sujet à ses lois,
Et la garde qui veille aux barrières du Louvre
        N'en défend pas nos rois.

   Encore deux ou trois stances dans ce goût, et on a tout ce
que Malherbe a fait d'excellent. Son imagination n'était pas
vive, son goût n'était pas encore sûr. Il pensait peu, et dans
ce peu de pensées, il n'était pas délicat sur le choix, mais la
France n'a connu l'harmonie que par lui, la langue n'eut du
nombre et de la douceur que sous sa plume. Combien la
poésie paraît aisée, et combien est-elle difficile! Depuis
Hugues Capet on faisait des vers français. Malherbe est le
premier qui en ait fait d'harmonieux, et il s'en fallait encore
beaucoup qu'il fût un grand poète.
   L'art de poésie ne se perfectionna pas sous les mains
de Racan, mais il ne dégénéra pas ***. Cet illustre disciple

---

* Ronsard, Baïf.
   ** Les Espagnols n'ont point de poète qui soit de la biblio-
thèque des nations comme l'est *Don Quichotte*.
   *** Racan né en 1589.

de Malherbe, seul rejeton de l'ancienne maison de Sancerre, avec moins de génie que Malherbe, d'ailleurs très ignorant, s'est fait pourtant un nom qui ne mourra jamais, parce qu'il sut connaître ce naturel et ce nombre que Malherbe seul avait connu, que presque toutes les oreilles sentent, et qu'il était si difficile de trouver. Son ode au comte de Bussy vivra autant que la langue française. C'est le seul morceau de Racan qui soit de cette force :

Que te sert de chercher les tempêtes de Mars
Pour mourir tout en vie au milieu des hasards
     Où la guerre te mène ?
Cette mort qui promet un si digne loyer
N'est pourtant que la mort qu'avec bien moins de peine
     On trouve en son foyer.

Que sert à ces héros ce pompeux appareil
Dont ils vont dans la lice éblouir le soleil
     Des trésors du Pactole ?
La gloire qui les suit après tant de travaux
Se passe en moins de temps que la poudre qui vole
     Du pied de leurs chevaux.

A quoi sert d'élever ces mots audacieux
Qui de nos vanités font voir jusques aux cieux
     Les folles entreprises ?
Ces châteaux accablés dessous leur propre faix
Enterrent avec eux les noms et les devises
     De ceux qui les ont faits.

Employons mieux le temps qui nous est limité.
Quittons ce fol espoir pour qui la vanité
     Nous en fait tant accroire ;
Qu'amour soit désormais la fin de nos désirs
Car pour eux seulement les dieux ont fait la gloire
     Et pour nous les plaisirs.

S'il avait fait seulement une douzaine de pièces aussi bonnes, il serait bien au-dessus de Malherbe et comparable à Horace, qui tout supérieur qu'il est n'a pas peut-être douze odes parfaites.

* La poésie se produisit encore sous un nouveau genre par le génie de Régnier; c'est le genre de la satire, si on peut l'appeler poésie, car son style tient du style uni de la comédie. Régnier, né à Chartres en 1575, contemporain de Malherbe et de Racan, n'avait pas leur douceur dans ses vers : son naturel était plus rude, mais c'était le Lucilius des Français. Il a beaucoup de vers heureux, et il est étrange que personne n'attrapât alors le style de la comédie, auquel celui de Régnier pouvait servir de modèle : les satires en effet disent dans un monologue ce que la comédie dit en dialogue; mais le théâtre était alors tout barbare.

Il y a dans la littérature deux sortes de barbarie, l'une qui n'exclut pas le génie, et qui suppose le défaut de goût et de choix; l'autre est celle qui exclut tout jusqu'au génie. La barbarie de la première espèce régnait sur le théâtre anglais et espagnol, celle de la seconde était le partage des Français.

Ce fut un bonheur pour eux que cette disette totale. Il vaut mieux dans les arts n'avoir rien que d'avoir quelques beautés dans une foule de défauts capitaux; ces défauts à la faveur des beautés séduisent une nation. Bientôt même on les confond avec elles, le goût du public se corrompt presque sans ressource; les grands génies qui auraient ouvert une bonne route trouvent, en arrivant, le mauvais chemin et s'y précipitent comme les autres. Voilà en partie pourquoi la tragédie n'est encore que grossière à Londres et à Madrid.

Dès le règne d'Élisabeth, Shakespeare, homme sans lettres, avait fait la gloire du théâtre par quelques traits sublimes que son heureux naturel faisait briller dans le chaos de ses pièces. Quelque temps après, Lope de Vega, né en 1562 et qui mourut en 1635 lorsque Corneille travaillait au *Cid,* donna quelque éclat au théâtre espagnol, comme Shakespeare à celui de Londres. On l'accusa d'avoir fait environ quinze cents pièces. Cette malheureuse abondance ne prouve que trop la facilité de mal faire.

La comédie était moins mauvaise que la tragédie chez les Espagnols, comme chez les Anglais. Il est plus aisé en effet d'y réussir. Elle demande un génie moins fort,

---

* Sonnet de Maynard à Richelieu.

elle exige moins de décence, elle peint des objets plus familiers, à peine est-elle un poème *; Horace ne sait si on doit lui donner ce nom. Les Espagnols, les Anglais, ainsi que plusieurs Italiens l'écrivaient en prose. Ainsi Ben Jonson, qui suivit Shakespeare, fit des comédies qui eurent de la réputation; et enfin Calderon, mort vers l'an 1664 **, en Espagne, fit des pièces comiques fort estimées. Quelque temps même avant Calderon ***, lorsque le théâtre italien tomba en décadence avec les belles lettres en Italie, c'est-à-dire vers l'an 1600, les Espagnols, maîtres de Naples et de Milan y portèrent leurs comédies : car les Espagnols vers 1600 avaient acquis la supériorité dans l'empire de l'esprit et leur langue était la langue générale de l'Europe.

Paris avait un théâtre en ce temps-là qu'on appelait le théâtre du Marais près de la Grève. Un auteur nommé Hardy, qui a fait autant de pièces que Lopez de Vega, entretenait malheureusement ce théâtre par des pièces innombrables, qui sont autant de monuments de la barbarie. Si une vaine curiosité veut remonter encore plus haut, on trouvera que dès l'an 1402 les Confrères de la Passion furent établis dans les temps horribles de Charles VI pour représenter les histoires de l'Ancien et du Nouveau Testament et qu'en 1548 ces Confrères achetèrent l'hôtel des ducs de Bourgogne, dont on ôta les armes, pour mettre à la place les instruments de la Passion. On a imprimé plusieurs recueils des anciennes farces pieuses qu'on y jouait, recueils fort chers et qu'on ne peut lire ****.

Enfin le temps de la France arriva, car précisément lorsque Descartes commençait à y changer la philosophie, Corneille changea le théâtre ***** et avec lui la poésie et même l'éloquence de la prose qui n'a jamais été cultivée dans aucune nation qu'après les vers. Ainsi les belles lettres doivent tout à Corneille ******.

---

* Histoire des poètes anglais.
** *Don Quichotte* en 1610.
*** Gratien, Mariana.
**** Descartes né en 1696.
***** Corneille.
****** Passerat, métamorphose du coucou.

Le théâtre, quand l'honnêteté y règne et que l'art approche de sa perfection, devient la partie de la littérature la plus brillante. Il est l'école de la jeunesse, il entretient le goût de l'âge mûr, il attire les étrangers dans un État. Ce qui contribue le plus encore à sa gloire, c'est qu'il rassemble les mérites divers de presque tous les autres genres de poésie. Le théâtre français ne méritait avant Corneille aucun de ces éloges : le seul homme de quelque génie qui travaillât alors était Rotrou, mais il n'avait pas un génie assez fort pour n'être pas disciple de son siècle. Mairet en 1633 purgea le premier la scène française des irrégularités qui s'opposaient fondamentales. Il rappela la règle d'Aristote, de ne pas étendre au delà d'un jour une action théâtrale. Sa *Sophonisbe,* longtemps goûtée, fut asservie à cette loi, mais à quoi sert la régularité sans génie? Il en faut un très grand pour changer l'esprit du siècle, et ce changement ne se fait jamais tout d'un coup.

On sait que Corneille commença sa carrière en 1625 par des comédies qui sont autant au-dessous des plus médiocres de nos jours qu'au-dessus de tout ce qu'on faisait alors. Ce qui dut, me semble, frapper davantage, c'était le talent de dire en vers sa pensée, talent jusqu'alors presque inconnu au théâtre et très rare en poésie. Par exemple on a rarement eu depuis lui des morceaux plus naturels que ce discours d'une jeune personne que je rencontre dans la *Suivante :*

Si tu m'aimes, ma sœur, agis ainsi que moi
Et laisse à tes parents à disposer de toi.
Ce sont des jugements imparfaits que les nôtres,
Le cloître a ses douceurs, mais le monde en a d'autres,
Qui pour avoir un peu moins de solidité
N'accommodent que mieux notre instabilité.
Je crois qu'un bon dessein dans le cloître te porte,
Mais un dépit d'amour n'en est pas bien la porte.
Et l'on court grand hasard d'un cuisant repentir
De se voir en prison sans en pouvoir sortir.

Le plus grand vice de ces pièces est la froideur. Elles étaient au-dessus de son siècle, mais indignes de l'auteur.

Son génie qui s'était mépris se jeta enfin dans le tragique. Il ne vola, dans sa *Médée,* qu'avec les ailes des Latins, et il se servit beaucoup de celles des Espagnols dans le *Cid* joué en 1637. Tous les défauts de cet ouvrage, qui est le fondement du théâtre tragique en France, et beaucoup de ses beautés sont tirés de Guilhem de Castro. C'est à Castro qu'on doit ces admirables mouvements de tendresse et de devoir qui déchirent le cœur de Chimène. C'est l'Espagnol qui a fourni mot à mot ces beaux vers :

> Et je veux que la voix de la plus noire envie
> Élève au ciel ma gloire et plaigne mes ennuis,
> Sachant que je t'adore et que je te poursuis.

C'est aussi de l'espagnol qu'est traduit ce morceau dont la fausse beauté fut longtemps applaudie :

> Pleurez, pleurez, mes yeux et fondez-vous en eau,
> La moitié de ma vie a mis l'autre au tombeau, etc.

Cette situation nouvelle d'une amante intéressante qui voit son père tué par son amant, ce beau caractère de Don Diègue, ces sentiments si vrais, si passionnés, si bien exprimés de Chimène et de Rodrigue, ces combats de l'amour et du devoir, enlevèrent tous les suffrages et firent pardonner tous les défauts. Il est vrai que dans l'acclamation générale, on oublia trop l'Espagne, mais il est vrai que Corneille avait tellement embelli son original espagnol que le *Cid* français fut traduit lui-même en castillan.

On sait quels ennemis ce grand succès valut à Corneille.

* Le cardinal de Richelieu, dont le nom seul rappelle à tout le monde l'histoire de ces temps, venait de fonder en France une Académie à l'exemple de tant d'Académies d'Italie. Le bruit prodigieux que fit cet établissement venait en partie de l'éclat du fondateur, et en partie du besoin que la nation avait de cultiver les lettres. Il est

---

* En 1635, janvier.

étrange que les universités établies pour former les hommes, loin de suffire à leur objet y fussent contraires. Il fallait une nouvelle société, non moins pour ôter la rouille de l'école que pour éclairer le goût des hommes du monde.

Il faut avouer qu'il n'y avait aucun homme de grand talent dans cette académie naissante. Il y avait même de très mauvais poètes, que le cardinal de Richelieu encourageait par de petits bienfaits et par la faiblesse qu'il avait de faire avec eux des vers fort au-dessous du médiocre. Mais les vues étaient belles malgré la faiblesse de ces commencements, et Richelieu faisait en France ce que Léon X avait fait à Rome, il encourageait des arts qui contribuent à la splendeur d'un État.

Cette salle du Palais-Royal qui, toute mal construite qu'elle est, sert pourtant de témoignage à sa magnificence, fut bâtie en 1634 pour faire jouer plusieurs tragédies auxquelles il avait part. C'était lui qui en inventait le sujet; il le disposait en cinq actes, quelquefois il en composait un en vers, quelquefois il donnait les cinq actes à faire à cinq auteurs. On peut juger ce que c'étaient que des tragédies de pièces rapportées, inventées par un ministre occupé de tant de soins, et travaillées par des mains différentes. Corneille eut le malheur d'être quelque temps de cette société; il avait pour compagnons Colletet, L'Estoile, Scudéry; mais rien ne pouvait gâter tout à fait le talent de Corneille. Il fit donc le *Cid* sans consulter la société et il lui déplut, ainsi qu'au protecteur. On sait avec quelle hauteur chagrine, soutenue de quelques bonnes raisons et de beaucoup de mauvaises, Scudéry écrivit contre le *Cid* ; on sait que le cardinal de Richelieu qui penchait trop pour Scudéry voulut que l'Académie jugeât entre Scudéry et Corneille; il paraît évidemment que le cardinal trouvait le *Cid* mauvais en tout, puisqu'il écrivit de sa main : « La dispute sur cette pièce n'est qu'entre les ignorants et les doctes. » Il était en effet assez savant pour connaître toutes les règles violées dans le *Cid* ; il était, comme poète, jaloux du succès, et comme premier ministre il ne goûtait pas ces beautés de sentiments qui demandent un cœur tendre pour être senties.

Il paraît par le petit ouvrage de l'Académie que si,

au lieu de s'en tenir à juger les critiques de Scudéry, elle eût examiné toute la pièce, elle aurait donné une bonne poétique du théâtre. Le jugement de l'Académie est encore aujourd'hui confirmé par celui du public. Cet exemple prouve manifestement qu'il est très faux qu'il y ait moins de bons connaisseurs en poésie que de bons poètes. C'est un paradoxe avancé tous les jours, mais réfuté par cet ouvrage de l'Académie. Chapelain et Desmarets, les plus mauvais poètes de ce temps, furent ceux qui eurent le plus de part aux observations sur le *Cid,* tant la distance est immense entre la connaissance et le talent.

On sait que malgré le cardinal de Richelieu et malgré l'Académie tout le monde disait communément en France quand on voulait louer quelque chose : « Cela est beau comme le *Cid* ». Mais l'année 1639 vit deux ouvrages qui firent oublier le proverbe. Cette année fut une grande époque pour l'esprit humain.

Corneille donna *les Horaces* et *Cinna.* La tragédie des *Horaces* n'était belle qu'en partie, *Cinna* l'était presque en tout; mais ces beautés étaient à lui; le théâtre espagnol ne pouvait en fournir le canevas. Ce n'est pas ici le lieu de faire des dissertations, mais en suivant l'histoire des arts, me sera-t-il permis de dire que ce genre de beauté avait été inconnu à tout le reste de la terre?

Les Grecs qui inventèrent la tragédie et qui la perfectionnèrent à quelques égards, ne traitèrent guère que les infortunes des héros fabuleux; mais jusqu'à Corneille personne ne sut faire parler les grands hommes, les héros véritables, et ils furent plus héros, plus grands hommes dans Corneille qu'ils ne l'avaient été dans leur vie.

Je ne veux point répéter ici ce que tant de critiques habiles ont écrit et ce que tout le monde sent sur les autres ouvrages de ce père de la scène française, sur son sublime, et sur le grand nombre de ses chutes, sur ses traits brillants, mais noyés dans les déclamations qu'on lui reproche aujourd'hui, sur l'amour qu'il ne traita jamais d'une manière intéressante que dans le *Cid* et qui, si vous en exceptez deux scènes de *Polyeucte,* languit dans ses meilleures pièces, sur l'incorrection de son style, enfin sur tous les défauts qui font que, de trente de ses pièces, il n'y en a guère que quatre ou cinq qu'on puisse représenter aujourd'hui.

Le sublime qui se trouve dans ce petit nombre d'ouvrages éleva le génie de la nation.

Rotrou, son contemporain, mais plus vieux que lui, et que Corneille appelait son père, devint son disciple. Il fit en 1648 son *Venceslas,* dont le premier et le quatrième actes sont excellents et font passer le reste de l'ouvrage. Il est vrai que la pièce était imitée de l'Espagnol François de Roxas, mais elle est écrite dans le goût de Corneille.

Il manquait à la perfection du théâtre un art au-dessus du sublime, celui de faire verser des larmes. Racine vint dans la décadence de Corneille et atteignit quelquefois à ce but de l'art. N'ayant pas encore vingt ans et portant la soutane sous laquelle il avait été élevé dans Port-Royal-des-Champs, il composa la tragédie de *Théagène et de Chariclée* qui n'a jamais vu le jour, puis en 1664 les *Frères ennemis* et enfin tous ces chefs-d'œuvre qui passeront à la dernière postérité.

On lui reproche de n'avoir presque jamais traité que l'amour; mais reproche-t-on à l'Albane et au Titien d'avoir peint Vénus et les Grâces? Le sujet une fois choisi, la question n'est plus que de savoir s'il est bien manié. L'antiquité n'a rien à mettre à côté des peintures que ce génie charmant a faites d'une passion si chère à tous les hommes et quelquefois si funeste.

Il sut dire toujours ce qu'il faut dire et l'exprimer de la meilleure manière possible : voilà son grand art. Le génie seul n'y peut atteindre : il fut le premier qui sut faire de suite quinze cents vers tous élégants. Trente ans auparavant on n'en savait pas faire une vingtaine en quelque genre que ce put être. La gloire de la poésie française fut alors à son comble malgré quelques Français plus jaloux que savants qui étudient moins l'antique qu'ils ne négligent le moderne, et qui plus ignorants dans leur langue que savants dans le grec, veulent rabaisser un théâtre qu'ils ne connaissent pas, hommes étrangers dans leur patrie et ennemis des arts dont ils parlent.

Après les pièces de théâtre de ce grand homme nous en avons sept ou huit marquées au bon coin.

* On s'étonne quelquefois qu'après Raphaël il y ait eu tant de bons peintres, et après Corneille si peu de bons poètes. C'est qu'en premier lieu il est plus aisé d'imiter ce qui dépend en grande partie de la main que ce qui dépend uniquement de l'esprit, et en second lieu [le Corrège], qui imita bien Raphaël, fut un grand peintre, et qui ne ferait que bien imiter Corneille serait peu de chose.

---

* Plus de peintres que de poètes.

LETTRE DE M. DE VOLTAIRE
A L'AUTEUR DE
LA *BIBLIOTHÈQUE IMPARTIALE*[1]

Monsieur,

On vient d'imprimer je ne sais où, sous le titre de Londres, un certain *Micromégas*. Passe que cette ancienne plaisanterie amuse qui voudra s'en amuser; mais on y a ajouté une *Histoire des Croisades,* et puis un *Plan de l'histoire de l'esprit humain.* Celui qui a imprimé ces rognures n'a pas apparemment grande part aux progrès que l'esprit humain a faits. Premièrement les fautes d'impression sont sans nombre, et le sens est altéré à chaque page. Secondement il y a plusieurs chapitres d'oubliés. Troisièmement, comment l'éditeur ne s'est-il pas aperçu que tout cela était le commencement d'une histoire universelle depuis Charlemagne, et que le morceau des croisades entrait nécessairement dans cette histoire ?

Il y a quinze ans que je formai ce plan d'histoire pour ma propre instruction, moins dans l'intention de me faire une chronologie que de suivre l'esprit de chaque siècle. Je me proposais de m'instruire des mœurs des hommes plutôt que des naissances, des mariages et des pompes funèbres des rois. Le *Siècle de Louis XIV* terminait l'ouvrage. J'ai perdu dans mes voyages tout ce qui regarde l'histoire générale depuis Philippe second et ses contemporains jusqu'à Louis XV [2] et toute la partie qui concernait le progrès des arts depuis Charlemagne

---

1. Ce désaveu de l'édition que je désigne par *NP52* parut pour la première fois dans la *Bibliothèque impartiale* de Leyde, mai-juin 1752. Je reproduis le texte de D 4904.

2. On attendrait : ... « jusqu'à Louis XIV ».

et Aaron Vachild [1], et c'est surtout cette partie que je regrette. L'histoire moderne est assez connue, mais j'avais traduit en vers avec soin de grands passages du poète persan Sadi, du Dante, de Pétrarque; et j'avais fait beaucoup de recherches assez curieuses dont je regrette beaucoup la perte. Vous me direz : Est-ce que vous entendez le persan pour traduire Sadi ? Je vous jure, monsieur, que je n'entends pas un mot de persan, mais j'ai traduit Sadi comme La Mothe avait traduit Homère.

Comme je n'ai jamais compté surcharger le public de cette histoire universelle, je la gardais dans mon cabinet. Les auteurs du *Mercure de France* me prièrent de leur en donner des morceaux pour figurer dans leur journal. Je leur abandonnai quelques chapitres, dont les examinateurs retranchèrent pieusement tout ce qui regardait l'Église et les papes; apparemment que ces examinateurs voulurent avoir des bénéfices en cour de Rome. Pour moi qui suis très content de mes bénéfices en cour de Prusse, j'ai été un peu plus hardi que messieurs du *Mercure*. Enfin, ils ont imprimé pièce à pièce beaucoup de morceaux tronqués de cette histoire. Un éditeur inconnu vient de les rassembler. Il aurait mieux fait de me demander mon avis; mais c'est ce qu'on ne fait jamais. On vous imprime sans vous consulter, et on se sert de votre nom pour gagner un peu d'argent en vous ôtant un peu de réputation. On se presse par exemple de faire de nouvelles éditions du *Siècle de Louis XIV* et de le traduire sans me demander si je n'ai rien à corriger, à ajouter. Je suis bien aise d'avertir que j'ai été obligé de corriger et d'augmenter beaucoup. J'avais apporté à la vérité à Potsdam de fort bons mémoires que j'avais amassés à Paris pendant vingt ans; mais j'en ai reçu de nouveaux depuis que l'ouvrage est public. Je m'étais trompé d'ailleurs sur quelques faits. Je n'étais pas entré dans d'assez grands détails dans le catalogue raisonné des gens de lettres et des artistes. J'avais omis plus de quarante articles; je n'avais pas pensé à faire une liste raisonnée des généraux; enfin l'ouvrage est augmenté du tiers. Il ne faut jamais regarder la première édition

---

1. *Sic*, pour Haroun-al-Rachid.

d'une telle histoire que comme un essai. Voici ce qui arrive : le fils, le petit-fils d'un ambassadeur, d'un général, lisent votre livre. Ils vont consulter les mémoires manuscrits de leur grand-père; ils y trouvent des particularités intéressantes, ils vous en font part; et vous n'auriez jamais connu ces anecdotes si vous n'aviez donné un essai qui se fait lire, et qui invite ceux qui sont instruits à vous donner des lumières. J'en ai reçu beaucoup et j'en fais usage dans la seconde édition que je fais imprimer. Voilà, monsieur, ce qu'il est bon de faire connaître à ceux qui lisent. Le nombre en est assez grand, et le nombre des auteurs, moi compris, beaucoup trop grand.

Je vous prie de faire imprimer cette lettre dans votre journal, afin d'instruire les lecteurs et afin que si quelque homme charitable a des nouvelles de la partie de l'histoire universelle que j'ai perdue, il m'en fasse au moins faire une copie.

J'ai l'honneur d'être passionnément, monsieur, votre très humble et très obéissant serviteur.

Voltaire.
Potsdam, le 5 juin 1752.

ÉDITION JEAN NEAULME
DE L'*ABRÉGÉ* (1753)

AVERTISSEMENT DU LIBRAIRE

J'ai lieu de croire que M. de Voltaire ne sera pas fâché de voir que son manuscrit, qu'il a intitulé *Abrégé de l'histoire universelle depuis Charlemagne jusqu'à Charles-Quint,* et qu'il dit être entre les mains de trente particuliers, soit tombé entre les miennes. Il sait qu'il m'en avait flatté dès l'année 1742, à l'occasion de son *Siècle de Louis XIV,* auquel je ne renonçai en 1750 que parce qu'il me dit alors à Potsdam, où j'étais, qu'il l'imprimait lui-même à ses propres dépens. Ainsi il ne s'agit que de dire comment cet *Abrégé* m'est tombé entre les mains. Le voici :

A mon retour de Paris, en juin de cette année 1753, je m'arrêtai à Bruxelles, où j'eus l'honneur de voir une personne de mérite qui, en étant le possesseur, me le fit voir, et m'en fit aussi tout l'éloge imaginable, de même que l'histoire du manuscrit, et de tout ce qui s'était passé à l'occasion d'un *Avertissement* qui se trouve inséré dans le second volume du mois de juin 1752 du *Mercure de France,* et répété dans l'*Épilogueur* du 31 juillet de la même année, avec la *Réponse* que l'on y a faite et qui se trouve dans le même *Épilogueur* du 7 août suivant : toutes choses inutiles à relever ici, mais qui m'ont ensuite déterminé à acheter des mains de ce galant homme le manuscrit après avoir été offert à l'auteur, bien persuadé d'ailleurs qu'il était effectivement de M. de Voltaire; son génie, son style, et surtout son orthographe s'y trouvant partout. J'ai changé cette dernière, parce qu'il est notoire que le public a toutes les peines du monde à s'y accoutumer, et c'est ce que l'auteur est prié de vouloir bien excuser.

Je dois encore faire remarquer que par la dernière période de ce livre il paraît qu'elle fait la clôture de cet *Abrégé,* qui finit à Charles VII roi de France, au lieu que l'auteur la promet par son titre jusqu'à l'empereur Charles-Quint. Ainsi il est à présumer que ce qui devrait suivre est cette partie différente d'histoire qui concerne les arts, qu'il serait à souhaiter que M. de Voltaire retrouvât ou, pour mieux dire, qu'il voulût bien refaire, et la pousser jusqu'au siècle de Louis XIV, afin de remplir son plan, et de nous donner ainsi une suite d'histoire qui ferait grand plaisir au public et aux libraires.

TABLE DES MATIÈRES
DE L'ÉDITION JEAN NEAULME
DE L'*ABRÉGÉ* (1753)

LETTRE [1] DE VOLTAIRE A JEAN NEAULME [a]

J'ai lu avec attention et avec douleur le livre intitulé *Abrégé de l'histoire universelle,* dont vous dites avoir acheté le manuscrit à Bruxelles. Un libraire de Paris à qui vous l'avez envoyé en a fait sur le champ une édition aussi fautive que la vôtre. Vous auriez bien dû au moins me consulter avant de donner au public un ouvrage si défectueux. En vérité, c'est la honte de la littérature. Comment votre éditeur a-t-il pu prendre le huitième siècle pour le quatrième, le treizième pour le douzième, le pape Boniface VIII pour le pape Benoît VIII [b]? Chaque page [c] est pleine d'erreurs absurdes [d]; tout ce que je peux vous dire c'est que tous les manuscrits qui sont à Paris, ceux qui sont actuellement entre les mains du roi de Prusse, de monseigneur l'Électeur Palatin, de madame la duchesse de Gotha, sont très différents du vôtre. Une transposition, un mot oublié, suffisent pour former un sens odieux et criminel [e]. Il y a malheureusement beaucoup de ces fautes dans votre ouvrage. Il semble que vous ayez voulu me rendre ridicule, et me perdre en imprimant cette informe rhapsodie, et en y mettant mon nom. Votre éditeur a trouvé le secret d'avilir un ouvrage qui aurait pu devenir très utile. Vous avez gagné de l'argent, je vous en félicite. Mais je vis dans un pays où l'honneur des lettres et les bienséances me font un devoir d'avertir que je n'ai nulle part à la publication de ce livre rempli d'erreurs et d'indécences, que je le désavoue, que je le condamne, et que je vous sais très mauvais gré de votre édition. Voltaire.

A Colmar, 28 décembre 1753.

Je serai mis en prison pour votre ouvrage : voilà l'obligation que je vous en ai [f].

---

1. Je reproduis le texte de D 5604, établi d'après une copie certifiée conforme par Neaulme. Comme on le verra par les variantes, V. a atténué quelques expressions dans le texte qu'il fit imprimer sur une feuille volante, à Strasbourg, en 1754.

LETTRE DE M. DE V***
A M. DE ***, PROFESSEUR EN HISTOIRE [1]

Vous avez dû vous apercevoir, monsieur, que cette prétendue *Histoire universelle* imprimée à La Haye, annoncée « jusqu'au temps de Charles-Quint », et qui contient cent années de moins que le titre ne promet, n'était point faite pour voir le jour. Ce sont des recueils informes d'anciennes études auxquelles je m'occupais, il y a environ quinze années, avec une personne respectable, au-dessus de son sexe et de son siècle, dont l'esprit embrassait tous les genres d'érudition, et qui savait y joindre le goût, sans quoi cette érudition n'eût pas été un mérite.

Je préparais uniquement ce canevas pour son usage et pour le mien, comme il est aisé de le voir par l'inspection même du commencement. C'est un compte que je me rends librement à moi-même de mes lectures, seule manière de bien apprendre et de se faire des idées nettes : car, lorsqu'on se borne à lire, on n'a presque jamais dans la tête qu'un tableau confus.

Mon principal but avait été de suivre les révolutions de l'esprit humain dans celles des gouvernements.

Je cherchais comment tant de méchants hommes, conduits par de plus méchants princes, ont pourtant à la longue établi des sociétés, où les arts, les sciences, les vertus mêmes ont été cultivées.

Je cherchais les routes du commerce, qui répare en secret les ruines que les sauvages conquérants laissent après eux; et je m'étudiais à examiner, par le prix des denrées, les richesses ou la pauvreté d'un peuple. J'examinais surtout comment les arts ont pu renaître et se soutenir parmi tant de ravages.

---

1. Je reproduis le texte de la première édition, en tête des *Annales de l'empire depuis Charlemagne par l'auteur du Siècle de Louis XIV,* « à Bâle, chez Jean Decker, 1753 ».

L'éloquence et la poésie marquent le caractère des nations. J'avais traduit des morceaux de quelques anciens poètes orientaux. Je me souviens encore d'un passage du Persan Sadi sur la puissance de l'Être suprême. On y voit ce même génie qui anima les écrivains arabes et hébreux, et tous ceux de l'Orient. Plus d'imagination que de choix ; plus d'enflure que de grandeur. Ils peignent avec la parole ; mais ce sont souvent des figures mal assemblées. Les élancements de leur imagination n'ont jamais admis d'idée fine et approfondie. L'art des transitions leur est inconnu.

Voici ce passage de Sadi [1] en vers blancs :

Il sait distinctement ce qui ne fut jamais.
De ce qu'on n'entend point son oreille est remplie.
Prince, il n'a pas besoin qu'on le serve à genoux ;
Juge, il n'a pas besoin que sa loi soit écrite.
De l'éternel burin de sa prévision
Il a tracé nos traits dans le sein de nos mères ;
De l'aurore au couchant il porte le soleil ;
Il sème de rubis les masses des rochers.
Il prend deux gouttes d'eau, de l'une il fait un homme.
De l'autre il arrondit la perle au fond des mers.
L'Être au son de sa voix fut tiré du néant.
Qu'il parle et dans l'instant l'Univers va rentrer
Dans les immensités de l'espace et du vide.
Qu'il parle, et l'Univers repasse en un clin d'œil
De l'abîme du rien dans les plaines de l'être.

Ce Sadi, né dans la Bactriane, était contemporain du Dante, né à Florence en 1265. Les vers du Dante faisaient déjà la gloire de l'Italie, quand il n'y avait aucun bon auteur prosaïque chez nos nations modernes. Il était né dans un temps où les querelles de l'empire et du sacerdoce avaient laissé dans les États et dans les esprits des plaies profondes. Il était gibelin et persécuté par les guelfes ; ainsi il ne faut pas s'étonner s'il exhale à peu près ainsi des chagrins dans son poème en cette manière [2] :

---

1. Cf. *supra*, p. 820.
2. Cf. *supra*, p. 823.

Jadis on vit, dans une paix profonde,
De deux soleils les flambeaux luire au monde,
Qui, sans se nuire éclairant les humains,
Du vrai devoir enseignaient les chemins,
Et nous montraient de l'aigle impériale
Et de l'agneau les droits et l'intervalle.
Ce temps n'est plus, et nos cieux ont changé.
L'un des soleils, de vapeurs surchargé
En s'échappant de sa sainte carrière,
Voulut de l'autre absorber la lumière.
La règle alors devint confusion,
Et l'humble agneau parut un fier lion
Qui, tout brillant de la pourpre usurpée,
Voulut porter la houlette et l'épée.

J'avais traduit plus de vingt passages assez longs du Dante, de Pétrarque et de l'Arioste; et, comparant toujours l'esprit d'une nation inventrice et celui des nations imitatrices, je mettais en parallèle plusieurs morceaux de Spencer que j'avais tâché de rendre avec beaucoup d'exactitude. C'est ainsi que je suivais les arts dans leur carrière.

Je n'entrais point dans le vaste labyrinthe des absurdités philosophiques qu'on honora si longtemps du nom de *science*. Je remarquais seulement les plus grandes erreurs qu'on avait prises pour les vérités les plus incontestables; et, m'attachant uniquement aux arts utiles, je mettais devant mes yeux l'histoire des découvertes en tout genre, depuis l'Arabe Geber, inventeur de l'algèbre, jusqu'aux derniers miracles de nos jours.

Cette partie de l'histoire était sans doute mon plus cher objet; et les révolutions des États n'étaient qu'un accessoire à celle des arts et des sciences. Tout ce grand morceau, qui m'avait coûté tant de peines, m'ayant été dérobé il y a quelques années, je fus d'autant plus découragé que je me sentais absolument incapable de recommencer un si pénible ouvrage.

La partie purement historique reste informe entre mes mains; elle est poussée jusqu'au règne de Philippe II, et elle devait se lier au siècle de Louis XIV.

Cette suite d'histoire, débarrassée de tous les détails

qui obscurcissent d'ordinaire le fond, et de toutes les minutes de la guerre, si intéressantes dans le moment et si ennuyeuses après, et de tous les petits faits qui font tort aux grands, devait composer un vaste tableau qui pouvait aider la mémoire en frappant l'imagination.

Plusieurs personnes voulurent avoir le manuscrit, tout imparfait qu'il était ; et il y en a plus de trente copies. Je les donnai d'autant plus volontiers que, ne pouvant plus travailler à cet ouvrage, c'était autant de matériaux que je mettais entre les mains de ceux qui pouvaient l'achever.

Lorsque M. de La Bruère eut le privilège du *Mercure de France,* vers l'année 1747, il me pria de lui abandonner quelques-unes de ces feuilles qui parurent dans son journal. On les a recueillies depuis, en 1751, parce qu'on recueille tout. Le morceau sur les croisades, qui fait une partie de l'ouvrage, fut donné dans ce recueil comme un morceau détaché ; et le tout fut imprimé très incorrectement avec ce titre peu convenable : *Plan de l'histoire de l'esprit humain.* Ce prétendu plan de l'histoire de l'esprit humain contient seulement quelques chapitres historiques touchant le neuvième et dixième siècles.

Un libraire de La Haye, ayant trouvé un manuscrit plus complet, vient de l'imprimer avec le titre d'*Abrégé de l'histoire universelle, depuis Charlemagne jusqu'à Charles-Quint ;* et cependant il ne va pas seulement jusqu'au roi de France Louis XI ; apparemment qu'il n'en avait pas davantage, ou qu'il a voulu attendre, pour donner son troisième volume, que ses deux premiers fussent débités.

Il dit qu'il a acheté ce manuscrit d'un homme qui demeure à Bruxelles. J'ai ouï dire, en effet, qu'un domestique de monseigneur le prince Charles de Lorraine en possédait depuis longtemps une copie, et qu'elle était tombée entre les mains de ce domestique par une aventure assez singulière. L'exemplaire fut pris dans une cassette, parmi l'équipage d'un prince pillé par des houzards dans une bataille donnée en Bohême. Ainsi on a eu cet ouvrage par le droit de la guerre, et il est de bonne prise. Mais apparemment que les mêmes houzards en ont conduit l'impression. Tout y est étrangement défiguré ; il y manque des chapitres les plus intéressants. Presque toutes les dates y sont fausses, presque tous les noms déguisés. Il y a beaucoup de phrases qui ne forment aucun sens; d'autres qui forment un sens ridicule ou indécent. Les transitions, les conjonctions sont déplacées. On m'y fait dire très souvent tout le contraire de ce que j'ai dit; et je ne conçois pas comment on a pu lire cet ouvrage dans l'état où il est livré au public. Je suis très aise que le libraire qui s'en est chargé y ait trouvé son compte, et l'ait si bien vendu; mais s'il avait voulu me consulter, je l'aurais mis en état de donner au moins au public un ouvrage moins défectueux; et, voyant qu'il m'était impossible d'arrêter l'impression, j'aurais donné tous mes soins à l'arrangement de cet informe assemblage qui, dans l'état où il est, ne mérite pas les regards d'un homme un peu instruit.

Comme je ne croyais pas, monsieur, que jamais aucun libraire voulût risquer de donner quelque chose de si imparfait, je vous avoue que je m'étais servi de quelques-uns de ces matériaux pour bâtir un édifice plus régulier et plus solide. Une des plus respectables princesses d'Allemagne, à qui je ne peux rien refuser, m'ayant fait l'honneur de me demander les *Annales de l'Empire,* je n'ai point fait difficulté d'insérer un petit nombre de pages de cette prétendue histoire universelle dans l'ouvrage qu'elle m'a ordonné de composer.
l'ouvrage qu'elle ma ordonné de composer.

Dans le temps que je donnais à S. A. S. cette marque de mon obéissance, et que ces *Annales de l'Empire* étaient déjà presque entièrement imprimées, j'ai appris qu'un Allemand [1], qui était l'année passée à Paris, avait travaillé sur le même sujet, et que son ouvrage était prêt à paraître. Si je l'avais su plus tôt, j'aurai assurément interrompu l'impression du mien. Je sais qu'il est beaucoup plus capable que moi d'une telle entreprise, et je suis très éloigné de prétendre lutter contre lui; mais le libraire à qui j'ai fait présent de mon manuscrit, a pris trop de peine et m'a trop bien servi pour que je puisse supprimer le fruit de son travail. Peut-être même que le goût dans lequel j'ai écrit ces

---

1. Christian Friedrich Pfeffel, secrétaire de l'ambassadeur du roi de Pologne à Paris, auteur d'un *Abrégé chronologique de l'histoire et du droit public d'Allemagne* (Paris, 1754).

Annales de l'Empire, étant différent de la méthode observée par l'habile homme dont j'ai l'honneur de vous parler, les savants ne seront pas fâchés de voir les mêmes vérités sous des faces différentes. Il est vrai que mon ouvrage est imprimé en pays étranger, en Bâle à Suisse, chez Jean-Henri Decker, et qu'on peut présumer que les livres français ne sont pas imprimés chez les étrangers avec toute la correction nécessaire. Notre langue s'y corrompt tous les jours depuis la mort des grands hommes que la révolution de 1685 [1] y transplanta; et la multitude même des livres qu'on y imprime nuit à l'exactitude qu'on y doit apporter. Mais cette édition a été revue par des hommes intelligents. Et je peux répondre du moins qu'elle est assez correcte, etc. *(sic).*

---

1. La révocation de l'édit de Nantes.

LETTRE DE VOLTAIRE
A LA *GAZETTE D'UTRECHT* [1]

Je vous prie instamment, monsieur, de vouloir bien donner place dans votre *Gazette* à cet avertissement que j'ai cru absolument nécessaire. J'attends cette grâce de vous, et le triste état où je suis est un nouveau motif propre à vous y engager.

Ce n'est ni la persécution, ni l'enchaînement des malheurs qui la suit, ni la crainte, ni l'espérance, c'est uniquement la vérité qui m'oblige de déclarer que, loin d'avoir la plus légère part à l'édition fautive et répréhensible de l'*Abrégé* d'une prétendue *Histoire universelle,* imprimée sous mon nom à La Haye, chez Jean Neaulme, et à Paris chez Duchêne, je l'ai réprouvée et condamnée hautement; que mon véritable manuscrit, conforme à celui que le roi de Prusse, madame la duchesse de Gotha, et plusieurs autres personnes possèdent depuis treize ans [2], est entièrement différent du livre imprimé par Neaulme sans ma participation; qu'ayant fait venir ce manuscrit de Paris, j'en ai fait établir l'authenticité par devant les notaires de Colmar, Callot et Besson, le 25 février; que ce manuscrit est de l'année 1740, qu'il contient 1 254 pages, en deux tomes, très usés, outre douze cahiers séparés; qu'il est sept fois plus ample que la prétendue *Histoire universelle* donnée sous mon nom, et que ces deux ouvrages ne se ressemblent pas. J'espère que les particuliers qui ont des copies de cet ancien manuscrit ne les livreront pas à des libraires, et je les en supplie, avec d'autant plus de raison que cet ample manuscrit n'est encore qu'un recueil très informe

---

1. Lettre imprimée dans la *Gazette d'Utrecht* du 19 mars 1754. Nous reproduisons le texte de D 6161.

2. Il est exact que le roi de Prusse reçut un manuscrit de l'*Essai* en 1742, mais la duchesse de Saxe-Gotha n'eut le sien qu'en 1753.

de matériaux indignes de paraître. Ce sont mes anciennes études, qui ne sont pas faites assurément pour être imprimées.

Pour donner cet avertissement nécessaire, j'ai cru pouvoir avec bienséance me servir de la voie des gazettes qui vont d'un bout de l'Europe à l'autre, dans lesquelles tant de princes et de ministres font insérer des avertissements, et qui sont un dépôt public où tout homme, que ses places, ou ses ouvrages, ou ses malheurs exposent au public est reçu à manifester son innocence. C'est en vertu de ce droit naturel que je confonds publiquement les impostures imprimées depuis peu et envoyées de Paris aux gazettes d'Allemagne. C'est sans me plaindre de personne que je déclare qu'il n'y a pas un seul libraire d'Allemagne et de Hollande à qui j'aie jamais vendu un seul ouvrage; que je leur ai tout donné gratuitement; que j'ai donné ainsi les *Annales de l'Empire,* entreprises uniquement pour obéir à une souveraine [1], dont les ordres ont prévalu sur la connaissance de mon peu de talent; que s'il y a un mot dans ces *Annales* qui blesse la vérité, je le corrigerai sur le champ, et que j'enverrai à mes dépens les cartons nécessaires à tout libraire qui les imprimera.

Je crois devoir à toutes les académies dont j'ai l'honneur d'être cette déclaration publique. Je me joins à elles et à tous les honnêtes gens pour condamner les impostures imprimées dans les feuilles périodiques et dans tant d'autres libelles. Je déclare qu'il est très vrai que je remis, le 4 janvier de l'année passée, avec le plus profond respect et la plus sincère reconnaissance, les honneurs dont un grand prince [2] à jamais respectable pour moi m'avait comblé, et que ceux qui ont imprimé le contraire n'ont pas dit la vérité. Je déclare qu'il n'y a personne dans l'Europe qui puisse m'imputer avec la plus légère vraisemblance, le moindre manque de respect à ce prince dont le nom m'est sacré, et à l'égard des calomnies grossières, si grossièrement exprimées dans la plus mauvaise prose et dans les plus mauvais

---

1. La duchesse de Saxe-Gotha.
2. Frédéric II, roi de Prusse.

vers qui jamais aient déshonoré la presse, il suffit de l'indignation du public, et je n'ai pas besoin d'y joindre la mienne.

Voltaire
gentilhomme ordinaire du roi,
de l'Académie française, de celles de Rome,
de Toscane, de Bologne, de Londres,
d'Édimbourg, de Pétersbourg et autres.

Fait à Colmar le 28 février 1754.

ÉDITION DATÉE
« A COLMAR CHEZ FONTAINE », 1754 [1].

Quoique le libraire de Hollande qui vient de publier sous le nom de M. de Voltaire un *Abrégé de l'histoire universelle, depuis Charlemagne jusqu'à Charles-Quint,* ait eu le malheur de ne rencontrer qu'une copie très fautive et hautement désavouée, le public ne laisse pas de lui avoir quelque obligation [b].

Voici une nouvelle édition qui, à la faveur des corrections que j'ai reçues de l'auteur, l'emporte de beaucoup sur la première.

L'édition de Hollande contient une pensée fausse et injurieuse : « Les historiens, semblables en cela aux rois, sacrifient le genre humain à un seul homme ». M. le professeur Vernet m'a communiqué une lettre que M. de Voltaire lui écrivait il y a neuf ans [2], et où il lui transcrivait vingt lignes de son *Avant-Propos,* qui contiennent le même passage tout autrement exprimé, et tel que nous le donnons : « Les historiens ressemblent à quelques tyrans dont ils parlent : ils sacrifient le genre humain à un seul homme. » Qu'on juge par cet échantillon si M. de Voltaire a tort de se plaindre que son ouvrage a été étrangement défiguré.

Le *Mercure de France* nous a donné divers morceaux de l'*Histoire des Croisades,* communiqués par M. de Voltaire lui-même. En les comparant avec la première édition de cet ouvrage, on voit que ces morceaux sont non seulement plus exacts, mais d'un quart plus étendus.

---

1. D'après D 5833, D 5834, D 5838, cette édition fut imprimée par Lambert à Paris; c'est l'édition que nous désignons par *C 54.*

2. D 2984, 1ᵉʳ juin 1744.

J'en ai donc profité ici, ce qui fait une augmentation considérable.

Dès que j'ai pu savoir où était M. de Voltaire, j'ai eu l'honneur de lui écrire, et d'en recevoir une réponse du 17 février [1], par où il ne désapprouve pas mon entreprise [a]. Il a eu même la bonté de me fournir des corrections, entre autres sur la quantité des espèces et sur le prix des denrées au temps de Charlemagne, qui était si faussement rapporté dans la première édition.

Outre les fautes d'impression l'on ma aidé à en corriger plusieurs de noms et de dates, qu'on ne saurait imputer qu'au copiste; mais peut-être trouvera-t-on encore en plus d'un chapitre quelques légères inexactitudes que l'auteur corrigerait sans doute dans une révision. Mais son but étant moins de faire des narrations que de nous peindre la scène du monde telle que la voit un œil philosophe, il ne lui convenait pas de donner sa première attention à des précisions de détail. Mille gens sont capables de cette petite exactitude, mais qui nous fera des tableaux comme lui?

---

1. D 5679, 17 février 1754, à Lambert.

PRÉFACE DE L'*ABRÉGÉ* [1]

(ÉDITION WALTHER DES TOMES I ET II, 1754)

Cette édition de l'*Essai sur l'histoire universelle* est la plus correcte qu'on ait donnée jusqu'à présent ; ce n'est à la vérité qu'un abrégé imparfait du grand ouvrage de M. de Voltaire, ainsi que le dit un savant professeur d'histoire dans l'avertissement qui est au devant de l'édition de Bâle. Mais du moins cet abrégé imparfait, imprimé d'abord à La Haye chez Jean Neaulme, ensuite à Paris sous le nom de Jean Nourse, et puis à Genève chez Claude Philibert, est ici rectifié autant qu'on l'a pu. Et toutes les fautes d'impression, les erreurs de nom, de date et de calcul, sont corrigées, conformément à un ample *errata* contenant plus de deux cent cinquante fautes que M. de Voltaire envoya dès qu'il vit paraître cet ouvrage.

« J'envoie un *errata*, dit-il dans sa lettre du 1er février [2], puisque vous voulez réimprimer cet *Essai* si peu digne du public. Je n'ai point mon véritable manuscrit ; aussi je ne peux que corriger les fautes grossières de l'édition de La Haye et de Paris. La vôtre sera moins défectueuse. J'ai même retrouvé parmi mes papiers un chapitre concernant Genziskan, qui a été omis parmi bien d'autres dans les premières éditions. Je vous l'envoie tel qu'il est ; il faudrait le faire relire par un homme exact.

Au reste, en vous rendant ce petit service, je suis très

---

1. D'après D 5760 (7 avril 1754), cette *Préface* fut envoyée par Voltaire lui-même à Walther. Nous désignons cette édition par le sigle *BD 54*.

2. Voltaire écrivit effectivement à Walther le 1er février 1754 (D 5648) ; mais le texte de sa lettre n'est pas celui que cite ici l'éditeur de Dresde.

loin d'approuver ce livre qui à la première lecture m'a révolté ! »

Depuis ce temps M. de Voltaire fit venir de Paris un exemplaire de son ancien manuscrit, qui lui fut remis le 21 février 1754. S. A. E. Mgr l'électeur palatin eut aussi la bonté de lui faire remettre un exemplaire du même manuscrit, qu'il avait dans sa bibliothèque ; il les confronta ensemble les trouva tous deux semblables, et conformes à ceux qui sont entre les mains de Sa Majesté le roi de Prusse, et de S. A. S. Madame la duchesse de Saxe-Gotha. Tous sont entièrement différents des éditions qu'on a données sous le titre d'abrégé de l'histoire universelle. Ce n'est pas le même ouvrage ; il constata cette différence juridiquement par devant notaire.

Mais selon le sentiment du savant professeur de Genève [1], ces éditions prématurées peuvent avoir leur utilité, si elles sont purgées des fautes qui les avaient d'abord défigurées.

La première faute qu'on a faite et la plus grande a été d'imprimer l'ouvrage sans consulter l'auteur, sans lui donner le moindre avis ; c'est une prévarication que le libraire de Dresde qui donne aujourd'hui cette nouvelle édition n'aurait pas commise.

L'auteur s'est plaint avec raison de cette infidélité ; il a cru d'abord, et il a même dit dans sa préface des *Annales de l'Empire* que le manuscrit sur lequel a été faite la première édition de La Haye, était probablement transcrit d'après quelques cahiers qui avaient été pris dans la cassette de S. M. le roi de Prusse à la bataille de Sore il y a plusieurs années. En effet ce monarque avait perdu dans cette action un des manuscrits de l'auteur, qu'il portait avec lui. Mais ce ne fut point l'*Essai sur l'histoire universelle* qui fut pris à Sore par les houzards ; ce fut le commencement du *Siècle de Louis XIV* comme le roi de Prusse vient d'en avertir lui-même avec bonté M. de Voltaire dans la lettre dont il l'honore, en date du 18 mars 1754 [2], lettre dans laquelle il lui certi-

---

1. Vernet, voyez ses variantes à l'*Avertissement* de l'édition « à Colmar, chez Fontaine ».

2. D 5737.

fie qu'il conserve le véritable manuscrit de l'*Histoire universelle*. M. de Voltaire s'est donc trompé, en croyant que c'était sur une première copie de quelques cahiers de cette *Histoire Universelle* pris dans la cassette du roi de Prusse que le libraire Jean Neaulme avait fait son édition.

Elle ne peut avoir été faite que sur des cahiers d'un manuscrit volé, dont on aura ensuite rempli les lacunes et intitulé les chapitres comme on aura voulu, pour vendre le tout à un libraire.

En effet les titres et les divisions des chapitres sont absolument différents de ceux de son manuscrit véritable. Non seulement une partie du manuscrit a donc été volée, mais elle a été évidemment falsifiée. Jean Neaulme prétend dans son avertissement que ce manuscrit lui a été vendu par un *galant homme;* mais il est clair que ce galant homme a fait une action peu honnête, de vendre ce qui ne lui appartenait pas, et d'exposer un homme de lettres innocent à tous les reproches qu'une telle édition pouvait lui attirer. Il reste à savoir quel est le galant homme qui a fait cette belle action.

Un nommé Rousset, qui depuis grand nombre d'années inonde la Hollande de petits libelles sous des noms différents, envoya en 1751 une lettre anonyme pleine d'outrages à M. de Voltaire à Potsdam, avec une adresse aussi insultante que la lettre est très peu respectueuse pour le monarque dans le palais duquel M. de Voltaire était pour lors. Ce paquet contenait une feuille des libelles de Rousset, intitulée l'*Épilogueur historique, galant, moral et littéraire.* Dans cette feuille imprimée on propose de vendre à M. de Voltaire le même manuscrit que Jean Neaulme a imprimé depuis. M. de Voltaire envoya aux magistrats d'Amsterdam la feuille et la lettre, avec l'adresse. Le magistrat lui fit répondre que Rousset n'était pas son justiciable, qu'il ne lui était plus permis de demeurer ni à Amsterdam ni à La Haye.

En effet cet homme s'était réfugié auprès d'Utrecht, et il continuait à envoyer aux libraires ces feuilles de son *Épilogueur galant et moral,* des *Bigarrures,* et autres ouvrages de cette espèce.

Certainement il n'était pas convenable de se compromettre avec un tel personnage; on sait assez que c'est lui principalement que le ministère de France avait en vue, quand il se plaignit aux États Généraux de *ces infâmes auteurs de libelles qui sont en abomination à quiconque n'a pas abjuré tous les sentiments d'honneur.*

Cependant M. de Voltaire, instruit des calomnies et des outrages répétés que cet homme vomissait toujours contre lui, voulut bien enfin lui écrire quelques lettres pour lui remontrer la lâcheté de sa conduite, et pour tâcher de le faire rentrer en lui-même. Il crut que l'horreur qu'inspirent au public ceux qui s'acharnent ainsi contre un homme infortuné pourrait lui donner quelques remords.

Rousset en dernier lieu écrivit le 25 février 1754 à M. de Voltaire : « La personne qui a vendu le manuscrit au sr. Neaulme, et qui tient un rang parmi les personnes au-dessus du vôtre, est très piquée de la manière dont vous parlez d'elle ».

Dans un autre écrit il dit que cette personne est morte, et dans une lettre du 25 mars : « Je vous défie, vous et toute la terre, de me prouver que je vous ai adressé cette feuille insultante de l'*Épilogueur ;* relisez cette feuille et la lettre que vous prétendez que je vous ai écrite ».

Il convient donc qu'en effet il avait écrit cette lettre anonyme, puisqu'il a la bêtise de dire « relisez-la » il la connaît donc. Il se trahit donc lui-même; et c'est ce qui arrive presque toujours aux criminels qui cherchent à se justifier.

Ou c'est lui qui a vendu le manuscrit à Jean Neaulme, ou il est d'intelligence avec celui qui l'a vendu. Quelque parti qu'il prenne, il est évident que toute sa manœuvre n'est pas dans la plus exacte probité.

Et c'est cet homme qui a l'insolence dans les feuilles périodiques de reprocher à M. Voltaire jusqu'à son nom, comme s'il n'avait pas porté ce nom dès son enfance pour le distinguer de son frère aîné. C'est lui qui lui reproche, dans un style digne de la plus vile canaille, de corriger assidûment tout ce qui est sorti de sa plume : quel reproche ! C'est lui qui répète les calomnies absurdes de je ne sais quel libelle intitulé le *Voltairiana,* libelle proscrit chez tous les honnêtes gens, et dont apparemment Rousset est l'auteur.

C'est lui qui ose dire que M. de Voltaire fait tort

aux libraires qui réimpriment ses ouvrages. M. de Voltaire a-t-il chargé ces libraires de les réimprimer? Il a gratifié Henri Decker, et George Conrad Walther de ses *Annales de l'Empire ;* mais de quel droit d'autres libraires viennent-ils ravir à ces imprimeurs le fruit de la libéralité de M. de Voltaire? De quel front Rousset a-t-il l'impudence de dire que Jean Neaulme réimprime les *Annales de l'Empire* « sur un des premiers exemplaires de Decker que l'auteur lui a envoyé »? Vous en avez menti, Rousset; vous en avez menti dans ce point comme dans tout le reste. M. de Voltaire n'a jamais envoyé d'exemplaires des *Annales de l'Empire* à Jean Neaulme : mais sachant par les gazettes que Neaulme à La Haye et Eslinger à Francfort contrefaisaient le premier volume des *Annales de l'Empire,* il les a avertis qu'ils faisaient tort à ceux auxquels il a donné son ouvrage; il les a exhortés à ne pas faire de la profession des Estienne un métier de pirates; il les a exhortés au moins à mettre dans leur édition les cartons nécessaires qui sont dans l'édition de Decker et de Walther; et ne pouvant les empêcher de contrefaire ce livre, il a exigé avec raison qu'il fût contrefait avec exactitude. Leur édition est une injustice et si elle est mal exécutée, ils doivent au moins en être punis par le décri de leur marchandise.

C'est trop s'abaisser à confondre un écrivain d'épilogueurs, de magasins, de quintessences, de bigarrures, qui ose parler de style, et, décider du mérite des hommes de génie, comme un laquais ivre et insolent parle de ses maîtres dans l'antichambre.

A SON ALTESSE SÉRÉNISSIME ÉLECTORALE MONSEIGNEUR L'ÉLECTEUR PALATIN [1]

MONSEIGNEUR,

Le style des dédicaces, les ancêtres, les vertus du protecteur et le mauvais livre du protégé, ont souvent ennuyé le public. Mais il est permis de présenter un Essai sur l'histoire à celui qui la sait. La modestie extrême, jointe à de très grandes connaissances, le soin de cultiver son esprit pour s'instruire et non pour en faire parade, la défiance de ses propres lumières, la simplicité qui, sans y penser, relève la grandeur, le talent de se faire aimer sans art, et la crainte de recevoir des témoignages de cette tendresse respectueuse qu'on inspire, tout cela peut imposer silence à un faiseur de panégyriques, mais ne peut empêcher que la reconnaissance ne paie un faible tribut à la bonté.

Ce n'est pas même ici une dédicace; c'est un appel au public, que j'ose faire devant Votre Altesse électorale, des éditions qu'on a données du commencement de cette Histoire. Votre Altesse électorale a depuis longtemps [2] le manuscrit entre les mains; elle sait combien ce manuscrit, tout informe qu'il est, diffère de ces éditions frauduleuses; et je peux hardiment démentir et condamner devant votre tribunal l'abus qu'on a fait de mes travaux. L'équité de votre âme généreuse me

---

1. Cette dédicace à Charles Théodore, électeur palatin, fut imprimée en tête du tome III de l'édition Walther *(W54)*.

2. Le manuscrit corrigé par V. ne fut envoyé à l'électeur palatin qu'en avril 1754 (voir D 5798), un peu plus de deux mois avant que ne paraissent ces lignes. Mais outre ce manuscrit corrigé, que nous désignons par *P,* l'électeur en possédait un autre, aujourd'hui à la Bibliothèque d'État de Munich (cod. gall. 102-103), que V. avait dû lui remettre lors de son séjour à Schwetzingen en août 1753.

console de ce brigandage, si impunément exercé dans la république des lettres, et de l'injustice extrême de ceux qui m'ont imputé ces deux volumes défectueux [1]. Je suis forcé d'imprimer ce troisième pour confondre l'imposture et l'ignorance qui ont défiguré les deux premiers. Votre nom, Monseigneur, est ici le protecteur de la vérité et de mon innocence.

Je dois d'éternels remerciements à la bonté avec laquelle Votre Altesse électorale permet qu'une justification si légitime paraisse sous ses auspices. Je suis comme tous vos sujets : j'obtiens aisément justice; je suis protégé par votre bonté bienfaisante, et je partage avec eux les sentiments de la reconnaissance, de l'amour et du respect.

---

1. Les deux tomes de l'édition Neaulme (*Nf3*).

PRÉFACE DE VOLTAIRE POUR LE TOME III DE L'ÉDITION WALTHER (1754)

La manière dont j'ai étudié l'histoire était pour moi et non pour le public; mes études n'étaient point faites pour être imprimées. Une personne [1] très rare dans son siècle et dans tous les siècles, dont l'esprit s'étendait à tout, voulut enfin apprendre avec moi l'histoire pour laquelle elle avait eu d'abord autant de dégoût que le père Malebranche, parce qu'elle avait comme lui de très grands talents pour la métaphysique et la géométrie. « Que m'importe, disait-elle, à moi Française vivant dans ma terre, de savoir qu'Égil succéda au roi Haquin en Suède? et qu'Ottoman était fils d'Ortogrul? J'ai lu avec plaisir les histoires des Grecs et des Romains. Elles présentaient à mon esprit de grands tableaux qui m'attachaient. Mais je n'ai pu achever aucune grande histoire moderne; je n'y vois guère que de la confusion, une foule de petits événements sans liaison et sans suite, mille batailles qui n'ont décidé de rien, et dans lesquelles je n'apprenais pas seulement de quelles armes on se servait pour se détruire. J'ai renoncé à une étude aussi sèche qu'immense, qui accable l'esprit sans l'éclairer. »

— Mais, lui dis-je, si parmi tant de matériaux bruts et informes, vous choisissiez de quoi vous faire un édifice à votre usage; si en retranchant tous les détails des guerres aussi ennuyeux qu'infidèles, toutes les petites négociations qui n'ont été que des fourberies inutiles, toutes les aventures particulières qui étouffent les grands événements; si en conservant celles qui peignent les mœurs, vous faisiez de ce chaos un tableau général et bien arrêté; si vous cherchiez à démêler dans les événements l'histoire de l'esprit humain, croiriez-vous avoir perdu votre temps?

---

1. Madame du Châtelet.

Cette idée la détermina; et c'est sur ce plan que je travaillai. Je fus d'abord étonné du peu de secours que je trouvais dans la multitude immense des livres.

Je me souviens que quand nous commençâmes à ouvrir Puffendorf, qui avait écrit à Stockholm et à qui les archives de l'État furent ouvertes, nous nous assurions d'y trouver quelles étaient les forces de ce pays, combien il nourrissait d'habitants, comment les peuples de la province de Gothie s'étaient joints à ceux qui ravagèrent l'empire romain, comment les arts s'introduisirent en Suède dans la suite des temps, quelles étaient ses lois principales, ses richesses ou plutôt sa pauvreté : nous ne trouvâmes pas un mot de ce que nous cherchions.

Lorsque nous voulûmes nous instruire des prétentions des empereurs sur Rome, et de celles des papes contre les empereurs, nous ne trouvâmes que confusion et obscurité; de sorte que dans tout ce que j'écrivais, je mettais toujours à la marge : *vide, quære, dubita.* C'est ce qui est encore en gros caractères dans cent endroits de mon ancien manuscrit de l'année 1740, surtout quand il s'agit des donations de Pépin et de Charlemagne, et des disputes de l'Église romaine et de l'Église grecque.

Presque rien de ce que les Occidentaux ont écrit sur les peuples de l'Orient avant les derniers siècles, ne nous paraissait vraisemblable; et nous savions combien en fait d'histoire tout ce qui est contre la vraisemblance est presque toujours contre la vérité.

En effet, quand nous lûmes qu'au huitième siècle un évêque de Judée alla à la Chine, que dès qu'il fut arrivé dans la capitale, l'empereur envoya un mandarin au-devant de lui, et fit bâtir incontinent une église chrétienne, que pouvions-nous penser à cet étrange récit [1]? N'en rien croire. Et quand on veut encore aujourd'hui soutenir cette fable absurde, que faut-il faire? Se taire.

La seule chose qui me soutenait dans des recherches si ingrates, était ce que nous rencontrions de temps en temps sur les arts et sur les sciences. Cette partie devint notre principal objet. Il était aisé de s'apercevoir que

---

1. Cf. le ch. 2 de l'*Essai*, t. I, p. 225.

dans nos siècles de barbarie et d'ignorance qui suivirent la décadence et le déchirement de l'empire romain, nous reçûmes presque tout des Arabes, astronomie, chimie, médecine, et surtout des remèdes plus doux et plus salutaires que ceux qui avaient été connus des Grecs et des Romains. L'algèbre est de l'invention de ces Arabes; notre arithmétique même nous fut apportée par eux. Ce furent deux Arabes, Hazan et Bensaïd, qui travaillèrent aux Tables Alphonsines. Le shérif Ben Mohamed, qu'on appelle le *Géographe de Nubie,* chassé de ses États, porta en Sicile, au roi Roger II un globe d'argent de huit cent marcs sur lequel il avait gravé la terre connue et corrigé Ptolémée.
gravé la terre connue et corrigé Ptolomée.

Il fallut donc rendre justice aux Arabes quoiqu'ils fussent mahométans, et avouer que nos peuples occidentaux étaient très ignorants dans les arts, dans les sciences, ainsi que dans la police des États, quoiqu'éclairés des lumières de la vérité sur des choses plus importantes. Si un journaliste [1] a eu la mauvaise foi de blâmer cette équité et de vouloir la rendre odieuse, il est bien à plaindre d'être si indigne du siècle où il vit.

Plusieurs morceaux de la poésie et de l'éloquence arabe me parurent sublimes et je les traduisis; ensuite quand nous vîmes tous les arts ensemble renaître en Europe par le génie des Toscans, et que nous lûmes leurs ouvrages, nous fûmes aussi enchantés que nous l'étions quand nous lisions les beaux morceaux de Milton, d'Addison, de Dryden et de Pope. Je fis autant que je le pus des traductions exactes en vers des meilleurs endroits des poètes des nations savantes; je tâchai d'en conserver l'esprit. En un mot l'histoire des arts eut la préférence sur l'histoire des faits.

Tous ces matériaux concernant les arts ayant été perdus après la mort de cette personne si respectable, ni mon âge, ni l'éloignement des grandes bibliothèques, ni l'affaiblissement des talents qui est la suite des longues maladies, ne m'ont permis de recommencer ce travail

---

1. V. semble viser le compte rendu de l'édition Neaulme dans la *Correspondance littéraire* du 1er janvier 1754 : le journaliste accuse V. de partialité en faveur des musulmans contre les chrétiens.

pénible. Il se trouve heureusement exécuté par des mains plus habiles, manié avec profondeur, et rédigé avec ordre dans l'immortel ouvrage de l'*Encyclopédie*. Je ne peux regretter que les traductions en vers des meilleurs morceaux de tous les grands poètes depuis le Dante, car on ne les connaît point du tout dans des traductions en prose.

Il est public que plusieurs personnes eurent des copies de mon manuscrit historique; il y en eut même plusieurs chapitres imprimés dans le *Mercure de France;* on les recueillit ensuite sous différents titres. Enfin en 1753 un libraire de La Haye s'avisa d'acheter quelques chapitres très informes de ce manuscrit, qu'un homme peu scrupuleux ne fit point difficulté de lui vendre. Le libraire crut que ces chapitres contenaient une suite complète depuis Charlemagne jusqu'au règne de Charles VII, roi de France; et il imprima ce recueil tronqué et imparfait sous le titre trompeur d'*Abrégé de l'histoire universelle depuis Charlemagne jusqu'à Charles-Quint*. Je faisais alors imprimer le premier tome des *Annales de l'empire*, et j'avais pris dans un de mes manuscrits de mon *Histoire universelle* que j'avais trouvé [1] à Gotha de quoi m'aider dans ces *Annales*.

Surpris de voir dans les gazettes cette prétendue histoire universelle annoncée sous mon nom, et n'ayant point encore reçu ce livre qui se vendait publiquement en Hollande et à Paris, tout ce que je pus faire, ce fut de rendre compte dans la préface des *Annales de l'empire* de la plupart des choses dont je viens de parler.

Bientôt après cette prétendue histoire universelle imprimée à La Haye parvint entre mes mains, et j'y trouvai plus de fautes que de pages. C'est « Amédée de Genève » pour « Robert fils d'Amédée »; c'est « Louis aîné de Charlemagne », pour « Louis aîné de la maison de Charlemagne ». On voit un « évêque

---

1. Je doute que V. ait *trouvé* un manuscrit de son *Histoire universelle* chez la duchesse de Saxe-Gotha, lorsqu'il fut son hôte en avril 1753; en réalité il lui remit alors un manuscrit (D 5617). Cette inexactitude relève du système qu'il adopte après la publication de l'édition Neaulme : répéter que les manuscrits de son *Histoire universelle* sont très anciens, et remontent à 1740...

d'Italie » au lieu d'un « évêque en Italie »; un « évêque de Palestine » au lieu d'un « évêque de Ptolémaïs en Palestine », « Clément IV » pour « Innocent IV »; « Abougrafar » au lieu d'« Abougiafar »; « Darius fils d'Hidaspes », pour « « fils d'Histaspe; c'est la « précision des équinoxes », c'est la « valeur du climat » au lieu de la « chaleur ». On y trouve le « minime » Aldobrandin, au lieu du « moine » Aldobrandin, quatre cents ans avant qu'on eût des minimes. On réimprima ce livre à Paris sous le nom de Jean Nourse avec toutes les mêmes erreurs. On s'empressa de le réimprimer à Genève et à Leipzig. J'envoyai un *errata* tel que je pus le faire à la hâte, n'ayant pas le manuscrit original sous mes yeux.

Ayant fait enfin venir cet ancien manuscrit original de Paris, je fus indigné de voir combien le livre donné au public était différent du mien. Ce n'est qu'un extrait défectueux de mon ouvrage. Les titres des chapitres ne se ressemblent seulement pas. Interpolations, omissions, fausses dates, noms défigurés, calculs erronés, tout me révolta. Non seulement on ne me faisait pas dire ce que j'avais dit, mais on me faisait dire positivement le contraire.

Je fis une confrontation juridique de mon ancien manuscrit avec le livre imprimé [1]. Je constatai, et je condamnai l'abus qu'on avait fait de mes travaux, et de mon nom. On vient encore de donner tout récemment une nouvelle édition de cet ouvrage informe sous le faux titre de Colmar [2]. Tant d'efforts réitérés pour tromper le public, tant d'empressement à acheter un livre tout défiguré, sont des avertissements que le fond de l'ouvrage n'est pas sans utilité, et m'imposent le devoir de le publier un jour moi-même. Mais comment surcharger encore le public d'une nouvelle édition, lorsque l'Europe est inondée de tant de fausses? Il faut attendre; il faut du temps pour remanier ces deux premiers volumes dont quelques feuilles se retrouvent

---

1. C'est l'acte dressé par le notaire de Colmar, le 22 février 1754, D app. 133.

2. C'est *C54*, « A Colmar, chez Fontaine », dont nous donnons plus haut l'*Avertissement* : elle fut faite à Paris par Lambert.

dans les *Annales de l'empire*. Ces deux premiers tomes concernent d'ailleurs des temps obscurs qui demandent des recherches pénibles. Il est plus difficile qu'on ne pense de trouver dans les décombres de la barbarie de quoi construire un bâtiment qui plaise.

Je ne puis donc faire autre chose aujourd'hui que de donner la suite jusqu'au commencement du règne de Charles-Quint, après quoi viendra le reste qui se rejoindra au *Siècle de Louis XIV*.

Je suis forcé de hasarder moi-même ce troisième volume dont je fais présent au libraire Conrad Walther de Dresde, qui a, dit-on, donné une édition des deux premiers tomes moins fautive que les autres ; et je hasarde ce troisième volume parce que j'apprends que les manuscrits s'étant multipliés, des libraires sont prêts à publier cette suite d'une manière aussi fautive que le commencement.

Ce n'est point ici un livre de chronologie et de généalogies. Il y en a assez. C'est le tableau des siècles ; c'est la manière dont une dame d'un esprit supérieur étudiait l'histoire avec moi, et celle dont toutes les personnes de son rang veulent l'étudier.

Il est vrai que dans ce volume que je donne malgré moi, je laisse toujours voir l'effet qu'ont fait sur mon esprit les objets que je considère. Mais ce compte que je me rendais de mes lectures avec une naïveté qu'on n'a presque jamais quand on écrit pour le public, est précisément ce qui pourra être utile. Chaque lecteur en est bien plus à portée d'asseoir son jugement en rectifiant le mien ; et quiconque pense fait penser.

Par exemple lorsque Louis XI au lieu de tâcher de reprendre Calais sur Édouard IV, qui devait avoir en Angleterre assez d'embarras, achète la paix de lui, et se fait son tributaire, cette conduite me paraît peu glorieuse ; mais elle peut paraître très politique à un homme qui considèrera que le duc de Bourgogne aurait pu prendre le parti du roi d'Angleterre contre la France. Un autre se représentera que le grand François de Guise prit Calais sur la reine Marie d'Angleterre dans le temps que Philippe II mari de cette reine était bien plus à craindre qu'un duc de Bourgogne. Un autre cherchera dans le caractère même de Louis XI le motif de sa conduite. Voilà comme l'histoire peut être utile; et ce faible ouvrage peut l'être en faisant naître des réflexions meilleures que les miennes.

Savoir que François Ier fut prisonnier de Charles-Quint en 1525, c'est ne mettre qu'un fait dans sa mémoire; mais rechercher pourquoi Charles profita si peu de son bonheur, cela est d'un lecteur judicieux. Non seulement il verra la fortune de Charles-Quint balancée par la jalousie des nations, mais les conquêtes en Europe de Soliman son ennemi arrêtées par ses guerres avec les Persans, et il découvrira tous ces contrepoids qui empêchent une puissance d'écraser les autres.

Réduit ainsi très à regret par une infidélité que je n'attendais pas, à publier mes anciennes études, je me console dans l'espérance qu'elles pourront en produire de plus solides. Cette manière de s'instruire est déjà fort goûtée par plusieurs personnes qui, n'ayant pas le temps de consulter la foule des livres et des détails, sont bien aises de se former un tableau général du monde.

C'est dans cet esprit que j'ai crayonné le *Siècle de Louis XIV*. Les lois, les arts, les mœurs ont été mon principal objet. Les petits faits ne doivent entrer dans ce plan que lorsqu'ils ont produit des événements considérables. Il est fort indifférent que la ville de Creutznach ait été prise le 21 septembre ou le 22 en 1688; que l'épouse d'un neveu de Madame de Maintenon soit nommée sa nièce : mais il est important de savoir que jamais Louis XIV n'eut la moindre part au testament du roi d'Espagne Charles II, lequel changea la face de l'Europe; et que la paix de Ryswick ne fut point faite dans la vue de faire tomber la monarchie d'Espagne à un fils de France, comme on l'avait toujours cru et comme l'a pensé milord Bolingbroke lui-même qui en cela s'est trompé. Les querelles domestiques de la reine Anne d'Angleterre ne sont pas par elles-mêmes un objet d'attention; mais elles le deviennent parce qu'elles sont en effet l'origine d'une paix sans laquelle la France courait risque d'être démembrée.

Les détails qui ne mènent à rien sont dans l'histoire ce que sont les bagages dans une armée, *impedimenta*. Il faut voir les choses en grand par cela même que l'esprit humain est petit, et qu'il s'affaisse sous le poids des minuties; elles doivent être recueillies par les annalistes, et dans des espèces de dictionnaires, où on les trouve au besoin.

Quand on étudie ainsi l'histoire, on peut se mettre sans confusion les siècles devant les yeux. Il est aisé alors d'apercevoir le caractère des temps de Louis XIV, de Charles-Quint, d'Alexandre VI, de saint Louis, de Charlemagne. C'est à la peinture des siècles qu'il faut s'attacher.

Les portraits des hommes sont presque tous faits de fantaisie. C'est une grande charlatanerie de vouloir peindre un personnage avec qui on n'a point vécu. Salluste a peint Catilina; mais il avait connu sa personne. Le cardinal de Retz fait des portraits de tous ses contemporains qui ont joué de grands rôles : il est en droit de peindre ce qu'il a vu et connu. Mais que souvent la passion a tenu le pinceau! Les hommes publics des temps passés ne peuvent être caractérisés que par les faits.

Je ne sais pourquoi le traducteur estimable des lettres du lord Bolingbroke[1] me reproche d'avoir jugé du cardinal Mazarin « sur des vaudevilles ». Je ne l'ai point jugé; j'ai exposé sa conduite, et je ne crois pas aux vaudevilles. Ce traducteur me permettra de lui dire que c'est lui qui se trompe sur les faits en jugeant le cardinal Mazarin : « Ce ministre, dit-il, avait trouvé la France dans le plus grand embarras. » Le contraire est exactement vrai. Quand le cardinal Mazarin vint au ministère, la France était tranquille au dedans, et victorieuse au dehors par les batailles de Rocroi et de Norlingue, et par les grands succès des Suédois dans l'empire.

« Il laissa au roi, dit-il, des finances en meilleur ordre que l'on eût jamais vu. » Quelle erreur! Ne sait-on pas que Charles le sage, François Ier laissèrent des trésors?

---

1. Barbeu du Bourg, qui traduisit en 1752 les *Lettres sur l'histoire* de Bolingbroke, et en 1753 *Le Siècle politique de Louis XIV, ou Lettres du vicomte de Bolingbroke sur ce sujet*. Mais la traduction des *Mémoires secrets* de Bolingbroke, 1753, dont V. parle plus loin est attribuée à Favier.

Que le grand Henri IV avait quarante millions de livres numéraires dans ses coffres, et que le royaume florissait par la régie la plus sage lorsque sa mort funeste fit place à l'administration d'une régence prodigue et tumultueuse? Les finances du cardinal Mazarin étaient en très bon ordre à la vérité; mais celles de l'État étaient si dérangées que le surintendant avait dit souvent à Louis XIV : « Il n'y a point d'argent dans les coffres de Votre Majesté, mais M. le Cardinal vous en prêtera. » Les revenus de l'État étaient si mal administrés qu'on fut obligé d'ériger une chambre de justice. On voit par les mémoires de Gourville quel avait été le brigandage : l'ordre ne fut mis que par le grand Colbert.

« Les plus belles années de Louis XIV, dit-il, sont celles qui ont suivi immédiatement la mort de Mazarin, où son esprit régnait encore. » Comment l'esprit du cardinal de Mazarin régnait-il donc dans la conquête de la Franche-Comté, et de la moitié de la Flandre dont il avait rendu tant de villes? Dans l'établissement d'une marine que le cardinal avait laissé dépérir entièrement? Dans la réforme des lois qu'il ignorait, dans l'encouragement des arts qu'il méprisa?

« M. de V... entreprend de démontrer que le prince d'Orange n'était aucunement redouté en France », etc.

On ne démontre qu'une proposition de mathématiques; mais il est très vrai que, quand on crut en France que le prince d'Orange, ou plutôt le roi Guillaume, avait été tué à la bataille de la Boyne, les feux de joie que le peuple de Paris fit si indécemment étaient l'effet de la haine, et non de la crainte. Il est très vrai qu'on ne craignait point à Paris l'invasion d'un prince qui avait assez d'affaires en Irlande, et qui avait toujours été vaincu en Flandre. Les hommes d'État et de guerre pouvaient estimer le roi Guillaume, mais le peuple de Paris ne pouvait certainement le redouter. On a pu craindre dans Paris le prince Eugène et le duc de Marlborough quand ils ravageaient la Champagne; mais il n'est pas dans la nature humaine qu'on tremble dans une capitale au nom d'un ennemi qui n'a jamais entamé les frontières d'un royaume alors toujours victorieux.

Le duc de Berry, à toute force, peut avoir dit aux

princes ses frères : « Vous serez, l'un roi de France et l'autre roi d'Espagne, et moi je serai le prince d'Orange : je vous ferai enrager tous deux. » Mais le traducteur de milord Bolingbroke doit observer qu'on peut faire enrager, et être battu; il doit observer qu'un critique peut se tromper aussi bien qu'un historien, et il aurait dû tâcher de n'avoir pas tort dans toutes ses critiques.

Il dit à la tête des mémoires secrets du même Bolingbroke que je veux « proscrire les faits ». Je voudrais au contraire qu'il y eût des faits dans ces mémoires qui en sont absolument destitués, et je voudrais pour l'honneur de la mémoire de milord Bolingbroke que ces mémoires eussent toujours été secrets.

Je crois devoir ici dire un mot de l'édition qu'un critique d'un autre genre [1] a faite du *Siècle de Louis XIV*. Il a jugé à propos d'imprimer mon ouvrage avec ses notes; et il a trouvé le secret de faire un libelle d'un monument élevé à la gloire de la nation par les mains de la vérité. C'est un exemple rare de ce que peuvent hasarder l'ignorance et la calomnie en démence.

La littérature est un terrain qui produit des poisons comme des plantes salutaires. Il se trouve des misérables, qui, parce qu'il savent lire et écrire, croient se faire un état dans le monde en vendant des scandales à des libraires au lieu de prendre un métier honnête, ne sachant pas que la profession d'un copiste, ou même celle d'un laquais fidèle est très préférable à la leur. Celui dont je parle vend et fait imprimer ce tissu de sottises sous le titre de *Siècle de Louis XIV* « en trois volumes avec des notes par M. L. B. à Francfort * »;

---

1. Angliviel de La Beaumelle.

* Note de l'éditeur. Le personnage que M. de Voltaire dédaigne ici de nommer, c'est un nommé Le Vieil de La Beaumelle. Nous ne savons de quel pays il est. Il a été élevé à Genève pour être ministre du Saint-Évangile. Ayant depuis été renvoyé de Copenhague, nous savons avec tout le pays qu'il passa par Gotha, d'où il s'enfuit avec une femme de chambre qui avait volé sa maîtresse. Réfugié à Francfort, il y fit imprimer un misérable libelle intitulé *Le Qu'en dira-t-on ? ou Mes Pensées,* dans lequel

et après avoir été si justement puni pour cette infamie, il composa vite un autre libelle diffamatoire pour subsister pendant quelques semaines. Un autre, voyant que le *Siècle de Louis XIV* se débite dans l'Europe avec succès et que les libraires que j'en ai gratifiés y ont trouvé leur compte, se hâte d'y ajouter un nouveau volume qui n'y a aucun rapport. Il ramasse quelques lettres de Bolingbroke sur l'histoire générale; il y mêle quelques pièces obscures qu'il a ramassées dans la fange; il intitule cette rapsodie *Troisième volume du Siècle de Louis XIV* [1]. Les ignorants l'achètent, et l'éditeur jouit quelques mois du fruit de sa prévarication.

Un autre avait, je ne sais comment, entre les mains un manuscrit informe et pitoyable d'une petite partie de mon *Histoire universelle;* il le vend quelques florins, comme on l'a déjà dit, à un libraire de La Haye qui se hâte de l'imprimer sans m'en avertir.

---

il outrage impudemment S. A. S. Mgr le Duc de Saxe-Gotha en le nommant par son nom. Il vomit des injures abominables contre toute la cour de Dresde, contre nos ministres, et contre les personnes sacrées de nos augustes souverains. Il désigne indignement par leurs propres et privés noms les personnages les plus respectables de la Suisse, messieurs d'Herlac, de Sinher, de Watteville, de Diespac, et toute la régence de Berne. Il injurie milord Bath, et attaque par des grossièretés une infinité de gens qu'il n'a jamais connus. Ce polisson dans le même livre pousse la folie jusqu'à dire « qu'une république fondée par un voleur comme Cartouche serait une excellente république », et que « l'âme de Cartouche ressemblait à celle du grand Condé ».

La même extravagance atroce règne dans les notes ignorantes qu'il a vendues pour quinze ducats au libraire Eslinger de Francfort. Il y vomit des calomnies horribles contre les plus grands hommes, et surtout contre la maison d'Orléans; c'est pour cela qu'il a été enfermé. Il est bon de faire connaître de pareilles canailles, comme on donne dans les gazettes le renseignement des voleurs de grands chemins.

1. Les éditions de 1751, 1752, 1753, du *Siècle de Louis XIV* sont en deux volumes. Bengesco, *Bibliographie,* t. I, p. 344, cite d'après Quérard un tome III, « contenant, dit le sous-titre, les additions et corrections données par l'auteur, avec un très grand nombre de remarques, tant par M. de La B... (La Beaumelle), que par le sieur Marc Phrasendorf », La Haye, B. Gibert, 1753.

Dans le *Siècle de Louis XIV*, à l'article des écrivains dont plusieurs ont honoré ces temps célèbres et dont d'autres ont été si indignes, j'ai dit que la Hollande a été infectée de vils auteurs, qui ont fait des libelles contre leur propre patrie, contre des souverains qui dédaignent de se venger, contre des citoyens qui ne le peuvent. J'ai dit que leurs imitateurs s'attirent l'exécration publique; cette juste remarque soulève ces imitateurs, et au lieu de se corriger ils entassent petits libelles sur petits libelles, qui restent comme eux dans la poussière et dans l'oubli. Ces vers de terre qui se mettent dans la littérature et qui la rongent, mais qu'on secoue et qu'on écrase, ne peuvent ni ternir le lustre, ni diminuer la solidité des sciences.

LETTRE DE VOLTAIRE
A PIERRE GAMOND [1]

Aux Délices près de Genève,
28 octobre 1755.

Je reçois, monsieur, votre lettre du 16 octobre; je vous remercie des éclaircissements que vous voulez bien me donner; j'y suis d'autant plus sensible que n'étant point connu de vous, je ne devais pas m'attendre à cette attention. J'ai toujours ignoré, monsieur, de qui Jean Neaulme avait acheté les fragments informes d'une prétendue *Histoire universelle* qu'il a imprimée sous mon nom. Tout ce que je sais, c'est qu'il a fait une très mauvaise action. Il m'écrivit pour se disculper qu'il avait acheté ce manuscrit à Bruxelles d'une personne qui appartient à la maison où vous êtes. Il faut bien qu'il m'en ait imposé, puisqu'un nommé Rousset qui débite en Hollande je ne sais quelle feuille satirique intitulée *l'Épilogueur* ou *le Glaneur* me propose dans cette feuille de me vendre ce même manuscrit cinquante louis. Il n'y avait pas moyen d'accepter un marché proposé si indécemment, surtout lorsque j'étais informé qu'on avait tiré plusieurs copies de cet ouvrage qu'on voulait me vendre. Il me paraît, monsieur, que vous n'avez d'autre part à toute cette manœuvre indigne que la bonté avec laquelle vous m'en informez aujourd'hui. Vous m'auriez rendu un très bon office, si vous aviez

---

1. Cette lettre était adressée «à monsieur Gamond le fils, premier valet de chambre de S. A. R. Monseigneur le prince Charles de Lorraine à Bruxelles». Elle fut imprimée seulement au XIXᵉ siècle, dans l'édition Moland des *Œuvres complètes*. Nous reproduisons le texte de D 6553. La lettre de Gamond à laquelle répond V. ne nous est pas parvenue.

pu m'en avertir plus tôt. Le libraire Neaulme est inexcusable d'avoir donné sous mon nom une rapsodie si informe. J'ai dû m'élever dans toutes les occasions contre cet abus de la librairie pour ma propre justification, et pour l'intérêt de tous les gens de lettres. L'injustice de ceux qui m'ont accusé moi-même en France d'avoir favorisé la publication de cet ouvrage, a été pour moi un nouveau sujet de chagrin, et un nouveau motif de faire connaître la vérité; et puisqu'on abuse publiquement de mon nom, c'est au public que je dois m'en plaindre. On m'avertit que les libraires de Hollande continuent ce brigandage, et qu'ils ont imprimé encore sous mon nom la *Pucelle d'Orléans*. Tout ce que je puis faire, c'est de redoubler mes justes plaintes. Je suis persuadé, monsieur, que vous entrez dans ma peine puisque vous m'écrivez sur un sujet si triste. Me sera-t-il permis, monsieur, de vous prier d'ajouter une bonté à l'attention que vous avez eue de m'écrire? Ce serait de présenter dans l'occasion mes respects à S. A. R. Monseigneur le prince Charles de Lorraine; j'ai eu l'honneur autrefois de lui faire ma cour à Lunéville. Leurs Majestés l'empereur son frère et l'impératrice m'ont daigné honorer quelquefois des marques de leur générosité. Ainsi je me flatte que S. A. R. ne trouverait pas mauvais que je prisse la liberté de l'assurer de ma vénération et de mon attachement pour sa personne.

Je ne peux finir sans vous répéter combien je suis sensible au soin prévenant que vous avez pris.

J'ai l'honneur, monsieur, d'être avec les sentiments que je vous dois votre

très humble et obéissant serviteur

> Voltaire,
> gentilhomme ordinaire
> de la chambre du R. t. c. [1]

---

1. Du roi très chrétien, c'est-à-dire Louis XV, roi de France.

AVIS DES ÉDITEURS
(en tête de l'édition de 1756)

Nous présentons enfin au public cette *Histoire philo-sophique du monde,* qui contient environ dix siècles, et qui souvent remonte à des temps antérieurs. On n'en avait vu jusqu'à présent que quelques fragments informes et décharnés, aussi mal en ordre que mal imprimés.

L'auteur nous a donné son manuscrit, commencé en 1740 et finie en 1749. Il se termine à la mort de Louis XIII. Nous y avons ajouté le *Siècle de Louis XIV,* que l'auteur a augmenté de plus d'un tiers à notre prière, et dont il a poussé la partie historique jusqu'au commencement de l'année 1756. Cet ouvrage rentre dans le plan général de l'*Histoire des usages et des mœurs des nations depuis Charlemagne.* Nous ne pouvons trop regretter la perte des manuscrits qui contenaient la plus grande partie de l'histoire des arts dans l'Orient. Nous tenons de l'auteur que cette partie avait été fournie par un Grec de Smyrne, nommé M. Dadiki, interprète du roi d'Angleterre George Ier. Ces matériaux furent perdus après la mort d'une personne illustre pour laquelle l'auteur avait composé cette histoire d'un goût nouveau.

Il ne l'avait jamais destinée à être publique. Nous pouvons nous flatter qu'il ne l'a donnée qu'à notre prière, et à l'empressement de ses amis, qui ont comme nous été frappés de l'impartialité, de la candeur, et de l'esprit également philosophique et bienfaisant qui forme le caractère de l'ouvrage.

Le siècle passé vit avec étonnement un orateur fameux appliquer son art à l'histoire. Il était temps qu'elle fût traitée par un philosophe, et embellie par un peintre. Nous regardons cet ouvrage comme un monument d'un siècle éclairé.

Il est flatteur pour nous d'avoir été choisis pour le consacrer et c'est un bonheur bien plus sensible de devoir ce choix à l'amitié généreuse de l'auteur.

N. B. Le lecteur est prié de jeter les yeux sur l'*Errata.*

Les frères Cramer.

LETTRE DE VOLTAIRE
AU *JOURNAL ENCYCLOPÉDIQUE* [1]

A Ferney 3e mars 1761.

Monsieur de Voltaire a l'honneur d'avertir messieurs les éditeurs de la traduction anglaise de ses ouvrages [2], qu'on fait actuellement à Genève une édition nouvelle augmentée et très corrigée; que l'édition de l'*Essai sur l'histoire générale* est imparfaite et fautive; que l'évaluation des monnaies est absurde, les copistes ayant mis des sols pour des livres et ayant altéré les chiffres; qu'il y manque un chapitre sur le *Veidam* et l'*Edzourveidam* des brachmanes; que l'auteur ayant eu par la voie de Pondichéry une traduction fidèle de l'*Edzourveidam,* il en a fait un extrait, lequel est imprimé dans cette *Histoire générale;* qu'il déposera dans la Bibliothèque de Sa Majesté très chrétienne le manuscrit de l'*Edzourveidam* tout entier, manuscrit unique dans le monde; qu'il manque aussi à l'édition précédente les chapitres sur l'Alcoran, sur les Albigeois, sur le Concile de Trente, sur la noblesse, les duels, les tournois, la chevalerie, les parlements, l'établissement des quakers et des jésuites en Amérique, les colonies, etc.; que tout est restitué dans l'édition présente, commencée à Genève; que tous les chapitres sont très augmentés; que cette histoire est poussée jusqu'au temps présent; qu'il est d'ailleurs prêt à faire à messieurs les éditeurs

---

1. Avertissement paru dans le *Journal encyclopédique* du 15 mars 1761, sous la rubrique des *Nouvelles littéraires;* nous reproduisons le texte de D 9664.

2. Il s'agit de l'édition Smollett des *Œuvres complètes* traduites en anglais; les deux premiers volumes, contenant l'*Essai sur les mœurs,* parurent en mars 1761.

de Londres tous les plaisirs qui dépendront de lui;
qu'il n'a eu d'autre but en travaillant à cet ouvrage
immense que de s'instruire, et qu'il ne se flatte pas
d'instruire les autres.

REMARQUES
POUR SERVIR DE SUPPLÉMENT
A L'*ESSAI SUR LES MŒURS*[1]

PREMIÈRE REMARQUE
COMMENT, ET POURQUOI ON ENTREPRIT CET ESSAI.
RECHERCHES SUR QUELQUES NATIONS

Plusieurs personnes savent que l'*Essai sur l'histoire générale des mœurs,* etc..., fut entrepris vers l'an 1740, pour réconcilier avec la science de l'histoire une dame illustre* qui possédait presque toutes les autres. Cette femme philosophe était rebutée de deux choses dans la plupart de nos compilations historiques, les détails ennuyeux et les mensonges révoltants : elle ne pouvait surmonter le dégoût que lui inspiraient les premiers temps de nos monarchies modernes, avant et après Charlemagne; tout lui paraissait petit et sauvage.

Elle avait voulu lire l'histoire de France, d'Allemagne, d'Espagne, d'Italie, et s'en était dégoûtée; elle n'avait trouvé qu'un chaos, un entassement de faits inutiles, la plupart faux et mal digérés; ce sont, comme on l'a dit ailleurs, des actions barbares sous des noms barbares, des romans insipides rapportés par Grégoire de Tours; nulle connaissance des mœurs, ni du gouvernement, ni des lois, ni des opinions; ce qui n'est pas

---

* Madame la marquise du Châtelet.
1. Les *Remarques* parurent en brochure, s. 1. (Genève), 1763. V. les annonce à Chauvelin le 18 octobre 1763 (D. 11468), et à d'Argental le 19 novembre (D 11508). Le 8 décembre (D 11541), d'Alembert écrit qu'elles se vendent à Paris «assez librement». A partir de 1769, la XIe *Remarque* intitulée *Du Sadder* étant fondue dans le texte de l'*Essai,* il n'y eut plus que XXI *Remarques* au lieu de XXII.

bien extraordinaire dans un temps où il n'y avait d'opinions que les légendes des moines, et de lois que celles de brigandage : telle est l'histoire de Clovis et de ses successeurs.

Quelle connaissance certaine et utile peut-on tirer des aventures imputées à Caribert, à Chilpéric et à Clotaire? Il ne reste de ces temps misérables que des couvents fondés par des superstitieux, qui croyaient racheter leurs crimes en dotant l'oisiveté.

Rien ne la révoltait plus que la puérilité de quelques écrivains qui pensent orner ces siècles de barbarie, et qui donnent le portrait d'Agilulphe et de Grifon, comme s'ils avaient Scipion et César à peindre. Elle ne put souffrir, dans Daniel, ces récits continuels de batailles, tandis qu'elle cherchait l'histoire des états généraux, des parlements, des lois municipales, de la chevalerie, de tous nos usages, et surtout de la société autrefois sauvage, et aujourd'hui civilisée. Elle cherchait dans Daniel l'histoire du grand Henri IV et elle y trouvait celle du jésuite Coton : elle voyait dans cet écrivain le père de saint Louis attaqué d'une maladie mortelle, ses courtisans lui proposant une jeune fille comme une guérison infaillible, et ce prince mourant martyr de sa chasteté. Ce conte, tant de fois répété, rapporté longtemps auparavant de tant de princes, démenti par la médecine et par la raison, était gravé dans Daniel, au-devant de la vie de Louis VIII.

Elle ne pouvait comprendre comment un historien qui a du sens pouvait dire, après tant d'autres mal instruits, que les Mamelucs voulurent choisir en Égypte pour leur roi saint Louis, prince chrétien, leur ennemi, l'ennemi de leur religion, leur prisonnier, qui ne connaissait ni leur langue, ni leurs mœurs. On lui disait que ce fait est dans Joinville; mais il n'y est rapporté que comme un bruit populaire, et elle ne pouvait savoir que nous n'avons pas la véritable histoire de Joinville.

La fable du Vieux de la montagne qui dépêchait deux dévots du mont Liban pour aller vite assassiner saint Louis dans Paris, et qui le lendemain, sur le bruit de ses vertus, en faisait partir deux autres pour arrêter la pieuse entreprise des deux premiers, lui paraissait fort au-dessous des *Mille et une nuits*.

Enfin, quand elle voyait que Daniel, après tous les autres chroniqueurs, donnait pour raison de la défaite de Crécy que les cordes de nos arbalètes avaient été mouillées par la pluie pendant la bataille, sans songer que les arbalètes anglaises devaient être mouillées aussi; quand elle lisait que le roi Édouard III accordait la paix parce qu'un orage l'avait épouvanté, et que la pluie décidait ainsi de la paix et de la guerre, elle jetait le livre.

Elle demandait si tout ce qu'on disait du prophète Mahomet et du conquérant Mahomet II était vrai; et lorsqu'on lui apprenait que nous imputions à Mahomet II d'avoir éventré quatorze de ses pages (comme si Mahomet II avait eu des pages) pour savoir qui d'eux avait mangé un de ses melons, elle concevait le plus profond et le plus juste mépris pour nos histoires.

On lui fit lire un précis des observances religieuses des musulmans; elle fut étonnée de l'austérité de cette religion, de ce carême presque intolérable, de cette circoncision quelquefois mortelle, de cette obligation rigoureuse de prier cinq fois par jour, du commandement absolu de l'aumône, de l'abstinence du vin et du jeu; et en même temps elle fut indignée de la lâcheté imbécile avec laquelle les Grecs vaincus, et nos historiens leurs imitateurs, ont accusé Mahomet d'avoir établi une religion toute sensuelle, par la seule raison qu'il a réduit à quatre femmes le nombre indéterminé, permis dans toute l'Asie, et surtout dans la loi judaïque.

Le peu qu'elle avait parcouru de l'histoire d'Espagne et de l'Italie lui paraissait encore plus dégoûtant. Elle cherchait une histoire qui parlât à la raison; elle voulait la peinture des mœurs, les origines de tant de coutumes, des lois, des préjugés qui se combattent; comment tant de peuples ont passé tour à tour de la politesse à la barbarie, quels arts se sont perdus, quels se sont conservés, quels autres sont nés dans les secousses de tant de révolutions. Ces objets étaient dignes de son esprit.

Elle lut enfin le discours de l'illustre Bossuet sur l'histoire universelle : son esprit fut frappé de l'éloquence avec laquelle cet écrivain célèbre peint les Égyptiens, les Grecs et les Romains; elle voulut savoir s'il y avait autant de vérité que de génie dans cette peinture; elle fut bien surprise quand elle vit que les Égyptiens, tant vantés pour leurs lois, leurs connaissances et leurs pyramides, n'avaient presque jamais été qu'un peuple esclave, superstitieux et ignorant, dont tout le mérite avait consisté à élever des rangs inutiles de pierres les unes sur les autres par l'ordre de leurs tyrans; qu'en bâtissant leurs palais superbes ils n'avaient jamais su seulement former une voûte; qu'ils ignoraient la coupe des pierres; que toute leur architecture consistait à poser de longues pierres plates sur des piliers sans proportions; que l'ancienne Égypte n'a jamais eu une statue tolérable que de la main des Grecs; que ni les Grecs ni les Romains n'ont jamais daigné traduire un seul livre des Égyptiens; que les éléments de géométrie composés dans Alexandrie le furent par un Grec, etc., etc. Cette dame philosophe n'aperçut dans les lois de l'Égypte que celles d'un peuple très borné : elle sut que depuis Alexandre cette nation fut toujours subjuguée par quiconque voulut la soumettre; elle admira le pinceau de Bossuet, et trouva son tableau très infidèle.

On a encore les remarques qu'elle mit aux marges de ce livre. On trouve à la page 341 ces propres mots : « Pourquoi l'auteur dit-il que Rome engloutit tous les empires de l'univers? La Russie seule est plus grande que tout l'empire romain. »

Elle se plaignit qu'un homme si éloquent oubliât en effet l'univers dans une histoire universelle, et ne parlât que de trois ou quatre nations qui sont aujourd'hui disparues de la terre.

Ce qui la choqua le plus, ce fut de voir que ces trois ou quatre nations puissantes sont sacrifiées dans ce livre au petit peuple juif, qui occupe les trois quarts de l'ouvrage. On voit en marge à la fin du discours sur les Juifs cette note de sa main : « On peut parler beaucoup de ce peuple en théologie, mais il mérite peu de place dans l'histoire. »

En effet, quelle attention peut s'attirer par elle-même une nation faible et barbare qui ne posséda jamais un pays comparable à une de nos provinces, qui ne fut célèbre ni par le commerce, ni par les arts, qui fut presque toujours séditieuse et esclave, jusqu'à ce qu'enfin les

Romains la dispersèrent, comme depuis les vainqueurs mahométans dispersèrent les Parsis, peuple si supérieur aux Juifs, longtemps leur souverain, et d'une antiquité beaucoup plus grande?

Il semblait surtout fort étrange que les mahométans, qui ont changé la face de l'Asie, de l'Afrique et de la plus belle partie de l'Europe, fussent oubliés dans l'histoire du monde. L'Inde, dont notre luxe a un si grand besoin et où tant de nations puissantes de l'Europe se sont établies, ne devait pas être passée sous silence.

Enfin cette dame d'un esprit si solide et si éclairé ne pouvait pas souffrir qu'on s'étendît sur les habitants obscurs de la Palestine, et qu'on ne dît pas un mot du vaste empire de la Chine, le plus ancien du monde entier et le mieux policé sans doute, puisqu'il a été le plus durable. Elle désirait un supplément à cet ouvrage, lequel finit à Charlemagne, et on entreprit cette étude pour s'instruire avec elle.

DEUXIÈME REMARQUE

GRAND OBJET DE L'HISTOIRE
DEPUIS CHARLEMAGNE

L'objet était l'histoire de l'esprit humain, et non pas le détail des faits presque toujours défigurés : il ne s'agissait pas de rechercher, par exemple, de quelle famille était le seigneur de Puiset, ou le seigneur de Montlhéry, qui firent la guerre à des rois de France; mais de voir par quels degrés on est parvenu de la rusticité barbare de ces temps à la politesse du nôtre.

On remarqua d'abord que depuis Charlemagne, dans la partie catholique de notre Europe chrétienne la guerre de l'empire et du sacerdoce fut, jusqu'à nos derniers temps, le principe de toutes les révolutions; c'est là le fil qui conduit dans le labyrinthe de l'histoire moderne.

Les rois d'Allemagne, depuis Othon I, pensèrent avoir

un droit incontestable sur tous les États possédés par les empereurs romains, et ils regardèrent tous les autres souverains comme les usurpateurs de leurs provinces : avec cette prétention et des armées l'empereur pouvait à peine conserver une partie de la Lombardie; et un simple prêtre, qui à peine obtient dans Rome les droits régaliens, dépourvu de soldats et d'argent, n'ayant pour armes que l'opinion, s'élève au-dessus des empereurs, les force à lui baiser les pieds, les dépose, les établit. Enfin, du royaume de Minorque au royaume de France, il n'est aucune souveraineté dans l'Europe catholique dont les papes n'aient disposé, ou réellement par des séditions, ou en idée par de simples bulles. Tel est le système d'une très grande partie de l'Europe, jusqu'au règne de Henri IV, roi de France.

C'est donc l'histoire de l'opinion qu'il fallut écrire; et par là ce chaos d'événements, de factions, de révolutions et de crimes devenait digne d'être présenté aux regards des sages.

C'est cette opinion qui enfanta les funestes croisades des chrétiens mêmes. Il est clair que les pontifes de Rome ne suscitèrent ces croisades que pour leur intérêt. Si elles avaient réussi, l'Église grecque leur eût été asservie. Ils commencèrent par donner à un cardinal le royaume de Jérusalem conquis par un héros. Ils auraient conféré toutes les principautés et tous les bénéfices de l'Asie mineure et de l'Afrique; et Rome eût plus fait par la religion qu'elle ne fit autrefois par les vertus des Scipions et des Paul-Émile.

TROISIÈME REMARQUE

L'histoire de l'esprit humain manquait

On voit dans l'histoire ainsi conçue les erreurs et les préjugés se succéder tour à tour, et chasser la vérité et la raison. On voit les habiles et les heureux enchaîner les imbéciles, et écraser les infortunés; et encore ces habiles et ces heureux sont eux-mêmes les jouets de la fortune ainsi que les esclaves qu'ils gouvernent. Enfin les hommes s'éclairent un peu par ce tableau de leurs malheurs et de leurs sottises. Les sociétés parviennent avec le temps à rectifier leurs idées ; les hommes apprennent à penser.

On a donc bien moins songé à recueillir une multitude énorme de faits qui s'effacent tous les uns par les autres, qu'à rassembler les principaux et les plus avérés qui puissent servir à guider le lecteur, et à le faire juger par lui-même de l'extinction, de la renaissance et des progrès de l'esprit humain, à lui faire reconnaître les peuples par les usages mêmes de ces peuples.

Cette méthode, la seule, ce me semble, qui puisse convenir à une histoire générale, a été aussitôt adoptée par le philosophe[1] qui écrit l'histoire particulière d'Angleterre. M. l'abbé Velly et son savant continuateur[2] en ont usé ainsi dans leur histoire de France; en quoi ils sont, malgré leurs fautes, très supérieurs à Mézeray et à Daniel.

QUATRIÈME REMARQUE

DES USAGES MÉPRISABLES NE SUPPOSENT PAS TOUJOURS UNE NATION MÉPRISABLE

Il y a des cas où il ne faut pas juger d'une nation par les usages et par les superstitions populaires. Je suppose que César, après avoir conquis l'Égypte, voulant faire fleurir le commerce dans l'empire romain, eût envoyé une ambassade à la Chine par le port d'Arsinoé, par la

---

1. David Hume.
2. Villaret.

mer Rouge et par l'Océan indien. L'empereur Iventi, premier du nom, régnait alors; les annales de la Chine nous le représentent comme un prince très sage et très savant. Après avoir reçu les ambassadeurs de César avec toute la politesse chinoise, il s'informe secrètement, par ses interprètes, des usages, des sciences et de la religion de ce peuple romain, aussi célèbre dans l'Occident que le peuple chinois l'est dans l'Orient; il apprend d'abord que les pontifes de ce peuple ont réglé leurs années d'une manière si absurde, que le soleil est déjà entré dans les signes célestes du printemps, lorsque les Romains célèbrent les premières fêtes de l'hiver.

Il apprend que cette nation entretient à grand frais un collège de prêtres, qui savent au juste le temps où il faut s'embarquer, et où l'on doit donner bataille, par l'inspection du foie d'un bœuf, ou par la manière dont les poulets mangent de l'orge. Cette science sacrée fut apportée autrefois aux Romains par un petit dieu nommé Tagès, qui sortit de terre en Toscane.

Ces peuples adorent un Dieu suprême et unique, qu'ils appellent toujours *Dieu très grand et très bon;* cependant ils ont bâti un temple à une courtisane nommée Flora, et les bonnes femmes de Rome ont presque toutes chez elles de petits dieux pénates hauts de quatre ou cinq pouces; une de ces petites divinités est la déesse des tétons, l'autre celle des fesses; il y a un pénate qu'on appelle le Dieu Pet. L'empereur se met à rire : les tribunaux de Nankin pensent d'abord avec lui que les ambassadeurs romains sont des fous ou des imposteurs, qui ont pris le titre d'envoyés de la république romaine. Mais comme l'empereur est aussi juste que poli, il a des conversations particulières avec les ambassadeurs; il apprend que les pontifes romains ont été très ignorants, mais que César réforme actuellement le calendrier; on lui avoue que le collège des augures a été établi dans les premiers temps de la barbarie, qu'on a laissé subsister une institution ridicule, devenue chère à un peuple longtemps grossier; que tous les honnêtes gens se moquent des augures; que César ne les a jamais consultés; qu'au rapport d'un très grand homme, nommé Caton, jamais un augure n'a pu parler à son camarade sans rire; et qu'enfin

Cicéron, le plus grand orateur et le meilleur philosophe de Rome, vient de faire contre les augures un petit ouvrage intitulé *De la Divination*, dans lequel il livre à un ridicule éternel tous les auspices, toutes les prédictions et tous les sortilèges dont la terre est infatuée. L'empereur de la Chine a la curiosité de lire ce livre de Cicéron; ses interprètes le traduisent; il admire le livre et la république romaine.

CINQUIÈME REMARQUE

EN QUEL CAS LES USAGES INFLUENT SUR L'ESPRIT DES NATIONS

Il y a d'autres cas où les superstitions, les préjugés populaires influent tellement sur toute une nation, que leur conduite est nécessairement absurde et leurs mœurs atroces, tant que ces opinions dominent.

Un brame philosophe arrive de l'Inde en Europe; il apprend qu'il y a un pontife en Italie qui a cinq à six cent mille hommes de troupes réglées, répandues chez quatre ou cinq peuples puissants. De ces troupes, les unes vont chaussées, les autres nu-jambes; celles-ci barbues, celles-là rasées; les unes en capuchon, les autres en bonnet; toutes dévouées à ses ordres, toutes armées d'arguments et de miracles; elles soutiennent toutes que cet Italien doit disposer de tous les royaumes. Son droit est fondé sur trois équivoques; par conséquent ce droit est reconnu par une foule qui ne raisonne point et par quelques gens adroits qui raisonnent.

La première équivoque, c'est qu'on a dit autrefois en Asie à un pêcheur nommé Pierre : « Tu es pierre, et sur cette pierre je fonderai mon assemblée, et tu seras pêcheur d'hommes. » La seconde, c'est qu'on montre une lettre attribuée à ce Pierre, dans laquelle il dit qu'il est à Babylone; et on a conclu que Babylone signifiait Rome. La troisième, c'est qu'en Galilée on trouva autrefois deux couteaux pendus à un plancher : de là il a été démontré aux peuples que de ces deux couteaux il y en avait un qui appartenait à l'homme reconnu pour le successeur de Pierre, et que Pierre ayant pêché des hommes, son successeur devait avoir la terre entière dans ses filets.

Notre Indien n'aura pas de peine à s'imaginer que les princes auront cru être de trop gros poissons pour se prendre dans les filets de cet homme, quelque respectable qu'il soit; il jugera que ses prétentions doivent semer partout la discorde; et s'il apprend ensuite toutes les révoltes, les assassinats, les empoisonnements, les guerres, les saccagements que cette querelle a causés : « Voilà, dira-t-il, un arbre qui devait nécessairement produire de tels fruits. »

S'il apprend encore que dans les derniers siècles il s'est joint à ces querelles une animosité violente de prêtre contre prêtre et de peuple contre peuple, sur des matières de controverse absolument incompréhensibles; alors, quand il verra le duc de Guise, un prince d'Orange, deux rois de France assassinés, un roi d'Angleterre mourant sur l'échafaud, la France, l'Allemagne, l'Angleterre, l'Irlande ruisselantes de sang, et quatre à cinq cent mille hommes égorgés en différents temps au nom de Dieu, il frémira mais il ne sera pas étonné.

Lorsqu'il aura lu ainsi l'histoire des tigres, s'il vient à des temps plus doux et plus éclairés, où un écrit qui insulte au bon sens produit plus de brochures que la Grèce et Rome ne nous ont laissé de livres, et où je ne sais quels billets mettent tout en rumeur, il croira lire l'histoire des singes*. Et dans tous ces différents cas, il verra évidemment pourquoi l'opinion n'a causé aucun trouble chez les nations de l'antiquité, et pourquoi elle en a produit de si affreux et de si ridicules chez presque toutes les nations modernes de l'Europe, et surtout chez une nation qui habite entre les Alpes et les Pyrénées.

---

* L'auteur entend sans doute la bulle *Unigenitus* et les billets de confession, que l'Europe a regardés comme les deux plus impertinentes productions de ce siècle.

SIXIÈME REMARQUE

Du pouvoir de l'opinion.
Examen de la persévérance des mœurs chinoises

L'opinion a donc changé une grande partie de la terre. Non seulement des empires ont disparu sans laisser de trace; mais les religions ont été englouties dans ces vastes ruines. Le christianisme qui est, comme on sait, la vérité même, mais que nous considérons ici comme une opinion quant à ses effets, détruisit les religions grecque, romaine, syrienne, égyptienne, dans le siècle de Théodose. Dieu permit ensuite que l'opinion du mahométisme écrasât la vérité chrétienne dans l'Orient, dans l'Afrique, dans la Grèce, qu'elle triomphât du judaïsme, de l'antique religion des mages, et du sabisme plus antique encore; qu'elle allât dans l'Inde porter un coup mortel à Brama, et qu'elle s'arrêtât à peine au Gange. Dans notre Europe chrétienne, l'opinion a séparé de Rome l'empire de Russie, la Suède, la Norvège, le Danemark, l'Angleterre, les Provinces-Unies, la moitié de l'Allemagne, les trois quarts du pays helvétique.

Il y a sur la terre un exemple unique d'un vaste Empire que la force a subjugué deux fois, mais que l'opinion n'a changé jamais : c'est la Chine.

Les Chinois avaient de temps immémorial la même religion, la même morale qu'aujourd'hui, tandis que les Goths, les Hérules, les Vandales, les Francs n'avaient guère d'autre morale que celle des brigands qui font quelques lois pour assurer leurs usurpations.

On a prétendu, dans quelque coin de notre Europe, que le gouvernement chinois était athée; et qui sont ceux qui ont intenté cette étrange accusation? Ce sont ceux-là mêmes qui ont tant condamné Bayle pour avoir dit qu'une société d'athées pourrait subsister, qui ont tant écrit contre lui, qui ont tant crié que sa supposition était chimérique; ils se sont donc contredits évidemment, ainsi que tous ceux qui écrivent avec un esprit de parti. Ils se trompaient en disant qu'une société d'athées ne pouvait pas subsister, puisque les épicuriens qui subsistèrent si longtemps étaient une véritable société d'athées; car ne point admettre de Dieu, et n'admettre que des dieux inutiles qui ne punissent ni ne récompensent, c'est précisément la même chose pour les conséquences.

Ils ne se trompaient pas moins en reprochant l'athéisme au gouvernement chinois. L'auteur de l'*Essai sur les mœurs,* etc... dit : « Il faut être aussi inconsidérés que nous le sommes dans toutes nos disputes, pour avoir osé traiter d'athée un gouvernement dont presque tous les édits parlent d'un Être suprême, père des peuples, récompensant et punissant avec justice, qui a mis entre lui et l'homme une correspondance de prières et de bienfaits, de fautes et de châtiments. »

Quelques journalistes ont affecté de douter de ces édits; mais-ils n'ont qu'à lire le recueil des lettres des missionnaires, ils n'ont qu'à ouvrir le IIIe tome de l'histoire de la Chine [1], ils n'ont qu'à lire, à la page 41, cette inscription : « Au vrai principe de toutes choses : il est sans commencement et sans fin, il a produit tout, il gouverne tout, il est infiniment bon et infiniment juste », etc...

Mais, dit-on, les Chinois croient Dieu matériel; il serait bien plus pardonnable au peuple de la Chine de nous faire ce reproche, s'ils voyaient nos tableaux d'Église dans lequels nous peignons. Dieu avec une grande barbe, comme Jupiter Olympien. Nous insultons tous les jours les nations étrangères, sans songer combien nos usages peuvent leur paraître extravagants. Nous osons nous moquer d'un peuple qui professait la religion et la morale la plus pure, plus de deux mille ans avant que nous eussions commencé à sortir de notre état de sauvages, et dont les mœurs et les coutumes n'ont souffert aucune altération, tandis que tout a changé parmi nous.

---

1. *La Description de la Chine,* par Du Halde.

SEPTIÈME REMARQUE

OPINION, SUJET DE GUERRE EN EUROPE

L'opinion n'a guère causé de guerres civiles que chez les chrétiens, car le schisme des Osmanlis et des Persans n'a jamais été qu'une affaire de politique. Ces guerres intestines de religion qui ont désolé une grande partie de l'Europe, sont plus exécrables que les autres, parce qu'elles sont nées du principe même qui devait prévenir toute guerre.

Il paraît que depuis environ cinquante ans, la raison, s'introduisant parmi nous par degrés, commence à détruire ce germe pestilentiel qui avait si longtemps infecté la terre. On méprise les disputes théologiques; on laisse reposer le dogme, on n'annonce que la morale.

Il y a des opinions auxquelles on attache des signes publics, qui sont des étendards auxquels les nations se rallient; le dogme alors est la trompette qui sonne la charge. Je vénère les statues et tu les brises; tu reçois deux espèces, et moi une; tu n'admets que deux sacrements, et moi sept; tu abats les signes de religion que j'élève : nous nous battrons infailliblement; et cette fureur durera jusqu'au temps où la raison viendra guérir nos esprits épuisés et lassés du fanatisme. Mais j'admets une grâce versatile, et toi une grâce concomitante : la tienne est efficace, à laquelle on peut résister; la mienne suffisante, qui ne suffit pas. Nous écrirons les uns contre les autres des livres ennuyeux et des lettres de cachet : nous troublerons quelques familles, nous fatiguerons le gouvernement; mais nous ne pourrons exciter de guerres : et on finira par se moquer de nous. L'opinion, née des factions, change quand les factions sont apaisées : ainsi quand le lecteur en sera au siècle de Louis XIV, il verra qu'alors on ne pensa dans Paris rien de ce qu'on avait pensé du temps de la Ligue et de la Fronde. Mais il est nécessaire de transmettre le souvenir de ces égarements, comme les médecins décrivent la peste de Marseille, quoiqu'elle soit guérie. Ceux qui diraient à un historien : « ne parlez pas de nos extravagances passées », ressembleraient aux enfants des pestiférés, qui ne voudraient pas qu'on dît que leurs pères ont eu le charbon.

Les papiers publics, si multipliés dans l'Europe, produisent quelquefois un grand bien, ils effraient le crime, ils arrêtent la main prête à le commettre. Plus d'un potentat a craint quelquefois de faire une mauvaise action qui serait enregistrée sur le champ dans toutes les archives de l'esprit humain.

On conte qu'un empereur chinois réprimanda un jour et menaça l'historien de l'empire : « Quoi, dit-il, vous avez le front d'écrire jour par jour mes fautes ! — Tel est mon devoir, répondit le scribe du tribunal de l'histoire, et ce devoir m'ordonne d'écrire sur le champ les plaintes et les menaces que vous me faites. » L'empereur rougit, se recueillit, et dit : « Hé bien, allez, écrivez tout, et je tâcherai de ne rien faire que la postérité puisse me reprocher. » S'il est vrai qu'un prince qui commandait à cent millions d'hommes ait ainsi respecté les droits de la vérité, que devra faire la Sorbonne ? L'ordre des frères prêcheurs aura-t-il droit de se plaindre ? Le sénat de Rome lui-même aurait-il osé exiger qu'on trahît la vérité en sa faveur ?

HUITIÈME REMARQUE

DE LA POUDRE A CANON

Comme il y a des opinions qui ont absolument changé la conduite des hommes, il y a des arts qui ont aussi tout changé dans le monde ; tel est celui de la poudre inflammable. Il est sûr que le bénédictin Roger Bacon [1]

---

1. Bacon était cordelier. (G. A.)

n'enseigna point ce secret tel que nous l'avons ; mais c'est un autre bénédictin qui l'inventa vers le milieu du quatorzième siècle, et c'est un jésuite qui apprit aux Chinois à fondre du canon, au dix-septième. Ce mot de canon, qui ne veut dire que tuyau, nous a, je crois, jetés longtemps dans l'erreur. On se servait, dès l'année 1338, de longs tuyaux de fer qui lançaient de grosses flèches enflammées, garnies de bitume et de soufre, dans les places assiégées. Ces engins diversifiés en mille façons faisaient partie de l'artillerie ; voilà pourquoi on a cru qu'au siège du château de Puy-Guillaume, en 1338, et à d'autres, on s'était servi de canons tels qu'on les fait aujourd'hui. Il faut des canons de vingt-quatre livres de balle pour battre de fortes murailles, et certainement on n'en avait point alors. C'est une erreur de croire que les Anglais firent jouer des pièces de canon à la bataille de Crécy, en 1346 : il n'en est aucun vestige dans les actes de la tour de Londres ; un tel fait n'eût pas été sans doute oublié.

On parle dans la nouvelle *Histoire de France* d'un canon fondu, en 1301 dans la ville d'Amberg, lequel existe encore, avec cette date gravée sur la culasse. Cette singularité surprenante m'a paru digne d'être approfondie. M. le comte d'Holnstein de Bavière a été supplié de s'en informer[1] ; on a tout vérifié sur les lieux, ce prétendu canon n'existe pas ; la ville d'Amberg n'eut de fortifications qu'en 1326. Ce qui a donné lieu à cette méprise, est le tombeau d'un nommé Mergue Martin, mathématicien assez fameux pour son temps, et qui fondait des canons dans le haut Palatinat ; il a un canon sous ses pieds avec deux écussons, l'un représentant un griffon, et l'autre un petit canon monté sur un affût à deux roues. Son épitaphe porte qu'il

---

1. La réponse du comte d'Holnstein est dans les ms. de V., Bibliothèque Nationale de Leningrad, t. VIII, fol. 263-266 : V. a fait demander par un secrétaire de l'ambassade de France à Genève s'il existait une coulevrine en 1301 dans la ville d'Amberg : le comte répond, le 30 juin 1763, que la chose paraît fausse ; on a dû lire sur une inscription 1301 au lieu de 1501. — La nouvelle *Histoire de France* est la continuation de celle de Velly par Villaret.

mourut en 1501, le chiffre 1501 est très bien fait, et je ne conçois pas comment on l'a pu prendre pour 1301. Si on approfondissait ainsi toutes les antiquités, ou plutôt tous les contes antiques dont on nous berce, on trouverait plus d'une vieille erreur à rectifier.

NEUVIÈME REMARQUE

DE MAHOMET

Le plus grand changement que l'opinion ait produit sur notre globe, fut l'établissement de la religion de Mahomet. Ses musulmans, en moins d'un siècle, conquirent un empire plus· vaste que l'empire romain. Cette révolution, si grande pour nous, n'est, à la vérité, que comme un atome qui a changé de place dans l'immensité des choses, et dans le nombre innombrable de mondes qui remplissent l'espace; mais c'est au moins un événement qu'on doit regarder comme une des roues de la machine de l'univers; et comme un effet nécessaire des lois éternelles et immuables; car peut-il arriver quelque chose qui n'ait été déterminé par le maître de toutes choses? Rien n'est que ce qui doit être.

Comment peut-on imaginer qu'il y ait un ordre, et que tout ne soit pas la suite de cet ordre? Comment l'éternel géomètre ayant fabriqué le monde, peut-il y avoir dans son ouvrage un seul point hors de la place assignée par cet artisan suprême? On peut dire des mots contraires à cette vérité, mais une opinion contraire, c'est ce que personne ne peut avoir quand il réfléchit.

Le comte de Boulainvilliers prétend que Dieu suscita Mahomet pour punir les chrétiens d'Orient, qui souillaient la terre de leurs querelles de religion, qui poussaient le culte des images jusqu'à la plus honteuse idolâtrie, et qui adoraient réellement Marie mère de Jésus, beaucoup plus qu'ils n'adoraient le Saint-Esprit, qui n'avait en effet aucun temple, quoiqu'il fût la troisième personne de la Trinité : mais si Dieu voulait punir les chrétiens, il voulait donc punir aussi les Parsis, les sectateurs de Zoroastre, à qui l'histoire ne reproche en aucun temps aucun trouble civil excité par leur théologie : Dieu voulait donc punir aussi les Sabéens; c'est lui supposer des vues partiales et particulières. Il paraît étrange d'imaginer que l'Être éternel et immuable change ses décrets généraux, qu'il s'abaisse à de petits desseins, qu'il établisse le christianisme en Orient et en Afrique pour le détruire, qu'il sacrifie, par une providence particulière, la religion annoncée par son fils à une religion fausse. Ou il a changé ses lois, ce qui serait une inconstance inconcevable dans l'Être suprême; ou l'abolition du christianisme dans ces climats était une suite infaillible des lois générales.

Plusieurs autres savants hommes, et surtout M. Sale, auteur de la meilleure traduction de l'Alcoran, et les meilleurs commentaires, penchent vers l'opinion que Mahomet travailla en effet à la gloire de Dieu en détruisant le culte du soleil en Perse, et celui des étoiles en Arabie. Mais les mages n'adoraient point le soleil : ils le révéraient comme l'emblème de la Divinité; cela est hors de doute. On n'admit réellement les deux Principes en Perse que du temps de Manès, les mages n'avaient jamais adoré ce que nous appelons le mauvais Principe; ils le regardaient précisément comme nous regardons le diable; c'est ce qui se voit expressément dans le *Sadder,* ancien commentaire du livre du *Zend,* le plus ancien de tous les livres : et, à tout prendre, la religion de Zoroastre valait mieux que celle de Mahomet, qui lui-même adopta plusieurs dogmes des Perses.

A l'égard des Arabes, il est vrai qu'ils rendaient un culte aux étoiles; mais c'était certainement un culte subordonné à celui d'un Dieu suprême, créateur, conservateur, vengeur et rémunérateur : on le voit par leur ancienne formule : « O Dieu! je me voue à ton service; je me voue à ton service, ô Dieu! Tu n'as de compagnons que ceux dont tu es le maître absolu, tu es le maître de tout ce qui existe. » L'unité de Dieu fut de temps immémorial reconnue chez les Arabes, quoiqu'ils admissent, ainsi que les Perses et les Chaldéens, un ennemi du genre humain, qu'ils nommaient

Satan; l'unité de Dieu, et l'existence de ce Satan subordonné à Dieu, font le fondement du livre de Job, qui vivait certainement sur les confins de l'Arabie, et que plusieurs savants croient avec raison antérieur à Moïse d'environ sept générations.

Si les mahométans écrasèrent la religion des mages et des Arabes, on ne voit pas quelle gloire en revint à Dieu. Les hommes ont toujours été portés à croire Dieu glorieux, parce qu'ils le sont; car ainsi qu'on l'a déjà dit, ils ont fait Dieu à leur image. Tous, excepté les sages, se sont représenté Dieu comme un prince rempli de vanité, qui se sent blessé quand on ne l'appelle pas Votre Altesse, et qu'on ne lui donne que de l'Excellence, et qui se fâche quand on fait la révérence à d'autres qu'à lui en sa présence.

Le savant traducteur de l'Alcoran tombe un peu dans le faible que tout traducteur a pour son auteur; il ne s'éloigne pas de croire que Mahomet fut un fanatique de bonne foi. Il est aisé de convenir, dit-il, qu'il pût regarder comme une œuvre méritoire, d'arracher les hommes à l'idolâtrie et à la superstition et que par degrés, avec le concours d'une imagination allumée, qui est le partage des Arabes, il se crût en effet destiné à réformer le monde.

Bien des gens ne croiront pas qu'il y ait eu beaucoup de bonne foi dans un homme qui dit avoir reçu les feuilles de son livre par l'ange Gabriel, et qui prétend avoir été transporté de la Mecque à Jérusalem en une nuit sur le jument Borac; mais j'avoue qu'il est possible qu'un homme, rempli d'enthousiasme et de grands desseins, ait imaginé en songe qu'il était transporté de la Mecque à Jérusalem, et qu'il parlait aux anges : de telles fantaisies entrent dans la composition de la nature humaine. Le philosophe Gassendi rapporte qu'il rendit la raison à un pauvre homme qui se croyait sorcier; et voici comme il s'y prit : il lui persuada qu'il voulait être sorcier comme lui; il lui demanda de sa drogue, et feignit de s'en frotter; ils passèrent la nuit dans la même chambre : le sorcier endormi s'agita et parla toute la nuit : à son réveil il embrassa Gassendi et, le félicita d'avoir été au sabbat; il lui racontait tout ce que Gassendi et lui avaient fait avec le bouc. Gassendi lui montrant alors la drogue à laquelle il n'avait pas touché lui fit voir qu'il avait passé la nuit à lire et à écrire. Il parvint enfin à tirer le sorcier de son illusion.

Il est vraisemblable que Mahomet fut d'abord fanatique, ainsi que Cromwell le fut dans le commencement de la guerre civile : tous deux employèrent leur esprit et leur courage à faire réussir leur fanatisme; mais Mahomet fit des choses infiniment plus grandes, parce qu'il vivait dans un temps et chez un peuple où l'on pouvait les faire. Ce fut certainement un très grand homme, et qui forma de grands hommes. Il fallait qu'il fût martyr ou conquérant, il n'y avait pas de milieu. Il vainquit toujours, et toutes ses victoires furent remportées par le petit nombre sur le grand. Conquérant, législateur, monarque et pontife, il joua le plus grand rôle qu'on puisse jouer sur la terre aux yeux du commun des hommes; mais les sages lui préféreront toujours Confutzée, précisément parce qu'il ne fut rien de tout cela, et qu'il se contenta d'enseigner la morale la plus pure à une nation plus ancienne, plus nombreuse et plus policée que la nation arabe.

DIXIÈME REMARQUE

De la grandeur temporelle
des califes et des papes

L'opinion et la guerre firent la grandeur des califes; l'opinion et l'habileté firent la grandeur des papes. Nous ne comparons point ici religion à religion, église à mosquée, évêque à muphti, mais politique à politique, événements à événements.

Dans l'ordre ordinaire des choses, la guerre peut donner de grands États; l'habileté n'en peut donner que de petits : ceux-ci durent plus longtemps; la guerre, qui a fondé les autres, les détruit tôt ou tard. Ainsi

les papes ont eu peu à peu cent milles italiques de pays
en long et en large, et les califes, qui en avaient eu plus
de douze cents lieues, les perdirent par les armes.
Les califes possédaient l'Espagne, l'Afrique, l'Égypte,
la Syrie, une partie de l'Asie Mineure et la Perse, au
septième et au huitième siècles, quand les papes n'étaient
que des évêques soumis à l'exarque de Ravenne. Le
titre du pape alors était vicaire de Pierre, évêque de
Rome. Il était élu par le peuple assemblé, comme l'étaient
tous les autres évêques d'Orient et d'Occident. Le clergé
romain demandait la confirmation de l'exarque en ces
termes : « Nous vous supplions, vous chargé du ministère impérial, d'ordonner la consécration du notre père
et pasteur. » Il écrivait au métropolitain de Ravenne :
« Saint père, nous supplions votre béatitude d'obtenir
du seigneur exarque l'ordination de celui que nous
avons élu. »

C'est ce qu'on voit encore dans l'ancien diurnal
romain.

Il est donc constant que le pape était bien loin d'avoir
aucune prétention sur la souveraineté de Rome, avant
Charlemagne. Si l'on prétend que Grégoire II secoua
le joug de son empereur, résidant à Constantinople,
qu'était-il autre chose qu'un rebelle?

Charlemagne étant devenu empereur romain, et ses
successeurs ayant pris ce titre, il est encore évident que
les papes n'étaient pas sous eux empereurs de Rome.
Les Othons ne permirent certainement pas que l'évêque
fût souverain dans la ville qu'ils regardaient comme
la capitale de leur empire. Grégoire VII, en tenant
l'empereur Henri IV pieds nus et en chemise dans son
antichambre, à Canosse, n'osa jamais prendre le titre
de souverain de Rome, sous quelque dénomination que
ce pût être.

Les princes normands, conquérants de Naples, en
faisaient hommage au pape; mais aucun historien n'a
jamais produit aucun acte où l'on voie les rois de Naples
faire cet hommage au pontife romain, comme monarque
romain : la première investiture donnée aux princes
normands le fut par l'empereur Henri III, en 1047.

La seconde investiture est d'un genre différent, et
mérite la plus grande attention. Le pape Léon IX, ayant

fait une espèce de croisade contre ces princes, fut battu et pris par eux; ils traitèrent leur captif avec beaucoup d'humanité, chose assez rare dans ces temps-là; et le pape Léon, en levant l'excommunication qu'il avait lancée contre eux, leur accorda tout ce qu'ils avaient pris et tout ce qu'ils pourraient prendre, en qualité de fief héréditaire de saint Pierre, *De Sancto Petro hæreditatis feudo.*

A qui Charles d'Anjou fit-il hommage-lige pour Naples et Sicile? fut-ce à la personne de Clément IV, souverain de Rome? Non, ce fut à l'Église romaine et aux papes canoniquement élus, *pro regno Siciliæ et aliis terris nobis ab Ecclesia romana concessis,* « pour nos royaumes concédés par l'Église romaine ». Cet hommage-lige était donc au fond ce qu'il était dans son origine, une oblation à saint Pierre, un acte de dévotion, dont il résulta des meurtres, des assassinats et des empoisonnements. Le pape était alors si peu souverain de Rome, que la monnaie y avait été frappée au nom de Charles d'Anjou lui-même, quand il était sénateur unique. On a encore des écus de ce temps avec cette légende : *Karolus, senatus, populusque romanus;* et sur le revers : *Roma caput mundi.* Il y a de pareilles monnaies frappées au nom des Colonnes et des Ursins; il y a aussi des monnaies au nom des papes : mais jamais vous ne voyez sur ces pièces la souveraineté du pape exprimée : le mot *domnus,* dont on se servit très rarement, était un titre honorifique que jamais aucun roi de France, d'Allemagne, d'Espagne, d'Angleterre, n'employa si je ne me trompe; et on ne trouve ce mot *domnus* sur aucune monnaie des papes.

Dans les sanglantes querelles de Frédéric Barberousse avec le pape Alexandre III, jamais cet Alexandre ne se dit unique souverain de Rome : il avait beaucoup de terres d'une mer à l'autre; mais assurément il ne possédait pas en propre la ville où l'empereur avait été sacré roi des Romains.

Grégoire IX, en accusant l'empereur Frédéric II de préférer Mahomet à Jésus-Christ, le dépose à la vérité de l'empire, selon l'usage aussi insolent qu'absurde de ces temps-là; mais il n'ose se mettre à sa place, il n'ose se dire prince temporel de Rome.

Innocent IV dépose encore le même empereur dans
le concile de Lyon; mais il ne prend point Rome pour
lui-même; l'empire romain subsistait toujours, ou était
censé subsister. Les papes n'osaient s'appeler rois des
Romains, mais ils l'étaient autant qu'ils le pouvaient.
Les empereurs étaient nommés, sacrés, reconnus rois
des Romains, et ne l'étaient pas en effet. Qu'était donc
Rome? Une ville où l'évêque avait un très grand crédit,
où le peuple jouissait souvent de l'autorité municipale,
et où l'empereur n'en avait aucune que lorsqu'il y venait
à main armée, comme Alaric, ou Totila [1], ou Arnoud,
ou les Othons.

Les papes regardaient non seulement le royaume de
Naples, mais ceux de Portugal, d'Aragon, de Grenade,
de Sardaigne, de Corse, de Hongrie, et surtout d'Angleterre, comme feudataires, mais ils ne se disaient ni
n'étaient les maîtres de ces pays. Ce n'était pas seulement
l'opinion, la superstition qui soumettait ces royaumes
au siège de Rome, c'était l'ambition. Un prince disputait
une province; il ne manquait pas d'accuser son compétiteur d'être hérétique ou fauteur d'hérétiques, ou d'avoir
épousé sa cousine au cinquième degré, ou d'avoir
mangé gras le vendredi. On donnait de l'argent au pape
qui en échange donnait la province par une bulle :
cette bulle était l'étendard auquel les peuples se ralliaient,
et le pape, qui ne possédait pas un pouce de terre dans
Rome, donnait des royaumes ailleurs.

La même chose arriva aux califes dans leur décadence
qu'aux papes dans leur élévation. Les sultans de l'Asie
et de l'Égypte, et du reste de l'Afrique, les rois des
provinces espagnoles prirent des investitures des califes
qui ne possédaient plus rien. Tel a été le chaos où la
terre fut longtemps plongée.

Les évêques allemands, dans l'anarchie de l'empire,
s'étaient déjà faits princes, et en prenaient le titre, quand
les papes étaient bien moins puissants dans Rome qu'un
évêque de Vurtzbourg en Allemagne. Les papes avaient
à Rome si peu de pouvoir, qu'ils furent obligés de se
réfugier dans Avignon pendant soixante et dix ans.

---

1. Roi des Ostrogoths (541), qui conquit l'Italie. Arnoud,
empereur, occupa Rome sous le pape Formose.

Martin V, élu au concile de Constance, est, je crois, le premier qui soit représenté sur les monnaies avec la triple couronne, inventée par Boniface VIII. Les papes n'ont été réellement les maîtres de Rome que quand ils ont eu le château Saint-Ange; ce qui n'arriva qu'au quinzième siècle.

Enfin ils ont régné, mais sans jamais se dire rois de Rome; et les empereurs, qui n'ont jamais cessé d'en être rois, n'ont osé jamais y demeurer. Le monde se gouverne par des contradictions; et voilà sans doute la plus frappante : elle dure depuis Charlemagne.

Charles-Quint, roi de Rome, voulut bien la saccager, mais d'y demeurer seulement trois mois, de prétendre y fixer le siège de son empire, c'est ce que ce prince victorieux n'osa point entreprendre.

Comment donc accorder la souveraineté du pape avec celle du roi des Romains? c'est un problème que le temps a résolu insensiblement. Il semble que les empereurs et les papes soient convenus tacitement que les uns règneraient en Allemagne, et seraient rois de Rome de droit, tandis que les papes le seraient de fait. Ce partage ne nous étonne plus, parce que nous y sommes accoutumés; mais il n'en est pas moins étrange.

Ce qui nous fait voir combien la destinée se joue de l'univers c'est que celui qui affermit la souveraineté réelle des papes sur les fondements les plus solides, fut cet Alexandre VI, coupable de tant d'horribles meurtres commis par les mains de son incestueux fils dans la Romagne, dans Imola, Forli, Faenza, Rimini, Cesène, Fano, Bertinoro, Urbino, Camerino, et surtout dans Rome. Quel était le titre de cet homme? Celui de serviteur des serviteurs de Dieu. Et quelle serait aujourd'hui dans Rome la prérogative de celui qui est intitulé roi des Romains? Il aurait l'honneur de tenir l'étrier du pape, et de servir de diacre à la grand-messe.

ONZIÈME REMARQUE

Des moines

L'opinion, plus que toute autre chose, a fait les moines, et c'était une opinion bien étrange, que celle qui dépeupla l'Égypte pour peupler quelque temps des déserts.

On a parlé des moines dans l'*Essai sur les mœurs,* quoique cette partie du genre humain ait été omise dans toutes les histoires qu'on appelle profanes. Après tout, ils sont hommes, et même dans ce corps si étranger au monde, il s'est trouvé de grands hommes. L'auteur a été beaucoup plus modéré envers eux, que le célèbre évêque Du Bellay, et que tous les auteurs qui ne sont pas du rite romain. Il a parlé des jésuites avec impartialité; car c'est ainsi qu'un historien doit parler de tout.

Le bien public doit être préféré à toute société particulière, et l'État aux moines, on le sait assez. La société humaine s'est aperçue depuis longtemps combien ces familles éternelles, qui se perpétuent aux dépens de toutes les autres, nuisent à la population, à l'agriculture, aux arts nécessaires, combien elles sont dangereuses dans des temps de trouble. Il est certain qu'il est en Europe des provinces qui regorgent de moines, et qui manquent d'agriculteurs.

Un auteur de paradoxes [1] a prétendu que les moines sont utiles en ce que leurs terres, dit-il, sont toujours mieux cultivées que celles de la pauvre noblesse; mais c'est précisément par cette raison que les moines font tort à l'État : leurs maisons sont bâties des débris des masures de la noblesse ruinée. Il est démontré que cent gentilshommes, ayant chacun une terre de deux mille livres de revenu, rendraient plus de services au roi et à la nation qu'un abbé qui possède deux cent mille livres de rente. L'exemple de Londres est frappant; tel quartier de cette ville, habité autrefois par trente moines, l'est aujourd'hui par trois cents familles. On manque quel-

---

1. Mirabeau le père, dans son *Ami des hommes.* (G. A.)

quefois d'agriculteurs, de soldats, de matelots, d'artisans; ils sont dans les cloîtres, et ils y languissent.

La plupart sont des esclaves enchaînés sous un maître qu'ils se sont donné; ils lui parlent à genoux, ils l'appellent monseigneur; c'est la plus profonde humiliation devant le plus grand faste; et encore, dans cet abaissement ils tirent une vanité secrète de la grandeur de leur despote.

Plusieurs religieux, il est vrai, détestent dans l'âge mûr les chaînes dont ils se sont garrottés dans l'âge où l'on ne devrait pas disposer de soi-même; mais ils aiment leur institut, leur ordre; et ces esclaves ont les yeux si fascinés, que la plupart ne voudraient pas de la liberté, si on la leur rendait; ce sont les compagnons d'Ulysse qui refusent de reprendre forme humaine. Ils se dédommagent de cet abrutissement en Italie, en Espagne, en donnant insolemment leurs mains à baiser aux femmes. Leurs abbés sont princes en Allemagne. On voit des moines grands officiers d'un prince moine, et son cloître est une cour qui nourrit l'ambition. Depuis que cet ouvrage a été écrit, tout est bien changé. Les hommes ont enfin ouvert les yeux.

Les moines, dans leur institut, sont hors du genre humain, et ils ont voulu gouverner le genre humain. Séculiers et errants dans leur origine, ils ont été incorporés dans la hiérarchie de l'Église grecque; mais ils ont été regardés comme les ennemis de la hiérarchie latine. On a proposé dans tous les pays catholiques de diminuer leur nombre, l'on n'a jamais pu y parvenir. Jusqu'à présent, dans les pays protestants, on a été forcé de les détruire tous.

On vient d'abolir les jésuites en France pour la seconde fois*; on leur reprochait des privilèges qu'ils ne tenaient que de Rome, et qui étaient incompatibles avec les lois de l'État; mais tous les autres religieux ont à peu près les mêmes privilèges. Les jésuites ont été chassés du Portugal par des raisons politiques, et à l'occasion de l'assassinat du roi; ils ont été détruits en France pour avoir voulu dominer dans les belles-lettres, dans l'État et dans l'Église : c'est un avertissement pour tous les

---

* Voyez le *Précis du Siècle de Louis XV*.

autres ordres religieux. Il en est un [1] dont on envie les richesses, mais dont on respecte l'antiquité et les travaux littéraires; il en est une foule d'autres moins considérés.

Tout le monde convient qu'au lieu de ces retraites monastiques, où l'on fait serment à Dieu de vivre aux dépens d'autrui et d'être inutiles, il faut des asiles à la vieillesse qui ne peut plus travailler. Tout le monde voit que chaque profession a ses vieillards, ses invalides, que le nom d'hôpital effraie, et qui finiraient leurs jours sans rougir dans des communautés instituées sous un autre nom; tout le monde le dit, et personne n'a encore essayé de changer les monastères onéreux à l'État en asiles nécessaires.

Ce n'est pas assurément dans un esprit de censure que l'auteur de l'*Essai sur les mœurs* a été en ce point l'organe de la voix publique; il a insinué, avec tous les bons citoyens, qu'on doit augmenter le nombre des hommes utiles, et diminuer celui des inutiles. Le jeune homme qui a des talents, et qui les ensevelit dans le cloître, fait tort au public et à soi-même. Qu'eût-ce été si Corneille, Racine, Molière, La Fontaine et tant d'autres avaient, dans l'âge où l'on ne peut se connaître, pris le parti de se faire théatins ou picpuces!

DOUZIÈME REMARQUE

DES CROISADES

Les croisades ont été l'effet le plus mémorable de l'opinion. On persuada à des princes occidentaux, tous jaloux l'un et l'autre, qu'il fallait aller au bout de la Syrie. Un mauvais succès pouvait les faire tous exterminer; et s'ils réussissaient, ils allaient s'exterminer les uns les autres.

De toutes ces croisades, celle que saint Louis fit en Égypte fut la plus mal conduite; et celle qu'il fit en Afrique la moins convenable; elle n'avait aucun rapport au premier objet, qui était d'aller s'emparer de Jérusalem, ville d'ailleurs absolument indifférente aux intérêts de toutes

---

1. Les bénédictins. (G. A.)

les nations occidentales, ville dont elles pouvaient même détourner leurs pas avec horreur, puisqu'on y avait fait mourir leur Dieu, ville dans laquelle ils ne pouvaient punir la race juive, coupable à leurs yeux de ce meurtre, puisque cette race n'y habitait plus; pays d'ailleurs dépeuplé et stérile, dans lequel on n'aurait pas même combattu les musulmans, puisque les Tartares leur enlevaient alors ces contrées, ou du moins achevaient de les désoler par leurs incursions; pays enfin sur lequel les empereurs de Constantinople, dépouillés auparavant par les croisés mêmes, pouvaient seuls avoir quelques droits, et sur lequel les croisés n'avaient seulement pas l'apparence d'une prétention.

On a inséré dans la nouvelle histoire de France, par M. l'abbé Velly, un passage dans lequel on accuse l'auteur de l'*Essai sur les mœurs* d'avoir inventé que saint Louis entreprit la croisade contre Tunis pour seconder les vues ambitieuses et intéressées de son frère Charles d'Anjou, roi des deux Siciles. Il n'a point assurément inventé ce fait qui est très précieux dans l'histoire de l'esprit humain; ce fait se trouve dans les anciennes chroniques d'Italie; il est transcrit dans l'*Histoire universelle* de Delisle [1], tomme III, page 295. On le voit en propres mots dans Mézeray, sous l'année 1269. « Quant au saint roi, dit-il, il tourna son entreprise sur le royaume de Tunis, par deux motifs, l'un, qu'il lui semblait que la conquête de ce pays-là lui fraierait le chemin à celle de l'Égypte, sans laquelle il ne pouvait garder la Terre Sainte; l'autre, que son frère l'y portait, à dessein de rendre les côtes d'Afrique tributaires de son royaume de Sicile, comme elles l'avaient été du temps de Roger, prince normand. » Rapin de Thoyras dit expressément la même chose dans le règne de Henri III d'Angleterre.

Il n'est donc que trop vrai que la simplicité héroïque de Louis le rendit victime de l'ambition de son frère qui devait être de cette croisade : ce fut même une des raisons qui porta le barbare Charles d'Anjou à faire périr, par la main du bourreau, Conradin, héritier légitime des deux Siciles, le duc d'Autriche, son cousin, et le prince Conrad, un des fils de l'empereur Frédéric II;

---

1. *Abrégé de l'histoire universelle*, 1731, 7 volumes. (G. A.)

il crut qu'il était de sa politique de se souiller d'une action si honteuse, afin de n'être point inquiété dans la Sicile quand il irait piller l'Afrique. Quels préparatifs pour un saint voyage! Mais en quoi d'ailleurs était-il si saint? il n'était question que d'aller gagner des dépouilles et la peste sur les ruines de Carthage.

Saint Louis partit sous ces funestes auspices, et son frère n'arriva qu'après sa mort. Si le monarque de France prétendait aller de Tunis en Égypte, cette entreprise était beaucoup plus périlleuse que sa première croisade, et ses troupes auraient péri dans les déserts de Barca, aussi aisément que sur les bords du Nil.

L'auteur de l'*Essai sur les mœurs* sait très bien que Guillaume de Nangis, qui écrivait l'histoire comme on l'écrivait alors, prétend que le shérif, ou émir, ou bey, ou soldan de Tunis, avait grande envie de se faire chrétien, et qu'il fit espérer au roi, par plusieurs lettres, sa conversion prochaine. Le même Guillaume croit bonnement que saint Louis alla vite mettre à feu et à sang les États de ce prince mahométan, pour l'attirer, par cette douceur, à la religion chrétienne. Si c'est là une manière sûre de convertir, on s'en rapporte à tout lecteur éclairé. Apparemment que la maxime, *contrains-les d'entrer,* était admise dans la politique comme dans la théologie, et qu'on traitait les musulmans comme les Albigeois. On peut hardiment n'être pas de l'opinion de Guillaume; non qu'on le regarde comme un historien infidèle, mais comme un esprit fort simple qui, quarante ans après la mort de saint Louis, écrivait sans discernement ce qu'il avait entendu dire. Un souverain de Tunis, qui veut se faire catholique romain, un roi de France qui vient assiéger sa ville pour l'aider à entrer au giron de l'Église, sont des contes qu'on peut mettre avec les fables du Vieux de la montagne, et de la couronne d'Égypte présentée au roi de France. Les entreprises de ces temps-là étaient romanesques, mais il y avait plus de romanesque encore dans les historiens. Il faut convenir que saint Louis aurait bien mieux fait de gouverner en paix ses États, que d'aller exposer au fer des Africains et à la peste, sa fille, sa bru, sa belle-sœur et sa nièce, qui firent avec lui ce fatal voyage.

Qu'il soit permis de dire ici que l'abbé Velly, auquel

on impute cet injuste reproche contre l'auteur de l'*Essai sur les mœurs,* l'a copié dans quelques endroits, et qu'il aurait pu le citer; de même que le père Barre, dans son histoire d'Allemagne, a copié mot pour mot la valeur de cinquante pages de l'*Histoire de Charles XII ;* on est obligé d'en avertir, parce que, lorsque les historiens sont contemporains, il est difficile, au bout de quelque temps, de savoir qui est celui qui a pillé l'autre. Mais n'oublions pas combien le droit qu'on réclame est peu de chose.

TREIZIÈME REMARQUE

DE PIERRE DE CASTILLE, DIT LE CRUEL

Pierre le Cruel se vengeait avec barbarie, j'en tombe d'accord, mais je le vois trahi, persécuté par ses frères bâtards, par sa femme même; soutenu à la vérité par le Prince Noir, le premier homme de son temps, mais ayant nécessairement la France contre lui, puisqu'il était protégé par l'Anglais, opprimé enfin par un ramas de brigands, et assassiné par son frère bâtard; car il fut tué étant désarmé, et ce Henri de Transtamare, assassin et usurpateur, a été respecté des historiens, parce qu'il a été heureux.

A la bonne heure que ce Pierre ait emporté au tombeau le nom de Cruel; mais quel titre donnerons-nous au tyran qui fit périr Conradin et le duc d'Autriche sur l'échafaud? Et comment nommer tant d'horribles attentats qui ont effrayé l'Europe?

QUATORZIÈME REMARQUE

DE CHARLES DE NAVARRE, DIT LE MAUVAIS

On convient que Charles le Mauvais, roi de Navarre,

comte d'Évreux, était très mauvais; que dom Pèdre, roi de Castille, surnommé le Cruel, méritait ce titre; mais voyons si dans ces temps de la belle chevalerie, il y avait chez les princes tant de douceur et de générosité. Le roi de France, Jean, surnommé le Bon, commença son règne par faire tuer le comte d'Eu, son connétable. Il donna l'épée de connétable au prince d'Espagne, dom La Cerda, son favori, et l'investit des terres qui appartenaient à son beau-frère Charles, roi de Navarre. Cette injustice pouvait-elle n'être pas vivement ressentie par un prince du sang souverain d'un beau royaume? On avait dépouillé son père des provinces de Champagne et de Brie; on donnait à un étranger l'Angoumois et d'autres terres qui étaient la dot de sa femme, sœur du roi de France. La colère lui fait commettre un crime atroce : il fait assassiner le connétable La Cerda; et ce qui est encore triste, c'est qu'il obtient par ce meurtre la justice qu'on lui avait refusée. Le roi transige avec lui sur toutes ses prétentions. Mais que fait Jean le Bon après cette réconciliation publique? Il court à Rouen, où il trouve le roi de Navarre à table avec le dauphin et quatre chevaliers; il fait saisir les chevaliers : on leur tranche la tête sans forme de procès; on met en prison le roi de Navarre sur le simple prétexte qu'il a fait un traité avec les Anglais; mais, comme roi de Navarre, n'était-il pas en droit de faire ce prétendu traité ? Et, si en qualité de comte d'Évreux et de prince du sang, il ne pouvait sans félonie négocier à l'insu du suzerain, qu'on me montre le grand vassal de la couronne qui n'a jamais fait de traités particuliers avec les puissances voisines? En quoi donc Charles le Mauvais est-il jusqu'à présent plus mauvais que bien d'autres? Plût à Dieu que ce titre n'eût convenu qu'à lui !

On prétend qu'il a empoisonné Charles V; où en est la preuve? Qu'il est aisé de supposer de nouveaux crimes à ceux qui sont chargés de la haine d'un parti! Il avait, dit-on, engagé un médecin juif de l'île de Chypre à venir empoisonner le roi de France. On voit trop fréquemment dans nos histoires des rois empoisonnés par des médecins juifs, mais une constitution valétudinaire est plus dangereuse encore que les médecins.

QUINZIÈME REMARQUE

DES QUERELLES DE RELIGION

On a vu que, depuis le pape Grégoire VII jusqu'à l'empereur Charles-Quint, les querelles de l'empire et du sacerdoce ont bouleversé l'un et l'autre. Depuis Charles-Quint jusqu'à la paix de Vestphalie, les querelles théologiques ont fait couler le sang en Allemagne : le même fléau a désolé l'Angleterre depuis Henri VIII jusqu'au temps du roi Guillaume, où la liberté de conscience fut pleinement établie.

La France a éprouvé des malheurs, s'il se peut, encore plus grands depuis François II jusqu'à la mort de Henri IV; et cette mort toujours sensible aux cœurs bien faits, a été le fruit de ces querelles. Il est triste qu'un si bon arbre ait produit de si détestables fruits.

On a souvent agité si l'empereur Henri IV devait secouer le joug de la papauté, au lieu de rester pieds nus dans l'antichambre de Grégoire VII; si Charles-Quint, après avoir pris et saccagé Rome, devait régner dans Rome, et se faire protestant; et si Henri IV, roi de France, pouvait se dispenser de faire abjuration. De bons esprits assurent qu'aucune de ces trois choses n'était possible.

L'empereur Henri IV avait un trop violent parti contre lui, et n'était pas un homme d'un assez grand génie pour faire une révolution. Charles-Quint l'était mais il n'aurait rien gagné à renoncer à la religion catholique. Pour le roi de France, Henri le Grand, il est vraisemblable qu'il ne pouvait prendre d'autre parti que celui qu'il embrassa, quelque humiliation qui y fût attachée. La reine Élisabeth, qui lui en fit des reproches si amers, pouvait bien lui donner des secours pour disputer le terrain de province en province, mais non pas pour conquérir le royaume de France. Il avait contre lui les trois quarts du pays, Philippe II et les papes; il fallut plier. La facilité de son caractère se joignit à la nécessité où il était réduit. Un Charles XII, un Gustave-Adolphe eussent été inflexibles; mais ces héros étaient plus soldats que politiques; et Henri IV avec ses faiblesses était aussi politique que soldat. Il paraissait impossible qu'il fût roi de France s'il ne se rangeait à la communion de Rome; de même qu'on ne pourrait aujourd'hui être roi de Suède ou d'Angleterre si l'on n'était pas d'une communion opposée à Rome. Henri IV fut assassiné malgré son abjuration, comme Henri III malgré ses processions; tant la politique est impuissante contre le fanatisme.

La seule arme contre ce monstre, c'est la raison. La seule manière d'empêcher les hommes d'être absurdes et méchants, c'est de les éclairer. Pour rendre le fanatisme exécrable, il ne faut que le peindre. Il n'y a que des ennemis du genre humain qui puissent dire : « Vous éclairez trop les hommes, vous écrivez trop l'histoire de leurs erreurs. » Et comment peut-on corriger ces erreurs sans les montrer? Quoi, vous dites que les temps du jacobin Jacques Clément ne reparaîtront plus? Je l'avais cru comme vous : mais nous avons vu depuis les Malagrida et les Damiens. Et ce Damiens * auquel personne ne s'attendait, qu'a-t-il répondu à son premier ** interrogatoire? Ces propres mots : « C'est à cause de la religion. » Qu'a-t-il déclaré à la question? « C'est ce que j'entendais dire à tous ces prêtres; j'ai cru faire une œuvre méritoire pour le ciel ***. » Il est évident que ce furent les billets de confession qui produisirent ce parricide. Quels billets! Mais ces horreurs n'arrivent pas tous les ans? non : on n'a pas toujours commis un parricide par année; mais qu'on me montre dans l'histoire, depuis Constantin, un seul mois où les disputes théologiques n'aient pas été funestes au monde.

---

* Voyez le *Précis du Siècle de Louis XV*.
** Page 4 du procès de Damiens, in-4º.
*** Page 405.

SEIZIÈME REMARQUE

Du protestantisme et de la guerre des Cévennes

Dans l'histoire de l'esprit humain, le protestantisme était un grand objet. On voit que c'est le pouvoir de l'opinion, soit vraie, soit fausse, soit sainte, soit réprouvée, qui a rempli la terre de carnage pendant tant de siècles. Quelques protestants ont reproché à l'auteur de l'*Essai sur les mœurs* de les avoir souvent condamnés; et quelques catholiques ont chargé l'auteur d'avoir montré trop de compassion pour les protestants. Ces plaintes prouvent qu'il a gardé ce juste milieu qui ne satisfait que les esprits modérés.

Il est très vrai que partout, et dans tous les temps où l'on a prêché une réforme, ceux qui la prêchèrent furent persécutés et livrés aux supplices. Ceux qui s'élevèrent en Europe contre l'Église de Rome comptèrent autant de martyrs de leur opinion, que les chrétiens du second siècle en comptèrent de la leur, quand ils s'élevèrent contre le culte de l'empire romain. Les premiers chrétiens étaient de faux martyrs, à la bonne heure; mais ils souffraient, ils mouraient véritablement les uns et les autres : ils étaient tous les victimes de leur persuasion. Les juges qui les envoyèrent à la mort avaient la même jurisprudence; ils condamnaient par le même principe; ils faisaient périr ceux qu'ils croyaient ennemis des lois divines et humaines : tout est parfaitement égal dans cette conduite du plus fort contre le plus faible. Le sénat romain, le concile de Constance jugeaient de la même manière; les condamnés marchaient au supplice avec la même intrépidité. Jean Hus et Jérôme de Prague en eurent autant que saint Ignace et saint Polycarpe; il n'y a de différence entre eux que la cause; et il y a cette différence en leurs juges, que les Romains n'étaient pas obligés par leur religion à épargner ceux qui voulaient détruire leurs Dieux, et que les chrétiens étaient obligés de leur religion à ne pas persécuter inhumainement des chrétiens, leurs frères, qui adoraient le même Dieu.

Si c'est la politique bien ou mal entendue qui a livré aux bourreaux les premiers chrétiens et les hérétiques d'entre les chrétiens, la chose est encore absolument égale de part et d'autre ; si c'est le zèle, ce zèle est encore égal des deux côtés. Si l'on regarde comme très injustes les païens persécuteurs on doit regarder aussi comme très injustes les chrétiens persécuteurs. Ces maximes sont vraies, et il a fallu les développer pour le bien des hommes.

Il est constant que ceux qui se dirent réformés en France furent persécutés quarante ans avant qu'ils se révoltassent ; car ce ne fut qu'après le massacre de Vassy qu'ils prirent les armes.

On doit aussi avouer que la guerre qu'une populace sauvage fit vers les Cévennes, sous Louis XIV, fut le fruit de la persécution. Les camisards agirent en bêtes féroces : mais on leur avait enlevé leurs femelles et leurs petits ; ils déchirèrent les chasseurs qui couraient après eux.

Les deux partis ne conviennent pas de l'origine de ces horreurs. Les uns disent que le meurtre de l'abbé du Chaila, chef des missions du Languedoc, fut commis pour reprendre une fille des mains de cet abbé ; les autres pour délivrer plusieurs enfants qu'il avait enlevés à leurs parents, afin de les instruire dans la foi catholique : ces deux causes peuvent avoir concouru, et l'on ne peut nier que la violence, n'ait produit le soulèvement qui causa tant de crimes, et qui attira tant de supplices.

Après la paix de Ryswick, Orange, où régnait encore la religion protestante, appartenant à Louis XIV, plusieurs habitants du Languedoc y allèrent chanter leurs psaumes, et prier Dieu dans leur jargon. A leur retour, on en prit cent trente, hommes et femmes, qu'on attacha deux à deux sur le chemin. Les plus robustes, au nombre de soixante et dix, furent envoyés aux galères.

Bientôt après, un prédicant, nommé Marlié, fut pendu avec ses trois enfants, convaincu d'avoir prêché sa religion, et d'avoir fait convoquer l'assemblée par ses fils. On fit feu sur plusieurs familles qui allaient au prêche, on en tua dix-huit dans le diocèse d'Uzès ; et trois femmes grosses étant du nombre des morts, on les éventra pour tuer leurs enfants dans leurs entrailles. Ces femmes grosses étaient dans leur tort, elles avaient en effet désobéi aux nouveaux édits; mais, encore une fois, les premiers chrétiens ne désobéissaient-ils pas aux édits des empereurs quand ils prêchaient? Il faut absolument ou convenir que les juges romains firent très bien de pendre des chrétiens, ou dire que les juges catholiques firent très mal de pendre les protestants; car et protestants et premiers chrétiens étaient précisément dans les mêmes termes : on ne peut trop le répéter, ils étaient également innocents ou également coupables.

Enfin les chrétiens persécutés par Maximin égorgèrent après sa mort son fils, âgé de dix-huit ans, sa fille, âgée de sept, et noyèrent sa veuve dans l'Oronte. Les protestants, persécutés par l'abbé du Chaila, le massacrèrent. Ce fut là l'origine de la guerre horrible des Cévennes. Il est même impossible que la révolte n'ait pas commencé par la persécution. Il n'est pas dans la nature humaine que le peuple se soulève contre ses magistrats et les égorge, quand il n'est pas poussé à bout. Mahomet lui-même ne fit d'abord la guerre que pour se défendre, et peut-être n'y aurait-il point de mahométans sur la terre si les Mecquois n'avaient pas voulu faire mourir Mahomet.

On ne peut, dans un *Essai sur les mœurs,* entrer dans le détail des horreurs qui ont dévasté tant de provinces. Le genre humain paraîtrait trop odieux si l'on avait tout dit.

Il sera utile que dans les histoires particulières on voie un détail de nos crimes, afin qu'on ne les commette plus. Les proscriptions de Sylla et d'Octave, par exemple, n'approchèrent pas des massacres des Cévennes, ni pour le nombre, ni pour la barbarie; elles sont seulement plus célèbres, parce que le nom de l'ancienne Rome doit faire plus d'impression que celui des villages et des cavernes d'Anduze; et Sylla, Antoine, Auguste en imposent plus que Ravanel et Castagnet. Mais l'atrocité fut poussée plus loin dans les dix années des troubles du Languedoc que dans les trois mois des proscriptions du triumvirat. On en peut juger par des lettres de l'éloquent Fléchier, qui était évêque de Nîmes dans ces temps funestes. Il écrit en 1704 : « Plus de quatre mille catholiques ont été égorgés à la campagne, quatre-vingts prêtres massacrés, deux cents églises brûlées ». Il ne parlait que de son diocèse : les autres étaient en proie aux mêmes calamités.

Jamais il n'y eut de plus grands crimes suivis de plus horribles supplices; et les deux partis, tantôt assassins, tantôt assassinés, invoquaient également le nom du Seigneur. Nous verrons dans le *Siècle de Louis XIV* plus de quarante mille fanatiques périr par la roue et dans les flammes; et, ce qui est bien remarquable, il n'y en eut pas un seul qui ne mourût en bénissant Dieu, pas un qui montrât la moindre faiblesse : hommes, femmes, enfants, tous expirèrent avec le même courage.

Quelle a été la cause de cette guerre civile et de toutes celles de religion dont l'Europe a été ensanglantée? Point d'autre que le malheur d'avoir trop longtemps négligé la morale pour la controverse. L'autorité a voulu ordonner aux hommes d'être croyants, au lieu de leur commander simplement d'être justes. Elle a fourni des prétextes à l'opiniâtreté. Ceux qui sacrifient leur sang et leur vie ne sacrifient pas de même ce qu'ils appellent leur raison. Il est plus aisé de mener cent mille hommes au combat que de soumettre l'esprit d'un persuadé.

DIX-SEPTIÈME REMARQUE

Des lois

L'opinion a fait les lois. On a insinué assez dans l'*Essai sur les mœurs* que les lois sont presque partout incertaines, insuffisantes, contradictoires. Ce n'est pas seulement parce qu'elles ont été rédigées par des hommes; car la géométrie inventée par les hommes est vraie dans toutes ses parties; la physique expérimentale est vraie; les premiers principes métaphysiques mêmes, sur lesquels la géométrie est fondée, sont d'une vérité incontestable, et rien de tout cela ne peut changer. Ce qui rend les lois variables, fautives, inconséquentes, c'est qu'elles ont été presque toutes établies sur des besoins passagers, comme des remèdes appliqués au hasard, qui ont guéri un malade, et qui en ont tué d'autres.

Plusieurs royaumes étant composés de provinces anciennement indépendantes, et ces provinces ayant encore été partagées en cantons non seulement indépendants, mais ennemis l'un de l'autre, toutes leurs lois ont été opposées, et le sont encore. Les marques de l'ancienne division subsistent dans le tout réuni; ce qui est vrai et bon au-deçà d'une rivière est faux et mauvais au-delà et, comme on l'a déjà dit, on change de lois dans sa patrie en changeant de chevaux de poste. Le paysan de Brie se moque de son seigneur; il est serf dans une partie de la Bourgogne, et les moines y ont des serfs. Il y a plusieurs pays où les lois sont plus uniformes, mais il n'y en a peut-être pas un seul qui n'ait besoin d'une réforme; et cette réforme faite, il en faut une autre. Ce n'est guère que dans un petit État qu'on peut établir aisément des lois uniformes. Les machines réussissent en petit, mais en grand les chocs les dérangent.

Enfin, quand on est parvenu à vivre sous une loi tolérable, la guerre vient qui confond toutes les bornes, qui abîme tout; et il faut recommencer comme des fourmis dont on a écrasé l'habitation.

Une des plus grandes turpitudes dans la législation d'un pays, a été de se conduire par des lois qui ne sont pas du pays. Le lecteur peut remarquer comment le divorce qui fut accordé à Louis XII, roi de France, par l'incestueux pape Alexandre VI, fut refusé par Clément VII au roi d'Angleterre Henri VIII; et l'on verra comment Alexandre VII permit au régent du Portugal, Alphonse, de ravir la femme de son frère, et de l'épouser du vivant de ce frère. Tout se contredit donc, et nous voguons dans un vaisseau sans cesse agité par des vents contraires.

On a dit dans l'*Essai sur les mœurs,* qu'il n'y a point en rigueur de loi positive fondamentale; les hommes ne peuvent faire que des lois de convention. Il n'y a que l'auteur de la nature qui ait pu faire les lois éternelles de la nature. La seule loi fondamentale et immuable qui soit chez les hommes est celle-ci : « Traite les autres comme tu voudrais être traité » ; c'est que cette loi est de la nature même : elle ne peut être arrachée du cœur humain. C'est de toutes les lois la plus mal exécutée; mais elle s'élève toujours contre celui qui la transgresse; il semble que Dieu l'ait mise dans l'homme pour servir de contrepoids à la loi du plus fort, et pour empêcher le genre humain de s'exterminer par la guerre, par la chicane et par la théologie scolastique.

DIX-HUITIÈME REMARQUE

Du commerce et des finances

La Hollande presque submergée, Gênes qui n'a que des rochers, Venise qui ne possédait que des lagunes pour terrain, eussent été des déserts, ou plutôt n'eussent point existé sans le commerce.

Venise, dès le quatorzième siècle, devint par cela seul une puissance formidable, et la Hollande l'a été de nos jours pendant quelque temps.

Que devait donc être l'Espagne sous Philippe II, qui avait à la fois le Mexique et le Pérou, et ses établissements en Afrique et en Asie, dans l'étendue d'environ trois mille lieues de côtes?

Il est presque incroyable, mais il est avéré que l'Espagne seule retira de l'Amérique, depuis la fin du quinzième siècle jusqu'au commencement du dix-huitième, la valeur de cinq milliards de piastres, en or et en argent, qui font vingt-cinq milliards de nos livres. Il n'y a qu'à lire don Ustariz et Navarette pour être convaincu de cette étonnante vérité. C'est beaucoup plus d'espèces qu'il n'y en avait dans le monde entier avant le voyage de Christophe Colomb. Tout pauvre homme de mérite qui saura penser peut faire là-dessus ses réflexions : il sera consolé quand il saura que de tous ces trésors d'Ophir, il ne reste pas aujourd'hui en Espagne cent millions de piastres et autant en orfèvrerie. Que dira-t-il, quand il lira dans don Ustaritz que la daterie de Rome a englouti une partie de cet argent? Il croira peut-être que Rome la sainte est plus riche aujourd'hui que Rome la conquérante du temps des Crassus et des Lucullus. Elle a fait, il faut l'avouer, tout ce qu'elle a pu pour le devenir; mais n'ayant pas su être commerçante quand toutes les nations de l'Europe ont su l'être, elle a perdu par son ignorance et par sa paresse tout cet argent que lui ont produit ses mines de la daterie, et surtout ce qu'elle pêchait si aisément avec les filets de saint Pierre.

L'Espagne ne laissa pas d'abord les autres nations entrer avec elle en partage des trésors de l'Amérique. Philippe II en jouit presque seul pendant plusieurs années. Les autres souverains de l'Europe, a commencer par l'empereur Ferdinand, son oncle, étaient devant lui à peu près ce qu'étaient les Suisses devant le duc de Bourgogne lorsqu'ils lui disaient : « Tout ce que nous avons ne vaut pas les éperons de vos chevaliers. »

Philippe II devait avoir ce qu'on appelle la monarchie universelle, si on pouvait l'acheter avec de l'or, et la saisir par l'intrigue. Mais une femme à peine affermie dans la moitié d'une île; un prince d'Orange, simple comte de l'empire, et sujet du marquis de Malines; Henri IV, roi mal obéi d'une partie de la France, persécuté dans l'autre, manquant d'argent et ayant pour toute armée quelques gentilshommes et son courage, ruinèrent le dominateur des deux Indes.

Le commerce qui avait pris une nouvelle face à la découverte du cap de Bonne-Espérance, et à celle du nouveau monde, en prit encore une nouvelle quand les Hollandais, devenus libres par la tyrannie, s'emparèrent des îles qui produisent les épiceries, et fondèrent Batavia. Les grandes puissances commerçantes furent alors la Hollande et l'Angleterre; la France, qui profite toujours tard des connaissances et des entreprises des autres nations, arriva la dernière aux deux Indes, et fut la plus mal partagée. Elle resta sans industrie jusqu'aux beaux jours du gouvernement de Louis XIV; il fit tout pour animer le commerce.

Les peuples de l'Europe, dans ce temps-là, commencèrent à connaître de nouveaux besoins, qui rendirent le commerce de quelques nations, et surtout celui de la France, très désavantageux. Henri IV déjeunait avec un verre de vin et du pain blanc; il ne prenait ni thé, ni café, ni chocolat; il n'usait point de tabac; sa femme et ses maîtresses avaient très peu de pierreries; elles ne portaient point d'étoffes de Perse, de la Chine et des Indes. Si l'on songe qu'aujourd'hui une bourgeoise porte à ses oreilles de plus beaux diamants que Catherine de Médicis; que la Martinique, Moka et la Chine fournissent le déjeuner d'une servante, et que tous ces objets font sortir de France plus de cinquante millions tous les ans, on jugera qu'il faut d'autres branches de commerce bien avantageuses, pour réparer cette perte continuelle, on sait assez que la France s'est soutenue par ses vins, ses eaux-de-vie, son sel, ses manufactures.

Il lui fallait faire directement le commerce des Indes, non pas pour augmenter ses richesses, mais pour diminuer ses dépenses; car les hommes s'étant fait des besoins nouveaux, ceux qui ne possèdent pas les denrées demandées par ces besoins, doivent les acheter au meilleur compte qu'il soit possible; or ce qu'on achète aux Indes de la première main coûte moins sans doute que si les Anglais et les Hollandais venaient le revendre. Presque toutes ces denrées se paient en argent. Il ne s'agissait donc, en formant en France une compagnie des Indes, que de perdre moins, et de chercher à se dédommager, dans l'Allemagne et dans le Nord, des dépenses immenses qu'on faisait sur les côtes de Coromandel; mais les Hollandais avaient prévenu les Français dans l'Allemagne comme dans l'Inde; leur frugalité et leur industrie leur donnaient partout l'avantage. Le grand inconvénient pour une nouvelle compagnie d'Europe qui s'établit dans l'Inde, c'est, comme on l'a dit, d'y arriver la dernière. Elle trouve des rivaux puissants déjà maîtres du commerce; il faut recevoir des affronts des nababs et des omrahs, et les payer ou les battre : aussi les Portugais, et après eux les Hollandais, ne purent acheter du poivre sans donner des batailles.

Si la France a une guerre avec l'Angleterre ou la Hollande, en Europe, c'est alors à qui se détruira dans l'Inde. Les compagnies de commerce deviennent nécessairement des compagnies guerrières; et il faut être oppresseur ou opprimé. Aussi nous verrons que, quand Louis XIV eut établi sa compagnie des Indes dans Pondichéry, les Hollandais prirent la ville et écrasèrent la compagnie. Elle renaquit des débris du système [1], et fit voir que la confusion pouvait quelquefois produire l'ordre. Mais toute la vigilance, toute la sagesse des directeurs n'ont pas empêché que les Anglais n'aient pris Pondichéry, et que la compagnie n'ait été presque détruite une seconde fois. Les Anglais ont rendu la ville à la paix [2]; mais on sait dans quel état on rend une place de commerce dont on est jaloux; la compagnie est restée avec quelques vaisseaux, des magasins ruinés, des dettes, et point d'argent.

Elle agissait dans l'Inde en souveraine, mais elle y a trouvé des souverains étrangers comme elle, et plus heureux. On doit convenir qu'il est un peu extraordinaire que le Grand-Mogol, qui est si puissant, laisse des négociants d'Europe se battre dans son empire, et en dévaster une partie. Si nous accordions le port de Lorient à des Indiens, et celui de Bayonne à des Chinois, nous ne souffririons pas qu'ils se battissent chez nous.

Quant aux finances, la France et l'Angleterre, pour s'être fait la guerre, se sont trouvées endettées chacune de trois milliards de nos livres. C'est beaucoup plus qu'il n'y a d'espèces dans ces deux États. C'est un des efforts de l'esprit humain dans ce dernier siècle, d'avoir trouvé le secret de devoir plus qu'on ne possède, et de subsister comme si l'on ne devait rien.

Chaque État de l'Europe est ruiné après une guerre de sept ou huit années; c'est que chacun a plus fait que ses forces ordinaires ne comportent. Les États sont comme les particuliers qui s'endettent par ambition; chacun veut aller au delà de son pouvoir. On a souvent demandé ce que deviennent tous ces trésors prodigués pendant la guerre; et on a répondu qu'ils sont ensevelis

1. De Law.
2. Par le traité de Paris, en 1763, l'année même où V. rédigeait ces *Remarques*.

dans les coffres de deux ou trois mille particuliers qui ont profité du malheur public. Ces deux ou trois mille personnes jouissent en paix de leurs fortunes immenses, dans le temps que le reste des hommes est obligé de gémir sous de nouveaux impôts, pour payer une partie des dettes nationales.

L'Angleterre est le seul pays où les particuliers se soient enrichis par le sort des armes; ce que de simples armateurs ont gagné par des prises, ce que l'île de Cuba et les grandes Indes ont valu aux officiers généraux, passe de bien loin tout l'argent comptant qui circulait en Angleterre, aux treizième et quatorzième siècles.

Lorsque les fortunes de tant de particuliers se sont répandues avec le temps chez leur nation par des mariages par des partages de famille, et surtout par le luxe, devenu alors nécessaire, et qui remet dans le public tous ces trésors enfouis pendant quelques années, alors cette énorme disproportion cesse, et la circulation est à peu près la même qu'elle était auparavant. Ainsi les richesses cachées dans la Perse, et enfouies pendant quarante années de guerres intestines, reparaîtront après quelques années de calme, et rien ne sera perdu. Telle est dans tous les genres la vicissitude attachée aux choses humaines.

DIX-NEUVIÈME REMARQUE

DE LA POPULATION

Dans une nouvelle histoire de France [1] on prétend qu'il y avait huit millions de feux en France, dans le temps de Philippe de Valois; or on entend par feu une famille, et l'auteur entend par le mot de France ce royaume tel qu'il est aujourd'hui avec ses annexes

---

1. C'est toujours l'*Histoire* de Velly, continuée par Villaret et Garnier. (G. A.)

Cela ferait, à quatre personnes par feu, trente-deux millions d'habitants; car on ne peut donner à un feu moins de quatre personnes, l'un portant l'autre.

Le calcul de ces feux est fondé sur un état de subside, imposé en 1328. Cet état porte deux millions cinq cent mille feux dans les terres dépendantes de la couronne, qui n'étaient pas le tiers de ce que le royaume renferme aujourd'hui. Il aurait donc fallu ajouter deux tiers pour que le calcul de l'auteur fût juste. Ainsi, suivant la supputation de l'auteur, le nombre des feux de la France, telle qu'elle est, aurait monté à sept millions cinq cent mille. A quoi ajoutant probablement cinq cent mille feux pour les ecclésiastiques et pour les personnes non comprises dans le dénombrement, on trouverait aisément les huit millions de feux, et au-delà. L'auteur réduit chaque feu à trois personnes; mais par le calcul que j'ai fait dans toutes les terres où j'ai été, et dans celle que j'habite, je compte quatre personnes et demie par feu.

Ainsi, supposé que l'état de 1328 soit juste, il faudra nécessairement conclure que la France, telle qu'elle est aujourd'hui, contenait, du temps de Philippe de Valois, trente-six millions d'habitants.

Or, dans le dernier dénombrement fait, en 1753, sur un relevé des tailles et autres impositions, on ne trouve aujourd'hui que trois millions cinq cent cinquante mille quatre cent quatre-vingt neuf feux; ce qui, à quatre et demi par feu, ne donnerait que quinze millions neuf cent soixante et dix-sept mille deux cents habitants. A quoi il faudra ajouter les réguliers, les gens sans aveu, et sept cent mille âmes au moins que l'on suppose être dans Paris, dont le dénombrement a été fait suivant la capitation, et non pas suivant le nombre des feux.

De quelque manière qu'on s'y prenne, soit qu'on porte, avec l'auteur de la nouvelle histoire de France, les feux à trois, à quatre ou cinq personnes, il est clair que le nombre des habitants est diminué de plus de moitié depuis Philippe de Valois.

Il y a aujourd'hui environ quatre cents ans que le dénombrement de Philippe de Valois fut fait; ainsi dans quatre cents ans, toutes choses égales, le nombre des Français serait réduit au quart, et dans huit cents ans au huitième; ainsi dans huit cents ans la France n'aura qu'environ quatre millions d'habitants ; et, en suivant cette progression, dans neuf mille deux cents ans il ne restera qu'une seule personne mâle ou femelle avec fraction. Les autres nations ne seront sans doute pas mieux traitées que nous, et il faut espérer qu'alors viendra la fin du monde.

Tout ce que je puis dire pour consoler le genre humain, c'est que dans deux terres que je dois bien connaître, inféodées du temps du roi Charles V, j'ai trouvé la moitié plus de feux qu'il n'en est marqué dans l'acte d'inféodation : et cependant il s'est fait une émigration considérable dans ces terres à la révocation de l'édit de Nantes.

Le genre humain ne diminue ni n'augmente, comme on le croit, et il est très probable qu'on se méprenait beaucoup du temps de Philippe de Valois, quand on comptait deux millions cinq cent mille feux dans ses domaines.

Au reste, j'ai toujours pensé que la France renferme, de nos jours, environ vingt millions d'habitants, et je les ai comptés à cinq par feu, l'un portant l'autre. Je me trouve d'accord dans ce calcul avec l'auteur de la *Dixme* attribuée au maréchal de Vauban, et surtout avec le détail des provinces donné par les intendants à la fin du dernier siècle. Si je me trompe, ce n'est que d'environ quatre millions, et c'est une bagatelle pour les auteurs.

Hubner, dans sa géographie [1], ne donne à l'Europe que trente millions d'habitants. Il peut s'être trompé aisément d'environ cent millions. Un calculateur, d'ailleurs exact, assure que la Chine ne possède que soixante et douze millions d'habitants, mais par le dernier dénombrement rapporté par le Père Du Halde on compte ces soixante et douze millions, sans y comprendre les vieillards, les jeunes gens au-dessous de vingt ans, et les bonzes ; ce qui doit aller à plus du double.

Il faut avouer que d'ordinaire nous peuplons et dépeuplons la terre un peu au hasard ; tout le monde se conduit

---

1. *La Géographie universelle,* dont V. possédait deux éditions : Bâle 1749, et Bâle 1761.

ainsi; nous ne sommes guère faits pour avoir une notion exacte des choses; l'à peu près est notre guide, et souvent ce guide égare beaucoup.

C'est encore bien pis quand on veut avoir un calcul juste. Nous allons voir des farces, et nous y rions; mais rit-on moins dans son cabinet quand on voit de graves auteurs supputer exactement combien il y avait d'hommes sur la terre deux cent quatre-vingt-cinq ans après le déluge universel? Il se trouve, selon le frère Petau, jésuite, que la famille de Noé avait produit un bi-milliard, deux cent quarante-sept-milliards, deux cent vingt-quatre millions, sept cent dix-sept mille habitants en trois cents ans. Le bon prêtre Petau ne savait pas ce que c'est que de faire des enfants et de les élever. Comme il y va!

Selon Cumberland [1] la famille ne provigna que jusqu'à trois milliards trois cent trente millions, en trois cent quarante ans; et selon Whiston [2], environ trois cents ans après le déluge, il n'y avait que soixante-cinq mille cinq cent trente-six habitants.

Il est difficile d'accorder ces comptes et de les allouer. Voilà les excès où l'on tombe quand on veut concilier ce qui est inconciliable, et expliquer ce qui est inexplicable. Cette malheureuse entreprise a dérangé des cerveaux qui, d'ailleurs, auraient eu des lumières utiles aux hommes.

Les auteurs de l'*Histoire universelle* d'Angleterre disent « qu'on est généralement d'accord qu'il y a à présent environ quatre mille millions d'habitant sur la terre ». Vous remarquerez que ces messieurs, dans ce nombre de citoyens et de citoyennes, ne comptent pas l'Amérique, qui comprend près de la moitié du globe : ils ajoutent que le genre humain en quatre cents ans augmente toujours du double, ce qui est bien contraire au relevé fait sous Philippe de Valois, qui fait diminuer la nation de moitié en quatre cents ans.

Pour moi, si au lieu de faire un roman ordinaire,

---

1. Cumberland, théologien, né en 1632, mort en 1718, auteur de l'*Origine des plus anciens peuples*. (G. A.)

2. Whiston, autre théologien et mathématicien, né en 1667, mort en 1752, auteur d'un *Exposé de la chronologie de l'ancien Testament*. (G. A.)

je voulais me réjouir à supputer combien j'ai de frères sur ce malheureux petit globe, voici comme je m'y prendrais. Je verrais d'abord à peu près combien ce globule contient de lieues carrées; ôtons-en d'abord les deux tiers au moins pour les mers, rivières, lacs, déserts, montagnes, et tout ce qui est inhabité : ce calcul est très modéré, et nous donne neuf millions de lieues carrées à faire valoir.

La France et l'Allemagne comptent six cents personnes par lieue carrée, l'Espagne cent soixante, la Russie quinze, la Tartarie dix, la Chine environ mille; prenez un nombre moyen comme cent, vous aurez neuf cent millions de vos frères, soit basanés, soit nègres, soit rouges, soit jaunes, soit barbus, soit imberbes. Il n'est pas à croire que la terre ait en effet un si grand nombre d'habitants : et si l'on continue à faire des eunuques, à multiplier les moines, et à faire des guerres pour les plus petits intérêts, jugez si vous aurez les quatre mille millions que les auteurs anglais de l'*Histoire universelle* vous donnent si libéralement. Et puis, qu'importe, qu'il y ait beaucoup ou peu d'hommes sur la terre? L'essentiel est que cette pauvre espèce soit le moins malheureuse qu'il est possible.

VINGTIÈME REMARQUE

DE LA DISETTE DES BONS LIVRES, ET DE LA MULTITUDE ÉNORME DES MAUVAIS

L'histoire est décharnée jusqu'au seizième siècle, par la disette d'historiens; elle est depuis ce temps étouffée par l'abondance. On trouve dans la *Bibliothèque* de Lelong [1] dix-sept mille quatre cent quatre vingt-sept ouvrages qui peuvent servir à la seule histoire de France.

---

1. Lelong, oratorien, 1665-1721, auteur de la *Bibliothèque historique de la France,* 1719. (G. A.)

De ces ouvrages il y en a qui contiennent plus de cent volumes; et depuis environ quarante ans que cette *Bibliothèque* fut imprimée, il a paru encore un nombre prodigieux de livres sur cette matière.

Il en est à peu près de même en Allemagne, en Angleterre et en Italie.

On se perd dans cette immensité, heureusement la plupart de ces livres ne méritent pas d'être lus, de même que les petites choses qu'ils contiennent n'ont pas mérité d'être écrites. Dans cette foule d'histoires on ne trouve que trop de romans tels que ceux de Gatien de Courtilz. Les histoires secrètes, composées par ceux qui n'ont été dans aucun secret, sont assez nombreuses; mais les auteurs qui ont gouverné l'État du fond de leur cabinet, le sont encore davantage : on peut compter parmi ces derniers ceux qui ont pris la peine de faire les testaments des princes, et ceux des hommes d'État; c'est ainsi que nous avons eu les testaments du maréchal de Belle-Isle, du cardinal Albéroni, du duc de Lorraine, des ministres Colbert et Louvois, du maréchal de Vauban, des cardinaux de Mazarin et de Richelieu.

Le public fut trompé longtemps sur le testament du cardinal de Richelieu; on crut le livre excellent, parce qu'on le crut d'un grand ministre. Très peu d'hommes ont le temps de lire avec attention. Presque personne n'examina ni les méprises, ni les erreurs, ni les anachronismes, ni les indécences, ni les contradictions, ni les incompatibilités dont le livre est rempli. On ne fit pas réflexion que ce livre n'avait été imprimé que plus de quarante ans après la mort du cardinal, qu'il est signé d'une manière dont le cardinal ne signait jamais. On oubliait qu'Aubéri, qui écrivait la vie du cardinal de Richelieu par ordre de sa nièce, traita le testament de livre apocryphe et supposé, de livre indigne de son héros, indigne de toute croyance. Aubéri était à la source, il avait en main tous les papiers; il n'y a pas assurément de témoignage plus fort que le sien.

Le savant abbé Richard, l'auteur des Mélanges de Vigneul-Marville, Charles Ancillon, La Monnoye pensèrent de même.

On trouve dans le chapitre intitulé *les Mensonges imprimés* toutes les raisons qui doivent faire penser que ce *Testament politique* est l'ouvrage d'un faussaire.

Comment, en effet, un ministre tel que le cardinal de Richelieu eût-il laissé au roi Louis XIII un legs si important, sans qu'il eût été déposé dans les archives, sans qu'on en eût parlé, sans qu'on en eût la moindre connaissance? Est-il possible qu'un premier ministre eût laissé à son roi un plan de conduite, et que dans ce plan il n'y eût pas un mot sur les affaires qui intéressaient alors le roi et toute l'Europe, rien sur la maison d'Autriche avec laquelle on était en guerre, rien sur le duc de Weimar, rien sur l'état présent des calvinistes en France, pas un mot sur l'éducation qu'il fallait donner au dauphin?

On voit évidemment que l'ouvrage fut écrit après la paix de Munster puisqu'on y suppose la paix faite; et le cardinal était mort pendant la guerre.

On ne répétera point ici toutes les raisons déjà allé-guées, qui vengent le cardinal de Richelieu de l'impu-tation d'un si mauvais ouvrage.

Il est bon que les opinions les plus vraisemblables soient combattues parce qu'alors on les éclaircit mieux. Tout ce qu'a pu faire un homme judicieux et éclairé [1], qui se crut obligé d'écrire, il y a quelques années, contre notre opinion, s'est réduit à dire : « Je pense que le plan est du cardinal, mais qu'il est possible, et même vraisemblable, qu'il n'ait ni écrit ni dicté l'ouvrage. »

S'il ne l'a écrit, ni dicté, il n'est donc point de lui; et celui qui l'a signé d'une manière dont le cardinal de Richelieu ne signa jamais, n'était donc qu'un faus-saire. Nous n'en voulons pas davantage; se trompera qui voudra.

---

1. M. de Foncemagne.

VINGT-ET-UNIÈME REMARQUE

QUESTIONS SUR L'HISTOIRE

I - L'histoire de chaque nation ne commence-t-elle pas par des fables? Ces fables ne sont-elles pas inventées par l'oisiveté, la superstition, ou l'intérêt?

Tout ce qu'Hérodote nous conte des premiers rois d'Égypte et de Babylone, ce qu'on nous dit de la louve de Romulus et de Rémus, ce que les premiers écrivains barbares de notre pays ont imaginé de Pharamond et de Childéric et d'une Bazine, femme d'un Bazin de Thuringe, et d'un capitaine romain, nommé Giles, élu roi de France avant qu'il y eût une France, et d'un écu coupé en deux dont on envoya la moitié à Childéric pour le faire revenir de Thuringe, etc., etc., etc., ne sont-ils pas là des fables nées de l'oisiveté?

Les fables concernant les oracles, les divinations, les prodiges, ne sont-elles pas celles de la superstition?

Les fables, comme la donation de Constantin au pape Sylvestre, les fausses décrétales, la dernière loi du Code théodosien, ne sont-elles pas dictées par l'intérêt?

II - On me demande quel empereur institua les sept électeurs? Je réponds qu'aucun empereur ne les créa. Furent-ils donc créés par un pape? Encore moins; le pape n'y avait pas plus de droit que le grand-lama. Par qui furent-ils donc institués? Par eux-mêmes. Ce sont les sept premiers officiers de la couronne impériale, qui s'emparent au treizième siècle de ce droit négligé par les autres princes; et c'est ainsi que presque tous les droits s'établissent : les lois et les temps les confirment jusqu'à ce que d'autres temps et d'autres lois les changent.

III - On demande pourquoi les cardinaux, qui étaient originairement des curés primitifs de Rome, se crurent avec le temps supérieurs aux électeurs, à tous les princes, et égaux aux rois : c'est demander pourquoi les hommes sont inconséquents. Je trouve, dans plusieurs histoires de l'Allemagne, que le dauphin de France, qui fut depuis le roi Charles V, alla à Metz implorer vainement le secours de l'empereur Charles IV. Il fut précédé par le cardinal d'Albe, qui était le cardinal de Périgord, arrière-vassal du roi son père ; je dis arrière-vassal, car les Anglais avaient le Périgord. Ce cardinal passa avant le dauphin à la diète de Metz, où la seconde partie de la bulle d'or fut promulguée ; il mangea seul à une table fort élevée avec l'empereur, *ob reverentiam pontificis,* comme dit Trithème dans sa chronique du monastère d'Hirsauge. Cela prouve que les princes ne doivent guère voyager hors de chez eux, et qu'un cardinal, légat du pape, était alors au moins la troisième personne de l'univers, et se croyait la seconde.

IV - On a écrit beaucoup sur la loi salique, sur la pairie, sur les droits du parlement ; on écrit encore tous les jours. C'est une preuve que ces origines sont fort obscures, comme toutes les origines le sont. L'usage tient lieu de tout, et la force change quelquefois l'usage. Chacun allègue ses anciennes prérogatives comme de droits sacrés ; mais, si aujourd'hui le Châtelet de Paris faisait pendre un bedeau de l'université qui aurait volé sur le grand chemin, cette université serait-elle bien reçue à exiger que le prévôt de Paris déterrât lui-même le corps de son bedeau, demandât pardon aux deux corps, c'est-à-dire, à celui du bedeau et à celui de l'université, baisât le premier à la bouche, et payât une amende au second, comme la chose arriva du temps de Charles VI, en 1408 ?

Serait-elle aussi en droit d'aller prendre le lieutenant civil, et de lui donner le fouet, culottes bas, dans les écoles publiques, en présence de tous les écoliers, comme elle le requit à Philippe-Auguste ?

V - Dans quel temps le parlement de Paris commença-t-il à entrer en connaissance des finances du roi, dont la chambre des comptes était seule autrefois chargée ? Dans quelle année les barons, qui rendaient la justice dans le parlement de Paris, cessèrent-ils de s'y trouver, et abandonnèrent-ils la place aux hommes de loi ?

VI - Toutes les coutumes de la France ne viennent elles pas originairement d'Italie et d'Allemagne? A commencer par le sacre des rois de France, n'est-il pas évident que c'est une imitation du sacre des rois lombards?

VII - Y a-t-il en France un seul usage ecclésiastique qui ne soit venu d'Italie? Et les lois féodales n'ont-elles pas été apportées par les peuples septentrionaux qui subjuguèrent les Gaules et l'Italie? On prétend que la fête des fous, la fête de l'âne et semblables facéties sont d'origine française; mais ce ne sont point là des usages ecclésiastiques; ce sont des abus de quelques églises; et d'ailleurs la fête de l'âne est originaire de Vérone, où l'on conserva l'âne qui y était venu de Jérusalem, et dont on fit la fête.

VIII - Toute industrie en France n'a-t-elle pas été très tardive? Et depuis le jeu des cartes, reconnu originaire d'Espagne, par les noms de psadilles, de manilles, de codilles, jusqu'au compas de proportion, et à la machine pneumatique, y a-t-il un seul art qui ne lui soit étranger? Les arts, les coutumes, les opinions, les usages n'ont-ils pas fait le tour du monde?

FRAGMENT SUR L'HISTOIRE GÉNÉRALE

QU'IL FAUT SE DÉFIER
DE TOUS LES MONUMENTS ANCIENS [1]

Il y a plus de quarante ans que l'amour de la vérité, et le dégoût qu'inspirent tant d'historiens modernes, inspirèrent à une dame d'un grand nom [2] et d'un esprit supérieur à ce nom l'envie d'étudier avec nous ce qui méritait le plus d'être observé dans le tableau général du monde, tableau si souvent défiguré.

Cette dame, célèbre par ses connaissances singulières en mathématiques, ne pouvait souffrir les fables que le temps a consacrées, qu'il est aisé de répéter, qui gâtent l'esprit et qui l'énervent.

Elle était étonnée de ce nombre prodigieux de systèmes sur l'ancienne chronologie, différents entre eux d'environ mille années. Elle l'était encore davantage que l'histoire consistât en récits de batailles sans aucune connaissance de la tactique, excepté dans Xénophon et dans Polybe; qu'on parlât si souvent de prodiges et qu'on eut si peu de lumières sur l'histoire naturelle ; que chaque auteur regardât sa secte comme la seule vraie et calomniât toutes les autres. Elle voulait connaître le génie, les mœurs, les lois, les préjugés, les cultes, les arts; et elle trouvait qu'en l'année de la création du monde 3.200, ou 3.900, il n'importe, un roi inconnu avait défait un roi plus inconnu encore, près d'une ville dont la situation était entièrement ignorée.

Plusieurs savants recherchaient en quel temps Europe

---

1. Ce *Fragment sur l'histoire générale,* composé de seize articles, parut en 1773 à la suite des *Fragments sur l'Inde.* Nous ne reproduisons que le premier des seize articles, qui traite de la genèse de l'*Essai sur les mœurs.*

2. Mme du Châtelet. La maison du Châtelet-Lomont était effectivement l'une des plus anciennes de la Lorraine.

fut enlevée en Phénicie par Jupiter; et ils trouvaient que c'était juste treize cents ans avant notre ère vulgaire. D'autres réfutaient cinquante-neuf opinions sur le jour de la naissance de Romulus, fils du dieu Mars et de la vestale Rhéa Sylvia. Ils établissaient un soixantième système de chronologie. Nous en fîmes un soixante-et-unième : c'était de rire de tous les contes sur lesquels on disputait sérieusement depuis tant de siècles.

En vain nous trouvions par toutes les médailles des vestiges d'anciennes fêtes célébrées en l'honneur des fables; des temples érigés en leur mémoire; elles n'en étaient pas moins fables. La fête des Lupercales attesta, le 15 février, pendant neuf cents ans, non seulement le prodige de la naissance de Romulus et de Rémus, mais encore l'aventure de Faunus, qui prit Hercule pour Omphale dont il était amoureux. Mille événements étaient ainsi consacrés en Europe et en Asie. Les amateurs du merveilleux disaient : « Il faut bien que ces faits soient vrais, puisque tant de monuments en sont la preuve. » Et nous disions : « Il faut bien qu'ils soient faux, puisque le vulgaire les a crus. » Une fable a quelque cours, dans une génération; elle s'établit dans la seconde; elle devient respectable dans la troisième; la quatrième lui élève des temples. Il n'y avait pas dans toute l'antiquité profane un seul temple, une seule fête, un seul collège de prêtres, un seul usage qui ne fût fondé sur une sottise. Tel fut le genre humain; et c'est sous ce point de vue que nous l'envisageâmes.

Quelle pouvait être l'origine du conte d'Hérodote, que le soleil, en onze mille années, s'était couché deux fois à l'orient? Où Lycophron avait-il pris qu'Hercule, embarqué sur le détroit de Calpé, dans son gobelet, fut avalé par une baleine; qu'il resta trois jours et trois nuits dans le ventre de ce poisson, et qu'il fit une belle ode, dès qu'il fut sur le rivage? Nous ne trouvons d'autre raison de tous ces contes que dans la faiblesse de l'esprit humain, dans le goût du merveilleux, dans le penchant à l'imitation, dans l'envie de surpasser ses voisins. Un roi égyptien se fait ensevelir dans une petite pyramide de douze à quinze pieds, un autre veut être placé dans une pyramide de cent, un troisième va jusqu'à cinq ou six cents. Un de tes rois est allé dans les pays orientaux par mer, un des miens est allé dans le soleil, et a éclairé le monde pendant un jour. Tu bâtis un temple à un bœuf, je vais en bâtir un pour un crocodile. Il y a eu dans ton pays des géants qui étaient les enfants des génies et des fées, nous en aurons qui escaladeront le ciel et qui se battront à coups de montagnes.

Il était bien plus aisé, et même plus profitable, d'imaginer et de copier tous ces contes que d'étudier les mathématiques. Car, avec des fables, on gouvernait les hommes; et les sages furent presque toujours méprisés et écrasés par les puissants. On payait un astrologue, et on négligeait un géomètre. Cependant il y eut partout quelques sages qui firent des choses utiles; et c'était là ce que la personne illustre dont nous parlons voulait connaître.

L'*Histoire universelle* anglaise, plus volumineuse que le discours de l'éloquent Bossuet n'est court et resserré, n'avait point encore paru. Les savants, qui travaillèrent depuis avec un Juif [1] et deux presbytériens [2], eurent un but tout différent du nôtre. Ils voulaient prouver que la partie du mont Ararat, sur laquelle l'arche de Noé s'arrêta, était à l'orient de la plaine de Sénaar, ou Shinaar, ou Séniar; que la tour de Babel n'avait point été bâtie à mauvaise intention; qu'elle n'avait qu'une lieue et un quart de hauteur, et non pas cent trente lieues, comme des exagérateurs l'avaient dit;

---

1. George Psalmanazar (1679-1763), extraordinaire aventurier et chevalier d'industrie littéraire, en fait natif de Provence, mais de nom inconnu (le pseudonyme de Psalmanazar, emprunté à *II Rois*, XVII, 2, a fait croire à V. qu'il était juif.). Ayant reçu chez les jésuites une certaine connaissance de l'Extrême-Orient, cet individu arriva en Angleterre vers le tournant du siècle et se tailla une assez grande réputation en se faisant passer toute sa vie pour originaire de Formose, et en publiant de nombreux ouvrages sur cette île, sa langue (qu'il inventa!), son histoire, etc., ouvrages qui firent autorité dans certains milieux crédules. Il collabora aux deux séries de l'*Universal history,* l'ancienne et la moderne. (Je dois ces renseignements et ceux de la note suivante à l'obligeance de mon collègue M. André Rousseau.)

2. C'est-à-dire deux Écossais : Tobias Smollett, le romancier, qui lança et dirigea la partie moderne de la compilation, à partir de 1758; John Campbell, son adjoint.

« que la confusion des langues à Babel produisit dans le monde les effets les plus heureux et les plus admirables » : ce sont leurs propres paroles. Ils examinaient avec attention lequel avait le mieux calculé, ou du savant Petau, qui comptait six cent vingt-trois milliards six cent douze millions d'hommes sur la terre, environ trois siècles après le déluge de Noé; ou du savant Cumberland, qui n'en comptait que trois milliards trois cent trente-trois mille. Ils recherchaient si Usaphed, roi d'Égypte, était fils ou neveu du roi Véneph. Ils ne savaient pourquoi Cayomarat ou Cayoumaras ayant été le premier roi de Perse, cependant son petit-fils Siamek passa pour être l'Adam des Hébreux, inconnu à tous les autres peuples.

Pour nous, notre seule intention était d'étudier les arts et les mœurs.

Comme l'histoire du respectable Bossuet finissait à Charlemagne, madame du Châtelet nous pria de nous instruire en général, avec elle, de ce qu'était alors le reste du monde, et de ce qu'il a été jusqu'à nos jours. Ce n'était pas une chronologie qu'elle voulait, un simple almanach antique des naissances, des mariages, et des morts de rois dont les noms sont à peine parvenus jusqu'à nous, et encore tout falsifiés : c'était l'esprit des hommes qu'elle voulait contempler.

Nous commençâmes nos recherches par l'Orient, dont tous les arts nous sont venus avec le temps. Il n'est aucune histoire qui commence autrement. Ni le prétendu Hermès, ni Manéthon, ni Bérose, ni Sanchoniathon, ni les Shasta, ni les Veidam indiens, ni Zoroastre, ni les premiers auteurs chinois, ne portèrent ailleurs leurs premiers regards; et l'auteur inspiré du *Pentateuque* ne parla point de nos peuples occidentaux.

AVIS DES ÉDITEURS [1]
(pour l'édition de Kehl)

Nous avons réimprimé le plus correctement que nous avons pu la *Philosophie de l'Histoire,* composée d'abord uniquement pour l'illustre marquise Du Châtelet-Lorraine et qui sert d'introduction à l'*Essai sur les mœurs et l'esprit des nations,* fait pour la même dame. Nous avons rectifié toutes les fautes typographiques énormes dont les précédentes éditions étaient inondées, et nous avons rempli toutes les lacunes, d'après le manuscrit original que l'auteur nous a confié.

Ce Discours préliminaire a paru absolument nécessaire pour préserver les esprits bien faits de cette foule de fables absurdes dont on continue encore d'infecter la jeunesse. L'auteur de cet ouvrage a donné ce préservatif, précisément comme l'illustre médecin Tissot ajouta, longtemps après, à son *Avis au peuple,* un chapitre très utile contre les charlatans. L'un écrivit pour la vérité, l'autre pour la santé.

Un répétiteur du collège Mazarin, nommé Larcher, traducteur d'un vieux roman grec intitulé *Callirhoé,* et du *Martinus Scriblerus* de Pope, fut chargé par ses camarades d'écrire un libelle pédantesque contre les vérités trop évidentes énoncées dans la *Philosophie de l'Histoire.* La moitié de ce libelle consiste en bévues, et l'autre en injures, selon l'usage. Comme la *Philosophie de l'Histoire* avait été donnée sous le nom de l'abbé Bazin, on répondit à l'homme du collège sous le nom d'un neveu de l'abbé Bazin; et l'on répondit, comme doit faire un homme du monde, en se moquant du pédant. Les sages et les rieurs furent pour le neveu de l'abbé Bazin.

---

1. Cet avis est de M. de Voltaire lui-même, qui s'occupait d'une nouvelle édition de ses ouvrages peu de temps avant sa mort. (K.)

CHOIX DE VARIANTES

CHOIX DE VARIANTES

Page 14 :

a. *P* : Un Suisse qui se saisit du plus gros diamant du duc de Bourgogne, lequel est actuellement au trésor de Florence, le vendit à un prêtre pour un florin, et le prêtre le revendit au général suisse pour un écu.

Page 17 :

a. *Dans W54c ce chapitre a été ajouté tout entier en ms. Il suit le chapitre* De la chevalerie ; *il occupe cette place également dans 56.*

Page 23 :

a. *W54* : revêtissaient

Page 30 :

a. *A, B, C, D* : celui de chevalier. *J'adopte la correction de Beuchot.*

Page 38 :

a. *Le développement qui suit a été ajouté en ms. dans W54c, dans ce qui est devenu notre chapitre 121, à l'endroit où se trouve actuellement un renvoi au chapitre* Des tournois *(t. II, p. 164). L'addition ms. se reliait dans l'imprimé de W54 aux lignes ci-dessous, retranchées en 1761 quand ce développement devint un chapitre distinct :*

Cet esprit régnait beaucoup du temps de François Ier et de Charles-Quint. François était un vrai chevalier et Charles voulait l'être. Ils se donnèrent des démentis publics, ils s'appelèrent solennellement en duel, ils se virent ensuite familièrement et l'empereur se mit entre les mains du roi de France sans autre sûreté qu'une parole d'honneur que ce roi était incapable de violer. Il y a beaucoup de traits dans le règne de l'un et de l'autre qui tiennent des temps héroïques et fabuleux, mais Charles par une politique plus raffinée se rapprochait davantage de nos temps.

L'art de la guerre *(Cf. t. II, p. 164.)*

Ce paragraphe, précédé de l'addition ms. de W54c, fut repris par 56, dans le chapitre correspondant à notre chapitre 121.

Page 50 :

a. *P* : la Bretagne qui depuis réduite en province de la France regrette en vain ses anciennes libertés.

Page 58 :

a. *A ajoute* : C'est ainsi que de tout temps ils avaient falsifié leur tradition par des fables.

Page 62 :

a. *A* : (sex marcas et non pas six marcs).

Page 70 :

a. *W54 dit ensuite* : Le pape Sixte IV favorisa cette conspiration et l'archevêque de Pise l'avait excitée. Les Florentins la punirent. *W54c ajoute la fin du paragraphe et le paragraphe suivant et continue ainsi :* Le pape Sixte IV la prépara, l'archevêque de Pise l'excita. Les Florentins

Page 72 :

a. *P ajoute* : car il n'y a guère (point *barré*) d'exemple d'un prince qui ait protégé les arts et qui ait gouverné en méchant homme. Son fils Pierre

Page 74 :

a. *P, 56, A, B, C, D* : les Rimario. *J'adopte la correction de Beuchot, ces prétendus* Rimario *ayant été nommés* Riario *p. 71 de ce tome.*

b. *P avait d'abord écrit* : rendue exécrable par tous les historiens français et par les italiens, quoique défendue par quelques espagnols. *V. a corrigé* : rendue exécrable par tous les historiens.

Page 78 :

a. *P* : ses faibles

Page 114 :

a. *P ajoute* : car ce qui serait un vice chez les particuliers, notre faiblesse le transforme en vertu chez les princes. Louis XII, qui avait mis

Page 116 :

a. *A la fin de ce chapitre, P ajoute :*
Il s'est établi depuis quelques années un paradoxe étrange : c'est qu'à commencer à ce règne de Louis XII, les rois de France étaient beaucoup plus riches qu'ils ne le sont aujourd'hui, malgré l'augmentation continuelle des impôts et celle du pouvoir arbitraire.

Celui qui le premier a donné cette idée à la nation a raisonné ainsi : une livre numéraire du temps de Louis XII en valait cinq et demi aujourd'hui, et les denrées étaient vingt-deux fois moins chères. De là il conclut que Louis XII était plus riche d'environ soixante-six millions de nos livres que Louis XV.

Mais comment serait-il possible que dans un temps où les manufactures de Lyon n'étaient pas établies, où les Français commerçaient à peine, où les villes étaient des villages en comparaison de ce qu'elles sont devenues, le roi fût plus riche de soixante-six millions de nos livres ?

Il paraît qu'on s'est fort trompé en prétendant que les denrées sont à présent vingt-deux fois plus chères qu'elles n'étaient. Il ne faut point comparer comme on a fait le prix incertain des provinces éloignées. Il faut s'en tenir au prix établi dans la capitale et surtout à celui du froment, base de tous les autres.

Encore une fois, qu'il soit permis, dans ce vaste tableau du genre humain, et dans cette foule de grands événements, de descendre dans ces particularités d'où dépend la connaissance du fort et du faible des empires. Le setier de blé valait vingt sous au temps de Louis XII, et ces vingt sous valaient cinq livres et demi de notre monnaie. Ce même setier est aujourd'hui à douze livres ou francs, année commune. La valeur numéraire des denrées n'est donc augmentée que douze fois et non pas vingt-deux, et le prix réel n'est environ que deux fois le prix réel de ce temps-là.

Or, pour rendre la comparaison plus sensible, Louis XII avait à dépenser environ soixante mille marcs d'or par an, et Louis XV jouit à peu près de deux cent soixante et douze mille marcs. Si vous déduisez de ce revenu d'aujourd'hui cent mille marcs d'or pour les rentes et les gages dont Louis XV est chargé, il en reste cent soixante et douze mille. Il est donc clair que l'État est près de trois fois plus riche qu'il n'était alors, les denrées n'ayant réellement augmenté que du double. Il est démontré que les rois sont aujourd'hui, avec leur revenu ordinaire, toutes charges payées, un tiers plus riches qu'ils n'étaient au temps de Louis XII. Ils lèvent encore très aisément un dixième en temps de guerre, ce qui ajoute presque un tiers à leur revenu réel et libre de charges. Il faut donc convenir de ces deux chefs que leur puissance est des deux tiers plus considérable.

Enfin il faut songer que la paye des soldats n'a point augmenté, quoique les denrées soient beaucoup plus chères. Les rois peuvent donc mettre plus de troupes sur pied avec moins de frais que du temps de Louis XII. La richesse et la puissance des rois de France se sont toujours accrues depuis, avec l'opulence de la nation quand elle a été tranquille.

Il n'en est pas de même des autres potentats. Les Anglais n'ont point augmenté les revenus ordinaires de la couronne à proportion de l'accroissement de leurs trésors et du nombre des citoyens ; elle est devenue beaucoup plus riche et plus peuplée à proportion que la France, mais ses rois depuis Henri VIII ont tous été moins puissants que lui. Tous les empereurs d'Allemagne ont été moins puissants que Charles-Quint. Il n'y a point eu de roi d'Espagne dont le pouvoir ait approché de celui de Philippe second, dont nous verrons le règne.

Page 129 :

a. *A la place de ces deux phrases, on lit dans P, W54, 56, A* : En effet il était difficile que le même père eût fait naître Édouard IV et Glocester : le premier avait été d'une beauté singulière; le second était contrefait dans toutes les parties du corps, et son aspect était aussi hideux que son âme était méchante. Ce fut uniquement sur la honte de sa mère qu'il fonda son droit. Il se disait le seul légitime, et ses neveux fils d'un bâtard.

Page 130 :

a. *W54* : Laudois; *56, A, B, C* : Landois; *Beuchot* : Landais.

Page 134 :

a. *D* : tenant son arc *qui paraît être une faute. Je rétablis la leçon de W54, 56, A, B, C.*

Page 140 :

a. *56, A, B* : prendre la Crimée et démembrer la Suède

Page 146 :

a. Sa patrie *est la leçon de toutes les éd. de W54 à D. Beuchot corrige* : la patrie

Page 148 :

a. *D 5877, V. à Lambert, 12 juillet 1754, de Plombières, demande de corriger «une faute grossière à la page 313, ligne 2»* : étant en possession d'élire leur roi, ils avaient celui de détrôner un tyran : «mettez le droit de détrôner». *Cette faute se trouve dans W54; V. l'a corrigée sur son exemplaire personnel (FL, p. 313).*

Page 163 :

a. *W54* : Usages du XVe et XVIe siècles *corrigé par V. sur W54c* : Des usages du XVe et XVIe siècles et de la culture des arts.

Page 164 :

a. *W54* : de ses pays *corrigé par V. sur son exemplaire FL et sur W54c* : leurs pays

b. *Cf. la variante a p. 38 de ce tome.*

Page 168 :

a. *Ce développement jusqu'à, p. 173,* le partage de la Grèce *est une addition ms. de W54c.*

b. *W54c, 56* : L'Italie eut son Thucydide dans Guichardin, qui écrivit les guerres de son temps comme Thucydide celle du Péloponèse.

Page 171 :

a. *A la place de cette phrase, W54c, 56 disent* : Il fallut que Louis XI interdît au parlement la connaissance de cette affaire, et qu'il fît payer aux propriétaires le prix de leurs livres. *A supprime ici cette indication, pour la développer un peu plus loin en un paragraphe.*

Page 176 :

a. *56, A, B, C :* et le roi même et délivrer l'Italie.

Page 211 :

a. *V. ajoute de sa main dans la marge de P* : que j'ai vu entre les mains du feu duc d'Aremberg.

Page 220 :

a. *Cette rédaction a été corrigée de la main de V. sur P* : l'Allemagne, fatiguée de la grandeur pontificale, et craignant encore plus celle de Charles-Quint, était dans les intérêts du réformateur; et sans trop examiner les questions on embrassait un parti qui pouvait former une révolution.

Page 225 :

a. *A dit seulement* : En un mot, il est certain par l'Écriture qu'il y avait des possédés et des sorciers, et il est certain qu'il n'y en a pas aujourd'hui.

Page 234 :

a. *A, B nomment ce personnage* Trévor

Page 236 :

a. *Dans P, 56 la fin du paragraphe est la suivante* : Il faut convenir que les demandes faites par les anabaptistes et rédigées par écrit au nom des hommes qui cultivent la terre, étaient toutes très justes; mais c'était déchaîner des ours, en faisant en leur nom un manifeste raisonnable.

Page 237 :

a. *P, 56* : Ces hordes de bêtes féroces, en prêchant l'égalité et la réforme, ravagèrent tous les endroits où elles pénétrèrent depuis la Saxe jusqu'en Lorraine. Mais bientôt

Page 240 :

a. *P* : Cependant la secte subsiste encore, mais dans la seule populace dont elle a tiré son origine. Elle est aujourd'hui peu nombreuse, méprisée et incapable de nuire.

Page 252 :

a. *P ajoute* : Il prétendit depuis qu'il avait fait une protestation secrète au temps même qu'il avait été fiancé, à l'âge de quatorze ans. Quel homme sensé pourra jamais croire qu'un enfant de quatorze ans eût fait une protestation contre son mariage, ou que son père en le mariant l'eût fait protester contre la volonté paternelle? S'il avait fait cette protestation, pourquoi épouser cette princesse, lorsqu'il fut souverain? Pourquoi habiter dix-huit ans avec elle? Qui ne voit que l'amour pour Anne de Boulen fit cette protestation antidatée?

Page 253 :

a. *B, C* : On oubliait encore que les lois juives permettaient à un frère d'épouser sa propre sœur : témoin

Page 276 :

a. *P* : Les esprits grossiers n'abjurent guère une religion sucée avec le lait.

Page 279 :

a. *P ajoute* : La nature a fait les cornes des taureaux, et l'industrie s'en est servie pour les mettre au joug et pour les faire combattre.

Page 283 :

a. *P. :* était pour eux un homme au-dessus de l'humanité. Ils le comparaient au Christ : ils lui attribuaient plus de miracles. C'en était un grand, en effet, *(p. 284, ligne 12).*

Page 286 :

a. *P, 56, A* : et en faisait des pèlerines; il alla continuer ses études à Paris. Il était errant et pauvre, et il trouva à Paris des Espagnols

Page 290 :

a. *A, B* : chassés du Portugal pour une rebellion et un parricide; de même que — *C* : chassés de la France, de l'Espagne et du Portugal; de même que

b. *D* : l'empereur Henri IV. *A l'exemple de Beuchot, je rétablis la leçon de A, B, C.*

Page 297 :

a. *56, A, B, C* : feignit

Page 301 :

a. *P ajoute* : Un auteur français dans une histoire d'Espagne qu'il a écrite en mercenaire a eu la lâcheté d'essayer de justifier ce tribunal. Mais les contradictions où il tombe lui ont ôté tout crédit, et le projet de justifier ce que tout le monde abhorre l'a rendu odieux.

Page 303 :

a. *MsL omet* ou troublait

b. *MsL* : Il est vraisemblable que le premier service qu'on tira de la boussole fut la découverte des îles Canaries, connues des Anciens sans ce secours et perdues depuis longtemps pour les nations devenues barbares. Il est difficile qu'un Normand nommé Bettencourt soit le premier qui retrouva ces îles vers l'an 1400 comme le disent tant d'auteurs, puisque dès l'an 1346 le prince Louis de la Cerda s'était fait couronner roi des îles Canaries dans Avignon par le pape Clément VI.

Page 304 :

a. *MsL, 56, A, B, C, D* : Clément VI. *J'adopte la correction de Beuchot, cf. infra, p. 305.*

b. *MsL* : il mit sa philosophie *MsL omet* : Talent de bien faire était sa devise.

Page 305 :

a. *MsL omet* : On lui donna [...] de Clément V.

b. *MsL ajoute* : Ce grand homme à qui on doit toutes les découvertes faites depuis lui mourut alors, et son neveu Alphonse V roi du Portugal continua ses entreprises. Sous son règne furent trouvées les îles Açores presque vis-à-vis le Cap Vert.

c. *MsL* : tandis qu'ils étaient blancs au septentrion.

Page 307 :

a. *MsL omet* : C'est de là [...] le même pays.

b. *MsL omet ce paragraphe et le suivant.*

Page 308 :

a. *A, B, C ajoutent* : tous nés, hommes et femmes, avec une surpeau pendante du nombril, qui couvre les organes de la génération, en forme de tablier qu'on hausse et qu'on baisse. Les organes de la voix

Page 310 :

a. *MsL omet ce paragraphe et le suivant.*

Page 319 :

a. *56 ajoute* : Nous avons vu deux de ces animaux en France, et on en retrouve quelques-uns dans l'Asie orientale.

Page 330 :

a. *MsL enchaîne le début de notre chapitre 145 à la fin du chapitre 141.*

b. *MsL* : On connaît mais on n'admire pas assez le simple citoyen de Gênes, Colombo, qui frappé des entreprises des Portugais

Page 332 :

a. *MsL omet cette phrase.*

b. *MsL ajoute* : Mais l'honneur de nommer ce continent lui fut ravi, et Améric Vespuce, marchand florentin qui n'y aborda qu'un an après Colomb, donna son nom à la moitié du globe. *MsL omet les quatre paragraphes suivants.*

Page 337 :

a. *MsL* : commissionnaire

Page 341 :

a. *A, B, C* : de porcs qui ont sur le dos le nombril que partout ailleurs les quadrupèdes ont au ventre.

Page 347 :

a. *Les paragraphes de ce chapitre font suite dans MsL, sans séparation, à ceux de notre chapitre 145.*

b. *MsL omet cette réflexion.*

Page 349 :

a. *MsL (addition d'une écriture différente)* : et qui serait un crime énorme si Dieu même ne l'eût ordonné. *56, A, B, C* : qui serait un crime énorme, si Dieu même, l'arbitre de la vie et de la mort, à qui on ne peut demander compte, ne l'eût ainsi ordonné dans les profondeurs impénétrables de sa justice. D'ailleurs

Page 352 :

a. *MsL omet cette phrase.*

Page 353 :

a. *MsL omet la fin de ce paragraphe, ainsi que le paragraphe :* Quel fut le prix [...]

Page 358 :

a. *Je rétablis le texte de MsL, 56 :* il le baptisa. *A ayant imprimé* il le batisa, *dont le* t *est presque effacé, B, C, D, suivis par Beuchot, transcrivirent :* il le baisa

Page 365 :

a. *MsL donne de ce chapitre une rédaction différente, qui vient aussitôt après notre chapitre 148 :*

On vient de voir au milieu des terres de l'Amérique des multitudes de peuples policés, industrieux et aguerris, trouvés et domptés par ce petit nombre d'Espagnols. Mais les Portugais sous la conduite du Florentin Americo Vespuccio avaient découvert dès le temps même des voyages de Christophe Colomb, en l'année 1500, des pays non moins vastes, non moins riches, et peuplés de nations toutes différentes. Vespucce aborda sur les côtes du Brésil situées vers l'équateur.

C'est le terrain le plus fertile de la terre, le ciel le plus pur et l'air le plus sain. Le vent d'orient que la rotation de la terre sur son axe fait souffler continuellement entre les deux tropiques, ayant passé sur mille lieues de mer, vient porter dans le Brésil une fraîcheur douce qui tempère l'ardeur d'un soleil toujours vertical, et entretient un printemps éternel. Tous les arbres de ce sol y répandent une odeur délicieuse. Les montagnes y ont de l'or, les roches y ont des diamants, et tous les fruits naissent dans les campagnes sans culture. La vie des hommes, bornée partout ailleurs à quatre-vingts ans tout au plus, s'étend d'ordinaire chez les Braziliens jusqu'à cent-vingt, et quelquefois jusqu'à cent-quarante années. On voit même encore aujourd'hui plusieurs Portugais décrépits s'embarquer à Lisbonne et rajeunir au Brésil.

Mais quelle était l'espèce d'hommes qui habitait cette contrée pour laquelle la nature a tout fait? Vespucce raconte dans sa lettre au gonfalonier de Florence que les Braziliens sont d'une couleur bronzée; peut-être, si on disséquait un Brazilien avec le même soin qu'on a disséqué des nègres, trouverait-on dans leur membrane muqueuse la raison de cette couleur.

Bibliothèque de Leningrad

Première rédaction du chapitre

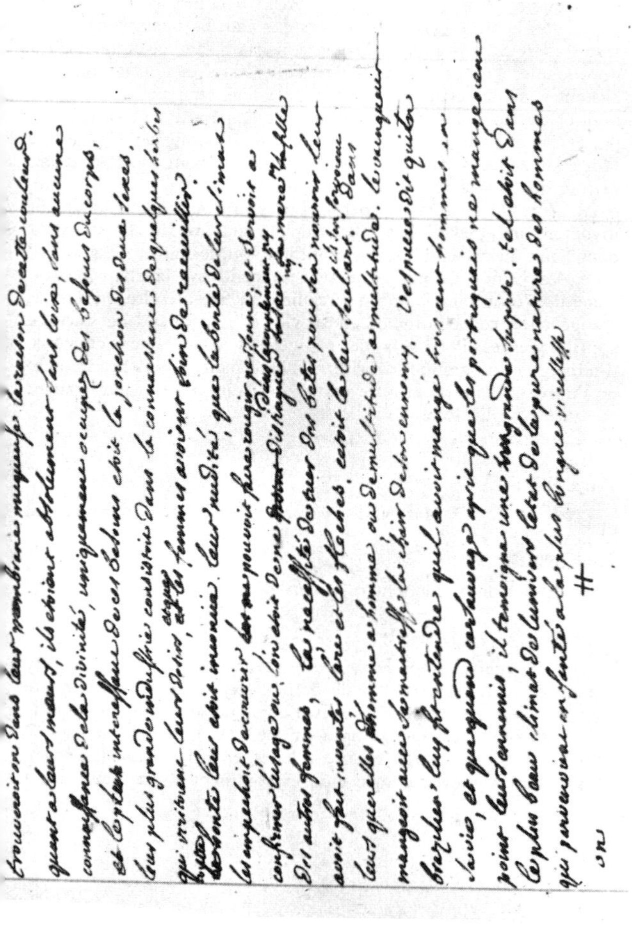

trouveroit on dans leur membrane muqueuse la raison de cette couleur.
quant a leurs mœurs, ils etoient absolument sans loix, sans aucune
connoissance de la divinité, uniquement occupez des besoins du corps,
et le plus interessant de ces besoins etoit la jonction des deux sexes.
leur plus grande industrie consistoit dans la connaissance de quelques herbes
qui irritoient leurs desirs, et que les femmes avoient soin de recueillir.
la honte leur etoit inconnue. leur nudité, que la bonté de leur climat
les empechoit de couvrir ne pouvoit faire rougir personne, et servoit a
confirmer l'usage ou l'on etoit de ne distinguer dans l'accouplement ny la mere ny la fille
des autres femmes. la necessité de tuer des betes pour s'en nourrir leur
avoit fait inventer l'arc et les fleches. c'etoit la leur seul art. dont ils se servoient dans
leurs querelles d'homme a homme ou de multitude a multitude. le vainqueur
mangeoit avec sa maitresse la chair de son ennemy. Vespuce dit qu'un
brazilien luy fit entendre qu'il avoit mangé trois cent hommes en
sa vie, et que quand ce sauvage apprit que les portugais ne mangeoient
point leurs ennemis, il temoigna une grande surprise. tel etoit dans
le plus beau climat de l'univers l'etat de la pure nature des hommes
qui parvenoient en santé a la plus longue vieillesse

on

manuscrit de Leningrad

Quant à leurs mœurs, ils étaient absolument sans lois, sans aucune connaissance de la divinité, uniquement occupés des besoins du corps ; le plus intéressant de ces besoins était la jonction des deux sexes. Leur plus grande industrie consistait dans la connaissance de quelques herbes qui irritaient leurs désirs et que les femmes avaient soin de recueillir. Toute honte leur était inconnue. Leur nudité, que la bonté de leur climat les empêchait de couvrir, ne pouvait faire rougir personne, et servait à confirmer l'usage où l'on était de ne distinguer dans l'accouplement ni sœur, ni mère, ni fille des autres femmes.

La nécessité de tuer des bêtes pour s'en nourrir leur avait fait inventer l'arc et les flèches. C'était là leur seul art. Ils s'en servaient dans leurs querelles d'homme à homme, ou de multitude à multitude. Le vainqueur mangeait avec sa maîtresse la chair de son ennemi. Vespucce dit qu'un Brazilien lui fit entendre qu'il avait mangé trois cents hommes en sa vie, et que quand ce sauvage apprit que les Portugais ne mangeaient point leurs ennemis, il témoigna une grande surprise. Tel était dans le plus beau climat de l'univers l'état de la pure nature des hommes qui parvenaient en santé à la plus longue vieillesse.

Ce texte a été publié par F. Caussy, O. in., pp. 237-239.

Page 383 :

a. *A*, *B*, *C* : à Maryland *Beuchot corrige* : dans le Maryland

Page 390 :

a. *A*, *B* : ils permettent *et la suite de la narration est au présent.*

Page 393 :

a. *A*, *B* : mais ils sont demeurés les maîtres dans tout le Paraguay espagnol, où il est fort difficile de pénétrer. Ils partagent encore l'autorité souveraine avec les rois d'Espagne dans une étendue de pays immense. C'est un exemple unique dans l'histoire du monde entier. Il faudra en parler encore ailleurs, et dire comment la terre entière s'est soulevée contre eux, et comment Rome seule les a protégés.

Page 399 :

a. *56*, *A*, *B*, *C* : elle doit être

Page 442 :

a. *56* : Le prince d'Orange entre [...] Il se retire [...] *A*, *B*, *C*, *D* : entra [...] Il se retire [...] *J'adopte la correction de Beuchot : le présent* se retire *s'explique par une erreur de A, omettant de corriger ce verbe après la correction de* entre en entra.

Page 475 :

a. D'Arlai : *leçon de toutes les éditions, de 56 à D. Beuchot corrige :* Darnley.

Page 481 :

a. *56 :* On crut devoir les sacrifier. *A, B, C :* On crut devoir sacrifier les ennemis de Rome aux intérêts de Rome. *Beuchot corrige :* les ennemis de l'Église aux intérêts de Rome.

Page 498 :

a. *Le chapitre sur le concile de Trente manque dans 56 : cette édition ne traite du concile que dans les trois paragraphes de notre chapitre 183 (t. II, pp. 699-700).*

Page 514 :

a. *Dans 56, les paragraphes de ce chapitre formaient un seul chapitre avec ceux de notre chapitre 171. Ils en furent séparés dans A, après l'insertion du chapitre sur le concile de Trente.*

Page 527 :

a. *56 ajoute :* et je considère l'esprit du temps plus que les faits qui sont assez connus.

Page 531 :

a. 56, *A, B, C :* en 1599 *Cc :* en 1580
b. *56, A, B, C :* à la tête d'une poignée de monde.

Page 535 :

a. *Cc corrige A, B, C :* le bourreau *en* son bourreau

Page 537 :

a. *B, C :* L'hérésie, disait-on, est [...] *Plus loin :* C'est ainsi que raisonne l'avocat Louis d'Orléans; mais il faut transcrire ses propres paroles

Page 541 :

a. encore *ajouté par Cc.*

Page 546 :

a. *56, A, B, C :* qu'amoureux des nouveautés.

Page 548 :

a. *Cette note se lit dans l'édition de 1756. La dernière phrase répète ce que V. a déjà dit supra, p. 540 : répétition qui n'existait pas en 1756, le paragraphe de la p. 540 ayant été ajouté en 1761.*

Page 554 :

a. *56* : Tel subsistait encore l'esprit de la Ligue, tel l'esprit monacal, tel l'exécrable abus de la religion catholique. Henri IV en fut enfin la victime. Ravaillac

Page 555 :

a. *A, B, C :* il avait été novice chez des moines nommés feuillants dans un temps où ces feuillants *corrigé par Cc :* il avait été feuillant dans un temps où ces moines

Page 556 :

a. *A, B, C* : d'une dévotion fanatique *corrigé par Cc* : d'une dévotion sincère.

Page 559 :

a. *Cette* Addition *a paru dans A, à la fin de l'*Essai sur les mœurs, *après la table des matières.*

Page 570 :

a. *Cc corrige* haïssait *des éditions antérieures en* détestait

Page 573 :

a. *Cc corrige* le tuent *des éditions antérieures en* l'assassinent

Page 579 :

a. *Cc corrige* les huguenots *des éditions antérieures en* les réformés

Page 583 :

a. *Cc barre* ne *devant* fut achetée.

Page 587 :

a. *56, A, B, C* : à laquelle il osa tenter de plaire

Page 589 :

a. *Cc corrige* par celui qui *des éditions antérieures en* par Richelieu, qui

Page 599 :

a. *La correction de Cc porte* : Ce roi

Page 602 :

a. *Cc corrige* qu'il le dépouillera *des éditions antérieures en* qu'il dépouillera le cardinal.

Page 616 :

a. *Cc corrige* à tout ce qu'ils *des éditions antérieures en* à tout ce que ces conspirateurs

Page 625 :

a. *56* : et ceux qui enfin ont vu que le testament lui était faussement attribué, ont trouvé le chef-d'œuvre un tissu d'erreurs et de mensonges.

Page 631 :

a. *56* : surtout lorsque les richesses du Brésil et les traités avec l'Angleterre rendirent son commerce florissant.

Page 640 :

a. *Cc corrige* la ville des astres *des éditions antérieures en* la ville du ciel.

Page 641 :

a. *La leçon de D* n'avaient prévalu *semble être une faute. Je rétablis* n'avaient plus prévalu, *que donnent 56, A, B, C (non corrigé dans Cc)*.

b. *Cc corrige* au conseil *des éditions antérieures en* dans la chambre du conseil

Page 654 :

a. *Cc corrige* qui subsiste encore en partie *des éditions antérieures en* qui a subsisté longtemps

b. *Cc corrige* avaient dégrossi le théâtre *des éditions antérieures en* paraissaient dégrossir le barbare théâtre de la nation.

Page 676 :

a. *Cc corrige* ce traitement *des éditions antérieures en* cette nouvelle barbarie.

Page 679 :

a. *Après* malheurs *Cc ajoute* incroyables, *que ne reprend pas D*.

Page 688 :

a. *A, B, C* : Ils disent que cette religion pure, aussi ancienne que le monde, fut longtemps la seule véritable avant que Dieu lui-même en donnât une autre au peuple hébreu. *La nouvelle rédaction, introduite dans D, ne figure pas dans Cc*.

Page 690 :

a. *A la place du long développement ajouté dans A, on lit dans 56* :
Quoique tout changeât ainsi en Angleterre, l'amour de la liberté
ne changea point dans le peuple, ni la passion du pouvoir absolu
dans le roi, et dans son frère qui lui succéda. Ce fut la source de
tant d'intrigues et de tant de conspirations, qui mêlèrent les troubles
aux plaisirs, et qui firent dresser des échafauds au milieu des fêtes
de la cour. Le zèle de la religion et l'enthousiasme fanatique n'eurent
aucune part aux efforts du lord Shaftesbury, et de tant d'autres
pour faire exclure le duc d'York de la succession. Le lord Shaftesbury
était déiste déclaré. On objectait au duc d'York, depuis Jacques II,
qu'il était catholique, mais on ne craignait en lui que le catholicisme
despotique.

b. *Sur Cc, V. a barré* noircirent *qu'il remplace par* funestèrent,
avec cette note non reprise dans D : Ce terme italien exprime mieux
que tout autre ce qu'il veut dire.

Page 695 :

a. *56 ajoute au début de ce paragraphe* : Cette nouvelle politique de la
cour n'empêcha pas la chambre des communes de voter unanimement que le duc d'York, comme professant la religion romaine,
devait être exclu du droit à la couronne. C'était ainsi qu'en France
les ligueurs catholiques avaient prétendu faire exclure Henri IV.
Le duc de Montmouth, fils naturel de Charles II, voulait jouer le
rôle du duc de Guise; mais il porta depuis sa tête sur un échafaud;
et les mêmes motifs qui avaient engagé le parti des whigs à exclure
le duc d'York du trône, l'en renversèrent quand il y fut monté.

Page 702 :

a. *56, A, B, C* : blounding. *Beuchot corrige* : bungling.

Page 728 :

a. *56 place entre crochets ce paragraphe et les deux suivants, avec
cette note :*
Tout ce passage, jusqu'à ces mots «... de la campagne », est
tiré de l'avant-propos du *Siècle de Louis XIV*, et est ici remis à
sa véritable place.
En effet, ce texte se lit dans les éditions du Siècle de Louis XIV
antérieures à 1756 (chapitre 2), avec cette variante : La religion calviniste

Page 745 :

a. *56 ajoute* : la Russie blanche qui est le pays de Moscou et
l'ancienne contrée des Roxelans; la Russie noire, dont une partie
appartient aux Polonais vers la Lithuanie; la Russie rouge, qui

est à l'occident du Borysthène. *Passage supprimé dans* A, *à la suite des observations des savants russes chargés de réviser l'*Histoire de la Russie sous Pierre le Grand.

Page 763 :

a. *Le texte antérieur à Cc dit* : à la fois sanguinaire et tolérant

Page 767 :

a. *Texte antérieur à Cc* : La circulation des espèces, le crédit public sont ignorés

Page 783 :

a. *56, A, B* : Je ne répéterai point ce que j'ai dit des idolâtres qui sont encore dans l'Inde en grand nombre

Page 792 :

a. *56* : conserva les mathématiciens en imposant silence aux missionnaires.

Page 800 :

a. *Tout ce début est différent dans 56 :*

J'ai parcouru ce vaste théâtre de révolutions que la terre entière a éprouvées depuis le temps de Charlemagne. A quoi ont-elles abouti? A la destruction, à des millions d'hommes égorgés. Tout grand événement a été un grand malheur. L'histoire n'a guère tenu compte des temps tranquilles; elle n'a parlé que des orages.

Nous avons vu notre Europe remplie de barbares depuis la chute de l'empire romain; ces barbares devenus chrétiens, toujours en guerre avec les musulmans, ou se déchirant entre eux.

Nous avons vu en Italie une guerre perpétuelle de ville contre ville; les Guelfes et les Gibelins se détruisant l'un par l'autre, des siècles entiers de conspirations, de continuels débordements de nations éloignées, qui passaient les Alpes, et qui se chassaient tour à tour. Enfin il n'est resté dans ce grand et beau pays que deux états considérables, gouvernés par des indigènes : ce sont Venise et Rome. Les autres comme Naples, Sicile, le Milanais, Parme, Plaisance, la Toscane, appartiennent à des maisons étrangères.

Les troubles, les guerres ont désolé tous les autres grands états chrétiens, mais n'en ont asservi aucun à une puissance voisine. Le résultat de ces longs ébranlements et de ce choc interminable a été seulement que quelques petites provinces ont été détachées d'un état pour passer à un autre. La Flandre, par exemple, ancienne pairie de la France, passa d'une main étrangère dans la maison de Bourgogne, et de cette maison dans celle d'Autriche, et une petite partie de cette Flandre revint à la France sous Louis XIV.

Plusieurs provinces de l'ancienne Gaule furent autrefois démembrées. L'Alsace qui était cette ancienne Gaule *(sic)*, appartint ensuite à l'Allemagne, et est aujourd'hui une province de France; la haute Navarre, qui devait être du domaine de la branche aînée de Bourbon, appartient à la cadette, et le Roussillon qui était aux Espagnols est aux Français.

Dans toutes ces secousses il ne s'est formé depuis Charlemagne que deux républiques absolument indépendantes, celle de Suisse et de leurs alliés, et celle de Hollande.

Aucun grand royaume n'en a pu subjuguer un autre. La France, malgré les conquêtes d'Édouard III et de Henri V, malgré les victoires et les efforts de Charles-Quint et de Philippe II, est demeurée dans ses limites et les a même reculées. L'Espagne, l'Allemagne, la Grande-Bretagne, la Pologne, les états du Nord, sont à peu près ce qu'ils étaient.

Qu'à donc produit le sang de tant de millions d'hommes, et le saccagement de tant de villes? Rien de grand, rien de considérable. Les princes chrétiens ont beaucoup perdu avec les Turcs depuis cinq cents ans, et n'ont presque rien gagné les uns contre les autres.

Presque toute l'histoire n'est donc qu'une longue suite d'atrocités inutiles; et s'il arrive quelque grande révolution, elle anéantira le souvenir de toutes ces querelles passées, de toutes ces guerres, de tous ces traités frauduleux qui ont produit tant de malheurs passagers.

On compte avec raison parmi ces malheurs les troubles et les guerres civiles de religion. L'Europe en a éprouvé de deux sortes, et on ne sait quelle a été la plus funeste. La première, comme nous l'avons vu, a été la querelle des pontifes avec les empereurs et les rois : elle a commencé au temps de Louis le Faible; elle n'a cessé entièrement en Allemagne qu'après Charles-Quint, en Angleterre que par la constance d'Élisabeth, en France que par la soumission de Henri IV. La seconde source qui a fait couler tant de sang a été la fureur dogmatique *(p. 804)*.

b. *Texte antérieur à Cc* : cette croisade qui fut si malheureuse.

Page 805 :

a. *56 ajoute* : On ne trouve au contraire dans toute l'Asie d'autres esclaves que ceux qu'on achète, où qu'on a pris à la guerre. On n'en achète point dans l'Europe chrétienne; les prisonniers de guerre n'y sont point réduits en servitude. ·

b. *A la place de ce paragraphe et des trois suivants on lit dans* 56 : Nous avons vu la tolérance de toutes les religions établie en Asie de temps immémorial, à peu près comme elle l'est aujourd'hui en Angleterre, en Hollande et en Allemagne; nous avons observé que le Japon était de tous les pays le plus tolérant avant l'événement fatal qui a rendu le gouvernement si impitoyable.

Page 808 :

a. *56* : deux cents eunuques

NOUVEAU PLAN D'UNE HISTOIRE...

Page 815 :

a. *Cet* Avant-Propos *est reproduit dans N53, P, et dans les éditions de 1754 avec quelques variantes.*

Page 816 :

a. *N53* : Les historiens, semblables en cela aux rois, sacrifient le genre humain à un seul homme. N'y a-t-il donc eu sur terre que des princes? *BD54* : Les historiens imitent en cela quelques tyrans dont ils parlent, ils sacrifient le genre humain à un seul homme.

b. *N53* : qui ne servirait qu'à charger la mémoire. *N53 omet la fin du paragraphe.*

Page 817 :

a. *N53* : de ce qui mérite d'être connu dans l'univers. *N53 omet la fin du paragraphe.*

b. *N53* : est douze fois *P* : est environ [dix *barré*] huit fois

c. *N53, P ajoute* : La province de Judée

d. *N53, P* : nous nous sommes fait avec trop d'injustice une loi de les ignorer.

LETTRE A JEAN NEAULME

Page 864 :

a. *Titre du texte imprimé (Strasbourg, 1754)* : Lettre au Sr. Jean Neaulme, libraire de La Haye et de Berlin.

b. *Texte impr.* : pour Boniface VII

c. *Texte impr.* : presque chaque page

d. *Texte impr.* : de fautes absurdes

e. *Texte impr.* : un sens absurde ou odieux

f. *Cette phrase est supprimée dans le texte imprimé.*

Page 874 :

ÉDITION « A COLMAR CHEZ FONTAINE »

a. *En tête de son édition V54, Vernet reproduit cet avertissement corrigé et augmenté, avec l'approbation de V. d'après D 5776 (cf. D 7396).*

b. *V54 ajoute* : puisqu'on pourrait bien parvenir par là à avoir enfin ce bel ouvrage correct et fini, comme on le désire depuis si longtemps. En attendant que l'illustre auteur juge à propos de le donner lui-même, voici une édition qui ne lui déplaira pas, et qui à la faveur des corrections que j'ai reçues, l'emporte de beaucoup sur la première.

Et d'abord on a restitué le vrai titre de l'ouvrage, qui est *Essai* etc., et l'on n'y a point annoncé une *Histoire* qui allât *jusqu'à Charles-Quint,* puisqu'en effet celle-ci s'arrête cent ans plus haut. Ce n'est pas que l'auteur n'eût envie de la pousser jusqu'au temps de Philippe II et de la lier même à son *Siècle de Louis XIV.* Mais ce projet n'est pas encore rempli; et si jamais il s'achève, surtout si l'on y fait entrer cette partie si intéressante que l'auteur a perdue, sur les arts et les sciences, et en général sur les progrès de l'esprit humain, ce sera un autre ouvrage bien plus ample que celui-ci.

L'introducteur demandait aussi une correction, encore plus nécessaire que celle du titre, parce qu'elle contient dans l'édition de Hollande une pensée.

Page 875 :

a. *V54 ajoute* : pourvu que je retranche des expressions peu mesurées et des fautes grossières qui ne sont pas de lui, et pourvu que je ne donne ceci que comme une esquisse.

TABLE DES AUTEURS CITÉS DANS L'ESSAI SUR LES MŒURS

TABLE DES AUTEURS CITÉS
DANS L'*ESSAI SUR LES MŒURS* [1]

A

---

1. Aux pages dont le chiffre est imprimé en italiques, on trouvera les références complètes des ouvrages cités par V. : titre, lieu et date. Il ne nous a pas toujours été possible de renvoyer à l'édition que V. a eue ou pu avoir entre les mains. Quand il s'agit de personnages historiques (César, l'empereur Julien, Calvin, Richelieu...) nous ne renvoyons qu'aux passages où ils sont mentionnés comme écrivains.

B

L

M

T

U

V

W

X

Z

TABLE DES ILLUSTRATIONS

TOME II

TABLE DES MATIÈRES

TOME II

ACHEVÉ D'IMPRIMER
PAR L'IMPRIMERIE TARDY QUERCY S.A.
A BOURGES
LE 25 AVRIL 1990

Dépôt légal 1ʳᵉ édition : 4ᵉ trim. 1963
Numéro d'imprimeur : 15902
Dépôt légal : avril 1990

139 Duina [PB]

186 fortune (Candide)

) 230 (pagan virtue)

241 PB monasticism → depopln

x 238 Westph
186
✓240 Anabaps
379 plantns
✓387 P'guay
391 military
            excursns
805 slavery

PB

139 Duina 303 fortunate islands 310 ✓ Arabia felix
317 W catching up on E " 605 heir presumptive
412
704 precession) equinoxes   443 inhumanity
734 elective hered'y monarchy in Den. 483 n.
3 adis   742 Chinese
406→ suti   expel Xtns

                                        618 Caussin

171 Sully cf Desc.